Joachim Scholtyseck

Robert Bosch und der liberale Widerstand gegen Hitler 1933 bis 1945

Verlag C.H. Beck München

Mit 19 Abbildungen
Sämtliche Abbildungen: Bosch-Archiv, Stuttgart

Die Deutsche Bibliothek – CIP-Einheitsaufnahme

Scholtyseck, Joachim:
Robert Bosch und der liberale Widerstand gegen
Hitler 1933 bis 1945 / Joachim Scholtyseck –
München: Beck, 1999
  ISBN 3-406-45525-5

ISBN 3 406 45525 5

© C.H.Beck'sche Verlagsbuchhandlung (Oscar Beck), München 1999
Satz: Fotosatz Otto Gutfreund GmbH, Darmstadt
Druck- und Bindearbeiten: Freiburger Graphische Betriebe, Freiburg
Gedruckt auf säurefreiem, alterungsbeständigem Papier
(hergestellt aus chlorfrei gebleichtem Zellstoff)
Printed in Germany

Inhalt

Viertes Kapitel
Der Zweite Weltkrieg

Fünftes Kapitel
Der Boschkreis und der 20. Juli 1944

Sechstes Kapitel
Der Boschkreis und das zweite Scheitern des Staatsstreichs

Zusammenfassung und Ausblick

Einleitung

Widerstand gegen den Nationalsozialismus aus Kreisen der Wirtschaft – wer sich mit einem solchen Thema beschäftigt, sieht sich von Beginn an in einem Dilemma. Nicht nur besitzt das in einer Rezension einmal angewandte Bonmot, Widerstand gegen den Nationalsozialismus sei «one of the non-events of the twentieth century»[1] gewesen, noch erstaunliche Lebenskraft, es gilt darüber hinaus seit langem als communis opinio, daß es unternehmerischen Widerstand gegen das «Dritte Reich» nicht gegeben habe.[2] Bei solchen Einschätzungen wirken die Erinnerung an die Nürnberger Prozesse, die Namen Flick, Krupp und I. G. Farben ebenso im kollektiven Gedächtnis nach[3] wie die jahrzehntelange Indoktrination durch die DDR-Geschichtswissenschaft, die, einem dogmatisch marxistischen Denken verhaftet, stets das «Monopolkapital» für den Untergang der Weimarer Republik, den Aufstieg Hitlers und den Kriegsausbruch verantwortlich gemacht hat.

Das Beispiel eines aktiven politischen Widerstands gegen Hitler im Unternehmen Robert Bosch soll demgegenüber zeigen, daß der für das Deutsche Kaiserreich konstatierte Befund Thomas Nipperdeys, die Grundfarbe der Geschichte sei in unendlichen Schattierungen grau,[4] auch für den Bereich der Unternehmensgeschichte im «Dritten Reich» gültig ist. Erstaunlicherweise befindet sich die Forschung auf diesem Feld erst in ihren Anfängen. Es ist zwar schon früh, allerdings von einer kaum verallgemeinerungsfähigen Basis aus, auf widerständiges Verhalten einzelner Unternehmer aufmerksam gemacht worden und daran die Forderung geknüpft worden, diesen Bereich in die Forschung einzubeziehen.[5] Es fehlt indessen immer noch an fundierten Studien über einzelne Unternehmen während des «Dritten Reiches», die nicht – entweder als bisweilen geschönte Auftragsarbeiten oder als marxistische oder neomarxistische Studien – mit einem festgelegten Erkenntnisziel vorgehen.[6]

Über das Unternehmen Robert Bosch und seinen Gründer ist in der Forschung viel und gleichzeitig wenig bekannt: Diese Feststellung mag paradox erscheinen, gehört doch der Konzern seit Beginn des Jahrhunderts zu den größten Firmen in Deutschland. Der Name und das Warenzeichen, der Zündanker im Kreis, finden sich nicht nur auf Autozubehörteilen, sondern auch in fast jeder Küche. Aber der Gründer, der als «Prototyp des erfolgreichen Unternehmers»[7] bezeichnet worden ist und in der Firmengeschichte bis zuletzt die Unternehmenspolitik prägte, gerät langsam in Vergessenheit, selbst wenn sein Name noch als Mittel des Traditionserhalts und der Mitarbeiterbindung präsent ist.

Auch in der Forschung wurde trotz mancher Hinweise selten davon Kenntnis genommen, daß der Stuttgarter Konzern sich in der national-sozialistischen Zeit außergewöhnlich verhalten hat. Persönlichkeit und Lebenswerk Boschs finden in wissenschaftlichen Darstellungen über das Verhältnis von Politik und Wirtschaft zwischen 1933 und 1945 meist nur am Rande Erwähnung. Dazu mag beigetragen haben, daß die Geschichte des Hauses Bosch in den Jahren der Diktatur nach außen ganz wie die irgendeines anderen deutschen Großunternehmens wirkt, das von Hitlers Motorisierungsboom profitierte, kriegswichtiger Lieferant für die Wehr-macht war, 1941 gar als «nationalsozialistischer Musterbetrieb» geehrt wurde und Kriegsgefangene und Zwangsarbeiter beschäftigte. Wenn man nur diese Geschichte schriebe, unterschiede sie sich nicht wesentlich von der vieler anderer Unternehmen: Man könnte von Querelen mit örtlichen Machthabern berichten, von der Unzufriedenheit über einzelne staatliche Maßnahmen und die Autarkiepolitik, die dem Export und dem Auslands-besitz schadete und gelegentliche Insubordination nach sich zog. Kurz: Ein Großunternehmen, das sich widerwillig gegenüber den neuen Herren zeig-te, dann aber doch unternehmerische Flexibilität voranstellte, sich arran-gierte und nicht zuletzt von der Aufrüstung profitierte. Und doch würde eine solche Studie ihr Ziel verfehlen, weil sie den wesentlichen und charak-teristischen Aspekt außer acht ließe, daß Robert Bosch und sein Direkto-rium in den schicksalhaften Jahren der «deutschen Diktatur» zu einer Anlaufstelle des politischen Widerstandes gegen den Hitlerstaat wurde.

Selbst fünfzig Jahre nach dem Ende des «Dritten Reiches» stellt das Ver-hältnis zwischen Wirtschaft und Nationalsozialismus ein ebenso intensiv bearbeitetes wie umstrittenes Feld der Forschung dar. Die damit verbun-denen Auseinandersetzungen drehen sich im Kern darum, inwieweit das deutsche Unternehmertum die Herrschaft Hitlers begünstigte, damit dem totalitären System zu seinem Durchbruch verhalf und es schließlich stabi-lisierte. In diesem Zusammenhang wird immer wieder auf wirtschafts- und sozialpolitische Gesichtspunkte zurückzukommen sein, auch wenn diese nicht im Zentrum des eigentlichen Erkenntnisinteresses stehen. Im schwie-rigen Beziehungsgeflecht zwischen Ökonomie und Staat in den Jahren 1933 bis 1945 sind noch erstaunlich viele Bereiche unbearbeitet. Hierzu zählt nicht zuletzt die Frage nach den unternehmerischen Handlungsalter-nativen und den Möglichkeiten einer anderen Politik der Großindustrie in der «deutschen Diktatur». Auch unter diesem Aspekt beantwortet sich die von Andreas Hillgruber in den achtziger Jahren einmal rhetorisch auf-geworfene Frage, ob nicht endlich «genug über Nationalsozialismus» geforscht worden sei,[8] beinahe von selbst. Seit einigen Jahren deuten sich hinsichtlich der Beurteilung des Verhältnisses zwischen Wirtschaft und Nationalsozialismus jedoch modifizierte Betrachtungsweisen an. Solange in der DDR-Forschung über die Interdependenz von Nationalsozialismus und Kapitalismus ein vom dogmatischen Ansatz bestimmtes Bild der Wirtschaft im NS-Staat gezeichnet wurde, war die Antwort der westlichen Historiographie immer auch ein Reflex auf die marxistischen Vorwürfe einer Komplizenschaft zwischen Wirtschaft und dem sogenannten «deutschen Faschismus». Seitdem ideologische Differenzen weniger als zuvor den Gang der Forschung bestimmen, eröffnen sich neue Perspektiven für eine vorurteilslose Analyse der alltäglichen Erfahrungen nationalsozialistischer Wirtschaftspolitik, um ohne apologetische Tendenzen die komplexen Beziehungen zwischen Ökonomie und Politik im totalitären Deutschland[9] zu untersuchen. Hier bietet sich ein erstaunlich vielseitiges Bild, das angesichts der Heterogenität der Industrie pauschalisierende Urteile als unbedacht erscheinen läßt: Möchte man ein «Modell der Beziehungen» zwischen Regime und Industrie konstruieren, so scheitert ein solcher Versuch jedenfalls «an der Vielfalt individueller Erfahrungen und daran, daß viele Aspekte nicht ausreichend empirisch erforscht sind».[10]

Am besten ist unter diesem Aspekt die unmittelbare Phase der «Machtergreifung» untersucht worden. In der Geschichtswissenschaft herrscht inzwischen weitestgehend Konsens darüber, daß vereinfachende Schuldzuweisungen nur wenig zur Beantwortung der Frage nach den Ursachen der Etablierung Hitlers beigetragen haben. Die «Machtergreifung» wurde keineswegs in toto von der deutschen Wirtschaft befürwortet oder gar unterstützt. Obwohl ein beachtlicher Teil der deutschen Großindustrie aktiv gegen den Staat von Weimar agitierte und zu dessen Destabilisierung in konservativ-autoritärer Richtung beitrug, erfolgte die Ernennung Hitlers zum Reichskanzler bei «gespaltener Industriefront» (Reinhard Neebe). Gerade der Blick auf Robert Bosch bietet ein prägnantes Beispiel für die Stimmigkeit der inzwischen kaum noch bestrittenen Argumentation von Henry Turner, der eine Vielzahl der Legenden widerlegt hat, die allzu simplifizierend die deutsche Wirtschaft als entscheidendes Movens des nationalsozialistischen Machterwerbs zu klassifizieren suchten.[11]

Die Geschichte des Widerstands bei Bosch bietet die Möglichkeit, die Haltung des Unternehmertums im «Dritten Reich» aus einem besonderen Blickwinkel zu betrachten, allerdings immer eingedenk der Tatsache, daß die hier praktizierte konsequente Ablehnung des NS-Staates eine Ausnahme war. Für die meisten Industriellen stellten sich die geradezu existentiellen Fragen des Boschkreises nach den Folgen ihres politischen Widerstands nicht: Für viele galt, was anhand einer Untersuchung einiger württembergischer Betriebe im «Dritten Reich» als Resümee festgestellt worden ist: Trotz aller auftretenden Konflikte erfüllten sie «ihre ‹Pflicht› als Rüstungsindustrielle bereitwillig. Sie kamen während der gesamten NS-Herrschaft den auf Autarkie, Aufrüstung und schließlich Krieg ausgelegten ökonomischen Anforderungen an ihre Betriebe nach.»[12]

Aber eine durchgehende Verallgemeinerung wird ihrerseits den damaligen Entwicklungen nicht gerecht und wirft angesichts des immer noch unzureichenden Kenntnisstands über das unternehmerische Verhalten in den Jahren zwischen 1933 und 1945 mehr Fragen auf als sie beantworten kann. Die von einem marxistischen Zeitzeugen aus interner Kenntnis gewonnene Einsicht von der Uneinigkeit der deutschen Großindustrie[13] ist in der späteren marxistischen Forschung wenig beachtet geblieben. Immerhin hat einer ihrer prominentesten Autoren, Eberhard Czichon, eine Gruppe von Anhängern eines «deutschen ‹Keynesianismus›» ausmachen wollen, deren rechtem Flügel er unter anderem Robert Bosch zuordnete.[14] Eine neuere Untersuchung über mittelständische Betriebe in Württemberg hat kürzlich die unternehmerische Verdrossenheit über die nationalsozialistische Wirtschaftspolitik nachgezeichnet, die vielfältigen Konflikte mit der «Partei» beschrieben und dargelegt, daß sich die untersuchten Industriellen in ihrer Mehrzahl im Rahmen ihrer Möglichkeiten gegen die antisemitischen Maßnahmen des Regimes zur Wehr setzten.[15]

Auch in dieser Perspektive ist es als ein Defizit der Forschung anzusehen, daß ein so außergewöhnliches Unternehmen wie Bosch bisher der Aufarbeitung seiner Geschichte und seines Widerstandes dieser Jahre harrt. Ist der Grund für die auffällige Aussparung der Geschichte des Unternehmens Bosch in den Untersuchungen über das Verhältnis zwischen Wirtschaft und Nationalsozialismus auch darin zu sehen, daß diese Geschichte allzu gängigen Thesen einer Komplizenschaft zwischen Geld und NS-Regime auffallend widerspricht? Ein Industrieunternehmen wie Robert Bosch, das sich nicht zu einem bloßen Werkzeug degradieren ließ, wirkt, so singulär es auch sein mag, in diesem Zusammenhang doppelt störend: Es widerspricht in mancher Hinsicht den «unspoken assumptions» einer allgemeinen unternehmerischen Willfährigkeit und wirft auf der anderen Seite die Frage auf, ob es nicht eben doch unternehmerischen Handlungsspielraum für einen Widerstand gegen Hitler gegeben hätte, wenn nur der wirkliche Wille zur Opposition vorhanden gewesen wäre.

Daher geht es hier nicht allein um eine Untersuchung des politischen Denkens und Handelns von Robert Bosch. Eine solche Arbeit müßte mit seinem Todesjahr 1942 enden. Die Lebenswelt von Robert Bosch bietet jedoch die Möglichkeit, ein geradezu überpersönliches und doch charakteristisch bürgerlich-liberales Verhalten nachzuzeichnen, das in Widerstand gegen den Nationalsozialismus einmündete. Weil ein Unternehmer, wie jeder andere Mensch auch, «außerökonomische Wertvorstellungen» hat, «die im Einzelfall mit dem Gewinnstreben konfligieren und denen er trotzdem Priorität einräumt»,[16] soll diesem Aspekt besondere Beachtung geschenkt werden.

Um das Ausmaß der Verstrickung der traditionellen Eliten in den Untergang der Demokratie und den Aufstieg des Nationalsozialismus ohne eine Relativierung von Verantwortung festzustellen, bleibt auch im Bereich der Unternehmensgeschichte ein individualbiographischer Ansatz unerläßlich. Als paternalistischer Unternehmensgründer, der die Geschicke seiner Firma und die politische Ausrichtung im wesentlichen bestimmte, steht

Robert Bosch daher in dieser Darstellung zunächst ganz im Zentrum der Betrachtung. Der spezifische Charakter des Unternehmens mit einer besonderen betrieblichen Sozialverfassung und die politischen Initiativen waren weitgehend von seinem Willen bestimmt, der entschieden politische Ziele beinhaltete.

So sinnvoll es ist, bis in die zwanziger Jahre hinein Robert Bosch als den Mittelpunkt seines Unternehmens zu betrachten, um so fragwürdiger wäre es, sich für die dreißiger Jahre auf die Einzelbiographie zu konzentrieren. Für diese Zeit, in der Bosch die Verantwortung jüngeren Mitarbeitern übergab, wird der personelle Untersuchungsansatz zum Verständnis der Unternehmenspolitik zunehmend inadäquat: Für das Dezennium, in dem die Entscheidung zum aktiven Widerstand gegen Hitler fiel, läßt sich oft nicht mehr feststellen, welche Initiativen noch von Robert Bosch selbst ausgingen, welche von ihm lediglich angeregt waren, welche seine Unterstützung fanden und über welche Aktivitäten er schließlich nicht einmal informiert wurde, weil die Mitarbeiter, die sich nun im «Boschkreis» zusammenfanden, den inzwischen Achtzigjährigen damit nicht mehr belasten wollten.

Deshalb geht die Darstellung von einem biographisch angelegten Konzept Zug um Zug in eine monographisch-gruppenbiographische Schilderung über. Es handelt sich also keineswegs um eine reine Unternehmerbiographie,[17] und noch weniger um eine klassische Unternehmensgeschichte.[18] Dennoch will sie den Anforderungen moderner Biographik Rechnung tragen. Nachdem in den siebziger Jahren die historische Biographie vielfach als überholte Form der Geschichtsschreibung angesehen wurde,[19] erfahren biographische Darstellungen seit einigen Jahren wieder ein wohlbegründetes Interesse. Mit Blick auf die Zeit des Nationalsozialismus ist hier auf die ertragreichen Forschungen zur «NS-Elite» hinzuweisen.[20] Weiterhin ist festzustellen, daß der biographische Zugriff sich themen- und methodenübergreifend auf alle Bereiche des nationalsozialistischen Zeitraums erstreckt[21] und selbst von Forschern ausgeführt wurde, die dem marxistischen Geschichtsbild verhaftet sind.[22] Eine solche Renaissance des biographischen Genres hängt, wie Christoph Gradmann dargelegt hat, gewiß nicht nur mit den Defiziten einer rein sozial- und strukturgeschichtlichen Historiographie zusammen, die für geraume Zeit die deutsche Geschichtswissenschaft in einem Maß zu dominieren schien, daß plötzlich der «Wilhelminismus ohne Wilhelm, das Kaiserreich ohne Kaiser» erklärt wurde.[23] Sie ist auch in der keineswegs neuen Einsicht begründet, daß biographische Geschichtsschreibung und Sozial-, Struktur- und Alltagsgeschichte sich nicht widersprechen müssen, sondern sich notwendig ergänzende Erkenntnismethoden darstellen. Von einer modernen Biographik wird daher zu Recht gefordert, daß sie nicht einseitig in den individualistischen Ansatz des Historismus zurückfällt, wohl aber «dem subjektiven Element wieder zu seinem wissenschaftlichen Recht» verhilft.[24] Dies gilt sicherlich für das «bürgerliche» Zeitalter, in dem die Politik ganz wesentlich von Personen gestaltet und repräsentiert wurde und die Biographie «die adäquate Form für die Darstellung originär liberaler Politik»[25] sein kann. Dies gilt aber auch für die Zeit des Nationalsozialismus, weil die totalitäre «Weltanschauung» ihre Anhänger wie ihre Gegner in einer zuvor nie gekannten Form zum individuellen Bekenntnis für oder gegen den «Führer» Adolf Hitler zwang.

Das bedeutet für den Widerstand Robert Boschs und des Boschkreises zunächst, die einzelnen Biographien in Beziehung zu den Erträgen der politischen Historiographie, der Landesgeschichtsschreibung, der Sozial-, Struktur- und Alltagsgeschichte zu setzen. Darüber hinaus sind der zeitgeschichtliche Kontext und Erfahrungshorizont zu berücksichtigen. Dies schließt gerade in der Beschäftigung mit dem «Dritten Reich» die Einordnung der Person in das Gefüge des totalitären Staates und die Bestimmung der individuellen Verantwortlichkeit keineswegs aus – es impliziert sie vielmehr. Robert Boschs ablehnende Einstellung gegenüber dem Nationalsozialismus wurde vom Boschkreis geteilt; ob der Kreis vom Denken Boschs originär geprägt war, ob er ganz eigenständig als moralische Instanz entstand, oder ob beide Faktoren zusammenwirkten, soll in dieser Studie näher untersucht werden. Die Geschichte Robert Boschs und des Boschkreises summiert sich unter diesen Voraussetzungen zu einer Art «Kollektivbiographie», die generalisierende Aussagen über den Nationalsozialismus und württembergische Besonderheiten zuläßt und schließlich einen neuen Blick auf den Widerstand aus liberaler Motivation wirft. Hierdurch eröffnet sich die Möglichkeit, einen Beitrag zur Lösung übergreifender geschichtswissenschaftlicher Fragestellungen aus dem biographischen Blickwinkel zu leisten.

Ein narrativer Zugang wird hier aber auch gewählt, weil die Verbindung von «historischer Erzählung» (deren Renaissance wiederum eine Reaktion auf die Farb- und Ausdruckslosigkeit einer reinen «Strukturgeschichte» ist) und Analyse ihre Begründung in der Sache findet: Nur in einer Gesamtschau werden die einzelnen Etappen des langen und zähen Kampfes des Boschkreises gegen den Nationalsozialismus überhaupt erst verständlich und die Widerstandsaktivitäten, die stets von konzeptionellen Vorschlägen für die Ausgestaltung eines «Anderen Deutschland» beglcitet waren, in ihrem Entwicklungsgang nachvollziehbar.

Vor dem Hintergrund dieser verwirrenden Vielschichtigkeit, die die janusköpfige Realität des Nationalsozialismus widerspiegelt, muß vor Verallgemeinerungen gewarnt werden, auch um nicht in den vereinfachend-exkulpierenden Duktus mancher Firmendarstellung der Wirtschaftswunderzeit zurückzufallen. Aus diesem Grund soll im folgenden zunächst der Weg des Unternehmens in den Widerstand nachgezeichnet werden. Dabei sind folgende Fragen zu beantworten: Wie stellte sich die Unternehmensleitung zu den neuen Machthabern? Wie entwickelte sich das Verhältnis zu der württembergischen «Gauclique» unter dem Reichsstatthalter

Murr? Wann und wie fiel die Entscheidung, auch politisch aktiv gegen die Diktatur vorzugehen? War die Entscheidung zur Berufung Carl Goerdelers als «Berater» ein bewußt eingeschlagener Weg in die politische Opposition? Welche politischen und gesellschaftlichen Zielvorstellungen waren für den Boschkreis bestimmend? Versuchte man auf die bürgerlichen Verschwörer hinsichtlich eines zukünftigen «Anderen Deutschland» Einfluß zu nehmen? Welche Mittel wandte man schließlich an, um den Sturz des Regimes voranzutreiben? Wie versuchte das Direktorium, den Betriebsalltag mit der Verschwörertätigkeit zu vereinbaren?

Aber auch eine Untersuchung über den Widerstand bei Bosch hat Fragen über die Verbindung zwischen nationalsozialistischem Staat und Firmeninteressen zu beantworten, die sich im Zusammenhang mit der Beschäftigung von Häftlingen, Kriegsgefangenen und Zwangsarbeitern unwillkürlich stellen. Mit Blick auf die merkwürdig isoliert nebeneinanderstehenden Bereiche von Zwangsarbeit und aktivem Widerstand ist deshalb kritisch zu untersuchen, aus welchen Gründen sich selbst ein Unternehmen wie Bosch fast ebenso dem Primat des Politischen[26] unterzuordnen hatte wie andere Konzerne, deren Verhältnis zum NS-Regime, wenn nicht von identischen, so doch von «komplementären» Interessen geprägt war.[27] Mit anderen Worten: War es nicht ein Erweis der Vergeblichkeit des Ansturms gegen die ideologische Revolution des Nationalsozialismus, wenn sich selbst eine «Wirtschaftsmacht» wie die Firma Robert Bosch unter dem Druck der Verhältnisse den politischen Gesetzen des NS-Staates zu unterwerfen hatte? Verweist nicht der am 20. Juli 1944 gescheiterte Widerstand auf die geringe Macht eines Großunternehmens, das sich gegen den in letzter Instanz entscheidenden Willen des «Führers» nicht durchsetzen konnte?

Auch hier wird nach dem politischen Stellenwert der Wirtschaft gegenüber dem Nationalsozialismus im Schnittfeld zwischen Anpassungsbereitschaft und Resistenz zu fragen sein. Über den Zusammenhang von Wirtschaft und Widerstand weiß die Forschung bislang wenig Auskunft zu geben. Die «Monopolgruppen»-Theorie hatte zwar schnell eine scheinbar schlüssige Erklärung gefunden: Die DDR-Zeitschrift «Militärwesen» stellte 1959 fest, bei den Ereignissen des 20. Juli könne von eigentlichem Widerstand nicht gesprochen werden, weil die Verschwörung «das Werk einer Gruppe reaktionärer Politiker und Militärs, die von gewissen Kreisen des Finanzkapitals um Schacht, Krupp, Bosch, Flick, Siemens u. a. inspiriert und gelenkt» gewesen sei und deren Interessen vertreten habe.[28] Freilich, als sich in den achtziger Jahren in der DDR-Geschichtswissenschaft ein vorsichtiges Umdenken abzeichnete, wurde unter Hinweis auf das Unternehmen Robert Bosch korrigierend darauf aufmerksam gemacht, daß in «ganz wenigen Fällen» auch «bürgerliche Widerstandsgruppen aus dem Bereich der Wirtschaft» zur Kenntnis genommen werden müßten. Eine solche Einsicht gab Anlaß zu der Forderung, es bleibe ein «dringendes

Anliegen der marxistischen Geschichtsschreibung der DDR, diese Formen des antifaschistischen Widerstandskampfes gründlicher zu erforschen».[29] Hierzu kam es allerdings nicht mehr. Bis zuletzt blieb die DDR-Forschung zum Widerstand ihrer ideologisch bestimmten Aufgabe unterworfen.[30]

Aber auch in der westlichen Forschung blieb der Komplex Wirtschaft und Widerstand ausgespart. Vor der Klärung dieser Frage muß zunächst festgestellt werden, was überhaupt unter Widerstand zu verstehen ist. Es soll angesichts mancher begrifflicher Ambivalenzen an dieser Stelle jedoch keineswegs eine weitere Definition für «Widerstand» eingeführt werden. Bedenkt man die erbitterte Verfolgung der Mitglieder des Boschkreises nach dem 20. Juli 1944, so wird offenkundig, daß es aus der «Täter-perspektive» des NS-Staates nicht den geringsten Zweifel gab, daß die Aktionen der Stuttgarter als Widerstand schärfstens sanktioniert wurden. Der Widerstand des Boschkreises, der von Judenhilfe über Auslands-beziehungen und «landesverräterischer» Nachrichtenwiedergabe bis zur aktiven Teilnahme an der Verschwörung des 20. Juli 1944 reichte, ließe sich aus heutiger Sicht zweifellos in eine ganze Reihe von Vorschlägen einord-nen, die in der Forschung zur Typisierung von «Resistenz» und «Wider-stand» vortragen worden sind. Die Verwendung des Resistenzbegriffs würde allerdings gerade im Falle Robert Boschs den fundamentalen Unter-schied verkennen, der zwischen einem aktiven politischen Widerstand und Handlungen besteht, die beispielsweise ein beliebiges dysfunktionales Ver-halten beschreiben oder lediglich eine gewisse Widerwilligkeit gegen die Maßnahmen des Staates darstellten. So wie die Benutzung des Resistenz-begriffs den lebensbedrohenden Widerstand des Boschkreises bis zur Unkenntlichkeit verwässern würde und gar die Verantwortung des einzel-nen problematisch verschleiern könnte, haben auch andere vorgeschlagene Kategorisierungen entscheidende Nachteile: Wie alle Theorien eines bestimmten Abstraktionsniveaus ebnen diese Vorschläge die Spezifika des Widerstands des Boschkreises zu stark ein. Die Wirklichkeit war viel-schichtiger, bisweilen auch widersprüchlicher, und deshalb soll an dieser Stelle der schon in den sechziger Jahren von Eberhard Bethge angeregten abgewogenen Einstufung des Widerstandsbegriffs gefolgt werden, da diese Kategorien cum grano salis die verschiedenen Phasen des Widerstands gegen Hitler im Boschkreis sinnvoll abbilden: Der einfache passive Wider-stand, der offene ideologische Widerstand, die Mitwisserschaft an Um-sturzvorbereitungen, das aktive Vorbereiten eines «Danach» und schließ-lich die verantwortliche konspirative Aktion.[31]

Von den das Verhältnis von Ökonomie und NS-Staat betreffenden Ver-wirrungen einmal abgesehen, ergeben sich noch eine ganze Reihe weiterer Fragen, die das schwierige Verhältnis zwischen totalitärem Staat und einem *liberalen* Unternehmertum betreffen und, daraus abgeleitet, das Phänomen des liberalen Widerstands berühren. Gerade der Widerstand bei Bosch bie-tet sich als ein Modell an, um die Eigentümlichkeit eines «liberalen» Widerstandes einmal grundsätzlich zu beleuchten. Überblickt man die Widerstandsforschung, so drängt sich der Eindruck auf, der Widerstandsbegriff ließe sich gleichsam dichotomisch auf eine linke und eine rechte Widerstandtätigkeit reduzieren. «Rechter» Widerstand erscheint in dieser Kategorisierung als geprägt von Bürgerlichen, Nationalkonservativen, Militärs und konservativen Christen, «linker» Widerstand erwächst analog dazu aus den Traditionen der Arbeiterbewegung, getragen von Sozialdemokraten, Kommunisten, Gewerkschaften und progressiven Christen. «Liberaler» Widerstand erscheint dagegen als kaum greifbar, diffus und gilt, wenn er nicht ganz grundsätzlich in Frage gestellt wird, als eine terra incognita.[32]

Dies trifft in noch höherem Maße zu, wenn der Begriff auf das Unternehmertum im Hitlerstaat angewandt werden soll. Werden etwa «Hauptgruppen und Grundzüge der Systemopposition» beschrieben, dann passen unter den analysierten Kategorien Persönlichkeiten wie Robert Bosch und seine Mitstreiter in keines der vorbereiteten Muster. Dies hängt nicht zuletzt mit dem doppeldeutigen Begriff des «Liberalismus» zusammen. Im tagespolitischen angloamerikanischen Sprachgebrauch bedeutet liberal eher links; der engere, bürgerlich verstandene Liberalismus des Boschkreises und Goerdelers wurde von Zeitgenossen und einer noch einige Jahre dominierenden englisch-amerikanischen Geschichtsschreibung über den Widerstand gegen Hitler nicht zuletzt aufgrund dieser begrifflichen Unterschiede eher als konservativ oder gar restaurativ betrachtet und blendete die ihm anhaftenden «fortschrittlichen» Elemente aus. Diese Sichtweise unterschätzt die Mehrdeutigkeit dieser Widerstandsbewegung, in der Liberale, Konservative und Sozialisten in «verschiedenen Mischungsgraden» und angetrieben vom «Grundanliegen wiederherzustellender Freiheit» ihre Meinungsunterschiede zurückstellten.[33]

Als ebenso schwierig erweist sich die Frage nach den geistesgeschichtlichen Wurzeln, der Einordnung und schließlich der Reichweite dieses Widerstands. Das Beispiel von Robert Bosch und des Boschkreises soll daher zur Beantwortung der Frage dienen, was grundsätzlich unter «liberalem Widerstand» zu verstehen ist. Hinsichtlich der Beurteilung liberaler Politik gegenüber der nationalsozialistischen Herausforderung fehlen noch einschlägige Untersuchungen; bislang findet sich am ehesten – und erst recht, wenn es um liberales Unternehmertum geht – eine ausgesprochen negative Einschätzung, für die folgende liberale Selbstkritik in mancherlei Hinsicht bezeichnend ist: «Auch die großen und kleinen Repräsentanten des politischen Liberalismus (...) wurden mehr oder weniger überzeugte Nazis, paßten sich an, machten mit, tarnten sich, verhielten sich still, versuchten sich und ihre Familien irgendwie durchzubringen und zu überleben.» (Hildegard Hamm-Brücher). Nach landläufiger Meinung, die auch in der historischen Forschung geteilt wird, hat es einen wirklichen «liberalen Widerstand» nicht gegeben: Die liberale Mitte, schon in den letzten Jahren der Weimarer Republik zwischen den Fronten zerrieben, habe keine eigenständige Widerstandskraft hervorbringen können. So blieb das aus dem Jahre 1983 stammende Verdikt Ralf Dahrendorfs weithin unwidersprochen: «Der deutsche Widerstand war einerseits sozialdemokratisch, andererseits kam er aus preußisch-rechtsstaatlichen Motiven von Militärs und Beamten; von Liberalen kam er nicht.»[34] Diese scheinbar gesicherte Erkenntnis der Widerstandsforschung führte dazu, die Forschung über liberale Regimegegner weitgehend zu vernachlässigen und unbestreitbare liberaldemokratische Traditionen bei den Widerstandskreisen um Rüdiger Schleicher und Hans von Dohnanyi zu übergehen.[35] Erst in den letzten Jahren entstanden Arbeiten, die sich mit diesem Defizit beschäftigen,[36] jedoch den Eindruck nahelegen, es handle sich bei den geschilderten Beispielen liberalen Widerstands um die Ausnahme, die lediglich die Regel bestätige.[37]

Das Wirken des Boschkreises läßt sich hierdurch aber ebensowenig befriedigend erklären wie die Anbindung der Stuttgarter an die Gruppierung des «bürgerlichen Widerstands», wenn diese tatsächlich, wie Hans Mommsen noch kürzlich betont hat, in ihrer konservativen Verhaftung die «vom Liberalismus repräsentierte aufklärerische Tradition (…) entschieden abgelehnt»[38] hätte. Eine solche These müßte erklären, warum sich der entschiedene Liberale Robert Bosch mit einer weit über eine «Notgemeinschaft» hinausgehenden Sympathie an den konservativ ausgerichteten Widerstandskämpfer Carl Goerdeler band. So stützt der Blick auf den Boschkreis in mancher Hinsicht die These Werner Jochmanns, der Nationalsozialismus sei im liberalen Milieu doch nur bedingt erfolgreich gewesen. Auch die unerbittliche Verfolgung all derer, die im «Dritten Reich» als liberal galten und das Schicksal vieler führender Vertreter der Liberalen nach 1933[39] bieten eine Bestätigung der Annahme, «daß der deutsche Liberalismus nach seinem politischen Scheitern eine geistige Kraft darstellte, die den Nationalsozialisten die Durchsetzung ihres Totalitätsanspruchs erschwerte und partiell unmöglich machte».[40] Auch über diese bislang merkwürdig vernachlässigten Zusammenhänge[41] möchte die Arbeit Aufschluß geben.

In einem Staat, in dem die Diktatur ihre Wirkung entfalten konnte, weil die allgegenwärtige Unterdrückung mit der partiellen Einwilligung der Unterdrückten erfolgte, wird die Unterscheidung zwischen dem moralisch Richtigen und dem Falschen ebenso wichtig wie schwierig: Während das Unternehmen Robert Bosch für die deutsche Wehrmacht und Hitlers Krieg produzierte, arbeitete der Boschkreis für den Umsturz. Aus diesem Grund soll auch die Statthaftigkeit der Argumentation des Boschkreises geprüft werden: War es nur deshalb möglich, effektiv die vielfältigen Bemühungen des Widerstands zu unterstützen und eigene Anstrengungen zum Sturz des Diktators zu wagen, *weil* das Unternehmen – und plangemäß im Sinne des nationalsozialistischen Staates – sein produktionstechnisches Soll erfüllte? Willy Schloßstein, einer der Protagonisten des Boschkreises, hat die Notwendigkeit der Camouflage später ganz lakonisch formuliert: «Was ist besser, sich erwischen zu lassen oder nach außen scheinbar mitzumachen, dafür unter der Decke immer mehr zu wirken?»[42]

Schon kurz nach dem Ende des Zweiten Weltkriegs wurde eine umfassende Würdigung des Lebenswerks Robert Boschs vorgelegt, in der ebenso überzeugend wie eindringlich auf die Sonderstellung des Unternehmers hingewiesen wurde: 1946 hatte der mit Robert Bosch befreundete Theodor Heuss dessen Lebenswelt überzeugend gewürdigt und Firmen- und Lebensgeschichte einfühlsam miteinander verbunden. Mit seiner moralisch argumentierenden Vorgehensweise entsprach das im Stil englischer «Life and letter»-Biographien geschriebene Lebensbild den Tendenzen der frühen Nachkriegszeit, ohne dezidiert wissenschaftlichen Ansprüchen genügen zu wollen. Für heutige Ansprüche reicht eine reine «Aktualisierung» des großen und auch heute noch unverzichtbaren Werkes von Heuss allerdings kaum aus. Forschung und Kenntnisstand der Zeit nach 1933 sind inzwischen mit großen Schritten vorangegangen; eine Darstellung der Geschichte des Widerstandes bei Bosch muß diesen ganz anderen Fragestellungen Rechnung tragen.

Vielleicht sah Theodor Heuss bereits die mannigfachen Schwierigkeiten eines solchen Unterfangens voraus, als er im Jahr 1946 prophezeite, wer «in dreißig oder vierzig Jahren an die Aufgabe einer Darstellung heranträte», wäre um das «Atmosphärische» ärmer, weil er der persönlichen Kenntnis des Mithandelnden beraubt sei, könne jedoch «von manchem Problem unbefangener sprechen, wo heute eine gewisse Zurückhaltung selbstverständliches Gebot ist».[43] Zweifellos wird man heute die Monstrosität des Nationalsozialismus und seiner allgegenwärtigen Zwänge anders darstellen, als sie dem Zeitgenossen vor Augen standen. Für Robert Bosch als einem Menschen einer Übergangszeit gilt zudem in besonderem Maße das Diktum von Maurice Halbwachs, der 1940 schrieb, es müßten eigentlich etwa fünfzig Jahre vergehen, bevor man eine gründliche Biographie verfassen könne. Und bedenkt man, daß sich inzwischen eine Vielzahl weiterer Quellen eröffnet hat, die einen neuen Blick auf den Widerstand ermöglichen, möchte man dem Satz von Virginia Woolf zustimmen: «There are some stories which have to be retold by each generation.»[44]

Die Frage, warum die Geschichte des Widerstands von Robert Bosch noch nicht vorliegt, läßt sich vergleichsweise einfach beantworten. Bereits Theodor Heuss hat auf eine traditionelle Zurückhaltung des Unternehmens vor «lauter Propaganda» verwiesen.[45] Zudem hat wohl die Vielschichtigkeit des Themas einen ernsthaften Versuch, die Widerstandstätigkeit des Boschkreises im Nationalsozialismus umfassend darzustellen, in den sechziger Jahren schon im Anfangsstadium scheitern lassen.[46] Wahrscheinlich spielt auch die resignierte Annahme eine Rolle, daß eine Berichterstattung über diesen Widerstand aus der Wirtschaft letztlich als unglaubwürdig zurückgewiesen werden könnte:[47] Herrscht doch in weiten Teilen der historischen Forschung die Ansicht vor, Firmendarstellungen und Editionen aus der Zeit des Nationalsozialismus seien schon deshalb selten, weil leicht der «Verdacht der Apologetik»[48] aufkomme. Und nicht zuletzt ist noch vor kurzem von einem Wirtschaftshistoriker, gleichsam entschuldigend, auf einen weiteren Grund verwiesen worden: «Etwas Neues über Robert Bosch selbst zu schreiben, ist nahezu unmöglich. Dazu wäre der Zugang zu neuem, bisher unverarbeitetem Material nötig. Dies erscheint aber gänzlich ausgeschlossen, vielmehr müßte ein solches Unterfangen an zeitbedingte Beschränkungen stoßen, die es heute schwer machen würden, all jenes Material zu mobilisieren, das Theodor Heuss für seine große Bosch-Biographie in den Jahren 1942 bis 1945 noch zur Verfügung gestanden hat.»[49]

Diese Bedenken sind heute nicht mehr stichhaltig: Die Quellenlage erweist sich als vergleichsweise gut, obwohl es keinen zentralen Bestand für eine Untersuchung des Gegenstandes gibt. Für einen Historiker, der sich mit dem Widerstand gegen Hitler beschäftigt, ist dies ein vertrauter Zustand: Die konspirativen Gespräche wurden in den seltensten Fällen protokolliert, manche historisch wichtigen Unterlagen, die in Stuttgarter Bürogebäuden aufbewahrt waren, wurden nach dem 20. Juli 1944 in aller Hast vernichtet, Materialien, die mittelbar zur Aufklärung vieler Vorgänge dienen könnten, gingen zur gleichen Zeit durch Bombenangriffe verloren. Trotz der in dieser Hinsicht desolaten Aktenlage im Robert Bosch Archiv ist die Quellenlage vornehmlich aus zwei Gründen zufriedenstellend. Zum einen gibt es recht ergiebige retrospektive Schilderungen von führenden Mitgliedern des Boschkreises, die zum großen Teil aus der unmittelbaren Nachkriegszeit stammen und, wenig beachtet, zum Teil schon Mitte der sechziger Jahre veröffentlicht wurden.[50] Hans Walz, der «Betriebsführer» des Konzerns und Kopf des Boschkreises, hatte schon im November 1945 eine umfangreiche Dokumentation der Stuttgarter Widerstandsaktivitäten angefertigt.[51] Der hohe Quellenwert liegt darin begründet, daß in dieser frühen Kompilation von einer ganzen Reihe von Interna der bürgerlichen Opposition berichtet wurde, die nur Eingeweihte wissen konnten. Der Privatsekretär Robert Boschs, Willy Schloßstein, stellte zudem im Januar 1947 eine ausführliche Schrift zusammen, in der die Haltung des Firmengründers und seiner Mitarbeiter umfassend dargestellt wurde und die einen guten Einblick in die Widerstandsarbeit erlaubt. Eine inhaltlich wesentlich erweiterte Fassung dieser Denkschrift findet sich im Bundesarchiv im Nachlaß von Gustav Stolper, dem dieses Memorandum wahrscheinlich im Rahmen einer Reise als wirtschaftlicher Sachverständiger für Herbert Hoover im Jahr 1947 zugänglich gemacht wurde.[52] Zwei herausragende Persönlichkeiten des Boschkreises, Albrecht Fischer und Paul Hahn, haben über ihre Widerstandserfahrungen, ihre Gestapohaft und ihre Verfahren vor dem Volksgerichtshof ebenfalls Berichte angefertigt.[53]

Angesichts der schlechten originären Überlieferung ist der Historiker auf solche Zeugnisse zwingend angewiesen. Selbstverständlich muß er diese Berichte kritisch beurteilen und bedenken, daß der Vorgang des Erinnerns immer auch ein schöpferischer Akt ist und in Betracht ziehen, daß der Autor das Geschilderte im bestmöglichen Licht erscheinen lassen möchte. Die eigentliche Aufgabe des Historikers besteht in diesem Fall darin, Aussagen der Zeit nach 1945 kritisch abwägend gegenüber den Quellen zu betrachten, die aus ihrem zeitlichen Zusammenhang heraus «objektiver» über die Geschehnisse Auskunft geben können.

Zu diesen zeitgenössischen Dokumenten, die einen Einblick in das Denken des Boschkreises bieten, zählen etwa die sogenannten «Verfolgerakten», zumeist umfangreiches Material, das die Gestapo nach dem Attentat auf Hitler vom 20. Juli 1944 gesammelt hat und das – ergänzt durch einen glücklichen Fund der Verhörprotokolle einiger der Protagonisten – ausgewertet wurde.[54] Die Quellenkritik hat hier von einem ganz anderen Blickwinkel her zu erfolgen, handelt es sich doch hierbei um die Analyse von Gestapoaussagen, die unter psychologischem Druck erpreßt und, im Falle Paul Hahns, gar durch Folter erzwungen worden waren.

Diese Quellen werden ergänzt durch reichhaltiges Material, das als Parallelüberlieferung durch die vielfältigen Auslandsverbindungen des Boschkreises angefallen ist. Über diese Kontakte war die Forschung bislang nur bruchstückhaft informiert. Nach frühen Hinweisen in den Überblicksdarstellungen von Hans Rothfels und Allen Dulles[55] gab es zwar manche – allerdings meist kursorische – Hinweise in Memoiren und Veröffentlichungen der damals Beteiligten, aber diese Angaben waren so lückenhaft, daß ein geschlossenes Bild der Widerstandsaktivitäten nicht gezeichnet werden konnte. Erst durch die Hinzuziehung archivalischer Bestände konnte das Mosaik komplettiert werden.

Vor allem die britische Überlieferung der Widerstandsbemühungen der Jahre 1938 bis 1940 ist hier zu nennen, die sich im Churchill College in Cambridge befindet und die den intensiven Kontakt zwischen dem Boschkreis und den englischen «go-betweens» um Malcolm Christie und den deutschen Gewährsmann Hans Ritter beleuchtet. Ähnliches gilt für die im Londoner Public Record Office verwahrten Akten über die Friedensfühler des Jahres 1941, mit dem der Boschkreis eine Kriegsbeendigung zu erreichen suchte. Besonders aussagekräftig sind jene Akten, die über die Verbindungen zu amerikanischen Diplomaten in der Schweiz und dem Geheimdienst OSS vorliegen, und die in den National Archives in Washington D.C. archiviert sind.

Diese zeitgenössischen Gegenüberlieferungen ergänzen und bestätigen die bereits erwähnten Nachkriegsberichte: Die Korrektheit der Überlieferungen von Hans Walz, Albrecht Fischer, Paul Hahn und Willy Schloßstein und der ergänzenden Berichte weiterer Mitglieder des Boschkreises wird durch die archivalischen Befunde in allen grundsätzlichen Angelegenheiten

gestützt. Die Quellen der aus den Jahren 1945 bis 1947 stammenden Nach-
kriegsüberlieferung wurden deshalb zur Ergänzung des originären zeitgenössischen Materials herangezogen: An *keiner* Stelle widersprechen
diese nach Kriegsende angefertigten Berichte den von alliierter Seite
überlieferten Dokumenten der Jahre vor 1945 oder entsprechenden zeitgenössischen Exposés über den Charakter der Verschwörer um Robert
Bosch, Boschkreis und Carl Goerdeler. Bestätigung findet diese Erkenntnis dadurch, daß auch die Ermittlungsprotokolle der Gestapo und die Aufzeichnungen über die Verhöre der «Sonderkommission 20. Juli» die Stimmigkeit der späteren Erinnerungen des Boschkreises attestieren. Auf den
Befund, daß die Berichte der Zeit nach 1945 dem kritischen Blick des
Historikers standhalten, soll nicht zuletzt deswegen besonders hingewiesen werden, weil die Mitglieder des Boschkreises zur Zeit der Abfassung
ihrer Nachkriegsberichte noch gar nicht ahnen konnten, daß ihre Angaben
einmal einer späteren Überprüfung unterzogen werden würden.

Über die für den Boschkreis wichtigen Außenbeziehungen des Widerstands[56] sind wir durch zwei grundlegende Untersuchungen inzwischen
gut unterrichtet. Klemens von Klemperers ebenso beeindruckendes wie
zuverlässiges und in seinen Beurteilungen beispielhaft ausgewogenes Werk
über die «Verlassenen Verschwörer» bietet eine Übersicht über die Auslandskontakte der Jahre von 1938 bis 1945,[57] Ulrich Schlies minutiöse Darstellung über die «geheimen Gespräche im Zweiten Weltkrieg» beschäftigt
sich vornehmlich mit den Jahren 1939 bis 1941.[58] Beide Werke bilden einen
fundierten Ausgangspunkt für die Erforschung des «liberalen Widerstands». Ähnliches gilt für die Biographie Carl Goerdelers von Gerhard
Ritter.[59] Trotz aller Kritik bleibt festzustellen, daß Ritters «Einschätzungen
im großen und ganzen auch heute noch gelten können»,[60] zumal umfassende Arbeiten zu Goerdeler für die Zeit nach seinem Ausscheiden aus dem
Amt als Oberbürgermeister nicht vorliegen. Zum Boschkreis kann man auf
einige kleinere Vorarbeiten zurückgreifen.[61]

Aus den Mosaiksteinchen der Akten und Sekundärliteratur ergibt sich
ein Bild über die bisher nur umrißhaft bekannten Bemühungen des Boschkreises, das eine den Umständen entsprechend gesicherte Geschichte dieses
Widerstandes ermöglicht. Insgesamt hat sich eine im wesentlichen chronologische Vorgehensweise als sinnvoll erwiesen. Es ist allerdings für das Verständnis der Haltung Robert Boschs und seiner führenden Männer in der
Zeit des Totalitarismus notwendig, auf die Entwicklung Boschs vor 1933
einzugehen, nicht zuletzt um die Problematik einer in einem wegweisen-
den Aufsatz vertretenen generalisierenden Auffassung zu verdeutlichen, im
deutschen Widerstand hätten im allgemeinen Persönlichkeiten gefehlt, die
als «typische Repräsentanten der Weimarer Republik gelten» können.[62].
Dies bedingt, daß neben die Analyse die erzählende Geschichtsschreibung
tritt. Dies liegt weniger im Anspruch, zu zeigen, wie es eigentlich gewesen
ist, als in der notwendigen Ausbreitung noch nicht bekannten Aktenmate-

rials, das erst den ganzen Umfang der Widerstandstätigkeit des Boschkreises zeigt und die Einordnung ermöglicht. Erst wenn man die Ereignisse in ihren größeren Zusammenhang stellt, den geistesgeschichtlichen Ursprung skizziert, das liberale Denken Robert Boschs und seines Umfelds schildert, das sich in vielen Jahrzehnten ausgebildet und gefestigt hatte, sozusagen die «longue durée» liberaler Denkkategorien erfaßt, wird deutlich, wie demokratische Traditionen auch in der Gefährdung fortlebten und zur Grundlage für den Widerstand gegen die totalitäre Versuchung werden konnten.

Von dieser Grundüberlegung her ist die Arbeit in sechs Abschnitte gegliedert. Im *ersten Kapitel* wird zunächst die liberale Lebenswelt und das politische Denken Robert Boschs im Wilhelminischen Reich erläutert, das später als Grundlage der geistigen Unabhängigkeit gegenüber dem Nationalsozialismus diente. Hier wird zudem die dezidiert politische Betätigung in der Weimarer Republik zu schildern sein, die auf der Anerkennung der Lebensfähigkeit des demokratischen Regierungssystems beruhte und die Voraussetzung für den Weg in den Widerstand war. Im *zweiten Kapitel* wird eine Phase des schwierigen Übergangs dargestellt, in der sich zwischen «Machtergreifung» 1933 und Kriegsbeginn 1939 Hoffnung und Resignation zunächst die Waage hielten und in der schließlich seit 1936/37 der Weg zum aktiven Widerstand gewählt wurde. Die dem «Dritten Reich» anhaftende Dynamik bedingte dabei eine ständige Neubewertung und ein Überdenken des Handelns. Weil sich das widerständige Verhalten nicht zuletzt in der politischen und persönlichen Hilfe für bedrängte Juden widerspiegelte, soll hierauf im *dritten Kapitel* eingegangen werden. Die sich zur verzweifelten Entschlossenheit entwickelnde, bisweilen wieder ins Resignative abschweifende Opposition gegen Hitler soll im *vierten Kapitel* anhand der Maßnahmen und Überlegungen nachgezeichnet werden, die der «Boschkreis» während des Krieges für den Widerstand leistete und die in den aktiven Umsturzvorbereitungen ihren Höhepunkt und Abschluß fanden. Hier wird auch auf die schwierige Stellung eines Unternehmens zwischen Anpassung und politischer Opposition einzugehen sein. Im *fünften Kapitel* werden die vorbereitenden Maßnahmen und Überlegungen und schließlich das Ende der Verschwörung des 20. Juli mit ihren dramatischen Folgen für den Boschkreis behandelt. Das *sechste Kapitel* wirft einen Blick auf die Rezeption des Widerstands des Boschkreises, bevor der zusammenfassende Ausblick eine abschließende Bewertung ermöglicht.

Erstes Kapitel

Ein liberaler Unternehmer

1. Eine industrielle Karriere im Kaiserreich

Robert Bosch stammte von der schwäbischen Alb und wurde 1861 in Albeck in der Nähe von Ulm als elftes von zwölf Kindern eines Landwirts geboren, der an der Straße nach Ulm ein Gasthaus betrieb. Der Vater, ein Freigeist, gehörte zu den ersten Mitgliedern der 1863 gegründeten «Deutschen Volkspartei», die auch im Schwäbischen einen hohen Anteil von «Achtundvierzigern» aufwies.[1] Bosch schilderte in seinen «Lebenserinnerungen» den Vater als Freimaurer, überzeugten Demokraten und nicht zuletzt als «Gegner Bismarcks und des Preußentums» – eine politische Agenda, die Robert Bosch nach einer kritischen Prüfung übernahm.[2] Die kaum ins Auge fallenden Ulmer Lehrjahre trugen später wohl dazu bei, in ihm die Neigung nach einem qualifizierten Ausbildungsgang als Voraussetzung der «Erziehung zum Beruf» zu wecken.

Während Bosch in den folgenden Jahren in Betrieben für Feinmechanik und Werkzeugmaschinenbau Erfahrungen sammelte – die Militärzeit 1880/81 blieb eine eindruckslose Episode – bot sich ihm die ganze Faszination der neuen technischen Disziplinen, die auf der Woge des anhaltenden Fortschrittsoptimismus scheinbar von Erfolg zu Erfolg eilten. Während seiner Tätigkeit bei dem fränkischen Industriellen und Techniker Siegmund Schuckert lernte er in diesem einen Unternehmertypus kennen, der später für das 20. Jahrhundert so prägend werden sollte: einen «Manager», der wissenschaftlich-kaufmännisch dachte.

Robert Bosch ging einen anderen, vergleichsweise traditionell anmutenden Weg. An der Technischen Hochschule Stuttgart schrieb er sich 1883/84 ein, um sein praktisch erworbenes Wissen auch theoretisch zu untermauern. Die persönliche Biographie stimmte hier mit dem Zug der Zeit überein, der atemberaubenden technischen Entwicklung eine fundierte wissenschaftliche Basis zu geben. In diese Periode fiel auch die Bekanntschaft mit Gustav Jaeger, der an der Schwelle zwischen moderner Wissenschaft und individualistischer Pseudowissenschaftlichkeit tierärztlich und medizinpolitisch arbeitete. Dieser streitbare Anhänger der Lehren Darwins beeindruckte Robert Bosch: Sein asketischer persönlicher Lebensstil hatte hier ebenso seinen Ursprung wie die lebensreformerische Sorge um die menschliche Gesundheit, die zu seiner intensiven Beschäftigung mit der Homöopathie führte und seine sozialreformerischen Initiativen wesentlich beeinflußte.

Als Bosch im Jahr 1884 eine längere Amerikareise unternahm, entsprach dies durchaus einer bürgerlichen Mode,[3] in der Neuen Welt ein mögliches

Modell für die eigene Zukunft zu finden. Die Erfahrungen vermittelten ihm eine Weltläufigkeit, für die nationale Grenzen keine unüberwindbaren Schranken mehr darstellten. Trotz aller Bewunderung für die industriellen Innovationen und für die gesellschaftliche Mobilität der USA blieb das Fazit zwiespältig. Bosch kam als erklärter «Demokrat»[4] in den USA mit der sich allmählich etablierenden amerikanischen Arbeiterbewegung in Berührung, die nur wenig mit der proletarischen Massenbewegung in Deutschland gemein hatte, die durch Bismarcks Sozialistengesetz stark unter Druck stand. In den Vereinigten Staaten war die Arbeiterbewegung lockerer, undogmatischer und vielseitiger organisiert, es mangelte ihr aber an der Ernsthaftigkeit und Durchsetzungskraft ihres europäischen Gegenparts. Einer dieser Vereinigungen schloß Bosch sich an: den «Knights of Labor», die sich mit ihren Schweigegelöbnissen, Schwurformeln und romantischen Reminiszenzen als eine Mischung aus Geheimloge und Gewerkschaft erwies.

Was Bosch an dieser schillernden Gemeinschaft letztlich anzog, wird im einzelnen wohl kaum noch zu ergründen sein. In der eigenen Erinnerung an diese frühen Erfahrungen schwingt jedenfalls die aus der Retrospektive verständliche Skepsis gegenüber den «Rittern der Arbeit» unverkennbar mit. Sicherlich war die erste politische Organisation, der Bosch sich anschloß, ein Kind ihrer Zeit und eine Einrichtung, die den Zenit ihrer Wirkung bereits überschritten hatte. In der Neuen Welt setzten sich «modernere», die öffentliche Meinung stärker einbeziehende Arbeitervertretungen durch, die vor Streiks nicht mehr zurückschreckten und der Romantik der Arbeit, wie sie die «Knights of Labour» repräsentierten, verständnislos gegenüberstanden. Robert Bosch ließ sich zwar nicht eingehender mit den kaum auf deutsche Verhältnisse übertragbaren amerikanischen Gegebenheiten ein, aber ein Brief aus dem Jahr 1885 an seine spätere Frau verriet dennoch die starke Wirkung, die jene Auseinandersetzungen der Zeit hinterließen und die ihm ein allerdings noch recht grobes Verständnis einer sozialistischen Gesellschaft vermittelten. Als «Sozialist» plädierte er dafür, das Gemeingut von «wählbaren Beamten» verwalten zu lassen. Eine genaue Vorstellung über eine arbeitsteilige Gesellschaft hatte er trotz aller Sympathie für den Sozialismus jedenfalls nicht.[5]

Die jugendlich-idealistischen Bekenntnisse, die als «eigentümliche Mischung von nüchterner Lehrhaftigkeit und vorsichtiger, doch gefühlsbetonter Werbung»[6] bezeichnet worden sind, hatten mit ihren romantischen Anklängen mit den wirtschaftlich argumentierenden Überlegungen des «wissenschaftlichen Marxismus» wenig zu tun. Eher handelte es sich um einen enthusiastischen, aus der praktischen Arbeit begründeten und humanistisch gedachten Appell Lassallescher und Weitlingscher Prägung. Aber zweifellos trug das Bild eines idealen Sozialismus, das Bosch entwickelte, ganz individuelle Züge jenseits aller politischen Konventionen. Die sozialistischen Mischformen, die sich in den theoriefernen USA besonders fruchtbar entwickeln konnten, waren ihm allerdings bald ebensowenig geheuer wie die Sozialverfassung eines Staates, in dem der Anspruch des «equal under law» mit der Realität hart aufeinanderstieß. Dem «Schwärmer», als der er sich bezeichnete, gefiel es nicht in dem Land, «in dem der Eckstein der Gerechtigkeit fehlte: die Gleichheit vor dem Gesetze».[7]

War in solchen apodiktischen Urteilen der Gedanke der Suche nach einer gerechten Gesellschaft angedeutet, so spiegelte sich die eigensinnig individualistische Ausprägung seines Denkens auch in seinen Ansichten zur Religion. Hier verband er eine agnostische Weltsicht mit dem Bestreben, eine auf Ausgleich bedachte Gesellschaft zu finden: «Meine Religion gipfelt in einem Wahlspruch: ‹Sei gerecht›. Mein Gott ist die Menschheit resp. das ganze Weltall.»[8] Eine teleologische Tiefe im Hinblick auf religiöse Streitfragen wird man in seinen Briefen auch später nicht finden. Auch die vielbeschworene These Max Webers, der Kapitalismus sei auf dem Nährboden der protestantischen Ethik gewachsen, bietet nur bedingt Anknüpfungspunkte. Kaum zu übersehen ist jedoch die anthropozentrische Sichtweise des Autodidakten Bosch.

Die Nähe zur praktischen Anschauung wird man jedoch nicht mit Naivität oder mangelnder intellektueller Schärfe gleichsetzen dürfen, obwohl sich Bosch bewußt als Anti-Intellektualer gab. Ein rebellischer Eigensinn, der dem Individuum ausreichend Platz ließ, eine früh selbst erkannte Schroffheit, die Günstlinge abwies und Intrigen fast unmöglich machte, und schließlich ein durch den Glauben an die Richtigkeit des eigenen Tuns noch gefördertes Selbstbewußtsein, das Außenstehenden leicht als Arroganz und Einbildung erschien, waren jedenfalls Eigenschaften, die sich in den achtziger Jahren ausprägten und zeitlebens bestimmend blieben: Ein im Charakter angelegter Grundzug des Widerspruchs, der das Auskommen mit ihm schwierig machte, aber auf der anderen Seite zu einem Gutteil dazu beitrug, daß er später gegenüber den Verlockungen des Nationalsozialismus standhielt. Der später hingerichtete Widerstandskämpfer Fritz Elsas, der Bosch gut kannte, hatte einmal pointiert das Besondere des Unternehmers beschrieben, der sich von der Geschäftswelt im kaiserlichen Deutschland radikal abhob: «Bosch war und blieb sein ganzes Leben lang ein einfacher Mechaniker. In seinem ganzen Wesen war er schwäbisch, aber mehr mit dem groben Einschlag als mit dem besinnlich-philosophischen. Er war durchaus ein Eigenbrötler, nahm nie ein Blatt vor den Mund, wem auch immer er gegenübertrat und konnte eigensinnig bis zur Unerträglichkeit sein (...) Im Wesen übertrieben salopp, Äußerlichkeiten jeder Art bewußt vernachlässigend (...) war er im Betrieb ein moderner, großzügiger und fortschrittlicher Unternehmer.»[9]

Solche Beobachtungen werfen die Frage nach den sich im Verlauf der achtziger Jahre festigenden Grundanschauungen auf, die für Boschs weiteren Lebensweg bestimmend werden sollten. Es wäre ein Fehlschluß, der immerhin naheliegenden Annahme zu folgen, die bäuerliche Herkunft habe Bosch wesentlich geprägt. Zunächst muß man daran erinnern, daß Bosch aus einem großbäuerlichen Milieu stammte, von dem er sich allerdings schon bald durch seine handwerklich-industrielle Tätigkeit entfernte. Viele Unternehmer entfremdeten sich im unruhigen und eine bislang unbekannte soziale Mobilität versprechenden Kaiserreich ihrer Wurzeln, wenn sie auch in ihrer Mehrzahl nicht einem feudalistisch-aristokratischen Lebens- und Denkstil verfielen.[10] Demgegenüber verwies Bosch wiederholt auf seine Herkunft aus dem «Arbeiterstand». Seine aus der «Verzweiflung am Bürgertum»[11] und dessen sozialen Unverständnis erwachsende Sympathie mit der sozialistischen Bewegung belegen ein anderes Selbstverständnis, das sich aus dem Bewußtsein speiste, «unterm Volke aufgewachsen» zu sein.[12] Grundlage, wenn nicht sogar Voraussetzung für diese Einstellung, die gesellschaftliche Berührungsängste nicht kannte, war die bürgerlich-städtische Prägung des Elternhauses, dessen liberale Werte die Basis für Robert Boschs politisches Denken bildeten.[13]

Das Grenzgängerische Robert Boschs, das ihn zeitlebens begleitete, trat in der Wendung zum modernen Industriestaat und seinen Herausforderungen bereits zutage. Die Probleme der industriellen Arbeitswelt wurden ihm spätestens bewußt, als er Ende 1886 im Alter von 25 Jahren seine eigene «Werkstätte für Feinmechanik und Elektrotechnik» gründete. Gerade in den achtziger Jahren, in denen er seinen Kleinbetrieb mehr recht als schlecht über Wasser hielt, verstand er sich mehr als industrieller Arbeiter denn als Mann der Geschäftswelt. Als wenig hilfreich müßten daher Bemühungen gewertet werden, Robert Bosch in das Raster «typischer» Unternehmerpersönlichkeiten der Hochindustrialisierung zu pressen. Dies wäre zwangsläufig mit einer ganzen Reihe von Spekulationen verbunden. In dem gleichen Maß, wie die allzu statischen Versuche, überhaupt verallgemeinernd von einem «organisierten Kapitalismus» seit dem Ende des 19. Jahrhunderts zu sprechen, an Plausibilität verloren haben,[14] ist gerade mit Blick auf die Unternehmerforschung die Tendenz zu beobachten, «weniger grundlegend neue Theorien zu entwickeln als vielmehr die vorliegenden durch den Blick auf die Regionen zu überprüfen und zu präzisieren».[15] Ein einheitliches Bild eines «Großunternehmertums» im von rastloser Dynamik gekennzeichneten Wilhelminischen Kaiserreich wird sich daher nur schwer zeichnen lassen, weil hier wie in anderen Schichten Deutschlands zwar ein Übergang vom linken zum rechten Nationalismus zu beobachten war, Elemente von Tradition und Moderne, Fortschrittsglauben und Kulturpessimismus sich aber dennoch oft kaum entwirrbar durchmischten: Auch für Unternehmer traf zu, daß die Berufung auf die Nation durch ein «spezifisches Gemisch von Partizipation und Aggression» gekennzeichnet war.[16]

Freilich, man wird nicht kategorisch sagen können, Robert Bosch sei eine unternehmerische Ausnahmeerscheinung par excellence gewesen. In mancher Hinsicht steht er vielmehr beispielhaft für den Typus eines Erfinder-Unternehmers in Abgrenzung zu Kaufleuten und Finanzmännern, ein «Fachmann», wie Werner Sombart ihn bezeichnet hat,[17] gleichsam emblematisch für die vielfältigen unternehmerischen Entwicklungsmöglichkeiten in einem aufstrebenden Industriestaat der Jahrhundertwende. Sein Bildungs- und Berufsweg entsprach mit der höheren Schulbildung, den praktischen Berufs- und Auslandserfahrungen durchaus dem gängigen Muster einer Unternehmerkarriere im Deutschen Kaiserreich.[18] Aber seine Geisteshaltung läßt sich nur unter großen Schwierigkeiten in irgendeines der gängigen Muster einer unternehmerischen Mentalität der Bismarckzeit und der Wilhelminischen Ära einpassen.[19] Im Gegenteil: Während in der wilhelminischen Zeit ein Rückzug der Unternehmer aus der Sphäre der öffentlichen Politik zu beobachten war, der einer «weitgehend kritiklosen Assimilation» an das Bestehende gleichkam und auf die «verantwortliche Mitgestaltung» bewußt verzichtete,[20] blieb Bosch ein betont politischer Mensch.

Im Gegensatz zu vielen seiner späteren Standeskollegen war das soziale Interesse Robert Boschs stets besonders ausgeprägt. Diese Dynamik trug zweifellos dazu bei, die durch Reformation und Pietismus beförderte gewisse altwürttembergische Provinzialität[21] nicht zum Zuge kommen zu lassen: Das früh entwickelte Selbstbewußtsein paarte sich mit individualistischen Tendenzen, die jeglicher Inanspruchnahme durch etablierte Institutionen, sei es nun Kirche oder Staat, mit großer Skepsis entgegentraten. Bosch hatte eigene Glaubensüberzeugungen, die den Vorstellungen kirchlicher Religiosität wenig entsprachen. Das Wirken der Amtskirchen betrachtete der Agnostiker bis in die dreißiger Jahre, als der innere Gegensatz zwischen Kirchen und nationalsozialistischem Staat zu einer deutlichen Milderung seiner Anschauungen führte, geradezu mit Verachtung, weil seine Maxime der «Gerechtigkeit» durch die praktische Politik der großen Kirchen in seinen Augen weder angestrebt noch verwirklicht wurde. Zu dieser Skepsis trat ein «ungewöhnlicher Drang nach Bindungslosigkeit»,[22] der, prägnant und schroff, dazu führte, die Geschichte des Christentums fast blasphemisch als Nebensächlichkeit zu bewerten:[23] Es war ein «Puritanertum ohne Religion»,[24] das Bosch denn auch zu einem Verständnis von Religion gelangen ließ, dessen liberaler Grundzug ihn bis ans Lebensende begleitete.[25] Die praktische Konsequenz aus diesem ethischen Rigorismus vollzog er 1908 mit dem Kirchenaustritt. Er blieb der Freigeist, dessen Pflichtbewußtsein auf humanitärem Denken basierte. Noch kurz vor seinem Tode teilte Bosch einem Besucher mit, er sei nicht kirchlich, aber durchaus gottgläubig.[26]

Boschs Weg zur unternehmerischen und gedanklichen Selbständigkeit fiel in eine Zeit des technisch-ökonomischen Aufbruchs. Die Elektroindustrie wurde zu einem Motor der «zweiten industriellen Revolution». Trotz dieses einheitlichen Trends verlief dieser Prozeß allerdings in den verschiedenen Bereichen und Regionen durchaus unterschiedlich. Die jungen, expandierenden exportorientierten Industriezweige wandten sich vehement gegen Zölle, die von Agrarverbänden und Teilen der Eisen- und Stahlindustrie als Schutz gegen unliebsame ausländische Konkurrenz verfochten wurden. Im Rahmen dieser heftigen Auseinandersetzung[27] war auch die Frage von Kartellen nicht unumstritten. Robert Bosch befürwortete aufgrund eigener Erfahrung einen freien Markt, obwohl ihm der Manchesterliberalismus in seiner Radikalisierung liberalen Denkens unter ethischen Aspekten wohl schon immer problematisch erschien. Ebenso wie er grundsätzlich die Wirksamkeit von Kartellen bezweifelte, lehnte er jedoch staatliche Eingriffe ab. Dies hing auch damit zusammen, daß er die Folgen der Industrialisierung als letztlich positiv bewertete. Die traditionelle Not, die Bosch in der Jugend hatte miterleben können, war durch die technischen Innovationen und durch die Schaffung neuer Industrien beseitigt worden, der Lebensstandard stieg und die «soziale Frage» werde sich, so war er überzeugt, auch oder gerade ohne bürokratische Eingriffe bewältigen lassen.

Er stand insofern ganz im Einklang mit einer württembergischen Grundstimmung, die gegen eine rigide Schutzzollpolitik eingestellt war und für eine weitgehende Freihandelspolitik eintrat.[28] Boschs Mitarbeit im «Verband Württembergischer Industrieller», dem er 1907 beitrat, war die konsequente Anwendung eines Kurses, den Gustav Stresemann wenig später als «freihändlerische extrem-liberale Politik»[29] bezeichnet hat. Auch in anderen Bereichen zeigte sich der spezifische Liberalismus des süddeutschen Staates. Das gewerbliche Fortbildungswesen war hoch entwickelt und schärfte Boschs Verständnis für die Bedeutung einer umfassenden betrieblichen Ausbildung: Sein Hinweis auf das besondere soziale Verständnis, das im «jüngeren Unternehmertum Süddeutschlands» zu finden sei,[30] war auch ein Bekenntnis zur regionalen Tradition.

Das selbstsichere lokalpatriotische Bewußtsein, in Württemberg sei alles etwas anders, zeigte sich nicht allein im Ökonomischen. In scheinbar gegenläufiger Entwicklung zu den politischen Tendenzen des Fin de siècle vermochten sich die nach dem Ende des Sozialistengesetzes reichsweit immer erfolgreicheren Sozialdemokraten im Südwesten zwar vergleichsweise weniger schnell zu etablieren; aber die Tatsache, daß die SPD «reformistisch prädisponiert» war,[31] erleichterte ihr eine breitere politische Basis und Akzeptanz.[32] Es war kein Zufall, daß sich in Stuttgart in dieser Zeit der Parteiverlag Dietz und die Zentrale der Metallarbeitergewerkschaft ansiedelten.

Ohne das Idealbild einer konfliktfreien Region zeichnen zu wollen, muß festgehalten werden, daß das moderate politische Klima des Südens manches milderte, was durch Kompromißlosigkeit im Westen und Norden Deutschlands langfristig verhängnisvoll wirkte. In Südwestdeutschland klangen selbst die radikalen Stimmen jeglicher Couleur gedämpft. Auch der

Liberalismus war ein anderer als in Preußen, und obwohl über die regionale Bedeutung liberaler Kräfte noch zu wenig bekannt ist, läßt sich wohl sagen, daß der südwestdeutsche Liberalismus gegenüber der preußischen Variante in mancher Hinsicht aufgeschlossener war.

Man kann den Liberalismus Friedrich Naumanns zur Definitionsgrundlage bestimmen, weil sich Robert Bosch zeitlebens auf ihn berief, ohne allerdings in die Tiefen und Untiefen seines theoretischen Gedankengebäudes vorzudringen. Bosch bedauerte später mit einer charakteristischen Begründung, nicht öfter mit Naumann, zu dem sich eine «späte männliche Freundschaft» entwickelte, zusammengearbeitet zu haben: Er habe sich vom national-sozialen Verein nicht viel versprochen, «weil die Socialdemokraten zu leichtes Spiel hatten bei dem mangelnden socialen Verständnis der Unternehmerkreise jener Zeit».[33]

Diese Überlegungen standen im Zusammenhang mit den strukturellen Veränderungen, denen die bürgerliche Gesellschaft seit der zweiten Hälfte des 19. Jahrhunderts unterworfen wurde und die das liberale Selbstverständnis der Zeit bestimmten. Liberalismus und Demokratie mußten sich trotz einer unbestreitbaren Affinität in ihrer geschichtlichen Entwicklung nicht zwingend bedingen, und dem Liberalismus war seit seiner Entstehung der Gedanke immanent, daß er berechtigt sei, in verschiedenen Formen aufzutreten. Von einer ursprünglich auf Freiheit und Einheit ausgerichteten bürgerlich geprägten Idee wurde der Liberalismus im Verlauf der Industrialisierung immer stärker zu einer großbürgerlichen Ideologie, die sich gleichzeitig vom erstarkenden Sozialismus wie vom beharrenden Konservatismus absetzen mußte. Weil der Fortschrittsgedanke verblaßte, das Leitbild einer staatsfreien Gesellschaft an Glanz verlor und mit ihm der Glaube an die bildende Kraft des Individualismus, andererseits die gewerkschaftlichen industriellen Interessenverbände an Einfluß gewannen, ist es berechtigt, angesichts des offenkundigen Niedergangs des Liberalismus von einer «strukturellen Krise»[34] zu sprechen. Die vom Unternehmertum als «Herausforderung von unten» und als Bedrohung empfundene Entwicklung fand ihrerseits Ausdruck in einer starken Verunsicherung. Die schwindende Anziehungskraft eines weitgehend interventionsfreien staatlichen Bereichs und eines freien Marktes bei zunehmender Attraktivität sozialistischer und konservativer Gegenentwürfe stellte die Liberalen vor das Dilemma, sich den Entwicklungen anpassen zu müssen und staatsinterventionistische Problemlösungen zu akzeptieren, die mit ihrem Credo nicht zu vereinbaren waren. Auf lange Sicht schwächte dies alle liberalen Strömungen, die im Bemühen um Attraktivität und Abgrenzung gegen die konkurrierenden Modelle an Profil verloren. Allerdings beantwortete der wesentlich von Friedrich Naumann begründete Sozialliberalismus eine ganze Reihe der offenen Fragen, indem er den Individualismus den Erfordernissen der Industriegesellschaft anpaßte, und soziale Reformen im Sinne einer Gleichberechtigung anstrebte, die auch den sozialdemokratischen

Revisionismus im Visier hatte: «Koalitionsrecht, Betriebsverfassung (die ‹Konstitutionalisierung› der Fabrik), Anerkennung der Gewerkschaften und Tarifverträge, Ausdehnung der Sozialversicherung, auch auf die Arbeitslosen, Minderung der krassen Vermögens- und Einkommensunterschiede, Wohnungspolitik».[35]

Bosch war nie Verfechter eines frühliberalen «Nachtwächterstaates» gewesen. Die politisch-weltanschaulichen Überlegungen, zu denen sich der Liberalismus nun jedoch herausgefordert sah, stellten für ihn zunächst nur eine Art Hintergrundgeräusch dar, das der allem Theoretisieren abgeneigte Fabrikant zwar wahrnahm, das ihn aber wenig interessierte: Der Zug zum Interventionsstaat, die Verbindung von Parteien- und Interessenverbänden, die im zunehmend klassenbewußten Bürgertum als Antwort auf die «Struktur- und Anpassungskrise»[36] zu verspüren war, blieb ihm fremd: Bosch war ein Liberaler der Tat, nicht des Gedankens.

In der Praxis erwies sich schnell, wie eine noch herkömmliche liberale Wirtschaftspolitik in einem Kleinbetrieb umgesetzt werden konnte: Weil durch Leistungsanreize die Produktivität gesteigert werden sollte, wurde die – ungewöhnliche – Anstellung auf Probe erfolgreich eingeführt; neben den Grundlohn trat ein höherer Akkord- und Überstundenlohn; auf Anregung der Belegschaft wurde 1894/95 der Neunstundentag eingeführt und der Achtstundentag in Aussicht gestellt. Im Betrieb herrschte politische Offenheit; persönliche Ansichten spielten keine Rolle, solange die disziplinarisch durchgesetzte Betriebsordnung nicht angetastet wurde.

Mit dem politischen Tagesgeschäft beschäftigte sich Robert Bosch in diesen Jahren nur am Rande und teilte die weitverbreitete bürgerliche Abneigung, sich überhaupt parteipolitisch zu betätigen, selbst wenn liberale Mitstreiter ihn gelegentlich auf Parteiveranstaltungen gesehen haben wollten.[37] Boschs spätere Reflexionen zeigen gleichwohl, daß er mit den Strömungen der liberalen Politik der Zeit durchaus vertraut war, die durch gegensätzliche Entwicklungen, sozusagen zwischen Bebel und Bismarck,[38] sein politisches Denken prägten. Während der undogmatisch-schwärmerische Sozialismus der frühen Jahre durch die Betriebsgründung entscheidend korrigiert wurde und die Begegnungen mit Karl Kautsky, der in einer Etage des Wohnhauses Boschs die «Neue Zeit» redigierte, die Herausforderungen eines kämpferischen Sozialismus im Bewußtsein hielten, blieb die Konfrontation mit der Sozialdemokratie eine ständige Herausforderung. Die SPD blieb zeitlebens nicht erbitterter Feind, sondern nur sympathischer Gegner. 1894, in einer Zeit, in der die anti-industrielle und reaktionäre Gegenpropaganda des soeben gegründeten «Bundes der Landwirte» einen Rechtsruck wahrscheinlich machte, erklärte Bosch seinem Schwager, er wolle «den sehen, der nicht nach links geht, sofern er nicht Soldat, hoher Beamter oder Millionär ist».[39]

In den Jahren bis zur Jahrhundertwende wurden die Grundlagen für ein Großunternehmen geschaffen: Die magnetischen Zündapparate verkauften sich erfolgreich, englische und französische Kooperationen öffneten den europäischen Markt. Der Siegeszug des Automobils führte zu einer «Sonderkonjunktur», von der das Unternehmen außerordentlich profitierte. Entsprechend stieg die Zahl der Beschäftigten sprunghaft an. Im Jahr 1912 arbeiteten 4500 Angestellte und Arbeiter bei Bosch,[40] eine atemberaubende Erfolgsgeschichte, die freilich enorme Auswirkungen auf den Charakter und das Betriebsklima haben mußte. Robert Bosch selbst hatte, angeregt durch seine eigenen Anfänge und die frühen Erfahrungen als Selbständiger, stets auf ein gutes Arbeitssystem Wert gelegt; Arbeitsdisziplin und Respekt vor dem Arbeiter waren ihm einander ergänzende Bereiche des Gesamten: Es war für den unternehmerischen Autodidakten selbstverständlich, «fürsorglich» für seine Arbeiter da zu sein, um das eigentliche Ziel, das Wohl seiner Firma, zu erreichen. Er erwartete Disziplin und Produktivität, und gewährte im Gegenzug finanzielle Leistungen, die weit über diejenigen anderer Unternehmer hinausgingen.[41] Der beruflichen Unabhängigkeit der Arbeiter wollte Bosch allerdings niemals einen Riegel vorschieben: Als Verfechter eines freien Marktes, auf dem nur der Unternehmer konkurrenzfähig sei, der Qualität produziere und seinen Arbeitern deshalb hohe Löhne zahlen könne, war für ihn eine betriebliche Sozialpolitik als Mittel zur Erreichung von Betriebstreue und Loyalität daher nicht einmal vorrangig. Weil er lieber hohe Löhne als Sozialleistungen gewährte, mochte Bosch deshalb von Altruismus nicht sprechen. Aber das wirtschaftliche Kalkül, das darauf rechnete, nur ein zufriedener Arbeiter könne ein anspruchsvolles und konkurrenzfähiges Produkt fertigen,[42] ging mit der selbst auferlegten Verpflichtung einher, die Arbeiter nach eigenen Maßstäben angemessen zu entlohnen – ein Pflichtgefühl aus humanitär-freigeistigem Denken und der Überzeugung, Vernunft und Moral könnten auch im Wirtschaftlichen miteinander verbunden werden. Dieses Verständnis sittlicher Maßstäbe als Grundlage menschlichen Handelns für unternehmerische Entscheidungen, machte ihn, avant la lettre, in gewisser Weise zu einem «Pragmatiker der sozial verpflichteten Marktwirtschaft».[43]

Paternalistischer Führungsstil entsprach den Tendenzen der Zeit.[44] Bei Bosch ließ sich dabei eine gewisse rechthaberische Komponente nicht übersehen. Aber sein Verständnis einer auf Ausgleich basierenden Gesellschaft verhinderte, daß diese Einstellung zu der «Herr-im-Haus»-Mentalität verkam, die im späten Kaiserreich so verbreitet war. Er selbst war sensibel genug, die Widersprüchlichkeit zwischen gesellschaftlichem Anspruch und der eigenen Persönlichkeit zu erkennen, ohne sie jedoch immer und in jedem Fall korrigieren zu können oder zu wollen.

Die ersten Jahre des neuen Jahrhunderts, in der die Strukturen der Arbeitswelt noch nicht fest gefügt waren und die Gewerkschaften und Arbeitgeberverbände noch nicht als bestimmende Machtfaktoren in der Gesellschaft alle Aufmerksamkeit auf sich zogen, eröffneten Chancen für mannigfache Versuche, das Verhältnis zwischen Unternehmensleitung und Arbeitern auf individuelle Weise zu regeln. Erleichtert wurden diese Ordnungsversuche dadurch, daß sich in einer Phase, in der sich das Unternehmen in einer «Übergangszeit zwischen Handwerkertum und industriellem Großbetrieb» befand,[45] die spezifische Atmosphäre eines liberalen Unternehmertums herausbildete und als «Bosch-Geist» ihren Namen fand: eine «geistig-seelische Tradition», die, schwer faßbar, in den Mitarbeitern wirksam war, tradiert wurde und gar eine Steigerung bis ins Legendenhafte erfuhr.[46]

In diesen Jahren der beginnenden industriellen Großfertigung, die den Weg von der «Meisterwirtschaft» zur «Ingenieurwirtschaft» markierte,[47] wurden für die neuen Produktionsverfahren eigene Normen gefunden: Die Rationalisierung vollzog sich im Rahmen einer ausgeklügelten Festsetzung des abgestuften Akkordlohnes. Eng damit war die in der sozialpolitischen Diskussion der Zeit[48] heftig umstrittene Frage der täglichen Arbeitszeiten verbunden. Robert Bosch, der ja die Verkürzung der Arbeitszeit auf den Achtstundentag in Aussicht gestellt hatte, wurde nun zu einem Pionier der Neuregelung.[49] Einige Betriebe, etwa die Jalousienfabrik Heinrich Frese in Berlin und die Carl-Zeiss-Werke in Jena, waren in Deutschland bereits vor der Jahrhundertwende zum Achtstundentag übergegangen. Bosch vollzog diesen Schritt als einer der ersten Großbetriebe im August 1906: Die gestiegene Nachfrage erforderte den Schichtbetrieb, um den Maschinenpark besser nutzen zu können. Bosch beschritt damit einen Weg, der für die meisten Unternehmer in Deutschland noch undenkbar war und gleichsam eine «revolutionäre Gesinnung»[50] verriet, zumal nun auch der 1. Mai arbeitsfrei war und 1910 der arbeitsfreie Samstag eingeführt wurde.

Diese Entfaltung war nur angesichts der geradezu explosionsartig anwachsenden Nachfrage nach Magnetzündern zu verstehen. Deren Produktion war seit 1901 binnen eines Jahrzehnts von jährlich zehntausend auf fast eine Million hinaufgeschnellt, während europaweit und in den USA ein Netz von Niederlassungen, Vertretungen, Verkaufshäusern und Produktionsstätten gespannt wurde, das sich im Zuge der rasant fortschreitenden Motorisierung der Industriegesellschaft trotz wachsender Konkurrenz mühelos etablieren konnte.

Vor dem Hintergrund der atemberaubenden wirtschaftlich-technischen Entwicklung trat in der Korrespondenz Robert Boschs selbst in der politisch unruhigen Periode der Jahre vor Ausbruch des Weltkriegs die übliche Beschäftigung mit tagespolitischen Fragen merklich zurück. Von der schwer faßbaren Aufbruchstimmung der Vorkriegsjahre ließ sich Bosch zunächst nicht irritieren: Der Gedanke, daß Eigentum verpflichte, ging Hand in Hand mit der Entstehung einer spezifischen Sonderentwicklung, die für Bosch prägend wurde und die man mit Mäzenatentum nur oberflächlich beschreiben würde. Die Orientierung am Gemeinwohl kam in dem Spenden- und Stiftungswesen des Unternehmens zum Ausdruck, das nun zu einer Bosch-Tradition wurde.[51]

2. Streik und Krieg:
Eine unternehmerische und politische Doppelkrise

Die Erfolgsgeschichte des Unternehmers war schon vor 1914 vom bisweilen geäußerten Wunsch begleitet, sich ins Private zurückzuziehen und anderen die Pflichten des Firmenchefs zu überlassen. So paradox es klingen mag: Bosch wurde im Grunde erst Unternehmer mit Leib und Seele, als einschneidende politische Ereignisse eintraten: Die Jahre 1913/14 wurden durch einen aufwühlenden Arbeitskampf und durch den Kriegsausbruch zur Wegscheide seines Lebens.

Als Zäsur schon vor dem Ersten Weltkrieg war der Streik des Jahres 1913 ein innenpolitischer Vorbote der bevorstehenden Krise. Der Individualist Robert Bosch, der sich immer zugute gehalten hatte, mit seiner betrieblichen Politik jenseits aller ideologischen Streitigkeiten seinen Arbeitern eine Alternative zum Klassenkampf zu bieten, sah sich mit unerwarteten Widerständen konfrontiert, die das soziale Selbstverständnis des mittlerweile zweiundfünfzigjährigen Unternehmers nachhaltig beeinflußten. Der gesellschaftliche Kampf um die politische und wirtschaftliche Position der Arbeiter im Kaiserreich trieb seit langem auf eine Entscheidung zu; ihm korrespondierte der unentschiedene Kampf innerhalb der Sozialdemokratie um Revolution oder Revisionismus. Die SPD war seit den achtziger Jahren einem zögerlichen und janusköpfigen Loyalitätskurs verpflichtet: Sozialismus und Nation schienen miteinander vereinbar zu sein – eine fragile Hypothese, die schließlich im «Burgfrieden» des Jahres 1914 kulminierte und zugleich ihren Abschluß fand. Den kräftezehrenden internen Richtungskämpfen der weithin als «vaterlandslose Gesellen» Beschimpften[52] konnte sich keines der beteiligten Lager entziehen. Die vergleichsweise gemäßigten Ansichten zuneigenden Sozialdemokraten Süddeutschlands sahen sich dabei zwischen dem radikaleren Parteiflügel einerseits und einer intransigenten und repressiven Innenpolitik des Reiches zerrieben. Die Gewerkschaften gerieten ebenfalls zwischen die Mühlsteine der tagespolitischen Auseinandersetzungen, obwohl sie in ihrer pragmatischen Mäßigung in einem Klima der Kooperation auch manche Aversion der Unternehmer hatten abbauen können. Während diese gegenläufigen Tendenzen eine Phase relativer innenpolitischer Ruhe ermöglichten, gab es eine Reihe von Anzeichen, die auf ein Ende der Entspannung hinwiesen. Es gab nach wie vor Mißstände, etwa mit Blick auf Arbeitsschutz und Entlohnung, die offensichtlich durch Schlichtung und Zusammenarbeit nicht hatten überwunden werden können. Diese anhaltenden Querelen hatten bei Arbeiterschaft und Gewerkschaft zu einem Gefühl der politischen Ohnmacht und Erbitterung beigetragen, so daß den gemäßigten Flügeln der Gewerkschaften eine radikalere Konkurrenz erwuchs, die sie wiederum herausforderte, einen schärferen Kurs einzuschlagen, um sich als legitimer Vertreter der Arbeiter zu behaupten. Weil der SPD und den mit ihr verbundenen Gewerkschaften durch die wilhelminische Politik das Partizipationsrecht nach wie vor bestritten wurde, gewannen diese kein Vertrauen in den Staat. So brachte die Phase der Hochindustrialisierung für die Arbeiter im Kaiserreich lediglich eine graduelle Verbesserung. Den Arbeitern, die sich in ihrer Mehrheit nach bürgerlichen Existenzformen sehnten, wurden weder die notwendige politische Gleichstellung noch ausreichende materielle Voraussetzungen angeboten: Die Aussöhnung mit der bürgerlichen Gesellschaft wäre rascher möglich gewesen, wenn «diese ihre Tore bereitwilliger geöffnet hätte».[53]

Vor diesem Hintergrund entwickelte sich auch bei Bosch ein Arbeitskampf, den der Unternehmer mit um so größerer Bestürzung zur Kenntnis nahm, als er die Notwendigkeit einer weiteren Öffnung zur Sozialdemokratie immer betont hatte. Der nun ausbrechende Konflikt sollte sein Bild von der Sozialdemokratie, aber auch seine Auffassungen von den Aufgaben eines modernen Staatswesens für immer verändern und Auswirkungen auf seine politische Haltung in den Jahren von Weimar und dem «Dritten Reich» haben.

Die Krise des Jahres 1913 hatte mannigfache Ursachen, und es ist aus heutiger Rückschau leichter als für die Zeitgenossen, die Verflechtung politischer, ökonomischer und sozialer Hintergründe zu erkennen.[54] Die Einführung des Taylorsystems bei Bosch als wissenschaftlich fundierte Methode zur Optimierung von Produktionsabläufen hatte schon einige Jahre zuvor zu Irritationen und Arbeitskämpfen geführt, obwohl diese Methode durch die Kombination mit Leistungsanreizen auch dazu dienen sollte, innerbetriebliche Spannungen abzumildern. Der für viele Arbeiter beunruhigende innere Wandel der Organisationsform des Betriebs erhielt allerdings eine aggressive Note, weil die Löhne mit der Produktivitätssteigerung vielfach nicht Schritt gehalten hatten. Freilich lagen sie bei Bosch im Jahr 1912 im Durchschnitt um 62,37 % höher als in der feinmechanischen Industrie der Region,[55] und die Firma übernahm die Pflichtbeiträge der Arbeitnehmerseite zur Kranken- und Invalidenversicherung. Unter solchen Voraussetzungen hätte es, wenn die materiellen Verhältnisse allein ausschlaggebend gewesen wären, keine Arbeitsauseinandersetzung geben müssen. Aber gerade in einem patriarchalisch geführten Betrieb, der für manchen linken Gewerkschaftsführer die sozialen Untertanenverhältnisse des Kaiserreichs widerspiegelte, konnten pekuniäre Verbesserungen allein das gesellschaftliche Grundproblem nicht lösen.

Eine Wurzel des Denkens von Robert Bosch war die Fortschrittsgläubigkeit, die Gewißheit, daß sich die sozialen Probleme mit der Zeit lösen lassen würden. Es fiel ihm deshalb schwer, die ganz anderen Argumentationen mancher Arbeiter zu begreifen. Die Konfrontation fiel freilich in eine Phase, in der das Unternehmen sich nach dem stürmischen Wachstum in einer Konsolidierung befand und Entlassungen vornahm – in ruhigen Zeiten ein unangenehmer und doch nicht ungewöhnlicher Vorgang, der aber 1912/13 als Affront wirkte und das Betriebsklima belastete. In der aufgeheizten Atmosphäre fehlte lediglich die Lunte zum Pulverfaß.

Das Motto von Bosch in den Streikwochen – «Lieber einen fröhlichen Krieg als einen faulen Frieden» – galt ähnlich auch für die Marschrichtung der Gewerkschaftsvertreter. Der Streik der Monate Juni/Juli 1913[56] führte zu einer tiefen Entfremdung zwischen Bosch und der Sozialdemokratie. Die SPD ließ enttäuscht verlauten, der «frühere Schlossermeister» habe sein «soziales Mäntelchen» abgeworfen.[57] Bosch trat in einer Stimmung, die von Trotz und Ernüchterung gleichermaßen gekennzeichnet war, dem Verband der Württembergischen Metall-Industriellen bei, ein Schritt, der dem Trend zur organisatorischen Ausbreitung der Interessenverbände im Kaiserreich im Zeichen des enormen Modernisierungsschubes durchaus entsprach.[58] Die Gewerkschaften ihrerseits schlossen zahlreiche Streikbrecher aus, und die dem Arbeitskampf folgenden Austritte führten zu einem fühlbaren Rückgang der Mitgliederzahlen. Der Konflikt war von vielen Arbeitern nicht gewollt und hinterließ das Gefühl, man habe als Gewerkschaft eigentlich eine «Streikniederlage» erlitten.[59]

Boschs Verhältnis zu den Arbeitgeberverbänden blieb jedoch distanziert. Sein Beitritt zu den «Metall-Industriellen» werde nicht zu einem Überdenken seiner Einstellung gegenüber den Beschäftigten führen, gab er kund. Er sei vielmehr bemüht, mit seiner «Arbeiterschaft auf einen möglichst guten Fuß zu kommen».[60] Die eigenartige Synthese einer grundsätzlichen Verbundenheit mit der Arbeiterschaft und einem bis zur Starrköpfigkeit reichenden Individualismus blieb für seinen weiteren Lebensweg bestimmend. Weil er die Brücke zur Arbeiterschaft nicht abbrechen wollte, lehnte er es ab, dem Reichsverband zur Bekämpfung der Sozialdemokratie beizutreten. Mit der Belegschaft werde es immer möglich sein, zu einvernehmlichen Regelungen zu kommen – eine Überzeugung, die in seinem Mißtrauen gegen Massenorganisationen gründete und sich später in seiner Ablehnung der NS-Organisationen wiederfand.

Robert Bosch selbst hat die tieferen Wurzeln der Auseinandersetzung von 1913 nicht gesehen. Man kann ihm den Vorwurf nicht ersparen, daß er das materielle Wohl zu sehr ins Zentrum seines Denkens stellte, um die tieferen Streikursachen zu erkennen – aber das gelang ohnehin nur wenigen. So ist die bittere Kritik aus der Rückschau seiner «Lebenserinnerungen» eher ein Zeugnis der persönlichen Enttäuschung als ein zeittypisches Dokument der wilhelminischen Lebenswelt. Der Streik symbolisierte eine geradezu existentielle persönliche Krise. Noch in den dreißiger Jahren erinnerte er sich an den Arbeitskampf als schmerzliche Erfahrung, bei der er ins Fahrwasser des Klassenkampfes zwischen links und rechts geraten sei.[61]

Nach dem Streik entsprach das Unternehmen stärker als zuvor dem Bild eines konventionell patriarchalisch geführten Großbetriebs der Wilhelminischen Ära. Aus den tarifpolitischen Auseinandersetzungen zog sich Bosch nach den Erfahrungen von 1913 zurück und wandte sich Fragen der Berufspädagogik und der Ausbildung zu. Schon in die Zeit des großen Arbeitskampfes fiel die Gründung der sog. «Lehrwerkstätte», auf die Bosch als Förderer einer adäquaten Lehrlingsausbildung besonderen Wert legte, weil die gestiegenen Ansprüche der elektromechanischen Industrie eine hochqualifizierte Schulung erforderten. Aber auch hier ergänzten sich Notwendigkeit und Verpflichtung, Vernunft und Moral.

Trotz aller berufspädagogischen Vorlieben blieben ihm intellektuelle Phantastereien und intellektuelle Moden ein Greuel. Die abstrakte Liebelei, die sich in Deutschland gegen Ende des 19. Jahrhunderts zwischen der Wissenschaft als «Laboratorium der bürgerlichen Welt» und dem Staat anbahnte, der Wissenschaft und akademische Bildung als Demokratieersatz zu bilden hoffte,[62] erschien Bosch als viel zu vage und der Realität zu weit enthoben, die er tagtäglich in seinem Werk erlebte. Mit einer gewissen Arroganz verstand er sich als Repräsentant einer Moderne, die im Einklang mit dem technologischen Fortschritt eine gerechtere europäische Zukunft erwartete. Aus dieser Perspektive hatte er sich aus den politischen und parteipolitischen Querelen der Vorkriegszeit herausgehalten. Dem zwischen Selbstbewußtsein und aggressiver Unsicherheit schwankenden Wilhelminismus brachte Bosch keine Sympathien entgegen; er war eine für ihn fremde Welt, die ihm ebenso fern lag wie die Staatsidee Bismarcks, die er erst später zu schätzen lernte. Eine riskant-unverantwortliche Außenpolitik, die wohl zur Ablenkung von den inneren Probleme dienen mochte, lehnte er ab, obwohl außenpolitische Stellungnahmen die Ausnahme blieben: Seine eigentlichen politischen Interessen lagen auf dem Feld der Innenpolitik. Hatte er schon von seiner freiheitlichen Herkunft her Projekte wie etwa die geplante Herausgabe eines aus linksliberaler Sicht geschriebenen «Deutschen Staatslexikons» gefördert,[63] so näherte er sich nach der Zäsur von 1913 den Ideen Friedrich Naumanns, ohne sich allerdings dessen parteipolitischen Initiativen oder gar den imperialen Welt- und Flottenplänen des Sozialliberalismus anzuschließen.

Bosch fühlte sich als Deutscher und hatte zum Nationalismus ein ungebrochenes Verhältnis. In optimistischer Grundstimmung hatte er jedoch mittlerweile ein europaweites Exportgeschäft aufgebaut und betrachtete den Ausbruch des Weltkriegs 1914 als Unglück. Bis in den Juli hinein hatte er auf den Friedenserhalt gehofft, stellte sich jedoch loyal hinter den Kaiser, als der Krieg einmal ausgebrochen war. Obwohl er durch Beratungsarbeit für den Staatssekretär des Reichsamtes des Inneren, Hans Delbrück, unweigerlich in Berührung mit der wilhelminischen Politik kam, glaubte er nicht an eine offensive Kriegsvorbereitung. Die Gefahrensymptome einer Gesellschaft, in der Angriffsgeist und ehrliche Sorge untrennbar miteinander verbunden waren, blieben ihm als Mann der technischen Vernunft ebenso wie das Gefühl für das Irrationale einer unsicheren Zeit unbekannt. Während der Krieg in Deutschland vielfach fatalistisch als unabwendbar akzeptiert wurde, hegte Bosch bald Zweifel, ob die Auseinandersetzung unvermeidlich war[64] – Gedanken, die ihn zeitlebens beschäftigten und für seine spätere Ablehnung des monarchischen Prinzips maßgeblich waren. Das katastrophale Scheitern der Kriegslokalisierung und die Offenbarung, daß sich die Reichsleitung das Heft des Handelns hatte aus der Hand nehmen lassen, wertete er jedoch erst sehr viel später als politischen Fehler: 1914 war es für ihn selbstverständlich, sich in der von Kriegseuphorie und «Burgfrieden» bestimmten Zeit hinter die Regierung zu stellen. Bosch zwang sich gewissermaßen, an die Version eines reinen Defensivkrieges zu glauben. So unsympathisch Robert Bosch das Säbelgerassel Wilhelms II. und seiner Entourage war, blieb er, zumindest während des Völkerringens, von der Rechtmäßigkeit der Entscheidungen der Reichsleitung überzeugt: Trotz aller Vorbehalte hielt Bosch, im Einklang mit der überwältigenden Zahl der Deutschen an der Meinung fest, das Reich sei kein Aggressor, sondern müsse als der Angegriffene gelten. Erst als später im Zuge der «Kriegs-schuldfrage» seine Überzeugungen erschüttert wurden, verurteilte er den unbesonnenen Dilettantismus des preußischen Monarchen, der es nicht verstanden habe, den Krieg zu vermeiden. Dessen «persönliches Verhalten», so kritisierte Bosch, habe «in sehr großem Umfang» dazu beigetragen, «den Krieg heraufzubeschwören, die Einkreisung Deutschlands zu ermöglichen».[65]

Bosch war mit seinem inneren Widerwillen gegen den Krieg in der soldatisch geprägten wilhelminischen Zeit auch unter den Unternehmern eine Ausnahmeerscheinung. Solange jedoch die nationale Existenz gefährdet schien, unterdrückte er seine pazifistische Grundeinstellung. Welche Seelenqualen dies Bosch bereitet haben muß, läßt sich eher durch die spätere Auseinandersetzung mit den Exponenten des Pazifismus erkennen als aus zeitgenössischen Dokumenten herauslesen. Die patriotische Pflichterfüllung, die er als Rüstungsproduzent leistete, forderte Anpassungsgeschick: Der Kriegsausbruch ging mit einem guten Geschäftsverlauf Hand in Hand, obwohl sich auch negative Rückwirkungen sogleich einstellten. Bosch war mit seinen 4700 Mitarbeitern im Jahr 1914 ein international arbeitender Betrieb, der 88 % seiner Produktion ins Ausland verkaufte.[66] Als das Exportgeschäft völlig zusammenbrach, traf dieser Verlust ihn schwer. Die Furcht vor einem weiteren Krieg und seinen Folgen verließ ihn nach diesen Erfahrungen nie mehr. Das spätere unverhohlene Mißtrauen gegenüber Hitler war wesentlich darauf zurückzuführen, daß die Kriegsgefahren, die mit dessen Politik einhergingen, dunkle Reminiszenzen an den «Großen Krieg» heraufbeschworen.

Trotz Exportbeschränkungen kam es durch Rüstungsaufträge bald zu einem unnatürlichen Wachstumsschub. 1917 beschäftigte das Unternehmen mehr als 7000 Menschen. Die persönliche Zerrissenheit, die Bosch durch die Widersprüche, nun für den Krieg zu produzieren, gefühlt haben muß, zeigte sich in der moralische Verpflichtung, nicht als Kriegsgewinnler zu profitieren, «während andere ihr Leben einbüßten».[67] Den Unternehmern, die sich trotz aller Not über Gewinne freuen konnten, stand er mit Unverständnis gegenüber.[68] Diese Einstellung verband sich auch mit der Vorahnung über die sozialen Folgen des Krieges, die seiner Überzeugung nach die politische Integration der Arbeiter in den Staat nach dem Krieg notwendig machten. Der Kriegsgewinn wurde für den Bau des Nekkarkanals verwendet,[69] damit einher ging die Gründung einer ganzen Reihe von Stiftungen technischer, bildungspolitischer und sozialer Art, die sich auf einen Betrag von 20 Millionen Goldmark summierten.[70]

Zu den wachsenden politischen Sorgen, nachdem der anfängliche Siegesoptimismus nachließ und der Krieg nicht wie erhofft zu Weihnachten 1914 beendet war, kam eine private Lebenskrise, die insofern einen politischen Aspekt hatte, als seine der Sozialdemokratie verbundenen Töchter dem politischen Liberalismus eine Mitschuld am Kriegsausbruch gaben und stellvertretend den herrischen Vater zur Verantwortung zogen. Es würde zu weit führen, diese familiären Querelen an dieser Stelle zu behandeln. Vor dem Hintergrund einer politischen Erosion, die das Bürgertum erlebte, war der familiäre Streit, den der pater familias sicherlich nicht mit diplomatischem Geschick zu schlichten versuchte, mehr als nur ein Generationenkonflikt. So sind spätere Aufzeichnungen über diese Jahre zu interpretieren, nach denen sich, folgt man der sicherlich einseitigen Darstellung Boschs, die Töchter gebärdeten, als ob er selbst den Krieg «angezettelt» habe. Unter den Auseinandersetzungen litt das Verhältnis zu seiner Frau, und weil eine unheilbare Krankheit des einzigen Sohnes die Zukunft verdüsterte, urteilte Bosch später emotional, er habe in dieser Zeit ein «Hundeleben» geführt.[71]

Während des Krieges war Bosch in einige der zahlreichen Bemühungen involviert, die im «Burgfrieden» vermeintlich erreichte nationale Einheit mit Leben zu füllen und für die kommende Friedensperiode zu sichern. Als Mitglied der 1915 von Wilhelm Solf, dem Staatssekretär des Reichskolonialamts, gegründeten «Deutschen Gesellschaft von 1914» verstand er sich als Förderer eines zukunftsträchtigen Projekts. Er gewann mit seinem Freund Paul Reusch als Beiträger[72] eine einflußreiche Unternehmerpersönlichkeit. Der Vorstandschef der Gutehoffnungshütte war ein ausgesprochen selbstbewußt auftretender Unternehmer und Finanzkapitän, gegen den der bisweilen schüchterne Robert Bosch fast dünnhäutig wirkte. Der Liberalismus des Ruhrmagnaten Reusch reichte kaum über den Bereich des Ökonomischen hinaus, aber trotz mancher politischer Differenzen zwischen dem liberalkonservativen Exponenten der rheinisch-westfälischen Schwerindustrie und Bosch hatte die intensive Freundschaft ein festes Fundament.

Damit haben wir jedoch der Entwicklung vorgegriffen. In der Aufbruchstimmung des Sommers 1914, die nicht frei von einer unbestimmten Beklommenheit war, stellte Robert Bosch der zwanglosen Honoratiorengesellschaft der «Deutschen Gesellschaft von 1914» großzügig das Pringsheim'sche Palais in der Berliner Wilhelmstraße zur Verfügung, weil hier die Idee einer über alle Parteigrenzen hinweg wirkenden Erneuerung spürbar war. Die Anklänge an die von Friedrich Naumann aufgebrachte Idee eines «nationalen Sozialismus», die auch Robert Bosch berührt hatte, weil sie die Klassengrenzen zu überwinden versprach, waren unverkennbar. In seiner Einweihungsrede konnte der Hausherr Solf die Möglichkeiten des «vorurteilsfreien und zwanglosen Verkehrs» hervorheben, der die moralischen und intellektuellen Kräfte Deutschlands in den Vordergrund rücken sollte.[73] Friedrich Meinecke schrieb rückblickend, die Gesellschaft habe die «ganz einzige und so nie wieder gekommene Gelegenheit» geboten, «Menschen der verschiedensten Berufsarbeit, Weltanschauung und Parteistellung zusammenzubringen».[74]

Aber die für die Zeit so bezeichnende Begeisterung verflog ebenso schnell wie die überspannten militärischen Siegeshoffnungen. Besonders auf sozialdemokratischer Seite wurde der mangelnde «Zusammenklang» beklagt: Solf fungiere als «besonderer Einseifer» der Sozialdemokraten, und man könne die Deutsche Gesellschaft bereits ein halbes Jahr nach ihrer Gründung als «den Klub der verlegenen Berühmtheiten» bezeichnen.[75] Tatsächlich klafften Anspruch und Wirklichkeit der Gesellschaft auseinander, weil die offenen Fragen über die eigentlichen Konsequenzen des Burgfriedens unbeantwortet blieben. Das sinkende Interesse der Sozialdemokraten, die in dem parteiübergreifenden Gremium keinen besonderen Einfluß ausübten,[76] führte schließlich dazu, daß auch Robert Bosch, der in den Fragen der gerechten Austarierung der Interessen ausgesprochen empfindlich reagierte, der «Deutschen Gesellschaft von 1914» allmählich immer gleichgültiger begegnete.[77]

Boschs Abwendung von der Honoratiorengesellschaft war indessen auch Antwort auf deren Abdriften in alldeutsches Fahrwasser, mit dem sich Bosch nicht anfreunden wollte. Gerade in liberalen Zirkeln war die Ansicht verbreitet, das 19. Jahrhundert sei mitsamt seinen Ideologien überlebt. Selbst Ernst Troeltsch, alles andere als ein flacher Militarist und Nationalist, glaubte in einer Rede in der «Deutschen Gesellschaft von 1914» bekennen zu müssen, man sei aus der «Kultur des allgemeinen europäischen Liberalismus» längst «herausgewachsen».[78] Geradezu hartnäckig blieb Bosch immun gegen die ebenso irrationalen wie illiberalen «Ideen von 1914», denen viele seiner Standesgenossen zum Opfer fielen. In diesen Angelegenheiten blieb er ein Individualist. Hierbei half ihm zweifellos der ständige Bezug zum Berufsleben, der in den luftigen liberalen Intellektuellenzirkeln fehlte. Seinem Denken, das Landesgrenzen übersprang, mußte daher auch die nationale Polemik Werner Sombarts fremd sein, der über

Deutschland als Land der «Helden» und über Großbritannien als Land der «Händler» räsonierte.[79] Unter der Prämisse eines angestrebten inneren Ausgleichs blieb Bosch von den vielfältigen Annexionserörterungen nicht unberührt. Im Sog des liberalen Imperialismus wurde er zumindest vorübergehend vom Taumel der Kriegszielforderungen mitgerissen. Der zu Beginn des Jahres 1916 von Ernst Jäckh und Friedrich Naumann gegründete «Arbeitsausschuß für Mitteleuropa», in dem neben Max Weber, Hugo Stinnes und Hjalmar Schacht auch Robert Bosch Mitglied wurde,[80] unterschied sich zwar in seinen gemäßigteren Vorstellungen von den maximalistischen Ideen der Alldeutschen. Aber der Kniefall vieler Liberaler vor den Versuchungen der Macht war bereits zuvor deutlich geworden: die Gemäßigten unter Hans Delbrück hatten sich 1915 in einer Eingabe an Reichskanzler Bethmann Hollweg mit dem Hinweis, Deutschland sei nicht mit der «Absicht auf Eroberung» in den Krieg gegangen, gegen Annexionen und die ausufernden Kriegszielkataloge gewandt. Ein Gegenentwurf, der neben Robert Bosch von Liberalen wie Albert Einstein, Ludwig Quidde, Paul Rohrbach, Gustav Schmoller, Ferdinand Tönnies, Ernst Troeltsch, Max und Alfred Weber und Theodor Wolff unterschrieben wurde, sprach immerhin von nicht näher definierten «strategischen Bedürfnissen», die über den Besitzstand von 1914 hinauswiesen.[81]

Was Bosch bewogen hat, diesen nur im Vergleich zum Extremen als moderat zu bezeichnenden Entwurf zu unterstützen, ist ungewiß. Wahrscheinlich war es die relative Mäßigung, die ihn angesprochen hatte. Die abenteuerliche Kriegszielpropaganda mit ihren geradezu phantastischen Annexionsplänen lehnte er jedenfalls ab, weil sie die Klassengesellschaft nicht aufheben wollte, sondern lediglich von den inneren Reformnotwendigkeiten abzulenken gedachte. Vergleicht man die endlosen Erwägungen der von vielen Unternehmern mitgetragenen Kriegszielbewegung[82] mit den Überlegungen, die Robert Bosch anstellte, so fällt der eklatante Unterschied sofort auf. Den ausufernden Hegemonialprojekten und «Siegfrieden»-Planungen stand bei Bosch eine unsystematische und zunehmend sorgenvolle Erörterung der Friedensmöglichkeiten gegenüber, die gelegentlich durch militärische Fachsimpelei ergänzt wurde.

Diese Überlegungen vollzogen sich im Rahmen eines rational-berechnenden Nationalismus ohne irgendeine Übersteigerung. Bosch beteiligte sich finanziell an publizistischen Projekten zur Abwehr alldeutscher Propaganda, wie etwa dem von Karl Fürst Wedel geleiteten «Deutschen Nationalausschuß» und einem von Hans Delbrück ins Leben gerufenen Komitee gegen die alldeutsche Kampagne.[83] Man mag darüber streiten, ob es nicht sinnvoller gewesen wäre, statt gegen die hybriden Großmachtträume anzugehen, für einen vernünftigen und doch ehrenvollen Frieden zu werben. Aber Bosch war auch in diesem Fall eher ein interessiert-besorgter Beobachter als ein Handelnder.

Im Sinne seiner Hoffnung auf den gesellschaftlichen Ausgleich unterstützte er auch einige andere publizistische Unternehmungen. Hierzu zählte die im Frühjahr 1914 von Paul Rohrbach und Ernst Jäckh gegründete Zeitschrift «Das größere Deutschland». Zwischen Bosch und Jäckh, der Naumann und Bosch noch aus der Zeit seiner Tätigkeit bei der Heilbronner «Neckar-Zeitung» kannte,[84] entspann sich eine politische Zusammenarbeit, weil es Jäckh gelang, die dem deutschen Imperialismusgedanken nahestehende, aber parteipolitisch unabhängige Wochenzeitung[85] 1916 unter dem Titel «Deutsche Politik» in eine gemäßigte Richtung zu lenken, nachdem diese seit Kriegsbeginn immer stärker in alldeutsche Fahrwasser geraten war. Das geschah mit finanzieller Unterstützung von Robert Bosch, der Jäckh eine Subvention in einer Höhe zwischen 100 000 und 150 000 Goldmark gewährte.[86]

Parteipolitisch saß Bosch zwischen allen Stühlen: Seine Unterstützung liberaler Institutionen war an das Kalkül gebunden, den Ausgleich mit der Sozialdemokratie sozusagen erzwingen zu können. Mit der Sozialdemokratie verband ihn eine Haßliebe, die ihn letztlich nie befriedigte. Die sozialdemokratische Ablehnung jeglicher Kriegszieldiskussion sah er weniger unter dem Aspekt einer durchaus verständlichen ethischen Entschiedenheit als unter dem bedenklicheren Gesichtspunkt, daß sie die Entfremdung zwischen Rechts und Links perpetuiere. Bosch hat zumindest bis 1921 standhaft sozialistisch gewählt, aber seine Sympathien nicht zu erkennen gegeben und auch einen Parteieintritt abgelehnt, weil er die Anfeindungen des Unternehmerlagers ebenso fürchtete wie den Vorwurf, «von den Genossen nur als Ausbeuter betrachtet» zu werden.[87] Nimmt man noch seine Aversion gegen den Gedanken des Klassenkampfes hinzu, wird man Robert Bosch selbst für die Zeit vor 1918 nur bedingt als einen Anhänger der SPD bezeichnen können. Seine Parteipräferenz war zu einem guten Teil Protest gegen die Borniertheit des Bürgertums, das die berechtigten Forderungen und Wünsche des Sozialismus nicht verstehen wolle. Aus den Aufzeichnungen der unmittelbaren Nachkriegszeit läßt sich stärker als seine Sympathie für die SPD sein Mißmut über das Bürgertum ablesen. Dieses habe, durch den Sozialismus hypnotisiert, alles «geschluckt», «was ihm der Junker in dem ostpreußisch regierten Deutschland bot. Kein Mensch sah die Gefahren, die im Militarismus, im Persönlichen Regiment Wilhelms des Zweiten heranwuchsen.»[88]

Hier argumentierte ein von seinen eigenen Standesgenossen enttäuschter bürgerlicher Liberaler, der durch die wirtschaftlichen Umstände inzwischen fest im unternehmerischen Lager verankert war. Die Persönlichkeiten, mit denen er sich im Krieg besprach und gedanklich austauschte, kamen fast ausschließlich aus dem liberalen Lager, und der Einfluß von Friedrich Naumann hatte tiefe Spuren hinterlassen: Bosch, der Freigeist, der den Liberalismus des Elternhauses kritisch beurteilt und dem Sozialdemokratischen einiges abgewonnen hatte, fand jetzt erst, nach den Erfah-

rungen des Streiks und unter dem Eindruck des Weltkriegs, im Linksliberalismus seine politische Heimat.

Diese bislang nicht vollzogene politische Konsolidierung, die gleichwohl
eine Festlegung in Form einer Parteimitgliedschaft beharrlich verweigerte,
zeigte sich in einer dezidiert politischen Betätigung, die Bosch bislang vermieden hatte. Die innen- und außenpolitisch verfahrene Lage nach zwei
Kriegsjahren – eine Pattsituation, die weder einen gemäßigten Frieden
zuließ noch einen entscheidenden militärischen Sieg in Aussicht stellte –
führte zu neuen Konstellationen. Dem Liberalismus als einer «eindeutig
bürgerliche(n) Bewegung»,[89] getragen von Akademikern, Beamten, Tech-
nikern, Ingenieuren, Kaufleuten und Angestellten, kam in dieser Phase des
Umbruchs eine Schlüsselrolle zu. Läßt man einmal außer acht, daß schon
die Definition des Linksliberalismus nicht einfach ist und sich noch am ehesten durch einen Blick auf Parteipräferenzen lösen läßt, in diesem Fall der
Distanz zur Nationalliberalen Partei im Kaiserreich und der Nähe zur
DDP nach 1918,[90] so wird man Robert Bosch als Linksliberalen bezeich-
nen können, eine Charakterisierung, die in vielen der Briefe aus der Zeit der
Novemberrevolution an die zumeist ebenfalls liberalen und linksliberalen
Weggenossen anklingt und sich von nun an, deutlicher als bisher, wie ein
Ariadnefaden durch sein Leben zieht. In diesen Bekenntnissen kommt frei-
lich die parteipolitische Unabhängigkeit ebenso zum Ausdruck wie der
Wille, sowohl nach rechts, zu den Nationalliberalen und später zur DVP,
als auch nach links, zu den Sozialdemokraten, Brücken zu bauen.

Zunächst einmal wurden die liberalen Lager jedoch vor dem Hintergrund der prekären Bedrohtheit des Kaiserreichs in der Suche nach einem
erträglichen Frieden zusammengeführt: Die Aussicht auf eine Vereinigung
der divergierenden liberalen Lager wurde größer, nachdem sich die Hoffnungen auf einen baldigen «Siegfrieden» in Luft aufgelöst hatten und die
Nationalliberalen aus ihren imperialen Träumen erwachten. Im Rahmen
der vielfältigen Versuche, nun einen Frieden für Europa zu finden und
gleichzeitig die Parlamentarisierung zu erreichen, nahm Robert Bosch an
den Bemühungen der Reichstagsmehrheit von SPD, linksliberaler Fort-
schrittspartei und Zentrum regen Anteil.

Im Herbst 1917 gehörte er im Hause von Ernst Jäckh zu den Teilnehmern verschiedentlicher Beratungen über die Chancen eines Verständi-
gungsfriedens. Diese Treffen im Kreise liberal gesinnter Freunde, zu denen
neben Theodor Heuss und Friedrich Naumann auch Friedrich Meinecke
zählte, erwiesen erneut die prägende Wirkung des liberalen Denkens, das
noch in den Diskussionen der Weimarer Republik und schließlich des
«Dritten Reiches» seinen Niederschlag fand: Die Gespräche waren von
Beginn an nicht auf aktuelle Probleme beschränkt, sondern handelten stets
auch von den Möglichkeiten einer Verankerung des liberalen Ideenguts in
der Gesellschaft.[91] Sie waren für Bosch eine Art später staatspolitischer
Schulung. Sein Bemühen, gerade nach den Erfahrungen des Jahres 1913 ein

gutes Verhältnis zur Arbeiterschaft zu wahren, wurde in den Kriegsjahren dabei durch eine Sonderentwicklung unterstützt. Denn die bürokratische Kriegswirtschaft führte allmählich Unternehmer und Gewerkschaften in eine partielle gemeinsame Abwehrhaltung gegen die Zwänge einer von oben gelenkten Wirtschaft zusammen.[92] Diese Erfahrungen boten den Anknüpfungspunkt für die Erörterungen und Abkommen der Revolutionsjahre 1918/19, und trugen für geraume Zeit dazu bei, frühere Berührungsängste abzubauen. Einem Unternehmer wie Robert Bosch fiel es dabei leichter als anderen Industriellen, sozialdemokratischen Positionen zuzustimmen. In diesem Sinn verwies die von ihm im Sommer 1918 initiierte «Württembergische Gesellschaft 1918» auf die angestrebte zukünftige Gesellschaftspolitik. Der Mitgliederkreis deutete auf die liberale Basis der Institution hin, die jedoch signifikant nach links erweitert war und durch ihre regionale Ausrichtung nach Süddeutschland auch einen auffälligen Gegenpol zu preußisch-deutschen Einrichtungen ähnlicher Art bildete. Zu den mehrheitlich den liberalen Parteien entstammenden Gründungsmitgliedern wurde, einer Anregung Robert Boschs folgend, auch der Sozialdemokrat Wilhelm Keil hinzugezogen. Neben dem Linksliberalen Conrad Haußmann[93] zählten zu diesem Kreis der wegen seiner Sozialpolitik und der Befürwortung eines Betriebsrätegesetzes als «Roter Peter» bekannte Heilbronner Industrielle Peter Bruckmann,[94] der Zentrumspolitiker Hans Johann von Kiene und der Stuttgarter Oberbürgermeister Karl Lautenschlager.

Sicherlich war auch diese Einrichtung, bei deren konstituierender Sitzung am 1. November 1918 Robert Bosch der Vorsitz übertragen wurde und Hans Walz als sein Vertreter benannt wurde, eine «Honoratiorenpartei», geboren in der Stunde der Not. Absicht dieses Klubs war «die Pflege eines ungezwungenen persönlichen Verkehrs zwischen Männern verschiedener Anschauung (...) und die Erleichterung der gegenseitigen Verständigung».[95] Robert Bosch selbst beschrieb ganz ähnlich die begrenzten Ziele, nämlich «führenden Persönlichkeiten» aus den «verschiedensten Kreisen, Berufen und Parteien» Gelegenheit zu geben, «durch gemeinsame Aussprache ein besseres Zusammenarbeiten aller Schichten der Bevölkerung bei der Lösung der großen Gegenwarts- und Zukunftsaufgaben herbeizuführen.»[96]

Aber das Programm ließ unverkennbar den Willen erkennen, parteiübergreifend durch Kompromisse ausgleichend zu wirken und extremistische Einflüsse von links oder rechts gar nicht erst zum Zuge kommen zu lassen. Wilhelm Keil, Karl Lautenschlager und Robert Bosch prüften unter diesem Gesichtspunkt die Beitrittserklärungen. Mancher Aufnahmesuchende wurde abgelehnt, weil er nach Boschs Ansicht politisch zu weit rechts stand.[97] Das Gremium war indessen durch den Geburtsfehler belastet, eine Gründung des kaiserlichen Deutschlands zu sein. Die Unfähigkeit wiederum, ein solches, ganz auf württembergische Verhältnisse zuge-

schnittenes Programm auf überregionaler Ebene durchzusetzen, mag letztlich mit zur politischen Zerrissenheit und Fragilität der Weimarer Republik
beigetragen haben. Die Zeit für Honoratiorenversammlungen, so noble
Ziele sie auch verfolgen mochten, war im Zeitalter der Massendemokratie
vorbei. Die «Württembergische Gesellschaft» zeigte schon bald Ermü-
dungserscheinungen.[98]

Weil Bosch im Gegensatz zur Mehrzahl deutscher Unternehmer den
Kriegszielplanungen mit einem gewissen Vorbehalt gegenübergestanden
hatte, lehnte er die Bemühungen mancher Großindustrieller ab, die in
ihrem expansionistischen Hochgefühl den Sturz Bethmann Hollwegs im
Juli 1917 unterstützten und damit die Aussicht auf Frieden torpedierten.
Die Politik Hindenburgs und Ludendorffs, die nun bestimmend wurde,
widersprach vollends der politischen Vorstellungswelt Robert Boschs. Als
sich am Ende des Krieges «drei grundlegende Wahlchancen deutscher
Außenpolitik»[99] abzeichneten, favorisierte er einen Kurs, der sich auf lange
Sicht als zukunftsträchtig erweisen sollte. Denn während sich die Reichsleitung noch bemühte, Deutschland wenigstens den Status quo einer
Großmacht zu sichern, gehörte Bosch im Einklang mit reformerischen
Außenpolitikern wie Wilhelm Solf und im Zusammenspiel mit Linksliberalen und gemäßigten Sozialdemokraten zu den Wegbereitern einer Politik,
die auf eine «prinzipielle, wirtschaftlich und völkerrechtlich geläuterte
Metamorphose der äußeren Politik»[100] vertrauten. Ihnen stand diametral
eine dritte Tendenz gegenüber, die im Banne Ludendorffs bereits Pläne entwickelte, die in ihrem Totalitätsanspruch und mit ihren Visionen eines
Ostimperiums in mancher Hinsicht die spätere «Lebensraum»-Ideologie
vorwegnahmen.

In schroffer Ablehnung solcher Überlegungen gehörte Robert Bosch zu
den Unterzeichnern einer mahnenden Denkschrift, die der Soziologe
Alfred Weber und der Mitarbeiter des Prinzen Max von Baden, Kurt Hahn,
verfaßt hatten und Ludendorff am 11. Februar 1918 vorlegten. Die Liste der
Mitunterzeichner – von den Gewerkschaftern Carl Legien und Adam Ste-
gerwald bis zu Friedrich Naumann[101] – verwies auf die Bandbreite der
Kräfte, die nun die Reichstagsmehrheit unterstützten. Der Tenor der Denkschrift zielte darauf ab, die erwartete militärische Frühjahrsoffensive durch
eine politische Offensive zu ergänzen.

Bezeichnenderweise fertigte Bosch zur gleichen Zeit ein eigenes Memorandum für Ludendorff an, das in seiner Kompromißlosigkeit provokativ
wirkte und vergleichsweise undiplomatisch formuliert war: Angesichts der
Ungewißheit der Kriegsdauer und der Tatsache, daß «die Heimatfront, die
bisher ganz geschlossen war, gegen Erschütterungen nicht mehr völlig
gefeit» sei, komme es nun darauf an, Mitteleuropa wirtschaftlich stark zu
halten, da zu befürchten sei, daß Deutschland auch bei einem militärischen
Sieg ökonomisch ausgeblutet sein werde. Da jeder Monat Krieg die materiellen Grundlagen eines Sieges unterhöhle, könne es nicht um eine «Offen-

sive des deutschen Generalstabs» gehen. Notwendig sei eine politische Offensive, die nach Ausräumung deutscher Zweideutigkeiten in der belgischen Frage die Chance eines raschen Sieges und Friedensschlusses ermöglichen werde.[102] Ludendorffs Antwort an Bosch war kühl. Man habe im Westen nur die Wahl zwischen Verteidigung und Angriff.[103]

Für Robert Bosch war die Antwort ein Affront: «Es wurde also fortgeschlachtet.»[104] Während seine Erbitterung wuchs, verstärkte sich angesichts der militärischen Intransigenz in liberalen Kreisen der Eindruck, sich den «Luxus zweier liberaler Parteien» nicht länger leisten zu können.[105] Solche Überlegungen fielen bei Robert Bosch auf fruchtbaren Boden. Obwohl er öffentliche Ansprachen scheute und lieber aus dem Hintergrund wirkte, kam es nun zu einer leidenschaftlichen politischen Betätigung.

Boschs Distanz zur kaiserlichen Politik wurde im Herbst 1918 von der Sorge über die Zukunft Deutschlands überlagert. Die Frage über den Weg zu einem annehmbaren Frieden wurde bald durch die Kaiserfrage noch kompliziert, obwohl Prinz Max von Baden die Parlamentarisierung eingeleitet hatte, die allerdings in der breiten Öffentlichkeit kaum zur Kenntnis genommen wurde. Bosch blieb der energische Befürworter einer weitgehenden parlamentarischen Öffnung, die nun erst recht als unverzichtbar betrachtet wurde, wie sein intensiver Briefwechsel mit Conrad Haußmann verdeutlichte. Haußmann, einer der profiliertesten süddeutschen Liberalen, der seit Jahrzehnten in der zweiten württembergischen Kammer und im Reichstag saß und kurz darauf einer der Väter der Weimarer Verfassung wurde, war im Kabinett Max von Badens als Vertreter der «Freisinnigen Volkspartei» Staatssekretär ohne Portefeuille, was im Zeichen der Parlamentarisierung des Reiches als Anerkennung und Zugeständnis für die Bedeutung des Linksliberalismus gewertet wurde. Die Sorgen Robert Boschs, die er Mitte Oktober 1918 Haußmann schilderte, der sich in jenen Tagen der immer drängenderen Waffenstillstandsfrage widmete, reflektierten jedoch weit stärker die politischen Sorgen als seine Freude über die parlamentarischen Erfolge des Liberalismus: Das Angebot des neuen Reichskanzlers, einen Frieden auf der Grundlage der vom amerikanischen Präsidenten Woodrow Wilson im Januar 1918 vorgeschlagenen «Vierzehn Punkte» zu schließen, wurde zum Ausgangspunkt einer Abrechnung mit der kaiserlichen Politik. Bosch, der zunächst den U-Bootkrieg als ein legitimes Kampfmittel angesehen hatte, verwies nun auf Bismarck, dessen Politik vertrauensbildend und ehrlich gewesen sei und kontrastierte diesen Befund mit der verhängnisvollen Außenpolitik Wilhelms II.[106]

Robert Boschs Hoffnung auf die Vermittlungsbemühungen des amerikanischen Präsidenten Woodrow Wilson, der, wenn er ehrlich sei und den versprochenen Völkerbund schaffen werde, «der größte Mann in der Geschichte» sein werde, wurde bald enttäuscht. In der Erwartung einer mäßigenden Haltung Wilsons verdrängten viele Deutsche die Tatsache, daß Deutschland einen Weltkrieg verloren hatte. Robert Bosch verband mit den

Völkerbundsideen des amerikanischen Präsidenten aber weit mehr als nur ein Mittel zu dem Zweck, möglichst ungeschoren aus dem Krieg herauszukommen: Er sah darin das zukunftweisende Modell einer friedlichen Ordnung, die durch internationale Organisationen hergestellt und gewährleistet werden sollte. Der Glaube an die Chance dieser radikalen Wandlung der Staatenbeziehungen hat ihn in den folgenden Jahren der Weimarer Republik und während des «Dritten Reiches» nicht mehr losgelassen. Das Scheitern der Ideen Wilsons – untrennbar verbunden mit dem Versailler Vertrag – war, im Blick auf die Persönlichkeit Robert Boschs, doppelt tragisch.

Die schockartige Ernüchterung lähmte bei vielen Liberalen das Bewußtsein dafür, daß nun eigentlich die meisten der Ziele erreicht waren, für die man jahrelang geworben hatte. Demgegenüber verrät der Briefwechsel von Robert Bosch aus jener Zeit das sichere Gespür dafür, daß der entstehenden Demokratie nun außerordentliche Lebenschancen eröffnet wurden. Freilich, auch er stand zunächst noch unter dem ungeheuren Eindruck der plötzlichen Ankündigung der Obersten Heeresleitung (OHL), der Krieg sei verloren. Eine der ersten Amtshandlungen der neuen Regierung des Prinzen Max war daher die Bitte um einen Waffenstillstand, die das neue Kabinett sogleich mit einem unverschuldeten Makel behaftete. Noch in späteren Äußerungen Robert Boschs schwingt die Empörung darüber mit, nicht rechtzeitig ein Friedensangebot gemacht zu haben. Statt dessen sei es zu einem überhasteten Waffenstillstandsersuchen gekommen, weil Ludendorff «die Nerven verloren» hatte.[107] Haußmann, von dem Bosch wohl annahm, dieser könne seinen Einfluß auf die Friedensverhandlungen geltend machen, wurde von Stellungnahmen geradezu überschüttet. Die dargebotenen Empfehlungen vermitteln indessen eher den Eindruck der Hilflosigkeit.[108]

Boschs Kampfgeist wurde rege, als er wenige Tage später, im Bewußtsein des konstitutionellen Wandels, den Deutschland unterdessen vollzogen hatte, empfahl, die Legitimation der Regierung nach innen und außen zu demonstrieren: «Weshalb gehen nicht Leute, die das Vertrauen unserer Soldaten haben – Gewerkschafter und dergleichen – an die Front, und zwar ungesäumt, und klären unsere Soldaten darüber auf, um was es sich nun für uns handelt?» Obwohl Bosch an eine «Levée en masse» wohl nicht ernsthaft dachte, blitzte für einen Moment die Möglichkeit einer nationalen Erhebung auf, von der er wußte, daß für ihre Ausrufung ein platter Nationalismus nicht mehr ausreichen werde: «Ich will nicht verhehlen, daß ich sehr weit links stehe und daß ich eine weitergehende Revolutionierung, als wir sie jetzt erleben, nicht für unerwünscht halten würde. Ich kann mir aber nicht vorstellen, daß eine solche weitgehende Revolutionierung erfolgen kann, ohne daß über das Ziel hinausgeschossen wird, wenn sie später vom Volke selbst nach Art der russischen Revolutionierung in die Hand genommen wird. Nur das Öffnen großer weiter Sicherheitsventile kann uns vor einer Katastrophe bewahren, die mehr Elend im Gefolge haben wird, als sie Gutes nebenbei mitbringt.»[109]

In diesem Plädoyer für eine Art «Revolution von oben» klang mit dem Wunsch nach der Beteiligung der gemäßigten Sozialdemokratie ein Motiv an, das für ihn in den folgenden Jahren eine Art Leitstern wurde. Nur durch die Beteiligung der auf einen Ausgleich bedachten Mehrheitssozialdemokraten schienen ihm die Probleme der Zukunft lösbar. Im Zusammenhang mit den Hinweisen auf die durch den Waffenstillstand entstehenden politischen Hypotheken kann man seine Warnungen vor einer schwierigen Zukunft beinahe prophetisch nennen.

Die Notenwechsel mit Wilson zeigten inzwischen jenseits aller Völkerbundsvisionen die Entschlossenheit der Kriegsgegner, die Forderung einer Demokratisierung Deutschlands mit einem programmatischen Wechsel an der Staatsspitze zu verbinden. Den heftigen und erregten Debatten der Monate Oktober und November 1918 über die «Kaiserfrage» konnte sich auch Bosch nicht entziehen. Seine Stellungnahmen verrieten freilich, wie sehr er sich den monarchischen Stützen des Staates und den traditionellen Eliten entfremdet hatte, die nicht bereit waren, das Kaisertum als Herrschaftsinstrument aufzugeben: Deutschlands Zukunft hatte für Bosch Vorrang vor der Hohenzollernmonarchie, die ihren Kredit verspielt hatte. Noch im Juli 1918 hatte er sich abfällig über die «Betonung eines preußisch-deutschen Glaubensbekenntnisses»[110] ausgesprochen. Nun, im Oktober und November 1918, durfte die «Kaiserfrage» kein Hindernis auf dem Weg zu einem erträglichen Frieden sein.

Die Rechtfertigung der Republik fiel in jenen Tagen noch vergleichsweise zögerlich aus, forderte sie doch ein Umdenken, dem sich selbst viele Sozialdemokraten noch verschlossen. Aber Boschs Argumentation kam dem politischen Bekenntnis eines Pragmatikers gleich, der eine morsche und überholte Staatsform nicht mehr verteidigen wollte. So geriet seine Stellungnahme zu einer Generalabrechnung mit einer restlos abgewirtschafteten Staatsführung: «Was bei uns gefehlt hat, das war der gute Haushalter, der im Hause herumläuft und in jeden Winkel hineinsieht und hineinriecht, ob es nicht stinkt. Das wäre seinem Beruf gemäß der Kaiser gewesen.»[111] Durch kosmetische Korrekturen ließ sich nichts mehr gewinnen. Ähnlich wie Max Weber, der in der Verzweiflung der Niederlage den Aufbruch «noch einmal wie nach 1648 und 1807 nach vorn» für notwendig und erstrebenswert hielt,[112] glaubte auch Bosch an die Notwendigkeit eines radikalen politischen und geistigen Neuanfangs: «Ist es tatsächlich zweckmäßig die alten Götzen weiter zu verehren? Weshalb setzt man Ludendorff nicht offiziell ab? Verspricht man sich von der Tatsache, daß Wilhelm II. nicht geht, eine Einwirkung auf die arbeitenden Klassen?»[113]

Während solche Aussagen gegen Ende Oktober 1918 die spätere Entwicklung bereits vorwegnahmen, schwankte Bosch noch eine Weile, ob nicht vielleicht doch die Regentschaft des Kaiserenkels eine akzeptable

Alternative sein könne. Aber seine Begründung verriet die Motive solcher Überlegungen: Sie lasse den Preußen ihren Kaiser und nötige Deutschland nicht zu einer Republik. Die Umwälzung sei nicht so groß und lasse «sich leichter machen».[114] Spielte dabei die Sorge eine Rolle, die Deutschen würden sich mit einer aufgezwungenen Republik nicht abfinden, so schwanden diese Bedenken schon wenig später. Bosch schwenkte – in einem Prozeß, den viele kaisertreue Sozialdemokraten in jenen Tagen ebenfalls vollzogen – auf eine republikanische Lösung um.

Robert Bosch sah die Handlungsmöglichkeiten schon längst nicht mehr auf seiten des Monarchen. Der eigentliche Souverän sei der Reichstag, konnte Bosch nun fast befreit an Friedrich Naumann schreiben: Es sei «doch wohl angebracht, wenn man das große Friedenshindernis, den Kaiser, auf die eine oder andere Weise dazu bringen könnte, zu gehen». Nachdem er für sich den Gordischen Knoten einmal durchschlagen hatte, konnte der demokratische Neuanfang gedacht werden: Man sei «bisher aber bei uns immer zu spät gekommen. Kann man sich denn davon nicht endlich einmal frei machen?»[115]

Boschs Weggefährte Naumann, der langjährige Anwalt einer cäsaristischen Synthese von «Demokratie und Kaisertum», beantwortete solche Ungeduld mit einer für die verworrene Berliner Lage charakteristischen Darlegung, die einen entscheidenden Durchbruch nicht erkennen ließ: Lieber zog er sich in die sicheren Gefilde verfassungsrechtlicher Argumente zurück. Trotz aller sachlichen Übereinstimmung fehlte der Diagnose Naumanns die Radikalität, die Boschs Einstellung kennzeichnete. Auch Naumann fürchtete einen Bürgerkrieg und fühlte sich angesichts der Umstände machtlos. Boschs Standpunkt in der Abdankungsfrage wagte er nicht ganz zu teilen: Solange Wilhelm II. nicht selbst die Initiative ergreife, so gab er zu bedenken, habe die Regierung keine rechtlichen Eingriffsmöglichkeiten.[116]

An Erörterungen über Verfahrensfragen hatte Bosch kein Interesse. Auch über die Weiterführung des Krieges gab er sich keinen Illusionen hin. Abgesehen von gelegentlichen Überlegungen, den Kriegswinter 1918/19 militärisch noch zu überstehen, um doch noch einen günstigen Frieden zu erzielen,[117] verwandte Bosch auf den Staat, dessen Institutionen und tragenden Kräfte auf ihre überkommenen Privilegien bestanden hatten, aber den Weltkrieg nicht hatten verhindern können, keine nostalgischen Gedanken mehr. Die falsche, aber für die Geschichte der Weimarer Republik wie für ihr Scheitern gleichermaßen charakteristische wie verhängnisvoll verklärende Rückschau auf das Deutsche Kaiserreich hatte in der Lebenswelt Robert Boschs keinen Platz.

3. Als Demokrat in der Weimarer Republik:
Aus Vernunft und mit dem Herzen Republikaner

Im Banne der Auseinandersetzungen um die Wirtschaftsverfassung

Während die Nationalsozialisten schon wenige Jahre später die Schwächen einer ungeliebten Republik ausnutzen konnten, blieb Bosch ein Verfechter des neuen Systems, das die Fehler zu vermeiden versprach, an denen das Kaiserreich gescheitert war. Trotz des Schocks über den Kriegsausgang bedeutete das Jahr 1918 für ihn in vielfacher Hinsicht einen Aufbruch. Die wirtschaftlichen Aussichten für die Zeit nach dem Krieg beurteilte er als nicht ungünstig: Die Völker würden wieder aufeinander angewiesen sein.[118] Mit dieser Zuversicht stand er ganz im Einklang mit jenen links-liberalen Strömungen im Umkreis von Theodor Wolff und Alfred Weber, die das Ende der Monarchie vornehmlich als Chance eines Neubeginns ansahen.[119] Diese Kreise waren wichtige Träger der Republik, weil sie, im Gegensatz zu den Rechten, den neuen Staat nicht von vornherein ablehnten und auch nicht wie die Linken den Eindruck haben mußten, 1919 um ihre politischen Ansprüche betrogen worden zu sein.

Der Rückzug der USA aus Europa hatte schwerwiegende Folgen für den Völkerbundgedanken. Bosch war bereit, unter dem Eindruck eines welt-politischen Wandels die nationale Souveränität einzugrenzen, aber das sinnwidrige Verhalten der Siegermächte betrachtete er ebenso wie den Versailler Vertrag zeitlebens als einen gravierenden Fehler. Jenseits des verbreiteten machtpolitischen Revisionismus der Konservativen akzeptierte er die Niederlage, aber er widersprach heftig der inkonsequenten Art und Weise, wie die Neuordnung Europas, die auf dem politischen Zeichentisch noch so vielversprechend entworfen worden war, nun umgesetzt wurde. In seiner Kritik wandte er sich stärker gegen die USA als gegen Frankreich, dessen übersteigertes Sicherheitsgefühl er zwar verurteilte, das ihm aber immerhin noch nachvollziehbar erschien. Den leichtfertig abgebrochenen Vorstoß der USA hielt er dagegen für eine Stillosigkeit, die seinem Rechts-empfinden entgegenstand: Europa, so war Bosch seitdem überzeugt, werde sich im Zweifelsfall immer auf sich selbst verlassen müssen.[120] Noch in den dreißiger Jahren beschrieb er einem amerikanischen Freund die Folgen der verfehlten Politik der USA: «Eine tiefe Tragik liegt in dem Umstande, daß Deutschland seine Niederlage und Frankreich seine himmelweit über die eigene Bedeutung hinausgehende Weltmachtstellung in Politik und Wirtschaft dem kriegerischen Eingreifen der Vereinigten Staaten zuzu-schreiben hat, die sich – gewiß zu ihrem eigenen Schaden – immer noch spröde und angewidert von den durch sie selbst mitverschuldeten heillosen Zuständen Europas abwenden.»[121]

Den Siegermächten war es zwar gelungen, den Krieg zu gewinnen, nicht aber den Frieden. Gerade die Kritik eines so besonnenen Kosmopoliten wie Robert Bosch weist auf diese grundlegende Schwäche des Vertragswerkes von Versailles hin. Die Problematik der zu lösenden Aufgaben war zweifellos größer, als den Miterlebenden bewußt war; der «punitive peace so foolishly imposed by the French and British on a struggling Weimar Republic, whose leaders bore no responsibility for the origins of the war», wie etwa George F. Kennan mit harten Worten den Friedensschluß gekennzeichnet hat,[122] war nach den politischen und geistigen Verheerungen, die der Erste Weltkrieg in Europa gezeitigt hatte, kaum dazu geeignet, die Entspannung zu fördern.

Gleichwohl käme es einem unhistorischen Fatalismus gleich, nähme man an, es habe in der verzweifelten und erbitterten Nachkriegsatmosphäre keine Handlungschancen gegeben. Bosch wurde in seiner Überzeugung über die günstige Konstellation einer deutschen Demokratie nicht wankelmütig. Das Ende des Kaiserreichs interpretierte er nicht als unwiderruflichen Niedergang. Als Unterzeichner des von Walther Rathenau initiierten Gründungsaufrufs des «Demokratischen Volksbunds»[123] hatte er sich Mitte November 1918 an die Seite derjenigen gestellt, die einen Neuanfang wagen wollten: «Wir halten nicht zu den Zertrümmerten, sondern zu den Werdenden. Wir stellen uns rückhaltlos dem Volke, seinem Willen und seinen Vertretern zur Verfügung.»[124] Auch später hielt er noch an der früh gewonnenen Überzeugung fest, mit der Demokratie von Weimar seien die schwierigen Aufgaben angemessen zu meistern gewesen. In einem Zeitungsartikel verwies er 1929, als diese Erkenntnis im Strudel der Weltwirtschaftskrise zu versinken drohte, eindringlich auf die positiven Errungenschaften der Revolution von 1918: Der Umsturz habe «und das ist ein Fortschritt – mit Privilegien aufgeräumt und den Weg gebahnt für den Aufstieg von politischen Führern aus Schichten, die vorher von der Staatsverwaltung ausgeschlossen waren».[125]

Diesem Standpunkt entsprechend hatte Bosch im November 1918 im Zusammenhang der Anerkennung der durch die Revolution geschaffenen Zustände energisch für den lange ausstehenden Brückenschlag zur Sozialdemokratie geworben. Es mutet für den erklärten Wirtschaftsliberalen zunächst einmal erstaunlich an, daß er erklärte, der Ausgleich mit der politischen Linken lasse sich nur erreichen, wenn die «Sozialisierung als Ziel» aufgestellt werde. Vorbehalte gegen die Sozialdemokratie dürften nicht bestehen, es müsse allerdings dafür Sorge getragen werden, «daß die Überleitung der kapitalistischen Wirtschaftsordnung in die sozialistische nicht durch einen plötzlichen, das Wirtschaftsleben tödlich bedrohenden gewaltsamen Eingriff vollzogen werden darf, sondern auf dem Wege einer stufenweise vorwärtsschreitenden geordneten, organisch von innen heraus erfolgenden Entwicklung vor sich gehen soll». Es könne nicht Aufgabe des Bürgertums sein, die Sozialdemokratie zu bekämpfen. Das bürgerliche Lager sollte akzeptieren, «die materialistisch begrenzten Forderungen des

Sozialismus geistig auszuweiten und zu vertiefen, den Sozialismus von der äußerlichen materialistisch-ökonomischen Einstellung zu befreien und von innen heraus ethisch zu verankern, mit anderen Worten, ihn zum Sozialidealismus, zum Kultursozialismus zu vergeistigen».[126]

Ein Sozialdemokrat wie Wilhelm Keil attestierte ihm deshalb eine «vollkommen vorurteilslose Haltung»,[127] aber als Linksliberaler verband Bosch mit der Ablehnung des Klassenkampfes auch die Absage an alle bolschewistischen Experimente. Geradezu allergisch reagierte der Unternehmer auf maximalistische Forderungen des linken Parteiflügels der SPD. Bosch war, obwohl ihn die gelehrten Abhandlungen der Nationalökonomen und «Kathedersozialisten» kalt gelassen hatten und er wohl auch von den Theorien Gustav Schmollers und Werner Sombarts zumindest nicht direkt beeinflußt war, beileibe kein Novize auf dem schwierigen Parkett der Sozial- und Wirtschaftspolitik, sondern konnte auf eine lange Beschäftigung mit dem Themengebiet zurückblicken. Mit Karl Kautsky, mit dem er dann auch 1922 wieder freundschaftlich zusammentraf, hatte er vor dem Weltkrieg über das Modell einer Verbindung sozialistischer Regierung und kapitalistischer Produktion diskutiert. Seine Stellungnahmen in den Weimarer Jahren zu Fragen der Betriebsverfassung zeugen von einer guten Kenntnis der Positionen des Revisionismusstreits der Vorkriegsjahre.[128] Freilich, die Anmerkungen aus dem November 1918 müssen trotz ihrer erstaunlich weitgehenden Bereitschaft, eine Art partnerschaftliche Allianz mit der Sozialdemokratie zu schmieden, vor ihrem tagespolitischen Hintergrund gesehen werden. Erst wenige Tage zuvor, am 15. November, war mit dem sogenannten «Stinnes-Legien-Abkommen» eine Stillhaltevereinbarung zwischen Unternehmern und Gewerkschaften aller Couleur vereinbart worden, das die Revolution schon wieder in geordnete Bahnen lenken sollte. Das Abkommen ist zu Recht als «trojanisches Pferd» bezeichnet worden: Indem die Unternehmer ohnehin nicht länger haltbare Positionen aufgaben und auf der anderen Seite die zumeist der Mehrheitssozialdemokratie angehörenden Gewerkschaftsführer auf die Forderung nach unverzüglicher Verstaatlichung der Großindustrie verzichteten, wurde in den entscheidenden revolutionären Monaten, in denen ein tiefgreifender gesellschaftlicher Umbau vielleicht möglich gewesen wäre, der wirtschaftliche Status quo festgeschrieben.[129] Die erfolgreichen Überlegungen der Industriellen, «zu einem modus vivendi mit der neuen Ordnung zu gelangen und ihr eigenes Überleben durch relativ bescheidene Konzessionen zu sichern»,[130] entsprachen in ihrer kühlen Interessengebundenheit keineswegs den Vorstellungen von Robert Bosch, der an einem wirklichen Ausgleich interessiert war. Sein Verhältnis zu den Arbeitgeberverbänden blieb in den Weimarer Jahren immer entsprechend gespannt, weil die Reflexion über eine erträgliche Ausgestaltung des zukünftigen Verhältnisses zwischen Arbeitern und Industriellen nichts mit der von den Unternehmerverbänden geschickt ausgenutzten

Methode gemein hatte, durch eine Flut von nur scheinbar konstruktiven Sozialisierungsvarianten die ganze Debatte zu ersticken. Boschs Gedanken verrieten dagegen die Bereitschaft zu ehrlicher Diskussion, selbst wenn er seine ursprünglichen Überlegungen über den Nutzen von Sozialisierungen schon bald grundlegend modifizierte und schließlich als wirklichkeitsfremd verwarf. Dies vollzog sich in einem längeren Prozeß, denn der Unternehmer war zunächst der Illusion einer konfliktfreien Austarierung der Interessen gefolgt.

Freilich, die gutgemeinten Ideen waren angesichts der Umstände zum Scheitern verurteilt. Der gerade erst gegründete «Demokratische Volksbund» erwies sich als heterogenes Gremium, dessen Mitgliederspektrum von Linksliberalen über Mehrheitssozialdemokraten bis zu christlichen Gewerkschaftern reichte. Deren konservativere Mitglieder wollten sich schon mit der offenen Anerkennung der Revolution nicht einverstanden erklären. Rathenaus Schöpfung lebte nur wenige Tage und wurde Ende November aufgelöst. Der Gründer teilte Robert Bosch enttäuscht mit, das Bürgertum sei «nach wie vor den sozialen Gedanken abgeneigt».[131]

Bosch hielt Rathenaus Vorgehen angesichts der mannigfachen Widerstände für richtig. Aber wie dieser wollte er grundsätzlich an der Idee eines demokratischen Bundes festhalten, um für die «Verbreitung sozialer und kultureller Gedanken in weiteren Kreisen zu wirken.»[132] Beide verband dabei die Überzeugung, daß der ethische Sozialismus sich aus einer sozialen Verpflichtung ableite und deshalb nicht zwingend die Abschaffung des Privateigentums und den Verlust der unternehmerischen Eigeninitiative bedeuten müsse. Mit dem «nationalen Sozialismus» oder «Deutschem Sozialismus» der, als nationale Solidarität durch das «Schützengrabenbündnis» veredelt, von manchem Konservativen und Liberalen anvisiert wurde, hatte dies ebensowenig zu tun wie mit den Hauptströmungen des marxistischen Sozialismus. Rathenaus romantisierte Vorstellungswelt, auf der feinfühligen Empfindung der Zerrissenheit der mechanisierten Gesellschaft beruhend, war Robert Bosch zu abstrakt wissenschaftlich begründet: Das Philosophieren war nicht seine Sache, und trotz des Gleichklangs beider Männer blieben ihre Lebenswelten letztlich getrennt. Die von Rathenau und Bosch geteilte Überzeugung von der Macht des Ökonomischen[133] und Boschs Plädoyer für einen sukzessiven Umbau der Grundbedingungen staatlichen Zusammenlebens wirken dabei auch im Rückblick bemerkenswert, weil hier ein neues Modell zur Schaffung eines Gleichgewichts zwischen Politik und Wirtschaft angeboten wurde.

Bosch verfolgte hiermit gesellschaftspolitisch andere Ziele als die Mehrzahl der Unternehmer, die lediglich mit taktischen Mitteln den revolutionären Elan der Arbeiter in eine gemäßigte Richtung lenken wollten. Die als Konsequenz aus dem «Stinnes-Legien»-Abkommen am 15. November 1918 entstandene «Zentrale Arbeitsgemeinschaft» zwischen Arbeitgebern und Gewerkschaften[134] schien immerhin einige gemäßigte Ziele zu verfolgen, stellte einen Kompromiß in Aussicht und war zugleich eine Verpflichtung auf den Neubeginn. Die Tragik dieser von beiden Seiten nur halbherzig eingegangenen Verbindung bestand jedoch darin, daß weder Gewerkschafter noch Unternehmer diesen prekären Sozialfrieden in den Jahren der Republik konstruktiv zu nutzen verstanden, sondern ganz im Gegenteil darauf bedacht waren, den einmal gefundenen Kompromiß, wann immer es die Lage zuließ, zum jeweils eigenen Vorteil zu verändern. Für Robert Bosch brachte die Mitarbeit in dieser Arbeitsgemeinschaft nur Enttäuschungen. Als er im Dezember 1918 in eine württembergische Kommission zur «Vorbereitung der Sozialisierung der Industrie» berufen wurde (die im übrigen bedeutungslos blieb),[135] war dies als ein weiterer Versuch zu verstehen, zu neuen Formen des Ausgleichs zu kommen und die Chancen und Grenzen einer «Sozialisierung» auszuloten.

In den folgenden Monaten, in denen die Regierung mit Hilfe der Freikorps die radikale Linke zurückdrängte, in ihrer Maßlosigkeit aber auch das politische Klima der jungen Republik vergiftete, blieb die Frage der Sozialisierung ein zentrales Thema der politischen Diskussionen,[136] an denen sich Bosch lebhaft beteiligte. Wenn er sich im Frühjahr 1919 gegen eine allgemeine «Gewinnbeteiligung» der Angestellten wandte und ein «Mitregieren» in die Belange des Betriebes befürchtete,[137] geschah dies im Schatten einer Radikalisierung, die durch Streikaktionen und Betriebsbesetzungen gekennzeichnet war. Auf der Rechten und Linken rief sie Gegner auf den Plan, die gewaltsam gegen das «System» kämpften. Bosch war nicht auf simple Besitzstandswahrung aus; dem Gewerkschafter Wilhelm Eggert setzte er aber auseinander, wie wichtig der Erhalt der Wettbewerbsfähigkeit war: Die Sozialisierung dürfe den Anreiz der Verdienstmöglichkeit und die «Entfaltung persönlicher Initiative» nicht einschränken. «Allgemeine utopische Redensarten» dürften nicht darüber entscheiden, in welchem Grad bestimmte Wirtschaftszweige sozialisiert würden.[138]

Einer Räteregierung traute Bosch nicht, weil er, ganz Patriarch, der er war, der Sozialdemokratie die Befähigung zur alleinigen Steuerung des politisch-wirtschaftlichen Lebens absprach. Zudem fürchtete er, daß unter den Sozialisten das soziale Denken noch zu wenig ausgeprägt war. So lautete sein Schluß:

«Der Kapitalismus hat sich noch nicht über- und ausgelebt, d. h. entwickelt, daß wir ohne ihn auskommen (...) Wer glaubt, daß eine Weltrevolution kommt, ist ein Narr, man sehe sich doch um, wer macht denn mit! Reißt dem Kapitalismus die Giftzähne aus und im übrigen arbeitet an euch selbst, dann wird es besser werden. (...) Der Klassenkampf an sich ist läppisch. (...) Ich bin vielleicht in meinem Geschäft derjenige, der am sozialsten denkt, wenn ich auch nicht, oder trotzdem ich nicht der größte Schwärmer bin. Ich bezweifle nicht, daß es Arbeiter gibt, die ihr Leben kommunistischen Ideen opfern möchten, wenn es Zweck hat, ich habe früher auch geschwärmt, heute überlege ich, wie ich es nützen kann.»[139]

Der prosaische Appell setzte aber bei den Industriellen einen konstruktiven Gestaltungswillen und eine Kooperationsbereitschaft voraus, die nicht vorhanden waren. Als Feind ideologischer Polarisierung war Bosch deshalb an der Verhinderung einer unternehmerischen Politik gelegen, die durch einen antigewerkschaftlichen Kurs Öl ins Feuer goß. Gegen die Agrarlobby hegte er ohnehin seit langem den Argwohn, den vorrevolutionären Strukturen verhaftet und lediglich Sachwalter der eigenen Interessen zu sein.

Als am 12. April 1919 in Berlin die konstituierende Sitzung des «Reichsverbandes der Deutschen Industrie» (RDI) stattfand,[140] bestätigten sich seine Vorbehalte. Bosch, der als Repräsentant der Elektroindustrie im Präsidium des neugeschaffenen Spitzengremiums[141] saß und bereits auf einige Erfahrung als Mitglied des vorläufigen Präsidiums zurückblicken konnte, versuchte von Beginn an, einer Verhärtung gegenüber der Arbeiterschaft und einem drohenden «Klassenkampf von oben» entgegenzuwirken. Der wirtschaftliche Wiederaufbau Deutschlands war seiner Überzeugung nach nur bei Zusammenarbeit zwischen Arbeitgebern und Arbeitnehmern möglich. Um die «grundsätzliche Kampfstellungnahme» zwischen den Parteien zu beseitigen, plädierte Bosch für den Ausbau der Mitbestimmungsrechte der Angestellten und Arbeiter, die sich allerdings nicht auf kaufmännische und technische Fragen erstrecken sollten. Als Organe dieses Modells sollten Betriebsräte und ein Schlichtungsausschuß dienen.[142]

Fragen der industriellen Verfassung stellten eines der Kernprobleme der unmittelbaren Nachkriegszeit dar. Die im RDI zu Tage tretenden Differenzen zwischen der Exportindustrie und den protektionistischen Schwerindustriellen ließen sich nicht auflösen. Ob Bosch hier sein politisches Gewicht mit Erfolg auf die Waagschale der wirtschaftlichen Vernunft hätte legen können, ist angesichts der vielfach gegenläufigen Strömungen fraglich. Im Lager der industriellen Interessen versuchte er einen Mittelweg zu verwirklichen, der ihn als Außenseiter stigmatisierte. Die Stoßrichtung von Männern wie Emil Kirdorf, Alfred Hugenberg und Hugo Stinnes und deren dogmatische politische Unbeweglichkeit lehnte er ab,[143] weil er die internationalen Rahmenbedingungen stets vor Augen hatte. Wenn sich Deutschland durch die Wirtschaftspolitik den angestammten Platz im Staatensystem zurückerobern wollte, war es ein nicht zu verantwortendes Wagnis, sich durch planwirtschaftliche und «staatssozialistische» Experimente von der westlichen Staatengemeinschaft abzukoppeln. Um jedoch den notwendigen strukturellen Wandel nicht zu unterdrücken, vertraute er auf eine Art Ausgleichssystem, das vermeiden sollte, einzelnen politischen Gruppen eine zu große Machtfülle zukommen zu lassen. Im Sinne einer Austarierung der Interessengegensätze sollte den gewerkschaftlichen Vorstellungen Gehör verschafft und eine stärkere Sozialbindung des Eigentums eingefordert werden.

Über die Chancen einer solchen Politik kam es in Württemberg in den nachrevolutionären Monaten zu politischen Krisen. Staatspräsident Johannes Hieber (DDP) mußte sich 1920 mit schweren Arbeitskämpfen auseinandersetzen, die nicht immer mit dem notwendigen diplomatischen Geschick gehandhabt wurden. Innenminister Graf ließ mehrere Großbetriebe schließen, in denen es zu tumultuarischen Aufständen gekommen war, darunter Daimler, die Maschinenfabrik Esslingen und auch Bosch. Allmählich kam es jedoch, nicht zuletzt dank des erfolgreichen Wiederaufbaus, auch bei der Bosch-Arbeiterschaft zu einer Beruhigung. Ob hier das Vertrauen in die SPD-freundliche Unternehmenspolitik Robert Boschs eine Rolle spielte, ist ungewiß. Angesichts der schwierigen Quellenlage sind wir besser über Robert Boschs Haltung als über die Stimmung in der Arbeiterschaft informiert. Boschs um Ausgleich bemühte Arbeitspolitik trug jedoch zweifellos dazu bei, die gemäßigten Arbeiterführer zu stärken. Die radikaleren Arbeitervertreter stießen auf Schwierigkeiten, «bei Bosch wieder Leute zu finden, die für politische Fragen Verständnis hatten», wie später ein spartakistischer Arbeiterführer bekundete, der gegen «rechte Sozialdemokraten» einen schweren Stand hatte.[144]

Entschieden sprach sich Bosch gegen Ideen eines «wirtschaftlichen Völkerbundes» aus, der nach Ansicht ihrer Verfechter von den Arbeitern dominiert sein müsse. Er hielt die wirtschaftlichen Kompetenzen der Arbeitnehmer unter diesem Aspekt für unzureichend. Bosch argumentierte freilich nicht von einem dünkelhaften «Herr im Haus»-Standpunkt aus. Er befürchtete vielmehr den unvermeidlichen bürokratischen Leerlauf, der einen «wirtschaftlichen Völkerbund» zum Scheitern verurteilte. Der Klassenkampf, dessen Notwendigkeit er für die vergangene Zeit nicht bestritt, dürfe nicht institutionalisiert werden. Der Versuch, von oben eine Kontrolle durch die Werktätigen einzuführen, werde zu «russischen Zuständen» und «Fabrikdiktatoren» führen.[145]

Boschs Argwohn gegenüber der grauen Theorie und die Sorge, der noch nicht einmal hergestellte innere Frieden werde zerredet werden,[146] kam besonders dann zum Ausdruck, wenn er mit Menschen diskutierte, denen die Arbeitswelt fremd war. Als Harry Graf Kessler die Mitbestimmung aller Beteiligten an der Produktion und dem «Gang der Weltproduktion» verteidigte,[147] war Boschs Antwort schneidend und geradezu arrogant, weil er in dem Aristokraten einen der von ihm nicht gerade geschätzten akademischen Theoretiker am Werk sah.[148] Der streitlustige Bosch hielt in dieser Hinsicht eine Diskussion, besonders wenn sie «nach den alten Parteischablonen» ausgetragen wurde, für unnötig. Die Welt sei für eine wahre Revolution noch nicht reif: «Vielleicht kommen spätere Zeiten auch einmal zum Kommunismus. Heute heißt es, sozial denken und handeln, aber unter dem Kapitalismus, denn wir brauchen zunächst noch den Eigennutz des einzelnen, um vorwärts zu kommen.»[149]

An diesen nüchternen Überzeugungen, die mit Blick auf die «Rätewirklichkeit» einiges für sich hatten, hielt er bis an sein Lebensende fest, obwohl er sicherlich erkannte, daß die Arbeiter im Interessenkonflikt mit den Unternehmern bei der «sehr ungleichen Geschäftsgrundlage»[150] die größeren Opfer zu bringen hatten. Im Banne der Vernunft und des Fortschritts fehlte ihm wohl auch der Blick für manche berechtigten Belange der Arbeiter. Als gegen Ende der zwanziger Jahre wieder einmal über die Chancen einer «Wirtschaftsdemokratie»[151] nachgedacht wurde, stand seine Meinung im Einklang mit anderen liberalen Unternehmern, die der Ansicht waren, eine wie auch immer ausgestaltete «Wirtschaftsdemokratie» treibe den Unternehmer unzulässig in die Enge und führe ihn entweder in die Passivität oder reaktionären Tendenzen zu. Bosch stand mit diesen harschen Urteilen zweifellos noch unter dem Eindruck der Ereignisse von 1918. Er hätte sicherlich auch das Urteil Arthur Rosenbergs über die Wirtschaftspolitik der Revolutionsjahre geteilt, daß «die schönsten sozialpolitischen Bestimmungen» nichts nützen, wenn die Unternehmer kein Geld haben, um die Kosten der Sozialpolitik zu bezahlen, der Staat zu arm ist, seine sozialpolitischen Verpflichtungen zu erfüllen oder dieser aus politischen Überlegungen heraus seine Pflichten vernachlässigt.[152]

Robert Boschs Unbehagen gegenüber einem industriellen Lobbyismus blieb in seinem schillernden Verhältnis zum RDI, zu den Ruhrkapitänen und Schlotbaronen eine Konstante der Weimarer Jahre. «Brutale Machtgier und unsoziale Gesinnung» warf er besonders der Schwerindustrie vor,[153] aber «Planwirtschaft» und ein kapitalistisch organisierter und alle ökonomischen Belange regelnder «Überstaat» waren ihm gleichermaßen unerträglich.

Bosch, der sich aufgrund der täglichen Erfahrungen im Arbeitsalltag von seinen sozialpatriarchalischen Anfängen nicht recht lösen wollte und gleichwohl dem Gedanken einer grundlegenden Änderung des Verhältnisses zur Arbeiterschaft verpflichtet blieb, setzte angesichts der Intransigenz der Unternehmerverbände den bereits eingeschlagenen Weg fort, die eigene Betriebs- und Sozialpolitik weiterzuentwickeln. Das, was nach 1918 in wirtschaftlicher und sozialer Hinsicht auf staatlicher Ebene versäumt worden war, sollte auf diese Weise wenigstens im eigenen Einflußbereich verankert werden. In diesem Zusammenhang einer spezifischen Bosch-Lösung, die im übrigen dem Individualismus des Unternehmers entgegenkam, gehörte 1922 die Übernahme des Vorsitzes im «Verein für das Wohl der arbeitenden Klassen», dem er seit 1910 angehörte.[154] Auf betrieblicher Ebene bezeichnete die 1921 eingeführte «Angestellten-Hilfe», die für langjährige Mitarbeiter eine Alters- und Hinterbliebenenversorgung bereitstellte,[155] einen Markstein auf diesem Mittelweg zwischen privatkapitalistischer Interessenpolitik und staatssozialistischer Utopie. In vergleichbarer Absicht wurde Ende der zwanziger Jahre mit der «Bosch-Hilfe» eine grundsätzliche Regelung der Altersversorgung für die Bosch-Betriebsangehörigen geschaffen.

Aus heutiger Sicht mag man einen Fehler darin sehen, daß Bosch sich in diesen Jahren nicht stärker industriepolitisch betätigt hat. Die Sonderinteressen der Landwirtschaft und der Schwerindustrie konnten sich auf diesem Weg leicht Bahn brechen und einer Politik Platz machen, die dazu beitrug, die junge Republik in Richtung Abgrund zu treiben. Andererseits kann man es dem perfektionistischen, idealistischen und der praktischen Arbeit zugewandten und inzwischen über sechzigjährigen Bosch nicht verdenken, wenn er der wenig befriedigenden organisatorischen Kärrnerarbeit in den Spitzenorganisationen der Industrie auswich. Diesen Aufgaben fühlte er sich nicht gewachsen, auch weil er dort keine Weggefährten fand, die mit ihm gegen den Dogmatismus von rechts und links vorgehen wollten. Bosch blieb, wie Wilhelm Keil bemerkte, «ein besonderer Unternehmertyp (...), der sich von der allgemeinen Unternehmerpolitik weit distanzierte»,[156] und Felix Pinner, der in den frühen zwanziger Jahren in der «Weltbühne» eine ganze Reihe von Industrieführern kritisch begutachtete, bezeichnete Bosch mit Blick auf die sozial- und allgemeinpolitischen Vorstellungen gar als «Ausnahmeerscheinung» und «Gegentypus gegen den zeit- und landläufigen Unternehmer».[157] Hätte der Außenseiter Bosch, der sich in der unternehmerischen Interessenvertretung «manchmal recht verlassen» und rückblickend gar als «der bestgehaßte Mann» vorkam,[158] mit seinen Vorstellungen überhaupt das nun in eindeutig autoritäre Bahnen einbiegende unternehmerische Lager in eine andere Richtung lenken können?

Der Liberalismus als «überwundene Weltanschauung»?

Nach dem kriegsbedingten Scheitern der Herausgabe eines liberalen «Staatslexikons» hatte Bosch im Sommer 1917 die Pläne Friedrich Naumanns unterstützt, nach dem Krieg eine unabhängige «Hochschule für Politik» zu gründen. Ernst Jäckh hatte ihn auf der hartnäckigen Suche nach Geldgebern erfolgreich als Stifter gewonnen. Die genaue Förderungssumme, die Bosch bereitstellte, läßt sich nicht mehr feststellen,[159] aber es muß sich um einen erheblichen Betrag gehandelt haben: Nur etwa 20 % des Budgets von zuletzt 400 000 Mark trugen das Land Preußen und der Staat; die restlichen 80 % wurden von demokratischen Freunden und Förderern aufgebracht, von denen Robert Bosch den größten Anteil beisteuerte.[160] Die Institution, für die Hans Walz die Satzung ausgearbeitet hatte,[161] begann 1918 zunächst noch sehr bescheiden als «Staatsbürgerschule». Die Einrichtung sollte nach Naumanns Willen auch die Verbindung zu den «gesinnungsverwandten Sozialdemokraten» unterhalten.[162] Es war wesentlich auch Bosch zu verdanken, der sich von der neuartigen Lehranstalt eine Stabilisierung der Demokratie durch die Bildung «politisch geschulter Leute» versprach, die Kreise um Hugenberg ausgeschaltet zu haben, die ihren Einfluß sichern und als Wunschkandidaten für die Leitung den konservativen Historiker Martin Spahn durchsetzen wollten. Nach dem Scheitern

des Hugenbergschen Vorstoßes und dem Tod Naumanns übernahm Ernst
Jäckh die Leitung der «Staatsbürgerschule», deren Studienleiter Theodor
Heuss wurde. Der Blick auf die Förderer und Mitarbeiter der im Oktober
1920 eröffneten «Hochschule für Politik» vermittelt ein buntes Panorama
liberaler Denker.[163]

Trotz des bildungspolitischen Interesses hielt sich Bosch wenig auf seine
Befähigung zum Pädagogen zugute – wenn man einmal von seiner großen
Anteilnahme an der betrieblichen Weiterbildung in seinen Werken absieht.
In Fragen des politischen Programms der «Hochschule für Politik» hielt er
sich in der Gewißheit zurück, daß die Verantwortlichen die liberalen
Grundsätze wahren würden. Boschs Bemühungen, in Unternehmerkreisen
auch andere Geldgeber für das ehrgeizige Projekt zu finden, erwiesen sich
dagegen meist als fruchtlos. Auch eine Anfrage an seinen Freund Reusch
wurde abschlägig beschieden: Wie so oft mochte sich der «Ruhrkapitän»
nicht auf das liberale Experiment einlassen.[164]

Die Zurückweisung durch den Freund bezeugte ein weiteres Mal die von
Bosch beklagte politische Isolierung. Auch mit dem politischen Liberalismus verband ihn eine eher unbequeme Nähe. Der Kniefall vor der Macht,
dem sich auch Linksliberale in der Kriegszieldebatte nicht hatten entziehen
wollen oder können, hatte das liberale Lager nach 1918 in eine Sinnkrise
gestürzt, die erst allmählich überwunden wurde. Wichtige politische Ziele
des Liberalismus waren mit der Gründung der Weimarer Republik im
wesentlichen erreicht, und Robert Boschs Stellungnahmen der Zeit spiegeln die Anerkennung, die durch eine Überbürdung nicht wieder gefährdet
werden sollte. Die Sorgen, die mit der Etablierung einer Demokratie auf
deutschem Boden einhergingen, resultierten weniger aus dem Grundsätzlichen als aus den speziellen Problemen einer besiegten Großmacht, die ihre
monarchisch verfaßte innenpolitische Basis verloren hatte. Auf den nationalen Gedanken, lange Zeit das Bindeglied der liberalen Fraktionen, besaß
der Liberalismus jedenfalls kein Exklusivrecht mehr: Die «Nation als
Nationalstaat» war das, was von der SPD über das Zentrum bis nach rechts
unbestritten war.

Es ist wohl zu Recht festgestellt worden, daß die von Bosch vielfach
bekundete Selbstcharakterisierung als «naumännisch»[165] zugleich auch
einen «sehr schwäbischen Sachverhalt» bezeichnete.[166] Auf einige Aspekte
dieser Affinität soll daher an dieser Stelle eingegangen werden. In Süddeutschland als der «Wiege der deutschen Demokratie»[167] waren die Auseinandersetzungen im liberalen Lager von jeher maßvoller verlaufen. Der
Demokratisierungsprozeß war in Württemberg durch die Einführung des
allgemeinen und gleichen Wahlrechts im Jahr 1868 erleichtert worden.
Zwar war das Land ein Produkt einer erst rund 120 Jahre alten Geschichte
des Zusammenwachsens unterschiedlichster Territorien des Alten Reiches
nach der Napoleonischen Neuordnung der deutschen Landkarte. Doch
hatten es die Könige von Württemberg und deren Minister verstanden, die

heterogenen Teile ihrer Neuerwerbungen an sich zu binden und mit einem weitgehend einheitlichen Staatsbewußtsein zu versehen. Schule, Kirche, Militär, die Verfassungen des deutschen Frühkonstitutionalismus und die liberalen Staatsgedanken führender südwestdeutscher Politiker hatten dabei eine wichtige Rolle gespielt, nicht zuletzt aber auch eine im 19. Jahrhundert umfänglich geförderte württembergische Geschichtsschreibung, die Identität zu stiften bemüht war.[168] In diesem Sinn war in Württemberg auch die traditionelle Spaltung des Liberalismus abgemildert,[169] und abseits des politischen Zentrums des unruhigen Reichs war es den Liberalen Friedrich Payer und Conrad Haußmann gelungen, den Ansichten Friedrich Naumanns wirkungsmächtig Gehör zu verschaffen. Die Frontstellung zwischen Liberalismus und Sozialdemokratie wurde gar in einer Weise durchbrochen, daß ein gemeinsames Vorgehen bei der «allmählichen Umgestaltung der monarchisch-autoritären Staatsordnung in eine parlamentarisch-demokratische»[170] vorstellbar wurde. Im milderen politischen Klima zwischen Sozialdemokratie und Liberalismus wurde noch unter dem württembergischen König im November 1918 die Republikbildung erleichtert. Zudem trat der württembergische Landesverband der linksliberalen Fortschrittlichen Volkspartei (FVP) schon am 17. November 1918 der neugegründeten Deutschen Demokratischen Partei (DDP) bei, und auch die nationalliberalen Kreise unter Führung von Johannes Hieber votierten für eine Vereinigung der liberalen Parteien unter dem Banner der DDP. So kam es im Südwesten im Rahmen «traditioneller Eigenständigkeit» zu einer ausgesprochenen Sonderbewegung, die wiederum das «Selbstbewußtsein des südwestdeutschen Liberalismus» stärkte.[171] Anfang Dezember gelang in Württemberg, was auf Reichsebene mit Komplikationen verbunden war: die Fusion der liberalen Parteien. Bosch betrachtete die DDP, die im Süden der Republik ihr stärkstes Kräftezentrum hatte, als zwar nicht ideale, doch seine Auffassungen am besten repräsentierende Partei, weil sie den Gruppenlobbyismus ablehnte. Später, als der Liberalismus schon im Niedergang war, wies Sigmund Neumann auf diese spezifische Besonderheit hin und machte den starken Einfluß des südwestdeutschen Liberalismus dafür verantwortlich, «daß die bestimmende finanzkapitalistische Note» zurücktrat.[172]

Wenn Neumann diesen bodenständigen Liberalismus auch beinahe mystifizierte, schöpfte Robert Bosch aus der von Neumann beschriebenen Besonderheit später die Kraft, gegenüber dem Nationalsozialismus standzuhalten, während andere Liberale ihren Selbstzweifeln über die Zukunft ihrer Überzeugung schon nachgegeben hatten.[173] Die von Neumann so treffend beschriebene Trias von «Optimismus, Geruhsamkeit und Idyll»[174] offenbarte erst später ihre Schwächen. Aus der regionalen Stärke heraus schätzte Bosch zunächst das Potential des Liberalismus mit gutem Grund als hoch ein. Es gelang in Württemberg, den traditionell pragmatischen schwäbischen Liberalismus nach allen Seiten so offen zu gestalten, daß weder zu den Sozialdemokraten eine unüberwindbare Kluft entstand noch der Kontakt zu den «bürgerlichen Interessenverbänden aus Handel, Gewerbe und Industrie» verlorenging.[175] Es war eine regionale Besonderheit, daß in Schwaben eine Reihe von Industriellen eben nicht die allzu einseitig aufs Wirtschaftliche ausgerichtete DVP unterstützte, sondern die breiter angelegte DDP.

Bosch befürwortete den württembergischen Kurs der Partei, ähnlich wie Conrad Haußmann, der sich als erster Vorsitzender entschieden dagegen aussprach, eine Parteibildung gegen die Sozialdemokratie zu fördern.[176] Die folgende Zeit war vom Bemühen des Unternehmers geprägt, trotz des Festhaltens an dezidiert liberalen Positionen die Tür zu einer Einigung mit der SPD offenzuhalten: Die Frage, auf welche Weise dies geschehen sollte, durch Tolerierungsabsprachen, Koalitionen oder durch die Gründung einer großen Partei der bürgerlich-sozialdemokratischen Mitte, blieb dabei vorerst unbeantwortet. Gleichwohl, dieser spezifische Weg, der ein ganz anderes Heilmittel für die Zusammenführung einer auseinanderdriftenden Gesellschaft verordnete als die Apologeten einer konservativen oder nationalsozialistischen Revolution, wurde schließlich nicht beschritten.

In der Rückschau erscheint die ästhetisierte Politikferne als Folge des Weltkriegstraumas des bürgerlichen Lagers, die in Thomas Manns «Betrachtungen eines Unpolitischen» einen beredten Ausdruck fand, als konsequente Fortsetzung eines politischen Rückzugs, der schon in der zweiten Hälfte des 19. Jahrhundert eingesetzt hatte. Die Weigerung weiter Teile des Bürgertums, die Chance einer wirklichen undogmatischen Versöhnung mit der SPD zu nutzen, trug wenig später zum Scheitern des Liberalismus – und zum Scheitern der Demokratie – bei. Aber dies darf nicht dazu verführen, die Alternativen außer acht zu lassen, die Linksliberale wie Robert Bosch in der Tradition einer europäischen Kulturnation entwarfen und sich damit entschieden gegen absentistische und aggressive Ideologien und ebenso gegen eine interessengebundene «industriefreundliche» nationalliberale Politik aussprachen. Die Brückenschläge zwischen DDP und SPD wären trotz aller Divergenzen möglich gewesen.[177]

Das Scheitern einer Einigung mit der Sozialdemokratie in Württemberg lag zum Teil in der Entwicklung auf Reichsebene begründet. Die seit Jahrzehnten in immer neuen Anläufen angestrebte Vereinigung der links- und rechtsliberalen Gruppierungen gelang schließlich selbst in der Umbruchphase der Revolution nicht. Die DDP, der Robert Boschs Sympathien galten, verstand sich keineswegs als Nachlaßverwalterin der FVP. Sie wollte vielmehr Dachpartei für Nationalliberale und Fortschrittliche sein und war, wie Sigmund Neumann hervorgehoben hat, insofern «eine echte Parteigründung», als sie beabsichtigte, der Sozialdemokratie «eine mächtige Partei demokratisch, sozial und national gesinnten Bürgertums» entgegenzustellen.[178]

Mit der Konstituierung der DDP war jedoch eine problematische Vorentscheidung gefallen: Die avisierte und vorübergehend informell gelungene Verbindung der liberalen Lager war damit gescheitert. Die ehemaligen Nationalliberalen unter Gustav Stresemann, die mit der Deutschen Volkspartei (DVP) nun ihre eigene Organisation aus der Taufe hoben, waren gegenüber der Republik keineswegs so vorbehaltlos wie ihre linksliberale Konkurrenz. So blieb es Männern wie Friedrich Naumann vorbehalten, die linksbürgerlich-sozialdemokratische Annäherung, die schon vor dem Weltkrieg als Ziel vor Augen gestanden hatte, voranzutreiben.[179] Nach dem bisher Festgestellten war es nicht verwunderlich, daß es in dieser Frage zwischen Bosch und Naumann einen politischen Gleichklang gab. Es gehört zur Tragik der Weimarer Republik, daß der physisch bereits erschöpfte Naumann diese Bemühungen schließlich nicht mehr mitgestalten konnte. Ob mit ihm das liberale Dilemma hätte überwunden werden können, ist gleichwohl fraglich. In der Spaltung und Unversöhnlichkeit der divergierenden liberalen Positionen, in ihrer daraus resultierenden einfallslosen Unbeweglichkeit gegenüber den gemäßigten Sozialdemokraten deutete sich bereits in diesen Tagen das spätere Fiasko des Liberalismus in der Weimarer Republik an.

Doch zunächst schien der Kurs der DDP in Reich und Land durchaus populär und erfolgreich. Bei der Wahl zur Verfassungsgebenden Landesversammlung in Württemberg wurde sie im Januar 1919 hinter der SPD zur zweitstärksten Partei. Auch in der Weimarer Nationalversammlung wurde die DDP nach den Wahlen im Januar 1919 mit 75 Abgeordneten nach den Sozialdemokraten zur zweitstärksten Fraktion. Angesichts solch beruhigender Nachrichten hielt Bosch es für falsch, «schärfere Saiten» aufzuziehen: Man solle einfach abwarten, bis sich auch bei den Arbeitern der «Widerstand gegen den Bolschewismus» rege.[180]

Die konservative Agitation gegen die junge Demokratie verurteilte er deshalb scharf. Er sei zwar nicht überzeugt, so versuchte er den befreundeten Unternehmer Ernst Lilienfein in einem später vielzitierten Brief zu beruhigen, «daß eine Republik für uns jetzt das Beste ist, ich halte es aber für den größten Fehler, wenn in der Nationalversammlung Äußerungen gegen die Republik gemacht werden. Jetzt gegen die Republik vorgehen wollen, heißt neue Zwietracht säen und ich meine, wir müssen doch vor allem *sofort* uns verständigen. Jetzt für die Monarchie Stimmung machen wollen, ist geradeso für das Chaos gearbeitet, wie es die Spartakisten tun. Wenn einmal das Haus brennt, löscht man auch mit Jauche, so man kein Wasser hat. (...) Ich stehe persönlich auf dem Standpunkt, daß wir bei der Republik bleiben sollen, nachdem wir sie einmal haben.»[181] In Wirklichkeit akzeptierte Robert Bosch die Veränderungen in viel größerem Maße als er gegenüber Lilienfein auszusprechen für klug hielt. Die Demokratie war für ihn schon längst die einzig mögliche Konsequenz der katastrophalen Politik des Kaiserreichs.

Als durch Aktenveröffentlichungen mit der Zeit die Fehler und Ungereimtheiten der wilhelminischen Außenpolitik und des «Persönlichen

Regiments» Wilhelms II. bekannt wurden, wurde seine Kritik unerbittlich. Das «Gesindel um den Kaiser herum» habe nicht die Kraft und den Mut besessen, ein «besseres Regiment» durchzusetzen, obwohl es gesehen habe, welchem Abgrund Deutschland entgegensteuerte. Grundsätzlich hatte Bosch gegen die Staatsform einer Monarchie nichts einzuwenden. Es sei im Grunde gleichgültig, ob

«man einen Wahlkaiser oder einen Präsidenten hat oder etwa einen erblichen Kaiser, der auf Grund der Verfassung mundtot ist, etwa wie in England. (...) Hätten wir nicht eben jetzt den Monarchen zum Teufel gejagt, wohin der, den wir hatten, allerdings auch gehört, denn ihm und der Gleichgültigkeit des Bürgertums haben wir das Elend zu verdanken, in dem wir uns befinden, so wäre gegen eine konstitutionelle Monarchie nach engl(ischem) Muster nichts einzuwenden.»[182]

Die Hohenzollernmonarchie hatte sich allerdings in seinen Augen restlos diskreditiert. Weil Bosch zwar für föderale Lösungen einige Sympathien zeigte, aber jede Form partikularistischer Kleinstaaterei ablehnte, blieb im Grunde nur eine republikanische Staatsform für die Zukunft Deutschlands übrig. In manchen Aspekten stand er hier im Einklang mit anderen Industriellen, die nun ebenso kühl von der monarchistischen Vergangenheit Abschied nahmen. Den Unternehmern, «die in erster Linie an Schornsteine und Schlackehaufen, Eingangsbücher und Gewinnspannen dachten, bedeutete das Schicksal von gekrönten Häuptern wenig», ist diese Einstellung, das Kaiserreich wie einen schlecht geführten Betrieb dem Konkursverwalter zu überantworten, treffend beschrieben worden.[183] Aber die utilitaristische Nüchternheit, mit der dieses Kalkül vertreten wurde, blieb Bosch fremd. Wenn etwa Walther Rathenau die Frage nach der besten Verfassung damit beantwortete, es sei diejenige, «welche die Geschäfte nicht gefährdet, gute Polizei übt, die Arbeiter im Zaum hält und wohlhabenden Bürgern verdiente Ehren zugänglich macht»,[184] dann entsprach diese Überzeugung dem weitverbreiteten Wunsch nach einem Obrigkeitsstaat, der sich aus dem Ökonomischen heraushielt, ein Glaubensbekenntnis, das von Industriellen in der Weimarer Republik wie August Thyssen, Albert Vögler, Hugo Stinnes, Emil Kirdorf geteilt wurde und auch bei weltoffeneren Unternehmern wie Ludwig Kastl, Paul Silverberg und Paul Reusch mit Sympathie rechnen konnte.

Boschs politische Präferenzen zeigten sich anläßlich der Reichspräsidentenwahl im Jahr 1920, bei der er eine klare Position zugunsten der Sozialdemokraten bezog. Den radikalpazifistischen Kandidaten Friedrich Wilhelm Foerster[185] lehnte er als einen Mann der «Studierstube»[186] und aufgrund seiner dogmatischen Ansichten ebenso ab wie Paul von Hindenburg als einen Vertreter des bereits Überlebten.[187] Dagegen schätzte er Friedrich Ebert, dessen politischen Sachverstand und dessen ernsthaftes Bemühen er anerkannte, wohl auch deshalb, weil der süddeutsche Sattlergeselle und der Stuttgarter Unternehmer auf ähnliche Erfahrungen des Arbeitsalltags zurückblicken konnten. Den Respekt vor Eberts Leistung und seinem schwierigen Amt als Reichspräsident sah er auch später bestätigt. Als sich nach dem Tod des Reichspräsidenten eine Flut deutschnationalen Hasses über den SPD-Politiker ergoß, schrieb Bosch, dessen Verdienste würden «von der Nachwelt gewiss gerecht und dankbar gewürdigt werden».[188]

Obwohl Bosch in einer wahren Briefflut zu Fragen der Politik Stellung nahm, lehnte er eine eigene politische Betätigung ab. Es gibt zahlreiche Hinweise, daß sich der im öffentlichen Umgang scheue Bosch für ein politisches Amt für denkbar ungeeignet hielt. Als Conrad Haußmann ihn nach Abschluß der Verfassungsberatungen im Oktober 1919 gebeten hatte, das neue Wiederaufbauministerium zu übernehmen, für das «ein industrieller Techniker» gesucht wurde, hatte dieser äußerst geschickt den Wunsch Boschs nach einer Verständigung über die Gräben hinweg angesprochen und als weitere Verlockung einfließen lassen, man wolle gerne einen Süddeutschen mit diesem Amt betrauen.[189] Robert Bosch wurde als liberaler Repräsentant für ein politisches Amt auch deshalb ins Spiel gebracht, weil die DDP in diesen Tagen über eine Rückkehr in die Regierungsverantwortung verhandelte. Angesichts der prekären Parteifinanzen ging es nicht zuletzt darum, «genügend industriefreundlich und damit förderungswürdig zu erscheinen und zugleich in den Augen der Sozialdemokraten bündnisfähig zu werden».[190] Für diesen Balanceakt wäre Bosch zweifellos der richtige Mann gewesen, aber er lehnte schließlich ab, weil er sich den Aufgaben nicht gewachsen fühlte.[191]

Bosch zeigte schon bald eine merkliche Verdrossenheit über den Kurs der DDP, deren nationalliberale Töne und das Fehlen eines durchgreifenden sozialen Gedankens ihn an eine radikale parteiliche Neubildung denken ließen. Wie weit er den Gedanken der Gründung einer erweiterten Linkspartei fortspann, zeigte die Überlegung, die er in den folgenden Jahren immer wieder ventilierte und mit dem recht ketzerischen Gedanken begründete, der Liberalismus sei im Grunde eine «überwundene Weltanschauung»: «Die Entwicklung zielt nach meiner Überzeugung mit Naturnotwendigkeit darauf hin, dass die Mehrheitssozialdemokratie und der sozial denkende Teil des Bürgertums sich später zu einer Regierungsmittelpartei vereinigen.»[192]

Solche Hoffnungen erfüllten sich allerdings nicht. Denn bekanntlich kam die junge Republik selbst in ihrer stabilen Phase in der Mitte des Jahrzehnts nicht zu der Ruhe, die sich Bosch für einen soliden inneren und äußeren Wiederaufbau wünschte. Zur Problematik des Versailler Friedensvertrags, der von weiten Teilen der DDP und auch von Robert Bosch abgelehnt wurde, kamen die bitteren Auseinandersetzungen, die durch Lohnkonflikte ausgelöst, aber durch die Polarisierung von rechts und links geschürt wurden. Die Fragilität und Anfälligkeit der Republik zeigte sich im Vertrauensverlust, den ihre Träger bald erlitten. Die württembergischen Landtagswahlen im Juni 1920 wurden zu einer katastrophalen Niederlage für die DDP, deren Mandatszahl mehr als halbiert wurde. Im liberalen Lager machte sich zudem bald die Konkurrenz der inzwischen auch in Württemberg auftretenden DVP bemerkbar. Angesichts einer solchen Entwicklung war die politische Kontinuität der Parteiführung nur ein schwacher Trost. Mit dem Rücktritt Conrad Haußmanns als württembergischer Landesvorsitzender im Januar 1921 trat ein von Bosch geschätzter Politiker von der Bühne ab, aber sein Nachfolger Peter Bruckmann verfolgte als linksliberaler Anhänger Friedrich Naumanns ganz ähnliche Ziele. Dem Niedergang der Partei konnte dadurch indessen kein Einhalt geboten werden: Auch in Württemberg ging die «Weimarer Koalition» in die Opposition, als bei den Landtagswahlen 1924 eine konservative Regierungsmehrheit unter Einschluß des Zentrums an die Macht gelangte.

An der Überzeugung, daß sich Demokratie und Nationalismus ergänzten, hielt Robert Bosch auch in den folgenden Jahren unbeirrt fest. Sein Bild der Nation blieb geprägt von der liberalen Idee, durch eine stetige Integrationspolitik den zermürbenden Klassenkampf überflüssig zu machen.[193] Während die meisten Großunternehmer in überheblicher Distanz zum Staat als vermeintlich neutrale Sachwalter verharrten, und nationalistische Zirkel die Überwindung der inneren Zersplitterung Deutschlands durch eine rassistisch-ideologische Sammlung anstrebten, blieb Bosch Verfechter der Demokratie. Die Befriedung, die im Wahlkampf der DDP im Jahr 1924 durch die Parole «Demokratie heißt Überwindung des Klassenkampfgedankens durch Volksgemeinschaft» symbolisiert wurde,[194] sollte Deutschland so weit stärken, daß es auch wirtschaftlich bestehen konnte. Denn eine nationale Einigung war für Bosch Voraussetzung, um den – als notwendig erkannten – wirtschaftlichen Konkurrenzkampf zu bestehen.

Weder der nostalgische Blick zurück noch die Pflege unversöhnlicher Feindbilder konnte eine sachbezogene Politik der Vernunft ersetzen. Diesen Gedanken erörterte Bosch in einem Briefwechsel mit Fritz Röttcher von der Stuttgarter Gruppe der «Deutschen Friedensgesellschaft». Wie stark Bosch bereits von einem kleinräumigen Denken entfernt war, belegt der mit Nachdruck vertretene Hinweis, man lebe in einer Weltwirtschaft und müsse deshalb zu weltwirtschaftlichen Lösungen kommen: «Wir müssen Weltbürger werden, bisher sind wir noch nicht einmal Staatsbürger, sondern Subjekte gewesen, die zu regieren waren.»[195]

Kriegsschuldfrage und «Versailles»

Die Diskussion mit den Pazifisten mußte angesichts der schwierigen Ausgangslage Weimars unweigerlich auf ökonomische Aspekte rekurrieren. Die Korrespondenz Robert Boschs nach 1918/19 bezeugt eine tiefe innere Verzweiflung des Liberalen über die Bürden, die der jungen Demokratie von Beginn an aufgeladen wurden. Die Dokumente verraten Sorge, aber auch Empörung über die Reparationslast, die einen wirklichen Neuanfang so schwierig gestaltete, daß selbst der Optimist Robert Bosch mitunter vor der Ausweglosigkeit zu resignieren drohte.[196] Der in der Geschichtswissenschaft ausgetragene Streit über die politischen Folgen der Politik der Siegermächte für die Weimarer Republik läßt sich zumindest aus der Perspektive des liberalen Unternehmers recht klar entscheiden. Die sozialen Konsequenzen des britisch-französischen Kurses führten nach Boschs wohlbegründeter Ansicht zu einer umfassenden Beeinträchtigung der Startchancen der Demokratie. Sie vergifteten die politische Atmosphäre, stärkten die Gegner des liberaldemokratischen Neubeginns und belasteten den Staat mit einer Hypothek, die, wie wir wissen, bis 1933 nicht abgetragen werden konnte. Robert Boschs politische Stellungnahmen der zwanziger Jahre geraten deshalb, obwohl sie ihren hoffnungsvollen Ton niemals verlieren, in mancher Hinsicht zu einem eindrucksvollen Plädoyer für eine «pessimistische» Beurteilung der Weimarer Republik: Ohne fatalistisch von vornherein die Ausweglosigkeit der Jahre von 1918 bis 1933 festschreiben zu wollen, drängt sich bei der Lektüre der bedrückende Eindruck auf, der Erfolg des demokratischen Experiments sei durch vermeidbare politische Fehlleistungen fahrlässig aufs Spiel gesetzt worden.[197]

In Württemberg war der linksliberale Pazifismus schon vor dem Krieg auf ein vergleichsweise günstiges Klima gestoßen. Viele DDP-Mitglieder gehörten zugleich der Deutschen Friedensgesellschaft an, und für Conrad Haußmann bedeutete der Pazifismus gar «ein Stück Familientradition».[198] Bosch sympathisierte ebenso mit dem pazifistischen Gedankengut. Weil er aber glaubte, eine internationale wirtschaftliche Verständigung werde gleichsam automatisch eine Friedenspolitik nach sich ziehen, wandte er sich gegen einen radikalen Pazifismus, der nach 1918 seine Heimat am linken Rand der DDP fand.[199]

Die meisten Linksliberalen lehnten die Radikalität der pazifistischen Formeln allerdings ab. Den Mittelweg des «demokratischen Nationalismus» (Jürgen C. Heß) der DDP-Mehrheit hielt auch Robert Bosch für einen Ausweg aus den Grabenkämpfen der Nachkriegszeit. Bosch bemängelte die politische und ideologische Kurzsichtigkeit einer pazifistischen Bewegung, die er als Relikt einer vergangenen Epoche betrachtete. Der Pazifismus sei kein «Allheilmittel»: «Ich kann ihn trotzdem unterstützen aus Überzeugung, denn er ist etwas unbedingt Richtiges, aber er ist nicht das Primäre, denn der Krieg mit den Waffen ist trotz Allem nicht Normalzustand, dagegen ist es der Wirtschaftskrieg, deshalb Freihandel und Völkerbund in die erste Reihe!»[200]

Ähnlich wie Arthur Rosenberg den «abstrakten Pazifismus» als «völlig blutleer» kritisierte,[201] bemängelte Bosch die Maßlosigkeit mancher Friedensfreunde. Bei «aller Übereinstimmung mit den pazifistischen Gedanken» hegte er eine «innere Abneigung» gegen die Werbung für einen ihm als selbstverständlich erscheinenden Gedanken und wetterte gegen die «meisten der Pazifisten» wegen ihrer «Aufdringlichkeit» und ihres «Fla-

gellantismus».[202] Diese Animosität stand in engem Zusammenhang mit der
Haltung der radikalen Pazifisten bei der Verabschiedung des Versailler Vertrages. Bosch war über die Vertragsbedingungen ebenso empört wie Naumann und Haußmann. Ein Kardinalerlebnis war für Bosch die Teilnahme
an der im März 1919 in Bern stattfindenden Friedenskonferenz der neutralen Völkerbundsorganisationen, zu der er als Mann der Wirtschaft vom
Vorsitzenden des württembergischen Organisationskomitees eingeladen
worden war.[203] Der naive Pazifismus, den er dort antraf, ließ den Realisten,
der dem Schwärmertum seiner Jugend abgeschworen hatte, sarkastisch formulieren, es habe ihn gewundert, «daß nicht der Antrag gestellt wurde, es
solle kein Eisen mehr gewonnen werden dürfen, weil daraus ein Gewehr
gemacht werden kann».[204] Besondere Entrüstung riefen die Stellungnahmen von Georg Friedrich Nicolai hervor, die er als würdelose Anbiederei
an die Kriegsgegner ablehnte. Zugleich verteidigte er die Position der unabhängigen deutschen Gutachter wie Lujo Brentano und Max von Montgelas,[205] deren Standpunkt in der DDP breite Zustimmung genoß.
      Auch hier wollte er sich jedoch nicht instrumentalisieren lassen: Er war
im Februar 1919 zwar an der Gründung der vom Prinzen Max von Baden
ins Leben gerufenen «Heidelberger Vereinigung für eine Politik des Rech-
tes» beteiligt. Die Träger, unter ihnen Max und Alfred Weber, Lujo Brentano, Hans Delbrück, Max Montgelas und Paul Rohrbach, waren Persönlichkeiten aus dem liberalen Umfeld, mit denen Bosch schon während des
Weltkriegs zusammengetroffen war. Obwohl ihm eine unparteiische
Klärung der «Kriegsschuldfrage» am Herzen lag, wußte er doch, daß manche der geistigen Stützen des Heidelberger Kreises während des Krieges
zeitweise recht problematische Positionen bezogen hatte. Es waren unter
ihnen eben, wie Theodor Heuss zugespitzt bemerkt hat, «Militaristen»,
während Boschs «humanitärer Rationalismus» den Zug ins Pazifistische
nicht leugnen konnte.[206] Bosch saß somit wiederum zwischen zwei Stühlen.
Nach dem Besuch der Gründungsveranstaltung der Heidelberger verlor er
das Interesse an diesem Club ebenso schnell wie seinen Enthusiasmus für
den wortgewaltigen, aber sich in fundamentalistischen Rigorismen verlie-
renden Berner Kongreßpazifismus.
      Dagegen stattete Bosch die 1918 von Matthias Erzberger gegründete und
einen pragmatischen Mittelkurs haltende «Deutsche Liga für den Völkerbund» mit einer Spende von 300 000 Mark aus.[207] Die Institution fand seine Zustimmung, weil sie jenseits von utopistischen Ideen und chauvinisti-
scher Anti-Versailles-Polemik einem «Pragmatismus der internationalen
Zusammenarbeit»[208] verpflichtet war, besonders die deutsch-französische
Verständigung förderte und mit ausländischen Schwesterorganisationen
zusammenarbeitete. Das politische Spektrum der mit 2000 Mitgliedern
recht bescheidenen Organisation spiegelte die ganze Bandbreite des demokratischen Lagers. Ernst Jäckh war stellvertretender Vorsitzender, die Mitglieder rekrutierten sich aus Zentrum, SPD und den liberalen Parteien.

In der Kriegsschuldfrage bezog Bosch eine Position, die auf der Linie der «Heidelberger» anzusiedeln war, ohne indessen deren empört-apologetischen Ton zu teilen. Wie viele Linksliberale lehnte er eine Unterzeichnung des Versailler Vertrages ab; nicht allein wegen des damit verbundenen deutschen Schuldeingeständnisses, sondern weil er fürchtete, damit der Verständigungspolitik einen Bärendienst zu erweisen. Insofern dachte er ähnlich wie Theodor Wolff, der am 9. Mai 1919 eine Unterzeichnung des Vertrages mit der Begründung ablehnte, daß man nicht wolle, «daß auf den von ihm selbst geschaffenen Trümmern der völkerverhetzende, reaktionäre Nationalismus anlockend und triumphierend aufs Neue die Revanchefahne pflanzt».[209]

Obwohl sich hinsichtlich der Ablehnung des Versailler Friedensvertrages zeitweilig eine «Einheitsfront» von den Deutschnationalen bis zu den Sozialdemokraten abzuzeichnen schien, blieben die Stellungnahmen der Regierung unentschieden. Die einzige Partei, die eine einheitlich ablehnende Haltung einnahm, war die DDP,[210] deren Position Bosch um so entschiedener teilte, weil er sich nicht als Parteigänger einer abgewirtschafteten und verantwortungslosen Monarchie verstand. Um so berechtigter fühlte er sich, gegen einen als Politik der Doppelmoral empfundenen Oktroi der Entente zu protestieren. Die Niederlage hatte er akzeptiert, weil er damit die Hoffnung für einen europaweiten Neubeginn unter veränderten politischen Vorzeichen verbunden hatte; nun wandte er sich gegen einen Frieden, den er als unehrenhaft, verletzend und, letztlich entscheidend, für den Wiederaufbau Europas als schädlich ansah. Eine deutsche «Selbstzerfleischung» lehnte er ab. Ihm sei Wilhelm II. und «der Militarismus von jeher ein Greuel gewesen», aber der Kaiser habe mehr aus Dummheit als aus bösem Willen gehandelt.[211] Bei anderer Gelegenheit nahm seine Argumentation gegen die deutsche Art der Selbstbeschuldigung beinahe machiavellistische Züge an: «Ich stehe nach wie vor auf dem Standpunkt und aus denselben Gründen, die mich zu der Stellungnahme gegen das Predigen der Notwendigkeit des Eingreifens der Werktätigen veranlassen, daß man solche Dinge nicht offen aussprechen darf, denn die anderen legen sie ganz anders aus, als sie gemeint sind.»[212]

Wie jedoch dem «Diktat» entgegengewirkt werden konnte, wußte auch er nicht genau. Später, als er an die ungünstige Ausgangslage der Jahre nach 1918 erinnerte, führte er aus, er habe von Anfang an die Meinung vertreten, «daß man durch eine kluge Nachgiebigkeit weiter komme, als durch mehr oder weniger passiven Widerstand».[213] Die Form dieses Entgegenkommens blieb allerdings unbestimmt: Boschs Rezept war eher ein Zeugnis für die politische Ohnmacht als eine realistische Handlungsalternative.

Während der Briefwechsel mit Röttcher, der anfangs von gegenseitigem Respekt getragen war, schließlich aufgrund der unüberbrückbaren Differenzen von Bosch abgebrochen wurde,[214] entwickelte sich ein fruchtbarer Kontakt zu Ludwig Quidde.[215] Der Historiker, Pazifist und Friedensnobelpreisträger hatte vor dem Weltkrieg den «Cäsarenwahn» Wilhelms II. und den Militarismus des Kaiserreichs scharf gegeißelt. Als einer der «Pazifisten der ersten Stunde»[216] befürwortete er als DDP-Mitglied stets den Kurs eines engen Zusammengehens mit der Sozialdemokratie, aber wie Bosch saß auch Quidde in der Weimarer Republik zwischen allen Stühlen: Als publizistischer Warner vor geheimen deutschen Aufrüstungen wurde er in Haft genommen, als Befürworter eines Ausgleichs mit dem Bürgertum manövrierte er sich bei den radikalen Pazifisten zunehmend ins Abseits.

Quiddes energische Ablehnung des sozialistisch-revolutionär geprägten Pazifismus, aber auch seine ungebrochene Streitlust wirkten auf Robert Bosch ebenso einnehmend wie das besondere Augenmerk, das Quidde der deutsch-französischen Aussöhnung und als Mitglied der «Deutschen Liga für Völkerbund» einer Weltneuordnung schenkte. Obwohl den Historiker Quidde und den Techniker Bosch durch Herkunft und Lebensweg Welten trennen mochten, waren sie doch Gegner eines kulturpessimistischen Skeptizismus, und die gemeinsamen Ansichten in den Fragen eines europäischen Ausgleichs wurden zum Bindeglied gegenseitiger Anziehung. Über die näheren Umstände ihrer Begegnungen weiß man wenig, und es ist nicht wahrscheinlich, daß sich ein engerer Kontakt oder gar eine längerfristige politische Zusammenarbeit entwickelte. Aber es war bezeichnend, daß einer der eifrigsten Verfechter eines deutsch-französischen Ausgleichs, Paul Distelbarth, Quidde ausgerechnet bei einer Begegnung im Hause Bosch im Jahr 1932 kennenlernte.[217]

Die Erweiterung der liberalen Basis: nach links oder rechts?

Boschs scharfe Abrechnung mit den idealistischen Pazifisten hing zweifellos mit der eigenen schwärmerischen Vergangenheit zusammen. Es war allein schon bemerkenswert, daß sich Bosch überhaupt die Zeit genommen hatte, derart ausführlich mit politischen Persönlichkeiten zu korrespondieren und zu diskutieren, die von ihrer Zielsetzung her einen ganz anderen politischen Weg beschritten als ein Industrieller, der sich in der zunehmend internationalen Arbeitswelt ökonomisch zu bewähren hatte. Boschs Affinitäten zu den ethischen Forderungen der Pazifisten, deren Anliegen er letztlich doch nicht verurteilen wollte, zeigten sich weiterhin in der Unterstützung manch gut gemeinter, aber angesichts der Zeitumstände vergeblicher humanitärer Bemühung.[218] Aussichtsreicher erschienen ihm aber die politischen Bestrebungen, die demokratische Basis der Republik zu festigen. In diesem Zusammenhang gehören die Überlegungen, das Fundament der Republik von Weimar durch eine stärkere Heranziehung der rechtsliberalen DVP zu vertiefen. Dies erschien Bosch statthaft, solange damit nicht die Tendenz verbunden war, lediglich ein bürgerliches Bollwerk gegen die Sozialdemokratie zu schaffen. Freilich, seiner Meinung nach tat

schon die DDP «nicht genug in Demokratie», und darum hielt er die Verbreiterung der Regierungskoalition durch die Beteiligung der DVP nur
dann für sinnvoll, wenn den sozialen Bedürfnissen Rechnung getragen
werde: «Ob das aber der Fall ist? – ich mache ein großes Fragezeichen! Wo
sind bei uns die Demokraten?»[219]

Die «Vernunftrepublikaner» unter den Unternehmern hatten sich eher in
der rechtsliberalen DVP wiedergefunden[220] und sahen die linke Schwester-
partei mit ihrem vermeintlich exzentrischen Programm als eigentlich nicht
regierungsfähig an. Zur rechten Variante des Liberalismus, die schließlich
vor der doppelten Herausforderung des Nationalsozialismus und der
gesellschaftlichen Notwendigkeiten eines sozialen Rechtsstaates kapitu-
lierte, konnte Bosch nie einen wirklichen Zugang finden, weil sie ihm zu
einseitig auf ökonomische Aspekte verengt schien. Als er 1931 einem
Anhänger beschied, die DVP habe «nie (sein) Vertrauen» besessen,[221]
geschah dies ohne eine Äußerung des Bedauerns über ihren stetigen Niedergang.

Der Argwohn gegenüber der DVP stand im Zusammenhang mit der
schier unaufhaltsamen politischen Entwicklung nach rechts, die sich anläßlich des Todes des Reichspräsidenten Ebert im Jahr 1925 bei Bosch mit der
Sorge vor einer Restauration verband. Keiner der Nachfolgekandidaten des
von Bosch bewunderten Ebert konnte zunächst genügend Stimmen auf
sich vereinigen. Boschs Votum ist nicht bekannt, aber seine politischen
Äußerungen der Zeit lassen vermuten, daß er dem Kandidaten der DDP,
dem Badischen Staatspräsidenten Willy Hellpach, seine Stimme gab. Für
die Stichwahl hatte sich die Weimarer Koalition auf den Zentrumspolitiker
Wilhelm Marx geeinigt. Die Gegenkandidatur Paul von Hindenburgs für
den «Reichsblock» der Rechtsparteien verstand Bosch als eine signifikante
Rückwendung, gegen die er sich energisch zur Wehr setzte. Marx, der
Kompromißkandidat von DDP, SPD und Zentrum, war aufgrund seines
«betonten Konfessionalismus» in seinen Augen kein Wunschkandidat,[222]
aber angesichts der Alternative Hindenburg als der «volkstümlichen
Galionsfigur des ‹nationalen› Lagers»[223] war er allemal das kleinere Übel.

Die Nominierung Hindenburgs, so bekannte Bosch freimütig, habe ihn
«wie ein Schlag vor den Kopf» getroffen. Hindenburg sei kein Staatsmann,
sondern ein reiner Soldat, der als «Aushängeschild» für die rechtsstehenden
Parteien herhalten müsse. Dies sei ein «Verbrechen am deutschen Volke»,
weil es als ein Affront gegenüber dem Ausland aufgefaßt werden und nicht
zuletzt in wirtschaftlicher Hinsicht ruinös wirken müsse. Die demokratische Fortentwicklung sah er als gefährdet an, wenn er auch, allzu optimistisch, den Gedanken an die Rückkehr zur Monarchie selbst den konservativen Gegnern nicht unterstellen wollte: «Monarchie bedeutet Krieg», so
betonte er in einem Wahlaufruf für den Gegenkandidaten Hindenburgs.
Für ebenso wichtig hielt Bosch die Integration der Arbeiterschaft, die
durch eine restaurative Politik gefährdet werde:

«Wird nicht die gesamte Arbeiterschaft in ihm die ständige Gefahr eines erneuten Auf-
lebens des Junkertums sehen? Ist nicht für sie Hindenburg bei all seiner persönlichen
Ehrhaftigkeit die Verkörperung des verhaßten Militarismus, wie er für sie mit dem Jun-
kertum verquickt ist? Die Arbeiterschaft, die sich in den Hoffnungen getäuscht sieht, die
sie auf die Revolution, auf die Sozialisierung gesetzt, fing an, sich zu beruhigen. (...) Und
nun soll die Hoffnung der Junker, ein Soldat, und wenn er auch der Vornehmsten einer
ist, auf [Eberts, J. S.] Platz!»[224]

Hindenburg wurde am 26. April 1925 mit wenigen Prozentpunkten vor
Marx gewählt. Theodor Heuss, der Boschs Aufruf «mit großer Freude»
gelesen hatte und das ernüchternde Wahlergebnis ebenfalls als Schritt in die
falsche Richtung ansah, schrieb an den befreundeten Industriellen in einem
trotz aller Enttäuschung recht sachlichen Ton: «Die Deutschen, die ja nun
eine politische Dummheit, wenn sie sich irgend machen läßt, nicht vermeiden, haben die Entscheidung anders getroffen, als wir es wünschten. Hoffentlich schlägt es Deutschland nicht zu übel aus.»[225]

Die Sorge vor einer Selbstzerstörung der Republik ließ Bosch noch im
gleichen Jahr Gründungsmitglied des «Bundes für die Erneuerung des Reiches» werden, der zunächst unter dem Vorsitz des Reichskanzlers Luther,
danach unter Otto Gessler, bestrebt war, auf der Grundlage der Weimarer
Verfassung dem labilen Staat neues Leben einzuhauchen. Diese politischen
Querelen fielen in eine Zeit der relativen wirtschaftlichen Stabilisierung.
Die Inflationsphase, die mit der «Hyperinflation» des Jahres 1923 ihren
Höhepunkt erreicht hatte, war weitgehend überwunden. Die wirtschaftliche Notlage war von der Schwerindustrie noch einmal benutzt worden,
um eine «grundsätzliche Revision jener Zugeständnisse an die Arbeiterschaft, zu denen die Revolution von 1918/19 die Unternehmer genötigt
hatte», in Angriff zu nehmen.[226] Es ist schwierig zu ermitteln, ob der von
der Industrie eingeleitete Lohnabbau allein dazu dienen sollte, ideologisch
und ökonomisch das Rad der Geschichte zurückzudrehen. Schon bald
mehrten sich die Anzeichen, daß die «Stabilisierung» in Deutschland zum
Teil eine Scheinblüte war. Zollschranken und zunehmender staatlicher
Interventionismus behinderten den Export; auf der anderen Seite bedrängten die amerikanischen Zulieferer den Markt und ließen bei Bosch die Sorge aufkommen, das Unternehmen werde sogar in Deutschland «über den
Haufen geblasen» werden.[227] Nach dem Weltkrieg hatte man mit einer
ganzen Reihe von Problemen zu kämpfen, von denen der totale Ausfall der
Produktionsstätten im Ausland, der Verlust der Patente und die wachsende Konkurrenz des Auslands ökonomisch am schwersten wogen. Die amerikanische Konkurrenz erwuchs zu einem bedrohlichen Gegner, nicht
zuletzt, weil die Vereinigten Staaten in den Bereichen der Typisierung,
Normung, Standardisierung und Rationalisierung Vorreiter wurden. Die
Herausforderung durch die USA führte vielfach zu einer fast radikalen
Neubewertung der Arbeitswelt. Amerika erschien vielen Unternehmern
der Weimarer Republik nun als das leuchtende Vorbild, um effektiv und

kostengünstig produzieren zu können.[228] Robert Bosch selbst war von den dynamischeren Arbeitsprozessen zwar angezogen, wollte den weitverbreiteten Enthusiasmus über die «Modernität» des amerikanischen Modells jedoch nicht bis ins letzte nachvollziehen. Er war fasziniert von den unbefangenen Neuerungs- und Rationalisierungsideen, die in bemerkenswertem Gegensatz zu der resignativen und kulturpessimistischen Technikfeindlichkeit in Deutschland standen. Er stieß sich jedoch nach wie vor an einem System, dem der «Eckstein der Gerechtigkeit» fehlte.

Wenn das amerikanische Modell in letzter Konsequenz nicht beispielgebend sein konnte, forderte dennoch die strukturelle Krise der deutschen Autoindustrie zum Handeln heraus, weil sie auch eine Krise der Zulieferer war. Der Konzentrationsprozeß setzte sich ungehindert fort: Die Zahl der PKW-Fabriken ging in den zwanziger Jahren von 59 auf 17 zurück, und im Herbst 1925 nahm der «Rückgang des Geschäfts krisenhafte Formen an». Der Konjunktureinbruch führte für Bosch zu «besorgniserregendem wirtschaftlichen Tiefstand»[229] und Kurzarbeit. Die beiden folgenden Jahre endeten ebenfalls mit düsterem Ausblick: Als einige Konkurrenzunternehmen an der Krise scheiterten, konnte Bosch von diesem marktbereinigenden Effekt profitieren, aber die preisgünstige ausländische Ware machte die Kalkulation für deutsche Produkte ausgesprochen schwierig. Dennoch blieb Bosch in der Zwischenkriegszeit verglichen mit anderen deutschen Elektrounternehmen in der Lage, mittels einer überlegten Selbstfinanzierungspolitik eine solide Basis für bessere Zeiten zu schaffen. Im Rahmen einer stabilitätsorientierten Kapitalpolitik blieb es nicht allein bei einer maßvollen Schuldenaufnahme:[230] Weil Dividendenausschüttungen konservativ gehandhabt wurden und die beachtliche Eigenkapitalausstattung noch erhöht werden konnte, gelang der schwierige Weg durch die Weltwirtschaftskrise schließlich weitgehend ohne Liquiditätsschwierigkeiten und ohne Hilfe von außen.[231]

Insgesamt erwiesen sich die wirtschaftlichen Turbulenzen als eine Herausforderung, die dank vielfältiger Innovationen gemeistert wurde. Die zwanziger Jahre wurden zu einem Jahrzehnt der Erweiterung der Produktpalette, der Innovation und der Rationalisierung. Standen die Jahre der Niederlage im Zeichen der Kreation eines neuen Warenzeichens, des Beginns der «Werbung» im modernen Sinn und der Gründung der Betriebszeitung «Bosch-Zünder», erlebte das Unternehmen nun geradezu einen Modernisierungsschub: Wiederaufbau der Auslandsvertretungen, Anmeldung neuer Patente, Preissenkungen. Während die 1924 eingeführte Fließbandfertigung im Vergleich zu anderen Unternehmen auf wenig Widerstand stieß, forderten andere Rationalisierungsmaßnahmen und namentlich die Entlassungen den Unmut und den Widerspruch der Belegschaft heraus. Bosch schreckte bei vergleichsweise höheren Löhnen[232] vor Maßnahmen zur Personaleinsparung nicht zurück.[233] Die Besorgnisse, die Bosch als Unternehmer damit verband, stützen die Argumentation Knut

Borchardts, die Lohnentwicklung der Jahre 1925 bis 1929 habe, forciert durch die Macht der Gewerkschaften und die staatliche Zwangsschlichtung, nicht im Einklang mit der Produktivitätsentwicklung der Zeit gestanden und damit die deutsche Wirtschaft insgesamt über Gebühr belastet.[234]

In aller Öffentlichkeit stellte Bosch klar, daß er uneingeschränkt zu den Errungenschaften der Revolution 1918/19 stehe. Er kritisierte aber die Wirtschaftspolitik, die mit ihren Steuerbelastungen den Unternehmer überfordere, den sozialen Frieden störe, maximalistische Forderungen der Arbeiter nach sich zöge und lediglich eine «marxistische Utopie» begünstige. Es war nicht verwunderlich, daß die sozialdemokratische «Schwäbische Tagwacht» den «enttäuschenden Aufsatz» von Bosch kritisierte, der ja kein «Dutzendmensch» sei und von dem man anderes zu hören gewohnt sei. Das Blatt monierte, Boschs Bemerkungen erinnerten – und das sei ungewöhnlich bei ihm – an die «ausgefahrenen Geleise des Zentralverbandes der Industriellen».[235] Die wohlwollende Ermahnung des SPD-Blatts traf den Kern der Sache: Es ging inzwischen nicht mehr um die Kritik an einzelnen staatlichen Maßnahmen, sondern bereits um den Bestand der Republik. Selbst wenn die Unternehmer «objektiv-wirtschaftlich in gewissem Maße recht hatten», wenn sie sich gegen Zwangsschlichtung und «Lohndiktat» wandten, so hat Knut Borchardt festgestellt, waren kleinliche Streitigkeiten angesichts der Notwendigkeit einer wirklichen politischen Lösung fehl am Platz, ging es doch um die «materielle Verfassung von Weimar.»[236]

Im Einflußbereich von Bosch waren die Umstrukturierungen, die als notwendige Maßnahmen zur ökonomischen Arbeitsorganisation angesehen wurden, vom Aufbau einer betrieblichen Sozialpolitik begleitet.[237] Man mag darüber streiten, ob Boschs Politik der betrieblichen Fürsorge, wie behauptet worden ist, seinen liberalen Ursprüngen wirklich fremd war.[238] Sie entsprach zumindest zum Teil einer Weiterentwicklung und Verfeinerung des Naumannschen Reformprogramms. Die Hilfe für Kinder von Kriegsgefallenen, die Begabtenförderung, der Bau von Werkswohnungen, die Vergabe von Baudarlehen, die «Bosch-Hilfe», eine betriebliche Alters- und Hinterbliebenenrente,[239] waren für Robert Bosch Angelegenheiten, die sich nicht durch die recht theoretisch anmutende These erklären lassen, daß es dabei um eine integrative Sozialpolitik gegangen sei, die Protestpotentiale gegen «Disqualifizierungsprozesse» aufzufangen, indem man Privilegien geschaffen habe, die nur Betriebsangehörigen zugekommen seien.[240] Eine solche die Arbeitswelt vorwiegend unter klassenspezifischem Blickwinkel betrachtende Verkürzung der Motivationen wird den Zielen der betrieblichen Fürsorge bei Bosch nicht gerecht, die das Sozialbewußtsein klassen- und nationenübergreifend als Anliegen betrachtete, um dort, «wo (...) auch bei gutem Willen des einzelnen Werkmitglieds dessen Kraft versagt, mit bereitwillig gebotener sozialer Hilfe einzuspringen».[241]

Aus diesem Grund fanden nicht die Maximalforderungen der KPD, sondern die gemäßigten Stimmen der Rechtskommunisten und der SPD stets eine Mehrheit in den Bosch-Betrieben. Die internen Kämpfe in der Arbeiterschaft um die Kandidatur des Betriebsrates zeigten,[242] daß es gerade in den Zeiten der Wirtschaftskrise keine einfachen Lösungen für komplexe Fragen geben konnte und die Ideenwelt des Unternehmensgründers von den Beschäftigten letztlich gebilligt wurde.[243]

Im Zeichen der Umwälzungen und Herausforderungen trat nun eine Persönlichkeit aus dem Schatten des Patriarchen hervor, die bereits eine Zeitlang durch ihren Sachverstand das Vertrauen Boschs gewonnen hatte: Hans Walz prägte das Geschick des Unternehmens in den folgenden Jahren entscheidend und leitete schließlich als engster Mitarbeiter Robert Boschs an verantwortlicher Stelle das Unternehmen in den dreißiger Jahren. Aus einer evangelischen Lehrerfamilie Stuttgarts stammend, hatte der 1883 geborene Walz als jüngstes von vier Kindern nach Besuch des Karlsgymnasiums bis zum «Einjährigen» und der Höheren Handelsschule den Weg ins Bank- und Industriegewerbe eingeschlagen.[244] Da der Vater starb, als Hans Walz sechs Wochen alt war, mußten die Kinder rasch ins Erwerbsleben eintreten: Abitur und wissenschaftliches Studium kamen aus finanziellen Gründen nicht in Betracht. Walz hatte sich im demokratischen Klima Südwestdeutschlands rasch dem liberalen Gedankengut zugewandt. Von den Ideen Friedrich Naumanns beeindruckt, trat er das erste Mal 1909, noch als Jugendlicher, im Zusammenhang mit einer Nachwahl in Urach als Anhänger der linksliberalen württembergischen Volkspartei gemeinsam mit seinen Mitstreitern, dem fast gleich alten Theodor Heuss und Johannes Fischer politisch auf.[245] Seit 1911 war er, zunächst nur auf Probe, als Privatsekretär Robert Boschs tätig. Diesem war es bei der Auswahl nicht nur um einen guten Kaufmann gegangen, sondern um einen Menschen, der «auch die ideellen Vorhaben abwägen, prüfen und ordnen» konnte.[246] Die Aufgabe, die Walz übernahm, war angesichts des Temperaments von Robert Bosch nicht leicht. Willy Schloßstein, der später selbst das Amt des Privatsekretärs bekleidete, hat anschaulich beschrieben, wie sehr Bosch vom Stelleninhaber berufliches Können, eine präzise Arbeitsweise und eine «beinahe universale Horizontweite allgemeiner Bildung und Urteilskraft» verlangte.[247] Für diese Position war Walz, der sich als Autodidakt gebildet und mit dem Altgriechischen, dem Hebräischen und dem Lateinischen vertraut gemacht hatte, wie geschaffen; sein Bildungsweg, der in diesem Fall stark mit theologischem Interesse verknüpft war, war für einen Industriellen zudem ausgesprochen ungewöhnlich.[248] Sein Glaube war nicht kirchlich ausgerichtet; er war sowenig regelmäßiger Kirchgänger wie Anhänger irgendwelcher Dogmen.

So naheliegend der Gedanke auch sein mag, wird man Walz nur bedingt dem protestantisch-bildungsbürgerlichen «Milieu» zurechnen dürfen. Zweifellos trat mit ihm ein neuer Typus des Unternehmers bei Bosch in den

Vordergrund. Robert Bosch gehörte noch zu der Generation, in der Erfindertum, Tüftelei und ökonomisches Gewinnstreben sich mit gesellschaftlich-zivilisatorischem Bewußtsein verbunden hatten. So anregend der Gedanke auch sein mag, ausgehend von Max Weber eine bestimmte Struktur der bürgerlichen Schichten herauszuarbeiten, läßt der Blick auf die «Unternehmer-Manager»-Persönlichkeit von Walz solche Kategorisierungen fast als zu starr erscheinen, um die Prinzipien seiner Politik und Unternehmensführung und später den Widerstand gegen den Nationalsozialismus hinreichend zu erklären. Hans Walz war ganz anders: Mit der Bezeichnung «Kaufmann» allein würde man ihm ebensowenig gerecht wie mit der Charakterisierung, er habe den neuen Typus des Angestellten-Unternehmers repräsentiert, der als «Manager» planend das von seinem Vorgänger bereits Erreichte sicherte. Denn die Zeit, in der er bei Bosch Verantwortung übernahm, war eine «Übergangsperiode»,[249] in der sich eine deutliche Trennungslinie zwischen Eigentümerunternehmern und Managern nur schwer ziehen läßt. Obwohl er sich in seinen politischen und sozialen Ansichten wenig von Robert Bosch unterschied, war er doch schon aufgrund seiner Herkunft kaum gewillt, die patriarchalischen Neigungen seines Arbeitgebers fortzuentwickeln: Die gewisse Heftigkeit, Exzentrik, Schroffheit und ungeduldig aufbrausende Nervosität, aber auch die merkwürdige Scheu des Firmengründers fehlten diesem Mann der zweiten Generation.

Walz war zwar unter tausend Bewerbern für Boschs Privatsekretariat ausgesucht worden, aber sein späteres «engeres Verhältnis» zu Robert Bosch benötigte zur Entwicklung einige Zeit.[250] Erst als er gegen Kriegsende zunehmend mit den Angelegenheiten betraut wurde, die Bosch als Mäzen und Stifter aufgebaut hatte, bekam das Verhältnis eine persönliche Prägung. Aber selbst in dieser Phase war der Weg des «Managers» an die Spitze des Betriebs noch keineswegs vorgezeichnet. Im übrigen war Walz, nicht anders als sein Chef, weit davon entfernt, feudalistische Umgangsformen anzunehmen, führte jedoch ein gutbürgerliches Leben in einem Haushalt mit schließlich sechs Kindern, in dem Dienstmädchen und Koch nicht fehlten. Allerdings blieb die persönliche Bescheidenheit ausgeprägt, die mit der eigenen kargen Kindheit sicherlich ebenso zusammenhing wie mit der schwäbischen Herkunft und sich auch in der geringen Neigung zeigte, gesellschaftliche Verbindungen zu pflegen. Walz blieb, wenn die betrieblichen Aufgaben es zuließen, ein Mann der Studierstube.

Die Mentalitätsunterschiede zwischen Bosch und Walz machen ihre politische und menschliche Übereinstimmung erklärungsbedürftig. Als Eugen Diesel im Jahr 1935 Hans Walz kennenlernte, war er geradezu «betroffen» vom Gegensätzlichen der Persönlichkeiten: Auf der einen Seite Robert Bosch, der den Eindruck eines «stolzen und genialen Werkmeisters» machte, auf der anderen Seite Hans Walz, der zwar ebenfalls nicht mit dem Habitus eines typischen «Generaldirektors» auftrat, aber

Hans Walz im Jahr 1933.
Als engster Vertrauter von Robert Bosch und «Betriebsführer»
des Unternehmens war er der Kopf des Boschkreises

doch eine eigenartige Zwischenstellung einnahm, die weder die Charakterisierung als Kaufmann noch als Intellektueller zuließ.[251] Während Bosch,
im Leben stehend und durch die praktische Erfahrung geprägt, mit starkem Charakter zu überzeugen vermochte, lebte Walz stärker in der
«Begriffswelt des Geistes».[252] Willy Schloßstein, der Walz und Bosch aus
seinem fast täglichen Umgang wohl mit am besten kannte, war von der
Gegensätzlichkeit beider Persönlichkeiten fasziniert, einer «kontrapunk-
tisch spannungsreichen Polarität», die doch in eine «selten innige Harmonie wechselseitigen Verstehens» einmündete und darauf beruhte, daß

beide, aus unterschiedlichen Richtungen kommend, in der Suche nach Wahrheit und politischer und sozialer Gerechtigkeit übereinstimmten. Obwohl Auseinandersetzungen bisweilen heftig ausgetragen wurden, war die Grundstimmung durch Vertrauen und gegenseitigen Respekt gekennzeichnet. Der feinfühlige Robert Bosch betrachtete Walz als gleichberechtigten Jüngeren und verspürte gar einen gewissen Stolz, daß dieser seine unabhängige Meinung auch ihm gegenüber offen aussprach. Walz wiederum bezeichnete die Zusammenarbeit mit Robert Bosch einmal als seine «Hochschule für das Leben», und wenn er später von der rastlosen Lebensenergie Boschs sprach, der in seinem über sich hinausgreifenden Bemühen «zu gelegentlichen Unausgeglichenheiten und zu Ausbrüchen» geneigt war, fügte er hinzu, daß Bosch unter sich selbst am meisten gelitten habe.[253] So blieb ein gegenseitiges Vertrauensverhältnis vorherrschend, so daß – jenseits aller pathetischen Verklärung – selbst ein so nüchterner Geist wie Schloßstein den Eindruck hatte, «daß einer ohne den anderen nicht denkbar war.»[254] Obwohl Walz eine starke Führungspersönlichkeit war, stand seine Sensibilität in deutlichem Kontrast zum manchmal bärbeißigen Unternehmensgründer. Als dieser kurz vor seinem Tod einmal bemerkte, er wisse nicht, was aus der Firma und was aus ihm selbst geworden wäre, wenn Walz nicht die vorangegangenen zwanzig Jahre da gewesen wäre,[255] war dies keine Koketterie, sondern Ausdruck der Gewißheit, in Walz einen Nachfolger gefunden zu haben, der das Unternehmen durch wirtschaftliche Turbulenzen und politische Stürme zu führen in der Lage sein werde.

Die von Eugen Diesel betonten Gegensätzlichkeiten wurden durch manche Parallelen ausgeglichen: Bosch und Walz waren trotz aller Weltläufigkeit, die für das exportorientierte Unternehmen kennzeichnend war, in der schwäbischen Heimat verwurzelt, beide vertrauten im Ökonomischen der Kraft des Marktes und im Politischen einem sozial geprägten Liberalismus. Zur politischen Übereinstimmung trat der gegenseitige Respekt. Zu einer in der Geschäftswelt ohnehin unüblichen Vertraulichkeit kam es allerdings nicht. Neben der mitunter rauhen und im menschlichen Umgang bisweilen barschen Unternehmerpersönlichkeit des patriarchalischen Gründers war Walz in den Umgangsformen verbindlicher, ohne einer oberflächlichen Geschäftigkeit zu verfallen.

Walz war zwar, wie er in den Auslandsverhandlungen in den zwanziger Jahren bewiesen hatte, ein kühler Rechner und Kaufmann, aber man würde die Persönlichkeit falsch bewerten, ließe man sein soziales Verständnis unerwähnt. Dieses erwuchs aus tiefer religiöser Überzeugung – eine Welt, die dem in dieser Hinsicht nicht gebundenen Robert Bosch zeitlebens fremd blieb. Für seine soziale Ausrichtung spielten nicht zuletzt die betriebliche Erfahrung der frühen Weimarer Jahre und die Übereinstimmung mit Bosch im Erzieherischen eine große Rolle, so daß die individuellen Züge seines Christentums im Konzept einer sozial geprägten Marktwirtschaft deutlicher hervortreten als etwa die protestantischen Wurzeln späterer Verfechter der Sozialen Marktwirtschaft.[256]

Walz, der stets den linksliberalen Parteien verbunden war, hatte 1919 einer inneren Erneuerung den Vorzug vor einer politischen Neugestaltung gegeben. Ausgangspunkt seiner Überlegungen war die offenkundige Krise eines Bürgertums, das nach dem Ende des Kaiserreichs nicht mehr in der Lage war, die geistigen Bedürfnisse der Menschen zu befriedigen. Die Demokratie enthalte «lediglich das Bekenntnis zu einer politischen Form und entbehrt des hinreissenden Schwungs einer lebendigen weit hinaus zu hohen Zielen begeisternden Lebensanschauung».[257] Angesichts der politischen Entwicklungen nach dem Krieg werde das Bürgertum «gegenüber der ungestüm dahineilenden Entwicklung zu einer mehr defensiven, ich möchte beinahe sagen konservativen Richtung gedrängt.» Aus der Sicht eines Demokraten im krisengeschüttelten Jahr 1919 war das eine realistische Einschätzung, zumal sich Walz bewußt war, daß dem Parteienliberalismus eine veredelnde ideologische Komponente fehlte. Trotz aller Unwägbarkeiten vertraute er auf einen Mittelweg, der das Abgleiten der Gesellschaft in den «Bolschewismus» verhindern sollte. Auf der anderen Seite mußte nach seiner Meinung der «klassenmässig und rein materialistisch-wirtschaftlich» orientierte und «begrenzte Sozialismus der Sozialdemokratie» eine geistige Wandlung erfahren, um wirksam zu werden.[258]

Der kulturpessimistische Unterton, der dieser Bewertung zugrunde lag, mochte vornehmlich durch die Zeitumstände bedingt sein. Viele Liberale wandten sich paradoxerweise gerade in den Jahren enttäuscht vom Liberalismus ab, in denen der demokratische Verfassungsstaat erkämpft worden war. Walz gehörte zu denjenigen, die darauf beharrten, durch Kärrnerarbeit die politischen Ziele mit einem bürgerlichen Programm durchzusetzen, dem die Zugkraft linker und rechter Heilslehren fehlte: Pädagogisch durch die Förderung der freien Volks- und besonders der Erwachsenenbildung und die Unterstützung der Förderungsbemühungen auf sozialem und kulturellem Gebiet, außenpolitisch durch die Verständigung mit Frankreich, wirtschaftlich durch einen nüchternen Interessenausgleich mit den Arbeitnehmern unter Beachtung des sozial und gesellschaftlich Machbaren.

Der Spannungsbogen zwischen Bosch und Walz läßt sich aber zumindest so zeichnen, daß die beiden innewohnende Überzeugungskraft und die Bewertung ethischer Normen im menschlichen Miteinander, sowohl im Betrieb als auch auf nationaler wie internationaler Ebene, verbindend wirkte, trotz aller auf Außenstehende verwirrend wirkenden Gegensätzlichkeit, die indessen geradezu die Voraussetzung des fruchtbaren Einverständnisses war.

Seit 1919 hatte Walz einen Sitz im Aufsichtsrat der Firma, seit 1924 war er im Vorstand der Aktiengesellschaft, in dem er zunächst für das Personal- und später auch für das Finanzwesen zuständig war. Mit der ihm eigenen großen Energie, die sich auch als Kompensation für seine für diese Position nicht ganz standesgemäße Ausbildung interpretieren ließe, erwarb er sich Boschs Vertrauen. Nach einem Revirement gehörten schließlich dem engeren Vorstand neben ihm selbst nur noch Herrmann Fellmeth und Karl Martell Wild an.[259] Daneben profilierte sich Walz besonders im hartnäckig geführten «Wirtschaftskampf» um die enteigneten amerikanischen Bosch-Betriebe, in einer Auseinandersetzung, die unter dem Aspekt der schier unaufhaltsam wachsenden ökonomischen Hegemonie der USA gegenüber dem alten Kontinent eine besondere Dynamik entwickelte. Neben den Verhandlungsqualitäten, die sicherlich auch in einem kosmopolitischen und liberal geprägten Weltbild begründet lagen und die Rechtshändel mit internationalen Partnern und Kontrahenten erleichterten, zeigte Walz ein besonderes Gespür, seit er sich in der unmittelbaren Nachkriegszeit mit größerer Nüchternheit als Robert Bosch den brennenden sozialen Fragen widmete, die ihn zweifellos auf ähnliche Weise bedrückten wie den Unternehmensgründer. Walz betreute federführend die von Bosch initiierte vielfältige Vereinstätigkeit, er trat für den deutsch-französischen Ausgleich ein und war ein früher Verfechter des Standpunkts, daß dem Antisemitismus aktiv entgegengetreten werden müsse. Ihm fehlte jedoch der romantisch verbrämte sozialistische Zug, der Robert Bosch selbst noch in der Spätzeit anzumerken war. Sein Bekenntnis zum «freien Kapitalismus» hatte in mancher Hinsicht das sozialliberale Konzept Friedrich Naumanns bereits überwunden und wies gar Züge auf, die einer sozialen Marktwirtschaft entsprachen. Die sozialen Probleme ließen sich, so war er schon früh überzeugt, nur auf eine rationale Weise lösen: «Der Kapitalismus hat sich bis heute in der Weltgeschichte als der bedeutendste Wohlstandsfaktor erwiesen. Jede andere Wirtschaftsweise wird nach meiner Ansicht mit einem viel geringeren Wirtschaftsgrad arbeiten. Es ist notwendig, daß der Kapitalismus nach sozialen Gesichtspunkten orientiert wird, aber jede Form von Planwirtschaft halte ich für einen Rückschritt.»[260]

Das entschiedene Bekenntnis zu Freihandel und zum Leistungsprinzip basierte jedoch keineswegs auf manchesterlichen Residuen oder einem überheblich-paternalistischen «Herr-im-Haus»-Standpunkt. Neben der Übereinstimmung in Fragen der «sozialen Demokratie»[261] verband Walz und Bosch darüber hinaus die Überzeugung, daß nur auf einem evolutionären Weg in einer zusammenwachsenden Welt der Frieden gesichert werden konnte. Die Verständigung mit Frankreich, die Robert Bosch sich geradezu als Herzensangelegenheit ersehnte, sah Walz als Notwendigkeit im Rahmen des Bestrebens an, «größere Wirtschaftsräume»[262] zu schaffen. Die vergleichsweise mühsamen und kraftraubenden Auseinandersetzungen mit den USA haben sicherlich dazu beigetragen, den politischen Ausgleich mit Frankreich später immer für vordringlich zu erachten; dort war der Rückerwerb des Besitzes deutlich einfacher vonstatten gegangen.

Der sozialistische Grundzug Boschs lag Walz fern. Man würde ihm jedoch Unrecht tun, wenn man dies als kühle Distanz interpretieren würde. Gleichwohl versuchte er das Emotionale nicht Überhand gewinnen zu lassen; angesichts der mannigfachen Hindernisse auf dem Weg zu einer europäischen Neuordnung, die in den zwanziger Jahren mit ihren wirtschaftlichen und politischen Rahmenbedingungen den von Bosch und Walz eingeschlagenen Weg säumten, war diese Zurückhaltung verständlich. Dabei konnte es nach Ansicht der Führungsriege bei Bosch nicht bei einem nationalen Egoismus bleiben, der mit Protektionismus den Wettbewerb verhinderte. Boschs Stellungnahmen fielen auf diesem Gebiet besonders vehement aus.[263] Während er auf seiten der Linken für solche Stellungnahmen Beifall erhielt, war bei den traditionellen Führungsschichten der Zuspruch verhalten. Als er Anfang 1927 eine gegen die agrarischen Schutzzölle gerichtete Veröffentlichung[264] plante, stieß dieses Plädoyer selbst bei Paul Reusch auf Zurückhaltung.[265]

Es ist verwunderlich, daß sich Bosch in dieser Frage überhaupt an seinen konservativeren Konfidenten wandte. Einige Zeit zuvor hatte er vergeblich versucht, Reusch als finanziellen Förderer für die notleidenden «Sozialistischen Monatshefte» anzuwerben. Bosch kannte führende Mitarbeiter der Zeitschrift und schätzte den undogmatischen Reformkurs des Periodikums, das auch den Ausgleich mit Frankreich empfahl: Es sei notwendig, erklärte Bosch in einer umfangreichen Darlegung, das Journal «als Sammelpunkt und Rückgrat für die gemäßigte Richtung innerhalb der Sozialdemokratie zu erhalten. Ihr Verschwinden hätte naturgemäß eine Verstärkung des Einflusses der radikalen Zeitschriften zur Folge (...) und wäre für unsere ganze innerpolitische und soziale Entwicklung unter Umständen von verhängnisvoller Bedeutung.» Reuschs Antwort war kompromißlos: «Ich habe die Entwicklung der ‹Sozialistischen Monatshefte› in den letzten Jahren verfolgt und erkenne ihre mässigende Richtung an. Trotz aller Mässigung sind aber die Ziele, die mit der Zeitschrift verfolgt werden, so abweichend von denen, die ich anstrebe, dass ich mir selbst untreu werden würde, wenn ich die Zeitschrift unterstützen würde.»[266] Bosch verzichtete auf eine Veröffentlichung und begrub die Hoffnung, Reusch noch überzeugen zu können. Dieser sei eben «national» gesinnt, während er den Weg einer weltwirtschaftlichen Lösung als unumgänglich betrachtete: «Unsere Weltanschauung ist so grundverschieden und die der Konservativen und Deutschnationalen steht so unumstösslich fest nach meiner Erfahrung, dass auch die bekannten Engelszungen sich erfolglos bemühen.»[267]

Diese Bemerkungen fielen noch in die Zeit der relativen Stabilität der Republik. Für die Linksliberalen deutete sich bereits Stagnation und ein weiterer Niedergang an. Die Reichstagswahlen im Mai 1928 fielen für die

DDP entmutigend aus. Sie büßte fast ein Drittel ihrer Stimmen ein und erhielt einen Anteil von lediglich 4,9 %. In Württemberg erhielt sie mit 9,5 % immerhin zwar noch doppelt so viele Stimmen. Theodor Heuss, dem der Wiedereinzug in den Reichstag nicht gelang, machte eine düstere Bestandsaufnahme: «Was ist aus unserem alten Schwabenland geworden, wenn es nicht einmal mehr 2 Demokraten nach Berlin zu schicken vermag.»[268]

In dieser unangenehmen Lage wurden erneut Stimmen laut, die eine Bündelung der Kräfte forderten, um einem weiteren Niedergang des liberalen Lagers vorzubeugen. Robert Bosch verfolgte diese Versuche aufgrund der Gefahr eines Rechtsrucks mit einigem Vorbehalt, wie er gegenüber August Weber im Sommer 1928 in einem bezeichnenden Brief erläuterte: Er betrachte sich als «Angehöriger der Deutschen Demokratischen Partei», auch wenn er deren soziale Komponente für wenig bedeutend hielt. Bei einer Fusion von DDP und DVP werde «natürlich die sozialere Auffassung noch mehr zu kurz kommen und ich weiß nicht, ob ich dann noch dort werde mitmachen können». Gleichwohl gab er zu verstehen, daß auch er wegen der sich abzeichnenden politischen Polarisierung wohl keine Wahl haben werde. Das von ihm erhoffte Zusammengehen mit der SPD erachtete er solange als illusorisch, als die Politik des «Klassenkampfes» nicht aufgegeben werde. Eine solche Politik könne er «natürlich nicht mitmachen, denn diese ist natürlich ebenso einseitig, wie die der, sagen wir, bürgerlich eingestellten Demokraten und Volksparteiler».[269]

Man muß anmerken, daß es dabei nicht um die Frage von Koalitionsaussagen ging, sondern um die Chancen einer Parteigründung; diesbezüglich mußten die Forderungen nach Verläßlichkeit und Berechenbarkeit auch an die Sozialdemokraten erheblich höher sein. Aber während sich Boschs Skepsis gegenüber der SPD in den vorangegangenen Jahren abgeschwächt hatte, stand er den Rechtsliberalen mit unverhohlenem Mißtrauen gegenüber. Die Fusionspläne lehnte er ab, als er erfuhr, daß der als Anhänger der Monarchie bekannte DVP-Vorsitzende Ernst Scholz Motor eines Zusammenschlusses der liberalen Parteien war. Die Begründung zeigte, daß die Frage von Monarchie oder Demokratie nicht im Brennpunkt stand. Deutschlands Zukunft liege in der «sozialen Demokratie» und der Einbindung der Arbeiter. Deshalb war für ihn die Restaurationsfrage indiskutabel: «Ich halte die Frage des Monarchismus für verspielt; wenn aber immer wieder mit dem Feuer gespielt wird, so kann ich doch nicht mit Leuten, die diese Zündeleien lieben, an einem Strange ziehen.»[270]

Die Überlegungen zu einer Erweiterung der Weimarer Koalition blieben indessen vorerst in der Schwebe. Man kann fragen, ob das Nachdenken über mögliche politische Kombinationen mehr als ein Gedankenspiel war. Denn im Zusammenhang mit den Folgen von Versailles bewegten ganz andere Probleme die Öffentlichkeit. Den Debatten über Reparationen und die Räumung des Rheinlands kam in diesen Monaten eine entscheidende Rolle zu. Die politische Rechte hatte eine breite Protestbewegung entfacht, die schließlich in ein Volksbegehren gegen den «Youngplan» mündete. In der Auflehnung gegen eine vermeintlich sachliche Anpassung der Kriegsfolgekosten, die als zynische Legalisierung des Unrechts empfunden wurde, bündelte sich der gesamte aufgestaute Haß gegen «Versailles» und gegen die ungeliebte Republik. Angesichts der Demagogie blieben die Liberalen auf der Seite der Besonnenen. Bosch gehörte zu denjenigen, die das Plebiszit gegen den Young-Plan entschieden ablehnten: Zusammen mit Paul Reusch und dem befreundeten Leiter der AEG, Hermann Bücher, der auch später, im «Dritten Reich», ein besonnener politischer Mitstreiter Boschs blieb, gehörte er zu den Unterzeichnern eines öffentlichen Protestaufrufs, den der Sozialdemokrat Carl Severing initiiert hatte[271]: Diese Flugschrift «An das deutsche Volk» bezeichnete das Volksbegehren gegen den Young-Plan als einen «Versuch schlimmster Volksverhetzung». Zugleich war der Aufruf eine Verteidigung der Republik, weil er sich zur Verständigungspolitik bekannte.[272]

Für Bosch, der die mit Versailles verbundene «törichte Gewaltpolitik»[273] oft genug verurteilt hatte, spielten die übergeordneten außenpolitischen Gesichtspunkte eine viel größere Rolle als der mögliche Vorwurf, das Geschäft der «Verzichtspolitiker» zu betreiben. Wenn es um einen ökonomischen Wiederaufstieg Deutschlands in Europa ging, an dem Bosch trotz aller Behinderungen und Schikanen keinen Zweifel hatte, dann mußte eine kurzsichtige Protesthaltung kontraproduktiv sein.

Auf dieser Linie war auch eine politische Übereinstimmung mit Gustav Stresemann festzustellen, den er allerdings zu Amtszeiten nicht besonders schätzte. Aber Bosch akzeptierte, daß Stresemann die Ausgleichspolitik seiner Vorgänger, die er zuvor bekämpft hatte, nun fortführte.[274] Nach der Lektüre der nachgelassenen Schriften Stresemanns,[275] die einen Blick auf das schillernd-komplexe Konzept ermöglichten, mit dem der Außenminister den Ausgleich hatte erzwingen wollen, entdeckte Bosch aber an dessen Politik Züge, die seinen eigenen Vorstellungen eines europäischen Ausgleichs widersprachen und ihm für die Berliner Politik kennzeichnend schienen, von der sich die süddeutsche Geisteshaltung abhob. Fast resignierend kommentierte er: «So sind aber eben die Preussen und schon wir in Süddeutschland verstehen das kaum, noch viel weniger natürlich das Ausland.»[276]

Ein schwäbischer Sonderweg?

Derartige Bemerkungen über die Unterschiede zwischen Nord- und Süddeutschland bezeugen erneut, daß Bosch jenseits romantisierender Sentenzen oder einer naiven Heimattümelei ein typischer württember-

gischer Liberaler war, dem «Preußentum» und «Militarismus» denkbar
fremd waren. Da sich sein innerer Halt gegen nationalistische Versuchungen zu einem guten Teil aus diesem Gedankengut erklärt, soll an
dieser Stelle darauf aufmerksam gemacht werden. Bosch und seine Mitarbeiter wiesen stets mit einem gewissen Stolz auf die demokratischen
Errungenschaften Württembergs hin: ein Sonderbewußtsein, das, wie
noch zu zeigen sein wird, in den Jahren der Diktatur und schließlich
des Krieges eine charakteristische Dynamik entwickeln sollte. Denn die
Aversion gegen den Hitlerstaat war mit einer Wendung gegen die Bevormundung durch den zentralistisch ausgebildeten Staat untrennbar verbunden.

Die «Los von Berlin»-Bewegung, die während der dreißiger und vierziger Jahre im Boschkreis eine Rolle spielen sollte, stützte sich auf eine lange
Tradition. In der liberalen Republik waren diese Kräfte jedoch in ein
gesamtstaatliches Demokratiekonzept eingebunden. Welche Rolle jedoch
genau das spezifische Selbstbewußtsein spielte, ist schwer zu bestimmen.
Trotz mannigfacher Untersuchungen ist die Bedeutung der spezifisch süddeutschen Variante der liberalen Strömungen und ihre ungewöhnliche
Resistenz gegenüber den antidemokratischen Versuchungen während der
Weimarer Jahre noch ungenügend erforscht. Das ist um so bedauerlicher,
als gerade diese regionale Eigenart für Robert Bosch und seine Führungsriege ein Fundament für ihren politischen Optimismus darstellte. Mit einer
ganz anderen Selbstverständlichkeit als etwa in Preußen wurden hier Kern-
fragen liberaler Anschauung in ihrer praktischen Anwendbarkeit diskutiert: Welche Rolle soll dem Staat in einer Gesellschaft zukommen, die ihre
Selbstsicherheit und ihre Überzeugungen der Vorkriegszeit verloren hatte?
In welcher Weise sollen und können Minderheiten in den demokratischen
Staat integriert werden? Wie können ein Volk und eine Nation zur Demokratie erzogen werden?

Die Ungezwungenheit, mit der solche Fragen in Südwestdeutschland
erörtert wurden, war sozusagen eine Grundvoraussetzung politischen
Denkens geworden, derer sich die Bevölkerung und ihre Repräsentanten
stets bewußt waren. In Württemberg waren die Liberalen nach 1848 und
dem Scheitern des Reichsgedankens zu «eifersüchtigen Hütern der einzel-
staatlichen Souveränität» geworden, weil sie gehofft hatten, den Süden als
einen «Hort der Freiheit» zu erhalten.[277] Dabei hatten sie zur Lösung der
Deutschen Frage ein föderalistisches Konzept nach Schweizer Vorbild avi-
siert. Erst mit der Bismarckschen Reichsgründung waren diese bundes-
staatlichen Pläne zu Makulatur geworden, weil die süddeutschen Liberalen
die den Einzelstaaten in der Reichsverfassung gewährten Rechte nun als
ausreichend anerkannten.

Insofern verzichtete der württembergische Liberalismus, wie bereits
betont wurde, zunächst auf seine partikularistischen Neigungen.[278] Warum
jedoch gerade der Südwesten Deutschlands eine «erste Hochburg des Libe-

ralismus» wurde, ist noch keineswegs hinreichend geklärt. Dies hat berechtigterweise noch kürzlich den Ruf nach weiteren «vergleichende(n) Regionalstudien» laut werden lassen.[279]

Denn fraglos wirkte auch in der Weimarer Republik ein ausgeprägter südwestdeutscher Eigenstaatsgedanke fort, eine besondere Wertschätzung föderalistischer Strukturen, wiederum nicht selten gepaart mit antipreußischen Affekten und Abgrenzungsbestrebungen. Auch diese landesspezifischen Aspekte und die in diesem Zusammenhang aufzuwerfenden Fragen über den Niedergang des Liberalismus sind noch unzureichend erforscht:[280] Außer dem Hinweis auf die Wirkung nicht genau definierbarer regionaler Faktoren wissen wir trotz aller eingehender wahlsoziologischer und statistischer Untersuchungen[281] über diese kulturell-politischen Zusammenhänge noch wenig. In der Weimarer Republik wurden die entsprechenden Fragen nach zentralistischer oder föderaler Struktur von den süddeutschen Liberalen zunächst unterschiedlich beantwortet.[282] Die heftig umstrittene Reichsreform scheiterte nicht zuletzt an dem hinhaltenden Widerstand der südwestdeutschen Länder und ihren Auseinandersetzungen untereinander über die Bildung eines einheitlichen Südweststaates.[283]

Auch bei Robert Bosch finden sich entsprechende «süddeutsche» Bezüge und Äußerungen, die freilich Theodor Heuss nicht überbewerten wollte.[284] Zwar hob Bosch stets die Eigenständigkeit Württembergs gegen ein Preußentum hervor, das er mit Militarismus auf der einen und mit Korruption auf der anderen Seite verband. Solange es jedoch die Demokratie zu verteidigen galt, blieben die gegen Berlin gerichteten Äußerungen gedämpft. Bosch vertrat in dieser Hinsicht die gleiche Haltung wie die DDP, nämlich «uneingeschränkte Reichstreue».[285] Die Beständigkeit, mit der die Linksliberalen den Einheitsstaat verteidigten, wurde gegen Ende der zwanziger Jahre im süddeutschen Liberalismus gar prononcierter als bei Zentrum und DNVP. Man stellte den Landtagswahlkampf 1928 unter das Motto «Erhaltung der Länder – gegen den Unitarismus».[286] Selbst in der wenig später wieder aufflackernden Diskussion um eine mögliche Vereinigung Badens und Württembergs spielten hauptsächlich wirtschaftliche Motive eine Rolle, während die Frage nach einer Abschottung gegen Preußen oder das Reich kaum zu vernehmen war.[287] Unverkennbar wuchs aber in der Endphase der Republik die Mißstimmung über die eigenmächtige Handlungsweise der Reichsregierung. Dies zeigte sich schließlich in der Reserviertheit gegenüber der als verfassungsgefährdend interpretierten autoritären Politik Brünings. Versuchten die süddeutschen Regierungen, die beispielsweise über den «Preußenschlag» vom 20. Juli 1932 berechtigterweise beunruhigt waren, noch durch Demarchen und entschiedenes Auftreten einer ähnlichen Gefährdung für ihre eigenen Machtbereiche entgegenzuwirken, wurde der Unmut in der öffentlichen Meinung weniger diplomatisch kaschiert. Die «Reichsloyalität» Robert Boschs wurde erst in dem Moment in Frage gestellt, in dem Hitler eine ganz neue Art von Zentralstaat entwarf und durchsetzte. Indessen blieb das demokratische Potential auch im Süden zu gering. Weder in Karlsruhe noch in Stuttgart oder München unterschied sich der Prozeß der nationalsozialistischen Machtübernahme wesentlich von den Vorgängen in anderen Teilen des Reichs. Süddeutschland und der Föderalismus waren, so ist nüchtern festzuhalten, nicht in der Lage, «Hüter der Verfassung zu sein, auch wenn sie dies gewollt hätten».[288] Wenn dennoch der deutsche Südwesten manchen Zeitgenossen als weniger fanatisch, ja freier erschien, so lag dies an den Residuen freiheitlicher, rechtsstaatlicher und humaner Traditionen, die in dem zivilcouragierten Alltags- und Berufsverhalten auch mancher Württemberger fortlebten.

Parteienquerelen

Daß die Geschichte des Nationalsozialismus auch die Geschichte seiner anfänglichen Unterschätzung ist, wird durch den Blick auf Stuttgart bestätigt. Die württembergische NSDAP war in den Jahren vor 1930 noch eine macht- und bedeutungslose, in sich zerstrittene Splitterpartei, geleitet von einem wenig tatkräftigen Gauleiter, der seinen Gau mit einem «fast bürgerlich-demokratischen Vereinsstil» führte.[289] Der dennoch rabaukenhafte Ton, den die Mitglieder anstimmten, mochte zwar bedrohlich wirken, wurde jedoch von den wenigsten Beobachtern ernst genommen. Bosch stand, wie im übrigen die meisten seiner Standesgenossen, den verschwommenen Versprechungen des Nationalsozialismus ausgesprochen skeptisch gegenüber. Der hart rechnende Realpolitiker wertete die «visionären» Heilserwartungen Hitlers als wirklichkeitsfremd. Die maximalistischen Parolen der Partei erschienen ihm in jeglicher Hinsicht übertrieben und wurden als illusorisch und naiv abgetan. Die in bürgerlichen Zirkeln als proletenhaft empfundene Gefolgschaft schien kein Garant für einen akzeptablen Ausweg aus der politisch-wirtschaftlichen Krise zu sein.

Warum sich die in ständigen Geldnöten befindliche württembergische Geschäftsstelle der NSDAP im Jahr 1927 mit der Bitte um eine Spende ausgerechnet an Robert Bosch wandte, ist unbekannt. Das Schreiben stellte eine Art Schutzgeldforderung dar: Es bleibe den Nationalsozialisten nichts anderes übrig, «als uns an die deutsch und deutsch-völkisch gesinnten Kreise aus Industrie und Handel mit der Bitte um Unterstützung zu wenden.» Weil das Ansinnen ignoriert wurde, folgte in den lokalen Parteiblättchen eine Kampagne gegen Bosch, bis der Bittbrief schließlich als «Ein Brief, der nicht beantwortet wurde» mit einem bissig-ironischen Kommentar über den nationalsozialistischen «Revolverschorrnalismus» und die «saubere Gesellschaft» der NSDAP im März 1927 im «Bosch-Zünder» veröffentlicht wurde. Die Partei, die sich in internen Querelen darüber stritt, wer die peinliche Brüskierung zu verantworten habe, forderte gar eine Klarstellung im «Bosch-Zünder». Dies wurde abgelehnt. Gauleiter Eugen Munder konnte lediglich einer weiteren kurzen Miszelle entnehmen, «diese Peinlichkeiten» sollten die «Hitlerbrüder unter sich ausmachen».[290] Für die württembergische NSDAP zeichnete sich mit dem Amtsantritt des neuen Gauleiters Wilhelm Murr im Februar 1928 eine Wende zum Besseren ab. Die Mitgliederzahl stieg auf 4500 und der Zugewinn der Nationalsozialisten bei den Reichstagswahlen im September 1930 war beträchtlich. Bosch, der die Versprechungen der Nationalsozialisten als unseriös und die ständige Kritik an der Weimarer Republik als ungehörig empfand, beklagte zum Jahresende 1930 die selbstbezogene Mäkelei: Es habe keinen Sinn, sich nur gegenseitig etwas vorzuwerfen.[291]

Während sein Appell gegen scheinbar einfache Heilserwartungen verhallte, fochten die staatstragenden Parteien ermüdende Standortdebatten aus. Ende 1929 kam es in der württembergischen DDP zu einer kräftezehrenden Auseinandersetzung über die Frage, ob man in die konservativ ausgerichtete Regierung von Eugen Bolz (Zentrum) eintreten solle. Der Wunsch von Männern wie Peter Bruckmann und Reinhold Maier, endlich wieder Einfluß auf die Regierungsgeschäfte nehmen zu können und der gefährlichen wirtschaftsliberalen Konkurrenz der DVP den Wind aus den Segeln zu nehmen, gab schließlich den Ausschlag für den Kabinettseintritt, obwohl die Wähler diese Entscheidung nicht honorierten. Auch einige der profiliertesten Liberalen Süddeutschlands mochten den Schritt nach rechts nicht akzeptieren. Friedrich Payer trat unter Protest zurück, Johannes Hieber schalt den konservativen Hugenberg-Adlatus Wilhelm Bazille einen Reaktionär, mit dem man sich nicht an einen Tisch setzen könne.[292] Die Haltung von Robert Bosch in dieser entscheidenden Frage ist nicht überliefert; es ist jedoch anzunehmen, daß er wie Theodor Heuss den pragmatischen Kurs der Parteimehrheit favorisierte, obwohl auch ihm Bazille an und für sich unsympathisch war.[293] Das umstrittene Bündnis mit Bolz und Bazille muß aus der heutigen Rückschau als ein Schritt in die richtige Richtung angesehen werden. Angesichts der mannigfachen politischen Bedrängnisse konnte es nicht mehr allein um die Verteidigung einer irgend gearteten reinen Lehre gehen: Politische Kompromisse waren unabdingbar, um die Gegner der Demokratie in Schach zu halten.

Bosch hielt sich von diesen württembergischen Querelen fern. Auf Reichsebene verfolgte er hingegen interessiert die Bemühungen, eine Mittelpartei zu gründen, um den schier unaufhaltsamen Verfall des politischen Liberalismus aufzuhalten. Bosch war für eine Parteineugründung nun sogar bereit, seine Vorbehalte gegen die DVP zurückzustellen. An August Weber, den Fraktionsvorsitzenden der «Deutschen Staatspartei», die die Nachfolge der DDP angetreten hatte, richtete er daher im Sommer 1930 Gedanken, die einen Weg aus der Krise weisen sollten: «Daß es sich für die bürgerl(iche)

Mitte nicht um eine Diktatur handeln kann, womöglich mit einer Monarchie im Hintergrunde, darüber sollte es doch keinen Streit geben.»[294]

In Württemberg behielt die DDP ihren alten Namen bei. Um den Abwärtstrend zu stoppen, kam es nochmals zu einem Fusionsversuch von DDP und DVP, der allerdings scheiterte. Die Machtlosigkeit gegenüber der nationalsozialistischen Sogwirkung wirkte um so verheerender, als die liberalen Parteien ihren Wahlkampf in den folgenden Jahren ganz auf die Bekämfung der NSDAP ausrichteten, ohne allerdings die Abwanderung der Wähler im geringsten aufhalten zu können. Teile des linken Flügels – unter ihnen Anton Erkelenz – gingen zur SPD über. Im Versuch, die liberalen Parteien zu retten, wandte sich Bosch gegen Bestrebungen, sich nach rechts zu profilieren. Die Befürchtung von Theodor Heuss, mit Männern wie Eduard Dingeldey und Hermann Drewitz werde ein Neuanfang vom «Fluch der Erfolglosigkeit belastet» sein,[295] entsprach der Sorge von Robert Bosch, der die Aufnahme des konservativen Dingeldey als «Belastungshypothek» bezeichnete.[296]

In die zermürbenden Auseinandersetzungen um die Zusammenfassung der liberalen Kräfte wollte sich Bosch nicht mehr einmischen. Aber er machte alle Versuche, den sich in Agonie befindenden liberalen Parteien ein neues Profil zu geben, von einer entscheidenden Bedingung abhängig. Eine liberale «Mittelpartei»,[297] so lautete sein Credo, dürfe sich auf keinen Fall gegen die Sozialdemokratie abschotten, die «mehr zu einer Gesundung unserer inneren Zustände getan» habe, «als irgendwelche Heisssporne im deutschnationalen und nationalsozialistischen Lager. In der Politik kann man nur das Mögliche erreichen wollen und möglich ist nur eine langsame Besserung. Durch ein Niederschlagen der Arbeiterparteien ist eine Besserung aber nicht herbeizuführen.»[298]

Dieser Linksliberalismus, der bisweilen ins Sozialdemokratische und dann wieder ins Konservative changierte, erschien vielen als praxisfern. Hans Walz begleitete den unerquicklichen Kurs der Staatspartei mit skeptischen Kommentaren und bezeichnete es aus innen- und außenpolitischen Gründen im November 1931 als «Glück», daß Brüning sich weiter hielt und eine «Rechtsregierung» nicht ans Ruder komme.[299] Ähnlich wie Carl Friedrich von Siemens und Hermann Bücher hofften Walz und Bosch, daß Brüning die Wirtschaftskrise durch die «Inauguration einer aktiven Konjunkturpolitik»[300] meistern würde, eine Abkehr von altliberalen Vorstellungen des laissez-faire zugunsten keynesianischer Konzeptionen. Robert Bosch, der vornehmlich aus diesen wirtschaftlichen Erwägungen heraus Brünings Kurs mittrug,[301] wandte sich indessen einem Gebiet zu, das ihm aussichtsreicher vorkam als quälender Parteienhader und unergiebige Diskussionen über die Wirtschaftspolitik: der deutsch-französischen Verständigung.

4. Robert Bosch, die deutsch-französische Verständigung und das Ende der Weimarer Republik

In einem unveröffentlichten Aufsatz des Jahres 1931 plädierte Robert Bosch im Zeichen der politisch-wirtschaftlichen Krise für eine mäßigende Haltung der deutschen Politik. Dieser Artikel war keine gründlich durchdachte Abhandlung, sondern verriet in seinem tagespolitischen Charakter, der sicherlich durch die Erfolge der NSDAP bei den Septemberwahlen des Vorjahres bestimmt war, die Sorge, von Deutschland werde ein neuer Krieg ausgehen. Ohne die Bitterkeit und Demütigung zu verkennen, die der Versailler Vertrag für Deutschland mit sich bringe, appellierte Bosch jedoch in der uns bereits bekannten Weise an die Vernunft, die einen Ausgleich ermöglichen werde, auch wenn sich Frankreich noch momentan «sperre». Das französische Sicherheitsbedürfnis versuchte er zu erläutern – ein bemerkenswerter Ansatz in einer Zeit, in der differenzierende Erklärungsmuster im Lärm der Propaganda gemeinhin nicht zu hören waren. Frankreich habe

«eine furchtbare Rüstung – weil es uns fürchtet. Wir haben erklärt, wir wollen einen Zollanschluß an Oesterreich. Was heißt das für das nach seiner Ansicht bedrohte Frankreich: Deutschland mit seinen 65 Millionen verbündet sich mit den 6 Millionen Oesterreichern. Es ist doppelt so stark als Frankreich. Es wird über uns herfallen. Seine Stahlhelmleute, seine Nationalsozialisten verkünden das jeden Tag in ihren Zeitungen, in ihren Paraden und Demonstrationen. Der General von Seeckt, der, solange er Reichswehrführer war, sich so benahm, daß die Franzosen Vertrauen zu ihm gewannen, stößt neuerdings in dasselbe Horn wie die rechtsgerichteten Verbände.»[302]

Frankreich habe, so Bosch, die verständliche Sorge, daß eine Regierung der «äußeren Rechten» sich nicht länger an geschlossene Verträge halten werde. Bosch plädierte, so schwer es auch falle, für politische «Nachgiebigkeit»: Eine Nation sterbe nicht «an verletztem Ehrgefühl».[303] Mit einer solchen Sicht akzeptierte er, wie zur gleichen Zeit übrigens schon Konrad Adenauer, das französische Sicherheitsbedürfnis, eine Politik, die sich vom Kurs Stresemanns abhob.

Bosch regte daher den Verzicht auf den Panzerkreuzerbau und die österreichische Zollunion an, eine selbst in der Rückschau in ihrer politischen Kühnheit bemerkenswerte Idee, verbanden doch viele Deutsche, bis weit in die Reihen der SPD hinein, mit diesen Vorhaben die Rückkehr auf die Bühne der Großmächte. Bosch verstand seinen Vorschlag jedoch nicht als demütigende Preisgabe. Denn vom ökonomischen Denken her erachtete er die wirtschaftlichen Kapazitäten Deutschlands für ausreichend, um auf friedlichem Weg die Gleichberechtigung in Europa wiederzuerlangen. Die Schrift mutet aus heutiger Sicht zugleich als ein Dokument der Vernunft und der Vergeblichkeit an. Wie wenig seine Vision mit den herkömmlichen Träumen einer hegemonialen Großmachtstellung gemein hatte, bezeugte der Hinweis, daß eine Zollunion mit Österreich nur dann Sinn mache, wenn die Verständigung mit Frankreich das eigentliche Ziel sei. Die Ablehnung des «Rachekrieges» erfolgte mit so deutlichen Worten, daß man mit Blick auf den Zweiten Weltkrieg gar eine prophetische Klarsicht attestieren könnte: «Ich hoffe, wir werden nie mehr das kriegen, was man früher Krieg hieß. (...) Helden gibt es ja künftig keine mehr. Nur noch Menschenvertilger.»[304]

Es kam nicht von ungefähr, daß Robert Bosch in der Zeit nach 1930 besonders intensiv über Möglichkeiten eines deutsch-französischen Ausgleichs nachdachte.[305] Als Industrieller empfand er das «Politisieren» stets als unbehaglich. Die Außenpolitik lag ihm dagegen seit der traumatischen Erfahrung des Ersten Weltkriegs am Herzen. In einer kurzen Phase nach dem Ende des Ruhrkampfes hatte es gar so ausgesehen, als ob der Wiederaufbau der deutschen Machtstellung, die sukzessive Revision der als ungerecht empfundenen Ergebnisse des Versailler Vertrages und die deutschfranzösische Verständigung in einem zu erreichen waren. Bosch verstand diese Ziele nicht als gegensätzlich, sondern hielt sie für die Voraussetzung des Wiederaufstiegs des durch den Krieg nachhaltig in seiner Entwicklung gestörten Europas. Im Jahr 1926 hatte er recht positiv feststellen können: «Ich erlebe z. Z. noch die Genugtuung, daß die Leitlinie für meine Einstellung in innen- und außenpolitischen Fragen, Aussöhnung der Gegensätze zwischen Arbeitern und Unternehmern wie zwischen Nationen, heute auch von meinen intimsten politischen Gegnern als richtig angesehen wurde.»[306] Die außenpolitische Zuversicht war verständlich. Der Locarno-Pakt des Jahres 1925 hatte mit seinen Vereinbarungen die Möglichkeit eines Ausgleichs mit dem westlichen Nachbarn aufgezeigt, und dieser Schritt war im darauffolgenden Jahr durch den Berliner Vertrag Richtung Osten ergänzt worden.

Bosch blieb in diesen Jahren bemüht, den extremen und zunehmend irrationalen Argumenten der nationalen Rechten entgegenzutreten, welche die von ihr als «Erfüllungspolitik» gebrandmarkte Strategie der Versöhnung und des Ausgleichs immer unerbittlicher angriffen. Freilich, eine weitgehend passive Unterstützung der auf Ausgleich bedachten Strömungen in der Republik[307] erachtete er bald als unzureichend. Er wurde deshalb Mitglied der Deutschen Sektion des Deutsch-Französischen Studienkomitees,[308] einer seit dem Sommer 1927 mit Büros in Paris und Berlin bestehenden Einrichtung, in der auf deutscher Seite unter anderen Hermann Bücher vertreten war und in die auch sein Neffe Carl Bosch im Mai 1930 eintrat.[309] Mit dieser nach ihrem Mitgründer, dem luxemburgischen Industriellen Emile Mayrisch, auch «Mayrisch-Komitee» genannten Organisation hatte sich die Industrie beider Länder ein Gremium geschaffen, das auf der Basis bilateraler Kooperation privatwirtschaftliche Vereinbarungen über Absatz- und Produktionsquoten traf. Auf Bosch mußte diese Institution besonders anziehend wirken, weil sie sich in erster Linie, wie eine

Information des Komitees umschrieb, «auf die Idee des deutsch-französischen Nationalinteresses» bezog.[310]

Bosch wollte sich jedoch nicht darauf beschränken, lediglich schützende Dämme zu bauen. Schon früh sympathisierte er mit den Paneuropa-Vorstellungen Richard Coudenhove-Kalergis. Der böhmische Adlige war nach seinem Geschichts- und Philosophiestudium mit dem 1923 veröffentlichten Werk «Pan-Europa» der Begründer einer Idee geworden, die einen zentraleuropäischen Staatenbund unter Ausschluß der beiden Flügelmächte Großbritannien und Rußland anstrebte. Der antisowjetische Grundzug des Europaplans Coudenhove-Kalergis entsprach Boschs Vorstellungen, der im Gegensatz zu vielen anderen Industriellen die in diesen Jahren spürbare, gerade von den Rechten betonte antiwestliche Affinität Deutschlands zur Sowjetunion niemals als Basis für eine wirtschaftliche Zusammenarbeit ansah. Westeuropa müsse sich vielmehr zusammenschließen, «um Rußland aufzumachen und zu liberalisieren».[311] Solange die sowjetische Diktatur jede gemeinsame wirtschaftlich-politische Einigung Europas verhinderte, wurde Rußland als potentieller Bundesgenosse nicht in Erwägung gezogen. Auch andere Vorstellungen Coudenhove-Kalergis fanden bei Bosch Zustimmung: Die Schaffung eines «europäischen Großwirtschaftsraumes»[312] befürwortete er ebenso wie die Forderung nach Kürzung der Arbeitszeit zur Milderung der Folgen der Wirtschaftskrise. Coudenhove-Kalergis beinahe apologetisch vorgetragene Lobpreisung der Technik als politisch-kulturelle Retterin Europas vor den Weltproblemen[313] stieß bei dem Industriellen ebenfalls weitgehend auf Verständnis. Selbst wenn die Ideen des Grafen schwärmerisch und mitunter bis ins Abstruse simpel anmuten mochten, unterstützte Bosch seine Pläne enthusiastisch und förderte sie finanziell: Das Geld sei «für uns Europäer gut angelegtes Kapital».[314] 1927 trat Bosch der Paneuropa-Union als förderndes Mitglied bei. Coudenhove-Kalergi hat den Grundgedanken Boschs stets richtig eingeschätzt. Bosch sei «einer der besten deutschen Europäer» gewesen, bemerkte er später zurückblickend, «Paneuropäer nicht aus wirtschaftlichen, sondern aus moralischen Gründen»: «Nicht um besser exportieren zu können, sondern um Europa vor neuen Kriegen zu sichern.»[315]

In Frankreich stießen diese Plänen vielfach auf Zuspruch,[316] schien doch eine französische Vormachtstellung auf dem Kontinent mittels dieser Konstruktion durchaus vorstellbar. In Deutschland war der Widerhall geringer, nicht zuletzt deshalb, weil die Bestrebungen von Beginn an in einem markanten Gegensatz zu der amtlichen Politik des Auswärtigen Amtes standen, das zunächst an der Revision der Ergebnisse von Versailles interessiert war. Eine offizielle Unterstützung der Gedanken einer Paneuropa-Union, wie Bosch sie vorschwebte, kam daher selbst in der Ära Stresemann nicht in Frage.[317] Nach dessen Tod 1929 verhärtete sich diese Reserve im Zeichen der Abwendung von der Verständigungspolitik. Bernhard von Bülow, einer der Protagonisten eines schärferen Kurses, bemerkte wenige Tage bevor er

*Richard Coudenhove-Kalergi (rechts am Tisch) und Robert Bosch
hofften auf eine wirtschaftliche und politische Einigung Europas.
Trotz mancher Meinungsverschiedenheit war man sich über die Bedeutung
dieser Idee einig.*

zum Staatssekretär im Auswärtigen Amt ernannt wurde, man habe gegenüber Coudenhove-Kalergi «bewußte Zurückhaltung» gewahrt, und es
empfehle sich, wegen «französischer Tendenzen» an dieser «Haltung auch
weiter festzuhalten».[318]
　　Bosch war, so muß auch in dieser Hinsicht betont werden, unter den
deutschen Wirtschaftsgrößen eine Ausnahme: Er gehörte zu der kleinen
Gruppe von Industriellen, die nicht nur stillschweigend die Republik
akzeptiert hatten, sondern aktiv für ihren Erhalt zu arbeiten trachteten.
Keineswegs darf man angesichts der Erfolglosigkeit dieses Kampfes freilich
den Schluß ziehen, hier sei ein politisch naiver Außenseiter gegen den
Strom der Zeit geschwommen. Angesichts der sich abzeichnenden politischen Verhärtungen in Europa glaubte Bosch gegen Ende der zwanziger
Jahre, seinen Ausgleichsbemühungen neue Impulse verleihen zu müssen.
Nach dem Ende der Ära Stresemann zeichnete sich in Deutschland eine
zunächst nur im Stil und im Atmosphärischen bemerkbare Kursänderung
in der Außenpolitik ab, die mit Versöhnungspolitik immer weniger gemein
hatte.[319] Bosch mag intuitiv gespürt haben, daß die Zeit für einen Ausgleich
mit Frankreich immer knapper bemessen war. Der französische Außenminister Aristide Briand, einer der Förderer Coudenhove-Kalergis, schei-

terte mit seinem Europaplan, der freilich ganz auf französische Interessen zugeschnitten war. Am gleichen 17. Mai 1930, an dem Briand sein Europa-Memorandum veröffentlichte, beteiligte sich Bosch, der die Verständigung Europas öffentlich als «Lebensfrage» bezeichnete,[320] lebhaft an dem von Coudenhove-Kalergi nach Berlin einberufenen zweiten Paneuropa-Kongreß und hielt eine kurze Ansprache über Briands Initiative.[321] Anfang Dezember 1931 schrieb er an den mit ihm geschäftlich verbundenen Louis Renault und griff dessen Gedanken auf, Deutschland und Frankreich müßten sich im Interesse des Weltfriedens versöhnen.[322]

Bosch glaubte zwar, daß die französische Wirtschaft Interesse an einem Ausgleich mit Deutschland habe, war sich jedoch nicht sicher, ob sich dieser Wunsch gegen eine dezidiert nationalistische Politik durchsetzen lasse.[323] Der Adressat dieser Einschätzung fällt aus dem Rahmen der sonstigen Briefpartner, die zumeist dezidiert demokratische Ansichten vertraten. Es erscheint auf den ersten Blick befremdlich, daß der liberale Demokrat Bosch ausgerechnet mit Georg Escherich, dem ehemaligen Führer der «Organisation Escherich», einen intensiven Briefwechsel pflegte. Escherich hatte in den Wirren der Nachkriegszeit eine schlagkräftige Truppe von «Volkswehren» geleitet, um dem «kommunistischen Chaos» ein Ende zu bereiten. In Bayern war er dabei zu einer der Hauptfiguren auf dem politischen Schachbrett geworden, hatte auf der Seite Gustav Ritter von Kahrs während des Kapp-Putsches gegen die Münchner Sozialdemokraten gestanden und bereits Ende 1920 über eine millionenstarke Anhängerschaft verfügt. Diese Heimwehrtruppe, die mit dem Anschein der Überparteilichkeit auf Kosten der verfassungsmäßigen Gewalt zu einem wichtigen politischen Faktor geworden war, hatte ein Ende gefunden, als sich abzeichnete, daß es einen exekutiven Dualismus im Reich nicht geben durfte. Escherich, der im monarchistisch gesinnten Bayern agierte – in jenen Jahren ein «Eldorado für rechtsextremistische Organisationen»[324] – hatte antidemokratische und rückwärtsgewandte Maximen und Affinitäten.

Als Bosch im Jahr 1930 mit diesem in Verbindung trat, waren es allerdings nicht dessen monarchistische Ansichten, die auf ihn anziehend wirkten. Escherich, der nach dem Ende der «Orgesch» in den bayerischen Forstverwaltungsdienst zurückgekehrt war, hatte geholfen, den partikularistisch-monarchistischen Bayerischen Heimatschutz aufzubauen, und in diesen Jahren war sein Radikalismus einer gemäßigteren Betrachtungsweise gewichen.[325] Während er ein Zusammengehen mit den Sozialdemokraten ablehnte und gar der Ansicht war, «daß eine Koalition der Bürgerlichen mit den Sozialdemokraten erstere zum Vorspann des Marxismus macht», hielt er zugleich mißtrauisch Distanz zum Nationalsozialismus.[326]

Ungeachtet aller politischen Differenzen entstand zwischen den Jägern Bosch und Escherich eine «gute späte Männerfreundschaft»,[327] für den im persönlichen Umgang scheuen Bosch eine durchaus ungewöhnliche Entwicklung. Escherich verstand es, ohne opportunistisch zu sein, auf die poli-

tischen Nöte Boschs einzugehen, von denen er wußte, daß diese auf einer
ganz anderen politischen Überzeugung basierten. Doch trotz aller gegenseitigen Sympathien wurden die politischen Gräben zwischen Bosch und
Escherich nie ganz überwunden. Während Bosch versuchte, die Befindlichkeiten des Nachbarn jenseits des Rheins in seinen politischen Überlegungen mitzubedenken, verwies Escherich immer wieder darauf, daß die
Verzögerung einer europäischen Versöhnung nicht in erster Linie in der
deutschen Politik zu suchen, sondern Folge der «halsstarrigen Politik
Frankreichs» sei.[328] Noch später, nach dem Tod des Freundes, bemerkte
Robert Bosch, daß Hans Walz und er gegenüber Escherich «mißtrauisch»
gewesen seien, weil sie in ihm einen «Wegbereiter für den Kronprinzen»
gesehen hätten und weil Escherich «in erster Linie deutsch eingestellt»
gewesen sei.[329]

Aus konservativ-monarchistischer Warte befürwortete Escherich die
Wiederwahl Hindenburgs zum Reichspräsidenten im Jahr 1932, und damit
war eine politisch fragile Brücke zum Demokraten Bosch gebaut, der durch
seine Unterstützung Hindenburgs allerdings nicht der Restauration Vor-
schub leisten wollte, sondern ganz im Gegenteil die Errungenschaft der
Weimarer Republik abzusichern hoffte. Bosch, der sich bei der Reichspräsidentenwahl 1925 nicht zuletzt deshalb für Hindenburgs Konkurrenten
Marx stark gemacht hatte, weil er eine ungünstige Wirkung auf das Ausland
fürchtete, verwandte sich nun ebenfalls für Hindenburg. In diesem scheinbaren Wechsel der Präferenzen wurde offenbar, in welchem Maße sich das
geistige Klima der Republik verändert hatte. Der greise Feldherr fand 1932
den Beistand der bisherigen politischen Opponenten, des Zentrums, der
SPD und der Linksliberalen,[330] – mit dem Ziel, einen Reichspräsidenten
Hitler zu verhindern. Boschs dezidierte Stellungnahme für den konservativen Preußen[331] war deshalb eine Vernunftentscheidung, die Schlimmeres
verhindern sollte, obwohl Bosch anerkannte, daß Hindenburg sich
während seiner ersten Amtszeit der Republik von Weimar gegenüber loyal
verhalten hatte.

Boschs Position verwies ihn einmal mehr auf die linke Seite des politischen Spektrums. Indessen bot auch die Großindustrie mit Blick auf ihre
Präferenzen kein geschlossenes Bild. Einige Wirtschaftsführer, unter ihnen
der RDI-Vorsitzende Gustav Krupp von Bohlen und Halbach und Carl
Duisberg, favorisierten Hindenburg. Duisberg leitete das Komitee, das sich
im Februar 1932 für dessen Wiederwahl konstituiert hatte und nach Schät-
zungen etwa 7,5 Millionen Reichsmark an Spendengeldern aufbrachte.
Während die meisten Industriellen den Werbungen Duisbergs ablehnend
gegenüber standen, wollte Bosch seine Mitarbeit nicht versagen. Die Berliner Ausschußsitzungen absolvierte er allerdings als Pflichtübung.[332]

Die Empörung der württembergischen Nationalsozialisten über die
erneute Brüskierung Hitlers durch den schwäbischen Unternehmer kannte
dennoch keine Grenzen: Seit Anfang 1931 verfügte die Partei über ein

eigenes publizistisches Organ, das von Gauleiter Wilhelm Murr als Herausgeber geleitet wurde. «Herr Dr. h. c. Bosch im Hindenburgausschuß» lautete die Hauptüberschrift des Stuttgarter «NS-Kurier» vom 11. Februar 1932, und ein hämischer Artikel erinnerte daran, daß Bosch noch im Jahr 1925 die Nominierung Hindenburgs als «Verbrechen am deutschen Volke» bezeichnet hatte. Der Bericht, eine Haßtirade gegen die Hindenburg-Unterstützer, die als «verblaßte Sterne am Systemhimmel» verspottet wurden, bezeichnete es als «Provokation der württembergischen Bevölkerung», daß ausgerechnet Robert Bosch für Hindenburg votiere. Die genüßlich angeführten Zitate aus früheren Stellungnahmen boten Anlaß für das Fazit: «Der Mann, der dies schändliche Pamphlet schrieb, tritt heute für Hindenburg ein. Kommentar überflüssig!»[333]

Den Erfolg Hindenburgs, der am 13. März im ersten Wahlgang nur knapp die absolute Mehrheit verpaßt hatte, verbuchte Bosch, zumindest was den hohen süddeutschen Anteil anging, als eine Art persönlichen Sieg.[334] Gegen die nationalsozialistischen Angriffe setzte er sich zur Wehr: Er habe sich 1925 geirrt, weil er geglaubt habe, Hindenburg werde sich von Kreisen um Hugenberg und Hitler bestimmen lassen:

«Damals aber haben sich aber auch die um Hugenberg und Hitler geirrt: Hindenburg tat nicht, was sie wollten. Er sah die Staatsnotwendigkeiten und er tat, was er für seine Pflicht erkannte. Und deshalb setze ich mich heute für Hindenburg ein. Einen Irrtum zuzugeben, ist nicht charakterlos, sondern das Gegenteil. Daß ich heute *für* Hindenburg eintreten kann, gereicht mir heute zu größerer Genugtuung, als sie jene empfinden, die ihn seinerzeit auf den Schild hoben und ihn jetzt bekämpfen, weil er nur seiner Einsicht und seinem Gewissen folgt.»[335]

Noch am Tag vor dem zweiten Wahlgang ließ Bosch eine weitere kurze Erklärung in den Zeitungen erscheinen, und im Hindenburg-Ausschuß war er sich mit den anderen Mitgliedern einig, daß man in den Anstrengungen nicht nachlassen dürfe, «um möglichst 20 Millionen Stimmen für Hindenburg zu gewinnen».[336] Nachdem Hindenburg am 10. April mit überzeugender Mehrheit wiedergewählt worden war, verebbte allerdings Boschs Begeisterung über den Sieg des Kompromißkandidaten recht schnell.[337] Nach der «Machtergreifung» Hitlers fiel dieses Urteil noch schärfer aus, und Bosch stellte bitter fest, daß seine frühe mißtrauische Ahnung «gerechtfertigt» gewesen sei.[338]

Die Wirtschaftslage hatte sich inzwischen dramatisch verschlechtert. Im regionalen Vergleich schnitt der deutsche Südwesten zwar noch günstig ab, so daß Württemberg bis 1932 eine «Insel im Krisenmeer» blieb.[339] Die ökonomischen Turbulenzen der Strukturkrise machten indessen vor den Werkstoren von Bosch nicht halt. Wieder einmal beklagte Bosch eine zu weitgehende Auslegung der Sozialgesetze, die den Betrieben hohe Belastungen aufbürdeten.[340] Durch Kurzarbeit hatte Bosch die Zahl der Beschäftigten zwar zunächst noch einigermaßen stabilisieren können, aber die Belegschaft mußte dennoch weiter abgebaut werden und ging bis 1932 auf knapp über 8100 zurück. Die bekanntermaßen höheren Löhne waren ebenfalls bereits schrittweise abgebaut worden und lagen mit den Durchschnittsakkordverdiensten im Jahr 1928 nur noch wenig über den vergleichbaren Löhnen anderer Arbeitgeber im Stuttgarter Raum.[341] Bosch sah durch den wirtschaftlichen Verfallsprozeß die politische Zusammenarbeit in Europa gefährdet. Andere Probleme hatten dagegen seiner Meinung nach zurückzustehen. Als Anton Erkelenz ihm 1931 einige Fragen zur «deutschen Lage» vor Augen führen wollte, hielt Bosch dagegen, es gehe nicht um die deutsche Frage, sondern darum, sich mit den Franzosen zu verständigen und Europa zu schaffen.[342]

Seine Sorgen ließen ihn im Frühjahr 1932 zu einer recht ungewöhnlichen Maßnahme greifen. Der Forderung nach Lohnerhöhungen, die zuletzt selbst Weggefährten wie Erkelenz erhoben hatten, um der Wirtschaftskrise Herr zu werden, stand er ablehnend gegenüber, wenn sie nicht an eine Produktivitätssteigerung gekoppelt war.[343] Die eigenen Ideen zur Beendigung der wirtschaftlichen Spannungen stellte er in einer Studie über «Die Verhütung künftiger Krisen in der Weltwirtschaft» vor, in der er eindringlich für Freihandel, Liberalismus, Klassenverständigung, Arbeitszeitverkürzung von täglich 8 auf 6 Stunden und Völkerverständigung warb.

Die Ausarbeitung legte er vor der geplanten Veröffentlichung Paul Reusch zur Beurteilung vor. Dessen Konservatismus zeigte sich nicht zuletzt in einer harten Frontstellung gegen die Sozialdemokratie. Im November 1929 hatte er hervorgehoben, es sei die vordringliche Aufgabe, die Abwehrfront gegen den fortschreitenden Marxismus «mit allen Mitteln zu fördern».[344] Seine Kritik war symptomatisch für diejenigen Tendenzen der deutschen Wirtschaft, für die «die Instrumentalisierung der Krise oder Notlage der Republik einer Politik diente, die den Staat von Weimar in einen seinem Wesen nach ganz anderen Staat verwandelte».[345] Ebenso problematisch ist die überhebliche Gewißheit zu beurteilen, sich als Ruhrkapitän eine gewisse Aufgeschlossenheit gegenüber den nationalsozialistischen Ideen erlauben zu dürfen: Reusch hatte sich noch am 19. März 1932 mit Hitler getroffen.[346] Allerdings wäre es eine historische Verzerrung, Reusch als einen Steigbügelhalter Hitlers zu bezeichnen. Seine Stellung zum Staat von Weimar war zwar durch Indifferenz gekennzeichnet, gleichwohl stand er den unausgegorenen und obskuren wirtschaftspolitischen Forderungen der NSDAP ablehnend gegenüber.[347]

Ungeachtet aller nicht zu übersehenden Meinungsverschiedenheiten setzte Bosch auf eine Übereinstimmung in der Außenpolitik. Seine Hinweise auf eine wachsende französische Entspannungsbereitschaft wurden aber auch deshalb von Reusch skeptisch aufgenommen, weil die ernüchternden Erfahrungen des Ruhrkampfes 1923 bei diesem den kaum zu korrigierenden Eindruck hinterlassen hatten, in Frankreich sei man zu einem partnerschaftlichen Ausgleich nicht bereit. Trotz aller Empörung blieb

Reusch jedoch – und das unterschied ihn und Bosch von den Verfechtern einer unbedingten Revisionspolitik – ein Verteidiger des europäischen Ausgleichs. In diesem Sinn hatte er sich ausdrücklich für Hans Luther verwandt, als dieser im Jahr 1925 wegen der Locarno-Politik scharf angegriffen worden war.[348]

Reusch delegierte, wohl aus Zeitmangel, vielleicht aber auch, weil er den Eifer Boschs als übertrieben empfand, die Durchsicht des Manuskripts von Robert Bosch an den Leiter der Volkswirtschaftlichen Abteilung der Gutehoffnungshütte, Dr. Karl Scherer. Scherer fertigte ein ausführliches zwölfseitiges Gutachten an, in dem er erhebliche Zweifel an Boschs Technikgläubigkeit und seiner Verteidigung des Freihandels unter Ablehnung zollpolitischer Schranken äußerte. Seine Stellungnahme bekundet die offenkundigen konzeptionellen Meinungsunterschiede gegenüber dem ganz anderen Standpunkt Robert Boschs: Die Einwände Scherers gegen die liberalen Rezepte Boschs entsprachen darüber hinaus einer mächtigen Tendenz der Zeit – in ganz Europa war eine zunehmende Bereitschaft zu beobachten, dem Staat eine größere Rolle bei der Lenkung der Wirtschaftsabläufe zu überlassen. Die Sorge, die natürlichen Aufschwungkräfte der Wirtschaft seien zu schwach, um die Wirtschaftskrise zu meistern, war so groß, daß nun die unterschiedlichsten Konzepte einer «Globalsteuerung der Wirtschaft» in Vorschlag gebracht wurden.[349]

Vor dem Hintergrund dieser breiten Grundstimmung mochten die liberalen Konzepte Robert Boschs beinahe anachronistisch wirken. Die angedeuteten wirtschaftspolitischen Hoffnungen zog Scherer fast ins Lächerliche, wenn er süffisant ausführte, diese bestächen durch «die Einfachheit und Gradlinigkeit der Deduktion», würden aber der Realität des Weltmarktes nicht gerecht. Boschs Ablehnung der Autarkie wurde als dogmatisch kritisiert, und noch deutlicher wurde Scherer in abfälligen Bemerkungen über die Hoffnung auf ein Ende des Klassenkampfes: «Diese Kräfte werden stets bewußt und planmäßig den Klassenkampfgedanken in Wort und Schrift nähren, wo sie können. Unterbunden werden kann das nur durch politische Mittel, dadurch, daß eine starke Regierung die Quellen der Verhetzung, im weitesten Sinn des Wortes genommen, rücksichtslos zudrückt, wie es etwa von Mussolini durchgeführt ist.»[350] Boschs beißende Kommentare zu diesen Ausarbeitungen wiesen die anempfohlenen autoritären Rezepte zurück. Die Marginalie zu Scherers Hinweisen auf das faschistische Vorbild faßte Boschs ganze Verachtung für dessen Gutachten noch einmal zusammen: «N.S.D.A.P. Heil Hitler!»[351]

Als Gegner dirigistischer Einflüsse stand Bosch dennoch auf verlorenem Posten. Denn nicht nur von rechts wurde mit dem Autarkiegedanken gespielt. Anders begründet, aber wiederum in ihrem Gehalt ganz ähnlich, wurden auch in der politischen Mitte Ansichten laut, die eine stärkere Rolle des Staates befürworteten. Als Anton Erkelenz beiläufig erklärte, er würde den Gedanken der «planwirtschaftlichen Organisation» nicht ganz so

schnell verwerfen wie Bosch das tue, ließ Bosch ihm entgegnen, nach seiner Auffassung müsse man staatliche Eingriffe soweit wie möglich ausschalten: Die Wirtschaft solle sich selber helfen, weil «Staatshilfe» bzw.
staatliche Eingriffe immer eine «Verschlechterung» bedeuteten.[352] Das
kann jedoch nicht als eine Frühform ordo- oder neoliberalen Denkens verstanden werden. Das Plädoyer fiel deshalb so deutlich aus, weil es als eine
Abwehr des Nationalsozialismus gedacht war. Vom Grundsatz her mußte
dieser auch wegen der von ihm propagierten «organischen» Staatsstruktur
dem Liberalen äußerst suspekt sein. Für eine so komplexe Konstruktion,
wie sie ein Staat darstellt, der zudem im ökonomischen Wettbewerb mit
anderen Nationen seinen Platz im Staatengefüge zu finden hat, erschienen
Bosch solche Analogien als zweifelhaft.

Bosch lehnte Änderungen an seinem Aufsatz ab. Seine Schrift, die er
später wiederholt als «seine bedeutungsvollste Arbeit»[353] bezeichnete, verlegte er wenige Wochen später als Privatdruck, aber das Echo blieb
gering.[354] Seine Rezepte wurden hinter vorgehaltener Hand vielfach als
unpraktikabel und irrelevant abgetan. Selbst gute Bekannte wie Theodor
Bäuerle bezeichneten die Vorschläge als «eine undurchführbare Utopie»,
«eine theoretische Konstruktion lediglich aus dem Gesichtswinkel eines
Industriellen der Fertigungsindustrie.»[355] Die «merkwürdige Schrift», wie
selbst sein vornehmer Biograph nicht umhinkam, das schriftstellerische
Ergebnis zu beschreiben,[356] war ein von missionarischem Eifer getragener
Schwanengesang auf den Liberalismus einer vergangenen Zeit. Lob kam
lediglich von links. Max Cohen hob in den «Sozialistischen Monatsheften»
hervor, Bosch sei «ein Unternehmer, der, weit entfernt von jedem Eigeninteresse, seit jeher nur das Wohl des Ganzen im Auge gehabt» habe. Er
teilte zwar nicht die Freihandelsideen des «Manchesterprinzip(s) des Lais-
ser-aller», aber die Überlegungen zur Arbeitszeitverkürzung fanden
Zustimmung. Die Ausarbeitung zeige, so lautete das Fazit Cohens, daß
Bosch «der Mann weitestgehenden sozialen Verständnisses, der er vor dem
Krieg war, auch in den geistverwirrenden Jahren nach dem Krieg geblieben
ist.»[357]

Bosch ließ sich durch den publizistisch-politischen Mißerfolg nicht ent-
mutigen, er verstärkte vielmehr seine Bemühungen, die deutsch-französische Kooperation voranzutreiben. Im Frühsommer 1932 konkretisierte
sich trotz aller Vorbehalte gegen den Nationalsozialismus die Idee, Hitler
auf den europäischen Frieden einschwören zu können. Walther Mauk, der
Güterdirektor seines südlich von München gelegenen landwirtschaftlichen
Musterguts «Boschhof», der eine Verbindung zur «Bewegung» in München hatte, sollte versuchen, der Denkschrift im «Braunen Haus» Gehör zu
verschaffen.[358] Ob Bosch an den Erfolg des kühnen Unterfangens glaubte,
ist ungewiß. Alle Abneigung gegen den Nationalsozialismus entband ihn
nicht von der Verantwortung, nach Wegen aus der Krise zu suchen. Die
Absicht Hitlers und seiner Anhänger, auf dem Weg des «Trotzes» und des

«Widerstandes» vorzugehen, hielt er für aussichtslos. Hitler werde seine außenpolitischen Versprechungen nicht halten können, wenn er im Alleingang gegen Frankreich vorgehe: «Mit Gewalt ist überhaupt schon nichts zu machen.»[359] Als Mauk gegenüber Bosch in diesem Zusammenhang recht vage seiner Sorge über die «Korruption» des parlamentarischen Systems Ausdruck gab, sprach er ein Thema an, das in der Endphase der Weimarer Republik ins Zentrum der politischen Diskussion rückte. Immer häufiger war in Deutschland die Parole zu hören, allein eine Diktatur könne die parlamentarisch-demokratische «Korruption» beseitigen. Dagegen hatte z. B. der Staatsrechtler Hermann Heller bereits 1929 eindringlich vor dem Irrglauben gewarnt, die Diktatur könne von der vermeintlichen Verkommenheit erlösen.[360] Die weitverbreiteten Sorgen vor einem wie auch immer definierten moralischen Verfall waren Bosch nicht fremd. Trotz aller Weltoffenheit hatte er ja auch eine durchaus biedere, ja provinzielle Seite, die zum Beispiel in seinem traditionellen, ja beinahe naiven Kunstverständnis[361] (das er streitbar verteidigte), zum Ausdruck kam. Der Schwabe Bosch, dem allzu urbanes Großstadttreiben unangenehm war, vertrat zwar ebenfalls die Meinung, «daß der Berliner Sumpf zum Himmel stinkt»,[362] es sei jedoch ein Irrtum zu glauben, «daß die Art und die Leute um Hitler die richtigen Mittel sind, um uns bessere Zustände zu verschaffen. Ich kenne Hitler persönlich nicht und will ihn gar nicht kritisieren. Es sind unter seinen Anhängern sicher viele Leute, die's gut meinen. Es sind aber ebenso sicher unter diesen Anhängern auch viele unbrauchbare Menschen.»[363] So wollte er trotz aller Schwächen der Weimarer Parteien eine pauschale und einseitige Kritik nicht unwidersprochen hinnehmen. Auf die Gefahren demagogischen Eiferertums hatte er, der Argumentation Hellers nicht unähnlich, bereits in einem Zeitungsaufsatz eindringlich hingewiesen.[364]

Bosch vermutete, daß Hitler in seinen Versprechungen entweder unehrlich sei oder naiv die politischen Schwierigkeiten unterschätze. Das Erscheinungsbild der Partei gab ihm Anlaß genug, für den Fall einer Machtübernahme ein «Durcheinander schlimmster Art» zu prophezeien. Als er 1932 anregte, es sei auch aus diesem Grund das Richtige, wenn Hitler «mit Brüning zusammenkommen könnte»[365] und «keinen Umsturz» mache,[366] war dies allerdings nicht als desillusioniertes Nachgeben zugunsten einer eventuellen Zwangsehe zwischen Hitler und Brüning zu verstehen. Ihm war nämlich bewußt, daß für Hitler nur die Reichskanzlerschaft in Frage kam, während das Zentrum seinerseits solche «Willkürlichkeiten» nicht akzeptieren konnte.[367] Man darf entsprechende Äußerungen ohnehin nicht aus dem tagespolitischen Zusammenhang reißen oder sie in ihrer programmatischen Aussagekraft überbewerten. Sie fielen in einer Zeit, in der über die politische Zukunft noch intensiver spekuliert wurde als zuvor. Die bevorstehenden Wahlen in Preußen hatten der Industrie wieder einmal Anlaß geboten, ihre Parteienunterstützung zu überdenken.

Da dieser Komplex im Zusammenhang mit der Frage, wer Hitler finanziert habe, in der Geschichtswissenschaft lange diskutiert worden ist, sind
wir über diese Vorgänge vergleichsweise umfassend informiert. Verallgemeinernd läßt sich feststellen, daß die bürgerlichen Parteien für die wichtigen Wahlen in Preußen weniger Unterstützung als in den Vorjahren erhielten. Bei der allgemein erwarteten Niederlage des sozialdemokratischen
Bollwerks, so lautete weithin die Spekulation, sei das Schicksal der Weimarer Koalition besiegelt. Viele Unternehmer liebäugelten mit einer Machtübernahme durch die NSDAP, weil man auf eine Abnutzung und Kom-
promittierung der Partei setzte, die als unberechenbar galt; viele erkannten
in den Nationalsozialisten jedoch auch einen wirksamen Hebel gegen die
sozialdemokratischen, kommunistischen und gewerkschaftlichen Gegen-
kräfte. Als Ideallösung erschien den meisten Großunternehmern in dieser
Situation wohl eine neue Partei, die die Interessen von DVP und DNVP
umfaßt hätte, um rechts des Zentrums industrielle Machtpolitik zu betreiben.[368] An solchen Überlegungen, an denen auch Paul Reusch beteiligt war,
war Bosch nicht interessiert.

Die Wahlen in Preußen am 24. April 1932 endeten mit dem weithin
erwarteten Sieg der Nationalsozialisten, die 36,3 % der Stimmen erringen
konnten. Aber obwohl die SPD ihre Stellung als stärkste Kraft verloren
hatte, kam es zum machtpolitischen Patt, da die NSDAP nur mit Duldung
des Zentrums die Regierung hätte bilden können. Hierzu kam es jedoch
nicht, so daß Otto Braun als Ministerpräsident geschäftsführend im Amt
blieb. Das Kalkül vieler Großindustrieller war somit nicht aufgegangen.
Die folgenden Wochen waren von Ratlosigkeit über den politischen Kurs
im größten Einzelstaat Deutschlands gekennzeichnet.

Robert Bosch hielt das Zentrum jedenfalls für widerstandsfähig genug,
dem Druck der NSDAP standzuhalten: Hitler könne mit Hilfe des Zentrums vielleicht an die Regierung kommen, aber wenn er die «Macht», die
Reichskanzlerschaft, verlange, werde das Zentrum ihm dies verweigern. Im
Falle einer Regierungsbeteiligung der NSDAP setzte Bosch angesichts der
Vielfalt der ungelösten Probleme auf den vielfach beschworenen Abnut-
zungseffekt, weil Autarkie nur «Elend» bedeuten könne und nur die Verständigung mit Frankreich, und darauf aufbauend, Verhandlungen mit den
Vereinigten Staaten, England und schließlich Rußland einen Ausweg
böten.[369]

Aus dieser Langzeitperspektive erschienen ihm die taktischen Koali-
tionsfragen geradezu als zweitrangig. Da er auf die wirtschaftliche Leistungsfähigkeit Deutschlands setzte, die sich positiv auswirken werde,
wenn die Belastungen von Versailles beseitigt seien, unterschätzte er aus
dieser ökonomisch-rationalen Sicht heraus natürlich auch die Ziele Hitlers.
Vorrangig plädierte er deshalb ein weiteres Mal für den Ausgleich mit
Frankreich: Es war eine späte Wiedergutmachung, wenn er nun betonte,
daß man nur auf dem von Stresemann beschrittenen Weg vorankommen

werde. Selbst wenn es zu einer Einigung zwischen Hitler und Brüning komme, müsse Brüning in Frankreich die deutsche Friedensbereitschaft signalisieren. Der Königsweg blieb der wirtschaftlich-politische Ausgleich mit Frankreich, der auch deshalb einzuschlagen war, weil Bosch nicht glaubte, daß Hitler als Reichskanzler «Wunder vollbringen» könne. Den Weg der Konfrontation mit Frankreich hielt er für einen «Fehlschlag von vornherein».[370]

Boschs beständig beschworene Zuversicht, es sei nötig, das Tal der Krise geduldig zu durchmessen, hat im Nachhinein etwas Bestechendes. Zum Zeitpunkt seines eindringlichen Plädoyers war der Scheitelpunkt der wirtschaftlichen Krise beinahe schon überschritten. Insofern war es konsequent, daß Bosch die Deflationspolitik Brünings als angemessen bewertete, weil dessen Plan darauf abzielte, die Exportindustrie als Motor des Wiederaufstiegs zu benutzen und gleichzeitig die strukturellen Probleme Deutschlands zu lösen. Über die Gründe, warum diese Strategie scheiterte und über die Frage, ob Brünings Konzept überhaupt Chancen auf Erfolg gehabt hätte, ist heftig gestritten worden.[371] Sicherlich bedachte Brüning zu wenig die sozialen Folgen einer rein wirtschaftlich ausgerichteten Politik, die die Zeit für ein souveränes Handeln immer knapper werden ließ. Aber die Argumentation Robert Boschs bot zumindest einen bedenkenswerten Ansatz für einen Neuanfang auf einer politischen Basis, die mit ihrem westlichen Integrationsansatz in diametralem Gegensatz zu der Eroberungsideologie Hitlers stand. Robert Bosch verkannte den aggressiven Charakter der Frankreichpolitik Hitlers. Es wird zu zeigen sein, daß diese Fehlinterpretation der verbrecherischen Ziele noch geraume Zeit gleichsam die Achillesferse im politischen Denken Robert Boschs gewesen ist. Wenn aus heutiger Sicht der Versuch, über Hitler zu einem Ausgleich mit Frankreich zu gelangen, als verfehlt gelten muß, darf jedoch nicht vergessen werden, daß eine Beurteilung «ex post» der außenpolitischen Lage der frühen dreißiger Jahre nicht gerecht wird und den jeweiligen «Informationshorizont» des Handelnden vernachlässigt, zumal sich in Hitlers frühen Frankreichkonzeptionen Elemente der Programmatik und Improvisation in beinahe unentwirrbarer Form mischten.[372] Für Bosch war es ähnlich wie für seine Zeitgenossen zunächst schwierig, die qualitativen Unterschiede zwischen der nationalistischen Außenpolitik der Präsidialkabinette und der nationalsozialistischen Außenpolitik Hitlers in ihrem ganzen Ausmaß zu erkennen. Bosch, der nichts unversucht lassen wollte, die Krise Deutschlands zu meistern und deshalb selbst seine Bedenken gegen eine Machtbeteiligung Hitlers erst einmal zurückzustellen bereit war, blieb jedoch von Zweifeln geplagt, die in einer wahren Briefflut zum Ausdruck kamen. Den auch von Hitler herangezogenen Vergleich mit der italienischen Situation hielt Bosch für unpassend. Er verwies darauf, daß in Deutschland die Sozialdemokraten unter dem Einfluß von Ebert klüger vorgegangen seien als die italienischen Sozialisten in Italien. Ein Marsch auf

Berlin, so ließen seine Ausführungen sich interpretieren, war jedenfalls nicht gerechtfertigt.[373] Immerhin vermittelt der Briefwechsel den Eindruck, daß sich Bosch seit dem Frühsommer 1932 in einem durch Resignation nuancierten Optimismus mit dem Gedanken anfreundete, daß man Hitler nicht länger ignorieren könne. Mauk, der eine Fühlungnahme mit den Nationalsozialisten befürwortete, weil er die Bestrebungen Hitlers «im Kern für gut» hielt, ließ seine Beziehungen zur «Bewegung» in München spielen, um Boschs Denkschrift im «Braunen Haus» vorzulegen[374] und im Idealfall Hitler zugänglich zu machen. Im Hintergrund stand wohl bereits der Gedanke, Hitler und Bosch zu einer persönlichen Begegnung zusammenzuführen. Ganz wohl fühlte sich Mauk in seiner Rolle als Herold nicht. Er fürchtete, von Bosch in die nationalsozialistische Ecke gedrängt zu werden.[375]

Mauk traf mit seinem «Vertrauensmann» Leo Hausleiter, einem Nationalökonomen, Redakteur der Münchner Neuesten Nachrichten und späteren Leiter des Hamburger Welt-Wirtschafts-Archivs,[376] am 13. Mai 1932 zu einer «ersten Fühlungnahme» im «Braunen Haus» in München zusammen. Da Hausleiter gut mit Rudolf Heß bekannt war, sprach Mauk auch mit Hitlers Privatsekretär, der auf ihn einen «ausgezeichneten Eindruck» machte. Die Gedanken der Denkschrift Boschs, so deutete Mauk resümierend an, würden bei Hitler allerdings erst richtig an Gewicht gewinnen, «wenn der Leser Herrn Boschs Persönlichkeit kennt».[377] Um ein solches Gespräch vorzubereiten, ließ Mauk ein Exemplar der kleinen Schrift von Theodor Heuss über «Robert Bosch» an Hitler schicken; ob dies ein geschickter Schachzug war, mag dahingestellt bleiben: Heuss jedenfalls hatte mit seiner kurz zuvor erschienen Betrachtung über «Hitlers Weg» – eine der ersten bedeutenden Bewertungen des Politikers Hitler überhaupt – und dem dort angeschlagenen elegant-ironischen Unterton kaum das Wohlgefallen Hitlers gefunden.[378] Nichtsdestotrotz hoffte Mauk auf einen Besuch Hitlers im Mai des Jahres 1932.

Zu dem gewünschten Rencontre kam es jedoch nicht, obwohl eine Begegnung in die politische Landschaft gepaßt hätte: Die Nationalsozialisten bemühten sich in diesen Monaten erfolgreich darum, ihre bislang wenig imponierenden Verbindungen zur deutschen Industrie auf eine neue Grundlage zu stellen. Heute ist weitgehend gesichert, daß der im Vorfeld der «Machtergreifung» seitens der deutschen Wirtschaft bevorzugte Ausweg aus der Krise eher auf eine autoritäre Variante hinausgelaufen wäre als auf eine mit vielen Unwägbarkeiten behaftete nationalsozialistische Lösung. Die oft unterstellte Komplizenschaft zwischen Nationalsozialismus und Großunternehmen, eine These, die bereits in den Tagen der «Machtergreifung» entstand, gehörte über Jahrzehnte zu den am meisten gepflegten Mythen nicht nur der marxistischen Geschichtsschreibung. Freilich, der Befund, daß das Verhältnis zwischen Industrie und Nationalsozialismus komplexer war als manche anklägerische Schrift glauben

*Die Idylle trügt: Walther Mauk, Leo Hausleiter, Friedrich Aereboe und
Robert Bosch (von links) während eines Treffens auf dem Boschhof.
Über Mauk und Hausleiter suchte Robert Bosch trotz aller Skepsis im
Jahr 1932 mit der NSDAP in Verbindung zu treten.*

machen wollte, taugt nicht zu einer Exkulpierung des Unternehmertums.
Die Wirtschaft hatte eine erhebliche Mitschuld an der Staatskrise der frühen
dreißiger Jahre, weil sich viele Industrielle an den Gedanken einer Partnerschaft mit dem Nationalsozialismus gewöhnten. Die Annahme, die
NSDAP sei eine wirksame Blockade gegen die Linke, überflügelte dabei
manche Sorgen vor der Unberechenbarkeit der Partei Hitlers. Die NSDAP
wiederum war darum bemüht, ihren ungünstigen Eindruck bei den deutschen Unternehmern zu verbessern. Die Aktivitäten des «Wirtschaftsexperten» Hitlers, Otto Wagener, zählten hierzu ebenso wie ganz ähnlich
geartete Anstrengungen Wilhelm Kepplers. Ziel war die Einbringung von
Spendengeldern, verbunden mit der Hoffnung, die NSDAP den Industriellen als verläßlichen Bundesgenossen präsentieren zu können. Auch diese
nur bedingt erfolgreichen Versuche können inzwischen als gut erforscht
gelten. Ein geradezu klassisches Beispiel für das Scheitern der Bemühungen
bietet der Versuch, auch Robert Bosch zu gewinnen.

Wilhelm Keppler unternahm, angeregt durch die Sondierung Walther
Mauks, einen eigenständigen Versuch, die Firma für den Nationalsozialismus zu rekrutieren. Eine gewisse Gesprächsbereitschaft und zumindest der

Wille, sich das wirtschaftspolitische Konzept der Partei erläutern zu lassen, schien spätestens nach der Vermittlung von Mauk durchaus vorhanden. Rudolf Heß beauftragte jedenfalls nach der Münchner Begegnung Keppler, über Mauk das Gespräch mit Bosch zu suchen.[379] Keppler, ein ehemaliger Leiter einer Fotochemiefabrik, war 1927 der NSDAP beigetreten, hatte im darauffolgenden Jahr Hitler kennengelernt und war 1931 als Nachfolger Walther Funks zu einem «Wirtschaftsberater» Hitlers avanciert. Seine Bemühungen, einen Kreis von Industriellen um sich zu scharen, die dem Nationalsozialismus finanziell geneigt waren, hatten sich recht vielversprechend angelassen.[380] Zudem stand Keppler, ein «von der Krise mitgenommener kleiner Geschäftsmann»,[381] den sozialistischen Komponenten der wirren nationalsozialistischen Wirtschaftsvorstellungen ablehnend gegenüber und wurde gar von parteiinternen Rivalen als «reiner Wirtschaftsliberalist» verachtet.[382] Von allen selbsternannten nationalsozialistischen «Wirtschaftsexperten», die sich an der Schwelle zur Macht sahen, konnte Keppler deshalb noch am ehesten hoffen, in Stuttgart Gehör zu finden.

Bei der ersten Fühlungnahme zwischen Keppler und Mauk im Mai 1932 in München war Keppler in Begleitung eines Adlatus, der in späteren Jahren als SS-Mann der Firma Bosch noch einige Schwierigkeiten bereiten sollte: Fritz Kranefuß.[383] Die Unterredung begann zunächst in einer etwas verkrampften Atmosphäre: Am 5. Mai 1932 war in der «Münchner Illustrierten Presse» ein Artikel Leo Hausleiters über «Ein Politisches Gespräch bei Robert Bosch» erschienen, das auf dem Boschhof geführt worden war. Robert Bosch hatte auf Hausleiters Anspielungen über die Vorteile der Autarkie lediglich mit dem Hinweis auf die Notwendigkeit einer internationalen Verständigung reagiert, was eine scharfe Replik in einer kleineren nationalsozialistischen Postille zur Folge gehabt hatte. Mauk konnte die etwas unangenehme Situation gegenüber Keppler mit dem Hinweis entschärfen, diese Plänkeleien seien «dummes Zeitungsgewäsch». Zu greifbaren Ergebnissen kam es bei dieser ersten Kontaktaufnahme, die wohl nur eine gemeinsame Gesprächsbasis schaffen sollte, noch nicht.[384]

Die Begegnung zwischen Mauk und Keppler bildete indessen den Auftakt zu einer ganzen Reihe von Gesprächen, die in den folgenden Monaten zwischen Bosch, Hans Walz, Mauk und führenden Vertretern der nationalsozialistischen Bewegung stattfanden und die als angestrengte Versuche bezeichnet werden können, politische und wirtschaftliche Gemeinsamkeiten zwischen völlig entgegengesetzten Welten zu finden. Nach einigen Vorgesprächen mit Mauk kam es im Spätsommer 1932 zu einem Besuch Kepplers bei Robert Bosch auf dem Boschhof. Im Laufe der ausführlichen Unterhaltung bat Keppler den Industriellen um Ratschläge in wirtschaftlicher Hinsicht.[385] Es ist allerdings wenig wahrscheinlich, daß Keppler wirklich an fundierten Auskünften Interesse hatte. Ihm ging es in erster Linie um die Rekrutierung einflußreicher und finanzstarker Persönlichkeiten, die er durch die Vorspiegelung einer aufgeschlossenen Haltung beeindrucken wollte. In Stuttgart wiederum war die Meinung zu hören, es könne nützlich sein, «wenn einflußreiche Mitglieder der NS-Partei (...) Gelegenheit bekämen, ihre extremen Ansichten durch die fundierten Auffassungen eines sozialen und liberalen Unternehmers und Demokraten wie des Herrn Robert Bosch zu korrigieren».[386] Die gegensätzlichen Auffassungen und Erwartungshaltungen waren nicht miteinander zu vereinbaren. Aber dies wurde erst geraume Zeit später erkannt, als offensichtlich geworden war, daß die ökonomischen Vorstellungen des Nationalsozialismus, so inkonsequent sie auch anmuteten, ein eigenes Wirtschaftssystem konstituierten, das mit dem liberalen Modell unvereinbar war.[387]

Gleichwohl bestätigten immer neue Vorfälle bei Robert Bosch den Eindruck, daß Hitler auf rechtsstaatliche Maßstäbe keine Rücksicht zu nehmen bereit war. Als sich dieser vorbehaltlos hinter nationalsozialistische Schläger stellte, die einen KPD-Sympathisanten im schlesischen Potempa ermordet hatten,[388] war Bosch empört und wertete Hitlers Stellungnahme als «ganz schwere Belastung».[389] Da wohl auch Walz sein Interesse verloren hatte, war eine Begegnung mit einem der Vertrauensmänner Hitlers vorerst in weite Ferne gerückt.

Im Frühsommer 1932 belebten neue Elemente Boschs Bemühungen um die Völkerverständigung: Bosch lernte Paul Distelbarth[390] kennen, einen Exportkaufmann, der sich seit Beginn der dreißiger Jahre intensiv mit der deutsch-französischen Verständigung beschäftige. Bosch hatte über Richard Heilner, einen maßgeblichen Vertreter der Deutsch-Französischen Gesellschaft und eifrigen Paneuropäer, von einem Vortrag Distelbarths im Heilbronner Rotary-Club erfahren. Distelbarths honorige Versuche, über die Kriegsteilnehmerverbände und gleichsam «von Frontsoldat zu Frontsoldat»[391] für den Ausgleich zwischen den beiden Nachbarn zu werben, riefen nur ein verhaltenes Echo hervor, und es mußte einem unbefangenen Betrachter sofort auffallen, daß hier ein Einzelkämpfer am Werk war, dessen Erfolgsaussichten angesichts der politischen Großwetterlage verschwindend gering waren. Dieser neue Spieler auf dem Feld der Laiendiplomatie konnte Bosch jedoch davon überzeugen, daß von einem einstimmigen Haß im westlichen Nachbarland keineswegs die Rede sein könne.

Dies traf Bosch an der richtigen Stelle, denn von Reusch hatte er bisher nur das Gegenteil gehört. Wie sehr er Feuer gefangen hatte, zeigte die Tatsache, daß er Distelbarth, bestärkt durch den Rat des Stuttgarter SPD-Abgeordneten Erich Roßmann,[392] einen Anstellungsvertrag verschaffte. Distelbarths Honorar für seine Bemühungen entsprach schwäbischer Genügsamkeit: 10 Reichsmark Tagegeld, den Ersatz der Fahrkarte 3. Klasse und außerdem 100 Reichsmark wöchentlich für seine Familie.[393] Bosch bemühte sich zudem, einen Kontakt zu Außenminister von Neurath zu vermitteln, und ließ Distelbarths Artikel in den Tageszeitungen veröffentlichen, auf die er dank seiner finanziellen Beteiligung Einfluß hatte.[394]

Distelbarth wurde auf diese Weise eine «Gegenfigur»[395] zu Coudenhove-Kalergi. Im Gegensatz zu diesem, der auf diplomatischer Ebene über Einfluß und Kontakte verfügte, war Distelbarth ein Außenseiter, der lediglich über Seitenwege seine Vorstellungen der deutsch-französischen Verständigung und einer europäischen Völkerfamilie artikulieren konnte. Reusch als politischer Skeptiker zeigte sich entsprechend wenig begeistert.[396]

Der politische und institutionelle Gedankenaustausch mit den Demokraten Erkelenz, Heuss, Quidde und Distelbarth hilft den Umstand zu erklären, warum sich Bosch von allen gutgemeinten und doch pessimistischen Hinweisen auf die Vergeblichkeit eines Ausgleichs mit Frankreich nicht beirren ließ. Die Beauftragung Distelbarths entsprang dem geradezu leidenschaftlichen Wunsch, die Verständigung mit Frankreich – und sei es mit Hilfe eines außenpolitischen Novizen – herbeizuführen. Hinzu kam die drohende Gefahr eines unter Hitler zu erwartenden politisch-wirtschaftlichen Konfrontationskurses. Der Briefwechsel der zweiten Jahreshälfte verrät, wie stark Boschs Denken von entsprechenden Erwägungen bestimmt war. Seine Sorge vor einem Ende der Friedenspolitik war im Kern rational-humanitär und nicht ökonomisch begründet. Auch dies kann als ein Beleg für den Befund angesehen werden, daß es zu kurz greift, unternehmerisches Handeln allein mit dem Streben nach Gewinnmaximierung zu erklären und dabei auszublenden, daß letztlich ganz unterschiedliche Mentalitäten und Einstellungen der jeweiligen Persönlichkeiten für die Konstituierung von Politik verantwortlich sind.

In Boschs Streben nach einer paneuropäischen Vernunftlösung für den Kontinent kam zum Ausdruck, wie fern ihm das Denken in wirtschaftlichen Hegemonialkategorien lag. Weil er kein Interesse hatte, auf der Basis einer kontinentalen deutschen Vormacht Märkte für deutsche Produkte zu erobern, bildete seine wirtschaftspolitische Grundeinstellung gleichsam die Folie für die außenpolitischen Visionen: Innerhalb eines wirtschaftlich und politisch gleichberechtigten Europas sollten die Nationen in freier Konkurrenz ökonomisch walten. Bosch hatte keinen Zweifel, daß mit diesem liberalen System die deutsche Industrie – und natürlich auch die ihm am Herzen liegende eigene stark exportabhängige elektrotechnische Produktion – langfristig gute Chancen besitze.[397]

Ohne eine Verständigung mit Frankreich werde es weder ein Paneuropa noch einen «mitteleuropäischen Wirtschaftsblock» geben. Der Ausgleich mit dem Nachbarn jenseits des Rheins, der nach Boschs Überzeugung mit psychologischem Geschick schon früher hätte erreicht werden können, sollte auch die Basis einer wirtschaftlichen Einigung mit Polen, der Tschechoslowakei, Österreich, Jugoslawien und dem Balkan sein, die ohne französische Zustimmung illusorisch sei.[398] Umfassendere Pläne hielt allerdings auch Robert Bosch für politisch kaum durchsetzbar. Ihm ging es in allererster Linie um die deutsch-französische Verständigung als Voraussetzung

*Paul Distelbarth wurde in den Monaten vor der
«Machtergreifung» zu einem der wichtigsten Hoffnungsträger
Robert Boschs für die deutsch-französische Verständigung.*

für die Schaffung eines «einigen Europas», das die angloamerikanischen Mächte allerdings kaum mit einzubeziehen bereit war. Angesichts des amerikanischen Rückzugs in die Isolation und der Tatsache, daß England lediglich darum bemüht sei «Zwietracht in Europa» zu säen, «um seine Ziele zu erreichen», hielt er es für eine politische Notwendigkeit, den Weg nach Paris einzuschlagen.[399] Diese Auffassung unterschied sich in ihrer defensiven Ausrichtung nicht nur von derjenigen Reuschs, sondern auch von den hybriden Ideen Konservativer wie Hjalmar Schacht, Heinrich Schnee oder Kurt Weigelt, die bestrebt waren, mittels der indirekten Durchsetzung der Revisionspolitik einen friedlichen, aber eben doch aggressiv wirkenden «ökonomisch geprägten Expansionismus» zu etablieren.[400] Im Blick auf die Frankreichpolitik zeigen sich die diametralen Gegensätze dieser Auffassungen besonders deutlich. Ging es den «Expansionisten» im Grunde um eine gerade auch wegen der Versailles-Ressentiments gewünschte ökonomische Dominanz über den westlichen Nachbarn, so war Bosch an einem friedlichen Wettbewerb und gleichberechtigter Zusammenarbeit interessiert. Mit der Preisgabe der Option einer gewaltsamen Sicherung der Absatzmärkte war er dabei zweifellos weitgehend isoliert. Der liberale Historiker Franz Schnabel suchte mit ähnlichen Argumenten wie Robert Bosch den Verzicht auf die koloniale Expansion und die europäische Zusammenarbeit zu verteidigen: Deutschland besitze «in der wissenschaftlichen Durchbildung unsrer Ingenieure, in der technischen Erfahrung der Werkmeister und Arbeiter, in der Umsicht und im Geschick unserer Kaufleute» ein «unvergleichliches geistiges Kapital».[401]

Aber solch ein Appell der Besonnenheit kam kaum noch gegen die anschwellenden Stimmen derer an, die, forsch oder einfach nur entmutigt, die Wirtschaftskrise mit dem Konzept einer radikal-aggressiven Großraumwirtschaft durchschreiten wollten. Selbst sein Freund Reusch konnte sich dem Einfluß dieser Stimmung nicht entziehen. Der Ruhrindustrielle hielt angesichts der verhärteten Fronten zwischen Deutschland und Frankreich einen paneuropäischen Wirtschaftsblock zumindest für absehbare Zeit für unrealistisch, sehr zum Unwillen von Robert Bosch. Man könne, so Bosch, nur zu einer wirtschaftlichen Einigung in Europa kommen, «wenn wir die Politiker zwingen, den Willen des Volkes durchzuführen».[402]

Wie Coudenhove-Kalergi war er inzwischen zur der Überzeugung gelangt, daß man die Völkerverständigung nicht mehr allein den Politikern überlassen dürfe. Deshalb hielt er auch weiterhin die Bemühungen des «Deutsch-französischen Komitees» für nützlich, unterhalb der politisch-diplomatischen Ebene einen wirtschaftlich begründeten Durchbruch zu erreichen. Es mag zweifelhaft bleiben, ob die zukunftsweisenden Erörterungen, die sein Neffe Carl Bosch und Hermann Bücher mit Franzosen und Luxemburgern auf Industriellen-Ebene führten, im Jahr 1932 irgendeine realistische Erfolgsaussicht hatten. Eine konkrete politische Wirkung ging von den Gesprächen jedenfalls nicht aus, und die Teilnehmer waren sich über die politisch beschränkte Bedeutung ihrer Zusammenkunft wohl bewußt. In welchem Ausmaß die französische Politik der Zwischenkriegszeit bestrebt war, Deutschland dauerhaft der Großmachtstellung zu berauben, ist nach wie vor umstritten. Unzweifelhaft ist allerdings, daß Frankreich bemüht blieb, den ökonomischen Rückstand auch auf Kosten des Deutschen Reiches aufzuholen.[403]

Distelbarth setzte seine Aktivitäten fort: Am 8. Juli 1932 wurde er als Repräsentant einer internationalen Veteranendelegation auf der Lausanner Reparationskonferenz vom neuen Reichskanzler Franz von Papen und dem ebenfalls kurz zuvor bestellten Außenminister Konstantin von Neurath, französischerseits vom Ministerpräsidenten Edouard Herriot empfangen.[404] Wenig später hielt er auf einer «Journée de la Paix» der Kriegsveteranen eine Rede[405] und schöpfte offensichtlich aufgrund dieser – für sich genommen doch recht bescheidenen – Erfolge zuviel Hoffnung.

Obwohl sich Bosch von Distelbarths Begeisterung zeitweilig beeinflussen ließ, frönte er keineswegs einem schrankenlosen Optimismus: Als Escherich Mitte Juli orakelte, man werde «in diesem Jahr noch manches Schlimme erleben»,[406] war Bosch geneigt, seinem Jagdfreund zuzustimmen. Die Politik Hindenburgs bereitete ihm große Sorge. Am Tag des «Preußenschlags», dem 20. Juli 1932, der eine weitere Station im Niedergang der Weimarer Republik markierte, berichtete er von Sorgen und Überlastungen.[407] Der Osthilfe-Skandal enttäuschte die Hoffnungen, die er in Hindenburg gesetzt hatte[408] und bestätigte ein weiteres Mal die Vorbehalte gegen die junkerliche Interessenpolitik. Hinter dem Staatsstreich vom 20. Juli vermutete er Hugenberg und die «Herren im Osten»: «Soll es schließlich zur Militärdiktatur auch im Reich kommen? Wird sich's der Süden und das zweifellos zermürbte Volk gefallen lassen? Es gibt jedenfalls Leute, die auf's Ganze gehen.»[409]

Die Enttäuschung über die innenpolitische Entwicklung ließ Bosch noch stärker die Zuflucht zur Außenpolitik und zur Verständigungsidee suchen. Sein Freund Reusch war über die geradezu hereinbrechende Paneuropa-Euphorie keineswegs erfreut.[410] Kategorisch erklärte er, die Versuche zur Schaffung eines politischen Paneuropa seien «zur Zeit sinnlos»; eine Möglichkeit habe lediglich unmittelbar nach dem Weltkrieg bestanden: «Die Gelegenheit wurde aber verpasst. Sie wird in gleichem Maße niemals wiederkehren, es sei denn nach einem zweiten Weltkriege.»[411] Dem Gründer der Paneuropabewegung versicherte er, ein wirtschaftliches Paneuropa sei von der noch nicht erbrachten Vorbedingung abhängig, daß Deutschland die «volle politische Gleichberechtigung» erhalte.[412]

Offenbar wuchsen nun auch bei Bosch die Zweifel über die Befähigung Coudenhove-Kalergis, in der Krise dem Europagedanken Auftrieb zu geben, denn nun plädierte auch er wieder für eine wirtschaftliche Verständigung über die französische Schwerindustrie.[413] Unter diesen Vorzeichen waren die Bemühungen, über Distelbarth die Völkerverständigung zu erreichen, ein Griff nach dem letzten Strohhalm. Aber Coudenhove-Kalergi erkannte im Grunde genommen die Zeichen der Zeit, wenn er nüchtern konstatierte, eine Kongreßdiplomatie eigne sich nicht mehr als Friedensforum. Inzwischen wehte in Europa ein weit schärferer Wind. Insofern war es a priori keineswegs ein «illusionistischer Plan»,[414] in den einzelnen Ländern des Kontinents Europaparteien zu gründen. Ob dieser Weg aber zum dauerhaften Erfolg hätte führen können, ist angesichts der Entwicklungen in Europa zweifelhaft: In Deutschland blieb man mißtrauisch; in Frankreich, wo Herriot nun auf deutsche Forderungen Rücksicht zu nehmen bereit war, um Schlimmeres – eine ungehemmte deutsche Aufrüstung – zu verhüten, wuchs der Argwohn. Europa hatte «die Kraft eingebüßt, die Erde nach seinem Willen zu ordnen. Verblieben war ihm nur noch das fatale Vermögen, sie in Unordnung zu stoßen.»[415]

Diese Entwicklung bestärkte Robert Bosch in der Überzeugung, Distelbarths Bemühungen weiter zu fördern. Bosch stand trotz der außen- und innenpolitisch bedrückenden Lage im Herbst 1932 unter dem Eindruck einer bevorstehenden Verständigung. In diplomatischen Kreisen war man inzwischen auf Boschs außenpolitische Aktivitäten aufmerksam geworden. Das Auswärtige Amt informierte Mitte September die deutsche Botschaft in Paris über die von Robert Bosch geförderte Mission des diplomatischen Novizen. Am 5. Oktober stellte Distelbarth seine Vorschläge eines Präliminarvertrages zwischen Deutschland und Frankreich Außenminister Neurath vor. Neurath, der gegenüber Frankreich eine dilatorische Strategie verfolgte, ließ sich jedoch auf eine eingehende Diskussion nicht ein und gab zu erkennen, daß man «bei der augenblicklichen Lage der Dinge (...) vorläufig abzuwarten» habe.[416] Da diese Reaktion Distelbarth wenig befriedigte, entwickelte er einen eigenen Vermittlungsvorschlag, den er dem Kabinettschef Herriots, Marcel Ray, vorstellte.[417] Bosch verbuchte es daher als einen Erfolg, zusammen mit Distelbarth am 15. November 1932 bei Außenminister Neurath und einen Tag später gar bei Papen seine Pläne vorstellen zu können.[418] Bei dem Schwaben von Neurath hoffte er gelegentlich auf «etwas mehr psychologisches Verständnis» zu stoßen, als es seiner Meinung nach den meisten Norddeutschen zu eigen sei.[419]

Papen galt immer noch als Deutschlands starker Mann – obwohl er am folgenden Tag, dem 17. November, zurücktrat, blieb er vorerst geschäftsführend im Amt, und offensichtlich wurden Bosch und Distelbarth vom Reichskanzler in ihren Bemühungen bestärkt.[420] Papen stand einem Arrangement mit Frankreich nicht ablehnend gegenüber. Boschs Freude schien daher nur zu berechtigt: Da in Frankreich die Stimmung inzwischen für eine Verständigung sei, bestehe nun vorrangig die Schwierigkeit, daß Papen in Deutschland keine Unterstützung habe. Bosch unterschätzte gleichwohl Papens und den eigenen Handlungsspielraum und überbewertete auf der anderen Seite die französische Kompromißbereitschaft. Auf die bilaterale Abrüstung geradezu fixiert, versuchte er, Papen für einen Milizplan zu gewinnen: «Es sollte gehandelt werden. Jetzt wäre die Zeit günstig. Es arbeitet Alles an der Verständigung nur soll es bei uns immer nicht der Andere machen.»[421]

Der «fast luftig anmutende Entwurf»[422] einer Option Papens für Frankreich, auf den Bosch seine Hoffnung setzte, war den politischen Realitäten nicht gewachsen, wie sich schon bald zeigte. Die Schaffung von Milizen als

Modell europäischer Volkswehren war mit den deutschen Vorstellungen einer Rüstungsparität nicht zu vereinbaren. Die in der deutschen Öffentlichkeit ungehemmt erhobenen Revisionsforderungen nötigten zudem die unvermittelt umworbenen Franzosen zur Vorsicht. Ungeachtet solcher schwerwiegenden Hindernisse nahm Distelbarth, nach Rücksprache mit Robert Bosch am 25. November 1932 in Genf, Kontakt mit dem französischen Kriegsminister Paul-Boncour auf. Dieser Besuch stand allerdings unter einem schlechten Stern. Distelbarth hatte am Tag zuvor Neurath abermals seine Idee eines deutsch-französischen Präliminarvertrages zur gegenseitigen Hilfeleistung und einen Plan zur Schaffung von Milizarmeen in Deutschland und Frankreich nach Schweizer Vorbild dargelegt. Dieser sprach von einem «reichlich naiven Entwurf» und lehnte es ab, zu den Vorschlägen Stellung zu nehmen.[423] Kurz, dem deutschen Außenminister war der ungefragt interferierende Privatgesandte ausgesprochen lästig, und auch Paul-Boncour wird den Stuttgarter Emissär kaum allzu ernst genommen haben, nachdem Neurath ihn informiert hatte, daß Distelbarth «keinerlei offiziellen oder offiziösen Auftrag» hatte.[424]

Diese Gespräche standen noch ganz unter dem Eindruck der Reichstagswahl vom 6. November 1932, die einen unerwarteten Stimmenrückgang der NSDAP mit einem Verlust von fast zwei Millionen Stimmen gegenüber der Juniwahl gebracht hatte. Während die politisch aktiven Industriellen in jenen Tagen fieberhaft über einen für sie günstigen Ausweg aus der innenpolitischen Krise suchten, blieb Boschs Interesse auf außenpolitische Fragen fixiert. Dem Kurs und der Persönlichkeit des Reichskanzlers stand er skeptisch gegenüber; als Erklärung für sein Mißtrauen diente der Hinweis auf Papens Tätigkeit in den USA während des Ersten Weltkriegs.[425] Die politischen Ränkespiele der Regierung, die Bosch als undurchsichtig erschienen, wurden unter Schleicher bald fortgesponnen und warfen ein bezeichnendes Licht auf den inzwischen eingetretenen politischen Wandel. Bosch war bislang von politischen Freunden stets über die Berliner Vorgänge auf dem laufenden gehalten worden. In einer Zeit der Hinterzimmerdiplomatie, derer sich die politische Kamarilla bediente, erwies sich die Einfluß-, ja Bedeutungslosigkeit der Stuttgarter Verbindungen nach Berlin. Es sei schwer, so beklagte sich Bosch im September gegenüber Kurt Hahn, einen Überblick über die Lage zu bekommen, weil man nicht hinter «die Kulissen» der Regierung sehen könne.[426]

Ob und in welcher Weise er die Linksliberalen im Herbst 1932 unterstützte, ist nicht bekannt. Angesichts des angeregten Briefwechsels mit ihren Repräsentanten ist es indessen nicht bloße Spekulation zu vermuten, daß er auch bei dieser Wahl unterstützend eingriff.[427] Aus seinen Überlegungen läßt sich jedenfalls schließen, daß ihm daran gelegen war, Parteien zu unterstützen, die nicht dem Kurs Papens folgten.

Um Boschs Position besser einordnen zu können, soll ein Blick auf die Haltung der Unternehmer in dieser Frage geworfen werden. Die meisten

der politisch aktiven Großindustriellen, unter ihnen Paul Reusch und
Hermann Bücher, waren daran interessiert, jene Parteien finanziell zu
unterstützen, die Kontinuität gewährleisteten. Albert Vögler schlug unter
allgemeiner Zustimmung auf der landesweiten politischen Industriellen-
versammlung am 19. Oktober 1932 in Berlin vor, die Unternehmer sollten
mit allen Mitteln zu erreichen versuchen, «daß die gegenwärtige Regierung
am Ruder bleibe». Ähnlich formulierte es wenig später Ludwig Kastl, der
Geschäftsführer des Reichsverbandes der Deutschen Industrie. Während
der überwiegende Teil der Industrie Papen eine Unterstützung zusagte und
die angebotene Hilfe durch einen politischen Fonds in Höhe von zwei Millionen Reichsmark honorierte,[428] blieb Robert Bosch an diesen politischen
Manövern, das autoritäre Kabinett Papen auf den Höhen der Macht zu
halten, unbeteiligt: Seine Einstellung orientierte sich an politischen
Grundsätzen, die mit der von Papen betriebenen «Herrenpolitik» unvereinbar waren. Inzwischen war Keppler in einer hektischen Reisemission
durch Deutschland unterwegs, um Stimmen aus der Industrie zu sammeln,
die dem Reichspräsidenten vorgelegt werden sollten. Um endlich Hindenburg für Hitler günstig zu stimmen, fragte Keppler Ende Oktober seine
politischen Freunde um Rat, «wen man an Prominenten» für diesen geplanten Wahlaufruf gewinnen könne.[429] Bei Schacht fand sein Vorschlag
Zustimmung, «ein Schreiben mit möglichst viel ersten Unterschriften,
besonders aus der Wirtschaft, an den alten Herrn zu richten, daß man die
einzige Lösung darin sehe, Hitler die Führung der Regierung zu übertragen».[430]
     Nach eifriger Vorarbeit wurde eine entsprechende «Eingabe» von Indu-
striellen, Bankiers und Großagrariern ausgearbeitet. Nach einigen Tagen
konnten die Hitlerfreunde, die Hindenburg überzeugen wollten, daß die
Aktion ein aus der unmittelbaren Not geborener improvisierter Hilfsplan
sei, einige Erfolge vorweisen: Der Aufruf werde, so hatte ein gut infor-
mierter Hamburger Kaufmann erfahren, unter anderem von Helfferich,
Schacht und Thyssen unterzeichnet werden. Es sei beabsichtigt, auch an
Paul Reusch und Robert Bosch heranzutreten.[431]
     Um dieses Dokument gab es nach dem Krieg einige Verwirrung. Robert
Boschs Stellung zum Nationalsozialismus geriet durch die «Eingabe», die
während der Nürnberger Prozesse als Beweisstück für Wirbel sorgte, ins
Zwielicht: Auf dem Exemplar der «Novemberpetition» an Hindenburg,
das im Kölner Bankhaus Stein gefunden worden war, fand sich auch sein
Name verzeichnet.[432] Bald entstanden recht sensationalistische und unzuverlässige Arbeiten, die in ihrer grundsätzlichen Abneigung gegen Großindustrie, «Trusts» und Konzerne noch die Kriegspropaganda und manche
«New Deal»-Tendenzen der amerikanischen Administration widerspiegel-
ten. Die Ergebnisse der vorschnellen und nicht faktengenauen Ermittlungen wurden bald von der orthodox-marxistischen Geschichtsschreibung
übernommen und erweitert.

In diesen Veröffentlichungen wurde nie explizit ausgeschlossen, daß auch Robert Bosch zu den Unterzeichnern der Hindenburg-Eingabe gehörte. Es mag zwar lästig erscheinen, sich in einer Arbeit über den liberalen Widerstand mit diesen «Wanderlegenden» zu beschäftigen (deren Entstehungsgeschichte eigentlich eine eigene Untersuchung wert ist), aber es ist unabdingbar, zumindest kursorisch auf diesen Konnex einzugehen, da die Nichtbehandlung ein falsches Licht auf die Widerstandstätigkeit Robert Boschs und des Boschkreises werfen würde. Wenn eine entsprechende Fama erst einmal lange genug in der Fachliteratur ungeprüft tradiert wird, ist eine «Dekonstruktion» unabdingbar.

Keppler konnte mit seiner Werbestrategie zunächst auf Erfolg hoffen. In Wirtschaftskreisen stieß Papens Kurs inzwischen auf einigen Widerstand. Schleicher, dem nun eine Schlüsselrolle zufiel, war es gelungen, Hindenburg von seinen Bedenken zu überzeugen. Papen mußte daraufhin am 17. November zurücktreten. Für viele Industrielle bedeutete dieses Signal ein Einschwenken auf den Kurs Hitlers, auch wenn längst nicht alle Unternehmer glaubten, daß es diesem gelingen werde, Deutschland zu konsolidieren und gleichzeitig die industriellen Interessen zu wahren. So entzogen sich die meisten Männer der Wirtschaft dem Werben Kepplers. Unter diesen Voraussetzungen fiel die Reaktion auf die Eingabe mehr als enttäuschend aus.[433] Betrachtete man die Liste der 19 Unterzeichner, so stammte fast die Hälfte aus dem ohnehin schon Hitler ergebenen Keppler-Kreis (Ewald Hecker, Emil Helfferich, Karl Krogmann, Friedrich Reinhart, August Rosterg, Hjalmar Schacht, Kurt von Schroeder, Franz-Heinrich Witthoeft). Neben einigen Vertretern der Landwirtschaft konnte nur Fritz Thyssen als bedeutender Unternehmer gelten. Bedenkt man zudem, daß Hindenburg noch kurz zuvor ein ähnlicher Appell vorgelegt worden war, allerdings mit der Bitte, Papen ein weiteres Mal zum Reichskanzler zu ernennen, unterschrieben von 339 Persönlichkeiten aus Industrie und Bankwelt, so mag man gar der abwägenden Wertung zustimmen, daß Hitler nach dem Willen der Industrie «still in der Versenkung verschwunden» wäre.[434]

Auch Bosch wurde als Unterzeichner umworben – ein Versuch allerdings, der von vornherein zum Scheitern verurteilt war. Wahrscheinlich ging die Idee, Bosch um eine Unterstützung des Appells zu bitten, auf Keppler zurück. Der handschriftliche Vermerk «Rob. Bosch» auf der Vorschlagliste der Industriellen mit einem dahinter in Klammern gesetzten «K» war Ausdruck der Hoffnung Kepplers, Bosch für die Petition gewinnen zu können. Keppler mochte aufgrund seiner sommerlichen Gespräche mit Mauk und Robert Bosch hoffen, in Stuttgart auf Zustimmung zu stoßen. Für eine fristgerechte Unterschrift – die spätestens am 20. November hätte vorliegen müssen – war es allerdings bereits zu spät. Erst gegen Ende des Jahres schien sich tatsächlich ein Erfolg abzuzeichnen, als Keppler im Dezember 1932 seinem Hamburger Mitstreiter Karl Krogmann freudig ein Treffen mit Hans Walz in Berlin vermelden konnte: «Es ist ein sehr sympathischer klarer Kopf, und ich habe um seine Mitarbeit gebeten, zumal es mir lieb war, auch eine geeignete Kraft aus Süddeutschland zu bekommen. Ich würde Sie und Herrn Helfferich gern bei Gelegenheit bekannt machen.»[435] Mehr wurde aus diesem Projekt allerdings nicht. Kepplers Hamburger Freunde begrüßten es voreilig, daß Walz «gewonnen» sei,[436] aber schon mit dieser Interpretation griff Keppler über das tatsächlich Erreichte weit hinaus. Walz hatte sich nur «sehr widerwillig»[437] mit Keppler getroffen, von dessen wirtschaftlichen Fähigkeiten er wenig hielt und den er rückblickend als «Schwachmatikus» bezeichnete.[438] Einem Treffen mit Keppler war er jedoch nicht ausgewichen, weil er als Vertreter Robert Boschs glaubte, einem Meinungsaustausch auch etwas Positives abgewinnen zu können: Es ist ja bereits darauf verwiesen worden, daß man in Stuttgart der Meinung war, es könne ganz hilfreich sein, wenn NS-Größen einmal durch die Berührung mit den sozialliberalen Ansichten Robert Boschs einen Denkanstoß erhielten.[439] Robert Bosch hatte Hitlers «Mein Kampf» ebensowenig gelesen wie die meisten anderen Unternehmer; nicht anders wird es mit den Schriften Gottfried Feders gewesen sein, dessen Ideen den schwäbischen Verfechtern des Freihandels «reichlich verworren» vorkamen. War es nicht einen Versuch wert, die wirtschaftsfreundlichen Tendenzen in der NSDAP gegen Agrarromantiker und Antikapitalisten zu unterstützen? «Wenn die Leute noch so vernünftig sind, dass sie sich von uns beraten lassen wollen, warum nicht.»[440]

Keppler ist die abweisende Einstellung von Walz wohl kaum verborgen geblieben. Angesichts der eindeutig ablehnenden Haltung Robert Boschs wäre eine nachträgliche Unterzeichnung der Bittschrift ohnehin unvorstellbar gewesen. Die innen- und außenpolitischen Vorstellungen Hitlers waren von der Ideenwelt Boschs und Walz' völlig verschieden, und so gibt es auch keine Hinweise darauf, daß der «Wirtschaftsexperte» Keppler das Thema überhaupt noch einmal auf die Tagesordnung brachte. Der Vorstoß blieb erfolglos: Weder Robert Bosch noch Paul Reusch folgten dem vorbereiteten Aufruf und mußten von Kepplers handschriftlicher Liste gestrichen werden.[441] Spätere Vermutungen, Bosch habe die Petition mitunterzeichnet, waren darauf zurückzuführen, daß sich sein Name auf der «Vorschlagsliste» befunden hatte, die in den Nürnberger Dokumenten abgedruckt wurde und den Anschein erwecken konnte, es habe sich um die Ausfertigung gehandelt. Auf die «Vorschlagsliste» war sein Name wohl deshalb geraten, weil Keppler in Überschätzung seiner Möglichkeiten eine Unterzeichnung der Bittschrift durch Bosch in Aussicht gestellt hatte.[442]

Während Bosch eine Befürwortung einer Kanzlerschaft Hitlers ablehnte, fiel die Absage durch Paul Reusch zweideutiger aus. Er ließ durch Albert Vögler (der ebenfalls nicht unterschrieben hatte) mitteilen, daß er zwar «voll und ganz» auf dem Boden der Eingabe stehe, jedoch «überhaupt von jeder politischen Stellungnahme sich fernhalten» wolle.[443] Wie dies zu verstehen war, wird sich kaum noch klären lassen. Es ist immerhin wahrscheinlich, daß Reusch die «Bewegung» so suspekt war, daß seine Stellungnahme wenig mehr als eine diplomatisch verbrämte Absage an Hitler war.[444]

Boschs Interesse war nun mehr auf Schleicher als auf Papen gerichtet. Schleichers Agenda hatte mit dem Querfrontkonzept, das den Gewerkschaften eine politische Rolle zubilligte, für Bosch zweifellos eine größere Anziehungskraft als die autoritären Rezepte eines «Neuen Staats» von Papens Gnaden. Ob Bosch jedoch an Schleicher, der sich in arrogantem Selbstbewußtsein mit der Aura des Militärischen umgab, wirklich hätte Gefallen finden können, ist fraglich, ganz abgesehen von der Mißbilligung der Drohpolitik gegen Frankreich.[445]

Ungeachtet der innenpolitischen Entwicklung sah Bosch vor allem auf die Außenpolitik. Im Dezember 1932 fuhr er nach Paris, um mit den Industriellen des «Mayrisch-Komitees» vertrauliche Gespräche zu führen.[446] Möglicherweise zielte Boschs Besuch auf die politische «Reaktivierung» dieses Gremiums.[447] Im Zentrum standen jedoch die Fragen einer europäischen Wirtschaftsordnung, die offensichtlich mit positivem Ergebnis behandelt wurden, denn Bosch kam von diesen Verhandlungen innerlich gestärkt zurück. In Paris hatte er zudem die Unterstützung Graf Wladimir d'Ormessons gefunden, der für die einflußreiche und angesehene Zeitung «Temps» schrieb.[448] Gegen Jahresende schien sich somit ein Silberstreif am Horizont abzuzeichnen. Nach den Reichstagswahlen vom November 1932 schienen die Aussichten für die NSDAP weniger günstig. Der Weihnachtseintrag im Tagebuch von Joseph Goebbels – das Jahr 1932 sei eine einzige Pechsträhne gewesen und man müsse es in Scherben schlagen[449] – spricht für sich.

Auch wirtschaftlich schien sich eine Wende zum Besseren anzudeuten. Die «Lichtblicke»[450] in Form verbesserter Umsätze im letzten Quartal des Jahres 1932 ließen Bosch hoffen, daß die Verzweiflung und Hoffnungslosigkeit, die er für Hitlers Erfolge verantwortlich machte, ein Ende finden würden. Am Jahresende 1932 kulminierten in dieser für die Demokratie noch einmal hoffnungsvollen Lage Boschs Friedensbemühungen in einem Artikel, den er als eine Art «Neujahrsbetrachtung» in verschiedenen Zeitungen veröffentlichen ließ, zunächst im wohlgesonnenen «Stuttgarter Neuen Tagblatt», als Nachdruck auch in der «Kölnischen Zeitung». Seine Betrachtung sollte, wie Bosch schrieb, «Bedrückte etwas aufrichten».[451] Der Artikel war ein recht pathetischer Aufruf zur Völkerverständigung, der in seinen allgemeinen Beschwörungen gar nicht zum wenig schwärmerischen Bosch passen mochte, aber in der politischen Gesamtlage seine Berechtigung hatte. Der Beitrag schloß mit einem Ausblick in die Zukunft: «Eine neue Morgenröte kündigt sich für das Jahr 1933 an: die Morgenröte einer besseren Zukunft eines geeinten und befriedeten Europa, eines allmählichen Wiederaufstiegs aus Elend und Not. Die dringendste Aufgabe, um die Verwirklichung dieser Zukunft zu ermöglichen, ist die Einigung zwischen Deutschland und Frankreich.»[452]

Bosch hatte Reusch gebeten, bei den ihm «nahestehenden» Zeitungen für den Abdruck zu sorgen.[453] Der nüchterne Paul Reusch erfüllte den Wunsch nach Verbreitung des Artikels nur zähneknirschend und nahm den Artikel zwar in seinen Zeitungen «Schwäbischer Merkur» und «Fränkischer Kurier» auf, allerdings nur unter der Bedingung der Streichung zweier heikler Passagen: Das Ergebnis des Friedensvertrags von 1870/71 sei der Krieg von 1914 gewesen und die Warnung, Folge des Versailler Vertrages werde ein neuer Krieg sein.[454] Reuschs Procedere hatte im übrigen Methode: Er hatte «seinen» Zeitungen bereits Monate zuvor Zurückhaltung auferlegt und nach zwei Begegnungen mit Hitler wohlwollende Neutralität der unter seinem Einfluß stehenden Presseorgane versprochen.[455] Bosch mochte sich mit Reuschs Silvester-Affront nicht arrangieren. Es kam zu einer mehrmonatigen Verstimmung zwischen den beiden Industriellen. Der Schwabe Reusch schien Bosch, wie dieser verärgert notierte, inzwischen von der «Mentalität des Preussen» infiziert.[456]

Boschs bangevoll optimistischer Aufsatz beruhte auf der bereits erwähnten Erkenntnis, nur auf außenpolitischem Gebiet noch etwas bewirken zu können. Die Innenpolitik, bemerkte er, interessiere ihn im Moment wenig, «wohl nur aus dem Grunde, weil ich sehe, daß ich da nichts helfen kann».[457] Man mag sich fragen, ob diese Entscheidung Boschs nicht ein politischer Fehler war. Der Rückzug aufs Außenpolitische und die innenpolitische Abstinenz gab zweifellos den Kräften in Deutschland weiteren Raum, die gegen den demokratischen Staat polemisierten. Ohne einem historischen Determinismus das Wort reden zu wollen, wird man jedoch angesichts der Tatsache, daß in diesen Wochen der Ereignisablauf einen «so hohen Grad an Zwangsläufigkeit und Unausweichlichkeit»[458] erreichte, Robert Boschs Resignation nachvollziehen können. Hätte er überhaupt einen Einfluß ausüben können?

Anton Erkelenz versuchte vergeblich, Bosch an die innenpolitische Verantwortung zu erinnern: Die Liberalen, so Erkelenz, glaubten augenscheinlich nicht mehr an ihre eigenen Ideen. Nie sei es so wichtig wie jetzt, das moralische Gewicht des Namens Bosch in der Politik einzusetzen: «Herr Bosch hat sich in den letzten Jahren mehrfach politisch für Sachen eingesetzt, die von vorneherein verloren waren. In dieser Sache aber würde sein Protest eine wahrscheinlich die Jahrzehnte überdauernde Wirkung gehabt haben. (...) Selbst wenn es noch einen einzigen, auf beiden Beinen stehenden bürgerlichen Liberalen gäbe, bräuchte man das Schicksal noch nicht verloren zu geben. Aber wenn es keinen mehr gibt, wenn sie alle in Opportunismus und Vorsicht ersticken, dann ist natürlich ein solches System nicht mehr zu halten. Dann bleibt vom Liberalismus eben bloß noch ein bißchen wirtschaftliches Manchestertum übrig.»[459] Der Appell von Erkelenz war von geradezu prophetischer Klarheit. Den Adressaten, den er mit seinem Aufruf zum «bürgerlichen Machtwillen» sicherlich auch etwas provozieren wollte, erreichte er nicht, weil Bosch sich den ernüchternden innenpolitischen Querelen entzog. Die Konzentration auf die Außenpolitik fiel um so leichter, als sich tatsächlich Erfolge einzustellen schienen. Distelbarth legte in Berlin seine Friedens- und Milizpläne vor, warb um einen «moralischen Waffenstillstand»[460] und erläuterte im Auswärtigen Amt seine Vorgehensweise, weil er in Paris sein Konzept einer Abrüstung vorstellen wollte.

Zur Legitimation konnte Distelbarth inzwischen auf eine «offiziöse» Anstellung verweisen. Er hatte sich mit Bosch am 29. Dezember vertraglich darauf geeinigt, der Suche nach einem Verständigungsfrieden eine feste Form zu geben: Ein Vertrag mit einer monatlichen Zahlung von 750 Reichsmark und ein von Bosch zu Jahresbeginn 1933 eingerichtetes Büro in der Stuttgarter Holzgartenstraße bildeten den institutionellen Rahmen dieser Tätigkeit.[461] Tatsächlich war es Distelbarth gelungen, eine ganze Reihe von Persönlichkeiten um sich zu sammeln, die für die deutsch-französische Freundschaft werben sollten. Hierzu zählten der Rektor der Technischen Hochschule Stuttgart, Paul Ewald, der Chefredakteur des «Stuttgarter Neuen Tagblatts», Wilhelm Günzler, der Rechtsanwalt Robert Haußmann und der Direktor des Württembergischen Vereins für Volksbildung, Theodor Bäuerle. Seitens des «Mayrisch-Komitees» hatten sich Wladimir d'Ormesson, Pierre Viénot und Régis de Vibraye zur Verfügung gestellt, um in der breiten Öffentlichkeit zu wirken.[462] Aber in der Wilhelmstraße war man über die schwäbische Privatdiplomatie zunehmend irritiert und bemühte sich, eine Art «Schadensbegrenzung» zu betreiben.[463] Außenminister von Neurath, der von der Protektion Distelbarths durch Robert Bosch wußte, signalisierte der deutschen Botschaft in Paris, Distelbarth betreibe seine Versöhnungsaktion «auf eigene Faust».[464] Der Außenminister hielt es darüber hinaus für ratsam, diesen «etwas zurückzupfeifen»[465] und davor zu warnen, in Frankreich «formulierte Vertragsprojekte irgendwelcher Art zu diskutieren».[466]

Von der reservierten Haltung des Auswärtigen Amtes ahnte Bosch nichts. Enthusiastisch berichtete er am Jahresanfang vom überparteilichen Charakter der neuen Verständigungseinrichtung und dem Wunsch, seine Idee von «Leuten aus allen Schichten» tragen zu lassen: «Die Bewegung geht also durch das Volk und selbst durch die Großindustriellen. Letztere sind allerdings erst seit 6 oder 8 Wochen zu einer solchen Verständigung nicht nur geneigt, sondern wollen selber mitmachen.»[467]

Während er unbeirrt an der Überzeugung festhielt, Distelbarth sei für die Propagierung dieser Ansichten «eine ausserordentlich geeignete Persönlichkeit», erfuhr er bald, daß diese Einschätzung in Berlin nicht geteilt wurde.[468] Aber auch Paul Reusch ließ erkennen, daß er die ganze Unternehmung für aussichtslos hielt.[469] Wie recht der kühle Industrielle damit hatte, zeigte sich, als Roland Köster, der Botschafter in Paris, bedauernd feststellte, es sei schade, daß Distelbarth nicht auf seiner ursprünglichen «Operationsbasis» geblieben sei, über die Frontkämpferverbände zu einem «Interessenausgleich in der Zukunft» zu kommen.[470] Boschs private Verständigungsbemühungen waren damit gescheitert. Zeitgleich fanden die von Bosch mit Sympathie verfolgten ganz ähnlichen Anstrengungen ein Ende, mit Hilfe des deutsch-französischen Studien-komitees zur Entspannung der bilateralen Beziehungen beizutragen.[471] Als der unermüdliche Hermann Bücher am Mittag des 30. Januar telegrafisch über den Machtwechsel in Deutschland informiert wurde, war seine Reaktion gegenüber den französischen Freunden eindeutig: «Et maintenant tout est fini... »[472] Das «Mayrisch-Komitee» blieb zwar noch bis 1939 formal bestehen, verlor aber in selbstauferlegter «präventive(r) Abkapselung»[473] seinen eigentlichen Sinn.

Zweites Kapitel
Widerstand im Staate Hitlers

1. Robert Bosch und die «Machtergreifung»

Obwohl seine Stuttgarter Werbungen mißlungen waren, blieb Hitlers «Wirtschaftsexperte» Wilhelm Keppler auf Erfolgskurs. Er gehörte zu den Organisatoren einer entscheidenden Zusammenkunft Hitlers mit führenden Industriellen im Kölner Haus des Bankiers Kurt von Schroeder am 4. Januar 1933. Dieses Treffen war ein wichtiger Schritt auf dem Wege zur «Machtergreifung» Hitlers und markierte gleichsam die «Geburtsstunde des Dritten Reiches» (Karl Dietrich Bracher). Es steht heute fest, daß dieses Ränkespiel um eine Koalition zwischen Papen und Hitler nur einem kleinen Kreis von Eingeweihten, vornehmlich aus der Umgebung Kepplers, bekannt war.[1] Robert Bosch wußte nichts von den Intrigen, die in der Kölner Villa gesponnen wurden, als Escherich ihm zur Jahreswende schrieb, er hoffe, die Regierung Schleicher werde sich wenigstens so lange halten, bis man aus dem Gröbsten heraus sei.[2] Der Hinweis war zwar ganz auf die Erwartungen seines schwäbischen Freundes gemünzt, aber Boschs Augenmerk war so auf die Außenpolitik verengt, daß er die innenpolitischen Vorgänge ausblendete, ja geradezu verdrängte.[3] Es war daher verständlich, daß Bosch «sehr überrascht» war, als er die Radiomeldung der Kanzlerschaft Adolf Hitlers am 30. Januar 1933 hörte.[4]

Aus den folgenden Wochen gibt es kaum weitere Zeugnisse über Boschs Reaktionen, wenn man einmal seine unbeirrt vorangetriebenen Verständigungsbemühungen außer acht läßt. Mitte Februar wurde jedoch der Kontakt zu Keppler wieder aktiviert, als Bosch für einige Tage nach Berlin reiste, möglicherweise in der Absicht, nun persönlich auf die nationalsozialistische Führung einzuwirken.[5] Die etwas kryptische Mitteilung am Vortag seiner Abreise, es werde wohl schwer sein, Hitler persönlich zu sehen, und er wolle diesen «aus Rücksicht auf die Arbeiterschaft» selbst gar nicht sprechen, bezog sich wohl auf eine mögliche Begegnung in Stuttgart. Denn während Bosch nach Berlin reiste, hielt Hitler in Boschs Heimatstadt am 15. Februar eine scharfe Wahlkampfrede gegen die württembergische Regierung.[6] Hatte Keppler angeboten, eine Begegnung mit dem neuen Reichskanzler zu vermitteln? Zu einer Begegnung mit Hitler kam es jedenfalls nicht, dafür kam es jedoch im Verlauf der «Berliner Mission» unter Mitwirkung von Mauk und Walz zu einem Treffen mit Keppler.

Möglicherweise aus Anlaß der Berlin-Visite erwirkte der wirtschaftliche Berater Hitlers bei Göring eine Einladung für Bosch zu einer Zusammenkunft mit dem «Führer»: Am 20. Februar 1933 hielt Hitler im Amtssitz des

Reichstagspräsidenten vor einer Reihe von Industriellen eine halbstündige Rede. Bosch führte zeitliche Gründe an, um Görings Einladung abzulehnen. Er ließ Keppler aber auch erkennen, daß die gravierenden Meinungsunterschiede wohl eine diplomatische Plauderstunde nicht rechtfertigen würden: «Wenn ich nicht in Rede und Gegenrede dem Herrn Reichskanzler meine schweren Sorgen und die Begründung derselben darlegen kann, in einer Besprechung mit Vielen richte ich sicher nichts aus.»[7]

Von einem abrupten Bruch oder einem Klimawechsel nach dem Regierungsantritt Hitlers war zunächst jedenfalls wenig zu spüren. Bosch ventilierte gar noch einmal Pläne, eine Begegnung zwischen Distelbarth und Hitler zu arrangieren. Der Gedanke, nun sei der «richtige Augenblick» für ein Verständigungsangebot Hitlers an Frankreich gekommen, verrät, wie sehr Bosch in seinem Versöhnungswunsch den Sinn für das Machbare verloren hatte.[8]

Bosch wies Keppler dagegen fast hartnäckig auf die Nützlichkeit einer eingehenden Aussprache mit dem Reichskanzler hin und machte darauf aufmerksam, daß nur auf der Basis einer Einigung mit Frankreich ein langfristiger Friede in Europa möglich sei. Wenn Hitler dagegen auf eine angloamerikanische Option setze, so hatte er gelegentlich über dessen Pläne spekuliert, dann baue er «auf Sand».[9] Die These eines Kerneuropa untermauerte er durch Hinweise auf die wirtschaftliche Schwächung der USA. England, so lautete auch diesmal der bekannte Vorwurf, habe Deutschland immer wieder «stecken lassen». Italien sei ebenfalls wirtschaftlich schwach und auch sonst «kein verläßlicher Bundesgenosse». Zudem sei es richtiger, die Verständigung nicht unter Zwang durchzuführen: «Leider ist die norddeutsche Einstellung, die preussische, die, daß man nur das machen kann, was man durch Gewalt fertigbringt.»[10]

Diese Initiative blieb zunächst erfolglos. Hitlers «Machtergreifung» im März 1933 sah man ohnmächtig zu. Die geradezu brüske Ablehnung, die Kurt von Lersner erfuhr, der als Vertrauensmann Papens um finanzielle Unterstützung gebeten hatte, zeigte, wie groß Boschs Sorgen vor einem Ende der Versöhnungsbemühungen waren. Unter dem unmittelbaren Eindruck des Machtwechsels schrieb Bosch, es sei für ihn wichtig, nur solche Männer zu unterstützen, die für eine Verständigung mit Frankreich eintraten: «Herr von Papen ist verständigungsbereit. Ist es aber Herr Reichskanzler Hitler? Ist es Herr Hugenberg? Wie wird der künftige Kurs sein? Auch hierüber möchte ich Gewissheit haben.»[11]

Die «Machtergreifung» war ein «Triumph geordneter Gewalt»[12] und erfolgte schnell, kalt und mit der notwendigen dosierten Brutalität. Nach den Reichstagswahlen vom 5. März verstärkte Gauleiter Wilhelm Murr seine Agitation gegen die amtierende württembergische Regierung und forderte siegessicher auf einer gutbesuchten Parteiversammlung am 6. März die Ablösung des Staatspräsidenten Eugen Bolz. Die «Wahl» eines neuen

Staatspräsidenten war eine Farce. Unter dem vereinten Druck der Reichsregierung und der nun nationalsozialistisch geführten Polizeibehörden in
Württemberg wurde Murr am 15. März 1933 vom Württembergischen
Landtag zum Nachfolger gewählt. Bolz, dessen politischen Kurs Robert
Bosch geschätzt hatte, wurde schikaniert und im Sommer 1933 wochenlang
auf dem Hohenasperg interniert.[13] In Stuttgart, weitab von der politischen
Zentrale Berlin, etablierte sich eine Exekutive, die sich in mancherlei Hinsicht radikaler und ungehemmter als in der Reichshauptstadt entfalten
konnte.

Murr war ein Landesfürst, der die «Machtergreifung» sogleich nutzte,
um gute Freunde aus der «Kampfzeit» mit Pfründen zu versorgen[14] und
seinen Willen nach Mehrung seines Ansehens und Vernichtung des politischen Gegners skrupellos auszuleben. Der Staatspräsident von Hitlers
Gnaden verfügte über einen Bildungsstand, der von den bisherigen Inha-
bern des Staatsamtes erschreckend abstach. Murrs im Siegestaumel aus-
gestoßene Kampf- und Racheansage an die politischen Gegner war das
Programm eines Funktionärs, der sich einer diffusen Revolution ver-
schrieben hatte und der nun die Möglichkeit gekommen sah, gegen das verhaßte etablierte System vorzugehen: Die Regierung werde jeden niederschlagen, der sich ihr entgegenstelle. «Wir sagen nicht: Aug um Aug, Zahn
um Zahn; nein, wer uns ein Auge ausschlägt, dem werden wir den Kopf
abschlagen, und wer uns einen Zahn ausschlägt, dem werden wir den Kie-
fer einschlagen.»[15] Nicht zu Unrecht werden diese Sätze immer wieder zur
Illustrierung des Charakters der württembergischen «Machtergreifung»
angeführt.

Das lähmende Entsetzen der Gegner Hitlers verhinderte zunächst jede
gemeinsame Aktion. Georg Escherich, der am 10. März für einige Tage in
Haft genommen worden war, traf Robert Bosch am 17. März in Berlin. Aus
seinem Tagebucheintrag sprach die Sorge, Bosch könne sich durch impul-
sive Stellungnahmen in Gefahr bringen, obwohl ihn Escherich offenbar
von der Sinnlosigkeit eines blinden Aktionismus überzeugt hatte: «Er ist
klug genug, sich mit der jetzigen Lage abzufinden u(nd) hat schon die Fühlung mit der neuen Regierung aufgenommen.»[16]

Die von Escherich erwähnte «Fühlungnahme» Boschs beschränkte sich
auf Erörterungen mit Wilhelm Keppler, die jedoch keine neuen Erkenntnisse brachten, weil dieser über die Pläne der Regierung nicht informiert
war. Walz brachte gegenüber Keppler bei dieser Gelegenheit die Sorgen vor
einer möglichen Verhaftung Robert Boschs zum Ausdruck, weil dieser «als
‹Liberalist› so ziemlich alles getan» habe, was im «Dritten Reich» verboten
war.[17]

Nach der Rückkehr Boschs aus Berlin wurde aufgrund des propagandistischen Trommelfeuers der württembergischen NSDAP und unter dem
Eindruck der vorübergehenden Verhaftung Escherichs in der Vorstandsetage der Robert Bosch AG eine Zeitlang erwogen, Robert Bosch das Exil

nahezulegen, für das sich am ehesten die nahe gelegene Schweiz angeboten hätte. Bosch hatte von mehreren Seiten die Warnung erhalten, er solle besser untertauchen, um einer Verhaftung, die von Stuttgarter Parteistellen betrieben wurde, zu entgehen.[18] Die Überlegungen einer Flucht ins Ausland wurden allerdings bald wieder aufgegeben. Bosch wäre ein solcher Schritt ausgesprochen schwergefallen, weil es seinem Naturell widersprochen und er damit sein Lebenswerk aufgegeben hätte. Zudem war auch in Stuttgart die Ansicht zu hören, man müsse während der zweifellos kurzen nationalsozialistischen Periode politisch «überwintern», eine Feststellung, die der Firmengründer aufgrund seiner Geringschätzung der Fähigkeiten der nationalsozialistischen Elite teilte.

Bosch zog sich im April 1933 für einige Wochen auf den bayerischen Boschhof zurück. Das dortige Wohnhaus in Mooseurach wurde in den folgenden Jahren für die Familie zu einer Art zweiter Heimat. Einem seiner schwäbischen Bekannten in Paris, dem deutschen Generalsekretär des deutsch-französischen «Studienkomitees», Frank Rümelin, schilderte er am 12. April 1933 die eigene Lage aufgrund der nationalsozialistischen Anfeindungen pessimistisch:

«Es ist nicht unmöglich, daß es einem meiner Freunde gelingt, mich in ein Konzentrationslager zu bringen, wenn auch nur auf kurze Zeit. (...) In Zeiten wie den gegenwärtigen gelingt es manchem, sein persönliches Rachebedürfnis zu befriedigen. Ich selbst gehe jedenfalls nicht außer Landes, auch nicht auf die Gefahr hin, daß ich interniert werden sollte. Denn lange kann die Internierung nicht dauern (...) So müßte ich eben mein altes Herz eine weitere Belastungsprobe bestehen lassen, die übrigens durch die politische Lage sowieso nicht ausbleiben wird.»[19]

Da die Nachstellungen der württembergischen NSDAP vorerst jedoch im Sande verliefen, schöpfte Bosch wieder Mut, weil er annahm, es werde sich positiv auswirken, daß er «von jeher national und sozial gehandelt habe, und die Oberen, die doch nicht gerade darauf aus sind, Dummheiten zu machen, würden jedenfalls ein Vorgehen gegen mich nicht zugelassen haben».[20] Diese Stimmung, ein Schwanken zwischen Bangen und Hoffen, bestimmte die folgenden Monate, bevor der Schleier einer «legalen» Machtübernahme endgültig zerriß. Eine Zeitlang jedoch glaubten die Stuttgarter in einer Mischung von Täuschung und Selbsttäuschung den beruhigenden Parolen Hitlers. Die Jahre 1933 bis 1936 sind daher durch eine Ambivalenz gekennzeichnet, die es dem Historiker schwermacht, ebenso klare Linien zu erkennen und nachzuzeichnen, wie dies für die Zeit davor und ebenso für die Zeit danach möglich ist. Kritik mischte sich mit Hoffnung, auf ablehnende Stellungnahmen folgte bisweilen gar ein Lob, bis schließlich die Notwendigkeit eines aktiven Widerstands nicht mehr in Frage stand. Dieser Prozeß erfolgte aber auf der Grundlage einer konsequenten Distanz zu einer Ideologie, von der man hoffen mochte, daß sie sich als nicht lebens- und regierungsfähig erweisen werde. Vor der Folie dieses politischen und geistigen Machtkampfes entwickelte sich später,

1936/37, der aktive Widerstand des Unternehmers Robert Bosch und des Boschkreises.

Am schärfsten kamen die Ambivalenzen in den Bereichen zum Tragen, in denen das Unternehmen aufgefordert war, die Loyalität zu der neuen Ordnung unter Beweis zu stellen. Zu diesem öffentlichen Bereich, an dem die NSDAP die Beachtung dieser noch ungeschriebenen Gesetze leicht nachprüfen konnte, gehörte der «Bosch-Zünder» als internes Publikationsorgan des Unternehmens. Noch Anfang März 1933 hatte der Personalchef und Herausgeber des «Bosch-Zünder», Otto Debatin, angeregt, Theodor Heuss solle die Vorwürfe der Nationalsozialisten gegen die Republik in einem Artikel für den «Bosch-Zünder» zurückweisen. Debatin hatte die Hauszeitschrift des Unternehmens von Beginn an in liberalem Geist geführt. Angesichts des durch Begeisterung und Einschüchterung gleichermaßen gekennzeichneten Ausnahmezustands im März 1933 hatte er allerdings kaum noch Hoffnung, gegen den extremistischen Druck publizistisch irgend etwas ausrichten zu können. In seinem Appell deutete sich die Stimmung eines Bürgertums an, das bald den als aussichtslos erklärten Kampf einstellte. Der Aufruf an Heuss als «Heerrufer der Demokratie» war ein verlegener und resignierter Abgesang auf verpaßte Gelegenheiten.[21] Auch Heuss konnte sich dem unbestimmten Eindruck einer ungeheuren Umwälzung nicht entziehen und versuchte, «in diesen sich überstürzenden Zeiten etwas Distanz zu den Dingen zu gewinnen».[22] Wie viele andere hatte er den Nationalsozialismus unterschätzt und noch Ende 1932 zuversichtlich an Robert Bosch geschrieben, daß sich die «Hitlerei» angesichts ihrer Krise wohl «nicht mehr erholen»[23] werde. Dieser Fehldiagnose folgte wenige Wochen später, in einer fatalen Verkennung der Machtlage, seine Zustimmung zum «Ermächtigungsgesetz», die er zunächst hatte verweigern wollen und die er nur aus Gründen der Parteidisziplin schließlich gab.[24]

Wie schnell sich nun das Klima der Angst ausbreitete, zeigte sich daran, daß auch durch das Unternehmen ein Hauch des Nationalsozialismus wehte. Debatin verfaßte zum 1. Mai 1933 im «Bosch-Zünder» angesichts der offenkundigen «Zeitenwende» einen Leitaufsatz, der zwischen liberaler Marxismusschelte und dem Versuch jonglierte, den Nationalsozialismus als geschichtsmächtige Kraft zu verstehen und sogar zu akzeptieren. Als Personalchef, der in einer vergleichsweise exponierten Lage eine Revolution verfolgte, die die Jugend auf ihrer Seite hatte, versuchte Debatin, dem Ungeheuerlichen etwas Positives abzuringen: Die leitenden Männer der Direktion seien keine NSDAP-Mitglieder, aber er, so gab er in einer gequälten Rechtfertigung kund, habe mitunter verunsicherten Betriebsangehörigen in den vorangegangenen Wochen mitteilen können, «daß sie als Arbeiter doch am allerwenigsten von Adolf Hitler und dem Nationalsozialismus zu befürchten hätten».[25]

Wie ließ sich die verharmlosende Analyse Debatins erklären? Seit der Zeit, als Debatin die NSDAP an gleicher Stelle noch verächtlich eine «sau-

bere Gesellschaft» genannt hatte, waren sechs Jahre vergangen. Der Wandel, der sich innerhalb von einigen Monaten innerhalb des «Bosch-Zünders» vollzog, der sich ja immerhin als publizistisches Aushängeschild eines
liberalen Unternehmens und innerbetriebliches Diskussionsforum verstand und um den Konsens seiner Mitarbeiter bemüht war, erscheint
erschreckend. Der Artikel Debatins, ein Dokument der Kapitulation, markierte das Ende der unabhängigen Berichterstattung des «Bosch-Zünders»,
der zwar gegenüber den Ansprüchen der Partei weiterhin «Distanz»
bewahrte, ohne sich jedoch «der Anpassung an die weltanschaulichen Positionen von Partei und Staat entziehen zu können».[26] Immerhin, auch in den
folgenden Jahren setzte der «Bosch-Zünder» dem Regime noch geschickt
«Formen passiver Resistenz» entgegen.[27]

Allerdings verweist die aus der historischen Rückschau so unverständliche Verkennung der politischen Wirklichkeit auf die Auswegslosigkeit, der
sich weite Teile des demokratischen Bürgertums ausgesetzt sahen. Fast verzweifelt hatte Robert Bosch noch wenige Monate zuvor gegenüber Anton
Erkelenz die Sackgasse skizziert, in die die Demokratie gelangt war. Erkelenz solle sich die Frage stellen, «wie wir bei Erhaltung der Weimarer Verfassung, so wie sie ist schlechthin, wieder auf einen grünen Zweig kommen
sollen. Sie verlangen eine klare Linie, und ich sehe keine solche. Wer hat mit
der Weimarer Verfassung uns dahin gebracht, wo wir heute sind? Ich sage,
das Luderleben, das die politischen Parteien in unserem Parlament geführt
haben.»[28]

In einer Phase der politischen Erschöpfung und Niedergeschlagenheit
waren solche Vorwürfe in mancher Hinsicht von den konservativen Überlegungen, die von Erlösung und Lichtblicken in einer verdüsterten Zeit
sprachen, kaum zu unterscheiden. Ihre Entsprechung fanden sie auch in der
antikommunistischen und antisozialistischen Argumentation, die nun das
Ende des Klassenkampfes sozusagen von oben dekretierte. Wie sich Robert
Bosch zum Aufsatz Debatins stellte, ist nicht überliefert. Man kann sich
allerdings schwerlich vorstellen, daß Debatin in derart grundsätzlichen
Fragen Meinungen ventiliert hätte, die den Grundsätzen Boschs nicht entsprachen. Nach Kriegsende hat Hans Walz mit einiger Überzeugungskraft
argumentiert, die in Debatins Aufsatz ausgesprochenen Ansichten hätten
mit Robert Boschs Einstellung übereingestimmt. Bosch habe als Firmenchef das «selbstverständliche demokratische Recht» gehabt, seine vom
«Sozialismus landläufiger Art abweichende Überzeugung» im «Bosch-
Zünder» bekanntzugeben.[29]

Walz verkannte zweifellos in dieser Stellungnahme, die als eine Art
Ehrenrettung für Debatin gedacht war, daß es im Mai 1933 bereits nicht
mehr darum gehen konnte, grundsätzliche Debatten über die Vor- und
Nachteile bestimmter Weltanschauungen zu führen, sondern allein um die
Abwehr des Totalitarismus. Theodor Heuss hatte die Betrachtung von
Debatin zum 1. Mai 1933 zwar mit Zustimmung gelesen, machte aber Vor-

*Als Personalleiter und Herausgeber des «Bosch-Zünders»
hatte Otto Debatin ein schwieriges Amt: Es gelang ihm nicht
immer, bei der Gratwanderung zwischen Anpassung
und Opposition die Balance zu halten.*

behalte geltend: «Ich weiß, daß man in Revolutionen nicht sentimental sein darf, aber ich fürchte sehr, daß sich das wahllose Unrecht, was hier geschieht, moralisch und wirtschaftlich an uns rächen wird. Vielleicht ist das altmodisch; aber über die Kränkung des Rechtsgedankens, die dann noch mit einer Ideologie ausgestattet wird, komme ich menschlich nicht hinweg.» Da für Heuss die eigene Zukunft höchst ungewiß war, wollte er die lange geplante Naumann-Biographie vorantreiben, obwohl die «bewegte Zeit seelisch nicht sehr dazu angetan (sei), die Versenkung in die

Probleme des ausgehenden 19. Jahrhunderts zu erleichtern».[30] Heuss' Pessimismus war begreiflich: Drei Tage zuvor war er als Dozent der Deutschen Hochschule für Politik entlassen worden.[31] Für ihn begann nun «die schwierigste berufliche Situation» seines Lebens.[32]

Inzwischen meldete die Gleichschaltungspolitik den unerbittlichen Anspruch des Nationalsozialismus auf alle Gebiete des staatlichen und privaten Lebens an. Dies wurde deutlich, als liberale Institutionen, die von Bosch unterstützt worden waren, ausgeschaltet wurden, so etwa beim erzwungenen Ende der «Vereinigung Carl Schurz». Robert Bosch war langjähriger Erster Vorsitzender und finanzieller Förderer dieser Einrichtung, die sich die Verbesserung der amerikanisch-deutschen Beziehungen auf die Fahnen geschrieben hatte.[33] Anton Erkelenz, der langjährige Geschäftsführer der Vereinigung, war mehrfach gedrängt worden, den neuen Machtverhältnissen durch die Besetzung des Vorstandes mit der NSDAP genehmen Persönlichkeiten Rechnung zu tragen. Die NSDAP setzte im April 1933 den Rücktritt von Erkelenz durch, der sogleich Robert Bosch über sein Ausscheiden informierte. Bosch und Erkelenz waren gleichermaßen eigensinnige Menschen. Mit Erkelenz, den er manchmal als «vielleicht etwas eckig»[34] bezeichnete, hatte Bosch noch im Vorjahr einen angeregten Streit über Fragen der Weimarer Demokratie ausgefochten. Nun rückten solche Differenzen in den Hintergrund. Bosch trat, als er über die «Änderungen» der Ausrichtung der «Vereinigung Carl Schurz» informiert wurde, aus Solidarität mit Erkelenz ebenfalls zurück.[35]

Ein ähnlicher Machtkampf spielte sich auf publizistischem Gebiet ab, als die von Friedrich Naumann ins Leben gerufene «Hilfe», die politische «Paradezeitschrift des liberalen Sozialprotestantismus»,[36] in Gefahr geriet. Als der Herausgeber der «Hilfe», Hans Bott, Robert Bosch um finanzielle Unterstützung bat, wandte sich dieser allerdings gegen eine Fortführung der Zeitschrift, weil unter der gegenwärtigen «Zeitströmung» eine «Einwirkung auf die Öffentlichkeit» nicht möglich sei.[37] Als wenig später die «Hilfe» nach einem Appell von Heuss[38] doch noch Unterstützung fand, lag diese Entscheidung wohl eher in der Verantwortung von Hans Walz und Otto Debatin.[39]

Während die Gleichschaltungspolitik und der Judenboykott in beunruhigender Weise auf die ungebrochene Radikalität der «Bewegung» verwiesen, verstärkte sich die Enttäuschung über den politischen Kurs des Reichspräsidenten Hindenburg, der offensichtlich den nationalsozialistischen Exzessen keinen Einhalt gebot. Wenige Tage nach Hitlers «Friedensrede» vom 17. Mai 1933, die deutsche und ausländische Beobachter mit Blick auf eine sich hier scheinbar abzeichnende Mäßigung Hitlers mit Erleichterung zur Kenntnis genommen hatten und die auch von der SPD akklamiert wurde, bemerkte Bosch kritisch, man sage der neuen Regierung nach, sie sehe vor allem auf «Sauberkeit»: «Hoffen wir, daß es ihr möglich sein wird, schlimme Dinge nicht aufkommen zu lassen. In der Verständigungsfrage hat Hitler die richtigen Worte gefunden. Wer findet sie in der Judensache?»[40]

Boschs Reaktion auf die Schikanen, denen die Juden nun ausgesetzt wurden, werden an anderer Stelle dargestellt. Aus diesem Grund soll nur kursorisch darauf verwiesen werden, daß die Berlinreisen von Hans Walz, die er in Begleitung von Walther Mauk im Auftrag von Robert Bosch durchführte, wesentlich als Intervention gegen die Judenpolitik der Regierung geplant waren. In einer Unterredung mit Wilhelm Keppler protestierte Walz am 21. Mai gegen den antisemitischen Kurs, forderte die Behandlung der Juden als vollgültige Reichsbürger und beklagte, die Nationalsozialisten setzten sich in Widerspruch zu den fundamentalen Rechten der Menschlichkeit. Während Bosch unter humanitären Aspekten die kirchen- und judenfeindliche Politik des «Dritten Reiches» als kulturelle und menschliche Gefahr ablehnte, war es bei Walz das christliche Selbstverständnis, das ihn zu der Annahme verleitete, über Wilhelm Keppler sei eine Mäßigung zu erreichen. Walz habe Keppler, so erinnerte sich Mauk später, immer wieder nahegelegt, Adolf Hitler zu verstehen zu geben, daß die «Weiterführung der eingeschlagenen Politik Deutschland unweigerlich aus der zivilisierten Welt ausschließen und in Gegnerschaft zu sämtlichen Kulturstaaten bringen müsse».[41] Auf Keppler, der inzwischen bei Hitler an Einfluß verloren hatte, machten die Eröffnungen von Walz zwar offenbar einigen Eindruck, er mußte jedoch mitteilen, daß er «auf Grund einer erst kürzlich ergangenen Entscheidung Hitlers» den Stuttgartern «keine großen Hoffnungen» machen könne.[42] Es muß ungewiß bleiben, ob Keppler überhaupt in der Lage gewesen wäre, das Unternehmen gegen die württembergische Gauleitung zu protegieren. Im Sommer 1933 setzte sich schließlich in Stuttgart die Erkenntnis durch, daß die politischen Vorstellungen wenig kompatibel waren. Kepplers schwindender Einfluß auf die Vorgänge in Berlin ließ eine Fortführung des Meinungsaustausches als wenig sinnvoll erscheinen.[43]

Auf politischer Ebene spielte Keppler indessen noch einmal seine Funktion als Freund der Industrie aus. Walz hatte von Keppler vertraulich von dessen Bemühungen erfahren, zusammen mit seinen Freunden aus der Industrie Hugenberg zu stürzen. Von Keppler stammten auch die Informationen, es sei Hitler «sehr erwünscht», wenn Hugenberg ohne eigenes Zutun «erledigt würde».[44] Für Robert Bosch, der Hugenbergs Politik scharf ablehnte, war diese Nachricht ein willkommener Anlaß für den Versuch, einer Wendung nach rechts vorzubeugen; auch dies kann als Indiz für die merkwürdige Unterschätzung des Nationalsozialismus gelten. Im Mai 1933 sondierte Walz bei Paul Reusch, ob dieser eventuell bereit sei, bei Hindenburg für die Abberufung Hugenbergs einzutreten. Bosch habe, so Walz, die Sache selbst in die Hand genommen und wolle neben Reusch auch andere Industrielle für diesen Vorstoß gewinnen. Walz argumentierte,

Hitler werde dies nicht selbst fordern können, da er seine Wahlversprechen einhalten müsse. Werde ihm der Rücken gegen die agrarischen Vorlieben Hugenbergs aber von der Wirtschaft gestärkt, habe eine Initiative Aussicht auf Erfolg.[45]

Obwohl Reusch ähnliche Aversionen gegen den agrarischen Konservatismus hegte,[46] lehnte er Boschs Vorschlag ab. Er fürchtete, daß auf diese Weise «die bürgerliche Front im Kabinett außerordentlich geschwächt» und der linke Flügel der NSDAP noch gestärkt werde.[47] Boschs Plan – einer von mehreren Versuchen, Hugenberg zu stürzen – kam somit nicht zur Ausführung. Der schwäbische Liberale hielt dennoch unbeirrt an seinen Illusionen und an seinem antiagrarischen Kurs fest: Den bäuerlichen Konservatismus Hugenbergs hielt er aus außenpolitischen Gründen auf lange Sicht für eine größere Gefahr als den Nationalsozialismus.[48]

Die weitverbreitete ängstliche Bereitwilligkeit, ja Servilität, mit der viele Industrielle Hitlers erfolgreichen Weg verfolgten, war Bosch fremd. Lapidar und fast resigniert registrierte er jedoch den Meinungsumschwung im Bekanntenkreis und die Auswirkungen der nationalsozialistischen Faszination, der seinem Eindruck nach auch sein Neffe, den er als Wegbereiter der deutsch-französischen Verständigung geschätzt hatte, erlegen war. Auch Carl Bosch, so bemerkte er, habe «jetzt den Weg zu Hitler gefunden».[49]

Seine Herzensangelegenheit, den Ausgleich mit Frankreich, wollte Bosch jedoch keinesfalls aufgeben. Er kalkulierte allerdings kaum ein, daß schon den Außenpolitikern der untergehenden Republik von Weimar eine solche Politik als grenzenlose Naivität vorgekommen war und daß Hitler und seine Adepten solche Vorschläge lediglich mit Zynismus zu quittieren gedachten. So erlag er der Täuschung und der Fiktion, man könne den Nationalsozialismus in die Bahnen einer Vernunftpolitik lenken und die Verständigungspolitik retten.[50]

Boschs Hoffnung war ein dramatisches Mißverständnis, wie das Schicksal seines privaten Vermittlers Distelbarth zeigte. Dessen Stuttgarter Büro wurde von der Gestapo durchsucht, und gegen ihn wurde ein Haftbefehl wegen Landesverrats erlassen.[51] Bosch setzte sich zwar Mitte Mai 1933 bei Papen für seinen Schützling ein,[52] aber wie wenig solche Fürsprache nützte, erwies sich, als im Juni 1933 das Auswärtige Amt und die Abwehrabteilung des Reichswehrministeriums Bosch rieten, die Unterstützung Distelbarths einzustellen.[53] Weniger vornehm drückten die Verfolgungsbehörden diese Empfehlung aus. Die Politische Polizei «müsse bei aller Anerkennung der selbstlosen Beweggründe» Robert Boschs Wert darauf legen, daß eine weitere Verwendung Distelbarths unterbleibe.[54] Die Haltung der Erfüllungsgehilfen Murrs gab Willy Schloßstein Anlaß genug, Akten aus dem Büro Distelbarths zu vernichten.[55]

Nach einer langen Pause in der Korrespondenz mit Reusch, die ihre Ursache in Boschs Verstimmung über die politische Passivität des Freundes gehabt hatte, gab es im Spätsommer 1933 wieder versöhnliche Töne. Als sich Reusch besorgt erkundigte, was aus Distelbarth geworden sei, schilderte Bosch in einigen Zügen das Schicksal seines ehemaligen Emissärs.[56] Sein Fazit war ein Eingeständnis der Machtlosigkeit.[57]

Inzwischen war, wieder durch Kepplers Vermittlung, die Möglichkeit eines Gesprächs mit Hitler in greifbare Nähe gerückt. Die Chance, dem «Führer» seine Sorgen persönlich nahezubringen, wollte Bosch nicht ungenutzt lassen: «In Hitlers Umgebung wünscht man, daß ich m(it) ihm zusammenkomme. Die Zeit hängt von dort ab.»[58] An Hermann Bücher schrieb er wenig später, er hoffe, «einen gewissen Eindruck zu machen».[59] Die aus der Rückschau merkwürdige Geduld und Hartnäckigkeit Boschs wird aus der Zeit heraus verständlicher: Das von Hitler angekündigte «Köpferollen» war ausgeblieben, weil Hitler auf dem Weg der legalen «Machtergreifung» auf eine Bartholomäusnacht hatte verzichten können.[60] In Stuttgart sah man zudem ganz pragmatisch einen weiteren Vorteil einer Begegnung zwischen dem Unternehmer und Hitler: Angesichts der Begehrlichkeiten des Gauleiters Murr war zu erwarten, daß im Gefolge einer persönlichen Begegnung zwischen Hitler und Bosch das Unternehmen gewissermaßen «sakrosankt»[61] gegen die Ansprüche des Gaus Württemberg sei.

Am 22. September 1933 kam es zu der mit Spannung erwarteten Begegnung in der Berliner Reichskanzlei, die wahrscheinlich nicht länger als eine halbe Stunde dauerte. Zu einem wirklichen Meinungsaustausch kam es nicht, und es gelang Bosch auch nicht, seine Vorstellungen von einer Völkerverständigung vorzutragen, da Hitler gleichsam im ersten Atemzug auf die «Gleichberechtigung» in der Rüstung verwies.

«Ich hatte keine Gelegenheit, auch keinen Wunsch zu unterbrechen, denn es scheint mir das nutz- u(nd) zwecklos. Lediglich im Laufe einer kurzen Unterredung kann man nicht Tatsachen in genügender Weise vorbringen, die eine bestehende Denkweise oder Ansichten über Dinge ändern können, mit welchen man nicht einig ist. Selbst wenn ich in der Lage wäre, Eindruck zu machen, etwa m(it) dem Gedanken, wir müßten uns m(it) Fr(an)kr(eich) verständigen, selbst wenn wir nicht heute schon volle Rüstungsfreiheit bekämen, wir würden das bekommen, wenn die Franzosen erst überzeugt seien, daß es uns nicht in 1. Linie darum zu tun sei »siegreich Fr(an)kr(eich) zu schlagen«, so würde doch schon der nächste aus seiner Umgebung in der Lage sein, H(itler) zu überzeugen, daß das Landesverrat sei. Und wenn es nicht dem ersten gelänge, so doch sicher einem anderen seiner Umgebung.

Nur im Laufe der Zeit unter Hinweis auf allerlei Umstände u(nd) Tatsachen kann man wirken, mindestens ich kann das nur. Ich kann nicht überreden, vielleicht kann ich überzeugen.

Ich dankte dem Kanzler für seine Ausführungen. Ich führte aus, es möge ein stolzer Gedanke sein, an der Stelle Bismarcks zu sein. Ich wisse aber, welche Kämpfe auch dieser in seiner Stellung gehabt habe u(nd) er habe in eingefahrenen Geleisen gearbeitet. Er, H(itler) habe aber einen anderen Geist einzuführen, denn ‹social› sei man namentlich im Norden wenig.

Ich selbst sagte, ich hätte mich bemüht, social zu handeln, u(nd) sei dafür von rechts und links bekämpft worden.

Ich schloß dann damit, daß ich sagte, mit seinen großen Zielen der Beseitigung des Klassenkampfes sei ich einverstanden und wünschte ihm vollen Erfolg. Damit war die Unterredung zu Ende.»[62]

Die Bekundung Hitlers, er «schätze die sociale Demokratie Württembergs», nahm Bosch nicht ernst. Mit dem Abstand einiger Tage beurteilte Bosch, der sich die antipreußischen Spitzen vielleicht auch deswegen nicht hatte verkneifen können, weil er bei dem gebürtigen Österreicher Hitler eine ähnliche Disposition zumindest nicht ausschließen konnte, die Begegnung mit Hitler immer zurückhaltender. Als er Theodor Bäuerle davon berichtete, Hitler habe ihn als einen «Vertreter der württembergischen Demokraten» begrüßt, die er besonders hoch schätze, hatte Bäuerle den Eindruck, Bosch habe dies nicht ernst genommen. Nach Bäuerles Zeugnis kommentierte Bosch die entsprechende Schilderung ausgesprochen abfällig: «Als ich dies hörte, wußte ich, daß er mich angelogen hatte. Ich möchte mit ihm nichts mehr zu schaffen haben.»[63]

Weil Bosch trotz aller Hitlermonologe die Verständigungsidee nicht aufgeben wollte, kam es paradoxerweise zum Bruch mit Coudenhove-Kalergi, den Bosch noch Anfang des Jahres für den Friedensnobelpreis vorgeschlagen hatte.[64] Coudenhove-Kalergi schätzte die antifranzösische Haltung Hitlers zu Recht als das Ende der Paneuropaidee ein, während Bosch das Zerplatzen dieses Traumes noch nicht wahrhaben wollte. Einen scharf gegen Hitler polemisierenden Aufsatz Coudenhove-Kalergis in der Basler Zeitschrift «Der schweizerische Beobachter»[65] las er im Oktober 1933 «nicht nur mit Kopfschütteln, sondern mit Entsetzen». Bosch wandte sich in erster Linie gegen den ihn erschreckenden Gedanken, man müsse Deutschland als eine Art Paria von allen Verhandlungslösungen ausschließen. Zudem hatte er wohl den Eindruck, Coudenhove diskreditiere mit einem unvorsichtigen direkten Angriff auf Hitler alle deutschen Anhänger der Paneuropaidee.[66] Er hoffte auf eine Übereinkunft zwischen Hitler und Daladier, und sein Bangen um die Versöhnung ließ ihn nun gegen den Falschen Front machen: «Das Tischtuch zwischen den Befürwortern der Verständigung», so schrieb er dem Grafen, sei «zerschnitten.»[67] Es gehörte zur Tragik der totalitären Entwicklung in Deutschland, daß durch Boschs Fehleinschätzung die Verbindung zur Paneuropa-Union abbrach.

Man kann sich lebhaft vorstellen, wie groß die Enttäuschung des Industriellen gewesen sein muß. Einen Einblick, wie stark Bosch Niederlagen empfand, hatte er bereits in einem Brief an Wilhelm Keil in den zwanziger Jahren gewährt: «Alles, was ich in die Hand nehme, tue ich mit so viel innerer Anteilnahme, daß ich darunter leide, wenn es nicht geht, wie es soll, und das halte ich auf die Dauer nicht aus.»[68] Aufgeben konnte und wollte Bosch aber nicht. Seine Stimmung spiegelte in diesen Monaten eine Mischung zwischen Resignation, ein Sich-Abfinden mit der politischen Lage und Optimismus wider: «Die sociale Umstellung ist für die über-

wiegende Mehrzahl uns(erer) Zeitgenossen noch heute eine nicht einmal begriffene Sache. Und das ist schlimm genug. Es braucht noch viel Arbeit u(nd) Klugheit beim Führer. Möge er die Kraft haben! Den Willen hat er!»[69] Hier war wiederum die Hoffnung der Vater des Gedankens. Bosch mochte in seinem Idealismus annehmen, seine in vielen Jahrzehnten gereifte Vorstellung einer sozialen Gemeinschaft könne nach einiger Zeit auch bei Hitler Eindruck machen; daß Hitler mit seinen Vorstellungen der «Volksgemeinschaft» den Gedanken verband, die Klassenherrschaft durch eine Rassenherrschaft zu überwinden, mußte über das humanitär-rationale Verständnis Boschs hinausgehen. Allerdings konnte Hitlers Außenpolitik in diesen Monaten Boschs Beurteilung stützen, denn die antifranzösischen Spitzen, die in «Mein Kampf» so beunruhigend klar hervortraten, wurden in der diplomatischen Praxis und der öffentlichen Diskussion deutlich zurückgenommen. Daß Hitlers französische Avancen lediglich der Verschleierung seiner langfristigen «Lebensraum»-Ziele und seiner programmatisch gegen Rußland gerichteten Politik dienten, wurde schließlich selbst in Paris zu diesem Zeitpunkt noch nicht klar erkannt. Bosch hing dem Irrglauben an, der von vielen seiner Zeitgenossen ganz ähnlich vertreten wurde: Man müsse Hitler lediglich von seiner schlechten Umgebung isolieren. Aber auch er konnte offensichtlich keinen Ratschlag geben, wie dies konkret geschehen solle. An Konstantin von Neurath, der im Kabinett Hitler Außenminister geblieben war und insofern für Bosch eine tatsächlich nicht vorhandene Kontinuität der Weimarer Außenpolitik symbolisieren mochte, schrieb er mit «Herzblut» im Herbst 1933, wenige Tage bevor die deutsche Delegation die Genfer Abrüstungskonferenz am 14. Oktober verließ, über die Notwendigkeit eines Ausgleichs mit Frankreich. Bosch legte dem Außenminister nahe, auf Hitler im Sinne der Verständigung zu wirken. Man dürfe keinesfalls einen «Gewaltfrieden» anstreben, sondern eine Lösung, wie sie Bismarck 1866 nach dem deutsch-deutschen Krieg erreicht hatte: Hitler sehe dies sicherlich als notwendig an, «es gibt aber jedenfalls in seiner Umgebung Männer, die der Meinung sind, jetzt sei der Augenblick, in dem man stark bleiben müsse».[70]
Bosch hatte schon im Frühjahr 1933 in einer Unterredung mit Joachim von Ribbentrop, der damals noch keine prominente Rolle in der NS-Hierarchie spielte, sich aber durch eigene Ideen zur deutsch-französischen Verständigung zu profilieren suchte, den Gedanken ventliert, es sei ein Fehler, aus einer Position der Stärke heraus gegen Frankreich zu operieren.[71]
Bosch verkannte Hitlers unbedingten Eroberungswillen und nahm nicht wahr, daß auch Neurath, entgegen der vielfach geäußerten konservativen Überzeugung, keinen bremsenden Einfluß auf die nationalsozialistische Politik ausüben konnte noch wollte. Dessen knappe Antwort zeigte, daß sich sein Revisionismus lediglich graduell von demjenigen Hitlers unterschied. Man teile zwar Boschs Ansichten, so ließ Neurath lakonisch wissen,

aber über die Methoden, «durch welche das Ziel erreicht werden soll, kann man verschiedener Ansicht sein».[72] Die Außenpolitik von Neuraths «kam letztlich doch mehr Hitlers Taktik als echter Kontinuität oder gar einem Widerstand zugute: der Taktik nämlich, durch Beibehalten und Vorschieben altangesehener Diplomaten dem neuen Regime Kredit zu verschaffen und die Appeasement-Illusionen zu fördern».[73]

Bosch mußte zur Kenntnis nehmen, daß Deutschland den Austritt aus dem Völkerbund anmeldete, den Bosch durch seine Mitarbeit an der «Deutschen Liga für den Völkerbund» stets zu fördern gehofft hatte. Ihm blieb nur die Genugtuung, in seiner Einschätzung recht behalten zu haben: «Ich könnte mich eigentlich freuen und darauf stolz sein, daß die Schwierigkeiten und Notwendigkeiten, wie sie sich jetzt immer weiter herausstellen, genau so sich entwickeln, als ich vorausgesehen und vorausgesagt habe. Leider kommt man zu einem solchen Gefühl der Freude oder gar des Stolzes nicht angesichts der Zustände, in welchen wir uns befinden.»[74]

Anzeichen einer wirtschaftlichen Besserung gaben Bosch jedoch wieder Anlaß zu optimistischen Bemerkungen über Hitlers Außenpolitik, die «sehr gut» sei, wie er im November 1933 meinte. Er begründete diese Einschätzung mit der Versicherung Kepplers, Hitler sei für eine Verständigung mit Frankreich gewonnen.[75] Es fiel ihm deshalb leichter, weiterhin aktive Politik zu betreiben: «Ich bin überzeugt, H(itler) will die Verständigung u(nd) das ist, was mir Mut macht. So wollen wir eben hoffen, daß wir einmal noch Frieden auf Erden erleben.»[76]

In diesem Zusammenhang bewegte ihn, mit Blick auf die negativen Erfahrungen mit dem «Persönlichen Regiment» des letzten deutschen Kaisers, die Frage nach der Verfassung:[77]

«Die Verhältnisse, wie sie zurzeit herrschen, bedrücken mich wieder ziemlich stark, sodaß ich nachts viel Zeit habe, mir Gedanken zu machen und Lebensbeschreibungen, Erinnerungen usw. zu lesen. Nun hat der Führer bei der Unterredung, die ich mit ihm hatte, zum Ausdruck gebracht, daß er der Meinung sei, daß für Deutschland die Monarchie doch wohl die richtige Regierungsform sein werde. Ich selbst halte die konstitutionelle Monarchie tatsächlich auch für das beste, sie muß aber nach Art der englischen eingerichtet sein. Die Konstitution muß Dinge verhindern, wie wir sie unter Wilhelm II gehabt haben.»[78]

Bosch wollte wohl unter dem Eindruck, Hitler arbeite möglicherweise auf die Wiedererrichtung der Monarchie hin, auf die Gefahren eines autokratischen Systems hinweisen. Es ist unwahrscheinlich, daß sich Keppler, geschweige denn Hitler von diesen Fingerzeigen beeinflussen ließen. Unabhängig von der Frage der Staatsform blieb für Bosch die Versöhnung mit dem westlichen Nachbarn die Hauptsorge. Kepplers Ansicht war jedenfalls charakteristisch für die hochfahrende Arroganz der nationalsozialistischen Außenpolitik.[79] Für eine individuelle Verständigungspolitik gab es keinen Spielraum mehr. Während kleine Gesten des privaten deutsch-französischen Austausches noch möglich waren,[80] traten in Boschs

Korrespondenz die politischen Aspekte nun Zug um Zug zurück. Dies war schließlich doch die Einsicht der Machtlosigkeit, die dem liberalen Industriellen in der Diktatur keinen Spielraum mehr bot.

Die Jägerei diente Bosch in seinen letzten Lebensjahren nicht nur als Ablenkung von den Querelen des Alters, des Alltags und der nationalsozialistischen Gegenwart: Auf den grenznah gelegenen Jagden wurden der schweizerische Sender Beromünster und die Sendungen von J. R. von Salis gehört.[81] Wenn sich aus geschäftlichen Gründen einmal eine Einladung zur Jagd an Nationalsozialisten und Wehrmachtsoffiziere als opportun erwies, mied Bosch allerdings ein Zusammentreffen, weil er fürchtete, seine ablehnende Einstellung zum Nationalsozialismus nicht verbergen zu können.[82] In einem gleichermaßen nüchternen wie anrührenden Brief an seinen Jagdfreund Escherich schilderte Bosch am Jahresende 1934 seine Beweggründe für den Abschied aus der Politik, einen Abschied, den er rechtfertigen zu müssen glaubte (und, wie sich herausstellen sollte, nur teilweise wahrmachte). Gleichsam entschuldigend beschrieb er die ihm aufgezwungene politische Abstinenz:

«Bei m(einem) Alter sich in der heut(igen) Zeit m(it) solchen Dingen beschäftigen, kann man eigentlich nur, wenn man sich sagen muß, daß man sonst gar keine Bedeutung u(nd) keinen Einfluß besitzt. Letzteren hatte ich allerdings als Einzelgänger u(nd) später als Großindustrieller nie, denn gegen einen reichen Mann wenden sich auch die Arbeiter, selbst wenn er social denkt u(nd) handelt. Ich hatte mich damit auch längst abgefunden; um überhaupt mich noch zu beschäftigen, jage ich noch, u(nd) versuche – m(eine) Schießergebnisse zu befestigen bezw. zu verbessern. Karl V. wurde Uhrmacher, warum soll ich nicht auch noch m(ein) Steckenpferd haben.»[83]

Escherich wird diese Stellungnahme verstanden haben. Auch für ihn blieb nach der Auflösung des Bayerischen Heimatschutzes 1933 nur der Rückzug ins Privatleben.

2. Eine Periode des Übergangs:
Das Unternehmen Bosch in den ersten Jahren der Hitlerdiktatur

Die «Machtergreifung» Hitlers spaltete die Industrie. Mancher Unternehmer begrüßte eine diktatorische Bereinigung der Lage, die innenpolitisch durch Arbeitskämpfe, sozialdemokratisch-gewerkschaftliche Opposition und kommunistische Agitation gekennzeichnet war und außenpolitisch als eine Knebelung der Wirtschaftsinteressen durch die Siegermächte des Ersten Weltkriegs empfunden wurde. Die meisten Großunternehmer hätten jedoch wahrscheinlich, wenn sie die Wahl gehabt hätten, eine Papensche Lösung einer Diktatur Hitlers vorgezogen, um für Deutschland eine Ruhephase einzuleiten, die ihrer Meinung nach zu einem Wiederaufstieg führen sollte. Weit verbreitet war die Ansicht, daß es im allgemeinen Interesse sei, in der wirtschaftlichen Krisenlage und im Zeichen der Erschöpfung die

Gräben nicht weiter aufzureißen. Nur wenige erkannten, daß Hitler der einzige Gewinner dieser Stillhaltepolitik war. Der «Anpassungskurs» der Gewerkschaften,[84] ihre hilflose Resignation und ein teilweise opportunistischer Attentismus einiger Funktionäre und andererseits die Gewaltaktionen der SA- und NSBO-Gruppen verführten zu einem Gewährenlassen, das fatal wirkte. Sieht man einmal davon ab, daß mutige Sozialisten und Kommunisten einen hartnäckigen, aber auch vergeblichen Widerstand der ersten Stunde leisteten, breitete sich eine fatalistische Konzessionsbereitschaft aus, die nicht aus Überzeugung, sondern aus Schwäche der Forderung folgte, endlich vom Gedanken des «Klassenkampfes» abzulassen.

In der Industrie wich das anfänglich noch verbreitete Mißtrauen gegenüber der nebulösen Politik des «Führers» bald einer pragmatischeren Betrachtungsweise. Der wirtschaftliche Aufschwung nach dem Ende der Weltwirtschaftskrise führte zu einer bequemen Einwilligung in das Faktum, zwar noch Herr im Grundbuch, aber nicht mehr Herr in den Betrieben zu sein. Die Wirtschaft profitierte von der einsetzenden «Sonderkonjunktur», die auf dem Arbeitsmarkt die lange erwartete Wende einleitete und die Auftragsbücher wieder füllte. Wenig Beachtung fand die Tatsache, daß Hitler Lorbeeren für eine Politik erntete, die bereits unter seinen Vorgängern eingeleitet worden war. Der politische Wandel erschien jedenfalls um so akzeptabler, als die ominösen antikapitalistischen Parolen des nationalsozialistischen Programms offenbar nur auf dem Papier standen oder doch zumindest zurückgedrängt wurden.

Auch bei Robert Bosch wirkte sich der wirtschaftliche Aufschwung belebend aus. Da unternehmenshistorische Aspekte von einer Geschichte des Widerstands nicht kategorisch getrennt werden können, soll im folgenden darauf eingegangen werden, wie sich der Boom auf das Bild auswirkte, das sich die Stuttgarter vom Nationalsozialismus machten. Die ökonomische Blüte wurde erleichtert zur Kenntnis genommen,[85] schien sie doch einen Wendepunkt zum Besseren anzuzeigen, zumal schon bald, im Sommer 1933, die Produktion die Kapazitätsgrenze wieder erreichte. Die Trendwende zeigte sich im Zuwachs der Beschäftigtenzahl, die sich von 8332 Ende 1932 binnen Jahresfrist auf 11 235 erhöhte, ein Anstieg, den man fast ausschließlich dem Inlandsgeschäft verdankte, «das infolge der Maßnahmen der Reichsregierung zur Förderung der Kraftfahrzeugindustrie umsatzmäßig um beinahe 80 v. H. in die Höhe ging», wie der Geschäftsbericht 1933 verzeichnete. Über das Auslandsgeschäft zeigte sich der Bosch-Vorstand dagegen «ernstlich besorgt», denn der Exportanteil war von knapp 60 % im Jahr 1932 auf 36 % gesunken und verringerte sich im Folgejahr auf nur noch 23 %.[86]

Diese Abnabelung von den Auslandsmärkten wurde aber durch die Aufwärtsbewegung auf dem Binnenmarkt zunächst kompensiert. Ein Unternehmen, das an den Erhalt von Arbeitsplätzen dachte, konnte schwerlich ein Opponent der propagierten und schrittweise auch erreichten Vollbeschäftigung sein. Im internationalen Vergleich galten die nationalsozialistischen Arbeitsbeschaffungsmaßnahmen zeitgenössisch als Erfolg;[87] der Motorisierungstrend, von dem der Zulieferer Bosch profitierte, spielte dabei eine wichtige Rolle. Ohne den akademischen Streit entscheiden zu müssen, ob nun Bau- oder Motorindustrie für den nationalsozialistischen Aufschwung vorrangig waren,[88] ist unbestritten, daß beide Bereiche stärker wuchsen als andere Industriezweige. 1934 war die Autoproduktion um 50 % höher als noch 1929. Freilich stellte das Wachstum der Automobilbranche «einen wirtschaftlich gesehen durchaus normalen Aufschwung nach einer starken Krise» dar.[89] Der NS-Staat förderte nicht nur politisch und fiskalisch den Kauf von Privatwagen und landwirtschaftlichen Fahrzeugen, sondern trug mit dem Ausbau des Autobahnnetzes zu einer Stärkung dieses Trends bei. Zur deutschen Automobilausstellung im Februar 1933 hatte Bosch eine Reihe von Grundsätzen formuliert, die der Motorisierung einen positiven Impuls geben sollten,[90] ein Programm, das sich mit Hitlers Vorstellungen berührte, der ein entschiedener Verfechter des Autos war, das er als «Fortbewegungsmittel der Zukunft» ansah, sofern es kein Luxusgut blieb und als preisgünstiges Gebrauchsgut herzustellen war.[91]

Die energische Förderung des «Volkswagens» war auch für Bosch ein Lichtblick: Die Entwicklung neuer Scheinwerfer, Lenkräder und Lenkschlösser und die Erprobung neuer Werkstoffe wie Bakelit markierten neue Wege. Am Reißbrett wurden preisgünstige und belastbare elektrische Komponenten entworfen, die in Zusammenarbeit mit anderen Herstellern den späteren Erfolg des Kleinwagens ermöglichten.[92] Die Konjunktur ließ sich auch an der Zahl der Beschäftigten ablesen: Über 14 980 (1934) und 18 292 (1936) wuchs die Belegschaft auf 23 233 im Jahr 1938. Nahm man noch die Tochtergesellschaften hinzu, belief sich die Zahl für das letzte Friedensjahr gar auf 30 443 Beschäftigte.[93] In den ersten Monaten des Jahres 1939 mußte Bosch monatlich 400 bis 500 neue Arbeitnehmer einstellen.[94]

Auch außenpolitisch schienen die pessimistischen Prognosen widerlegt. Da Hitler im Rahmen eines raffinierten Doppelspiels seine kriegerischen Töne stark abgedämpft und statt dessen Friedensschalmeien angestimmt hatte, wurde der bedenklichen Verknüpfung von Konjunkturaufschwung und Aufrüstung noch kaum Aufmerksamkeit geschenkt.[95] Im Gegenteil: Die nun aufkommende Idee eines ökonomischen Appeasement[96] fand in der westlichen Welt mächtige Fürsprecher, die Hitlers politischen Expansionsdrang in die wirtschaftliche Saturiertheit umzubiegen hofften. In der Frühphase nationalsozialistischer Politik hätte es, ungeachtet der Etablierung des innenpolitischen Terrorsystems, wohl eines scharfen und nüchternen Sachverstandes bedurft, um die in Deutschland weithin als legitim angesehene Wiederherstellung des militärischen Gleichgewichts in Europa von einem auf Krieg zielenden Kurs zu unterscheiden. Die Aufrüstung für sich allein, so war über alle politischen Lager hinweg zu hören, sei die einer

Großmacht durchaus angemessene Korrektur der ungerechten und kränkenden Beschränkungen des Versailler Vertrags.[97] Solange Hitler den Ausgleich mit den europäischen Nachbarländern nicht aufgab, hoffte Robert Bosch noch auf eine Beruhigung der Lage. Die ökonomische Grundstimmung gab im Frühsommer 1934 zu optimistischen Bekundungen Anlaß: «Wenn Jahre kommen, wo die Wirtschaft blüht, dann kann ja Alles recht werden. Jedenfalls muß man an Frieden u(nd) Welthandel u(nd) Weltwirtschaft denken u(nd) nicht an den Krieg. Übrigens hört das Kriegführen ohne Geld bald auf.»[98] Der außenpolitischen Zuversicht, der eingeschlagene Weg des Ausgleichs mit Europa werde sich fortsetzen lassen, entsprach die innenpolitische Maxime, man müsse gleichsam überwintern, um den nationalsozialistischen Spuk schadlos zu überstehen. Als Bosch im Sommer 1933 vom Boschhof zurückkehrte, meinte er geringschätzig: «Sehen Sie sich doch bloß die Kerle an, was haben die denn gelernt. Die können doch nichts!» In Stuttgart hoffte man, die nationalsozialistische Bewegung werde sich «totlaufen» und, wie Boschs Privatsekretär Willy Schloßstein bemerkte, «mit großem Krach von innen heraus zusammenstürzen».[99] Gegen den sich etablierenden Dirigismus, der wenigstens der Wirtschaft zunächst mehr Freiräume beließ als anderen gesellschaftlichen Institutionen, die rücksichtslos «gleichgeschaltet» wurden, blieb wenig mehr als ein Sich-Abfinden und der Rückzug auf den Betrieb. Das als wirklichkeitsfremd abgelehnte nationalsozialistische Wirtschaftsprogramm wurde widerwillig und stillschweigend als Übergangsphänomen akzeptiert, solange der Pfad der europäischen Friedenspolitik nicht verlassen wurde.

Wie schwierig es war, angesichts des demagogischen Geschicks Hitlers den eigentlichen Zweck der nationalsozialistischen Maßnahmen zu durchschauen, zeigte die Reaktion auf die rüstungspolitischen Forderungen, die auf einen Krieg hinzielten, in Stuttgart allerdings noch nicht im Sinne einer Tendenzwende gedeutet wurden, sondern lediglich als ebenso unsinniger wie unerlaubter bürokratischer Eingriff in die unternehmerische Autonomie mißbilligt wurden.

Als der Firmengründer im Jahr 1933 mit der Aufforderung konfrontiert wurde, eine «Ausweichfabrik» für Heereserzeugnisse in Mitteldeutschland für den Fall der Besetzung Stuttgarts zu errichten, reagierte er ungehalten,[100] ohne sich den Beschlüssen jedoch widersetzen zu können: Der Forderung begegnete die Unternehmensspitze mit einer Verzögerungsstrategie in Verbindung mit vermeintlich «sachlichen Einwänden» und nahm befriedigt die langwierigen Verhandlungen mit der Berliner Ministerialbürokratie zur Kenntnis, die den Baubeginn um ein Jahr verzögerten.[101]

Diese Obstruktionspolitik war ein Fehlschlag, weil sich die Gegenmaßnahmen als letztlich zu schwach erwiesen.[102] Die Anordnungen führten 1937 zur Gründung der Bosch-Töchter Dreilinden-Maschinenbau GmbH in Kleinmachnow bei Berlin und der Trillke GmbH in Hildesheim. Zwar wurde das Trillke-Werk schließlich auf Kosten des OKH errichtet und Bosch mit der Betriebsführung lediglich beauftragt,[103] aber de facto unterstanden die Neugründungen der Stuttgarter Zentrale. Das Hildesheimer Werk nahm Ende 1937 seinen Betrieb auf, wurde bald «Nationalsozialistischer Musterbetrieb»[104] und wies typische Merkmale einer nationalsozialistischen Neugründung auf. Obwohl es zwischen Bosch und dem Reichsluftfahrtministerium über die Fragen der Produktivität von Beginn an zu nachhaltigen Problemen kam, arbeiteten während des Krieges schließlich unter der Aufsicht von Werksleitung und Gestapo 4400 Menschen für die deutsche Rüstungsindustrie, davon die Hälfte Kriegsgefangene und Zwangsarbeiter. Vom süddeutschen «Bosch-Geist» war in diesem «Musterbetrieb» Hitlerscher Prägung nichts zu spüren.

In den ersten Jahren nach der nationalsozialistischen «Machtergreifung» war eine solche Entwicklung noch nicht abzusehen. Weil die ökonomische Aufwärtsentwicklung das NS-Regime in ein attraktiveres Licht rückte, verkannten die Stuttgarter die eigentliche Bedeutung der «wehrpolitischen» Maßnahmen. Ohne die Konzeptionen einer revisionistischen Aufrüstungspolitik zu teilen, unterschätzte Bosch eine Zeitlang die kriegerischen Intentionen Hitlers. Auch deshalb kann trotz der weltanschaulichen Distanz zum Regime Hitlers von einem systematischen Widerstand in den ersten beiden Jahren nach der «Machtergreifung» nicht gesprochen werden. Bosch verharrte in einem zweifelnden Attentismus: Da es kein Bollwerk mehr zu geben schien, das dem Sog des Nationalsozialismus standhalten konnte, kam es auch in Stuttgart zu einer politischen Erschöpfung und zu Anzeichen der Resignation.

Der innenpolitische Sprengstoff, den die Arbeitslosigkeit in gefährlicher Konzentration angehäuft hatte, wurde nach der «Machtergreifung» auf eine Weise entschärft, die das Anziehende und das Abstoßende des Nationalsozialismus untrennbar miteinander verband. Die Mehrheit der Deutschen und mit ihnen ihre machtpolitischen Eliten hatten sich, gleichsam in einem Zusammenspiel von «Verführung und Zwang», einem dynamischen politischen System ergeben, das in einer für das 20. Jahrhundert neuartigen und doch typischen Weise das scheinbar Attraktive mit Zwang und Terror verband. Die Bosch-Direktoren waren zu sehr Männer der Vernunft, um simplen Verlockungen zu verfallen, aber die ökonomischen Erfolge waren schwerlich zu leugnen. Man lehnte die innenpolitischen Maßnahmen ab, verwehrte aber nicht den Respekt für die Lösung vieler Probleme, die noch wenige Monate zuvor als unlösbar gegolten hatten.

Die fundamentale Kritik, die außerhalb Deutschlands zu hören war, wurde dagegen mit einer gewissen Hilflosigkeit und in der Hoffnung auf ein baldiges Ende der revolutionären Exzesse zur Kenntnis genommen. Robert Boschs Gerechtigkeitssinn war für die verbrecherischen und machiavellistischen Züge Hitlers nicht geschärft. Wenn die Geschichte der «Machtergreifung» immer auch die Geschichte der Unterschätzung Hitlers war, dann bot der ausgesprochen kritisch eingestellte Robert Bosch dafür ein erhellendes Beispiel. Hitlers «Leistungen»[105] auf der einen, die damit untrennbar verbundenen Maßnahmen von Zwang, Drohungen und Willkür auf der anderen Seite stellten eine fatale Kombination dar, die ein kraftvolles und entschiedenes Vorgehen gegen den Diktator verhinderte. Das Verführerische der Tyrannis, das lediglich den brutal verfolgten Sozialdemokraten und Marxisten die Gewißheit gab, dem Todfeind gegenüberzustehen, stellte auch die Stuttgarter vor eine dialektische Situation, die Abwarten und inneres Widerstehen in seltsamer Weise kombinierte und nach außen gar den Eindruck erwecken vermochte, als seien die liberalen Grundüberzeugungen durch politische Orientierungs- und Sprachlosigkeit ersetzt worden.

Ernste Zweifel, ob sich die vom Regime postulierte «soziale» Dimension einer «Volksgemeinschaft» als realistisch erweisen würde, erwuchsen in Stuttgart zunächst aus dem tiefen Mißtrauen gegenüber dem von Hitler beschrittenen ökonomischen Weg. Noch im März 1933 hatte Bosch den vermeintlichen «Wirtschaftsexperten» der Partei, Keppler, auf die Nachteile einer dem Freihandelsgedanken entgegenstehenden handelspolitischen Marschrichtung hingewiesen.[106] Wenig später gab ihm die Sorge, die öffentlichen Investitionsmaßnahmen könnten sich als wirtschaftspolitisch hinderlich erweisen, Anlaß zu bitterer Genugtuung, wenn er daran erinnerte, es habe einst geheißen, wenn Hitler am Ruder sei, gebe es «nach 8 Tagen keinen Arbeitslosen mehr».[107] Diese immer wieder vorgebrachten Bedenken basierten auf der liberalen Skepsis gegenüber staatlichen Konjunkturprogrammen und der Überzeugung, wirtschaftlicher Erfolg habe eine auf fairen internationalen Wettbewerb ausgerichtete Friedenspolitik zur Voraussetzung. Freilich hatte dieses liberale Dogma im Verlauf der ökonomischen Krisen der zwanziger Jahre einiges an Strahlkraft eingebüßt und den Befürwortern einer stärkeren ökonomischen Reglementierung des Welthandels Munition geliefert. Ganz ähnliche Reflexionen waren auch in anderen Industrienationen en vogue; das nationalsozialistische Autarkiedenken entsprach einem Zug der Zeit, in der selbst von Apologeten des Freihandels Überlegungen angestellt wurden, ob eine stärkere Abschottung gegenüber dem Ausland nicht ein passables Instrument zur Beendigung der strukturellen Krise sei.

In der Führungsetage bei Bosch fanden diese Überlegungen freilich kein Echo. Als Verfechter des internationalen Wirtschaftsausgleichs blieb Bosch, der 1931 das «Schlagwort vom ‹Aufbau der nationalen Industrie›» kurz und bündig als einen «Wahn» bezeichnet hatte,[108] ein vehementer Gegner jeglicher Autarkiepolitik. Nun stieß er sich namentlich an den geplanten schutzzöllnerischen Tendenzen einer Politik, die ganz auf das Reich ausgerichtet war und den Freihandelsgedanken stetig zurückdrängte. Dabei war Bosch kein dogmatischer Verfechter einer überkommenen Wirtschaftspolitik. Um der Wirtschaftskrise zu begegnen, hielt er ein breites

Spektrum von Lösungsmöglichkeiten parat, wie nicht zuletzt seine Vorschläge des Jahres 1932 gezeigt hatten. Aber Alternativen zur traditionellen marktwirtschaftlichen Orientierung waren für ihn an zwei Bedingungen geknüpft: Den Erhalt des internationalen Wettbewerbs und die grundsätzliche Bejahung einer auf dem Privateigentum beruhenden Wirtschaftsstruktur. Bosch wandte sich gegen eine Politik, die eine «zu Tode autarkisierte Wirtschaft» zur Folge haben werde und gegen die mit Strafandrohungen einhergehende Einschränkung des Exports, die er bezeichnenderweise sogleich wieder mit dem Verständigungsgedanken verband: «Export zum Landesverrat erklären, ist immer Blödsinn gewesen. (...) Wir können nur durch internation(ale) Abmachungen die Weltwirtschaft wieder in Gang bringen. Der Grundstein ist die Verständigung mit Frankreich, die sehr schwierig ist. Heute mehr denn je, aber sie muß kommen.»[109] Kritik am Unternehmertum, das es in der Hand gehabt hätte, die Wirtschaftskrise zu meistern, ging mit verächtlichen Bemerkungen über die nationalsozialistischen Politiker einher, denen er wirtschaftspolitisches Denken nicht zutraute, weil sie eben *Politiker* waren: «Aber das A und das O ist ja, die Politik kommt vor der Wirtschaft.»[110]

All dies spielte sich vor dem Hintergrund des Untergangs der politischen Linken ab. Die SPD fand sich nach dem mutigen Schritt der Ablehnung des Ermächtigungsgesetzes in einer tödlichen Sackgasse wieder. NS-Terror und die offene Sympathie weiter Teile der Arbeiterschaft verhinderten auch in Stuttgart eine geschlossene Phalanx gegen das Regime. Die marxistische Opposition, die noch unter der Abspaltung der KPO von der moskautreuen KPD im Jahr 1928 litt, wurde weitgehend zerschlagen. Neben dem Widerstand der KPD, die durch Bürokratisierung und «Stalinisierung» bei vielen Arbeitern diskreditiert war,[111] blieb die Opposition einer starken Minderheit sozialistischer Arbeiter vorbehalten, die noch nicht in der Anfangszeit dem Nationalsozialismus zum Opfer gefallen waren.[112] Die Betriebsratswahlen im Frühjahr 1933 mußten zwar überall in Deutschland für die Nationalsozialisten ernüchternd wirken, aber es gab auch Anzeichen, daß «Teile der Arbeiterschaft bereits auf dem Weg zu den politischen Siegern» waren.[113] Das charakteristische Nebeneinander von Konsens und Zwang kam auch darin zum Ausdruck, daß der Polizeikommissar von Württemberg am 27. März 1933 bis auf weiteres jede Abhaltung von Betriebsratswahlen verbot.[114] Die Bosch-Betriebsräte wurden verhaftet und ins Konzentrationslager Heuberg gebracht. Als 42 Arbeiter bei Bosch wegen angeblicher kommunistischer «Wühlerei» entlassen wurden, stellte die nationalsozialistische Presse befriedigt fest, die Industrie erfülle eine «selbstverständliche Pflicht», denn die Zeit der «liberalistischen Wirtschaftsordnung» sei vorüber.[115] Nach den Verhaftungen gab es «keine organisatorische Kraft» mehr, die ein vorhandenes Widerstandspotential hätte bündeln können. Für einige blieben die Werkstore auch nach der Haftentlassung für immer geschlossen.[116]

Die nationalsozialistischen Arbeitergruppen verstanden sich nun als über den «Tarifparteien» stehende Kontrollorgane des nationalsozialistischen Staates. Der bei Bosch als Werkzeugdreher beschäftigte und der KPO nahestehende Franz Gremminger erinnerte sich:

«Die NSBO-Leute sind bei uns schon vor Hitlers Machtantritt ein klein wenig in Erscheinung getreten, nur ohne Uniform. Nach dem 30. Januar (1933, J. S.) sind die dann plötzlich in Uniform in den Betrieb gekommen, haben sich umgezogen, den blauen Anton in die Werkstatt getragen und dann in Uniform wieder rausgegangen. Die politische Diskussion im Betrieb wurde da sofort zurückhaltender. Man konnte sich ja nur noch auf einzelne verlassen. Wie oft ist es denn vorgekommen, daß es in der eigenen Familie Denunzianten gab! Nur zum Kollegen, von dem man wußte, daß er noch ein anständiges Hemd hatte, konntest Du etwas sagen. Das durfte dann aber ein Dritter nicht hören und ein Vierter auch nicht. Betriebsversammlungen so wie früher gab es ja nicht mehr. Die Nationalsozialisten haben das natürlich nicht mehr zugelassen. Das hätte ja vielleicht in irgendeiner Form, wenn auch vielleicht ganz primitive, kritische Meinungsäußerung gegeben. Und wenn nur einer Zwischenrufe gemacht hätte. Da hätten sich dann wohl doch manche Gedanken gemacht.»[117]

Auch bei Bosch zog Verunsicherung in die Werkshallen ein. Ein Generalstreik kam aufgrund der verwirrenden und pseudolegalen Machtusurpation Hitlers nicht in Frage. Die abwartende Haltung der gewerkschaftlich organisierten Arbeiterschaft ging in Resignation über, als selbst der 1. Mai 1933 nicht als Fanal wirkte, wie Franz Gremminger bemerkte: «Da war's gelaufen, das war der Kulminationspunkt, nach dem nichts mehr kommen konnte. (...) Danach vollzog sich ohne Zweifel ein Übergang von Teilen der Arbeiterschaft zum Faschismus – nicht sprunghaft, aber in Etappen.»[118]

Ob bei Bosch der Zulauf qualifizierter Arbeiter zur NSDAP, wie gemutmaßt worden ist, nicht besonders groß gewesen ist,[119] muß dahingestellt bleiben. Gegen Kriegsende waren von der gesamten Belegschaft 3300 – das entsprach 15 % – in der NSDAP oder einer ihrer Gliederungen organisiert.[120] Die NSDAP verhieß für viele Arbeiter zweifellos den Aufbruch zu neuen Ufern. Die Euphorie einer «Nationalen Revolution», die zumindest für einige Jahre die Deutschen massenhaft erfaßte, verhalf dem ideologischen Wahn Hitlers zur plebiszitären Legitimation. Die Ansicht, die Arbeiterschaft habe in ihrem Kern dem nationalsozialistischen Werben widerstehen können, ist daher irreführend.[121] Während die Mehrheit der Arbeiter in Passivität verharrte,[122] verhalfen manche Affinitäten zwischen Arbeiterschaft und Nationalsozialismus der NSDAP zu ihrer Prägung als einer «Volkspartei mit Mittelstandsbauch» (Jürgen Falter). Den Versuchungen des Nationalsozialismus gegenüber an sich weniger anfällig als die bürgerlichen Schichten, unterlag auch die Industriearbeiterschaft den Zwängen des nationalsozialistischen Regimes: der terroristischen Repression, den gelegentlichen Konzessionen, der Neutralisierung und der Integration.[123]

Die politische Entwicklung trug dazu bei, manches Ärgernis versöhnlich zu behandeln und im Taumel eines nationalen Aufschwungs auch hinzunehmen, daß sich die allgemeinen Arbeitsbedingungen trotz höherer Produktionsleistungen verschlechterten. Der Nationalsozialismus, der dem «Volkswohl» Tribut zu zollen versprach, erschien eine Zeitlang als Weg, den Klassenschranken zu entfliehen und eine wahre «Volksgemeinschaft» zu verwirklichen. Diese metaphysischen Wünsche wurden zudem von handfesten «Erfolgen» begleitet: Die Wiederaufnahme Deutschlands in die Staatengemeinschaft, das Auslöschen der «Schmach von Versailles», das Ende der allgemeinen Arbeitslosigkeit gaben schließlich selbst den Indifferenten und Gegnern des Nationalsozialismus kaum einen Ansatz zur Opposition. Fast niemand im Reich konnte sich dem deformierenden, ideologisch aufgeladenen Mythos eines egalitären Neuanfangs entziehen, wie Karl Dietrich Bracher die unheimliche Suggestivkraft des Nationalsozialismus beschrieben hat: «Sozialistisch im Sinne von ‹sozial› hatte nun jeder Deutsche zu sein: das Winterhilfswerk, tausenderlei Spenden- und Sammelaktionen, Reichsberufswettkämpfe und Musterbetriebe, ‹Kraft durch Freude› und nationales Eintopfessen, der Volkswagen für jedermann, schließlich die klassenlose Gemeinschaft in Hitlerjugend und Parteiverbänden, in DAF und Arbeitsdienst – alle diese vielfältigen Aktionsformen der ‹Volksgemeinschaft› verfehlten nicht ihre Wirkung, auch wenn sie noch so zweckbestimmte Mittel der Kontrolle, Gleichschaltung und Kriegsmobilisierung waren.»[124] Selbst viele den Nationalsozialismus eigentlich ablehnende Deutsche reagierten mit «dankbarer Verblüffung» auf die «Erfolge» Hitlers, die einen Opponenten geradezu in die Position eines «querulantischen Nörglers» verwiesen.[125]

Im Betriebsalltag hatte sich das Unternehmen nun nicht mehr mit den Gewerkschaften, sondern mit der Deutschen Arbeitsfront (DAF) auseinanderzusetzen, die sich in ständiger Konkurrenz zur Nationalsozialistischen Betriebszellen-Organisation (NSBO) etablieren konnte. Es ist heute weitgehend unbestritten, daß es zu kurz greift, generalisierend von einer angeblichen Zweckgemeinschaft der deutschen Wirtschaft und der DAF zur «Befriedung» der Arbeiter zu sprechen.[126] Vielmehr versuchten die konkurrierenden Beteiligten sich in einem Wechselspiel von Zugeständnissen und Zwangsmaßnahmen gegenseitig auszumanövrieren, um ihre Handlungsautonomie zu bewahren.[127] Nachdem das traditionelle Gefüge bilateraler Verhandlungen durch die Etablierung nationalsozialistischer Instanzen durchbrochen war, war die Lage durch «widersprüchliche, ‹despotische› ad-hoc-Eingriffe in die Entwicklung der Arbeitsverdienste» gekennzeichnet.[128] Unter diesem Aspekt sind auch spätere marxistische Vorwürfe zu korrigieren, der Rechtsverlust habe ausschließlich die Arbeiter betroffen, das Unternehmen Bosch habe seine Interessen dagegen wahren können und die nationalsozialistischen Arbeitnehmer gleichsam als Keil zur Spaltung der Arbeiterschaft eingesetzt. Die Ansicht, die NSBO hätte «durchgeführt», was die Unternehmer gewollt hätten, und diese hätten die Vertrauensleute «bestimmen» können,[129] verkennt den revolutionären Kern der «Bewegung». Die NSBO verstand sich ganz im Gegenteil als politische Kampftruppe Adolf Hitlers in den Betrieben und als «politischer Wächter» über die Weltanschauung.[130]

Obwohl die bei Bosch erstmals im April 1934 gewählten «Vertrauensräte» einflußlose und Mißstände negierende «Schmarotzereinrichtungen»[131] waren, ist es zu einfach, diese Vorgänge vornehmlich unter dem Blickwinkel der Klassengesellschaft zu betrachten. Eine solche Sichtweise wird dem komplexen Charakter der Beziehungen zwischen Unternehmern, Arbeitern und staatlichen Institutionen nicht gerecht. Denn der Aufbau einer «Betriebsgemeinschaft»[132] führte in der Regel zwar zu unternehmerfreundlichen Entscheidungen, war aber daran geknüpft, bestimmte Grundbedürfnisse der Arbeiter, die in diesem Zusammenhang gar zu einem «umworbenen Stand» wurden,[133] zu befriedigen. Dabei kam es bisweilen zu ungewöhnlichen Kooperationen. Eine spontane Arbeitsniederlegung im Jahr 1935 wurde bei Bosch «durch das Entgegenkommen der Betriebsführung auf halbem Weg beigelegt», um es nicht zu einem «Skandal» kommen zu lassen.[134]

Die spezifische Situation eines Unternehmers, der die Gewerkschaften niemals als «betriebsfremd» eingeschätzt hatte, führte dazu, daß die DAF als lästiger Konkurrent und Speerspitze der «Partei» im Betrieb angesehen wurde. Demgegenüber verstand sich die DAF nicht allein als propagandistisches Element im Dienste der «Bewegung», sondern erhob den Anspruch auf eine grundlegende Neuordnung der Arbeitsbeziehungen, was zum Teil den erstaunlichen Umstand erklärt, daß selbst in einer Firma wie Bosch, die für ihre sozialfürsorglichen Leistungen bekannt war, die NSDAP Fuß fassen konnte.[135] Mochte die Arbeit der Zwangsorganisation in der Praxis auch ernüchternd wirken, weil sich hinter den Phrasen von der «Volksgemeinschaft» keine Substanz verbarg, so war das schier unaufhaltsame Vordringen der DAF im Zeichen der reklamierten Totalisierung nach der Auflösung der bisherigen gewerkschaftlichen Interessenvertretungen doch konsequent. Die NS-Sozialpolitik[136] mit ihrer spezifischen Verbindung von «Lockung und Zwang» (Andreas Kranig) integrierte einen Großteil der deutschen Arbeiter in die vermeintliche «Volksgemeinschaft», die freilich zu einem «wirtschaftsfriedlichen Harmonieverband» verkam.[137]

Indessen blieb der Versuch eines organisatorischen Durchbruchs der nationalsozialistischen Instanzen auf der Strecke. Möglicherweise hätte die Belegschaft die sozialpolitischen Veränderungen eher akzeptiert, wenn deren Repräsentanten im Betrieb auf mehr Zustimmung gestoßen wären. Aber die Vertreter der örtlichen DAF wirkten in einem Unternehmen, das eine eigene Sozialtradition ausgebildet hatte, als Fremdkörper und gar als «nichtswissende (…) Besserwisser», die alles bloß durcheinanderbrachten.[138] Die Veränderungen des Betriebsklimas hat Theodor Heuss später als

eine Art Kuriosum ohne tiefere Bedeutung dargestellt: Der Übergang von
den Gewerkschaften und dem Schlichtungswesen zur DAF und dem
«Treuhänder der Arbeit» sei «ohne wesenhaften Einschnitt» erfolgt, und es
habe einen «Austausch der Personen in der Vertretung der Angestellten
und Arbeiterschaft, eine Änderung der Benennungen für diese oder jene
Institution, eine Verschiebung im Ton» gegeben.[139] So zutreffend diese
Sicht unter dem Aspekt des Arbeitsprozesses auch sein mochte, verkürzt
sie doch die grundsätzliche Mutation des Verhältnisses zwischen Unternehmern und Arbeitern, die im «Dienste der Nation» traditionelle Arbeitskämpfe nicht mehr zuließ und damit die Rechte der Arbeiter weitaus stärker beschnitt als die Privilegien der Unternehmer.

Die Gratwanderung, sich «so gut es ging, den von den Nationalsozialisten geschaffenen Tatbeständen anzupassen, ohne sich selbst dabei zu verlieren»,[140] gelang schließlich nur unvollkommen und allein deshalb, weil
der Einfluß der DAF niemals so dominierend wurde, wie nach Etablierung
der Zwangsherrschaft zeitweise gefürchtet worden war. Das lag einerseits
daran, daß die DAF kein über Phrasen hinausgehendes alternatives Programm präsentieren konnte, andererseits am polykratischen Gefüge der
nationalsozialistischen Nebenorganisationen. Weder der DAF noch der als
sozialrevolutionär bald ausgebooteten NSBO gelang es in den Friedens-
jahren, die entscheidende bürokratische Kontrolle über Beamtenschaft und
Reichsarbeitsministerium zu erringen. Diese Widersprüchlichkeiten verschärften sich später durch die Zwänge der Kriegswirtschaft und ihrer
Instanzen. Paradox und doch folgerichtig konnte das Unternehmen Bewegungsfreiheit zurückerobern, weil die DAF sich mit ihren mannigfachen
Ansprüchen letztlich nicht durchsetzte.

Die bei Bosch gewährten leistungsbezogenen Zulagen und freiwilligen
Sozialleistungen dienten daher als indirekte Lohnerhöhung auch dem
Zweck, dem «Treuhänder der Arbeit» entgegenzuarbeiten, der im Laufe
der Zeit vom Provisorium zu einer unüberwindlichen und in Fragen des
Tarifrechts und des Arbeitslebens mit weitreichenden Befugnissen ausgestatteten Instanz heranwuchs.[141] Der Durchschnittsakkordverdienst lag
inzwischen wieder zum Teil weit über den Verdiensten in der Metallindustrie Württembergs,[142] eine Tendenz, die sich im Lauf der folgenden Jahre
konsolidierte.

Robert Bosch hatte seit Jahrzehnten unter der Prämisse, daß Leistung das
Anrecht auf eine gerechte Bezahlung mit sich bringe, auf die Kooperation
mit der Arbeiterschaft und den Gewerkschaften vertraut. Tarifauseinan-
dersetzungen waren dabei von den natürlichen Interessengegensätzen
geprägt gewesen: Obwohl das Unternehmen an dem Grundsatz festhielt,
zur Aufrechterhaltung der Arbeitsdisziplin über ein gewisses Sanktionspo-
tential zu verfügen, verzichtete die neue Betriebsordnung des Jahres 1934
auf die Einführung von Geldbußen bei Verstößen gegen die Sicherheit und
Ordnung. Hans Walz ließ keinen Zweifel, daß für den Charakter der

Betriebsordnung nicht der vermeintlich frische nationalsozialistische
Wind, sondern die Tradition des Hauses verantwortlich war: «Bei dem
Geist, der in dem Unternehmen unseres Herrn Robert Bosch von Anfang
an waltete, blieben schon immer Ordnung und Arbeitsgemeinschaft auch
ohne besondere Zwangsmaßnahmen gewahrt.»[143]

Der besondere Charakter des Unternehmens zeigte sich noch am ehesten
in diesem selbstbewußten Festhalten an der eigenen Sozialtradition, die als
«Bosch-Geist» ihre spezifische Umschreibung erhalten hatte und – vielleicht – als ein Mittel zur Immunisierung gegen ideologische Einflüsse
dienen konnte. Theodor Heuss hat im Zusammenhang der nationalsozialistischen Konkurrenz polemisch von «neuen Bezeichnungen alter Einrichtungen und Gewohnheiten» gesprochen.[144] Als die «Volkswohlfahrt»[145] als
sozialintegratives Instrument den nichtstaatlichen Institutionen konkurrie-
rend gegenübertrat und versuchte, mit plebiszitär-ideologischen Parolen
Einfluß zu gewinnen und ihren Anspruch auf Mitsprache im sozialpolitischen Bereich proklamierte, fühlte sich der Unternehmensgründer angegriffen. Er stand in grundsätzlicher Differenz zu dem ideologischen
Anspruch einer durch propagandistisches Wortgeklingel legitimierten
allumfassenden Betreuung:

«Nun betreibe ich seit Jahrzehnten schon eine soziale Tätigkeit. Ich habe vor mehreren
Jahren schon den Grundstock zu einer Pensionskasse für nicht mehr arbeitsfähige
Angehörige meines Werkes, und zwar für Angestellte und Arbeiter, gelegt. Wir beab-
sichtigen, auch in diesem Jahre wieder 1 Million diesem Fonds zuzuweisen. Wir bezah-
len Löhne, die bis zu 30% über dem Tariflohn liegen und haben auf diese Weise 4 Millionen Mark mehr bezahlt im Laufe des Jahres, als der Tariflohn ausmacht. Die
‹Gleichschaltung› verlangt jetzt, daß wir auch noch unseren sämtlichen Arbeitern und
Angestellten, mit welchen wir vielleicht gar nicht zufrieden sind, weil sie nichts leisten,
oder aus sonstigen Gründen, entlassen kann man sie ja gar nicht so leicht, noch ein
Christgeschenk geben müssen, obgleich wir sie lieber hinausjagen würden (um nicht
mißverstanden zu werden, wir werden diesem Verlangen nicht entsprechen). Es muß
eben alles gleichgeschaltet werden und der Führer der Arbeitsfront teilt uns dann mit,
was wir zu tun hätten, um den sozialen Anforderungen gerecht zu werden, wobei ich
doch für mich immerhin in Anspruch nehmen möchte, daß ich, der ich bald 50 Jahre
Unternehmer bin, besser weiß, was meinem Werk und seinen Angestellten frommt. In
erster Linie frommt den Arbeitern, wenn das Werk weiter sein Bestehen haben wird.»[146]

Die hauseigene Sozialpolitik sollte also keinesfalls dem undurchsichtigen
und widersprüchlichen NS-System mit seinen Phrasen vom «nationalen
Sozialismus» geopfert werden: Die Verpflichtungen gegenüber der eigenen
Belegschaft, so Robert Bosch, «müssen mir denen gegenüber vorangehen,
die der Führer hat, und die ich gar nicht kenne».[147]

Im Windschatten der Machtrangeleien über die Ausgestaltung nationalsozialistischer «Sozialpolitik» konnte Bosch die betriebliche Sozialpolitik
über die Jahre des Nationalsozialismus retten: So wie die Lehrlingsausbildung, die Robert Bosch besonders am Herzen lag, dem Einfluß des
NS-Regimes weitgehend entzogen blieb,[148] wurden auch die freiwilligen

Zuwendungen an Betriebsangehörige und ihre Familien und die «Bosch-hilfe» in Konkurrenz zur «Volkswohlfahrt» aufrechterhalten und im Verlauf der zwölfjährigen Geschichte des «Dritten Reiches» kontinuierlich ausgebaut.[149] Als Unternehmer war man an Leistungssteigerung und Rationalisierung interessiert, aber das dahinterstehende Konzept unterschied sich eben von der systematischen «Auslese» und betrieblichen Hierarchisierung, das als neues Konzept der «Menschenführung» unter dem Nationalsozialismus eingeführt wurde.[150] Der Leistungskatalog der «Bosch-Hilfe», die mit einem ausgeklügelten System die Alters-, Waisen- und Invalidenversorgung regelte, wurde im Krieg erweitert. Sie gewährte neben Betriebsrentenzahlungen Finanzhilfen bei Krankheit, Unfall, Unterernährung, Erholungsbedürftigkeit, Schwangerschaft, Geburten und im Todesfall.[151] Selbst bei Kriegsende war die «Bosch-Hilfe» mit einem Vermögen von 54 Millionen Reichsmark noch solvent.[152]

Betriebsfußballverein, Sängerbünde und Freizeitvereinigungen auf Betriebsebene hatten schließlich eine Art Verbundenheit mit dem Betrieb geschaffen, die nun auch den vagen und verführerischen Losungen des Nationalsozialismus Paroli bieten sollte. Dieses Festhalten am «Bosch-Geist» geriet ins Visier der NSDAP, die «Boschgemeinschaft» und «Volksgemeinschaft» als unvereinbar ansah.[153] Otto Debatin mußte sich gegen den Vorwurf zur Wehr setzen, Betriebe, die sich in ihrer betrieblichen Sozialpolitik nicht die Richtlinien des Nationalsozialismus zu eigen machten, seien «soziale Blender».[154] Er rief mit seiner Entgegnung im «Bosch-Zünder» aber nur eine scharfe Replik hervor: Die nationalsozialistischen «Flammenzeichen» wetterten im Mai 1937 gegen das «Elaborat» Debatins. Wenn dieser nicht «umgelernt» habe, so hätte man angenommen, daß er «doch wenigstens schweigen gelernt» habe. Man könne, so schloß der Artikel drohend, «aber auch um einiges deutlicher werden».[155]

Das Wesen des totalitären Systems verhinderte das Entstehen eines funktionsfähigen Widerstands aus dem Betrieb heraus. Weil das Vertrauen in die Widerstandskraft der Arbeiter nicht vorhanden war, blieb die gegen Hitler eingestellte Bosch-Betriebsleitung geradezu ängstlich darauf bedacht, ihre Einstellung nicht bekanntwerden zu lassen – obwohl Walz es vorsichtig vermied, nach außen als Opponent aufzutreten, galt er doch bei der Belegschaft als Regimegegner.[156] Die vergeblichen Sondierungen eines Arbeiterwiderstands und die politischen Bemühungen des Boschkreises blieben auf merkwürdige Weise voneinander getrennt. Hans Walz wußte zwar, daß unter den Arbeitern viele Hitlergegner zu finden waren, war allerdings davon überzeugt, daß diese «schon wegen der gegenseitigen Bespitzelung zu keiner durchgreifenden Abwehr» organisiert werden konnten.[157] Eine Zusammenarbeit mit der Arbeiterschaft im Kampf gegen Hitler, so erwünscht sie auch sein mochte, war unrealistisch angesichts der Notwendigkeit, die Aufdeckung der eigenen Opposition auf jeden Fall zu vermeiden. Die etwa 700 bis 800 DAF-Mitglieder im Betrieb wurden als potentielle «Spitzel» der Partei angesehen.[158] Diese Betriebserfahrungen bestärkten später den Boschkreis in seiner Überzeugung, den Sturz des Regimes auf eigene Faust betreiben zu müssen. Walz hielt dies für legitim, weil er überzeugt war, daß «vorerst ein geeigneter Weg zur Organisierung auch nur eines Teils der Arbeitermassen nicht zu finden war und das beabsichtigte Unternehmen auch ohne organisierten Rückhalt am Volksganzen gewagt werden müsse».[159]

Auch während des Krieges ergaben vorsichtige Sondierungen über die Stimmung in der Arbeiterschaft, daß etwa die Ausrufung eines Streiks illusorisch war. Eine «durchgreifende Organisierung der Arbeiterschaft» erwies sich aufgrund der Bespitzelung als unmöglich. Der Boschkreis stellte resigniert fest, daß eine tatkräftige Führung in der Arbeiterschaft nicht mehr vorhanden war.[160] Willy Schloßstein mußte amerikanischen Diplomaten in der Schweiz noch im Jahr 1944 von der Unmöglichkeit des Aufbaus einer organisierten Opposition berichten: Die Arbeiter waren entweder mobilisiert oder standen durch die Versetzung in Ausweichbetriebe und die Verlagerungspolitik als Träger einer möglichen Massenmobilisierung gegen Hitler nicht zur Verfügung.[161] Nicht eine dünkelhafte Geringschätzung der Arbeiter durch bürgerliche «Honoratioren», sondern pragmatische Erfahrungen des Betriebsalltags spielten somit für die Entscheidung die ausschlaggebende Rolle, die eigenen Arbeiter in die Umsturzpläne nicht einzubeziehen. Das Volk, so lautete aufgrund dieser desolaten Bestandsaufnahme das lakonische Fazit von Hans Walz, «könne ja nachträglich in passender Weise aufgeklärt werden».[162] Freilich, die damit einhergehende Forderung des Boschkreises nach einer angemessenen Berücksichtigung gewerkschaftlicher Interessen im «Anderen Deutschland» war Ausdruck der Überzeugung, daß ein Neuaufbau der deutschen Gesellschaft ohne eine ausreichende Vertretung der Arbeiterinteressen unweigerlich Stückwerk bleiben müsse.

Die Hoffnung, das nationalsozialistische System werde rasch abwirtschaften oder zumindest durch die Umstände gezwungen sein, seinem Radikalismus abzuschwören, entsprach einer liberalen Grundauffassung, die noch davon ausging, daß es allgemeingültige Normen gebe, an die sich schließlich auch die «Bewegung» halten müsse. Das liberale Vertrauen auf die politische Handlungsfähigkeit des einzelnen und die vernunftgeleitete Überzeugung, der Rechtsstaat sei «nicht auf Dauer usurpierbar und pervertierbar»,[163] hatten dazu geführt, daß die Bedrohung durch den Nationalsozialismus unterschätzt worden war. Selbst als sich der Terror nicht mehr leugnen ließ, hielt sich bei vielen der Liberalen noch die Neigung, «diesen als punktuelle Abweichung von selbstverständlichen Normen zu deuten».[164] Die Übergänge zu einer Politik des Arrangements waren dabei fließend. Als Ende Oktober 1933 der Leiter der DAF, Robert Ley, und die württembergische Staats- und Parteispitze den Feuerbacher Betriebsteil besichtigten, glaubte man, wenigstens die als gemäßigt geltenden Nationalsozialisten für sich gewinnen zu können: Ihnen sollte bewiesen werden, daß die Firmenpolitik vielleicht nicht die Prinzipien der «Volksgemeinschaft» umsetzte, aber doch mit den sozialpolitischen Vorstellungen der neuen Machthaber kompatibel war. In einer Stimmung, die mehr von Sorge als Servilität bestimmt war, regte Robert Bosch an, Murr und die württembergische Regierung persönlich hiervon zu überzeugen.[165]

Der geplante Besuch der württembergischen NS-Größen mußte aus terminlichen Gründen verschoben werden. Dafür rang sich Robert Bosch zu einem neuen Anlauf durch, die nationalsozialistische Politik in eine konstruktive Richtung zu lenken. Im Januar 1934 sondierte er über Wilhelm Keppler die Möglichkeit, Adolf Hitler zu einem Werksbesuch einzuladen. Mehr erwartete er von Keppler inzwischen nicht mehr. Mit Hans Walz wußte er sich einig, daß man sich «irgendwie nennenswerte Einflußmöglichkeiten aus persönlichen Beziehungen z. Zt. nicht versprechen kann. (...) Es ist ja auch klar: Hitler ist der Führer. Er macht die auswärtige Politik selbst.»[166] Aus dieser Erkenntnis hatte er noch im Oktober 1933 den Zweck einer weiteren Begegnung mit Hitler bezweifelt, ohne jedoch einen Besuch ganz auszuschließen: «Ich fahre aber nicht mehr irgendwo hin, um mir in einer Viertelstunde erzählen zu lassen, was man auch sonstwo lesen kann.»[167] Die Friedensbeteuerungen Hitlers ließen in ihm jedoch bald wieder die Hoffnung reifen, diesen in einem ausführlichen Gespräch von seinen Ansichten überzeugen zu können. Zu Jahresende 1933 hatte sich diese Illusion zu dem Vorhaben verfestigt, Hitler auf den Boschhof einzuladen: «Vielleicht hat eine längere Aussprache doch einen Wert. H(itler) kann sich mittlerweile überzeugt haben, daß ich keinen Ehrgeiz habe u(nd) keine Rolle spielen will.»[168] Er wollte Hitler dann auch das Unternehmen zeigen, um auf diese Weise für das eigene Konzept des betrieblichen Arbeitsfriedens angemessen werben zu können.[169]

Bosch gab sich dabei einer verbreiteten Selbsttäuschung hin, die ganz ähnlich auch in einem Briefwechsel mit einem Braunschweiger Bekannten zum Ausdruck kam. Dieser trug sich aufgrund ständiger Anfeindungen mit dem Gedanken, ins Exil zu gehen. Bosch, der noch wenige Monate zuvor ganz ähnliche Überlegungen angestellt hatte, riet ab und sprach von den «Unebenheiten», von denen man nur hoffen könne, «dass diese nach und nach beseitigt werden».[170] Bosch hoffte auf einen Kurswechsel Hitlers und damit eine Wende zum Guten, wenn es denn zu einem ehrlichen Umdenken komme. Hitler habe es «bisher gut gemacht, er wird's auch weiter gut machen. Wir haben einen Führer, dem wir vertrauen. (...) Einmal wird es wieder besser. Auch Sie braucht man in Deutschland.»[171]

Es ist leicht, den dramatischen Appell zum Ausharren (der dem Adressaten gegenüber mit dem angesichts der Briefzensur verständlichen Hinweis verbunden war, bei einer persönlichen Begegnung könne man sich besser aussprechen, «als dies heute schriftlich möglich» sei) als illusionistische Privatpolitik abzutun. Und sicherlich war diese eigenartige Unterschätzung des Nationalsozialismus in den ersten Jahren ein Schwachpunkt im politischen Denken Robert Boschs. Bei seinen Vorschlägen handelte es sich um einen Appell an die Vernunft und den politisch-ökonomischen Sachverstand. In der Rückschau ist das geradezu Träumerische eines solchen Ansinnens offenkundig. Aber angesichts der aufgewühlten Lage jener Zeit, in einer Stimmung, die durch so gegensätzliche Phänomene wie Resignation und Überläufertum gekennzeichnet war, hatten die Überlegungen Robert Boschs einiges für sich: War nicht ein Werkbesuch eine günstige Gelegenheit, Hitler eingehender als bislang möglich auf die Notwendigkeit des europäischen Ausgleichs hinzuweisen und zugleich ein Konzept ausgewogener Sozialpolitik vorzuführen?

Boschs zeitweilige Einordnung des Nationalsozialismus als Übergangsphänomen verband sich, seit die Exzesse der Gewalt nachließen und 1934 die nationalsozialistische «Revolution» scheinbar ein Ende gefunden hatte, mit der Annahme, eine umfassende politische Stabilisierung werde auch den Nationalsozialismus in ihren Bann ziehen und einhegen – auch dies eine Fehleinschätzung, die typisch für das liberale Denken war, weil sie in heute kaum noch nachvollziehbarer Naivität die Bedeutung der Macht in der Politik verkannte. Aber aus dieser Beurteilung heraus leitete sich schließlich in den ersten Jahren nach der Machtergreifung, als ein Attentat oder ein Putsch zunächst noch außerhalb des politisch Vorstellbaren lagen, ein «Widerstand in begrenzter Form» ab, der nun auch in Stuttgart verfolgt wurde, als ein (wie dieser Teilwiderstand verallgemeinernd beschrieben worden ist), «Versuch, das System erträglicher zu gestalten, von seinen vermeintlichen Auswüchsen und unqualifizierten Unterführern zu befreien, als Versuch, sich seinem umfassenden Geltungsanspruch zu entziehen und einzelnen seiner Ziele den Weg zu verlegen».[172]

Nationalsozialistische Spendenpolitik

Gerade mit Rücksicht auf die politische Praxis der württembergischen NS-Führung waren solche Überlegungen allerdings schwer durchzuführen. Bosch sperrte sich gegen die unkoordinierten Versuche lokaler NSDAP-Gliederungen, unter dem Vorwand sozialpolitischer Notwendigkeiten angebliche Finanzzusagen der Industrie einzufordern.[173] Die «Anzapfungen» durch die «Bewegung» ließen ihn vermuten, Hitler sei ohne finanzielle Unterstützung nicht überlebensfähig. Der Widerwillen, mit dem das Unternehmen die pekuniären Forderungen der Partei verfolgte, beruhte auch auf der grundsätzlichen Maxime Robert Boschs, Staat und Wirtschaft nicht in eine wechselseitige Abhängigkeit zu manövrieren. Weil das Unternehmen auf Ungebundenheit Wert legte und jeglicher Subventionierung der Wirtschaft ablehnend gegenüberstand, wirkte die ungeregelte und «wilde» Spendenpraxis einzelner NS-Organisationen als um so größeres Ärgernis.

Die «Adolf-Hitler-Spende der deutschen Wirtschaft», die durch die «Vereinigung der Deutschen Arbeitgeberverbände» Anfang Juni 1933 beschlossen wurde, empfand man daher zwar als Belastung, sie bot aber durch einen festen Schlüssel im Vergleich zu der chaotischen Spendenpraxis im Gefolge der «Machtergreifung» Planungssicherheit und damit eine gewisse «Erleichterung».[174] Insgesamt entrichtete Robert Bosch bis zum Jahr 1944 1,75 Millionen Reichsmark als «Adolf-Hitler-Spende».[175] Damit glaubte man seine Pflicht erfüllt zu haben. Nachdem der Kölner Bankier Kurt von Schröder, der bei Hitlers «Machtergreifung» eine unheilvolle Rolle gespielt hatte, einige Male mit weiteren finanziellen Forderungen vorstellig geworden war, wies ihn Robert Bosch in einer Notiz für Hans Walz im April 1936 ab: Angesichts der Belastungen, die dem Unternehmen durch den nationalsozialistischen Staat aufgebürdet würden, seien von Schröders Forderungen «unverständlich».[176]

Andere Spenden ließen sich freilich nicht vermeiden. Als Robert Bosch im Jahr 1939 Bedenken hatte, dem Münchner «Haus der Kunst» 100 000 Reichsmark zukommen zu lassen, beantwortete sich die Frage, ob die erzwungene «Spende» umgangen werden könne, umgehend durch die recht hilflose Auskunft Otto Debatins an Bosch: «Derartige Aufforderungen sind so gehalten, daß eine große Firma sich ihnen nicht entziehen kann.»[177] Der Entschluß der Geschäftsleitung, im Einvernehmen mit Robert Bosch «dem knurrenden Nazi-Ungeheuer von Zeit zu Zeit einen Knochen zur Beruhigung hinzuwerfen»,[178] wie Robert Boschs Privatsekretär Willy Schloßstein dieses Vorgehen später beschrieb, zählte zu den Maßnahmen, die zur Aufrechterhaltung der Fassade eines zumindest nicht unbotmäßigen Unternehmens für unabdingbar gehalten wurden – eine Überlegung, die sich als um so richtiger herausstellte, als die späteren Widerstandsaktivitäten eine unangreifbare Position geradezu voraussetzten. In den ersten Jahren des Hitlerregimes waren die Zahlungen indessen mit der Hoffnung verbunden, sich der Staats- und Parteieingriffe zu entziehen. Hans Walz wies nach dem Krieg auf die mannigfachen Bedrängungen hin: Wenn man schon um Beiträge nicht herumgekommen sei, habe man die Möglichkeit genutzt, sich wenigstens den Spendenzweck auszusuchen: «wenn man sagte: man gibt dorthin, dann wurde man auf der anderen Seite in Ruhe gelassen.»[179]

Technik als Verführung

Während Bosch die betriebliche Sozialpolitik als autonomen Bereich wahren konnte, bot sich auf dem Gebiet der Forschung ein Beispiel für die ideologische Anpassungsfähigkeit der Technik, die vom Übergang zur Diktatur weitgehend unberührt blieb. Dieser Befund verweist ein weiteres Mal auf die Ambivalenz des nationalsozialistischen Regimes. Es war einerseits antimodern und technikfeindlich, bediente sich jedoch zur Durchsetzung seiner Ziele technologischer Hilfsmittel und zeigte eine zögerliche Faszination für wissenschaftlicher Neuerungen.[180] In dieser ideologisch begründeten Unentschiedenheit konnte die technische Forschung ihre Freiheit weitgehend bewahren, um so mehr als sich die Ingenieure an ihren technischen Entwicklungen und am Wettbewerb mit der allgegenwärtigen Konkurrenz mehr interessiert zeigten als an Politik. In diesem Zusammenhang ist aufgrund einer breiteren Analyse jüngst ein Bild deutscher Forscher in den Jahren nach 1933 gezeichnet worden, das auch für Bosch in Stuttgart gelten darf: «Few were ‹Nazis› (whatever value this epithet might have), but many were serious scientists attempting to continue their work undisturbed. The means used to achieve this varied from collaboration and complicity to apolitical withdrawal; the middle ground, however, of outward accomodation and withdrawal into one's scientific work was most common.»[181] Der Blick in die technischen Artikel der Werkszeitung verrät das sichtliche Bemühen um politische Enthaltsamkeit. In welchem Ausmaß jedoch unpolitische Technik-Apologie und reaktionäre Ideologie konvergieren konnten,[182] bewiesen etwa die Bemerkungen des Bosch-Ingenieurs Albert Kilgus, der in dem NS-Blatt «Schönheit der Arbeit» 1939 von den durch den «Vierjahresplan» angeregten verbesserten technischen Produktionsanforderungen schwärmte.[183] Diese ebenso naive wie weitverbreitete Einstellung bestätigt den Befund, daß die apolitischen Wissenschaftler, wenn sie auch meist nicht die Befürworter eines Aggressionskrieges waren, dem Nationalsozialismus als technische Experten zur Verfügung standen.

Die schwierige Quellenlage läßt kaum gesicherte Aussagen über die politische Grundstimmung in den Forschungsabteilungen von Bosch zu. Immerhin gibt es einige Indizien für politische Meinungsverschiedenheiten, die allerdings wiederum auf der Direktoriumsebene ausgefochten wurden. Die württembergische NSDAP instrumentalisierte Kompetenzstreitigkeiten in technischen Angelegenheiten, um die politischen Fundamente des Unternehmens zu untergraben. Wie tief die Gräben waren, zeigte ein Streit, den man in gewöhnlichen Zeiten getrost übergehen könnte, der unter der Zwangsherrschaft jedoch bezeichnend war. Rudolf Rohrbach, der Leiter des Gauamts für Technik und einer der energischsten Gegner Robert Boschs, unterstellte im Herbst 1937 in einem Artikel in seiner Hauspostille dem Unternehmen, es habe gegen einen sechsstelligen Betrag vier Direktoren die Ehrendoktorwürde der TH Stuttgart kaufen wollen. Dem Bestechungsvorwurf fügte Rohrbach die Bemerkung hinzu, das Unternehmen Bosch sei «vom Umbruch der Geisteshaltung des Volkes durch den Nationalsozialismus offenbar wenig berührt geblieben».[184]

Man kann Robert Boschs Empörung verstehen, wenn man sich vor Augen hält, daß er seit vielen Jahrzehnten einer der größten Förderer der TH gewesen war, vor dem Ersten Weltkrieg eine Stiftung mit einem Kapital von einer Million Mark ins Leben gerufen hatte und jegliche Titelsucht verachtete. Die monatelang erbittert ausgefochtene Polemik führte schließlich zum Abbruch der Beziehungen zwischen Unternehmen und TH. Als die Auseinandersetzung schließlich eskalierte, griff Fritz Todt – Leiter des Hauptamtes für Technik in der Reichsleitung der NSDAP – ein und gab zu verstehen, daß eine solche Unbotmäßigkeit nicht geduldet werde.[185] Der Zusammenstoß mit Rohrbach fiel bereits in eine Zeit, in der sich bei Bosch der Widerstand gegen Hitler zu formieren begann. Bis zu diesem Moment konnte von Widerstand auf betrieblicher Ebene nicht die Rede sein. Man versuchte die eigene Sozialtradition so gut es ging zu wahren, aber die Frage muß offenbleiben, wie lange diese Taktik erfolgreich geblieben wäre, wenn die nationalsozialistische Herrschaft noch lange fortgedauert hätte. Die Entscheidung zum entschiedenen Widerstand kann indessen als Indiz dafür gesehen werden, für wie aussichtslos schließlich die Möglichkeit eingeschätzt wurde, dem Totalitätsstreben durch irgend geartete Resistenz von innen zu begegnen. Eine Unternehmensführung, die bestrebt war, ihre Eigenständigkeit in der Diktatur zu erhalten, stieß mit herkömmlichen Mitteln in Zeiten des Totalitarismus an die Grenzen des Möglichen.

3. Mimikry, Camouflage und ein Stuttgarter Pressekrieg

Im Jahr 1934, in einer Phase der Verunsicherung, finden sich bei Bosch Bemerkungen, die unter Bezug auf die allgegenwärtigen Anfeindungen sarkastisch einen neuen Widerstandsgeist ahnen lassen: Er sei für viele «ein alter Trottel, der am besten die Platte putzt».[186] Und mit unterschwelligem Stolz auf die nationalsozialistische Kritik stellte er fest, die Anfeindungen, die ihm den Namen «roter Bosch» eingetragen hätten, seien annähernd 50 Jahre alt: «Ich war schon vor langer Zeit das rote Tuch, um nicht zu sagen, der räudige Hund.»[187] Die Sorge, angesichts der Machtansprüche der württembergischen NSDAP bald nicht mehr Herr im eigenen Hause zu sein, blieb als Grundstimmung erhalten, und die überlieferte Korrespondenz Robert Boschs läßt an keiner Stelle erkennen, daß man sich als «sleeping partner»[188] des Nationalsozialismus in einer Art symbiotischen Beziehung befunden hätte. Ein lähmendes Unbehagen überwog – bis zu dem Entschluß, aktiv gegen das Regime zu opponieren. Die Vereinzelung der ersten Jahre nach 1933, die erst später durch die Bildung von Widerstandsnetzen und Kreisen überwunden wurde, resultierte in isolierten Aktionen: Manche Hilfeleistung blieb ein singulärer Akt individueller Unterstützung. Der langjährige SPD-Landtagsabgeordnete Erhard Schneckenburger, der Landtagsmandat, Beruf und Pensionsansprüche verloren hatte, war einer von mehreren Beamten, die nun bei Bosch eingestellt und gegen den Protest der Kreisleitung weiterbeschäftigt wurden.[189] Ähnlichen Beistand genoß der mit Walz seit langen Jahren verbundene linksliberale Journalist und württembergische DDP-Landtagsabgeordnete Johannes Fischer, der nach seiner Rückkehr aus der «Schutzhaft» von der Firma betreut wurde.[190]

Neben der Hilfe für Juden und Halbjuden, auf die gesondert eingegangen wird, erhielten zahlreiche religiös Verfolgte, unter ihnen der Leiter der bedrängten anthroposophisch ausgerichteten Stuttgarter «Christengemeinschaft», Friedrich Rittelmeyer, nach seiner Entlassung aus der «Schutzhaft» eine Anstellung bei Bosch.[191] Freilich, so wichtig eine solche Einzelhilfe auch sein mochte, in ihrer notgedrungen unsystematischen, ja beinahe zufällig wirkenden Gewährung war sie wenig mehr als ein hilfloser und stillschweigender Protest.

Wichtige unternehmerische und politische Entscheidungen wurden inzwischen nicht mehr von Robert Bosch allein, sondern von einem Direktorium getroffen. Bosch hatte sich schon während des Weltkriegs und entschiedener dann in den zwanziger Jahren aus der Tagesarbeit der betrieblichen Führung zurückgezogen. Die praktische Arbeit legte er nun in die Hände vertrauter Mitarbeiter; der Übergang von der Eigentümergeneration zu den Managern, den viele Industrielle der Zeit beklagten,[192] fiel weniger schwer, weil Bosch in dieser Hinsicht wahre Erziehungsarbeit geleistet hatte: Er habe, so teilte er gelegentlich mit, nie den Ehrgeiz gehabt, «etwas selbst gemacht zu haben. Bei allen Dingen, die man nicht selbst machen kann, sei es aus Mangel an Fähigkeit, sei es aus Mangel an Zeit, ist die Hauptsache, die rechten Leute herauszufinden, denen man die Arbeit übertragen kann.»[193]

Hans Walz hatte seit Mitte der zwanziger Jahre immer mehr Verantwortung übernommen und zur Zeit der «Machtergreifung» de facto die Nachfolge von Robert Bosch angetreten. Der Personalchef wies im Jahr 1934 recht unverblümt auf den Generationswechsel hin: «Ganz im Vertrauen gesagt: nach außen muß Herr Robert Bosch noch aus mancherlei Gründen als der leitende Kopf erscheinen; verantwortet, geleitet und geführt wird aber unsre Firma von unserm sechsköpfigen Vorstand, vor allem von den drei Herren Fellmeth, Walz und Wild.»[194]

Der Kreis dieser engen Mitarbeiter war sozusagen handverlesen. Zumeist schon lange Jahre oder gar Jahrzehnte im Dienste der Firma tätig, waren die juristischen und kaufmännischen Direktoren Fachleute, die in dem patriarchalischen Gefüge die Unternehmensphilosophie verinnerlicht hatten. Robert Bosch hatte in langen Jahren einige Exempel statuiert, wie ein enger Mitarbeiter in der Gunst sinken konnte, wenn er den Anforderungen des Gründers nicht entsprach. Diese autokratische und geradezu exzentrisch anmutende Rekrutierungsmethode wurde indessen durch ein Leitungsprinzip ergänzt, das Liebedienerei ausschloß. Die ungebrochene personelle Kontinuität zwischen Weimarer Demokratie und nationalsozialistischer Diktatur – die in der Forschung oftmals aufgeworfene Frage nach der Beschaffenheit eines neuen nationalsozialistischen Unternehmer- oder Managertypus stellt sich hier erst gar nicht – war Ausdruck des persönli-

chen Einflusses von Robert Bosch auf seine leitenden Kräfte. Die dem
paternalistischen Führungsstil entwachsene Konstruktion sollte sich als
bedeutungsvoll erweisen, als ein einvernehmliches Nebeneinanderleben
mit dem Nationalsozialismus nicht mehr möglich war. Die außergewöhnliche Homogenität des Firmenvorstands war die Voraussetzung für die
Herausbildung des Boschkreises. In den betrieblichen Entscheidungspro-
zessen gab es auf der Direktoriumsebene manche Differenzen, aber in den
politischen Bewertungen gab es keine Meinungsverschiedenheiten. Die für
andere Betriebe der Zeit so kennzeichnende Situation, in der reine Techno-
kraten, Nationalkonservative, Wirtschaftsliberale und Nationalsozialisten
ihre jeweils eigenen Vorstellungen über Politik und Betriebspolitik hatten,
war im Bosch-Direktorium unbekannt. Um so leichter fällt es, die an und
für sich nicht unproblematische Position einzunehmen, das «Unternehmen
als einen individuellen Akteur der Geschichte» zu betrachten.[195]

Als Leiter des Unternehmens wurde Walz aufgrund des Gesetzes zur
Ordnung der nationalen Arbeit im Januar 1934 in nationalsozialistischer
Terminologie «Betriebsführer». Obwohl damit ein gleichsam ideologisch
fundiertes organisches Miteinander zwischen «Betriebsführer» und «Gefolgschaft» postuliert wurde, stärkte die Neugestaltung die Unternehmer-
seite – ein Machtzuwachs, der bei Bosch jedoch paradoxerweise nicht als
solcher empfunden wurde, weil neben der kontrollierenden Aufsicht durch
den «Treuhänder der Arbeit» noch eine Vielzahl regionaler und lokaler
NS-Instanzen tätig waren, die jede für sich bedeutungslos sein mochten,
aber die Unternehmensleitung in ihrer Autonomie einschränkten. Vornehmlich mußte jedoch verhindert werden, daß sich das Regime der
Betriebsführung bemächtigte.

Schon kurz nach der «Machtergreifung» erging ein Ersuchen der Gauleitung an die Firma, einige «leitende Herren» sollten der Partei beitreten.
Das Schreiben, das schließlich im Personalbüro beraten wurde, warf die
Frage auf, wie diese «Zumutung» zu beantworten sei. Weil ja ein baldiges
Abwirtschaften des nationalsozialistischen Regimes noch für möglich
gehalten wurde, stand man vor einem Dilemma: Sollte man sich dem Druck
widersetzen und gewissenhaft, aber möglicherweise erfolglos offen opponieren, oder sollte das vermeintlich kleinere Übel einer nur äußeren Anpassung gewählt werden, um Schlimmeres zu vermeiden?

Bei Bosch entschied man sich für eine Parteimitgliedschaft. Die «Nazi-
welle», so erinnerte sich Schloßstein später, sollte an einem «schnell aufge-
worfenen Damm abprallen». Allerdings stellt sich hier das Problem der
Bewertung retrospektiver Beurteilungen, reklamierten später doch viele
Deutsche recht bequem ähnliche Gewissensnöte für ihre Entscheidungen.
Im Zweifelsfall ist deshalb eine Untersuchung der genauen Beweggründe
des Handelnden erforderlich. Denn diese Fragen, so hat schon Hans Rothfels festgestellt, entziehen sich einer «schematischen Betrachtung», weil
zunächst einmal geklärt werden muß, aus welchen Gründen das Im-Amt-

Bleiben erfolgte, ob es aus Opportunismus geschah, aus bequemer Selbsttäuschung, aus Idealismus oder aus dem festen Willen, wirklich Schlimmeres zu verhüten.[196] Über die Diskussionen auf der Direktoriumsebene sind wir gut unterrichtet. Während in der Betriebsordnung die Parteizugehörigkeit nicht
erwähnt wurde,[197] galten für Führungspositionen strenge informelle Aus-
wahlkriterien. Für Stellen in der Verwaltung galt der interne Grundsatz,
Nationalsozialisten und «Parteigünstlinge» nur dann einzustellen, wenn
kein anderer Bewerber zur Verfügung stand.[198] Robert Bosch selbst wurde
nie zu einem Beitritt in die NSDAP gedrängt. Seine Autorität und die
Gewißheit seiner demokratischen Einstellung ließ ein solches Unterfangen
aussichtslos erscheinen. Als er 1937 beiläufig auf einen Parteieintritt angesprochen wurde, zeigte seine ablehnende Reaktion die Vergeblichkeit entsprechender Ansinnen: «Ich war in Nirgend einer polit(ischen) Partei u(nd)
möchte auch so verbleiben.»[199]

Walz teilte im Sommer 1933 seinen Kollegen fast bestürzt mit, Gauleiter
Murr wünsche, daß «einige leitende Herren» der NSDAP beiträten. Nach
längerer Diskussion mit den beiden anderen Mitgliedern des engeren Vorstands – Hermann Fellmeth und Karl Martell Wild – wurde beschlossen,
gemeinsam in die Bresche zu springen und in die Partei einzutreten. Der
Personalleiter Debatin bat, offensichtlich aus freier Entscheidung, der
NSDAP ebenfalls beitreten zu dürfen. Walz akzeptierte dies: Debatins
Schlüsselstellung im Personalwesen ließ es in mancher Hinsicht plausibel
erscheinen, auf einen «Parteigenossen» in dieser Position verweisen zu
können und damit die Gefahr zu verringern, einen nationalsozialistischen
Personalleiter von der Gauleitung oktroyiert zu bekommen.

Indessen wollte Walz, der sich den Parteieintritt hart abgerungen hatte,
nach dem Krieg die Begründung Debatins nicht akzeptieren, er habe als
Personalleiter in einer Art Befehlsnotstand gehandelt. Walz hegte in einem
geradezu hermeneutischen Disput Zweifel an der Notwendigkeit von
Debatins Parteieintritt, die aufgrund des vorliegenden Aktenmaterials
wohlbegründet sind.[200] Debatin gehörte zu den Liberalen, die zumindest
zeitweise der totalitären Herausforderung erlagen.[201] Freilich, Debatin
hatte eine ausgesprochen unglückliche Rolle zu spielen und geriet mehrfach
im «Dritten Reich» zwischen alle Fronten. Trotz aller inneren Distanz, die
er zu wahren suchte, kam ihm die undankbare Aufgabe zu, als Personalchef
in vielerlei Hinsicht der Mann fürs Grobe zu sein. Nach sorgfältigem
Abwägen wird man nicht umhin kommen, festzustellen, daß er die dünne
Linie zwischen Recht und Unrecht bisweilen überschritt. Seiner späteren
Verteidigung seines Verhaltens während des «Dritten Reiches» gegen entsprechende Vorwürfe haftet daher etwas Bemühtes an.[202] Ohne zu verkennen, daß Debatin seinen Teil dazu beitrug, den Verschwörern des Boschkreises den Rücken freizuhalten, stieg er doch einen Schritt zu tief in den
Abgrund.

Walz, Fellmeth, Wild und Debatin stellten Aufnahmeanträge, die im Spätsommer oder Herbst 1933 bearbeitet wurden. Walz und Wild wurden rückwirkend zum 1. Mai 1933 aufgenommen. Fellmeth wurde kein «Parteigenosse», sondern mit monatlich 10 Reichsmark Förderndes Mitglied der SS und des NSKK.[203] Robert Boschs Privatsekretär Willy Schloßstein wurde Mitglied der NSDAP und mit einem Monatsbeitrag von 5 Reichsmark «Förderndes Mitglied» der SS.[204]

Die leitenden Kräfte des Unternehmens, von denen bis zur «Machtergreifung» keiner der NSDAP angehört hatte, waren nun offiziell «Parteigenossen». Die Gründe, die Walz später für seine Entscheidung anführte, daß sich die Firma weiter auf die «altbewährten Kräfte» verlassen konnte, selbst wenn sie nun «PG» wurden, während die Zukunft gefährdet gewesen sei, wenn die Partei von außen Nationalsozialisten eingesetzt hätte,[205] führten, so wird man mit Blick auf die Widerstandtätigkeit feststellen können, zur richtigen Entscheidung: Man muß mitunter in die Hölle herabsteigen, um etwas Positives zu bewirken. Im Gefüge des Nationalsozialismus war die scheinheilige Anpassung an unangenehme Realitäten bisweilen notwendig, um anständig zu bleiben.

Die Aufgabe des Historikers ist es in diesem Fall, quellenkritisch die Grundlagen eines solchen Entscheidungsprozesses freizulegen. Dies ist um so schwieriger, wenn zeitgenössische Quellen über die entsprechenden Vorgänge nicht vorliegen. Man kann sich im Falle der Stuttgarter fragen, wie die Beurteilung des heutigen Betrachters ausfallen würde, wenn es nicht eine so große Zahl von Belegen unterschiedlichster Provenienz für die Stichhaltigkeit der Angaben der Direktoren von Bosch gäbe. Die scheinbar banale Feststellung, daß formale Kriterien allein genommen bei der Diagnose nationalsozialistischer Affinitäten keine große Aussagekraft haben, sollte dennoch nicht dazu dienen, hinter jedem, der seine Zweifel am Parteieintritt hatte und dies nach Kriegsende bekundete, einen potentiellen Regimegegner zu sehen. Erst der Blick auf die genauen Umstände ermöglicht einigermaßen befriedigende Antworten, warum manche Industrielle der NSDAP beitraten – und warum manche ihr fernblieben. Es kommt also auch hier auf den Einzelfall an, auf die im Persönlichen zu findenden Beweggründe, die durch strukturelle Untersuchungen ergänzt und vertieft, nicht jedoch aufgehoben werden können: Grete Adler, die als Jüdin später die Unterstützung von Hans Walz erhielt, beschrieb in der Rückschau das Dilemma der Entscheidungsnot: Für sie war es konsequent, daß Walz entgegen seiner eigenen Überzeugung der NSDAP beitrat, um seine Unabhängigkeit zu wahren. Sie ahnte allerdings auch, daß einmal Zeiten kommen würden, in denen die Vermittlung einer differenzierenden Betrachtung des komplexen und waghalsigen Doppelspiels nicht mehr so einfach sein würde.[206]

Die Parteieintritte fanden vor dem Hintergrund einer massiven Gleichschaltungskampagne der württembergischen Presse statt, von der das Unternehmen Bosch unmittelbar betroffen war. Während konservative und liberale Blätter noch eine kurze Schonfrist genossen, endete die Pressefreiheit für die linke Publizistik von einem Tag auf den anderen. Die sozialdemokratische «Schwäbische Tagwacht», der Robert Bosch einst ein Darlehen von 60 000 Mark zur Verfügung gestellt hatte, wurde im März 1933 ausgeschaltet.[207] Danach war es nur eine Frage der Zeit, wann sich die Maßnahmen der Partei auch auf die Aktivitäten der bürgerlichen Privatverlage ausdehnen würden.[208]

Bosch hatte sich in den Weimarer Jahren bemüht, das liberale Profil in Süddeutschland zu stärken. Um großindustrielle Kreise um Hugo Stinnes daran zu hindern, auf dem württembergischen Zeitungsmarkt Fuß zu fassen, hatte er bis 1920 über 50 % der Deutschen Verlags-Anstalt (DVA) erworben und verfügte über die Mehrheit am Stuttgarter Zeitungs-Verlag, der die bürgerlich-liberalen Tageszeitungen «Stuttgarter Neues Tagblatt» und «Württemberger Zeitung» verlegte.

Die in Württemberg für die Gleichschaltung der Presse Verantwortlichen, neben Murr vornehmlich der Gaupresseamtsleiter Dr. Otto Weiß, setzten alles daran, die Presse in die Abhängigkeit der Partei zu treiben.[209] Weiß, der zugleich Verlagschef des «NS-Kurier» war, ist später als der «Mephisto der württembergischen Presse»[210] bezeichnet worden. Ihm eilte der Ruf voraus, er ziehe in Uniform und mit Pistole zu den nichtnationalsozialistischen Verlegern, um diese zur Abtretung ihrer Anteile zu bewegen. Es gelang ihm, mit der Rückendeckung Hitlers, der «die Zustände im Pressewesen in Württemberg (für) untragbar» hielt,[211] im Laufe des Jahres 1933 zwei Drittel der Stuttgarter Presselandschaft seiner Kontrolle zu unterwerfen.

Wie zu erwarten, machte die Einschüchterungspolitik vor dem «Stuttgarter Neuen Tagblatt» nicht halt. Die traditionsreiche Zeitung, mit ihrer Auflage von 70 000 Exemplaren das auflagenstärkste Stuttgarter Blatt, wurde von Bosch durch die Mehrheitsbeteiligung an der DVA kontrolliert. Im August 1933 erzwang die Stuttgarter Parteileitung das Ausscheiden des Direktors Dr. Carl Esser, der in bewährter NS-Rabaukenmanier als «rotes Schwein» denunziert wurde. Der Stuttgarter Zeitungsverlag und seine Teilhaber wurden – eine kaum verdeckte Attacke auf Robert Bosch – als «Sauladen» beschimpft. Obwohl das «Scheißdemokratenblättle»[212] mit der gängigen Einschüchterungsmethode fortwährend wegen Nichtigkeiten attackiert wurde, hatten die in der württembergischen NSDAP ausgetragenen privaten Diadochenkämpfe mit ihrem parteiinternen Hickhack und ihren Eifersüchteleien zur Folge, daß der lange erwartete Todesstoß erst mit fast zwei Jahren Verspätung erfolgte.

Es würde an dieser Stelle zu weit führen, die juristischen Finessen und Winkelzüge im einzelnen aufzuführen, mit denen von Berlin aus der Hitler-Vertraute Max Amann, Reichsleiter für die Presse und Präsident der Reichspressekammer, versuchte, die verbliebenen unabhängigen Verlage in Deutschland zu kassieren. Als aufgrund einer Anordnung vom 24. April

1935 juristische Personen als Verleger ausgeschlossen wurden, war das «Stuttgarter Neue Tagblatt» von dieser Direktive unmittelbar bedroht. Robert Bosch, der sich nie als Pressezar gefühlt hatte, durfte nun einer verlegerischen Tätigkeit nur noch mit einer Sondergenehmigung Amanns nachkommen, deren Gewährung jedoch unter den herrschenden Bedingungen undenkbar war. Essers Nachfolger auf dem Posten als Chefredakteur erhielt von Amanns Stellvertreter den ominösen Hinweis, Berlin habe mit dem Stuttgarter Zeitungsverlag besondere Pläne. Die Stuttgarter NSDAP, die in dieser Intrige nicht auf den zweiten Rang verwiesen werden wollte, intensivierte ebenfalls ihre Agitation. Otto Weiß plädierte dafür, die «Demokratenclique» zu erschießen und warb in Berlin für seine Gleichschaltungspläne.

Daraufhin intensivierte Amann die Bemühungen, seinen Einfluß am Stuttgarter Zeitungsmarkt zu stärken. Max Winkler, ein Pressetreuhänder und Mittelsmann Amanns, schickte einen Mitarbeiter[213] nach Stuttgart. Er ließ erklären, daß sich nach dem «Willen des Führers» die Industriellen aus dem Zeitungswesen zurückziehen müßten und Bosch sich von seinen Anteilen zu trennen habe. Die nun vorgesehene «Konstruktion Amann» sah vor, über Max Winkler 50 % des Verlags gegen einen finanziellen Ausgleich zu erwerben. Bosch sollte durch Zeitungsverlagsanteile und die DVA-Beteiligung über die verbliebene Hälfte verfügen.

In der Praxis bedeutete der Vorschlag die Majorisierung des Verlages durch die Partei. Da Bosch und die übrigen Minderheitsteilhaber angesichts der faktischen Mehrheitsverhältnisse in Deutschland keinen Zweifel hatten, was die angebotene Parität bedeutete, lehnten sie den Rückzug aus dem Pressewesen zunächst rigoros ab, so daß sich die Verhandlungen über den ganzen Sommer 1935 erstreckten. Bosch bat den in Fragen des Zeitungswesens erfahrenen Paul Reusch schließlich um Rat, wie das Vorhaben abzuwenden sei. Reusch empfahl, «fest zu bleiben» und arrangierte im November 1935 ein Treffen zwischen Willy Schloßstein und seinem Fachmann für Zeitungsangelegenheiten, um den Ausverkauf zu verhindern.[214]

Da Amann und Hitler inzwischen über Boschs Intransigenz unterrichtet waren, wurde der Druck auf den unbotmäßigen Unternehmer verstärkt. Schloßstein wurde von der Gestapo verwarnt;[215] Hermann Göring wurde in seiner Eigenschaft als Stellvertreter des «Führers» beauftragt, sich den Stuttgarter Industriellen «vorzuknöpfen»[216] und bestellte diesen, wohl zu Anfang 1936, telefonisch nach Berlin.[217] Göring, so berichtete Bosch nach seiner Rückkehr aus der Reichshauptstadt, sei in der Sache unerbittlich gewesen. Der Historiker Johannes Haller, dem Bosch die Episode empört schilderte, berichtete, dieser habe die Zumutung Görings mit dem Bemerken abgelehnt, «er habe bald siebzig Jahre daran gearbeitet, sich einen geachteten Namen zu erwerben, und wolle nicht im letzten Augenblick Felonie begehen».[218] Nachdem Bosch jedoch mitgeteilt wurde, der «Führer» halte an seinen Forderungen fest, blieb ihm keine Wahl, als in das

«Angebot» einzuwilligen, zumal Göring mit der entschädigungslosen Enteignung gedroht hatte. «Nehmen Sie alles, es kommt gar nicht mehr darauf an, sperren Sie mich ein», soll Robert Boschs Reaktion gewesen sein.[219] Als Ausgleich erhielt Bosch eine Entschädigung, aber der eigentliche Zweck des Vorgehens der Nationalsozialisten gegen den Stuttgarter Zeitungs-Verlag, die Ausschaltung der politisch unzuverlässigen «Demokratenclique», war erreicht.[220] Amann konnte auf dem Reichsparteitag stolz den Vollzug der «Anordnung zur Beseitigung der Skandalpresse» und der «Anordnung über Schließung von Zeitungsverlagen zwecks Beseitigung ungesunder Wettbewerbsverhältnisse» melden.[221] Ein zufriedener Adolf Hitler beglückwünschte Amann telegraphisch: Nun sei mehr erreicht, als «was sich vor zwanzig Jahren selbst die gläubigsten Fanatiker unter uns als möglich vorstellen konnten». Obwohl die württembergische NSDAP nicht zum Zuge gekommen war, konnte Gaupresseamtsleiter Weiß einem Mitarbeiter mit Genugtuung berichten, er habe «den Stuttgarter Zeitungsverlag fertiggemacht».[222] Nach der Ausschaltung des demokratischen Verlegers fristete das «Tagblatt» sein Dasein noch einige Jahre als ergebenes Organ angeblich parteiunabhängiger Presse, bis es im Frühjahr 1943 eingestellt wurde.

4. Hans Walz und Heinrich Himmlers «Freundeskreis Reichsführer-SS»

Trotz des Parteieintritts war aus der Sicht des Bosch-Direktoriums fraglich, ob ein formales Bekenntnis ausreichen würde, um einen großen Konzern wie die Robert Bosch AG abzuschirmen, wenn das Regime sich wider Erwarten an der Macht halten würde. Für die Unternehmensleitung stellte sich daher bald die Frage, wie weiteren Angriffen der württembergischen NSDAP begegnet werden konnte.

Ein weiteres Mal stand die Unternehmensleitung vor dem bekannten Dilemma: Sollte durch eine begrenzte Mitarbeit versucht werden, das Schlimmste zu verhindern? Sollte trotz aller ideologischen Differenzen der ökonomische Sachverstand eingesetzt werden, um schützende Dämme gegen das ideologische Abenteurertum zu errichten? Die Verhandlungen mit Hitlers Wirtschaftsberater Wilhelm Keppler hatten in diese Richtung gewiesen. Auch der Versuch, über traditionelle Instanzen Einfluß zu nehmen, wurde eine Zeitlang verfolgt: Während das württembergische Wirtschaftsministerium zu einer «Behörde ohne Einfluß und Bedeutung» herabsank,[223] blieb die Regierung Murr auf die Mitarbeit erfahrener und unabhängiger Wirtschaftsfachleute angewiesen. Um die bestehende Verbindung zum Industrie- und Handelstag zu erhalten, wurde Walz einer von vier Vizepräsidenten. Das Gremium wurde nun zwar nicht mehr gewählt, sondern wurde von der Regierung «bestellt»,[224] war jedoch immerhin mehr als eine reine Akklamationsinstanz. Dort bot sich ein politikfreies regionales Wirtschaftspodium, auf dem selbst diejenigen Unternehmer wirken konnten, denen die nationalsozialistische Wirtschaftspolitik suspekt war. Walz wurde 1936 auch Mitglied im Beirat der neugegründeten württembergischen Wirtschaftskammer, bis er aus beiden Gremien Ende 1942 ausschied.

Entscheidender wurde jedoch eine andere Verwendung, deren Auswirkungen zunächst noch als unbedeutend beurteilt wurden. 1933 wurden in verstärktem Umfang Repräsentanten der Wirtschaft aufgefordert, in die SS einzutreten. Da aus dem Umfeld Kepplers immer wieder darauf aufmerksam gemacht wurde, wie schlecht es um den ökonomischen Sachverstand in der NSDAP bestellt sei – Keppler versuchte durch entsprechende Bemerkungen zweifellos seine eigenen Bataillone zu stärken –, war der auffordernde Hinweis, die Partei lege Wert darauf, sich das Wissen und die Erfahrung leitender Männer aus dem Wirtschaftsleben nutzbar zu machen,[225] Ausgangspunkt für weitergehende Überlegungen im Bosch-Direktorium. Es war keineswegs ausgeschlossen, daß sich die plebejische «Bewegung», die mit der SA die Straßen beherrschte, unter dem Einfluß von Wirtschaftsexperten zu einer vernunftorientierten Politik bekehren ließ. Eine wie auch immer beschaffene Beratertätigkeit im «Kepplerkreis» schuf außerdem eine elegante «Absicherungsmöglichkeit» gegen die Angriffe des Gauleiters Murr. Dem mit einer Mitgliedschaft im Kepplerkreis verbundenen Eintritt in die SS wurde keine große Bedeutung beigemessen. Die als elitär geltende «Schutzstaffel» spielte im Gegensatz zur mächtigen SA einstweilen noch eine untergeordnete Rolle, die von ihrer späteren Machtfülle wenig ahnen ließ. Angesichts der vielfachen Bedrängungen aus der Partei und dem subalternen Banausentum der SA sollte mit einer SS-Mitgliedschaft das Notwendige mit dem Nützlichen verbunden werden, weil die SS auch versprach, Übergriffen der SA wirksam entgegenzutreten.[226] Die SS, so glaubte man, bot jedenfalls einen vagen Schutz.[227]

Die ersten Erfahrungen schienen diesen Eindruck zu bestätigen: Der «Kepplerkreis» war eine noch recht informelle und satzungsrechtlich nicht fundierte Runde von Wirtschaftskräften um den «Wirtschaftsexperten» Adolf Hitlers. Er wäre wahrscheinlich der Vergessenheit anheimgefallen, wenn er sich nicht wenig später zum «Freundeskreis Himmler» gewandelt hätte. Dieser Befund führt ein weiteres Mal zu der Erkenntnis, daß eine positivistische Betrachtungsweise einer bestimmten Mitgliedschaft allein wenig Aussagekraft besitzt: So manche Institution erhielt im nationalsozialistischen Deutschland zwar einen klangvollen Namen, hinter dem sich jedoch bisweilen Funktionslosigkeit verbarg. Der sog. Rüstungsbeirat des Reichswehrministeriums, der als beratendes Gremium firmierte und in dem Bosch vertreten war, verstand sich als repräsentative Zusammenfassung von Industriellen und hohen Offizieren,[228] trat aber nie zusammen und war wenig mehr als eine Art «Ehrung» für aus dem Amt scheidende

Persönlichkeiten.[229] Ganz ähnlich wurde der «Generalrat der Wirtschaft» zwar als Beratungsgremium für die Reichsregierung in wirtschaftlichen Fragen installiert, trat aber nur einmal, im September 1933, zusammen. Auch hier vermittelte der illustre Kreis – darunter Carl Bosch, Fritz Thyssen, Albert Vögler, Carl Friedrich von Siemens – eine Macht, die es faktisch nicht gab. Hitler wurde dieses Gremiums überdrüssig, nachdem es den Zweck erfüllt hatte, die Arbeitsbeschaffungsmaßnahmen der «Öffentlichkeit gegenüber abzuschirmen und die Industrie propagandistisch auf (seinen) Kurs zu verpflichten».[230]

Da die unternehmerische Unabhängigkeit nach Ansicht des Bosch-Direktoriums nur gewahrt werden konnte, wenn den neuen Machthabern eine gewisse Konzessionsbereitschaft signalisiert wurde, ließ man sich auf das gefährliche Spiel ein. Theodor Heuss, der als Außenstehender die Stuttgarter Vorgänge aus der Distanz verfolgen konnte, hat von einer Stufung des «verwundeten inneren Widerstrebens und der bloßen taktischen Entscheidung»[231] gesprochen, und ein Blick auf die Umstände der Mitgliedschaft von Hans Walz bestätigt dieses Urteil: Kepplers Kreis, so zeichnete sich schon in der zweiten Jahreshälfte 1933 ab, war ein wirkungsloses Gremium,[232] und der angebliche Einfluß Kepplers auf Hitler erwies sich als weit übertrieben. Die Sonderstellung der Runde, von der man sich erhofft hatte, sie könne staatlichen Machtansprüchen einen Riegel vorschieben, zeigte sich als zu schwach. Über die politische Ausrichtung des Gremiums war Walz früh im Zweifel und fragte Keppler gelegentlich, welchen Kurs die NSDAP und sein Kreis eigentlich steuere. In einer «antikapitalistisch» ausgerichteten Institution wollte Walz als bloßer «Plutokratenvertreter» nicht sitzen. Die Versicherung Kepplers, sein Kreis sei im Gegensatz zu anderen Organen der Partei nicht gegen die Interessen der Wirtschaft eingestellt, nahm Walz wenig ernst. Er schätzte Kepplers Fähigkeiten inzwischen nicht mehr sonderlich und hatte erkannt, daß dessen ohnehin geringer Einfluß bei Hitler beständig sank. Trotzdem hielt er es angesichts der Übermacht des nationalsozialistischen Zugriffs auf die Privatwirtschaft für notwendig, «die geringen Möglichkeiten der Einwirkung nicht vollkommen zu vernachlässigen».[233]

Während der Stern Kepplers am politischen Horizont des «Dritten Reiches» sank, geriet sein Kreis durch die tatkräftige Mitwirkung von Fritz Kranefuß in den Einflußbereich Heinrich Himmlers, der schließlich begann, das Gremium für seine eigenen finanziellen Zwecke zum «Freundeskreis Himmler» umzuformen.[234] Karl Lindemann, Vorsitzender des Norddeutschen Lloyd und Mitglied des «Freundeskreises», beschrieb den schleichenden Wandel der Runde seit Mitte der dreißiger Jahre: «Ich habe damals zum ersten Male das ungemütliche Gefühl gehabt, daß ich durch Keppler (...) in etwas hineingekommen war, das viel zu sehr SS war, etwas, was ich nicht erwartet hatte, obwohl ich damals noch keine Abneigung gegen die SS hatte.»[235]

Eine ganze Reihe von Industriellen nutzte nach 1933 die Möglichkeit, ihren politischen und persönlichen Einfluß durch ihre Mitarbeit in nationalsozialistischen Institutionen zur Geltung zu bringen. Wenn jedoch im Zuge der Nürnberger Prozesse ein Bild des «Freundeskreises» als einer Lobby des Großunternehmertums und der Hochfinanz gezeichnet wurde (ein Bild, das die marxistische Geschichtsschreibung ungeprüft übernahm), so war dieses Bild in seiner Eindimensionalität falsch. Der «Freundeskreis» war eine Institution, die sich hinsichtlich ihrer Mitglieder als ein ausgesprochen disparates Gremium darstellte. Von Parteigängern Hitlers, willfährigen Förderern und Helfershelfern des Nationalsozialismus über Opportunisten, die sich persönliche Vorteile versprachen, bis hin zu Männern der Wirtschaft, die sich und ihre Firmen durch ihre Mitgliedschaft abzusichern versuchten, reichte das bunte Spektrum der Mitwirkenden.[236]

Während der Kepplerkreis schrittweise zum «Freundeskreis Reichsführer-SS» umgestaltet wurde und gleichzeitig die Hoffnungen sanken, mit Hilfe Kepplers die «Interessen der Privatwirtschaft» gegenüber der NSDAP zu vertreten, blieb immerhin noch die «Parteiabsicherung» gegen Gauleiter Murr ein wichtiges Argument für den Verbleib in Heinrich Himmlers Kreis. Keppler trat 1935 in die SS ein, während sich der «Beitritt» von Walz in den Freundeskreis terminlich nicht näher bestimmen läßt, da eine offizielle Umgestaltung ja nie stattgefunden hat. Als Walz in die SS eintrat, war dies als Versuch zu werten, eine Auffangstellung für den Bedeutungsverlust des Keppler-Kreises zu schaffen. Murr hatte bis dahin wirksam den Versuch hintertrieben, Walz in die SA aufnehmen zu lassen. Wer die Verbindung von Walz zur «Schutzstaffel» angebahnt hatte, läßt sich aufgrund der ungenügenden Quellenüberlieferung nicht mehr feststellen.[237] Obwohl Walz der Beitritt zur SS schwerfiel, beugte er sich der Betriebsdisziplin. Als «Repräsentant» der Firma in der SS fügte er sich mit der SS-Nummer 155 369 dem Notwendigen, obwohl ihm seine Rolle «immer höchst unangenehm» war und weil der «eigentliche Charakter der SS mit der Zeit immer deutlicher und brutaler in die Erscheinung trat».[238] Von Freiwilligkeit konnte bei dieser Entscheidung kaum gesprochen werden. Gottlob Berger, der in den folgenden Jahren Walz' Beschützer in der SS wurde, führte nach Kriegsende im Verhör freimütig aus, man habe kaum von einer einfachen Verbindungsaufnahme sprechen können, «denn das wurde schon so ein bißchen befohlen».[239] Ein Austritt, an den Walz immer wieder dachte, als der innere Wandel der Runde offenkundig geworden war, wäre einem Eklat gleichgekommen. Bosch stimmte deshalb dem Verbleib von Walz im «Freundeskreis» im höheren Interesse des Unternehmens zu.[240] Als Geldeintreiber, Finanzverwalter und eigentlicher Spiritus rector des Freundeskreises agierte Fritz Kranefuß, der Walz auf dessen Nachfrage die verschiedenen Beitragssätze für eine «Spende» erläuterte und schließlich den niedrigsten Satz von jährlich 25 000 Reichsmark akzeptierte.

Die als notwendig erachtete Vorgehensweise, sich von direkter Inanspruchnahme durch die Partei loszukaufen, hat später wesentlich zu der Beschuldigung beigetragen, Bosch und Walz seien Sympathisanten des nationalsozialistischen Systems gewesen. Die Frage, ob ein Unternehmen wie Robert Bosch ohne Alibi-Beiträge an die SS hätte «durchkommen» können,[241] erweist sich als weitgehend akademisch. Da nur wenige Dokumente des «Freundeskreises Himmler» die Kriegswirren überlebt haben, fällt ein aktenmäßiger Nachweis der Tätigkeit von Walz im «Freundeskreis» schwer. Man ist daher auf die sekundäre Überlieferung angewiesen, auf die Erinnerung von Walz selbst und schließlich auf die Originalakten, die später seinen Ausschluß aus dem «Freundeskreis» dokumentieren: Diese Quellen zeichnen ein einheitliches Bild von Hans Walz als einem Industriellen, der es als Pflicht ansah, unter widrigen Umständen in einem Kreis mitzuarbeiten, dessen ideologische Ausrichtung ihm verhaßt war. Walz fühlte, daß er «nicht in diese Gesellschaft» gehörte, weil er «grundsätzlich mit der ganzen Haltung der Leute nicht übereinstimmte.»[242] Seine Aktivitäten belegen das vollkommene Desinteresse an Himmlers Zirkel: Er besuchte in seiner Funktion lediglich zwei Reichsparteitage; im September 1935 nahm er in Nürnberg in Vertretung von Robert Bosch auf Einladung Himmlers an einem von Kranefuß organisierten Empfang des «Freundeskreises» teil.[243] 1936 meldete er sich zur Vermeidung eines weiteren Besuches krank,[244] und 1938 kam es auf dem Reichsparteitag zur einzigen flüchtigen Begegnung mit Heinrich Himmler.[245] Walz blieb jeweils nur kurz in Nürnberg und begründete seine frühe Abreise mit dringenden geschäftlichen Aufgaben.[246]

Karl Lindemann, der einigen seiner Kollegen sicherlich nicht ganz zu Unrecht persönliche finanzielle Interessen als Grund ihrer Mitgliedschaft unterstellte, stellte später abwägend fest, Walz sei persönlich und auch vom Unternehmen her «fest gegründet» gewesen, und vermutete, dieser habe es wohl als «nützlich und zweckmäßig» empfunden, Bosch im «Freundeskreis» zu vertreten.[247] Auch der Finanzfachmann Karl Hettlage hielt Walz aus eigener Kenntnis für einen Menschen, «der die ganze Ideologie [des Nationalsozialismus, J. S.] ablehnen mußte».[248]

Die wenigen Treffen, die meist in Berlin stattfanden, hatten für Walz einen informatorischen Charakter. Im «Freundeskreis», von dem er annahm, daß manche seiner Mitglieder durch ihre Beteiligung an diesem fragwürdigen Unternehmen die «Aufrechterhaltung eines demokratischen Wirtschaftssystems» gegen Goebbels und Ley glaubten retten zu können,[249] konnte sich Walz recht unbefangen im kleineren Kreis über wirtschaftliche Fragen aussprechen: Ein Berlinaufenthalt diente in einem solchen Fall dazu, bei befreundeten Mitgliedern Informationen über die wirtschaftlich-politische Entwicklung einzuholen. Am häufigsten besprach er sich mit Reichsbankdirektor Hermann Waldhecker, über die eine oder andere Frage tauschte er sich auch mit dem späteren Staatssekretär Hans Fischböck und dem Siemens-Ingenieur Rudolf Bingel aus, nur gelegentlich mit dem Kaliminenbesitzer August Rosterg und dem Vorstandsmitglied der Dresdner-Bank, Karl Rasche. Im Laufe der Zeit verstärkte sich auch bei Walz der Eindruck, der «Freundeskreis» werde von einigen Mitgliedern hauptsächlich dazu genutzt, über diese SS-Verbindung in der Wirtschaft Karriere zu machen: «Wenn einer noch nicht Generaldirektor war, konnte er es werden.»[250]

5. Robert Bosch und Gottlob Berger – die Suche nach neuen Verbündeten im nationalsozialistischen Staat

Robert Boschs «Flucht» auf den Boschhof im Frühjahr 1933 war Ausdruck der Empfindung, schutzlos den Willkürlichkeiten der neuen Machthaber ausgeliefert zu sein. Mehr zufällig als zielstrebig wurde in den folgenden Jahren eine «Parteiverbindung» geschaffen, die bis zum Kriegsende eine wirksame Protektion gegen mögliche Widersacher bot und mehreren Verfolgten des 20. Juli 1944 das Leben rettete.

Theodor Bäuerle, der mit Bosch eng verbundene Geschäftsführer des «Vereins für die Volksbildung», hatte zu Beginn der dreißiger Jahre berufliche Bekanntschaft mit dem Hauptlehrer Gottlob Berger gemacht.[251] Der lockere Kontakt zu Berger, einem eingeschworenen Nationalsozialisten, der in den Tagen der «Machtergreifung» als «Sonderkommissar» in Württemberg Angst und Schrecken verbreitet hatte, blieb bestehen. Zweifellos hoffte Bäuerle, die Beziehungen zu Berger, der inzwischen Mitarbeiter im württembergischen Kulturministerium war,[252] könnten sich gelegentlich als hilfreich erweisen.

Berger befand sich nach der «Machtergreifung» in unsicheren beruflichen Verhältnissen. Die Bemühungen, in der SA Karriere zu machen, stießen auf den Widerstand des eifersüchtig über seine Machtbefugnisse wachenden Gauleiters Murr[253] und führten schließlich zum Ausscheiden Bergers aus der SA. Murr wurde Bergers «geschworener Feind»: «Auf mich wirkte der Gauleiter Murr wie ein rotes Tuch und ich auf ihn, das war gegenseitig.»[254] Berger vergaß bei keiner Gelegenheit, darauf hinzuweisen, daß er in «schärfstem Gegensatz» zu Murr stehe und daß «an maßgeblicher Stelle in Partei und Staat eine ganze Reihe charakterlich und moralisch minderwertiger Menschen» stünden.[255] An den moralischen Problemen der NS-Parteiführung waren Bäuerle und das Bosch-Direktorium zwar nicht sonderlich interessiert, aber man erkannte bald die Chance, durch eine «Parteiinstanz» die befürchtete Einverleibung der Robert Bosch AG durch die Partei zu verhindern. Berger hatte erfahren, daß Gauleiter Murr beabsichtige, das Unternehmen nach dem Tode Robert Boschs «an sich zu reißen» und entweder dem Gau zu unterstellen oder sich vielleicht auch persönlich zum Konzernherrn aufzuschwingen.[256]

Ein solcher Plan klingt zunächst phantastisch, aber es ist bezeichnend für die Stimmung der Machtergreifungsphase, daß diese Meldung in der Führungsetage bei Bosch für erhebliche Unruhe sorgte. Wenn es auch kein zeitgenössisches Material über entsprechende Pläne Murrs gibt, war Bergers Aufregung nicht unbegründet. Das Vorhaben einer «kalten Enteignung» ist Walz später durch den Treuhänder der Arbeit, Wilhelm Kimmich, bestätigt worden.[257] Allem Anschein nach sah dieses mittelfristige Projekt vor, zunächst den Tod des Firmengründers abzuwarten. Die kolportierte Einsetzung von Murrs Sohns, der zu diesem Zeitpunkt zehn Jahre alt war, entsprach dabei ganz dem nepotistischen Gebaren des Gauleiters, der sich in seiner Rolle als «Gaufürst» sonnte. Entsprechende Vorhaben waren Berger vom stellvertretenden Gauleiter Friedrich Schmidt angedeutet worden.[258] Murr seinerseits hatte diese Idee in der Stuttgarter Reichsstatthalterei im Vortragskreis ventiliert.

Berger berichtete Bäuerle 1934 oder 1935 von den beunruhigenden Gerüchten,[259] spätestens nach dem Tod Robert Boschs die Firma durch eine Kapitalbeteiligung zu einer «nationalsozialistischen Stiftung à la Gustloff mit dem jungen Herrn Murr an der Spitze» umzugestalten.[260] Weil man sich bei Bosch «von lauter innenpolitischen Feinden umzingelt» sah,[261] wurde Berger eine unverhoffte Informationsquelle. Berger wiederum war von der Persönlichkeit Robert Boschs fasziniert. Für den Unternehmer empfand er eine fast sentimental zu nennende Bewunderung.[262] Beide kannten sich flüchtig aus Bergers Kindertagen: Bergers Vater stammte wie Bosch aus Albeck und hatte mit diesem den Militärdienst abgeleistet. Auch Bosch faßte Zuneigung zu Berger, der ein begeisterter Jäger war und gern sein Schwabentum hervorkehrte. Wenn Berger später davon sprach, es habe sich zu Bosch ein Verhältnis wie zwischen «Vater und Sohn» entwickelt und er sich als «ausgesprochener Freund des Hauses» bezeichnete,[263] war das nicht einmal falsch. Trotz aller politischen Distanz behielt Bosch ein väterlich-freundliches Wohlwollen gegenüber Berger, dessen ungekünsteltes und derbes Auftreten er mochte. Er hielt ihn für einen im Grunde des Herzens guten, aber irregeleiteten Menschen, den man noch auf den richtigen Weg zurückführen könne.[264] Bergers gemütvolle Anhänglichkeit war indessen mit einem problematischen Interesse an der Macht verbunden.

Als Bäuerle 1936/37 Robert Bosch auf Berger aufmerksam machte, strebten die Feindseligkeiten mit der württembergischen Gauleitung gerade neuen Höhepunkten zu. Berger war inzwischen in die SS eingetreten. Als Bosch auch auf seinen landwirtschaftlichen Gütern mit Querschüssen der Partei zu tun bekam, nahm er im Juni 1937 das Angebot Bergers an, sich für den Boschhof «wenn nötig, einmal einzusetzen».[265] Hier spielte bereits die Überlegung eine Rolle, «daß man Berger eines Tages brauchen könne.»[266] Wichtiger als weltanschauliche Bedenken oder Bergers politische Agenda war dabei die Ansicht, Berger sei ein Gegner der «Korruption» der württembergischen Gauleitung.[267] Berger, so versicherte Bäuerle dem Unter-

*SS-Obergruppenführer Gottlob Berger war als
«Schwabenherzog» ein enger Mitarbeiter Heinrich Himmlers
und diente zugleich als «Abdeckung» der Firma Robert Bosch
gegen Angriffe der NSDAP.*

nehmensgründer immer wieder, sei ein «trefflicher Mensch und absolut zuverlässig».[268] An Berger schrieb er optimistisch, es sei «heute nötiger als je, daß sich eine Front anständiger Menschen bildet, die überall für Recht und Gerechtigkeit, Wahrhaftigkeit und Sauberkeit eintreten. Es freut mich, daß ich mich in diesem Bestreben, wenn auch auf anderen Wegen, mit Ihnen einig weiß.»[269] Tatsächlich konnte Berger Erfolge melden. Ende 1937 berichtete er optimistisch nach Stuttgart, er glaube, daß «die Angelegenheit der Firma mit der NSDAP auf dem Wege zum Guten» sei.[270] Jedenfalls schien sich Boschs Urteil aus dem Herbst 1937 als richtig zu erweisen: «Der Berger ist recht, dem kann man vertrauen.»[271]

Als Ausgleich für seine Bemühungen erhielt Berger einen monatlichen

Betrag von 700 Reichsmark, der von einem Geheimkonto bei Bosch abgebucht wurde und den er als «Fürsorgezwecke» innerhalb der SS auswies. Während des Krieges erhielt er zudem zwei- oder dreimal Sonderbeträge von 10 000 Reichsmark für Hinterbliebene gefallener SS-Männer. Die Zahlungen rechnete er mit Robert Bosch jährlich persönlich ab. Bosch habe in dieser Frage, so erinnerte sich Berger später, «seine eigenen Grundsätze gehabt».[272]

Die Direktoren von Bosch schätzten pragmatisch die «Sicherheitsdeckung», die Berger bot.[273] Walz war in seiner Beurteilung der Charaktereigenschaften Bergers nüchterner als Bäuerle, der auch später noch die Überzeugung vertrat, Berger habe in «anständiger Gesinnung und steter Hilfsbereitschaft» auch Gegnern des Nationalsozialismus beigestanden.[274] Robert Bosch erkannte das Schillernde der Persönlichkeit Bergers recht gut, und einer seiner Mitarbeiter, der auch nach dem Zweiten Weltkrieg Bergers Lebensweg verfolgte, bezeichnete Berger zutreffend als «gescheiten und begabten Seiltänzer».[275] Andere waren kritischer: Alfred Knoerzer, der als treuhänderischer Verwalter der Jagden von Bosch später des öfteren mit Berger zusammenkam,[276] verweigerte bald jede Zusammenarbeit mit diesem.

Berger wiederum erkannte in einer gewissen naiven Gutgläubigkeit nicht, in welchem Maße seine Machtstellung vom Unternehmen Bosch instrumentalisiert wurde.[277] In Fragen der Intrige durchaus erfahren und durchsetzungsfähig, stellte er die Verehrung für Robert Bosch so hoch, daß er nicht erkannte, welche Motive dafür verantwortlich waren, seine Dienste für das Unternehmen zu nutzen.

6. Die Verbindung zum kirchlichen Widerstand

Obwohl schon vor dem Ersten Weltkrieg aus der Kirche ausgetreten, war Bosch kein dogmatischer Gegner des Christentums. Was den individualistischen Agnostiker störte, war ein Alleinvertretungsanspruch der Glaubensgemeinschaften und missionarisches Eifertum. Als württembergische Freidenker Bosch in einem Bittbrief um eine Spende baten, war seine Antwort eindeutig: «Für mich ist der Begriff Gott etwas so Großes, daß ich nicht glaube, daß es einen Menschen gibt, der mir sagen kann, was Gott ist.»[278]

An einen gerechten und helfenden Gott wollte Bosch nicht glauben: Der Mensch war einsam, allein und ganz auf sich selbst gestellt. Im ethischen Sinne mochte er sich gar als Gläubigen verstehen, weil die sittlichen Grundlagen des Christentums mit den eigenen humanitären Idealen manches gemeinsam hatten. Diese Auffassung von Religion erleichterte nach 1933 angesichts der totalitären Herausforderung eine schrittweise Annäherung an Kirchenvertreter.

Die Haltung der Kirchen in den Jahren der «deutschen Diktatur» ist wie kaum ein anderes Thema der NS-Geschichte in der Bundesrepublik seit den sechziger Jahren in das Kreuzfeuer der Kritik geraten und hat zu erbitterten Kontroversen geführt. Jenseits aller erregt geführten Debatten ist heute weitgehend unbestritten, daß sich Christentum und pseudoreligiöser Nationalsozialismus in ihrem Geltungsanspruch feindlich gegenüberstanden und daß dieser Grundsatzkonflikt beiderseits, d. h. sowohl vom Regime wie von der katholischen und auch der protestantischen Kirchenführung, vor allem der «Bekennenden Kirche», klar erkannt worden ist. Das hinderte die beiden großen Konfessionen nicht, dem neuen, offenbar rechtmäßigen Reichskanzler Adolf Hitler anfänglich Loyalität zu zeigen und seinen antimarxistischen Kurs zu begrüßen. Erst allmählich wuchs in ihren Leitungsorganen das Bewußtsein, daß ein friedliches Auskommen nicht möglich sein werde. Zugleich aber gab es keinen Konsens darüber, in welcher Form darauf kirchlicherseits zu reagieren sei.[279]

Diese Auseinandersetzungen nahmen in der evangelischen Kirche schärfere Formen an, weil sich eine Polarisierung zwischen den sich dem Regime anbiedernden Kräften der Deutschen Christen und der Bekennenden Kirche abzeichnete.[280] Im protestantisch geprägten Württemberg vollzog sich der Streit vornehmlich als ein evangelischer Kirchenkampf. Da Gauleiter Murr aus taktischen Gründen zunächst bereit zu sein schien, kirchliche Belange in gewissem Umfang zu respektieren, kam es vorübergehend gar zu einer Art «Burgfrieden».[281] Das Kompetenzengerangel innerhalb der NSDAP trug dazu bei, in schul- und kirchenpolitischen Angelegenheiten eine einheitliche Marschroute der Nationalsozialisten zu verhindern und der Kirche in Württemberg einen größeren «Freiraum» als «in anderen Ländern mit weitgehend einheitlicher Willensbildung der NS-Führer» zu schaffen.[282] Trotzdem war unverkennbar, daß Murr auf die Ausschaltung der Kirche als politischer Kraft zielte. Sie sollte sich, so postulierte er, «auf ihr seelsorgerisches Amt beschränken und nicht Aufgaben erfüllen wollen, die in einem geordneten Staatswesen Sache des Staates sind».[283]

Obwohl die Kirchen in ihrer Gesamtheit dem Regime gegenüber keineswegs energisch Opposition leisteten, bildete sich in der württembergischen Bekennenden Kirche ein Zentrum widerständigen Denkens, das vielen bedrängten Christen eine innere Zufluchtsmöglichkeit gegen das Regime bot. Die christlich-freikirchlichen Überzeugungen, denen nicht wenige im Boschkreis anhingen, hatte Bosch als Agnostiker stets respektiert, und Walz wie auch Schloßstein scheuten sich nicht, ihre religiösen Auffassungen offen zu vertreten. Während des Kirchenkampfes ließ sich Bosch von Schloßstein und Walz über die Entwicklung der Lage ständig berichten.[284] Über die Verfolgung der Kirchen informierte er sich zudem durch die Lektüre der noch eine Zeitlang erhältlichen «Basler Zeitung» und stellte 1934 befriedigt fest, daß «die Pfarrer die einzigen im Volke sind, die den Mut haben, offen gegen das Regime Stellung zu beziehen». Ebenso wie

Walz sah er in der Kirchen- und Judenpolitik des «Dritten Reiches» die «größte Gefahr für die Kultur und Menschlichkeit».[285] Es war daher wenig erstaunlich, daß der Freigeist Bosch nun die standhafte Haltung katholischer Geistlicher begrüßte, die Hirtenbriefe der Bischöfe und die Enzykliken des Papstes las und trotz des Verbots das in den Niederlanden vom Jesuiten Friedrich Muckermann herausgegebene katholische Exilblatt «Der deutsche Weg» studierte, das sich scharf gegen jede moralische Unterstützung Hitlers wandte.[286]

Diese Neuorientierung im Angesicht der totalitären Bedrohung hatte die indirekte finanzielle Unterstützung der evangelischen Landeskirche zur Folge. Diese war eine der wenigen nach 1933 verbliebenen «intakten Kirchen», die nicht einer deutschchristlichen Kirchenleitung hatten weichen müssen. Gerade deswegen kam es der Kirchenleitung unter dem Landesbischof Theophil Wurm darauf an, ihre prekäre Lage und ihre Freiheiten nicht zu gefährden, unter Inkaufnahme einer als notwendig erachteten Kompromißbereitschaft. Die Bedrängnis der Bekennenden Kirche führte zu einer intensiven Zusammenarbeit mit dem evangelischen Landesbischof, dessen «aufrichtige Haltung» Robert Bosch bewunderte.[287] Wurm, seit 1933 mit dem Titel eines Landesbischofs von Württemberg versehen, hatte, aus nationalprotestantistischer Richtung kommend, bereits im Kaiserreich den sozialen Fragen große Bedeutung beigemessen. In Weimar hatte er als Landtagsabgeordneter der DNVP angehört und hatte nach der «Machtergreifung» seine Hoffnung zunächst auf Hitler gesetzt. Er hatte allerdings recht schnell seine Fehleinschätzung erkannt und wurde 1934 in heftigem Streit mit den regimekonformen Deutschen Christen zu einem entschiedenen Förderer der Bekennenden Kirche. Er zählte fortan zu den energischsten Gegnern des Nationalsozialismus in Süddeutschland. Wurm wiederum schätzte Walz als einen «vortreffliche(n) Vertreter der kirchlich gesinnten Laienschaft».[288] Dieser sprach sich indessen entschieden gegen jeden Opportunismus aus. Schon Ende 1934 plädierte er in der Auseinandersetzung mit den Deutschen Christen gegen einen «faulen Frieden» und schrieb an Wurm, die Trennung könne «nicht rücksichtslos genug sein.» Man könne der evangelischen Landeskirche nicht zumuten, «fernerhin mit Leuten zusammenzuarbeiten, welche die Methode der Ungesetzlichkeit, der Gewalttat und Unterdrückung als geeigneten Weg praktizieren, um eine rechtmässige, überwältigende Mehrheit des andersdenkenden Kirchenvolks zur eigenen Auffassung zu bekehren». Nicht zuletzt wegen des «derzeit herrschenden Systems der Knebelung des freien Worts und der freien Presseäußerung» müsse man einen «deutlichen Trennungsstrich» ziehen.[289]

Als Wurm Ende November 1935 in einer Denkschrift die NSDAP aufforderte, die aggressive Kirchenpolitik aufzugeben,[290] fand er die sofortige Zustimmung der Stuttgarter. Wurm ließ die Denkschrift, die noch manche taktische Rücksicht walten ließ, Johannes Haller und Hans Walz zukommen.[291] Walz bemühte sich nach Absprache mit Wurm, bei einflußreichen Konservativen für eine Mäßigung zu werben; er besuchte Außenminister von Neurath (der sich im Vorjahr auch aus außenpolitischen Gründen vermittelnd im Sinne der Bekennenden Kirche eingesetzt hatte[292]), regte an, auch Reichsfinanzminister Schwerin von Krosigk mit einzubeziehen und besprach schließlich mit Robert Bosch den Sachverhalt.[293] Ein Brief an Hjalmar Schacht verriet die Taktik, dem Reichswirtschaftsminister die Schädlichkeit der nationalsozialistischen Politik mit ökonomischen Argumenten vor Augen zu führen. Walz wandte sich nicht als «der evangelische Bekenntnischrist, der ich bin» an Schacht, sondern als «Mann der Wirtschaft». Er hatte im Vorjahr auf einer ausgedehnten Amerikareise die Folgen der nationalsozialistischen Außenpolitik auf das Deutschlandbild zur Genüge kennenlernen können. Diesen Hebel benutzte er nun, um unter Wahrung des Anscheins der Regimetreue die Kirchenpolitik Hitlers als «verhängnisvoll» zu kritisieren.[294]

Walz hatte Schacht mit dieser Argumentation zwar goldene Brücken gebaut, um die Bekennende Kirche zu unterstützen, aber der Reichswirtschaftsminister hat diese Möglichkeit offensichtlich nicht genutzt und objektiv wohl auch keine Möglichkeit gehabt, den Kirchenkampf zu beeinflussen. Der sonderbare württembergische «Burgfrieden» entschärfte das Problem scheinbar, verdeckte damit jedoch die tiefe Feindschaft zwischen Kirche und nationalsozialistischem Staat. Bosch erklärte sich damit einverstanden, daß Hans Walz 1936 dem Beirat des Oberkirchenrats der Bekennenden Kirche beitrat und so Beiträge direkt an die Kirche und die ihnen angeschlossenen Organisationen flossen. Zu dieser Mitarbeit hatte sich Walz wahrscheinlich durch die Bitte der rechten Hand des Landesbischofs, Oberkirchenrat Wilhelm Pressel, anregen lassen. Als Beiratsmitglied und (seit 1939) als gewähltes Mitglied der evangelische Landessynode versuchte Walz, gegen das attentistische Lager zu argumentieren. Es ging dabei darum, die «quietistische Haltung einer bedeutenden Gruppe evangelischer Christen» zu überwinden, die als die «Stillen im Lande», so Walz, «einen nicht unbedeutenden Einfluß auf die Kirche ausübten und in völliger Verkennung des bekannten Paulus-Worts den Standpunkt vertraten, daß jede Obrigkeit ‹von Gott verordnet sei›, demnach auch dem nationalsozialistischen Regime Anspruch auf innere Anerkennung zukomme».[295]

Angesichts der erbitterten Gegnerschaft der württembergischen NSDAP hielt Walz gleichwohl ein vorsichtiges Taktieren für angebracht. Eine Zeitlang spielte bei dieser Überlegung auch eine Rolle, daß er immer noch der Ansicht war, man müsse das nationalsozialistische Regime abwirtschaften lassen, ohne es unnütz zu provozieren. Als sich Walz gegen Bestrebungen innerhalb der evangelischen Kirche wandte, eine Art «kirchliches Notrecht» zu proklamieren, fielen diese Überlegungen in eine Zeit, in der sich wieder einmal eine «überraschende Wendung»[296] in der staatlichen Kirchenpolitik abzeichnete. Als Beirat der Kirchensynode hielt Walz einen Konfrontationskurs mit dem nationalsozialistischen System angesichts der Umstände für falsch.[297] Diese pragmatische Zurückhaltung war so lange sinnvoll, wie der Waffenstillstand zwischen Partei und Kirche anhielt. Als der Druck der Partei wenige Monate später wieder zunahm und sich auch in politisch-wirtschaftlicher Hinsicht eine Verhärtung abzeichnete, schwenkte Walz kirchenpolitisch auf eine kompromißlosere Seite. Dementsprechend erregte seine exponierte Betätigung als Christ und «Betriebsführer» den Unwillen der Partei. Paul Hahn, ein enger Mitarbeiter und bald Mitverschworener, der gute Beziehungen zur Politischen Polizei hatte, erfuhr von Heinz Spieß, einem der Adjutanten Murrs, Walz stehe auf der «Kirchenliste» derjenigen Personen, die im Falle einer Gefährdung der NSDAP sofort unschädlich zu machen seien.[298]

7. Die «Geburtstagsfeier»

Eine Wegmarke im verdeckten Kampf um die Unabhängigkeit des Unternehmens war in vielfacher Hinsicht das Jahr 1936. Eigentlich hatte man bei Bosch auf eine ruhige und freundliche Entwicklung gehofft. Auftragsbestand und Umsatz waren ausgesprochen positiv, die Zahl der «Gefolgschaftsmitglieder» war seit 1933 um 7000 auf 18292 gestiegen. Im September stand mit dem 75. Geburtstag von Robert Bosch und dem fünfzigjährigen Betriebsjubiläum gleich eine Doppelfeier an. Allerdings gab schon ein Hinweis des «Stuttgarter NS-Kurier» im Vorfeld der Festivitäten zu verstehen, daß es sich nicht nur um eine reine Privatfeier handeln werde; das Parteiblatt unterstellte dem Jubilar zudem vorsorglich im nationalsozialistischen Jargon eine «urdeutsche Gesinnung», die «stets zur Tat dränge».[299]

Hinter den Kulissen spielte sich indessen ein Machtkampf zwischen der Unternehmensleitung und der württembergischen Partei und Regierung ab. Gauleiter Murr war empört, daß die vermeintlichen Errungenschaften des «Dritten Reiches» in der betriebseigenen Jubiläumsschrift einfach ignoriert wurden.[300] In dem mehrere hundert Seiten starken Werk fanden sich tatsächlich nur einige dürftige Verweise auf den Nationalsozialismus. Nur auf zwei Abbildungen war das Hakenkreuz zu sehen – für jeden, der in jenen Jahren eine bebilderte Broschüre in die Hand nahm, durchaus ungewöhnlich. Pointiert machten die einleitenden Worte von Robert Bosch darauf aufmerksam, daß die «Wiederherstellung gesunder Verhältnisse» einen «möglichst weitgehenden Ausgleich der außenpolitischen Spannungen» voraussetze. Der eindringliche Appell zum friedlichen Miteinander wurde durch die bekannten Vorbehalte gegen die Autarkiepolitik und die Abschottung nach außen ergänzt: Man habe in der Kriegs- und Nachkriegszeit eindrücklich genug erfahren, «daß die Welt unsre Erzeugnisse nötigenfalls auch entbehren kann».[301]

Solche Fingerzeige kamen nicht von ungefähr. Während Bosch nach der «Machtergreifung» noch für kurze Zeit gehofft haben mochte, das Dogma der Autarkie werde sich selbst ad absurdum führen, war die Stimmung inzwischen trotz des Aufschwungs umgeschlagen. Hans Walz hatte 1935 öffentlich auf die negativen Folgen der Autarkie für die württembergische Wirtschaft aufmerksam gemacht.[302] Als Robert Bosch im August 1936 mit Blick auf die wirtschaftlichen Aussichten gelegentlich bemerkte, es sei notwendig, «daß bald andere Zeiten kommen, sonst erliegen wir. Ohne Welthandel kommen wir nicht hoch», wollte er die Möglichkeit eines Kurswechsels noch nicht gänzlich ausschließen,[303] aber auch er wußte, daß die wirtschaftliche Entwicklung in eine andere Richtung wies. Der Exportanteil, der 1930 mit 46,5 % wesentlich dazu beigetragen hatte, die Wirtschaftskrise zu meistern, war inzwischen auf 16,4 % gesunken. Das dichte Netz von Auslandsvertretungen, das Bosch ein rasches Reagieren auf die jeweilige landesspezifische Nachfrage ermöglichte, war ebenso bedroht wie die bewährte Praxis, fremde Absatzmärkte durch Patent- und Lizenzvereinbarungen abzusichern.

Als exportorientiertes Unternehmen war Bosch auf friedlichen Außenhandel angewiesen; Widerspruch gegen eine Politik, die den Rahmenbedingungen dieses Wettbewerbs zuwiderlief, war geradezu eine Notwendigkeit. Es wäre wirklichkeitsfremd, hier zwischen ökonomischer und politischer Sichtweise differenzieren zu wollen. Die Hypothese, die Gesamtstrategie eines Unternehmens sei «vorwiegend von ökonomischen Interessen geprägt»,[304] so richtig sie im allgemeinen auch sein mag, wird fraglich, wenn der Blick auf den einzelnen Unternehmer gelenkt wird. Denn war es politische oder war es ökonomische Vernunft, wenn bei Bosch, Siemens und anderen Unternehmen der exportorientierten Elektroindustrie der Kurs Hitlers mit Sorge betrachtet wurde? Die Abschottung der Auslandsmärkte war nicht im Sinn einer konkurrenzfähigen Elektroindustrie. Es hätte allen Grundsätzen der Vernunft widersprochen, wenn sich die Branche den Verzicht auf das lukrative Auslandsgeschäft durch die vage Aussicht auf eventuelle spätere Kriegsgewinne hätte abringen lassen. Der Protest gegen die widersinnige Wirtschaftspolitik, der von Industriellen wie Carl Friedrich von Siemens,[305] Hermann Bücher und selbst von manchen Schwerindustriellen laut wurde, war sicherlich kein Widerstand, aber doch Auflehnung gegen offenkundige Kriegspolitik. Richard Merton, der langjährige Aufsichtsratsvorsitzende der Metallgesellschaft, der als rassisch Verfolgter Deutschland 1939 hatte verlassen müssen, hat aus eigener Anschauung noch kurz vor Ende des Krieges diese Stimmung aus dem englischen Exil heraus beschrieben: «The idea of dominating Europe through military aggression or through a war of revenge, which may have always been dormant in the hearts (or rather the spleen) of some cranky ‹Die-hards› in all classes of the population was, at that time, as remote from the thoughts of every halfway reasonable industrialist – in

Germany they were the great majority – as the thought of murder is for any halfway reasonable clergyman.»[306] Allein, wer sich als Unternehmer später unter Hinweis auf kritische Stellungnahmen in den Jahren von 1933 bis 1945 zu salvieren versuchte, mochte vernünftig gedacht haben, ohne jedoch den Weg zum Widerstandskämpfer beschritten zu haben. Hierzu bedurfte es mehr als ökonomischen Wirklichkeitssinn.

Die Wirkung der Jubiläumsschrift des Unternehmens offenbarte sich, als am Tag vor der offiziellen Feier bekannt wurde, daß weder die württembergischen Minister noch Abgesandte der NSDAP zu den Feierlichkeiten kommen würden.[307] Staatssekretär Karl Waldmann, der ursprünglich eine Rede hätte halten sollen, «wenn nicht besondere Umstände eingetreten wären», wie man in der Kanzlei des Staatssekretärs die Mißstimmung wenig später diplomatisch umschrieb,[308] wurde wohl allein deshalb abgeordnet, um den Affront in der Öffentlichkeit nicht allzu deutlich zu demonstrieren.

Die Atmosphäre der Angst, die sich in Akten selten niederschlägt, läßt sich nur durch die Dokumentation der Angriffe auf das Unternehmen einigermaßen befriedigend darstellen. Denn die abweisende Kühle, die Württembergs Partei dem Unternehmen zeigte, wäre zu verschmerzen gewesen, wenn nicht die unausgesprochene Drohung einer Verstaatlichung des Konzerns im Hintergrund gestanden hätte. Die Absage der württembergischen Parteiprominenz verlieh den Vermutungen, die NSDAP wolle ihre staatskapitalistischen Ankündigungen wahrmachen, nun eine neue Qualität. Pünktlich zum Jubiläum am 23. September 1936 veröffentlichte Murrs «NS-Kurier» einen umfangreichen Artikel aus der Feder des Gaupresseamtsleiters Drewitz, der sich mit der Firma Bosch auseinandersetzte. Seine Abhandlung sprach Entwicklungen an, die nach Ansicht des Verfassers «die vergangene liberalistische Welt von der des Nationalsozialismus» trenne: Die positive Entwicklung bei Bosch seit 1933 sei ausschließlich dem vorausschauenden Blick des «Führers» und der nationalsozialistischen Aufbauarbeit zu verdanken. Dies, so merkte der Artikelschreiber drohend an, werde von der Bosch-Betriebsleitung allerdings wohl nicht genügend wahrgenommen. Der Artikel von Drewitz klang in einer unverhohlenen Drohung aus:

«Es ist schade, daß den Verfassern dieser Schrift die politischen Voraussetzungen für den Aufschwung der letzten Jahre beinahe ganz entgangen zu sein scheinen. Ist dies allein Unkenntnis der oben aufgeführten Zusammenhänge von Politik und Wirtschaft? Jedenfalls verbinden wir mit dem Wunsche für das Wohlergehen der Bosch-Werke und ihres Gründers die Hoffnung, daß das, was in dem Erinnerungswerk nicht zum Ausdruck kam, dennoch heute in den Herzen aller festfreudigen Bosch-Angehörigen lebt: nämlich der Dank an den Führer und seine politischen Kämpfer, die die Voraussetzungen für diesen Tag freudigen Rückblicks für die Firma Robert Bosch geschaffen haben.»[309]

Angesichts solcher ominöser Warnungen wäre die Vermutung naheliegend, die Feierlichkeiten hätten nun einen weitgehend «regimekonformen» Cha-

Robert Bosch, Hjalmar Schacht und Hans Walz beim 50jährigen
Betriebsjubiläum im Herbst 1936. Hinter den Kulissen wütete die
NSDAP gegen das Unternehmen.

rakter angenommen. Allein, die Abwesenheit Murrs und der «Gauclique» verlieh den Festivitäten ein ausgesprochen ziviles Gepräge. In der festlich ausgeschmückten Stuttgarter Stadthalle war eine einzelne Hakenkreuz-fahne an einer hinteren Wand befestigt worden, so daß die Teilnehmer das Symbol des Nationalsozialismus im Rücken hatten. Der Gauobmann der DAF, Friedrich Schulz, der sich über die Einstellung der Betriebsleitung keine Illusionen machte, bemängelte verärgert, daß nicht einmal das Red-nerpult, wie bei solchen Veranstaltungen üblich, umkleidet war.[310]

Die Rede, die Hans Walz als «Betriebsführer» hielt, entsprach in keiner Weise den nationalsozialistischen Erwartungen. Mit keinem Wort ging Walz auf die Zeit nach 1933 ein; seine Schilderung des Lebenswegs Robert Boschs war ganz auf den Firmengründer ausgerichtet. Er betonte, eine starke Wirtschaft sei zugleich ein «starkes Bollwerk gegen die Mächte der Verwilderung und Barbarei» und benutzte geschickt die sozialistischen Elemente des Nationalsozialismus, um die Stellung Boschs zwischen Kapitalismus und Sozialismus zu beschreiben und anzumerken, daß «im richtig verstandenen Kapitalismus soziale Gesinnung sich wirtschaftlich lohnt».[311]

Walz durfte nach den massiven Vorwürfen nicht wagen, ein liberales Credo anzustimmen, aber der Charakter seiner Rede ließ keinen Zweifel an den tiefen Differenzen, die die Weltanschauung des Bosch-Direktoriums vom NS-Regime trennten. Der Verweis auf die Geschäftsprinzipien wie-derum konnte, richtig gelesen, als Hinweis auf die Pflicht eines Staates ver-standen werden, völkerrechtliche Verträge einzuhalten: Die abschließende Charakterisierung der Unternehmerpersönlichkeit entwarf ein Bild, das in starkem Kontrast zum Ideal nationalsozialistischer Herrenmenschen stand.[312]

Weder «NS-Kurier» noch «Völkischer Beobachter» gingen in ihrer Berichterstattung auf die Rede des «Betriebsführers» ein. Erwähnung fand neben dem Bekenntnis des Präsidenten des Industrie- und Handelstages, Fritz Kiehn, die Arbeit Boschs bleibe «ein einziger Arbeitsdienst für Deutschland»,[313] lediglich der Beschluß des Unternehmens, anläßlich des Jubiläums der Pensions- und Hinterbliebenenfürsorge des Werkes eine Million Reichsmark zu stiften und den Bau des Robert-Bosch-Kranken-hauses auszuführen. Aber offensichtlich fürchtete die württembergische NSDAP die Reaktionen der Bevölkerung, die möglicherweise zwischen den Zeilen lesen würde, daß die Regierung Bosch boykottiert hatte. Zum Ausgleich wurde nämlich die Gratulationsansprache des Reichswirt-schaftsministers und Reichsbankpräsidenten Hjalmar Schacht in der natio-nalsozialistischen Presse eingehend zitiert.[314]

Die Unbotmäßigkeit der Unternehmensführung hatte ein Nachspiel. Die Walz-Rede stieß bei der Stuttgarter NSDAP, die nun einen geeigneten Anlaß gefunden zu haben glaubte, die unbelehrbare Betriebsführung zu attackieren, auf energischen Widerspruch. Leider muß der schriftliche Protest der Kreisleitung als verloren gelten. Indessen läßt sich aus der von Hans Walz und Karl Martell Wild verfaßten Antwort, die erhalten ist, der Kern der Vorwürfe erkennen, die Kreisleiter Adolf Mauer (der zwei Jahre später als Gaupropagandaleiter während der «Reichskristallnacht» in Stuttgart eine unrühmliche Rolle spielen sollte) erhoben hatte:

«Nachdem Sie Ihrer Anfrage eine Form gegeben haben, die einer sachlichen Stellungnahme zu ihrem Inhalt den Eindruck einer Rechtfertigung geben würde, werden Sie es verstehen, daß wir davon absehen müssen, auf die von Ihnen gestellte Frage einzugehen. Wir möchten unserer Ansicht nur kurz dahin Ausdruck geben, daß es für beide Teile besser gewesen wäre, wenn die wohl auf dieselbe Quelle zurückgehende Kritik, die Sie ausgesprochen haben und die auch in einem Artikel des Stuttgarter NS-Kurier vom 23. 9. 1936 der Öffentlichkeit vermittelt wurde, unterblieben wäre. Über die Wirkung derselben in der Öffentlichkeit erlauben wir uns kein Urteil, leider müssen wir aber feststellen, daß dieselbe in weiten Kreisen unserer Gefolgschaft sehr unliebsam empfunden wurde und damit manche Sympathie für die Bewegung beeinträchtigt haben dürfte.»[315]

Die Replik der Bosch-Direktoren bot gleich mehreren NS-Institutionen Anlaß, den Text der Jubiläumsrede von Walz genauer auf ihren Inhalt zu untersuchen. Neben der Landesstelle Württemberg des Reichsministeriums für Volksaufklärung und Propaganda wurde das inkriminierte Dokument von Murrs rechter Hand, Staatssekretär Waldmann, begutachtet, der die Rede wiederum an Dr. Walther Stahlecker, den Leiter des Württembergischen Politischen Landespolizeiamtes weiterleitete, ebenfalls ein zuverlässiger Parteigänger Murrs.[316]

Die Aktenüberlieferung erlaubt einige Aussagen über die weitere Entwicklung des Konflikts. Im Spätherbst 1936 wurde bei der Münchener Reichsleitung der NSDAP eine Untersuchung durchgeführt, in deren Verlauf ein aus der Parteizentrale abgeordneter Hauptsturmbannführer eine eingehende Befragung des Bosch-Direktoriums vornahm. Als Kläger in diesem ungleichen Kampf, der auf der Parteiebene ausgetragen wurde, traten wieder einmal der Leiter des Gauamts für Technik, Rudolf Rohrbach, ein fanatischer Nationalsozialist,[317] und der DAF-Gauobmann Friedrich Schulz auf. Vor der Gauleitung kam es Anfang Dezember 1937 zu einer für das Unternehmen unangenehmen Konfrontation zwischen der Partei und dem einbestellten Walz.[318] Gauobmann Schulz konstatierte die «unüberbrückbare Kluft» zwischen Bosch-Betriebsführung und DAF, die den Ausgangspunkt für eine scharfe Stellungnahme von Walz darstellte. Das Protokoll verrät den Machtkampf:

«Pg. Walz verwahrt sich gegen die Auffassung des Pg. Schulz, daß es Sache des Betriebsobmanns sei, den Betriebsführer nationalsozialistisch zu erziehen; das sei gesetzlich nirgends vorgesehen oder verankert (...) Er betonte nochmals, daß sie den besten Willen hätten, mitzuarbeiten, wenn man mit ihnen rede, aber einen Gang nach Kanossa (sic) gingen sie nicht. Weiter bemerkte Pg. Walz noch, daß falls außer den offiziellen Vertretern der Firma (Vertrauensrat) noch sogenannte Berichterstatter in ihrem Betrieb vorhanden seien, (Gestapo oder SD), er dieselben sofort hinausschmeißen würde.»

Einmal abgesehen von dem Mut, dessen es bedurfte, sich öffentlich gegen Denunziantentum und Gestapo-Spitzelei im Betrieb zur Wehr zu setzen: Das Verfahren endete mit einem scharfen Verweis. Der von der Reichsleitung der NSBO aus München abgeordnete Verhandlungsführer Schröder bezeichnete nochmals die Jubiläumsschrift als «kläglich» und wies auf die neuen Prioritäten im «Dritten Reich» hin: «Man dürfe aber ‹Boschgemeinschaft› nicht mit ‹Volksgemeinschaft› vergleichen. Ein Betriebsführer, der zugleich Parteigenosse ist, habe in erster Linie Parteigenosse zu sein und sich dem Gesetz der Partei zu fügen.» Die ärgerliche Einlassung von Walz, «es wäre der Firma Bosch gleichgültig gewesen, ob die Partei an dem Jubiläum teilnimmt oder nicht», wies er dabei «ganz energisch» zurück.[319] Drohend fügte er an,

«daß unter den heutigen Verhältnissen die Partei eben einen längeren Arm habe, als die Firma Bosch. Als Betriebsführer der Firma Bosch seien sie keine X-Beliebigen, die tun und lassen könnten, was sie wollten, sondern sie hätten sich dem Gesetz der Partei zu unterwerfen.»[320]

Die Auseinandersetzung, die Heuss schon damals, nach einer Unterredung mit dem empörten Robert Bosch, als «Fernwirkung des Jubiläums» interpretierte,[321] warf ein bezeichnendes Licht auf die Beziehungen zur Gauleitung: Reichsstatthalter Murr war in den Augen der Betriebsleitung die Personifikation des Nationalsozialismus: ein charakteristisches Phänomen, das verallgemeinerungsfähig war, galt die Partei doch durch ihre Skandale, die weitverbreitete Korruption und ihre arrogante Anmaßung als ein «Fremdkörper», der sich in seiner Unpopularität vom charismatischen «Führer» um so mehr abhob.[322]

Die Einschüchterungsstrategie der NSDAP war insofern von einem Teilerfolg gekrönt, als Robert Bosch sein öffentliches Eintreten für Völkerverständigung resigniert aufgab. Nachdem die «New York Times» Boschs Lebenswerk durch den Hinweis gewürdigt hatte, er sei stets ein «consistent advocate of Franco-German Rapprochement» gewesen,[323] und er in diesem Zusammenhang zur Fortsetzung seiner Bemühungen aufgefordert wurde, verriet seine Antwort, er sei zu alt, um noch nach außen wirken zu können, eine ungewöhnliche Niedergeschlagenheit.[324]

Wie sehr er innerlich immer noch auf den europäischen Frieden hoffte, vermittelt die Korrespondenz mit dem nationalkonservativen Historiker Johannes Haller. Trotz aller weltanschaulichen Unterschiede hatte sich mit diesem eine «auf gegenseitiger Achtung beruhende Altersfreundschaft» entwickelt, die, wie Heuss wohl zu Recht bemerkt hat, «mit einem Zuschuß skeptischer Resignation»[325] gewürzt war. Das Wissen um Hallers nationalsozialistische Affinitäten[326] war zweifellos Grund genug, Fragen der aktuellen Politik nur selten aufzugreifen. Als Bosch jedoch in einem Werk Hallers über die deutsch-französischen Beziehungen im Jahr 1936 eine düstere Prognose über die Chancen einer zukünftigen Verständigung fand,[327] verwies er den Historiker auf die Vorschläge Otto von Bismarcks, Deutschland, Frankreich und England zusammenzuschließen. Seine Ausführungen ließen erkennen, daß drei Jahre Hitler seine Hoffnungen auf einen europäischen Ausgleich nicht zerstört hatten:

«Würden die Franzosen die Überzeugung bekommen, daß Deutschland eine Verständigung auf Dauer tatsächlich will, so ist meine Überzeugung, wir könnten sie erreichen, und Adolf Hitler könnte es sich leisten, sie herbeizuführen, obgleich gerade er als Diktator auf der Gegenseite nicht der gewünschte Partner ist. Das ist, was ich Ihrem Pessimismus entgegensetze! (...) Die wirtschaftliche und technische Entwicklung geht weiter: Die europäischen Staaten sind reif für den Zusammenschluss. Sie werden sich auch schliesslich zusammenfinden und in der »Geschichte« wird einmal gelehrt werden, wie das sich s. Zt. zugetragen hat. Heute das voraussagen, kann Niemand. Nicht einmal ein Optimist.»[328]

In den gleichen Wochen, in denen sich Bosch über den Erhalt des europäischen Friedens sorgte und die Betriebsführung sich mit der württembergischen NSDAP auseinanderzusetzen hatte, ergingen scharfe Weisungen über die politische Arbeit im Betrieb.[329] Wüßte man nicht um die Hintergründe für diese Bestimmungen, so könnte man sie leicht als Repressalien eines systemkonformen Unternehmens mißverstehen. Die Weisungen waren eine Reaktion auf die permanenten Angriffe der württembergischen NSDAP und ein Schutzmechanismus gegenüber einer «Gefolgschaft», von der man nicht wußte, ob sie nicht von nationalsozialistischen Agents provocateurs unterwandert war. Die Paradoxie, damit politische Verlautbarungen unterdrücken zu müssen, die man eigentlich teilte, nahm man ebenso in Kauf wie das Dilemma, durch die Unterbindung politischen Widerspruchs aus der Arbeiterschaft als Komplize des Regimes zu wirken. Einer feindlichen Staatsgewalt sollten so keine Angriffsflächen mehr geboten werden. Otto Debatin hatte aus seinen Erfahrungen vor dem Münchner Untersuchungsrichter eigene Konsequenzen gezogen:

«Immerhin wußte, nachdem die Gegenseite ihre Karte aufgedeckt hatte, von da ab die Geschäftsleitung, wessen sie sich künftig zu versehen hatte. Man war entschlossen, wegen Lappalien wie z. B. schöner Worte in Veröffentlichungen, den auflauernden Parteiinstanzen keine Handhabe zu einem Einschreiten gegen die Unabhängigkeit des Hauses Bosch zu liefern.»[330]

8. Verständigungspolitik trotz Hitler?

Die vermeintliche Annäherung Hitlers an Frankreich in den ersten Jahren nach der «Machtergreifung» führte bisweilen zu merkwürdigen Vermutungen. Eine Arabeske besonderer Art war die Spekulation der angesehenen Schweizer Zeitung «Der Bund», die 1935 berichtete, die Nationalsozialisten bedienten sich Robert Boschs, um eine Entspannung herbeizuführen.[331]

Woher der Journalist die Informationen für diese Zeitungsente erhalten hatte, ist ungewiß. Freilich, über die von der Zeitschrift angesprochenen Fragen machte sich Bosch ganz eigene Gedanken, wie nicht zuletzt durch die angeregte Auseinandersetzung mit dem befreundeten Eugen Diesel deutlich wird. Der Sohn des Ingenieurs Rudolf Diesel hatte in den zwanziger Jahren Versuche unternommen, das Phänomen «Deutschsein» kulturphilosophisch zu ergründen,[332] und 1934 in einem Buch über das «Verhängnis der Völker» für eine neue internationale Ordnung Partei ergriffen. Freilich, seine Vorschläge, wie der chauvinistische Imperialismus aus der Welt zu schaffen sei, wirkten angesichts des Zustands Europas als luftige Konstruktion, war er doch nicht in der Lage, einen neuen Weg zwischen hybridem Nationalismus und sozialistischem Internationalismus zu skizzieren. Es blieb lediglich bei gutgemeinten feuilletonistischen Ratschlägen.[333]

Bosch setzte sich direkt nach Erscheinen des Werkes, das ihn wegen des Plädoyers für die Schaffung des europäischen Nationenfriedens faszinierte, mit Diesel in Verbindung. Als Liberaler teilte er Diesels Einschätzung zur Völkerverständigung, die in ihrem praktischen Wert doch recht vage blieb. Hinsichtlich des vermeintlichen Kriegswillens der Völker vertrat Bosch allerdings kompromißloser als Diesel die noch aus seiner Auseinandersetzung mit dem Pazifismus tradierte romantische Ansicht, es habe abgesehen von den Kreuzzügen keine Kriege der «Völker» gegeben.[334] Dabei klammerte er sich geradezu krampfhaft an die Hoffnung, Hitlers Politik sei auf eine Einigung bedacht. Denn wenn er schrieb, Diesels Buch über den Ausgleich zwischen den Nationen müßte in alle Sprachen übersetzt und «in Millionen Stück unter's Volk gebracht» werden, fügte er im gleichen Atemzug an, das Werk sei «eine Unterstützung der Verständigungspolitik Hitlers».[335]

1934 mochten solche Hoffnungen noch einige Plausibilität beanspruchen, aber die Illusionen, denen auch Diesel noch eine Zeitlang anhing, verflogen schnell. Über die Verbindungen Diesels zum Boschkreis ist wenig bekannt. Er gehörte allerdings zu den ersten, die Hans Walz auf Carl Goerdeler und dessen Oppositionsbestrebungen hinwiesen.[336]

In dem Maße, in dem sich das Regime innerlich festigte und immer weniger darauf angewiesen war, sich mit respektablen Persönlichkeiten des Establishments zu schmücken, verdüsterte sich der außenpolitische Horizont. Mitte der dreißiger Jahre begann sich die zunehmende Isolation des Deutschen Reiches abzuzeichnen. Die Stuttgarter erwarteten nun außenpolitisch eine Desavouierung Hitlers. Im Jahr 1935 stand nach den Vereinbarungen des Versailler Vertrags der Volksentscheid über das weitere Schicksal des Saarlandes an. Die Stimmung an der Saar war im Vorfeld der Abstimmung durchaus widersprüchlich. Deshalb war die Annahme der Stuttgarter, der deutsche Diktator werde eine moralische Niederlage erleben, keineswegs von der Hand zu weisen. An der Saar, so lautete das Argument im Boschkreis, seien «die Menschen über alle Vorgänge in Hitler-Deutschland aufgeklärt» und hätten ihre Skepsis und «ihre Urteilskraft bewahrt».[337] Eine solche Hoffnung wurde herbe enttäuscht, als knapp 91 % der Wähler an der Saar für die Rückgliederung an das Deutsche Reich stimmten. Das Ergebnis mochte im Boschkreis, der von der Euphorie unbeeindruckt war, «unverständlich»[338] wirken. Die Menschen im Saarland dagegen, denen die «Zugehörigkeit zur Nation» wichtiger erschien als das «Privileg der Demokratie», hatten andere Prioritäten: Das «nationale Anliegen rangierte vor der inneren Freiheit».[339]

Während die Reaktionen auf die Saarabstimmung in erschreckender Weise deutlich machten, in welchem Ausmaß die totalitäre Versuchung inzwischen die Abwehrhaltung gegen das Regime weiter geschwächt hatte, zeigte die im März 1935 eingeführte allgemeine Wehrpflicht die Marschrichtung Hitlers: Robert Bosch, militärischen Dingen ohnehin wenig zugewandt, glaubte nun zu erkennen, daß Hitler den «Friedensweg» verlassen habe und mit Kriegsvorbereitungen beginne.[340]

Hitler hatte die Einführung der Wehrpflicht in einem geschickten Schachzug als Reaktion auf eine sowjetisch-französische Annäherung verbrämt. Der Diktator konnte sich der Zustimmung breiter Bevölkerungsschichten sicher sein. Als sich die Annäherung an Frankreich nicht einstellte, hoffte auch Bosch noch einmal, der Ausgleich ließe sich, über die Köpfe der zögerlichen französischen Politiker hinweg, durch politischen Druck Deutschlands auf den französischen Nachbarn erzwingen. Die unpräzise und vage Vermutung des Unternehmers, die französische Politik könne durch einen harten Kurs zu einem Einsehen gebracht werden,[341] bedeutete zwar kein Einverständnis mit der Politik Hitlers, war aber eine leichtfertige Verkennung der Intentionen des Diktators. Sie beruhte auf einer traditionellen Geringschätzung der französischen Staatsbürokratie, die vom eigentlichen Volkswillen isoliert sei und mit dem «Diktat von Versailles» eine «namenlose Schuld» auf sich geladen habe.[342] Auch Bosch erlag offensichtlich den Versicherungen Hitlers, lediglich eine gerechtfertigte Revision erreichen zu wollen. Paradoxerweise glaubte er, man könne durch eine Machtpolitik Frankreich zum Verbündeten gewinnen. Auch dies war eine eklatante Fehlinterpretation der eigentlichen Ziele Hitlers.

Wie lassen sich diese lustlosen und ungesunden Erörterungen Robert Boschs interpretieren? War er von einem Förderer der Völkerverständigung zu einem Macht- und Expansionspolitiker geworden? Die Verlockungen der Erfolge Hitlers wirkten, wie manche Reaktionen von Freunden zeigten, auf Schwankende anziehend. Sebastian Haffner hat anschaulich die «psychologische Meisterleistung» Hitlers beschrieben, mit der es diesem gelungen war, für Einschüchterung zu sorgen, ohne die Deutschen von den Errungenschaften des Regimes abzulenken.[343] Selbst Bosch ließ sich zuweilen von den beispiellosen Erfolgen Hitlers blenden, während die Großmächte keinerlei Anstalten machten, diesem die Grenzen des Akzeptablen und des für das Staatensystem Erträglichen aufzuzeigen.

Es war praktisch Hilflosigkeit, die aus Bosch sprach. In seinen Briefen ermahnte er sich selbst bisweilen, als «absolut Wirkungsloser» und «Einflußloser» jegliches Politisieren zu lassen. Außerdem hoffte er immer noch auf die übergeordnete Wirkung des Völkerrechts und die verbindlichen Statuten eines Rechtsstaats. Bezeichnenderweise sprach er, als das russisch-französische Bündnis vom Mai 1935 jedes Nachdenken über eine französische Kurskorrektur hinfällig machte, rückblickend von einem «Angebot Hitlers» an den Nachbarn, und begründete dies mit juristischen Argumenten: Selbst wenn Frankreich der deutschen Politik nicht vertraue, sei das Reich «doch auch gebunden».[344]

Aus heutiger Sicht läßt sich der Irrtum Boschs natürlich leicht erkennen. Die scheinbar legitimen Erfolge Hitlers hatten Frankreich in eine Isolation getrieben, aus der heraus der Weg nach Moskau als ein verzweifelter Ausbruchsversuch erschien. Das System der kollektiven Sicherheit war unwirksam: Die Versuche Frankreichs, Englands und Italiens scheiterten, mit der «Stresa-Front» die deutschen Revisionswünsche einzuhegen. Auf der anderen Seite bediente Hitler mit seinen Beschwichtigungen geschickt die Friedenssehnsüchte der Franzosen. Und auch Bosch wollte die französische Sorge, die er noch 1931 beschworen hatte, nicht sehen: Daß Hitler nicht davor zurückschrecken werde, das Prinzip des «pacta sunt servanda» zu brechen, und daß im Expansionsplan des «Führers» die Revision der Nachkriegsordnung lediglich eine Zwischenstufe war.

Die widersprüchlichen Signale, die von Hitlers Außenpolitik ausgingen, wurden dennoch als Friedensgefahr erkannt. Die Rheinlandbesetzung am 7. März 1936, die Hitler mit kalkulierten «Versprechungen künftigen Wohlverhaltens» und dem Angebot einer Rückkehr in den Völkerbund garnierte,[345] interpretierte Bosch als den Verzicht auf die Verständigung. Die widerspruchslose Hinnahme des Einmarschs in die entmilitarisierte Zone durch Frankreich und Großbritannien enttäuschte ihn um so mehr, als er vermutete, daß Hitlers Schachzug auf einem Bluff beruhte und der «Führer» bei Widerstand seinen Plan nicht durchführen würde.[346] Den Abessinien-Feldzug Mussolinis im Jahr 1936 kommentierte Bosch mit einigen abfälligen Bemerkungen über die Verhältnisse im faschistischen Italien, die bei seiner generellen Geringschätzung der italienischen Leistungsfähigkeit kaum verwunderlich waren. Die in diesem Zusammenhang anklingende Sorge vor einem neuen großen Krieg erwies sich als berechtigt, weil im Zuge des italienischen Kolonialabenteuers der «Duce» und der «Führer» ihre bislang vorsichtig gewahrte Distanz zueinander aufgaben, während die Westmächte einen lustlosen Kurs diplomatischer Proteste und halbherziger Sanktionen verfolgten.[347]

Vor dem Hintergrund einer allgemeinen Verunsicherung über die außenpolitische Zukunft blieben die Stellungnahmen Robert Boschs zögerlich und widersprüchlich. Die seltsame Ambivalenz erklärt sich dadurch, daß für ihn nicht sein konnte, was nicht sein durfte. Seine unverhüllten Warnungen vor der Außenpolitik des deutschen Diktators wurden immer wieder durch zuversichtliche Bemerkungen ergänzt. Aus diesem Grund wird sich schwerlich ein exakter Zeitpunkt festmachen lassen, an dem Bosch über den verbrecherischen Charakter der Außenpolitik Hitlers keinen Zweifel mehr hatte. Auch hier sind die Übergänge von einer instinktsicheren Ablehnung des totalitären Begehrens zur aktiven Gegnerschaft fließend. Einige Unsicherheit in der Beurteilung der Ziele Hitlers ist noch bis ins Jahr 1938 zu beobachten, als bei Bosch gar eine «gewisse Bewunderung für die Kühnheit der deutschen Politik» festzustellen war.[348]

Diese Einschätzung war freilich in starkem Maße mit der französisch-britischen Nachgiebigkeit verknüpft und ging mit Warnungen Goerdelers vor deutscher Großmannssucht einher, die aber bezeichnenderweise von Bosch mitunter immer noch als Kassandra-Rufe abgetan wurden. Das von Furcht und Hoffnung gekennzeichnete Denken Robert Boschs korrespondiert mit dem Befund, daß in diesen Jahren der Widerstand noch keineswegs durch Einigkeit, sondern durch vielfache Ambivalenzen gekennzeichnet war: Innerhalb des Spektrums zwischen Anpassung und Opposition, Kollaboration und Ablehnung entwickelte sich erst Zug um Zug ein Widerstandsdenken, das durch zahlreiche Brüche gekennzeichnet war.

Die Frage nach der Stellung zum NS-Regime war für Bosch immer auch mit dem Erhalt des Friedens in Europa verknüpft. Mitte der dreißiger Jahre wandte sich sein Blick nach England, das, zumindest für eine Zeitlang, Frankreich als ersten Wunschpartner einer europäischen Einigung ablöste. Die stets von Robert Bosch favorisierte Idee, den europäischen Staatenbund auf freiwilliger und föderaler Grundlage um Deutschland und Frankreich zu gruppieren, wurde damit beträchtlich modifiziert.[349] Die beiden Nationen sollten zwar weiterhin einen «Kristallisationskern» bilden, um den sich gleichsam kraft natürlicher Anziehung die anderen europäischen Staaten politisch zusammenfinden sollten. Wenn nun mit der Wendung nach Großbritannien der bislang eingeschlagene paneuropäische Weg Coudenhove-Kalergis verlassen wurde, so war diese Neuorientierung in der Erkenntnis begründet, daß «Paneuropa» als hehres Ziel zwar noch bestand, seine Realisierung jedoch zunächst in weite Ferne gerückt war. Bosch hatte England zudem nie kategorisch aus Europa fernhalten wollen. Dem Inselstaat sollte nach seinen Vorstellungen die Beitrittsmöglichkeit nach Europa immer offengehalten werden. Da Bosch die kolonialen Interessen der Weltmacht immer sehr hoch veranschlagte, hatte er einer solchen Eventualität allerdings selten ernsthafte Aufmerksamkeit geschenkt. Die dramatischen machtpolitischen Veränderungen in Europa ließen ihn nun die Überzeugung gewinnen, daß ein Zusammenwachsen Europas ohne eine englische Beteiligung nicht möglich sei. Zudem glaubte er wohl, durch eine solche Einbindung die britischen Interessen vom Weltreich auf Europa zurücklenken zu können.[350] Bosch faszinierte auch das ausgeprägte britische Bemühen, die Konsequenzen aus dem sich abzeichnenden Versagen der Mechanismen der Pariser Friedensverträge zu ziehen. Großbritannien entwickelte sich zur Keimzelle einer ganzen Reihe multinationaler Institutionen, die mit Enthusiasmus und Idealismus antraten, um die «Fehler von Versailles» zu korrigieren und gleichzeitig den Gedanken der Völkerverständigung fortzuschreiben. Diese Bestrebungen verweisen ganz grundsätzlich auf die Problematik, die damit verbunden ist, jeden deutschen Versuch, die Ordnung von Versailles in Frage zu stellen, pauschal als expansionistisch abzutun.

Bosch suchte über die «League of Nations Union» und die «New Commonwealth Society» nach Alternativen für eine Befriedung des Kontinents. Ausschlaggebend für sein Interesse an diesen Bewegungen waren ein weiteres Mal persönliche Beziehungen, die durch die Bekanntschaft mit Lord David Davies (1880–1944) angeregt wurden. Der liberale Politiker Davies, energisch, vermögend und vom puritanischen Geist seiner Familie beeinflußt, war vor dem Ersten Weltkrieg Parlamentsangehöriger geworden, obwohl seine Parteibindungen stets schwach geblieben waren. In den zwanziger Jahren hatte er die «League of Nations Union» gegründet und 1932 die «New Commonwealth»-Bewegung ins Leben gerufen. Den Versailler Vertrag bezeichnete er offen als diplomatischen Fehlschlag. Als Verfechter einer neuen europäischen Rechtsordnung plädierte er für eine zukünftige Friedensliga, die mit juristischen Sanktionen möglichen Aggressoren vorbeugen sollte.[351] Seine Gegner ziehen ihn utopischer Gedankengänge, und tatsächlich wird besonders in der Rückschau deutlich, daß die Zwischenkriegszeit kaum Chancen für eine alternative Politik bot. Die Zeit war im Angesicht des Aufstiegs des Nationalsozialismus für alle Bestrebungen ausgesprochen ungünstig, über den Völkerbund hinaus die Gemeinschaft der Nationen durch rechtliche Vereinbarungen zu verankern. Auch auf internationaler Ebene schienen die Zeichen der Zeit eher auf Aggression und extremen Nationalismus gestellt.[352] Da die Zurückweisung von demokratischen Staatsentwürfen und übernationalen Friedensordnungen zudem keine spezifisch deutsche Erscheinung war, gerieten die gutmeinenden britischen Friedenswalter gleichsam automatisch in die Nähe des englischen Appeasement und wurden so, wie mit einer gewissen Berechtigung kritisiert worden ist, «with the best intentions in the world (...) the unpaid servants of German and Nazi foreign policy.»[353]

Ernst Jäckh, der nach seiner Entlassung aus der Hochschule für Politik nach England emigriert war und in London bald politisch Fuß gefaßt hatte, brachte Davies und Bosch zusammen.[354] Davies galt als ein mitunter recht ungeduldiger Individualist, der als «notable for kindness and terribleness» bekannt war.[355] Es war wenig verwunderlich, daß sich die beiden in dieser Hinsicht ganz ähnlichen Männer sofort gut verstanden.[356] In der neu gegründeten Londoner «New Commonwealth Society» wurde Jäckh 1934 Leiter eines eigenen Instituts, das monatliche Bulletins, gelegentliche Flugschriften und wissenschaftliche Monographien zu Fragen der internationalen Verständigung herausbrachte. Während die vorwiegend britischen Mitglieder für die «New Commonwealth Society» aufkamen, übernahm Robert Bosch die Kosten für die Unterhaltung des Instituts. Die technische Abwicklung der Finanzierung – jährlich umgerechnet 10 000 US-$ – lag in den Händen von Hans Walz.[357]

Da die «New Commonwealth Society» in den meisten europäischen und englischsprachigen Ländern Zweiggesellschaften aufbaute, unterstützte Bosch wiederum die Gründung einer deutschen Gruppe.[358] Freilich, die Nationalsozialisten verstanden es, diese Einrichtung in propagandistischer Hinsicht zu instrumentalisieren. Einer der Leiter der deutschen Sektion war, neben dem schwäbischen Vizeadmiral a. D. Albrecht von Freyberg, ein Parteifunktionär: Friedrich Haselmayr, ein ehemaliger Offizier und Leiter des Wehrpolitischen Amtes der NSDAP. Bosch nahm im Interesse der Sache die Zweideutigkeit der deutschen Sektion, die ihm durchaus bewußt war, in Kauf.[359] Weil er an den friedensfördernden Zweck der Initiative glaubte, reiste er 1935 nach zehnjähriger Unterbrechung wieder nach Großbritannien, um politische Freunde zu treffen und sich anschließend in Schottland mit Lord Davies bei der Jagd zu entspannen. In London standen politische Erörterungen mit Jäckh, dem französischen Diplomaten Pierre Cot und von Freyberg auf der Tagesordnung.

Die Bestrebungen des «New Commonwealth» blieben schließlich unerfüllt. Es läßt sich nicht mehr feststellen, bis wann Robert Bosch Gelder nach London an die Organisation überwies, die immer mehr in den Windschatten der Weltpolitik geriet. Aber Geschichte zu schreiben, bedeutet immer auch die Geschichte der nicht zum Zuge gekommenen Alternativen zu schildern. Es wäre deshalb allzu leicht, die Bemühungen von Davies und Bosch zynisch und fatalistisch als einen zwar ehrenhaften, aber doch von Beginn an aussichtslosen Einsatz zu belächeln. Allein, die Ideen der Gründer, so idealistisch sie sein mochten, hatten im Klima der dreißiger Jahre keine Chance. Die supranational gedachte Organisation vertraute auf ein politisches Machtverständnis und Kategorien, die Hitler fremd waren. Sicherlich mußte es den Befürwortern schwerfallen, sich einzugestehen, daß offensichtlich zum ersten Mal in der europäischen Geschichte jede vernunftgeleitete Ausgleichspolitik zum Scheitern verurteilt war. Mit dem Ausbruch des Zweiten Weltkriegs scheiterte auf geradezu dramatische Weise der Versuch der «New Commonwealth Society», in der Zwischenkriegszeit auf übernationaler Ebene eine friedliche Einigung der Welt zu erreichen.

Noch bevor Robert Bosch das Mißlingen seiner Bemühungen erleben mußte, versuchte er, die Vorstellungen des «New Commonwealth» über den Kontinent hinaus zu propagieren. Trotz der Vermutung, daß sich die USA kaum aus ihrer isolationistischen Stimmung würden lösen können, billigte er den Vereinigten Staaten eine entscheidende Rolle zu. In diesem Zusammenhang kam es zu dem recht eigenwilligen Versuch, den Automobilpionier Henry Ford für seine Ideen zu gewinnen – ein Experiment, das mit Blick auf die problematische Persönlichkeit des Automobiltycoons einen zweifelhaften Ausgang erwarten ließ. Bosch sah mit kritischem Respekt vor den technischen Leistungen Fords in diesem einen gleichgesinnten «Selfmade»-Mann und bat im Sommer 1935 den amerikanischen Unternehmer, bei der Sicherung der Welt vor einem neuen Krieg mitzuwirken.[360] Bosch schlug – hier waren die Anklänge an den «New Commonwealth» unverkennbar – ein unparteiisches Schiedsgericht in Europa für Fragen vor, die im Zusammenhang mit dem Versailler Vertrag friedensgefährdend werden konnten. Eine Luftflotte sollte in Notfällen diesem Gerichtshof zur Verfügung stehen. Bosch regte zwar eine Begegnung mit den Förderern dieser Idee an, aber zu einem solchen Treffen mit Lord Davies und Ernst Jäckh kam es erst gar nicht. Ford hat offensichtlich nicht einmal den Brief von Bosch beantwortet: Der Amerikaner war in politischen Dingen ein Dilettant, ja ein Ignorant, wie nicht zuletzt seine merkwürdigen Sympathien für Hitler schon in den zwanziger Jahren bewiesen hatten. Während ungewiß ist, ob er Hitler tatsächlich finanziell unter die Arme gegriffen hatte, gibt es über seine antisemitischen Tendenzen keinen Zweifel.[361] Eine Verständigung zwischen Bosch und Ford wäre bei ihrer grundsätzlichen Haltung in Fragen der Deutschland-, Europa- und Weltpolitik kaum vorstellbar gewesen: Das einzige, was sie verband, war die Technik.

Erfolgreicher waren die Gespräche, die Bosch in Großbritannien führte. Auf seinen Reisen ergaben sich zahlreiche Möglichkeiten zu zwanglosem Meinungsaustausch, der in Deutschland nicht mehr möglich war. Im Frühsommer 1936 traf Bosch in London die Bankiers Jakob Goldschmidt und Siegmund Warburg. Mit Goldschmidt pflegte Bosch eine langjährige geschäftliche Verbindung, die freundschaftliche Züge angenommen hatte.[362] Goldschmidt hatte ebenso wie Siegmund Warburg 1933 Deutschland verlassen, ohne jedoch die Hoffnung auf eine baldige Rückkehr aufzugeben. Über den Inhalt der Londoner Unterredungen wissen wir wenig. Lediglich ein unauffälliger Hinweis in einem Brief von Robert Bosch zeigt in geradezu anrührender Weise, wie groß die Hoffnung auf einen Regierungswechsel in den Emigrantenkreisen war: Bosch berichtete über Jakob Goldschmidts Bemerkung, «wenn er nach Deutschland gerufen würde, er käme mit dem ersten Zeppelin oder Flugzeug oder Dampfer».[363]

In London kam es auch zu einem Wiedersehen mit Kurt Hahn. Bosch kannte den einem konservativen Liberalismus verpflichteten Pädagogen – eine der herausragenden Erzieherpersönlichkeiten Deutschlands im 20.Jahrhundert und Gründer des Internats Salem – seit den Tagen des

Ersten Weltkriegs und hatte sich oft mit diesem über politische und pädagogische Fragen ausgesprochen,[364] bevor Hahn, als Jude verfemt, 1933 nach Großbritannien ins Exil gegangen war. Bosch hatte zunächst erwartet, wenigstens dessen erzieherische Tradition werde vom nationalsozialistischen Staat anerkannt.[365] Hahn hatte in England Kontakt zu deutschen Oppositionskreisen gefunden, daneben aber auch eine neue Schule gegründet. Als Robert Bosch diese neue Einrichtung im schottischen Gordonstoun 1936 aufsuchte, bot die Visite zweifellos Anlaß genug für politische Gespräche. Hahn stand ganz auf der Seite der Anti-Appeaser und versuchte mit seinen begrenzten Möglichkeiten – Korrespondenz und Vermittlung von Kontakten – in England über die Politik Hitlers aufzuklären.[366] Obwohl über die politische Tätigkeit Hahns in Großbritannien nur wenige Informationen vorhanden sind,[367] wird wohl zwischen Bosch und Hahn in den politischen Fragen Übereinstimmung geherrscht haben. Nach einer Begegnung bei Lord Davies im Jahr 1936 berichtete Bosch fast stolz von der Bemerkung Hahns, er habe bei der Zusammenkunft mit Bosch «wieder einen Hauch vom deutschen Teile Deutschlands verspürt».[368]

Dies war die letzte Begegnung zwischen Hahn und Bosch. Der Kriegsausbruch beendete den Dialog zwischen dem Pädagogen und dem Industriellen, die sich beide als Vertreter des «Anderen Deutschland» verstanden.

9. Freihandel oder Krieg?

In Deutschland wiesen die Konjunkturdaten in der Mitte der dreißiger Jahre wieder nach oben. Die wirtschaftliche Wende zum Besseren verdeckte allerdings einige bedenkliche Tendenzen: Der Außenhandel war dramatisch zurückgegangen, und lediglich die starke Binnenkonjunktur hatte diese Entwicklung auffangen können.[369] In der weite Teile der deutschen Gesellschaft erfassenden Hitlereuphorie ging unter, daß es sich bei der Erholung lediglich um einen normalen Konjunkturaufschwung nach einer tiefen Rezession handelte, der durch die nationalsozialistische Wirtschaftspolitik noch nicht einmal befriedigend angeregt worden war.[370] Seit 1936 zeichnete sich zudem ein fundamentaler Wandel ab. Während die Autokonjunktur stagnierte, wurde nicht mehr für den «Volkswagen», sondern für den Rüstungsbedarf produziert. Der bei stagnierendem Ertrag zu verzeichnende Umsatzzuwachs des Unternehmens (er betrug in der Zeit von 1934 bis 1943 jährlich durchschnittlich 21 %) wäre ohne die Aufrüstung nicht zu erklären.

Die 1934 eingeführte Rohstoffzuteilung und die Preiskontrollen waren unverkennbare Signale der Etablierung einer Lenkungswirtschaft. Die deutsche Exportindustrie mußte im Banne des Autarkiestrebens um ihre Weltmarktposition fürchten, während die Möglichkeiten, politischen Einfluß zu nehmen, erheblich gesunken waren, seit die Exponenten einer aktiven Außenhandelspolitik im DIHT und RDI der Gleichschaltung zum Opfer gefallen und im Revirement durch Vertreter einer mittelständischen «Nationalwirtschaft» ersetzt worden waren.

Die negativen Auswirkungen einer restriktiven Handelspolitik für ein exportorientiertes Land wie Deutschland wurden von der Großindustrie durchaus gesehen. Schon ein zeitgenössischer marxistischer Kritiker wie Alfred Sohn-Rethel berichtete bemerkenswerterweise von der Verzweiflung der Exportindustrie über die Politik Hitlers, die man als «Politik des Selbstmords» betrachtete. Er konnte aus innerer Kenntnis der Verhältnisse bei Siemens im Jahr 1935 feststellen, «wen es unter dem Hitler-Regime nach unverhohlener Kritik an den Nazis und der Regierung verlangte, der konnte in den Kreisen der Siemens-Direktion seine Freude erleben».[371] Es gibt indessen einige Hinweise, daß nicht nur die Elektroindustrie, sondern auch die Schwerindustrie und die Chemische Industrie in «Kategorien einer Rückkehr zur Friedenswirtschaft» dachten, also nicht etwa den Unwägbarkeiten einer Kriegsvorbereitung frönten. Ganz im Gegenteil gingen diese Überlegungen vielmehr in die Richtung einer Weltmarktpolitik und einer «Wiederaufnahme der Exportoffensive der Zwischenkriegszeit».[372]

Die Ernennung Hjalmar Schachts zum Reichsbankpräsidenten im März 1933 und zum Reichswirtschaftsminister im Juli 1934 hatte eine Zeitlang als Indiz dafür gegolten, daß es gelingen werde, Hitler auf einen Vernunftkurs zu drängen und die Überhitzung einer kriegerischen Hochkonjunktur zu vermeiden. Als Verfechter eines friedlichen Wettbewerbs mußte der Einfluß eines Fachmannes wie Schacht auch auf Bosch beruhigend wirken. Bosch hatte Schacht über Ernst Jäckh bereits während des Ersten Weltkriegs kennengelernt, und obwohl sich beide politisch entfremdet hatten, vertraute Robert Bosch doch der kühlen Berechnung und der geschäftigen Tatkraft Schachts, von dem er annahm, daß dessen Sachverstand ein Regulativ zur Kontrolle des Nationalsozialismus sein werde.[373] Die Unterstützung Schachts bei der «Arisierung» der Berliner Mendelssohn-Bank, die sogar das Lob der jüdischen Inhaber eingebracht hatte, war ebenfalls ein Argument, auf die Hilfe des gemäßigten und doch immer unverbindlichen Experten gegen Hitlers irrationale Politik zu vertrauen. Zu politischen Aussprachen kam es nicht, aber als Hans Walz im Jahr 1936 einige Male zu Besprechungen mit Schacht zusammentraf,[374] strebten die Differenzen zwischen Schacht und Hermann Göring über den wirtschaftspolitischen Kurs einem Höhepunkt zu. Es ist durchaus anzunehmen, daß sich Walz und Schacht bei diesen Treffen über die bedenklichen Auswirkungen der Politik Hitlers namentlich für die Exportindustrie aussprachen. Bei dieser Gelegenheit wurde auch Albrecht Fischer als «Wirtschaftsberater» des Unternehmens eingeführt. Obwohl sich der Reichswirtschaftsminister und Fischer in ihren Bedenken über den Kurs der Regierung einig gewesen sein dürften, waren die Beratungen mit Schacht kein Forum für allzu offene Hitlerkritik. Fischer konnte in seinen späteren Vernehmungen durch die

«Sonderkommission» des 20. Juli auf entsprechende Vorhaltungen der Gestapo über seine Beziehungen zu Schacht sachlich korrekt darauf verweisen, daß die Zusammenkünfte mit dem Wirtschaftsminister und Reichsbankpräsidenten wirtschaftlich motiviert gewesen seien.[375] Allerdings haben sich Fischer und Walz durch Schachts überhebliches Auftreten täuschen lassen. Denn dieser glaubte in arroganter Selbstüberschätzung, Hitler politisch steuern zu können. Schachts tragischer Irrglaube, er werde «als wirtschaftspolitischer Taktgeber innerhalb eines autoritären Regimes»[376] auf Hitlers gefährlichen Kurs korrigierend einwirken können, wirkte verhängnisvoll. Männer wie Bosch und Walz stellten sich dagegen bereits darauf ein, einen anderen Weg einzuschlagen: Es war offenbar sinnlos, dem von Ehrgeiz und Anmaßung gleichermaßen gekennzeichneten Anpassungskurs Schachts nachzueifern, der das Staatsschiff eben nicht selbst steuerte, sondern hilflos im Kielwasser des «Führers» folgte.

Die Rolle der Aufrüstung für den nationalsozialistischen Aufschwung kam erst 1936 voll zum Tragen. Mit dem «distinct shift» in der Wirtschaftspolitik fand die Phase ein Ende, in der das Unternehmertum sich in der Überzeugung, gleichgewichtiger Partner des Nationalsozialismus zu sein, dem Irrglauben hingegeben hatte, das NS-Regime «zähmen» zu können.[377] Hitler schätzte die unternehmerische Initiativkraft höher ein als jegliche Form von Bürokratisierung und planwirtschaftlichem Dirigismus – zumindest solange die private Wirtschaft sich den rasseideologischen Zielen des nationalsozialistischen Staates unterordnete. Die Priorität der Weltanschauung des «Führers» kündigte sich unter diesem Aspekt mit dem Vierjahresplan 1936 an. Hatte bis dahin der «Neue Plan» gesamtwirtschaftlich gesehen eine Verbesserung der Handelsbilanz ermöglicht, schien nun angesichts des Rohstoff- und Devisenmangels ein Wendepunkt erreicht, der eigentlich eine Beschränkung der Rüstungsausgaben und eine Förderung der Exporte dringend notwendig gemacht hätte.[378] Das verschärfte Aufrüstungstempo und der Vierjahresplan markierten Hitlers Weg zum Krieg, wobei Rohstoffkontingentierung und Devisenbeschränkung die Wirtschaft herausforderten und in ihrem politischen Handeln lähmten. Der vom «Führer» zum Beauftragten für den Vierjahresplan ernannte Hermann Göring koordinierte von nun an alle Planungen, entmachtete Wirtschaftsminister Hjalmar Schacht und unterstellte sich weite Teile der Ministerialbürokratie.

Hjalmar Schacht mochte sich zwar später als «getäuscht, belogen und betrogen» fühlen,[379] aber er war, in konservativer Überheblichkeit, mit dafür verantwortlich, den neuen Machthabern, die nun die traditionellen Führungsschichten hinwegfegten, überhaupt erst das Entrée verschafft zu haben. Auch die Beziehungen zur Industrie bekamen einen neuen Stellenwert, weil Göring die für die Rüstung entscheidenden Gremien des Reichswirtschaftsministeriums in seine neue Behörde einbezog. Wenig später wurde das Ministerium faktisch «zum bloßen Exekutivorgan des Beauftragten für den Vierjahresplan degradiert».[380] Der Übergang von Schacht zu Göring war in dieser Hinsicht weniger das Resultat eines persönlichen Machtkampfes als der Sieg eines ideologischen Programms. Der bisherige Kompromiß mit der Wirtschaft wurde aufgekündigt, eine Befehlswirtschaft initialisiert und die «Wirtschaftsdiktatur» vorbereitet. Mit Blick auf diese dramatischen Veränderungen ist in diesem Zusammenhang auf den «revolutionären Bruch» verwiesen worden, den dieser Eingriff in privatwirtschaftliche Belange bedeutete.[381]

Es ist mit stichhaltigen Argumenten vermutet worden, daß es trotz der Rüstungspolitik noch 1936 möglich gewesen wäre, durch eine Friedenspolitik eine selbsttragende Konjunktur herbeizuführen, ohne auf Vollbeschäftigung zu verzichten.[382] Aber wirtschaftlich vernünftige Forderungen widersprachen dem dogmatischen Streben Hitlers, der seine Aufrüstungs- und Kriegspolitik mit Hilfe der Wirtschaft – im Notfall aber auch gegen sie – durchzusetzen gedachte:

«Das Wirtschaftsministerium hat nur die nationalwirtschaftlichen Aufgaben zu stellen, und die Privatwirtschaft hat sie zu erfüllen. Wenn aber die Privatwirtschaft glaubt, dazu nicht fähig zu sein, dann wird der nationalsozialistische Staat aus sich heraus diese Aufgabe zu lösen wissen (...) Die deutsche Wirtschaft aber wird die neuen Wirtschaftsaufgaben begreifen, oder sie wird sich eben unfähig erweisen in dieser modernen Zeit, in der ein Sowjet-Staat einen Riesenplan aufrichtet, noch weiter zu bestehen. Aber dann wird nicht Deutschland zugrunde gehen, sondern es werden dies höchstens einige Wirtschaftler.»[383]

Man hat mit Bezug auf diese Einschüchterungsmaßnahmen davon gesprochen, der nationalsozialistische Staat habe sich bei der Machtdemonstration und den Drohungen gegen die Unternehmer zu einem Gutteil «auf das Aufzeigen einer Möglichkeit» beschränkt.[384] So plausibel dies für den rückschauenden Betrachter auch klingen mag, verkennt eine solche Interpretation doch, daß den Zeitgenossen die Gewaltandrohung nicht nur hypothetisch, sondern ausgesprochen real erscheinen mußte. Wenn schon Andeutungen ausreichten, um die üblichen wirtschaftspolitischen Dispute etwa zwischen Exportindustrie und Schwerindustrie zum Verstummen zu bringen, zeigt sich, wie erfolgreich die dumpfe Einschüchterungspolitik funktionierte: Die Gefahr einer «Verstaatlichung» blieb im nationalsozialistischen Deutschland unwahrscheinlich, aber doch immerhin denkbar:[385] Auch die Unternehmer mußten lernen, mit dem Gefühl der Angst zu leben.

Hitler wollte sein Autarkieprogramm und seine Aufrüstungsbestrebungen auf das Ziel der «Kriegsfähigkeit» abstimmen, die nach vier Jahren erreicht sein sollte. Dieser Terminplan verwies alle anderen Gesichtspunkte in den Hintergrund. Wenig später, im Januar 1937, verkündete Hitler vor dem Reichstag sein wirtschaftspolitisches Credo, das auf privatwirtschaftliche Interessen keine Rücksicht nahm: «Entscheidend ist der Wille, der Wirtschaft stets die dienende Rolle dem Volke gegenüber zuzuweisen und dem Kapital die dienende Rolle gegenüber der Wirtschaft.»[386]

Diejenigen in der Privatwirtschaft, die darauf spekuliert hatten, gleich-berechtigte Partner in einer Interessengemeinschaft zu sein, waren bereits Sklaven der Politik Hitlers geworden. Sie durften zwar verdienen, waren aber dazu verpflichtet, dem von Hitler definierten und diktierten «Ge-meinnutz» Folge zu leisten. Profit und Wettbewerb als Antriebskraft kapi-talistischer Ökonomie verloren ihre eigentliche Funktion und dienten jetzt vornehmlich dazu, die Unternehmer zur Produktionssteigerung anzuspor-nen.[387] Diese fundamentale Machtverschiebung wurde zweifellos erst allmählich erkannt. Freilich, die Furcht vor einer Abhängigkeit von staat-lichen Verpflichtungen und den Folgen einer Aufrüstungspolitik kenn-zeichnete die Zeit zwischen 1936 und 1939, die als die «nervösen Jahre»[388] der Industrie bezeichnet worden sind. Die Radikalisierung und der plan-wirtschaftliche Zug der Diktatur ließen Robert Bosch einige Jahre später, auf dem Höhepunkt der Macht Hitlers, die nachdenkliche Frage stellen, «ob im Staatssozialismus u(nd) in der gelenkten Wirtschaft Raum für die Entwicklung der verschiedenen Begabungen vorhanden sein wird u(nd) ob für das Werk, das ich geschaffen habe, Entwicklungsmöglichkeiten bleiben werden».[389]

Kriegswichtige Unternehmen waren von den Folgen des radikalen Umschwungs, wie wir heute wissen, in ihrem Bestand zunächst nicht unmittelbar bedroht. Hitler konnte und wollte sich einen Affront aufgrund des avisierten Zeitplans nicht leisten. Aber legt man den damaligen Erfah-rungshorizont zugrunde, mußten manche Verlautbarungen der Partei bedrohlicher wirken, als sie gemeint waren. Als im Dezember 1937 die Robert Bosch AG in eine Gesellschaft mit beschränkter Haftung umge-wandelt wurde,[390] hatte man in Stuttgart in erster Linie das Nachfolgepro-blem im Auge gehabt. Aber, gleichsam als Nebenwirkung, war nun mögli-chen Vorhaltungen Hitlers entgegengewirkt, der seine Abneigung gegen «anonyme» Aktiengesellschaften nicht verbarg.[391] Neben Robert Bosch als allein zeichnungsberechtigtem Geschäftsführer traten mit Hermann Fell-meth, Karl Martell Wild, Erich Raßbach und Hans Walz die seit vielen Jah-ren mit Bosch eng verbundenen Persönlichkeiten in die Geschäftsführung ein, die auch eine politische Kontinuität gewährleisteten.

Bei Bosch hatte man sich seit einiger Zeit zunehmend der Frage gewid-met, auf welche Weise die vielfältigen Firmeninteressen in der Reichs-hauptstadt besser repräsentiert werden konnten. Im Dschungel der sich seit 1933 überkreuzenden Kompetenzen und Interessen hatten sich die bei den Berliner Reichsministerien eingeholten Informationen über die Wirt-schaftspolitik «in steigendem Maße als ungenügend» erwiesen.[392] Die Män-ner, auf die sich das Unternehmen in Berlin nun stützte, die Wirtschafts-journalisten Dr. Otto Meynen und Dr. Franz Reuter,[393] spielten im Widerstand des Boschkreises fortan zwar eine gewisse Rolle, blieben aller-dings in die Widersprüche vieler ökonomischer Entscheidungsträger der Zeit unheilbar verstrickt. Reuter billigte Hitlers antigewerkschaftlichen und antisozialdemokratischen Kurs, befürwortete die Aufrüstung und lehnte lediglich einen Krieg entschieden ab. Die Aporien eines solchen Denkens, das die spezifische Rolle des Diktators Hitler einfach nicht mitbedachte, wurden ihm und vielen anderen Männern der Wirtschaft nicht bewußt: Der naive Glaube, ein Krieg werde sich schon vermeiden lassen,[394] entsprach einer weitverbreiteten Einschätzung in der deutschen Industrie, die kurzsichtig verkannte, daß die Finanzierungs-, Devisen- und Rohstoffprobleme der Aufrüstungspolitik Hitlers kaum einen Spielraum für friedliche Lösungen boten. Diese Männer der Wirtschaft glichen nun dem Zauberlehrling Goethes, der die Geister, die er rief, nicht mehr los wurde.

Als die leichtfertigen «Wirtschaftsexperten» Meynen und Reuter die Gefahren für den Friedenserhalt erkannten, kam es zu einer Verbindung zu Carl Goerdeler, den Reuter aus den Zeiten des Preiskommissariats kannte.[395] Obwohl Reuter nun mit Männern des Boschkreises verkehrte und sich 1938/39 teilweise den Bemühungen des bürgerlichen Widerstands anschloß, blieb er doch immer der kühle und bisweilen opportunistische Ökonom, dem die humanitären Argumente der Verschwörer wenig bedeuteten.

Reuter, Meynen, Schacht: Diese Namen bezeichnen politisierende Männer der Wirtschaft, die ähnlich anderen Unternehmern wie Hermann Bücher und Carl Friedrich von Siemens und auch Alfried Krupp in der zweiten Hälfte der dreißiger Jahre versuchten, das schlingernde Staatsschiff, an dessen Schräglage manche nicht unbeteiligt waren, in letzter Minute zu stabilisieren. Dies war gewiß ehrenvoll, darf jedoch nicht dazu verführen, sie mit dem eigentlichen Widerstand in Verbindung zu bringen. Allzu leicht geht sonst der Unterschied verloren zwischen denjenigen, die Widerstand leisteten, und denen, die den kommoden «Rückzug in den Betrieb» und ins Private antraten. Carl Goerdeler, dessen Eintritt in das Unternehmen Robert Bosch nun geschildert werden soll, verband mit diesen Wirtschaftsliberalen, die einen Krieg ablehnten, aber einer machtpolitischen Expansion das Wort redeten, weniger, als man gemeinhin annimmt.

10. Der «Boschkreis» und die Anstellung von Carl Goerdeler: Vom «Wirtschaftlichen Berater» zum Widerstandskämpfer

Der Weg Robert Boschs zur Opposition bedeutete keine Abkehr von seinem bisherigen Lebensweg, vielmehr war diese Entwicklung in seiner ganzen Biographie vorgezeichnet. Er wurde auf diese Weise zum Exponenten eines liberalen Widerstandes gegen den Nationalsozialismus. Auf die Schwierigkeiten des Umgangs mit dem Begriff «Liberaler Widerstand» ist bereits einführend hingewiesen worden. Der Liberalismus hatte in der Weimarer Republik nicht die Kraft besessen, das eigene Profil weiterzuentwickeln, das als Alternative zu linken oder rechten politischen Programmen hätte wirksam werden können. Fraglos hatten die liberalen politischen Gruppierungen weitgehend vor der Herausforderung des Nationalsozialismus kapituliert. Weil im Niedergang des politischen Liberalismus «eine Anpassungsbereitschaft an die neuen Machthaber zu erkennen (war), die die Grenze des liberalen Selbstverständnisses nicht nur erreichte, sondern überschritt»,[396] ist vielfach angezweifelt worden, ob der Liberalismus in der Lage sein konnte, gegen den Nationalsozialismus überhaupt standzuhalten, ja ob nicht vielmehr hier von einem «explizit antiliberalen Grundzug» innerhalb des liberalen Lagers gesprochen werden müsse.[397] Tatsächlich hatte Robert Boschs resignative Grundstimmung nach der «Machtergreifung» ganz wesentlich auf dem Eindruck beruht, der Niedergang der Demokratie sei durch den politischen Liberalismus in keiner Weise eingedämmt worden. Aber auch er war vom liberalen Dilemma des Glaubens an die Unbeirrbarkeit der Vernunft unmittelbar betroffen: Wie viele andere Anhänger der Demokratie klammerte er sich in naiver Verkennung der nationalsozialistischen Revolution noch eine Weile an die Hoffnung, Hitler werde durch die tagespolitischen Realitäten gezwungen werden, seine radikale Orientierung aufzugeben.

Die Frage, «wie Liberale sich in Entscheidungssituationen konkret verhalten haben: ob sie, bildlich gesprochen, die Barrikaden besetzt oder letztlich die Fronten zum NS-Regime hin gewechselt haben»,[398] ist allerdings bis heute nicht erschöpfend behandelt worden. Wenn über das Versagen des Liberalismus nach 1933 geschrieben wird, bezieht sich die Forschung meist auf die Vorgänge der Jahre 1918 bis 1933. Die Beurteilung der Jahre unter dem Nationalsozialismus wirkt dagegen holzschnittartig, weil einschlägige Arbeiten zum Thema, das notgedrungen auch biographisch behandelt werden müßte, ein Desiderat der Forschung sind. Es gibt indessen manche Indizien, die den Thesen von einer vollständigen Kapitulation und Resignation des Liberalismus schlechthin widersprechen, wie bereits die erstaunlich hohe Zahl der das Exil als Ausweg wählenden DDP-Politiker vermittelt. Auch zeigt der Blick auf die Opposition des Kreises um Robert Bosch, wie sich liberale Inseln gegen die totalitäre Versuchung in den Jahren der NS-Diktatur bilden konnten. Solchen liberalen Residuen in der Zeit des Nationalsozialismus sollte in Zukunft größere Beachtung geschenkt werden. Verstanden sich viele Liberale angesichts der Auszehrung ihrer angestammten politischen Parteien in der Zeit existentieller Bedrohung vielleicht gar nicht mehr als Liberale, sondern als Sozialdemokraten oder Christen? Ungeklärt ist beispielsweise auch, in welchem Maß die nationalsozialistische Weltanschauung auf die jüngeren Liberalen, die nicht mehr durch den Liberalismus der Vorkriegszeit geprägt waren, anziehend wirkte und auf welche Weise sich das Verhalten von Rechts- und Linksliberalen unter dem Nationalsozialismus unterschied. Lediglich einige Studien verweisen bislang auf liberale Motivationen, die zur tätigen Opposition gegen

Hitler führten. Der Widerstand der reichsweit operierenden liberalen
Widerstandsgruppe um den Hamburger Kaufmann Hans Robinsohn und
den Berliner Juristen Ernst Strassmann[399] ist beispielsweise jüngst als eine
Form liberaler Opposition gegen den Nationalsozialismus herausgestellt
worden, um jedoch sogleich als die Ausnahme von der Regel bezeichnet zu
werden. Das liberale Programm, das der Unternehmer Robinsohn bereits
im Jahr 1933 in der Denkschrift «Der Nationalsozialismus» niedergelegt
hatte, war linksliberalem Denken verpflichtet: Ablehnung des «Führerwil-
lens» und des nationalsozialistischen «Ganzheitsanspruchs», Abweisung
des Autarkiegedankens, Befürwortung freien Welthandels und die Pflicht
sozialer Verantwortung.[400] Auch die ganz in liberaler Tradition stehenden
Zukunftspläne der Gruppierung, die noch vor dem Kriegsausbruch in einer
weiteren Denkschrift zusammengefaßt wurden und als «eindrucksvolles
Dokument konstruktiven Planens und politischer Vernunft» gelten können,[401] verrieten mit einem ausdrücklichen Hinweis auf die deutsch-französische Zusammenarbeit als Grundlage einer gedeihlichen Existenz in
Europa eine ähnliche geistige Herkunft.[402] Die auffälligen Übereinstimmungen mit den Zielen des Boschkreises sind um so erstaunlicher, als eine
arbeitsfähige Verbindung zwischen dieser etwa 60 Köpfe zählenden Gruppierung und den Stuttgartern niemals zustande kam.

Die nur schwach ausgebildete Verbindung war vornehmlich darin begründet, daß der Widerstand des Boschkreises, wie noch ausführlich zu
schildern sein wird, nach dem «Zellenprinzip» aufgebaut war. Eine Zusammenarbeit hätte beide Oppositionskreise nur unnötig gefährdet; das einzige Positivum wäre die für die praktische Arbeit unerhebliche Erkenntnis
und Bestätigung gewesen, mit den liberalen Überzeugungen nicht ganz
allein gegen Hitler zu stehen.[403] Auf der anderen Seite hat das immer wieder beschriebene Gefühl der Isoliertheit möglicherweise dazu beigetragen,
dem Widerstand den Blick auf das Weiterleben einer liberalen Gedanken-
tradition unter der Oberfläche der nationalsozialistischen Ideologie zu ver-
wehren.

Der Eindruck des Scheiterns des Liberalismus ist zweifellos durch die
nationalsozialistische Politik verstärkt worden, die den Liberalismus als
Inbegriff einer überlebten bürgerlichen Zeit immer noch als einen Hauptfeind bekämpfte. Gerade die süddeutsche Variante des Liberalismus stieß
als regionale Kraft auf vehemente Kritik der «Bewegung». Obwohl das
Wahlergebnis der «Volksabstimmung» im November 1933 das weitverbreitete Ansehen Hitlers in der Bevölkerung spiegelte, verriet ein «Geheimbericht» der württembergischen Politischen Polizei, wie wenig die NSDAP
davon überzeugt war, bereits im Kampf wider die «kritische grüblerische
Bedächtigkeit des Schwaben» gewonnen zu haben. Nicht nur gegen Sozialdemokraten und Kommunisten, sondern auch gegen «Demokraten» sollte
vorgegangen werden, weil auf deren Seite nach Ansicht der Verfasser des
«Geheimberichts» in Schwaben auch weite Teile der Wirtschaft standen.

Die «schlichte Lebensauffassung der Schwaben» habe dazu geführt, daß selbst Wirtschaftskräfte «nie anders als auf demokratisch-parlamentarischen Wegen» Politik betrieben: «Ihre Überreste finden sich daher auch heute in den gleichen Gebieten, in denen sich die anderen liberalistischen Kräfte wieder zu regen beginnen.» Die dem «Geheimbericht» nach zu ziehenden Folgerungen ließen hinsichtlich der Beurteilung mancher Unternehmer und ihrer Ziele bei aller ideologischen Verblendung der Verfasser ein recht gutes Urteilsvermögen erkennen:

«Beachtenswert sind jedoch gerade diese Elemente wegen ihrer *finanziellen Kraft*. Es bestehen zahlreiche Anzeichen dafür, daß von dieser Seite Unternehmungen *finanziert* werden, die zwar nicht ohne weiteres als staatsfeindlich bezeichnet werden können, die sich jedoch in ihrem wesentlichen Sinn gegen den heutigen Staat richten. Hier sind besonders neben einer bestimmten Presse auch gewisse Vereinigungen, Institute und Großverlage im Auge zu behalten, deren Tendenz häufig sehr undurchsichtig ist. (...) Und endlich soll auf das weitverzweigte Netz von *Auslandsverbindungen* hingewiesen werden, die über die Kontore hinaus auch in die großen Privathäuser hineinreichen. Eine erhöhte Aufmerksamkeit wird diesen Kreisen gegenüber deshalb bis auf weiteres nach wie vor besonders notwendig sein.»[404]

Ob die Politische Polizei mit diesen Hinweisen auch Robert Bosch im Visier hatte, ist ungewiß. Das Mißtrauen war jedenfalls berechtigt, weil sich tatsächlich in Stuttgart ein unternehmerischer Widerstandszirkel bildete.

Robert Bosch hatte um sich einen Kreis von Mitarbeitern versammelt, auf die er sich fachlich und politisch verlassen konnte. Boschs charakterliche Eigensinnigkeiten führten nicht unbedingt zu idealen Arbeitsbedingungen: Es gibt genügend Zeugnisse für gelegentliche Ausbrüche und Überreaktionen des Firmenchefs, unter denen er, wenn er diese Unausgeglichenheit erkannte, allerdings selber litt. Der Individualist Bosch, dem servile Anhänger ein Greuel waren, reagierte auf jeglichen Opportunismus empfindlich und sparte nicht mit Tadel, wenn er den Eindruck gewann, ein Mitarbeiter vertrete seine Ansichten nicht deutlich genug.[405]

Seine harte Schule führte dazu, daß in der Führungsetage die Schlüsselpositionen mit Persönlichkeiten besetzt waren, die gegenüber dem Nationalsozialismus innerlich standhielten. Sie bildeten das organisatorische Rückgrat der Widerstandsgruppe, die sich als «Boschkreis» konstituierte. Der Terminus begründet sich dabei keineswegs von selbst: Es ist mit guten Gründen vorgeschlagen worden, statt von Widerstandskreisen besser von Widerstandsnetzen zu sprechen. Die Verbindungen des Widerstands waren keineswegs so stabil, um eine herkömmliche Charakterisierung als «Kreis» nahezulegen, der eine gewisse innere Geschlossenheit voraussetzt. Zudem wäre es ebenso verfehlt anzunehmen, die Führungsspitze von Bosch habe sich zu einem ganz bestimmten Zeitpunkt entschlossen, nun konspirativ gegen den Diktator vorzugehen; dies war vielmehr ein sich über Jahre hinweg vollziehender Prozeß. Wenn im Fall der Männer um Robert Bosch trotzdem an dieser Bezeichnung festgehalten werden soll, dann nicht nur deswegen, weil sich «Boschkreis» allmählich als eine Eigenkennzeichnung eingebürgert hat (wobei allerdings nicht mehr festzustellen war, wann der Begriff aufkam). Vom Boschkreis soll, und hierin liegt die eigentliche Begründung, deswegen gesprochen werden, weil sich eine liberale, soziale und demokratische Runde von Gleichgesinnten zusammenfand, die, geprägt durch das Vorbild Robert Boschs, sich aus dem Unternehmen heraus bemühte, *gemeinsam* den Widerstand gegen die Diktatur zum Erfolg zu führen. Auf der Entscheidungsebene des Konzerns kam es auch deshalb in der Zeit des «Dritten Reiches» kaum zu Veränderungen. Mochte eine mangelnde personelle Fluktuation in normalen Zeiten auch Stagnation mit sich bringen, so war in der Diktatur die Maxime, nur solche leitenden Mitarbeiter zu fördern, die willens waren, in Boschs «Geist» und nach seinen «Grundsätzen»[406] zu arbeiten, gleichsam die Voraussetzung für den Widerstand.

Der gewissermaßen handverlesene Kreis gewährleistete eine außergewöhnliche Kontinuität: Ihn genauer zu definieren fällt schwer, weil er sich kaum in ein gängiges Schema einfügen läßt. Ohnehin wäre es ein Fehlschluß anzunehmen, der «Kreis» habe sich, womöglich in einer größeren Runde, regelmäßig zu Besprechungen getroffen. Das Gegenteil war der Fall: Man besprach sich nur selten und in kleineren Gruppen zu zweit oder zu dritt; manche Beteiligte waren später nicht einmal über das ganze Ausmaß der Regimefeindlichkeit informiert, die sich erst nach einiger Zeit zu einer Verschwörung entwickelte, die den Staatsstreich zum Ziel hatte. Demgegenüber lassen sich die Grenzen des Kreises besser definieren. Zum inneren und eigentlichen Kern zählten neben Robert Bosch und Hans Walz vier weitere Personen: Albrecht Fischer, Paul Hahn, Willy Schloßstein und Theodor Bäuerle. Der Kreis der Mitwisser, die sich bisweilen mit Hilfsdiensten an der Verschwörung beteiligten, läßt sich schon schwerer umgrenzen. Neben den in die Vorgänge eingeweihten Bosch-Direktoren gab es etwa zehn weitere Mitarbeiter, deren Mitwirkung noch im einzelnen zu schildern sein wird.

Von Herkunft und Ausbildung her war der Boschkreis zu disparat, um ihn in eine wie auch immer definierte soziologische «Kohorte» einzuordnen. So wichtig es ist, den Widerstand in überlieferte Wertvorstellungen und kollektive Traditionen einzubetten, so problematisch ist es, unter Verwendung eines Milieubegriffs die spezifische Zusammensetzung des Boschkreises erklären zu wollen. Unter diesem Vorbehalt fallen drei Gemeinsamkeiten des Kreises auf:

Erstens waren alle Beteiligten bei Bosch entweder als langjährige Mitarbeiter (wie Hans Walz, Willy Schloßstein, Albrecht Fischer, Paul Hahn und in gewisser Hinsicht auch Theodor Bäuerle) beschäftigt oder infolge der «Machtergreifung» eingestellt worden.

Zweitens setzte sich der Boschkreis aus Persönlichkeiten zusammen, die ihre politischen Erfahrungen schon in der Kaiserzeit oder in der Weimarer

Republik gemacht hatten, während der Nationalsozialismus einen Großteil der deutschen Jugend auf seiner Seite hatte – die «Bewegung» gebärdete sich im revolutionären Pathos als junge Garde, die das abgelebte demokratische Zeitalter hinwegfegen würde.

Drittens gab es eine signifikante Verbindung zwischen liberalen Überzeugungen und einer kaufmännischen Weltoffenheit. Der Boschkreis rekrutierte sich ausnahmslos aus dem demokratischen Lager; seine Mitglieder entstammten entweder dem Umkreis der DDP oder der DVP. Das liberale Denken implizierte eine klare Absage an staatssozialistische und bolschewistische Auffassungen und korrespondierte mit einer weltpolitischen Aufgeschlossenheit, die wiederum für ein exportorientiertes Unternehmen nicht ungewöhnlich war.

Robert Bosch hatte bereits gegen Ende des 19. Jahrhunderts seine ersten angloamerikanischen Erfahrungen gemacht, die Mitglieder des Boschkreises und des Bosch-Direktoriums sprachen Englisch und Französisch und konnten meist auf längere Arbeitsaufenthalte im Ausland zurückblicken: Durch ihre Erfahrungen waren sie «Kosmopoliten», die mit den Weltmärkten und ihren Bedingungen vertraut waren. Das Gespür für die Befindlichkeiten und Sensibilitäten anderer Nationen ging mit der Absage an provinzielle Enge einher: Das Verständnis für die Besorgnisse und Besonderheiten anderer Völker wirkte einer gefährlichen Selbstreferenz entgegen. Der bereits erwähnte, vom Nationalökonomen Werner Sombart 1915 in der kriegerischen Auseinandersetzung geprägte Gegensatz zwischen «Händlern» und «Helden», der den Briten die Krämerseele unterstellte und den Deutschen heldischen Geist bescheinigte, hatte zwar einen nachhaltigen Einfluß auf das konservative Denken in Deutschland, stand jedoch im diametralen Gegensatz zum Denken des Boschkreises.

Die freihändlerischen Traditionen lassen sich geradezu idealtypisch bei dem Direktoriumsmitglied Hermann Fellmeth nachzeichnen. Fellmeth war bereits seit 1906 bei Bosch tätig. Er hatte viele Jahre eine führende Position in der französischen Auslandsorganisation eingenommen und galt als besonnener Kaufmann, dessen Erfahrungen ihn in der Zwischenkriegszeit für die schwierigen Verhandlungen des Wiedererwerbs des Auslandsgeschäfts prädestiniert hatten. Seit 1937 ordentlicher Geschäftsführer, leitete er aus seiner Kenntnis des Weltmarktes die Notwendigkeit eines friedlichen Handels ab. Die Verwendung in Frankreich und weitere Europa- und Amerikaaufenthalte hatten ihn gegen einen engstirnigen Nationalismus immunisiert. Die Einsicht in die fatalen Folgen einer «falschen deutschen Selbstüberschätzung» hatte ihn schon früh zu einem entschiedenen Befürworter der Völkerverständigung werden lassen.[407] Noch wenige Monate vor der «Machtergreifung» war er zusammen mit Richard Heilner auf dem Paneuropa-Kongreß in Basel gewesen.[408]

Eine Sonderstellung hatte Willy Schloßstein inne. Er war seit vielen Jahren einer der engsten Mitarbeiter Robert Boschs. Als Leiter des Privat-

*Hermann Fellmeth war als langjähriger Kenner des
Bosch-Auslandsgeschäfts von der Notwendigkeit eines friedlichen
Ausgleichs der europäischen Gegensätze überzeugt.*

sekretariats (der Firmengründer verwaltete eine ganze Reihe wichtiger
Aufgaben über das Büro) bildete er in mancher Hinsicht die Brücke zwischen Robert Bosch und dem Unternehmen. Aus einer SPD-nahen Hand-
werkerfamilie stammend, hatte er den mittleren Justizdienst durchlaufen
und war seit 1920 unter Hans Walz und im Privatsekretariat tätig. Als dieser in die Konzernspitze wechselte, wurde er als Walz' rechte Hand im
Zuge eines größeren Revirements zu Anfang 1927 selbst Chef dieses ver-
antwortungsvollen Amtes.[409] Mit Hans Walz blieb er freundschaftlich ver-

bunden. Wie diesem war auch Schloßstein aus finanziellen Gründen eine akademische Ausbildung verwehrt geblieben. Auch christliche Gemeinsamkeiten erleichterten den politisch-menschlichen Gleichklang. Schloßstein gehörte der Freien evangelischen Gemeinde Stuttgart an. Durch seine Heirat mit einer «Halbjüdin» aus einer Stuttgarter Geschäftsfamilie wurde er zudem schon früh auf die nationalsozialistischen Gefahren aufmerksam. So wie Bosch mit seinen vielfältigen zu verwaltenden Interessen in Walz einen Mitarbeiter gefunden hatte, dem er uneingeschränktes Vertrauen schenkte, verstand es auch Schloßstein, die gelegentlichen Temperamentsausbrüche seines Chefs geschickt zu dämpfen. Robert Bosch lernte diese Fähigkeit schnell zu schätzen, so daß Schloßstein seit Ende der zwanziger Jahre fast täglich mit Bosch zusammenkam.[410] Im Privatsekretariat wurde Felix Olpp Schloßsteins engster Mitarbeiter, auf dessen politische Zuverlässigkeit er sich verlassen konnte.[411]

Über die Umstände der Beschäftigung von Carl Goerdeler bei Bosch sind wir aus mehreren Quellen informiert. Albrecht Fischer gab im Verlauf seiner Vernehmungen durch die Gestapo nach seiner Verhaftung im Zusammenhang mit dem 20. Juli 1944 Auskunft:

«Die Firma hatte das Bedürfnis einen geeigneten Mann zu finden, der mit den Berliner höheren Amtsstellen gut bekannt ist, und in der Lage wäre, gegenüber diesen Stellen die Vertretung der Firma in einzelnen Fällen zu übernehmen. Da die Firma von dem Freiwerden des Herrn Dr. Gördeler von seinem bisherigen Posten als Oberbürgermeister in Leipzig gehört hatte, so ist sie an ihn herangetreten, und die Verhandlungen führten dazu, daß Herr Dr. Gördeler seitdem für die Firma Bosch in dieser Weise tätig ist.»[412]

Auch Goerdeler nannte in seinen Verhören das wirtschaftliche Wohlergehen der Firma als ausschlaggebenden Grund für seine Indienstnahme. Die häufigen Stuttgarter Besuche erklärte er damit, Robert Bosch habe «ein Interesse an den Ergebnissen meiner Auslandsreisen» gehabt und ihn gebeten, «seinen Konzern wirtschaftlich zu beraten und dem Vorstand bei schwierigen Verhandlungen in Berlin und im Ausland zur Seite zu stehen».[413]

Fischer und Goerdeler mußten, als sie diese Angaben machten, als vom Tode bedrohte Mitverschwörer möglichst harmlose Beweggründe für die Beschäftigung Goerdelers vorbringen. Ihre Ausführungen vor der Gestapo waren dabei in der Sache noch nicht einmal falsch, aber mit den angeführten *wirtschaftlichen* Motiven unterschlugen sie bewußt die ganz wesentliche Tatsache, daß die Partner vor dem Vertragsabschluß in ihrer Gegnerschaft zu Hitler eine gemeinsame *politische* Basis gefunden hatten.

1936/1937 herrschte in Stuttgart eine Stimmung der Ratlosigkeit. Das erwartete und von manchen wirtschaftlichen Experten vorausgesagte «Abwirtschaften» des nationalsozialistischen Systems war nicht eingetreten. Im Gegenteil: Hitler saß fester als je im Sattel und errang einen außenpolitischen Erfolg nach dem anderen, während die politischen Nachrichten aus Berlin die Sorge vor einem Krieg wachsen ließen. Robert Bosch befand sich zeitweise in einer resignativen, ja beinahe depressiven Stimmung.[414] Die vage aufrechterhaltene Hoffnung auf die Verständigung mit Frankreich war inzwischen durch den erratisch erscheinenden außenpolitischen Kurs Hitlers, den Robert Bosch sich nicht erklären konnte, in weite Ferne gerückt.

In dieser entmutigenden Lage trat Carl Goerdeler in den Kreis des schwäbischen Unternehmers. Die Frage beantworten zu wollen, wer bei dieser schicksalhaften Annäherung – Goerdeler oder Bosch – letztlich die treibende Kraft war, würde in die Irre führen. Die Bestallung Goerdelers erfolgte in einem sich über mehrere Monate hinziehenden Prozeß des vorsichtigen Aufeinanderzubewegens, der erst mit der vertraglichen Festlegung des beruflichen Verhältnisses seinen Abschluß fand. Die Gründe für eine verhältnismäßig lange Phase der Unentschiedenheit, die von Mitte 1936 bis Mitte 1937 dauerte, sind vielschichtig. Sie waren wesentlich in der Tatsache begründet, daß Goerdeler selbst noch viele Monate andere berufliche Möglichkeiten ventilierte, ehe er für Robert Bosch und Stuttgart optierte. Robert Bosch war auf der anderen Seite nicht der Mann, der ungeprüft einem ihm noch weitgehend Unbekannten eine verantwortungsvolle Aufgabe leichtfertig überantworten wollte.

Es ist bereits darauf hingewiesen worden, daß man sich in Stuttgart schon seit einiger Zeit darüber Gedanken machte, wie das Unternehmen in Berlin am besten vertreten und auf welche Weise die seit der «Machtergreifung» zunehmend unbefriedigende Informationssituation verbessert werden konnte. Goerdeler war ein durch seine kommunalen Erfahrungen auch in Wirtschaftsfragen versierter Experte mit politischem Sachverstand. Ebenso wichtig war, daß er ein unabhängiger Nicht-Nationalsozialist war, von dem erwartet werden konnte, die Interessen des Unternehmens angemessen zu berücksichtigen und nicht in nationalsozialistisches Fahrwasser abzudriften. Von «Widerstand» war zunächst noch nicht die Rede, obwohl diese Entwicklung in seiner Anstellung bei Bosch gleichsam angelegt war.

Der 1884 geborene Jurist und Kommunalpolitiker Carl Goerdeler war während der Weimarer Jahre in pointierter Distanz zur Demokratie geblieben. Seit 1920 als zweiter Bürgermeister von Königsberg und seit 1930 als Oberbürgermeister von Leipzig hatte er sich in der Weimarer Republik im Gegensatz zu Bosch nie heimisch gefühlt. Er hing noch manchen Idealen einer vorindustriellen und vordemokratischen Gesellschaftsordnung an und blieb auch nach dem Umbruch des Jahres 1918 der Ideenwelt des 19. Jahrhunderts und dem vermeintlichen Idyll der Hohenzollernmonarchie verbunden. Aber es wäre zu einfach, ihn holzschnittartig als einen rückwärtsgewandten und unbelehrbaren Verfechter des «alten Deutschland» zu zeichnen. Seit dem Erscheinen des Werks von Gerhard Ritter, das Goerdeler umfassend als einen Liberalkonservativen zeichnete, sind zwar

*Willy Schloßstein, Privatsekretär von Robert Bosch,
enger Mitarbeiter von Hans Walz und wichtiger
Verbindungsmann Carl Goerdelers.*

immer wieder skeptische Anmerkungen zum politischen Standort Goerdelers gemacht worden, aber abgesehen von einer neueren Arbeit sind stets
lediglich die Desiderate der Forschung beklagt worden, ohne daß eine ausführliche Studie die thesenartigen Neubewertungen hätte archivalisch
untermauern können. Da auch die vorliegende Studie die Ansichten Ritters
im wesentlichen bestätigen kann, bleibt das Goerdeler-Bild, das Ritter
schon 1954 aus eigener Kenntnis gezeichnet hat, der beste Ausgangspunkt

zum Verständnis des Widerstandskämpfers.[415] Während Robert Bosch in
den letzten Monaten der Weimarer Republik noch die Bemühungen des
linken Flügels der Staatspartei zur Schaffung einer breiteren Basis bis hin
zur Sozialdemokratie favorisiert hatte, hatte sich Goerdeler, auf der anderen Seite des bürgerlichen Spektrums stehend, der Mitarbeit an ähnlichen
Versuchen der DNVP versagt, eine rechtsgerichtete «Mittelpartei» zu
schaffen, weil diese Bestrebungen gegen Hugenberg zielten.[416]

In jener Zeit waren sich Bosch und Goerdeler das erste Mal persönlich
begegnet. Bezeichnenderweise vertraten beide bei jener Gelegenheit, einem
Vortrag Goerdelers über die Beseitigung der Arbeitslosigkeit im Jahr 1932,
ganz unterschiedliche Auffassungen über die Lösung des drängenden Problems. Die gegensätzlichen Wege zur Bekämpfung der Arbeitslosigkeit, die
empfohlen wurden, müssen an dieser Stelle nicht im einzelnen referiert
werden. Im Kern hatte Goerdeler, der kurz zuvor von Reichskanzler Brüning zum Reichskommissar für Preisüberwachung ernannt worden war,
für einen breiten staatlichen Aktionsplan geworben: Durch ein Beschäfti-
gungsprogramm, die Verlängerung der Arbeitszeit bei unveränderter Entlohnung, eine rigorose Sparpolitik und die Schaffung eines Arbeitsdienstes
sollte der Arbeitslosigkeit zu Leibe gerückt werden.[417] Das war allerdings
ein Konzept, das Robert Bosch als etatistisch und zu planwirtschaftlich
vorkommen mußte. Goerdelers Pan der Deflationspolitik war wirtschaftlich «relativ überholt»,[418] und schon Gerhard Ritter hat darauf hingewiesen, daß seine sozialpolitischen Vorstellungen in entscheidenden Fragen
geradezu lebensfremd waren.[419] Goerdeler fehlte der praktische unternehmerische Weitblick, der Robert Bosch und seinen Mitarbeiterkreis nach
jahrzehntelanger Erfahrung auszeichnete.

Beide hatten in ihrem Vertrauen auf die politische Vernunft ihre jeweiligen Pläne unabhängig voneinander im April 1932 der Reichsregierung vorgelegt. Vergleicht man die beiden Denkschriften, so werden auch hier die
Auffassungsunterschiede deutlich: Denn während Robert Boschs Schrift in
einer vielleicht weniger von theoretischer Fachkenntnis gekennzeichneten
Argumentation in letzter Konsequenz optimistisch auf die Chancen einer
politisch-ökonomischen Wende verwies, blieb die Denkschrift Goerdelers
von ungleich größerem Pessimismus durchdrungen, der auch Ausdruck
einer weitverbreiteten Republikmüdigkeit war.

Diese im Atmosphärischen spürbaren Divergenzen verrieten letztlich
ebensoviel über Bosch und Goerdeler als politische Persönlichkeiten wie
die unterschiedlichen Rezepte für eine Gesundung der Wirtschaft. Robert
Bosch setzte als optimistischer Unternehmer auf die menschliche und technische Zukunft, während Goerdeler der immer stärker um sich greifenden
Krisenstimmung bereits erlegen war. Zwar erfaßte auch Robert Bosch in
jenen Monaten bisweilen Mutlosigkeit. Aber sein ungebrochener Fortschrittsoptimismus stand in scharfem Kontrast zu Goerdelers mitunter kalter Kritik an den Verhältnissen von Weimar. Dieser Unterschied zwischen

*Carl Goerdeler war die treibende Kraft der «Zivilisten» im
Widerstand gegen Hitler und nutzte seit 1937 die Anstellung
bei Robert Bosch, um auf Hitlers Sturz hinzuarbeiten.*

dem Demokraten und dem Nationalkonservativen wirft die berechtigte
Frage auf, ob Goerdeler, wie «viele seiner späteren Gefährten im Widerstand, den Weimarer Staat allzu leichtsinnig abschrieb und so das Seine zu
seiner Schwächung beigetragen hat»,[420] eine Frage, die sich Goerdeler im
Gespräch mit Walz im übrigen später selbst gestellt hat.

In den Monaten nach der «Machtergreifung» war die Verbindung zwischen Bosch und Goerdeler zunächst eingeschlafen. Sie hatten sich in Stuttgart und Leipzig den Anfeindungen der örtlichen NSDAP-Größen zu stellen. Es ist wiederum bezeichnend, daß sich beide bisweilen des Eindrucks

nicht erwehren konnten, nicht im Diktator selbst, sondern in diesen scheinbar unkontrolliert waltenden Vizekönigen des Nationalsozialismus ihre
eigentlichen Gegner gefunden zu haben.[421] Goerdeler, der als einer der
wenigen großstädtischen Oberbürgermeister im Amt blieb, versuchte eine
Zeitlang, von innen heraus den Nationalsozialismus zu reformieren, unter
anderem indem er Hitler seine Vorstellungen einer vernünftigen Finanz-
und Wirtschaftspolitik in Denkschriften nahezubringen versuchte.

Freilich, der nationalsozialistische Kurs, der ihn auch in einen scharfen
Gegensatz zu Hjalmar Schacht und dessen Kreditpolitik brachte, führte
bald zur Wiederaufnahme der Verbindung zu den Stuttgartern. In den Jahren 1934 und 1935 suchte Albrecht Fischer Goerdeler, der von Hitler im
November 1934 erneut zum Reichskommissar für Preisüberwachung
ernannt worden war, mehrmals in Berlin und Leipzig zur Diskussion preis-
politischer Fragen auf.[422] Zu dieser Zeit dachte Goerdeler schon, wie ein
Vertrauter notierte, «über die Gesamtlage Deutschlands überaus pessimistisch».[423]

Albrecht Fischer war erst kurz zuvor in den engeren Mitarbeiterkreis
von Robert Bosch gestoßen. Angesichts der mannigfachen ungelösten Fragen über das zukünftige soziale Klima unter Hitler war er zweifellos eine
gute Wahl. Der 1877 geborene Württemberger konnte auf eine reiche
Erfahrung im Verbandswesen zurückblicken, die häufig das schwierige
Verhältnis zwischen Arbeitern und Unternehmern berührt hatte. Nach
dem Abitur hatte er an der Technischen Hochschule Stuttgart Chemie studiert, dort sein Diplom erworben und bis kurz nach dem Ersten Weltkrieg
im Staatlichen Gewerbeaufsichtsamt in Stuttgart seinen Dienst als «Baurat»
versehen – ein Titel den er zeitlebens dem Diplom vorzog. Nach dem Krieg
war er zunächst als Geschäftsführer des Verbandes Württembergischer
Metallindustrieller tätig und wurde später Geschäftsführer der Vereinigung
Württembergischer Arbeitgeberverbände. Im Rahmen dieser Verbands-
arbeit war er Ende der zwanziger Jahre auf einigen wirtschaftspolitischen
Tagungen Goerdeler begegnet, der an diesen Konferenzen als Mitglied im
Deutschen Städtetag und als Vorsitzender der kommunalen Arbeitgeberverbände teilgenommen hatte. Fischer und der einige Jahre jüngere Goerdeler waren politisch durchaus gegensätzlich orientiert, hatten sich aber
sachlich in wirtschaftspolitischen Fragen stets einigen können. Auch das
war ein Hinweis auf die Fähigkeit Goerdelers, zu erkennen, daß sich das
Rad der Zeit nicht mehr zurückdrehen lassen würde.

Fischer, DVP-Mitglied in den Weimarer Jahren, galt als gemäßigter Wirtschaftsliberaler. Im Gegensatz zu den «Vernunftrepublikanern» war er ein
entschiedener Verfechter der Demokratie. Schon in den Jahren vor dem
Ersten Weltkrieg hatte er mit sozialpolitischem Gespür vermittelnde Positionen zwischen Arbeitgebern und Gewerkschaften vertreten und, ähnlich
wie Robert Bosch, den Ausgleich mit den Sozialdemokraten angemahnt.
Robert Bosch war er entsprechend schon 1928 als «sehr tüchtige(r)

Geschäftsführer» des Metallindustriellenverbandes aufgefallen.[424] Von der NSDAP hielt sich Fischer bewußt fern,[425] und die DAF betrachtete er als eine politische Kaderorganisation, die der Aufgabe eines vernünftigen Ausgleichs zwischen Arbeitnehmer- und Unternehmerinteressen nicht gerecht werde. Verächtlich und in der Sache dennoch treffend charakterisierten die Gestapo-Ermittler später den politischen Werdegang und die Einstellung Fischers entsprechend als «entwicklungsgemäß stockliberalistisch».[426] Die von der Gestapo bemängelte «vollkommen liberalistisch-kapitalistische Anschauung» führte dazu, daß Fischer «vom Nationalsozialismus völlig unberührt» blieb.[427] Bis zur «Gleichschaltung» der Industrieverbände im Juni 1934 als Geschäftsführer des württembergischen Metallindustriellenverbandes tätig, war es für ihn unter politisch-wirtschaftlichen Aspekten naheliegend, im Zeichen der spürbaren Verunsicherung der Unternehmensführung über den politischen Kurs Hitlers, für Robert Bosch zu arbeiten: Fischer fand als Leiter des Büros für Wirtschaftspolitik bei Bosch eine Anstellung, die er bis zu seiner Verhaftung am 21. Juli 1944 innehatte.

Die meist in Berlin stattfindenden Erörterungen zwischen Fischer und Goerdeler führten schließlich dazu, daß Goerdeler gelegentlich Theodor Bäuerle bat, eine Unterredung mit den «Herren der Firma Bosch» zu vermitteln.[428] Goerdeler kannte Fischer noch nicht gut genug und wollte lieber einen vertrauten Weg einschlagen. Der Pädagoge Bäuerle war von Bosch seit langer Zeit mit der Leitung von Institutionen betraut, die sich der Volksbildung widmeten.[429] Boschs Interesse an diesen Einrichtungen wäre in unserem Zusammenhang nebensächlich, wenn nicht der Nationalsozialismus allen volkspädagogischen Bestrebungen Bäuerles ein Ende bereitet hätte. Die demokratisch-aufklärerischen Erziehungsideale kollidierten zwangsläufig mit dem nationalsozialistischen System, das gegen die humanistischen Bildungsideale eine nationale Kampf- und Schicksalsgemeinschaft aufbauen wollte.[430] In den Vorstand des «Vereins zur Förderung der Volksbildung» mußten Nationalsozialisten aufgenommen werden, und die jüdischen Lehrer sahen sich Repressalien ausgesetzt.[431]

Die erzieherischen Rezepte Bäuerles, mochten sie auch mit ihrem bürgerlichen Anstrich als altbacken erscheinen, enthüllten gerade angesichts der totalitären Herausforderung ihre zeitgemäßen Züge. Boschs optimistische Einstellung hatte einst in einer Feststellung Ausdruck gefunden, die heute wie eine frühe Beschwörung der Kräfte gegen mögliche Willkür wirkt. Eine richtig verstandene Bildung, so Bosch, erlaube es einem Volk, sich nicht nur «wirtschaftlich zu behaupten, sondern gibt ihm auch die Fähigkeit, politisch richtig zu handeln und Irrlehren als solche zu erkennen».[432] Der Konflikt zwischen dem Verein und dem nationalsozialistischen Staat hatte sich in den bekannten Bahnen einer Zermürbungstaktik vollzogen, die Vorwürfe angeblicher Korruption und finanzieller Unregelmäßigkeiten mit massiven polizeilichen Drohungen kombinierte. Als Walz bei Gauleiter Murr vorgesprochen hatte, um Theodor Bäuerle im Namen

Albrecht Fischer auf einem Photo aus dem Jahr 1946.
Zusammen mit Hans Walz und Willy Schloßstein war er an
fast allen Verschwörungsaktivitäten beteiligt und wurde als
erster im Boschkreis noch in der Nacht nach dem
mißlungenen Staatsstreich von der Gestapo verhaftet.

Boschs zu verteidigen, hatte er lediglich erfahren, daß bei den Nationalsozialisten «eine Aversion» gegen Bäuerle vorhanden sei.[433] Nach einem weiteren Streit mit der Gauleitung kündigte Bosch die Auflösung des «Vereins zur Förderung der Volksbildung» an und verband dies mit einer Ehrenerklärung für Bäuerle.[434] Aufgrund der «Unmöglichkeit der Weiterführung» legte er auf der letzten Mitgliederversammlung im Juli 1936 in einer bewegenden Sitzung sein Amt nieder.[435]

Der Pädagoge Theodor Bäuerle wurde im «Dritten Reich» ein geistiger Rückhalt des Boschkreises und führte Carl Goerdeler in das Netz der Stuttgarter Verschwörer ein.

In dieser angespannten Atmosphäre erfolgten durch die Vermittlung Bäuerles die ersten Schritte Goerdelers nach Stuttgart, die zunächst kaum mehr als tastende Versuche ohne festes Ziel waren.[436] Dessen Bekanntschaft mit Bäuerle datierte bereits aus den zwanziger Jahren, als man sich bei Verhandlungen über das Volksschulwesen begegnet war. Goerdeler hatte im April 1932 dem damaligen Reichskanzler Brüning vorgeschlagen, Bäuerle als «wertvolle und erfahrene Kraft» mit der Organisation des freiwilligen sozialen Arbeitsdienstes zu beauftragen.[437] Aus diesem Vorhaben war nichts geworden: Ganz im Gegenteil hatte sich Bäuerle für seine Aktivitäten von den Nationalsozialisten als «Marxist und Pazifist» beschimpfen lassen müssen.[438] In den folgenden Jahren hatte er als vielfach Angefeindeter die Verbindung zu Goerdeler aufrechterhalten und im Rahmen seiner Leipzigbesuche stets die Gelegenheit zu einem Besuch beim Oberbürgermeister genutzt.

Man würde diese Abstecher mißdeuten, interpretierte man sie bereits als «Sondierungen» für eine Beschäftigung bei Bosch. Sie waren eher zwanglose Unterhaltungen, die politische Fragen gleichwohl nicht aussparten. Goerdelers Anregung, einmal mit den Stuttgartern zusammenzukommen, wurde dankbar aufgegriffen: Hans Walz war ja gelegentlich von Eugen Diesel auf die politische Einstellung Goerdelers aufmerksam gemacht worden.

Bäuerle wiederum hätte die Verbindung zwischen Robert Bosch, Hans Walz und Carl Goerdeler gar nicht erst angeknüpft, wenn er sich über die politische Grundhaltung Goerdelers «nicht vollkommen im Klaren gewesen» wäre.[439] Goerdeler wiederum wußte von der reservierten Haltung Robert Boschs gegenüber den nationalsozialistischen Machthabern. Aus einem Brief Robert Boschs an Bäuerle aus dem August 1936 geht allerdings hervor, daß Goerdeler bis dahin über den Stuttgarter Unternehmer noch nicht viel gewußt haben kann und ihn gar mit Carl Bosch verwechselt hatte.[440] An einer Verbindung mit den süddeutschen Industriellen war er um so mehr interessiert, als er immer klarer sah, daß Hitlers Politik zu einem Krieg führen werde.[441]

Allerdings verfügten die unmittelbar in Verbindung mit Goerdeler Stehenden – der soeben erst bei Bosch eingetretene Albrecht Fischer und der in die Unternehmenshierarchie nicht fest eingebundene Theodor Bäuerle – kaum über genügend Autorität, die Bemühungen auf eigene Faust voranzutreiben. So lag es fast in der Natur der Sache, durch den «Betriebsführer» Hans Walz auf einer Reise nach Leipzig im Sommer 1936 eine erste ausführliche und gewissermaßen autorisierte Fühlungnahme zu arrangieren. Im Vorfeld ließ sich das grundsätzliche Einverständnis mit Robert Bosch klären, weil der Unternehmensgründer durch Bäuerle und Eugen Diesel[442] über die regimekritische Haltung Goerdelers unterrichtet war. In Leipzig sprach Walz zunächst allein mit Goerdeler, anschließend wurden Fischer und Bäuerle hinzugezogen.[443] Schon im Verlauf jenes ersten Treffens kam es zu Überlegungen über mögliche Wege einer Beendigung des NS-Regimes.[444]

Die Erfahrung des nun wieder einmal Optimismus ausstrahlenden Goerdeler wirkte auch deshalb belebend, weil die Stuttgarter in dem Oberbürgermeister einen «Gesinnungsgenossen» kennenlernten, der aufgrund der Entwicklung des öffentlichen Lebens in Deutschland die eigenen Besorgnisse teilte:[445]

«Die Unterredung ergab volle Übereinstimmung in allen wesentlichen Punkten, vor allem in der Erkenntnis, daß, sollte einer Fortsetzung der unheilvollen Politik Hitlers Einhalt geboten und sollte eine verderbliche Entwicklung für Deutschland wie für die übrige Welt hintangehalten werden, das nationalsozialistische Regime unbedingt beseitigt werden müsse. Wir waren uns weiter einig in dem Bewußtsein, daß ohne die Unterstützung bewaffneter Kräftegruppen aus der Wehrmacht jede Erhebung gegen das herrschende System mit allen Mitteln einer skrupellos gebrauchten Macht und Propaganda im Keime erstickt werden würde. (...) Es wurde abgesprochen, daß nicht allein in zivilen, sondern auch in militärischen Kreisen für den Gedanken eines Staatsstreichs geworben werden müsse. Goerdeler hatte gewisse Beziehungen zu militärisch ausschlaggebenden Persönlichkeiten bereits angeknüpft und erklärte sich bereit, sie weiter auszubauen.»[446]

Carl Goerdeler stand bei dieser ersten «tour d'horizon» mit den Abgesandten des Boschkreises noch unter dem Eindruck des Zusammentreffens mit dem gerade zum Generalstabschef des Heeres ernannten Ludwig Beck, dem er kurz zuvor das erste Mal begegnet war.[447] Mit Beck schien eine realistische Möglichkeit gefunden zu sein, durch den Druck des Militärs das nationalsozialistische System zu Fall zu bringen, war es doch in erster Linie der militärische Widerstand, der das Regime stürzen konnte.[448]

Die Überzeugung Goerdelers, maßgebliche Teile der Generalität seien von der Schädlichkeit des nationalsozialistischen Systems überzeugt, wurde von den Stuttgartern dagegen mit Mißtrauen quittiert. Walz, dem das Militärische aus christlichem Selbstverständnis fremd war, vertrat mit Blick auf die moralische Integrität des Offizierskorps und die preußisch-deutschen Traditionen einen weitaus kritischeren Standpunkt. Sein harsches späteres Urteil verliert selbst dann nicht an Gewicht, wenn man in Rechnung stellt, daß seine Einschätzung durch die Erfahrung der langjährigen Passivität der militärischen Regimegegner im «Dritten Reich» eine stark subjektive Färbung erhielt, die Mitte der dreißiger Jahre möglicherweise weniger negativ ausgeprägt gewesen sein mag. Er sei «von Anfang an weniger optimistisch in der Frage einer aktiv-ausschlaggebenden Beteiligung militärischer Befehlshaber an dem vorgesehenen Aufstandsunternehmen» gewesen, weil er «der hohen preußisch-deutschen Generalität zwar einen bis zur passiven Aufopferung der eigenen Persönlichkeit reichenden Gehorsam, aber keine auf Grund charaktervoller Entscheidung freigewählte eigenverantwortliche Handlungsweise» zugetraut habe.[449]

Vor allem hinsichtlich der jüngeren Offiziere war Walz ausgesprochen mißtrauisch. Nicht zu Unrecht hielt er sie für nazifiziert, bestenfalls indifferent, auf jeden Fall jedoch «undurchsichtig in der Meinungsäußerung». Beck nahm er von solchen Beurteilungen jedoch ausdrücklich aus. Weil Beck wahrscheinlich später, durch die Verbindung Goerdelers zu Robert Bosch, «einen tieferen Einblick in die weltwirtschaftlichen Probleme» gewann,[450] ist es angebracht, das nach wie vor schwankende Bild Becks in der Geschichte des Widerstands neu zu beleuchten. Der Boschkreis akzeptierte im übrigen, daß Goerdeler bei seinen Annäherungen an Beck gewisse taktische Rücksichten mit Blick auf dessen politische Ansichten walten lassen mußte.[451] Beck war ein Offizier, der reflektierend den Ungehorsam als Pflicht vorwegnahm, als er in einer Vortragsnotiz für den Oberbefehlshaber des Heeres im Sommer 1938 bemerkte: «Es stehen hier letzte Entscheidungen für den Bestand der Nation auf dem Spiel; die Geschichte wird diese Führer mit einer Blutschuld belasten, wenn sie nicht nach ihrem fachlichen und staatspolitischen Gewissen handeln. Ihr soldatischer Gehorsam hat da eine Grenze, wo ihr Wissen, ihr Gewissen und ihre Verantwortung die Ausführung eines Befehls verbietet.»[452]

Die Bosch-Abgesandten erlangten schon bei ihrer ersten Begegnung mit Goerdeler, die man angesichts des Themenspektrums mit Fug und Recht als konspirativ charakterisieren kann, umfassende Kenntnis von der Energie des Oberbürgermeisters. Von anfänglichem Zögern und einer abwartenden Haltung gegenüber dem nationalsozialistischen System, von dem Versuch, den vermeintlichen Irrweg des Regimes korrigieren zu können, war nichts zu spüren: Goerdeler, der gegenüber dem österreichisch-schweizerischen Nationalökonomen Felix Somary die Nationalsozialisten schon im März 1933 als «Verbrecher» bezeichnet hatte,[453] hatte die letzten Brücken zum Nationalsozialismus abgebrochen und den Weg zur aktiven Opposition gefunden. Keineswegs war er jedenfalls ein «Systemträger», der nun in einem komplizierten Prozeß zu einem «Systemgegner» geworden wäre. Goerdeler war nie Nationalsozialist, und man verkennt das ganze Ausmaß seiner Desillusionierung, wenn man lediglich das offizielle Schriftgut, die offiziösen Denkschriften und Publikationen zur Kenntnis nimmt. Wer positivistisch nur diesen offiziellen Verlautbarungen des Jahres 1936 Beachtung schenkt, verkennt die Notwendigkeit, unter dem Totalitarismus bisweilen doppelzüngig argumentieren zu müssen. Während Goerdeler in der Öffentlichkeit und im amtlichen Schriftwechsel, bisweilen auch noch im persönlichen Verkehr, Rücksicht auf seine offizielle Stellung zu nehmen hatte, verrieten die Gespräche mit Walz, Bäuerle und Fischer seine wahre Einstellung.

Der Leipziger Meinungsaustausch war ein Lackmustest auf die politische Haltung des Oberbürgermeisters. Wirtschafts- und betriebspolitische Angelegenheiten fanden in dieser und auch in den späteren Beratungen mit Goerdeler nur am Rande Erwähnung. Ein konkretes Ergebnis dieser ersten «Sondierung» für eine Verwendung im Haus Bosch war der von Goerdeler angeregte Versuch, durch eine Demarche prominenter Industrieller den Reichskriegsminister und Oberbefehlshaber der Wehrmacht, Generaloberst Werner von Blomberg, vom Risiko einer forcierten deutschen Rüstung zu überzeugen. Blomberg galt als Verfechter eines euroasiatischen Wirtschaftsblocks gegen die anglo-amerikanischen Mächte.[454] Als Befürworter einer wirtschaftlichen Absicherung der Aufrüstung hatte er im Juni 1934 die «Alarmrufe der Wirtschaft» durch eine beruhigende Denkschrift beantwortet. Da seiner Frankreichpolitik geradezu «romantische Züge» anhafteten,[455] schien ein Hebel gefunden, Hitlers Kriegskurs zu konterkarieren. Dies galt auch für Oberst Georg Thomas, den Chef des Wehrwirtschaftsamtes. Dieser war zwar nationalkonservativ eingestellt, aber Hermann Bücher, der Vorstandsvorsitzende der AEG, und Paul Reusch hatten den Boschkreis über einen guten Draht zwischen Thomas und Blomberg informiert. Bücher, der ein internationales Abkommen zur Rüstungsbeschränkung propagierte, hatte schon 1935 den Eindruck gewonnen, «daß Herr Thomas sich mit Ernst bemüht, die großen Wirtschaftsfragen, die uns alle beschäftigen, zu verstehen und zu untersuchen»,[456] auch dies ein verklausulierter Hinweis auf eine Gegenströmung zum Kriegskurs.

Auf die Anregung Goerdelers hin wollten die Stuttgarter den Kriegsminister mit politischen und wirtschaftlichen Begründungen vor Rüstungs-

maßnahmen warnen, die «notwendigerweise zu einem Krieg» führen mußten. Um in dieser Angelegenheit die gewichtigen Argumente mit möglichst
hoher Autorität vorzutragen, führte Bosch persönlich, nach vorheriger
Absprache mit Hans Walz, eine Begegnung mit Blomberg herbei. Dabei
konnte er auf die Dienste Fischers zurückgreifen, der Blomberg noch aus
der Zeit kannte, als dieser Chef des Stabs der 5. Division war. Die Berliner
Zusammenkunft zwischen Bosch und Blomberg am 16. September 1936, an
der auch Albrecht Fischer teilnahm, verlief ernüchternd.[457] Blomberg ließ
Bosch – so war dessen Eindruck – «einfach abfahren» und gab zu erkennen,
es sei seine Aufgabe, die Befehle des Führers zu verwirklichen. Der ergeb-
nislose Verlauf der Besprechung bot Hans Walz und Willy Schloßstein
Anlaß genug, ausländische Freunde darauf hinzuweisen, daß England und
Frankreich Präventivmaßnahmen ergreifen müßten, um einen Krieg zu
verhindern.[458]

In diesen Monaten kam es zu weiteren, sich teilweise überschneidenden
Unternehmungen aus Wirtschaftskreisen, auf Distanz zum Regime zu
gehen. Sie standen in der Tradition industrieller Großmachtpolitik, hoben
sich jedoch entscheidend von den revolutionär-expansionistischen Kriegs-
plänen Hitlers ab. Freilich, das Dilemma dieser Bemühungen bestand in der
Unfähigkeit, von einer herkömmlichen Machtpolitik Abschied zu nehmen.
Beispielsweise hegte Oberst Thomas, der in jenen Jahren des öfteren in
Stuttgart oder auf dem Boschhof zu Gast war, zwar erhebliche Zweifel darüber, ob ein Krieg überhaupt zu führen war, blieb jedoch wie die meisten
Militärs in der Vorstellung befangen, man müsse die Leistungsfähigkeit der
Wehrmacht erhöhen, um die Revision von Versailles machtvoll durchzu-
setzen.

Obwohl der Ernst der Lage inzwischen offensichtlich wurde, war die
Industrie zu einem entschiedenen Gegenkurs nicht fähig. Da die dubiosen
wirtschaftlichen Maßnahmen des Regimes, von Handelskontrollen über
Devisenbewirtschaftung bis zur Geldschöpfung und zu Arbeitsbeschaffungsmaßnahmen, nicht im Einklang mit der Nachfrage standen, gab es in
Wirtschaftskreisen durchaus besorgte Stimmen, die einen Krieg befürchteten. Den Vorwurf, den man der deutschen Industrie in diesem Zusammenhang machen muß, ist nicht der einer aktiven Kriegsvorbereitung, vielmehr,
daß sie nicht wirklich versucht hat, einer Politik entgegenzusteuern, die
letztlich auf einen militärischen Konflikt ausgerichtet war. Von einigen zaghaften Bemühungen, der Generalität die Notwendigkeit eines Kurswechsels vor Augen zu führen, erfuhr auch Robert Bosch.[459] Mit seinem Freund
Reusch konnte er sich auf den zahlreichen Jagdtreffen zwanglos austauschen, so daß es nicht verwunderlich ist, daß der umfangreiche Briefwechsel darüber keinen Aufschluß gibt. Wenn Bosch aber im Frühjahr 1938 mitteilte, er wolle die Verbindung zu Thomas dazu nutzen, Hitler via
Blomberg über die «Agrarpolitik u(nd) ihre Folgen ins rechte Licht» zu
setzen,[460] darf man vermuten, daß wohl weniger die Probleme der Bauern

als Fragen der Rüstungspolitik und der Kriegsverhütung im Zentrum der Besprechungen gestanden haben.

Hiermit haben wir aber der Zeit vorgegriffen. Trotz der erfolgreichen Anbahnung einer Verbindung zwischen Boschkreis und Goerdeler im Sommer 1936 blieb dessen politische Zukunft zunächst noch in der Schwebe. Der Leipziger Oberbürgermeister wollte zunächst noch keine definitive Entscheidung treffen. Die Anfeindungen und Querelen der Leipziger NSDAP ließen ihn jedoch immer stärker daran denken, den zermürbenden Streit mit den Parteiinstanzen aufzugeben und eine aussichtsreichere Position für den Kampf gegen Hitler zu suchen. Seit einiger Zeit hatte er die Möglichkeit ventiliert, als ökonomischer Experte in der Ruhrindustrie seinen Einfluß geltend zu machen. Er hatte erfolgversprechende Verhandlungen mit Gustav Krupp von Bohlen und Halbach geführt, der daran interessiert war, ihn als kompetenten Berater für sein Haus zu gewinnen. Der Essener Unternehmer hatte ihm bereits im Herbst 1935, nach einer sich mit Hitlers Wirtschaftspolitik kritisch auseinandersetzenden Rede Goerdelers, angedeutet, ihn in einer leitenden Rolle im Direktorium von Krupp einzusetzen.[461]

Nach Vorfühlern im Dezember 1935 und einer Phase der Unschlüssigkeit, die bis ins Frühjahr 1936 angedauert hatte, war Goerdeler wohl im Mai 1936 zu einem Wechsel zu Krupp entschlossen, eine Absicht, die das Zögern gegenüber den Bosch-Emissären erklärt. Allerdings kam es zu einem unvorhergesehenen Aufschub, als Hitler, bei dem sich Krupp für diesen Schritt absichern wollte, Bedenken signalisierte. Ob Hitler tatsächlich erwog, Goerdeler «doch wieder für staatliche Zwecke» heranzuziehen,[462] oder ob dies lediglich eine in höfliche Formen gekleidete Absage des «Führers» war, muß offenbleiben. Daß Goerdeler jedoch noch große Hoffnung gehegt hat, *innerhalb* des nationalsozialistischen Systems eine «alternative Politik» durchsetzen zu können,[463] ist recht unwahrscheinlich, wenn man seine Gespräche mit den Stuttgartern bedenkt, die einen deutlichen Meinungswandel für jene Zeit bezeugen. Sicherlich spielte er noch bisweilen mit dem Gedanken, aus einem Amt heraus besser auf das Regime Einfluß nehmen zu können, als extern Kritik zu üben. Aber da der innere Bruch vollzogen war, kam diese Option wohl nur noch der zweitbesten Lösung gleich.

Obwohl Goerdeler noch mehrere Tage bei Krupp in Essen verhandelte, blieben im Verlauf dieser dilatorisch geführten Gespräche Entscheidungen zunächst aus. In der zweiten Jahreshälfte 1936 schlug Hitlers schwankende Beurteilung Goerdelers in Ablehnung um. Die eskalierenden Streitigkeiten in Leipzig, die fanatische Opposition des Essener Gauleiters Josef Terboven und Goerdelers kritische Ansichten über die Wirtschaftspolitik, die Sachsens Gauleiter Martin Mutschmann als «liberalistische Auffassungen» brandmarkte, führten dazu, daß sich Hitler nun gegen Goerdelers Verwendung in Essen entschied.[464]

Der Konzernerbe Alfried Krupp versuchte noch im Oktober 1936 durch eine erneute Sondierung über Hitlers persönlichen Adjutanten Fritz Wiedemann, Goerdeler ins Ruhrgebiet zu holen, erhielt aber nur hinhaltende Nachrichten. Wiedemann teilte schließlich am 24. Februar 1937 Krupp mit, er könne mit Sicherheit sagen, «daß der Führer den Eintritt des OB Goerdeler nach den jüngsten Erfahrungen in den Vorstand der Krupp AG nicht begrüßen würde».[465] Wenige Wochen später, am 17. März 1937, wurde Krupp dieser Standpunkt von Hitler noch einmal persönlich bestätigt. Der peinlich berührte Alfried Krupp nahm daraufhin sein Beschäftigungsangebot zurück. Goerdeler konnte höflich reagieren: Man möge die Angelegenheit vergessen; er habe sowieso andere Pläne. Er verzichtete auf eine durch Krupps Schwager Thilo von Wilmowsky angebotene hohe Entschädigung, akzeptierte jedoch eine Reisefinanzierung.[466] Es gelang ihm sogar, ohne bei Hitler auf weiteren Widerspruch zu stoßen, einen Leipziger Vertrauten, Ewald Loeser, auf die Essener Stelle zu empfehlen. In welchem Umfang Gustav Krupp wußte oder zumindest ahnte, daß er die konspirative Tätigkeit Goerdelers unterstützte, ist ungewiß. Selbst Ewald Loeser, der als Mitverschwörer Zugang zum Konzernchef besaß, konnte dies Geheimnis nach Kriegsende nicht lüften. Vielleicht arbeitete auch Krupp zweigleisig: Auf der einen Seite bewahrte er Loyalität gegenüber dem System, auf der anderen Seite mußte es nicht unbedingt von Nachteil sein, wenn Deutsche im Ausland ihre Stimme gegen Hitler erhoben. Ebenso wie sein Schwager Wilmowsky betrieb er vor Ausbruch des Krieges allerdings eigene zaghafte Friedensbemühungen: Seine Unterstützung Goerdelers mochte auch darin begründet sein, daß er den Mut eines Mannes bewunderte, der die Konsequenzen aus dem zog, was auch er dachte und befürchtete.[467]

Goerdeler hatte die unerfreuliche Nachricht aus Essen gelassen entgegennehmen können, weil er mit der Bosch-Offerte über eine Alternative verfügte. Unterstützung fand seine Entscheidung bei Reichswirtschaftsminister Hjalmar Schacht, der aufgrund der Anfeindungen, denen der Oberbürgermeister ausgesetzt war, dazu riet, «aus der Schußlinie zu gehen».[468] Schacht war kurz zuvor mit dem Versuch gescheitert, Goerdeler eine Verwendung in der Reichsbank zu verschaffen, weil auch in diesem Fall Hitler «Einwendungen» gemacht hatte.[469]

Eine günstige Gelegenheit, die Kontakte zwischen Bosch und Goerdeler aufzufrischen, ergab sich anläßlich der Gratulationscour zum 60. Geburtstag von Hjalmar Schacht am 22. Januar 1937. Das runde Jubiläum fiel in eine Zeit, in der die Beziehungen zwischen Schacht und Göring einem Tiefpunkt zustrebten. Wenige Wochen zuvor hatte Göring in einer beunruhigenden Rede, der Hans Walz beigewohnt hatte, die Wirtschaft zur Rüstungsproduktion angehalten und eine Devisenpolitik verordnet, die für die exportorientierte Industrie verheerende Aussichten eröffnete. Es gab daher auch unter ökonomischen Aspekten mannigfache Gründe, über das weitere Vorgehen nachzudenken. Goerdelers Strategie, sich zunächst alle Möglichkeiten offenzulassen, zahlte sich nun aus: Die vorerst zurückgestellten Gespräche über eine «Geschäftsverbindung» mit Bosch wurden in der eigenartig gespannten Geburtstagsatmosphäre mit neuer Energie aufgenommen und zum Abschluß gebracht.

Es spricht einiges dafür, daß die endgültige Entscheidung über die Einstellung Goerdelers vom Unternehmensgründer selbst getroffen wurde. In Stuttgart war man über die dilatorischen Verhandlungen Goerdelers mit Krupp informiert, und da sich das Scheitern einer Essener Verwendung bereits abzeichnete, konnte Goerdeler mit Robert Bosch und Hans Walz die weiteren Maßnahmen besprechen. Inzwischen war das Zerwürfnis zwischen Goerdeler und dem Nationalsozialismus nach außen zutage getreten. Goerdeler war im November 1936 aus Protest gegen die von der NSDAP angeordnete Entfernung des Leipziger Mendelssohn-Denkmals als Oberbürgermeister zurückgetreten.[470] Goerdeler nahm Abschied von der Fiktion, durch ein Verbleiben im Amt Schlimmeres zu verhüten. Freilich, ihm fehlte auch jetzt noch das Vermögen, die jenseits von Sachverstand und Vernunft wirkende Dynamik des Nationalsozialismus in seiner ganzen Radikalität zu verstehen. Er hatte jedoch in seinem Sinn für Moral und Anstand bereits in den Monaten vor seinem Rücktritt gelegentlich erkennen lassen, daß er nicht um jeden Preis einen aussichtslosen Kampf auf einem Posten führen werde, der als Grundlage für wirksamen Protest unzureichend war. Sein Kontrahent, Bürgermeister Haake, erläuterte in der nichtöffentlichen Ratsherrensitzung vom 2. Dezember 1936 den tieferen Grund für Goerdelers Abschied: «Die eigentliche Ursache» liege in einer «entgegengesetzten Weltanschauung des Herrn OBM Dr. Goerdeler zum Nationalsozialismus».[471]

Goerdelers Rücktritt besiegelte den endgültigen Bruch mit dem Nationalsozialismus. Aus seiner «labilen Oppositionsstellung im Dienst wurde entschlossener und konspirativer Widerstand».[472] Dieser Schritt wurde mit dem Wechsel nach Stuttgart vollzogen, und deshalb ist es notwendig, Goerdelers Absichten in diesem Punkt neu zu bewerten. Bislang herrscht in der geschichtswissenschaftlichen Forschung selbst unter Historikern, die nicht eine «partielle Interessenparallelität» Goerdelers mit den nationalsozialistischen Machthabern unterstellen, die Ansicht vor, Goerdeler habe in der ersten Phase der Verschwörung «noch abseits» gestanden[473] bzw. habe sich bis zum Herbst 1938 am Widerstand «noch nicht beteiligt».[474] In Wirklichkeit hatte Goerdeler schon 1936/37 die Schwelle zum Widerstand überschritten; allerdings verführte ihn der Glaube an den gesunden Menschenverstand zu diesem Zeitpunkt noch häufig dazu, die Notwendigkeit aktiven Widerstands zugunsten der Beeinflussung des Geschehens zurückzustellen. Aber sachlich ging es ihm nun nicht mehr um ökonomische Korrekturen, sondern um eine politische Wende, und er beschritt in der Folgezeit einen Weg, der eben nicht vorgezeichnet, sondern das Ergebnis seiner Erfahrungen mit dem nationalsozialistischen Unrechtsstaat war.

Die Unzufriedenheit mit seinen eingeschränkten Wirkungsmöglichkeiten und der zermürbenden Kärrnerarbeit in Leipzig war dem Boschkreis nicht verborgen geblieben. Walz und Fischer hatten Goerdelers Ernüchterung bemerkt: Dieser hatte Theodor Bäuerle bei einer Begegnung in Leipzig kurz vor dem Rücktritt angekündigt, «er werde aus dem Amte ausscheiden, wenn von ihm etwas verlangt würde, was seiner Überzeugung widerspreche.»[475] Vor diesem Hintergrund behandelte ein «langes Gespräch» mit Walz auf der Schacht-Feier die Modalitäten einer Beschäftigung bei Bosch. Während man das Ergebnis eines anberaumten Gesprächs zwischen Krupp und Hitler abwartete, vereinbarte Goerdeler am 22. Januar 1937 einen Besuch in Stuttgart, der wenige Wochen später mit Gesprächen zwischen Goerdeler, Bosch und Walz stattfand und «ein sehr freundschaftliches Verhältnis» begründete.[476]

Die Beratertätigkeit Goerdelers beruhte auf dem stillen Einvernehmen, daß dessen «Hauptgeschäft» der Kampf gegen den Nationalsozialismus sein würde.[477] Goerdeler wurde in Stuttgart als eine Art Garant zur Verhinderung des Krieges angesehen. Während er im Verlauf der Jahre eine große Zahl von Lagebeurteilungen und Denkschriften ausarbeitete, liegt eine entsprechende Gegenüberlieferung aus dem Boschkreis bezeichnenderweise nicht vor. Philosophische Ausarbeitungen – die bei Robert Bosch gemeinhin Stirnrunzeln hervorriefen – waren ein Spezifikum der «Honoratioren» um Goerdeler und später der «Kreisauer». Die Doppelaufgabe, ein Unternehmen zu führen und gleichzeitig den Widerstand gegen Hitler zu unterstützen, ließ den Gedanken an umfangreiche Memoranden gar nicht erst aufkommen.

Der Unternehmer und der Wirtschaftsfachmann – beide nicht unbedingt Freunde kryptischer Aussagen – mußten ihre Verachtung der nationalsozialistischen Politik voreinander nicht verbergen. Es ist auf den ersten Blick dennoch erstaunlich, daß zwei so starke wie gegensätzliche Persönlichkeiten wie Bosch und Goerdeler, die auch von ihren politischen Anschauungen ganz unterschiedlich geprägt waren, ohne Friktionen handelseinig werden konnten. Goerdeler war auf seine Weise ein ebenso glühender Streiter wie Robert Bosch, auf dessen bisweilen «vulkanisches Ungestüm» Walz immer wieder verwies. Es ist fraglich, ob sich beide unter halbwegs normalen politischen Umständen nähergekommen wären. Freilich, Goerdeler war zwar kein Demokrat, aber ihn trennten doch Welten von manchem konservativen Gegner des Verfassungssystems. Die Zusammenarbeit mit Männern, die an ihrer Weltoffenheit und ihrer Fortschrittszuversicht keinen Zweifel ließen, wäre kaum möglich gewesen, wenn eine ideologische Voreingenommenheit das notwendige Einverständnis behindert hätte. Wohin die anfangs noch diffuse Neuorientierung führen würde, war zum Zeitpunkt der Anstellung bei Bosch noch nicht klar zu erkennen.

Goerdelers Schriften nach seinem Abschied aus dem Amt waren keine «Korrekturanweisungen» mehr für das Hitlerregime, sondern bereits Dokumente des Widerstands. Allerdings ist auf die konservativ-autoritären Residuen der dort dargelegten Ideen immer wieder hingewiesen worden, und in einem Memorandum aus dem Jahr 1938 standen mit Blick auf den Staatsaufbau die restaurativen Elemente noch deutlich im Vordergrund.[478] Diese Spezifika haben zweifellos die «ausgeprägt konservative(n) Züge» des bürgerlichen Widerstand mitbestimmt.[479] Das Fehlen entschiedener Liberaler im Widerstand hat Ralf Dahrendorf gar dazu angeregt, bei der bürgerlich-oppositionellen «Gegenrevolution» von einem «Aufstand der Tradition, damit auch der Illiberalität und des Autoritarismus einer nach-wirkenden Vergangenheit» zu sprechen.[480] Von Goerdeler zu verlangen, daß er sich unter den Fittichen des Boschkreises zu einem Demokraten wandelte, würde allerdings Maßstäbe anlegen, die in ihren Ansprüchen unhistorisch sind. Aus diesem Grund ist es problematisch, Goerdeler an der Richtschnur zu messen, die für parlamentarische Staaten der Nach-kriegszeit gilt.[481] Um so berechtigter wirkt aufgrund der vorliegenden Ergebnisse der Einwand von Hans Rothfels, der gegen Ende der sechziger Jahre angesichts des Vorwurfs, Goerdelers Programm habe keine echte «Alternative» zu Hitler dargestellt, fragte, «ob man das Demokratiever-ständnis von heute mitsamt einem unerschütterlichen Glauben an den Segen der pluralistischen Gesellschaft und des Interessenpartikularismus als Maßstab zur Aburteilung über die Anschauungen einer um dreißig Jah-re zurückliegenden und nicht selbst erlebten Zeit etablieren darf, so daß fraglos ‹Antipluralismus› mitsamt seinem damaligen Erfahrungshorizont bezüglich der Gefahren ungegliederter Massendemokratie dem Bannfluch der ‹Unmodernität› im Sinne Dahrendorfs verfällt».[482] Ganz ähnlich ist darauf hingewiesen worden, man ordne Goerdelers «prinzipiell-rechts-staatliche Grundvorstellungen» falsch ein oder verzeichne sie, wenn man manche Äußerung nicht in den zeitspezifischen Zusammenhang ein-ordne[483] und die Begrenzungen des Handlungsspielraums in einer Dik-tatur zu gering werte. Als eine der größten Leistungen Goerdelers ist anzusehen, daß er sich nicht erst unter dem Zwang der Kriegsumstände, sondern angeregt durch die ständige Auseinandersetzung mit dem Bosch-kreis zu einer Änderung zentraler Überzeugungen und Werte durchrang. Goerdeler konnte zwar kaum als ein «Mann des Volkes» gelten, sein sozia-les Denken wurde jedoch durch die Unternehmensphilosophie Robert Boschs und dessen «Bewußtsein verantwortlicher Teilhaberschaft» wesent-lich beeinflußt.[484] Diese Selbsterziehung erfolgte in einem nicht immer geradlinigen Prozeß. Es würde sehr hohe Ansprüche an die Fähigkeiten menschlicher Einsicht stellen, wenn man annähme, eine solche Heraus-forderung könne jemals ganz gelingen.

Auch unter anderen Gesichtspunkten erscheint es angebracht, das Bild des «Traditionalisten» Goerdeler zu revidieren. Denn obwohl er ein Gegner der Weimarer Parteiendemokratie war, wiesen seine Überlegungen in eine Richtung, die mit demokratischen Vorstellungen verwandt war. Die Exekutive sollte durch einen Aufbau des Staates von «unten nach oben» ausbalanciert werden, und in wirtschaftlicher Hinsicht sollte dem starken Staat eine starke Wirtschaft gegenübergestellt werden, die im Rahmen der Selbstverwaltung dezentral organisiert sein sollte. Für mächtige staatliche Institutionen wie die DAF oder die Reichswirtschaftskammern war in diesem Konzept kein Platz. Seine politischen Vorschläge erwuchsen aus der ethischen Überzeugung, die Wiederherstellung der Rechtsstaatlichkeit sei vordringlichstes Ziel. Als Harold Deutsch Goerdeler im Juni 1936 im Leipziger Rathaus nach dem größten Problem Deutschlands fragte, lautete die Antwort: «Das größte Problem meines Landes ist die Wiederherstellung des menschlichen Anstandes.»[485] Die Ebene, auf der man sich traf, war der Wunsch nach Wiederherstellung von Recht und Moral – ein übergeordnetes Motiv, das für die Herausbildung des Widerstands geradezu konstitutiv wirkte, manche weltanschaulichen Differenzen auflöste und überkommene Staatsvorstellungen überwand. Bezeichnend war die Klage von Robert Bosch, man «habe halt keinen Rechtsstaat mehr».[486]

Freilich, neben die Wiederherstellung einer die Menschenwürde garantierenden Staatsform ging es auch um die Vermeidung eines Krieges. Ewald Loeser, Goerdelers Mitverschwörer bei Krupp in Essen, hat die Kriegspolitik Hitlers anschaulich beschrieben:

«Der Nationalsozialismus, wie ihn Hitler zur Macht gebracht hatte, war gezwungen, immer eine ganz große Kampfaktion an die andere anzuschließen. Er mußte eine Tat auf die andere türmen und schließlich mußten diese Taten einmal zum Kriege führen. Nicht, daß er die Absicht hatte, sondern wenn er dauernd den Staat so überanstrengt, daß er alles gleichzeitig macht, Arbeitsbeschaffung, Arbeitsschlacht, neue Städte baut, Autobahnen baut, Aufrüstung, freiwilliger Arbeitsdienst, Pflichtarbeitsdienst, dann muß der Moment kommen, wo dieser Mann aus Größenwahn heraus zum Krieg treibt. Wir waren der Meinung, daß Hitler ein Mann wäre, der anormal ist, und weil die Staatsspitze krank ist, mußte etwas geschehen.»[487]

Wirtschaftspolitik

Es war insofern kein Zufall, daß sich Goerdeler und Bosch in einer Zeit näherkamen, in der sich die Gefahr eines neuen großen Krieges bereits abzeichnete. Die Krise, die die Rückkehr zur ökonomischen Normalität verhinderte, war darin begründet, daß die Maßnahmen Hitlers nicht für eine Friedenswirtschaft bestimmt waren, sondern dem Regime, wie Goerdeler später rückblickend deduzierte, «der Krieg nicht nur als letztes Hilfsmittel, sondern als Ziel vorschwebte».[488] In diesen Fragen gab es zwischen Bosch und Goerdeler nur geringe Differenzen. Die nationalsozialistische Ökonomie mit ihrer exorbitanten Ausgabenpolitik lehnte der ehemalige Reichskommissar für Preisüberwachung ebenso entschieden ab wie der auf Sparsamkeit verpflichtete Schwabe. Wie Bosch hatte Goerdeler stets auf wachsende Produktivität gesetzt, um der Arbeitslosigkeit der Krisenjahre Herr zu werden, und so wie Bosch zeitlebens ein patriarchalischer Herrscher im eigenen Haus blieb, wollte Goerdeler dem paternalistisch verstandenen Staat Rahmenbedingungen für eine gedeihliche Wirtschaft setzen. Den «organisatorischen Totalitätsanspruch» (Timothy Mason) eines zentral gelenkten Staates lehnte er entschieden ab und plädierte für die Effizienz überschaubarer Wirtschafts- und Verwaltungseinheiten.

Das private Interesse sollte einen erheblichen Spielraum haben und im freien Wettbewerb der Kräfte gegeneinander konkurrieren. Im Leistungsgedanken erblickte Goerdeler den Antrieb gesellschaftlichen Fortgangs und wußte sich in diesem Denken mit Robert Bosch einig: Für beide war «Leistung» geradezu ein Schlüsselbegriff. Die Vorbehalte des Wirtschaftsbeamten Goerdeler richteten sich gegen eine zu weitgehende Sozialpolitik, die den Leistungswillen des einzelnen nur einschränken würde. Die Forderung, nur die unverschuldet sozial Schwachen gesetzlich abzusichern, entsprang zweifellos noch geradezu frühkapitalistischen Vorstellungen, die den Gegebenheiten des modernen Industrie- und Interventionsstaates nicht gerecht wurden. Aber so sehr Bosch und Goerdeler in dieser Hinsicht Anschauungen des 19. Jahrhunderts verhaftet waren, so wäre es doch eine nur halbrichtige Verallgemeinerung, ihnen aus heutiger Warte die etablierten Ideen einer «sozialen Marktwirtschaft» entgegenzuhalten oder gar Goerdeler als Vertreter «eindeutig sozialdarwinistischer Auffassungen»,[489] als Exponenten einer Ausleseideologie zu brandmarken und ihn damit wieder in eine unscharfe Nähe zu Hitler zu rücken.

Robert Boschs sozialreformerische Sichtweise war eindeutiger akzentuiert und durch die sozialliberale Anpassung im Sinne Friedrich Naumanns den Erfordernissen einer modernen Industriegesellschaft angeglichen worden. Goerdeler stand demgegenüber noch in der Tradition der klassischen «altliberale(n) Anthropologie mit dem ihr zugehörigen optimistischen Glauben an eine Art prästabilierter Harmonie».[490] Insofern war er sicherlich kein Verfechter einer Konsensgesellschaft, aber als Apologet einer Gemeinschaft, in der jeder gegen jeden kämpft, taugt er kaum. Wenn manche seiner Schriften einen Anflug sozialdarwinistischer Argumentation aufwiesen, beruhte dieses Denken auf der wirtschaftsliberalen Überzeugung, daß der menschliche Egoismus angeboren sei, jedoch durch freien Wettbewerb in gesellschaftsverträgliche Bahnen gelenkt werden könne. Hier finden seine Überzeugungen wiederum Anschluß an das technische Denken Robert Boschs, dessen Maxime lautete, nur ein Produzent, der Qualität produziere, sei wirtschaftlich überlebensfähig.

Dem Staat sollte auf wirtschaftlichem Gebiet nur eine Kontrollfunktion zufallen, und der Ausweitung eines bürokratischen und ineffektiven Behördenapparates sollte auf diesem Weg entgegengewirkt werden. Goerdeler hatte die Notwendigkeit einer ausgeglichenen öffentlichen Finanzpolitik, die selbst vor der Deflation nicht zurückschrecken dürfe, gelegentlich damit umschrieben, der richtige «preußisch-deutsche Begriff» dafür sei Sparsamkeit.[491] In Leipzig hatte er mit diesem Konzept einigen Erfolg gehabt. Bosch, im Privaten und Unternehmerischen sparsam, stimmte diesen finanz- und wirtschaftspolitischen Vorstellungen zu, die dem bürokratischen Autarkie- und Planungsgedanken des nationalsozialistischen Staates diametral entgegengesetzt waren.

In ähnliche Richtung wie die Ablehnung der Autarkiepolitik[492] zielte Goerdelers Kampagne gegen planwirtschaftliche Preisfestsetzungen und die inflationsnährende Kreditfinanzierung seines wirtschaftspolitischen Rivalen Schacht. «Preisdisziplin statt Preisdiktat»: Unter diesem Motto stand seine letztlich vergebliche Werbung für einen frei agierenden Staat. Das Scheitern als Preiskommissar hatte Goerdeler dazu angeregt, sein liberales Credo noch klarer zu formulieren: «Gegen jede Form der Plan- und Zwangswirtschaft, gegen das Übermaß an Abgaben, Organisationen, Gängelung des Wirtschaftslebens, für freie Selbstverantwortung des gewerblichen Unternehmers und Landwirts, für die Eröffnung freien Zugangs zu den Weltmärkten, für eine Politik des Rechts, des Anstands, der Sparsamkeit, des friedlichen Völkerausgleichs statt der Selbstisolierung.»[493] Goerdelers freihändlerische Anschauungen kommen noch klarer zum Ausdruck, wenn man sie mit anderen Konzeptionen im bürgerlichen Widerstand vergleicht: Wenn etwa Jens Jessen und Johannes Popitz ordoliberal oder etatistisch das neue Deutschland vom Staat her aufbauen wollten, skizzierten sie eine Alternative, die in weit höherem Maß planwirtschaftliche Elemente enthielt. Wiederum auf einer anderen Ebene mußte der prononcierte Wirtschaftsliberalismus Goerdelers später den «Freiburgern» (und schließlich auch Hassell und dem linksorientierten Yorck) als in einer Weise dem Freihandelsgedanken des 19. Jahrhunderts verpflichtet erscheinen, daß der ehemalige Leipziger Oberbürgermeister geradezu als «eine Art Reaktionär» wirken konnte.[494]

Ganz grundsätzlich bestätigt der Blick auf Goerdelers Zusammenarbeit mit dem Boschkreis die Feststellung, daß dieser sich aufgrund der konkreten Erfahrungen in einem mühsamen Entscheidungsprozeß zu Ansichten in politischen und sozialen Fragen durchrang, die nicht nur in schroffer Absetzung vom nationalsozialistischen Modell standen, sondern etwa in wirtschaftlicher Hinsicht bereits die Grundlagen der späteren sozialen Marktwirtschaft bildeten.[495]

Goerdeler stand dem Großunternehmertum durchaus kritisch gegenüber, weil er ungerechtfertigte Gewinne zu Lasten der Volkswirtschaft und der Allgemeinheit ablehnte. Freilich, nicht *trotz* seiner Beziehungen zu Bosch war Goerdeler Kritiker der Großindustrie;[496] gerade *aufgrund* seiner generell kritischen Einstellung zum Unternehmertum war eine weitgehende Übereinstimmung zwischen ihm und dem Stuttgarter Industriellen möglich, der selbst ja manche Fehde mit seinen Standesgenossen ausgefochten hatte. Die beiderseitige Überzeugung, der Gemeinschaft als

Ganzem dienen zu müssen, fand ihren Ausdruck in der Ansicht, auch die
Arbeiter hätten ihre Pflichten für das gesellschaftliche Wohl zu erfüllen. So
wie Bosch seit dem traumatischen Streik des Jahres 1913 die dogmatische
Einstellung mancher Arbeitnehmervertreter beklagt hatte, plädierte auch
Goerdeler für eine beinahe treuhänderische Betätigung der gewerkschaftlichen Organisationen, die im Rahmen der Selbstverwaltung für Tarifverträge und in hohem Maße auch für die Arbeitslosen verantwortlich zeichnen sollten – letzteres ein Konzept, an dem die Gewerkschaften Anstoß
nehmen mußten.

Trotz solcher Hindernisse kam es früh zu politischen Fühlungnahmen
mit den Arbeiterführern des Widerstands. Ein Blick auf die Umstände,
unter denen Goerdeler seine Gesellschaftsvorstellungen formulierte, zeigt
das Bemühen, einer breit gefächerten Opposition gegen Hitler gerecht zu
werden, die von den Sozialdemokraten bis zu den Konservativen reichte. Die
weitverbreitete Vorstellung, Goerdelers gewerkschaftliche Verständi-
gungsversuche datierten erst aus den Kriegsjahren und seien zumindest
zum Teil taktische Manöver zur Verbreiterung der Widerstandsfront, zum
Teil lediglich eine Konzession an ohnehin unvermeidliche Entwicklungen,
ist in ihrer Einseitigkeit irreführend. Schon seit der Mitte der dreißiger Jahre nahmen Christliche Gewerkschafter um Jakob Kaiser und sozialdemokratische Gewerkschafter im Umfeld des ehemaligen hessischen Innenmi-
nisters Wilhelm Leuschner in Berlin Verbindung miteinander auf, um eine
künftige Gewerkschaftsarbeit zu organisieren.[497] In diesen Gesprächen, an
denen auch der sozialdemokratische Volkswirtschaftler und gewerkschaftliche Bildungsfachmann Professor Richard Woldt beteiligt war, herrschte
Übereinstimmung, daß angesichts der nationalsozialistischen Gefahren ein
Zusammengehen der Widerstandskräfte aller Couleur Voraussetzung einer
erfolgreichen Gewerkschafts- und Oppositionstätigkeit sein müsse. Woldt,
der das sozialpolitische Konzept Robert Boschs bewunderte und dessen
pädagogisches System der «Werkschule» als zukunftsweisend empfahl,[498]
bemühte sich um die Männer von rechts: Er schuf auf Anregung
Leuschners eine Verbindung zu den «Linken» des «Stahlhelm», namentlich
zu Dr. Paul-Joseph Stuermer in Baden-Baden. Stuermer wiederum stellte
den Kontakt zu Rudolf Pechel und Goerdeler her, der auf diese Weise mit
dem SPD-Mann Woldt über die Schaffung einer auf sozialer Grundlage
basierenden Verfassungsordnung diskutierte. Da Woldt und Leuschner
von der Gestapo überwacht wurden, war die Politische Polizei bald über
diese Beratungen informiert, die eine «Gegenbewegung» zum Ziel hatten
und «den Sturz der DAF» herbeiführen wollten.[499]

Die von Leuschner angestrebte persönliche Aussprache mit Goerdeler
kam vorerst nicht zustande, weil Goerdeler als zu «unvorsichtig» eingeschätzt wurde. Aber wahrscheinlich fand dieser schon bald darauf, möglicherweise noch 1938, den direkten Anschluß an die Kreise um Jakob
Kaiser und Wilhelm Leuschner.[500] Die Gespräche fielen in die Zeit, als

Goerdeler mit den industriellen und arbeitspolitischen Problemen bei Bosch in Berührung kam. Seine Offenheit für soziale Fragen und die Bereitschaft, das Verhältnis mit Arbeitern und Gewerkschaften auf eine neue Basis zu stellen, lassen ihn daher kaum als «reaktionär» erscheinen.[501] Freilich blieb er scharf antisowjetisch eingestellt und verwies auf die Vergleichbarkeit der nationalsozialistischen «Planwirtschaft» mit der sowjetischen Wirtschaftspraxis. Auch dies war ein Charakteristikum des bürgerlichen Widerstands und dem Boschkreis nicht fremd. Die in konservativen Widerstandskreisen vertretene Auffassung, der Nationalsozialismus sei in seiner Dynamik eine Art Bolschewismus mit umgekehrtem Vorzeichen, fand in Stuttgart seine Entsprechung. Der hier ganz unprätentiös vertretene bürgerlich-liberale Antikommunismus vergaß über der Ablehnung des nationalsozialistischen Terrors nämlich nicht, das Menschenverachtende des Sowjetsystems im Blickfeld zu behalten. Im Boschkreis wurde Moskau in dieser Hinsicht auf die gleiche Stufe gestellt wie Berlin, ja die Ablehnung des Bolschewismus wurde bisweilen noch stärker artikuliert als bei den «Honoratioren» des Widerstands. Die Inhumanität des Sowjetsystems und die ökonomischen Realitäten der Sowjetunion waren für die Stuttgarter Wirtschaftsfachleute der schlagende Beweis, daß jegliches Schielen nach Osten inadäquat sei.

Welt- und Europapolitik

Die Übereinstimmungen mit Goerdeler wurden durch die außenpolitische Konfrontationsgefahr noch verstärkt. Goerdelers Denkschrift an Hitler aus dem Jahr 1934[502] hatte von einer die Ökonomie strangulierenden Planung gesprochen und die Außenhandelspolitik angegriffen, die es der deutschen Exportwirtschaft erschwere, ihre Produkte auf dem Weltmarkt anzubieten. Entsprechende Sorgen wurden nicht nur von Bosch, sondern von einem Großteil der Exportindustrie geteilt.[503] Der Erfolg der Wirtschaftsmacht Deutschland beruhte darauf, im friedlichen Austausch mit den Nachbarländern zu konkurrieren. Wie sehr der Zusammenhang zwischen Ökonomie und Friedenspolitik Goerdeler in der Zeit seines Eintritts bei Bosch beschäftigte, zeigt eine von Anfang 1937 datierende briefliche Bemerkung an einen früheren Mitarbeiter:

«Für mich ist gar kein Zweifel, daß die Welt zusammenwächst (...) Die deutsche Politik wird an dieser Entwicklung nicht vorübergehen können. Ich sehe schon jetzt mit großer Sorge in die Zukunft, weil wir isoliert sind. Dabei kann ich nicht anerkennen, daß wir an dieser Entwicklung schuldlos sind. Wir hätten sie erreichen können, und es gäbe auch heute noch Mittel und Wege, um aus ihr herauszukommen. Wir müssen nur die unselige deutsche Erbeigentümlichkeit aufgeben, Weltverbesserer zu spielen.»[504]

Das Bekenntnis zu einer «Weltwirtschaft» beschrieb ein politisches Umdenken, das für die Zusammenarbeit mit Bosch gleichsam Voraussetzung war. Bedenkt man, daß es im Europa der Zwischenkriegszeit auch bei den «westlichen parlamentarischen Nationen durchaus normal» war, in den «Kategorien der Machtpolitik» zu denken,[505] ist es durchaus erstaunlich, daß nicht Deutschland, sondern Europa ins Zentrum der wirtschaftlichen Überlegungen trat.[506] Schon in seiner letzten offiziellen Denkschrift hatte Goerdeler 1936 die Kriegsgefahr ins Blickfeld gerückt. Deutschlands politisches Ziel, so Goerdeler, habe daher die «Sicherung des Weltfriedens» zu sein:[507] Im Schatten des Nationalsozialismus war der Gedanke, eine wirtschaftliche Kooperation mit den Nachbarn mache Kriege unnötig, besonders anziehend, und der Glaube, man könne Mars durch Hermes austauschen, gewann als liberaler Topos an neuer Aktualität. Das Plädoyer für Abrüstung und Rüstungskontrolle stieß bei Hitler und Göring auf Ablehnung, weil es dem Expansionsprogramm diametral widersprach. Göring bezeichnete die Ausführungen Goerdelers als «völlig unbrauchbar», weil sie den «Vorschlag wesentlicher Rüstungseinschränkung» enthielten; Ziel müsse sein, die Rüstung «eher zu beschleunigen als abzubauen».[508]

Die unheilbringende Außenpolitik Hitlers trug zur politischen Reifung Goerdelers bei, weil sie die konservativen Überzeugungen in den Grundfesten erschütterte. Goerdeler vertraute noch dem klassischen «Konzert der Mächte», einem Konzept, in dem ein miteinander und gegeneinander ausbalanciertes Europa der Großmächte das fragile Gleichgewicht zu halten hatte. Aber schon sein «Politisches Testament» aus dem Dezember 1937 nahm von diesem Konzept Abstand und rückte eine ökonomische Einheit stärker in den Vordergrund: «Ein beruhigtes Europa, in organischer Entwicklung zu immer größerer wirtschaftlicher Einheit fortschreitend, bedeutet die Sicherung des Friedens und der Wohlfahrt der Welt. Dies muß das gemeinsame Ziel verantwortungsbewußter Völker und ihrer Führer sein».[509]

Die Beschwörung der Notwendigkeit eines wirtschaftlichen Zusammenschlusses Europas, die von nun an zur politischen Agenda gehörte, hing sicherlich mit der intensiven Reisetätigkeit der Jahre 1937 bis 1939 zusammen, die Goerdelers Blick für übernationale Lösungen schärfte. Freilich, wollte man ein «europäisches Widerstandsbündnis»[510] gegen Hitler schmieden, mußte man den Anspruch auf eine Vormachtstellung Deutschlands zurücknehmen, eine Konzession, die nur in Etappen durchdacht und geistig vollzogen wurde. Der wohl Goerdeler selbst irritierende Prozeß der Ablösung von deutschnationalen Träumen hin zu einer wirtschaftlich geprägten europäischen Kooperationslösung läßt sich anhand der Denkschriften leicht nachzeichnen. Er vollzog sich vor dem Hintergrund einer nationalen Einstellung, die noch weitgehend ungebrochen war, heute jedoch nur schwer zu vermitteln ist. Gerade angesichts dieses Umstands muß darauf hingewiesen werden, daß sich auch in dieser Hinsicht zwischen Goerdeler und dem Boschkreis keinesfalls eine Kluft auftat. Die Männer des Boschkreises liebten ihr Vaterland, ohne einer nationalistischen Hybris zu verfallen.

Auf dem Feld der Außenpolitik traten die unterschiedlichen Standpunkte zwischen dem Boschkreis und Goerdeler dennoch am deutlichsten zutage, ablesbar in den Denkschriften und Programmen, in denen Goerdeler eine neue «Völkerordnung» skizzierte, die auf den friedlichen Wettbewerb zivilisierter Nationen rekurrierte – es sei nur auf das «Friedensprogramm» aus dem Winter 1938/39 verwiesen.[511] Goerdeler läßt sich in dieser Hinsicht zweifellos der Gruppe der «liberal-konservativ orientierten ‹Honoratioren›» zurechnen.[512] Sicherlich, auch Goerdeler war später aus der Notwendigkeit heraus bereit, unhaltbare außenpolitische Positionen – von den «Grenzen von 1914» bis zur Zugehörigkeit Österreichs zum Reich – aufzugeben, aber dabei war das machtpolitische Kalkül immer wahrzunehmen. Manche Begründung für vermeintliche nationale Anrechte zeigte sein starr nationalstaatliches Denken. Es sei töricht, «für sich selbst Achtung vor der nationalen Ehre und Selbständigkeit zu verlangen und sie anderen zu versagen. In die Führung Europas wird diejenige Nation Europas hineinwachsen, die gerade die kleinen Nationen achtet und ihre Geschicke mit weisem Rat und weiser Hand, nicht mit brutaler Gewalt zu leiten versucht.»[513] Allein, der für Deutschland reklamierte Führungsanspruch in Europa mußte nach Goerdelers Auffassungen erst verdient werden und unterschied sich in seiner Begründung jedenfalls fundamental von der Verachtung, die Hitler etwa den kleinen «Dreckstaaten» in Europa zollte.[514] Auch hier blieb Goerdelers Bild einer zukünftigen Ordnung, so widersprüchlich es war, und so weltfremd es dem heutigen Betrachter anmutet, in einen sittlichen und rechtlichen Rahmen eingebettet. Aber der unterschwellige Paternalismus, der in Goerdelers Argumentation zu spüren war, war den Stuttgartern gleichwohl unbekannt. Sicherlich waren Robert Bosch und seine kaufmännischen Mitarbeiter Gegner des Friedens von Versailles und unter diesem Aspekt genauso «Revisionisten» wie die meisten Deutschen der Zwischenkriegszeit. Aber als nüchterne Kaufleute, die auf den europäischen Markt ausgerichtet waren, spielten nationale Grenzen eine viel geringere Rolle als bei den «Honoratioren», deren Standpunkt viel enger an Fragen «nationaler Ehre» als an profane Absatzmärkte in einem friedlichen Europa geknüpft war.

«Führung», so war man im Boschkreis überzeugt, könne in Europa nur derjenige beanspruchen, der durch Leistung diesen Anspruch gewonnen hatte und ihn durch ständige Anstrengung im freien Wettbewerb immer wieder verteidigte. Von dieser fast mechanisch-technischen Überzeugung her konnte es «Anrechte» auf eine wie auch immer begründete Vorherrschaft einer Nation per definitionem nicht geben. Nur im wirtschaftlichen Wettbewerb sollten sich die Staaten messen. Der Geschäftsführer Hermann Fellmeth, der in den zwanziger Jahren erfolgreich die Rückeroberung der Auslandsmärkte betrieben hatte und als Kaufmann ein «Verhandler von zäher Nüchternheit» war,[515] drückte diese einfache Überzeugung, die Richtschnur des gesamten Boschkreises war, wie folgt aus:

«Die Bosch-Erzeugnisse dienten ausgesprochen der Friedenswirtschaft, in deren Rahmen sie jederzeit einen grösseren Absatz versprachen als ihn ein Krieg bieten konnte. Auch die Firma Bosch ging aus dem ersten Weltkrieg mit großen Verlusten im Ausland hervor und für sie wie für alle maßgeblichen leitenden Männer galt hinsichtlich eines zweiten Weltkrieges das schon von mir selbst Gesagte. Sie waren sich klar darüber, daß er ihnen und ihrer Firma, auf die Dauer gesehen, von keinem Vorteil sein konnte, welchen Ausgang er auch nehmen würde. Um wie viel tiefer mußte solche Einsicht sein bei dem leichtfertig, in voller Verkennung jeglicher Machtgegebenheiten durch den Nationalsozialismus entfachten zweiten Weltkrieg! Wiederum von einer grundsätzlich bedingten Einstellung gegen den Krieg als solchem. Die verantwortlichen Leiter von Bosch, darunter ich selbst – durch ihre Stellung zu nüchterner realpolitischer Beurteilung der Dinge verpflichtet und ohne sie niemals an ihre Posten gelangt, – wußten, wie jeder klar sehende Mensch, der die Machtmittel der Gegner kannte, daß der zweite Weltkrieg für Deutschland verloren sein mußte, noch ehe er begonnen hatte, sie waren sich über seinen Ausgang und seine Folgen im Bilde.»[516]

Die Vielzahl außenpolitischer Denkschriften aus dem Kreis der «Honoratioren», die rückblickend beinahe als Obsession erscheinen, verrieten im Vergleich zu der marktwirtschaftlich orientierten und geradezu angelsächsischen Sichtweise des Boschkreises die nationale Verengung des Blickfelds. Die dort durchscheinenden Vorstellungen hegemonialer Herrschaft waren Robert Bosch fremd, der auf deutschnationale und großdeutsche Aspirationen stets «äußerst allergisch»[517] reagierte. Robert Boschs Maxime, durch freien Warenaustausch entscheiden zu lassen, welcher Nation im Spiel der europäischen Mächte der Vorrang gebühre, ließ für Territorialforderungen und Länderschacher keinen Platz. Darüber hinaus hatte Bosch jedoch nicht allein auf eine ökonomisch begründete Pazifizierung Europas vertraut: Sein Einsatz für die Idee der Völkerverständigung war Ausdruck der Überzeugung, den Frieden nicht allein den Regelungsmechanismen der Warenwelt überlassen zu dürfen.

Weil im Denken der Stuttgarter Prestigefragen oder «nationale Lebensrechte» keine Rolle spielten, entbehrte das Verhältnis zwischen Goerdeler und den Stuttgartern daher nie einer gewissen Mehrdeutigkeit. In der Zeit des notwendigen Zusammenstehens während der Zwangsherrschaft wurde der außenpolitische Dissens zwischen dem national denkenden Goerdeler und den international denkenden Stuttgarter Geschäftsleuten nicht thematisiert. Aber trotz aller grundsätzlichen Übereinstimmung bleibt festzuhalten, daß die Not der Umstände Exponenten unterschiedlicher außenpolitischer Konzepte zusammenschmiedete, die in Zeiten des Friedens und der freien Diskussion vielleicht keine Bindungskraft gehabt hätten. Willy Schloßstein hat später darauf ausdrücklich verwiesen, daß Bosch und Goerdeler keineswegs «in allen politischen Fragen einig» gewesen seien. Die schließlich doch erreichte «völlige Übereinstimmung» zwischen Goerdeler und den Mitarbeitern der Geschäftsleitung war nicht zuletzt Folge der «Notwendigkeit der Beseitigung des Regimes».[518]

Robert Bosch gewann allerdings schon nach einiger Zeit aufgrund seiner

Unterredungen mit Goerdeler den Eindruck, dieser habe durch den gesellschaftlichen Verkehr mit den süddeutschen Demokraten seine politischen
Ansichten überdacht. Goerdeler, so beschrieb auch Hans Walz später
diesen Wandel, habe mit Schrecken erkannt, «welcher abgründigen unde-
mokratischen Gesinnung und Handlungsweise ein überspannter Nationalismus fähig war». Daß Goerdeler in manchen Denkschriften andere
Ansichten vertrat, interpretierte man als Konzession an die Umstände und
an die Notwendigkeit, politisch ganz unterschiedliche Kreise für den
Widerstand gewinnen zu müssen. Das generelle Einverständnis[519] wurde
im vertraulichen Umgang mit Goerdeler gewonnen, ebenso wie das Gespür
für die Schwierigkeiten des ehemaligen Oberbürgermeisters, der zum Taktieren und Lavieren gezwungen war, um eine stabile Basis für die Verschwörung zu erhalten. Goerdeler selbst hat die Schwierigkeiten dieser
Gratwanderung früh erkannt. An den amerikanischen Freund Spencer Miller schrieb er im Oktober 1938: «Es kann unter Umständen notwendig
werden, daß ich nach der Talleyrand'schen Methode arbeiten muß, da meine Lage äußerst gefährlich ist. Das darf dann niemand beunruhigen. Ich
bleibe der alte.»[520] Auch in Stuttgart hat er wohl immer wieder auf diese
Notwendigkeit der Verstellung hingewiesen. Dort wußte man, daß Goerdeler Opportunismus fremd war und er nicht zu den vielen gehörte – hierzu zählte man nicht zuletzt Hjalmar Schacht –, «die hinter der Formel vom
Schlimmeren, das sie zu verhüten suchten, nur eine mutlose, nichts bewir-
kende Anpassungspraxis verbargen».[521] Auch deshalb ließ man sich im
Boschkreis, wie Hans Walz rückblickend feststellte, durch gewisse Widersprüchlichkeiten nicht beirren:

«Es ist einleuchtend, daß Goerdeler, um sein Inneres nicht allzu deutlich bloßzustellen,
des öfteren gezwungen war, sich, besonders wenn er schriftliche Verlautbarungen abzugeben hatte, einer verschleierten Ausdrucksweise zu bedienen. In Anbetracht der damaligen übermenschlichen Schwierigkeiten darf man an Goerdeler gerechterweise nicht den
Maßstab von Idealvorstellungen moralischer Schulmeisterei anlegen.»[522]

Der Boschkreis ließ sich davon überzeugen, daß die außenpolitischen Vorstellungen Goerdelers, so national sie auch begründet sein mochten, mit
den liberalen Visionen eines demokratischen Europa vereinbar waren. Als
lange nach Kriegsende, in den sechziger Jahren, massive Kritik an den Konzeptionen Goerdelers laut wurde, wies Walz nochmals auf diese besonderen Umstände hin:

«Wie einst der Apostel Paulus den Juden ein Jude und den Griechen ein Grieche war, um
beide für eine dritte Wirklichkeit zu gewinnen, so mußte Goerdeler den Konservativen
ein Konservativer und den Demokraten ein Demokrat sein, um beide zur Aktion gegen
Hitler zu bewegen. Er hatte mit allen politischen Persönlichkeiten, mit denen er gerade
sprach, von ihrem Standpunkt aus Brücken der Verständigung zu schlagen, um sie für die
geplante Aktion zu begeistern. Hatte er sich mit Nationalisten auseinanderzusetzen, so
berief er sich gegebenenfalls auf den bei diesen sakrosankten Reichsfreiherrn vom Stein,
der gegen den Absolutismus aufgetreten war und immerhin einer gewissen freiheitlichen

Vertretung des Volks wenigstens auf ständischer Grundlage das Wort geredet hatte. Bei Abfassung von Denkschriften für hohe und höchste Militärpersonen hatte Goerdeler sich auf deren meist konservative politische Ansichten einzustellen, um begonnene Gespräche überhaupt fortführen zu können.»[523]

Süddeutschland und Preußen

Es gab nicht zuletzt auch Mentalitätsunterschiede, die überwunden werden mußten. Das von Robert Bosch geradezu gepflegte Mißtrauen gegen alles Preußische erwies sich als hartnäckig. Als etwa ein auf dem Boschhof eingesetzter Vorarbeiter mit seinem Personal nicht zurechtkam, kommentierte Bosch knapp, dieser scheine als Ostpreuße gewöhnt zu sein, «daß ein Untergebener in erster Linie stramm steht u(nd) Unrecht hat».[524] Die Abneigung Boschs gegen den preußischen Osten kam in seinem Widerwillen gegen die Reichshauptstadt und die Berliner ebenso zum Ausdruck wie in immer wiederkehrenden Invektiven gegen die preußischen Traditionen. Hier spielte zweifellos eine Rolle, daß er die preußische Politik in hohem Maß für das politische Unglück Deutschlands verantwortlich machte. So wie er bei einer anderen Gelegenheit Bismarcks «junkerliche Scheuklappen»[525] kritisierte, sah er in der konservativen Dynamik und im frevelhaften Übermut des Kaiserreichs die Wurzeln des hybriden Nationalismus. Schon 1920 hatte er mit Blick auf die Rolle Deutschlands im Staatensystem weitsichtig geschrieben:

«Ein Emporkömmling ist meist unangenehm bis zur Unerträglichkeit. Wir in Deutschland sind sprunghaft großgeworden, nachdem die Gründung des Deutschen Reichs uns die Entwicklungsmöglichkeit verschafft hatte. Wir sind groß geworden durch Waffenerfolge, geführt durch Preußen, den politisch rückständigsten deutschen Staat.»[526]

Weil er politisch jegliche Hybris ablehnte, blieb sein Widerwillen gegen die Landwirtschaftslobby eng mit den antipreußischen Ressentiments verknüpft. Wohl an keiner anderen Stelle kam Boschs Distanz zu den «Honoratioren» im Widerstand so beispielhaft zum Ausdruck wie in der Agrarfrage. Ganz abgesehen von seiner alten Fehde mit den landwirtschaftlichen Interessenvertretern wirkte hier die Überzeugung des Unternehmers nach, die bäuerliche Welt stehe mit ihren Schutzzollforderungen dem Staatswohl entgegen. Er wandte sich gegen die Bevorzugung eines Standes, der eine an Kraft gewinnende Agrarromantik über Gebühr für eigene Zwecke ausnutzte. Ihm fehlte auch jedes Verständnis für die Überbewertung der Landwirtschaftsbelange, die später bei den «Kreisauern» eine so große Rolle spielen sollten.

Bosch, der ja aufgrund seiner Herkunft mit großbäuerlichen Verhältnissen vertraut war, hatte in einem langen und weitgehend emotionslosen Prozeß die Einsicht erlangt, daß man mit romantisierenden bäuerlichen Vorstellungen, ganz zu schweigen von der irrationalen «Blut- und Boden»-Ideologie, in einer industrialisierten Welt nicht überleben könne. Der Firmengründer und sein Führungskreis waren in dieser Hinsicht konsequenter als Goerdeler, der noch manchen idealisierten Vorstellungen anhing und einige antizivilisatorische Ressentiments übernahm, die zum Selbstverständnis mancher «Honoratioren» im Widerstand gehörten. Goerdeler bezog aus dieser Auffassung heraus eine nicht immer konsequente Mittelstellung, weil er bestimmte Zölle für die Landwirtschaft rechtfertigte, ohne dem offensichtlichen Widerspruch zu seinem liberalen Freihandelskonzept Beachtung zu schenken.[527] Seine Forderung nach dem Ende des Großgrundbesitzes unter Erhalt eines «lebensfähigen Bauernstandes» konnte in Stuttgart jedoch als Kompromißformel akzeptiert werden.

Die dortige nüchterne Ablehnung einer ideologisierten Bauernromantik resultierte gleichermaßen aus bürgerlich-aufgeklärten Denktraditionen wie aus einer für Unternehmer und Kaufleute fast selbstverständlichen wertfreien Beurteilung der technischen Welt. Der fast schwärmerische Kulturpessimismus und die bisweilen melodramatischen Untergangsbeschwörungen der Zeit waren Bosch immer fremd geblieben, und aus dieser Haltung heraus widersprach er verschiedentlich seinen Freunden Escherich und Reusch, die mit Oswald Spengler befreundet waren und für dessen weitverbreitete Thesen und die hierin Ausdruck findende Grundstimmung empfänglich waren. Als Naturfreund, der beanspruchte, die Problematik der Entfremdung und die Schwierigkeiten einer Daseinsbewährung beurteilen zu können, lehnte Bosch dagegen die ständig wiederkehrenden Formeln des konservativen Arsenals ab, die vor der «Vermassung» der Gesellschaft und der «Asphaltkultur» warnten. Der Beschwörung der negativen Folgen der Industrialisierung und Urbanisierung, die eine Triebfeder für die weitverbreitete Technikfeindlichkeit waren, stand er skeptisch gegenüber. Sein Naturell erlaubte eine Zuversicht in die Wandlungskraft einer hochindustrialisierten Gesellschaft.

Während Boschs technisch begründeter Fortschrittsglaube seine Kraft noch aus den Sicherheiten des 19. Jahrhunderts schöpfte, die sich in seiner Argumentation gegen Spengler vielfach niederschlug,[528] war Goerdeler zwar kein Apologet Spenglers, aber die dahinterstehenden Besorgnisse bedrückten ihn. Der liberalen Grundidee, so war er überzeugt, mangelte es an Kraft, die über das rein Individuelle hinaus einen sittlichen Rahmen für eine Generation schaffen konnte, die innerlich zerrissen und orientierungslos war. Diesen philosophischen Grundkonflikt zwischen einem traditionell-konservativen Denken und der moralischen Kraft, über die auch moderne Industriegesellschaften verfügen, hat er wohl niemals auflösen können.

Das selbstbewußte demokratische Denken in Württemberg war zwar nach 1933 stark zurückgedrängt worden, aber das Gefühl des Andersseins ließ sich allen Vereichlichungstendenzen zum Trotz nicht gänzlich auslöschen. Es war daher nicht verwunderlich, daß in dem demokratisch geprägten Boschkreis die auch im Atmosphärischen fühlbare Verschiedenheit des

«Preußen» Goerdeler empfunden wurde. Die vielfach bezeugte grundsätzliche Übereinstimmung zwischen Boschkreis und Goerdeler fand in dieser regionalen Begründung, die zugleich Elemente einer politischen Wertung enthielt, ihre Grenze. Es gab einen «grundlegenden Unterschied», der sich wohl nie ganz überwinden ließ: «Goerdeler war Ostpreuße, deutschnational und naturgemäß viel preußischer in Veranlagung und Gesinnung als wir, die wir, süddeutsch orientiert und demokratisch durch und durch, im Geist von Potsdam und vollends in dessen durch Hitler grotesk vergröberter Ausdrucksweise den Feind einer gedeihlichen Entwicklung Deutschlands sahen.»[529] Die unübersehbaren Mentalitätsunterschiede lenken den Blick ein weiteres Mal auf die Frage nach der Wirkmächtigkeit regionaler Faktoren und nach den Auswirkungen kultureller Gegebenheiten im Nationalsozialismus.[530] Während im totalitären NS-Staat letztlich der Zentralismus die Oberhand über die Region gewann, wird man die Bedeutung regionaler Eigenheiten im Widerstand möglicherweise anders zu bewerten haben. Dort, wo die Gegnerschaft zum Regime eine Anpassung nicht erforderlich machte, erhielten Fragen der Herkunft, der Heimat und der Region politisches Gewicht.

11. Eigene Wege in den Widerstand

Die Stuttgarter Besprechungen führten zu einem Anstellungsverhältnis, das konkrete Aufgaben lediglich vage umschrieb und ein «formell ziemlich lockere(s) Vertragsverhältnis (...) ohne scharf abgegrenzte Verpflichtungen» begründete.[531] Die auffällig unpräzise Definition der Aufgaben ließ dem neuen Mitarbeiter, dessen finanzielle Versorgung Alfred Knoerzer oblag, genügend Freiraum für seine politischen Aktivitäten, die von einer «Beratungstätigkeit» de facto nicht getrennt waren. Da eine ganze Reihe von Unterlagen 1944 verlorengegangen sind, fällt die Rekonstruktion der Zahlungen an Goerdeler nicht ganz leicht. Der ehemalige Oberbürgermeister erhielt zu Anfang einen monatlichen Betrag von 5000 Reichsmark und insgesamt nach einer späteren überschlägigen Berechnung etwa 250000 Reichsmark Gehalt und zusätzlich etwa 450000 Reichsmark für Verschwörungszwecke.[532] Goerdeler war zunächst vornehmlich für den Kontakt zu den Reichsbehörden zuständig und wurde auf diese Weise «der politische Informator, der über die Tendenzen und Kräftegruppen in der hohen Bürokratie, in den führenden militärischen Kreisen» berichtete.[533] Goerdeler stellte diese Dienste, die zugleich eine Rückversicherung seiner Widerstandstätigkeit waren, später in seinen Verhören verabredungsgemäß in den Vordergrund. Bosch habe hierdurch seine Produktstrategie in der undurchschaubaren Gesamtlage besser beeinflussen können, «weil natürlich für einen auf allen Rüstungsgebieten tätigen großen Konzern rechtzeitige Vorausdispositionen notwendig waren». Zudem hatte man in Stuttgart häufig beklagt, daß die «von den verschiedenen Wehrmachtsteilen an die Firma gestellten Forderungen sich überschnitten».[534] Gleichwohl konnte von einer systematischen Beratungstätigkeit in dieser Zeit nicht die Rede sein. Die politischen Aufgaben standen eindeutig im Vordergrund. Goerdeler kam alle vier bis acht Wochen nach Stuttgart und berichtete über die politische und wirtschaftliche Lage und über nationalsozialistische Interna.[535] Stuttgart wurde für Goerdeler jedoch mehr als eine «nützliche Basis». Aus dem Württembergischen kehrte er «stets gestärkt und hoffnungsvoll» an seinen Leipziger Wohnort zurück. Im Boschkreis hatte er nicht nur politische Gesinnungsgenossen, sondern auch «warmherzige Freunde» gefunden.[536] Bei Theodor Bäuerle und seiner Familie in der Hölderlinstraße ging er praktisch ein und aus. Die Sekretärin Bäuerles, Marianne Weber, stand ihm dabei als eine Art Geheimsekretärin zur Verfügung.[537] Seine Schilderungen wurden von Bosch mit «freundschaftlicher Zuneigung» gewürdigt.[538] Obwohl der Unternehmensgründer die Entwicklung ähnlich kritisch sah und die «Sorgen in der Politik» beklagte,[539] wollte er den Prophezeiungen des apokalyptischen Botschafters Goerdeler nicht immer glauben.

Auf diese Weise formierte sich, zunächst noch ohne klare Umrisse, in Stuttgart ein Widerstandskreis, der bis zum Attentat auf Hitler am 20. Juli 1944 Bestand haben sollte. Es wäre irreführend anzunehmen, der Boschkreis habe zu einem bestimmten Zeitpunkt beschlossen, von nun an konspirativ zu arbeiten: Willy Schloßstein hat später betont, die Friedensbemühungen hätten schon vor 1937 eingesetzt. So richtig die Feststellung ist, daß Goerdeler für den Widerstand des Boschkreises «nicht den Ausschlag gegeben hat»,[540] so muß man doch hinzufügen, daß die Stuttgarter Opposition eine neue Qualität erhielt, seit dieser hinzutrat.

Bei den Stuttgarter Aufenthalten entwickelte sich mit der Zeit ein bestimmtes Procedere, nach dem in den kommenden Jahren die Besuche Goerdelers in der Regel abliefen: Dieser suchte zunächst den Unternehmenschef auf. Bei diesen Gesprächen waren Hans Walz und bisweilen Willy Schloßstein in seiner Funktion als Privatsekretär von Robert Bosch und als Mitarbeiter von Walz zugegen. Zu Walz fand Goerdeler ein besonders enges und vertrauensvolles Verhältnis, das er noch in der Haft mit «Freundschaft und Zusammenarbeit»[541] beschrieb. Anschließend verhandelte er mit den anderen ins politische Vertrauen gezogenen Führungskräften Albrecht Fischer, Karl Martell Wild[542] und Hermann Fellmeth[543] gruppenweise oder erforderlichenfalls einzeln.[544] Auch im Krieg änderte sich an dieser Prozedur wenig; Goerdeler hatte bis zuletzt in Stuttgart kein eigenes Büro, ja nicht einmal einen eigenen Schreibtisch.[545]

Der Übergang zu konspirativen Methoden mit dem Ziel eines Staatsstreichs ging bald jedoch mit einer Beschränkung des Kreises der Mitwisser einher. Aus Sicherheitsgründen wurden die ursprünglich eingeweihten Direktoren Wild und Fellmeth über Einzelheiten der Verschwörung nicht mehr informiert. Dies war eine reine Vorsichtsmaßnahme, die dem Schutz der Betroffenen diente. Das Zellensystem beruhte darauf, den einzelnen Mitverschwörer nur in das Notwendigste einzuweihen. Die Verschwörer des Boschkreises waren deshalb untereinander nur dann über die einzelnen Aktivitäten ihrer Kollegen informiert, wenn dies unbedingt erforderlich war. Zum «harten Kern» der Verschwörer im Hause Bosch zählten schließlich neben dem Firmenchef selbst als Spiritus rector nur noch fünf weitere Personen: Hans Walz als wichtigster Ansprechpartner Goerdelers, Albrecht Fischer, Theodor Bäuerle, Paul Hahn und Boschs Privatsekretär Willy Schloßstein.[546] Robert Bosch, unter dessen Ägide sich der Kreis formiert hatte, personifizierte, gewissermaßen als Inkarnation des sprichwörtlichen «Bosch-Geistes», den symbolischen Rahmen der Verschwörung. Er trat in den Hintergrund, aber mit seinem wachen politischen Verstand hatte er sein Vertrauen ganz in Männer gelegt, von denen er wissen konnte, daß sie seinen Ideen Kraft verliehen.

Wie nebensächlich im Grunde Goerdelers geschäftliche Dienste für Bosch waren, zeigt ein Blick auf das Itinerar der ausgedehnten Reisen, die etwa zeitgleich mit dem Tätigkeitsbeginn für Bosch mit einer Fahrt nach Belgien am 4. Juni 1937 einsetzten. Ein spezifischer Bosch-Zweck, wie angesichts des umfangreichen Auslandsbesitzes des Unternehmens vermutet werden könnte, war mit den Reisen nicht verbunden.[547] Goerdeler, der von diesen Reisen immer wieder zur Berichterstattung nach Deutschland zurückkehrte, verfolgte eine Doppelstrategie. Während Bosch die Lageberichte als allgemeine Hintergrundinformationen nutzte, konnte Goerdeler ungehindert und unter dem schützenden Mantel des Unternehmens seine eigene politische Agenda durchführen. Die im Zusammenhang dieser Erkundungen entstandenen Reiseberichte erreichten einflußreiche Persönlichkeiten der Politik und Wirtschaft: Neben Gustav Krupp und Robert Bosch, die direkt oder indirekt die Reisen finanzierten, erhielten die Militärs Werner von Fritsch, Ludwig Beck, Franz Halder und Georg Thomas, daneben Hjalmar Schacht und Hermann Göring und, zumindest zu Beginn, über den Adjutanten des «Führers», Fritz Wiedemann auch Hitler die Lageschilderungen. Die Erfahrungsberichte sollten einerseits die Regierung vor einem Kriegskurs warnen und andererseits die ausländischen Regierungen zur Festigkeit ermahnen und für den Fall des Scheiterns einer friedlichen Verständigung die notwendigen Verbindungen für einen Sturz Hitlers schaffen.

Goerdelers Schilderungen waren diplomatische Meisterleistungen. Da sie auf den Adressaten abgestimmt waren, zeigten sie gleichwohl nur eine Facette seiner Auslandtätigkeit. Aus der Liste der Empfänger der «Reiseberichte» heraus erklärte sich ein betont wirtschaftspolitischer Schwerpunkt: Den politisch Verantwortlichen in Deutschland sollte unmißverständlich gezeigt werden, daß ein Krieg allein aus ökonomischer Hinsicht einer Katastrophe gleichkommen müsse. Aus der Rückschau mutet der

Glaube Goerdelers, einerseits für die Ideen des «Anderen Deutschland» zu werben und zugleich die gemäßigten Kräfte innerhalb der NSDAP von der Notwendigkeit einer radikalen Wendung überzeugen zu können, verfehlt an. In den sich allmählich ausbildenden Widerstandskreisen war jedoch die Hoffnung auf die Stimmen der Vernunft innerhalb der nationalsozialistischen Bewegung noch keineswegs gänzlich verschwunden. Aus der Perspektive des Jahres 1937 erschien eine friedliche Lösung der territorialen Streitfragen noch als realistische Alternative, wenn man von der Prämisse ausging, daß auch Diktatoren den Gesetzen der Realpolitik zu gehorchen hatten. Die Annäherung Goerdelers an Göring war als bedingte Kooperation nichts anderes als der Versuch, die bekannten Differenzen unter den nationalsozialistischen Gegenspielern auszunutzen. Bei optimistischer Auslegung konnte sie zur Annahme verführen, die inneren Parteigegensätze könnten für den Friedenserhalt instrumentalisiert werden: Den gemäßigten Nationalsozialisten wurde politische Munition für die Argumentation geliefert, das Ausland werde gegenüber deutschen Aggressivitäten nicht schweigen. Die Hitlergegner vertrauten vorübergehend auf die Chance, die moderaten NS-Größen vom verhängnisvollen Kriegskurs abzubringen und zugleich einen Weg der Revision einzuschlagen, der auch für das Ausland akzeptabel war. Goerdeler, dem es selbst merkwürdig erschien,[548] daß ein solches Lavieren zwischen den Fronten möglich war, ahnte, daß die nationalsozialistischen Empfänger die Reiseberichte für ganz eigene Zwecke zu verwenden suchten, glaubte aber, im Spiel mit dem Feuer gewinnen zu können.

Die Goerdeler von marxistischer Seite einmal unterstellte Intention, er habe bei seinen Reisen die Erdteile auf der Suche nach Möglichkeiten durchforstet, um «unverzüglich wieder ins koloniale Geschäft einzusteigen»,[549] ist nur halb richtig. Denn während er durchaus Kolonialträumen nachhängen mochte,[550] waren entsprechende Ambitionen bei seinen Auftraggebern aus der Großindustrie nur schwach ausgeprägt. Als Rudolf Dittrich, ein Funktionär des Kolonialpolitischen Amtes der NSDAP, Robert Bosch im Sommer 1936 um Unterstützung bat, wurde er zurückgewiesen. Bosch ließ in einem recht zynischen internen Vermerk erkennen, daß, wenn es um erfolgreiche Aggression gehe, eine rückwärtsgewandte Agrar- und Kolonialideologie sicherlich kein Weg zum Erfolg sei.[551]

Auf welches Echo die Berichte Goerdelers in Stuttgart im einzelnen stießen, ist nicht bekannt. Es gibt keine Hinweise, daß der Geldgeber Robert Bosch in irgendeiner Form Einfluß auf Goerdeler genommen hätte. Auf seinen Reisen ließ Goerdeler seinerseits keinen Zweifel, daß er sich der Deckung und der Reputation seines industriellen Gönners Robert Bosch bediente: Stets gab er zu verstehen, seine Anstellung bei Bosch sei lediglich ein «cover»: «Hitler means war», so erklärte er den eigentlichen Zweck seiner Mission.[552]

Es ist fast unmöglich, die sich überkreuzenden Wege dieser Widerstandsbemühungen im einzelnen nachzuzeichnen. Angesichts der Gefährdungen wurden die wenigen schriftlichen Aufzeichnungen schnell vernichtet. In diesem Zusammenhang sind die vielfach ungebündelten Signale nach Frankreich, den USA und Großbritannien zu sehen, die von einer ganzen Reihe von Emissären, Boten und Friedensvermittlern aus dem Umfeld des Boschkreises parallel zu den Bemühungen Goerdelers ausgesandt wurden. Den meisten der selbsternannten Unterhändler wird man wohl mangelnde Professionalität attestieren müssen. Der Boschkreis vermittelte etwa beispielsweise eine Verbindung zu dem Pädagogen Reinhold Schairer, der mit englischen Diplomaten in enger Fühlung stand und Verbindungen in die USA hatte. Der aus Württemberg stammende Jurist Dr. Reinhold Schairer war ein von der Jugendbewegung beeinflußter Pädagoge, der von 1919 bis 1933 das Deutsche Studentenwerk geleitet hatte. Bosch und Schairer hatten sich Mitte der zwanziger Jahre kennengelernt, und Schairer hat die «Boschfreunde» später «als unsere besten Helfer» bezeichnet. Der Hitlergegner war 1933 ins britische Exil gegangen und arbeitete in London als Dozent im Institut für internationales Erziehungswesen,[553] ohne jedoch die Verbindung zu Robert Bosch aufzugeben, den er noch im Frühjahr 1934, möglicherweise in der Schweiz, getroffen hatte.[554]

Schairer war eine «etwas romantisch veranlagte Persönlichkeit» und ist – vielleicht ein wenig zu harsch – als ein «Wichtigtuer ohne politische Erfahrungen» bezeichnet worden,[555] ein anderes Mal durchaus wohlwollend als «veteran intermediary».[556] Auch in Stuttgart war man von seiner Eignung als Vermittler keineswegs überzeugt. Robert Boschs Privatsekretär Willy Schloßstein, einer der Verbindungsmänner zu Schairer, hat ihn später gar als «Faselkopf» bezeichnet.[557] Das ungünstige Urteil über den Pädagogen war wahrscheinlich vom nüchternen Blick eines Mannes aus der Wirtschaft bestimmt, dem die bisweilen blumige und weitschweifige Sprache Schairers fremd war. In der Tat wirkten die Ausführungen des Pädagogen ermüdend. Mit seinen wortreichen Episteln, in denen er Shakespeare und Goethe bemühte, um seine politischen Empfehlungen zu begründen, wurde er auch in England als ein etwas sonderbarer Zeitgenosse angesehen.[558]

Schairer und Goerdeler kannten sich von gelegentlichen beruflichen Begegnungen aus Königsberger Zeiten. Weil Schairer die konservative Ausrichtung Goerdelers beargwöhnte und sich nach der «Machtergreifung» darüber enttäuscht gezeigt hatte, daß dieser nicht sofort aus seinen Ämtern geschieden war, bildete erst der Boschkreis eine politische Brücke.[559] Schairer konnte Goerdelers Nachrichten an Freunde in London, Amsterdam und Paris weitergeben. Im April 1938 war er beispielsweise an der Vorbereitung des schließlich nicht zustande gekommenen Treffens zwischen Goerdeler und Churchill beteiligt.[560] In der französischen Hauptstadt hatte er Zugang zum Staatsratmitglied Heilbronner und zur Familie Rothschild.[561]

Goerdeler arrangierte überall in Europa und den USA Treffen mit Politikern und Industriellen, die als Ansprechpartner in Frage kamen. Einer der wichtigsten «Beauftragten» in den USA war Dr. Gotthilf Bronisch, der für Goerdeler, teilweise unter Heranziehung Schairers, eine ganze Reihe von Begegnungen mit amerikanischen Persönlichkeiten ermöglichte. Bronisch, den Goerdeler noch aus dem Büro des Deutschen Städtetages kannte, war 1935 in die USA emigriert.[562] Über den Hintergrund der Verbindungen Goerdelers zu Bosch war Bronisch gut informiert. Goerdeler entwarf während seiner Amerikareise im Herbst und Winter 1937/38 sein «Politisches Testament» und übergab das Dokument Bronisch mit der Maßgabe, dieses im Fall seines Todes zu veröffentlichen.[563]

Während Goerdeler und Schairer sich für englisch-französische Härte gegenüber Hitler stark machten und das Appeasement als politischen Kardinalfehler verurteilten, warben die amerikanischen Gewährsmänner Spencer Miller und Bronisch auf der anderen Seite des Ozeans gegen ein Einschwenken der USA auf den Kurs der Nachgiebigkeit. Mit Spencer Miller, einem ökumenisch orientierten Pädagogen mit industriellen Verbindungen, verfügte Schairer zwar über einen wichtigen Bundesgenossen,[564] aber die Überzeugungsarbeit war keine leichte Aufgabe in dem Land, das sich vielfach noch der Illusion hingab, der Weltfrieden werde sich durch ein «economic appeasement» erhalten lassen.[565] Die Verschwörer mußten feststellen, daß die amerikanischen Tendenzen, sich aus europäischen Händeln herauszuhalten, fast unüberwindlich waren: Das beständige Werben war ein Kampf gegen Windmühlen.

Weil sich Frankreich in der zweiten Hälfte der dreißiger Jahre in einer Art Paralyse befand und sich geradezu einer «Dekadenz»[566] hingab, um nicht den Notwendigkeiten ins Auge sehen zu müssen, blieb London das Zentrum der Bemühungen Goerdelers, die Westmächte über den fatalen Kurs der Nachgiebigkeit aufzuklären. Freilich, in Großbritannien waren die zum Friedenserhalt um jeden Preis drängenden Tendenzen ebenfalls noch vorherrschend. Sie wurden durch die glänzenden außenpolitischen Erfolge Hitlers ebenso gestützt wie durch die Bereitschaft Großbritanniens, die Ergebnisse von Versailles im deutschen Sinne zu korrigieren, weil die Garantiemächte zu ihrem Erhalt nicht mehr in der Lage waren. Reinhold Schairer gelang es schließlich, einen direkten Zugang zum Foreign Office zu finden. Frank Ashton-Gwatkin, der Leiter der Wirtschaftsabteilung des Foreign Office, unterstützte seine Bemühungen fast leidenschaftlich.[567] Auch in Robert Vansittart, dem einflußreichen Permanent Under Secretary of State, fand Schairer einen Förderer. Vansittart kannte Goerdeler seit 1935 und hat ihn später als «the only genuine German conspirator» eingestuft.[568] Das Verhältnis zu Goerdeler war jedoch vielfach gebrochen und starken Schwankungen ausgesetzt. Vansittarts Wohlwollen mußte immer wieder aufs neue erkämpft werden, weil es mit einem grundlegenden Mißtrauen über Goerdelers vermeintlich großdeutsche Ambitionen verbunden war. Schairer und Goerdeler eröffneten den Briten bereits im Herbst 1937, die deutsche Armee werde gegen Hitler revoltieren und den Nationalsozialismus «liquidieren».[569]

Die Verwendung eines von seinen Aufgaben überforderten Mannes wie Schairer als Bote und Interpret wichtiger Nachrichten wirft ein scharfes Licht auf die dünne Personaldecke der Hitlergegner. Angesichts der Schwierigkeiten, einem gegenüber Hitler konzilianten Großbritannien politische Alternativen aufzuzeigen, hätte es Persönlichkeiten bedurft, die anderer Statur waren als wohlmeinende, aber politisch nicht sonderlich versierte Vermittler wie Schairer, Spencer Miller oder Bronisch. Mit erschreckender Deutlichkeit offenbart sich, daß diese Männer aus dem zweiten Glied gleichsam symptomatisch für den Widerstand gegen Hitler waren: Es stand kaum jemand zur Verfügung, der wirksam und einflußreich zugleich für das «Andere Deutschland» werben konnte. Der Titel des Werkes von Klemens von Klemperer über die Suche nach Verbündeten gegen Hitler ist daher in zweifacher Weise gültig: «Die verlassenen Verschwörer» fanden in den europäischen Hauptstädten kein Gehör, aber sie verfügten auch in Deutschland nicht über einflußreiche Unterstützer und Freunde, die mit ihrem Wort vielleicht ein stärkeres Echo hätten hervorrufen können. Während Goerdeler und der Boschkreis vor einem Nachgeben gegenüber Hitler beständig warnten, befand sich Deutschland aus Freude über die Lösung der «Fesseln von Versailles» in einem Taumel der Begeisterung.

Schairer erschloß auch in Holland maßgebliche Widerstandsverbindungen. Als die Stuttgarter nach der Einführung der allgemeinen Wehrpflicht im Jahr 1935 und den bedenklichen politischen Entwicklungen des Jahres 1936 die Überzeugung gewonnen hatten, Hitler plane für den Krieg, waren Walz und Schloßstein mehrfach nach Amsterdam gereist, um im Schutz unverdächtig wirkender Geschäftsreisen für politische und militärische «Präventivmaßnahmen» Großbritanniens und Frankreichs zu werben. Die Begegnungen mit Schairer dienten dazu, diesen mit Argumenten zu versehen, um England und Frankreich vor Hitler zu warnen.[570]

Holland war auf diese Weise zum ersten eigenständigen Anlaufpunkt der Konspiration des Boschkreises geworden, noch bevor Goerdeler seine Tätigkeit für die Stuttgarter aufgenommen hatte. Um über Amsterdam französische Politiker von Konzessionen an Hitler abzuhalten, bediente man sich der Verbindung zu Fritz Mannheimer. Der deutsch-holländische Bankier wurde dank seiner vielfältigen Geschäftsverbindungen auf diese Weise ein wichtiger «agent de liaison» nach Paris. Mannheimer war eine ungewöhnliche Erscheinung: Er ist als der begabteste und schillerndste «Vertreter der internationalen Spekulantenschar» geschildert worden, dessen verschwenderischer Lebensstil die ehrenwerte calvinistische Gesellschaft Amsterdams schockierte.[571] Hans Walz hat später aus gutem Grund bedauert, mit diesem Finanzjongleur, Lebemann und Kunstsammler[572] überhaupt in Verbindung getreten zu sein.

Robert Bosch kannte Mannheimer schon länger. Dessen Elternhaus lag in der Stuttgarter Militärstraße, wo Mannheimers Vater recht kärglich als Küster der jüdischen Gemeinde gelebt hatte. Mannheimers Beziehungen zum Stuttgarter Unternehmen rührten noch aus den Jahren der Weimarer Republik, als sich der Bankier um die Verwaltung der amerikanischen Bosch-Tochtergesellschaft ABC verdient gemacht[573] und, im Strudel der Krise der Darmstädter und Nationalbank, dem Haus Bosch zur Seite gestanden hatte. Mannheimer leitete in Amsterdam eine Filiale der Berliner Mendelssohn-Bank. Das Stammhaus war eine Art «Hausbank» von Robert Bosch,[574] mit der er schon seit längerem auch geschäftlich in bester Verbindung stand.[575] Der Charakter der Beziehungen zwischen dem Berliner Mendelssohn-Stammhaus und der weitgehend unabhängig operierenden niederländischen Filiale blieb jedoch in Stuttgart unbekannt.[576]

Seit Mitte der zwanziger Jahre bemühte sich Mannheimer um den Erwerb der holländischen Staatsbürgerschaft. Im Sommer 1936 erreichte er schließlich seine «Naturalisierung». Als Nebeneffekt dieser Entwicklung schieden die Berliner Mendelssohns aus der Amsterdamer Filiale aus. Mannheimer war für Vermittlungsaufgaben der richtige Mann am richtigen Ort. Er fungierte seit der «Machtergreifung» Hitlers als Transferstation und Clearingstelle für jüdisches Vermögen, das seinen rechtmäßigen Besitzern zugänglich gemacht wurde. Freilich, die Politik Hitlers belastete den ansonsten kühl überlegenden Geschäftsmann, der 1934 im Verlauf eines erregten Gesprächs mit Hans Walz vorhergesagt hatte, das deutsche Auslandseigentum werde beschlagnahmt werden, «sofern die deutsche Regierung nicht irgend eine freundschaftliche Verständigung» ermöglichen werde.[577] Seit jener Zeit überdachte Mannheimer seine Geschäftspolitik und war Ende 1936 zunächst entschlossen, alle Verbindungen mit deutschen Konzernen aus Protest gegen die Judenverfolgungen aufzugeben.

Weil er die Einstellung von Robert Bosch in der Judenfrage kannte, ließ er sich aber schließlich umstimmen. Nach den aufreibenden Querelen im Umfeld des Betriebsjubiläums des Sommers 1936 waren die Stuttgarter fester als je zuvor davon überzeugt, daß Hitler den Weg zum Krieg beschreite. Man dachte darüber nach, die ausländischen Fabrikationen und Handelszentren formell außerhalb des deutschen Hoheitsgebiets zu verankern,[578] und Bosch, Walz und Schloßstein kamen Ende des Jahres 1936 überein, die ausländischen Unternehmungen von der Muttergesellschaft abzutrennen und «unter fremder Führung selbständig» zu machen.[579]

Den unmittelbaren Anstoß für diese Entscheidung bot eine Ansprache Hermann Görings am 17. Dezember 1936 vor deutschen «Wirtschaftsführern» in Berlin, zu der auch Hans Walz geladen worden war. In dieser «Kanonen statt Butter»-Rede, die auch in der Presse starken Widerhall fand,[580] wurde zu verstärkten Rüstungsanstrengungen aufgerufen. Für mißtrauische Ohren waren die Hinweise, die eine mögliche Liquidierung des deutschen Auslandsvermögens andeuteten, ein Alarmsignal. Die Geschäftsleitung bei Bosch mußte sich wiederum das alte traumatische Erlebnis der Beschlagnahme des Auslandsbesitzes während des Ersten Weltkriegs als Eventualität vor Augen führen. Die Politik Hitlers sah man im Blick auf das französische Kriegspotential als ausgesprochenes Vabanquespiel: Es herrschte Einmütigkeit, nicht «lammfromm und regierungstreu» den Wünschen der Nationalsozialisten zu folgen, sondern Maßnahmen zu ergreifen, um den internationalen Besitz unabhängig zu machen und ihm damit ein «Eigenleben» zu ermöglichen, falls die Verbindung zwischen Stuttgart und dem Ausland durch einen Krieg unterbrochen werden sollte.[581]

Unmittelbar nach seiner Rückkehr aus Berlin rief Walz den Leiter der Rechtsabteilung Karl Thomä in sein Büro.[582] Die grundsätzliche Revision des Auslandsgeschäfts wurde über die niederländische Mendelssohn-Bank abgewickelt. Walz traf sich mit Mannheimer zunächst in Paris, wenig später, noch im Dezember 1936, in Amsterdam und schlug diesem vor, alle ausländischen Bosch-Beteiligungen auf Mannheimers Namen zu übertragen. Auf diese Weise werde Görings Verlangen scheinbar erfüllt und zugleich dem Wunsch Mannheimers Rechnung getragen, nach außen nicht mit deutschen Konzernen in Verbindung zu stehen:[583] Den Stuttgartern ging es also nicht darum, in benachbarten europäischen Staaten heimlich eine Art ökonomische «Fünfte Kolonne» des «Dritten Reiches» zu schaffen, um möglichst unentdeckt den Kriegskurs zu beschreiten. Das Gegenteil war der Fall: Die «Tarnungen» hatten den Zweck, den Auslandsbesitz vor einem Zugriff zu schützen, sei es im Kriegsfall durch feindliche Mächte, sei es durch den nationalsozialistischen Staat.

Wie bei den doppelzüngigen Verhandlungen Goerdelers war ein raffiniertes Doppelspiel vonnöten, um den eigentlichen Zweck der Verkaufsverhandlungen zu verschleiern. Denn die Genehmigung für die umfangreichen Devisengeschäfte mußte über die Reichsbehörden eingeholt werden. Reichswirtschaftsminister Schacht zeigte sich von den Verkaufsabsichten zunächst überrascht und wollte die Verantwortung für diesen Schritt nicht allein übernehmen. Der Machtverfall seines Amtes zeigte sich in der Bitte an Göring, in dessen Funktion als Beauftragter für den Vierjahresplan die geplanten Besitzveränderungen zu genehmigen. Göring war von Hitler inzwischen mit der Prüfung aller Maßnahmen in Rohstoff- und Devisenangelegenheiten beauftragt. Seine Zusage, die durch die Aussicht auf hohe Deviseneinnahmen aus den verkauften Unternehmen erleichtert wurde, ermöglichte letztlich die Realisierung des Vorhabens. Den eigentlichen Zweck des komplizierten Verfahrens – das internationale Geschäft zwar den Ansprüchen des Auslands, aber zugleich auch dem Zugriff des nationalsozialistischen Staates zu entziehen – erkannte der «Erste Paladin des Führers» nicht.[584]

In einem komplizierten finanztechnischen Verfahren, das an dieser Stelle nicht erörtert werden kann, verpflichtete sich Mannheimer in einem im

April 1937 abgeschlossenen Geheimvertrag, jederzeit die Bosch-Firmen an den eigentlichen Eigentümer zurückzuverkaufen. Die Besitzrechte blieben in Form eines Vorkaufsrechts de facto in Stuttgart. Verbindungsmann zwischen Stuttgart und Mannheimer, der für seine Beteiligung eine Provision von umgerechnet 100 000 Dollar kassierte, wurde der Diplomkaufmann Otto Fischer, der für diese delikate Position besonders geeignet war, weil er als Hitlergegner das Vertrauen Mannheimers genoß.[585]

Die Verbindung nach Amsterdam erfüllte somit einen doppelten Zweck: Zum einen sicherte sich Bosch vor einem Verlust des Auslandseigentums, zum anderen benutzte man Mannheimer und Amsterdam als Basis, um Verbündete im Kampf gegen den Nationalsozialismus zu suchen. Das zweigleisige Spiel funktionierte bis kurz vor Ausbruch des Zweiten Weltkriegs.

12. Britische und Schweizer Widerstandswege

Durch Robert Bosch lernte Goerdeler im Sommer 1937 den englischen Industriellen Arthur P. Young kennen. Dem Elektroingenieur und Manager des britischen Elektrokonzerns «Thomson-Houston Company» kam die unvermutete Rolle eines wichtigen «go-between» zwischen der deutschen Opposition und dem Foreign Office zu. Young empfand seit den Tagen des Ersten Weltkriegs eine tiefe Bewunderung für Robert Bosch. Die Persönlichkeit des Industriellen und dessen technischer Sachverstand faszinierten ihn nicht weniger als die Präzision der Produkte. Ähnlich begeistert war der Brite von Boschs sozialem Gespür und seinen erzieherischen Idealen. Young zeigte sich noch Jahrzehnte später davon überzeugt, er hätte den Kontakt zu Goerdeler nicht gefunden, wenn er nicht «jenes Bild von Bosch vor Augen gehabt (hätte), das beim näheren Umgang mit den Produkten seines Unternehmens Jahre zuvor in mir entstanden war».[586] Auch Robert Bosch interessierte sich für die Ansichten des Briten. Er ließ sich, als er während eines Englandaufenthalts im Jahr 1935 von dessen Arbeiten hörte, ein kurz zuvor erschienenes Werk Youngs zuschicken, das ihm plausibel erscheinende Ideen verfocht: «Forward from Chaos» forderte ein Industriemanagement, das auch für die Bildung Verantwortung tragen sollte.[587]

Young lernte Bosch bei einem Besuch 1936 in Stuttgart persönlich kennen. Die beiden Industriellen waren in gewisser Weise seelenverwandt: Als Männern der Wirtschaft waren ihnen die Feinheiten der Diplomatie, aber auch jegliches Finassieren fremd. Wenn die «Hohe Politik» die Einmischung gutmeinender Laien geringschätzte, dann mißtrauten Robert Bosch und A. P. Young ihrerseits, von ökonomischen und moralischen Überlegungen ausgehend, politisch motivierten Schachzügen. Das rückblickende Resümee A. P. Youngs, er habe sich unwohl gefühlt in «der Welt der internationalen Intrige, widerwärtiger Politik, Geheimnistuerei und Furcht», mit der er sich in den Verhandlungen über den Friedenserhalt vor dem Kriegsausbruch konfrontiert sah,[588] hätte Robert Bosch zweifellos geteilt.

Der persönliche Kontakt, der über Reinhold Schairer geknüpft wurde, bot auch Goerdeler ein Entrée.[589] Der ehemalige Oberbürgermeister konnte im Londoner National Liberal Club im Juli 1937 fünf englischen «Gutachtern» unter Vorsitz Youngs darlegen, daß Hitler jede Form von Appeasement lediglich als Schwäche interpretiere. Das Zusammentreffen bildete den Auftakt für intensive Bemühungen, alternativ zur offiziellen Diplomatie einen Weg zur Entschärfung der äußeren Lage und zur Beendigung der Hitlerdiktatur zu finden. Young war auch von Goerdeler, dessen konservative Ansichten er keineswegs in allen Punkten teilte, beeindruckt, weil er den ehrlichen Wunsch nach Frieden und Gerechtigkeit spürte. Das besondere Verhältnis zwischen ihm, Goerdeler und Bosch beschäftigte ihn zeit seines Lebens.[590]

Wenige Tage später kam es zu einem Sondierungsgespräch mit Vansittart. Dieser empfahl eine britische Kurskorrektur, die allerdings an Außenminister Eden scheiterte, der nicht bereit war, solche Konzepte im Kabinett zu erörtern: «Suppressed by Eden» notierte Vansittart auf einen der zurückgewiesenen Vorschläge.[591] Wenig später wurde Youngs Eindruck bestätigt, in Goerdeler einen aufrichtigen Vertreter des nichtnationalsozialistischen Deutschland gefunden zu haben. Als er am 5. Februar 1938 Robert Bosch in Stuttgart besuchte, stand diese Begegnung ganz im Kontrast zu den bisherigen negativen Erfahrungen. In Berlin und Nürnberg hatte er zuvor erlebt, in welcher Weise der Nationalsozialismus Deutschland und die Deutschen durch seine Propaganda im Banne hielt:

«Wir waren erstaunt, keinerlei Hinweise auf Bilder zu sehen, die für den Führer warben. Dafür stand stolz ganz allein für sich auf einem Sockel eine auffallend fein gearbeitete Büste Robert Boschs, eine warme Menschlichkeit ausstrahlend, welche, so schien uns, jeder Reglementierung trotzte. Bosch war damals wahrscheinlich der einzige Mann in Deutschland, der es sich leisten konnte, die von Goebbels' Propagandaapparat produzierten und in die Industriebetriebe und andere Tätigkeitsbereiche der Gesellschaft hineingeworfenen Werbematerialien einfach vom Tisch zu wischen.

In einer so friedlichen Atmosphäre verweilen zu können, an einer Zufluchtsstätte von Freiheit und menschlicher Güte, die von jedem Sturzbach von Grausamkeit, staatlicher Kontrolle und Haß unberührt geblieben war, den man fast schon vor der Tür vorüberrauschen hörte, bedeutete ein wahres Labsal. (...) Nach dem Austausch einiger Freundlichkeiten (...) kamen wir auf die Situation in Deutschland unter dem Hitlerismus zu sprechen. Am Morgen dieses Tages hatte die deutsche Presse die Entlassung des Generals von Fritsch, des Oberbefehlshabers des deutschen Heeres, gemeldet – eine Trennung, die Hitler persönlich schon einige Tage zuvor vollzogen hatte. Bosch zeigte sich über die Nachricht aufs tiefste bestürzt. Nie kann ich den Ton vergessen, als er, mit Tränen in den Augen, ganz erregt sagte: ‹Das bedeutet Krieg! Und alles, was ich in den letzten fünfzig Jahren hier aufgebaut habe, wird von Bomben zerstört werden.›»[592]

Die Blomberg-Fritsch-Krise im Jahr 1938 machte das von Goerdeler erwartete Eingreifen der Militärs vorerst illusorisch.[593] Goerdelers Freund Bronisch bedauerte die Resignation der Generalität mit scharfen Worten: «Ich kann mich des Eindrucks nicht erwehren, daß Anfänger geplant und gehandelt haben, die zu anständig denken und zu ehrenhaft handeln wollen. Gentlemenlike manners sind in Revolutionen stets unangebracht gewesen.»[594] Dennoch blieb der Boschkreis von der Plausibilität der Pläne Goerdelers überzeugt, die «Träger der Waffengewalt» gegen Hitler zu mobilisieren.[595] Robert Bosch, der mit seiner ungestümen und manchmal schroffen Art bisweilen manchen Besucher vor den Kopf stoßen konnte, hatte sich gegenüber dem englischen Besucher in seiner Verurteilung Hitlers noch respektvoll zurückgehalten. Im Kreis seiner Vertrauten gab er seinen Sorgen dagegen ungeschminkt Ausdruck: Theodor Bäuerle erinnerte sich später an Boschs immer wiederkehrende Frage: «Gibt es denn niemand, der diesen Kerl beseitigt?»[596]

Im März 1938 trafen Young, Schairer und Goerdeler in London ein weiteres Mal zu Beratungen zusammen.[597] Konkrete Ergebnisse blieben aus. In Großbritannien herrschte trotz aller Aversionen gegen Hitler das zum festen Bestandteil englischer Außenpolitik gehörende Grundverständnis, nicht ohne unmittelbare Not in die inneren Verhältnisse anderer Staaten einzugreifen. Selbst im Verkehr mit Diktatoren, so lautete die landläufige Meinung, gebe es «so etwas wie guten Glauben»,[598] der verbiete, aktiv einen Regierungssturz zu fördern. So blieben die britischen Kontakte Goerdelers an der Oberfläche, bis sie kurz vor der Sudetenkrise mit neuer Energie wiederaufgenommen wurden.

Die Schweiz entwickelte sich zu einem weiteren Zentrum der Hitlergegner. Der nach der «Machtergreifung» ins eidgenössische Exil geflüchtete evangelische Sozialpädagoge und Theologieprofessor Friedrich Wilhelm Siegmund-Schultze[599] geriet in dieser Zeit ins Gesichtsfeld der Verschwörer. Als unermüdlicher Verfechter ökumenischer Ideen konnte er auf wichtige Verbindungen nach England, unter anderem zu George Bell, dem Bischof von Chichester, verweisen. Der Theologe galt in Exilkreisen als ein Vertrauensmann Neville Chamberlains, und seine Wohnung in Zürich diente bald «als Treffpunkt zwischen Exilierten und Emissären des Widerstands».[600] Siegmund-Schultze überschätzte jedoch noch nach dem Krieg seine damaligen Möglichkeiten: So wie das Foreign Office gegenüber Männern wie Schairer und Goerdeler stets in mehr oder weniger kritischer Distanz verharrte, warb die englische Regierung nicht geradezu händeringend um die Hilfe eines im schweizerischen Exil von allen politischen Machtzentren doch weit entfernt agierenden Theologen.

Obwohl Siegmund-Schultze nicht als Kämpfernatur gelten konnte, boten die Kontakte zu Goerdeler zeitweise einen «Ausweg aus der fatalen Passivität»,[601] zu der ihn das Exil in einem Land verurteilte, das ihm keine Unterstützung zuteil werden ließ.[602] Goerdeler kannte Siegmund-Schultze seit den frühen dreißiger Jahren, als sie sich in Berlin bei Wilhelm und Hanna Solf begegnet waren. Das Haus des ehemaligen Staatssekretärs des Auswärtigen Amtes war nach der «Machtergreifung» zu einem Treffpunkt von Gegnern des Nationalsozialismus geworden, und Goerdeler nahm, als sich die deutsche Opposition nach 1937 formierte, stets bei Siegmund-Schultze Quartier, wenn er in Zürich weilte. Im Frühjahr 1938 fand im Hause Siegmund-Schultzes eine Besprechung zwischen Goerdeler, dem Rechtsanwalt Dr. Edlin, der als juristischer Berater Robert Boschs in der Schweiz tätig war, und dem Generaldirektor der Schweizerischen Kreditanstalt, Heinrich Blass, statt. Die Bestandsaufnahme der Beteiligten über die Haltung der europäischen Länder zum Nationalsozialismus und die zu erwartende ausländische Reaktion auf einen Sturz Hitlers fiel nach Siegmund-Schultzes Worten «ziemlich traurig aus»: Goerdeler beschloß die Besprechung mit den Worten «dann armes Deutschland gnade Dir Gott».[603] Weitere Beratungen in den folgenden Monaten blieben ergebnislos.

In den Verhandlungen Goerdelers mit seinen Schweizer Helfern hatte der Boschkreis vornehmlich die Türen für Kontakte geöffnet. Zur gleichen Zeit wurden jedoch durch die Stuttgarter eigene konspirative Auslandsbeziehungen in der Schweiz eingefädelt. Wichtigster Gesprächspartner wurde der englische Group Captain Malcolm Graham Christie, der häufig zwischen London und der Schweiz hin- und herpendelte und «eine Art Privatagent für Sir Robert Vansittart» war.[604] Christie, der als eine Figur geschildert worden ist, wie sie aus Büchern Eric Amblers und Filmen Alfred Hitchcocks bekannt ist,[605] wurde nun zum Bindeglied zwischen den Verschwörern um Goerdeler und der britischen Regierung. Christie, der als «einer der besten Deutschlandkenner» eingeschätzt worden ist,[606] kannte eine Reihe von Diplomaten, Industriellen und wichtigen Persönlichkeiten des nationalsozialistischen Deutschland. Seine Informationen, die er durch die Bekanntschaft mit Göring und den Staatssekretären Milch und Körner gewann, waren für die britische Regierung entsprechend von großem Interesse. Die Politik Hitlers interpretierte er als eine gleichermaßen moderne wie rücksichtslose Spielart des preußischen Militarismus – eine Sichtweise, die ihn wenig später zum Sympathisanten des «süddeutschen Weges» des deutschen Widerstands machte.[607] Sein besonderes Augenmerk galt daher den Stuttgarter Hitlergegnern.

Über die Hintergründe dieser Verbindung sind wir einigermaßen gut informiert. Denn der «Spiritus rector» des Kontakts war Hans Ritter, ein enger Freund Christies, der seinerseits zu einigen der Protagonisten des Boschkreises, namentlich Hans Walz, Willy Schloßstein und Albrecht Fischer eine enge Verbindung geknüpft hatte. Vansittart stand zwar in enger Verbindung zu Hans Ritter,[608] aber ob das Foreign Office über die Stuttgarter Verbindungslinie im einzelnen informiert war, muß im dunkeln bleiben. Der Unterstaatssekretär war hinsichtlich der Identität seiner Kontaktleute ausgesprochen zurückhaltend; sogar in seinen privaten Papieren anonymisierte er – mit Ausnahme Goerdelers – alle Beteiligten, und sicherheitshalber wurde nicht einmal Malcolm Christie namentlich erwähnt.

Der aus Ludwigsburg stammende Hans Ritter (1886–1972), der im Foreign Office als «The Knight» firmierte, war im Weltkrieg Fliegeroffizier gewesen. Bei Kriegsende Hauptmann, stand er in den zwanziger Jahren (mit einem Intermezzo als Lehrer an der Generalstabs-Akademie in Istanbul) als militärischer Berater in den Diensten der Flugzeugfirma Junkers. Von 1935 bis 1938 arbeitete er als Assistent des deutschen Militär- und Luftfahrtattachés an der Botschaft in Paris.[609] Seit Mitte der dreißiger Jahre zählte er zur aktiven Opposition und arbeitete zugleich für den britischen Geheimdienst. In regelmäßigen Abständen von zwei bis drei Wochen, bei Notwendigkeit auch öfter, lieferte er seine Berichte nach London. Dies war jedoch keine gewöhnliche Spionagetätigkeit. Seine politischen Analysen des nationalsozialistischen Systems zeigen Ritter als einen entschiedenen Mann des Widerstands, der gegen Hitler einen tiefen Haß empfand. Selbstbewußt faßte er seine Tätigkeit als Dienst am besseren Deutschland auf. Sein Wort besaß besondere Bedeutung, weil er Informationen in einer Zeit lieferte, in der die Briten nur wenig substantielle Agentennachrichten aus Deutschland erhielten. Entsprechend angeregt studierte Vansittart Ritters Lageberichte.[610]

Über Ritters Verbindung zu Walz und Schloßstein wußte man lange Zeit nur wenig, weil seine Identität zwar bekannt war, aber in den frühen Veröffentlichungen nach 1945 nicht namentlich erwähnt wurde: Vansittart und das Foreign Office zeigten nach Ende des Krieges wenig Interesse, ihre Verbindungen zu den deutschen Verschwörern aufzudecken.[611] Ritters Korrespondenz unterscheidet sich von den diplomatisch-geschäftsmäßigen Memoranden der Zeit. Bisweilen vermutet man angesichts mancher salopper Formulierung (Ritter benutzte zuweilen Decknamen wie Alois Ochsenknecht, Isaak Krummbein und Ignaz Zitterbart), Ritter habe seine Tätigkeit als ein großes Abenteuer empfunden. Die gelegentlichen Hinweise auf seine unsichere Zukunft und seine unbedingte Gegnerschaft zu Hitler lassen freilich vermuten, daß er hinter einer forschen Ausdrucksweise lediglich seine politischen Sorge verbarg.

Auf welche Weise die Verbindungen Ritters zum Boschkreis zustande kamen, ist ungewiß. Möglicherweise stellte Rudolf Pechel die Beziehung her, der Ritter 1934 über Edgar Jung kennengelernt hatte. Pechel hatte Verbindung zu Vansittart und Christie und war über die tatkräftige Opposition Ritters ebenso im Bilde[612] wie über den Widerstand der Stuttgarter. Allerdings ist nicht ganz ausgeschlossen, daß erst Carl Goerdeler Hans Ritter mit dem Boschkreis zusammenbrachte. Goerdelers eigene Verbindung zu Christie rührte aus der Zeit der Anstellung bei Bosch. Im Juli 1937 legte Ritter in Großbritannien ein umfangreiches Memorandum über die desolate deutsche Wirtschaft vor, in dem er seine Gespräche mit Goerdeler und die von diesem angeregten Geheimstudien des «Langnamvereins» referierte.[613]

Während Ritter (ähnlich wie Christie und Vansittart) gegenüber Goerdeler immer gewisse Vorbehalte hegte, weil ihm dessen Versicherungen über das politische Verständnis des deutschen Militärs als zu optimistisch erschienen und ihm der preußische Konservatismus des ehemaligen Oberbürgermeisters suspekt blieb, entwickelte sich gegen Ende der dreißiger Jahre zum Boschkreis ein immer wichtigerer Kontakt. Ritter erkannte die große Bedeutung der Stuttgarter als ideale Möglichkeit, sich über den Widerstand gegen Hitler zu informieren.[614] Zu Hans Walz entstand ein besonderes Vertrauensverhältnis. Ritter, der ein Gefühl für die vielfältigen Dilemmata vermeintlicher Landesverräter entwickelt hatte, sah mit psychologischem Feingefühl die schwere Last, die auf den Schultern des «Betriebsführers» Walz lag. In diesem erkannte er einen entschlossenen Gegner des Nationalsozialismus, der seine Mitgliedschaft in der SS lediglich als Camouflage benutzte.[615]

Die unglücklich verlaufende Englandreise Goerdelers im März/April 1938 wurde in Stuttgart mit Bedauern zur Kenntnis genommen. Meinungsverschiedenheiten zwischen Goerdeler und dem Foreign Office über den zukünftigen Status des Sudetenlandes hatten zu einer Verstimmung Vansittarts geführt, der die Gelegenheit benutzt hatte, die Widerstandsbestrebungen provozierend anzugreifen: «Was Sie da sagen, ist ja Landesverrat», so lautete Vansittarts Vorwurf, von dem Goerdeler empört Hans Walz berichtet hatte; ein Vorwurf, der daraufhin im Boschkreis die Runde machte.[616] Angesichts der fortwährenden Warnungen an den Westen vor den Folgen des Appeasement empfand man die Anklage als einen Schlag ins Gesicht.

Ritter beendete im Frühjahr 1938 seine Tätigkeit an der deutschen Botschaft in Paris und floh in die Schweiz, oder wie er selbst es beschrieb, «aus der Löwengrube Daniels in ein Land der Freiheit».[617] Sein neues Domizil fand er im Hotel «Adler» in Ermatingen auf der Schweizer Seite des Bodensees. Auch wenn über eine Verbindung zu Goerdeler in dieser Zeit nichts bekannt ist, fällt es in diesem Zusammenhang schwer zu glauben, daß die Anwesenheit des ehemaligen Oberbürgermeisters, der von August bis Mitte Oktober immer wieder in Ermatingen logierte, eine bloße Koinzidenz gewesen sein soll.[618] In seinem unscheinbaren Quartier erregte Ritter jedenfalls sogleich das Aufsehen der schweizerischen Fremdenpolizei, die «diesem Herrn jedenfalls höchste Aufmerksamkeit» zu schenken versprach.[619]

Wie berechtigt die eidgenössische Observation war, zeigte bereits eine der ersten Nachrichten Ritters, die er Ende Mai 1938 an seinen britischen Gewährsmann Christie übermittelte:

«In der Woche nach Pfingsten werde ich hier am Bodensee den Besuch zweier Freunde haben, von denen Sie einen im Februar in St. Moritz bereits kennen gelernt haben. Der andere ist einer der bedeutendsten Wirtschaftsführer Süddeutschlands. Beide sind unbedingt voll und ganz zuverlässig; der erwähnte Wirtschaftsführer ist enger Freund von Goerdeler. Beide wären bereit, Ihnen in offener Aussprache Mitteilungen zu machen, die meiner Ansicht nach von erheblicher Wichtigkeit wären. Die Möglichkeit von Frage und Antwort und der persönliche Eindruck in direkter Unterhaltung zwischen Ihnen und meinen Freunden erschiene mir wichtig genug, um Ihr Kommen nach hier zu rechtfertigen.»[620]

Bei dem angekündigten «Wirtschaftsführer» handelte es sich um Hans Walz. Ritter, der wegen der Nennung Goerdelers in Sorge war,[621] schlug für das schweizerische Rencontre zwischen Christie, Hans Walz und dem unbekannten dritten Oppositionellen die Zeit vom 8. bis 11. Juni 1938 vor. Das vorgesehene Treffen mußte jedoch auf die Zeit nach dem 26. Juni verschoben werden, weil Christie wegen eines Parisaufenthaltes nicht in die Schweiz reisen konnte.[622]

Statt des vorgesehenen Treffens zwischen Christie und Walz kam es am 10. Juni 1938 zu einer Zusammenkunft zwischen Ritter und Paul Hahn. Dieser kann als eine besonders schillernde Persönlichkeit des Boschkreises gelten.[623] Wie die meisten der Stuttgarter Verschwörer gehörte er einer Generation an, die ihre politische Prägung im Kaiserreich erhalten hatte. Hahn hatte sich schon im Ersten Weltkrieg als Draufgänger präsentiert. Der «kleine Hindenburg», wie er genannt wurde, galt als Bohemien, wie der später hingerichtete Fritz Elsas berichtete: «Ein richtiger Landsknecht und Raufbold, aber für solche Zeiten Gold wert, wenn – er auf seiten der Regierung stand.»[624] Als hochdekorierter Weltkriegsteilnehmer wurde er durch die Revolutionswirren in seinem politischen Denken entscheidend beeinflußt. Als Leutnant und gemäßigtes Mitglied des Soldatenrats war er vom sozialdemokratischen Ministerpräsidenten Wilhelm Blos und dem SPD-Landesführer Wilhelm Keil zum Militärbefehlshaber ernannt worden und hatte einen ruhigen Kurs in einer aufgeregten Zeit verfochten. Hahn war in die SPD eingetreten und hatte bald den Beinamen «Roter Hahn» erhalten. Seiner besonnenen und undogmatischen Politik war wesentlich der Wandel der württembergischen Revolutionstruppen «zu einer zuverlässigen Schutztruppe der Regierung» zu verdanken gewesen. Als Oberpolizeidirektor hatte er die spartakistischen Aufstände niedergeschlagen und während des Kapp-Putsches 1920 die vorübergehend nach Stuttgart verlegte Reichsregierung und Nationalversammlung militärisch gegen die rechten Putschisten verteidigt. Zugleich hatte er jedoch auch die Betriebe – darunter diejenigen Robert Boschs – gegen die «wilden» Arbeiterstreiks des Jahres 1920 verteidigt und war bei dieser Gelegenheit mit Albrecht Fischer zusammengekommen, der die Verhandlungen auf Arbeitgeberseite geführt hatte.[625] Die politischen Verwerfungen und Zerwürfnisse, die mit einer Dogmatisierung und Verhärtung einhergegangen waren, führten zu einer wachsenden Entfremdung von der SPD, deren politischen Kurs er als zu radikal ablehnte. Nach seinem Parteiaustritt im Jahr 1922 entfernte sich eher ungewollt von der politischen Linken, die für einen Mann, der bisweilen den Eindruck eines Condottiere erweckte, wohl auch nicht unbedingt die geeignete politische Heimat war. Der Austritt aus der SPD mag den Anlaß für die letztlich aussichtslosen Versuche der NSDAP geboten haben, ihn für den Nationalsozialismus zu gewinnen. In der Gestapohaft mußte er später einräumen, daß seine Haltung zur NSDAP «kritisch und gegensätzlich» war. Er konnte auch nicht leugnen, «fortlaufend gegen die Partei geredet zu haben».[626] Während er die nationalsozialistische Herausforderung zunächst nicht ernst genommen hatte, warnte er schon bald den württembergischen Staatspräsidenten vor der Gefährlichkeit der «Bewegung».[627] Nach seinem Rückzug aus der ernüchternden Tagespolitik und seinem Abschied als württembergischer Oberpolizeidirektor gründete er eine Möbelfabrik. Vielleicht hätte er als Fabrikant sein Leben beschlossen, wenn nicht die «Machtergreifung» sein Interesse an der Politik wieder entfacht hätte.

Einer Empfehlung Albrecht Fischers war wohl wesentlich die Einstellung Hahns im Jahr 1935 bei Robert Bosch zu verdanken. Fischer kannte Hahn schon aus den Tagen der Novemberrevolution, und auch Robert Bosch erinnerte sich an den ehemaligen Polizeipräsidenten, den er aufgrund der Revolutionserfahrungen als ebenso tatkräftigen wie besonnenen Mann schätzte.[628] Die Aufgaben bei Bosch verrieten zunächst noch wenig von den späteren organisatorischen Diensten im Widerstand. Erst als Hahn 1937 Goerdeler als «Berater» des Konzerns kennenlernte, konkretisierten sich seine Aufgaben, und schon bald erhielten die Unterredungen mit Goerdeler einen politischen Charakter. Hahn war als erfahrener ehemaliger Polizeioffizier zunächst damit beauftragt, die Oppositionstätigkeit nach außen abzuschirmen. Seine zahlreichen Verbindungen zum württembergischen Polizeiwesen reichten sogar bis zur Politischen Polizei, der Gestapo und zur württembergischen NSDAP: Im Boschkreis hoffte man, bei Gefahr im Verzug über «Aktionen» der Staatspolizei rechtzeitig unterrichtet zu werden.[629] Als Hahn 1938 mit der etwas seltsam anmutenden Aufgabe betraut wurde, den Bau des Robert-Bosch-Krankenhauses zu beaufsichtigen,[630] hing dies wahrscheinlich ebenso mit dessen organisatorischen Befähigungen zusammen wie mit der Möglichkeit, auf diese Weise unverdächtige Auslandsreisen unternehmen zu können. Hahn nahm jedenfalls seine neue Aufgabe zum Anlaß, die Oppositionsverbindungen nach Frankreich und England zu pflegen.[631]

In diesem Zusammenhang ist auch seine Begegnung mit Ritter zu sehen. Für Hahn war es leicht, von einem am See gelegenen Ferienhaus in Gaienhofen am Bodensee per Motorboot in das auf dem Seeweg nur acht Kilometer entfernte schweizerische Ermatingen zu gelangen. Hahn hatte das kleine Wochenendhaus am Untersee 1935 für Robert Bosch erworben, nachdem in Stuttgart ein weiteres Mal Gerüchte über eine bevorstehende Verhaftung des Firmengründers laut geworden waren. Das Ferienhaus, das zunächst dafür ausersehen war, Bosch im Notfall die rasche Flucht in die Schweiz zu ermöglichen, wurde bald zur «Ausweichmöglichkeit für verfolgte Gegner des Regimes».[632] Über den Inhalt der Gespräche zwischen

*Der Stuttgarter Oberbürgermeister Karl Strölin (links), Robert Bosch
(mit ausgestrecktem Arm), Paul Hahn (rechts neben Bosch) und
Mitglieder des Gemeinderates der Stadt Stuttgart.*

Hahn und Ritter wissen wir nichts. Sie dienten vielleicht lediglich zur Ver-
einbarung neuer Besuchstermine. Der schweizerischen Fremdenpolizei,
die auch diese Zusammenkunft sorgfältig überwachte, fiel «irgendwelches
verdächtiges Benehmen» jedenfalls nicht auf.[633]

Nach dem gescheiterten Versuch eines Treffens zwischen Walz und
Christie kündigte Ritter an, Ende Juni 1938 nach Stuttgart zu fahren, «um
noch einige berufliche Dinge zu regeln».[634] Auch hier muß offenbleiben, ob
er, der nach seiner Übersiedlung in die Schweiz in einer prekären finanziellen Lage steckte, auf eine Unterstützung durch Robert Bosch hoffte. Jedenfalls ließ er Christie wissen, er habe in Stuttgart «auch gewisse Verhandlungen wegen eines neuen Jobs für mich in Aussicht».[635] Die verschobene
Begegnung mit Walz sollte jedoch nicht von der Tagesordnung gestrichen
werden:

«Dass Sie meine Freunde (…) nicht persönlich sehen können, ist kein grosses Unglück.
Ich selbst werde sie auf alle Fälle treffen und, sollte ich etwas sehr Eiliges von ihnen
hören, Sie umgehend informieren (…) Wie ich aber schon auf meiner Karte von heute
früh andeutete, würde ich es doch für sehr wertvoll halten, wenn Sie in nicht allzu ferner
Zeit einmal mit den beiden Herrn eine Zusammenkunft haben könnten. Die beiden
könnten Ihnen wertvolle, authentische Informationen liefern zum Beweis der Gleichung:
Nazismus = Bolschewismus. Soweit ich die Dinge übersehe, scheint es mir wichtig, den

in gewissen Kreisen bestehenden, gefährlichen Irrtum zu zerstören, dass der Nazismus zwar eine Angelegenheit mit sicherlich sehr vielen Schönheitsfehlern wäre, aber im Augenblick doch am Leben erhalten werden sollte, um wenigstens das grösste Übel, den Bolschewismus in Deutschland zu verhindern. Das ist ein fürchterlicher Trugschluß! Was zu seiner Beseitigung und zur Aufklärung über die tatsächliche, grundsätzliche Kongruenz von Nazismus und Bolschewismus getan werden könnte, sollte unbedingt geschehen. Darum empfehle ich die von mir vorgeschlagene Besprechung.»[636]

Angesichts der terminlichen Schwierigkeiten und der Notwendigkeit der Geheimhaltung wies Ritter auf die Möglichkeit einer Begegnung in Holland hin. Eine Reise nach Amsterdam war für Walz vergleichsweise einfach zu arrangieren, weil er wegen der Verbindungen zur Mendelssohn-Bank stets einen Grund finden konnte, aus «geschäftlichem Anlaß» nach Holland zu fahren.

Ritter plädierte um so dringlicher für eine baldige Begegnung zwischen britischen Offiziellen und dem «Betriebsführer» von Bosch, weil er darauf setzte, durch die Stimme eines oppositionellen Unternehmers das politische Gewicht der Hitlergegner zu erhöhen. Mit einem wahren Sperrfeuer von Argumenten versuchte er den Anhängern eines strikten Anti-Hitler-Kurses den Rücken zu stärken. Walz stehe auf seiten der entschiedenen Gegner des «Appeasement»: «Wenn die Grossmächte von heute nicht kampflos abdanken wollen, müssen sie den Zusammenbruch des Nazi-Regimes herbeiführen. Noch geht's vielleicht ohne Krieg. Wie, das würden meine Freunde Ihnen wohl sagen können».[637]

Mit einer solchen Einsicht war in Großbritannien allerdings zu diesem Zeitpunkt noch nicht zu rechnen. Der Kurs des Premierministers Neville Chamberlain verlief weiterhin entlang der bisher verfolgten Linie der Verständigungsbereitschaft, die auf die Einhegung der Kriegstreiber durch die moderaten Kräfte des Nationalsozialismus spekulierte. Während der neue Außenminister Lord Halifax sich in die Unvermeidbarkeit von Konzessionen an Deutschland gefügt hatte, erinnerte der Premierminister seine Landsleute gar in einer Rede in Kettering am 2. Juli 1938 an die Leiden des Ersten Weltkriegs und versicherte, «he would strain every nerve to avoid the repetition of another great war in Europe.»[638]

Die Rücksicht auf die englische Kriegsmüdigkeit, verbunden mit dem Gefühl, keine schlagkräftigen Argumente gegen eine Politik zur Hand zu haben, die lediglich eine rechtmäßige «Revision» vorherigen Unrechts vollziehe, behielt gegenüber den Argumenten, die Christie, Ritter und die Männer des Boschkreises vertraten, zunächst die Oberhand. Als Ritter am 8. Juli 1938 Christie in Großbritannien telefonisch recht sarkastisch mitteilte, die Rede Chamberlains in Kettering habe lediglich den zweifelhaften «Erfolg» gehabt, die deutsche Regierung davon zu überzeugen, ein Angriff auf die Tschechoslowakei sei ohne Sorge vor einem britischen Eingreifen möglich,[639] erfuhr er, das Rencontre Christies mit den «Stuttgarter Freunden» werde vorerst nicht zustande kommen.

Es ist nicht bekannt, warum Christie seinen Besuch ein weiteres Mal verschieben mußte. Es ist allerdings ohnehin unwahrscheinlich, daß eine Stellungnahme des Boschkreises zu diesem Zeitpunkt überhaupt eine Änderung der britischen Außenpolitik gegenüber Hitler hätte herbeiführen können. Christies Einfluß bei Vansittart war sicherlich nicht zu unterschätzen, und dieser hätte ein weiteres Argument in der Hand gehabt, die Briten zur Festigkeit zu mahnen. Aber die Faktoren, die die englische Politik im Sommer 1938 bestimmten, waren noch so stark vom Kalkül des Entgegenkommens bestimmt, daß eine radikale Kursänderung nur schwer vorstellbar war. Vansittart war zudem als Anti-Appeaser inzwischen von seinem Amt als Staatssekretär im Foreign Office auf den «dekorativen, aber wenig einflußreichen Posten»[640] des Ersten Diplomatischen Beraters der britischen Regierung befördert worden.

Ritter blieb nichts anderes übrig, als auf die Notwendigkeit einer baldigen Begegnung zu pochen.[641] Mit diesem Brief versiegen für einige Monate die Quellen, die die Verbindung des Boschkreises zu Christie dokumentieren. Es ist wenig wahrscheinlich, daß es Ritter noch gelang, in den folgenden Monaten eine direkte Verbindung zwischen dem Group-Captain und dem Boschkreis herzustellen. Ritter verließ im Juli 1938 das für die Verbindung nach Stuttgart strategisch günstig gelegene Ermatingen und zog, ohne jedoch seinen guten Draht zu Walz aufzugeben, ins schweizerische Hasleberg, wo er, von der eidgenössischen Bundespolizei weiterhin sorgsam observiert, bis Anfang September 1938 blieb.[642]

Die Besonderheit der Aktenüberlieferung der folgenden Monate macht es schwierig, einen direkten Einfluß des Boschkreises auf die Berichterstattung Christies und Vansittarts nachzuweisen. Christie legte zwar zahlreiche ausführliche Berichte über die Entwicklung der politischen Lage im Herbst 1938 vor, aber viele seiner Briefe wurden im Laufe des Jahres 1941 vernichtet. Die auf den originären Akten basierende Sekundärüberlieferung läßt keine Schlüsse über die jeweiligen Informanten zu. Da der Boschkreis inzwischen jedoch zu einer wichtigen Nachrichtenquelle geworden war, ist anzunehmen, daß mit der häufigen Berufung auf «industrielle» Kontakte in erster Linie die Stuttgarter gemeint waren.[643] Als Vansittart im August 1938 die Einschätzung eines «leading industrialist in Germany» referierte, Hitler wolle in die Tschechoslowakei einmarschieren, bezogen sich diese Nachrichten wahrscheinlich auf Hans Walz. Eine dem «Report» angefügte Dokumentation verweist auf den Boschkreis als Quelle: Hier fand sich nämlich ein Bericht über die Unterredungen A. P. Youngs mit Carl Goerdeler, die er am 6. und 7. August 1938 im ostpreußischen Rauschen Düne geführt hatte.

Goerdeler berichtete Young über seine eigentlichen Aufgaben als «Berater» Robert Boschs. Wieder ging es um englische Festigkeit gegenüber den deutschen Forderungen. Wenn Großbritannien diesem Ratschlag folge, werde das nationalsozialistische System zusammenbrechen. Diese Ermahnung wurde durch den von den «Honoratioren» ständig beschworenen Hinweis auf die zu wahrenden deutschen «Lebensinteressen» ergänzt. Aus dem Memorandum Youngs läßt sich herauslesen, wie groß nach dem Eindruck des Berichterstatters inzwischen der Rückhalt der Hitlergegner war: «Die Opposition gegen Hitler bilden die Generäle und führende Kräfte aus der Industrie – in letzter Instanz das Volk.»[644]

Im Gefolge der Blomberg/Fritsch-Krise hatte sich eine informelle «Anti-Kriegs-Partei»[645] herausgebildet, die von Militärs wie Ludwig Beck, Franz Halder und Wilhelm Canaris über Diplomaten wie Ernst von Weizsäcker bis zu Industriellen wie Paul Reusch, Hermann Bücher und Robert Bosch reichte. Der Bericht Youngs über die Opposition arbeitete konsequent auch den Rückhalt des Widerstands in Unternehmerkreisen heraus. Robert Bosch wurde als wichtiger Repräsentant dieser Bestrebungen in den Memoranden Youngs aus Sicherheitsgründen nicht namentlich genannt. Er firmierte in der handschriftlichen Aufzeichnung Youngs für das Foreign Office lediglich als «Y», während Goerdeler als «X» anonymisiert wurde.

Die wahre Identität von «X» und «Y» wurde der breiten Öffentlichkeit erst nach Ende des Zweiten Weltkriegs bekannt. Das Dokument lieferte weitere Argumente, der an westlichen Kulturtraditionen orientierten Oppositionsgruppe in Deutschland Vertrauen zu schenken:

«X hält engen Kontakt zur Generalität und zu führenden Industriellen. Daß er enge Beziehungen zu General von Fritsch unterhielt, ist seit einiger Zeit bekannt. Mein Eindruck, der sich auf frühere Informationen stützt, daß X der führende Kopf der Bewegung sei, hat sich aufgrund unserer langen, nahezu sechsstündigen Gespräche zur Gewißheit verdichtet. Ich fragte ihn, wann er Y, einen bedeutenden Unternehmer, den ich persönlich kenne, zum letzten Mal gesehen habe. Vor etwa einem Monat, sagte er, und sprach mit Begeisterung von Y als ‹einem der großartigsten Männer in Deutschland›. Dies kann ich aufgrund meiner persönlichen Begegnungen mit diesem Mann in den letzten Jahren und durch genaue Kenntnisse seiner Arbeit im Verlauf von fünfundzwanzig Jahren nur bestätigen.»[646]

Zur Untermauerung seiner Einschätzungen fügte Young für das Foreign Office eine kurze Schilderung seiner letzten Begegnung mit Robert Bosch im Februar 1938 an, auf die bereits ausführlich eingegangen worden ist. Die «Bewegung» gegen Hitler habe im übrigen «in den letzten Monaten beträchtliche Fortschritte gemacht».[647] Die Unterredung Youngs mit Goerdeler im August 1938 stellt für die Widerstandstätigkeit des Boschkreises in vielfacher Hinsicht eine Schlüsselbegegnung dar. Goerdeler plädierte für eine «unzweideutige Erklärung» der Westmächte, bei einem Scheitern der Verhandlungen zwischen Prag und der sudetendeutschen Führung «notfalls vor Anwendung von Gewalt» nicht zurückzuschrecken. Diese Erklärung müsse öffentlich verbreitet werden, um die Antikriegsstimmung im Volk zu erhöhen und die Position der regimegegnerischen Generalität zu verstärken; etwa zwei Wochen später sollte eine weitere öffentliche Erklärung diese harte Linie erläutern und sich mit dem befas-

sen, was Goerdeler als «Lebensfragen» Deutschlands beschrieb: «1. die
Kolonialfrage, 2. die Zukunft Mitteleuropas, 3. die Fragen der Währung
und des Goldes, 4. das große Problem der Handelsfreiheit, das in allen Ländern unmittelbar verknüpft ist mit der Notwendigkeit, den Rüstungswett-
lauf zu bremsen.»[648] Die Strategie Goerdelers, in «der Reihenfolge: Peitsche
und Zuckerbrot» Hitler zum Einlenken zu bewegen und die «großdeutschen Ziele friedlich umzusetzen»,[649] schilderte Young in einem Bericht
über das Ergebnis der ersten Begegnung mit Goerdeler, das er als «X-
Dokument» sogleich nach seiner Rückkehr am 9. August 1938 Vansittart
vorlegte.

Es ist nicht überliefert, ob Young die Identität seiner deutschen
Gesprächspartner gegenüber Vansittart preisgegeben hat. Er hatte an und
für sich keinen Grund, dem Außenministerium seine Gewährsmänner zu
verschweigen. Eine Geheimhaltung machte im persönlichen Gespräch
wenig Sinn, und zur Legitimierung der Bestrebungen Goerdelers konnte
der Hinweis auf die Unterstützung durch einen deutschen Großindustriellen wie Robert Bosch nur nützlich sein. Da Young Vansittart allerdings nur
eine «Kurzfassung» seines Berichts vortragen konnte, hat er vielleicht aus
Zeitgründen auf eine Erläuterung des Standpunkts von Robert Bosch verzichtet. In der maschinenschriftlichen Fassung, die im Privatsekretariat
Vansittarts angefertigt wurde, wurde aus Robert Bosch jedenfalls wieder
ein geheimnisvoller «Y».

Das Gespräch mit Young führte zu einer Aufwertung der politischen
Glaubwürdigkeit Goerdelers im Foreign Office: «Clearly he anticipates a
revolution, and I jugded that his proposals are based on the view that by
supporting those proposals we can give impetus to the reasonable and liberal forces opposed to Hitler»,[650] kommentierte Vansittart, der Young nun
freie Hand gab, seine Privatdiplomatie weiterzuführen. Es gehört freilich
zu den Arabesken der Widerstandsgeschichte, daß Young nach den aufre-
genden Tagen als Friedensvermittler zunächst beschloß, die Gelegenheit
für einen Urlaub am Meer zu nutzen.[651]

Wenige Wochen später, Ende August 1938, sahen sich Young und Robert
Bosch in London wieder. Der Firmenchef befand sich mit seiner Frau auf
der Durchreise zu einem weiteren Besuch bei Lord Davies in Schottland.
Den äußeren Rahmen der Zusammenkunft in der englischen Hauptstadt
bildete ein Sommerfest, das im Hause Schairer zu Ehren der Familie Bosch
stattfand. Auf der «garden-party» bestand zweifellos Gelegenheit genug,
sich ohne Furcht vor einer Gestapo-Überwachung über die jüngsten Entwicklungen auszutauschen. Ihnen blieb indessen wenig anderes übrig, als
die Wirkung ihrer Ratschläge abzuwarten, in der Gewißheit, daß Goerdeler als Koordinator seinen konspirativen Aufgaben mit nicht nachlassender
Energie nachkam.[652]

Mit Reinhold Schairer hatte Young inzwischen eine neue Strategie zur
Verbreitung des Widerstandsgedankens entworfen. Schairer nutzte im

Spätsommer 1938 eine Reise zum Weltjugendkongreß in den USA, um mit
der Hilfe von Gotthilf Bronisch und Spencer Miller bei amerikanischen
Politikern wie Außenminister Cordell Hull und dem Industriellen Owen
D. Young für den von Goerdeler propagierten Kurs der Härte zu werben.
In den USA gelang es ihm sogar, einen persönlichen Kontakt zur Präsiden-
tengattin Eleanor Roosevelt zu knüpfen. Zurück in Europa, intensivierte
Schairer seine Genfer Verbindungen und führte als Initiator des «Interna-
tional Student Service» gemeinsam mit Spencer Miller Gespräche mit Ver-
tretern des Weltjugendkongresses und der «International Federation of
League of Nations Society».

Vansittart signalisierte Young das Einverständnis mit diesen Maßnahmen. Es ist allerdings nicht klar, was er sich von diesen etwas abseitigen
Unternehmungen versprach. Wahrscheinlich war er froh, daß sich die
wohlmeinenden, aber lästigen Privatemissäre auf einem schweizerischen
Nebenschauplatz betätigten. Man wird deshalb die geschäftigen Verhandlungen Schairers nicht überbewerten dürfen. Die Anstrengungen Schairers
und Youngs waren kaum mehr als Sondierungen politischer Amateure, die
sich an der langen Leine der Berufsdiplomatie betätigen durften, solange sie
dem Foreign Office nicht in die Quere kamen.

Unter einem schlechten Stern stand auch Robert Boschs letzte Begegnung mit Lord Davies. Der Besuch, geplant in erster Linie als Erholungs-
reise, galt nun nicht nur dem gleichgesinnten Befürworter der Völkerverständigung und der Rüstungsbeschränkung, sondern dem Gegner des
Nationalsozialismus. Während der «grouse»-Jagden im schottischen Moor
wird die letztlich unbeantwortete Frage im Mittelpunkt gestanden haben,
wie Europa vor der Katastrophe gerettet werden konnte. Nach Kriegsausbruch war ein persönlicher oder brieflicher Verkehr zwischen Bosch und
Davies nicht mehr möglich, aber zweifellos hatte die Bekanntschaft mit
Robert Bosch einen bleibenden Einfluß auf Davies' politisches Denken.
Als Chef der Liberalen Partei im englischen Oberhaus unterstützte er den
Aufbau einer deutschen Exilregierung in England, um dem «Anderen
Deutschland» eine Plattform für die Argumentation zu schaffen, daß sich
der Krieg der westlichen Welt gegen eine gefährliche politische Weltan-
schauung richte, kein Vernichtungskampf gegen Deutschland oder die
Deutschen sei[653] und England «no intentions of imposing a vindictive
peace» habe.[654] In seinem Plädoyer für eine föderale Struktur des zukünftigen Nachkriegsdeutschlands sind die Gedanken von Robert Bosch mit
Händen greifbar: Dessen Bedenken gegen die illiberalen preußischen Tendenzen finden sich fast wortwörtlich in Davies' Argumentation wieder.[655]

Hiermit haben wir indessen der weiteren Entwicklung vorgegriffen.
Noch bevor die tschechische Krise ihre Schatten vorauswarf, hatte der
«Anschluß» Österreichs in Stuttgart die Sorge vor einem Krieg neu entfacht. Boschs Stimmung schwankte zwischen einer gewissen Genugtuung
über die auf friedlichem Wege gelungene Angliederung, die er wie die

Mehrzahl der Deutschen und Österreicher begrüßte, weil er das Alpenland von seinem Denken her als «Kernland» deutscher «Staatlichkeit» begriff,[656] und der Furcht vor einem Krieg, eine Furcht, die angesichts des unerwarteten Stillhaltens der westlichen Mächte jedoch schon bald wieder verflog: Hitler war es wieder gelungen, seine außenpolitischen Ziele ohne Krieg und gar mit dem Einverständnis Frankreichs und Großbritanniens zu erreichen. Ohne dem Charisma des «Führers» zu erliegen, erkannte Bosch diese «Erfolge» an. Aber er sah auch, in welchem Ausmaß dieser Triumph einem Vabanque-Spiel gleichkam. Seine Bedenken konnte er nicht dem Papier anvertrauen, aber er gab im März 1938 seiner Verwunderung darüber Ausdruck, daß Großbritannien und Frankreich lediglich durch «Papierproteste» gegen die Angliederung Österreichs aufbegehrten. Er deutete die westliche Nachgiebigkeit als Beweis, daß die «gewöhnlichen Sterblichen», zu denen er sich zählte, die politische Lage nicht übersähen. Wie gering er die Möglichkeiten einer wirksamen europäischen Gegenwehr einschätzte, zeigte seine Beurteilung der Großmächte: Frankreich sei innerlich geschwächt, und Rußland sei nicht in der Lage, für Frankreich oder die Tschechoslowakei das Wort zu ergreifen.[657]

Am 11. September fand eine weitere Besprechung zwischen Goerdeler und Young in der Schweiz statt, deren Ergebnisse der Brite bereits am folgenden Tag im Foreign Office vorlegte. Wieder wurde in der Sudetenfrage an die britische Regierung appelliert, auf Hitlers Forderungen nicht einzugehen. Hitler, den Goerdeler durchgängig als einen «Verbrecher» bezeichnete, habe dann eigentlich nur zwei Möglichkeiten: «a) Hitler würde selbst sein Vorhaben aufgeben und Frieden halten; b) bleibe Hitler jedoch zum Krieg entschlossen, so würden ihn die Generale an der Durchführung seines Vorhabens hindern». Hinsichtlich der Haltung der Industrie verbreitete Goerdeler Optimismus:

«Seine jüngsten Gespräche mit führenden Industriellen hätten X bestätigt, daß die Verbitterung unter den Arbeitern so groß geworden sei, daß diese, falls sie im Besitz von Waffen wären, sich gegen das jetzige Regime erheben würden. Auf seiten der Industrie habe sich die Einsicht durchgesetzt, daß der weitere Vormarsch des Nationalsozialismus unter der diktatorischen Herrschaft Hitlers schnell zum Ruin des Kapitalismus führen werde. In diesem entscheidenden Punkt habe der letzte Monat einen großen Meinungsumschwung gebracht.»[658]

Diese Nachrichten spiegelten die Stimmung in Deutschland. Führende Diplomaten und Militärs waren über das Kriegsrisiko bestürzt und fürchteten die militärische Auseinandersetzung. Außenminister von Neurath, Ludwig Beck, Franz Halder und hohe Beamte des Auswärtigen Amtes wie Staatssekretär Ernst von Weizsäcker, ja sogar Hermann Göring, befürworteten eine «alternative» Politik des Gewaltverzichts, die zum Teil so weit ging, ähnlich wie der bürgerliche Widerstand zu einer britisch-französischen Festigkeit gegenüber Hitler zu ermahnen.[659] Aber auch diese Versuche scheiterten: Offensichtlich waren weder Denkschriften noch Demarchen in der Lage, «den Lauf der Ereignisse zu hemmen oder auch nur zu beeinflussen».[660]

Die bürgerliche Opposition, der fortwährend Mißtrauen entgegenschlug, blieb während der Septemberkrise und den verhängnisvollen Entscheidungen von Berchtesgaden, Bad Godesberg und München wenig mehr als Zaungast. Denn hier setzte Chamberlain noch einmal seine Politik durch, im Sinne einer vertraglichen Bindung den «peaceful change»[661] in Europa zu ermöglichen. Auf der Münchener Konferenz am 29. und 30. September 1938 einigten sich die Regierungschefs Großbritanniens, Frankreichs, Deutschlands und Italiens, das Sudetenland dem Reich anzugliedern. England war offensichtlich nicht bereit, das Konzept des ökonomischen und kolonialen Appeasement aufzugeben.[662]

Die deutschen Hitlergegner erkannten nicht, daß sie sich, im Vertrauen auf die englische Härte, «der Autonomie des Handelns begaben».[663] Statt das Heft selbst in die Hand zu nehmen, hingen viele von ihnen nach München dem Irrglauben an, daß Hitler doch auf die Bahn der Vernunft einzuschwenken gezwungen war. Für Staatssekretär Ernst von Weizsäcker war der Tag des Vertragsabschlusses gar «der letzte glückliche Tag» seines Lebens.[664] Ganz im Gegensatz dazu stellte Goerdeler, der ahnungsvoll und verzweifelt einen weiteren Erfolg Hitlers beinahe antizipierte, resigniert fest, es sei eigentlich nicht seine Aufgabe, sich «für das britische Empire den Kopf zu zerbrechen».[665] Er sah sich nun vor den Generälen düpiert. Weil er ihnen gegenüber argumentiert hatte, das Ausland werde diesmal standhalten, konnte Halder erschrocken und ratlos bemerken, wie moralisch anfällig die Erfolge Hitlers die Zweifelnden gemacht hatten: «Was sollen wir nun noch tun? Es gelingt ihm ja alles!»[666]

Auch Goerdeler hatte mit dem Dilemma umzugehen, die Erfolge Hitlers immer wieder erklären zu müssen. Er spielte gegenüber seinen Gesprächspartnern die ungeheure Zustimmung herunter, die Hitler bei den Deutschen genoß, und forderte damit zynische Kommentare über die Legitimität der Verschwörer heraus: Geradezu machiavellistisch und in ihrer Kurzsichtigkeit entlarvend war die Einschätzung des britischen Assistent Under Secretary of State Orme Sargent, die dieser Ende 1938 äußerte. Es sei zu überlegen, ob ein konservatives Regime à la Goerdeler überhaupt erstrebenswert sei: «But what reason have we to suppose that from the international point of view we and Europe would be better off with such a government? A straightforward and efficient military dictatorship might be even more dangerous than the present Nazi régime, struggling as it is with all sorts of financial and economic disabilities.»[667]

Goerdeler übertrieb die Bereitschaft der Militärs zum Staatsstreich. Reinhold Schairer kritisierte dessen Angaben über eine mangelhafte Kriegsfähigkeit der Wehrmacht. Die provozierende Frage an Goerdeler, woher er diese «Schauermärchen» habe, war berechtigt: Entweder man schilderte die totalitäre Schreckensherrschaft Hitlers oder den «Koloß auf tönernen Füßen». Schairers Kritik, das Scheitern späterer Friedensfühler sei auf diese falsche Taktik zurückzuführen,[668] hat einiges für sich. Eine zaudernde britische Führung, die angesichts der Gefährdung des Empire den Frieden in Europa unbedingt erhalten wollte, ließ sich durch derart widersprüchliche Signale des «Anderen Deutschland» kaum wirkungsvoll beeinflussen.

Die Gespräche, die nach den Ereignissen von München im Oktober 1938 bei Siegmund-Schultze zwischen Goerdeler und Arthur Young stattfanden, standen unter dem Eindruck der Enttäuschung über das abermalige Nachgeben der Westmächte gegenüber Hitler.[669] Goerdeler, der sich inzwischen meist in Luzern aufhielt, hatte in einer Atmosphäre von tiefer Niedergeschlagenheit am 15. Oktober in Zürich eine weitere Begegnung mit Young.[670] Ein Krieg schien, nachdem England, Frankreich und Italien einen «Pakt mit dem Teufel»[671] geschlossen hatten, kaum noch zu verhindern. In einer mit «Nachtrag zur Außenpolitik» überschriebenen Schrift skizzierte Goerdeler die Chancen einer wirklichen Verständigung. Die «entscheidende Gefahr» auch für die Außenpolitik bleibe die «aus dem Totalitätsanspruch der Partei und aus dem Terrorsystem sich ergebende Recht- und Sittenlosigkeit.»[672]

In Luzern traf Goerdeler den ebenfalls im Hotel «Wilder Mann» logierenden Hans Ritter,[673] in Zürich am 30. oder 31. Oktober den Privatsekretär Robert Boschs, Willy Schloßstein. Goerdeler war «furchtbar niedergeschlagen», wie sich Schloßstein erinnerte. Chamberlain hätte Hitler niemals aufsuchen und in Bad Godesberg schließlich nicht nachgeben dürfen. Seine Freunde bei der Wehrmacht, vor allem Beck, seien – so versicherte Goerdeler dem Privatsekretär Robert Boschs – fest entschlossen gewesen, einem Befehl Hitlers, in die Tschechoslowakei einzumarschieren, nicht zu folgen, sondern Hitler zu stürzen.[674]

Auch im Boschkreis hatte «München» die Krisenstimmung verschärft. Als Walther Mauk Robert Bosch in Stuttgart besuchte und über den Einmarsch in Österreich berichtete, an dem er im Frühjahr als Hauptmann der Reserve teilgenommen hatte, herrschte die Meinung vor, Hitler werde den Krieg höchstens noch ein oder zwei Jahre hinausschieben. Im kleinen Kreis wollte Hans Walz die Hoffnung auf ein Einlenken Hitlers noch nicht ganz aufgeben. Bosch dagegen hatte seine Zweifel: «Meine Herre, der Kerle isch e Verbrecher.»[675] Während Robert Bosch «hoffnungslos» gestimmt war,[676] litt Walz körperlich und seelisch unter den Belastungen,[677] die durch fortgesetzte Anfeindungen durch die württembergische NSDAP noch verstärkt wurden. Die mühsam und mit viel Überredungskunst erarbeitete Zustimmung der Militärs und der zivilen Anhänger der Widerstandsbewegung war beinahe gegenstandslos geworden. Hitler hatte als «unerhörter Zauberkünstler» das deutsche Volk nun hinter sich, wie Walz die Tragik der Entwicklung später umschrieb: «Die Menschen beten ja allerhand Götter an, vor allem aber den Erfolg, und der hatte sich in eklatanter Weise zu Hitler bekannt.»[678]

In Robert Boschs Briefen wird man solche offenen Worte ebenso vergeblich suchen wie Stellungnahmen zur sog. «Reichskristallnacht», die eine
direkte Hilfe für jüdische Freunde notwendig machte.[679] Man kann sich
vorstellen, wie schwer es dem Individualisten Bosch fallen mußte, auf Kri-
tisches in Briefform zu verzichten. Lediglich eine fast im Nebensatz ausgesprochene Bemerkung aus einem späteren Brief wirft ein Licht auf die
Umstände: Er habe, so erklärte er dem Adressaten, nicht geschrieben, «weil
ja die Briefe geöffnet werden, u(nd) wenn man auch keine Geheimnisse
mitzuteilen hat, man schreibt lieber nicht».[680]

Als Goerdeler am 6. und 7. November 1938 in der Schweiz mit Reinhold
Schairer zusammentraf, war er tief entmutigt. Schairer, der in jenen Mona-
ten zum «hauptsächlichsten Mittler»[681] zwischen dem Ausland und den
Verschwörern avanciert war, hatte eine Zeitlang versucht, Goerdelers
Überlegungen in amerikanischen Regierungskreisen publik zu machen.
Das Abkommen von München machte jeglichen Ansatz einer amerikani-
schen Neubewertung des bürgerlichen Widerstands zunichte. Auch die
Judenverfolgungen bedrückten Goerdeler:

> «Sehr bestürzt zeigt er sich über das Ausbleiben jeder stärkeren Reaktion in Presse, Kir-
> che und Parlament der westlichen Demokratien auf die barbarische, sadistische und grau-
> same Verfolgung von 10.000 polnischen Juden in Deutschland. Diese armen Geschöpfe
> werden wie wilde Tiere, mit Maschinengewehren hinter ihnen, über den Rhein in die
> Schweiz und über die polnische Grenze getrieben. Zehntausend dieser Menschen befin-
> den sich in Verzweiflung. Seit der Christenverfolgung durch die römischen Kaiser sind
> auch die Christen nicht so verfolgt worden, wie dies gegenwärtig geschieht.»[682]

Als diese Mitteilung am 10. November das Foreign Office erreichte, waren
die düsteren Vorhersagen Goerdelers durch das reichsweite Pogrom bereits
bestätigt worden. Goerdelers verzweifelte Schilderung der «Gangsterme-
thoden der Nazis» und der Kriegspolitik bot indessen kaum einen Ausweg
aus der Krise.[683] Sein Ansehen war im britischen Außenministerium auf
einen Tiefpunkt gesunken, weil ihn die Erfolglosigkeit nun zu einem Ver-
lierer abstempelte.

Reinhold Schairer reiste Mitte November 1938 nach Belgien, wo er vom
König zu einer Audienz empfangen wurde, und setzte dann seine Fahrt
nach Paris fort.[684] Wahrscheinlich durch eine Vermittlung Fritz Mannheimers konnte er dem französischen Finanzminister Paul Reynaud ein Resümee der Vorschläge Goerdelers übergeben. Durch den Elektroindustriellen
Dannie Heineman wurde das Memorandum neben dem belgischen König
und Reynaud auch Roosevelt zugespielt.[685] Der Hitlergegner Heineman,
der gut nutzbare geschäftliche Verbindungen zu Bosch pflegte, leistete später noch einige Male Hilfsdienste für Goerdeler und erlebte auf diese Weise sein Debüt als Helfershelfer des Umsturzes.[686] Nachdem Schairer am
21. November Frank Ashton-Gwatkin über die Ergebnisse seiner Reise
berichtet hatte, zeigte das englische Außenministerium nun doch Interesse

für Young: Ashton-Gwatkin bat den englischen Industriellen Ende November, bei Goerdeler die «Bedingungen» für eine Regierung unter der Kanzlerschaft Goerdelers zu erfragen. Young reiste erstmals in halboffiziellem Auftrag nach Zürich. Am 4. Dezember formulierte Goerdeler in einem Schweizer Hotel eine Art «Regierungsprogramm». A. P. Young hat später die Szene geschildert:

«Ich verbrachte die Zeit mit Lesen oder ging in dem großen Raum auf und ab und hatte dabei den langsamen Rhythmus des tap-tap-tap der Schreibmaschine im Ohr, die auf einem Tisch in der Ecke stand. Zur Abwechslung kümmerte ich mich um das leibliche Wohl. Wenigstens dreimal ging ich ins Erdgeschoß hinunter und bestellte für uns beide Kaffee und belegte Brote. Ich erinnere mich, daß Goerdeler mehrere Male seine beschwerliche Arbeit unterbrach, zum Telefon ging, um mit Freunden (vermute ich) zu sprechen, mit denen er insgeheim zusammenarbeitete. Einmal hörte ich, wie er mit dem Generaldirektor der Bosch-Werke in Stuttgart telefonierte, einem seiner engsten und wichtigsten Bundesgenossen.»[687]

Die von Goerdeler gestellten «Bedingungen», die Young nach der Rückkehr zusammen mit Schairer am 10. Dezember 1938 im Foreign Office überreichte, sind als bedeutende Vorschläge gewürdigt worden: In vielfacher Hinsicht waren sie mit ihren Darlegungen zur Schaffung eines neuen Völkerbunds, umfassenden Abrüstungsvorschlägen und dem Bekenntnis zur liberalen Marktwirtschaft zukunftsweisend. Die Stuttgarter Erfahrungen und der nachhaltige Eindruck der fortgesetzten Versuche der Einflußnahme der Partei auf Bosch schlugen sich zudem zweifellos in einigen Anmerkungen über das schwindende Gewicht der Wirtschaft gegenüber der Partei nieder. Aus dieser Sorge heraus warnte Goerdeler vor dem Mißverständnis, der Nationalsozialismus sei ein Bollwerk gegen den Bolschewismus:

«Der Nationalsozialismus betreibe vielmehr die rasche Zerstörung des Kapitalismus. Inzwischen sei es in der Industrie dahin gekommen, daß ein leitender Angestellter eines Einzelunternehmens erst dann seinen Posten übernehmen könne, wenn die Partei ihre Zustimmung gegeben habe. Mit anderen Worten: Solche Nationalsozialisten, die hinter Hitler und seinen Methoden stehen, übernehmen nach und nach die Schlüsselpositionen in der Industrie.»[688]

Bemerkenswert war Goerdelers Vorschlag eines neuen «Völkerbunds» unter Führung Englands, Frankreichs und Deutschlands.[689] Im Gegensatz zu früheren (und späteren) Neuordnungsplänen trat die Idee einer deutschen Vormachtstellung merklich in den Hintergrund, während nun paneuropäische Komponenten ihren Niederschlag fanden, möglicherweise als eine Konzession an die Stuttgarter Freunde. Aber grundsätzlich war Goerdeler noch der Vorstellung eines wie auch immer gearteten deutschen Führungsanspruchs in Europa verhaftet. Diesen Standpunkt verrieten die allbekannten Wünsche nach herkömmlichem Weltmachtstatus und ominöse Hinweise auf territoriale Ansprüche. Die Frage des Korridors und die Schaffung eines «möglichst geschlossenen und möglichst entwicklungsfähigen Kolonialgebietes»[690] standen auf der Agenda Goerdelers recht unvermittelt neben der Hoffnung auf Frieden in Europa. Seine Forderungen wurden im Foreign Office entsprechend zwiespältig aufgenommen. Die Glaubwürdigkeit dieses Programms wurde zudem durch die Ankündigung eines recht phantastischen Staatsstreich-Szenarios geschmälert: Sobald die Generäle ihr Signal zum Putsch geben würden, werde Wilhelm II. von einem Kriegsschiff aus per Funk die Soldaten von ihrem Eid auf Hitler entbinden. Um diesen Plan durchzuführen, benötige Goerdeler möglichst bis zum 18. Dezember eine Antwort auf sein «Programm». Schairer glaubte, eine Aktion werde dann bis zum Jahresende erfolgen.[691] Goerdeler werde im Falle einer ablehnenden Antwort seine Privatgeschäfte regeln, mit seiner Familie Deutschland verlassen und den Widerstand gegen Hitler vom Ausland aus weiterführen.

Diese geradezu operettenhafte Vorstellung eines Umsturzes unterminierte Goerdelers Glaubwürdigkeit noch mehr. Der Unterstaatssekretär Sir Alexander Cadogan war zwar skeptisch, spielte aber dennoch mit dem Gedanken, Goerdeler eine Zusicherung zu geben. Sein Tagebucheintrag verriet seine Faszination: «I don't believe much in this, but if there is anything in it, it's the biggest thing of centuries.»[692] Nachdem jedoch Chamberlain mit der Angelegenheit nichts zu tun haben wollte,[693] gab Cadogan nach: «These people must do their own job.»[694]

Vansittarts beißende und in der Konsequenz vernichtende Kritik an Goerdeler und seinem Programm war Zeugnis für die Wirkungsmächtigkeit eines traditionellen britischen Mißtrauens gegen hegemoniale Ambitionen. Aus der Zeit und den Umständen heraus verständlich, war sein Urteil dennoch eine tragische Fehlinterpretation:

«Wie Sie wahrscheinlich beide wissen, kenne ich Dr. Goerdeler persönlich, und zwar seit einiger Zeit. Ebenfalls seit einiger Zeit habe ich den Verdacht, daß er lediglich ein Strohmann für deutsche militärische Expansion ist, wobei ich hier die expansionistischen Vorstellungen der deutschen Armee im Unterschied zu denen der nationalsozialistischen Partei meine. Es besteht zwischen ihnen tatsächlich nur ein sehr geringer Unterschied. Die gleiche Art von Ambitionen wird von einer unterschiedlichen Menschengruppe gefördert – und das ist so ziemlich alles... Ich ergreife daher diese Gelegenheit, um auszusprechen, was ich seit langem geargwöhnt habe, daß – obwohl Dr. Goerdeler von Zeit zu Zeit in der Lage sein mag, teilweise interessante Informationen über die innenpolitische Situation in Deutschland zu liefern – er nicht nur wertlos für uns ist, sondern als Mittelsmann für eine ‹Verständigung› verdächtig. In dieser Hinsicht gleicht er tatsächlich weitgehend jedem anderen deutschen Expansionisten. (...) Schenkt Dr. Goerdeler kein Vertrauen – außer als einem gelegentlichen Informanten. Er ist keineswegs vertrauenswürdig, und er hat sich mit der falschen Sorte Mensch und Auffassung eingelassen, weil seine eigene Auffassung falsch ist.»[695]

Vansittart teilte Schairer kurz vor Weihnachten 1938 mit, eine offizielle Erwiderung könne nicht gegeben werden. Goerdeler müsse es seinem «common sense» überlassen, wie die englische Antwort laute.[696] Aus manchen Nebenbemerkungen Ashton-Gwatkins aus dem Jahr 1941 sprach noch ein gewisses nachträgliches Unbehagen über diese Entscheidung.[697] Freilich, aus der Sicht des Jahres 1938 war das britische *fin de non recevoir* verständlich. Goerdeler hätte durchaus Prioritäten setzen und etwa den Gedanken der «Völkerverständigung» stärker in den Vordergrund rücken können. Wäre das britische Urteil anders ausgefallen, wenn man mehr über die liberalen Freunde Goerdelers erfahren hätte? Hätte die Referierung einer «paneuropäischen Lösung», wie sie Robert Bosch vorschwebte, der in Großbritannien schon seit den Tagen des Ersten Weltkriegs kultivierten Einschätzung der Inkompatibilität einer britischen und deutschen Vormachtstellung auf dem Kontinent entgegenwirken können? Die ständige Wiederholung deutscher Ansprüche, so berechtigt sie auch sein mochten, wirkte jedenfalls auf Dauer ausgesprochen nachteilig.

Es war letztlich diesem «Mangel an Einsicht» zuzuschreiben, daß Goerdelers Pläne einer europäischen Neuordnung den westlichen Demokratien nicht akzeptabel vorkamen: Aber gerade «an der Annehmbarkeit ihrer europäischen Zukunftsentwürfe scheinen die ‹Honoratioren›, eine verhängnisvolle Ironie der Geschichte, niemals ernsthaft gezweifelt zu haben».[698] Trotz solcher Bedenken fällt es schwer, den Stab über Goerdeler und seine Helfer zu brechen. Die Kritik, Goerdeler sei als «manisch-neurotische Persönlichkeit» mit «idealistisch-naiver Leichtgläubigkeit»[699] der falsche Partner für Verhandlungen gewesen, läßt sich angesichts der vorliegenden Ergebnisse kaum aufrechterhalten.

Bedenkenswerter erscheint dagegen der Vorwurf, der das Phänomen der unzähligen Denkschriften mit «weniger reden, mehr handeln» zu beantworten suchte.[700] Die Flut von Goerdeler-Denkschriften führte zum paradoxen Ergebnis, das britische Interesse an einer Neubewertung des deutschen Widerstands weiter abflauen zu lassen. Als ein achtseitiges Memorandum von Schairer und Goerdeler Ende 1938 nochmals für den Abbruch der diplomatischen Beziehungen mit Deutschland warb, sobald die geplante Judenverfolgung beginne,[701] verriet die ungläubige britische Reaktion eine fatale Fehleinschätzung.[702] Die Haltung des Foreign Office gegenüber den moderaten Kräften in Deutschland blieb noch eine Zeitlang ambivalent.[703] Als Malcolm Christie Anfang 1939 ein weiteres Mal die Einschätzung seiner liberalen Freunde übermittelte, gaben diese Nachrichten zu neuerlichen Überlegungen Anlaß, wie die deutschen «moderates» zu beurteilen seien. Während es Stimmen gab, die eine Existenz einer liberalen Oppositionsgruppe für eine Schimäre hielten und zu bedenken gaben, die Gemäßigten seien «few & relatively powerless», wollte Vansittart diese Kräfte gegen Goerdeler stärken: «It will be quite disastrous if we lose the German Moderates.»[704]

Unter dem Eindruck des deutschen Einmarschs in Prag kamen am 15. März Schairer, Goerdeler und Young in London zusammen. Es müsse endlich erkannt werden, so lautete das schon gebetsmühlenartig vorgetragene Fazit, «daß die größte Ermutigung für die liberalen und verständigen

Kräfte in Deutschland ganz allein von einer harten und entschlossenen Stellungnahme der Alliierten gegenüber Hitler und seiner Gangsterclique ausgehen kann».[705] In den Wochen der tschechischen Krise kulminierten – und kollabierten – Youngs Versuche, in den USA für die deutsche Opposition zu werben. Young, der vor seiner Abreise nach Amerika von Vansittart ermuntert worden war, sich in den USA als Vermittler zu betätigen, versuchte dort seit Mitte März 1939 gemeinsam mit Gotthilf Bronisch Goerdelers Vorschlägen Gehör zu verschaffen. In Interviews zeigte er sich als «getreuer Schüler Goerdelers»,[706] bezeichnete die Aussichten auf Friedenserhalt als «extremly gloomy» und plädierte für amerikanische Festigkeit – ein Appell, den man als Reaktion auf das bisherige Unverständnis des britischen Foreign Office verstehen konnte.[707]

Nach diplomatischer Vorarbeit durch Bronisch und den amerikanischen Generalkonsul in Leipzig, Ralph Busser, einen Bewunderer Goerdelers, konnte Young mit George S. Messersmith, dem für Deutschland zuständigen Referenten des Außenministers Cordell Hull, ein «sehr offenes Gespräch» führen. Messersmith, ein energischer Gegner des Appeasement,[708] kannte Goerdeler noch aus Berlin. Messersmith ging gar so weit, die Ablösung Chamberlains und dessen Ersetzung durch Eden als einen «großen Schritt in die richtige Richtung» zu bezeichnen. Jedenfalls herrschte inzwischen Einigkeit, daß nur noch angloamerikanische Entschlossenheit gegenüber dem Nationalsozialismus erfolgversprechend sei.[709] Messersmith reichte das Memorandum von Goerdeler an Cordell Hull weiter und bat um Aufmerksamkeit für die darin enthaltenen Vorschläge. Die Nachrichten, so Messersmith, stammten «from the best informed man on the situation in Germany and one who has contacts in high places (...) particularly in the army and industrial and financial circles».[710]

Da Goerdeler über einen weiteren amerikanischen Kanal Messersmith mit seiner Sicht der Weltlage vertraut gemacht hatte, konnte er mit einiger Sympathie rechnen:[711] Obwohl in den USA der Kampf zwischen den Anhängern eines «America First»-Isolationismus und den Befürwortern eines harten Kurses noch nicht endgültig entschieden war (selbst der Freund Goerdelers James D. Mooney befürwortete als typischer «Business internationalist» eine wirtschaftliche Lösung[712]), neigte sich die Waagschale auf die Seite der «Anti-Appeaser», die ökonomischen Anreize für eine Bändigung des deutschen Expansionsdrangs als obsolet zu betrachten.[713] Als Messersmith und wohl auch Hull wenige Wochen später eine weitere Denkschrift Goerdelers zugespielt wurde, schien es eine Zeitlang, als ob die liberalkonservative «gemäßigte» Opposition gegen Hitler in den USA einen Durchbruch erreichen könnte.[714] Über das Treffen mit dem amerikanischen Außenminister, das diesen Ouvertüren folgte, sind wir aus mehreren Quellen informiert, ohne über den Inhalt Kenntnis zu haben. Aber es wird kaum anders argumentiert worden sein als bisher: Unbedingte Härte gegenüber Hitler.[715] Hull, der die

Einschätzungen Goerdelers offenbar mit großem Interesse zur Kenntnis nahm,[716] informierte Präsident Roosevelt,[717] dem die Argumente Goerdelers ebenfalls einleuchteten. Roosevelt gab daraufhin am 14. April 1939 eine Erklärung für eine «Friedensinitiative» ab, in der er unangenehme Fragen über Hitlers Verhältnis zu den europäischen Nachbarländern stellte und sein Bekenntnis zu den liberalen Demokratien Westeuropas erneuerte.[718]

Es ist allerdings höchst zweifelhaft, ob der Appell, der ganz offenkundig von Goerdeler inspiriert war,[719] in diesem Stadium überhaupt noch eine realistische Chance hatte. Wie im State Department angeregt, wurde der Text der Friedensinitiative zwar auch ins Deutsche übersetzt, um den Appell im Rundfunk zu übertragen und der deutschen Öffentlichkeit bekanntzumachen.[720] Damit war die Wirkung jedoch bereits verpufft. Im State Department gaben sich die Anhänger einer Politik des «Economic Appeasement» noch nicht endgültig geschlagen, und die Briten waren sich nicht einig, wie sich die nach Prag neu gefundene Entschlossenheit in praktische Politik ummünzen ließ. Young unterrichtete Ende März 1939 zwar Außenminister Eden über sein Gespräch mit Messersmith, und Vansittart wurde informiert, daß Chamberlains Politik in den USA auf Mißtrauen stoße.[721] Aber die Zeit für eine wirkungsvolle Gegenwehr war inzwischen zerronnen. Als Hans Walz wenige Wochen später die «laue Aufnahme» der Note Roosevelts durch die englische Regierung beklagte,[722] ahnte er wohl nicht, daß sich in Großbritannien inzwischen eine geradezu demonstrative und eilfertige Abkehr von den bisherigen Traditionen vollzog.[723] Den deutschen Hitlergegnern, die vom westlichen Ausland bisher vergeblich eine politische Umkehr gefordert hatten, nutzte die Wende indessen wenig: Ihre Gesprächspartner wollten sich nicht durch irgendwelche Zusagen binden.

In der historischen Perspektive erfolgte die britische Entscheidung zur Entschlossenheit zu spät. Es wäre angesichts dieses Befunds nur halb richtig, wenn man die mit Blick auf das Endresultat letztlich niederschmetternden Bemühungen lediglich als dilettantische Versuche von Möchtegern-Diplomaten abtun würde, Einfluß auf die «Große Politik» zu nehmen. Hans Walz, der von Goerdeler über die Sondierungen bei Cordell Hull unterrichtet wurde, war über die Reaktion enttäuscht: «Wir hatten schlechterdings kein Verständnis für die Haltungen der Regierungen von England und Frankreich; man wußte doch im Ausland besser Bescheid über die Schandtaten des Regimes als in Deutschland selbst, wo die Wahrheit nur zum Teil und nur in Form der Flüsterpropaganda sich zu verbreiten mochte.»[724]

Inzwischen stand eine Generalopposition nicht mehr zur Verfügung. Aus dieser Schwäche resultierte die geradezu gespenstische Unfähigkeit des Widerstands im Frühjahr 1939, die Initiative zu ergreifen; eine Lähmung, die erst nach Ausbruch des Zweiten Weltkriegs überwunden wurde. Insofern war Walz' Desillusionierung ebenso verständlich wie die enttäuschte Rückschau George Messersmiths, der den in diesen Monaten offenkundigen und allgegenwärtigen Mangel an Zivilcourage in Deutschland beklagte, von dem er lediglich jene «responsible persons in Germany» freisprach, mit denen er von 1937 bis 1940 verhandelt hatte.[725]

13. Auf dem Weg in den Abgrund

Im Mai 1939 trafen sich Goerdeler, Schacht, Hans Bernd Gisevius und Schairer in Lausanne-Ouchy zu Beratungen, die eine Art Fortsetzung der Londoner Gespräche waren. Goerdeler beschwor Schacht, aus der Emigration heraus auf die westlichen Regierungen einzuwirken – eine Anregung, die durchaus Aussicht auf Erfolg hatte, weil Schacht tatsächlich eine Zeitlang mit dem Gedanken spielte, in die USA zu gehen.[726] Schairer berichtete seinerseits von einer Anregung Vansittarts und Edens, Goerdeler solle im Exil gegen Hitler kämpfen. Zur Ausführung dieses Plans einer deutschen «Gegenregierung» ist, wenn man den Angaben Schairers Glauben schenkt, ein falscher Paß beschafft worden, während englische Freunde 10 000 Pfund und Robert Bosch umgerechnet 5000 Pfund bereitstellten.[727]

Die Beratungen, in deren Verlauf solche Pläne geschmiedet wurden, hatten einen widersprüchlichen Charakter. Schacht und Goerdeler warben – mit Schairer als einem unschlüssigen Sekundanten, der sich letztlich zögernd der Position Goerdelers anschloß – jeweils für ihre eigenen Wege zur Rettung Deutschlands. Schacht war gerade erst als Reichsbankpräsident entlassen worden, weil er zusammen mit dem Reichsbankdirektorium eine Denkschrift verfaßt hatte, die sich mit ökonomischen Argumenten gegen eine weitere Aufrüstung ausgesprochen hatte. Wenn man der durchaus schlüssigen Beweisführung Schairers vertraut, hing Schacht immer noch der Hoffnung an, man müsse einen Krieg unbedingt weiter verzögern und den unweigerlich erfolgenden wirtschaftlichen Zusammenbruch des nationalsozialistischen Systems abwarten. Solche Hoffnungen hatte Goerdeler bereits aufgegeben. Durch seine Stuttgarter Erfahrungen wußte er, wie weit das Regime seinen eisernen Griff bis hinunter in die einzelnen Betriebe ausgedehnt hatte. Der unermüdliche Agitator eines Umsturzes setzte im Gegensatz zum passiven Schacht, der – ganz der Ökonom – den marktwirtschaftlichen Regelungsmechanismen vertraute, alle Karten auf eine militärische Lösung: «Goerdeler glaubte an die Revolte der Generäle, Schacht an die Revolte der unerbittlichen Wirtschaftsgesetze.»[728]

Zu einer konkreten Annäherung zwischen Schacht und Goerdeler kam es im Frühsommer 1939 nicht, und so mag man der späteren Wertung Schairers zustimmen, die Beratungen von Lausanne hätten «in einem vollen Fiasko» geendet.[729] Dennoch blieb die Verbindung zwischen Goerdeler und Schacht bestehen. Zu Pfingsten 1939 verfaßten beide in Südengland ein 200 Seiten umfassendes wortreiches Manifest für die Zukunft,[730] das ange-

sichts der politischen Entwicklung heute wie ein weiteres Dokument der
Vergeblichkeit anmutet. Goerdelers Plan einer «europäischen Friedens-
partnerschaft», den er im Mai 1939 in London vorstellte, war wenig mehr
als eine Nachbesserung der Angebote des Vorjahres. Die endlosen Diskussionen und die fruchtlose Debattierleidenschaft der Verschwörer verwiesen
einmal mehr darauf, daß seit den Ereignissen von München der Opposition die Sicherheit verlorengegangen war, wie dem nationalsozialistischen
Staat ein Ende bereitet werden sollte.

Nachdem Hitlers Kriegswillen mit dem «Griff nach Prag» im März 1939
unverkennbar geworden war[731] und wenige Wochen später die militärischen Vorbereitungen für den Überfall auf Polen eingeleitet wurden,
akzentuierte Großbritannien durch demonstrative Garantiebekundungen
seine Politik. Im weiten Rahmen der Strategie der «Beschwichtigung und
Abschreckung»[732] erlangte jetzt die zweite Komponente höheres Gewicht.
Den europäischen Mächten wurde nun endgültig klar, daß die Beschwörungen des Selbstbestimmungsrechts und die Revisionsforderungen von
Hitler nur «vorgeschoben waren, daß sie die Folie bildeten, hinter der er
seine Intentionen zur (auch militärischen) Expansion verborgen gehalten
hatte, bis er den richtigen Zeitpunkt dafür gekommen hielt».[733] In der durch
Ernüchterung und Spannung gleichermaßen gekennzeichneten politischen
Lage des Frühsommers 1939 wurde Malcolm Christie mit alarmierenden
Neuigkeiten aus Deutschland geradezu überschüttet.

Christie wollte dem Foreign Office eine Gewichtung der sich teilweise
widersprechenden Nachrichten ermöglichen. Bislang hatte Hans Ritter seine Informationsquellen aus Sicherheitsgründen stets zusammengefaßt und
anonymisiert. Die Verschärfung der weltpolitischen Lage führte jedoch
nun zu einer Neubewertung. In ihrem Gefolge wurde die Bedeutung der
Verbindung zu Hans Walz und dem Boschkreis herausgestellt, um den
besonderen Stellenwert der Botschaften aus Süddeutschland kenntlich zu
machen: Walz erhielt einen «nom de guerre», der aus der Welt der Ruhrindustriellen stammte: Der Betriebsführer des Stuttgarter Konzerns firmierte in der Berichterstattung von nun an als Leiter eines «Walzwerks». Der
Bericht Ritters über eine Begegnung mit Walz im Juni 1939 war indessen
wenig ermutigend:

«Gestern traf ich in Zürich einen Freund aus der Heimat, Leiter eines großen Walzwerks,
der mir folgende Schilderung der Lage gab: Eine eigentliche Kriegsfurcht besteht im
deutschen Volke wohl nicht, da man immer noch hofft, es werde Adolf, wie im September 38, gelingen, seine Ziele ohne Krieg zu verwirklichen. Die Masse sagt: ‹Wir sind ein-
gekreist wie 1914, aber wir sind heute stärker als damals. Also wird das Ausland suchen,
sich mit uns im Guten zu einigen.› Diese Gedankengänge zeigen die Wirksamkeit der
unaufhörlichen Propaganda über die Stärke der neuen deutschen Wehrmacht, die Un-
überwindlichkeit der ‹Siegfried-Linie›, usw. Von großer Bedeutung ist auch, daß ein
eventueller Krieg gegen das verhaßte und verachtete Polen im deutschen Volke so
populär ist, wie es ein Krieg überhaupt nur sein kann. (...) Man glaubt in gut informierten Kreisen Deutschlands, daß Hitler nun doch bald gegen Polen losschlagen wird. (...)

Die Arbeit der innerdeutschen Opposition wird in letzter Zeit psychologisch immer schwieriger. (...) Anlaß zur Sorge sind die Gerüchte, das Ausland plane eine Aufteilung Deutschlands. Sie kompromittieren die Tätigkeit der deutschen Opposition aufs schwerste. Kampf gegen Hitler wird damit zur Unterstützung der Reichszerstörer. Es wäre daher von größter Bedeutung, wenn britische und französische Staatsmänner feierlich erklärten, daß – auch für den Fall eines von Hitler herbeigeführten Krieges – keine Vernichtung des deutschen Volkes und des deutschen Staates geplant sei. Das Ziel der Westmächte wäre, Hitler am Kriege zu hindern, und dann einen Frieden der gegenseitig kontrollierten Abrüstung und der wirtschaftlichen und kolonialen Rohstoffverteilung (und) Zusammenarbeit herbeizuführen. Die laue Aufnahme des Roosevelt'schen Appells durch die britische Regierung hat in Deutschland die Sorge erzeugt, England wolle tatsächlich die Vernichtung des deutschen Staates, aber nicht die von Roosevelt vorgeschlagene Versöhnung. Chamberlains Friedensworte der letzten Zeit werden daher so interpretiert, er wolle Hitler nur sorglos machen, damit dieser sich und das deutsche Volk ins Unglück stürze. Soweit mein Freund. Könnte man nicht Chamberlain zu einer derartigen Erklärung bringen und damit gleichzeitig das von uns schon so oft besprochene ‹Friedens-Ultimatum› an Adolf vorbereiten?»[734]

Die Nachrichten, die Walz in der Schweiz an Ritter weiterleitete, basierten wohl zum größten Teil auf Informationen Goerdelers. Walz verfolgte die britische Nachgiebigkeit, die er als Schwäche diagnostizierte, mit wachsender Verzweiflung. Noch aus seinen 1945 verfaßten Aufzeichnungen spricht das Unverständnis über die britische Reaktion auf die inständigen Ermahnungen, der verbrecherischen Politik Hitlers nicht nachzugeben: Die westlichen Regierungen hätten

«durch ihre Nachgiebigkeit der deutschen Opposition wiederholt die schlimmsten Enttäuschungen und Rückschläge verursacht, wie es überhaupt auffallend und entmutigend war, zu sehen, daß, während frühere bescheiden auftretende deutsche Regierungen der Weimarer Verfassung von den Alliierten eine teils strenge, teils abweisende Behandlung erfahren hatten, nun plötzlich einer deutschen Regierung, sobald sie zu ihrem Hauptteil aus unverschämt fordernden Despoten bestand, mit ausgezeichneter Höflichkeit und beinahe unterwürfig begegnet wurde. Wir fühlten uns zu manchen Zeiten durchs Ausland an die nazistische Diktatur rettungslos verraten und verkauft.»[735]

Zudem sahen sich die Stuttgarter durch Vansittarts bereits erwähnten Vorwurf des «Landesverrats» tief getroffen. Walz wußte, daß seine Informationen, die über Ritter die englische Regierung erreichten, unter halbwegs normalen Verhältnissen nicht nur aufgrund ihres militärischen Inhalts den Tatbestand eines Geheimnisverrats erfüllt hätten – Widerstand war unter diesen Bedingungen «tendenziell immer Hochverrat und Landesverrat zugleich».[736] Es ist wohl kaum eine abwegige Vermutung, anzunehmen, daß Walz sich in den fünfziger Jahren, wäre sein Verhalten der Öffentlichkeit bekanntgeworden, ähnlicher Vorwürfe zu erwehren gehabt hätte, wie sie gegen General Oster erhoben wurden.[737] Hinzu kommt ein weiteres: In der Grauzone von Geheimdienst- und Spionagetätigkeit war der Boschkreis, aber auch der «agent de liaison» Hans Ritter, auf den guten Willen der Empfänger der Nachrichten angewiesen; nämlich diese Informationen nicht nur für eigene Zwecke auszuwerten, sondern im Gegenzug dem deutschen Widerstand zur Seite zu stehen. Aus der Rückschau wird man feststellen können, daß die englische Seite diesen fraglos hohen Ansprüchen nicht gerecht wurde und auch nicht gerecht werden konnte. Die Anspruchshaltung der Opposition war unrealistisch und geradezu illusionär. Während auf politisch-diplomatischer Ebene, etwa in den Garantieerklärungen gegenüber Polen, Rumänien, Griechenland und der Türkei im Frühjahr und Sommer die nunmehr entschlossene Abwehrbereitschaft Großbritanniens einen neuen Höhepunkt fand, blieben die erhofften ermutigenden Worte für die Opposition jedenfalls aus. So verständlich die zeitgenössische und retrospektive Kritik des Boschkreises an der Appeasement-Politik auch sein mochte, sie mußte sich auf die Monate bis München 1938 beziehen. In den ersten Monaten des Jahres 1939 war die Zeit bereits zu weit vorangeschritten, war die Entfesselung des Weltkriegs bereits kalkulierbar, war der Kredit der Opposition bereits weitgehend verspielt. Wie hätte eine solche Ermutigung auch aussehen sollen? Das Verhältnis zwischen Widerstand und den alliierten Regierungen blieb durch «Fehleinschätzungen und Illusionen» geprägt,[738] von denen auch die Stuttgarter nicht frei waren, aus denen es aber auch kaum einen befriedigenden Ausweg gab.

Die Besetzung Prags im März 1939 und das scheinbar tatenlose Abseitsstehen Englands und Frankreichs wurde in Stuttgart mit ungläubigem Staunen zur Kenntnis genommen. Der inzwischen von London eingeleitete Kurswechsel, der Deutschland auf den Weg der Vernunft zwingen sollte, ließ sich aus der Stuttgarter Perspektive noch nicht erkennen. Der Boschkreis war inzwischen durch Goerdeler darüber informiert, daß die Generalität inzwischen weitgehend «mundtot» gemacht war. In Stuttgart blieb es bei der ambivalenten Stimmung, die zwischen Resignation und Hoffnung oszillierte. Wie Hans Walz rätselte auch der Unternehmensgründer nach dem Zeugnis seines Privatsekretärs über den unverständlichen Kurs der Westmächte. Da «pflichtbewußte Staatsmänner des Auslands (...) mit Nazi-Deutschland nicht zusammenarbeiten» dürften und davon auszugehen sei, daß England und Frankreich über die Absichten Hitlers informiert seien, fragte sich Bosch, warum sich der Westen nicht im «Interesse des Weltfriedens» dazu entschließen konnte, die diplomatischen Beziehungen zum nationalsozialistischen Deutschland abzubrechen.[739]

Die Überzeugung, Hitler dränge unwiderruflich zum Krieg, löste kurz vor Kriegsausbruch letzte Bemühungen des Boschkreises aus, noch einmal vor einem britisch-französischen Nachgeben zu warnen. Walz und Schloßstein reisten im Sommer 1939 mehrmals nach Amsterdam, um mit Fritz Mannheimer über den Bosch-Auslandsbesitz zu beraten. Die Geschäftsreisen wurden mit Appellen an Mannheimer verbunden, dieser solle seine politischen Beziehungen nutzen, um Frankreich und Großbritannien zu «energischem Widerstand» aufzurufen. Meßbare Erfolge stellten sich freilich nicht ein. Frankreich befand sich zwar nicht im außenpolitischen Schlepptau Großbritanniens, war aber zu einer energischen Politik unfähig.[740] Die chronologische Aufzählung der letztlich vergeblichen Warnungen der Monate, in denen Hitler den Entschluß zum Angriff auf Polen traf und Europa in den Krieg zwang,[741] ließe sich fortsetzen: In Paris fand ein entmutigendes Treffen Willy Schloßsteins mit Reinhold Schairer statt, das ebenso folgen- und wirkungslos blieb wie ein ähnlich desillusionierendes Züricher Telefonat Schloßsteins mit Mannheimer am 2. Juli 1939. Schloßstein wußte, daß Mannheimer in diesen Tagen wegen der Plazierung französischer Staatsanleihen durch die Mendelssohn-Bank des öfteren mit dem französischen Finanzminister Paul Reynaud zusammentraf, dessen Bekanntschaft mit Mannheimer über das Geschäftliche hinausging. Reynaud war ein Befürworter einer harten Linie gegenüber Deutschland; der Finanzexperte, dem Reinhold Schairer noch im November 1938 in einem einstündigen Gespräch Goerdelers Umsturzplanungen erläutert hatte, werde vielleicht, so hoffte Schloßstein, für Warnungen vor einem Krieg empfänglicher sein. Aber dieser Vorstoß mißlang schon im Ansatz. Mannheimer, der im übrigen in einem finanziellen Pokerspiel auf den europäischen Friedenserhalt spekulierte,[742] erklärte Schloßstein, Robert Bosch solle seine «Apparate» verkaufen und sich nicht um andere Dinge kümmern. Er wisse bestimmt, daß es keinen Krieg gebe.[743]

Walz nutzte einen Sommerurlaub in der Schweiz, um sich mit Hans Ritter zu treffen und in der schweizerischen Beschaulichkeit ohne die enervierenden Sorgen vor der Gestapobespitzelung einen weiteren Lagebericht zu liefern. Ritter reichte die schriftliche Zusammenfassung dieser Besprechung während eines Englandaufenthalts Mitte Juli 1939 an Christie weiter. Den Schilderungen der immer schwierigeren Wirtschaftslage in Deutschland – unschwer war aus diesem Hinweis ein weiteres Mal die Einschätzung Goerdelers herauszulesen – und der «äußerst labilen furchterfüllten und nervösen Stimmung im deutschen Volke» folgte eine Ermutigung, den harten Kurs fortzusetzen, den Lord Halifax am 29. Juni beim Annual Dinner des Royal Institute of International Affairs angekündigt hatte:

«Was mein Freund darüber mitteilt, zitiere ich daher im Wortlaut: ‹Die Rede des englischen Außenministers Lord Halifax hat überall, auch in Parteikreisen und bei den Militärs, großes Aufsehen erregt. Es wurden klare, eindeutige Positionen der britischen Außenpolitik mit Ruhe, aber viel Festigkeit vorgetragen. Zum erstenmal frägt man sich bei uns, ob es England nun doch zum einen zu dumm geworden ist, untätig zuzusehen, wie unser Führer planmäßig die Basis ausbaut, von der er die Eroberung der Weltherrschaft unternehmen will. Zum ersten Mal seit den schwarzen Tagen des September 1938 ist in der deutschen Öffentlichkeit wieder eine gewisse Beunruhigung über die eigene Außenpolitik und die Angst vor einer möglichen Katastrophe wach geworden.› (...) Der Weg, den Lord Halifax betreten hat, ist der einzig richtige, wenn man Hitler vor Unbesonnenheiten zurückhalten will. Hoffentlich bleibt seine Rede nicht eine einzelne Episode.»[744]

Diese Analyse, aus der gleichsam der Mut der Verzweiflung sprach, wurde wenige Tage später durch eine weitere Nachricht der Stuttgarter ergänzt. Diesmal läßt sich aus der Quelle nicht entnehmen, ob der Berichterstatter Walz oder Schloßstein war. Einer von beiden hatte jedenfalls inzwischen in Zürich eine Begegnung mit «Lewis» gehabt – hinter dem Codenamen des englischen Geheimdienstes verbarg sich der Prälat Ludwig Kaas, der über enge Kontakte zum Vatikan verfügte und wenige Monate später über seine römischen Verbindungen und den Papst einen vom Boschkreis unabhängigen Friedensfühler ausstreckte.[745]

Der Emissär des Boschkreises berichtete über die deutschen Reaktionen auf die britischen Versuche, durch ein ökonomisches Appeasement Hitlers Kriegslust zu dämpfen. Anfang August 1939 teilte Hans Ritter nach London mit,

«in Berliner hohen Parteikreisen und im Bureau des Vierjahresplanes gehe das Gerücht, die Rückgliederung Danzigs und des Korridors werde unter einem kurzen ‹Theaterkrieg› mit anschließender deutsch-englischer Verständigung vor sich gehen. Deutsche Wirtschaftskreise, die von Göring vorgeschoben worden seien, hätten mit der Londoner City verhandelt und die Gespräche Wohltats [sic] in London hätten sehr viel mehr Substanz gehabt, als aus den Erklärungen Hudsons hervorginge. Hudson sei nicht der einzige wichtige Mann gewesen, mit dem W(ohlthat) verhandelt hätte. Außerdem liefe eine Parallelaktion reaktionärer deutscher Emigranten, die ohne daß es diesen Herren bewußt wäre, mittelbar die Verhandlungen Wohltat's gefördert hätten. Man dürfe darauf rechnen, daß es über der [sic] Rückgliederung Danzigs zum deutsch-polnischen Krieg käme, bei dem der Allianzmechanismus London-Paris-Warschau formal spielen werde (Von Moskau wurde in Berlin nicht gesprochen). Polen werde dann sehr schnell überrannt werden und der Führer werde dann ein sehr gemäßigtes Friedensangebot lancieren, das die englische Regierung unter dem Druck der City annehmen werde»[746]

Diese Stuttgarter Informationen, die sehr wahrscheinlich auf Angaben Goerdelers über die im Juni/Juli stattfindenden und auch heute noch als nebulös einzuschätzenden Friedensbemühungen zwischen dem Abgesandten Chamberlains, Sir Horace Wilson, dem Minister des Department of Overseas Trade, Robert Hudson und dem Ministerialdirektor Helmuth Wohlthat aus Görings Vierjahresplanbehörde beruhten,[747] erzielten trotz ihres dramatischen Inhalts wiederum nicht den erhofften Zweck. Die britische Regierung wollte, um ihrer Machteinbuße Einhalt zu gebieten, auf die Option des ökonomischen Appeasement nicht verzichten. Als Christie, sich ein weiteres Mal auf seine Stuttgarter Berichte stützend, den Ständigen Unterstaatssekretär Sir Alexander Cadogan mit der Meldung konfrontierte, ein Angriff stehe für Ende August bevor, war dessen herablassende Stellungnahme für die britische Einschätzung bezeichnend: «This is the beginning of the ‹War of Nerves›. And I have seen the first casualty!»[748]

Währenddessen belebten neue Elemente die Opposition des Boschkreises. In jenen Wochen erregter Anspannung, in denen sich der militärische Widerstand gegen Hitler, der nach München seine Handlungsfähigkeit weitgehend eingebüßt hatte, zu regenerieren und neu zu formieren begann, kam es zu einer Begegnung zwischen Robert Bosch und Ulrich von Hassell. Der national-konservative Diplomat, der 1938 aufgrund seiner Differenzen mit Ribbentrop als Botschafter in Rom in Ungnade gefallen und zur Disposition gestellt worden war, wurde bald einer der energischsten Gegner Hitlers. Er verfügte über ein weites Netz von Beziehungen und suchte, ähnlich wie Goerdeler die Opposition gegen das Regime zu organisieren.[749] Deshalb war es wenig verwunderlich, daß er auch zu Robert Bosch einen Zugang fand.

Es läßt sich nicht mehr rekonstruieren, von welcher Seite aus die Einladung zu einer Teegesellschaft des Industriellen Albert Hüglin am 11. August 1939 in Ebenhausen am Starnberger See arrangiert wurde, aber es spricht viel für einen Vorschlag Goerdelers: Der Boschhof bei Mooseurach als Sommerrefugium von Robert Bosch lag nur wenige Kilometer von Ebenhausen entfernt. In dem kleinen Kreis der Teilnehmer herrschte trotz aller notwendigen anfänglichen Zurückhaltung, die man im «Dritten Reich» zu wahren gelernt hatte, über die Beurteilung des Regimes bald Einigkeit. Neben der Feststellung der politischen Übereinstimmung zeugt die im Tagebuch von Hassells festgehaltene Charakterisierung des Firmengründers Robert Bosch von kluger Beobachtungsgabe:

«Alter Mann den Jahren nach; aber lebhaft, klug und energisch, guter Typ des Wirtschaftskapitäns seiner Generation. Man kann sich schwer vorstellen, daß unter heutigen Verhältnissen sich solche Persönlichkeiten entwickeln könnten. Er hält die Wirtschaftspolitik und überhaupt das Regierungssystem des Dritten Reichs für verderblich, die führenden Leute für im Grunde unfähig und ohne sittliche Grundlage. In einer Besprechung mit Hitler 1933 hatte er einen sehr ungünstigen Eindruck. Er gibt zu, sich über die Lebensdauer eines solchen Systems getäuscht zu haben. Auf meine Frage, ob wir sehenden Auges in den Abgrund stürzen müßten, machte er Andeutungen über im Gange befindliche Bemühungen, für den Fall einer schweren Krisis eine Aufnahmeposition zu schaffen; er schien mir aber nichts Wirkliches zu wissen und hatte eine geringe Meinung von den politischen Fähigkeiten der Armee und der Industrie, besonders der rheinisch-westfälischen, die zufrieden sei, wenn sie verdiene, und restlos auf Hitler hereingefallen sei. (...) Einen Krieg würden wir beginnen in einer Lage, in der wir ihn 1918 hätten aufgeben müssen. Außerdem glaube er, nach vierzehn Tagen würde das ganze Volk rebellieren. Wie sich das ereignen sollte, wußte er auch nicht.»[750]

Der Politiker und Diplomat von Hassell war von den Prophezeiungen des Unternehmers nicht überzeugt. Den optimistischen Glauben an eine mögliche «Volkserhebung» gegen den Krieg, an die sich so mancher Verschwörer klammerte, teilte er realistischerweise nicht.[751] Von Hassells nüchtern-pessimistische Beurteilung, Bosch passe als fortschrittsgläubiger Unternehmer alter Schule und als «Typ des Wirtschaftskapitäns seiner Generation» nicht mehr so recht in die Zeit, unterschätzte aber Einfluß und Wirkung des Industriellen. Worauf die etwas elitäre Fehleinschätzung, Robert Bosch sei eine Art politisches Fossil, letztlich zurückzuführen war, ist ungewiß. Hassell fiel dem Glauben zum Opfer, Bosch sei wenig mehr als eine moralische Instanz: In Wirklichkeit war Bosch natürlich weit besser über den Widerstand informiert, als von Hassell zu diesem Zeitpunkt ahnte. Vielleicht hat Bosch selbst durch seine eigene Zurückhaltung zu dem Eindruck beigetragen, er sei über den Umfang der Verschwörung gegen Hitler nicht wirklich im Bilde; gegenüber einem konservativen Diplomaten mochte Vorsicht angebracht sein, zumal Bosch schon mit Constantin von Neurath als vermeintlich aufrichtigem Konservativen, der aus Pflichtbewußtsein auf seinem Posten verharrte, denkbar schlechte Erfahrungen gemacht hatte.

Freilich, die politischen Leitgedanken des Botschafters stießen auf Boschs lebhaftes Interesse. Escherich, der mit von Hassell bekannt war, wurde um nähere Informationen gebeten: «Was ist das für ein Mann?»[752] Die Auskünfte waren offensichtlich befriedigend, denn schon wenige Wochen später sollte es zu einer weiteren Begegnung kommen, die den Grundstein für eine finanzielle Unterstützung von Hassells für Widerstandszwecke bildete.

Inzwischen war Goerdeler nicht untätig geblieben. Die Unternehmensinteressen boten Anlaß und Rechtfertigung für manche «Geschäftsreise» nach Schweden, die auf geschickte Weise Oppositionstätigkeit durch dienstliche Aufgaben kaschierte. Hans Walz erläuterte 1942 amerikanischen Diplomaten den eigentlichen Zweck der Reisen Goerdelers, nämlich, «ostensibly for business purposes, but in reality to discuss the aims of (...) German moderates».[753]

Bekanntlich hatte in den Vorjahren die Verbindung zu Fritz Mannheimer und seiner Amsterdamer Bank wesentlich dazu gedient, den Auslandsbesitz zu verwalten und zugleich einen günstigen Anlaufpunkt für die Regimegegner geboten. Deshalb wirkte es als ein ungeheurer Schock, als in Stuttgart die Nachricht eintraf, der erst 49jährige Fritz Mannheimer sei in seinem französischen Wohnort Vaucresson am 9. August 1939 plötzlich verstorben. Die genauen Umstände des mysteriösen Todesfalls sind nie ganz geklärt worden. Mannheimer war erst zwei Tage zuvor aus Amsterdam zurückgekehrt, und obwohl der Arzt eine natürliche Todesursache bescheinigt hatte, wurde allenthalben Selbstmord vermutet, als seine Bank am folgenden Tag die Zahlungsunfähigkeit erklärte. Schnell stellte sich heraus, daß die Amsterdamer Mendelssohn-Bank ein Defizit von etwa 100 Millionen französischer Francs aufwies: Die Folgen von mißlungenen Termingeschäften, Devisenspekulationen und Fehlgriffen bei der Plazierung französischer Staatsanleihen.

Mannheimer hatte in den Vormonaten vergeblich versucht, seine durch Arbitragegeschäfte entstandenen immensen Verluste durch gewagte Finanzmanöver zu korrigieren. Die Bank von Frankreich hatte ihn schließlich wissen lassen, man werde einen notwendigen Kredit für den Termin 31. August 1939 nicht vorstrecken. Verzweifelte Versuche des Bankiers, seine Emissionen an der Börse unterzubringen, waren gescheitert, weil die

Finanzmärkte aufgrund der Kriegsgerüchte labil waren. Mannheimers Optimismus, der noch in dem Ratschlag an Schloßstein zum Ausdruck gekommen war, es werde keinen Krieg geben und Bosch solle einfach weiter produzieren, hatte sich als übereilt erwiesen: Mannheimer hatte auf Friedenserhalt spekuliert; sein Tod wurde auch zum Vorzeichen des bevorstehenden Krieges.

In Stuttgart hatte man von der finanziellen Schräglage Mannheimers nichts geahnt. Der Zusammenbruch sei für das Unternehmen, so wurde später versichert, «wie ein Blitz aus heiterem Himmel» gekommen.[754] Ein wichtiger Draht zum hitlerfeindlichen Ausland war unterbrochen, und Bosch stand nun trotz aller Bemühungen, das Auslandsgeschäft vor fremden Zugriff abzusichern, vor einem Scherbenhaufen. Der Zusammenbruch des Bankinstituts beraubte die Auslandsorganisation der wirtschaftlichen Stütze, «die man ihr eben durch den Verkauf an eine so potent scheinende Bank wie Mendelssohn zu verschaffen beabsichtigt hatte».[755] In den folgenden Monaten setzte eine hektische Betriebsamkeit ein, um die Bosch-Guthaben bei Mendelssohn & Co in Amsterdam auf andere Konten zu transferieren, um angesichts der Unwägbarkeiten eines Krieges einer eventuellen Beschlagnahme als Feindkapital vorzubeugen.

Die komplizierten Transaktionen, die in den folgenden Monaten zur «Sicherung» des Bosch-Auslandsbesitzes vorgenommen wurden, müssen an dieser Stelle nur so weit verfolgt werden,[756] wie sie über den Mechanismus Aufschluß geben, Bosch-Anliegen, Reichsinteressen und Widerstandsarbeit so miteinander zu verknüpfen, daß die konspirativen Kontakte des Boschkreises mit Neutralen und Alliierten unentdeckt blieben. Festzuhalten bleibt, daß die komplizierten Verhandlungen unentwegt dazu genutzt wurden, die Verschwörung gegen Hitler voranzutreiben und zu verschleiern. Dies gelang mit erstaunlichem Erfolg: Erst als nach dem Attentat vom 20. Juli 1944 die Gestapo die Tätigkeit Goerdelers für Bosch untersuchte, erahnten die Ermittler den Charakter der komplexen Bündelung von geschäftlichen und konspirativen Aufgaben bei den Auslandsverhandlungen Goerdelers, ohne jedoch bis zum Zusammenbruch des Hitlerregimes die Brisanz des Ermittelten in ihrer wahren Bedeutung zu durchschauen.[757]

Drittes Kapitel

Hilfe für Juden

1. Politische Hilfe

Wenn an dieser Stelle die chronologische Darstellung unterbrochen und auf die Judenhilfe von Robert Bosch und seinem Führungsstab eingegangen wird, fehlt diesem Aspekt des Widerstands gegen den Nationalsozialismus der spektakuläre Charakter, der die Initiativen von Berthold Beitz weithin bekannt und den deutschen Geschäftsmann Oskar Schindler zu einem cineastischen Helden gemacht hat.[1] Aber die Judenhilfe der Stuttgarter verweist auf eine Erkenntnis, die das amerikanische Nachrichtenmagazin «Newsweek» mit Blick auf die immer wieder herausfordernde Schwierigkeit, den Nationalsozialismus zu begreifen, folgendermaßen umschrieb: «Für jeden objektiven Betrachter hat es immer ein unauslotbares Geheimnis hinsichtlich des systematisch Bösen gegeben, das dem nationalsozialistischen Regime innewohnte – wie ein moralisches ‹schwarzes Loch› scheint es den Gesetzen der Natur zu widersprechen, während es gleichzeitig Teil dieser Natur ist. Aber bisweilen ist das Gute ebenso mysteriös».[2] Abenteuerliche Aktionen, wie sie Schindler in der Endphase des Krieges in einer Randzone des deutschen Einflußgebietes durchführen konnte, waren im «Dritten Reich» die Ausnahme. Obwohl sie mit zum Bild der Judenhilfe gehören, besteht doch die Gefahr, daß sie das sehr viel nüchternere Bild verdrängen, das sich im Alltag bot. In diesem Zusammenhang stellen die vielfältigen Stuttgarter Hilfeversuche sicherlich ein «typischeres» Phänomen des Beistands für Juden im «Dritten Reich» dar. Sie sind ein Beispiel für die Hilfsmöglichkeiten in der Zeit der Diktatur und ebenso außergewöhnlich wie auf der anderen Seite die nur unter dem Zeichen des Terrors verständliche Kooperation mancher Judenräte mit ihren Vernichtern oder die umstrittenen und doch nachvollziehbaren Versuche, Juden angesichts bevorstehender Vernichtungsgefahren «freizukaufen».[3]

Weitgehend im dunkeln liegen, so ist zu Recht bemerkt worden,[4] die Verbindungen zwischen den Repräsentanten der jüdischen Bürger in Deutschland und dem Boschkreis. Die absolute Notwendigkeit, im stillen zu operieren, wirft für den Historiker mannigfache methodische Probleme auf, weil ihm nur selten originäres zeitgenössisches Schriftgut zur Verfügung steht und er sich oft auf tradierte Überlieferungen aus zweiter Hand stützen muß. Prinzipiell muß er vorsichtig gegenüber allen späteren Bekundungen einer angeblichen «Judenhilfe» sein, wie sie beispielsweise im Rahmen von Entnazifizierungsverfahren vielfach Erwähnung fanden. Allzu oft wurde hierbei phantasiert, konstruiert oder ebenso sprichwörtlich wie zynisch ein «Alibijude» instrumentalisiert, um sich der Nachwelt als «unschuldig» präsentieren zu können. In diesem Zusammenhang mag man mit Claude Lanzmann in der Beschäftigung mit den Judenrettern eine «Mode» sehen und polemisch fragen, warum – wenn es so viele Gerechte gab, die bereit waren, Juden zu retten – es dennoch so viele Juden gab, die umgekommen sind. Nicht selten diente eine scheinbare Judenfreundlichkeit bei Vertretern von Staat und Partei gar dazu, bei Untergebenen Unsicherheit zu erzeugen, die im Chaos der Mächterivalitäten ausgenutzt werden konnte. Und ganz grundsätzlich ist zu bedenken, daß in einem totalitären System eine eindimensionale Unterscheidung zwischen «Gut» und «Böse» zumeist ein geradezu hoffnungsloses Unterfangen ist; der schmale Grat, auf dem der Historiker wandelt, ist gerade in der Frage der «unbesungenen Helden»[5] markiert durch die Wegweiser der «Banalität des Bösen» (Hannah Arendt) einerseits und der «Zwiespältigkeit des Guten» (Saul Friedländer) andererseits. Um die Hilfe der Stuttgarter in diesem Spektrum einordnen zu können, soll dieser Beitrag, der eine spezifische Form des Widerstands darstellt, dokumentiert werden.

Für Robert Bosch waren nicht Herkunft und Religion, sondern Fähigkeit und Arbeitswillen die Maßstäbe seines Handelns. Als vor dem Ersten Weltkrieg in einer Krisenzeit des Unternehmens die drohende Trennung von einigen seiner besten Mitarbeiter bevorstand, bemerkte Bosch zwar einmal beiläufig, er wolle lieber «den ganzen Laden an einen Juden» verkaufen als wieder mit neuen Leuten arbeiten,[6] aber diese gewiß unreflektierte Bemerkung war nicht einmal als das zu verstehen, was in dieser Zeit als «Normalantisemitismus» in Europa grassierte. Bosch blieb gegen jeglichen Judenhaß immun. Seine agnostisch-liberale Maxime eines pragmatischen Religionsverständnisses kam in dem Diktum aus dem Jahr 1885 zum Ausdruck: «Ich erlaube den Juden, Türken und Buddhisten, sich an ihren Gott und Götzen zu halten; solange sie gute Menschen sind, liebe ich sie; ich selber hoffe, so ruhig durchs Leben zu gehen als sie und vielleicht genauer zu wissen, was in einzelnen Fällen zu tun ist, weil ich mit meinem Gewissen allein mich abzufinden habe.»[7]

Diese Einstellung hatte seine Haltung in den Jahren des Kaiserreichs und der Weimarer Republik bestimmt, ohne jedoch im Zentrum seines Denkens zu stehen. Als in Stuttgart im Jahr 1933 die Judenverfolgung einsetzte,[8] war jedoch eine gewisse Sorge von Beginn an spürbar. In der württembergischen Hauptstadt lebten etwa 4500 jüdische Menschen, die meisten als Selbständige und nur wenige – etwa 100 – als Arbeiter. Robert Bosch befürchtete bereits im Frühjahr 1933, nach den ersten antijüdischen Gesetzen, die möglichen Auswirkungen weiterer diskriminierender Maßnahmen, weil er schon seit einiger Zeit auf die antijüdische Hetze der Nationalsozialisten aufmerksam geworden war. Er war Mitglied im «Verein zur Abwehr des Antisemitismus», einer 1890 gegründeten und vornehmlich aufklärerisch wirkenden Institution mit stark liberal-bürgerlichem Einschlag. Der Verein hatte unter seinem langjährigen Vorsitzenden Georg Gothein vergeblich versucht, durch Vorträge, Mitgliederwerbung, Bildungsarbeit und publizistische Tätigkeit den nicht nur in deutsch-völkischen Kreisen grassierenden Antisemitismus zu bekämpfen. Zu den prominenten Gründungsmitgliedern der im Januar 1926 mit 200 Gleichgesinnten gegründeten Stuttgarter Ortsgruppe, die schließlich 360 Mitglieder zählte, gehörten Robert Bosch, Hans Walz und Theodor Bäuerle.[9] Allerdings hat sich Bosch über die reine Mitgliedschaft hinaus wahrscheinlich nur am Rande mit der Vereinsarbeit beschäftigt. Im Mitteilungsblatt, das über die Tätigkeit der Stuttgarter Ortsgruppe regelmäßig Bericht erstattete, tauchte er – im Gegensatz etwa zu Theodor Heuss, der im Februar 1929 bei einer öffentlichen Veranstaltung des Vereins eine Rede hielt – nicht auf.[10] Bosch hatte sich aus der Öffentlichkeit weitgehend zurückgezogen und fühlte wohl in erster Linie eine moralische Verpflichtung, dem Verein beizutreten. Die Mitglieder des «Vereins zur Abwehr des Antisemitismus», der 1933 verboten wurde, wurden im allgemeinen nicht verfolgt. Eine seinerzeit gelegentlich angestellte Vermutung, dies sei auf Robert Boschs Mitgliedschaft zurückzuführen, erscheint allerdings ausgesprochen unwahrscheinlich.

Der verbrecherische Charakter der Judenverfolgung war für den Boschkreis ein wichtiger Anlaß, sich aktiv am politischen Widerstand gegen Hitler zu beteiligen.[11] Walz war als Mitglied der Deutschen Demokratischen Partei sozusagen programmatisch als Gegner der antijüdischen Diskriminierung ausgewiesen. Die DDP hatte sich die Verteidigung der Rechte der jüdischen Minderheit in Deutschland auf die Fahnen geschrieben und wurde wohl von mehr als der Hälfte aller deutschen Juden als «ihre» Partei gewählt.[12] Im inoffiziellen Parteihandbuch fanden sich Sätze, die an Deutlichkeit nichts zu wünschen übrig ließen: Der Antisemitismus sei eine «unmoralische Bewegung, weil er an die niedrigsten Instinkte» appelliere und «auf einer Unzahl längst widerlegter, aber immer und immer wieder vorgebrachter Lügen, Fälschungen und Verleumdungen» beruhe.[13] Dennoch läßt sich die Judenhilfe bei Bosch nicht allein aus parteipolitischen Präferenzen ableiten. Walz erläuterte später, das Eintreten für die Juden habe «an sich zunächst nichts mit Politik zu tun» gehabt: «Was Robert Bosch und mich seinerseits bewogen hat, war das Pflichtbewußtsein reiner Menschlichkeit.»[14]

Die antisemitische Propaganda, die in Stuttgart vor allem durch den «NS-Kurier» öffentliche Verbreitung fand, markierte eine Schwelle, die Schlimmeres erwarten ließ. In den folgenden Monaten führte man im Boschkreis mit einer Taktik der Doppelzüngigkeit ökonomische Argumente gegen die antijüdischen Maßnahmen an, die eigentlich aus moralischen Gründen abgelehnt wurden. Im Mai 1933 protestierte Walz im Namen und Auftrag Robert Boschs schließlich bei Wilhelm Keppler gegen die Judenpolitik. Walz mußte indessen zur Kenntnis nehmen, daß bei

Keppler «und in seinem an sich bedeutenden Einflußbereich nichts auszurichten» war. Zudem wurde er für seine Mitgliedschaft im «Verein zur Abwehr des Antisemitismus» kritisiert und bekam den Vorwurf zu hören, er sei ein «hervorragender Anwalt der Juden».[15] Auch nach diesem eklatanten Fehlschlag hielt Robert Bosch zunächst noch an der Überzeugung fest, es werde sich aus sachlichen Erwägungen eine vernünftigere Politik durchsetzen. Wie viele andere politische Beobachter ließ er sich dabei von Hitlers Friedensbeteuerungen zunächst blenden. Aber selbst als Hitlers sogenannte «Friedensrede» vom 17. Mai 1933 Hoffnung auf eine Wende zum Besseren anzudeuten schien, fanden sich angesichts der Judenverfolgungen argwöhnische Bemerkungen. Hitler habe zwar in der «Verständigungsfrage» die richtigen Worte gefunden, aber wer finde sie «in der Judensache?»[16]

Walz sah wohl aufgrund der «Generaltendenz der Partei» deutlicher als Robert Bosch die drohende Gefährdung. Von christlicher Warte her empfand er auch die weltanschauliche Fundamentalkonkurrenz des Nationalsozialismus unmittelbarer als der Konzernchef, der Fragen der Religion zu umgehen pflegte. Als Bekenntnischrist wertete Walz hingegen die Phrasen eines «positiven Christentums» als «Schwindel» und bewertete den Antisemitismus «als Vorläufer eines späteren Antichristentums».[17] Weil sich auf politischer Ebene eine Einwirkung als aussichtslos erwiesen hatte und ökonomische Argumente keine Wirkung zeigten, entschloß man sich zur Hilfe in Einzelfällen.

Eine der Nischen schien die Arbeit im «Verein zur Förderung der Volksbildung» zu sein, in der neben Theodor Bäuerle der Musikpädagoge Karl Adler seit vielen Jahren eine erfolgreiche Bildungsarbeit geleistet hatte.[18] Nach der «Machtergreifung», als die Einrichtung schnell ins Kreuzfeuer der nationalsozialistischen Kritik geriet, wurde das von Karl Adler geleitete «Konservatorium für Musik» angegriffen. Adler mußte als Jude sein Amt 1933 niederlegen. Zweifellos spielte auch eine wichtige Rolle, daß sich unter ihm Stuttgart zu einem «Zentrum der jüdischen Kulturarbeit» entwickelt hatte.[19] Bäuerle, Walz und Adler blieb schließlich nichts anderes übrig, als sich den Gegebenheiten zu beugen: Wie Otto Hirsch, der enge Mitarbeiter von Leo Baeck, empfohlen hatte, setzte man die Arbeit im stillen fort.[20]

Bis zu jenem Zeitpunkt war bei Bosch die Judenverfolgung ein abstrakter politischer Vorgang gewesen, zumal schon aufgrund der Berufsstatistik der Anteil der bei Bosch beschäftigten Juden fast eine Quantité négligeable war. Die konkrete Form des Beistands erwuchs dabei aus einer Kombination von Motiven, die für das Wirken der Judenhelfer geltend gemacht worden sind, sofern es sich denn nicht um ganz persönliche Gründe handelte: Opposition gegen das Regime, reine Sympathie oder das Gefühl, eine humanitäre Pflicht zu erfüllen.[21]

Als der «Verein zur Förderung der Volksbildung» sich aufgrund des politischen Drucks 1936 selbst auflöste, wies Adler in einem brieflichen Appell an Robert Bosch auf dessen Verdienste hin und betonte die Hilfe des Unternehmers in «kritischen Zeiten». Boschs Einsatz sei «heute für Tausende der verzweifelten deutschen Juden (...) Halt und Hilfe.»[22] Adler konnte nicht wissen, daß der Brief, in dem er sich auch bei Walz bedankte, auch in die Hände der Gestapo geriet – das Schreiben sollte dem «Betriebsführer» während des Krieges noch ungeahnte Schwierigkeiten bereiten.[23]

Adlers Verbindungen zu Bosch blieben von den politischen Geschehnissen unberührt. Adler konnte sich auf Walz als «wütende(n) Anti-Nazi, der aus seiner Gesinnung kein Hehl» machte[24] ebenso verlassen wie auf Robert Bosch.[25] Walz blieb mit Adler eng verbunden, als dieser nach seinem erzwungenen Abschied aus der Stuttgarter Volksbildungsarbeit Leiter der jüdischen «Mittelstelle» wurde, um die Interessen der Stuttgarter Juden offiziell gegenüber der NSDAP, dem Gau Württemberg und den Behörden zu vertreten. Die Institution wurde für die Stuttgarter Juden zur zentralen Anlaufstelle des täglichen Lebens und Überlebens. Die Mittelstelle für jüdische Erwachsenenbildung war 1934 als jüdische Organisation unter Leitung von Martin Buber ins Leben gerufen worden und sollte als «Dachorganisation» den Gedankenaustausch der jüdischen Erwachsenenbildungseinrichtungen fördern.[26] Der «Mittelstelle» erwuchs daneben aber eine amtliche Funktion mit dem Zweck, die Auswanderung der Juden zu organisieren. Die Stuttgarter Einrichtung war indessen kein Organ der Selbstverwaltung, denn die Israelitische Religionsgemeinde und der Oberrat existierten sogar nach der sogenannten «Reichskristallnacht» 1938 vorerst weiter.

Noch bevor die brutale Pöbelpolitik zur Ausgrenzung der Juden neue Höhepunkte erreichte, wurden die von der nationalsozialistischen Regierung beschlossenen gesetzgeberischen Maßnahmen zur sogenannten «Arisierung» in eine systematische ökonomische Entrechtung umgemünzt. Den in der Wirtschaft tätigen Juden wurden zunehmend Steine in den Weg gelegt.[27] Schon im März 1935 beklagte die «Reichsvertretung der Deutschen Juden» den Verfall jüdischen Eigentums und kritisierte die «unter dem Druck maßgeblicher Parteistellen» stattfindende Überführung «in arische Hände».[28] Weitere Erlasse und Verordnungen begrenzten die Wirtschaftstätigkeit. Am 1. Dezember 1936 verbat ein «Gesetz gegen Wirtschaftssabotage» die illegale Vermögensausfuhr ins Ausland und stellte entsprechende Vergehen unter Todesstrafe.[29] Nach der «Reichskristallnacht» dekretierte am 12. November 1938 eine Verordnung die «Ausschaltung der Juden aus dem deutschen Wirtschaftsleben». Den Juden wurden Sühnegelder auferlegt und Strafmaßnahmen für den Fall angedroht, daß sie versuchten, Gelder aus Deutschland ins Ausland zu transferieren. Angesichts der vielfältigen Schikanen entschlossen sich immer mehr jüdische Geschäftsleute, ihre Unternehmen zu verkaufen.

Hinsichtlich der Haltung der Industriellen zur Judenpolitik läßt sich ein klares Bild nicht zeichnen. Auch hier galt, daß die Unternehmer «vor oder neben ihrer wirtschaftlichen Funktion, Deutsche mit verschiedenen politischen Überzeugungen, erziehungsbedingten Eigenschaften und moralischen Normen waren, die nicht nur durch ihre wirtschaftlichen Interessen bestimmt waren.»[30] Für Robert Bosch blieb seine oft wiederholte Maxime bestimmend, sich nicht am «Unglück der Juden» bereichern zu wollen.[31]

Über die einzelnen Absprachen, die vor dem Hintergrund dieser problematischen Entwicklung getroffen wurden, sind wir nur umrißhaft unterrichtet. 1938 kam es beispielsweise zu Verhandlungen zwischen dem Generaldirektor der Victoria-Feuer-Versicherung AG und der Victoria Lebensversicherung AG, Kurt Hamann, und Hans Walz über die geplante Liquidierung des Unternehmens. Hierbei handelte es sich eigentlich um Verkaufsverhandlungen, weil die jüdischen Aktionäre nach Veräußerung ihrer Anteile nicht länger in Deutschland bleiben wollten. Hamann war beauftragt, «an eine seriöse und potente deutsche Persönlichkeit zu einem angemessenen Preis zu verkaufen», unter der Bedingung, den Weiterverkauf der Anteile an eine nationalsozialistische Organisation zu verhindern. Nach dem Geschäftsabschluß erhielt Robert Bosch sukzessive einen beachtlichen Posten von Victoria-Aktien, die später Teil des Nachlasses wurden.[32]

Einen etwas detaillierteren Einblick in eine «freundliche» Übernahme gewährt der Vorgang der «Arisierung» des Juweliergeschäfts Robert Koch in Frankfurt am Main, die über Dr. Herbert Goetz verhandelt wurde. Mit Goetz, einem ehemaligen Prokuristen bei der Bank Goldschmidt-Rothschild, pflegte Bosch seit den zwanziger Jahren vertrauensvolle geschäftliche Verbindungen. Als die Bank nach der «Machtergreifung» von der Reichs-Kredit-Gesellschaft (RKG) «übernommen» wurde, war Goetz, der sich aufgrund seiner jüdischen Herkunft Repressalien zu erwehren hatte, mit zur RKG gewechselt. In diesem Zusammenhang wurde Bosch recht unvermittelt in die Arisierungsangelegenheiten verwickelt. Hier handelte es sich um einen «klassischen» Fall, denn die Übernahmen wurden meist unter Ausschluß der Öffentlichkeit über eine Bank als vermittelnder Institution verhandelt. Obwohl sich Bosch und Walz zunächst skeptisch zeigten, konnten die zur Auswanderung entschlossenen Teilhaber des Juweliers die Bedenken der Stuttgarter offensichtlich zerstreuen, so daß der «reichlich bemessene Kaufpreis» mit Hilfe von Willy Schloßstein schließlich über die Schweiz in die USA transferiert werden konnte. Ein «stiller Gedanke» bei dieser Arisierung war es, Vermögenswerte in Form von Edelmetallen und Edelsteinen vor dem Zugriff der Nationalsozialisten zu sichern.[33] Auf ähnliche Weise wurde im Sommer 1937 die Berliner Teppichbodenfirma G. Feibisch & Co. AG über Goetz arisiert, wahrscheinlich ohne Beteiligung von Robert Bosch in Eigenregie von Schloßstein und Walz. Beide traten in den neugewählten Aufsichtsrat ein.[34] Die Vermittlungstätigkeit zwischen Goetz und Bosch in jüdischen Angelegenheiten fand ein Ende, als

Goetz 1938 zusammen mit dem leitenden Direktor Landauer aus der RKG
herausgedrängt wurde. Goetz' Emigration nach Chile wurde von Bosch
durch eine Finanzhilfe in Höhe von 3000 holländischen Gulden erleichtert.[35]

Die Bewertung der «Arisierungen» stellt den Historiker vor ein schwieriges Problem. Nur von Einzelfall zu Einzelfall lassen sich die jeweiligen
Motive ermessen, die einen Käufer bewegten, ein jüdisches Unternehmen
zu übernehmen. Fälle von blanker und brutaler Raffgier über opportunistische Aneignungsbereitschaft bis zur freundschaftlichen Hilfe sind dokumentiert und fordern ein differenziertes Urteil für die Vorgänge in einer aus
den Fugen geratenen Zeit, in der die Spielregeln des Rechtsstaates ihre Gültigkeit verloren hatten. Die Stuttgarter Hauptbeteiligten wußten, daß sie
sich ein wenig auch auf ein Spiel mit dem Teufel eingelassen hatten. Bewußt
begaben sie sich in die schwierig auszulotende Dunkelzone einer moralischen Mitschuld, die ein Spezifikum des Totalitarismus ist. Hält man sich
den jahrzehntelangen Kampf gegen den atavistischen Antisemitismus vor
Augen, der von Bosch und seinem Kreis geführt wurde und betrachtet man
den Charakter der «Arisierungen», die meist branchenferne Unternehmen
betrafen, so gibt es keinen Zweifel, daß nicht finanzielle Interessen, sondern
ganz im Gegenteil Aspekte der Hilfe im Zentrum der Stuttgarter Überlegungen standen.

Dieser Befund erhärtet sich durch einen Blick auf ergänzende Hilfsmaß-
nahmen, die notwendig wurden, als Berufsverbote und andere Repressalien
immer mehr Juden an eine Flucht aus Deutschland denken ließen. Im Zuge
der Zerstörungen, Plünderungen und Verfolgungen der «Reichskristallnacht» im November 1938 wurde in Stuttgart auch Karl Adler verhaftet,
dessen Frau sofort Rat bei Hans Walz suchte. Dieser stellte einen größeren
Geldbetrag zur Verfügung.[36] Adler wurde nur unter der Bedingung aus der
Haft entlassen, die Emigration der Stuttgarter Juden zu beschleunigen.
Dies erwies sich als schwierige Aufgabe, weil er auf diese Weise im Grunde
ein Erfüllungsgehilfe des Sicherheitsdienstes der SS wurde, der die «Mittelstelle» nun als Kontrolleinrichtung benutzte. In den Räumen der «Mittelstelle» richteten SD und Gestapo gar ein eigenes Büro ein, um den
Geschäftsgang besser verfolgen zu können.

Da ein Großteil der jüdischen Vermögen inzwischen gesperrt war, hatte
Adler mit Geldmangel zu kämpfen und wurde von Walz im Auftrag von
Robert Bosch mit «namhaften Beträgen» in den Bemühungen unterstützt,
Stuttgarter Juden die Emigration zu ermöglichen. Die geheim verwalteten
Gelder von Walz, deren Gesamthöhe nicht bekannt ist – Adler sprach spä-
ter für die Jahre von 1938 bis 1940 lediglich von «beträchtliche(n) Summen»
– wurden in einem Fonds zur besonderen Verwendung der jüdischen «Mit-
telstelle» zusammengefaßt und in der Regel nicht für bestimmte Fälle, son-
dern, aufgeteilt, für besonders dringliche Situationen verwandt.[37] Die
Geldübergabe (durch Walz, Fischer, Bäuerle oder Schloßstein) fand unter

strengster Geheimhaltung statt. Die Boten selbst konnten lediglich vermuten, daß sich in den verschlossenen Umschlägen Beträge zwischen 500 und 1000 Reichsmark befanden, in einigen Fällen waren es wohl 2000 oder 3000 Reichsmark.[38] Adler, dessen Büro unter Aufsicht der Gestapo und des SD stand, empfand seine Tätigkeit als «ein beständiges Spiel mit dem Feuer». Weil er die Gelder von Bosch «under the nose of the Gestapo» verwaltete,[39] wurden keine Quittungen ausgestellt; dagegen berichtete er Walz mündlich von allen größeren «Transaktionen».[40] Wie notwendig diese materielle Hilfe war, bewies ein Bericht des SD-Abschnitts Württemberg-Hohenzollern aus dem Frühjahr 1939: «Die besten Anzeichen der Weiterschreitung der Verproletarisierung der Juden sind die zunehmende Zahl der Selbstmorde, die rapide Verschlechterung der jüdischen Winterhilfsspenden, die ständig sich steigernde Inanspruchnahme der jüdischen Fürsorgestellen, der im Wachsen begriffene Auswanderungsdrang, die wachsende Zahl der jüdischen Arbeitssuchenden, der schnell steigende Wohnungsmangel, der Verfall der Schulen, die ständige Belagerung der jüdischen Beratungsstellen und die Zunahme der Altersheime.»[41]

Karl Adler als Organisator der jüdischen «Mittelstelle», die ihm als «Sammelpunkt des Jammers und der Verzweiflung» vorkam,[42] sah sich mit einem Dilemma konfrontiert, weil von ihm verlangt wurde, die Auswanderung zu beschleunigen und es andererseits «fast unüberwindliche» bürokratische Hürden zu überwinden galt.[43] Die Hilfe von Bosch wurde unterschiedlich verwendet: Für bedürftige Juden und für schwierigere Angelegenheiten, wenn etwa politisch «belastete» Juden illegal ins Ausland – nach Holland, Luxemburg, Belgien, Jugoslawien und die Tschechoslowakei – gebracht werden mußten. Eine Reihe von Juden, die aus dem KZ kamen oder aus anderen Gründen gefährdet waren und keine legale Auswanderungsmöglichkeit besaßen, mußte von Helfern «schwarz» über die Grenze gebracht werden, wo Vertrauensleute sie in Empfang nahmen. Diese «Untergrundaktion» war ein ebenso riskantes wie kostspieliges Unterfangen, weil die «Mittelstelle» für jeden einzelnen «Fall» etwa 1000 Reichsmark aufbringen mußte.[44]

Als besonders spektakulär erwies sich die «Kehl-Episode»: Während der Mobilisierungsphase 1939 drohte der Versuch einer jüdischen Gruppe zu scheitern, noch rechtzeitig vor Kriegsausbruch einen rettenden französischen Hafen zur Ausschiffung nach Übersee zu erreichen:

«Wenige Tage vor Kriegsausbruch kam eine Gruppe von Juden, die vor der Ausreise stand aber nicht mehr hinausgelassen wurde, händeringend zu mir um Hilfe. Nach vergeblichen Verhandlungen mit Militär-, Partei- und Polizeistellen, versuchte ich das letzte und bat um einen Gefangenenwagen – auf unsere Kosten – zum Transport der Gruppe bis zur französischen Grenze (Kehl a. Rhein). Der mir nach langem Hin und Her überreichte Kostenvoranschlag war derartig hoch, daß es den genannten Stellen als unmöglich erschien, die Summe aufbringen zu können, da die Vermögen der Juden in jener Zeit gesperrt waren und nur dürftige Mittel für ihren Lebensunterhalt monatlich

freigegeben wurden. Hier gab es nur *einen* Ausweg: Hans Walz. Als ich ihm in der größten Eile und Dringlichkeit die Sachlage schilderte, sagte er mir ohne Besinnen Hilfe zu.
Schon nach einer Stunde war der Betrag – verbucht für kirchliche Zwecke – über Baurat
Fischer (...) an Direktor Theodor Bäuerle (...) gegangen und für mich zur Abholung
bereit. Außer dem von mir erbetenen Betrag war sogar noch eine weitere Summe für
‹Unvorhergesehenes› beigelegt! – Die erstaunten Beamten konnten nun nicht anders als
ihr Wort zu halten und die Auswanderer in versiegeltem Gefangenenwagen und unter
strengster Polizei- und SS-Begleitung an die Grenze zu befördern. Dort erhielten sie von
der deutschen Grenzwache noch ein Abschiedsgeschenk in Gestalt einer Tracht Prügel,
sodaß sie einen Teil des Handgepäcks zurückließen, nur um schnell über die Brücke zu
kommen.»[45]

Über die Umstände und den Ablauf der ungewöhnlichen Rettungsmaß-
nahme wurde Walz aus Sicherheitsgründen nicht informiert;[46] auch die
Geretteten erfuhren, wenn überhaupt, erst nach Kriegsende, wer ihnen die
Flucht ermöglicht hatte. Aus dem gleichen Grund blieben auch die persönlichen Kontakte auf ein notwendiges Minimum beschränkt. Adler griff
zudem bei seinen Begegnungen mit Walz fast instinktiv auf ein bewährtes
Mittel zurück, um sich und die jüdischen Helfer nicht durch zu viel Wissen
zu gefährden: «Herr Walz war oft geistesabwesend bei meinen Berichten
und hat manchmal mittendrin eine politische, religiöse oder philosophische
Frage aufgegriffen und erörtert.»[47] Adler gab sich bei Telefongesprächen
stets als «Herr Geier» aus, und Walz spielte diese «Komödie» jedesmal
mit.[48]

Das Wissen über die Judenhilfe blieb auf die oberste Konzernspitze
beschränkt. Um die verdächtigen Geldtransaktionen zu tarnen, konnte
Bosch inzwischen auf ein eingespieltes Verfahren zurückgreifen. Die in dif-
fizilen Geldangelegenheiten versierten Geschäftsleute verfügten über genügend Auslandsverbindungen, die sich zur «Verschleierung» eigneten. Zur
Koordination der diversen jüdischen Rettungsaktionen war ein Konto bei
Fritz Mannheimers Mendelssohn & Co. in Amsterdam eingerichtet.[49]

Aus diesem Bestand flossen Hilfsgelder für jüdische Verfolgte ab. Nur
durch einen glücklichen Zufall ist es in wenigen Fällen möglich, diesen Zah-
lungsweg aus den Originaldokumenten zu rekonstruieren.[50] Die finanzielle Hilfe erlangte besondere Bedeutung, als nach der «Reichskristallnacht»
die jüdischen Konten eingefroren waren. Auf dem Privatkonto Robert
Boschs waren für Notfälle einige hunderttausend holländische Gulden
deponiert. Mannheimer benutzte dieses Konto, um vierteljährlich 20 000
bis 30 000 Gulden zur Unterstützung jüdischer Hilfskomitees in Holland
abzuheben. Insgesamt kam es zu einem Geldtransfer in Höhe von etwa
300 000 holländischen Gulden, die bei einem Kurs von 1,70 Reichsmark für
den Gulden etwa einem Betrag von 500 000 Reichsmark entsprachen.[51]

Nach dem Ausbruch des Zweiten Weltkriegs war das holländische Depot
von Robert Bosch aufgebraucht und die Amsterdamer Bank von Fritz
Mannheimer hatte Konkurs angemeldet. In der württembergischen Haupt-

stadt war es inzwischen zu einem jüdischen Exodus gekommen. Im Mai 1939 lebten in Stuttgart nur noch etwa 2200 Juden.[52] Wenige Wochen später wurden die jüdischen Selbstverwaltungsinstitutionen sukzessive aufgelöst. Adler wurde 1939/40 von der Gestapo zur Teilnahme an jüdischen Kongressen im Ausland aufgefordert, weil die Behörden an Informationen über die politische Entwicklung des «Weltjudentums» interessiert waren. Walz stand zweifellos das Wirken Goerdelers vor Augen, wenn er in dieser Reisetätigkeit ein Mittel sah, um «dabei im Ausland gegen die Nazis zu wirken.»[53] Die Schikanen gegen die Stuttgarter Juden waren noch schärfer geworden:[54] Im Oktober 1939 mußten die Radioapparate abgeliefert werden, eine Ausgangssperre wurde verhängt und ein eigener «Judenladen» eingerichtet. Als die Stellung Adlers nicht länger haltbar war, flüchteten er und seine Frau mit Hilfe von Walz im Jahr 1940 über Lissabon in die USA. Adlers Nachfolger als Leiter der «Jüdischen Mittelstelle» wurde im Herbst 1940 Alfred Marx. Walz hatte schon dessen Bruder Leopold bei der erzwungenen Übersiedlung nach Palästina im Herbst 1939 unterstützt. Der nun von Marx verwaltete «Sonderfonds» der «Mittelstelle», über dessen Ursprung Marx erst nach Kriegsende erfuhr, machte immer noch einen «großen fünfstelligen Betrag» aus.[55]

Die «Mittelstelle» konnte unter Marx ihre Aufgabe bald kaum noch wirkungsvoll ausüben.[56] Die mittlerweile fast vollständig unter der Ägide des SD und der Gestapo arbeitenden jüdischen «Vermittlungsstellen» waren inzwischen kaum mehr als Verwaltungsorgane des Terrors. Wie überall in Deutschland mußte seit 1941 der Judenstern getragen werden. Alfred Marx wurde noch kurz vor Kriegsende nach Theresienstadt deportiert.[57] Die wenigen verbliebenen Verpflichtungen der «Mittelstelle» wurden von der «Kultusvereinigung für Württemberg und Hohenzollern» übernommen.

Eine weitere, allerdings immaterielle Verbindung hatte der Boschkreis zum Berliner Oberrabbiner und Gelehrten Leo Baeck gefunden. Als Präsident der «Reichsvertretung der deutschen Juden», dem Vorläufer der späteren jüdischen Zentralorganisation, der «Reichsvereinigung der Juden in Deutschland», repräsentierte er die oberste jüdische Autorität in Deutschland und «personifizierte den Versuch des Bewahrens und Behauptens jüdischer Existenz in schwerster Zeit.»[58] Baeck war es gelungen, die politisch zersplitterten deutschen Juden organisatorisch zusammenzufassen – in Württemberg vornehmlich über seinen Vertrauten und Mitarbeiter Dr. Otto Hirsch[59], der in den Weimarer Jahren Ministerialrat im Stuttgarter Innenministerium gewesen war.

Die Kontakte zwischen Robert Bosch und Leo Baeck datierten aus der Mitte der dreißiger Jahre. Der Journalist Dr. Friedrich Jaffé wurde Ende 1934 von Hans Walz, der diesen als Mitarbeiter des «Stuttgarter Neuen Tagblattes» kannte, gebeten, ihn mit Leo Baeck bekanntzumachen. Jaffé, der als Mittelsmann zu einer Reihe jüdischer Organisationen fungierte, gelang es, Leo Baeck mit dem Argument zu überzeugen, er werde von den «Bosch-Leuten» als eine Art «Nathan der Weise» betrachtet.[60] Baeck zeigte seine Gesprächsbereitschaft, als er erfuhr, Walz sei der Autor einer Denkschrift des Jahres 1933 gewesen, die gefordert hatte, die Juden sollten an die Spitze des deutschen Aufbaus gestellt werden, «weil sonst Deutschland politisch und wirtschaftlich zusammenbrechen müsse.»[61]

Über diese Denkschrift herrscht indessen Ungewißheit: Nach Angaben von Jaffé stammt sie aus dem Frühjahr 1933 und wurde auf Robert Boschs Anregung von Hans Walz angefertigt. Sie sei vom Boschkreis und anderen Industriellen, darunter Carl Friedrich von Siemens unterzeichnet worden; nach einigen Diskussionen über die Frage, wer die Petition an Hitler übergeben solle, sei schließlich Carl Bosch mit der Überbringung der Denkschrift an den «Führer» beauftragt worden. Die brüske Zurückweisung Carl Boschs durch Hitler, so Jaffé in seinem Bericht, der am Tag des Kriegsendes in einer argentinischen Exilzeitschrift veröffentlicht wurde, habe «bei dem liberalen Flügel der deutschen Industrie schwere Depressionen» hervorgerufen.[62] Die Denkschrift selbst ist offensichtlich verschollen.

Die Verbindungen zwischen Jaffé, Hans Walz und Willy Schloßstein wurden enger, als die Nationalsozialisten im bereits erwähnten «Pressekrieg» die Gleichschaltung des «Stuttgarter Neuen Tagblattes» durchsetzten. Im Verlauf einer mehrstündigen Aussprache wurde zwischen den Vertrauten von Robert Bosch und den führenden Repräsentanten der «Reichsvertretung der Juden», Leo Baeck und Otto Hirsch (und dessen Mitarbeiterin Cora Berliner), eine Art «gentlemen agreement» vereinbart, demzufolge «die Herren der Firma Bosch für die Juden kämpfen sollten, während unsererseits, falls dabei etwas passieren sollte, den Herren Walz, Fischer und Schloßstein Beistand geleistet werden sollte.»[63] Zu weiteren Vereinbarungen, geschweige denn zu einer Erfüllung des Agreements kam es allerdings nicht, und es ist auch nur schwer vorstellbar, wie diese gegenseitige Hilfe im konkreten Fall hätte aussehen sollen. Bosch stellte später für die Auswanderung Jaffés und seiner Familie nach Kolumbien 8000 holländische Gulden aus seiner Privatkasse bereit.[64]

Walz fühlte sich mit dem jüdischen Gelehrten Baeck, den er charakterlich und persönlich schätzte, in einer ähnlichen Weise verbunden wie mit Adler.[65] Auch Baeck erhielt für bedürftige Juden erhebliche Geldbeträge von Bosch, die – vergleichbar den Beträgen, die zu Mannheimer nach Amsterdam flossen – über das «Wohlfahrtskonto II» des Unternehmens verbucht wurden.[66]

Baeck und Hirsch gehörten zu den Juden, die sich entschlossen, trotz aller Gefahren Deutschland nicht zu verlassen. Im Sommer 1939 blitzte nochmals Hoffnung auf, als Walz über den als Mittelsmann bewährten Otto Hirsch die Verbindung mit dem Oberrabbiner erneuerte.[67] Die hochgesteckten Erwartungen des Rencontres erfüllten sich auch diesmal nicht: Die Berliner Begegnung zwischen Walz und Fischer auf der einen und

Baeck und Hirsch auf der anderen Seite blieb ohne konkrete Beschlüsse. Weitere Beratungen in Baecks Wohnung führten bald zu der resignierten Erkenntnis, «daß für irgendeine Aktion zu Gunsten der Juden beim besten Willen so gut wie kein Raum mehr vorhanden war. Das Rad der gegen die Juden gerichteten offiziellen Bewegung war schon zu stürmisch ins Rollen geraten, als daß ihm noch in die Speichen hätte gegriffen werden können.» So blieb es bei einem «Gedankenaustausch» bei «aller Übereinstimmung im Grundsätzlichen». Geldangebote von seiten Boschs erschienen Baeck in dieser Situation nicht dringlich, da er, wie er Walz wissen ließ, in dieser Hinsicht inzwischen von seinen Gläubigen mehr und mehr versorgt wurde.[68]

Die «historisch gewordene Freundschaft»[69] zwischen Robert Bosch und Leo Baeck bezog sich somit auch auf den Boschkreis. Baeck wußte wohl auch von Goerdelers Verschwörungsvorhaben, obwohl er nach der Maxime des «Zellenprinzips» aus Sicherheitsgründen von den Stuttgartern kaum jemanden namentlich kannte.[70] Trotz aller politischen und geistigen Meinungsunterschiede zu Carl Goerdeler kam es wohl auch mit diesem zu einem Einverständnis. Der Boschkreis wußte, daß Goerdeler in Fragen der Judenpolitik ebenso zu taktieren und lavieren hatte, wie in anderen Angelegenheiten, um eine breite Widerstandsfront aufzubauen:

«Hatte Goerdeler sich gegenüber extremistisch gerichteten Persönlichkeiten z. B. über die Judenfrage zu äußern, so mußte er unter Betonung des Prinzips der Menschlichkeit vielleicht wohl oder übel auf das Aushilfsmittel des numerus clausus hinweisen, obwohl er persönlich von der Wirkungslosigkeit einer solchen Maßnahme von vornherein überzeugt war. Oder er erging sich zur Judenfrage in irgendwelchen theoretischen Erwägungen, die darauf berechnet waren, vorerst einmal die Notwendigkeit zur Erleichterung der prekären Lage der Juden plausibel erscheinen zu lassen.»[71]

An der Idee, mittels eines «numerus clausus» den Anteil der Juden in entscheidenden Stellen des öffentlichen Lebens zu begrenzen, hat Walz aus «taktischen» Gründen während des Krieges festgehalten und in dieser Zeit versucht, Leo Baeck von der Stimmigkeit des Vorschlages zu überzeugen, «daß, wenn einzelne Berufsgruppen allzustark durch Juden besetzt erscheinen, sich als Abhilfe doch ganz einfach die Dekretierung einer zahlenmäßigen Zulassungsbeschränkung zu bestimmten Berufen anbiete.» Für Walz war dieser Schritt wenig mehr als ein Ablenkungsmanöver, in das seinem späteren Zeugnis nach auch Baeck eingewilligt hat. Ob dieser tatsächlich einer solchen «Notlösung» zugestimmt hat, ist umstritten geblieben;[72] auch Baeck wird sich nur unter einem «taktischen» Vorbehalt diesem Schritt gebeugt haben.

Dies wird auch in Goerdelers Stellung zur Schaffung eines unabhängigen Judenstaates in Palästina deutlich, den nun auch Otto Hirsch beharrlich forderte. Goerdeler befürwortete diese Idee namentlich vor dem Hintergrund der aktuellen Situation in Deutschland: Die Existenz eines jüdischen Staates liege im Interesse eines Landes, das wie Deutschland die Juden ver-

treibe und froh sein müsse, wenn diese in ihrer alten Heimat wieder unter-
kämen. Für die erlittenen Mißhandlungen und ihre finanziellen Verluste, so
schwebte es Goerdeler vor, sollten die Juden entschädigt werden.[73]
Es ist schwierig zu entscheiden, ob sich in diesem Gedanken Goerdelers
ein traditionelles christliches Bestreben nach einer räumlichen Trennung
von Christen und Juden, eine christlich verstandene Gegnerschaft zum
Judentum wiederfand. Wenn dies der Fall gewesen sein sollte, so über-
lagerte jedoch inzwischen das Entsetzen über die systematische Ausrot-
tungspolitik Hitlers jede entsprechende Überlegung. Denkt man an die
schon vor Kriegsausbruch entschieden ausgesprochene Verurteilung der
«verbrecherischen» Judenpolitik, so gibt es keinen Zweifel, daß es inzwischen nur noch um den besten Weg zur Rettung der Juden gehen konnte.
Die Diskussionen jener Jahre sind sicherlich nur unter den Eigentümlich-
keiten der Kriegssituation und der existentiellen Bedrohung der Juden zu
verstehen. Die heute merkwürdig anmutenden und nur aus den Zeitum-
ständen heraus zu verstehenden Vorschläge setzen eine Übereinstimmung
zwischen Baeck und Goerdeler voraus, die völlig unerklärlich wäre, wenn
der jüdische Gelehrte Goerdeler einen auch nur latenten Antisemitismus
unterstellt hätte. Ihre Zusammenarbeit beweist schlüssiger als viele aus der
Rückschau angestellten Überlegungen, daß eine breite menschliche Basis
zwischen Baeck und Goerdeler gefunden war. Der ehemalige Leipziger
Oberbürgermeister war sicherlich von seinem evangelisch-konservativen
Verständnis her stärker als etwa Walz von der Auffassung beeinflußt, den
jüdischen Glauben als etwas Geringwertiges zu betrachten. Aber dies war
tatsächlich eine Glaubensfrage. Dabei die Maßstäbe eines heutigen Rechtsstaates anzuwenden, erscheint einfach und würde doch den Handelnden
nicht gerecht; nicht zuletzt, wenn man die mannigfachen Zeugnisse in
Betracht zieht, die ihm die ehrliche Sorge und Scham über das nationalsozialistische Unrecht gegenüber den Juden attestieren. Einzelne Aussagen
Goerdelers aus dem Zusammenhang zu reißen, um ihn mit griffigen Thesen in die Nähe eines latenten Antisemitismus zu rücken, wäre jedenfalls
auch aufgrund der vorliegenden Ergebnisse eine ungerechtfertigte Ver-
zeichnung der Realität.[74] Es ist in diesem Zusammenhang mit Blick auf
Goerdelers Haltung zum Judentum zu Recht darauf hingewiesen worden,
man müsse «Menschen nach ihren Taten, nicht nach vermuteten Gesin-
nungen (...) beurteilen».[75] Die Zusammenarbeit mit Baeck und dem Boschkreis belegt, daß Goerdeler die Grenze zwischen Recht und Unrecht
gegenüber den jüdischen Bürgern ebenso scharf wie Hans Walz zog, und es
war nur folgerichtig, daß es in diesen Fragen – im Gegensatz zu den Fragen
eines zukünftigen Staatsaufbaus – nicht zu Meinungsverschiedenheiten
kam. Die «Sonderkommission» des 20. Juli erfaßte diese Sichtweise ganz
richtig, als sie zum Schluß kam, die Verschwörer stünden «stur auf dem
*Standpunkt des liberalen Denkens, das den Juden grundsätzlich die gleiche
Stellung zuerkennen will wie jedem Deutschen.*»[76]

Baeck wurde über die Bekanntschaft mit Walz in Verbindung mit der bürgerlichen Widerstandsbewegung gebracht. Über die Notwendigkeit eines gewaltsam herbeigeführten Endes des nationalsozialistischen Regimes war man sich dabei einig. Die Stuttgarter deuteten Baeck an, für den Fall des Sturzes des Hitler-Regimes sei organisatorisch alles Notwendige vorbereitet worden. Der Oberrabbiner wurde zudem, wahrscheinlich von Goerdeler selbst, gebeten, ein Manifest an das deutsche Volk zu verfassen, das nach einem erfolgreichen Umsturz veröffentlicht werden sollte. Man sei sich darüber klar gewesen, so erläuterte Baeck nach dem Krieg,

«daß die Periode der Machtergreifung journalistisch und literarisch vorbereitet werden müßte. Es sollte ein Aufruf an das deutsche Volk verfaßt werden, und ich war u. a. ebenfalls um den Entwurf eines solchen Aufrufes ersucht worden. Mein Mittelsmann (Walz, J. S.) teilte mir mit, daß meine Fassung für den»Tag danach« gewählt worden sei. Man war sich aber darüber klar, daß die freien Zeitungen, die nach der Niederzwingung des Regimes erscheinen würden, Stoff für drei Monate haben müßten und so wurden Zeitungsartikel und politische Literatur vorbereitet. Es sollte auch ein Buch über die Entwicklung der Stellung der Juden in Europa vorbereitet werden, und ich habe von 1938 an diesem Buch gearbeitet.»[77]

Obwohl die Forschungslage über das Schicksal dieses Manuskripts unbefriedigend ist und manche Fragen offen bleiben müssen,[78] gibt es kaum einen Zweifel, daß Hans Walz der Empfänger einer der vier Kopien war, die in verschiedenen Fassungen zwischen 1938 und 1941 entstanden waren.[79]

Als sich Walz als «Betriebsführer» stärker um die unternehmerischen Belange zu kümmern hatte, übernahm Albrecht Fischer die Aufgabe eines Mittelsmanns zu Leo Baeck. Aber der hoffnungsvoll begonnenen Zusammenarbeit war durch die sich weiter radikalisierende Judenpolitik keine Zukunft beschieden. Anfang 1941 wurde Otto Hirsch verhaftet und ins KZ verschleppt; Walz und Fischer hielten bis zuletzt im Berliner Hause Leo Baecks ihre Verbindung aufrecht und versuchten, durch eine dringende Eingabe dem Verhängnis Einhalt zu gebieten. Ein über Robert Bosch sofort eingereichtes schriftliches Freilassungsgesuch blieb jedoch erfolglos.[80] Die Verbindung zwischen Bosch und Baeck war wenig mehr als eine lichte Episode im düsteren Kapitel der deutsch-jüdischen Geschichte. Otto Hirsch kam im Juni des gleichen Jahres im KZ Mauthausen ums Leben. Leo Baeck wurde Anfang 1943 ins KZ Theresienstadt deportiert, überlebte jedoch den Holocaust und nahm nach Kriegsende seine Verbindung zu Walz und Fischer wieder auf.[81]

2. Private Hilfe

Über die persönlichen Hilfen an Adler und Baeck ist man nur deshalb relativ gut informiert, weil diese jüdischen «Prominenten» nach 1945 ihre Erlebnisse der Öffentlichkeit bekannt machten. Auf diese Weise sind die

Vorgänge des helfenden Eingreifens zumindest in Umrissen archivalisch nachvollziehbar. Dies stellt geradezu einen Glücksfall dar, obwohl auch in diesem Bereich viele Fragen nach dem Ausmaß der materiellen und immateriellen Hilfe offenbleiben mußten. Sehr viel schlechter ist die Hilfe dokumentiert, die Bosch, Walz und ihre Mitarbeiter vor Ort leisteten.[82] Dabei ist die Nachwelt auf eine beinahe detektivische Spurensuche angewiesen: Wer sich mit den Überlebenden des Holocaust beschäftigen möchte, muß lapidar der generalisierenden Feststellung zustimmen, daß die Geretteten nur selten Erinnerungsbücher geschrieben haben.[83] Da auch die Verfolgerakten des nationalsozialistischen Staates unter diesem Gesichtspunkt unergiebig sind, bleibt nur der oftmals wenig befriedigende Versuch, mit den verbliebenen Akten und gelegentlichen Zeugnissen Überlebender die Judenhilfe bei Bosch zu rekonstruieren, ohne ins Spekulative abzugleiten.

Der Unternehmensgründer und sein Direktorium, so ergibt der Befund, waren mit der konkreten Hilfe vor Ort eher am Rande befaßt. Von einigen Ausnahmen abgesehen, ermöglichte es aber die Atmosphäre des sprichwörtlichen «Bosch-Geistes» den für die Personalpolitik Verantwortlichen, eine berufliche Nische für manchen bedrängten Juden zu finden. Allerdings waren die Voraussetzungen für Hilfe schon deshalb eingeschränkt, weil eine Geheimhaltung, wie sie der im kleinen Zirkel arbeitende Boschkreis selbstverständlich wahrte, nicht möglich war. Die bruchstückhafte Überlieferung erlaubt kaum ein Urteil, ob und in welchem Umfang der Antisemitismus in der Belegschaft von Bosch Fuß gefaßt hatte, aber die Sorge vor Denunzianten unter den zahlreichen «Parteigenossen» verbot in einem radikal veränderten politisch-sozialen Klima die Ignorierung der gesetzlichen Vorschriften, wollte die Betriebsleitung nicht den Widersachern in der württembergischen Gauleitung die gewünschten Argumente für ein Eingreifen liefern. Trotzdem wurde der staatlich verordnete Antisemitismus nicht befolgt, und im «Bosch-Zünder» war von Rassismus und Judenhaß keine Rede. Als im Jahr 1943 ein antijüdischer Artikel aus der Feder Robert Leys veröffentlicht werden sollte, schützte der Vorstand Papiermangel vor, um das Erscheinen der Zeitschrift einzustellen.

Während es «betriebsfremden» Juden fast unmöglich war, Beschäftigung im Betrieb zu finden,[84] versuchte die Personalleitung, für die im eigenen Unternehmen beschäftigten Juden zu sorgen. Im Privatsekretariat von Robert Bosch waren Willy Schloßstein und Felix Olpp mit der Transferierung der Vermögen einiger der ins rettende Exil geflohenen Juden betraut – mit großer Wahrscheinlichkeit handelte es sich vornehmlich um den Besitz der jüdischen Ärzte am Robert-Bosch-Krankenhaus.[85] Schloßstein gehorchte nicht nur den ungeschriebenen Gesetzen des Hauses Bosch, sondern leistete gewissermaßen einen «Widerstand des Herzens», weil seine Frau Halbjüdin war.[86] Als die «Reichskristallnacht» und der Kriegsausbruch die Lage für die Stuttgarter Juden erheblich verschärften, ging es darum, die in Gefahr gera-

tenden Juden im Betrieb vor dem Zugriff durch die nationalsozialistischen
Behörden zu bewahren. Später wurden offensichtlich auch Ausnahmere-
gelungen für das Tragen von Judensternen erwirkt,[87] aber gegen die euphe-
mistisch als «Evakuierungstransport nach dem Osten»[88] verbrämten Züge
in die Vernichtungslager bestand für das Unternehmen keine reale Möglichkeit einzugreifen.

Wie aussichtslos im Grunde die den jeweiligen Zwecken angepaßte und
oft improvisierte Hilfe war, zeigen einige exemplarische Fälle: Im Robert-
Bosch-Krankenhaus versuchte man zwar im täglichen Betrieb Diskrimi-
nierungen zu umgehen,[89] aber als sich Hans Walz für die jüdische Frau-
enärztin Marga Wolf verwandte, die deportiert werden sollte, mußte er sich
vor der Stuttgarter Gestapo und dem Reichssicherheitshauptamt (RSHA)
in Berlin rechtfertigen. Nach dem Abtransport von Marga Wolf in das jüdische «Altersghetto» Theresienstadt blieb ein juristisches Anfechtungsver-
fahren erfolglos. Frau Wolf starb in Theresienstadt.[90]

Auch das Schicksal von Martha Haarburger zeigt beispielhaft die
Schwierigkeiten eines Eingreifens. Haarburger arbeitete fast 20 Jahre als
Chemikerin in einer Stuttgarter Farbenfabrik. Seit die Firma die Entlassung
der Jüdin 1938 nicht länger hatte hinauszögern können, waren Haarburger
und ihre Mutter den Repressalien der nationalsozialistischen Judenpolitik
ausgesetzt. Als sie im November 1941 den Befehl erhielt, sich zu einem
«Arbeitstransport» nach Riga zu melden, schilderte sie einer ihrer Bekannten
Hans Walz die verzweifelte Situation, der daraufhin eine Beschäftigung bei
Bosch ermöglichte.[91]

Für den «Betriebsführer» bedeutete die Neueinstellung eines Juden ein
hohes Risiko. Bevor Martha Haarburger im Mai 1942 die Arbeit in ihrem
Fachgebiet Farbenchemie bei Bosch aufnahm, wurde sie zunächst mehrere
Wochen sicherheitshalber ins Robert-Bosch-Krankenhaus eingewiesen,
um die weiterhin drohende Verschleppung zu verhindern.[92] Das Unternehmen setzte unter großzügiger «Auslegung behördlicher Bestimmungen»[93] eine Arbeitserlaubnis durch und schirmte die neue Arbeiterin anschließend fast hermetisch ab: Sie arbeitete in einem abgesonderten Raum
außerhalb des eigentlichen Werkes und durfte nur mit den beiden unmittelbaren Vorgesetzten sprechen. Während ihrer Beschäftigung bei Bosch
wurde ihre Mutter nach Theresienstadt deportiert und starb. Sie selbst
wurde zwar von einigen Transporten in den Osten zurückgestellt,[94] aber
die Bürokratie des Terrors hatte einen langen Arm: Energisch wurde immer
wieder die Deportierung verlangt. Interventionen der Betriebsleitung beim
RSHA unter Hinweis auf die angebliche «Unabkömmlichkeit» und der
Versuch von Willy Schloßstein, den Einfluß Gottlob Bergers geltend zu
machen,[95] blieben ebenso erfolglos wie die Einschaltung des Reichsluft-
fahrtministeriums. Staatlicherseits wurden gar «Zwangsmaßnahmen» für
den Fall eines weiteren Insistierens angedroht. Offensichtlich gab schließlich der nach dem Krieg traurige Berühmtheit erlangende Sachbearbeiter

beim Judenreferat des RSHA, Adolf Eichmann, persönlich die telegraphi-
sche Anweisung an die Stuttgarter Gestapo, Martha Haarburger ohne
Rücksicht auf ihre Beschäftigung bei Bosch zu deportieren.[96] Hans Walz
erreichte noch, so erinnerte sich Martha Haarburger später, «daß ich in
einen Transport nach Theresienstadt eingegliedert wurde. Das war die Rettung vor der sofortigen Vergasung.»[97] Ihr Leidensweg fand erst mit der
Befreiung durch sowjetische Truppen im Mai 1945 ein Ende.

Die Umstände der Beschäftigung von Martha Haarburger scheinen nicht
ungewöhnlich gewesen zu sein: Um nach außen möglichst wenig Angriffsfläche zu bieten, wurden die sogenannten «Judenmischlinge» bei Bosch, als
eine Weiterbeschäftigung im Angestelltenverhältnis untersagt wurde, als
Betriebsangehörige in von «arischen» Arbeitern abgeteilten Räumen
beschäftigt.[98] So befremdlich diese Praxis wirken mochte, bot sie die einzige wirksame Möglichkeit, Juden vor dem Zugriff der Gestapo zu schützen.
Als die Betriebsleitung im Winter 1944/1945 vertraulich von einer Anweisung des RSHA erfuhr, die «Judenmischlinge» in Zwangsarbeitslager nach
Nord- und Mitteldeutschland abzutransportieren, wurde erneut eine
«Hilfsaktion» notwendig. Nachdem sich der Abwehrbeauftragte Bühler
den ständigen Forderungen der Gestapo auf «Freigabe» dieser Beschäftigten widersetzt hatte, wurden die etwa 40 Juden, Halbjuden und «jüdisch
Versippten» nach der zögerlichen behördlichen Genehmigung in einem
eigens gegründeten «Sicht- und Zerlegebetrieb» für Autoersatzteile beschäftigt.[99] Bühler war eher ein zufälliger «Judenhelfer»; seine Bemühungen erwuchsen aus seiner Verpflichtung, seinem Arbeitgeber gegenüber
Loyalität zu wahren. Entsprechend befremdlich waren seine späteren Ein-
lassungen über die Gründe für den Holocaust, die jede Verantwortung
immer weiter verschoben und die Frage nach dem eigenen Versagen
ausklammerten.[100]

Die Schwierigkeiten, die im eigenen Betrieb beschäftigten Juden dauerhaft vor der nationalsozialistischen Vernichtungsbürokratie zu schützen,
offenbart die ganze Machtlosigkeit gegenüber dem totalitären System. Jenseits der schwierigen Fragen nach der persönlichen Verantwortung und den
Strukturen, die das Terrorregime ermöglicht haben, bleibt der beunruhigende Befund festzuhalten, daß den Gegnern des Regimes auch im Angesicht des Holocaust kaum Handlungsalternativen zur Verfügung standen:
Es galt, den Nationalsozialismus von den Wurzeln her zu bekämpfen, und
das bedeutete, den Staatsstreich zu planen.

Es sind an dieser Stelle exemplarisch einige Fälle der Hilfe bei Bosch her-
ausgegriffen worden. Es wäre für das Erkenntnisinteresse kaum weiter-
führend, die Vielzahl jüdischer Dankschreiben, die nach dem Krieg als
«Eidesstattliche Erklärungen» vorgelegt wurden und in den Beständen des
Unternehmensarchivs dokumentiert sind, im einzelnen zu referieren. Oftmals waren es wenig spektakuläre – und doch sehr gefährliche – Maßnahmen, die für die ums tägliche Überleben kämpfenden Juden bei Bosch

getroffen wurden.[101] Ähnliches gilt für die Schilderungen von Judenhilfe, die in den Spruchkammerakten aufgezeichnet sind. Auch wenn man grundsätzlich die begrenzte Aussagefähigkeit entsprechender Berichte in Rechnung stellt, bleibt trotz aller bedenkenswerter Vorbehalte hinsichtlich des Quellenwerts der Bestätigungen festzuhalten, daß die geretteten Juden und Halbjuden keinen Grund hatten, «Gefälligkeitsschreiben» oder «Persilscheine» auszustellen.

Die «Judenhilfe» im «Dritten Reich» geriet in den Aufbaujahren der jungen Bundesrepublik in den Hintergrund. Die partielle Verdrängung des nationalsozialistischen Unrechts trug dazu bei, die Ausnahmen eines aktiven Beistands, die ihrerseits zu unangenehmen Fragen nach individuellen Versäumnissen, Verantwortung und Schuld hätten führen können, im Schatten der Wirtschaftswunderzeit kaum wahrzunehmen. Die «Judenhelfer» selbst machten kaum Aufhebens von ihrem Wirken. Weil Hans Walz nach dem Krieg wieder seine Führungsposition einnahm und seine Rolle bei der Rettung von Juden nie in den Vordergrund stellte, bemühten sich eine Reihe in die USA emigrierter württembergischer Juden, denen Walz zur Flucht verholfen hatte, diese Hilfe im Gedächtnis zu halten. Obwohl Walz seine Unterstützung als humanitäre Pflicht verstand und in der Öffentlichkeit «wegen eines für ihn selbstverständlichen Verhaltens» nicht herausgestellt werden wollte, wurde er vom Staat Israel in der Gedenkstätte Yad Vashem in Jerusalem als «Gerechter der Völker» für seine Verdienste geehrt.[102]

Die feste Verankerung im christlichen Glauben, seine liberalen Überzeugungen sowie die Prägung durch Robert Bosch und den «Bosch-Geist» vermögen wohl besser als Untersuchungen über die «altruistische Persönlichkeit» Walz' gefährliche Tätigkeit erklären.[103] Sein Verhalten ist für das Verständnis einer Zeit, deren Signum die Aporien sind, erhellend. Walz selbst war später der Ansicht, daß es «um der geschichtlichen Wahrheit willen» notwendig sei, klarzustellen, «daß es im nationalsozialistischen Deutschland immerhin Männer der Wirtschaft gegeben hat, die um der Gerechtigkeit und Menschlichkeit willen unter eigener Lebensgefahr» dem Regime widerstanden haben.[104]

Viertes Kapitel

Der Zweite Weltkrieg

1. Schwedische Geschäfte

Der Ausbruch des Zweiten Weltkriegs markierte in vielfacher Hinsicht den Neubeginn der Widerstandsbemühungen, die nach München einer kraftlosen Passivität Platz gemacht hatten. Als sich Ulrich von Hassell auf dem Höhepunkt der Krise Ende August 1939 darum bemühte, in Verbindung mit Goerdeler zu treten, konnte er lediglich in Erfahrung bringen, dieser sei in «Boschangelegenheiten» nach Schweden geflogen.[1] In Wirtschaftskreisen wurde inzwischen gerüchteweise kolportiert, bei Bosch werde nach Wegen gesucht, für die immer wahrscheinlichere Kriegseventualität das Auslandseigentum zu schützen. Nach außen gut dokumentierbar, drehten sich die schwedischen Gespräche Goerdelers in der Tat um den Schutz des Bosch-Auslandsgeschäfts: Auf Goerdeler zurückzugreifen, bot sich an, weil er in der Berliner Reichsbürokratie über hilfreiche Kontakte verfügte,[2] die den Schwaben fehlten. Es war zu erwarten, daß die Sicherung erhebliche Kosten verursachen würde, die mit Devisen abgegolten werden mußten; bei der Devisenknappheit des Reiches waren schwierige Verhandlungen zu erwarten. Am 26. August 1939 erläuterte Hans Walz in einer nächtlichen Besprechung mit Hjalmar Schacht in Berlin die entsprechenden Bemühungen. Schacht, der ja zu Beginn des Jahres sein Amt als Reichsbankpräsident verloren hatte, begrüßte die Beauftragung Goerdelers (was nicht nur wirtschaftlich, sondern auch mit Blick auf dessen Widerstandstätigkeit gemeint war[3]) und bot an, mit seinem Nachfolger im Amt, Reichswirtschaftsminister Walther Funk und dem ebenfalls kurz zuvor aus dem Amt geschiedenen Reichsbankdirektor Karl Blessing über die Möglichkeiten einer Finanzierung der notwendig gewordenen kostspieligen «Sicherung» zu sprechen.[4] Wenige Tage später, am 2. September, fand im Berliner «Kaiserhof» eine weitere Unterredung zwischen Walz und Schacht unter vier Augen statt. Über den Gesprächsinhalt bewahrte Walz gegenüber dem mitreisenden Bosch-Justitiar Thomä Stillschweigen,[5] aber das wenig erfreuliche Resümee der Besprechung steht außer Frage. Schacht hatte sich seit langem von allen nationalsozialistischen Illusionen entfernt und beurteilte die Kriegsaussichten ebenso pessimistisch wie der Boschkreis. Recht defätistisch vertrat er die Ansicht, die Entwicklung gehe nun ihren «eisernen Gang».[6] Aus derselben Perspektive hielt er auch die Optionen von Bosch für beschränkt: Goerdeler berichtete im September, Schacht habe die Abgabe von Devisen durch das Reich für die Abwicklung des Vorhabens infolge des Kriegsausbruchs als «unmöglich» bezeichnet.[7]

In dieser Konstellation setzte ein komplexes und Ländergrenzen über-
schreitendes Verwirrspiel ein, das Moral und Politik, Geld und Diplomatie
miteinander verquickte und das man als schizophren charakterisieren
müßte, wenn nicht der totalitäre Staat eine solche Choreographie, die manches Element der Spiegelfechterei enthielt, erforderlich gemacht hätte. Auf
der Vorderbühne verhandelte Carl Goerdeler über die Sicherung des Auslandsbesitzes von Robert Bosch. Gleichzeitig wurden auf der Hinterbüh-
ne die Verhandlungen der bürgerlichen Opposition geführt, um ein «Anderes Deutschland» zu etablieren – Parallelverhandlungen, die erst mit dem
Attentat vom 20. Juli 1944 ihr Ende fanden.

«Konspirative» Zwecke waren mit den Verschachtelungen des Bosch-
Auslandsgeschäfts nicht verbunden, weil man in Stuttgart noch gar nicht
wußte, welche Lösungsmöglichkeiten sich anbieten würden. Im Spätsommer 1939 ahnte man nicht, daß die finanztechnischen Eingriffe schließlich
fast zu kompliziert wurden, um ihren Konstrukteuren am Kriegsende noch
einen Überblick über das zu erlauben, was sie geschaffen hatten.

Goerdelers Gedanken drehten sich allerdings nicht um das Geschäftliche. Gegenüber Walz beklagte er in jenen Tagen verzweifelt seine nun als
fatal diagnostizierte Weigerung, in den frühen dreißiger Jahren die Regierungsverantwortung zu übernehmen. Ein «schmerzhafter Stachel» dränge
ihn immer wieder vorwärts, bekannte er und berichtete über Bemühungen
Hindenburgs, ihn 1932 als Reichskanzler heranzuziehen. Goerdeler machte sich die «bittersten Vorwürfe» diese Gelegenheit nicht genutzt zu haben,
weil er nachträglich überzeugt war, er hätte die nationalsozialistische
Gefahr bannen können.[8] Diese Äußerungen spiegelten ein weiteres Mal
Goerdelers Selbstüberschätzung, die ihm auch von den Freunden im
Boschkreis des öfteren vorgehalten wurde und die ihm das Mißtrauen vieler Mitkämpfer im Widerstand eintrug. Sie korrespondierte mit der noch
jahrelang aufrechterhaltenen merkwürdig irrealen Hoffnung, es könne ihm
gelingen, in einem Gespräch mit Hitler diesen zum Einlenken und Umkeh-
ren zu bewegen. Freilich, diese bizarre Idee, die den nüchternen Kaufleuten im Boschkreise als abwegig vorkam, wurde nach ihrer Ansicht dadurch
aufgewogen, daß Goerdeler als «feurigste Persönlichkeit» des Widerstands
und als Mann von «wahrhaft dynamisch beschwingender Wirkung»[9] die
Opposition gegen den «Führer» stets von Neuem zu motivieren verstand.

Diese Eigenschaft stellte Goerdeler unverzüglich unter Beweis. In
Schweden verwandte er nur wenig Zeit auf seine wirtschaftliche Aufgabe,
sondern aktivierte sogleich die Verbindung nach London. Eine nennenswerte Verhandlungsfreiheit gab es Ende August 1939 allerdings kaum noch:
Goerdeler ging es vornehmlich darum, die britische Festigkeit gegenüber
dem nationalsozialistischen Regime sicherzustellen. Sein Mittelsmann zum
Foreign Office, Reinhold Schairer, bestätigte indessen die Entschlossenheit
der englischen Regierung.[10] Am Abend des 28. August 1939 sprach Goerdeler mit seinem ihm immer noch gewogenen Vertrauten im Foreign

Office, Frank Ashton-Gwatkin. In dem Telefonat zwischen London und Stockholm täuschte man eine Verhandlung wirtschaftlicher Natur vor, ein Verfahren, das sich zukünftig als ein probates Tarnungsmittel erwies.[11]

Ashton-Gwatkin schätzte Goerdeler zwar als «palpably honest man», aber er galt zugleich als Repräsentant der Militärs. Schairer, der es besser wußte, unterließ es unverständlicherweise, die komplexen Verhältnisse klarzustellen. Aber hätten Goerdeler und Schairer stärkeren Eindruck machen können, wenn sie zu erkennen gegeben hätten, daß hinter ihnen ein Großindustrieller wie Robert Bosch stand? Als Goerdeler am 30. August seine Einschätzung der Polenkrise erläuterte,[12] forderte er zugleich eine Konferenz, die «eine faire und gerechte Lösung» für Deutschland auf der Basis des Selbstbestimmungsrecht ermöglichen sollte. Allein, diese keineswegs als revisionistisch einzuschätzende Forderung war ein weiteres Mal an die Überzeugung gekoppelt, Hitlerdeutschland werde wirtschaftlich bald zusammenbrechen. Goerdelers «Wunschdenken»[13] kam in solchen Vorhersagen besonders klar zum Ausdruck. Konnte man den Briten, für die soviel auf dem Spiel stand, verdenken, daß sie die Prophezeiungen des ehemaligen Oberbürgermeisters nicht ernst nahmen? Da London inzwischen auf einen harten Kurs gegen Hitler eingestellt war, rannte Goerdeler, der während des Friedens vergeblich für Festigkeit plädiert hatte, nun, als es zu spät war, mit seinen Appellen offene Türen ein.

Ungeachtet weiterer Versuche, den Draht nach London aufrechtzuerhalten,[14] war die Stockholmer Mission – die erste Schwedenreise im Auftrag Boschs – ein politischer Mißerfolg: Der Krieg, der hätte verhindert werden sollen, brach aus, und anstatt sich für die Zukunft als demokratische Alternative präsentieren zu können, galt Goerdeler als Militarist. Die Folgen dieses Mißverständnisses sollten sich als schwerwiegend erweisen.

Bosch hatte unter den Kriegsvorbereitungen gelitten. Ein Mitarbeiter des Privatsekretariats hat überliefert, Bosch habe immer wieder erklärt, er könne es nicht fassen, daß alles, was durch die Kunst der Ingenieure zum Wohl der Menschheit erdacht, erfunden und gebaut worden sei, nun in den Dienst der Vernichtung gestellt werden solle.[15] Der Boschkreis hatte bereits im Juli/August 1939 jede Hoffnung auf eine friedliche Lösung der Krise aufgegeben. Robert Bosch, der an eine Beruhigung der Lage nicht glauben mochte,[16] wurde «von Tag zu Tag nervöser».[17] Seine engsten Mitarbeiter hatten «schwere Tage» und fanden oft einen Anlaß, dem innerlich erregten Unternehmensgründer zur Ablenkung einen Besuch auf dem Boschhof oder einer seiner Jagden nahezulegen.[18] Auf der Jagd in Pfronten hatte seit einigen Jahren der ehemalige Polizeioberst Karl Friederichs eine Zuflucht gefunden. Der langjährige Hamburger SPD-Landtagsabgeordnete hatte sein Mandat verloren und war, nachdem er 1933 aus politischen Gründen aus der Ordnungspolizei entlassen worden war, von Robert Bosch als Jagdverwalter eingestellt worden. Die politische Zurückhaltung, die Bosch in Stuttgart so schwer fiel, war bei Friederichs unnötig. Boschs an ihn gerichtete Frage, ob die Väter für Freiheit und Demokratie gekämpft hätten, damit man nun einer Clique von «Tyrannen und Tyrännchen» unterworfen sein müsse,[19] beantwortete sich von selbst.

Ende August 1939 fuhr Bosch in sein Jagdhaus im Wespental bei Dottingen. «Er wollte nichts mehr hören und erfahren», so war der Eindruck eines Beobachters.[20] Aber schon einen Tag später ließ er sich eines der neuen Blaupunktradios ins abgelegene Wespental bringen und kehrte wenig später nach Stuttgart zurück. Die Rede des «Führers» am 1. September 1939 vor dem Deutschen Reichstag, in der Hitler den Krieg zu begründen versuchte, hörten Bosch, Walz, Schloßstein, Knoerzer und Olpp im Büro von Hans Walz im Radio. Hitler kam im Verlauf der Rede auch auf seine Rüstungspolitik zu sprechen: «Über sechs Jahre habe ich nun am Aufbau der deutschen Wehrmacht gearbeitet. In dieser Zeit sind über 90 Milliarden für den Aufbau unserer Wehrmacht aufgewendet worden. Sie ist heute die am besten ausgerüstete der Welt und steht weit über jedem Vergleich mit der des Jahres 1914!»[21] Robert Boschs Kommentar war sarkastisch: «So, nun wissen wir wenigstens woran wir sind.»[22]

Bosch hatte bis zuletzt gehofft, eine Wiederholung des Ersten Weltkriegs nicht erleben zu müssen. Die pessimistischen Voraussagen Goerdelers hatte er zwar ernst genommen, aber mit seinem Vertrauen auf die Vernunft verdrängte er den Gedanken an das Schlimmste. Der Kriegsausbruch erschien Bosch wie eine persönliche Niederlage, war doch das politische Ziel, der Ausgleich mit Frankreich, nun in ebenso weite Ferne gerückt wie die europäische Verständigung. Hitlers Lebensraumplänen lagen radikal andere Ziele zugrunde. Seine Ideen basierten auf dem sozialdarwinistischen Dogma, «daß die Geschichte eine einzige Abfolge von Kämpfen und Kriegen der Völker oder Rassen um ‹Lebensraum›» sei.[23] Der diametrale Unterschied zu den Ansichten Boschs wird offenkundig, wenn man an dessen gelegentliche Bemerkung denkt, daß «der Krieg mit den Waffen (...) trotz Allem nicht Normalzustand» des menschlichen Zusammenlebens sei.[24]

1931 hatte Bosch fast prophetisch davon gesprochen, in einem modernen Krieg gebe es keine Helden, sondern nur noch «Menschenvertilger». Das Schicksal derjenigen, die lediglich ihr Vaterland verteidigen wollten, werde das von «Ratten und Mäusen, denen man ihre Röhren vergast.» Und er hatte Eugen Diesels Einschätzung ausdrücklich zugestimmt, als dieser im Jahr 1934 vor den noch unbekannten technischen Möglichkeiten der Kriegsführung mit den Worten gewarnt hatte, man werde «in Zukunft keine ‹Kampfhandlungen›, sondern reine ‹Zerstörungshandlungen› erleben.»[25]

Die Angst vor den Konsequenzen des modernen Krieges wurde nun bestätigt. Boschs Vertrauen in die sittliche Stärke der Militärs war kaum größer als die Geringschätzung von Hans Walz gegenüber den jüngeren Offizieren. Allem Militärischen abhold, wollte Bosch allerdings nicht akzeptieren, daß die Offizierskaste sich in ihre subalterne Stellung gänzlich gefügt hatte. Seine Bemerkung aus dem Herbst 1939 zu Johannes Hieber, der in der Weimarer Zeit lange Jahre württembergischer Staatspräsident gewesen war, verriet noch einmal die Hoffnung, die Ungeheuerlichkeit der Kriegsentfesselung werde ein Umdenken herbeiführen: «Ich bin froh, daß der Krieg da ist. Nur so kriegen wir die Verbrecher los.»[26] Gottfried Traub hielt später eine ähnliche Äußerung Robert Boschs fest: Es werde sich doch wohl ein Soldat finden, der Hitler beseitige, denn mit diesem werde es zu keinem Frieden kommen.[27] Diese Hoffnung korrespondiert in gewisser Weise mit der bereits erwähnten, gegenüber von Hassell im August ausgesprochenen Erwartung, das deutsche Volk werde einen weiteren Krieg einfach nicht akzeptieren. Freilich, von einem Widerstandswillen war in Deutschland zunächst nichts zu spüren. Die «irrationalen Loyalitätsempfindungen, die ein Krieg entbindet und deren gleichsam übergesetzlicher Charakter weder Recht noch Unrecht kennt»,[28] verhinderten jeglichen Protest gegen die Auslösung eines Krieges, in den die Deutschen zwar ohne Begeisterung, aber doch willig folgten. Beim Militär wirkten zudem die überkommenen Traditionen von Pflicht und Gehorsam, verbunden mit der Bindung an den Eid auf den «Führer», um sich auf die militärischen Aufgaben zu konzentrieren.

Im Briefwechsel dieser Monate findet zwar der Zustand der Bedrückung reichlich Erwähnung, aber einen Hinweis auf Regimegegnerschaft wird man vergeblich suchen. Allenfalls finden sich Bemerkungen über die Entwicklung der Kriegslage. Robert Bosch rechnete bei Kriegsausbruch mit einem schnellen Angriff der Westalliierten, und diese Vermutung korrespondierte mit der soeben erwähnten Erwartung, das deutsche Volk werde sich mit dem verbrecherischen Krieg Hitlers nicht abfinden. Das ihm unverständliche Ausbleiben eines Angriffs im Westen führte zu wochenlangem Rätselraten über die Hintergründe. Mit diesen Überlegungen stand Bosch nicht allein: Wer Zugang zu politischen Kreisen hatte, wußte, daß den deutschen Truppen eine englisch-französische Übermacht gegenüberstand. England und Frankreich hatten jedoch ihre Kriegsplanung auf einen langen Krieg ausgerichtet, fühlten sich im Grunde noch nicht kriegsbereit und trauerten in mancher Hinsicht noch zu sehr ihrer gescheiterten Appeasement-Strategie hinterher, um Hitler energisch im Westen Paroli zu bieten.[29]

Robert Bosch stand wie viele Hitlergegner vor einem Dilemma, dem kaum zu entrinnen war. Konnte, ja durfte man sich eine deutsche Niederlage wünschen, um den ersehnten Sturz des deutschen Diktators herbeizuführen? Es gehörte zu der oft beschworenen «diabolischen» Kraft, mit der Hitler den größten Teil der Deutschen nun im Krieg geradezu hinter sich zwang, den Nationalgedanken pervertierte, um seine eigenen rasseideologischen Ziele durchzusetzen. Die Traditionen, in denen man aufgewachsen war, machten es gerade jetzt schwer, Kritik an der Staatsführung zu üben, die ihre verbrecherischen Ziele unter dem Deckmantel

einer nationalen Notwendigkeit verfolgte. Wenn Ulrich von Hassell
berichtete, die Leistungen des Heeres und der rasche Zusammenbruch der
polnischen Verteidigung würden «natürlich Stolz und Freude, aber keine
wirkliche Begeisterung» hervorrufen,[30] traf er damit die Stimmung der
Deutschen und wohl auch die vieler derjenigen, die in Opposition zu Hitler standen. Auch im Briefwechsel Robert Boschs scheint das Ambivalen-
te der Situation durch, ein schmerzlicher Zwiespalt, Angst und Sorge vor
der Zukunft. Der fehlende Einblick in das außenpolitische Geschehen
führte bisweilen zu Anwandlungen von Resignation und Zermürbung. In
solchen Momenten äußerte Bosch, in bedenklicher Annäherung an rein
militärisches Denken, das einzige Mittel, die Engländer zum Frieden zu
zwingen, sei der Luftangriff auf London, was bei einer wirksamen Flak-
abwehr jedoch «eine sehr schwierige Sache» sei.[31] Wenige Wochen später
schrieb er: «In England haben sie doch recht die Hosen voll. Unsere Was-
ser- u(nd) Luftwaffe scheint gut zu arbeiten. Wenn man sich doch einigen
könnte!»[32]

In dieser Stimmung von Ratlosigkeit und Verzweiflung verlegte er sich
aufs Abwarten. Da er als Patriot eine deutsche Niederlage nicht wünschen,
aber sich über die militärischen Erfolge Hitlers auch nicht freuen konnte,
blieb es – zumindest was den brieflichen Gedankenaustausch anging – bei
allgemein gehaltenen Bemerkungen zu Fragen der Kriegsführung. Polen
habe damit rechnen müssen, so notierte Bosch Anfang September 1939, daß
Großbritannien zu rascher Hilfe nicht in der Lage sei, wenn Frankreich
nicht ebenfalls eingreife. Dennoch, so gab er zu bedenken, könne man sich
über «das Spiel» der Engländer «den Kopf zerbrechen.»[33] Verlangte Frankreich von Großbritannien ein gemeinsames Vorgehen im Westen? Da selbst
nach einigen Wochen ein französischer Angriff ausblieb, stellte Bosch fest,
man könne fast den Eindruck gewinnen, nur die Briten seien gewillt, die
«autoritären Regierungen» zu bekämpfen. Nicht recht einschätzen konnte
er die englischen Versicherungen, Großbritannien kämpfe nicht «gegen das
deutsche Volk». Wenn die Briten «die heutige Regierung» bekämpfen wollten und zwar «bis sie uns diktieren können, was sie wollen», dann werde
der Krieg aufgrund der britischen Zähigkeit noch lange dauern: «Schnell
geht der Krieg wohl kaum zu Ende! (...) Nun müssen wir eben stillhalten
u(nd) sehen, was sich abspielt.»[34]

Robert Bosch, der sich in seinen Briefen zeitweise nur noch in strategischen Kategorien mit dem westlichen Nachbarn beschäftigte, mußte
akzeptieren, daß sein Traum der Völkerverständigung gescheitert war. Beinahe tröstend schrieb Escherich, er glaube, «daß eine Verständigung mit
Frankreich das einzige Mittel für die dauernde Erhaltung des europäischen
Friedens ist und daß Du mit Deinen seit Jahren in diese Richtung laufenden Bestrebungen vollkommen recht hast.» Escherichs Hinweise auf die
Vermittlungsbemühungen Mussolinis[35] hinterließen bei Bosch keinen Eindruck. So wenig er an die Beschwichtigung Hermann Büchers glaubte, es

werde noch im September zu einer Beruhigung kommen, ließ er sich durch
Hinweise auf die mögliche italienische Vermittlerrolle beeindrucken. Im
Gegenteil: Seine Geringschätzung gegenüber der römischen Politik kam in
der Vermutung zum Ausdruck, die Italiener seien von den Westalliierten
«gekauft».[36]

Bosch war der Überzeugung, der Krieg werde mit einem Sieg über Polen
noch lange kein Ende finden. Als Escherich Mitte September pessimistisch
schrieb, man werde «noch manches Schwere durchzumachen haben»,[37]
konnte er nur zustimmen. Hitler hielt am 19. September seine erste öffentliche Rede nach Kriegsausbruch. In dieser anmaßenden Rundfunkanspra-
che wies er den britischen Vorwurf zurück, Deutschland verfolge «unbe-
grenzte Kriegsziele». Seine Suada sollte den Einmarsch in Polen
rechtfertigen und war zugleich als Aufforderung an Großbritannien
gedacht, nun mit ihm Frieden zu schließen.[38] Robert Bosch nahm die Rede
ausgesprochen skeptisch auf: Hitler habe die Kolonialfrage nicht berührt
und habe «sich damit eigentlich nur an die Franzosen gewandt». Großbritannien werde deshalb kaum «sehr unterhandlungslustig sein, abgesehen
von ihrem Kampf um die Regierungsform.» Obwohl Bosch konzedierte,
England sei zweifellos «in einer schwierigen Lage»,[39] wird er nicht ernstlich geglaubt haben, Hitlers Versuch, Großbritannien zu einem Bündnis
gleichsam zu zwingen, werde sich als erfolgreich erweisen, auch wenn Hitler in einer weiteren großen «Friedensrede» am 6. Oktober 1939 erneut um
England mit höchstem propagandistischen Aufwand warb.

Man wird die strategischen Überlegungen des Briefwechsels in ihren
Gesamtzusammenhang einzuordnen haben: Sie bieten nur eine Facette der
Wahrheit und sind mit Blick auf den Widerstand unergiebig. Es wäre spe-
kulativ, aus manchen Bemerkungen versteckte Hinweise auf die Oppositionstätigkeit herauslesen zu wollen. Wenn Robert Bosch in seinen Briefen
den Kriegsverlauf kommentierte, mußte jede offene Kritik oder regime-
feindliche Äußerung selbstverständlich unterbleiben. Zur Wirtschaftspolitik hatte er sich ja bezeichnenderweise seit 1933 nicht mehr öffentlich
geäußert.[40] Theodor Heuss, der in diesen Wochen Hans Walz in Stuttgart
einen Besuch abstattete und ebenfalls nur in Andeutungen korrespondierte,[41] kannte die notwendige Doppelzüngigkeit aus eigener Erfahrung nur
zu gut, wenn er später urteilte, die Deutschen, die in geistiger Opposition
standen, hätten sich «aus gutem Grund das offenherzige Briefschreiben
abgewöhnt.»[42] Und der Historiker muß deshalb uneingeschränkt seiner
Einschätzung zustimmen, die «späteren Geschichtsschreiber der nationalsozialistischen Jahre Deutschlands» würden «in großer Verlegenheit sein,
intime Tatsachen oder persönliche Urteile aus den Briefen dieser Epoche zu
entnehmen».[43] Freilich, wenn man den Briefwechsel durch andere zeitgenössische Quellen ergänzt, ergibt sich ein Bild, das dieser pessimistischen
Erwartung von Heuss aus dem Jahr 1946 in erfreulicher Weise widerspricht.

Hierzu trägt nicht zuletzt unsere Kenntnis über Goerdelers Auslands-
aktivitäten bei, für die er nun über eine bequeme Legitimation verfügte.
Schon während seiner Schwedenreise in den letzten Augusttagen 1939
erneuerte er einflußreiche Bekanntschaften, die ihm manche Tür für politische Konsultationen öffneten. In Schweden wurde die mächtige Familie
Wallenberg, die Inhaber der größten schwedischen Bank, der «Enskilda»,
zum wichtigsten Anlaufpunkt. Trotz ihres internationalen Geschäftscha-
rakters war die Enskilda ein weitgehend persönlich geführtes Unternehmen. Neben dem Seniorchef, Marcus Wallenberg, waren in den dreißiger
Jahren zunehmend seine Söhne, Jacob und Marcus junior, in den Vordergrund getreten.[44] Goerdeler hatte die Bankiers anläßlich eines Vortrags in
Stockholm im Winter 1934/35 kennengelernt, und die Bekanntschaft hatte
eine persönliche Note bekommen, als Goerdeler aufgrund einer brieflichen
Empfehlung Hjalmar Schachts[45] 1937 in Oslo mit Jacob Wallenberg auch
privat zusammengekommen war. In ihrer Offenheit hatten beide «großes
Gefallen» aneinander gefunden.[46] Weil sich Goerdeler in Oslo über die
Lage Deutschlands «ganz außerordentlich pessimistisch» ausgesprochen
hatte,[47] kann man vermuten, daß er auch gegenüber Wallenberg seine politischen Sorgen nicht verbarg.

Der Kriegsausbruch und die Notwendigkeit der Sicherung des Bosch-
Auslandsvermögens führte zu einer Intensivierung des geschäftlichen Verkehrs mit der Enskilda und zur Festigung der Verbindung Goerdelers zu
Jacob Wallenberg, der ihm wichtige politische Verbindungen erschloß.[48]
Goerdeler stellte später vor der Gestapo die wirtschaftspolitischen Aspekte seiner schwedischen Verbindungen in so auffallender Weise in den Vordergrund, daß in der Widerstandsforschung daraus die Schlußfolgerung
gezogen worden ist, Goerdeler habe lediglich versucht, von seiner Widerstandstätigkeit abzulenken. So richtig diese Annahme im Kern auch ist,
bedarf sie einer Ergänzung. Goerdeler hatte durchaus Anteil an der Anbahnung der schwedischen Geschäftsverbindung.[49]

Schon während seiner Schwedenreise Ende August/Anfang September
1939 erörterten Goerdeler und die drei Wallenbergs die Problematik der
leidigen «Mendelssohn-Angelegenheit».[50] Es kristallisierte sich schnell heraus, daß die Wallenbergs als potentielle Partner des Unternehmens in Frage kamen. Es ist wenig wahrscheinlich, daß den Beteiligten bereits zu jenem
Zeitpunkt klar war, in welche Richtung sich ihre Zusammenarbeit weiter-
entwickeln würde. Die Wallenbergs witterten ein lukratives Geschäft, von
dem sie als Vermittler profitieren würden. Moralische Skrupel spielten
wohl schon deshalb keine große Rolle, weil man wußte, daß Bosch und seine Direktoren über die politische Entwicklung in Deutschland unglücklich
waren. War es in dieser Situation nicht statthaft, einem Konzern die guten
Dienste anzubieten, um ihm aus einer Zwangslage zu helfen? Den schwedischen Bankiers Altruismus zu unterstellen, würde den Tatsachen nicht
gerecht. Sie waren hart rechnende Geschäftsleute und handelten auch mit

anderen deutschen Großunternehmen wie etwa der I. G. Farben. Wenn Jacob Wallenberg nach dem Krieg zu Protokoll gab, man habe für Deutschland nicht den Weihnachtsmann gespielt, dann gab diese leicht flapsige Bemerkung im Kern etwas Richtiges wieder.[51] Erst im Verlauf des folgenden Jahres kam es zwischen Jacob Wallenberg und Goerdeler zu Diskussionen über die Möglichkeiten eines Umsturzes, die vielleicht auch durch die provozierende Frage Wallenbergs ausgelöst wurden, ob es denn angesichts des weit verbreiteten Unmuts über den Nationalsozialismus keine organisierte Anti-Hitler-Bewegung gebe.[52]

Aber 1939 standen die «guten Dienste» der Wallenbergs als Bankiers im Vordergrund, die sie sich angemessen bezahlen ließen. Als Neutrale verfügten die Schweden über gute Beziehungen zu beiden Kriegsparteien und konnten als seriöse Partner mit einem gut eingespielten Verfahren aufwarten: Die Wallenbergs praktizierten eine Art Rothschild'sches Prinzip, indem Marcus Wallenberg junior die englischen und Jacob Wallenberg die deutschen Interessen besorgte. Für Neutrale ist eine solche Vorgehensweise bequem und bis zu einem gewissen Grad auch gerechtfertigt, wenn es, wie im schwedischen Fall, vor dem Hintergrund der ständigen Sorge vor einer militärischen Besetzung durch deutsche Truppen geschah.[53] Beide Kriegsparteien nutzten zudem die Möglichkeiten, die sich aus dieser Mittlerstellung ergaben. Die Geschäftspolitik der Wallenbergs wurde nach 1945 stark kritisiert. Der pauschale Vorwurf, «Bankiers der Nazis» gewesen zu sein, wird den beiden Brüdern, die in einer komplexen Ausnahmesituation handelten, allerdings nicht gerecht.

Nun würde es den Rahmen sprengen, an dieser Stelle die in jüngster Zeit vehement gestellten Fragen über die moralischen Verstrickungen der neutralen Länder zu erörtern oder auf die monetären Manöver der Kriegszeit einzugehen, die aus heutiger Sicht so umstritten erscheinen, weil jede Art finanziellen und wirtschaftlichen Verkehrs mit den «Achsenmächten» als bedenklich anmutet. Da es ohnehin für den Historiker ein fragwürdiges Unterfangen ist, sich das Richteramt anzumaßen[54] oder die notwendige *Beurteilung* mit der ungleich problematischeren *Verurteilung* gleichzusetzen, sollen an dieser Stelle nur die für das Beziehungsgeflecht Bosch-Goerdeler-Wallenberg relevanten Fakten Beachtung finden.

Zunächst schien in der Frage der Sicherung des Auslandsgeschäfts keine Eile geboten, weil die Auslandsfirmen von Robert Bosch nach dem Zusammenbruch der Amsterdamer Mendelssohn-Bank zwar ungeschützt waren, aber «alle finanziell mehr oder weniger gesund dastanden».[55] Mit den holländischen Liquidatoren wurde am 22. September 1939 eine Art Stillhalteabkommen geschlossen, in dem die Mendelssohn-Konkursverwalter und Bosch übereinkamen, die Verwaltung des europäischen Bosch-Auslandsgeschäfts analog zu den ursprünglichen Vereinbarungen nun mit einem anderen Partner weiterzuführen. Mit der technischen Abwicklung dieser Angelegenheit war Goerdeler nur am Rande betraut. Für Detailfra-

gen stand ihm ein ausgewiesener Experte zur Seite: Der Chef der Rechtsabteilung bei Bosch, Dr. Karl Eugen Thomä, war ein Fachmann, der auch
manchen Angriff der Partei abzuwehren verstand. Wie wenig Goerdeler bei
Bosch bislang mit Beratungsaufgaben behelligt worden war, zeigt die Tatsache, daß er Thomä erst jetzt kennenlernte. Dieser nahm an, Goerdeler
werde auf Anregung von Hjalmar Schacht als Berater herangezogen. Die
wahren Hintergründe erfuhr Thomä erst lange nach Kriegsende.[56] Da dieser nun seinen Sachverstand in den Verhandlungen zur Geltung brachte,
konnte sich Goerdeler weitgehend der Verschwörungstätigkeit widmen.[57]

Im September 1939 waren die Stuttgarter entschlossen, den Auslandsbesitz zu transferieren, ohne ihren bestimmenden Einfluß aufzugeben.
Thomä verhandelte auf Anregung Goerdelers im Oktober 1939 deshalb mit
dem Kölner Bankier Waldemar von Oppenheim vom Bankhaus Pferdmenges. Goerdeler unterhielt gute Beziehungen zu den Bankiers, die selbst in
einer prekären Lage waren. Das jüdische Bankhaus hatte sich, um zu überleben, unter den Schutzschild von Robert Pferdmenges begeben. Es war
nach außen hin «arisiert» worden, während es intern keine wesentlichen
Veränderungen gegeben hatte.

Die Brüder Waldemar und Friedrich Carl von Oppenheim verfügten
über weitreichende Auslandsbeziehungen und familiäre Bande zur Familie
Wallenberg.[58] Waldemar von Oppenheim, der gerne von den Geschäften
zwischen Wallenberg und Bosch profitiert hätte, bot an, diese Beziehungen
spielen zu lassen. Aber er machte auf mögliche Schwierigkeiten aufmerksam. Die Frage sei, ob Wallenberg überhaupt bereit sei, sich momentan zu
engagieren. Dieser sei, «wenn er auch sehr stark für Deutschland sympa-
thisiere, bei der Entscheidung über geschäftliche Fragen kalt rechnend.»[59]

Die Brüder Wallenberg verlangten für ihre Dienste, ausländisches Bosch-
Eigentum zu verwalten, eine höhere Kommission als Mannheimer und
gaben sich im Gegensatz zu diesem nicht mit mündlichen Vereinbarungen
zufrieden. Goerdeler führte im Oktober 1939 Gespräche mit Männern der
Wirtschaft, Politikern und Diplomaten, um Möglichkeiten zu erkunden,
wie Devisen für das kostspielige Manöver beschafft werden konnten. Das
Unternehmen Bosch war in einem unerfreulichen Legitimierungszwang,
als der dem Regime willfährig dienende Reichsbankdirektor Friedrich Wilhelm am 12. Oktober 1939 «starke Vorhaltungen» machte, warum Bosch
überhaupt über so viele Devisen im Ausland verfügt hatte. Den advocatus
diaboli spielend fügte er an, man sei seitens des Reiches nicht geneigt, auf
Devisen zu verzichten und Bosch noch etwas verdienen zu lassen, «dem es
ja gerade recht geschehe.»[60]

Angesichts solcher Bedenken, die im Reichswirtschaftsministerium ähnlich zu hören waren, sprach Goerdeler Ende Oktober bei dem ihm an und
für sich politisch wenig gesonnenen Reichswirtschaftsminister Walther
Funk vor.[61] Er bekam in der Bosch-Angelegenheit grünes Licht und
gewann den Eindruck, dieser sei «in seiner tiefsten Brust wirtschaftlich

genauso pessimistisch» wie er selbst.[62] Damit war eine wichtige Vorentscheidung gefallen. Niedergeschlagen und hoffnungsvoll zugleich nahm
Goerdeler mit Walz und Thomä am 31. Oktober von Saßnitz auf Rügen die
Nachtfähre nach Schweden, um ein weiteres Mal mit den Wallenbergs zu
verhandeln. Schon am nächsten Tag, dem 1. November 1939, nahm Thomä
in Stockholm mit dem Geschäftsführer der Enskilda, Rolf Calissendorf,
Verhandlungen auf, die wenig später zum Vertragsabschluß führten: Nun
war der gewünschte «Liebhaber» gefunden, der die Rolle Mendelssohns
übernahm. Enskilda betreute die europäischen Bosch-Gesellschaften und
räumte wie Mannheimer den Stuttgartern die Möglichkeit ein, nach Beendigung des Krieges die Beteiligungen zurückzukaufen. Damit war, wie
Thomä nach Abschluß des Geschäfts mitteilen konnte, nur vier Monate
nach dem Mendelssohn-Fiasko und trotz des Kriegsausbruchs «das Herz-
stück unserer Exportorganisation wieder in sicheren und zuverlässigen
Händen».[63]

Die schwedischen Abmachungen mußten allerdings von deutscher Seite
noch genehmigt werden. Goerdeler nutzte seine weitreichenden Berliner
Verbindungen, um auf die deutschen Verhandlungspartner, vornehmlich
die Reichsbank und das Reichswirtschaftsministerium, einzuwirken. Nach
weiteren Berliner Gesprächen wurde im November Einigkeit erzielt, daß
«die Sache Wallenberg (…) weiterverfolgt werden» solle.[64] Einige Tage später gelangten die Besprechungen mit den Reichsbehörden, in die auch Hjalmar Schacht und der Reichsbankdirektor Bodo von Wedel eingeschaltet
wurden, zu einem befriedigenden vorläufigen Abschluß:[65] Thomä und
Goerdeler fuhren Ende November ein weiteres Mal nach Schweden, das
Reichswirtschaftsministerium erteilte am 7. Dezember die Genehmigung
und stellte die Devisen zur Verfügung. Die Transaktion, die mit einem
Aktienaustausch verbunden war, wurde über eine Schweizer Bank vermittelt[66] – ein sich bald einbürgerndes Verfahren, weil die Eidgenossenschaft
sich auf dem schwierigen Kurs «zwischen Anpassung und Selbstbehauptung»[67] im Krieg zu einer Drehscheibe des internationalen Kapitalverkehrs
entwickelte, in der sich wirtschaftliche und politische Interessen bald
unentwirrbar miteinander verknüpften.[68] Die schwedische Bank kassierte
für die Transaktion eine im Millionenbereich angesiedelte Provision unter
dem Vorbehalt, die Gesellschaften bis zum Kriegsende nicht zu verkaufen
und Bosch das Recht zuzugestehen, die Anteile jederzeit zum Einstands-
preis zurückkaufen zu können.

Goerdeler reiste am 21. Dezember 1939 nach Stuttgart, um letzte Fragen
zu klären.[69] Die Frage nach seiner Rolle läßt sich recht schlüssig beantworten. Er übernahm in erster Linie die Verhandlungen mit der Reichsbank,[70]
was die unter Camouflageaspekten günstige Nebenwirkung hatte, sich als
Wirtschaftsexperte präsentieren zu können. In den eigentlichen Sachge-
sprächen zeichnete Karl Eugen Thomä verantwortlich. Zu konspirativen
Aufgaben wurde dieser nicht herangezogen. Goerdeler konnte später vor

der Gestapo Thomä mit der Versicherung entlasten, er habe immer «Geschäft und Politik klar getrennt» und politische Aussprachen stets unter vier Augen geführt. Die Zusammenkünfte seien mit «besonderen geschäftlichen Vorteilen bemäntelt» worden. Im Laufe der Jahre habe er Thomäs Hilfe lediglich zweimal zur Nachrichtenübermittlung an Wallenberg verwendet, deren eigentlicher Sinn aber so getarnt gewesen sei, daß dieser den wahren Charakter nicht habe erkennen können.

Die für Goerdeler ungewöhnliche und erklärungsbedürftige Zurückhaltung – meist erzürnte er seine Mitverschworenen ja durch die Freimütigkeit, mit der er über seine Regimefeindschaft sprach – erklärt sich aus der Einschätzung seines Stuttgarter Reisepartners, den er recht abfällig beurteilte. Dieser sei ein «pinseliger Mensch», der «für irgendwelche über seinen Beruf hinausgehenden politischen Dinge nicht zu gebrauchen» gewesen sei.[71] Es blieb daher stets bei allgemein gehaltenen politischen Erörterungen, die der Sache gemäß pessimistisch ausfielen und bei Thomä allenfalls Verwunderung über Goerdelers «Offenheit» hervorriefen. Aufgrund der freimütigen Bemerkungen Goerdelers ahnte Thomä dennoch bald etwas über die eigentliche Bewandtnis seiner Reisebegleitung. Ihm war schon das ungewöhnlich hohe Honorar aufgefallen, das Goerdeler bezog. Außergewöhnlich war auch, daß Goerdeler zwar immer ausführlich mit Jacob Wallenberg beratschlagte, an den «technischen» Finanzbesprechungen jedoch nur teilweise teilnahm. Raßbach und Walz klärten Thomä etwa 1940 über Goerdelers eigentliche Aufgaben auf,[72] ohne indessen ins Detail zu gehen. Bei einigen Berliner Zusammenkünften mit Goerdeler erfuhr Thomä nur beiläufig, daß es sich um Verhandlungen mit führenden Gewerkschaftern handelte. Nicht anders war es, wenn Goerdeler in Stuttgart mit Hans Walz beratschlagte: Thomä wurde nur dann hinzugezogen, wenn es um juristische Fragen ging.[73] Für seine Hauptaufgabe behielt Goerdeler auf diese Weise freie Hand.

2. Schwedische Friedensfühler

Auf den ersten Blick haben die eben geschilderten Wirtschaftsverhandlungen wenig mit dem Widerstand des Boschkreises zu tun. Aber auf die ökonomischen Zusammenhänge ist etwas ausführlicher eingegangen worden, weil sie einen unmittelbaren Bezug zur Oppositionsarbeit Goerdelers haben. Aus diesem Grund wurde dem Gang der Ereignisse bis zum Jahresende 1939 vorgegriffen. Die Monate seit Kriegsbeginn waren indessen nicht allein durch die schwedischen Geschehnisse bestimmt. Goerdelers Itinerar war Ausdruck eines geradezu fieberhaftes Bemühens, in Europa für einen Frieden ohne Hitler zu werben.

Ausgesprochen ambitioniert war eine Belgienreise Goerdelers Ende September 1939. Die Unternehmung wurde als geschäftliches Vorhaben bei den Behörden beantragt und gegen den anfänglichen Widerstand der Gestapo durchgeführt.[74] Die für die Visa-Erteilung angegebene Begründung, er habe «Finanzverhandlungen (...) im Interesse von Rob. Bosch GmbH in Stuttgart» zu führen,[75] diente ein weiteres Mal als Vorwand für Verschwörungszwecke. Die mit den belgischen Industriellen Dannie Heineman und Raoul Richard geführten Gespräche hatten mit dem Bosch-Auslandsgeschäft so gut wie nichts zu tun: Dannie Heineman, Freund von Konrad Adenauer und Präsident des belgischen Elektrokonzerns Sofina, hatte in den zwanziger Jahren zusammen mit Hermann Bücher, Emile Mayrisch und Richard Coudenhove-Kalergi die Paneuropaidee verfochten und nach 1933 seine weitreichenden Kontakte zur Industrie- und Finanzwelt in den Dienst der Hitlergegner gestellt. Mit Goerdeler hatte er sich schon während der Fritsch-Blomberg-Krise im Frühjahr 1938 über die Chancen eines Staatsstreichs ausgetauscht.[76] Raoul Richard wiederum besaß als Güterverwalter des belgischen Königs direkten Zugang zum Monarchen und wurde von diesem als Mann des Vertrauens zu einer ganzen Reihe von Spezialaufgaben und Geheimmissionen eingesetzt.[77] Durch die Verbindungen Hermann Büchers zu Heineman angeregt,[78] reiste Goerdeler am 20. September 1939 nach Belgien. Die wohl gar nicht ernstlich gesuchten geschäftlichen Erörterungen[79] mit Heineman, der sich nun ganz in die Dienste Goerdelers gestellt hatte,[80] waren Nebensache. Der eigentliche Zweck der Brüsselreise war die zweistündige Privataudienz beim belgischen König Leopold III., um das belgische Staatsoberhaupt vor einer Verkennung des deutschen Diktators zu warnen.[81]

Die Brüsseler Unternehmung bezeugte die ideale Deckung der konspirativen Reisen durch die Vorspiegelung von «Firmeninteressen». Weil die belgischen Bemühungen kein sofortiges Echo erwarten ließen,[82] verlagerte Goerdeler den Schwerpunkt seiner Agitation ein weiteres Mal nach Schweden, um Partner für die Widerstandsbrücke nach England zu finden. Als Ulrich von Hassell Anfang Oktober mit Goerdeler zusammentraf, war dieser jedoch pessimistischer denn je. Von Hassell blieb wenig anderes übrig als zu konstatieren, daß von sichtbaren Ergebnissen der Schwedenreise Goerdelers keine Rede sein könne.[83]

In den folgenden Wochen zeichneten sich jedoch neue Chancen für einen Staatsstreich ab. Die von Hitler für den 12. November bestimmte Westoffensive rief bei den Militärs Bestürzung hervor, die durch militärische, politische und moralische Bedenken gleichermaßen begründet war. Nun schien sich für die Verschwörer erstmals wieder Handlungsspielraum für eine Gegenaktion zu bieten.[84] Im Zuge der Überlegungen, die Generalität nun erneut zum Stoß gegen Hitler zu drängen, nutzte Goerdeler bei seinen schwedischen Aufenthalten alle Möglichkeiten, das Netz ausländischer Verbindungsleute auszubauen. Am 30. und 31. Oktober besprach er sich eingehend mit Ulrich von Hassell, bevor er zu den Verhandlungen mit Wallenberg nach Stockholm abreiste.[85] Goerdeler erhielt Ratschläge für mög-

liche Kontaktleute, unter ihnen auch Prinz Carl Bernadotte. Angesichts
solcher Vorbereitungen war es nicht verwunderlich, daß auch ein Mitverschworener wie Helmuth Groscurth wußte, daß bei den Stockholmer
Besprechungen nicht nur Bosch-Geschäftsangelegenheiten verhandelt
werden sollten.[86] Die Aufzeichnungen Ulrich von Hassells aus jenen Tagen
illustrieren jedoch auch, daß sich Goerdeler «bezüglich der Generale manche Illusion» machte.[87]
    Die Wirtschaftsverhandlungen mit Wallenberg waren unter diesem
Gesichtspunkt wenig mehr als ein Pflichtprogramm. Während Thomä und
Walz mit ihren schwedischen Partnern verhandelten, besprach sich Goerdeler am 3. November mit Sven Hedin, den er 1938 in Dresden kennengelernt hatte. Goerdeler, notierte der Naturforscher anschließend, sei der
deutschen Führung gegenüber stark kritisch eingestellt, vertrete allerdings
die Auffassung, ein baldiger Friede könne Deutschland retten, «daß
jedoch der Frieden undenkbar sei, so lange Hitler die Macht in Händen
habe.»[88] Eine Persönlichkeit wie Hedin mochte ein anregender Gesprächspartner sein, aber er kam schwerlich als ernstzunehmender Helfer der
deutschen Opposition in Betracht. Auch sonst ergaben sich im Okto-
ber/November 1939 keine neuen Aussichten auf eine wirksame Unterstützung der Opposition gegen Hitler. Goerdeler kehrte wenig später mit Blick
auf seine Widerstandsarbeit mit leeren Händen nach Deutschland zurück.
Die Unangemessenheit seines Optimismus schien sich ein weiteres Mal
bestätigt zu haben.
    In der Tat sind Zweifel am Sinn der schwedischen Bemühungen ange-
bracht. Was wollte Goerdeler erreichen? Vordringliche Aufgabe mußte es
sein, die putschbereiten Militärs in Deutschland in ihrem Willen zur Ausführung zu bestärken. Die Auslandskonsultationen konnten in erster Linie
dazu dienen, das Bild vom «Anderen Deutschland» in Europa und den
USA wachzuhalten und sich als zukünftiger Verhandlungspartner der Zeit
nach Hitler zu empfehlen. Als sehr viel problematischer erwies sich der
fortgesetzte Versuch, von den Briten und Amerikanern die von den Militärs
gewünschten Zusicherungen zu erhalten, einen Umsturz nicht auszunutzen, um den Krieg auf Kosten des Reiches fortzusetzen. In dieser von
Goerdeler beharrlich vorgetragenen Argumentation lagen die bedenklicheren Aspekte des Vorhabens. Einmal davon abgesehen, daß Chamberlain in
einer großen Rede am 12. Oktober den Forderungen der Opposition weitgehend entgegenkam, wenn er hervorhob, man wünsche nichts zu erreichen, was die Selbstachtung des deutschen Volks verletze,[89] mußte den Verschwörern doch maßgeblich daran gelegen sein, die Diktatur aus eigener
Kraft zu beenden. Goerdelers auch später immer wieder hervortretende
«Neigung, dafür das Ausland zu mobilisieren, war im Kriege doppelt verfehlt». So ist nach dem Krieg mit Recht die Manie kritisiert worden, im
Ausland für einen Druck auf Deutschland zu werben, der im totalitären
Staat lediglich eine Wagenburgmentalität hervorrufen konnte.[90]

Bei seinen schwedischen Gesprächen im August/September hatte Goerdeler Jacob Wallenberg noch nicht in die Staatsstreichpläne eingeweiht. Als jedoch Wallenberg Ende Oktober 1939 gegenüber Gunnar Hagglof, einem der einflußreichsten schwedischen Diplomaten, die Meinung vertrat, seit München gebe es keine Chance mehr für einen Sturz Hitlers außer im Falle eines militärischen Rückschlags und das mit der Einschätzung seiner deutschen Gewährsleute begründete,[91] war dies möglicherweise schon ein Echo der Ansichten Goerdelers.

Als Hitler Anfang November 1939 den Angriff im Westen vorerst zurückstellte, war wieder einmal ein Grund entfallen, der die Militärs zum Handeln hätte drängen können. Die unentschlossene Generalität zog sich fast erleichtert zurück. General Franz Halder, der Chef des Generalstabs des Heeres, der in jenen Wochen einer der Hoffnungsträger der Verschwörer war, hat nach dem Weltkrieg die Skepsis vieler nichtmilitärischer Verschwörer nachträglich bestätigt, als er beklagte, die Zivilisten hätten von den Militärs immer nur die Beseitigung Hitlers verlangt, ohne das Positive für die Zeit nach dem Putsch herauszustellen: «Man hat von dem Soldaten wie vom Hausknecht verlangt: ‹Mach die Stube sauber!› Was aber dann serviert wird in dieser Stube, darüber habe ich nie etwas gehört, weder von Beck noch von Goerdeler. Darin liegt die entscheidende Schwäche dieser ganzen Widerstandsbewegung.»[92]

Noch diese späteren Rechtfertigungen, die das eigene Versagen zu kaschieren versuchten, bestätigen den zeitgenössischen Argwohn des Boschkreises, das Militär sei in seinen Traditionen verfangen, die jüngeren Offiziere durch Hitler geblendet und im Grunde für einen Umsturz geistig nicht vorbereitet. Das ohnehin geringe Vertrauen von Walz in die Militärs war inzwischen auf einen Tiefstand gesunken, hatten sich doch schon vor Kriegsausbruch die Anzeichen vermehrt, daß die Offiziere sich zu blassen Erfüllungsgehilfen degradieren ließen und in weiten Teilen der Faszination des Diktators erlegen waren.

Wegen zunehmender gesundheitlicher Beschwerden ging Robert Bosch, der die ersten Wochen nach Kriegsausbruch auf dem Boschhof verbrachte, inzwischen nur noch selten in sein Geschäftsbüro. Deshalb bedurften auch die Stuttgarter Besuche Goerdelers einer neuen Regelung. War es bis dahin üblich gewesen, daß Goerdeler dem Unternehmensgründer im Beisein von Walz und unter gelegentlicher Heranziehung von Schloßstein über den Fortgang der Verschwörung berichtet hatte, so übernahm nun Walz die Aufgabe, direkt mit Goerdeler zu verhandeln. Willy Schloßstein wurde als engster Mitarbeiter von Walz und Vertrauter von Robert Bosch noch stärker als bisher mit Geheimaufträgen betraut und als Ratgeber hinzugezogen. Grundsätzlich blieb es jedoch auch in der Kriegsphase bei der ausgesprochen homogenen Zusammensetzung des Boschkreises: Während Walz, Schloßstein, Fischer, Bäuerle und Hahn im Krieg dem engeren Zirkel zuzurechnen waren, wurden die übrigen Mitglieder des Direktoriums nach dem «Zellenprinzip» weiterhin nur am Rande mit den konspirativen Vorgängen befaßt. Die Struktur der Führungsgremien blieb auch im Krieg durch ihre erstaunliche Stabilität gekennzeichnet: im Direktorium der Firma hatte es so gut wie keine Veränderungen gegeben; «Parteibuchkarrieren» waren auf dieser Ebene immer noch ein Fremdwort. Entsprechend saßen in den leitenden Funktionen nur langjährige Mitarbeiter, die als loyale Gefolgsleute Robert Boschs dessen demokratische Haltung verinnerlicht hatten. Wenn Karl Martell Wild oder Hermann Fellmeth mit Goerdeler zusammenkamen, wurden für diese routinemäßigen Besprechungen betriebliche Gründe gefunden, um einen Schleier ökonomischer Betriebsamkeit über die vertraulichen Unterredungen des Boschkreises zu werfen.

Dies galt auch für den im Hause Bosch für Finanzen zuständigen Alfred Knoerzer. Aus einer württembergischen Offiziersfamilie stammend und seit 1928 im Stabe Karl Martell Wilds bei Bosch, hatte der Kaufmann als einer der Jagdfreunde Robert Boschs eine Sonderstellung.[93] Er hielt große Stücke auf Goerdeler, teilte dessen Ansichten und wurde von diesem «gewißermaßen privat» über die Aktionen des Widerstands informiert. Aber auch er wahrte bei den Begegnungen die Fiktion eines rein geschäftlichen Hintergrunds. Selbst gegenüber dem engsten Mitarbeiter Schloßsteins, Felix Olpp, von dessen Aufgaben im Dienste der Verschwörung er wußte, beschränkte er sich auf Andeutungen.[94] Bei Aufenthalten in Berlin begleitete Knoerzer Goerdeler gelegentlich zu Besprechungen beim preußischen Finanzminister Popitz, Reichswirtschaftsminister Funk, dem Leiter der Finanz- und Wirtschaftsabteilung in Speers Ministerium für Bewaffnung und Munition, Karl Maria Hettlage, Generalfeldmarschall Milch und besonders häufig zu Reichsbankdirektor Bodo von Wedel. Obwohl Popitz und Wedel dem Widerstand angehörten und Hettlage 1942/43 von Goerdeler vorsichtig sondiert wurde,[95] fanden zumindest im Beisein Knoerzers keine Beratungen über den Umsturzplan statt.[96]

Robert Bosch wurde wohl im Oktober 1939 über das ganze organisatorische Ausmaß eingeweiht, das die Verschwörung Goerdelers inzwischen angenommen hatte. Dies mag auf den ersten Blick verwundern: Wurde Bosch in etwas hineingezogen, das er nicht vollkommen billigte, und wurde er nun vor vollendete Tatsachen gestellt? Dies ist zweifellos nicht der Fall! Die grundsätzliche Billigung einer aktiven Opposition durch Robert Bosch stand außer Frage. Über die einzelnen Maßnahmen war er von Goerdeler oder Walz fortwährend auf dem laufenden gehalten worden.[97] Der Boschkreis vermied allerdings, den unter der Diktatur seelisch leidenden Konzernchef in jede Einzelheit des geplanten Umsturzes einzuweihen. Auch bis dahin war Bosch nur dosiert über konkrete Verschwörungspläne in Kenntnis gesetzt worden. Theodor Bäuerle hat später davon berichtet, wie schwer Bosch unter dem Krieg litt. Vieles von dem, was sich ereignete, habe man ihm «gar nicht sagen» dürfen.[98]

*Der bei Bosch für Finanzfragen zuständige Alfred Knoerzer
gehörte zwar nicht zum engeren Boschkreis, wurde aber von
Goerdeler häufig ins Vertrauen gezogen. Er war der letzte der
Stuttgarter, der vor dem Staatsstreichversuch vom 20. Juli 1944
in Berlin mit ihm zusammentraf.*

Eine Zeitlang war es Goerdeler und Walz noch möglich gewesen, in der
Art des «business as usual» zu verfahren, weil sich der Entschluß, das nationalsozialistische System gewaltsam zu stürzen, erst allmählich herausgebildet hatte. Von einem bestimmten Zeitpunkt an war das allerdings nicht
mehr möglich, ohne in eine moralische Schieflage zu geraten. Robert Bosch
wurde nun eingeweiht, weil man die volle Unterstützung des Firmengründers für den Staatsstreich erhalten wollte. Als Schloßstein im Oktober 1939

auf den Boschhof gerufen wurde und dort einem erregten und besorgten Robert Bosch begegnete, trat neben die Frage, ob der Krieg nicht hätte verhindert werden können, sogleich eine Erörterung darüber, ob nicht ein baldiges Ende zu erreichen sei. Der bezüglich der Kriegsaussichten ausgesprochen pessimistische Bosch war der Ansicht, es müsse «etwas geschehen». Da eine «offene Auflehnung» nicht möglich war, verwies Schloßstein auf die militärische Opposition. Boschs Mißtrauen zeigte sich zwar nun in abfälligen Bemerkungen über die «Unfähigkeit des Militärs», aber angesichts der Lage akzeptierte er den Weg über das Offizierskorps als allein erfolgversprechend.[99]

Schloßstein erhielt eine Art Einverständnis, nun «durch einen Sturz eine baldige Wendung des Krieges» herbeizuführen.[100] Das Plazet war kein wesentlicher Einschnitt für die praktische Verschwörungstätigkeit. Im Grunde genommen hatte sich der Boschkreis nur noch einmal rückversichert. Wenn Goerdeler in Stuttgart Bericht erstattete, wurde Robert Bosch von nun an im Anschluß an diese Besuche von Hans Walz in Kenntnis gesetzt, der den Firmengründer auch über den Geschäftsgang auf dem laufenden hielt. Die Unterrichtung fand jedoch bald immer öfter in Robert Boschs privatem Wohnhaus, der Villa Bosch in der Heidehofstraße, statt. Goerdelers Berichte, die immer wieder Gründe für die Verzögerungen des Umsturzes anführen mußten, ließen Robert Bosch in bedrückter Stimmung zurück.[101] Allein, dem Briefwechsel ist hierüber außer dem Hinweis auf «große Sorgen»[102] nichts zu entnehmen.

Ulrich von Hassell, der sich mit Goerdeler am 28. und 29. November in Berlin traf, um «mit weiteren Informationen für seine nordischen Bosch-Angelegenheiten zur Verfügung» zu stehen,[103] begegnete einem tief entmutigten Mann. Um die politisch paralysierten Militärs zur Aktion anzutreiben, regte Goerdeler an, Halder mit Paul Reusch zusammenbringen. Der Generalstabschef des Heeres war aber eine schwierige Persönlichkeit, weil er zwar die Abneigung gegen das Regime teilte, aber dem rein militärischen Denken verhaftet war.[104] Das Militär als innenpolitisches Instrument zu benutzen, war ihm zuwider: Die deutsche Armee sei keine «Balkanarmee», hat er sich später geäußert und damit eine bequeme Antwort auf sein fortwährendes Zögern gefunden, den Umsturz durchzuführen.

Als Hassell am 29. November 1939 Paul Reusch zu mobilisieren versuchte, mußte er von dessen rechter Hand, Dr. Hans Blank, hören, Halder habe in letzter Zeit auf Reuschs Kontaktversuche «sauer reagiert».[105] Die guten Erfahrungen, die von Hassell inzwischen mit Robert Bosch gemacht hatte, mögen den Diplomaten dann allerdings dazu bewogen haben, trotz dieser Abfuhr doch noch bei Paul Reusch persönlich sein Glück zu versuchen. Reusch stand seit mehreren Jahren in engem Kontakt zu Goerdeler und hatte 1935 einen Diskussionskreis gegründet, der sich mit Fragen der Wirtschaftspolitik beschäftigte und, mit der gebotenen Vorsicht, auch allgemeinpolitische Fragen erörterte. Zu den Mitgliedern zählte eine Reihe

prominenter Industrieller, die dem Kurs des nationalsozialistischen
Deutschland fernstanden. In dieser Runde durften divergierende Meinungen offen und zuweilen auch recht drastisch vertreten werden,[106] und Goerdeler hatte in diesem kräftig politisierten Kreis mehrfach seine wirtschaftspolitischen Konzeptionen vorgestellt.[107]

Hassell konnte also mit einer gewissen Berechtigung annehmen, bei
Reusch auf positive Resonanz zu stoßen. Freilich, als er durch die Vermittlung Otto Geßlers am 18. Dezember mit dem «Ruhrkapitän» Reusch
zusammentraf, war die Begegnung kaum weniger ernüchternd als die
Erfahrungen mit Halder. Hassells Urteil über den Industriellen fiel entsprechend aus:

«Ich fand Reusch recht ‹groß›, so der typische Industriekönig, vor dem alles kriecht.
Auch Geßler zeigte ihm gegenüber eine reichlich devote Haltung. Im übrigen ist er nicht
mehr der Jüngste und körperlich nicht mehr ganz auf der Höhe. Er unterstrich sehr stark
seine genaue Orientiertheit, seine ununterbrochene Verbindung mit den wichtigsten Personen usw., so daß es nicht ganz leicht war, mit ihm in Rede und Gegenrede zu verhandeln und persönlichen Kontakt zu gewinnen. In der Sache war er der Ansicht, daß zur
Zeit besser nichts unternommen würde. (...) Die Generäle seien die ewige Einwirkung
auf sie von allen Seiten satt und schlössen sich bewußt ab.»

Reusch scheint sich tatsächlich das Argument der Generalität zu eigen
gemacht zu haben, die Stimmung sei für den Staatsstreich einfach noch
nicht reif. Hassell wies ihn vergeblich auf die Gefahr hin, daß man, nicht
zuletzt mit Blick auf einen «anständigen» Frieden, sehr leicht den richtigen
Zeitpunkt verpassen könne, wenn man auf «völlige ‹Reife›» warte.[108]

Der Besuch bei Reusch markierte das Ende der Versuche, diesen auf die
Seite des aktiven Widerstands zu ziehen. Der «Ruhrkapitän» hatte schon
in der Weimarer Republik nie die Energie aufgebracht, sich aktiv für die
Verteidigung einer wenig geliebten Ordnung einzusetzen. Er hatte mit
Robert Bosch darüber bekanntlich einen Streit ausgefochten, der 1933 zu
einer monatelangen Abkühlung der Freundschaft geführt hatte. Reusch
war zweifellos Gegner des nationalsozialistischen Krieges und schrieb
wenig später, im Frühjahr 1940, nach einem Schweizaufenthalt, er habe
keinen Menschen gefunden, «der auch nur die geringste Spur eines Verständnisses für unsere Lage aufgebracht hat. Wir haben auf der ganzen
Welt keine Freunde mehr».[109] Über die Kriegsaussichten dachte er ebenfalls kaum optimistischer als Bosch,[110] aber sein Verhalten gegenüber den
Verschwörern illustriert das Versagen einer industriellen Elite, die, ohne
die Folgen bedacht zu haben, die «Machtergreifung» Hitlers hatte geschehen lassen und, als es zu spät war, weder das Format noch die Energie hatte, noch einmal das Heft in die Hand zu nehmen. Auch auf Reusch traf
zu, was Hans Walz später für die Wirtschaft allgemein konstatierte, daß
es nämlich dort «nicht allzu viele Einsichtige» gegeben habe, vor allem
aber nur wenige, die «mutig genug zur Opposition waren.»[111] Unternehmer vom Schlage Reuschs hatten im wahrsten Sinne des Wortes abge-

wirtschaftet. Als er als Generaldirektor der Gutehoffnungshütte im Streit mit NSDAP und DAF im Februar 1942 abgelöst wurde, zog er sich in den unpolitischen Schmollwinkel zurück. Der Reusch-Kreis blieb ein blasser Debattierklub, dessen verbale Unbotmäßigkeit zwar später durch die Volksgerichtshofprozesse noch einmal Aufsehen erregte, dessen Aktivitäten jedoch weder in ihrer Reichweite noch in ihrer gedanklichen Durchdringung mit dem Widerstand des Boschkreises vergleichbar waren.[112] Nach dem 20. Juli 1944 wurde Reusch zwar von den Behörden vernommen,[113] aber eine Verbindungslinie zu Bosch wurde von den Ermittlern zu Recht nicht gezogen.

Man kann es Hassell nicht verdenken, daß er nach seinen entmutigenden Eindrücken im Ruhrgebiet eine geplante Reise zu Robert Bosch nach Stuttgart zeitweise gar nicht mehr antreten wollte. Der entkräftete Defätismus Reuschs, der bei Industriellen wie Militärs angesichts der Siege und der ungebrochenen Popularität Hitlers weiter zunahm, führte dazu, von Hassell «ziemlich deprimiert über den ganzen Zustand und die Machtlosigkeit, in der man sich befindet», zurückzulassen. Im Nachhinein war er jedoch froh, am Besuch bei Bosch festgehalten zu haben. Dieses Gespräch am 19. Dezember stand unter einem ganz anderen Stern als die Begegnung mit dem zaghaften Reusch. Das Urteil des Diplomaten über Robert Bosch lautete: «Großartiger alter Feuerkopf». Von Hassells Niederschrift des Stuttgarter Gesprächs warf ein Schlaglicht auf den dynamischen Spiritus rector des Boschkreises: Robert Bosch

«holte seinen ersten Direktor Walz, und beide setzten mir die fatale wirtschaftliche, vor allem finanzielle Lage auseinander. Sie sahen sehr schwarz: durch den verbrecherischen Leichtsinn des Krieges höhlt sich Deutschland völlig aus und zerstört seine mühsam wieder errichteten Grundfesten. Besser kann man den Bolschewismus nicht vorbereiten. Bosch sagte selbst, er sei Techniker und kein Geschäftsmann, sprach angesichts der letzten, wie es scheint wirklich außerordentlichen Fliegererfolge mit Stolz von der Mitwirkung seiner Firma bei den siegreichen Messerschmitt-Apparaten, aber er sieht klar, wohin die Reise geht. Sein Direktor Walz machte einen ausgezeichneten klugen Eindruck (...) Typisch für die Verlogenheit unserer Verhältnisse: Walz wurde zu einer Besprechung mit SS-Leuten herausgerufen. Als er zurückkam, trug er das SS-Zeichen im Knopfloch, das er rasch dafür angelegt hatte, um dann weiter mit voller Entschiedenheit über die unheilvolle Politik der Hitlerregierung zu sprechen. Bosch und Walz wollen versuchen, meine Mitarbeit irgendwie zu verwerten.»[114]

Die Quellen schweigen sich aus, wie sich diese «Mitarbeit» konkret gestaltete. Jedenfalls erhielt auch von Hassell Boschs finanzielle Unterstützung.[115]

3. Der Boschkreis, Süddeutschland und die Schweiz – Friedensfühler nach Großbritannien

In den Monaten nach Kriegsausbruch, besonders jedoch nach dem schnellen Ende des Polenfeldzugs und vor Beginn der Kampfhandlungen im Westen, kam es auch in der Schweiz zu einer fieberhaften Suche nach Friedensmöglichkeiten, in deren Verlauf die Stuttgarter eine nicht unwesentliche Rolle spielten. Hans Ritter lebte seit dem Kriegsausbruch, wie er es selbst später bezeichnete, «als Privatmann» in Luzern, stand jedoch mit seinen «Gesinnungsfreunden in der Heimat» ebenso in Verbindung[116] wie mit seinen britischen Auftraggebern. Walz, den Ritter in den Berichten an Malcolm Christie weiterhin als den «bekannten Direktor eines süddeutschen Walzwerkes» verschlüsselte, besuchte Ritter bereits kurz nach Kriegsausbruch in der Schweiz. Bei dieser Gelegenheit schilderte der «Betriebsführer» die Eindrücke einer Berlinreise und einer Wirtschaftskonferenz bei «Staatssekretär K.» (hierbei handelte es sich offenbar um Görings rechte Hand, Staatssekretär Paul Körner), in deren Verlauf bereits der Einmarschtermin Rußlands gegen Polen mitgeteilt worden war. Während unklar ist, ob Walz selbst Teilnehmer bei jener Besprechung gewesen war, oder ob er diese Information von anderer Seite erhalten hatte, konnte er über andere Entwicklungen aus eigener Erfahrung sprechen, hatte man doch im Gefolge der Mendelssohn-Pleite die gereizte Reaktion des NS-Staates in Devisenfragen am eigenen Leib erlebt.

Walz berichtete über das Bestreben des Reiches, stärkere Kontrolle über die Privatindustrie zu erlangen: Der Industrie sei angekündigt worden, der Staat werde die Beteiligungen an Tochtergesellschaften im neutralen Ausland an sich ziehen, um sich durch deren Verkauf Devisen zu verschaffen. Das gelte auch für die «getarnten» Unternehmen, die durch Strohmänner gedeckt seien. In Industriekreisen herrsche eine «schwere Beunruhigung» über die «rapid wachsende Radikalisierung bestimmter Parteikreise», vor allem der SS:

«Es werde den Generaldirektoren unverblümt ins Gesicht hineingesagt, der Zeitpunkt sei nicht mehr fern, an dem das Reich ihren ‹Laden› übernehmen werde. Die Verstaatlichung der Wirtschaft und damit die völlige Angleichung an Rußland stehe bevor.»

Die von Walz ausgesprochenen Sorgen waren in Wirtschaftskreisen weit verbreitet. Schon seit Mitte der dreißiger Jahre hatten die bedrohlichen Töne des Unmuts gegen das Unternehmertum in der NSDAP und der DAF an Lautstärke zugenommen. In Süddeutschland waren erst kurz zuvor die Unternehmer Bleyle und Gütermann wegen «Devisenvergehen» durch das Sondergericht Stuttgart zu Haftstrafen verurteilt und in der Parteipresse angegriffen worden. Es war nicht verwunderlich, daß Gerüchte über geheime Regierungskommissionen, die eine «Sozialisierung» der

Betriebe vorbereiten sollten, die Runde machten.[117] Inzwischen erkannten selbst Rüstungsprofiteure, daß die gelenkte Wirtschaft für sie auch ihre Schattenseiten hatte. Die regimefernen Kreise der Wirtschaft, die mit ihren «Sorgen und Befürchtungen» bislang bei den Militärs Verständnis gefunden hatten, stellte Walz bedauernd fest, waren nun ohne Rückhalt: «Alle Generäle huldigten jetzt einem hemmungslosen Pangermanismus wie zur Zeit Wilhelms II. und Tirpitz'ens.»[118] Diese Einschätzung erfolgte unter dem Eindruck der atemberaubenden Erfolge des deutschen Vormarsches im Osten. Der Hitler-Stalin-Pakt und der erfolgreich angelaufene Polenfeldzug hatten die innen- und außenpolitische Lage Hitlers in ungeahnter Weise verbessert, so daß das Übergewicht des Militärischen in Deutschland geradezu physisch spürbar wurde. Die Einschätzung von Walz war verständlich, unter dem Eindruck der Siege Hitlers habe die «Entschlußkraft der Generalität einen unheilvollen Bruch erlitten», und damit sei eine «rasche Aktion nicht zu erwarten».[119]

Ritter und Walz vereinbarten, ihren Informationsaustausch zu intensivieren. Ritter konnte sich zwar über einen Mangel an Informationen aus Deutschland nicht beklagen,[120] aber die Nachrichten des Boschkreises hatten aufgrund ihres substantiellen Charakters inzwischen einen so großen Anteil an seiner Berichterstattung gewonnen, daß er Mitte Oktober zufrieden vermelden konnte, der Stuttgarter Besucher werde «künftig regelmäßig» kommen.[121] Diese Zuversicht erwies sich allerdings als vorschnell. Im November 1939 mußte Ritter eine erhebliche Behinderung des Grenzverkehrs melden: «Es wird allmählich immer schwieriger, Leute aus dem Reich zu sehen. Die Ausreise ist nunmehr auch bei geschäftlichen Anlässen ungeheuer erschwert. Von dem bekannten Walzwerk hören wir seit Wochen nichts mehr.»[122]

Als berichtenswert konnte er lediglich einige Informationen von Walz nachreichen, die der Boschkreis von einem «süddeutschen Generalkommando» erhalten hatte, mit dem «seit langem gute und enge Beziehungen persönlicher Art» bestanden.[123] Walz hatte im Jahr 1936 mit dem Kommandierenden General des Fünften Korps und Befehlshaber des Wehrkreises V, Generalmajor Richard Ruoff, Verhandlungen geführt, um ihn für die Opposition zu gewinnen. Später, zu Anfang 1939 hatte Albrecht Fischer Ruoff ermahnt, das Heer möge sich nicht von Hitler mißbrauchen lassen.[124]

Ruoff wurde auf diese Weise in einige Aktivitäten der Verschwörer eingeweiht, ohne sich allerdings zu einer weiteren Beteiligung bewegen zu lassen. Der General hatte vielmehr ein recht typisches Verhalten an den Tag gelegt, das in arroganter Machtvollkommenheit den Handlungsspielraum der Militärs maßlos überschätzte: Fischer, der in seinen Andeutungen bis an die Grenze des Vertretbaren gegangen war, hatte von Ruoff, als dieser den Grund des Ansinnens verstand, die lapidare Antwort erhalten: «Ach Sie suchen heute schon den Yorck». Selbstsicher hatte der Offizier hinzugefügt, es werde nichts geschehen, womit die Armee nicht einverstanden sei.[125]

Die Informationen Ruoffs über die «letzten militärischen Pläne Hitlers» gelangten über Walz und Ritter nach London.[126] Nicht sicher ist dagegen, ob Walz die weitreichenden Friedensvorschläge General Erwin von Witzlebens weitergab, die Ritter Ende November nach London übermittelte.[127] Es spricht aber einiges für Walz als Quelle: Erstens nannte Ritter außer Walz keine anderen Berichterstatter. Zweitens wissen wir, daß der Boschkreis durch Goerdeler in jenen Wochen über die aktuellen Widerstandsplanungen beständig auf dem laufenden gehalten wurde: Die Stuttgarter waren beispielsweise darüber informiert, daß Generaloberst Walter von Reichenau sondiert worden war.[128] Drittens lassen bestimmte «süddeutsche» Anspielungen auf Walz als den Herold schließen. Die Militärs, so lautete Ritters Mitteilung nach London, seien auf der ernstlichen Suche

«nach Möglichkeiten, den Einfluß des Radikalismus in der Partei zu brechen. Sie erstreben die Ausschaltung aller extremistischen Tendenzen in der Außenpolitik (Ribbentrop), in der Innenpolitik (Goebbels, Himmler) und Wirtschaftspolitik (Ley). Wie weit diese Bestrebungen bereits gediehen sind, geht aus der verbürgten Tatsache hervor, daß die Militärs und stellenweise auch Personen aus dem gemäßigten Lager der Partei bereits Fühlung mit der innenpolitischen Opposition außerhalb der Nazipartei gesucht haben. Mit Bestimmtheit kann gemeldet werden, daß General v. Reichenau an Goerdeler herangetreten ist, um mit ihm die Möglichkeit zu besprechen, wie die Katastrophe verhütet werden könnte. Auch in Süddeutschland fanden ähnliche Annäherungsversuche statt, so z.B. in Stuttgart.»[129]

Goerdeler hatte Walz über die im November/Dezember erfolgten Unterredungen mit Reichenau unterrichtet. Ihm war es gelungen, den als «führerhörig» bekannten General, der heftig gegen Hitlers Westfeldzugspläne opponierte, vorübergehend auf die Seite des Widerstands zu ziehen.[130] Die entscheidende Verbindung hatte Fritz Elsas hergestellt. Zwischen Goerdeler und Elsas, dem jüdischen Verwaltungsexperten und schwäbischen Liberalen, bestand seit langem ein freundschaftliches Verhältnis. Elsas wiederum kannte seit den Jahren des Ersten Weltkriegs Robert Bosch und kam auf diese Weise mit dem Boschkreis, mit Bäuerle, Albrecht Fischer und Hans Walz in Verbindung.[131] Nachdem er Reichenau am 6. November 1939 über die Kriegsplanungen Hitlers gegen Frankreich unterrichtet hatte, gelang es auf zwei voneinander unabhängigen Kanälen, diese Nachrichten über Stockholm und die Schweiz nach London zu übermitteln.[132] Während sich ein «schwedischer Weg» über den liberalen Widerständler Hans Robinsohn nachweisen läßt, herrschte bislang über den «schweizerischen Weg» Unklarheit.[133] Nach dem soeben Festgestellten deutet einiges darauf hin, daß der südliche Verbindungsmann Hans Walz war.

Die Verschwörer setzten im Spätherbst 1939 alles daran, den Krieg zu beenden, bevor er sich zu einem Weltkrieg ausdehnte. Auch im Boschkreis wurde weiterhin darauf gehofft, den Krieg «lokal zu beschränken».[134] Noch im Rückblick glaubte Walz, in dieser Phase seien die Chancen für einen Staatsstreich günstig gewesen:

«Solange noch eine genügend große Wehrmachtsgarnison mit Waffen in Berlin stand, war immerhin die Möglichkeit vorhanden, den nationalsozialistischen Spuk eines Tages zum Verschwinden zu bringen, indem ein beherzter Militärkommandant die Krolloper umstellen und die darin versammelten Reichstagsgrößen der Partei samt ihren oberen Spitzen kurzerhand ausheben ließ.»[135]

Tatsächlich war die Aussicht, Hitler mit Hilfe des OKH zu stürzen und nach dem Regimewechsel zu einem Ausgleich mit England zu kommen, niemals so groß wie in den Monaten zwischen Kriegsausbruch und der Offensive im Westen, weil sich Großbritannien bis in den Oktober 1939 hinein gar auf das «Schlimmste», nämlich eine europäische Friedenskonferenz *mit* Hitler eingerichtet hatte.[136] Die Monate gespannter Ruhe bis zum Skandinavienfeldzug waren entsprechend von einer ganzen Reihe unterschiedlichster Initiativen begleitet: Der deutschen Opposition ging es dabei vornehmlich darum, Zusagen für eine Zeit nach Hitler zu erhalten, weil die Militärs auf einer entsprechenden Vorleistung bestanden. Das letztlich vergebliche Ringen um die Bedingungen eines Umsturzes und die Reaktionen und Motivationen der Kriegsgegner Deutschlands sind oft beschrieben worden.[137]

Der Boschkreis akzentuierte mit dezidiert «süddeutschen» Auffassungen über die Ausgestaltung eines «Anderen Deutschland» die Planungen des bürgerlichen Widerstands. Freilich darf man den Einfluß der Stuttgarter und ihrer politischen Vorstellungen nicht überschätzen. Ihre Pläne und Ideen stellten nur einen begrenzten Ausschnitt des Reigens vielfältiger Vorschläge dar, die in dieser Zeit ventiliert wurden. Allerdings erhielten sie eine etwas herausgehobene Stellung, weil sie eine Alternative zu manchen konventionellen Planungen darstellten. In London stießen sie auf besonderes Interesse, weil die auf Stuttgarter Informationen basierenden Berichte durch eine stark antipreußische Rhetorik gekennzeichnet waren. Im Foreign Office, namentlich bei Robert Vansittart, fielen solche Auffassungen auf ausgesprochen fruchtbaren Boden. Vansittart war inzwischen auf einen dezidiert antipreußischen Kurs eingeschwenkt. Schon in einem gegen Nevile Henderson gerichteten Memorandum hatte er unter dem Eindruck des Überfalls auf Polen vom kriegerischen Geist in Deutschland gesprochen, der in 75 Jahren fünf Kriege heraufbeschworen habe.[138]

Vansittarts harsche Preußenkritik, die einem aus der Kriegslage heraus durchaus begreiflichen Schwarzweißdenken verhaftet war, führte bei den Deutschlandexperten im Foreign Office zu einigen Diskussionen.[139] Vansittart zog vor dem Hintergrund solcher Kritik den auf Walz/Ritter zurückgehenden Bericht Christies vom Ende Dezember 1939 heran und untermauerte damit seinen Standpunkt hinsichtlich eines eventuellen Arrangements mit dem «Anderen Deutschland» nach dem Putsch:

«This South German memorandum answers almost exactly (...) how we are to exorcise and extirpate the Prussianism referred to in my memorandum. The proposal is the only really sensible one that I can think of at present. (...) I am glad to find my South German friends confirming the necessity of occupying Berlin. (...) It is a highly interesting and intelligent document, and I agree with most of it, except in one very important point, on which Colonel Christie swiftly and rightly lays his finger.»

Der von Vansittart angesprochene Streitpunkt war die Forderung nach einem Danziger «Korridor» und der Zugehörigkeit des Sudetenlands zum Deutschen Reich. Inwieweit der Boschkreis diese territorialen Fragen selbst in den Vordergrund gestellt hatte oder ob sie durch den expliziten Wunsch Goerdelers und der «Honoratioren» Eingang in den Katalog gefunden hatten, muß offen bleiben. Territoriale Grenzen standen bei den Männern des Boschkreises, deren wirtschaftliches Denken grenzüberschreitend war, nie im Vordergrund. Aber auch die Stuttgarter hielten es für statthaft, über strittige Fragen der Versailler Nachkriegsordnung nach dem Sturz Hitlers, sozusagen auf demokratischer Basis, neu nachzudenken. Wahrscheinlich hätte es am Verhandlungstisch hierüber manche Auseinandersetzung gegeben, wenn man sich vor Augen hält, daß Vansittart gar mit dem Gedanken spielte, das linke Rheinufer an Frankreich abzutreten. Aber die britischen Überlegungen waren zu einem Gutteil als Konzession zugunsten des französischen Kriegspartners gedacht. Letztendlich zeigte Vansittart Sympathie für die süddeutschen Verschwörer, in deren Plänen er ein realistisches Gegenmodell zu «preußischen» Vorstellungen eines Europa nach Hitler sah:

«This South German view has given us so much interesting material that I am strongly in favour of Colonel Christie pursuing his enquiries among further groups of his friends.»[140]

Trotz aller Unwägbarkeiten einer zukünftigen Ausgestaltung Deutschlands bedeutete Vansittarts Stellungnahme eine demonstrative Ermunterung für Christie, seine Stuttgarter Verbindungen weiter zu pflegen: Der britische Diplomat, dessen Stellung als Chief Diplomatic Advisor ihm allerdings nur begrenzten Einfluß auf die Außenpolitik verschaffte, sah in den süddeutsch-liberalen Bemühungen im Winter 1939/40 einen Weg, um Deutschland eine Art Selbstreinigung zu ermöglichen. Wie fragil das Vertrauen in die Verschwörer allerdings war, zeigte sich in der umstrittenen Frage, ob Großbritannien überhaupt hinsichtlich der eigenen Kriegsziele Verhandlungsbereitschaft erkennen lassen solle. John Wheeler-Bennett, der Goerdelers liberale Gedankenwelt schätzen gelernt hatte, ermahnte Vansittart zwar, den «moderates» in Deutschland die vernunftorientierten britischen Kriegsziele zu signalisieren,[141] aber dieser hielt das Potential der gemäßigten Kräfte in Deutschland für überbewertet.[142] Er begab sich damit in einen gewissen Widerspruch: Glaubte er nun an die süddeutschen «moderates» oder nicht? Möglicherweise wollte er die Frage selbst nicht beantworten, denn seiner Überzeugung nach mußte vor Verhandlungen ohnehin erst Hitler gestürzt werden. Danach werde man weitersehen.

Reinhold Schairer, der unermüdliche «Verbindungsmann zwischen

Chamberlain und Christie»,[143] war im Dezember 1939 ein weiteres Mal in der Schweiz und brachte die Botschaft mit, Goerdeler werbe aktiv und erfolgreich für den Umsturz. Die Verschiebung der ursprünglich für Anfang November vorgesehenen Westoffensive, so berichtete er kühn, sei auf Goerdelers Einfluß zurückzuführen. Entsprach dies auch nicht unbedingt den Tatsachen, so wurde Frank Ashton-Gwatkin, nach wie vor einer der Hoffnungsträger der deutschen Verschwörer, nun auch von Schairer über die Verhandlungen zwischen General Reichenau und Goerdeler in Kenntnis gesetzt. Als bedeutsamer erwies sich indessen eine von Schairer übermittelte neue Initiative der «Süddeutschen», denen es nun darauf ankam, die windstille Zeit, den «drôle de guerre», für einen Schlag gegen Hitler zu benutzen: Schairer brachte ein Memorandum des im schweizerischen Exil lebenden ehemaligen Reichskanzlers Joseph Wirth mit. Frank Ashton-Gwatkin ließ sich durch die Versicherung beeindrucken, deutsche Liberale sähen in diesem einen «man of integrity and of significance for the future.»[144]

Mit einer derartigen Charakterisierung wurde allerdings der Persönlichkeit Wirths erheblich zuviel Bedeutung beigemessen. Wirth galt selbst in Zentrumskreisen als Außenseiter und hatte, nachdem er Deutschland 1933 verlassen hatte, den Kontakt zur politischen Realität verloren. Seine Tätigkeit im Frankreich und der Schweiz der dreißiger Jahre hatte er bis zum Ausbruch des Weltkriegs nicht zuletzt durch Zuwendungen Fritz Mannheimers finanziert.[145] Nach Kriegsbeginn hatten sich seine Aktivitäten ganz in die Schweiz verlagert.

Der Brief Wirths enthielt die Bitte an Premierminister Chamberlain, in der für den 9. Januar 1940 angekündigten großen Rede ein Zeichen zu setzen und klarzustellen, daß es Großbritannien darum gehe, Hitler niederzuringen und nicht das deutsche Volk niederzuwerfen. Die Aufforderung Wirths lag auf der Linie des Kurses des bürgerlichen Widerstands und wäre an dieser Stelle nicht weiter erwähnenswert, wenn die Anregung zu diesem Appell nicht im gedanklichen Umfeld des Boschkreises entstanden wäre. Wirth wußte um die Einstellung der Männer um Robert Bosch und war von Hans Ritter, der sich nun ganz auf die süddeutsche Argumentation eingestellt hatte, aufgefordert worden, die Botschaft an den britischen Premier zu verfassen. Es war daher nicht verwunderlich, daß Wirths Brief die «süddeutschen» Einsprengsel enthielt und gegen eine zukünftige preußische Dominanz Position bezogen wurde:

«A clear and deep-rooted federalism in which the celebrated cultural power of South and West Germany, famous for science, art and religion as well as in administrative and political life, should come into their own, would be a significant ray of light in these unhealthy times.»[146]

Weder die ja nicht einmal näher definierten «Süddeutschen» noch der Boschkreis besaßen zu diesem Zeitpunkt bereits ein ausgearbeitetes Konzept einer Neuordnung Deutschlands. Im Denken dieser Gruppierungen kam vielmehr, verstärkt durch die als katastrophal eingeschätzte Kriegspolitik Hitlers, ein allgemeines Unbehagen über die preußische Dominanz und die militärische Gesinnung zum Ausdruck. Im Boschkreis wußte man zwar konservatives Preußentum und Nationalsozialismus zu unterscheiden, aber Hitlers Krieg führte dazu, bloße Animositäten zu tiefgreifenden und grundlegenden Differenzen ausreifen zu lassen.

Den Stuttgartern lagen trotz aller Vorbehalte gegen den «norddeutschen Geist» zunächst einmal separatistische Anwandlungen grundsätzlich fern. Aber im Denken des Boschkreises war jenseits aller partikularistischen Neigungen eine der Maximen Robert Boschs verankert, der in einer anderen Krisenzeit, im Sommer 1918 davon gesprochen hatte, wie «aufreizend auf uns Süddeutsche die Betonung eines spezifisch preußisch-deutschen Glaubensbekenntnisses wirken muß», und der wenige Wochen später eine Bewertung des Ersten Weltkriegs abgegeben hatte, die an Deutlichkeit nichts zu wünschen übrig gelassen hatte: «Lebte in Preußen der Geist, der in uns Schwaben lebt, der Krieg wäre ja überhaupt nicht entstanden!»[147] Jetzt, im Winter 1939/40, war, wenn auch die militärischen Erfolge etwas anderes anzuzeigen schienen, nach Ansicht der Stuttgarter eine Lage entstanden, die fatal an das Jahr 1918 erinnerte. Jenseits aller Siegeseuphorie war den Männern des Boschkreises aufgrund der militärischen Interna die gefährliche Lage des Reiches stets bewußt.

Der Mythos, der sich rückwirkend im Windschatten der «unconditional surrender»-Formel ausbildete und später sorgsam gepflegt wurde, daß nämlich Großbritannien kategorisch jegliche Friedensangebote abgelehnt habe, kann inzwischen als widerlegt gelten. Mit guten Argumenten ist demgegenüber darauf hingewiesen worden, daß Whitehall und Westminster einen eventuellen «negotiated peace» in ihr Kalkül einbezogen, hätte das dogmatische Festhalten an einem «victory at all costs» sie doch aller Handlungsspielräume beraubt, auf die Politiker gemeinhin angewiesen sind.[148] Unter Berücksichtigung der vermuteten und bis zu einem gewissen Grad auch realistischen Annahme einer britischen Verhandlungsbereitschaft war die Überlegung der Opposition durchaus folgerichtig, eine demokratische Alternative zu präsentieren, um die Bereitschaft der Briten für Verhandlungslösungen zu erhöhen.

Im Foreign Office kam es Mitte Januar 1940 zu Überlegungen, ob die Initiative Wirths mit dem Vorschlag eines «süddeutschen Weges» für die Zeit nach dem Staatsstreich einer Antwort wert sei. Nach einigen Diskussionen fiel die Entscheidung für ein *fin de non recevoir*. Bevor man dies als Ablehnung wertet, sollte man bei dieser Entscheidung bedenken, daß Großbritannien auch mit anderen Problemen zu kämpfen hatte. Das britische Empire und die Mittelmeerinteressen absorbierten verständlicherweise ein großes Maß an Aufmerksamkeit. Wirth, so lautete schließlich die Meinung im Foreign Office, werde leicht erkennen können, daß die «Mansion House»-Rede des Premierministers vom 9. Januar im Grunde genommen eine Beantwortung seines Briefes darstelle.[149] Zweifellos beruhte die Annahme, die «Süddeutschen» könnten aus Chamberlains Rede eine ermunternde Aufforderung herauslesen, nun den Staatsstreich mit englischer Rückendeckung auszuführen, auf einer Fehleinschätzung. Vielleicht dachte das Foreign Office tatsächlich, Chamberlains Worte seien als Ermutigung zu verstehen: Der Premierminister hatte in der «Mansion House»-Rede mit Zuckerbrot und Peitsche argumentiert. Die Versicherung, man sei nicht durch Rachsucht geleitet und strebe nach einer gerechten Regelung, war an Drohungen gekoppelt: Nur mit gutem Willen war die Rede als Aufforderung zum Umsturz zu verstehen – wenn man wollte, konnte man Chamberlains Worte auch als Kompromißlosigkeit deuten.[150]

Freilich, weil die Briten sich noch alle Wege offen halten wollten, befürworteten sie weitere Sondierungen. Die Erkundung des «süddeutschen Weges» führte in den ersten Wochen des Jahres 1940 daher zur Verdichtung entsprechender Initiativen. Die Erkenntnis, mit einem föderalen – und das hieß weniger nach Preußen ausgerichteten – Deutschland könne man besser auskommen, wies dem Boschkreis als Exponenten der «moderaten» Variante eines «Anderen Deutschland» daher eine Sonderrolle zu. Da Hans Ritter einem lange erwarteten Schweizbesuch Goerdelers für den Januar 1940 entgegensah, nahm er dies zum Anlaß, nochmals über die Gespräche zwischen Goerdeler und General Reichenau zu berichten.[151] Freilich, zur geplanten Begegnung mit Goerdeler kam es nicht.

Dafür berichtete Hans Ritter am 11. Februar 1940 fast euphorisch nach England über einen Besuch von Willy Schloßstein in der Schweiz. Dieser informierte über die Verhältnisse in Deutschland und erneuerte den Appell an Großbritannien, mit den Verschwörern ins Gespräch zu kommen. Diese Initiative verdient auch deshalb ausführlich dargestellt zu werden, weil Schloßstein mit bemerkenswerter wirtschaftlich-militärischer Detailkenntnis aufwarten und sich dabei auf Berliner Informationen aus erster Hand berufen konnte. Sie stammten zum größten Teil aus der Umgebung des General Thomas. Hermann Fellmeth hatte mit Bankenvertretern und Industriellen am 19. Dezember 1939 an einer «Aussprache über Lage und Aussichten der deutschen Ausfuhr» teilgenommen und dadurch einigen Einblick in die Wirtschaftsplanung des NS-Staates gewonnen.[152] Schloßstein skizzierte ein Stimmungsbild über die Lage Deutschlands und den Stand der Staatsstreichplanungen, die Goerdelers Fehleinschätzungen vielfach spiegeln:

«Die innere Krise in Deutschland tritt allmählich in ein bedrohliches Stadium. Die Nazi-Partei ist weitgehend in Anhänger und Gegner des Zusammengehens mit Sowjet-Rußland gespalten und ein Zerfall der Partei könnte bei ernsten aussenpolitischen Ereignissen eintreten. Die Stimmung des Volkes ist nach wie vor äussert labil. Es ist der Propaganda von Goebbels zwar gelungen, in den Massen die irrige Überzeugung herzustellen, das deutsche Volk müsse sich gegen den Vernichtungswillen Englands verteidigen. Die Massen leben auch in der Hoffnung, daß Deutschland den Krieg militärisch beendigen könne, weil die amtliche Propaganda ihnen Wunderdinge über die Leistungen der deutschen Luftwaffe und Artillerie in Polen erzählt hat. Trotzdem herrscht im Volk ein geheimes Misstrauen gegenüber der eigenen Stärke (...) Das Volk weiss ganz gut, daß die so laut angekündigten Massenlieferungen aus Russland nur sehr schleppend oder garnicht eingehen.»

Die Ausführungen über die wirtschaftliche Schwäche des Reiches und die Erwartung, daß ein schwerer militärischer oder diplomatischer Mißerfolg Hitlers die «Volksstimmung sofort zu völligem Zusammenbruch bringen würde», beruhten zweifellos auf den unrealistischen Hoffnungen Goerdelers. Über die Angriffsplanung hatte Schloßstein ebenfalls zu berichten:

«Nur Hitler hält zäh an dem Plan eines Angriffs auf Holland im März fest. Die Führer der Wehrmacht sind sämtlich dagegen. Im Heer ist die Stimmung keineswegs kampfesfreudig. Wie schon berichtet, war für 17. Januar der Angriff auf Holland befohlen gewesen. Die östlich des Rheins in Westfalen und Hannover untergebrachten Panzertruppen und motorisierten Divisionen begannen am befohlenen Tage den Vormarsch nach Westen in die Angriffsstellungen. Die Truppenkommandeure schilderten übereinstimmend die Stimmung der Truppe als sehr gedrückt und missmutig. Infolge des scharfen Frostwetters – vielleicht auch infolge Sabotage durch die Truppe selbst – traten schon am ersten Marschtage Ausfälle an Fahrzeugen in Höhe von etwa 20 % ein. Dies lieferte den Führern der Wehrmacht den willkommenen Anlaß, Hitler die Undurchführbarkeit des Unternehmens bei dieser Jahreszeit zu beweisen. Somit wurde der Angriffsbefehl widerrufen. Als er bei der Truppe eintraf, äusserte sie nach Berichten der Kommandeure ihre Freude durch lautes Johlen und Singen. Der entscheidende Umstand in der gegenwärtigen Lage ist die ständige Zunahme des Gegensatzes zwischen der Wehrmacht und der SS wegen des Verhaltens der SS-Formationen in Polen. Beide Seiten bereiten sich auf eine gewaltsame Auseinandersetzung vor. Himmler lässt die höheren Stäbe bespitzeln und verstärkt seine eigene Macht dauernd, indem er die zahlreichen jungen Männer im wehrpflichtigen Alter, die von der Wehrmacht vorläufig noch nicht eingezogen sind, für die SS rekrutiert. Auf Proteste der Wehrmacht reagiert Himmler nicht. Hitler selbst entzieht sich jeder Entscheidung in diesem Streit. (...) In dieser Lage haben sich diejenigen höheren militärischen Führer, die von der Notwendigkeit der Beseitigung des gegenwärtigen Systems überzeugt sind, zu baldigem Handeln entschlossen. Sie gruppieren sich um die Generale Blaskowitz und v. Witzleben. Geplant ist die überraschende Besetzung Berlins durch Panzertruppen und die Festnahme der Regierung, vor allem Hitlers, Ribbentrops, Himmlers und Goebbels. Die Vorbereitungen zu dem Unternehmen müssen sehr behutsam durchgeführt werden, da Himmler, wie erwähnt, die Wehrmacht schärfstens beobachtet. Auch Hitler ist äusserst misstrauisch geworden und lässt sich mehrmals am Tage über alle Truppenbewegungen unterrichten. Die zum Putsch entschlossenen Generale wünschen nun, vor Durchführung ihrer Aktion (die bis spätestens Mitte März durchgeführt werden muß) gewisse Zusicherungen der britischen Regierung über die Behandlung Deutschlands nach Beseitigung Hitlers zu erhalten. Sie denken sich diese Zusicherung etwa in der Form einer amtlichen Erklärung über die Kriegsziele oder in Form einer Mitteilung an eine neutrale Stelle, etwa den Vatikan oder den Präsidenten Roosevelt. Die Militärs sind offenbar bereit, ihre eigenen Ansprüche weitgehend einzuschränken. (...)
Die deutschen Militärs haben für die Führung solcher Besprechungen den Mann ihres Vertrauens, Dr. Goerdeler gewählt. Wie mir mein Freund mitteilte, soll Herr G. durch Vermittlung eines Amerikaners bereits Fühlung mit britischen Regierungskreisen, auch

mit Ihrem Freund Vincent (= Robert Vansittart, J. S.), aufgenommen haben. Doch ist wie gesagt, noch eine mündliche Besprechung, für die Dr. G. nach der Schweiz kommen könnte, dringend erwünscht. Mit Rücksicht auf den knappen Termin für die Durchführung des Putsches ist Eile geboten.»[153]

Hans Ritter stand der verstärkten Einflußnahme Goerdelers ablehnend gegenüber. Die avisierte Verwendung des ehemaligen Oberbürgermeisters wurde von ihm dementsprechend nicht gerade mit Wohlwollen quittiert. Malcolm Christie war dagegen konzilianter: Der Group Captain gab Ritter zwar zustimmend zu bedenken, auch er sei «never too happy when Goerdeler buts in», wollte aber die immer wieder geäußerte Auffassung nicht ganz verwerfen, Goerdelers politische Ansichten hätten sich gemildert: «One hears that the Prussian Goerdeler is somewhat chastened now-a-days.»[154] Allerdings plädierte Christie dafür, Goerdelers Stellung im Verschwörerkreis durch den Einfluß der Süddeutschen auszubalancieren. Mit diesem Einrahmungskonzept lag der Group Captain ganz auf der Linie Vansittarts, der «süddeutschen Gruppe» Vorrang gegenüber anderen Verschwörerinitiativen zu gewähren.

Weil der Boschkreis an einer schnellen Entsendung englischer Emissäre interessiert war, hatte Schloßstein bei seinem Besuch mit Ritter vereinbart, dieser solle feststellen lassen, ob Großbritannien bereit sei, Regierungsvertreter in inoffizieller Mission zu einem Treffen mit Goerdeler in die Schweiz zu schicken. Ritter hoffte, sein Freund Christie könne diese verantwortungsvolle Aufgabe persönlich übernehmen und drängte am 11. Februar auf schnelles Handeln: «Der Termin für die Generale ist knapp, da ab Ende März mit dem Beginn von Grosskämpfen gerechnet werden muss und dann die Chance vorüber wäre.»[155]

Die Voraussetzungen für eine Entsendung von Christie waren nicht schlecht. Der Group Captain hatte Ritter zuletzt zur Jahreswende 1939/40 besucht und verabredet, dieser solle sich für eine Begegnung in Lausanne bereithalten und nach Möglichkeit Joseph Wirth als Emissär der «Süddeutschen» mitbringen. Der Brite war bereits auf dem Weg in die Schweiz, um die verschiedenen deutschen Friedensfühler aus eigener Anschauung zu entwirren.[156]

Es ist geradezu erstaunlich, daß die im Rahmen dieser Mission erfolgten Unterredungen, die von Mitte Februar bis Mitte März 1940 zwischen den verschiedenen «Vermittlern» der Hitlergegner stattfanden, weitgehend geheim bleiben konnten,[157] wenn man einmal davon absieht, daß sich Willy Schloßstein nach einem der Schweizbesuche den argwöhnischen Fragen der Gestapo ausgesetzt sah, die er jedoch mit dem Hinweis auf geschäftliche Notwendigkeiten entkräften konnte. Hier soll nur der Anteil des Boschkreises näher betrachtet werden, handelte es sich doch nicht um zaghafte Sondierungen, sondern um konkrete Umsturzplanungen. Hans Ritter hat später gar von einem «amtlichen Auftrag» gesprochen.[158] Der Kriegsausbruch lag erst wenige Monate zurück, an den westlichen Fronten herrschte noch Ruhe, und der Besuch englischer Emissäre signalisierte die britische Bereitschaft, mit dem deutschen Widerstand über einen Ausweg aus dem Krieg und eine Beseitigung Hitlers ins Gespräch zu kommen. Konnte eine «süddeutsche» Variante des Staatsstreichs nicht den Gordischen Knoten zerschlagen, England, Frankreich und das Deutsche Reich an einen Tisch bringen und Europa den Frieden bringen?

Christie traf in Begleitung von Philip Conwell-Evans, der als alter Hase für schwierige Missionen galt,[159] am 11. Februar 1940 in der Schweiz ein. Er führte sogleich in Lausanne-Ouchy und Luzern erste Gespräche mit Joseph Wirth, die allerdings nur vorbereitenden Charakter hatten.[160] Wirth wiederum erhielt am folgenden Tag, dem 12. Februar 1940, in Basel Besuch von Willy Schloßstein. Der ehemalige Reichskanzler, der, wie Schloßstein feststellen konnte, über die Möglichkeiten eines Umsturzes «sehr optimistisch» gestimmt war,[161] wurde vom Privatsekretär Robert Boschs über die neuesten Entwicklungen unterrichtet. Im wesentlichen berichtete Schloßstein nichts anderes als das, was er bereits zuvor gegenüber Hans Ritter dargelegt hatte: Das deutsche Militär sei in sich gespalten. Auf der einen Seite stünden Keitel, einige andere nationalsozialistische Generäle und die SS, auf der anderen Seite der «wirkl[iche]» Generalstab mit Halder an der Spitze und Generälen wie Reichenau, Blaskowitz, List und Brauchitsch. Zu dieser Gruppe, so Schloßstein, zählten auch Großindustrielle, Katholiken und ein «geläuterter» Goerdeler.[162]

Am folgenden Tag, dem 13. Februar, besprach sich Wirth mit Hans Ritter[163] und hatte ein – für den Verlauf der Verhandlungen bedeutsameres – Gespräch mit Malcolm Christie. Wirth betonte dabei seine Legitimation als Repräsentant des Widerstands. Er stehe in enger Verbindung zu Großindustriellen und Generälen und sei befugt, in ihrem Auftrag zu sprechen. Während er die von Schloßstein erhaltenen Neuigkeiten aus Deutschland referierte, regte er an, eine Verbindung zu Otto Gessler aufzunehmen. Die Hinweise über die «Läuterung» Goerdelers, die vom Boschkreis hervorgehoben worden war, ergänzte er durch die einschränkende Feststellung, Goerdeler sei lediglich im Hintergrund («in an lesser capacity») an der Verschwörung beteiligt. Die Sozialdemokraten seien dagegen noch nicht herangezogen worden, weil die «reaktionären» Tendenzen einiger Generäle offensichtlich sehr weit gingen.[164]

Wirth stellte sich eindeutig gegen eine konservative Ausrichtung im Widerstand. Gegenüber den britischen Vermittlern war es allerdings wenig sinnvoll, die Uneinigkeit der bürgerlichen Opposition über das Danach zu sehr in den Vordergrund zu rücken. Deshalb stand im Zentrum der weiteren Besprechungen die Frage, wie die von den Militärs gewünschte Garantieerklärung für Deutschlands Zukunft aussehen solle. Die bisherigen Angaben waren den Briten zu vage. In diesem Punkt kam man allerdings nicht sehr weit. Christie machte sich lediglich Aufzeichnungen über die Voraussetzungen eines Militärputsches, die er als Memorandum zur Vorlage an die britische Regierung weiterzugeben versprach. Wirth sicherte zu, Christie einen konkreteren Bericht über die Staatsstreichplanung zu übergeben.[165] Im Verlauf einer weiteren Besprechung am folgenden Tag, dem 14. Februar, unterrichtete Wirth den englischen «Group-Captain» ein weiteres Mal über die vielfältigen Verbindungen und Verzweigungen des Widerstands: «W. has 4 main contacts (1) Gessler to the gen Staff, Halder + Generals (2) Jordan to oppos. groups in München, Stuttgart, Berlin (3) GrossIndustrie D'ld (4) Vatikan.»[166]

Christie blieb hinsichtlich der Motivationen der deutschen Opposition ausgesprochen mißtrauisch. Freilich, die Abneigung gegen «reaktionäre» Entwicklungen war auch bei Christies Schweizer Kontaktleuten groß. Wirth und Ritter sahen im «Preußentum» keine Alternative zum Hitlerregime. Ähnlich dezidiert war ihre Reserve gegenüber «kapitalistischen» Tendenzen und den Interessen industrieller Kreise. Ritter hatte kurz vor Kriegsausbruch ausdrücklich davor gewarnt, mit Männern wie Schacht überhaupt zu verhandeln: «Die Leute wollen nur ihren Geldsack retten und einige Monate Zeit gewinnen, um ihr Kapital ins Ausland bringen zu können.»[167] Ganz ähnlich hatte er noch im Januar 1940 vor Friedensinitiativen deutscher «Wirtschaftskreise» gewarnt, «die sich zum Teil um Schacht gruppieren und auch enge Fühlung mit der Wehrmacht haben.» Die egoistischen und begrenzten Ziele dieser Gruppen, würden, so hoffte er, von den Briten durchschaut werden: «Die Nazis sind nur der smoke screen für den im preussischen Militarismus verkörperten Pangermanismus.»[168]

Um dem Mißverständnis vorzubeugen, lediglich als Sprachrohr des Militärs angesehen zu werden und um auf der anderen Seite die Unterstützung durch andere Gesellschaftsschichten hervorzuheben, verwies Wirth in seinen Unterredungen mit Christie immer wieder auf die Unterstützung des Widerstands durch großindustrielle Kreise. In Christies handschriftlichen Notizen tauchen die Namen «Bosch» und «Schloßstein» nur als Stichworte auf. Aber aus dem Kontext läßt sich zweifelsfrei ableiten, daß Wirth durch die Dokumentierung des Rückhalts der Verschwörung in industriellen Kreisen den hartnäckigen englischen Verdacht entkräften wollte, es handle sich beim Putsch um eine rein preußisch-militärische Angelegenheit: Die «Stuttgarter» Legitimation konnte in diesem Zusammenhang als glaubwürdiger Nachweis der demokratisch-liberalen Ausrichtung der Opposition angeführt werden.[169]

Als Zeichen des goodwill übergaben die britischen Emissäre den Entwurf, der für eine Ansprache Chamberlains am 24. Februar in Birmingham ausersehen war und tatsächlich ein Dokument der Mäßigung darstellte: Deutschland müsse zeigen, daß es ein für allemal seine Expansionspläne aufgeben wolle, so lautete das Redekonzept Chamberlains. Der Hinweis, England kämpfe gegen eine deutsche Dominierung der Welt, war aber mit einem Verweis auf die Chance einer gütlichen Einigung mit dem «Anderen

Deutschland» verknüpft.[170] Was konnten die deutschen Verschwörer mehr verlangen?

An dieser Stelle soll auf einen weiteren Helfer im diplomatisch-geheimdienstlichen Spiel des Frühjahrs 1940 aufmerksam gemacht werden. Der amerikanische Journalist Max Jordan stand in enger Verbindung zum Boschkreis und hatte das Foreign Office bereits auf eigene Faust auf die Bemühungen der Stuttgarter aufmerksam gemacht. Freilich, auch Jordan war auf dem diplomatischen Schachbrett nur eine Nebenfigur. Er stammte aus Württemberg, war in Stuttgart zur Schule gegangen und nach dem Ersten Weltkrieg über einen befreundeten Bosch-Ingenieur mit den liberalen und sozialen Ideen des Unternehmens in Berührung gekommen. Er bewunderte Bosch als «Pionier sozialer Reformen». Als liberal-katholisch orientierter Journalist schrieb er zunächst für das «Berliner Tageblatt». Später arbeitete er als Korrespondent verschiedener Blätter des amerikanischen Zeitungstycoons Randolph Hearst, nahm die amerikanische Staatsbürgerschaft an und berichtete in den dreißiger Jahren als Deutschland-Korrespondent des NBC. Jordan wußte, daß Robert Bosch Menschen um sich geschart hatte, die dem Militarismus ablehnend gegenüberstanden.[171] Die Ideen des schwäbischen Industriellen faszinierten ihn um so stärker, als er in den frühen dreißiger Jahren in Berlin dem sogenannten «Freitagskreis» angehört hatte, einem Debattierklub, in dem sich internationale Journalisten, Demokraten und liberal Gesinnte trafen, «a goodly cross section of the capital's progressive element.»[172] Zu der Runde, die von Bosch finanziell unterstützt wurde und sich in einem von ihm erworbenen Haus zusammenfand, gehörte der nach Berlin versetzte Bosch-Ingenieur Otto Weltin.[173] Durch die Vermittlung Weltins machte Jordan gegen Ende der dreißiger Jahre die Bekanntschaft Goerdelers. Weltin bezeichnete Goerdeler enthusiastisch als «Schlüsselfigur» der Verschwörung gegen Hitler. Jordan wäre kein Journalist gewesen, wenn er sich nicht sofort für diese Opposition interessiert hätte. Die Einstellung Goerdelers bei Bosch, fand er bald heraus, war eine reine Formsache: Dessen eigentliche Aufgabe bei Robert Bosch sei die Suche nach Verbündeten.[174]

Jordan wurde auf diese Weise in die Grauzone zwischen Widerstand, Nachrichtentätigkeit und Journalismus hineingezogen. Als Botengänger für Goerdeler und den Boschkreis war er ein nützlicher Verbindungsmann in die USA, und in der Schweiz war seine Unterstützung vor allem deswegen hilfreich, weil er dort eine ständige Aufenthaltsgenehmigung besaß und als ein «excellent ami de la Suisse» galt.[175] In der Schweiz verfügte Jordan über einen guten Draht zu Joseph Wirth, den er über katholische Verbindungen schon seit einigen Jahren kannte. Kurz nach dem deutschen Einmarsch in Polen hatten sich beide in Luzern getroffen. Wirth hatte von den schweizerischen Friedensbemühungen berichten können, und im Gegenzug hatte Jordan über die britisch-amerikanischen Initiativen A. P. Youngs informiert.[176] Auch Reinhold Schairer trat nun wieder in den Vordergrund:

Er hatte nach dem Kriegsausbruch die englische Staatsangehörigkeit angenommen und verschaffte Jordan im Januar 1940 über Frank Ashton-Gwatkin einen direkten Zugang zum Foreign Office.[177]
    Ashton-Gwatkin wurde von Jordan am 22. Januar 1940 über die neue-
sten Entwicklungen in Kenntnis gesetzt. Dieser hatte erst zwei Wochen
zuvor in Berlin mit Goerdeler gesprochen. Die Nachrichten des amerikanischen Sendboten klangen hinsichtlich der Chancen eines Staatsstreichs
aussichtsreich. Jordan stellte den Stand der Dinge ähnlich optimistisch dar
wie Wirth:

«Opposition is forming among various groups – in the Army, the Civil Service, the industrialists, the trade unions, the factory workers. There is a group in the Army which
intends to assassinate Hitler. Dr. G. and his group (Army chiefs and industrialists) would
be against confering martydom on Hitler in this way. This group intends at the right
moment to occupy Berlin (...), to arrest the Nazi leaders and to put them on trial for their
crimes. But the date for this event is uncertain!»[178]

Freilich, die geforderten «Sicherheiten» Großbritanniens wurden von
Ashton-Gwatkin mit bekannten Argumenten zurückgewiesen. Ohnehin
betrachteten die Beamten des Foreign Office Jordan mit einem hohen Maß
an professioneller Arroganz: «This is however yet another instance of an
American business man mixing himself up with German peace feelers. I am
making a collection of these American ‹intermediaries›», notierte einer von
ihnen im Februar 1940.[179] Jordan gab in London Rätsel auf: «Reported to
be probably honest, but equally probably used by the Germans for carry-
ing planted information»,[180] lautete der Tenor, der Ashton-Gwatkin dazu
anregte, sich über Schweizer Kanäle Informationen über den Emissär
Goerdelers zu besorgen. Der Chef des «Bureau d'Allemagne» der französischen Botschaft in Bern, der sich mit Dossiers über suspekte Persönlichkeiten in dieser Hinsicht bereits mehrfach verdient gemacht hatte, bestätigte indessen im wesentlichen die Vertrauenswürdigkeit Jordans. Dieser «fait
des fréquents voyages en Allemagne et y a de nombreuses relations dans les
milieux industriels (notamment Usines Bosch de Stuttgart).»[181]
    Während Wirth und Schloßstein ihre Verbindung zu Jordan halten
wollten,[182] war namentlich Malcolm Christie über dessen Einmischung
nicht sonderlich erfreut. Er erwartete klare Direktiven der deutschen Verschwörer und nicht eine Reihe loser Stränge, die schwer zu entwirren
waren: Im Gespräch mit Wirth beklagte er die mit einer Reihe von sich teilweise widersprechenden Initiativen aufwartenden Widerstandsgrüppchen:
«I told him that the Opposition seemed to be working in water-tight com-
partments and that we were going to get into a terrible muddle unless one
clear reliable channel was established.»[183]
    Jordan war wegen dieses Mißtrauens weniger der hilfreiche Vermittler als
ein Informationslieferant. Auch seine Ratschläge für Goerdeler verrieten
eine gewisse Ratlosigkeit. Mitte März 1940 ermunterte er diesen, über
Daladier eine Vermittlung einzuleiten – offensichtlich ohne sichtbares

Ergebnis.[184] Jordans Vermittlerrolle zwischen Boschkreis, Goerdeler und Großbritannien fand bald ein Ende. Er wurde von Goerdeler weiterhin über die Umsturzvorbereitungen auf dem laufenden gehalten und berichtete noch bis in den Herbst 1940 an Wirth, bis er schließlich im Winter 1940/41 Deutschland verließ.[185]

Hiermit sind wir allerdings den schweizerischen Ereignissen im Februar 1940 weit vorausgeeilt. Was war das Ergebnis der Besprechungen zwischen Ritter, Schloßstein, Wirth und ihren englischen Vertrauten? Zunächst einmal überwog eine gespannte Stimmung des Abwartens: Bei Christie hatten die Verhandlungen ein durchaus zwiespältiges Gefühl hinterlassen.[186] Immerhin: Der von Wirth zugesagte Brief an Chamberlain, so war von den Verschwörern versichert worden, werde innerhalb von ein bis zwei Tagen in London ankommen. Christie und Conwell-Evans verließen am 14. Februar die Schweiz. Vansittart konzedierte, daß die Vorschläge präziser und konkreter als bislang üblich ausgefallen waren, wollte aber zunächst die Rückkehr Christies und dessen persönlichen Bericht abwarten.[187] Die britische Reserviertheit bekam um so größeres Gewicht, als Hans Ritter das Zaudern der deutschen Generalität beklagte. Skeptisch schrieb er am 1. März 1940 an Christie, er «kenne die Kerle. Großes Maul und keine Zivilcourage.»[188]

Ähnliche Zweifel hegte er gegenüber den Aktivitäten Goerdelers, die er mit ausgesprochen gemischten Gefühlen verfolgte. Die Stuttgarter dagegen versicherten Ritter ein weiteres Mal eines grundsätzlichen Einstellungswandels des ehemaligen Oberbürgermeisters. Ritters Kommentar zeigte, daß er die optimistische Bewertung nicht ganz teilen mochte:

«In Sachen Goerdeler habe ich nach Ihrer Abreise von hier Gelegenheit gehabt, meinen süddeutschen Freund zu überzeugen, daß es der Sache nur schaden, und zwar sehr schwer schaden könnte, wenn G. sich auch noch hineinmischen würde. Leider habe ich keinen vollen Erfolg gehabt. Er kam zwar nicht nach der Schweiz, aber er war in der vergangenen Woche (18.–25. 2.) in Brüssel, wo er hoffte, englische Freunde zu treffen. Ich glaube es handelt sich um Herrn Gwatkin oder einen Vertreter desselben. Von Brüssel telegraphierte er nach Zürich an Lewis, ein Vertrauensmann von Daladier könne ihn in Brüssel sehen, aber die Franzosen gingen nicht dorthin. Anscheinend haben sie auch genug von diesem busy boy aus Preussens schwärzester Ecke.»[189]

In englischen Geheimdienstkreisen war man ganz ähnlicher Ansicht. Als die Berichte Christies über seine Gespräche in der Schweiz ausgewertet waren, zeigte sich, daß der bürgerliche Widerstand mit Wirth und Goerdeler Männer in den Vordergrund gestellt hatte, die in Großbritannien einen zweifelhaften Ruf genossen. Da der von Wirth angekündigte Brief an Chamberlain nicht ankam, wurde die Friedensvermittlung vom britischen Militärgeheimdienst ausgesprochen kritisch bewertet: «A good deal is in the nature of personal opinions and advice, and there seems to be a considerable amount of pure speculation and wishful thinking.» Noch kritischer fiel das Urteil über die deutschen Emissäre aus. Wirth sei jemand, «who is ready to tell his story to anyone who will listen to it». Das Urteil über den Einfluß Geßlers und Goerdelers war ebenfalls wenig schmeichelhaft: «We feel that, to say the least, much of what Goerdeler says lacks authority. We also wonder whether Gessler, who has been out of the picture for years, really cuts any ice.»[190] Man mag angesichts solcher Voreingenommenheit fragen, ob die Weiterführung der Gespräche zu diesem Zeitpunkt, Anfang März 1940, überhaupt noch sinnvoll war. Hätte vielleicht die stärkere Einbeziehung des Boschkreises bewirken können, die englische Seite davon zu überzeugen, es nicht mit abgehalfterten Politikern und konservativen Vertretern des Ancien Régime zu tun zu haben, sondern mit verantwortungsbewußten, erfahrenen und nüchtern denkenden Deutschen?

Es spricht für die britische Offenheit, selbst unter diesen ungünstigen Vorzeichen Christie erneut in die Schweiz zu schicken. Der Group Captain reiste mit gedämpfter Zuversicht im März 1940 ein weiteres Mal auf den Kontinent, um sich im Zuge seiner Verhandlungen, die sich nun «zu einer regelrechten Staatsaffäre» entwickelt hatten,[191] nochmals mit Wirth zu treffen. Vansittarts Einschätzung der bevorstehenden Mission war in ihrem nüchternen Realismus nur als zynische Antwort auf die Unentschlossenheit der Verschwörer zu verstehen. Christies Aufzeichnung über die letzte Absprache mit Vansittart nahm in mancher Hinsicht bereits die Formel der «bedingungslosen Kapitulation» vorweg:

«We are all convinced that neither Wirth nor the Generals nor anybody else can or will deliver the goods of revolution. If, as we all anticipate, it is demonstrated that this is indeed the case even if we work through the best possible intermediary, then I venture to hope that after this doomed experiment we shall once and for all abandon all other experiments of like nature; whether the will o'the wisp dances in the name of phantom Generals or of a fat field-marshal with neutral go-betweens. I am sure it is best that we should realise as early as possible that this war must be won, and that it can only be won by fighting.»[192]

Aber in diesen bitteren Bemerkungen war immerhin noch eine flüchtige Erinnerung an die Politik des Appeasement spürbar. Die Briten konnten, wenn diese letzten Versuche zur Friedensgewinnung scheitern würden, in der guten Überzeugung, wirklich alles getan zu haben, was möglich war, ihren Kampf gegen Hitler fortsetzen.[193] Unter diesen düsteren Vorzeichen kam es am 12. März 1940 in Lausanne zu einer Dreierkonferenz zwischen Wirth, Malcolm Christie und Conwell-Evans. Die deutschen Verschwörer, so stellte sich heraus, hofften immer noch, die durch Goerdeler via Walz und Schloßstein signalisierte Einsatzbereitschaft der Militärs durch englische Zusagen abzusichern. Christie verwies sogleich auf die Rede des Premierministers in Birmingham vom 24. Februar. Im gleichen Atemzug beanstandete er das Ausbleiben des von Wirth zugesagten Briefs. Dieser wehrte den Vorwurf mit dem schwachen Argument ab, er erwarte noch die Ankunft Geßlers, von dem er sich die Zusagen der Militärs erhoffe.

Christie und Conwell-Evans legten Wirth, der hinsichtlich der Putschbereitschaft der Militärs weiterhin Optimismus verbreitete, nun eine konkrete britische Verhandlungsofferte vor. Unter Berücksichtigung der Brisanz des Zugesicherten wurde das Angebot zwar nicht ausgehändigt, aber
den Vermittlern gestattet, sich Notizen zu machen.[194]
Die vom englischen Premierminister gebilligten Zusagen Vansittarts
waren in der Tat beeindruckend. Die britische Regierung sicherte zu, sie
werde «eine vorübergehende Krise, wie sie im Anschluß an eine Aktion der
deutschen Opposition entstehen könnte, nicht militärisch zum Nachteil
Deutschlands, etwa durch einen Angriff im Westen, ausnützen».[195] Die
englischen Emissäre erläuterten dieses Angebot dahingehend, als vertrauenswürdig könne nur eine deutsche Regierung gelten, die entschlossen sei,
den «Preußengeist» im Sinne des «Militarismus» aufzugeben.[196]
Diese Offerte war akzeptabel, wenn man einmal davon absieht, daß die
Betonung des föderalen und «süddeutschen» Einflusses als Bollwerk gegen
den preußischen Geist den Briten eventuell die Möglichkeit einräumen
würde, auf Kosten des Deutschen Reiches ihre Position auf dem Kontinent
zu verbessern. Aber solches Mißtrauen, das fraglos auch den deutschen
Verschwörern nicht unbekannt war, war fehl am Platz, wenn man Hitler
stürzen wollte.
Wie war es um die Bereitschaft der Verschwörer zum Putsch bestellt, in
einer Situation, in der die deutschen Armeen ungeschlagen waren und Hitler auf dem Zenit seiner Popularität stand? Als Wirth, ausgestattet mit Vansittarts Versicherungen, die englischen Besucher verlassen hatte, war es an
Hans Ritter, Wasser in den Wein der Zuversicht über die Putschbereitschaft
des deutschen Generalstabs zu gießen. Wirth sei zwar ehrlich, aber nicht
besonders klug. Immerhin sei er «far more reliable and sound than Goerdeler». Seine Rolle dürfe allerdings nicht überschätzt werden, denn er sei
nicht mehr als ein «post-office» der Opposition.
Auch nach diesen Gesprächen blieben die Dinge in der Schwebe. Den
englischen Abgesandten, die in ihren Zusagen sehr weit gegangen waren,
erschienen die Zusicherungen weiterhin verschwommen und vage. Man
kann sich auch im Rückblick nur schwer des Eindrucks entziehen, die deutschen Vermittler seien tatsächlich wenig energisch vorgegangen. Aber was
hätten beispielsweise kürzere Verhandlungen genützt, wenn die Militärs
nicht zur Tat schritten? Die von Ritter aufgeworfene Frage, wie lange
Großbritannien der deutschen Opposition noch Zeit zum Handeln geben
würde, formulierte Christie zurückhaltend:

«I replied I could not possibly give him any trustworthy answer. In my purely private
capacity I could not know what military plans were brewing on our side, but on one
point I felt certain (and Conwell Evans strongly endorsed my feelings), viz: that the British Prime Minister could not be expected to remain quiet indefinitely. (…) Finally both
Conwell and myself expressed our own personal firm conviction that any such time limit
could not be extended beyond the month of May.»

Die Frist bis Mai 1940 wurde nicht wahrgenommen. Der Brief, der durch Otto Geßler überbracht werden sollte, erreichte nie sein Ziel. Auch die britische Zusage, die ebenfalls von Geßler an die Generalität übergeben werden sollte, erreichte den Adressaten nicht. Über die Gründe läßt sich nur spekulieren. Warum Geßler, der inzwischen ganz auf monarchistischem Kurs segelte und die Restauration des Hauses Wittelsbach propagierte, seinen Auftrag nicht ausführte, ist unbekannt.[197] Gab er die Nachrichten wissentlich nicht weiter, war er gar ein «Maulwurf», der auf seiten des «Dritten Reiches» stehend, die Friedensfühler der Opposition torpedierte? Joseph Wirth war ein unbedarfter Mensch, der sich bisweilen in den Netzen der Spionagewelt verfing, die er vermeintlich überblickte; Geßler hingegen war eine dunklere Erscheinung und betrieb möglicherweise ein Doppelspiel.[198]

Im Boschkreis herrschte jedenfalls die Überzeugung, Geßler sei ein Verräter. Als Willy Schloßstein im Mai 1940 Hans Ritter einen weiteren Besuch abstattete, berichtete er, auf Geßler sei kein Verlaß mehr – er sei übergelaufen und arbeite für Ribbentrop.[199] Von wem Schloßstein diese Information erhalten hatte, ist ungewiß. Eingedenk des merkwürdigen Verhaltens von Geßler nach Kriegsende und der unerklärlichen Unterdrückung des britischen «Stillhalteangebots» vom März 1940 gewinnt die Vermutung des Privatsekretärs von Robert Bosch aus der Rückschau des Historikers jedoch an beunruhigender Plausibilität: Die Wirtschaftsfachleute, denen die seltsame Agententätigkeit fremd war, in die sie nun verwickelt worden waren, wahrten eine instinktive Distanz zu den schillernden Persönlichkeiten, die ihre Last auf beiden Schultern zu tragen schienen: Es kam ihnen ausgesprochen mysteriös vor, daß die mühsam eingeleiteten Vermittlungen stets in Sackgassen führten.

Es gab jedoch für den Boschkreis einen weiteren Grund, Geßlers Aufnahme in den Verschwörerkreis zu beargwöhnen. Die von ihm favorisierte monarchische Restauration galt im Boschkreis als inakzeptabel, wenn sie nicht durch eine ausdrückliche Zustimmung der Bevölkerung legitimiert wurde. Dies wußte auch Geßler, der nach seiner Schweizreise 1940 Ulrich von Hassell mitteilte, Goerdelers württembergische Freunde würden restaurative und monarchische Lösungen energisch bekämpfen.[200]

Goerdelers Forderung, die Hohenzollernmonarchie – und wenn auch nur für einen Tag – wiederherzustellen, war tatsächlich ein schwerer taktischer Fehler. Sicherlich, Goerdeler warb für eine Staatsspitze, die der angeblichen Unsicherheit der Weimarer Verfassung eine stabile Autorität entgegensetzen sollte. Man mußte dieser Argumentation nicht unbedingt folgen: Goerdelers Ideen über die Berufung eines Hohenzollern riefen nicht nur im Boschkreis Kopfschütteln hervor.[201] Solche internen Diskussionen mochten erlaubt sein, solange sie die Aktionsfähigkeit der Verschwörer nicht behinderten. Selbst in Gewerkschaftskreisen hat man ja später den «taktischen Hintergrund» der Monarchie-Frage akzeptiert. Aber auch wenn Goerdeler Rücksicht auf die Konservativen und die Militärs im Widerstand nehmen mußte, war es keineswegs erforderlich, in den Verhandlungen mit den Briten an legitimistischen Träumen festzuhalten. Schairer, ansonsten ein wenig analytischer Denker, hatte in diesem Fall recht, Goerdelers «starr und unnachgiebig» vorgetragene Idee für tragikomisch zu halten.[202]

Der offenkundige Stillstand trug in England zu dem Eindruck bei, die konservativen Kräfte im Widerstand gewönnen an Kraft. Dem Boschkreis gelang es beispielsweise niemals, Ritters Vorbehalte gegen Goerdeler aus dem Weg zu räumen. Ritters Stellungnahmen, so begründet sie sein mochten, klangen in englischen Ohren wie eine Aufforderung, den Versprechungen der deutschen Opposition gegen Hitler mit Vorsicht zu begegnen und führten schließlich zur Aufkündigung der zuletzt nur noch halbherzig gewährten britischen Unterstützung. [203]

Als ob nichts gewesen wäre, setzten sich in den folgenden Monaten die Bemühungen der Verschwörer fort, Hitler zu stürzen. Die Isolation der Hitlergegner, die von allen Informationsquellen abgeschnitten waren, führte zu einem politischen Autismus, der die Relevanz der britischen Entscheidung nicht erkannte.[204] Man wollte einfach nicht wahrhaben, daß eine Chance vergeben worden war: Im Boschkreis wurde noch Jahre später die Ansicht vertreten, die im Frühjahr 1940 abgegebenen britischen Versicherungen besäßen weiterhin ihre Gültigkeit. Willy Schloßstein glaubte gar, die Briten hätten bis September 1943 an ihren Zusagen «festgehalten».[205]

Während diese Fehlinterpretation die Illusionen des deutschen Widerstands offenbarte, brach Vansittart, der die gesamte Unternehmung ohnehin als fruchtloses Unterfangen eingeschätzt hatte, nach Christies Rückkehr den Stab über die Schweizer Vermittlungsversuche: «No one of course believes that the generals will do anything anyhow. Certainly neither I nor Col. Christie had the least illusion about this.»[206]

Als Max Jordan am 4. April 1940 in Berlin Goerdeler begegnete, traf er ihn aufgrund des bevorstehenden Skandinavienfeldzugs in hochnervöser Stimmung an. Goerdeler zeigte sich über die Passivität der Alliierten im «Sitzkrieg» enttäuscht und verwies auf seine fortgesetzten Bemühungen, die deutsche Generalität von der Notwendigkeit eines «coup d'état» zu überzeugen. Dazu benötige man aber, so Goerdeler, die Unterstützung der Alliierten. Einer seiner Vertrauten sei jedoch gerade nach Vermittlungsversuchen mit ausgesprochen negativen Nachrichten aus Schweden zurückgekehrt.[207]

Wie die von Goerdeler erwartete Unterstützung der Alliierten eigentlich aussehen sollte, blieb unklar. Auch Hans Ritter, der in der Schweiz von allen Informationen abgeschnitten war, war sich der weiteren Entwicklung ungewiß. Seine Skepsis war inzwischen einer bitteren Desillusionierung gewichen. Die von Goerdeler zugesagte militärische Aktion sei eben nicht erfolgt, bemerkte er später bitter, und damit sei das Vertrauen der zu einer Verständigung bereiten britischen Kreise «schwer erschüttert worden.»[208]

Während die skandinavische Operation «Weserübung» wesentlich durch die Kriegsumstände bedingt war, endete der «phoney war», als Hitler mit regenerierten Kräften im Mai 1940 den immer wieder verschobenen West-feldzug begann. Die letzten Wochen vor Hitlers Einmarsch nach Belgien, die Niederlande und Frankreich waren für die Verschwörer von Agonie gekennzeichnet. Der Boschkreis sah sich, wie Hans Walz später urteilte, nun mit seinen Argumenten «erneut ins Unrecht gesetzt und zum Schwei-gen verdammt».[209] Robert Bosch wurde über die Schweizer Verhandlungen wahrscheinlich überhaupt nicht, vielleicht höchstens in groben Umrissen unterrichtet. Nachdem die vorübergehende Hoffnung auf das Ende neuer Waffengänge im Frühjahr 1940 enttäuscht worden war,[210] sprachen aus sei-nen Briefen die körperliche und nervliche Anspannung und die Sorgen über die politische Zukunft. Die Korrespondenz vermittelt aber auch den seeli-schen Schmerz eines Mannes, der sein Lebenswerk zerbrechen sah: «Es steht uns noch so viel bevor, zu dessen Ueberwindung man Kraft braucht. Nach so viel Arbeit ein solches Alter!»[211]

Trotz der spärlichen Hinweise läßt sich aus dem Briefwechsel entneh-men, für wie aussichtslos Bosch den Krieg hielt, der gar nicht hätte begon-nen werden dürfen. Während er Mitte April bemerkte, man werde bald die «Sachlage m(it) anderen Augen ansehen», trat nun die Sorge vor Luftan-griffen in den Vordergrund. Die Niederlage Belgiens und der Niederlande überraschte ihn nicht. Daß die Engländer «nicht helfen würden», war für ihn «nach den gemachten Erfahrungen anzunehmen» gewesen. Er wun-derte sich allerdings doch, daß England so «verkommen» war, daß es sich zur Verteidigung nicht aufraffen könne. Und obwohl er über den uner-wartet verlustfreien Krieg erleichtert war und patriotisch die Leistungen der Wehrmacht lobte, fehlte doch nie die unterschwellige Beklommenheit, wie der Weltkrieg beendet werden könne. Nach Ansicht von Bosch stellte dies Deutschland vor eine größere Aufgabe, als sie im 30jährigen Krieg und in der Zeit Napoleons bestanden hatte. Seine bange Frage lautete «Werden wir einen Bismarck haben für den Friedenschluß?»[212]

Während er sich über Hitlers Politik ausschwieg, führte die Überzeu-gung, Großbritannien sei zum Einlenken nicht bereit, im Juli 1940 zu pes-simistischen Überlegungen:

«Angesichts der Roheit und Brutalität des menschlichen Charakters wird man aber aller-hand erleben. In der Verteidigung des ‹heiligen› englischen Bodens kennt der Engländer keine internationalen Hemmungen. Man wird mutige und feige Handlungen erleben, aber alle werden gottgewollt und gottverlangt sein. Ich gebe zu, es gibt in England auch anständige Menschen. Solche, die schon in dem Wahlspruch Right or wrong my country einen Verstoß, sagen wir gegen die Zivilisation sehen, was er ja auch ist.»[213]

Aber in seiner Verzweiflung, die sicherlich auch mit dem Gefühl zu tun hatte, daß er das Kriegsende nicht mehr erleben werde, fielen sogleich wieder Bemerkungen, die Engländer hätten die «Einstellung von Seeräubern». Man wird solche Stellungnahmen, die in diesem Fall fraglos auf den konservativen Adressaten abgestimmt waren, nicht überbewerten dürfen. Sie waren Ausdruck des Schmerzes und der Enttäuschung eines Mannes, der jahrzehntelang für den Frieden gekämpft hatte, um sein Lebenswerk fürchtete und nun von seinen Loyalitätsempfindungen hin- und hergerissen war. Robert Bosch sah sich mit der heute kaum noch vermittelbaren Zwangslage vieler Hitlergegner konfrontiert, «sein Vaterland zu lieben und dennoch seine Niederlage zu wünschen.»[214] Die Auswirkungen der Bombenangriffe auf Bevölkerung und Soldaten beschrieb er mit Worten, die sein Entsetzen kaum klarer hätten zum Ausdruck bringen können. Dies hatte wenig mit einen blinden Nationalismus und schon gar nichts mit Kadavergehorsam zu tun. Als er von einem Besucher erfuhr, Gustav Krupp von Bohlen und Halbach habe am Grabe seines im Januar 1940 bei einem Luftwaffenunfall verstorbenen Sohnes die Hand zum Hitlergruß erhoben, gab er zur Antwort, er habe dafür nur eine «etwas derbe Bezeichnung: A(rsch)loch.»[215]

Als Christie erfuhr, daß der versprochene Bericht Wirths endgültig ausbleiben werde, fühlte er sich in seinen pessimistischen Prognosen bestätigt. Ritter riet Ende April 1940, die Versuche aufzugeben, über Geßler und Wirth noch weitere Friedensmöglichkeiten zu sondieren.[216] Christie stimmte dieser Sichtweise ausdrücklich zu. Es gebe nicht die geringste Aussicht auf einen Putsch und in Deutschland herrsche eine Siegeseuphorie. Vansittart fühlte sich bestätigt: «It confirms what I have always said.»[217]

Obwohl damit die Friedensmission eigentlich beendet war, kam es zu einem langen Nachspiel. Am 8. Mai 1940 stattete Willy Schloßstein Hans Ritter einen mehrfach verschobenen Besuch ab. Die Informationen, die noch am folgenden Tag nach London weitergeleitet wurden, waren düster. Neben dem Hinweis, Geßler sei zu Ribbentrop übergelaufen, mußte Schloßstein mitteilen, die Stimmung im Reich arbeite für die Nationalsozialisten und werde sich erst nach einer schweren militärischen Niederlage ändern. Die Situation der Rüstungsindustrie habe sich gebessert. Der Angriff auf die Niederlande und Belgien sei für den 14. April angesetzt gewesen, letztlich aber verschoben worden; er könne jetzt aber täglich erfolgen. Diese Neuigkeiten Schloßsteins erschienen Ritter sensationell, machten gleichwohl eine Einschränkung erforderlich:

«I am sending you this information as you will perhaps be able to test its accuracy or the reverse at your end. Certainly my friend from South Germany was not trying to swindle me, but we must not exclude the possibility of his having been made the victim of a Goebbels fairy-tale. I should be surprised if it were so, because, through the importance of his firm, my friend has long possessed exceptional relations with the technical experts of the armaments industries.»[218]

Schloßstein gab also in klarsichtiger Konsequenz, ähnlich wie dies Hans Oster am 9. Mai gegenüber einem holländischen Gewährsmann tat, den Angriffstermin im Westen weiter. Loyalitätsüberlegungen oder ein innerer Konflikt wegen des Vorwurfs «Landesverrat» zu begehen, spielten, soweit zu erkennen ist, keine Rolle. Das Bewußtsein, im Kampf gegen ein Unrechtsregime zu stehen, ließ bei Schloßstein, der seit Jahren konsequent über die Kriegsvorbereitungen berichtet hatte, keine Bedenken über die Berechtigung seiner Handlung aufkommen.

Zu weiteren Besprechungen mit Ritter kam es allerdings nicht mehr, weil Boschs Privatsekretär seinen Aufenthalt aufgrund des deutschen Einmarsches in die Niederlande und Belgien abbrechen mußte und nach Deutschland zurückkehrte. Am 25. Mai 1940 erhielt Ritter jedoch völlig unerwartet nochmals Besuch von Schloßstein. Diesmal konnte der Emissär mit detaillierten Informationen über die jüngste militärische Entwicklung aufwarten:

«Die Polizei hat nun anerkannt, daß er den Zweck seiner letzten Geschäftsreise infolge dieser aussergewöhnlichen Umstände nicht hat erreichen können, und hat ihm darauf eine nochmalige Extra-Ausreise erlaubt. Sonst hätte er ja wohl erst wieder nach 8 Wochen aus Deutschland heraus können, denn öfter werden Geschäftsreisen jetzt nicht mehr erlaubt. Vorgestern besuchte mich dieser Freund aus dem bekannten Walzwerk, er verfügt über die Ihnen schon aus vielen früheren Berichten bekannten guten Verbindungen auch zu den oppositionellen Militärs. Er bestätigte mit allem Nachdruck, daß Hitler als eigentlicher Leiter der gegenwärtigen Strategie tatsächlich alles auf eine Karte gesetzt habe. So gut wie alle Tankformationen sind für den Durchbruch an den Kanal aufs Spiel gesetzt. Wenn es General Weygand gelingt, den deutschen Vorstoss abzufangen, die Lage zu stabilisieren oder gar die deutschen Armeen zu einem Rückzug zu zwingen, dann hat Adolf nach Ansicht unserer Freunde bereits das ganze Spiel verloren. Unsere Freunde glauben nicht, daß er in diesem Falle noch genügend Kräfte übrig behielte, um eine neue Grossoffensive führen zu können. Wir stehen also tatsächlich sehr nahe vor einer Entscheidung.

Über die Stimmung im Inneren Deutschlands berichtete mein Freund, daß im ganzen Volke in allen seinen Schichten die Erkenntnis vorhanden sei, daß es bei den gegenwärtigen Kämpfen sich um die Entscheidung über das Schicksal Deutschlands handle. Jedermann weiss, daß, wenn Hitler in den nächsten Wochen nicht Sieger ist, der Krieg bereits unwiderruflich für Deutschland verloren sein wird. Dieses Bewusstsein, daß es diesmal ums Ganze gehe, überschattet natürlich die nach den ersten großen Anfangserfolgen von der Propaganda mit allen Mitteln geschürte Siegesstimmung.»[219]

Ende Mai ergänzte Ritter diesen Bericht Schloßsteins durch eine weitere Lageschilderung. In seinen Gesprächen mit Walz und mit Schloßstein hatte er aus seinen Vorbehalten gegenüber Goerdeler nie einen Hehl gemacht. Nun schien es ihm angebracht, angesichts des deutschen Siegeszuges seinen Gewährsmann Christie erneut auf die unterschiedlichen politischen Einstellungen und Mentalitäten hinzuweisen:

«Alles in allem sind meine Freunde der Überzeugung, daß ein Abstoppen des bisherigen deutschen Siegeslaufes oder gar ein klarer Sieg der Westmächte in Deutschland rasch den inneren Zusammenbruch herbeiführen werde. Dies ist auch die Meinung der immer noch in entschiedener Opposition zu Hitler stehenden, höheren Militärs, die allerdings gegenwärtig völlig kalt gestellt sind. Keiner von ihnen hat ein Kommando. Mein Freund versicherte auf das bestimmteste, daß in diesem Kreise die Absicht, Hitler zu beseitigen, sobald die Volksstimmung hierfür günstig wäre, durchaus nicht aufgegeben worden sei. (...) Mein Freund sprach in diesem Zusammenhang auch über Goerdeler. Ich brachte meine alten Bedenken gegen diese Persönlichkeit zum Ausdruck, die mir als ‹viel zu preussisch› erschienen sei. Mein Freund, der mindestens ebenso scharfer Anti-Preusse ist wie ich und sich absolut nicht täuschen lässt, versicherte aber, daß G. sich tatsächlich unter süddeutschem Einfluss ganz erheblich geändert habe. Er habe alle in Süddeutschland als grundlegend betrachteten politischen Leitgedanken voll akzeptiert. Im besonderen bejahe er die Notwendigkeit eines föderalistischen Aufbaus Deutschlands, der Parzellierung Preussens und der endgültigen Ausmerzung des ‹Geistes von Potsdam›.»[220]

Ritter mochte der vom Boschkreis immer wieder beteuerten liberalen Wandlung Goerdelers allerdings nach wie vor nicht unbeschränkt trauen:

«Ich will persönlich zu dem allem keine Stellung nehmen. Sie kennen mein Misstrauen gegen alles, was aus Preussen und aus der Wehrmacht Adolf Hitlers kommt. Wir wollen hoffen, daß meine Stuttgarter Freunde mehr Glück mit ihrem Optimismus haben als Onkel Josef (=Wirth, J. S.) mit Tell (=Geßler, J. S.) gehabt hat. Auf jeden Fall haben wir mit diesen Leuten die tatsächlich besten Kreise der deutschen Opposition an der Hand. Ich will daher unter allen Umständen die Verbindung halten. Sollten im Falle eines innerdeutschen Putsches irgendwelche Vorschläge oder Angebote der deutschen Opposition vorzubringen sein, so würden solche voraussichtlich durch Herrn Jordan an mich überbracht werden. Onkel Josef wollen die Stuttgarter Leute unter keinen Umständen mit ins Vertrauen ziehen. Sein Kredit hat in der deutschen Opposition sehr verloren durch seine Bindung an Wilhelm Tell, den man für einen Verräter hält.»[221]

Der Mai 1940 stand für die Verschwörer im Zeichen einer tiefen Ernüchterung und Entmutigung. Mit den Bosch-Emissären verabredete Ritter, erst «bei Eintreten einer inneren Krise in Deutschland» ein Stichwort in die Schweiz zu senden.[222] Hierzu kam es nicht mehr. Weil ihm die Sorge vor einem deutsch-italienischen Überfall auf die Schweiz keine Ruhe ließ, ging Ritter am 27. Juni 1940 nach England.[223] Die nach Kriegsbeginn so hoffnungsvoll aufgenommenen Kontakte nach Großbritannien schliefen ein. Mit dem Regierungswechsel von Chamberlain zu Churchill am 10. Mai 1940 wurden Hitler[224] und auch die Verschwörer mit einer radikal veränderten Konstellation konfrontiert. Reinhold Schairer büßte, kompromittiert durch die vermeintliche politische Nähe zu Goerdeler, den letzten Rest an Glaubwürdigkeit ein, den er im Foreign Office noch besaß.[225] Der Unterschied, der in den englischen Regierungskreisen zwischen «Deutschen» und «Nazis» noch einige Zeit betont worden war, ging nun endgültig verloren. In diesen Wochen, so ist nüchtern konstatiert worden, hatte das «Andere Deutschland» seine «Rolle in der britischen Politik ausgespielt».[226] Für die Opposition wäre ein radikales Umdenken erforderlich gewesen. Der Verzicht auf alliierte Zusicherungen hätte eine gute Voraussetzung sein können, um den Weg nach vorn, zum Staatsstreich und die Zeit danach, freizuschlagen.

Weil sich der Boschkreis nach Hitlers Siegen über Belgien und Frankreich in seinem Widerstand diskreditiert sah, endeten für eine Zeitlang die eigenen Bemühungen, im Ausland für ein «Anderes Deutschland» zu werben. Die Stuttgarter mußten zum ersten Mal konkrete Gegenmaßnahmen ergreifen, um der Gefahr zu entgehen, daß kompromittierende Akten in die Hände der Gestapo fielen. Im Rahmen der Judenhilfe hatte man vor dem Kriegsausbruch umfangreiche Unterlagen über die jüdischen Finanztransaktionen beim langjährigen Prokuristen Mannheimers, Walter Pulkowski, in Amsterdam zur Verwahrung gegeben.[227] Diesem Bestand hatte man bald auch Aktenmaterial und die Briefwechsel zwischen Bosch, seinen Mitarbeitern und Goerdeler hinzugefügt. Nach dem deutschen Einmarsch in die Niederlande wurden in einer überstürzten Aktion zwei größere Pakete dieser Korrespondenzen von Pulkowski von Amsterdam nach Paris gebracht und dort in einem Hotel an den Champs Elysées deponiert.

Nach dem deutschen Einmarsch in Frankreich bestand wiederum die Gefahr einer Entdeckung. Nach Beratungen zwischen Robert Bosch, Hans Walz und Willy Schloßstein gelang es letzterem, Anfang September 1940 mit Hilfe des Schweizer Kaufmanns Max Frei[228] die Akten in der französischen Hauptstadt ausfindig zu machen. Zusammen mit Frei, der als «Neutraler» nach der deutschen Besetzung von Paris unauffällig auftreten konnte, gelang es Schloßstein in einer abenteuerlichen Aktion der verfänglichen Akten habhaft zu werden und in einer zweitägigen Operation alle Spuren der «äußerst delikaten Angelegenheit» zu vernichten.[229]

Auch andere Verhandlungspartner des Boschkreises begannen, die Spuren der Friedensbemühungen zu verwischen. Malcolm Christie vernichtete zahlreiche Unterlagen über seine deutschen Kontakte. Falls es doch noch zu einem Staatsstreich kommen sollte, glaubte er, daß von allen Spielarten die «süddeutsche» Variante die überzeugendste Alternative zu Hitler sei. Nur diese gemäßigten Tendenzen ließen seiner Meinung nach eine wirkliche Demokratisierung erwarten. Wie beeindruckt er von den Ideen der «Süddeutschen» war, zeigte sich, als er nach dem Krieg seine Idealvorstellung eines friedlichen Europas skizzierte: Für Deutschland konnte er sich allein eine föderale Struktur und die Stärkung der Länderrechte als ausreichende Garantie gegen die Diktatur vorstellen.[230]

Schon bevor Churchill im Januar 1941 offiziell die Devise eines «absoluten Stillschweigens» gegenüber allen Vermittlungsanfragen ausgab, stand der neue Kurs weitgehend fest. Präsident Roosevelt wurde im August 1940 informiert, London habe seit dem Vormonat auf diverse Friedensfühler aus der Schweiz nicht mehr reagiert.[231] Diese Nachricht bezog sich wahrscheinlich auf die noch im Sommer 1940 fortgesetzten Versuche der «Süddeutschen», ihre Verbindung nach London aufrechtzuerhalten. Die politische Klimaveränderung ließ sich indessen nicht mehr leugnen, als Joseph Wirth in Bern eine Friedensinitiative der deutschen Generalität, wahrscheinlich ohne Wissen des Boschkreises, zu lancieren versuchte. Die Reaktion aus London hätte feindseliger nicht sein können.[232] Auch Jordan erhielt eine Abfuhr, die schließlich zum Ende seiner halboffiziellen Mission beitrug. Den Briten reichten die Namen Wirth und Goerdeler, um ein müdes Abwinken hervorzurufen.[233] Als Exponent dieser radikalen Wendung darf Robert Vansittart gelten. Im Herbst 1940 bombardierte er Premierminister Churchill geradezu mit Stellungnahmen, die dem ungesteuerten Haß auf alles, was aus Deutschland kam, freien Lauf ließen: «The Nazis have only made for worse what was already bad beyond repair or forgiveness – bestial, blood-thirsty, foully different from all other breeds: the German race.»[234] Solche Tiraden waren selbst Churchill zuviel. Als Vansittart Ende Dezember eine weitere Attacke ritt, hob der Premierminister seine eigene Option für die Neuordnung Europas nach dem Krieg klug und souverän hervor. Die Wortwahl seiner knappen Antwort ließ auch darauf schließen, daß sich Churchill sehr wohl an die Vorschläge des süddeutschen Widerstands erinnerte, die ja traditionellen englischen Wunschvorstellungen recht nahekamen:

«I definitely disagree with your line on this. I contemplate a reunited European family in which Germany will have a great place. We must not let our vision be darkened by hatred or obscured by sentiment. If your policy means anything, it means the extirpation of 40 or 50 million people. This is silly. A much more fruitful line is to try to separate the Prussians from the South Germans.»[235]

So weitsichtig diese Vorstellung des Staatsmanns Churchill auch sein mochte, verrät sie doch zugleich, in welchem Maße während des Krieges die englischen Planungen über die Zukunft Deutschlands auf Preußen fixiert blieben.[236] Wieder einmal mag man sich jedoch fragen, ob eine «süddeutsche Lösung» nicht tatsächlich die Möglichkeit geschaffen hätte, eine wirkungsmächtige Alternative für ein Nachkriegseuropa zu schaffen, wenn sie nicht, wie es Churchill wohl zeitweise vorschwebte, auf eine nebulöse Donauföderation unter Einschluß der süddeutschen Staaten hinausgelaufen wäre.[237] Warum die von den süddeutschen Widerstandskreisen angebotene Alternative keine größere Beachtung in den britischen Analysen fand, muß unbeantwortet bleiben. Zwar zeigte sich einer der deutschen Vermittler, Friedrich Siegmund-Schultze, nach dem Krieg davon überzeugt, Briten und Amerikaner hätten aus dem Verhalten der «damaligen Herren von Bosch» Folgerungen gezogen, die bei einem «glücklichen Ausgang der geplanten Aktionen» sichtbar geworden wären.[238] Freilich, gegenüber solchen Vermutungen, ist Vorsicht ratsam. Eine Widerstandsbewegung, die mit separatistischen Tendenzen argumentiert hätte, wäre in Großbritannien wohl kaum ernst genommen worden.

Die «süddeutschen» Demokraten waren im Stimmengewirr der Oppositionellen nicht deutlich genug herauszuhören. Im Foreign Office verfestigte sich letztlich der Eindruck, selbst nach einem politischen Revirement würden sich «preußische» Konzeptionen auf lange Sicht wieder durchsetzen. Hans Mommsen hat später diese Argumentation in gewisser Weise übernommen, als er feststellte, die Vorstellungen des bürgerlichen Widerstands des Jahres 1940 hätten keineswegs eine Alternative zu Hitler, sondern die «Militärdiktatur im Stil der Illusionen von 1934» bedeutet.[239] Die Politik des «Dismemberment of Germany» gewann mit ihrem Ziel, weitgehend unabhängige süddeutsche Staaten zu schaffen und Preußen als Unruhestifter zu isolieren, nun jedenfalls eine bislang nicht vorhandene Anziehungskraft.[240]

4. Friedenssuche nach den Siegen Hitlers

Der Winter 1940/41 war weitgehend durch zermürbendes Abwarten gekennzeichnet. Walz, der nur noch von einem «kleine(n) Häufchen weniger Getreuer» berichtete, hat später diesen Versuch, die Kräfte zu sammeln, als ein «ebenso aufregende(s) wie aufreibende(s) Martyrium» charakterisiert.[241] Erst im Jahr 1941 spielte die neutrale Schweiz ein weiteres Mal eine zentrale Rolle für die Friedensbemühungen. An die Stelle Hans Ritters als Koordinator und treibende Kraft trat nun der protestantische Theologe Friedrich Siegmund-Schultze. Der Boschkreis war ein weiteres Mal unmittelbar an diesen Umsturzplanungen beteiligt.[242]

Inzwischen hatten sich die Bedingungen für eine Verschwörung wesentlich verschlechtert. Als Chamberlain noch im Amt gewesen war, hatte Siegmund-Schultze nach eigenem Zeugnis noch das Angebot erhalten, mit dessen Privatflugzeug nach Großbritannien zu kommen, um dort Friedensmöglichkeiten zu erörtern. Wie ernst ein solches Angebot gemeint war, ist nicht sicher, aber die nach dem Krieg von Siegmund-Schultze energisch vertretene Ansicht, zu Kriegsbeginn sei in England noch die Bereitschaft vorhanden gewesen, die «Vorschläge der Verschwörer anzuhören»,[243] ist nicht von der Hand zu weisen.

Der Anstoß für die Aktion des Jahres 1941 ging wieder von Carl Goerdeler aus. Er wußte von Siegmund-Schultzes guten Verbindungen zur Kirche in Großbritannien, über die der Theologe als Schriftführer des Weltbundes der Kirchen und als Präsident des internationalen Versöhnungsbundes verfügte. Ethisch-moralische Übereinstimmungen erleichterten die Zusammenarbeit. Siegmund-Schultze war mit Theodor Bäuerle verbunden,[244] stritt für einen moralisch-sittlichen Neuaufbau Deutschlands auf christlicher Grundlage und war von dieser Warte her der geeignete Gesprächspartner für Walz und Schloßstein, deren Widerstand gleichfalls politische und christliche Motive miteinander verband.[245] Als Anhänger eines kategorischen Pazifismus traf er sich zudem in vielerlei Hinsicht mit dem religiös begründeten Pazifismus des «Betriebsführers» von Bosch.[246] Goerdeler ermunterte daher Siegmund-Schultze zu Beginn des Jahres 1941, einen neuen Vermittlungsversuch zu wagen. Für die Verhandlungen mit den Briten sei diese Strategie, wie Goerdeler aufgrund seiner bisherigen Erfahrungen annahm, «aussichtsreicher» als andere Wege.[247] Auch der protestantische Geistliche glaubte trotz aller negativen Erfahrungen noch fest an eine positive Lösung.[248]

Die für Mittlerdienste inzwischen ausgewiesenen Emissäre des Boschkreises wurden in den folgenden Monaten nicht nur «Zwischenträger»,[249] sondern waren, um die Charakterisierung durch Anneliese Goerdeler zu benutzen, «agents de liaison» des Widerstands zum Ausland.[250] Sie waren mit ihren Ratschlägen konzeptionell an den Ausarbeitungen beteiligt, die eine Grundlage der Absprache mit den Alliierten darstellen sollten. Allerdings traten die Stuttgarter nicht als eigenständige Gruppierung auf, sondern verstanden sich als Abgesandte Goerdelers.

Der genaue Ablauf dieser Besprechungen mit Walz und Schloßstein, die gewöhnlich nachts stattfanden,[251] läßt sich im Gegensatz zu den Gesprächen zum Widerstand im Frühjahr 1940 nur einigermaßen grob rekonstruieren. Wahrscheinlich stellte Hans Walz auf einer seiner Schweizreisen die Weichen für eine konkrete Vermittlungstätigkeit. Walz war seltener als Schloßstein bei Siegmund-Schultze, wahrscheinlich nur einige Male.[252] Diese Begegnungen reichten dem Theologen indessen aus, in Walz einen überzeugten Christen und geistigen Weggefährten kennenzulernen, der mit «tiefstem Verantwortungsgefühl» seine Vermittlungstätigkeit für den Umsturz als eine moralische Pflicht auffaßte, dabei jedoch unter der «tragischen Situation» litt, zugleich den «nationalsozialistischen Machthabern zu Willen sein» zu müssen.[253]

Willy Schloßstein, in dessen Händen zum großen Teil die Umsetzung ins Praktische lag, war für die schweizerischen Aufgaben geradezu prädestiniert. Weil er alle vier Wochen in die Schweiz reisen durfte, konnte er dorthin Nachrichten einschleusen und auf dem Rückweg Neuigkeiten nach Deutschland zurückbringen. Er war dabei «jedesmal sehr vorsichtig vorbereitet»[254] und konnte dem exilierten Theologen bereits bei seinem ersten Besuch die Bestrebungen Goerdelers erläutern. Schon im Laufe dieser Unterredung gewann Siegmund-Schultze den Eindruck, daß Schloßstein als «überzeugter Christ» ein aktiver Gegner des herrschenden Regimes war.[255] Bei den konspirativen eidgenössischen Treffen verhielten sich Walz, Schloßstein und der bisweilen hinzugezogene Paul Hahn umsichtig: Man traf sich, bisweilen vermittelt durch Freunde des Chirurgen Ferdinand Sauerbruch, der selbst mit dem Widerstand verbunden war, zuweilen im Gebirge, um einer Überwachung durch Agenten der Gestapo vorzubeugen, die den Verkehr Siegmund-Schultzes mit Emigranten überwachten.[256]

In Zürich hatte sich inzwischen ein ganzes Netzwerk von Beziehungen konspirativen Charakters gebildet. Mit dem Leipziger Industriellen Walter Cramer leistete ein weiterer Vertrauter Goerdelers politische Mittlerdienste für Siegmund-Schultze.[257] Es ist anzunehmen, daß Cramer im Zusammenhang mit seinen «Botschafterdiensten» auch in Berührung mit den

Stuttgartern kam. Die näheren Umstände liegen im dunkeln. Sie werden sich vermutlich nicht mehr aufklären lassen, weil Cramer nach dem 20. Juli 1944 hingerichtet wurde.[258]

Zu den in Zürich agierenden Verbindungsleuten und Helfern Goerdelers und Siegmund-Schultzes gehörte auch der eidgenössische Rechtsanwalt Dr. Edlin als juristischer Ratgeber der Robert Bosch GmbH in der Schweiz. Zum Kreis von Kurieren und Freunden zählten indessen auch einige Männer der Bank- und Geschäftswelt. Der Generaldirektor der Schweizerischen Kreditanstalt, Heinrich Blass, und der Berliner Reichsbankdirektor Bodo von Wedel, zu denen Goerdeler im Herbst 1939 im Rahmen der Mendelssohn-Angelegenheit die Verbindung hergestellt hatte,[259] nutzten die freie Luft Zürichs, um den Verschwörern behilflich zu sein.[260]

Wie soost waren die zunächst rein geschäftlichen Beziehungen allmählich in den Bereich des Konspirativen übergegangen. Von Wedel, mit dem Goerdeler in den folgenden Jahren immer wieder zu Beratungen in der Frage des Bosch-Auslandsgeschäfts zusammentraf, wurde schließlich in Goerdelers «Kabinettsliste» vom Januar 1943 als zukünftiger Vizepräsident der Reichsbank aufgenommen.[261] Freilich, zum eigentlichen Kern der Widerstandsbewegung wird man wohlwollende Helfer wie Edlin, von Wedel und Blass schon deshalb nicht zählen dürfen, weil ihre Einflußmöglichkeiten zu gering waren. Heinrich Blass[262] etwa war zwar einflußreiches Mitglied der Generaldirektion der ältesten schweizerischen Großbank, der entsprechend auch auf weite Auslandsverbindungen zurückgreifen konnte. Aber dem Bankier blieb wenig mehr übrig, als den Verschwörern neben gelegentlichen Hilfsdiensten Sympathie zu bekunden.

Ähnliches gilt für Walther Lohmeyer, der als Journalist in Zürich über vielfältige Beziehungen verfügte und auch mit dem Juristen Edlin einen regen Umgang pflegte. Als Verleger blickte Lohmeyer auf enge Verbindungen mit Robert Bosch, Hans Walz und Willy Schloßstein zurück, weil er in den zwanziger Jahren Geschäftsführer des von Bosch finanzierten «Rhein-Verlags» gewesen war. Nach dem Ausscheiden aus dem Verlag, der sich die Völkerverständigung und den Ausgleich mit Frankreich auf die Fahne geschrieben hatte, betätigte er sich publizistisch, schrieb als Hitlergegner in der Schweiz Aufsätze unter dem Titel «Das stumme Deutschland redet»[263] und verfaßte Tagesberichte für die «Neuen Zürcher Nachrichten» und katholische Zeitungen. Dabei hatte er bald Anschluß an die Verschwörerkreise um Hans Ritter gefunden.[264] Auch die schweizerische Fremdenpolizei und die Bundesanwaltschaft interessierten sich lebhaft für Lohmeyer. Die seit dem Herbst 1939 angeordnete Telephon-Überwachung bezeugt, daß Lohmeyer über den Brief Joseph Wirths an Chamberlain von Weihnachten 1939 informiert, möglicherweise gar an der inhaltlichen Konzeption beteiligt und insbesondere über die belgischen und vatikanischen Friedensfühler im Winter 1939/40 unterrichtet war.[265] Auch Josef Müller, der als Jurist und Abwehr-Mitarbeiter von Admiral Canaris 1939/40 über den Vatikan Gesprächsangebote über Friedensmöglichkeiten nach Großbritannien lanciert hatte, war über die Bemühungen von Siegmund-Schultze, Lohmeyer und Schloßstein informiert.[266] Da allerdings auch in diesem Fall eine der wichtigsten Regeln geheimdienstlicher Tätigkeit sorgsam gewahrt wurde, nämlich ein Geheimnis dadurch zu hüten, daß man nichts notiert, sind wir über das Nähere nicht gut informiert. Ob etwa in der verwirrend vielfältigen Szenerie der Hitlergegner in der Schweiz auch die britische Schriftstellerin und Journalistin Elizabeth Wiskemann mit dem Boschkreis in Berührung kam, ist nicht bekannt. Sie hatte in liberalen Kreisen Theodor Heuss kennengelernt[267] und nahm in Bern, wo sie vom englischen Geheimdienst mit der Sammlung nichtmilitärischen Materials beauftragt war,[268] Fühlung zu Regimegegnern wie Joseph Wirth und Adam von Trott zu Solz auf. Durch einen deutschen Chemiker in Basel, der mit dem Diplomaten Albrecht von Bernstorff befreundet war und öfters nach Stuttgart und Berlin reiste, wußte sie von Robert Boschs Tätigkeit im Widerstand.[269]

Die Präliminargespräche mit Siegmund-Schultze über eine neue Aktion gegen Hitler fanden, nach allem was wir wissen, im Februar 1941 statt.[270] Sie dienten als Grundlage einer intensiven Vermittlertätigkeit, deren Charakter und Umfang inzwischen aus deutschen und britischen Quellen befriedigend dargestellt werden kann. Im Auftrag von Carl Goerdeler informierte Schloßstein den Theologen, daß Carl Goerdeler «mit ideeller und materieller Hilfe der Robert Bosch G. m. b. H.» eine Widerstandsgruppe aus bürgerlichen und christlich-gewerkschaftlichen Kreisen aufgebaut habe. Da niemand in Deutschland wage, offen gegen das Regime Stellung zu beziehen, so führte der Privatsekretär Robert Boschs weiter aus, habe Goerdeler Teile des Militärs gewonnen, die sich bereit erklärt hätten, Deutschland vom Terror Hitlers zu befreien, den «Führer» und seine nähere Umgebung gefangenzunehmen und ihn gerichtlich zu verurteilen.[271] Siegmund-Schultze wurde gebeten, für Goerdelers Aktion zu werben: Er verfügte über gute Verbindungen zu britischen Kirchenkreisen, namentlich zu William Temple, dem Erzbischof von York, und George Bell, dem Bischof von Chichester.

Von einer Ermordung Hitlers war zu jenem Zeitpunkt noch nicht die Rede. Wie Walz und Goerdeler war Siegmund-Schultze Gegner eines Attentats und wollte aus innerer Überzeugung von der Tötung Hitlers absehen.[272] Es läßt sich über diese Gewissensfrage schwerlich streiten. Wenn sich ein Hitlergegner, von ethischen Überzeugungen geleitet, für aktiven Widerstand gegen Hitler entschied, wird man ihm gerechterweise nicht anschließend den Vorwurf machen dürfen, es sei unrealistisch, aus Gewissensgründen auf die Tötung Hitlers zu verzichten. Freilich vertrauten Siegmund-Schultze und die Bosch-Emissäre nicht nur aus christlicher Grundüberzeugung auf einen unblutigen Regimewechsel. Sie befürchteten eine Mythisierung Hitlers durch eine ideologisch fanatisierte und indoktrinierte Bevölkerung, die einen demokratischen Neuanfang erschwert hätte – eingedenk der offenkundigen enthusiastischen Zustimmung, die Hitler bei den Deutschen fand, kam dieser Gedanke in den Überlegungen des Boschkreises ja immer wieder zum Ausdruck. Von zentraler Bedeutung blieb immer noch die Frage nach den Konditionen eines Putsches: Bevor ein Umsturz erfolgen könne, müßten die Alliierten, so übernahm Schloßstein die Argumentation Goerdelers, bindende Zusagen über ihre Bereitschaft zu Verhandlungen mit einer demokratischen Nachfolgeregierung machen. Warum Schloßstein die bedenklichen Bedingungen referierte, die der bürgerlichen Opposition nur unnötige Belastungen aufzwangen, muß offenbleiben. Möglicherweise fühlte er sich nicht befugt, durch das Vorbringen einer abweichenden Meinung die unter schwierigen Bedingungen abgerungene Zustimmung der Militärs zu gefährden. Schloßstein bat im Namen seiner «Stuttgarter Freunde», die «Royal Air Force» möge Stuttgart als ein «Zentrum der Widerstandsbewegung gegen Hitler» nicht angreifen, ein Wunsch, der bald auch in anderen Nachrichten an die britischen Adressaten auftauchen sollte.

Siegmund-Schultze und Schloßstein kannten die Schwierigkeit, das nach Einschätzung des Theologen «keineswegs leichte Ziel» zu erreichen. Es gelang Siegmund-Schultze in «langwierigen Verhandlungen» schließlich, «Zusagen in der gewünschten Richtung» zu erhalten. Allein, während er Schloßstein diese Nachrichten zur Weitergabe an Goerdeler mitteilte,[273] kam dem Emissär des Boschkreises die undankbare Aufgabe zu, von verschobenen Umsturzplänen berichten zu müssen. Dies beruhte wieder einmal auf der zögerlichen Haltung der Militärs, die im Frühjahr 1941 aufgrund der scheinbar günstigeren Kriegslage weniger als noch in den Monaten des «Sitzkrieges» gewillt waren, dem ständigen Drängen der Zivilisten im Widerstand nachzugeben. Nach langwierigen Diskussionen einigten sich Goerdeler und Siegmund-Schultze zu Ostern 1941 auf einen 15 Punkte umfassenden «Friedensplan»:

«Folgende von der deutschen Gruppe verfolgten Friedensziele werden als Grundlage von Verhandlungen vorgeschlagen:

1. Wiederherstellung der vollen Souveränität der während des Krieges von den Kriegsparteien besetzten neutralen Länder.

2. Bestätigung der vor dem Krieg erfolgten Anschlüsse von Österreich, Sudetenland, Memelland an Deutschland.

3. Wiederherstellung der Grenzen Deutschlands von 1914 gegenüber Belgien, Frankreich, Polen.

4. Festsetzung der europäischen Ländergrenzen auf Grund des nationalen Selbstbestimmungsrechts durch eine Friedenskonferenz sämtlicher Staaten.

5. Rückgabe der deutschen Kolonien oder gleichwertiger Kolonialgebiete unter gleichzeitiger Einrichtung eines internationalen Mandatsystems für alle Kolonien.

6. Keine Kriegsentschädigungen, gemeinsamer Wiederaufbau.

7. Abbau der Zollgrenzen.

8. Einsetzung eines mit Vollmachten versehenen Weltwirtschaftsrats.
9. Internationale Kontrolle der Währungen.
10. Wiederaufnahme der Arbeiten des Internationalen Arbeitsamts.
11. Wiederherstellung des Rechts, Bestrafung der Schuldigen.
12. Ausbau der internationalen Schiedsgerichtsbarkeit.
13. Begründung einer regelmäßigen Konferenz der europäischen Staaten und entsprechender Zusammenschlüsse auf regionaler Basis.
14. Allgemeine Begrenzung und Herabsetzung der Rüstungen.
15. Internationale Kontrolle der Rüstungen und Rüstungsindustrien.»[274]

Der merkwürdig inkongruente «Friedensplan» wirkt sicherlich auf den ersten Blick nicht moderat und ist in der Forschung gemeinhin herangezogen worden, um die hegemonialen Tendenzen der «Honoratioren» im Widerstand zu belegen.[275] Freilich, neben territorialen Forderungen steht die Neuregelung der Ergebnisse von Versaillles an erster Stelle. Den Verschwörern ging es also um eine rechtliche Lösung, unabhängig von der Tatsache, daß Hitler inzwischen fast ganz Europa militärisch beherrschte und de facto die Revision des «Schmachfriedens» aus eigener Machtvollkommenheit schon durchgeführt hatte. Das scheinbar revisionistische Ansinnen des Widerstands sollte dagegen auf den fundamentalen Unterschied zur expansionistischen Politik des «Führers» aufmerksam machen. Es ging nach Ansicht der Opposition überhaupt nicht um ein Schachern um Gebietsansprüche, sondern um die Wiederherstellung eines als rechtmäßig empfundenen Status quo ante.

Ob es sinnvoll war, einen solchen Katalog bei der Anbahnung von Friedensgesprächen ins Feld zu führen, ist eine ganz andere Frage. Ins Auge fällt jedoch eine merkwürdige Zweiteilung des «Friedensplans»: Die ersten fünf Punkte beschreiben nationale Ziele, die übrigen zehn Punkte weisen in die Sphäre internationaler Regelungen und lösten sich aus nationalen Befangenheiten. Dies ist um so erstaunlicher, als der Plan auf die Generalität Rücksicht zu nehmen hatte und darauf abgestimmt sein mußte, die militärischen Führer auf dem Zenit der europäischen Machtstellung Hitlers vom Staatsstreich zu überzeugen. So unverkennbar sich in dem ersten Teil des «Friedensplans» die bekannten Positionen der «Honoratioren» wiederfanden, spiegelte doch die zweite Gruppe von Vorschlägen Gedanken wider, die zweifellos mit überkommenen Traditionen wenig gemein hatten. Der Abbau der Zollgrenzen mochte für Wirtschaftsliberale eine altbekannte Forderung sein, aber die Bildung eines «Weltwirtschaftsrates», Rüstungskontrolle und sogar Rüstungsabbau, eine internationale Kontrolle der Rüstungsindustrie, internationale Schiedsgerichtsbarkeit und die Gründung einer «regelmäßigen Konferenz der europäischen Staaten» beschrieben Elemente, die sehr viel eher zu den Befürwortern des Völkerbunds und der europäischen Einigung paßten, bei denen territoriale Forderungen nie im Vordergrund der Überlegungen standen. Mit Nationalkonservatismus, wie ihn Hans Mommsen beschrieben hat, hatte dies sicherlich wenig zu tun. Die «Zweifel an der Typi-

sierung Mommsens»[276] akzentuieren sich zudem, wenn man bedenkt, daß
der «Friedensplan» lediglich als «Verhandlungsgrundlage» dienen sollte und
keine unabänderlichen deutschen Forderungen markierte.[277] Auch der Vergleich mit früheren Konzeptionen Goerdelers für ein Nachkriegseuropa
zeigt eine emanzipatorische Weiterentwicklung und Verfeinerung; der
«Friedensplan» fügte sich in die Reihe der Denkschriften kontinentalen
Zuschnitts ein, die Goerdeler seit dem Sommer 1940 verfaßt hatte. Diese
empfahlen für Europa ein an das Commonwealth angelehntes Prinzip und
plädierten für einen «europäischen Föderalismus unter Führung eines
erneuerten, aufgeklärten Deutschland».[278] Unter der Prämisse, daß sich eine
europäische Großmacht ihren wie auch immer definierten wirtschaftlichen
Führungsstatus erst verdienen müsse, verliefen die Ansichten des Boschkreises über die Ausgestaltung eines liberalen freihändlerischen Europa auf
parallelen Bahnen zu den Vorstellungen Goerdelers. Die bisweilen anti-
europäischen Züge, die dessen frühe Pläne gekennzeichnet hatten, waren
inzwischen verwischt.

Siegmund-Schultze hatte stets betont, Verhandlungen mit dem Ausland
seien nur dann sinnvoll, wenn die Wehrmacht «offiziell mitmacht». Er
bestand deshalb auf die Gegenzeichnung des «Friedensplans» durch den
Oberbefehlshaber des Heeres, Walter von Brauchitsch. Ein von ihm selbst
geschriebenes Exemplar sollte als «offizielles Dokument» gelten, sobald
von Brauchitsch den Plan persönlich paraphiert hatte.[279] Willy Schloßstein
erhielt am 30. Mai von Goerdeler das Dokument, das als Legitimation
mit der Paraphe von Brauchitschs versehen war. Als er das außergewöhnliche Dokument nach Zürich brachte, war er aus Sicherheitsgründen über
den brisanten Inhalt seines Gepäckstücks nicht informiert – in diesem Fall
fungierte er ausnahmsweise wirklich nur als «Briefträger». In der Forschung ist umstritten, ob von Brauchitsch den «Friedensplan» tatsächlich
gebilligt hat. Für die Paraphe von Brauchitschs gibt es keine anderen Belege als die späteren Aussagen Siegmund-Schultzes. Wie von Brauchitsch
in diesen Monaten über die Chancen und über die Verantwortbarkeit
eines Putsches dachte, wissen wir nicht genau. Aber der zögerliche
Oberbefehlshaber des Heeres, der sich immer wieder den Verschwörern
zu entziehen verstand, hatte seine Haltung zu den Widerstandskreisen
inzwischen überdacht: Auch wenn seine Wiederannäherung an die
Opposition widersprüchlich sein mußte, ist die Abzeichnung des Dokument doch gut vorstellbar.[280] Auf jeden Fall hatte Siegmund-
Schultze nun für seine Aktion grünes Licht erhalten. Schloßstein und
Siegmund-Schultze berieten schließlich, wie die alliierten Zusagen erreicht
werden konnten. Das Dokument und ein Begleitbrief sollten so
schnell wie möglich den britischen Adressaten erreichen, obwohl man
den Zeitpunkt «für denkbar ungünstig» hielt.[281] Angesichts der zunehmend intransigenten Haltung Churchills waren diese Bedenken berechtigt.[282]

Um die Geheimhaltung zu sichern, wollte Siegmund-Schultze den «Friedensplan» über die englische Gesandtschaft in Bern nach Großbritannien befördern lassen und fuhr schon am folgenden Tag, am 31. Mai 1941, nach Bern. Die Übergabe der Denkschrift erwies sich zunächst als unmöglich. Die britischen Diplomaten in der Schweiz hatten die strikte Anweisung, Friedensfühler jeglicher Spielart zu ignorieren. Siegmund-Schultze gelang es immerhin, das Vorhaben und «indirekt das Wesentliche» zu erläutern. Noch vor Ort[283] schrieb er einen Begleitbrief an den Erzbischof von York, William Temple,[284] dessen Entgegennahme indessen ebenfalls zunächst verweigert wurde. Allerdings wurde versichert, man werde sich bemühen, ein Londoner Einverständnis für die Weiterleitung des Dokuments zu erlangen. Als Erzbischof Temple am 4. Juni im Foreign Office anfragte, ob er Siegmund-Schultzes Nachricht, deren Inhalt er nicht kannte, empfangen dürfe,[285] erfolgte die unwillige Zustimmung mit dem warnenden Zusatz, es handle sich um eine «rather unusual procedure».[286] Am 9. Juni erhielt die Gesandtschaft in Bern die Anweisung, den «Friedensplan» entgegenzunehmen. Siegmund-Schultze erfuhr wenig später gerüchteweise, die deutschen Vorschläge seien sogleich in einem einstündigen Telefongespräch an Außenminister Anthony Eden weitergeleitet worden.[287]

Über die Gründe für den englischen Sinneswandel kann man nur spekulieren.[288] Siegmund-Schultze vermutete später, die Weitergabe einiger Informationen Goerdelers über den bevorstehenden deutschen Überfall auf die Sowjetunion habe möglicherweise seine Vertrauensbasis im Foreign Office verstärkt. Inzwischen verging allerdings weitere Zeit. Siegmund-Schultze, der inzwischen aus Deutschland noch einmal zum Handeln gedrängt worden war, schickte am 4. August eine weitere Erläuterung zum «Friedensplan» an den Erzbischof von York. Ausdrücklich verwies er auf die politische Bandbreite der Verschwörung, die er nicht als rein militärisch-konservativ mißverstanden wissen wollte. Auf die Schilderung der personellen Zusammensetzung verzichtete er und sprach lediglich von den «deutschen Freunden».[289]

Als das Foreign Office den «Friedensplan» am 23. August 1941 erhielt, wurde er zwar mit Interesse studiert, die Meinungen blieben jedoch geteilt, nicht zuletzt, weil sich eine entschlossene alliierte Kriegskoalition anbahnte. Wenige Tage zuvor, am 14. August, hatten Roosevelt und Churchill in einer gemeinsamen Erklärung die Atlantik-Charta verkündet, durch die sich die Briten des Beistandes ihres amerikanischen Verbündeten versichert hatten. Im Foreign Office rätselte man zudem, wer sich hinter Siegmund-Schultze verbarg, und konnte nur vermuten, daß es sich um «our old friends the ‹reasonable Generals›, Dr. Goerdeler & possibly Dr. Schacht» handle.[290] Die Vorschläge seien zwar weitergehend als alles bisher Gehörte, aber immer noch unannehmbar. Außenminister Eden verwies auf die Frage der Grenzen von 1914 und das Problem Elsaß-Lothringen: «I may say that these proposals are not unlike others which have reached us by various channels from

sources that do not inspire great confidence.»[291] In der vorliegenden Form
war die Denkschrift jedenfalls «quite inacceptable»[292].

Hätte eine mit Blick auf die Revisionsforderungen zurückhaltendere
Note eine andere Reaktion hervorrufen können? Wahrscheinlich hätten zu
jenem Zeitpunkt selbst die liberalen Konzeptionen des Boschkreises mit
ihren auf Kooperation abzielenden Europavisionen keine Chance mehr
gehabt, die absolute Negation auf englischer Seite zu durchbrechen. Selbst
wenn man annimmt, der in Großbritannien unangemessen prätentiös wirkende «Friedensplan» habe auf einer Fehlperzeption britischer Politik
basiert, weil er den Anspruch deutscher Hegemonie in Europa nicht ausdrücklich ausschloß, zeigt ein Blick auf die englische Reaktion, wie gering
die Erfolgsaussichten von Vermittlungsaktionen, unabhängig von ihren
inhaltlichen Aussagen inzwischen geworden waren: Selbst ein ostentativer
Verzicht auf Vormachtansprüche hätte wohl schwerlich die britische Haltung geändert.

Nur eine «Aktion», nur der Sturz Hitlers aus eigener Kraft hätte auf
nachträgliche englische Großzügigkeit bauen können – mit Blick auf die
europäische Landkarte des Sommers 1941 eine Überlegung, die hinsichtlich der Einstellung der Militärs, die sich im Machtsog Hitlers befanden,
und «angesichts des fabelhaften Glücks, das über Hitlers Taten strahlte»,[293]
als illusorisch galt. In der vorliegenden Form jedoch mußten die deutschen
Forderungen nach englischen Vorleistungen in Form von Stillhalteverspre-
chen neben allen anderen Unwägbarkeiten sogleich als «insidious and
disastrous terms» wirken.[294] Wer annimmt, die Alliierten hätten eine Gelegenheit verpaßt, weil sie deutschen Friedensfühlern nicht genug Beachtung
schenkten, so hat einer der besten Kenner des Zweiten Weltkriegs bemerkt,
mißachtet sowohl die antideutsche Stimmung in den westlichen Staaten als
auch das Gefühl der Solidarität der westlichen Politiker mit den verbündeten Sowjets.[295]

In den zurückliegenden Monaten hatte Eden eine Zunahme verschiedener Friedensfühler registriert: Goerdeler hatte einem SIS-Agenten in der
Schweiz berichtet, in Verbindung mit von Brauchitsch und Halder zu stehen. Aber in britischen Ohren klangen diese Hinweise nur noch wie leere
Worte. Der britische Außenminister nahm Mitte September 1941 das
abschließende Urteil vorweg, als er den Premierminister mit einer ausgesprochen skeptischen Einschätzung in die Begleitumstände des Friedens-
fühlers einweihte. Die deutsche Initiative sei wenig vertrauenserweckend:
«You will remember that our attitude towards all enquiries and suggestions
concerning peace feelers is at present ‹absolute silence›.» Edens Mißtrauen
gegenüber Goerdeler war groß: «We have had messages from him before,
and are not disposed to trust him.» Lediglich als Nachrichtenquelle sollten
die Verbindungen ausgenutzt werden: «Such messages occasionally throw
interesting light on internal difficulties and tendencies in Germany.»[296]
Zwischen Außenminister und Premierminister herrschte in diesem Punkt

Einigkeit, wie Churchill in einer später vielzitierten Bemerkung deutlich machte:

«I am sure we should not depart from our policy of absolute silence. Nothing would be more disturbing to our friends in the United States or more dangerous with our new ally, Russia, than the suggestion that we are entertaining such ideas. I am absolutely opposed to the slightest contact.»[297]

Deshalb war es weitgehend belanglos, daß auch Erzbischof Temple inzwischen mißtrauisch geworden war.[298] Nachdem er den «Friedensplan» am 20. September 1941 mit Billigung Edens und der Bitte um äußerste Zurückhaltung erhalten hatte,[299] wollte er für Siegmund-Schultzes «Hintermänner» nicht bürgen.[300] Deshalb erschien dem Foreign Office eine Ignorierung als einzig angemessene Reaktion. Die vom Erzbischof von York entworfene Antwort, die ohnehin nur die sehr knappe Mitteilung enthielt, der «Friedensplan» sei dem Foreign Office bekannt, wurde nicht einmal abgesandt.[301] Für Großbritannien war die Vermittlung wenig mehr als eine lästige Pflicht gewesen.[302] Das Fenster für einen Verhandlungsfrieden mit den gemäßigten Kräften in Deutschland war fast hermetisch geschlossen: Man sei, so urteilt ein damaliger hoher Beamter des englischen Geheimdienstes noch heute, «heartless but right» gewesen, alle weiteren Kontakte mit einem fin de non recevoir zu beantworten.[303]

Siegmund-Schultze erfuhr lediglich auf Umwegen (wahrscheinlich über Goerdeler via Schloßstein oder Cramer), der englische Premierminister, der Außenminister und zwei weitere Kabinettsmitglieder hätten sich mit dem «Friedensplan» befaßt. Der britische Gesandte David Kelly teilte ihm die Entscheidung Edens mit, das Friedensangebot endgültig abzulehnen, jedoch in einer Rede den «Friedensplan» zu berücksichtigen. Als Willy Schloßstein von Siegmund-Schultze wenig später, Ende 1941, erfuhr, eine in Schottland gehaltene Rede des Außenministers habe fast wörtlich die von den deutschen Militärs geforderten Zusicherungen enthalten, wurde diese Nachricht von Robert Bosch mit Befriedigung zur Kenntnis genommen.[304] Siegmund-Schultze mochte zwar das Scheitern seiner Bemühungen beklagen,[305] aber er empfand nach dem Krieg eine gewisse Genugtuung, weil seine Vermittlungsaktion zu den wenigen Initiativen gezählt hatte, auf die Großbritannien überhaupt noch reagiert hatte.[306] Der Kontakt zum Boschkreis ging nun verloren. Über die Chancen eines Umsturzes war der Theologe inzwischen zutiefst pessimistisch. Erst gegen Kriegsende faßte er wieder Mut, ohne jedoch in die Vorkommnisse, die zum Attentat des 20. Juli führten, noch involviert zu sein.[307]

Aufgrund des abermaligen Mißlingens einer Vermittlung gewannen für eine kurze Zeit im Boschkreis Überlegungen an Gewicht, die inneren Schwächen und Widersprüche des nationalsozialistischen Systems für einen Staatsstreich auszunutzen. Die Schweizer Freunde rieten in diesen Monaten, «die unzufriedenen Kreise in der Partei und ihren Gliederungen zusammenzufassen, aus diesen eine Abwehrfront aufzubauen und die Partei von innen auszuhöhlen». Der Boschkreis betrachtete diesen Plan vorübergehend als eine ernsthafte Alternative zu einer Berliner Militäraktion. Das Vorhaben stellte sich allerdings nach einigen vorsichtigen Sondierungen schon bald als undurchführbar heraus, wie sich Schloßstein später erinnerte:

«Zwar bekämpften sich manche Nazis unter sich heftig, z. B. ist der starke Gegensatz zwischen dem Gauleiter Murr und dem württ. Ministerpräsidenten Mergenthaler ein offenes Geheimnis. Keiner von ihnen oder einer seiner Getreuen wagt es, den Spieß etwa gegen Hitler und seine verbrecherische Clique umzukehren. Wenn es um die Erhaltung der Futterkrippe geht, so sind sich die Herren Nazis immer einig. Die kleinen Parteigenossen sind zwar unzufrieden und machen daraus im vertrauten Kreis keinen Hehl, sie sind aber nicht mutig genug, einer breiten Abwehrfront beizutreten»[308]

In der Rückschau mutet die kühne Idee, den Nationalsozialismus nach der Taktik des Trojanischen Pferdes gleichsam von innen auszuhöhlen, als ausgesprochen realitätsfern an. Aber dieser Versuch zeugte von der weitverbreiteten Ratlosigkeit, auf welche Weise das «Dritte Reich» zu Fall gebracht werden konnte. Die Unfähigkeit, die parteiinternen Fehden ausnutzen zu können, die Unsicherheit, die durch den immer wieder verschobenen Staatsstreich entstand, und nicht zuletzt die fortwährenden Vertröstungen Goerdelers führten zu einer Stimmung, die zwischen Unmut und Verzweiflung oszillierte. Die Stuttgarter Zuversicht, die noch zu Kriegsbeginn und selbst bis in den Sommer 1940 geherrscht hatte, war tiefer Skepsis gewichen:

«Da Termine, die Dr. Goe. für die Möglichkeit von Aktionen gegen das Regime gelegentlich nannte, sich nicht erfüllten, so fragten wir uns, ob es einen Sinn habe, ihn weiter zu stützen, oder ob man nicht lieber andere Kreise starker fördern sollte. Die Ansicht überwog jedoch, daß, wenn in Deutschland etwas geschehen sollte, dies nur vom Militär ausgehen konnte. Vorsichtige Erkundigungen über die Stimmung in der Arbeiterschaft ergaben die Ablehnung eines Generalstreiks, weil als Auswirkung eines Zusammenbruchs Arbeitslosigkeit mit allen Folgen ernstlich befürchtet wurde und weil eine durchgreifende Organisierung der Arbeiterschaft zu einem festen Abwehrkörper bei der gegenseitigen Bespitzelung einfach unmöglich war. Wohl bildeten sich da und dort lose Oppositionsgruppen, es fehlte aber an einer wirklichen Führung. Auch von oben her, d. h. durch eine Zusammenfassung der Industriellen zu einer gemeinsamen Opposition und Aktion gegen das Regime war nichts zu erhoffen. Herr B. stand mit seinen Anschauungen ziemlich allein. Verbindungen zur Schwerindustrie hatte er so gut wie keine mehr.»[309]

Der Boschkreis wußte von der Schwierigkeit, den immer noch fest im Sattel sitzenden Diktator zu stürzen. Deswegen wies man mit eindringlichen Worten auf die Notwendigkeit einer zurückhaltenden alliierten Propaganda hin. In Stuttgart war die Wirkung des Goebbelsschen Agitationsapparates spürbar, sobald man die Direktoriumsetage verließ. Dort konnte man Auslandsnachrichten hören und wurde vom betriebseigenen «Abwehrbeauftragten» sogar mit «Feindlektüre» versorgt. Außerhalb dieses Refugiums herrschte der rigide Zwang des Regimes. Weil die «Gefolgschaft» auf die offiziellen Verlautbarungen des deutschen Rundfunks angewiesen war, stellte man im Boschkreis machtlos die Wirkung der «subjektiv verzerrten Angaben der nationalsozialistischen Berichterstattung» fest. Ebenso groß war die Sorge vor «Agents provocateurs» und Denunzianten: «Jedes Dienstmädchen, jeder übelwollende oder schwatzhafte Untermieter, jede undisziplinierte Äußerung konnten zum Verräter werden.»

Der Boschkreis erlebte auf diese Weise die in Widerstandskreisen oft beschriebene Bedrückung einer totalitären Überwachung, die auch geistig lähmend wirkte: In Deutschland war nichts von dem «Glorienschein»[310] zu verspüren, der andere Widerstandsbewegungen auszeichnete, weil sich die Opposition auch vor der eigenen Bevölkerung zu tarnen hatte und die Angst vor Entdeckung zu Apathie und Teilnahmslosigkeit führte. Hans Walz stand noch unter dem Eindruck dieses spezifischen psychologischen Drucks, als er kurz nach Kriegsende schrieb, nur der werde die Schwierigkeiten der Verschwörer richtig ermessen können, der sich vergegenwärtige, «welch ein dichtes Netz geheimer Beobachtung und aufdringlicher Spitzelei über jeden einzelnen und seine Umgebung jeden Augenblick gebreitet lag, wie aufwärts vom Blockleiter, Zellenleiter und Ortsgruppenleiter der Partei ein ganzes System aufgerichtet war, um jede Lebensregung, jedes unbedachte Wort zu überwachen».[311]

Allen Dulles hat ganz ähnlich die Meinung der deutschen Verschwörer referiert, die Deutschen seien trotz allen vorherrschenden Jubels im Grunde genommen ein «unterdrücktes Volk» in einem «besetzten Land».[312] Da der Umsturz durch eine kleine Schicht hoher Offiziere durchgeführt werden sollte, hätten die Stuttgarter auf die Unterstützung des «Volkes» nun durchaus verzichten können. Aber der Boschkreis beobachtete mit wachsender Besorgnis, daß auch die zum Schlag bereiten Militärs der nationalsozialistischen Propaganda inzwischen erlegen waren. Als Schloßstein an einem Herbsttag des Jahres 1941 zu Robert Bosch gerufen wurde, zeigte sich dieser entsprechend unglücklich, daß noch «nichts gegen Hitler geschehen sei». Der Krieg, so Robert Bosch, sei schon längst verloren, und er bedauerte lebhaft, daß er und sein Kreis ganz allein stünden. In dem Zusammenhang kritisierte er scharf die Haltung der Industrie, die «ganz im Fahrwasser Hitlers» segle. Am stärksten empörte ihn die Schwerindustrie, die am Krieg verdienen wolle: Da diese aus eigener Kraft die Krisenzeit der frühen dreißiger Jahre nicht habe überwinden können, habe sie sich «ganz in die Arme Hitlers geworfen».[313] Verblüffend ähnlich argumentierte in vergleichbarem Zusammenhang Carl Goerdeler, der gegenüber dem befreundeten Juristen Franz Böhm die Notwendigkeit einer zukünftigen Arbeitermitbestimmung mit dem verhängnisvollen Kurs der Schwerindustrie in der Phase der «Machtergreifung» begründete: Er kenne «diese Herren an der Ruhr», die «überreif» seien.[314]

Schloßstein blieb wenig anderes übrig, als Robert Bosch durch den Hinweis zu beruhigen, der Boschkreis sei für den Umsturz vorbereitet, und die militärischen Verschwörer würden bestimmt handeln, wenn sich eine günstige Situation biete. Schloßstein konnte nicht umhin, angesichts der ständig verstreichenden Staatsstreichtermine Robert Bosch auf die offenkundigen Schwierigkeiten aufmerksam zu machen: Hitler verfüge über «eine Art sechsten Sinn» und ändere, wie man von Goerdeler erfahren habe, stets in letzter Minute seine Pläne.[315]

Der mit dem «Unternehmen Barbarossa» eingeleitete Feldzug gegen die Sowjetunion, vor dem Goerdeler lange gewarnt hatte, ließ das Ende des Krieges in weite Ferne rücken. Über die Wirkung der neuerlichen Ausweitung des Krieges auf den Boschkreis sind wir auf wenige Andeutungen angewiesen. Im Verlauf einer recht offenen Diskussion zwischen Bosch, Goerdeler und dem nationalsozialistischen Stuttgarter Oberbürgermeister Karl Strölin im Juni 1941 verurteilte Goerdeler eine Politik, die die Rohstofflage durch gewaltsame Besetzung statt durch friedlichen Handel zu verbessern suchte. Bosch fügte an, es wäre gut, wenn dieser Krieg bald zu Ende gehe.[316] Bedenkt man, daß die Anwesenheit des Nationalsozialisten Strölin eigentlich Zurückhaltung hätte erwarten lassen, sprechen die Kommentare Goerdelers und Boschs für sich. Freilich, auch Strölin hatte die Politik Hitlers inzwischen zu einer bedenklichen Einschätzung der Zukunft geführt.

Während der Boschkreis im Sommer und Herbst 1941 auf eine erlösende Nachricht Goerdelers über den Beginn der «Aktion» wartete, übte sich die Unternehmensführung in der inzwischen perfektionierten Camouflage. Der Erfolg der Mimikry zeigte sich anläßlich der offiziellen Feierlichkeiten zu Robert Boschs achtzigstem Geburtstag am 23. September 1941. Weil Bosch den strapaziösen Ehrungen in Stuttgart entgehen wollte, wurde Ende August mitgeteilt, der Jubilar werde den Festtag in Baden-Baden begehen.[317]

Fritz Seitz, der Leiter des Bosch-Werbebüros, reiste mit Felix Olpp zur Vorbereitung bereits am Vortag in den Kurort. Seitz, ein überzeugter Nationalsozialist und SA-Mann, genoß im Boschkreis nur geringes Ansehen, diente jedoch in Baden-Baden als willkommener «Goldfasan».[318] Im kleinen Kreis, zu dem freilich auch Carl Goerdeler zählte, wurde in Brenners Parkhotel in Baden-Baden mit kurzen Ansprachen von Paul Reusch, Erich Raßbach und Hjalmar Schacht der Geburtstag begangen.

Nach der vormittäglichen Feier am 23. September erreichte Olpp gegen 15 Uhr ein Anruf von Hans Walz aus Stuttgart: Der Leiter der DAF, Robert Ley, und Gauleiter Wilhelm Murr wollten Robert Bosch die Ernennungsurkunde zum «Pionier der Arbeit» überreichen. Es war Walz nichts anderes übriggeblieben, als den Aufenthaltsort Baden-Baden preiszugeben. Während die beiden NS-Größen auf dem Weg nach Baden-Baden waren, übernahm Schloßstein die Aufgabe, Bosch vom «unerwünschten Besuch» zu verständigen.

Im Zusammenhang mit der «Ehrung» wurden hinter den Kulissen Satrapenkämpfe ausgetragen. Die Ehrung durch Ley im Beisein seines Erzrivalen Murr war selbst als propagandistische Geste heftig umstritten. Die Auszeichnung Robert Boschs als «Pionier der Arbeit» war ein gemeinsames Projekt von Gottlob Berger, Reichswirtschaftsminister Walther Funk und Robert Ley. Sie war nicht in Stuttgart, sondern in Berlin konzipiert worden. Die Motive für die «Ehrung» hätten verschiedenartiger nicht sein können. Berger wollte das Unternehmen gegen Murr und Bormann «sakrosankt» machen, Funk (der bei einem Besuch bei Hitler im Hauptquartier auch anstandslos die notwendige Genehmigung des «Führers» erhielt) ging es offensichtlich rein sachlich um die Anerkennung eines verdienten sozial denkenden Unternehmers, und Ley betrachtete das Projekt in erster Linie als einen Schachzug gegen Reichsstatthalter Murr.[319] Die Opposition des württembergischen Gauleiters, die sich gegen Ley und Bosch gleichermaßen richtete, war jedoch so groß, daß die Auszeichnung noch bis in die letzte Stunde hinein gefährdet war. Ley hatte offensichtlich noch von Baden-Baden aus mit den Berliner Reichsstellen Rücksprache halten müssen.[320]

Bosch, der sich von seiner patriarchalischen Tradition her ganz selbstbewußt als Sozialpionier verstand, hätte sich unter anderen Vorzeichen über die Auszeichnung gefreut. Obwohl er sich nicht darum bemüht hatte, berührte ihn die Anerkennung seiner Lehr- und betrieblichen Ausbildungsleistung.[321] Er verstand sie als eine Ehrung des Lebenswerks und nicht als eine nationalsozialistische Besonderheit und mußte das Ganze notgedrungen als zwiespältig empfinden. Der Augenzeuge Theodor Heuss hat entsprechend die «etwas eigentümliche Atmosphäre» der Baden-Badener Feier beschrieben, auf der sich Parteibonzen und Regimegegner in einer Zwangsgemeinschaft vereint wiederfanden. Die Verleihungszeremonie am Nachmittag verlief dagegen harmonisch. Gauleiter Murr blieb mit seinen Adjutanten sogar noch zum Abendessen.[322] Bosch genoß trotz aller politischen Sorgen die Feier im Freundeskreis und war doch «recht froh», als alles vorbei war.[323]

Während in Baden-Baden die nationalsozialistische Propaganda ganz im Hintergrund stand, atmeten die Stuttgarter Feierlichkeiten den Geist der nationalsozialistischen Machthaber. Für Außenstehende erweckten die Festlichkeiten den Eindruck einer Routineangelegenheit. Von der Gegnerschaft der württembergischen NSDAP, deren Regierung auch diesmal keine persönlichen Glückwünsche überbrachte, wußten nur die Eingeweihten. Der «Völkische Beobachter» meldete die Glückwünsche des «Führers» an den Jubilar, während die westliche Presse die Feierlichkeiten überging. Die englische «Times», der Boschs 75. Geburtstag im Jahr 1936 noch eine Meldung wert gewesen war, hüllte sich nun in Schweigen.[324]

Der Betriebsappell vom 23. September 1941 ließ von der erbitterten Gegnerschaft der Konzernspitze wenig verspüren und verwies vielsagend auf bevorstehende rüstungspolitische Notwendigkeiten. Trotz aller kriegerischen Appelle mochte Hans Walz jedoch in seiner Festansprache nicht auf einige Hinweise über die Gesinnung des Jubilars verzichten, die aus der Lage des Jahres 1941 heraus auf die anwesende Parteielite provozierend wirken mußten. Die eingeflochtenen nationalsozialistischen Phrasen ergänzte er nämlich durch Anspielungen, die zwischen den Zeilen zum Nachdenken herausforderten. Den Hinweis, Robert Bosch habe während des Ersten Weltkriegs auf jeglichen Gewinn verzichtet, verband er beispielsweise mit Bemerkungen, die im Herbst 1941, als die Armeen Hitlers weite Teile Europas beherrschten, nicht in die propagandistische Siegesstimmung paßten. Die «Reize des Reichtums und der Wille zur Macht, unter deren rastloser Anstiftung die Menschen auf der Schaubühne des Daseins die meisten ihrer Torheiten und Verbrechen begehen», so erläuterte Walz, hätten für Bosch nie eine Bedeutung gehabt.[325]

Auch an anderer Stelle gab es für denjenigen, der zwischen den Zeilen lesen konnte, Anlaß genug, einen Blick hinter die Fassade ostensibler Regimehörigkeit zu werfen. Die «Deutsche Rundschau» nahm den 80. Geburtstag von Robert Bosch zum Anlaß, einen Lebensabriß des Jubilars aus der Feder von Carl Goerdeler zu veröffentlichen, der den Lesern des «Bosch-Zünders» als «persönlicher Freund» Robert Boschs vorgestellt wurde:[326] Goerdelers Lebensbild des Industriellen bot manchen Denkanstoß:

«Ein Mann von Charakter kann, wie alle großen Männer der deutschen Geschichte, nur für Recht und Freiheit eintreten, für Recht und Freiheit des einzelnen, für Recht und Freiheit des Volkes. Was ein Volk als Recht für sich in Anspruch nimmt, muß es nach ehernen Gesetzen auch anderen Völkern zugestehen; sonst ist ein glückhafter Ausgleich nicht möglich. Freiheit allein kann Verantwortungsbewußtsein erzeugen und höchste Leistung hervorbringen; sie allein gestattet daher Vervollkommnung des Lebens durch friedlichen Güteraustausch. Ein Mann so klarer seelischer und geistiger Prägung hat die feste Grundlage, auf der er bemißt, was anderen und ihm zuzukommen hat, auf der er die Rechte seines Landes bis zum äußersten vertreten, aber auch die Interessen anderer Völker erkennen und organischer Zusammenarbeit freier Völker das Wort reden kann. So führte Bosch seinen Kampf gegen den Wahnsinn des Diktates von Versailles offen auch ausländischen Freunden gegenüber, so fühlte er sich aber auch verpflichtet, Mahner seines eigenen Volkes zu sein (...) Es gilt nicht nur, überkommenes Erbe sorgsam zu verwalten und zu bewahren, sondern auch die Wurzeln, aus denen es gezogen und gewachsen ist, gesund zu erhalten. Es gilt, daß wir selbst aus den gleichen Kräften Neues und Nützliches für unser Volk und für die Welt schaffen. Danken wir Gott, daß ein so klares Vorbild, ein so schöpferischer Mahner, ein so guter Deutscher, ein so gütiger Mensch, eine große in sich geschlossene Persönlichkeit noch unter uns lebt und Werte schafft: Robert Bosch.»[327]

Der Artikel war ein typisches Produkt der meisterhaft angewandten Taktik der Zweideutigkeiten. Wer wollte, konnte unschwer die Mahnung gegen Völkerhaß und schiere «Lebensraum»-Gier erkennen, die Beschwörung des zwischenstaatlichen Ausgleichs. Goerdeler wandte die Methode an, die

Rudolf Pechel, der Herausgeber der «Deutschen Rundschau», später erläutert hat, um zu veranschaulichen, wie er die Technik der Camouflage in den Jahren des «Dritten Reiches» journalistisch eingesetzt hat: «Man wählte zeitlich und örtlich entfernte Gestalten der Geschichte. Man übte Kritik an Gewaltherrschern und begangenem Unrecht aus allen Zeiten der Geschichte, demonstriert an Figuren wie den Tyrannen des Altertums, römischen Kaisern der Spätzeit, Dschingis-Khan, Tamerlan, Napoleon und anderen, um wiederum dem Leser die daraus zu ziehenden Schlüsse zu überlassen.»[328]

Die Veröffentlichung in der «Deutschen Rundschau» hatte eine sachliche Begründung: Die Zeitschrift war eines der wenigen Journale, das seine Unabhängigkeit im «Dritten Reich» hatte wahren können. Ihr langjähriger Chefredakteur und Herausgeber Rudolf Pechel stand in den Jahren der Weimarer Republik den Verfechtern einer «konservativen Revolution» nahe,[329] hatte sich aber wie mancher Anhänger einer konservativen Erneuerung bald vom Traumbild und den Rezepten eines Gesellschaftsbildes getrennt, das dem Nationalsozialismus eine Zeitlang ideologische Munition geliefert hatte: Pechel wurde nach der «Machtergreifung» zum entschiedenen Gegner Hitlers. Seine Zeitschrift bot in geschickter Weise der nationalsozialistischen Zensur Paroli und lieferte dem intelligenten Leser Lesefreude und zugleich eine fundamentale Kritik am «Dritten Reich».

Robert Bosch war auf Pechel aufmerksam geworden, obwohl sein politisches Denken sicherlich kaum mit dem Konservatismus Pechels parallel lief. Aber die mutige Wendung Pechels, die sich nicht in schweigender Opposition erschöpfte und die Überzeugung, angesichts der Barbarisierung nicht abseits stehen zu dürfen, führten den Demokraten und den Konservativen zusammen. Die «Deutsche Rundschau» wurde ganz wesentlich durch Robert Bosch am Leben gehalten. Zur Unterstützung Pechels wählte man den bewährten Weg der finanziellen Beihilfe, die seit 1937 zumeist über Walz, Fischer, Bäuerle und Hahn abgewickelt wurde. Seit 1938 erschien Pechels Zeitschrift bei Philipp Reclam junior, finanziert im wesentlichen über Hans Walz, der im Auftrag von Bosch monatlich etwa 1000 Reichsmark überwies und zusätzlich 1000 Exemplare der Zeitschrift pro forma abonnierte. Noch im Jahr vor ihrem Verbot wurde eine Summe von 10 800 Reichsmark angewiesen.[330] Bei Beratungen mit Pechel wurde der jeweils opportune Weg festgelegt, wie das Regime angegriffen werden konnte, ohne das Verbot der Zeitschrift heraufzubeschwören.[331] Pechel betrachtete die verbotswidrige Hilfe rückblickend als ebenso mutig wie entscheidend, da ansonsten die «Deutsche Rundschau» aus wirtschaftlichen Gründen «zum Erliegen» gekommen wäre.[332]

Die Würdigung Robert Boschs durch Goerdeler war eine der letzten Veröffentlichungen, die wenigstens noch durch Zweideutigkeiten darauf aufmerksam machen konnten, daß die angebliche «Volksgemeinschaft» ein Trugbild war. Der «Bosch-Zünder» war inzwischen zu einem farblosen

Mitteilungsblatt verkommen, das wenig mehr als Durchhalteparolen zu bieten hatte. Als die Partei vom «Bosch-Zünder» verlangte, schärfere Attacken gegen Juden zu veröffentlichen (unter anderem sollte ein entsprechender Artikel von Robert Ley aufgenommen werden), nahm die Betriebsleitung den Papiermangel zum Anlaß, das Erscheinen der Werkzeitung mit der Dezember-Ausgabe 1943 einzustellen.[333] Die «Deutsche Rundschau» gab es inzwischen nicht mehr. Pechel war am schon 8. April 1942 von der Gestapo verhaftet worden und blieb bis zum Kriegsende als KZ-Häftling interniert.[334]

5. Robert Boschs Tod

Einem Kriegseintritt der USA hatten Bosch und Goerdeler seit langer Zeit mit Bangen entgegengesehen.[335] Bosch hatte das amerikanische Wirtschaftspotential stets in einer Mischung aus Angst und Respekt betrachtet. Die Dynamik der jungen Großmacht, die er aus eigener Anschauung kannte, hatte in ihm schon vor dem Ersten Weltkrieg die Ansicht reifen lassen, Europa müsse sich zusammenschließen, um gemeinsam den Vereinigten Staaten standzuhalten.[336] Noch wenige Monate vor Kriegsausbruch hatte er bemerkt, die USA seien «in der Lage eines jungen an sich sehr starken Volkes, oder sagen wir eines jungen kräftigen Mannes, der einem die Hand drückt, daß man schreien möchte und sich wundert, daß man sich nicht über diesen Beweis seiner überlegenen Stärke freut, aus lauter Bewunderung für ihn, den Helden». Im gleichen Atemzug hatte er die Ablösung der Stellung Großbritanniens als erster Großmacht durch die Vereinigten Staaten prophezeit.[337]

Seine Klage, die Briten wollten nicht einsehen, daß eine Fortsetzung des Krieges lediglich dazu diene, ihre Verdrängung als Hegemonialmacht durch die USA zu beschleunigen, war ein Topos, der über alle ideologischen Fronten hinweg seine Wirkung entfaltete: Der deutschfreundliche Schweizer Carl Jakob Burckhardt drückte diesen Gedanken gegenüber Ulrich von Hassell mit den Worten aus, eines der wenigen guten Argumente, die dem deutschen Widerstand noch verblieben, sei die britische «Sorge vor dem Aufgefressenwerden durch die USA».[338] Von einer ganz anderen Richtung her verwandte aber auch Hitler dies Argument, um seine rassenideologische Variante einer deutsch-britischen Einigung zu erzwingen.

Da die bisherigen Bemühungen Goerdelers gescheitert waren und aus der Sicht seiner Umgebung die Aussichten auf ein baldiges Kriegsende auch im Herbst 1941 als immer geringer beurteilt wurden,[339] war Boschs Stimmung gedrückt. «Tief bekümmert», so berichtete Willy Schloßstein, sei Bosch gelegentlich noch ins Werk gekommen, um sich über die Kriegslage zu informieren. Meist jedoch hielt er sich von Stuttgart fern, um sich auf der Jagd vom politischen Tagesgeschehen abzulenken. Als Paul Reusch ihn nach seinem 80. Geburtstag auf der Pfrontener Jagd besuchte, zeigte sich, daß nicht einmal mehr die geliebte Jägerei genügend Entspannung bot. Reusch berichtete, Bosch sei «sehr nervös und aufgeregt» gewesen, und dies habe sich «in endlosen Schimpfereien mit der Jägerei und großer Reizbarkeit» geäußert.[340]

Allein, er blieb trotz aller körperlichen Eingeschränktheit das moralische Bollwerk, das die Aktivitäten seiner engsten Mitarbeiter schützte und gleichzeitig ermutigte. Selbst als er im November 1941 an einer Ohrenentzündung erkrankte, wurde er über den Fortgang der Widerstandsplanungen auf dem laufenden gehalten. Im Dezember 1941 berichtete ihm Schloßstein, der in der Schweiz die Stimmung erkundet hatte, er habe von zwei Seiten gehört, die Alliierten würden aufgrund der Widerstandtätigkeit des Boschkreises von einer Bombardierung Stuttgarts vorerst absehen. Die Szene in der Wohnung des körperlich geschwächten Robert Bosch läßt einiges von der Tragik der Situation ahnen. Bosch, der seit Kriegsanfang die Bombenangriffe auf die württembergische Hauptstadt und sein Werk fürchtete, war über diese Nachricht seines Privatsekretärs so gerührt und erregt, daß er einige Minuten lang nicht sprechen konnte. Als er sich gefaßt hatte, war er innerlich immer noch sehr bewegt: «Ich hätte nicht gedacht, daß mein Name im Ausland noch so einen guten Klang hat.»[341]

War hier noch wehmütig die Erinnerung an die jahrzehntelangen Bemühungen um die Völkerverständigung spürbar, so strafte die politische Wirklichkeit jegliche Hoffnungen auf eine Wende zum Besseren Lügen. In Stuttgart erfuhr man im Winter 1940/41 von Goerdeler optimistisch, «bis zum Frühjahr werde alles vorbei sein». Taten folgten der Ankündigung jedoch nicht. Bei anderer Gelegenheit berichtete Goerdeler, ein Anschlag auf Hitler sei vorbereitet gewesen, Hitler sei jedoch wider Erwarten nicht wie ursprünglich beabsichtigt mit der Bahn gefahren, sondern habe in letzter Minute seinen Reiseplan geändert.[342]

Als sich im März 1942 Boschs Gesundheitszustand verschlechterte, traf die Krise den Boschkreis inmitten neuer Widerstandsbemühungen. Noch am 9. März, als die Erkrankung eine dramatische Wendung nahm, beschäftigte sich Bosch in seinem Arbeitszimmer mit geschäftlichen Angelegenheiten. Schloßstein berichtete ihm über eine für den folgenden Tag geplante Auslandsreise, während der ein weiteres Mal die Friedensmöglichkeiten sondiert werden sollten. Schloßstein trat seine Reise noch an, mußte aber unverrichteter Dinge nach Stuttgart zurückkehren, als er telefonisch erfuhr, daß Robert Bosch im Sterben liege.[343] Der Unternehmensgründer starb in den frühen Morgenstunden des 12. März 1942.

Der Tod Robert Boschs markierte, so merkwürdig dies klingen mag, keinen Wendepunkt für den Widerstand des Boschkreises. Es ist zwar fraglich, ob ohne ihn und seine über Jahrzehnte fortentwickelte liberale Denktradition die Bildung einer Widerstandszelle überhaupt vorstellbar gewesen wäre: Bosch hatte mit seiner ungebrochenen Autorität die Gegnerschaft legitimiert und gestützt. Die Worte, die Walz für diesen «Sucher der Wahrheit» fand, der «zerrissenen Gemütes viele Stunden seines Daseins mit sich selbst zu ringen hatte, ohne zu einer endgültigen Entscheidung und damit zum auslösenden Frieden zu gelangen»,[344] reflektierten die Sonderstellung einer außergewöhnlichen Industriellenpersönlichkeit.

Boschs Erscheinung hatte ihn indessen bereits zu Lebzeiten, zumindest im Betrieb, zu einer fast mythischen Gestalt gemacht, aus deren Schatten herauszutreten nicht leicht sein würde. Die «deutsche Katastrophe» hat er nicht mehr erleben müssen. Wenn er nach dem Ende des Zweiten Weltkriegs als «einer der aufgeklärtesten Vertreter des sterbenden kapitalistischen Zeitalters» beschrieben worden ist,[345] war dieses Urteil zumindest mit Blick auf die Überlebensfähigkeit des kapitalistischen Systems etwas vorschnell, wenn es aus der Warte des Jahres 1946 heraus auch einige Plausibilität beanspruchen konnte. Sicherlich richtig war jedenfalls der Verweis auf den besonderen Charakter des Denkens von Bosch. Nur in einem sehr eingeschränkten Sinn symbolisierte er noch den Unternehmertypus des 19. Jahrhunderts. Noch weniger entsprach sein Denken jedoch der Lebenswelt und den Traditionen der meisten deutschen Industriellen während der ersten Hälfte des 20. Jahrhunderts. Boschs Vorstellungen einer liberalen Demokratie, die ihn bei den eigenen Kollegen isolierten, wiesen weit über die eigene Zeit hinaus. Seine Europaidee und sein Ideal einer gerechten Gesellschaft waren nicht dem 19. Jahrhundert zuzurechnen, noch weniger dem Zeitalter der Tyranneien des frühen 20. Jahrhunderts, sondern wiesen auf das hin, was sich in der Bundesrepublik Deutschland, mit vielen Verwerfungen freilich, als soziale Marktwirtschaft etabliert hat. Insofern ist es zu einfach, Bosch als eine unternehmerische Ausnahmeerscheinung zu klassifizieren und seine Bedeutung damit, ob gewollt oder ungewollt, zu relativieren. Freilich, das Bild der deutschen Unternehmer in der Zeit des Nationalsozialismus muß durch das Beispiel einer Persönlichkeit wie Robert Bosch schwerlich umgeschrieben werden. Die stille Teilhaberschaft oder Akzeptanz vieler Industrieller war zu offenkundig, um Boschs Opposition in irgendeiner Weise verallgemeinern zu können. Der aktive Widerstand des württembergischen Unternehmers und des von ihm inspirierten Boschkreises verweist allerdings ein weiteres Mal darauf, wie wenig die Etablierung und Durchsetzung des Nationalsozialismus ein «Betriebsunfall» war: Der totalitäre Eigenweg der deutschen Nation war vermeidbar.

Hans Walz und der Boschkreis hatten seit langen Jahren das geistige Erbe dieses Denkens angetreten. Die Suche nach Indizien einer Zäsur im Jahr 1942 ist daher ebenso fruchtlos wie der Versuch, den Beginn dieses Widerstands zeitlich festlegen zu wollen. In der Ausrichtung des Unternehmens änderte sich nach dem Tode Robert Boschs wenig. Bosch war frühzeitig darum bemüht gewesen, den Familiencharakter des Unternehmens zu

Robert Bosch im Jahr 1941.

erhalten und hatte, auch um den Zugriff der NSDAP zu verhindern, durch die Zusammensetzung des Testamentsvollstreckergremiums für die Vermeidung eines wirtschaftlichen und politischen Richtungswechsels in der Unternehmensführung Sorge getragen. Carl Goerdeler stand auf der Ersatzliste der Testamentsvollstrecker,[346] ein sichtlicher Ausweis des Bestrebens, ein Zentrum der Nonkonformität und des politischen Widerstands gegen Hitler zu bleiben.

Seit vielen Jahren hatte man in Stuttgart eine mögliche Kassierung der Firma nach dem Tod Boschs gefürchtet. Der Zugriff der «Partei», personifiziert durch Gauleiter Murr, war bislang abgewehrt worden. Die mangelhafte Quellenlage läßt kein Urteil darüber zu, ob die vermutete Absicht, sich das Unternehmen durch steuerrechtliche Manöver anzueignen, auf ausgearbeiteten Plänen des Gaus beruhte oder ob es sich lediglich um eine leere Drohgebärde der Gauclique um Wilhelm Murr handelte.

Vor diesem Hintergrund kam das Staatsbegräbnis für Robert Bosch einer Affirmation der Unternehmensunabhängigkeit gleich, die wiederum indirekt dem Widerstand zugute kam: Ein «von oben» angeordnetes propagandistisches Spektakel hatte die willkommene Wirkung, das Prestige des

Unternehmens vor den Begehrlichkeiten der württembergischen Widersacher zumindest auf absehbare Zeit zu schützen. Die Anordnung des Staatsbegräbnisses erfolgte durch Adolf Hitler persönlich. Hans Walz hatte Hitler noch am 12. März telegraphisch über den Tod des Unternehmers informiert.[347] Eine Einflußnahme Bergers, die an und für sich nahegelegen hätte, fand diesmal nicht statt, obwohl der inzwischen den Rang eines SS-Gruppenführers bekleidende Chef des SS-Hauptamtes von Willy Schloßstein sogleich vom Tode Boschs unterrichtet worden war.[348] Er hatte noch im Vorjahr, wie bereits ausgeführt, seine Hand bei dem erfolgreichen Bemühen im Spiel gehabt, Bosch als «Pionier der Arbeit» zu ehren. Obwohl er wenig später auch die Auszeichnung als nationalsozialistischer «Musterbetrieb» durchzusetzen half, hat Berger später überzeugend darauf hingewiesen, er habe in diesem Fall nicht eingegriffen: «Das ist von oben gekommen. Ein Staatsbegräbnis hatte ich nicht veranlassen können. Das hat Hitler bei Wirtschaftsführern selbst veranlaßt.»[349]

In mancher Hinsicht wiederholte sich bei den Trauerfeierlichkeiten im März 1942 die Szenerie des Festakts vom Vorjahr. Der politische Horizont hatte sich nun jedoch verdüstert, als wieder einmal Regimegegner und Nationalsozialisten in erzwungener Gemeinschaft am Grabe Robert Boschs nebeneinanderstanden. Zu den Gästen, die vom Hause Bosch zum Begräbnis eingeladen worden waren, zählte neben Hermann Bücher, Theodor Heuss und Johannes Haller auch Carl Goerdeler. Goerdeler hatte nicht auf der staatlichen Einladungsliste gestanden und war erst auf Wunsch der Familie zur Beisetzung am 18. März eingeladen worden. Die Einladung an ihn wurde auf diese Weise ausgerechnet vom Intimfeind des Unternehmens, Gauleiter Murr ausgesprochen. Umgehend bestätigte Goerdeler telegraphisch sein Kommen: «Danke für Einladung werde am Staatsbegräbnis Robert Bosch teilnehmen.»[350]

Das «Im Auftrag des Führers» von Reichsstatthalter Murr ausgerichtete Staatsbegräbnis am 18. März 1942 in der Stuttgarter König-Karls-Halle verlief in ruhigen Bahnen. Beim angeordneten Staatsakt – Theodor Heuss stellte sarkastisch fest, die Partei habe sich «die Leiche des Herrn Bosch für nationalsozialistische Propaganda ½ Stunde lang ausgeborgt»[351] – gab sich die nationalsozialistische Elite ein Stelldichein: Robert Ley, Wilhelm Murr, der Stuttgarter Oberbürgermeister Karl Strölin, der württembergische Ministerpräsident Christian Mergenthaler und neben städtischer Parteiprominenz die höheren Chargen der südwestdeutschen SS. Der Hauptredner, Reichswirtschaftsminister Walther Funk hob in seiner Ansprache die «mitreißende Initiativkraft des Reichsmarschalls bei der Gestaltung des Vierjahresplans» hervor, die auch Robert Bosch «in dieses gewaltige Leistungswerk der deutschen Wirtschaft» einbezogen habe. Ansonsten blieb seine Rede in den Bahnen konventioneller NS-Ideologie, die schließlich auch das soziale Wirken Robert Boschs auf bezeichnende Weise verbog. Mit dem Hinweis, Bosch sei «ein Mann aus dem Volke, ein echter Sozialist» gewesen,[352] wurde der Industrielle, der stets abseits der NSDAP gestanden hatte, als Verfechter nationalsozialistischer Ideen reklamiert. Die Rede von Hans Walz als «Betriebsführer» verzichtete auf entsprechende Willfährigkeiten, vermied indessen sorgsam jeden offenen Widerspruch. Wie notwendig die Vorsicht war, zeigte sich nicht zuletzt in der strengen Überwachung. Ein dienstbeflissener «Beobachter» der Regierung vermerkte, Walz habe sich nicht gemeinsam mit den Parteigrößen in die vorderste Reihe, sondern abseits in die dritte Stuhlreihe gesetzt.[353]

Nach dem Staatsbegräbnis – die Parteivertreter hatten sich inzwischen verabschiedet – fand im Krematorium des Pragfriedhofs die private Trauerfeier statt, auf der Hans Walz und Hermann Bücher die Ansprachen hielten. Im Gegensatz zu der ideologieschwangeren und neuheidnischen Stimmung der Staatsfeier herrschte während des privaten Gedenkens eine freiere Atmosphäre. Sie bot den dort versammelten Regimegegnern das Forum für manches informelle Gespräch. Hermann Bücher, der gemeinsam mit Theodor Heuss und Carl Goerdeler angereist war, zeigte sich angesichts des Todes seines Freundes sichtlich befangen und ließ sich von Heuss für seine Ansprache noch Ratschläge geben.[354] Die Reden wurden in der nationalsozialistischen Presse keines Wortes gewürdigt. Walz verwies auf Gerechtigkeit und Menschenliebe als zentrale Werte im Leben Robert Boschs und stellte damit einen Gegensatz zu den nationalsozialistischen Leitbildern her:

«Aus Ehrfurcht vor dem Leben achtete er die Würde des Nebenmenschen, auch beim Andersdenkenden, ja selbst beim Gegner. ‹Wer aufrecht seinen Weg sucht›, so schreibt er einmal, ‹stets seinem Gewissen verantwortlich, dem dürfen wir unsere Achtung nicht versagen, er mag mit uns oder gegen uns gehen›. Im Dienste des Lebens bekämpfte er die lebensverkrampfenden Klassengegensätze, setzte er sich, in vorderster Reihe stehend, für die Verständigung unter den sich befeindenden Kulturvölkern ein.»[355]

Den Nachgeborenen mögen solche Hinweise unverdächtig, ja harmlos vorkommen, aber in den Jahren der totalitären Herrschaft riefen solche Darlegungen, die Walz mit einem Bekenntnis zum christlichen Glauben verband, selbst im näheren Umkreis die Sorge hervor, eine derartige «höchst überflüssig(e)» Provokation könne vor dem Hintergrund der Gereiztheit der offiziellen Parteibeobachter ein «ernstes Nachspiel» haben.[356] Nichtssagend fiel die Berichterstattung des Stuttgarter «NS-Kuriers» aus. Zu offensichtlich wäre der Gegensatz zwischen dem kühl-rationalen und humanitären Geist Robert Boschs und dem ideologisierten «Führer» Adolf Hitler gewesen.[357]

Augenfälliger als in den feierlichen Reden und Nachrufen kam der besondere Charakter des Verstorbenen indessen zum Ausdruck, als sich während des Staatsaktes Carl Severing und Wilhelm Keil begegneten. Die beiden Sozialdemokraten, die sich nur in der inneren Emigration vor der nationalsozialistischen Verfolgung schützen konnten, blickten auf eine

jahrzehntelange Verbindung mit dem Industriepionier zurück. Obwohl
man sie in die Aktivitäten des Boschkreises nicht eingeweiht hatte, waren
sie sich empört bewußt, daß es «ein Mißbrauch seiner leiblichen Hülle ist,
wenn der Feier äußerlich ein nazistisches Gepräge gegeben wird, und wenn
Häupter des Dritten Reiches an seinem Sarg Gedenkreden halten». In diesem Zusammenhang erinnerten sie sich an die Antwort Robert Boschs auf
die gelegentliche Frage, ob er denn Pessimist oder Optimist sei: «Wenn man
es Optimismus nennen will, auf die Befreiung von dem Tyrannen zu hoffen, dann bin ich Optimist.»[358]

6. Ein liberales Lebensbild unter totalitären Bedingungen?

Obwohl Robert Bosch lange einer schriftstellerischen Würdigung des eigenen Lebens distanziert gegenübergestanden hatte, herrschte nach seinem
Tod im Unternehmen Einigkeit, trotz aller Kriegswirren eine umfassende
Würdigung des verstorbenen Industriellen vorzulegen. Bosch selbst hatte
noch kurz vor seinem Tod den Weg für einen Autor geebnet, mit dem er
seit den Tagen des Ersten Weltkriegs in Verbindung gestanden hatte: Theodor Heuss, der bald darauf die bis heute gültige Biographie des Firmengründers vorlegte.
    Diese Beauftragung stand in einem engen Zusammenhang mit der Frage,
wie in der Zeit der Diktatur ein Lebensbild des demokratischen Unternehmers gezeichnet werden konnte, ohne sich dem nationalsozialistischen
Sprachgebrauch anbiedern zu müssen. Entsprechend lang und gewunden
war die Vorgeschichte der Berufung von Theodor Heuss, die ihrerseits in
engem Zusammenhang mit seiner Haltung im «Dritten Reich» stand.
    Im politischen und privaten Einvernehmen hatten die beiden Demokra-
ten während der Weimarer Jahre den Standpunkt verfochten, das finanzielle Wagnis einer intensiven Arbeitsbeschaffungspolitik und Konjunkturbe-
lebung müsse eingegangen werden, anstatt sich passiv einer monetären
Deflation auszuliefern. Nach der «Machtergreifung» kam es nur noch selten zu persönlichen Begegnungen. Der gelegentliche Kontakt wurde über
Willy Schloßstein aufrechterhalten.[359] Heuss stand als chemaliger Reichs-
tagsabgeordneter der DDP seit Oktober 1933 unter Beobachtung der
Gestapo und richtete sich, wie viele Weggenossen der Weimarer Zeit, mehr
schlecht als recht in den Nischen des NS-Staates ein. Als überzeugter
Demokrat hatte er zwar mit seinen politischen Freunden weiterhin Fühlung, vermied jedoch vorsichtig jeglichen Anschein offener Opposition,
faßte wegen der fortwährenden Briefkontrolle seine Korrespondenz «zeit-
gemäß» ab und vernichtete vorsorglich Teile seines Schriftwechsels.[360]
    Als verantwortlicher Schriftleiter bei der liberalen «Hilfe» erhielt Heuss
nach der Übernahme der Zeitschrift in den Berliner Hans Bott Verlag lediglich ein «bescheidenes Zeilenhonorar» und wurde wesentlich durch seine

als Werbeberaterin tätige Frau unterstützt.[361] Nachdem er Ende 1936 aus dem Bott Verlag ausscheiden mußte, arbeitete er seit 1938 als Mitarbeiter der «Frankfurter Zeitung», aber das Salär reichte kaum für den Lebensunterhalt.[362] In prekären wirtschaftlichen Verhältnissen lebend, spielte er wohl schon lange mit dem Gedanken, einmal ein Lebensbild des schwäbischen Landsmanns zu verfassen: Als Herausgeber einer Aufsatzsammlung über den Jubilar anläßlich dessen 70. Geburtstags hatte er sich schon 1931 mit der Vorstellung auseinandergesetzt,[363] sein Vorhaben jedoch zurückgestellt, als er erfahren hatte, daß Theodor Bäuerle Material für eine Biographie zusammenstellte.[364]

Das 1937 erschienene Buch über Friedrich Naumann, ein Werk, das liberales Gedankengut so geschickt zu verpacken verstand, daß es den nationalsozialistischen Überwachungsorganen nicht genügend Angriffsfläche bot und im Staat Hitlers weitgehend ignoriert wurde, schickte Heuss sogleich an Robert Bosch, möglicherweise in der Absicht, nun doch das Interesse des Industriellen zu gewinnen: Er hatte eine Verlagsanfrage erhalten, ob er sich nicht mit einer Bosch-Biographie beschäftigen wolle. Die Anfrage bot den willkommenen Anlaß, in Stuttgart zu sondieren.[365] Bosch war zwar vom Naumann-Buch ausgesprochen angetan,[366] aber der Plan einer Biographie wurde vorerst nicht weiter verfolgt, was fraglos noch mit dem Auftrag an Bäuerle zusammenhing. Die Dinge blieben in der Schwebe, bis Heuss wenige Tage nach Ausbruch des Zweiten Weltkriegs eine Art Bittbrief nach Stuttgart richtete: Die «freie Schriftstellerei», so Heuss, sei schließlich «materiell immer eine höchst fragwürdige Angelegenheit (wenn man nicht gerade erfolgreiche belletristische Massenbücher schreibt)». Weil seine Arbeitsmöglichkeiten stark eingeschränkt waren, bat er um Anstellung in der Firma, um ihm «mit normaler Pflichterfüllung eine bescheidene bürgerliche Existenz» zu ermöglichen.[367] Auch diese Hoffnungen erfüllten sich nicht. Heuss erhielt eine freundlich gehaltene Absage.[368]

Bosch hatte sich schon längere Zeit Gedanken über sein «Lebensbild» gemacht. Diese Aufgabe würde seiner Ansicht nach einige Anforderungen an den Verfasser stellen: Er wünschte einen Biographen, der ihn in seinem «Wesen» zu verstehen bereit sei: «Ich möchte nicht, daß da einmal eine lobrednerische Biographie über mich veröffentlicht wird.»[369] Als Theodor Bäuerle im September 1941 ein 310 Seiten umfassendes Lebensbild «Robert Bosch» als Manuskript vorlegte, das für den 80jährigen Bosch bestimmt war und vom Autor nur als «erster Entwurf» bezeichnet wurde, fand diese Vita jedenfalls nicht das Gefallen des Porträtierten. Tatsächlich schweifte das Manuskript mitunter stark ins Anekdotische ab und verzichtete auf viele Nuancen, die das liberale Denken Robert Boschs charakterisierten. Bäuerle bemühte sich, die Zugeständnisse an den nationalsozialistischen Zeitgeist so gering wie möglich zu halten. Aber die Studie blieb dennoch unergiebig und farblos, weil sie auf Robert Boschs politisches Wirken lediglich stark verklausulierte Hinweise gab.

Man muß Bäuerle zugestehen, daß seine Aufgabe, ein wahrhaftes Porträt Boschs in der nationalsozialistischen Zeit zu zeichnen, fast unmöglich war. Die Ablehnung Hitlers ließ sich im Manuskript höchstens zwischen den Zeilen lesen, und während er kein Wort über Boschs Haltung zum Nationalsozialismus verlor, fiel sein Urteil über dessen Liberalismus in seiner verkürzenden Einseitigkeit wenig befriedigend aus.[370]

Gerade weil Bäuerle versuchte, mit allerlei Formulierungskünsten einer Zensur durch den NS-Staat zuvorzukommen, blieb dem Manuskript, das Bosch selbst noch mit einer wahren Flut von Anmerkungen, Zusätzen, Berichtigungen und Ergänzungen versah, die Anerkennung versagt.[371] Der Unternehmer war wohl zu stolz, nur zwischen den Zeilen lesen zu dürfen, daß die vorgestellten politischen Grundsätze genau dem Gegenteil dessen entsprachen, was die nationalsozialistische Weltanschauung anstrebte. Die Zeit für Theodor Heuss war gekommen, als Bosch die im Frühjahr 1942 veröffentlichte Justus von Liebig-Biographie von Heuss las.[372] «Theodor Heuss und kein anderer», so stand bald fest, sollte auch seinen Lebensweg nachzeichnen.[373]

Schon mit seiner respektlosen frühen Studie über Adolf Hitler hatte sich Heuss als geeigneter Biograph empfohlen. Bosch wußte, daß Heuss als früherer demokratischer Parteipolitiker praktisch ohne Einkünfte war. So fiel es ihm leicht, von dem ohnehin nur halbherzig erwogenen Gedanken abzurücken, seine Lebensgeschichte von dem Historiker Johannes Haller schreiben zu lassen.[374] Trotz aller persönlichen Nähe wäre Haller zweifellos ein merkwürdiger Biograph für einen Liberalen wie Robert Bosch gewesen. Bosch konnte fast erleichtert das hohe Alter des Historikers zum Anlaß nehmen, um ohne falsche Zwischentöne mitzuteilen, dieser werde nun eine Last los, die er ihm «bei reiflicher Überlegung gleich gar nicht hätte zumuten sollen».[375]

Die Anfrage des Unternehmers, ob er seine Biographie verfassen wolle,[376] empfand Heuss als «ehrenvoll» und sagte, «ohne große Umschreibung, im Grundsätzlichen zunächst einfach: ja».[377] Eine Woche später starb Robert Bosch.

Heuss kam die Arbeit einer Bosch-Biographie schon deshalb gelegen, weil er fast alle Beteiligten persönlich kannte und «zu einer individuellen Abtönung fähig» war.[378] Sogleich begann er, zunächst ganz unabhängig von seinen Auftraggebern, bei Bosch mit den Recherchen.[379] Schon die Auswahl der Briefpartner zeigte, daß Heuss nicht gewillt war, den sozialliberalen Geist Robert Boschs den politischen Verhältnissen zu opfern. Er bat den Sozialdemokraten Wilhelm Keil, der mit Bosch gerade in der Revolutionszeit und den ersten Jahren der Republik korrespondiert hatte, um Informationen.[380] Keil konnte einige wichtige Details, besonders hinsichtlich der Haltung Robert Boschs zur Sozialdemokratie, beisteuern.[381] Die Beurteilung durch die Brille eines Sozialdemokraten hielt Heuss für unerläßlich, um ein abgewogenes Lebensbild zu erhalten.

Allerdings deutete er an, man werde für die Nähe Boschs zur SPD eine geschickte Form finden müssen: «Man wird sich das ja überlegen müssen, in welcher Weise man davon Mitteilungen machen kann oder soll oder darf; aber den Tatbestand als solchen wird man unbedingt durchschimmern lassen müssen.»[382] Heuss wollte, wie die Zeilen an Wilhelm Keil verrieten, eine Veröffentlichung der Bosch-Biographie noch unter dem Nationalsozialismus nicht ausschließen. Gleichwohl hatte er bei seiner Beauftragung im März 1942 kaum noch Zweifel an einer deutschen Niederlage.[383] An eine baldige Publikation der Bosch-Biographie war bald nicht mehr zu denken. Theodor Bäuerle vermutete im Jahr 1943, Heuss werde wohl noch «einige Jahre» an der Arbeit sein.[384] Einmal abgesehen von den technischen Schwierigkeiten einer Veröffentlichung zu Kriegszeiten, stieß der Abschnitt über die «Spätzeit» des Unternehmers, der wohl oder übel die nationalsozialistischen Jahre berührte, bei einigen Lektoren, denen das Manuskript vorgelegt wurden, auf Kritik. Der im Werbebüro des Unternehmens tätige Fritz Seitz, ein eifriger Nationalsozialist, gab nach der Lektüre im September 1944 zu bedenken, daß die Biographie

«vielleicht einmal in einer ganz anders gelagerten Zeit irgend eine Wirkung haben kann, die wir heute noch gar nicht absehen. Trotzdem sollte vor der Drucklegung das Ganze nocheinmal mit größter Sorgfalt daraufhin überprüft werden, ob nicht durch die eine oder andere Redewendung oder Tatsachenfeststellung dem Werk Robert Boschs irgendwie geschadet werden könnte. Sie erinnern sich wohl, welche mißlichen Folgen ein kleiner Satz in der Diesel'schen Schrift hatte: Robert Bosch stehe allem Militärischen ablehnend gegenüber. (...) Es wird sich diesen Kapiteln später ja noch ein besonders schwieriges anschließen müssen: Wie stand Robert Bosch zum Nationalsozialismus. Es ist vielleicht gut, daß wir dieses Kapitel heute noch nicht schreiben oder begutachten müssen und noch etwas Zeit haben. Hier wird vielleicht die unbestechliche Wahrheitsliebe des Geschichtsschreibers doch in Auswahl und Formulierung auf die taktischen Bedürfnisse und Interessen der Firma Rücksicht zu nehmen haben.»[385]

Derart opportunistische Ratschläge eines Nationalsozialisten, die wahrscheinlich in eine nicht autorisierte und Robert Boschs Denken grotesk verzerrende Biographie eingeflossen sind,[386] wurden von Heuss ignoriert. Schon im Juni 1942 war er mit Hans Walz nach einer ersten Durchsicht des Rohmaterials übereingekommen, dabei freie Hand für die Bearbeitung zu haben. Dies galt namentlich für die politischen Fragen: Man war übereingekommen, daß nicht «in die Gegenwart geschielt werden» solle, wie Heuss sich später erinnerte: «Bosch kannte mich gut genug und meine Stellung zu den öffentlichen Dingen und wußte sich vor der Gefahr gesichert, auf den angeordneten Zeitgeschmack umgearbeitet zu werden.»[387] Heuss stützte sich bei seinen Recherchen auf den in Hunderten von Ordnern gesammelten Briefwechsel, den Willy Schloßstein aus dem Privatsekretariat zur Verfügung gestellt hatte. Meist in Berlin arbeitend, konnte Heuss noch Material sichten, das im Sommer 1944 durch die verheerenden

Bombenangriffe auf Stuttgart vernichtet wurde. Als die Berliner Wohnung der Familie, die ein Treffpunkt von Regimegegnern geworden war,[388] durch die Bombenangriffe gefährdet wurde, siedelte Heuss im August 1943 auf den Boschhof um, wo auch die Stuttgarter Akten sicherer als in Berlin verwahrt werden konnten.[389] Der Weggang von Berlin mit der Aufgabe, ein «vielleicht tausend Seiten starkes Buch» über Bosch zu schreiben,[390] erwies sich als ertragreich. Die Biographie beeindruckt durch ihre geistige Tiefe und das erfolgreiche Bemühen, neben den technischen Aspekten auch das «Atmosphärische» des Porträtierten und seiner Welt mitzuerfassen, eine Aufgabe, die für Heuss herausfordernd und beschwerlich in einem war: «Monatelang saß ich so über den Sammlungen der Briefschaften, ein gelegentlich reizvolles, ein ebensooft langweiliges und mühsames Geschäft; – wer solche Arbeit schon gemacht hat, kennt den Wechsel von Vergnügen und Überdruß.»[391] Noch im Herbst 1943 siedelte Heuss nach Heidelberg über, um teils zu Hause, teils in der Bibliothek des Historischen Seminars an seinem «Bosch» zu arbeiten.[392]

Als Heuss im Januar 1944 dem Güterverwalter des Boschhofes, Walther Mauk, erläuterte, er wolle keine «Apotheose» schreiben, weil er annehme, Bosch habe keine «Offiziösen-Legende» erwartet, wenn er gerade ihn als Biographen gewählt habe,[393] bewies diese innere Unabhängigkeit nicht nur seine Aversion gegen Auftragsarbeiten, sondern konstituierte seine aus liberalen Überzeugungen gewonnene Standhaftigkeit gegenüber dem Nationalsozialismus. Diese Unangepaßtheit offenbart sich bei einem Blick auf sein Verhältnis zum Widerstand gegen Hitler. Theodor Heuss hat sich später nie als Widerstandskämpfer geriert. Gleichwohl stand er als Regimegegner in Verbindung zu vielen Oppositionellen. Mit Sozialdemokraten wie Julius Leber konnte er noch bis November 1943 Verbindung halten,[394] und seine Stuttgarter Besuche[395] nutzte er für Begegnungen mit dem ehemaligen Staatspräsidenten Eugen Bolz,[396] einem der wichtigsten Verschwörer des Stuttgarter Kreises. Carl Goerdeler war er bei den Feierlichkeiten anläßlich des 80. Geburtstags und des Staatsbegräbnisses nähergekommen, und dies hatte 1942 schließlich zu einer weiteren Annäherung geführt.[397] Wahrscheinlich Ende 1943 wurde er von Goerdeler bei einer Begegnung in Stuttgart gefragt, ob er bereit sci, Reichspressechef einer Regierung nach Hitler zu werden. Heuss sagte zu, zumindest vorübergehend ein solches Amt zu übernehmen. Über Einzelheiten dieser Absprachen weiß man allerdings zu wenig, um den Umfang der Verpflichtung und der Einweihung in die Staatsstreichpläne genauer bestimmen zu können. Es ist zu vermuten, daß über die Bereitschaft hinaus, sich gegebenenfalls zur Verfügung zu stellen, keine Absprachen getroffen wurden: Heuss sollte über Robert Bosch schreiben und sich für die Zukunft bereithalten. An den Vorgängen um den 20. Juli 1944 war er nicht beteiligt. Während viele aus dem Freundes- und Bekanntenkreis hingerichtet wurden, blieb er, wie er später schrieb, «im Schlußteil der Tragödie als unbemerkte Reserve

übrig».[398] Seine Biographie Robert Boschs, die im Frühjahr 1945 weitgehend fertiggestellt war, erschien ein Jahr nach dem Untergang des «Dritten
Reiches».

7. Die schreckliche Normalität: Rüstungsproduktion, Kriegsgefangene und Zwangsarbeiter bei Bosch

Eine Darstellung des Widerstands bei Robert Bosch wäre unvollständig,
wenn nicht auch Erwähnung fände, daß das Unternehmen nach außen hin
den Anschein einer gut funktionierenden Rüstungsschmiede im nationalsozialistischen Deutschland bot. Es ist in der Tat eine der herausfordernd-
sten Aufgaben des Historikers, hinter diese Fassade zu schauen, um – allerdings ohne die allzu einfache Attitüde der accusatio – zu ergründen, ob und
inwieweit die Geschäftsinteressen die moralischen Prinzipien unterlaufen
konnten, die das Unternehmen Bosch traditionell bestimmt hatten und die
eine wichtige Triebfeder des politischen Widerstands darstellten. Dies
erscheint um so notwendiger, als sich viele Unternehmen nicht scheuten,
die Palette der Unterdrückungsinstrumentarien nationalsozialistischer
Schreckensherrschaft zu benutzen, um im Windschatten der Diktatur und
des Krieges Gewinne zu erzielen. Insofern ist zu prüfen, ob die Beteuerung
stichhaltig ist, ein Mitmachen sei im Interesse des Widerstands unumgänglich gewesen und die Camouflage eines gefügigen Rüstungsunternehmens
habe vornehmlich dazu gedient, den Sturz des Hitlerregimes unterstützen
zu können.

Seit 1933 waren im Reich die Fragen von Aufrüstung und Kriegsproduktion so eng miteinander verbunden, daß zunächst, bis der Krieg
drohend vor der Tür stand, nur wenige Deutsche gegen Hitlers Maßnahmen protestierten, der als demütigend empfundenen Zeit der Versailler
Rüstungsbegrenzung ein Ende zu bereiten. Hitler profitierte von der weitverbreiteten Stimmung, die eine Aufrüstung als legitim bewertete, solange
sie die als Erniedrigung verstandene «Niederzwingung» Deutschlands
durch die Siegermächte des Ersten Weltkriegs revidieren wollte und solange die Überhitzung der Hochkonjunktur nicht erkennbar war. Unter einer
demokratischen Regierung wäre eine entsprechend maßvolle Angleichung
der Rüstungsentwicklung wahrscheinlich langsamer, aber im Ergebnis
wenig anders verlaufen.

Während sich viele Unternehmen der nur scheinbar traditionelle revisionistische Ziele verfolgenden Politik Hitlers kooperationsbereit unter-
ordneten und sich in Verkennung der aggressiven Ausrichtung der nationalsozialistischen Außenpolitik Zug um Zug in das Räderwerk der
NS-Ideologie verstrickten, die Kriegsrüstung zum Teil hinnahmen, zum
Teil akzeptierten und zum Teil unterstützten und davon profitierten,[399] bie-

tet der Blick auf das Unternehmen Robert Bosch ein differenziertes, facettenreicheres Bild.

Auf die starken Vorbehalte, die durch Betriebsführung und Unternehmensgründer gegen Autarkie und Aufrüstung nach 1933 geltend gemacht worden waren, ist bereits hingewiesen worden. Durch die Verbindung zu Carl Goerdeler wurde zudem noch stärker als zuvor das Bewußtsein dafür geschärft, in welch gefährliche Bahnen die deutsche Politik gelenkt wurde. Für ein prosperierendes Exportunternehmen, das in der Wirtschaftskrise in geringerem Maße von existentiellen Sorgen geplagt gewesen war als mancher mittelständische Firmeninhaber, dessen ideologische Affinität und dessen Krisenbewußtsein ihn anfälliger für die Verlockungen des Nationalsozialismus machten, war es widersinnig, die durch Rüstungsaufträge erzielbaren Produktionsteigerungen mit den Unwägbarkeiten einer nationalen Abschottung und der Gefahr eines Krieges zu erkaufen. In vielfacher Hinsicht spiegelten die Ansichten der Stuttgarter die Sichtweise Walther Rathenaus wider, der vor dem Ausbruch des Ersten Weltkriegs noch Krieg und Abenteuer mit dem pragmatischen Argument abgelehnt hatte, «kein Mensch» wolle «beim Geldverdienen gestört sein».[400] Der Weg des europäischen Ausgleichs und der Völkerverständigung war bis zur «Machtergreifung» bei Bosch auch öffentlichkeitswirksam beschworen worden; nach 1933 hatte man im Rahmen des Möglichen die Stimme gegen Autarkiestreben, Protektionismus und restriktive Zollpolitik erhoben.

Nachdem sich Hitlers Macht gefestigt hatte, mußten jedoch selbst Papierspuren einer Opposition vermieden werden. Öffentliche Stellungnahmen waren ebensowenig möglich, und aus den zeitgenössischen Unternehmensakten läßt sich ein dezidierter Widerstand gegen die Aufrüstung weder herleiten noch ablesen. So ist der Historiker darauf angewiesen, erstens aus der seit 1918 fortwährend bekundeten Ablehnung eines weiteren Krieges als Mittel der Politik und zweitens aus den Parallelüberlieferungen des Boschkreises in seinen Stellungnahmen an das Ausland Rückschlüsse auf die Stellung Robert Boschs und seines Führungskreises zur kriegerischen Aggression und ihren Folgen zu ziehen.

Boschs Haltung in diesen Fragen geht aus einer Mitteilung des mit dem Firmengründer stets eng verbundenen Privatsekretärs Schloßstein hervor:

«Daß seine Firma auch in die Rüstungsproduktion einbezogen wurde, war Herrn Bosch ein großer Kummer. Er sagte mir einmal: ‹Es wäre mir lieber, ich würde mit 10 Leuten für den Frieden, als mit 30 für den Krieg arbeiten›. Er litt seelisch und körperlich ungeheuer unter dem Krieg. Oft war er ganz niedergeschlagen und bedrückt. Er wußte von Anfang an, daß dieser Krieg verloren ging, und sagte oft, daß selbst ein gewonnener Krieg in keinem Verhältnis zu den Opfern stehe, die gebracht werden müßten.»[401]

Boschs Bedauern, mit «seinem Unternehmen in die Kriegswirtschaft eingespannt» zu sein,[402] läßt sich allerdings nicht nur aus sekundären Überlieferungen rekonstruieren. Hier zeigt sich ein Bild, das die mannigfachen

Kompetenzrangeleien, Meinungsverschiedenheiten und Konflikte, die mit den nationalsozialistischen Machthabern ausgefochten werden mußten, offenlegt. Sie verweisen auf ganz generelle Tendenzen, die das Verhältnis von Staat und Wirtschaft im Rahmen der Kriegsvorbereitungen betrafen, das Unternehmen Bosch unmittelbar berührten und den Zwangsjacken-charakter der Kriegswirtschaft anschaulich aufzeigen. Als etwa Fritz Todt, der «Generalinspektor für das deutsche Straßenwesen», 1938 in Anmaßung neuer Kompetenzen und in scharfer Konkurrenz zur Wehrmacht mit dem ehrgeizigen Bau des sog. «Westwalls» begann, wurde diese Aufgabe gegen starke Widerstände in der Industrie durchgeführt, der vielfach auferlegt wurde, die Aufgaben am Westwall bevorzugt mit Maschinen und Personal zu erledigen.[403] Als Widerstand konnte der daraufhin laut werdende unter-nehmerische Unmut freilich schon deshalb nicht bezeichnet werden, weil er sich aus dem Ärger über die Zurückstellung profitablerer Arbeiten spei-ste. Auch Robert Bosch erregte sich über den plötzlich spürbaren Arbeits-kräftemangel, weil die Beschäftigten «bei den Befestigungsarbeiten im Westen verwendet werden, wo, wie man hört, sehr hohe Löhne bezahlt werden. Unsere Leute sind so überbeansprucht, sodaß man schon von einem Raubbau sprechen kann.»[404]

Über derart hilflosen Protest gegen die ökonomisch unsinnig erschei-nenden Maßnahmen[405] und die Zwänge einer von Hitler oktroyierten Poli-tik hinaus war eine wirksame Gegenwehr schwerlich möglich. Die man-gelnde Bewegungsfreiheit als Kennzeichen eines totalitären Staates, der die Realisierung seiner «Weltanschauung» als oberstes Ziel proklamierte und diese Forderung durchzusetzen verstand, trat auf diese Weise schon vor dem Krieg beispielhaft zutage und verwies auf die zunehmend einge-schränkte Bewegungsfreiheit des industriellen Systems in einem Staat, der unter dem Primat der Politik auf den Krieg zusteuerte.

Der Schlüssel zu Boschs Unternehmenserfolg – der schon klassisch zu nennende Export – drohte mit der künstlichen Anheizung der auf den Krieg zugeschnittenen Investitionskonjunktur aus der Hand zu gleiten. Kritik an dieser Politik konnte indessen nur vertraulich und hinter vorge-haltener Hand geäußert werden. Da ein wirksames Gegenmittel gegen den im Rausch der «Blitzkriege» auf einer Welle der Popularität reitenden Hit-ler nicht in Sicht war, führte der Boschkreis ein Doppelleben: «Andere Möglichkeiten sind nicht vorhanden», notierte ebenso knapp wie entschie-den Robert Boschs Privatsekretär, der in jenen Monaten in der Schweiz auf der Suche nach Verbündeten im Kampf gegen Hitler war.[406]

Nach dem Tod Robert Boschs geriet die Firma jedoch in eine bedenklich exponierte Lage. Die sich zuspitzende Kriegssituation führte allenthalben zu Radikalisierungen. Die heftig miteinander konkurrierenden Parteihier-archien in Berlin und Stuttgart spekulierten auf einen wirtschaftlichen Machtgewinn. Die Freiräume, über die das Unternehmen als kriegswich-tiger Industriebetrieb verfügte und die dem Boschkreis die Möglichkeit

boten, in der Nische der freien Privatwirtschaft gegen den Diktator vorzugehen, mußten ständig neu erobert werden. Ein Aspekt des Bemühens, der
NSDAP nicht kampflos das Feld zu überlassen, war der nach außen dokumentierte Gleichklang mit der offiziellen Ideologie, die noch unter dem
Unternehmensgründer durch die Ehrung als «Pionier der Arbeit» sichtbaren Ausdruck gefunden hatte und durch den offiziellen Staatsakt anläßlich seines Todes bekräftigt worden war. Die scheinbare Akklamation der
Systemkonformität fand nach dem Tod Robert Boschs ihre Fortsetzung.
Obwohl das Unternehmen keineswegs dem Ideal entsprach, das die nationalsozialistische Propaganda und Literatur von einem «Musterbetrieb»
zeichnete,[407] durften die Stuttgarter seit dem «Tag der Nationalen Arbeit»
am 1. Mai 1942 als «Nationalsozialistischer Musterbetrieb» firmieren und
die Goldene Fahne der Deutschen Arbeitsfront führen. Ein Blick auf die
Vorgeschichte dieser zweifelhaften Ehre verweist auf die geradezu grotes-
ken Begleitumstände der Genese solcher Auszeichnungen, deren praktische Bedeutung übrigens vernachlässigenswert war. Wieder einmal erwies
sich Gottlob Berger,[408] der noch wenige Monate vor dem Tod Robert
Boschs in einer strittigen Jagdangelegenheit geholfen hatte,[409] als treibende
Kraft, um im Kampf gegen seinen Erzfeind Murr aus eigener Machtvollkommenheit für das Unternehmen einzutreten. Seine spätere Schilderung
entbehrt nicht absurder Elemente, verweist indessen erneut auf den Einfluß, den einer der zahlreichen kleinen «Führer» im kontrollierten Chaos
des «Dritten Reiches» ausüben konnte.

Den Chef des SS-Hauptamtes empörte es, daß ausgerechnet demjenigen
Unternehmen, dem nach seinem sentimentalen Verständnis rechtschaffener
Sozialpolitik eine Anerkennung gebühre, diese bislang beharrlich verweigert worden war. In mancherlei Hinsicht wiederholte sich nun das Procedere, das zur Dekorierung Robert Boschs als «Pionier der Arbeit» geführt
hatte; wiederum erstaunt das hohe Maß an Entscheidungsbefugnissen, die
ein einzelner sich im Dickicht der wuchernden Spezialbürokratien
anmaßen konnte. Wie in einer schlechten Komödie deutete Berger dem
Leiter der DAF, Robert Ley, die Möglichkeit einer direkten Intervention
bei Hitler an, um die Ehrung für den Betrieb auf den Weg zu bringen.[410]

Robert Bosch hatte sich zwar stets gegen anrüchige Parteiauszeichnun-
gen gewandt. Aber es ist bereits darauf verwiesen worden, daß die Würdigung seiner Lehr- und Ausbildungsleistung, so problematisch sie auch sein
mochte, wenn sie von der Partei ausgesprochen wurde, für ihn in gewisser
Weise einer Anerkennung seiner Lebensleistung gleichkam und angesichts
der mannigfachen Anfeindungen auch eine Genugtuung war. Bosch hatte
immer wieder betont, daß er auf eigenem Wege ohnehin schon lange das
praktiziere, was die pseudoproletarische Utopie der «Volksgemeinschaft»
als vermeintlich klassenlose Gesellschaft mit ihren revolutionär-moderni-
sierenden Elementen nach Ansicht der Parteiideologen erreichen wollte.
Die problematische Nähe und Konkurrenz der NS-Sozialpolitik, die der

eigenen ganz entgegengesetzt war, hatte Bosch schon erkannt, als er den Mythos der «Volksgemeinschaft» in den dreißiger Jahren in Frage stellte. Auch unter politischen Gesichtspunkten machte eine Würdigung als «Musterbetrieb» einigen Sinn. Die DAF benötigte die Auszeichnung als «Erfolgsmeldung» an die Parteispitze, und andere württembergische Großbetriebe hatten bereits, wie man bei Bosch dieses Vorgehen später beschrieb, «ein böses Beispiel gegeben».[411] Diese Farce wurde ein Bestandteil der Mimikry des Unternehmens, das den Zoll für seine Widerstandstätigkeit zu zahlen bereit war. Bestimmte despektierliche Äußerungen über das Spektakel und die dadurch zum Ausdruck kommende Geringschätzung der DAF-Auszeichnung entsprachen dem Stellenwert der Propagandamaßnahme. So mancher Großbetrieb bewahrte gegenüber den als Gängelung verstandenen Anforderungen der DAF eine «distanzierte Haltung» und war nur unter «ständigen Pressionen» der Partei und der DAF-Betriebsobmänner überhaupt bereit, sich etwa an den lästigen «Leistungskämpfen» zu beteiligen;[412] das erzwungene Ausscheiden von Paul Reusch bei der Gutehoffnungshütte im Jahr 1942 war ganz wesentlich auf solche Differenzen zurückzuführen. Auch bei Mercedes-Benz kam es zu ähnlichem Hader und «Abgrenzungen von der Deutschen Arbeitsfront».[413]

Gegen den nicht gewollten Krieg und seine unabdingbaren und verabscheuungswürdigen Folgen, die moralisch fragwürdige Entscheidungen aufzwangen, fühlte sich die Unternehmensleitung machtlos, und dem rückschauenden Beobachter fällt es schwer, einen anderen Ausweg aus dem Dilemma zu erkennen als den Weg, der im Boschkreis eingeschlagen wurde: Das Mitmachen, das bewußte Nichtwissenwollen war gleichsam die Voraussetzung für den inneren Kampf gegen das Regime. Aus dieser Perspektive ist es verständlich, daß explizite Stellungnahmen der Firmenleitung über die Ablehnung der Kriegsproduktion und ihrer fatalen Folgen in offiziellen Verlautbarungen die Ausnahme sind – man muß auch hier auf die Parallelüberlieferungen des Boschkreises als Ausdruck der Kriegsgegnerschaft zurückgreifen, wenn man sich ein Bild über die Stimmung auf der Führungsetage machen will.

Der lange befürchtete Krieg traf das Unternehmen nicht unvorbereitet. Von den seit 1936 in großem Umfang getroffenen Sicherungsmaßnahmen für das Auslandsgeschäft einmal abgesehen, vollzog sich auch die kriegsbedingte Produktionsumstellung «viel reibungsloser» als bei Ausbruch des Ersten Weltkriegs.[414] Während die wissenschaftliche Forschungsarbeit für den Kriegseinsatz im Banne einer entpolitisierten technischen Spezialisierung unabhängig von den politischen Prämissen der Zeit fortgeführt wurde,[415] machten die erhöhten Produktionsanforderungen im Krieg fast zwangsläufig eine straffere Arbeitsdisziplin erforderlich. 1941 wurden Geldbußen bis zu einem vollen Tagesverdienst in die Betriebsordnung aufgenommen. In einem «ernsten Wort an die Gefolgschaft» drohte Personaldirektor Debatin gar an, bei weiteren Verstößen «pflichtgemäß beim

Reichstreuhänder» eine Bestrafung zu beantragen[416] – die «Reglementierung des totalen Anspruchs»[417] führte in deutschen Unternehmen zu Sank-
tionsandrohungen, die in ihrer Schärfe weit über das vor 1933 Bekannte
hinausgingen. Von einem Achtstundentag konnte bald bei Bosch keine
Rede mehr sein. Die Wochenarbeitszeit betrug zu Beginn des Jahres 1941
bei Männern 53, bei Frauen 48,6 Stunden.[418]

Die Produktionsverlagerungen, die nach der «Machtergreifung» ihren
Anfang mit der Aufforderung zur Gründung von «Ausweichfabriken»
genommen hatten, gewannen im Krieg neue Bedeutung, weil durch die
Auslagerung von Produktionsstätten in ländliche Gebiete der Arbeitsver-
knappung entgegengewirkt werden sollte. Zudem war die Dezentralisierung ein probates Mittel, die Schäden von Luftangriffen gering zu halten,
so daß schließlich das Unternehmen an insgesamt 213 Stellen in 102 Orten
produzierte.[419] Neben der Beauftragung von Fremdfirmen wurden Bosch-
Produktionsstätten auch in stillgelegten Fabrikräumen untergebracht, so
etwa in einer Trikotagenfabrik, deren Eigentümer sich erst nach der staatlichen Drohung einer Enteignung 1944 bereitfanden, dem kriegswich-
tigeren Unternehmen ihr Betriebsgelände zu überlassen. Von der in den
dreißiger Jahren eine Zeitlang angewandten Methode, die aus Berlin erge-
henden Verlagerungsforderungen zu verzögern, war schon lange keine
Rede mehr.

Die Kriegsentwicklung führte zu einer weiteren Beschränkung des
unternehmerischen Einflusses und trug dazu bei, daß auch die mit der industriellen Produktion in Württemberg betrauten Instanzen sich gegen die
zentrale Überbürokratie Berlins kaum noch durchsetzen konnten. Hitler
ordnete im Dezember 1942, als sich vor Stalingrad die bis dahin größte
Katastrophe des deutschen Heeres anbahnte, eine Umorientierung der
Kriegsproduktion an. Die Herstellung von Verbrauchsgütern sollte nur
noch eingeschränkt berücksichtigt werden, die Produktion von Rüstungsmaterial dagegen fortan absolute Priorität genießen und mit Hilfe der am
effektivsten arbeitenden Unternehmen forciert werden. Schon wenige
Monate später bekam die Wirtschaft die Neuerungen, die von ihrem Organisator Albert Speer durchgesetzt wurden, am eigenen Leib zu spüren.
Speers Reichsministerium für Rüstung und Kriegsproduktion wurde zu
einer Dachorganisation, die die wichtigsten Kompetenzen anderer Ministerien in Rüstungsfragen übernahm. Es kam zu einer «Totalisierung» der
Rüstungswirtschaft,[420] und der staatliche Zentralismus beeinflußte stärker
als je zuvor die Produktion. Speer erläuterte später den Handlungsspielraum der Unternehmer recht lapidar: Seit «der Einrichtung der sogenannten ‹Selbstverantwortung der Industrie› als Führungsorgan meines Ministeriums hatte ein Unternehmer kein Recht mehr, die Belegung seines
Werkes mit Rüstungsaufträgen selbst zu bestimmen».[421] Eine «Zentrale
Planung» überwachte die Rohstoffzuteilung, und an die Stelle der auf
regionaler Ebene operierenden Handelskammern traten die von der Partei

kontrollierten Gauwirtschaftskammern.[422] Unter Berücksichtigung dieser Tendenzen der Kriegswirtschaft drohte Bosch auf übergeordneter Ebene das Schicksal zu widerfahren, das bislang lediglich als Gefahr von der württembergischen Gauleitung ausgegangen war: unter die Aufsicht des Staats- und Parteiapparats zu geraten.

Die zunächst auf «beiderseitigen Zugeständnissen und wirtschaftlicher Interessenkoordination beruhende ‹Symbiose›» im Verhältnis zwischen Nationalsozialismus und Großindustrie[423] wurde im Krieg auf eine harte Probe gestellt. In Württemberg hatte sich die Industrie im bürokratischen Dschungel der Reichsbehörden, zunächst unter Fritz Todt, dann unter Albert Speer mit der Reglementierung der Rüstungsproduktion durch Arbeitsringe, Haupt- und Unterausschüsse abzufinden und in den Fragen des Arbeitseinsatzes mit dem Wehrkreisbeauftragten und Vorsitzenden der Rüstungskommission Friedrich Ortmann auseinanderzusetzen,[424] der als Vertrauensmann des Gauleiters Murr und als «politischer Kommissar» galt.[425] Die Abwehr der nationalsozialistischen Eingriffe in die Wirtschaftsautonomie mutierte schließlich zu einem permanenten Ringen im «Papierkrieg der Selbstverantwortungsorgane der Industrie», der die Produktion in einem bürokratischen Chaos zu ersticken drohte.[426]

Im Gegensatz zu den Friedenszeiten konnte von einer marktwirtschaftlich geregelten Auftragsakquisition nicht die Rede sein. In diesem Sinn war auch die sicherlich etwas einseitige Beurteilung Gustav Stolpers zu verstehen, der 1949 schrieb, die Industrie- und Finanzgewaltigen seien «hilflose Werkzeuge, größere oder kleinere Räder in einer Riesenmaschinerie» gewesen, die «nach den Launen der Nazi-Führerschaft konstruiert» gewesen sei.[427] Während viele Industrielle ihre Wünsche sehr wohl in den Produktionsausschüssen durchsetzen konnten,[428] bestand ein fester, vom Heereswaffenamt verfügter Plan der zu produzierenden Rüstungsgüter, der mit fortschreitender Kriegsdauer hinsichtlich der Anforderungen immer rigider formuliert war. Mit dem Krieg gegen die Sowjetunion kam es sogar noch zu einer Steigerung der Anforderungen der «NS-Kommandowirtschaft», die die Betriebe mit schier unerfüllbaren Sollzahlen konfrontierte.

Die Klagen über die Lenkung der Industrie während des Krieges waren kein spezifisch württembergisches Phänomen. Besser als eine langwierige und verwirrende Beschreibung der sich überschneidenden und widersprechenden Erlasse und Verordnungen zeigt etwa die beredte Klage Alfred Hoffmanns, eines Fachgruppenleiters im Hauptausschuß Elektroindustrie, die Überbürdung der Branche im Krieg:

«Die Elektroindustrie litt seit vielen Jahren, besonders aber seit dem Kriegsbeginn in Bezug auf die Steuerung durch den Staat an der völligen Überorganisation. Hinzu kam noch die Aufsicht durch die Partei. Die Kompetenzkämpfe und Zuständigkeits-Überschneidungen vergrößerten die Schwierigkeiten. Die Wahrung der behördlichen Autorität war stets die Hauptsache. In den letzten Jahren wimmelten die Verordnungen mit Strafandrohungen – bis zur Todesstrafe – gegen den Betriebsführer. Wehrmacht, Reichs-

ministerium für Rüstung und Kriegsproduktion, Rüstungsinspektionen mit Rüstungskommandos, Wehrbezirksämter, Arbeitsministerium, Arbeitseinsatzdirektor Sauckel,
Partei, Arbeitsfront, Wirtschaftsministerium, Verkehrsministerium, Hauptausschüsse,
Wirtschaftsgruppen, Polizei, Luftschutz, Volkssturm, jeder verordnete Bestimmungen
zum Arbeitseinsatz, Transport etc. Nur die jahrelange Erfahrung der Betriebsleute, trai-
niert mit einer zähen Geduld, mit Verordnungen fertig zu werden, ermöglichte unter
Herausstellung der wichtigsten Verordnungen eine Vermeidung schwerster Einbrüche.
(...) Der Betrieb und immer wieder der Betrieb mußte alles schaffen.»[429]

Der Protest von Betriebsführern gegen den Kompetenzenwirrwarr und die
Bevormundung hatte mit Widerstand eigentlich nichts zu tun. Aber die
Unzufriedenheit mit der Parteipolitik, die im Verlauf des Krieges zu immer
größerer Sorge über den Bestand des eigenen Unternehmens anwuchs, trug
zu den Bestrebungen der Industriellen bei, den Einfluß der Partei und der
Bürokratie trotz aller gegenläufigen Tendenzen, wann immer möglich, zu
begrenzen. Bei Bosch hat man diese Praxis später dahingehend erläutert, es
sei Richtlinie gewesen, «so zu tun, als ob wir mitmachten und dabei ausschließlich die Interessen der Firma zu wahren, Stillegungen zu verhindern
zu suchen und Parteibestrebungen zu sabotieren».[430] In einer solchen ökonomischen Resistenz gegen eine den Gesetzen der Vernunft und des Marktes widersprechende Politik konnte wiederum der Boschkreis bei anderen
Unternehmen einen Anknüpfungspunkt finden, um Nischen im Kampf
gegen die NSDAP auszufüllen. Als der «Betriebsführer» der benachbarten
Feuerbacher Maschinenfabrik Werner & Pfleiderer, Otto Fahr, im Jahr
1942 recht unerwartet zum Rüstungsobmann ernannt wurde, riet der
Boschkreis Fahr ausdrücklich zur Annahme, weil in der Berufung eines
befreundeten Unternehmers ein Gegengewicht zu dem Kontrollgremium
der Partei gesehen wurde. Selbst hierbei wirkte der Mechanismus, Freiräume zu besetzen, um sie nicht den Parteiinstanzen zu überlassen, wenn Albrecht Fischer seine Position damit begründete, man habe verhindern wollen, daß ein «von der Partei lenkbarer Mann» eingesetzt werde. Fischer sah
in Fahr dementsprechend einen «Stützpunkt in der Industrie». Denn, so
Fischer später, nur «über die Position des Rüstungsobmanns in Verbindung
mit der Industrieabteilung konnte gehofft werden, das Nebeneinander der
Ausschüsse, Ringe, Wirtschaftsgruppen, Fachgruppen, usw. erträglich zu
gestalten» und den «Bestrebungen der Partei auf immer stärkere Einflußnahme auf die Wirtschaft» einen Riegel vorzuschieben.[431] Otto Fahr genoß
das Vertrauen des Boschkreises, weil Paul Hahn ihn noch aus dessen
Militärzeit im Ersten Weltkrieg kannte. Es gelang Fahr bis zum Kriegsende, in vielerlei Hinsicht mäßigend zu wirken: Mit Blick auf die Behandlung
der Zwangsarbeiter, hinsichtlich der Vereitelung von Parteiübergriffen und
schließlich der Verhinderung der unsinnigen Zerstörungsbefehle zu
Kriegsende. Freilich, Widerstand im Sinne des Boschkreises war dies schon
deshalb nicht, weil Fahr wohl erst angesichts der militärischen Niederlage
begann, sich gegen den nationalsozialistischen Zwang zur Wehr zu set-

zen:[432] Unternehmer, die gegen den eisernen Zugriff des NS-Staates protestierten und sich später diese Haltung zugute hielten, waren ebensowenig Widerstandskämpfer wie etwa Arbeiter, die ihre Pausenzeit überzogen. Eine solche Ausweitung des Widerstandsbegriffs würde denjenigen nicht gerecht, die für ein «Anderes Deutschland» ihr Leben aufs Spiel setzten. Aber *subjektiv* konnte der Boschkreis selbst die Differenzen mit den Berliner und Stuttgarter Ministerialbehörden und Parteiinstanzen als Widerstand auffassen, weil er mit dem politischen Widerstand, den man leistete, untrennbar verbunden war.

Die Erleichterung über die Einsetzung Fahrs änderte indessen wenig an den fortwährenden Konflikten mit den Berliner Reichsbehörden.[433] Obwohl Bosch davon profitierte, daß die wirtschaftsdikatorischen Versuche des Staates, Einfluß auf die Unternehmen der Luftfahrtindustrie zu nehmen, dilettantisch durchgeführt wurden und sich im Kompetenzenkonflikt Generalstab, Partei, Reichsbehörden und Luftwaffenindustrie gegenseitig blockierten,[434] spürte das Unternehmen die fortschreitende Politisierung und Ideologisierung der Wirtschaft am eigenen Leib. Auf einer Konferenz im Reichsluftfahrtministerium im Oktober 1943 unter Vorsitz von Albert Speer sah sich das Unternehmen Vorwürfen der «Sabotage», des «Eigensinns» und der «Gefährdung der Luftrüstung» ausgesetzt und mußte sich von Speers Mitarbeiter Walter Schieber Drohungen wie «Wir werden nach der Firma Bosch sehen!»[435] anhören. Während das Verhältnis zu dem der Großindustrie gewogenen Speer offensichtlich so zufriedenstellend war,[436] daß Oberbürgermeister Strölin hinsichtlich der Produktionsvorgaben berichten konnte, Bosch sei von zuständiger Stelle gelobt worden, weil es im Stuttgarter Raum «das einzige Großunternehmen» sei, «bei dem es klappe»,[437] geriet das Unternehmen mehrfach mit Generalfeldmarschall Erhard Milch, der als Leiter des Technischen Amtes im Luftfahrtministerium ein enger Mitarbeiter Albert Speers war, aneinander, weil dieser Mitspracherechte und Beteiligungen an kriegswichtigen Teilunternehmen einforderte.

Karl Otto Saur, der Vorsitzende des Rüstungsstabs, sprach im Frühjahr 1944 davon, er benutze jede Gelegenheit, den «Konzerndünkel» der Industriellen «zu brechen». Milch ging in seinem Konfrontationskurs gar so weit, im März 1944 zu drohen: «Wer heute fragt: was wird aus meinem Werk nach dem Kriege, der gehört heute bereits vor seinem Werke aufgehängt.»[438] Als Bosch just in diesen Tagen dem Luftfahrtministerium eine Minderheitsbeteiligung von 25 % bei der Fernseh GmbH überlassen sollte, gelang es nur durch eine geschickte Verzögerungstaktik, die Realisierung dieses Vorhabens bis zum Kriegsende zu verhindern. Eine derartige Unbotmäßigkeit hatte freilich zur Folge, daß Hans Walz in seiner Eigenschaft als «Betriebsführer» am 28. März 1944 vor das Feldgericht zitiert wurde.[439] Auch die gelegentlichen Andeutungen aus Speers Ministerium für Rüstung und Kriegsproduktion, man werde die Kontrolle bei Bosch übernehmen,[440] waren Ausdruck des Versuchs der totalen Erfassung der Kriegsproduktion durch die Berliner Reichsbürokratie.

Ihr gegenüber stand der seinerseits von Speer bekämpfte «Gaupartikularismus»,[441] der eifersüchtig die eigenen Ansprüche durchsetzen wollte und in den Drohungen des württembergischen Gauwirtschaftsberaters Walter Reihle und des Gauleiters und Reichsverteidigungskommissars Murr zum Ausdruck kam. Das Unternehmen sah sich einem Zangengriff ausgesetzt, der die üblichen Spannungen zwischen Industrie und nationalsozialistischem Staat in der Phase einer forcierten Kriegsproduktion an Intensität noch übertraf: Die Auseinandersetzung ging so weit, daß Walz als Mitglied des «Freundeskreises Himmler» von den in diesem Gremium vertretenen Wirtschaftsführern beauftragt werden sollte, bei Hermann Göring Protest einzulegen.[442] In der Führungsetage von Bosch fühlte man sich in dem lange gehegten Eindruck bestätigt, die nationalsozialistische Wirtschaftspolitik sei ein «reine(r) Staatskapitalismus». Der Nationalsozialismus, so lautete die argwöhnische Vermutung, versuche die Unternehmen bewußt zu schwächen, so daß «ein nach dem Kriege rigoros auftretender Staat leichte Mühe hätte, alles zu vereinnahmen».[443]

Ob diese Sorge berechtigt war, ist für unsere Betrachtung an dieser Stelle von nachrangigem Interesse. Allein die Befürchtungen verweisen darauf, wie gering der Bewegungsspielraum für unternehmerische Entscheidungen in Stuttgart inzwischen eingeschätzt wurde. Das Mißtrauen gegen die Ziele des Nationalsozialismus und der Mißmut über die Wirtschaftspolitik führten unterhalb der Ebene des politischen Widerstands gar zu einer erstaunlichen Konfrontation mit den Machthabern. Das Unternehmen, so lautete ein vertraulicher Bosch-Bericht aus dem Sommer 1943, habe vor Ausbruch und während des Krieges «bewusst davon abgesehen, das ihm gesetzte, immer wieder erhöhte Liefersoll ausschliesslich» durch Verlagerungen zu erreichen, um eine «treibhausartige Ausweitung» zu vermeiden.[444] Diese Warnung vor einer Scheinblüte stand in unmittelbarem Zusammenhang mit den unverblümten Worten, die «Betriebsführer» Hans Walz am gleichen Tag vor Pressevertretern fand und die seine tiefe Aversion gegen Krieg und Nationalsozialismus durchschimmern ließen. Am 17. Juli 1943 hielt Walz im Werk Feuerbach vor deutschen Journalisten eine Rede, die in unerhörter Offenheit das Regime kritisierte und später als «Feuerbacher Rede» bekannt geworden ist.[445] Anlaß war eine Art Rundfahrt handverlesener deutscher Presseleute, die im Auftrag der Reichsregierung ausgewählte Industriebetriebe besichtigten, um anschließend die allmählich kriegsmüde Bevölkerung propagandistisch aufzumuntern.

In Stuttgart verlief die Jubelveranstaltung jedoch anders als geplant. Walz richtete sich nicht nach dem Comment und äußerte sich über die Kriegskonjunktur denkbar zurückhaltend. Bosch habe sich immer aus eigener Kraft entwickelt. Die wirtschaftlichen Leistungen der Firma seien ein

Ergebnis «unternehmerischen Geistes». Die Beurteilung des Krieges kam in ihrer Ungeschminktheit einem Affront gleich:

«Auch der heutige Stand unseres Werkes ist höchstens in Hinsicht auf die forcierte Fertigungskapazität als Folge der seit etwa 1935/36 ins Dasein gerufenen Staats- und Kriegskonjunktur zu werten, im übrigen aber hat diese Konjunktur mit ihren Folgeerscheinungen mehr negative als positive Wirkungen auf unsere Firma ausgeübt. Ohne Aufrüstung und ohne Krieg hätten wir uns nach allem Ermessen bis jetzt zwar etwas weniger stürmisch, dagegen aber besser und gesünder entwickelt.»

Kaum weniger provozierend waren die Auslassungen über die Folgen der Autarkiepolitik. Walz kleidete sie geschickt in eine Schilderung über den Wiederaufbau des Auslandsgeschäfts nach dem Ersten Weltkrieg. Die Beschreibung des erfolgreichen Abschlusses dieser Operationen in den Jahren von Weimar verband er sogleich mit einem Hieb auf die nationalsozialistische Wirtschaftspolitik:

«Ein Glück nur für uns, daß es damals in unserer höchsten Not keine staatliche Wirtschaftslenkung gab! So konnten wir uns in unserer Geschäftspolitik mit unserem eigenen wirtschaftlichen Hausverstand zu helfen suchen.»

Die strikte Ablehnung planwirtschaftlicher Ideen wurde mit einem Plädoyer für die Marktwirtschaft verbunden. Eine wirtschaftliche Schwierigkeit, so Walz,

«könne von keiner anderen Wirtschaftsform ersprießlich gemeistert werden, als von der freien Initiative eines selbstverantwortlichen, um seiner Existenz willen mit vollem Sachverstand und mit äußerster Tapferkeit sich wehrenden privatwirtschaftlichen Unternehmertums. Man hat in den letzten Jahren wiederholt den Satz hören können: ‹Wenn die Unternehmerwirtschaft versagt, so muß eben eine andere Wirtschaftsform an ihre Stelle treten›. Ich möchte gerne wissen, welche; jedenfalls müßte eine bürokratisierte staatssozialistische Wirtschaft, vor dieselben Aufgaben gestellt, noch viel mehr versagen, als die privatkapitalistische; mit einer staatssozialistischen Wirtschaft würde man nach dem Anschauungsunterricht, den die ‹nationalisierte› französische Industrie lieferte, jeden ernsthaften Krieg bestimmt verlieren. Wenn einmal eine staatssozialistische Wirtschaft aus sich selbst heraus den Beweis erbracht haben wird, dass sie ausserhalb einer Staatskonjunktur und im Kampf mit dem Wirtschaftskönnen einer ganzen Welt unter widrigsten Umständen ebenso schöpferische Leistungen zu schaffen vermag, wie die eigenständig privatkapitalistische Unternehmenswirtschaft, wird man sich eher unterhalten können.»

In diesem Zusammenhang plädierte Walz für die Unabhängigkeit des Unternehmertums und gegen Fremdeinflüsse: «Davon ausgehend verstehen wir nicht, dass gegen die sogenannte Selbstfinanzierung in letzter Zeit Einwendungen nicht nur tatsächlicher, sondern sogar grundsätzlich-doktrinärer Art erhoben wurden. Damit negiert man das Entfaltungsprinzip, dem eine Reihe teilweise recht bedeutender Industriewerke jedenfalls Württembergs, wohl aber auf's Ganze gesehen Deutschlands, wenn nicht der ganzen Welt, ihr Gedeihen, ihre krisenfeste Konstitution und damit Unabhängigkeit verdanken.» Und darauf folgte ein Appell, der ganz gegen die nationalsozialistischen Bestrebungen gerichtet war und einen noch offenkundigeren Affront darstellte als zwei Jahre zuvor, als Walz in einer Rede am 21. April 1941 die gleichen Besorgnisse vorsichtiger geäußert hatte.[446] Walz lieferte für seine Kritik an der schleichenden Erdrosselung der Unternehmerautonomie sogleich einige Beispiele:

«Welche seltsamen Begriffe über die private Finanzwirtschaft bei manchen Behörden vorwalten, geht aus einem jüngst bei der Firma eingelaufenen Schreiben hervor, worin von einer Abteilung eines Reichsministeriums das Verlangen aufgestellt wird, die Firma solle künftig, und zwar aus eigenen Mitteln für Wehrmachtszwecke ein Reservelager in einem hoch in die Millionen Reichsmark gehenden Betrag halten. So weit wären wir also mit der Wirtschaftslenkung glücklich schon gediehen, dass ein aussenstehender Ministerialdirektor anstelle der zuständigen Unternehmensleitung über die Finanzen der Firma befehlhaberisch verfügt. (...) Von einzelnen behördlichen Stellen hört man überhaupt die Auffassung vertreten, dass man zum Zwecke der Rüstungsinvestition auf eigene Rechnung pflichtgemäß nicht genug Schulden machen könne. Man solle zunächst das eigene Geld verbrauchen, sodann bei den Banken Kredite bis zur Erschöpfung der individuellen Kreditfähigkeit aufnehmen, um sich fernerhin den weiteren Geldbedarf vom Staate borgen zu lassen. Auf die Frage, wie ein derart verschuldeter Betrieb sich später für den Wiederaufbau der Export- oder Friedenswirtschaft das erforderliche Kapital verschaffe, wird schlicht erklärt, dass auch diese Mittel vom Staat gegeben würden. Ich enthalte mich einer Randbemerkung zu solchem unweigerlich zum Staatskapitalismus führenden Finanz-Verfahren, durch das die Finanzen der Privatwirtschaft verfahren werden. (...) Es wäre ein niederschmetterndes Armutszeugnis für die wahrhaft wirtschaftenden Wirtschafter, wenn eine Staatsverwaltung aufgrund abstrakter literarischer Kenntnisse oder einer kurzen praktischen Wirtschaftätigkeit besser wüsste, wie die Wirtschaft zu führen ist, derart, daß der Inhaber, die Direktoren oder sagen wir der Unternehmer nach dem Kriege lediglich noch die sogenannte Durchführungsinitiative auszuüben hätten.»[447]

Die Unbotmäßigkeiten von Walz erbosten den anwesenden württembergischen Gauwirtschaftsberater Walter Reihle, einen antiliberalen Wirtschaftsideologen und eingeschworenen Feind des Unternehmens. Er stand ostentativ auf, verließ den Vortragssaal, winkte einen der Prokuristen von Bosch, Ernst Rogowski, heraus und teilte diesem mit, er werde Walz nun auch öffentlich schärfstens bekämpfen.[448]

Wie gefährlich eine solche Ankündigung des mächtigen Mitglieds der Gauclique Murrs sein konnte, zeigte sich, als wenige Monate später, im Oktober 1943, der Stuttgarter Direktor der Deutschen Bank, Hermann Köhler, wegen «defätistischer Äußerungen» zum Tode verurteilt und einen Monat später hingerichtet wurde. Reihle, der mit dem brutalen Heilbronner Kreisleiter Richard Drauz[449] gegen Walz mobil zu machen versuchte, nahm dies zum Anlaß, offen verlauten zu lassen, Walz werde einer der nächsten sein, der «aufs Schafott komme».[450]

Die ungezügelte Aggressivität des Gauwirtschaftsberaters hatte ihre Ursache nicht zuletzt in dessen nachhaltigem Mißerfolg, sein Lieblingsprojekt durchzusetzen: die Unterwerfung der württembergischen Bankenwelt unter den Einfluß der NSDAP. Im Zuge dieses Begehrens war Walz schon im Frühjahr 1943 zum württembergischen Wirtschaftsminister Jonathan Schmid[451] zitiert worden, der bei jener Gelegenheit ebenso wie Murrs rechte Hand, Staatssekretär Waldmann, kompromißlos die staatliche Übernahme der privaten Heilbronner Handels- und Gewerbebank (HGB) gefordert hatte. Walz mobilisierte daher eigene Hilfstruppen, um unter Ausnutzung der parteiinternen Rivalitäten den Vorstoß Reihles zu konterkarieren. Reihle konnte nicht nur auf die Unterstützung Murrs zählen, sondern hatte einen eigenen Draht nach Berlin: Martin Bormann, der Chef der Parteikanzlei, hatte 1941 in enger Zusammenarbeit mit dem Vizedirektor der Reichsbank, Kurt Lange, eine «intensive Kampagne zur Nazifizierung der deutschen Wirtschaft» begonnen, die seit dem Herbst 1942 die Gauwirtschaftsberater der wichtigsten deutschen Gaue in einem Bankenausschuß zusammenfaßte, dessen Aufgabe es vornehmlich war, NS-Kader in die jeweiligen Unternehmensleitungen zu plazieren.[452] Reihle spielte bei diesen Versuchen eine erhebliche Rolle[453] und hatte bereits den Aufsichtsratsvorsitzenden der HGB notifiziert, daß der unbotmäßige Erwin Bohner als Bankdirektor «untragbar» sei.[454]

Die Reichsbank war inzwischen vollends zu einer willenlosen «Vollzugsbehörde» nationalsozialistischer Politik verkommen.[455] Nachdem Bormann und Lange gegen Bosch mobil gemacht hatten, griff Walz auf die Hilfe von Goerdeler und Gottlob Berger zurück. Goerdeler brachte in Berlin in Erfahrung, daß Reihles Stellung keineswegs so gefestigt war, wie dieser in Württemberg und gegenüber der Robert Bosch GmbH glauben machen wollte. Noch wichtiger war die Nachricht, daß zwischen Reihle und dem nationalsozialistischen Präsidenten der Gauwirtschaftskammer, Rudolf Rohrbach, erhebliche Animositäten bestanden. Durch das geschickte Gegeneinanderausspielen dieser beiden eingeschworenen Feinde des Unternehmens und durch eine dilatorische Verhandlungsführung gelang es Walz und Bohner, die Bankenpläne der württembergischen NSDAP bis zum Kriegsende abzuwehren.

Trotz aller Deformation der ökonomischen Strukturen blieben einige rudimentäre Marktgesetze in Kraft. Hitlers Wirtschafts- und Rüstungsplanung ließ zum Beispiel genügend Spielraum für die wirtschaftlichen Entscheidungsträger, im Wettbewerb gegeneinander bessere Produkte auf den Markt zu bringen – insofern ist es ein Mythos, von einer totalen Rüstungskontrolle zu sprechen. Aber die vorgeblich freie Privatwirtschaft war durch Krieg und nationalsozialistische Eingriffe inzwischen in einer Weise eingeschränkt, daß diese «Freiheiten» einen Entscheidungsspielraum suggerierten, der in Wirklichkeit kaum vorhanden war: Es durfte zwar noch Geld verdient werden, aber über die Art und Weise, wie dies im Krieg zu geschehen hatte, entschieden Partei und Rüstungsbürokratie. Der Zwang zur Konkurrenz und die Berufung auf einen längst nicht mehr funktionsfähigen Markt konnten darüber hinaus zu dem verhängnisvollen Gedanken verführen, moralisch nicht zu rechtfertigende Mittel anzuwenden, um im

Wettlauf mit den Rüstungskonkurrenten auf der Höhe zu bleiben. Diese Überlegungen verweisen auf einen wichtigen Aspekt des kaum auflösbaren Widerspruchs zwischen einem totalitären Zwang zur Kooperation und einer unbedingten Regimegegnerschaft: das dunkle Kapitel der Zwangsarbeit[456] bei Bosch.

Ganz grundsätzlich ist, ohne zunächst die besondere Situation eines Unternehmens im Widerstand in den Vordergrund zu stellen, danach zu fragen, ob die Beschäftigung von Zwangsarbeitern eine bewußt getroffene Maßnahme war, um kostengünstig Gewinn zu machen, oder ob sie in der perzipierten Notwendigkeit begründet lag, die geforderte Produktion aufrechtzuerhalten, oder aber ob sich das jeweilige Unternehmen einem Druck beugte, dem es nicht widerstehen zu können glaubte. Eine generalisierende Antwort auf diese Frage wird sich nicht leicht finden lassen.[456a] Zu schlicht fiel aber die Replik des «Betriebsführers» eines württembergischen Unternehmens aus, der nach Kriegsende empört auf die Anschuldigung einer Komplizenschaft mit den nationalsozialistischen Machthabern mit der Gegenfrage aufwartete, was man denn hätte machen sollen, etwa die «Bude zumachen und die Hände in den Schoß legen?».[457]

Eine solche Replik blendet die moralische Verantwortung aus, verweist jedoch auf die Notwendigkeit einer jeweils individuellen Prüfung. Über die unternehmerischen Handlungsspielräume und die Beweggründe, sich dem menschenverachtenden Zwangsarbeitersystem unterzuordnen, sind wir sehr viel schlechter unterrichtet als etwa über die Organisation des Apparates auf Reichs- und Betriebsebene, über die wir durch Überblicks- wie Spezialstudien inzwischen recht gut informiert sind. Trotz aller vorliegender Ergebnisse bedarf es weiterer vergleichender Studien, müssen unsere unzureichenden Kenntnisse über die jeweiligen Motivationen der Entscheidungsträger durch weitere Untersuchungen ergänzt werden, bevor die Forschung in diesem Punkt zu einem einigermaßen befriedigenden Urteil gelangen kann. Die kürzlich vorgelegte umfassende Studie über das Volkswagenwerk weist in diese Richtung[458] und stellt beispielhaft die in einer jüngeren Veröffentlichung getroffene, recht pauschalisierende Feststellung in Frage, die politischen Neigungen Ferdinand Porsches seien typisch für deutsche Industrielle in der nationalsozialistischen Ära gewesen und viele seiner Entscheidungen hätten auch von anderen deutschen Unternehmern getroffen werden können.[459] Dieses willkürlich herausgegriffene Beispiel veranschaulicht zugleich die Problematik einer monokausalen, apodiktischen und verallgemeinernden Vermutung. Zum einen hat gerade der Blick auf das Volkswagenwerk den Eindruck erhärtet, daß Porsche keineswegs zu den Anhängern eines Kriegskurses gehörte und die Fragwürdigkeit der Zwangsarbeiterbeschäftigung klar erkannte. Des weiteren war das Volkswagenwerk eine Neugründung der nationalsozialistischen Zeit, die zweifellos anfälliger für ein ideologisch begründetes Zwangsarbeitersystem war als etwa alteingesessene Betriebe, die einen festen Arbeiter-, Angestellten-

und Direktorenstamm hatten und möglicherweise gar eine eigene Sozialtradition oder zumindest ein «Betriebsbewußtsein» aufgebaut hatten, das
vor der ideologischen Verführung bis zu einem gewissen Grad schützend
wirken konnte.

Um so wichtiger erscheint es, bevor verallgemeinernde Antworten gegeben werden, zunächst in ausreichendem Maß individuell auf der Ebene des
einzelnen Unternehmens, in unserem Fall bei Bosch, nach dem Umgang
mit und der Einstellung zu den Zwangsarbeitern zu fragen. Gleichfalls ist
zu untersuchen, ob und gegebenenfalls in welcher Weise die Hierarchisierung der Zwangsarbeiter – von den angeworbenen Fachkräften Westeuropas auf der einen bis zu den «Ostarbeitern» auf der anderen Seite – mit ihren
graduellen Übergängen dazu beitrug, die verbrecherische Perspektive des
Systems auszublenden, das Unrechtmäßige von einer abstrakten Größe zu
einem faßbaren Phänomen werden zu lassen. Ab wann war eine Verweigerung des Gehorsams ein Gebot des Anstands? Hätte es für das Unternehmen Mittel gegeben, sich gegen den Zwang der Verhältnisse zu sperren, sich
gegen die breite politische Strömung zu stellen, sich gegen Rüstungsaufträge zur Wehr zu setzen, die Ersetzung der eigenen Arbeiter durch Zwangsarbeiter abzulehnen oder gar die Rüstungsaufträge zu sabotieren?

Die originäre Aktenüberlieferung bei Bosch ist, vor allem mit Blick auf
die Zweigwerke, vergleichsweise schlecht: Ein Großteil des Aktenmaterials ist bei den Großbränden 1944 verlorengegangen. Die erhaltenen Bestände legen jedoch den Befund nahe, daß der Umgang mit Zwangsarbeitern bei
Bosch nicht wesentlich anders gehandhabt wurde als in anderen Unternehmen, für die inzwischen auf breiterer Basis Detailuntersuchungen angestellt
worden sind.[460] Um sich ein Gesamtbild der Zwangsarbeit bei Bosch zu
machen, ist es daher nicht einmal unbedingt notwendig, eine aufwendige
Analyse des während des Krieges zunehmend in eine Vielzahl von Einzel-
betrieben dezentralisierten und geradezu zersplitterten Unternehmens
vorzunehmen. So wünschenswert eine solche Arbeit auch ist, schon eine
Erforschung der Aktensplitter erlaubt ein umrißhaftes Urteil: Dem
Anspruch, trotz der nationalsozialistischen Bevormundung ein sozial fort-
schrittliches Unternehmen zu bleiben, konnte man im Krieg kaum noch
gerecht werden. Während die Verantwortlichen auf der Vorstandsetage
über Wege zur Beendigung des Hitlerregimes nachdachten und gleichzeitig versuchten, die Fiktion eines normalen Betriebsalltags aufrechtzuerhalten, wurde in den Werkshallen den Kriegsgefangenen und Zwangsarbeitern
eine Behandlung zuteil, die den Grundsätzen menschlichen Handelns
widersprach. In der Praxis verliefen dabei die Grenzen zwischen Kriegsgefangenen und Zwangsarbeitern fließend, und diese Unschärfe macht es dem
Historiker nicht eben leicht, ein klares Bild des Alltags der Fremdarbeiter
zu erkennen und nachzuzeichnen.

Die Entscheidungen im Zusammenhang mit der Beschäftigung von
Zwangsarbeitern waren eng mit dem Kriegsausbruch verbunden. Das plan-

wirtschaftlich starre Lohn- und Preissystem des Nationalsozialismus mit
seinen Leitsätzen zur Preisfestsetzung für öffentliche Aufträge[461] führte zu
Maßnahmen, die aus der Not heraus geboren waren und in ihrem improvi-
sierten Charakter ein seltsames Gegenbild zu den geordneten Prinzipien
des Unternehmens boten, dessen Wohlergehen traditionell auf die Friedenswirtschaft berechnet war. Schon vor dem Kriegsausbruch deutete sich
durch die forcierte Umstellung auf die Kriegswirtschaft ein abrupter Wandel in der Beschäftigungssituation an. Als Rüstungsbetrieb nutzte Bosch
zunächst die «Auskämmaktionen», durch die Facharbeiter aus anderen
Betrieben abgezogen und Bosch zur Verfügung gestellt wurden. Diese
Maßnahmen erwiesen sich schnell als unzureichend. Eine annähernde
Deckung des Bedarfs an Facharbeitern sei trotz der Bemühungen des
Reichsstatthalters, der Ministerien und des Landesarbeitsamtes nicht zu
erwarten, gab die Rüstungsinspektion 1940 zu bedenken. Wichtige Betriebe wie Robert Bosch könnten «seit Monaten weder die angeforderten
Facharbeiter noch ausreichende Anlernkräfte und Hilfsarbeiter erhalten; es
werden im Gegenteil aus Rü-Betrieben noch Kräfte für den Reichsaus-
gleich entzogen».[462]

«Zivile Ausländer»

Aufgrund des Arbeitskräftemangels und der gestiegenen Rüstungsanfor-
derungen war das Unternehmen bemüht, die verbliebene Stammbeleg-
schaft zu sichern. Auch für Bosch trifft die generalisierende Beobachtung
zu, daß die Unternehmen «Himmel und Hölle in Bewegung» setzten, um
den Betrieb «einigermaßen vollzählig zusammenzuhalten». Die große Zahl
der Rüstungsbetriebe im Wehrkreis V führte indessen dazu, daß bei Rekru-
tierungen selbst vor den Werkstoren der kriegswichtigen Betriebe nicht halt
gemacht wurde. Ganz allgemein galt für den Raum Stuttgart, daß der Ruf
nach mehr Mitspracherechten beim Arbeitskräfteeinsatz in Berlin meist
ungehört verhallte.[463] In Stuttgart wurde im August 1942 festgestellt, man
sei gezwungen gewesen, in den vorausgegangenen Monaten «sehr starke
Eingriffe» bei den wichtigsten Firmen wie Daimler, Bosch, und Dornier
vorzunehmen.[464]
  Die immer zahlreicheren Einberufungen zur Wehrmacht wurden zum
ernsten Problem für die Produktion, zumal die Facharbeiter kaum ersetz-
bar waren. Der Krieg führte zu einer bedenklichen Dynamisierung der
Beschäftigungspolitik. Die durch Einberufungen entstehenden Lücken
wurden zunächst durch die Anwerbung von Freiwilligen aus den europäischen Nachbarländern kompensiert. Es gelang Bosch über Zeitungsanzei-
gen, etwa 90 ausländische kaufmännische und technische Angestellte – vorwiegend Holländer und volksdeutsche Ungarn – anzuwerben. Angestellte
wurden auf freiwilliger Basis auch in Belgien und Frankreich geworben. In
vielen Fällen bedurfte es «gründlicher Überredung», um diese davon zu

überzeugen, daß es für sie vorteilhaft sei, in Deutschland zu arbeiten.[465] Ob tatsächlich immer von Freiwilligkeit die Rede sein konnte[466] und ob nicht Versprechungen gemacht wurden, die kaum einzuhalten waren, muß offenbleiben. Wahrscheinlich war auch hier der Übergang von Freiwilligkeit zur Dienstverpflichtung fließend.

Mitte 1943 stammten von den 2176 bei Bosch beschäftigten «Zivilausländern» eine große Zahl aus den von Deutschland besetzten oder mit dem «Dritten Reich» kollaborierenden Ländern Belgien, Bulgarien, Frankreich, Griechenland, Holland, Italien, Polen, dem sog. «Protektorat», Serbien, Slowenien, der Sowjetunion, Spanien und Ungarn.[467] Im Behördenverkehr kam es wegen dieser vergleichsweise bessergestellten freiwilligen oder dienstverpflichteten ausländischen Beschäftigten bisweilen zu Mißhelligkeiten. Im Verlaufe des Krieges wurde die Stellung der ausländischen Zivilbeschäftigten zwar nivelliert, aber im Rahmen der rassenideologisch begründeten Differenzierung der Fremdarbeiter nahmen diese «Zivilausländer» gleichsam die oberste Stellung ein. Das aus den nationalsozialistischen Dogmen abgeleitete Bemühen, eine Hierarchisierung nach nationaler Zugehörigkeit durchzuführen, hielt auf diese Weise auch bei Bosch Einzug. Penibel wurde auf die Einhaltung der rechtlichen Bedingungen für die «Zivilarbeiter» geachtet: Lohnstaffelung, Lohnabzüge, Lohnfortzahlungen, Urlaub, Feiertagsregelungen, Familienheimfahrten, Krankenversicherung – alles war buchhalterisch genau festgelegt. Obwohl die Regelung dieser Fragen dem Einfluß des Unternehmens weitgehend entzogen war, gab es einen Ermessensspielraum. Als im Frühjahr 1941 der Kreis der ausländischen «Gefolgschaftsangehörigen» immer größer wurde,[468] stellte sich die Frage, ob die Zivilarbeiter an den freiwilligen betrieblichen Vergünstigungen teilhaben sollten. Die Entscheidung fiel negativ aus. Die «ausländischen Arbeitskräfte, die nach Beginn des Krieges die Arbeit» bei Bosch begonnen hatten, erhielten «nur die in unserer B(etriebs)O(rdnung) festgelegten freiwilligen Sozialleistungen». Unter dem Vorbehalt von Ausnahme- und Sonderreglungen wurden freiwillige Leistungen wie Wöchnerinnenhilfe, Geburtstagsgeschenke, Unterstützung in Krankheitsfällen, Erholungs- und Krankheitsurlaub und Gemeinschaftshilfe im Todesfall nicht bewilligt.[469]

Für die Arbeiter, die aus freien Stücken nach Stuttgart gekommen waren, setzte sich die Personalleitung bei Parteidienststellen bisweilen ein. Man sperrte sich etwa in der Frage der «Gastmitgliedschaft» bei der DAF gegen die Regelung, daß die «Zivilausländer», die «mit einem gewissen Idealismus» nach Deutschland gekommen waren, Beiträge zahlen mußten, ohne eine vollwertige Gastmitgliedschaft erwerben zu können. Durch die Verwehrung derselben würden die Anwerbungsbemühungen gefährdet. Man wollte vermeiden, «daß gut qualifizierte ausländische Arbeitskräfte, auf die wir heute angewiesen sind, den Eindruck der Zurücksetzung bekommen».[470] Die private Anwerbungspolitik blieb gleichwohl ein Tropfen auf

den heißen Stein, da trotz steigender Produktionsvorgaben die Zahl der
zum Kriegsdienst Einberufenen weiter stieg. Nach dem weitgehend aussichtslosen und darum wohl niemals konsequent betriebenen Versuch, den
Arbeitskräftebedarf in Deutschland durch freiwillige Werbungen aufzufangen, wurden nun die Zwangsarbeiter zum Reservoir für die Produkti-
onsstandorte in Deutschland.

Zwangsarbeiter

Sukzessive ging das Prinzip der freiwilligen Anwerbung in ein Zwangs-
system über, dessen Konturen zunächst unscharf waren, dessen Dimensionen jedoch bald mit der Massenbeschäftigung von Zwangsarbeitern in eine
Ordnung einmündete, die nach ethischen oder rechtlichen Grundsätzen
nicht mehr fragte. Der Einsatz beruhte zunächst nicht auf einem detailliert
ausgearbeiteten Programm. Ein amerikanischer Forscher hat die Verwendung der Zwangsarbeiter als eine «emergency solution to the manpower
shortage» bezeichnet.[471] Die Notwendigkeit einer möglichst reibungslosen
Kriegsfabrikation führte in der Regel jedoch zu stillschweigenden Allian-
zen zwischen Unternehmern und dem nationalsozialistischen Apparat.
Nach den Unterlagen des Landesarbeitsamtes Südwestdeutschland waren
im November 1942 30 253 ausländische Arbeitskräfte in Stuttgart gemeldet, von denen zwei Drittel Männer waren.[472]

Der Stuttgarter Raum unterschied sich kaum von anderen deutschen
Industrieregionen, die den fast nicht mehr erfüllbaren Gestellungsbefehlen
zur Wehrmacht nachkommen mußten. Der Arbeitskräftemarkt war praktisch leergefegt: Im Februar 1941 standen im Wehrkreis V bereits 469 478
Mann und damit 21,8 % der männlichen Bevölkerung unter Waffen.[473] Bei
Bosch wurden die Zwangsarbeiter, vergleichbar mit anderen Unternehmen,
zunächst, etwa bis Mitte 1940, zentral von der Reichsanstalt für Arbeits-
vermittlung und den Arbeitsämtern vor Ort auf der Grundlage der jeweiligen Produktionsanforderungen einzeln und je nach Bedarf zugewiesen.[474]
Danach verlangte das Rüstungskommando, in einer Zeit des rapide zunehmenden Arbeitermangels im Reich, eine monatliche «Bedarfsanforde-
rung». Die ausländischen Zivilarbeiter und Kriegsgefangenen wurden nach
einem Verteilungsplan vom bereits erwähnten Vorsitzenden der Rüstungs-
kommission des Wehrkreises, Friedrich Ortmann, zugewiesen. Das geschah meist recht kurzfristig, so daß Bosch oft nicht in der Lage war, überhaupt Arbeiter aufzunehmen, weil keine passenden Unterkünfte verfügbar
waren oder weil bei Kriegsgefangenen die Unterbringung den «strengen
Anforderungen» an Kriegsgefangenenlager erst «angepaßt» werden mußte.[475] Das Unternehmen wiederum mußte, wenn den Formalitäten Genüge
getan war, mit der Wehrmacht zur Übergabe von Kriegsgefangenen einen
«Überlassungsvertrag» abschließen. Bosch verhandelte deshalb stets mit
mehreren Behörden, der Wehrwirtschaftsstelle Stuttgart, dem Landes-

arbeitsamt Stuttgart und der Rüstungsinspektion des Wehrkreises V. Das Eintreffen neuer Kriegsgefangener mußte jeweils unverzüglich der Rüstungsinspektion gemeldet werden.[476] Dabei zeigte sich bereits ein wesentlicher Unterschied zu den «Zivilausländern». Denn die letzliche Verfügungsgewalt lag nicht mehr beim Unternehmen. Vom Arbeitsamt wurden über die Kommandantur eines Kriegsgefangenen-Stammlagers («Stalag») sogenannte «Arbeitskommandos» von mindestens 20 Gefangenen abgegeben. Bosch traf mit dem Stammlager eine vertragliche Lohnvereinbarung, nach dem das «Stalag» eine Vergütung in Höhe von 60 % des tariflichen Arbeitslohnes erhielt.

Die Rekrutierungs- und Verteilungspraxis folgte den Spuren der «Blitzsiege» der deutschen Wehrmacht. Bereits im November 1939 wurde in Feuerbach ein «Auffanglager» errichtet, in dem polnische Kriegsgefangene untergebracht waren, die aus der Strafanstalt Ludwigsburg überstellt worden waren.[477] Seit dem Sommer 1940 ergänzten französische Kriegsgefangene die dienstverpflichteten Niederländer. Zu Silvester 1940 wurden neue Kriegsgefangene angekündigt, die in angemieteten Räumen untergebracht werden sollten, aber vorerst in der sog. «Sportbaracke» unterkamen. Das zunächst eingeführte Abrechnungsverfahren erwies sich hinsichtlich der Motivation der Kriegsgefangenen offensichtlich als so unzureichend, daß zu Beginn des Jahres 1941 eine neue Lohnregelung in Kraft trat: Im «Interesse der Beschleunigung der Lohnzahlung und zur Erhaltung der Arbeitsfreudigkeit der Kriegsgefangenen» bezahlte das Unternehmen nun die Gefangenen selbst: 54 Pfennig pro Tag für «Ostgefangene», 70 Pfennig täglich für «Westgefangene».[478] Die weiteren Kosten für Bosch hielten sich in Grenzen. Pro Tag und Arbeiter mußte die Firma 1,50 Reichsmark an das Stalag abgeben. Neben dem Tageslohn erhielten die Gefangenen freie Verpflegung, Unterkunft und Arbeitskleidung und gegebenenfalls als Anreiz für gute Arbeit eine «Sondervergütung» in Höhe von 60 Pfennig. Der monatliche Durchschnittslohn eines gelernten Arbeiters betrug zu dieser Zeit etwa 130 Reichsmark.[479]

Beschäftigte Bosch im Sommer 1941 80 Kriegsgefangene, so stießen im Oktober weitere 50 französische Kriegsgefangene für den Arbeitseinsatz in der Luftwaffenfertigung hinzu. Die Kriegsgefangenen – die überwiegend im Feuerbacher Betrieb arbeiteten – waren in zwei Lagern untergebracht: Etwa 110 im Barackenlager Feuerbach und etwa 20 im Gefangenenlager «Lamm» in Zuffenhausen, einem für die Gefangenen umgebauten Gasthof. Es gelang Bosch offensichtlich immer wieder, die angemeldeten Bedürfnisse durchzusetzen, denn Mitte 1941 mietete das Unternehmen in Stuttgart drei große Säle an, in denen 460 ausländische Zivilarbeiter untergebracht werden konnten.[480] Der Anteil der Kriegsgefangenen stieg bald sprunghaft an, als etwa 400 von Bosch angeforderte französische Häftlinge, in erster Linie Metallfacharbeiter, in Stuttgart eintrafen. Für diese wurde die Turnhalle Feuerbach behelfsmäßig ausgebaut und schließlich im Sommer 1942 ein neues Gefangenenlager in der Nähe des Stadtwalds Zuffenhausen fertiggestellt. Im Zuffenhausener «Lammsaal» wurden anschließend ausländische Zivilarbeiter untergebracht.

Für die nationalsozialistischen Planer lag es auf der Hand, den durch die Kriegsdauer offenkundig werdenden Personalmangel durch Zwangsrekrutierung und Verschleppung ausländischer Arbeiter und den Einsatz von Kriegsgefangenen zu kompensieren, eine Praxis, die der nationalsozialistischen Logik entsprechend zur eisernen Notwendigkeit wurde, da nur auf diese Weise die unaufhaltsam steigende Rüstungsproduktion erfüllt werden konnte. Die widersprüchlichen Verwaltungsvorschriften und der Kompetenzenwirrwarr zwischen Reichsluftfahrt- und Reichsarbeitsministerium verursachten im Unternehmen jedoch bald ein derartiges Durcheinander, daß Personalchef Debatin im Juli 1941 klagte, «die ganze Vermittlung ausländischer Arbeitskräfte» sei «offenbar bankerott».[481] Die Unternehmensführung reagierte verärgert, wenn die bereitgestellten Großunterkünfte für ausländische Arbeiter aufgrund ungenügender Zuweisungen nicht mit der angeforderten Zahl von Arbeitern belegt werden konnten.[482] Bei diesen «Zuweisungen» handelte es sich wohl kaum noch um Zivilarbeiter, geschweige denn um freiwillig Angeworbene, obwohl eine genaue Differenzierung schwerfällt.

Ungewollt geriet auch Bosch auf diese Weise nach und nach auf eine abschüssige Bahn. Die auseinandertretenden Tendenzen des Lenkungsapparats, die die Kompetenzen des einzelnen verschleierten, machten auch die persönliche Verantwortung letzten Endes undurchschaubar. SS und Polizei als Ordnungsbehörde hatten hinsichtlich der Zwangsarbeiter in erster Linie ordnungspolitische Interessen, während für das Unternehmen die Anforderungen der Planung im Vordergrund standen. Vielfach deckten sich die Interessen zumindest partiell mit denjenigen der für den «Reichseinsatz» Verantwortlichen. Auf Stuttgarter Ebene waren die Arbeitsämter an einem effektiven und reibungslosen Ablauf des Arbeitskräfteeinsatzes ebenso interessiert wie Reichsbehörden und Unternehmen. Um dem steigenden Rüstungsbedarf in Deutschland gerecht zu werden, wurde das zunächst wenig geordnete Zwangsarbeitersystem durch die Ernennung des Gauleiters Fritz Sauckel zum Generalbevollmächtigten für den Arbeitseinsatz im März 1942 reorganisiert und gestrafft. Die forcierte Rekrutierung, im Osten teilweise durch regelrechte Razzien, im Westen meist durch Dienstverpflichtungen, zeigte bald Wirkung: Im Herbst 1944 arbeiteten etwa 7,9 Millionen ausländische Zivilarbeiter und Kriegsgefangene in Deutschland.[483] Die Durchsetzung dieser «Befehlswirtschaft» machte es weitgehend unmöglich, die Erlasse Sauckels und des «Reichstreuhänders» zu unterlaufen. Zumindest für den Sektor der Zwangsarbeiter war die Frage, ob sich die Ersetzung der Kommandowirtschaft durch die Prinzipien einer industriellen Selbstverwaltung in der Ära Speer auf die Kriegswirtschaft auswirkte, rein akademisch.[484] Die Befehlsstrukturen änderten sich kaum, die Anordnungen des NS-Apparats blieben bestimmend und wurden – meist über die Mitteilungen des Kreisobmanns der DAF – den jeweiligen Betriebsleitern bekanntgemacht.[485] Die Frage, ob auch bei Bosch wie in vielen anderen Unternehmen der Blick in den Kriegsjahren bereits vorausschauend auf das Kriegsende gerichtet war, läßt sich nur schwer beantworten. Sicherlich dachte man jedoch an die Zeit nach Hitler und die Rückkehr zu einer Friedensproduktion, und zweifellos stand das Unternehmen auch unter einem gewissen Konkurrenzdruck und der Furcht, seinen Besitzstand und die Stellung als Großbetrieb für die «Nachkriegszeit» nur dann wahren zu können, wenn man entsprechende Rüstungsaufträge akquiriere. Während Unterlagen für eine solche Überlegung nicht vorhanden sind, weisen zumindest die Produktions- und Umsatzzahlen auf diese Möglichkeit hin, die wiederum zusätzliche Arbeitskräfte erforderlich machte: Die weitverbreitete Verengung der Wahrnehmung, die aus rein wirtschaftlichem Denken heraus Zwangsarbeiter als Mittel zu diesem Zweck akzeptierte, kann man zwar, wie noch zu zeigen ist, nicht annehmen, aber der Druck von Partei und nationalsozialistischem Staat machten es leicht, die Verantwortung für die Unterdrückungsinstrumentarien vom Unternehmen auf den Staat abzuwälzen und die diskriminierenden Vorschriften, die zum Erhalt der Arbeitsdisziplin angewandt wurden, als Begleiterscheinungen der besonderen Kriegsumstände und diktatorischen Zwänge zu rechtfertigen und zu entschuldigen. Gab es auch bei Bosch tendenziell den Mechanismus von «Anpassungsbereitschaft und Eigeninteresse»?[486] Zumindest war ein Sich-Fügen in die Notwendigkeit der Verhältnisse zu beobachten. Auf der Führungsetage bei Bosch mochte die Resignation um so ausgeprägter sein, als man sich hilflos an die Gewißheit klammerte, eine Friedensproduktion stets den kriegsbedingten «Zwangsläufigkeiten» vorgezogen zu haben.

Da die eigenen Facharbeiter bald nicht mehr als «unabkömmlich» im Betrieb gehalten werden konnten, wurden Fragen moralischer Art über die Berechtigung des Einsatzes von Zwangsarbeitern nicht erörtert, obwohl die Fragwürdigkeit des Verfahrens gewiß erkannt wurde. Hier ist man aufgrund der spärlich fließenden Quellen allerdings weitgehend auf Spekulation angewiesen. Es ist beispielsweise nicht bekannt, ob die Konzernspitze über die konkreten Bedingungen informiert war, unter denen vor allem die Zwangsarbeiter aus dem Osten ihr Leben fristeten. Selbst bei den Widerständlern des Boschkreises wirkte in dieser Hinsicht wohl der Mechanismus der Wirklichkeitsflucht, indem man die Augen vor der harten Realität des Alltags schloß. In Stuttgart beugte man sich den scheinbar unabänderlichen Gegebenheiten und überließ die Fragen der Durchführung den im Betrieb unmittelbar Verantwortlichen, die sich mit der Unterbringung, Bezahlung und den Widrigkeiten des Betriebsalltags auseinanderzusetzen hatten.

Eine erste Vorschrift über den Einsatz von Kriegsgefangenen wurde Ende August 1940 erlassen und im Laufe der folgenden Monate den Betriebsplanungen angepaßt.[487] Die immer häufigeren Hinweise des Stuttgarter Arbeitsamts, mitunter auch des Ministeriums Speer oder des Wirtschaftsministeriums, daß man «nicht mit voller Zuteilung von deutschen Arbeitskräften rechnen» könne,[488] boten zwar Anlaß genug, sich auf die Ankunft weiterer Kriegsgefangener und Zwangsarbeiter einzustellen, aber das meist unvermutete Eintreffen der Gefangenen stellte das Unternehmen vor logistische Probleme, weil kurzfristig Verpflegungs- und Unterbringungseinrichtungen geschaffen werden mußten.

Im Gegensatz zu den Kriegsgefangenen wurde bei den Zwangsarbeitern die Fiktion der Freiwilligkeit aufrechterhalten. Daß die entsprechenden lakonischen Behördenbescheide wohl kaum der Wahrheit entsprachen, konnte allerdings der Betriebsleitung nicht verborgen bleiben. Als Hans Walz später über diese Dinge befragt wurde, zeigte er sich über die grundsätzliche Problematik der Rekrutierung der Zwangsarbeiter unterrichtet. Da die fortwährenden Anforderungen nach deutschen Arbeitskräften beim Arbeitsamt Stuttgart immer häufiger abschlägig beschieden wurden, seien die Betriebe zwangsläufig dazu angehalten worden, auch Zwangsarbeiter beim zuständigen Arbeitsamt anzufordern: «Es hieß da: Wir können Ihnen auf Ihre Anforderung höchstens so und so viel Deutsche geben, dagegen können wir Ihnen aus einem Transport, der nächstens eintrifft, so und so viele ausländische Arbeitskräfte zuweisen. Bitte stellen Sie einen entsprechenden Antrag.»[489] Zumindest in der Frage der Zwangsarbeiter brauchte nicht einmal Gottlob Berger tätig zu werden, der später aus eigener Anschauung bestätigte, daß die Firma für die Kriegführung so wichtig gewesen sei, «daß man ihr alles getan hat, was sie zufriedenstellte».[490]

Im Sommer 1942 trafen die ersten sowjetischen Kriegsgefangenen in Stuttgart ein.[491] Auch für diese in der «Rassenhierarchie» weit unten positionierten Kriegsgefangenen galten die vom Oberkommando der Wehrmacht erlassenen Richtlinien: Das Stalag erhielt für jeden Gefangenen nun 2 Reichsmark, die Gefangenen selbst jeweils 20 Pfennig pro Tag. Im Gegensatz zu den westlichen Kriegsgefangenen waren Sondervergütungen ausgeschlossen.[492]

Hinsichtlich der Fürsorge gegenüber den Zwangsarbeitern und Kriegsgefangenen präsentierte das Unternehmen ein ebenso bekanntes wie beunruhigendes Bild einer «Moral der Effizienz».[493] Im März 1942 wurde ein Mängelbericht erstellt, der einen Blick auf die erbärmliche Lage der Kriegsgefangenen ermöglicht. Hinsichtlich der Arbeitskleidung galten eigentlich die gleichen Regelungen wie bei deutschen Arbeitern; auch die Arbeitszeit war der Normalarbeitszeit angeglichen, doch durften die Gefangenen «bis zu 10 Stunden täglich», den Forderungen des Rüstungskommandos entsprechend allerdings nicht zur Nachtarbeit eingesetzt werden.[494] Da viele der Häftlinge jedoch als Kleidung nur ihre Uniform besaßen und diese sich «vielfach in einem miserablen Zustand» befand, war die Arbeit an den gefährlichen Maschinen von den Betriebsteilführern nicht gestattet worden. Der Betrieb regte an, deutschen Arbeitern neue Arbeitskleidung zukommen zu lassen und die gebrauchte Berufskleidung an die Kriegsgefangenen abzugeben.[495] Wollte man eine hohe Arbeitsleistung erreichen, waren einigermaßen erträgliche Arbeits- und Lebensbedingungen unumgänglich.

Angesichts der großen Zahl von Kriegsgefangenen in Stuttgart lassen sich über die Unterbringung der bei Bosch beschäftigten Kriegsgefangenen nur recht vage Angaben machen. Die Mitte 1943 bei Bosch beschäftigten Kriegsgefangenen kamen in der Mehrzahl aus Frankreich und der Sowjetunion.[496] Im gleichen Jahr gelangten auch etwa 300 italienische Kriegsgefangene nach Stuttgart und wurden im September im sogenannten «Italienerlager» Pfostenwäldle untergebracht. Wahrscheinlich handelte es sich um Militärinternierte,[497] die nach dem «Abfall» Italiens nach Stuttgart gebracht worden waren. Die Zustände in diesem Lager waren offensichtlich kaum erträglich, wie ein Bericht aus dem November 1943 verriet:

«Das Lager befindet sich in einem wenig erfreulichen Zustand – Grundsätzlich soll Ordnungsdienst von den (Militärinternierten, J.S.) selbst gemacht werden. Bosch ist nicht deren Hebamme. K(omman)doFü(hrer) muß schärfer durchgreifen und Lagerdienst in der Freizeit anordnen. Deutschen Soldaten in fremder Kriegsgefangenschaft stehen derartige Einrichtungen nicht zur Verfügung, trotzdem halten sie mustergültige Ordnung!»[498]

Die akribisch angefertigte Mängelliste verriet die inakzeptablen Zustände des «Italienerlagers». Die sanitären Einrichtungen waren so unzureichend, daß die Internierten sich nicht ausreichend waschen konnten: «Für (Militärinternierte), die in der Woche oder Sonntagen wegen Zeitmangel nicht baden konnten, einige Badezuber im Waschraum aufstellen. Jetziger Zustand unerfreulich.» Im Lager gab es etwa 200 Malariaverdächtige, die medizinische Versorgung benötigten. Unklar ist, ob eine Behandlung tatsächlich erfolgte. Die Mängel des Lagers erschienen so groß, daß das Beispiel anderer Firmen als Ansporn vorgestellt wurde. Auch Eigeninitiative wurde eingedenk der unzureichenden Arbeitskleidung der Gefangenen gefordert: «Nähmaschinen aus stillgelegten Textil- und Lederwarenfabriken beschaffen, nicht lange Angebote anfordern, sondern kaufen; andere Firmen sind beweglicher! (...) Daimler, Fortuna, Norma und Stadt haben bereits vor Wochen Arbeitsanzüge ausgegeben.»[499] Während die «zivilen Ausländer» hinsichtlich der sozialen Fürsorge eine einigermaßen privilegierte Stellung genossen und von ihrem Sonderstatus profitierten, waren die Verhältnisse bei den Ostarbeitern und Kriegsgefangenen anders. Das Unternehmen hielt sich streng an die Regelungen des

Reichstreuhänders der Arbeit und befolgte beispielsweise die Anweisung, an Polen und Juden keine «Weihnachtsgratifikation» zu zahlen. Gleiches galt für eine entsprechende Leistung an Belgier und Franzosen, die «nicht erwünscht» war.[500]

Die Arbeitsleistung der ausländischen Beschäftigten wurde von der Werksleitung kritisch beurteilt. Am 11. November 1942 informierte ein Rundschreiben über dieses Problem:

«Die Kriegsverhältnisse haben es erforderlich gemacht, auch eine größere Anzahl ausländischer Angestellter zu beschäftigen. Leider müssen wir feststellen, daß manche von ihnen in Bezug auf Arbeitsleistung zu wünschen übrig lassen. Dieser unliebsame Zustand darf weder unbeachtet bleiben, noch kann er geduldet werden, da wir aller Voraussicht nach noch längere Zeit mit ausländischen Angestellten werden arbeiten und in Zukunft wohl auch noch mehr werden heranziehen müssen. Wir bitten sie deswegen, sich der in Ihrer Abteilung befindlichen Ausländer besonders anzunehmen. Die fremde Sprache, die ungewohnten deutschen Verhältnisse, der neue Arbeitsplatz bereiten dem neueingetretenen Ausländer erhebliche Schwierigkeiten. Verständnis und Rücksichtnahme sind daher erforderlich. Diese sollte sich jedoch nicht in der Weise äußern, daß man den Ausländer sich selbst überläßt (...) Nach einer gewissen Anlernzeit verdient die Arbeitsleistung des Ausländers ihre besondere Aufmerksamkeit. Nur in seltenen Fällen wird es zu überdurchschnittlichen Leistungen kommen. Im allgemeinen werden die Ausländer die Normalleistungen der vergleichbaren deutschen Angestellten nur annähernd erreichen. Untragbar sind aber jene Fälle, wo auf die Dauer die ⅔ Normalleistung unterschritten wird. Hier bitten wir vor allem dann, wenn es sich um bewußte Zurückhaltung in der Leistung handelt, mit allem Nachdruck einzugreifen, um die Arbeitsleistung auf ein erträgliches Maß zu steigern. Unter keinen Umständen dürften Sie sich, wie es anderwärts vorgekommen ist, mit solcher Minderleistung resigniert abfinden. Wir wollen und dürfen uns von leistungsunwilligen Ausländern nicht ausnutzen lassen.»[501]

Das Kalkül, über zivile ausländische Arbeitskräfte und schließlich über Zwangsarbeiter einen «Ersatz für eine rationale Arbeitspolitik»[502] zu schaffen, mußte langfristig scheitern. Auch bei Bosch führte die Zwangsarbeit trotz aller Leistungsanreize zur ökonomischen Überbürdung. Es ist erstaunlich, daß die Produktion überhaupt auf hohem Niveau aufrechterhalten werden konnte: Die Zwangsarbeiter, besonders aus Osteuropa, waren oftmals ungelernt, waren mit dem hohen technischen Standard der Geräte nicht vertraut, sprachen meist kein Deutsch, wurden unverhältnismäßig schlecht bezahlt, hatten kein Interesse, für eine Feindmacht zu arbeiten und waren entsprechend unmotiviert. Die Gründe für die dennoch überraschend hohe Produktivität waren vielfältig: Die geringen Aufwendungen des Unternehmens für die Zwangsarbeiter werden dabei allerdings, nach allem was die Akten verraten, nur eine untergeordnete Rolle gespielt haben. Die trotz allen bürokratischen Leerlaufs und der Machtrangeleien in dieser Hinsicht rücksichtslose Effizienz des nationalsozialistischen Systems kann wohl als wichtigste Ursache der erstaunlich hohen Produktivität angesehen werden.[503] Die ständigen Produktivitäts- und Leistungsüberprüfungen, denen Bosch nachkam,[504] weil sie den Zielen einer effizienten Produktion entsprachen, verwiesen auf die problematischen Berührungspunkte einer sich einschleichenden Interessengemeinschaft zwischen Bosch und der Rüstungsbürokratie. Je länger der Krieg dauerte, desto rigider wurden die Vorschriften, auf die das Unternehmen jedoch keinen Einfluß hatte: Im April 1944 dekretierte beispielsweise der Werksbeauftragte des Jägerstabes[505] der Robert Bosch GmbH und ihrer Zulieferer «mit sofortiger Wirkung» für die Durchführung «wichtigster und vordringlichster Fertigungsprogramme» eine Arbeitszeit von 66 Stunden pro Woche. Verstöße gegen diese Anordnung seien von Bosch sofort zu melden.[506]

Während die Nachkriegsschilderungen des Boschkreises über die Bemühungen zur Niederwerfung Hitlers jeder Überprüfung standhalten, sind die Stellungnahmen der unmittelbar Verantwortlichen zum Zwangsarbeitersystem eine problematische Quelle. Arbeitsdirektor Debatin schilderte nach Kriegsende die Lage der «ausländischen Arbeiter» in rosigen Farben. Der historische Nutzen dieser Beschreibungen ist allerdings zweifelhaft:

«Die Arbeitsbedingungen, Bezahlung und Verpflegung waren die gleichen wie für die deutschen Arbeiter. Auch konnten sich die aus westlichen Ländern stammenden Arbeiter frei bewegen. Strengere Anordnungen der NS-Behörden waren für die Behandlung der Ostarbeiter erlassen. Die Betriebe konnten sich nicht entziehen, legten sie aber meist nach Gutdünken aus. Wohl durften die Russen in ihrer Freizeit ihre Lager nicht verlassen, man suchte aber, ihnen das Leben so weit wie möglich erträglich zu machen. So gab es in den großen Ostarbeiterlagern vielfach Säuglingsheime, mit Nähmaschinen ausgestattete Nähstuben, Aufenthaltsräume mit Filmvorführungen, Kaufläden und anderem; Kleidersammlungen unter deutschen Betriebsangehörigen für die meist in desperater Verfassung eingelieferten Ostarbeiter hatten immer Erfolg.»[507]

Ebenso kritisch ist der spätere Bericht eines als Kommandoführers für die Lager zuständigen Oberfeldwebels zu beurteilen, der in enger Zusammenarbeit mit dem Bosch-Bevollmächtigten, Heinrich Luckau, für die Kriegsgefangenen verantwortlich war: Bosch habe sich jederzeit bemüht, die Kriegsgefangenen «so reichlich und abwechslungsreich als möglich» zu verpflegen. Man habe sich zudem «über einschränkende Bestimmungen» hinweggesetzt, da man die Auffassung vertreten habe, «daß nur von ausreichend ernährten Menschen gute Leistungen verlangt werden können».[508] Solche blauäugigen Angaben hatten zweifellos ihren wahren Kern. Der hier zum Ausdruck kommende Pragmatismus war in Deutschland eher die Regel als die Ausnahme. Die Schilderungen einer beschaulichen Atmosphäre von Fußballspielen zwischen Kriegsgefangenen, Schwimmen im Luftschutz-Wasserteich, vorbildlichen sanitären Anlagen und mustergültiger ärztlicher Versorgung[509] müssen dagegen wohl ins Fabelreich verwiesen werden, wenn es natürlich auch unangebracht ist, die Lage in den Stuttgarter Lagern mit der Situation der Häftlinge in Konzentrations- oder Vernichtungslagern gleichzusetzen.

Die Realität in den Gefangenenlagern bei Bosch[510] sah jedenfalls düsterer aus, als es die internen Darstellungen nach 1945 wahrhaben wollten. Besonders die russischen Kriegsgefangenen litten unter der schlechten und unzureichenden Verpflegung.[511] Ein von den Alliierten später ausgewerteter «Stimmungsbericht über ausländische Arbeiter im Reich» vom September 1942, der anhand von abgefangenen und ausgewerteten Briefen ein ausgesprochen bedrückendes Bild der Stimmung der Fremdarbeiter vermittelte, wußte zu melden, bei Bosch seien die Verhältnisse in dieser Hinsicht «besonders schlecht».[512] Wie stark die moralische Kraft, der Barbarisierung standzuhalten, inzwischen nachgelassen hatte, zeigte eine Bekanntmachung des Personalchefs Debatin aus der gleichen Zeit, die sich nur wenig von einem nationalsozialistischen Appell unterschied:

«Die Haltung unserer deutschen Gefolgschaftsangehörigen den Russinnen gegenüber läßt zu wünschen übrig. Wir wissen selbst, die Verpflegung der Russinnen war in den ersten Wochen unzureichend, weil uns selbst nicht mehr Lebensmittel für sie zugewiesen wurden und was die Speiseanstalt hinausgeliefert hätte, hätte den deutschen Essensteilnehmern unserer Speiseanstalt entzogen werden müssen. Die Verpflegung der Russinnen ist jetzt nach Abwechslung und Menge durchaus genügend. Die Russinnen sind aber schon lange dahinter gekommen, daß sie durch Jammern und Klagen von der deutschen Gutmütigkeit profitieren. (...) Viele sind barfuß, ohne Schuhe und Strümpfe hierhergekommen. Weniger aus Armut, sondern weil sie bolschewistischen Einflüsterungen geglaubt haben, die ihnen weismachten, in Deutschland fehle es an Schuhen und es würde ihnen, den Russinnen, bei der Grenzüberschreitung gleich ihre Schuhe abgenommen werden. Die Russinnen werden bei uns anständig u(nd) gerecht behandelt. Sie werden sonntags in der Umgebung spazierengeführt u(nd) es werden ihnen im Lager sogar Filme gezeigt. Ob es deutsche Frauen u(nd) Mädchen im bolschewistischen Rußland ebenso gut hätten! Und wie in Rußland unsere deutschen Kriegsgefangenen behandelt werden, weiß niemand. Wir appellieren an die Denkenden unserer Gefolgschaft und bitten sie, auch ihrerseits dafür zu sorgen, daß deutsche Gutmütigkeit nicht in Würdelosigkeit ausartet.»[513]

Trotz der vielbeschworenen deutschen Ordnung war es um die Zwangsarbeiter und Kriegsgefangenen gerade in der Mitte des Jahres 1942, als eine große Zahl von ihnen in Stuttgart eintraf, nicht gut bestellt. Anläßlich einer Sammelaktion im November 1942 wurde festgestellt, daß es unter den 3200 Ausländern etwa 1400 «Ostarbeiter» gab, die

«mit Winterkleidung nur ganz unzureichend ausgestattet sind. Beim Eintreten naßkalter Witterung oder gar strenger Kälte sind starke Arbeitsausfälle durch Erkältungen zu befürchten, zumal da die Ostarbeiter und Ostarbeiterinnen täglich zweimal bei jeder Witterung einen halb bzw. dreiviertelstündigen Weg zu Fuß zurückzulegen haben (...) Die Abteilungsvorstände und Meister werden gebeten, ihren Mitarbeitern mündlich die Lage zu schildern und die Bitte an sie weiterzugeben, zu Hause nochmals nachzusehen, ob nicht doch noch da und dort einigermaßen reparierbare Schuhe, Stiefel, alte Kleidungsstücke, Unterwäsche und vor allem Strümpfe für die abgerissenen, großenteils völlig mangelhaft ausgestatteten Ostarbeiter und Ostarbeiterinnen zur Verfügung gestellt werden könnten. (...) Ein Anschlag am schwarzen Brett kommt nicht in Frage, er könnte mißverstanden werden. Wir bitten ausdrücklich zu betonen, daß es sich hier

nicht zu Gunsten von Russen um einen unangebrachten Beweis deutscher Gutmütigkeit handelt, sondern einzig und allein darum, für unsere Produktion und Lieferung
die Arbeitsfähigkeit dieser ausländischen Arbeitskräfte den Winter über sicherzustellen.»[514]

Die Behandlung dieser Zwangsarbeiter zweiter Klasse, die sich von derjenigen ziviler Fremdarbeiter kraß unterschied, erfolgte analog zu den
nationalsozialistischen Maßregeln: Ein die Beschäftigten absicherndes Vertragsverhältnis bestand nicht, und die institutionalisierte Rechtlosigkeit
resultierte in einer pragmatischen Nüchternheit, die sich im betrieblichen
Alltag von anderen Unternehmen nicht mehr unterschied. In den Stuttgarter Stammwerken wurden zwar – im Gegensatz zu Tochtergesellschaften,
in denen die moralische Indifferenz offensichtlich der Tolerierung des
Unmenschlichen Platz machte[515] – keine Arbeiter aus Konzentrationsla-
gern beschäftigt, die über das zuständige SS-Wirtschaftsverwaltungshaupt-
amt hätten angefordert werden müssen,[516] aber die Brutalität des Unter-
drückungssystems machte nicht vor den Werktoren halt. Festzuhalten
bleibt, daß sich auch ein Unternehmen wie Bosch, das sich im Widerstand
betätigte, ungewollt in die Verbrechen des Nationalsozialismus verstrickte
und aus diesem Dilemma keinen Ausweg fand.

Selbst wenn das Unternehmen lieber mit den Arbeitsämtern als mit Polizei und Parteiorganen zusammenarbeitete, war das lediglich der wenig
fruchtbare Versuch, sich von der eigenen Verantwortlichkeit freizumachen.
Ohne es eigentlich zu wollen, wurde die Personalleitung zum Handlanger
des Nationalsozialismus, wenn die unter normalen Umständen durchaus
legitimen Sanktionen und Disziplinierungsmaßnahmen zur Aufrechterhaltung der Arbeitsordnung nun durch Organe des Terrorsystems vollzogen
wurden. Neben dem von ehemaligen Polizeioffizieren geleiteten betriebseigenen Werkschutz, der im Gegensatz zu vielen anderen Großbetrieben
gegenüber den Parteiinstanzen wie DAF und Betriebsobmann seine Unabhängigkeit bewahren konnte und als Sanktionsinstrument unterhalb der
Eingriffsschwelle der Gestapo diente, kam dem militärischen «Abwehrbeauftragten» und seinem Büro eine Schlüsselstellung im Überwachungs-
und Strafsystem zu. Der «Abwehrbeauftragte» des Unternehmens, Dr.
Hugo Bühler, etwa erstattete eine verhängnisvolle Anzeige gegen vier russische Zwangsarbeiter, die daraufhin zum Tode verurteilt wurden. Es
gehört zur grausamen Realität des Terrorsystems, daß Otto Debatin und
Hans Walz es schon als einen Erfolg verzeichnen mußten, daß die Hinrichtung nicht wie angekündigt im Bosch-Lager Pfostenwäldle erfolgte.[517]

Dem Abwehrbeauftragten Bühler kam mit der Aufgabe, Werks- und
Betriebsspionage zu verhindern, insofern eine Sonderstellung zu, als sich
auf diesem Feld staatliche und betriebliche Interessen überschnitten. Da der
Hauptabnehmer des Unternehmens im Krieg die Wehrmacht war, erhöhte
die Beschäftigung von Kriegsgefangenen und Zwangsarbeitern die Sensibilität für Spionage und Sabotage, so daß der Überwachung der Belegschaft

und besonders der ausländischen Arbeiter nun neue Bedeutung zukam. Die entsprechenden Befehle, Erlasse und Ausführungsbestimmungen erhielt Bühler aus dem RSHA und dem Wehrkreiskommando Stuttgart.[518] Die ursprüngliche Einordnung in die Betriebshierarchie, die durchaus ungewöhnlich war, führte bald zu Konflikten mit dem SD und hatte im Dezember 1940 die Unterstellung unter das Reichssicherheitshauptamt zur Folge, als Bühler offiziell «Abwehrbeauftragter der Sicherheitspolizei» wurde.[519]

Bühlers Machtstellung war im ganzen Betrieb bekannt. Man wußte, daß bei ihm die Informationen der Betriebszellenobleute, Abteilungsvorstände und Meister gesammelt und den jeweiligen militärischen oder politischen Stellen übergeben wurden.[520] Als Mittelsmann zwischen Betrieb und nationalsozialistischem Staatsapparat trug Bühler die Last auf beiden Schultern. Er sollte einerseits die Betriebsinteressen schützen und hatte andererseits dem Firmeninteresse übergeordnete «nationale» Gesichtspunkte zu berücksichtigen.

Bühler blieben die merkwürdigen Aktivitäten des Boschkreises wahrscheinlich nicht ganz unbekannt. Er trat gelegentlich «mahnend und warnend» auf den Plan, um die Aversionen gegen das «Dritte Reich» nicht an die Öffentlichkeit dringen zu lassen.[521] Der Boschkreis wiederum ließ Bühler eine Art «Pressedienst» organisieren, der unter dem Vorwand der geschäftlichen Notwendigkeit westeuropäische und amerikanische Zeitungen und Exilliteratur beschaffte. Bühler hielt zudem täglich einen «kurzen Vortrag» über ausländische Presse- und Rundfunknachrichten.[522] Die Verbindung Bühlers zum Oberkommando der Wehrmacht wurde ebenso genutzt wie ein durch das «Abwehrbüro» unter einem Decknamen geführtes Postfach, das den unkontrollierten Postempfang aus dem Ausland und die Beförderung wichtiger Papiere Goerdelers ermöglichte, bis nach dem 20. Juli 1944 dieser Postweg von der Gestapo aufgedeckt und die höchst verdächtige «Presseberichterstattung» Gegenstand einer SD-Untersuchung wurde. In die Verschwörung war er jedoch nicht eingeweiht.[523] Typisch war die Stellungnahme von Hermann Fellmeth zu Bühlers Nähe zur Grauzone nationalsozialistischer Komplizenschaft: «Ich habe mich auch nie und absichtlich nicht um die Abwehrfragen gekümmert, weil mir das ein sehr glitschiges Parkett war. Ich wollte auch von Bühler über solche Geschichten nichts wissen.»[524]

Ende November 1944 beschäftigte Bosch 15 670 Angestellte und Arbeiter, zu denen auch 639 «Ostarbeiter» gerechnet wurden. Daneben arbeiteten 2444 «sonstige zivile Ausländer, Juden und Häftlinge», von denen 668 weiblich waren. In dieser Aufstellung waren die 470 Kriegsgefangenen, deren größte Gruppe von Russen gestellt wurde, nicht berücksichtigt.[525]

Gegen Kriegsende kam es angesichts des Zerfalls des «Dritten Reiches» zu Auflösungserscheinungen, die sich nur wenig von den Vorgängen bei anderen Unternehmen unterschieden, die Zwangsarbeiter beschäftigten. Für Bosch fehlen aussagekräftige Unterlagen, ob Zwangsarbeitern irgendwann die Flucht gelang. Bereits ein Jahr vor Kriegsende hatte Albert Speer gemeldet, in Deutschland würden monatlich «30–40 000 entlaufene Arbeiter und Kriegsgefangene von der Polizei eingefangen (...), die dann als KZ-Häftlinge bei den Vorhaben der SS eingesetzt werden».[526] Während der Werkschutz verstärkt wurde, versuchte Bühler in den letzten Kriegsmonaten, in denen die Produktion drastisch zurückging, sich der nun nicht mehr benötigten Arbeiter zu entledigen. Sein Antrag, wenigstens die französischen, belgischen und holländischen Arbeiter über die Schweiz ausreisen zu lassen, wurde jedoch aus grundsätzlichen Erwägungen abgelehnt.[527] Bis zum Mai 1945 sank die Zahl der Arbeiter und Angestellten auf 817. Bei Kriegsende kehrten die meisten Ausländer in ihre Heimat zurück. Zu Jahresende arbeiteten noch 308 «fremde» Arbeitnehmer bei Bosch.[528] Aber es muß angenommen werden, daß nicht wenige von diesen das Los traf, am Ende des Zweiten Weltkriegs vom rechtlosen Arbeitssklaven zur «Displaced Person» zu werden.[529]

Es gibt kaum Hinweise, ob sich die Haltung der deutschen Boscharbeiter zu den Zwangsarbeitern vom Verhalten der großen Mehrheit der Deutschen unterschied, das jenseits von Schikane und Solidarität eher durch ein «von gelegentlichem Mitleid nicht freies Desinteresse» gekennzeichnet war.[530] Zumindest in den ersten Kriegsjahren kam es nicht zu nennenswerten Solidarisierungen. Dabei wirkte zweifellos der gruppenpsychologische Zwang, sich im Krieg als Deutscher hinter Hitler zu stellen ebenso wie die ideologische Indoktrination, die aus den Zwangsarbeitern Menschen zweiter Klasse machte. Das Quellenmaterial ist auch zu wenig aussagekräftig, um ein Urteil darüber zu erlauben, ob es gegen Kriegsende zu einer Kooperation zwischen «Boschlern», Fremdarbeitern und Kriegsgefangenen kam, um weitere Zerstörungen von Werk und Stadt zu verhindern. Von einzelnen im Ruhrgebiet bekanntgewordenen Akten der Sabotage (unter Absprache zwischen Deutschen, Kriegsgefangenen und Fremdarbeitern) als Ausdruck der Opposition konnte in Stuttgart nicht die Rede sein: Loyalität zum Regime und «Boschgeist» gleichermaßen verhinderten mutwillige Zerstörungen im Angesicht des bevorstehenden Zusammenbruchs. Man wird wohl konstatieren müssen, daß auch hier Opposition «vereinzelt und zersplittert blieb» und es keine Versuche gab, «den sich zersetzenden Maßnahmenstaat aus den Angeln zu heben».[531]

Wie war nun die Haltung der Betriebsleitung und der Personalleitung gegenüber den Kriegsgefangenen und Zwangsarbeitern mit dem aktiven Widerstand zu vereinbaren? Mochte es schon bedenklich sein, unwillige Arbeiter als «arbeitsscheue, vertragsbrüchige Gefolgschaftsangehörige» dem Treuhänder der Arbeit zu melden und die anschließende Verurteilung zu Gefängnisstrafen im Betrieb bekanntzumachen,[532] so war mit der Meldung von unentschuldigt fehlenden Arbeitern an die Stuttgarter Gestapo, die denn auch prompt eingriff,[533] die Grenze des Statthaften zweifellos überschritten. Hans Walz betonte zwar später, es sei nichts anderes übrig-

geblieben, als dem Treuhänder der Arbeit entsprechende «Fälle» über den
Abwehrbeauftragten zu melden: «Wir hätten uns schärfster Zugriffe und
einer Sperre der Zuweisung weiterer Arbeitskräfte ausgesetzt, wenn wir
solche Disziplinwidrigkeiten hätten durchgehen lassen.» Die Betriebsführung selbst habe niemals aus eigenem Antrieb eine Einweisung in ein
Arbeitslager vornehmen lassen.[534]

Als der Bosch-Arbeiter Christian Elsässer im Sommer 1944 verhaftet
wurde, weil er in einer Diskussion um eine angebliche Bevorzugung italienischer Zwangsarbeiter gesagt hatte, ihm seien «kriegsgefangene Italiener
am Arsch lieber, als ihr Nazis im Gesicht», wurde er vom Volksgerichtshof
zum Tode verurteilt. In diesem Zusammenhang ist argumentiert worden,
die Betriebsleitung hätte Verhaftung und Prozeß verhindern können.[535]
Eine solche Kritik geht indessen an den objektiven Handlungsmöglichkeiten vorbei. Die prekäre Stellung des bedrängten Betriebs ließ solch gravierende Intervention nicht zu, wollte die Konzernleitung nicht den Rest an
Souveränität – und damit auch ihre Fähigkeit zum politischen Widerstand
– aufs Spiel setzen.

Der beunruhigende Eindruck, zwischen dem verbrecherischen Zwangsarbeitersystem und dem Widerstand des Boschkreises gebe es keinen
Zusammenhang, veranschaulicht die Ohnmacht, die es dem totalitären
Staat ermöglichte, die Industrie in bislang nicht gekannter Weise zu ent-
mündigen. Diese Wehrlosigkeit, die im Boschkreis die merkwürdige Folge
hatte, die Zwangsarbeit im Betrieb gleichsam schicksalhaft hinzunehmen,
war Resultat des erfolgreichen Bemühens der NS-Führung, die Industrie
«bis zu einem extremen Grad politisch auszurichten und für ihre destruk-
tiven Ziele einzusetzen».[536]

Die zeitgenössischen Äußerungen vermitteln ein schier unlösbares
Dilemma, vor das sich die Betriebsführung von Bosch gestellt sah. Hält
man die Praxis des Hitlerregimes vor Augen, schon die Verweigerungs-
handlungen einzelner mit drakonischen Sanktionen zu belegen, und stellt
die Angst in Rechnung, die wie ein Damoklesschwert über dem Boschkreis
hing, wird das Sich-Verschließen vor dem tagtäglichen Unrecht im Betrieb
zumindest nachvollziehbar. Bezeichnend ist es zudem, daß selbst von den
Freunden im Widerstand keine Anregung ausging, eine offene Opposition
aus dem Unternehmen heraus zu wagen. Im Gegenteil: Als der Boschkreis
sondierte, ob eventuell ein Widerstand aus dem Betrieb heraus möglich sei,
ließ man diese Idee sogleich wieder fallen, und deshalb erweist sich die Frage nach möglichen «Handlungsalternativen» unter diesem Aspekt als recht
theoretisch. Eine konsequente Verweigerung einer Kooperation mit der
Regierung, so ist etwa selbst für die mächtige I. G. Farben geurteilt worden,
war ausgesprochen «unrealistisch», denn kein Unternehmen war unersetz-
lich.[537] Was für die I. G. Farben festgestellt worden ist, galt in noch höherem Maße für das Unternehmen Robert Bosch, das trotz seiner Kriegswichtigkeit keinen entscheidenden Machtfaktor im NS-Staat darstellte.

Das Unternehmen hätte zerschlagen oder unter staatliche Kuratel gestellt werden können. Bei einem kriegswichtigen Unternehmen wie Bosch hätte dies sicherlich Auswirkungen auf die Produktion gehabt, hätte Hitlers Gesamtprogramm dennoch kaum behindert. Daß selbst ein Unternehmen wie Bosch, das bis zum aktiven Widerstand moralisches Verantwortungsbewußtsein bewies, nicht in der Lage war, in irgendeiner anderen Art als mit Hilflosigkeit zu reagieren, zeigt einmal mehr das Ausmaß der totalitären Bezwingung und wirft die Frage auf, auf welche Weise in der Praxis eine Gegenwehr gegen das Zwangsarbeitersystem überhaupt möglich gewesen wäre.

Diese Frage wurde angesichts des Krieges nicht beantwortet, und vielleicht tut die Fragestellung des Nachgeborenen den Handelnden Unrecht, wenn es um die Skizzierung pragmatischer Alternativen für die Betriebsführer geht.[538] Für die Führungsspitze bei Bosch läßt sich abwägend konstatieren, daß Widerstand und eine gleichzeitige Insubordination in Form einer Sabotierung des Zwangsarbeitersystems die Beteiligten über Gebühr belastet hätten.

Deshalb stehen bei Bosch der politische Widerstand und die Unterordnung unter das Zwangsarbeitersystem als scheinbar unvereinbare erratische Blöcke nebeneinander. Auch dabei muß man die Janusköpfigkeit des NS-Staates bemühen, die Unvereinbares im Schatten des Terrors aneinanderrückte. Im Boschkreis wurde über die grausame Realität des täglichen Lebens wohl nicht gesprochen. Auf der anderen Seite fehlte in der offiziellen Boschwelt, seien es Betriebsordnung, «Bosch-Zünder» oder die Ankündigungen für das Schwarze Brett, selbstverständlich auch nur die geringste Andeutung einer Regimegegnerschaft. Die Diskrepanz zwischen Anspruch und Realität erklärt sich aus der Tatsache, daß die Geschäftsleitung die Augen vor der mit der Kriegsproduktion unweigerlich verbundenen Zwangsarbeiterproblematik verschloß. Vor einer vorschnellen Verurteilung muß jedoch auf das unentrinnbare Dilemma hingewiesen werden, vor das sich die Führungsetage gestellt sah: Dem Weg in den Krieg und den sich daraus ableitenden Folgen für die Produktion hatte man machtlos zusehen müssen.

Für eine irgendgeartete «Sabotage» gab es kaum eine realistische Chance, wenn man nicht die Gefahr heraufbeschwören wollte, endgültig durch Gauleiter Murr oder einen seiner Strohmänner entmündigt zu werden. Ob diese Gefahr objektiv bestand, ist eine beinahe müßige Frage: Kaum eine Besprechung im Direktorium, in der diese Gefahr nicht angesprochen wurde. Der Handlungsspielraum, den Walz in dieser Hinsicht hatte, war äußerst gering bemessen – oder wurde zumindest als äußerst gering bemessen eingeschätzt. Unter diesem Gesichtspunkt ist seine spätere Angabe bedenkenswert, daß eine Ablehnung der zugewiesenen Zwangsarbeiter nicht möglich gewesen sei. Dies wäre als «Landesverrat» angesehen und bestraft worden.[539] Die Frage, ob die ausländischen Arbeitnehmer, die ja nicht mehr vom Unternehmen Bosch selbst angeworben worden waren, etwa gegen ihren Willen nach Deutschland geschafft worden sein könnten, «erhob sich überhaupt nicht. Der Firma wurde mitgeteilt, daß es sich um freiwillige Arbeitskräfte handle.»[540]

Die Lösung, die Hans Walz als verantwortlicher Betriebsführer fand, war logisch, wenn sie das Dilemma auch nicht auflösen konnte. Er wollte das Problem radikal durch den Sturz des Regimes beseitigen, nicht an Symptomen herumlaborieren und blendete die Wirklichkeit des tagtäglichen Nationalsozialismus aus. Es wäre unbillig, die Rechtschaffenheit eines solchen Tuns pauschalisierend in Frage zu stellen. Die Unterordnung unter den wirtschaftlich-politischen Primat des Nationalsozialismus zeigte sich in dem zunehmenden Desinteresse des «Betriebsführers» für die dunklen Seiten seines Verantwortungsbereichs. Angelegenheiten der betrieblichen Ordnung und der Arbeitsdisziplin, Fragen der Fürsorge und der Sanktionierung – für derartige Aspekte zeigte Walz kein Interesse. Er überließ sie dem Personalleiter und stellvertretendem Betriebsführer Otto Debatin, dem in letzter Instanz nun eine Verantwortung übertragen wurde, die er keineswegs angestrebt hatte. Noch nach dem Krieg beklagte Debatin das Zurückweichen, das ihm seiner Meinung nach den Schwarzen Peter für die inhumanen Entwicklungen innerhalb des Unternehmens zuschob: Er habe jahrelang vergeblich versucht, Walz für die betrieblichen Angelegenheiten zu interessieren.[541] Hat es sich Otto Debatin zu leicht gemacht, als er später konstatierte, wer selbst in den zwölf Jahren des Nationalsozialismus unbelangt geblieben sei, könne nicht ermessen, «durch was für Klippen, Fußangeln, Perfidien, offene und versteckte Tyranneien sich ein solcher Großbetrieb unter dem Naziterror hindurchzulavieren hatte»?[542] Wenn man Walz einen Vorwurf machen kann, dann ist es dieses Nichtwissenwollen und Schweigen gegenüber einem Unrecht, das ihn als Christen schwer belastete und aus dem er keinen Ausweg sah.

Hans Walz versuchte in seinen späteren Verhören nicht, die Zwangsarbeiterpolitik zu verteidigen. Ihm ging es lediglich darum, den Druck zu vermitteln, dem die Betriebsleitung unterlag. So wie Walz noch im Krieg öffentlich betonte, lieber im Frieden zu produzieren und dafür weniger zu verdienen, gab er eine in ihrer Nüchternheit ehrliche Antwort auf die Zwänge, denen die Betriebsführung unterlag: «Wir haben ja keine Ausländer gewollt. Wir hatten Schwierigkeiten genug.»[543] Als Christ erkannte Walz die problematische Verbindung von Aufrüstung, Krieg und Zwangsarbeiterschaft, die in einem Circulus vitiosus kaum eine Möglichkeit bot, das einmal Begonnene zu unterbrechen. Die resignierten Provokationen seiner «Feuerbacher Rede» waren auch eine indirekte Anklage des Zwangsarbeitersystems: Nicht zuletzt um dem Teufelskreis zu entfliehen, der die Beschäftigung von Zwangsarbeitern zur Weiterführung eines nichtgewollten Krieges bedeutete, war der Umsturz geplant. Walz löste auf diese Weise den Entscheidungszwiespalt eines wirtschaftlich Verantwortlichen in einer schicksalhaften Grenzsituation auf. Als Friedrich Siegmund-Schultze im schweizerischen Exil im Frühjahr 1941 Friedensfühler nach England ausstreckte, erhielt er durch seine Gespräche mit Walz einen Einblick, wie schwer dieser unter der «tragischen Situation» litt, «nicht nur in seiner Firma für den Krieg zu arbeiten», sondern auch den nationalsozialistischen Machthabern zu Willen sein zu müssen: «Wie so viele sah er keine Möglichkeit, sich aus seiner Zwangslage zu befreien, zumal mit seiner Stellung in der Firma Bosch Möglichkeiten einer Stützung der Opposition, wie sie von dem Hause Bosch durchgeführt wurde, verbunden waren.»[544] Daß Walz von seinen ethischen und religiösen Prinzipien her die Knechtung von Arbeitern entschieden ablehnte, geht auch aus der bei Bosch zirkulierenden und aus dem Jahr 1942 stammenden Vorlage einer geplanten Rundfunkrede für die erste Zeit nach einem Staatsstreich hervor, in der explizit auf diese Frage eingegangen wurde:

«Die in Deutschland befindlichen Fremdarbeiter werden sofort in jeder Beziehung dem deutschen Arbeiter gleichgestellt. Unser Volk muß beweisen, daß es die Ausnutzung und Ausbeutung anderer Völker, die die Hitlerdiktatur betrieben hat, verabscheut und bereit ist, verletztes Ehrgefühl zu heilen und verletzte Rechte wieder herzustellen. Den Fremdarbeitern wird grundsätzlich freigestellt, in ihre Heimat zurückzukehren, doch muß dies, nicht zuletzt in ihrem eigenen Interesse, in voller Ordnung und nach entsprechender Verständigung mit ihren Heimatstaaten geschehen.»[545]

Die moralische Verantwortung eines Unternehmers über das ökonomische Interesse hinaus verbietet jegliche apologetische Tendenz in der Beurteilung der deutschen Wirtschaft im Krieg. Das Spezifische des Totalitären machte vor der Wirtschaft ebensowenig halt wie vor anderen Bereichen des gesellschaftlichen Lebens und ermöglichte die «unfreiwillige Komplizenschaft mit dem Verbrecherischen, das Schuldigwerden von Unschuldigen».[546] Die dahinterliegende Frage nach der Gemeinheit der Menschennatur, die von Autoren wie Friedrich Hayek und Wilhelm Röpke nach dem Krieg angeschnitten worden ist, bleibt unbeantwortet.

Der Historiker hat angesichts dieses anthropologischen Gegenstands die vergleichsweise einfachere Aufgabe, die Frage nach praktikablen Alternativen für die Unternehmer zu skizzieren, die die Verstrickung ins nationalsozialistische Verbrechen hätten verhindern können. Er würde indessen seiner Aufgabe nicht gerecht, wenn er die historische Beurteilung mit einer juristischen Verurteilung gleichsetzte.[547] Die erheblichen Schwierigkeiten, die indessen schon die Beurteilung mit sich bringt, werden etwa bei einem Blick auf die Vielzahl der Studien evident, die bemerkenswert rat- oder sprachlos sind, wenn es um die Umschreibung der tatsächlichen unternehmerischen Handlungsfreiheit unter dem Joch einer totalitären Diktatur geht, nachdem dieses System einmal an der Macht war. Es drängt sich auch hier ein Vergleich mit einer Beobachtung auf, die Henry Turner im Rahmen der erfolgreichen Bemühung, die Mythen über den Anteil der Großin-

dustrie am Aufstieg Hitlers zu zerstören, vermittelt hat, daß die meisten
gelehrten Studien «weit entfernt vom Denken und Verhalten von
Geschäftsleuten» seien.[548] Die Dilemmata des Boschkreises im Angesicht
der Zwangsarbeit verweisen unerbittlich auf die Notwendigkeit, unter
Berücksichtigung der zwiespältigen Gegebenheiten der nationalsozialisti-
stischen Herrschaft präzise die Einflußmöglichkeiten der «Betriebsführer»
und der Unternehmer in den Jahren des Hitlerregimes zu erörtern.

Das Verhältnis zwischen Bosch-Betriebsführung und Partei war gekennzeichnet durch ein Arrangement mit den Gegebenheiten. Die eigene Ohnmacht führte dabei beinahe notgedrungen zu einer Politik, die mitunter den
Anschein eines ziellosen Lavierens erwecken konnte. Obwohl die Besitzverhältnisse – noch – nicht angegriffen wurden und das Gewinnstreben als
Produktionsanreiz beibehalten wurde, operierte auch Bosch so, wie verallgemeinernd für die deutsche Industrie festgestellt worden ist: in «engen
Grenzen eingeschränkter Entscheidungsbefugnisse» vor dem Hintergrund
einer «dauernden und verschärften Diktatur im Inneren».[549] Gerade angesichts der eindeutigen Regimegegnerschaft der Führungsschicht des Unternehmens Bosch erscheint deshalb die jüngst aufgeworfene grundsätzliche
Frage bedenkenswert, ob ein Unternehmen «aufgrund seiner Entscheidungen für die Zusammenarbeit mit dem Staat beim Ausbau seiner Kapazitäten im politischen Sinne verantwortlich für ihren Mißbrauch durch die
Politik des Regimes ist. Dies trifft im abstrakten Sinne zweifellos zu. Doch
konkrete Verantwortung gibt es nur dort, wo eine Teilhabe an den Entscheidungen vorliegt oder realistische Handlungsalternativen diese Teilhabe zur Folge gehabt hätten. Ansonsten bleibt Verantwortung ein inhalts-
leerer abstrakter Begriff.»[550] Bei Bosch kann man diese Frage mit Sicherheit
dahingehend beantworten, daß es keine Teilhabe an Entscheidungen des
Regimes gab. Die «Handlungsalternativen» wurden in Form aktiven
Widerstands ausgeübt.

Die Verantwortung der Industrie bestand darin, daß sie versuchte, von
den Annehmlichkeiten der Diktatur so lange zu profitieren, bis es zu spät
war, um noch Gegenmaßnahmen zu ergreifen, und sich manche Unternehmer, die sich später als Regimegegner verstanden, anschließend in eine bisweilen larmoyante Passivität zurückzogen. Kann man jedoch andere dafür
verurteilen, daß sie keine Helden waren? Es fällt ausgesprochen schwer, ein
solches moralisches Urteil zu fällen, wenn sich ein Unternehmer nicht
direkt in Verbrechen verwickelte. Dieser Befund führt jedoch zu einer beunruhigenden Konsequenz: Denn ganz offensichtlich stellte der Widerstand
des Führungskreises bei Bosch ein Gegenmodell zur allgemein geübten Passivität der Wirtschaft dar, die, selbst wenn sie nicht kooperierte, doch in die
Zweckrationalität eines ergebenen Abwartens flüchtete. Hierin liegt die Frage nach der Verantwortlichkeit der Wirtschaft. Es ist mit guten Argumenten
darauf hingewiesen worden, daß «eine konsequente Verweigerung der
Kooperation mit der Regierung» in vielfacher Hinsicht unrealistisch war.[551]

Dabei bleibt jedoch die Frage unbeantwortet, warum «individuelle Widerstandsakte einzelner Manager» als Handlungsalternativen grundsätzlich ausgeschlossen sein sollen.[552] Eine derart generalisierende Feststellung wird den Männern wiederum nicht gerecht, die ihr Leben für ein «Anderes Deutschland» durch ihren aktiven Widerstand aufs Spiel setzten.

Den Verschwörern des Boschkreises war bewußt, daß offener Widerstand nichts anderes als eine vollständige Zerschlagung des Konzerns bedeutet hätte. Die Resignation oder eine zynische Kooperation mit dem verbrecherischen System war damit allerdings noch nicht verbunden. Es kann natürlich nicht darum gehen, der deutschen Industrie mangelnden Widerstand vorzuwerfen, den nur der geringste Teil der Deutschen selbst leistete. Aber es würde auch zu kurz greifen, a priori zu verneinen, daß ein aktives Handeln gegen die totalitäre Herrschaft möglich war.

8. Die Hoffnung auf ein «Viertes Reich»

Die Verschwörungsbemühungen des Boschkreises hatten auch 1942 ihr Zentrum in der Schweiz. Einer der Geschäftspartner berichtete später von dem Eindruck, die Besucher hätten das Bedürfnis gehabt, «von dem in Deutschland herrschenden, furchtbaren moralischen Druck befreit, mit einem Gleichgesinnten sich über die politischen Entwicklungen zu unterhalten».[553] Im Spätherbst 1942 begann eine Phase intensiver Gespräche mit amerikanischen Diplomaten über einen Umsturz. Die Geschichte dieser Verbindung ist aus mehreren Gründen bemerkenswert. Die Kontaktaufnahme ging diesmal nicht etwa von den deutschen Hitlergegnern aus, sondern von alliierter Seite, weil die amerikanische Diplomatie hellhörig wurde und ihr Interesse bekundete, als sie von einem bevorstehenden Putsch gegen Hitler erfuhr. Darüber hinaus ist es geradezu ein Glücksfall, daß der Vorgang überhaupt den Weg in die Akten gefunden hat. Keiner der Protagonisten hat später über die doch sehr intensiven und sich über mehrere Monate erstreckenden Bemühungen irgend etwas berichtet. Die Antwort auf die Frage, warum ein solch außergewöhnlicher Vorstoß des Boschkreises nach 1945 für nicht berichtenswert gehalten wurde, wird man wohl am ehesten darin suchen müssen, daß diese Bemühung letztlich gescheitert ist. Die Bedeutung des nicht zum Zuge Gekommenen wurde im Zusammenhang der vielfältigen Kontakte zu den Alliierten in den Jahren von 1937 bis 1944 wohl als so gering erachtet, daß der Schweizer Kontakt 1942/43 den Beteiligten nicht hervorhebenswert erschien. Es ist daher um so wichtiger, diese Vorgänge umfassend zu schildern, weil sie aus den Akten dokumentierbar sind; freilich stellt sich sogleich die Frage, ob es nicht noch andere vergleichbare Friedensfühler gegeben hat, von denen wir nichts wissen, weil sie entweder gar nicht aufgezeichnet wurden oder weil die Unterlagen verloren sind.

Die Werbung für eine «Aktion Goerdeler» im Ausland ließ sich inzwischen nicht mehr ohne weiteres arrangieren. Selbst für die Direktoren von Bosch war es schwierig, noch Visa für Reisen außerhalb des Reichsgebiets zu erhalten. Goerdeler erhielt über die Leipziger Staatspolizei inzwischen keine Ausreisegenehmigungen mehr. Da ihm auch über Reichsstellen nur noch selten ein Visum ausgestellt wurde, organisierte man seine Reisen nun vornehmlich über das Stuttgarter Polizeipräsidium,[554] wo man auf heimliche Helfer zählen konnte. Die Visa wurden über das Büro des «Abwehrbeauftragten» Hugo Bühler beantragt, auf der anderen Seite erteilte das eidgenössische Konsulat in Stuttgart in relativ kulanter Weise die Sichtvermerke.

Die Schweizbesuche von Walz verliefen in einer angespannten Atmosphäre, die selbst noch in den amerikanischen Akten spürbar wird. Die Schweiz war inzwischen eine Drehscheibe der europäischen Agententätigkeit geworden, und die Bankenmetropole Zürich, in der sich Walz meist aufhielt, diente als eine Art Operationsbasis für deutsche Abwehragenten. Aus Sorge vor möglichen Spitzeln stützte sich der Boschkreis auf die etablierten und bewährten Verbindungen und mied den Kontakt mit sozialdemokratischen Emigranten in der Schweiz, über deren Hintergrund man nicht Bescheid wußte.[555] Noch stärker als die Gestapo und das RSHA fürchtete Walz indessen deutsche Agenten in englischen und amerikanischen Dienststellen.

Anfang November 1942 reiste Hans Walz, wahrscheinlich zusammen mit Willy Schloßstein, in die Schweiz.[556] In ihrer Begleitung befand sich ein befreundeter Bankier, der zwar nicht direkt zum Boschkreis gezählt werden konnte, aber auf eine lange Bekanntschaft mit Walz zurückblickte: Erwin Bohner aus dem Vorstand der mittelständischen «Heilbronner Handels- und Gewerbebank» (HGB) war als «Nichtparteigenosse» politisch leicht angreifbar und stand zusammen mit Walz seit langem in Abwehrstellung gegen die württembergische NS-Parteiclique. Besonders erbittert war der Konflikt mit dem württembergischen Gauwirtschaftsberater Walter Reihle, der seit 1938 alles daransetzte, die noch unabhängige Heilbronner Bank mit der in Staatshand befindlichen Württemberger Bank zu fusionieren, die Bankmacht der Partei damit auszubauen und die württembergische Wirtschaftspolitik noch stärker zu dominieren. Walz hatte als Mitglied im Aufsichtsrat der HGB die bislang erfolgreichen Bemühungen Bohners unterstützt, die angestrebte Zusammenlegung zu verhindern.[557] Während Robert Bosch zu den deutschen Großbanken die üblichen Geschäftsverbindungen pflegte, war er auf regionaler Ebene immer bemüht gewesen, den nationalsozialistischen Machtzuwachs im Bankensektor zu begrenzen. Bosch und Walz hatten deshalb seit 1936 sukzessive Anteile der HGB erworben, um die Existenz einer unabhängigen «Hausbank» zu sichern. Das Unternehmen war schließlich Hauptaktionär geworden, und Walz hatte seit 1940 einen Sitz im Aufsichtsrat der HGB inne.

Diesem Erfolg standen indessen zermürbende Auseinandersetzungen und Niederlagen gegenüber. Walz war seit Anfang der dreißiger Jahre Mitglied im Aufsichtsrat der Württembergischen Bank. Er trat aus Protest zurück, als es der württembergischen Gauleitung 1937 gelang, mit Unterstützung des württembergischen Finanzministeriums den Landesanteil an der HGB an die Württemberger Bank zu übertragen und der unbotmäßige Bohner zum Ausscheiden aus dem Aufsichtsrat der Württembergischen Bank gezwungen wurde. Finanzminister Alfred Dehlinger vergoß in einem Schreiben an Walz noch einige Krokodilstränen, als er den Rücktritt als «empfindlichen Verlust für das dem Staat nahestehende Institut» bezeichnete.[558]

Hans Walz war ein Gegner nationalsozialistischer Großbankenpolitik. Es war geradezu grotesk, daß er sich nach dem Zweiten Weltkrieg in diesem Zusammenhang massiver Vorwürfe ausgesetzt sah: Im Zeichen eines moralischen Rigorismus, der bisweilen Kreuzzugscharakter annahm und auf Differenzierungen verzichtete, ermittelten die amerikanischen Behörden gegen Walz im Zusammenhang des gegen die deutschen Großbanken erhobenen Vorwurfs, an der Finanzierung und Vorbereitung eines Angriffskrieges beteiligt gewesen zu sein. Hans Walz war aufgrund formaler Umstände davon betroffen: Seit 1939 bekleidete er einen Sitz im Aufsichtsrat der Dresdner Bank und bei der reichseigenen Reichs-Kredit-Gesellschaft AG (RKG). Durch seine betrieblichen Aufgaben war er im Grunde genommen bis zur Erschöpfung ausgelastet. Als er 1939 von den beiden Großbanken gebeten wurde, in ihren Aufsichtsräten mitzuarbeiten, die durch Repräsentanten aus Süddeutschland komplettiert werden sollten, wollte er das ohnehin vergleichsweise gering dotierte Amt[559] zunächst ablehnen: Nachdem er mitgeteilt hatte, er habe durch seine vielfältigen Belastungen keine Zeit, sich während des Krieges mit Aufsichtsratsarbeiten zu befassen, er aber «nach dem Kriege sehr gerne mitarbeiten würde»,[560] ließ ihn der Dresdner Bank-Direktor Hugo Zinßer allerdings wissen, es komme gar nicht darauf an, wenn er «das eine oder andere Jahr» an den Sitzungen nicht teilnehmen könne. Unter solchen Voraussetzungen übernahm Walz den Sitz im Aufsichtsrat der Dresdner Bank. Wie die späteren Ermittlungen ergaben, nahm er während seiner gesamten Amtszeit lediglich an zwei Aufsichtsratssitzungen teil.[561] Irgendeine andere Tätigkeit, die über die formale Mitgliedschaft hinausging, übte er nicht aus. Ganz ähnlich verhielt es sich mit seinem Amt bei der RKG, das ebenfalls als «rein dekorative Angelegenheit» galt und im wesentlichen als Geste zugunsten der württembergischen Industrie angesehen wurde.[562]

Walz, der nicht einmal wußte, wer ihn für seine Ämter vorgeschlagen hatte, wurde weder über die Fragen der Geschäftspolitik unterrichtet noch hätte er sie beeinflussen können. Das einzige Material, das ihm zugänglich war, waren die Bilanzen.[563] Sein Beobachterstatus hatte auch keinen ursächlichen Bezug zur Bosch-Unternehmenspolitik. Die Firma war traditionell bemüht, die Eigenkapitalquote hoch zu halten, um externe Einflüsse möglichst zu begrenzen; Bankkredite wurden entsprechend selten in Anspruch genommen, weil man Wert darauf legte, sich durch eine vorsichtige Geschäftspolitik aus eigener Kraft zu finanzieren. Als Großunternehmen pflegte man geschäftliche Beziehungen zu den deutschen Großbanken, auf deren Auslandsverbindungen man in Friedenszeiten zurückgriff, weil ein exportorientiertes Unternehmen wie Bosch darauf geradezu angewiesen war. Neben den Geschäftsbeziehungen zur Deutschen Bank, Dresdner Bank und der RKG bestand zudem eine private Verbindung Robert Boschs zur RKG, die sich zwischen 1938 und 1942 auf Einlagen bzw. Wertpapiere in Höhe von etwa 3½ Millionen Reichsmark belief. Die Guthaben waren vom Umfang her recht gering und blieben merklich unter dem Geschäftsumfang mit den anderen deutschen Großbanken. Beim reinen Geldverkehr zwischen Bosch und den Großbanken handelte es sich fast ausschließlich um einige Wertpapieran- und -verkäufe und den Verkehr mit Kundenwechseln, meist Kontokorrentverkehr, in dem Bosch größere Bankguthaben in Höhe von jeweils mehreren Millionen Reichsmark bei den einzelnen Instituten und deren Filialen unterhielt.[564]

Entgegen der landläufigen Vorstellung, die Bankiers hätten als «Finanzkapitäne» die Wirtschaft gesteuert, muß zudem festgehalten werden, daß die Machtstellung der Bankiers im Vergleich zu den «Wirtschaftsführern» deutlich begrenzt war. Viele der Studien, seien sie marxistischer Provenienz oder seien sie auf die OMGUS-Akten der frühen Nachkriegszeit gestützt, legten eine «völlig irreführende Interpretation» vor, indem sie sich vorwiegend auf die gesellschaftlichen Kontakte des Bankgewerbes stützten: «Ausgehend von der unbegründeten Annahme, daß solche Beziehungen unweigerlich politischen Druck implizierten, gingen diese Untersuchungen so weit, den Unternehmen ständige politische Einflußnahme zu unterstellen. Sie nahmen das Ergebnis, das sie zu beweisen beanspruchten, bereits als erwiesen an, sie vergaßen, wie Herrschaft in einem totalitären Staat funktioniert, und sie ignorierten, was das Bankgeschäft wirklich ausmacht.»[565] Nimmt man hinzu, daß gerade die kleineren Regionalbanken sich dem zunehmenden Druck der NSDAP ausgesetzt sahen, wird die Haltlosigkeit der gegen Walz erhobenen Vorwürfe noch offenkundiger. Es wäre wünschenswert, die von Entstellungen und Mißverständnissen reiche Geschichte der in diesem Zusammenhang erhobenen Vorwürfe, ihre Ursachen und ihre Folgen einmal zusammenfassend darzustellen. Hier kann darauf nicht mehr eingegangen werden, weil diese Geschichte über den bearbeiteten Zeitraum hinausgreift. Die abwegigen Anschuldigungen, so bleibt festzuhalten, hatten mehr mit der amerikanischen Nachkriegspolitik als mit Walz' Verhalten während der NS-Zeit zu tun.

Hiermit haben wir der Chronologie jedoch vorgegriffen. Der über Jahre schwelende Konflikt zwischen der noch vergleichsweise unabhängigen württembergischen Regionalbank HGB und der NSDAP erhielt mit dem Tod Robert Boschs im Frühjahr 1942 eine neue Dynamik, weil die württembergische NSDAP ihre Bemühungen verstärkte, die von Bosch gehaltene Aktienmehrheit des Heilbronner Instituts zu kassieren. Gauleiter Murr gebot über die Zustimmung des schwächlichen Finanzministers Alfred Dehlinger und seines Nachfolgers Karl Waldmann und verfügte mit Walter Reihle über einen aggressiven Parteigänger, der als Aufsichtsratsmitglied in beiden betroffenen Banken Ende 1942 energisch versuchte, die Fusion der Württembergischen Bank und der HGB nun endlich durchzusetzen. Vor diesem Hintergrund fand die Reise in die Schweiz statt, die den Betroffenen Bohner und Walz sicherlich genügend Gesprächsstoff für Diskussionen bot, auf welche Weise der neuerliche Zugriff abgewehrt werden könne. Walz trat jedenfalls Ende 1942 ein zweites Mal vom Aufsichtsrat der Württembergischen Bank zurück.

Selbst wenn die Hitlergegner nicht mit der erklärten Absicht ins Nachbarland reisten, die «Aktion» gegen Hitler in Aussicht zu stellen, war der Zeitpunkt für einen weiteren Vorstoß günstig. Die sich abzeichnenden militärischen Schwierigkeiten der Wehrmacht im sowjetischen Feldzug weckten abermals den Widerspruchsgeist der Wehrmachtgeneräle. Da es in der amerikanischen Öffentlichkeit eine unterschwellige Bereitschaft gab, auf eventuelle deutsche «Friedensfühler» einzugehen (eine Möglichkeit, die bei Roosevelt und seiner Administration allerdings auf ein durchaus gemischtes Echo stieß),[566] keimten vor diesem Hintergrund die Hoffnungen auf einen «Sonderfrieden» mit den Alliierten aufs neue.

Am 12. November 1942 waren Walz und Bohner in der Schweiz zu Gast bei dem aus dem württembergischen Salach stammenden Conrad Bareiss (1880–1958). Der Textilfabrikant war ein guter Bekannter, mit dem die Besucher seit den frühen dreißiger Jahren nicht zuletzt in Bankangelegenheiten des öfteren zusammengetroffen waren.[567] Bareiss, der von Geburt an die amerikanische Staatsangehörigkeit besaß, hatte seinen Hauptwohnsitz bereits 1931 nach Zürich verlegt. Der Besitzer der alteingesessenen Salacher Kammgarnspinnerei «Schachenmayr», dessen patriarchalische Betriebsführung und die Gewährung mannigfacher freiwilliger Sozialleistungen in mancher Hinsicht an Robert Bosch erinnerten,[568] war ein erklärter Gegner des Nationalsozialismus und pendelte vor dem Kriegseintritt der Vereinigten Staaten noch häufig zwischen den USA, Deutschland und der Schweiz. Der Unternehmer nutzte seine vielfältigen Kontakte auch, um Passagen für jüdische Exilanten nach Amerika zu unterstützen und war ein enger Vertrauter des amerikanischen Generalkonsuls Sam Woods und des Konsuls Maurice Altaffer.[569] Es ist eher unwahrscheinlich, daß Bareiss vor 1942 in die Aktivitäten des Boschkreises eingeweiht war. Mit Hans Walz verband ihn jedoch eine ebensolange Bekanntschaft wie mit Erich Raßbach, der wie er die amerikanische Staatsangehörigkeit besaß.[570] Es läßt sich daher vermuten, daß Bareiss zumindest im Groben über die Regimegegnerschaft der Stuttgarter unterrichtet war. Erst als Walz und Bohner ihm im Verlauf ihres Besuchs in der Züricher Aurorastraße über die Zustände in Deutschland berichteten, erfuhr Bareiss von der Existenz einer Verschwörung, die von der Industrie bis in die höchsten Reihen des Militärs reiche.

Walz und Bohner legten anschließend die Planungen für eine Zeit nach Hitler dar, die sie mit dem Begriff eines «Vierten Reiches» beschrieben.[571] Um dafür die Voraussetzungen zu schaffen, so erläuterten sie Bareiss, müsse ein Frieden mit den westlichen Alliierten erreicht werden, bevor die militärische Niederlage Deutschlands eine russische Invasion nach sich ziehe. Walz und Bohner, die angesichts der prekären Lage an der Ostfront ganz im Sinn Goerdelers und der bürgerlichen Opposition argumentierten, schilderten in diesem Zusammenhang ihre großen Bedenken gegenüber der amerikanischen und britischen Propaganda, in der sich die wenig später inaugurierte Formel des «unconditional surrender» bereits andeutete: Im Reich, führte Walz aus, herrsche die Ansicht, Briten und Amerikaner erstrebten ein «Super-Versailles». Für Goebbels und das Propagandaministerium seien solche Gerüchte ein gefundenes Fressen: Dort laute das Argument, ein Friedensschluß sei nicht möglich, weil das dem Ende Deutschlands gleichkomme. Zur Erläuterung wiesen die Besucher auf einen Artikel einer amerikanischen Zeitschrift hin, in dem ausgeführt worden war, die USA müßten eine Friedensformel analog zu den «14 Punkten» Präsident Wilsons finden.[572] Goebbels habe diesen Vorschlag sofort aufgenommen, um in der Öffentlichkeit zu verkünden, Amerika und England wollten Deutschland wie im Ersten Weltkrieg ein weiteres Mal hinters Licht führen. Die Argumentation der Besucher spiegelte damit das weitverbreitete Dilemma im Widerstand wider, das Ulrich von Hassell damit umschrieb, jeder «Regimeänderung» in Deutschland stehe «als Haupthindernis der Vorgang von 1918 entgegen, das heißt die deutsche Sorge, ebenso betrogen zu werden wie damals».[573]

Bareiss war nach den Schilderungen von Walz und Bohner davon überzeugt, es gebe in Deutschland eine realistische Chance zur Beseitigung des Hitlerregimes, wenn die Alliierten einen ehrenvollen Frieden zusicherten. Er kam nun auf die Idee, seine amerikanischen Freunde in der Schweiz über die ungewöhnliche Unterredung zu benachrichtigen. Seine angesehene Stellung in der Geschäftswelt Zürichs, in der er als vertrauenswürdige Quelle galt, kam ihm dabei zweifellos zugute. Schon am nächsten Tag, dem 13. November, informierte er den amerikanischen Diplomaten Maurice Altaffer über das Anliegen seiner Besucher. Altaffer hatte in den zwanziger Jahren einige Zeit am amerikanischen Konsulat in Stuttgart Dienst getan und war mit den deutschen und schweizerischen Verhältnissen gut vertraut: Seit 1933 als Konsul in der Schweiz akkreditiert, blickte er auf eine längere Zeit in der Eidgenossenschaft zurück als der amerikanische Gesandte Leland Harrison, der seit 1937 die USA in Bern vertrat.

Über den Hintergrund der offenbar schon lange bestehenden Verbindung zwischen Altaffer und Bareiss ist so gut wie nichts bekannt. Ein exaktes Bild dieser Beziehungen wird sich kaum noch gewinnen lassen, weil es in der Natur der Sache liegt, daß sich auf dem Feld halboffizieller Tätigkeit nur ein Bruchteil dessen schriftlich niederschlägt, was verhandelt wurde und die in den Grauzonen geheimer Missionen entstandenen Akten nur ein grob gerastertes Bild wiedergeben, das zudem von militärischen und taktischen Erwägungen der Kriegsparteien gekennzeichnet ist. Altaffer hörte Bareiss aufmerksam zu, ohne allerdings ihm gegenüber in irgendeiner Weise Stellung zu nehmen. Diese rein rezeptive Haltung entsprach der üblichen amerikanischen Regelung gegenüber selbsternannten «Vermittlern». Man schützte sich auf diese Weise vor wichtigtuerischen Möchtegerndiplomaten und erhielt wichtige Informationen, ohne selbst Verpflichtungen einzugehen.

Der Bericht von Bareiss hatte Altaffer jedoch aufhorchen lassen. Er benachrichtigte sofort seinen unmittelbaren Vorgesetzten, den amerikanischen Generalkonsul Sam Woods, der wiederum den amerikanischen Gesandten Leland Harrison über die Gespräche in Kenntnis setzte.[574] Die Diplomaten in Zürich hielten die Neuigkeiten deshalb für bemerkenswert, weil sie auf den erkennbaren Stimmungswechsel verwiesen, der in Deutschland in den vorangegangenen Monaten stattgefunden hatte: Die bisweilen arrogante Zuversicht war einer großen Zukunftsangst gewichen. Für den Fortgang der Initiative war jedoch die Überzeugung von Woods und Altaffer entscheidend, daß es sich bei Bareiss und seinen süddeutschen Besuchern nicht um nationalsozialistische Provokateure handelte – ein erstaunlicher Vertrauensvorschuß, wenn man sich das schweizerische politische Klima vor Augen hält, das durch eine Angst vor Verrat und Spionage gekennzeichnet war, die bisweilen an Hysterie grenzte.

Schon am folgenden Tag stattete Altaffer Bareiss einen Besuch ab. Dieser ließ ihn über die Identität von Walz und Bohner zwar noch im unklaren, deutete aber an, daß Goerdeler möglicherweise der Kopf der Opposition sei. Altaffer erfuhr zudem etwas über die Struktur der Verschwörung: Die Regimegegner seien nach dem Zellenprinzip gegliedert und stünden nur durch ein loses Netzwerk von Kontaktleuten untereinander in Verbindung. Bareiss wußte zudem von einem erfolglosen Friedensfühler Ribbentrops und Papens in Ankara zu berichten, den seine Stuttgarter Besucher erwähnt hatten – einem Mißerfolg, der die Württemberger mit Blick auf die Vermittlerpersönlichkeiten nicht erstaunt hatte.[575]

Auch Bareiss machte Altaffer nochmals eindringlich darauf aufmerksam, für wie wichtig die Hitlergegner eine intelligente alliierte Propaganda hielten: Die Amerikaner sollten sich in ihren Meldungen auf Zahlen und Fakten beschränken. Wenn das ganze Ausmaß der amerikanischen Kriegsproduktion allgemein bekannt werde, könne man effektiv der deutschen Propaganda entgegentreten. Nach dem Besuch von Altaffer bei Bareiss

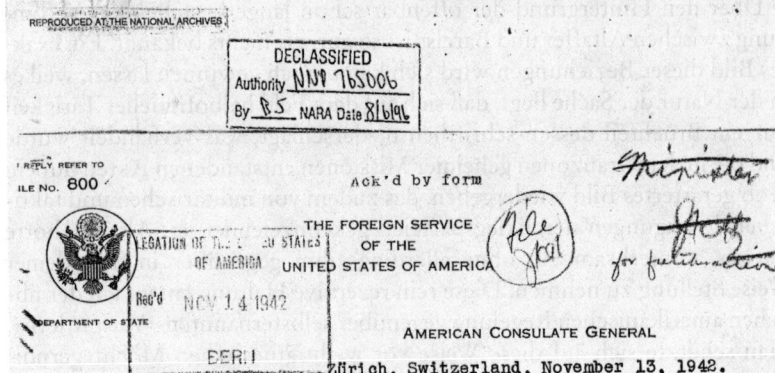

Im November 1942 erfuhren amerikanische Diplomaten in der Schweiz von der Goerdeler-Beck-Verschwörung: Die erste Seite des Geheimberichts über den Besuch von Hans Walz bei Conrad Bareiss in Zürich.

wollten die amerikanischen Diplomaten nicht ausschließen, einer großen Verschwörung auf der Spur zu sein, obwohl ihre Vorbehalte noch keineswegs aus dem Weg geräumt waren:

«It hardly seems possible that an organization of this kind can actually exist in Germany at the present time, considering the espionage to which the private lives of the civilian population are subject. On the other hand, the character and background of the persons concerned would seem to leave little doubt about their good faith in furnishing this information. It is believed that conditions are reaching such a pass in Germany at present that responsible people are willing to take the risk in a desperate endeavor to ward off complete disaster before it is too late.»[576]

Die mißtrauische Stellungnahme verriet zwar die weitverbreitete und verhängnisvolle Fehleinschätzung, den Verschwörern gehe es im Kern um die Rettung der eigenen Haut, aber das Interesse der Amerikaner war geweckt, vor allem weil Bareiss mitteilen konnte, Walz werde in kurzer Zeit zu einem weiteren Besuch in Zürich erwartet.

In den folgenden Wochen bemühten sich die Amerikaner zunächst, Näheres über Goerdeler in Erfahrung zu bringen. Die Ergebnisse dieser Recherchen waren anfangs widersprüchlich: Altaffer hatte Goerdeler zunächst aufgrund der phonetischen Ähnlichkeit mit dem kurz zuvor verstorbenen Reichsjustizminister Gürtner verwechselt. Als jedoch ein anderer Report von Goerdeler als einem Sondergesandten sprach, der in der Schweiz eine Art «Auffangorganisation» für Nationalsozialisten nach einer deutschen Niederlage errichten solle,[577] schenkten die Amerikaner solchen Meldungen wenig Glauben. Die Stuttgarter hatten offensichtlich einen so vertrauenerweckenden Eindruck hinterlassen, daß die amerikanischen Diplomaten ein Doppelspiel Goerdelers ausschlossen. Der zweite Mann der amerikanischen Gesandtschaft in Bern, J. Klahr Huddle, hielt eine Tätigkeit Goerdelers für die Nationalsozialisten für unwahrscheinlich, und versuchte die in den Geheimdienstberichten inzwischen ungewöhnlich häufige Erwähnung Goerdelers in den größeren Zusammenhang der Nachrichten von Hans Walz zu stellen: «My secret lurch is that it might just possibly tie up with the underground anti nazi cellular organization about which a report or two came in a month ago.»[578]

Weil die Informationen widersprüchlich waren, versuchte Altaffer im Verlauf einer weiteren Besprechung mit Bareiss mehr Licht in die Angelegenheit zu bringen. Aber auch der deutsch-amerikanische Industrielle war sich nicht ganz sicher, ob Goerdeler tatsächlich der geheimnisvolle Kopf der Verschwörung war. Bareiss wußte lediglich mit Bestimmtheit zu sagen, daß dieser aus Leipzig stamme. Da jedoch Hans Walz einen weiteren Besuch bei Bareiss angekündigt hatte, waren Altaffer und Bareiss guten Mutes, bald klarer zu sehen.[579]

Weil der amerikanische Diplomat sein starkes Interesse an einer persönlichen Begegnung mit dem deutschen Industriellen bekundet hatte, arrangierte Bareiss schon für den folgenden Tag ein Rencontre: Altaffer und

Walz trafen sich am Nachmittag des 17. Dezember 1942 in der Wohnung von Bareiss. Der hatte sich am Vormittag noch einmal eingehend mit Walz allein unterhalten, bevor die mehrstündige Unterredung zwischen dem Amerikaner und dem «Betriebsführer» des Bosch-Konzerns um halb drei Uhr nachmittags begann. Der ausgesprochen nervös und aufgeregt wirkende Walz gab Altaffer in den folgenden Stunden einen präzisen Überblick über den Stand der Verschwörung. Altaffer fertigte über diese Unterredung am folgenden Tag ein mehrseitiges Memorandum an. Die Ausführungen von Walz verdienen an dieser Stelle ausführlich vorgestellt zu werden, weil sie belegen, wie genau der Boschkreis über den Stand des Umsturzes informiert war. Zugleich zeigen sie, daß es sich bei den Verschwörern keineswegs um rückwärtsgewandte «Honoratioren» handelte, sondern um Demokraten, denen es um die moralische und politische Wiederherstellung einer westlich ausgerichteten und um sozialen Ausgleich bemühten Gesellschaftsordnung ging.

Walz war daran gelegen, sich nicht als einer der vielen Möchtegern-Vermittler abgestempelt zu sehen. Daher verwies er auf die lange Regimegegnerschaft des Hauses Bosch, das sich selbst unter Hitler bislang ein gewisses Maß an Unabhängigkeit habe erhalten können. In diesem Zusammenhang machte er auf seine Zugehörigkeit zur SS aufmerksam, allerdings wohl weniger aus Sorge, er werde an Glaubwürdigkeit verlieren, wenn er diese Tatsache verschwiege und den amerikanischen Diplomaten seine Mitgliedschaft bei der «Schutzstaffel» von anderer Seite bekannt werde. Walz wollte einfach alle Karten offen auf den Tisch legen, um den Kriegsgegnern die Dilemmata zu verdeutlichen, in denen die Verschwörer tagtäglich zwischen allen Fronten operieren mußten. Es gelang ihm, Altaffer glaubhaft zu versichern, sein Eintritt in die SS sei lediglich als der bislang erfolgreiche Versuch zu verstehen, sich gegen die Übernahme des Unternehmens Robert Bosch durch die NSDAP zu wappnen. Altaffer war von der SS und dem Charakter der berüchtigten Organisation fasziniert, und Walz gab entsprechend aus seiner inneren Kenntnis Auskunft, die sich sicherlich auch auf die Bekanntschaft Gottlob Bergers stützte. Dabei war auch von zwei kurz zuvor gescheiterten Vermittlungsversuchen der SS in der Schweiz und in Schweden die Rede.

Bevor er dem amerikanischen Diplomaten die Vorstellungen des Widerstands über ein Nachkriegsdeutschland erläuterte, bat er um äußerste Vorsicht. Walz wußte aufgrund seiner Berliner Informationen, daß die Gestapo Spione in die amerikanischen und britischen Botschaften und Legationen eingeschleust hatte. Ausdrücklich warnte er den Amerikaner vor der britischen Gesandtschaft in Bern und bat Altaffer eindringlich, die britischen Diplomaten in der Schweiz über seinen Vermittlungsversuch nicht zu informieren.

Anschließend wandte sich Walz der Tätigkeit der Regimegegner zu. Er bestätigte dem amerikanischen Konsul zunächst, daß Goerdeler der Kopf der Verschwörung sei und seit Jahren für den Umsturz werbe. Die Bewegung umfasse Männer der Wirtschaft und des Berufslebens und habe Hitler von Beginn an abgelehnt. Scharf ging Walz mit der Behandlung Deutschlands durch Großbritannien und Frankreich nach dem Ersten Weltkrieg ins Gericht und tadelte die verheerende psychologische Wirkung der Appeasementpolitik für das Anliegen der Regimegegner: «The fact also, that after the advent of Hitler, Germany had attained a place of respect among the great nations by his strong methods as well as the disposition of Chamberlain and Daladier to bow to his wishes had simply cut the ground from under their feet at home.» Ausführlich schilderte er die Friedensbemühungen und Besuche in Paris, London und Washington und erwähnte die Besprechungen zwischen Goerdeler mit Gamelin,[580] Vansittart und Cordell Hull. Die umfassende Referierung der schon vor Kriegsausbruch einsetzenden Anstrengungen des Widerstands gegen Hitler sollte in erster Linie dazu dienen, die Ernsthaftigkeit der Verschwörer herauszustellen und dem Argwohn entgegenzuarbeiten, es handle sich bei den Hitlergegnern um Opportunisten. Walz kündigte Altaffer einen Staatsstreich an: «He assured me that the time is ripe for action and that an overthrow of the régime could be expected soon.»

Die Hitlergegner würden sowohl von den ehemaligen als auch von den amtierenden Generälen unterstützt, weil diese eingesehen hätten, daß ein Sturz des Diktators unumgänglich sei. Hinsichtlich der Ausführung des Staatsstreichs referierte Walz nun die Position, die zu diesem Zeitpunkt, Ende 1942, im Denken des bürgerlichen Widerstands noch mehrheitlich vertreten wurde: Man habe sorgfältig überlegt, ob man Hitler umbringen solle. Das sei zweifellos zu verantworten, da Hitler ein «Monster» sei. Da man Hitler jedoch nicht den Nimbus eines Märtyrers verschaffen wolle, habe man sich entschlossen, ihn entweder in seinem Hauptquartier oder auf dem Obersalzberg festzunehmen und zusammen mit Göring, Goebbels und anderen Parteigrößen vor ein Volksgericht zu stellen.

Altaffer äußerte Zweifel an der Durchführbarkeit dieses recht abenteuerlich anmutenden Vorhabens. Gerade in der Armee genieße Hitler doch noch, so wandte er ein, ein hohes Maß an Zustimmung. Dabei traf er Walz an einer empfindlichen Stelle, weil der schließlich seit jeher von der Einsatzbereitschaft der Militärs wenig überzeugt war. Aber im Dienste der Sache blieb dem Bosch-Direktor nichts anderes übrig, als den optimistischen Kurs Goerdelers zu vertreten. Obwohl der Eid auf den «Führer» tatsächlich ein großes Hindernis für die Verschwörer sei, habe das Prestige Hitlers nach seinen Versprechungen hinsichtlich Stalingrads in der Armee beträchtlich gelitten, erläuterte der Kopf des Boschkreises: Ein Mann wie Hitler benötige Siege, um im Volke die Aura des mit der Vorsehung ausgestatteten «Führers» zu wahren. Wenn die Siege ausblieben, verliere er sofort die Unterstützung der Bevölkerung.

Bezeichnenderweise verwies Walz ausdrücklich auf das deutsche Volk als legitimierende Begründung für das Handeln der Opposition – nicht etwa auf die Armee. Deutschland erlebe nun, was es heiße, ein unterdrücktes Volk zu sein und spüre die inzwischen beinahe unerträgliche Last stärker als andere Völker wie die Belgier oder Holländer, die immer noch die Möglichkeit der offenen Opposition besäßen. Das deutsche Volk habe in den vorangegangenen 30 Jahren viel durchgemacht und leide nun so, daß die Zeit dafür reif sei, eine Alternative zum «zynischen Nihilismus» des Nationalsozialismus anzubieten. Beständig versuchte Walz, dem Amerikaner die totalitären Bedingungen des Regimes vor Augen zu führen. Hitler, so Walz, sei eine dämonische Persönlichkeit, die zwischen Phasen von Wahnsinn und einem Fingerspitzengefühl für politische Möglichkeiten und der eigenen Gefährdung schwanke.[581]

Der Zweck seiner Ausführungen unterschied sich ganz wesentlich von der fatalen Politik bisheriger (und mancher späterer) Friedensfühler, mit der Ankündigung eines Staatsstreichs Forderungen an die Alliierten zu stellen. Goerdeler drängte bei seinen Bemühungen ja stets auf verbindliche Zusagen und vertrat in einer merkwürdigen Verkennung der alliierten Prioritäten auch hinsichtlich der zukünftigen Staatsform Vorstellungen, die in den Ohren der westlichen Demokraten höchst befremdlich klangen. Walz ging es dagegen in erster Linie um eine Notifizierung der Alliierten über bevorstehende dramatische Ereignisse. Dem «Betriebsführer» von Bosch war wohl eher als Goerdeler bewußt, daß inzwischen alle Forderungen nach Vorleistungen in Verhandlungen mit den Briten und Amerikanern fehl am Platze waren. Er stellte klar, daß man vom Ausland militärische Unterstützung weder erwarte noch fordere; es gehe vielmehr vornehmlich um die Vermittlung einer Botschaft an die westlichen Alliierten: Der Plan der Verschwörer, so berichtete er dem amerikanischen Zuhörer, ziele auf die Errichtung einer vorübergehenden Militärregierung und den Rückzug der deutschen Armeen in defensive Stellungen. Damit verbunden war der Appell an die demokratische Welt, Verständnis für die ernsthaften Bemühungen der Hitlergegner zu zeigen.

Nur kurz sprach sich Walz über die langfristigen Ziele der Verschwörer aus, aber schon diese Skizzierung zeigte, daß an eine Sonderrolle oder Vormachtstellung Deutschlands in einer zukünftigen Weltordnung nicht gedacht war: «They are in favor of disarmament and the abolition of military service in peace time and feel that some such plan must be adopted throughout the world if civilization is to survive.» Aus diesem Bekenntnis sprach die ganze Abneigung von Hans Walz gegen alles Militärische, die im Verlauf des Krieges angesichts der Passivität der Generalität noch weiter angewachsen war; der pazifistische Grundzug war zudem ebenso spürbar wie der Wunsch nach internationalen Lösungen der Probleme Europas.

Der Eindruck, den Altaffer nach der mehrstündigen Unterredung erhielt, war trotz aller argwöhnischen Sorge vor Doppelagenten und agents provocateurs ausgesprochen positiv, wie nicht zuletzt sein Urteil über die Persönlichkeit und den Charakter von Walz verriet: «A word should be said concerning the character of this man. He is a man quite apparently of intense religious convictions who stated that the only solutions to the terrible difficulties in which Germany finds itself is on the basis of Christianity.» Das Vertrauen auf die Zusicherungen von Walz, der schließlich, wie Altaffer vermerkte, ja nicht einmal selbst den Kontakt zu den amerikanischen Diplomaten gesucht hatte, rechtfertigte seiner Ansicht nach eine wohlwollende Prüfung der Hintergründe:

«It does not appear that his movement is seeking or expecting assistance from abroad. The liquidation of the Nazi régime is regarded by them as an entirely internal affair which must be settled by the german people themselves before they can ask the rest of the world to receive them on a decent footing.»[582]

Die Entscheidung, ohne jeglichen Anspruch auf Gewinn und Vorteile für einen Frieden ohne Hitler zu werben, erhöhte die Glaubwürdigkeit der Verschwörer bei den Amerikanern. Nachdem diese nun, Mitte Dezember 1942, erstmals einen eigenständigen Kontakt zum Boschkreis aufgenommen hatten, wurde das Memorandum noch am gleichen Tag, mit einigen Erläuterungen versehen, nach Bern gesandt.[583] Die Identität von Walz, Bareiss und Bohner wurde aus Sicherheitserwägungen erst einige Tage später nach Bern übermittelt.[584]

In den Weihnachtstagen blieben die Dinge in der Schwebe. Unmittelbarer Handlungsbedarf bestand für die Amerikaner ohnehin nicht, weil Walz darauf hingewiesen hatte, der Umsturz sei eine rein deutsche Angelegenheit. Bis in den Januar 1943 blieb das Echo aus Washington aus.[585] Allerdings versuchten Legation und Konsulat inzwischen Näheres über Goerdeler in Erfahrung zu bringen, dessen Verbindung mit Walz und dem Widerstand noch mit einigen Fragezeichen verbunden war.[586] Durch die Angaben von Walz über Goerdeler glaubte die schweizerische Gesandtschaft in Bern aber nun auf eine heiße Spur gestoßen zu sein. Klahr Huddle faßte die Entwicklung zusammen:

«It incorporates the nearest thing to a tangible anti-Nazi move that I have yet seen. But it is not anything like conclusive. The informants seem independent and have not brooched anything like a bid for our help or a favorable peace for Berlin – except as a kind of aside early in their talk. However they may be very smooth lads.»[587]

Es erstaunt, daß die amerikanische Diplomatie mit ihren Nachforschungen über Goerdeler und die bürgerlichen Verschwörer gleichsam bei Null anfangen mußte. Da die eigenen Recherchen zunächst unergiebig blieben, erhoffte man sich aus Washington Aufklärung über Goerdeler:

«Karl Goerdeler (...) may be key liaison operative among military, industrial and other anti-Nazi factions allegedly secretly planning an anti-Hitler coup. Goerdeler as representative of German moderates before the war reportedly paid visits to Paris, London

and Washington ostensibly for business reasons but was in touch with important perso-
nages there on political affairs. At Washington it is alleged he visited State Department
and may have become known to Secretary Hull. Please advise whether latter report true
and whether Messersmith, Geist and others recall Goerdeler and his previous connec-
tions and activities.»[588]

Die telegrafische Anfrage an Messersmith und dessen langjährigen Berliner Kollegen in der amerikanischen Botschaft, Raymond Geist,[589] brachte
bald einige Erkenntnisse. In einem dreiseitigen Memorandum, dem
Messersmith ausdrücklich zustimmte, faßte Geist seine Bewertung des
Denkens von Goerdeler zusammen: Als langjährige rechte Hand von
Messersmith und als zweiter Mann in Berlin von 1929 bis 1940 war Geist
ein ausgewiesener Deutschland-Experte des amerikanischen Außenministeriums,[590] und seine Analyse hatte entsprechendes Gewicht: Er erinnerte
sich an Goerdeler als einen aufrechten «moderate», der mit Messersmith
und Außenminister Hull im Jahr 1937 offen über die verhängnisvolle Politik Hitlers gesprochen habe. Geist vermutete, die Nationalsozialisten
hätten ihn eine Zeitlang als einen «apostle of reason and moderation»
gewähren lassen, obwohl sie über seine Regimegegnerschaft keinen Zweifel hätten haben dürfen. Freilich, für einen Verschwörer hielt man Goerdeler nicht:

«It is possible, in view of the course of events, that Goerdeler has become definitely active
against the regime being a man of strong conviction and intelligent perception. He may
well anticipate the inevitability of the crash of the National Socialist regime and may,
therefore, be looking forward to the days when moderate men of affairs in Germany may
be required to become responsible political leaders. It is very likely that the report of the
Minister in Bern is accurate, however, with this qualification; that if Goerdeler is active
in an opposition to the present regime it would not be a secret plot involving violence;
but rather the rational development of a following which Goerdeler has been able to
maintain, and probably increase, in assisting persons in and out of the Hitler camp, who
would have to act on behalf of Germany, if events in their natural course were to place
grave responsibility upon their shoulders. In other words I do not believe that Goerdeler is connected with any faction which is secretly planning an anti-Hitler coup; but believe that he is allied with those who stand ready to offer their services to the country if
world forces overthrow the Hitler regime.»[591]

Die Beurteilung des amerikanischen Diplomaten war in seiner Unterschätzung der entschiedenen Regimegegnerschaft recht typisch für das Mißtrau-
en der angloamerikanischen Diplomatie gegenüber Goerdeler, den man als
zu konservativ einschätzte, um wirklich aktiv gegen Hitler vorzugehen.
Diese mißverständliche Einschätzung einer Goerdelerschen Affinität zum
Nationalsozialismus erreichte allerdings ihre Schweizer Adressaten nicht:
Das State Department sandte das bereits ausgefertigte Telegramm gar nicht
erst ab. Die Gründe hierfür waren in der «Großen Politik» zu suchen: Die
USA waren peinlich darum bemüht, eventuelle Zwietracht zwischen den
Partnern der Kriegskoalition zu vermeiden. Die Nichtabsendung der
Informationen über Goerdeler[592] stand insofern in direktem Zusammen-

hang mit der in Casablanca im Januar 1943 aufgestellten Forderung nach einer «bedingungslosen Kapitulation».

So waren die amerikanischen Diplomaten in der Eidgenossenschaft auf andere Wege angewiesen, um die Ernsthaftigkeit der Nachrichten des Boschkreises zu überprüfen. Wie in Washington hatte man bereits in Schweden um Informationen nachgesucht,[593] weil Walz die Verbindungen Goerdelers nach Stockholm erwähnt hatte. Tatsächlich konnte die dortige amerikanische Gesandtschaft, die aufgrund der Anfrage aus Bern offenbar den direkten Weg zur Familie Wallenberg gewählt hatte, aufschlußreiche Informationen übermitteln: Goerdeler sei seit langen Jahren ein Freund der Wallenbergs: «It is their belief that he is an honest and sincere man and not a Nazi sympathizer.» Die schwedischen Bankiers hielten es zudem für ausgeschlossen, daß Goerdeler im Auftrag von Nationalsozialisten arbeite. Mehr als diese recht vagen Auskünfte, so ließen die Wallenbergs erkennen, wollten sie sicherheitshalber nicht preisgeben: «Apparently the Wallenbergs know a lot about him but do not wish to say more than foregoing for fear by some mischance it will be cause of damage to him by Germans.»[594] Auch eine andere als zuverlässig eingestufte Stockholmer Quelle, hinter der sich möglicherweise jemand aus dem Umfeld der Wallenbergs verbarg, verbürgte sich für Goerdeler:

«Source is of the opinion that if the Allied Government in any way intend to indicate individuals who would be useful in a post-war German Government, few if any men in present day Germany command respect of so many elements in German private, religious, military or political life than Goerdeler – no sounder man or one of higher character could be found.»[595]

Trotz solcher Meldungen wurde Goerdeler zugetraut, ein raffiniertes Doppelspiel zu treiben, als ein «important behind the scene agent», mit «Gesevius (sic) at Zurich planted in front».[596] Obwohl nach dem Informationsstand vom Februar 1943 einige Hinweise über die Vertrauenswürdigkeit Goerdelers vorlagen, verstrichen die folgenden Wochen ereignislos. Die auf den ersten Blick unverständliche dilatorische Behandlung erklärt sich indessen aus der Haltung der Stuttgarter, die anläßlich neuer Putschaktivitäten in der Heimat auf ein Signal warteten.

Goerdeler hatte im Spätherbst 1942 die «Beratertätigkeit» für Bosch zum Vorwand für eine Reise an die Ostfront genommen, um vorgeblich im «Interesse der Rüstung» die Einsatzmöglichkeiten elektrischen Ausrüstungsmaterials, unter anderem «neue Bosch-Zünder» in der Praxis zu überprüfen. Zivilisten wie Goerdeler war eine solche Mission, für die in jener Angelegenheit Hans Oster die Genehmigungen besorgte, eigentlich strengstens untersagt. Ihr eigentlicher Zweck bestand in der Herbeiführung eines Treffen mit Generalfeldmarschall Günther von Kluge in dessen Smolensker Hauptquartier. Die abenteuerlich anmutende Reisebegründung kam Nichteingeweihten ebenso wie die Reiseumstände entsprechend sonderbar vor.[597] Goerdeler gelang es, von Kluge zu sprechen, Henning von Tresckow für eine «Aktion» und Fabian von Schlabrendorff für die notwendigen Koordinationsaufgaben zu gewinnen.[598]

Unter dem Eindruck, von Kluge sei für den Umsturzversuch gewonnen, äußerte Goerdeler sich Ende 1942 in Stuttgart optimistisch. Die «Hitlerei» werde nicht mehr lange dauern, weil das Militär, darunter General Friedrich Olbricht, der Chef des Allgemeinen Heeresamtes, die Vorbereitungen zum Umsturz vorangetrieben hätte. Für die ständigen Aufschübe, die das Vertrauen der Stuttgarter allmählich erlahmen ließen, bot er eine einleuchtende Erklärung: «Es sei eben außerordentlich schwierig, auch nur eine Division oder ein Regiment in Bereitschaft zu stellen, denn jede Truppenbewegung zwischen West und Ost müsse täglich dem Führerhauptquartier gemeldet werden.» Die «militärischen Freunde», so Goerdeler, würden immer wieder versuchen, «eine auf dem Transport zwischen den Fronten befindliche Division während ihrer Reise durch Deutschland aufzuhalten, um mit deren Hilfe Berlin zu besetzen».[599]

Das war der Informationsstand in Stuttgart, als am 16. April in Zürich Maurice Altaffer von Conrad Bareiss erfuhr, Hans Walz sei einige Tage zuvor kurz in der Schweiz gewesen und habe ihn wieder zu einem längeren Gespräch aufgesucht. Obwohl nur wenige Monate seit der Begegnung mit dem amerikanischen Konsul vergangen waren, hatte sich die militärische Lage für Deutschland inzwischen geradezu dramatisch verschlechtert: Nach Stalingrad herrschte in der deutschen Armee eine Art «Katastrophenstimmung».[600] Am 24. Januar 1943 verkündete Roosevelt in Casablanca die Forderung nach «unconditional surrender» und zementierte damit eine diplomatische Verhärtung, deren ungünstige Wirkung der Boschkreis antizipiert und vor deren Folgen er zu warnen versucht hatte. Stets hatte man dem Ausland gegenüber fast händeringend darum gebeten, den Nationalsozialisten keine zusätzliche Handhabe zu geben, um die Deutschen ein weiteres Mal hinter sich sammeln zu können. Allerdings waren die Appelle von Walz im Dezember 1942 zu einem Zeitpunkt erfolgt, als die Dogmatisierung der alliierten Haltung schon unverkennbar war. Vor dem Hintergrund der entmutigenden Signale aus dem Ausland versicherte Goerdeler dem Boschkreis im Februar 1943, noch unter dem unmittelbaren Eindruck der Katastrophe von Stalingrad stehend, in «3–4 Wochen werde alles vorbei sein». Hitler, so versuchte er die über die fortwährende Untätigkeit schwankend gewordenen Stuttgarter zu beruhigen, «brauche nur einmal aus seiner Höhle in Rastenburg an die Ostfront zu kommen, dann sei sein Schicksal besiegelt». Der Appell, «jetzt nicht die Nerven (zu) verlieren» zeigte zwar im Boschkreis Wirkung, aber die Versicherung Goerdelers, er habe Kluge «gewaltig zugesetzt», erwies sich als zu optimistisch.[601] Die von Goerdeler lauthals verkündeten Hoffnungen auf den Generalfeldmarschall mußten wieder ad acta gelegt werden. «Jetzt hat mich der Kluge im Stich gelassen»,[602] gestand Goerdeler gegenüber Alfred

Knoerzer ein, und ganz ähnlich erfuhr Albrecht Fischer, auf «Herrn von Kluge sei kein Verlaß».[603]

Die sehnlichst erwarteten Anschläge auf Hitler waren ebenfalls gescheitert: Die Zeitbombe, die Henning von Tresckow und Fabian von Schlabrendorff am 13. März im Flugzeug Hitlers auf dem Weg von Smolensk ins Führerhauptquartier installiert hatten, hatte nicht gezündet, und auch der geplante mutige Anschlag des Generalmajors Freiherr von Gersdorff war am 21. März in Berlin mißlungen. Über die Attentatsversuche wurde Walz von Goerdeler unterrichtet und reiste wenige Tage später wieder in die Schweiz.

Walz blieb auch bei einem Zürichaufenthalt im April 1943[604] an der Aufrechterhaltung eines ständigen Drahts zu den Alliierten stark interessiert. Eindringlich appellierte er an Briten und Amerikaner, im Falle eines Umsturzes die Bombardierungen in Deutschland einzustellen, um den Verschwörern die Möglichkeit zu geben, die Kontrolle in Deutschland zu gewinnen. Ausgesprochen wichtig sei es, die Eisenbahn- und Funkverbindungen zu erhalten. Walz berichtete von zwei Umsturzversuchen, die am 30. Januar und 13. März 1943 durchgeführt worden seien, aber aufgrund ungünstiger Umstände hätten abgebrochen werden müssen: Hitler besitze in dieser Hinsicht offensichtlich einen sechsten Sinn.

Allerdings war nur an dem von Walz genannten Termin des 13. März tatsächlich ein Anschlag verübt worden – der fehlgeschlagene Versuch Fabian von Schlabrendorffs, Hitler durch eine Zeitzünderbombe im «Führerflugzeug» zu beseitigen. Bei dem von Walz erwähnten ersten Versuch vom 30. Januar könnte indessen der durch ein Mißverständnis möglicherweise falsch datierte Anschlag von Gersdorffs oder aber eine ganz andere «Aktion» gemeint gewesen sein. Letzte Sicherheit hierüber zu erlangen, dürfte schwierig sein.[605] Es war erstaunlich genug, daß Walz auf dem langen Informationsweg von der Ostfront über Berlin nach Zürich überhaupt derart präzise Angaben machen konnte.

Walz informierte Bareiss, die Hoffnung der Verschwörer liege nun bei General Ludwig Beck. Diese Information war zwar prinzipiell zutreffend, inzwischen jedoch schon wieder überholt. Beck, einer der wenigen Offiziere, die von den Stuttgartern von Beginn ihrer aktiven Opposition an als Hoffnungsträger angesehen worden waren, hatte bereits seit Anfang 1943 aufgrund einer schweren Erkrankung fast alle Verpflichtungen absagen müssen. Als er sich im März mehreren Operationen zu unterziehen hatte, fiel einer der wichtigsten militärischen Verschwörer für mehrere Monate aus.

Das konnte Walz bei seinem Züricher Besuch noch nicht wissen, und die «Falschmeldung» hatte auch keine Auswirkungen auf die Beurteilung seiner Zuverlässigkeit durch die Amerikaner, bei denen er nun den Decknamen «Roger» erhielt. Als ein Fehler erwies es sich dagegen im nachhinein, nicht ein weiteres Mal den direkten Kontakt mit Altaffer gesucht zu haben. Der Amerikaner war nach seiner Begegnung im Vorjahr von der Ernsthaftigkeit des Emissärs überzeugt gewesen. Während Walz jedoch im Dezember 1942 von einem bevorstehenden Putsch gesprochen hatte, erfuhr Altaffer nun von Bareiss, bei der letzten Begegnung sei von einem neuen Termin nicht mehr die Rede gewesen, obwohl Walz die ungebrochene Umsturzbereitschaft beteuert habe. In amerikanischen Geheimdienstkreisen kursierten inzwischen Gerüchte, eine Reihe von Hitlergegnern sei kurz zuvor aufgeflogen. Da diese Meldungen plausibel klangen, wertete man es als seltsam, daß Walz davon nichts bekannt sein sollte. Das Fazit Altaffers verriet ein gerütteltes Maß Argwohn.[606]

In der Gesandtschaft in Bern, die Altaffer bis dahin ermuntert hatte, seine Fäden weiter zu spinnen, wurde man nervös. Es ist nicht sicher, ob es die Direktiven des State Department über die Behandlung von Friedensfühlern im Zuge der Formel der «bedingungslosen Kapitulation» waren, die zu der Anweisung an Altaffer führten, «to lay off» und Bareiss bis auf weiteres nicht mehr zu Hause, sondern höchstens noch im Generalkonsulat zu empfangen.[607]

Die Vorsichtsmaßnahme schien sich allerdings als gerechtfertigt zu erweisen, als Bareiss wenige Tage später Altaffer im Konsulat besuchte und von ähnlichen Zweifeln wie der amerikanische Konsul geplagt war: Er vermutete inzwischen, Walz agiere in einer semi-offiziellen Funktion. Bareiss hatte die Meldung eines deutschen Schwarzsenders gehört, Admiral Canaris sei entlassen worden; dabei war auch von einer Friedensinitiative unter der Beteiligung Albert Vöglers und Thilo von Wilmowskys die Rede gewesen. Da er wußte, daß Walz mit diesen Männern der Wirtschaft in engem Kontakt stand und er eine Beteiligung von Walz an der «Friedensinitiative» annahm, kam es ihm ungewöhnlich vor, daß diese Industriellen bislang unbehelligt geblieben sein sollten. Bareiss zog daraus den Schluß, die Bemühungen erfolgten mit Wissen und Unterstützung der deutschen Regierung.[608] Rückblickend stimmte Bareiss auch die Tatsache nachdenklich, daß Walz bei seinem letzten Besuch eine Reihe ausländischer Bücher nach Deutschland mitgenommen hatte. Auf die Frage, ob er das einfach so könne, hatte Walz geantwortet, er werde keine Schwierigkeiten bekommen. Bareiss vermutete deshalb, sein Besucher reise in irgendeiner Weise mit Wissen der Regierung.[609]

Bareiss hatte vorübergehend das Vertrauen in Walz verloren und schreckte möglicherweise auch davor zurück, durch eine weitere Vermittlungstätigkeit seine in Deutschland lebenden Verwandten zu gefährden. Damit war die Mission von Walz in der Schweiz jedenfalls gescheitert. Der Kontakt des Boschkreises zu den amerikanischen Diplomaten in der Schweiz ging zwar nicht verloren, pendelte sich jedoch auf einer Ebene ein, in der die Stuttgarter wenig mehr als Lieferanten von Stimmungsbildern aus Deutschland waren.

Als Walz Ende April 1943 nach Stuttgart zurückkehrte, erfuhr er von der schweren Erkrankung Becks, die wie ein Schock wirkte. Noch im

Frühjahr hatte Goerdeler mit neuer Energie in Militärkreisen für den Umsturz geworben. Walz hatte von der Bereitschaft Kluges, Witzlebens, Hoepners, Halders und anderer erfahren, sich dem Oberbefehl Becks zu unterstellen. Das hatte im Boschkreis noch einmal die Hoffnung geweckt, Beck werde in der Lage sein, das Offizierskorps zum Handeln zu bewegen. Im Gegensatz zu den anderen Militärs, die aufgrund ihres Zauderns und ihres Kadavergehorsams in Stuttgart geringgeschätzt wurden, fiel das Urteil von Walz über den Mann, der später einmal das Amt eines Reichspräsidenten ausfüllen sollte, positiv aus: «Ein ebenso feinkultivierter wie charaktervoller Mann».[610] Der Ausfall Becks machte die Pläne vorerst zunichte, und die Entmutigung war bei Goerdeler (der Beck gar mit einem förmlichen Ultimatum hatte zum Handeln zwingen wollen) ebenso groß wie in Stuttgart: «Alle die unendliche Mühe, die unter größten persönlichen Gefahren zur Vorbereitung dieser Aktion bis in die letzte Kleinigkeit, bis zum Wortlaut der einzelnen herausgegebenen Befehle aufgewendet worden war, verpuffte naturgemäß ohne jedes Ergebnis.»[611]

Für die Züricher Episode bleibt ein bizarres Nachspiel nachzutragen. Am 7. Mai 1943 besuchte Erich Raßbach[612] im Auftrag von Hans Walz in Zürich Conrad Bareiss. Der Bosch-Direktor versuchte in Erfahrung zu bringen, ob Bareiss davon wisse, daß kürzlich ein Abgesandter namens «Harold» zur britischen Gesandtschaft geschickt worden war, um dort im Auftrag von Churchill deutsche Friedensvorschläge in Empfang zu nehmen. Wenn man der Aufzeichnung des amerikanischen Berichterstatters Glauben schenken will, dann tischte Raßbach daraufhin dem deutsch-amerikanischen Industriellen eine geradezu hanebüchene Räuberpistole auf. Denn nach einigem Zögern eröffnete Raßbach dem erstaunten Bareiss, er sei von Goebbels, Himmler und Bormann beauftragt, einen Kontakt zu den Briten herzustellen, da geplant sei, angesichts der Kriegslage Hitler auf dem Obersalzberg festzusetzen.[613]

Diese Nachricht stellt den Historiker vor ein Rätsel. Raßbach war ein langjähriger enger Mitarbeiter Robert Boschs, seit Mitte der zwanziger Jahre Vorstandsmitglied und vor allem für das Auslandsgeschäft verantwortlich. Von Geburt her Amerikaner, hatte er in St. Louis und Washington D. C. gelebt, bevor er nach seinem Studium in den USA in Freiburg zum Ingenieur promoviert wurde. Konservativer als viele seiner Kollegen im Vorstand des Konzerns, war er Mitglied des «Stahlhelms» geworden, hatte allerdings bereits kurz nach der «Machtergreifung» seine Ablehnung der Politik Hitlers bekundet. Seinen ältesten Sohn schickte er, als dieser 1939 wegen «staatsfeindlicher Äußerungen» verhaftet werden sollte, noch rechtzeitig zum Studium nach England und in die USA. Raßbach, der nach dem Kriegseintritt der USA seine amerikanische Staatsbürgerschaft aufgegeben hatte, war in jener Zeit häufiger mit Goerdeler (nicht zuletzt durch die Enskilda-Verhandlungen) zusammen.

Keiner im Boschkreis hatte jemals Kontakt zu den von Raßbach erwähnten nationalsozialistischen Größen. Dort wußte man zwar von der zeitweise angestellten Überlegung Goerdelers, Teile der SS vorübergehend als «indirekte Helfer» bei der Beseitigung Hitlers zu gewinnen,[614] aber die angebliche Initiative Raßbachs paßt so wenig in das bekannte Bild der Stuttgarter Hitlergegner, daß nach einer anderen Erklärung gesucht werden muß.

Wenn man unterstellt, daß weder Raßbach, Bareiss oder Altaffer etwas verwechselten, und annimmt, daß Raßbach kein von den Nationalsozialisten umgedrehter Doppelagent war (worauf nichts hindeutet), muß man auf dessen seelische Gesamtverfassung eingehen. Im Verlauf des Krieges hatte eine endogene Depression die Gesundheit Raßbachs stark angegriffen. Mehrere Sanatoriumsaufenthalte hatten nur vorübergehende Linderung gebracht. Es ist letztlich nicht auszuschließen, daß Raßbach, der wohl auch in der Zeit des Bareiss-Besuches einen schweren Nervenzusammenbruch erlitt,[615] sich manisch in eine Wahnidee verstrickte und sich für einen «Zwischenträger» der im Zwielicht liegenden «Vermittlungsversuche» der Männer um Heinrich Himmler hielt.

Die obskure Episode im Nachklang der Bemühungen des Boschkreises, über die amerikanische Diplomatie in der Schweiz zu einem Kriegsende zu finden, verwies auf die zunehmende Fragwürdigkeit der Schweizer Laiendiplomatie. Die undurchsichtigen Manöver Himmlers und der SS, im Schatten der Geheimdienste eigene Fäden zu den Alliierten zu spinnen, waren zum Teil darauf angelegt, auf eigene Faust die Möglichkeit eines Friedens ohne Hitler zu erkunden. Es soll in unserem Zusammenhang nur am Rande interessieren, daß mancher deutsche Unterhändler einerseits als «Friedensbote» des Widerstands agierte und andererseits als ein willfähriges Werkzeug Himmlers die Chancen eines Coups sondierte und sich bisweilen so in diese Intrigen verstrickte, daß er den Überblick verlor, auf welcher Seite er eigentlich stand.[616] Himmler hatte in wahnhafter Verblendung eigene Auslandsverbindungen aufgebaut, um im Fall des Todes von Hitler dessen legitimer Nachfolger im «Dritten Reich» zu werden. So unrealistisch, ja absurd, diese Illusionen sein mochten: Himmler nahm im Mai oder Juni 1943 über Karl Rasche Kontakt zu Jacob Wallenberg auf, der sich zu jener Zeit in Berlin aufhielt. Himmlers konkrete Frage an den Schweden lautete: «Glauben Sie, daß die Westmächte Frieden abschließen würden, wenn Hitler nicht mehr da wäre?» Jacob Wallenbergs Haltung zum nationalsozialistischen Deutschland war zu eindeutig, um sich auf eine Beantwortung dieser Frage einzulassen. Er informierte Goerdeler über die seltsamen Pfade, auf denen Himmler offensichtlich wandelte. Beide rätselten über die Ziele des Vorstoßes. Im «Anderen Deutschland» herrschte eine grundsätzliche Übereinstimmung, bei einem Sturz Hitlers auch den «Reichsführer-SS» auszuschalten. Aber wenn die Verschwörer aufgrund ihres mangelnden Rückhalts selbst auf solche Landsknechtsgestalten wie den Berliner Polizeipräsidenten Graf Helldorff nicht verzichten konnten,[617] war es nachvollziehbar, daß man auch über eine Instrumentalisierung Himmlers nachdachte. Goerdeler sah diese Möglichkeit allerdings wesentlich skeptischer als Wallenberg, der nicht ausschloß, daß Himmler über die Verschwörung Goerdelers informiert war: «Vielleicht will Himmler euch weiter machen lassen, Hitler stürzen lassen, ohne selbst dabei umzukommen?» Trotz aller Vorbehalte scheint sich Goerdeler im November 1943 diesen Überlegungen zeitweise angeschlossen zu haben und konnte es sich sogar vorstellen, wie Wallenberg vorgeschlagen hatte, Himmler zu verschonen, wenn dies das Attentat auf den «Führer» erleichtere.[618] Auch dem Zeugnis von Otto Meynen zufolge spielte Goerdeler im Verlauf der Besprechungen in der Berliner Kantstraße eine Zeitlang ernsthaft mit dem Gedanken, SS-Kreise am Putsch zu beteiligen.[619] Ohne die Grenzen zur verbrecherischen Komplizenschaft überschreiten zu wollen, entsprachen solche Überlegungen der unter totalitären Vorzeichen durchaus realistischen Einschätzung, möglicherweise nicht gegen das mächtige Instrument Himmlers operieren zu können und dazu gezwungen zu sein, eine vorübergehende Allianz mit der Terrororganisation eingehen zu müssen. Die moralische Fragwürdigkeit eines solchen Unternehmens wird allen Beteiligten bewußt gewesen sein.

Es war jedenfalls kein Wunder, daß der von vornherein aussichtslose Vorstoß Raßbachs ebenso unbeantwortet blieb wie alle Anbiederungen der Emissäre Himmlers mit dem Ziel, die Herrschaft, die SS und nicht zuletzt den eigenen Kopf zu retten.[620] Für die Friedensfühler des Boschkreises bedeutete die Raßbach-Episode jedenfalls das endgültige Aus. Als Conrad Bareiss wenige später Tage bei Altaffer Neuigkeiten einholen wollte, erfuhr er, die amerikanischen Diplomaten seien sich darüber einig, daß sich das Fenster für Verhandlungen endgültig geschlossen habe. Altaffer hielt die denkwürdige Entscheidung in einem Memorandum fest, die aus alliierter Sicht verständlich war, aber ihnen die Möglichkeit nahm, Einfluß auf die Verschwörung zu nehmen:

«Mr. Conrad Bareiss called this morning and I took the occasion to tell him that if any Germans approached him asking him to act as an intermediary with us to peace feelers, or to give information, to reply categorically that we were not interested. I pointed out that the statements of President Roosevelt and Prime Minister Churchill constituted our reply and that the only peace we were interested in was unconditional surrender. That that must be the standpoint of every American. I warned him, and I asked him to convey the warning to Mrs. Bareiss, not to see people from Germany, or to have any traffic with them. (...) Mr. Bareiss stated that he understood the warning and that he was prepared to comply with it in every way.»[621]

Erst viele Monate später, zu Anfang 1944, wurde eine neue Verbindung der Amerikaner zu Goerdeler hergestellt. Es muß Spekulation bleiben, was geschehen wäre, wenn die USA die dringlichen Hinweise des Boschkreises auf ein bevorstehendes Attentat gegen Hitler so ernst genommen hätten, wie sie gemeint waren.

Trotz allen Mißtrauens gegenüber den Meldungen aus Deutschland blieben freilich noch manch andere schweizerische Kontaktmöglichkeit für die Opposition gegen Hitler bestehen: In der Enklave der schweizerischen Neutralität wurde die OSS-Dienststelle von Allen Dulles in der zweiten Kriegshälfte zum Anlaufpunkt deutscher Hitlergegner. Als «Sonderbotschafter» Roosevelts war Dulles im Mai 1942 nach Bern geschickt worden und bemühte sich intensiv darum, ein eigenes Nachrichtennetzwerk aufzubauen. Dem westlich orientierten Widerstand stand er mit freundlicher Sympathie gegenüber und vertrat die Ansicht, dem nichtbolschewistischen Widerstand gegen Hitler müsse mit Blick auf eine zukünftige Friedensordnung die Hauptaufmerksamkeit geschenkt werden.[622] Diese Einstellung, die im Gegensatz zu den Ansichten des Präsidenten stand, der an einen Ausgleich mit den Sowjets dachte und sich alle anderen Optionen offenhielt, verschaffte konservativeren Widerstandsgruppen prima vista eine nicht unerhebliche Aufmerksamkeit. Dulles ließ sich jedoch durch die deutschen Verschwörer, die hofften, die westlichen Alliierten unter Hinweis auf die östlichen Gefahren für die Widerstandsbelange beeinflussen zu können, in keiner Weise instrumentalisieren.[623] Als ausgewiesener Deutschlandkenner hatte Dulles in den Weimarer Jahren zusammen mit seinem Bruder John Foster vehement die Wiedereingliederung Deutschlands in die Staatengemeinschaft befürwortet. Als Partner der New Yorker Anwaltskanzlei Sullivan & Cromwell, deren Klient Bosch war, kannte er das Unternehmen.

In welchem Maß Dulles über die konspirative Zusammenarbeit zwischen Goerdeler und dem Boschkreis während des Krieges informiert war, ist ungewiß.[624] Er wußte aber vom starken süddeutschen Einfluß der Opposition und berichtete im Sommer 1943 von «growing Anti-Prussianism» in Süddeutschland. Diese Empfindungen sollten seiner Meinung nach durch den Hinweis auf die unheilvolle Wirkung der Ländergleichschaltung und des «Prussianizing all Germany» ausgenutzt werden.[625] Die Unterstützung derjenigen Kräfte, die ein Föderalsystem von «Ländern» nach schweizerischem und amerikanischem Vorbild anstrebten,[626] war zweifellos auf die amerikanischen Kriegsnotwendigkeiten gemünzt, aber sie entsprach jenseits aller Instrumentalisierungsbemühungen auch der eigenen Überzeugung. Die in den Analysen von Dulles durchscheinende Annahme, die Mentalität Süddeutschlands sei weniger aggressiv ausgeprägt als der preußisch beeinflußte Norden, war darüber hinaus eine weitverbreitete Hypothese amerikanischer Außenpolitik,[627] die mit den Ansichten des Boschkreises parallel lief.

Trotz anfänglicher Kritik seiner Vorgesetzten[628] ist die Arbeit von Dulles in Bern zu Recht als «outstanding» gelobt worden.[629] Dies ist mit Blick auf die Fülle der aus Bern übermittelten Informationen sicherlich eine berechtigte Einschätzung, aber grundsätzlich muß man feststellen, daß das OSS über Hintergrund und politische Ausrichtung der Verschwörer um

Goerdeler und Beck kaum informiert war, weil es schwierig war, überhaupt Informationen aus dem totalitären Deutschland zu erhalten und aus der Vielzahl widersprüchlicher Meldungen und Gerüchte das relevante Material herauszufiltern.

Seit Januar 1943 wußte das Reichssicherheitshauptamt (RSHA) von Dulles' Bemühungen, Kontakt zu Persönlichkeiten des Widerstands und der deutschen Wirtschaft aufzunehmen.[630] Wie gefährlich solche Aktivitäten für den Boschkreis werden konnten, zeigen einige Berichte, die der im Dienste des RSHA tätige Stuttgarter Kaufmann Richard Großmann im Mai 1943 nach Berlin lieferte und die schließlich sogar den Weg auf den Schreibtisch von Joseph Goebbels fanden.[631] Großmann hatte Zugang zu Dulles und Wirth gefunden und war in diesem Zusammenhang auf den Boschkreis aufmerksam geworden. Während Großmann das RSHA über verdächtige Schweiz- und Italienreisen des Stuttgarters Eugen Bolz informierte (und diesen nach dem 20. Juli 1944 der Gestapo auslieferte),[632] drangen Nachrichten über den Boschkreis nach Berlin. Bolz waren die Aktivitäten des Boschkreises natürlich seit langem bekannt, aber nun war es wieder einmal der unvorsichtige Joseph Wirth, der sich in seiner Luzerner Wohnung bereitfand, in seiner üblichen Leichtfertigkeit mit Dulles und Großmann über die Chancen eines Staatsstreichs zu diskutieren.[633] Schenkt man Großmanns Angaben Glauben, dann hat Dulles mitgeteilt, er stehe mit den «wesentlichsten Persönlichkeiten der deutschen Opposition» in unmittelbarer und ständiger Fühlung. Warum der mit allen Wassern gewaschene Dulles sich so offenherzig diesem gerade erst eingeführten «Vermittler» offenbart haben soll, muß offenbleiben.[634] Nicht auszuschließen ist, daß Roosevelts Sondergesandter lediglich Großmanns Glaubwürdigkeit prüfen wollte, um ihn mit der Bloßstellung einiger Hitlergegner desavouieren zu können. Traut man Großmanns Angaben, so bat Dulles ihn, mit Goerdeler in Verbindung zu treten und ihn

«darüber zu informieren, wie der Kreis um Bosch in Stuttgart und die Großindustriellen im Vierjahresplan um Göring über die Nachkriegsprobleme in Deutschland denken würden. Er betonte dabei, daß er im Bilde sei, aber erneute Bestätigung wünsche.»[635]

Unabhängig davon, ob der Bericht Großmanns gefälscht oder verfälscht war, geriet das Unternehmen auf diese Weise in die Gestapo-Akten, obwohl die Agentenberichte Großmanns für das RSHA für den Boschkreis letztlich folgenlos blieben. Einerseits machten es die Absetzbewegungen der SS sinnvoll, die Kenntnisse über den Widerstand gegen Hitler zu kontrollieren und gegebenenfalls im eigenen Sinne zu nutzen. Andererseits war in Berlin das Vertrauen in Großmann gering. Der V-Mann pflegte seine Kontakte, wie das RSHA notierte, um «auf beiden Schultern tragend» die Beziehungen zu Hitlergegnern und Nationalsozialisten für sich persönlich auszunutzen. Das gefährliche Spiel zwischen den Fronten zahlte sich allerdings nicht aus: Der «schräge Vogel», wie eine Marginalie auf einem RSHA-

Bericht ihn treffend charakterisierte, wurde im Oktober 1944 verhaftet und ins Konzentrationslager eingeliefert.[636]

Aber selbst wenn Dulles bereit war, zwischen ehrlichen Deutschen und Mitläufern zu unterscheiden, ließen seine süffisanten Bemerkungen über den Opportunismus deutscher Unternehmer wenig Zweifel, daß die Uhr für eine einvernehmliche Verhandlungslösung unerbittlich ablief. Dulles wollte den Boschkreis sicherlich nicht in einen Topf mit den obskuren Geschäftsreisenden werfen, die sich nach der Kriegswende als Nachrichtenübermittler anboten. Im Gegensatz zu deutschen Konjunkturrittern wußte er von der Ernsthaftigkeit des Bemühens der Stuttgarter. Ob er (über seinen Bruder) über die Spezifika der verworrenen Bosch-Tarnungen und den geschäftlichen Hintergrund der Tätigkeit Goerdelers im einzelnen informiert war, ist dagegen ungewiß. Eine seiner engsten Mitarbeiterinnen in der Schweiz bemerkte jedenfalls gelegentlich spöttisch, Dulles vertrete mit seinem Wohlwollen gegenüber dem «Anderen Deutschland» auch die Interessen seiner Anwaltskanzlei.[637] Mit den Stuttgarter Freunden Goerdelers kam es allerdings nie zu einer Begegnung:

«I was never personally in touch with Hans Walz during the war but I had information then, which I subsequently confirmed, that the Robert Bosch Company was used by Goerdeler as a cover for many of his activities in connection with the organization of the German plots against Hitler.»[638]

Dulles war jedoch über die Rolle der Brüder Wallenberg informiert, und nach Kriegsende bat er Marcus Wallenberg eindringlich, die Widerstandsverbindungen zu Carl Goerdeler zu dokumentieren.[639] Gegenüber dem SS-Agenten Reinhard Spitzy, der ebenfalls Zugang zu Dulles und Wirth gefunden hatte, gab der amerikanische Sondergesandte ein positives Bild der süddeutschen Verschwörer zu erkennen.[640]

Mit den trüben Fischzügen im «Krieg hinter dem Krieg» des Geheimdienstes mochte der Boschkreis bald nichts mehr zu tun haben. Walz wußte zwar den amerikanischen Diplomaten gelegentlich zu berichten, daß Vermittlungsversuche der SS in der Schweiz bzw. Schweden zurückgewiesen worden waren, aber die Stuttgarter schreckten vor den Implikationen einer Annäherung an die SS und den Unwägbarkeiten dieser Intrige zurück. Dies erwies sich als vernünftige Entscheidung. Denn insgesamt zeigte sich, daß sich die «seltsame Konvergenz zwischen SS und Widerstand» in einem «Gelände voller Fallgruben abspielte», die letztlich die moralische Position des Widerstands ernsthaft gefährdete.[641]

Paul Hahn und Hans Walz reisten im Juli 1943 noch einmal für zehn Tage in die Schweiz. Es ging nicht mehr um Vermittlungsversuche (jedoch auch nur bedingt um die im «Gesuch um Erteilung einer Einreisebewilligung in die Schweiz» genannten «Verkaufsverhandlungen»).[642] Beide wollten Informationen über die Planungen der Alliierten erhalten, um den besten Weg zu ermitteln, das Unternehmen möglichst unbeschadet aus dem Krieg herauszuführen. Die vom Militär fortwährend gewünschten «Signale» eines alliierten Wohlverhaltens nach einem Putsch waren für den Boschkreis nie von übergeordnetem Interesse gewesen. Immer noch verfolgten die Stuttgarter die alliierte Politik des «unconditional surrender» mit Verzweiflung, wie die Ereignisse anläßlich des Sturzes von Mussolini im Juli 1943 beispielhaft zeigten. In der italienischen Entwicklung sah der Boschkreis, der dabei ganz auf der Linie Goerdelers lag,[643] einen Art Lackmustest für eine «Aktion» nach römischem Vorbild. Während viele Konservative im Widerstand eine Palastrevolution à la Badoglio avisierten, hielt der Boschkreis die Lage Deutschlands für labil genug, nun einen breitangelegten Umsturz wagen zu können: «Die Stimmung des deutschen Volkes schien reif für eine Aktion zum Sturz des nationalsozialistischen Regierungssystems.» Um so enttäuschender wurde die alliierte Reaktion auf die italienischen Vorgänge registriert. Die eindringlichen Vorhaltungen von Walz im Winter 1942/43 hatten auf das Dilemma der Verschwörer verwiesen, die sich durch die Formel der «bedingungslosen Kapitulation» vor schier unüberwindliche Probleme gestellt sahen.

Hätte nicht vielleicht doch eine leise Andeutung seitens der Alliierten, die in Casablanca gefundene Klausel eventuell noch einmal zu überdenken, dem Widerstand neue Schubkraft verleihen können? Walz' anspruchsvolle Hoffnung, daß die Alliierten gegenüber dem ehemaligen Achsenpartner mit der «Großzügigkeit eines generösen Siegers» auftreten würden, war wenig realistisch. Die Verhältnisse im faschistischen Italien ließen sich nicht einfach auf Deutschland übertragen. Die alliierten Truppen befanden sich noch keineswegs in einem befriedeten Land, sondern sahen sich nun den erbittert Widerstand leistenden deutschen Einheiten gegenüber. Die alliierten Friedensplanungen ließen sich zudem kaum von einem auf den anderen Tag umstellen, und schließlich war keineswegs gewährleistet, daß es dem deutschen Propagandaapparat nicht gelingen werde, die alliierte «Großmütigkeit» so zu entstellen, daß sie in der Öffentlichkeit nur verwässert wahrgenommen würde. Walz' kühne Vermutung, bei angloamerikanischer Weitsicht «wäre die Stimmung der deutschen Bevölkerung endgültig umgeschlagen, anstatt sich unter den Übertreibungen der offiziellen Propaganda nochmals zu versteifen, und die Generäle hätten nicht erneut geschwankt, sondern Hitler beseitigt»,[644] muß deshalb mit mehreren Fragezeichen versehen werden.

9. Goerdeler und Wallenberg: Geschäfte und die Suche nach Verbündeten

Wie prekär die Stellung der Stuttgarter Hitlergegner war, zeigte sich, als völlig unerwartet die konspirative Tätigkeit des Boschkreises beinahe schon im Jahr 1942 aufgedeckt worden wäre. Bis in die Kriegsjahre hinein

war es Theodor Bäuerle trotz aller behördlichen Auflagen und unbeschadet aller Angriffe der Partei gelungen, politische Erziehung und berufliche
Weiterbildung als zentrale Elemente einer humanitären Anschauung von
den weltanschaulichen Geltungsansprüchen der nationalsozialistischen
Ideologie freizuhalten. Allerdings sah sich besonders die Markel-Stiftung
zunehmender Kritik ausgesetzt, weil die Förderung und Betreuung der Stipendiaten durch Bosch dem Zentralisierungskonzept des Nationalsozialismus widersprach. Von Schikanen bis Bedrohungen reichte das Arsenal der
württembergischen NSDAP, um eine lästige Konkurrenz auszuschalten,
die mit der provozierenden Geistesmacht des Konfessionellen auftrat. Bäuerle hielt sich bei der Stipendienvergabe an die schon in der Weimarer Zeit
festgelegten Prinzipien[645] und ließ parteipolitische und religiöse Kriterien
außer acht. Der Drohung, die gesamte Förderung durch Bosch einzustellen, und der Unterstützung Bergers war es bislang zu verdanken gewesen,
den Stiftungen eine Zeitlang ihre relative Unabhängigkeit zu belassen,[646]
aber 1940, als der «Burgfrieden» Murrs mit der evangelischen Kirche ein
Ende gefunden hatte, kam es wiederholt zu massiven Angriffen gegen die
Förderung von Studenten an kirchlichen Bildungseinrichtungen. Zu einem
Nachgeben waren Bosch und Bäuerle nicht bereit, weil man als einer der
letzten noch verbliebenen Förderer der Markel-Stiftung auf das Auswahl-
recht der Stipendiaten nicht verzichten wollte. Wie weit sich jedoch inzwischen die Gewichte zugunsten der NSDAP verschoben hatten, erwies sich,
als durch eine oktroyierte Satzungsänderung Ende Oktober 1940 ein Para-
graph so modifiziert werden mußte, daß nur noch Kinder deutscher Familien gefördert werden konnten.[647] Ein improvisierter Ausweg aus dieser
Einengung eröffnete sich mit der Einrichtung eines «Sonderkontos For-
schungs- und Studienhilfe», einer Art Schwarzen Kasse, die eine Kontrolle
durch die Behörden und die Nachforschungen der Geheimen Staatspolizei
verhindern sollte. Aus diesem halblegalen Etat wurden vornehmlich
Studenten der Bekennenden Kirche gefördert, denen eine staatliche Unterstützung nicht gewährt wurde.[648] Als jedoch im Sommer 1942 einer der Stipendiaten, ein politisch verfolgter Theologe, von der Stuttgarter Gestapo
verhaftet wurde, belastete er Theodor Bäuerle in seiner Vernehmung, was
zur Verhaftung des Pädagogen am 8. Juni 1942 führte.

Die daraufhin von Hans Walz überstürzt angeordnete «Säuberungsak-
tion» war weniger in der kulturpolitischen Vereinsarbeit als in den engen
Verbindungen Bäuerles zu Goerdeler begründet. Vor der zu erwartenden
Haussuchung vernichtete Bäuerles Sekretärin Marianne Weber politisch
verfängliche Aufzeichnungen aus dem Vereinsbüro in der Hölderlinstraße 54,
Walz und Schloßstein sichteten die im gleichen Haus befindliche Privatwohnung Bäuerles. Das belastende Material, unter anderem die Unterlagen
des «Sonderkontos», wurden ebenso mitgenommen wie ein im Keller der
Wohnung Bäuerles deponierter Koffer mit Akten von Carl Goerdeler, die
dieser bei einem späteren Besuch an sich nahm.[649] Zwei kurz darauf durch-

geführte Haussuchungen blieben entsprechend erfolglos. Die Gestapo gab sich im wesentlichen mit dem «Fund» der Akten über die Paneuropa-Idee des Grafen Coudenhove-Kalergi zufrieden, an deren Propagierung Bäuerle in den Jahren der Weimarer Republik mitgewirkt hatte.

Bäuerle wurde zunächst fünf Tage lang verhört, in der Hauptsache zu seiner Tätigkeit auf dem Gebiet der religiösen Vereinsarbeit.[650] Dieser Schwerpunkt der Befragungen lenkte unwillkürlich von dem weitaus brisanteren, aber auch schwieriger nachzuweisenden Komplex einer «Beteiligung oder Mitwisserschaft an einem politischen Komplott»[651] ab. Lediglich ein Goerdeler-Schriftstück war der Gestapo in die Hände gefallen: Auf Nachfragen nach dem Verfasser nannte Bäuerle den Namen des im Vorjahr verstorbenen Georg Escherich.[652]

Bäuerle wurde schließlich am 19. Juni nach zwölf Tagen Gestapohaft entlassen. Der Abwehrbeauftragte Hugo Bühler hatte seine Beziehungen zum Innenministerium ins Spiel gebracht,[653] aber in erster Linie war das Einwirken Gottlob Bergers (mit dem Schloßstein in den Tagen der Haft Bäuerles fast täglich telephonierte) für die Freilassung Bäuerles verantwortlich, die gegen massive Widerstände der Stuttgarter Gestapo durchgesetzt wurde.[654] In diesem Zusammenhang fiel offensichtlich die später fast zum geflügelten Wort werdende Drohung des Reichsstatthalters Murr, er werde «die Nebenregierung Bosch nicht länger dulden».[655] Wenige Tage später bedankte sich Bäuerle bei seinem Beschützer Berger:

«Nachdem wie es scheint, meine Sache bei der Gestapo zu einem gewissen Abschluß gekommen ist, möchte ich Ihnen für Ihre Bemühung herzlich danken. (...) Aber man wollte mich ja nicht alleine treffen. Sie sehen in diese Zusammenhänge wohl noch besser als ich.»[656]

Damit war die Gefahr für den Boschkreis vorerst abgewendet. Inzwischen hatte sich die Kriegslage bedenklich verschlechtert, obwohl die militärische Vormachtstellung Deutschlands in Europa diese Tatsache noch verdeckte. Während wir über die Bemühungen Goerdelers hinreichend informiert sind, im Frühjahr 1942 bei der Wehrmacht für den Umsturz zu werben,[657] sind wir über seine zur gleichen Zeit erfolgenden Auslandsbemühungen weniger gut unterrichtet. Ein Schlaglicht auf diese Periode wirft eine charakteristische Episode, die für sich allein genommen unbedeutend sein mochte: Goerdelers Begegnung mit dem Schweizer Kaufmann Max Frei, der für Bosch das französische Auslandsgeschäft leitete. Goerdeler, der inzwischen von der hitlerfeindlichen Einstellung des Schweizers erfahren hatte, berichtete diesem im Frühjahr 1942 während einer einstündigen Autofahrt durch das besetzte Paris von verpaßten und zukünftigen Chancen eines Staatsstreichs. Frei wurde auf diese Weise zum Zaungast der Bemühungen Goerdelers.[658] Was Goerdeler mit seinen Ausführungen letztlich bezweckte, muß offenbleiben, aber Freis spätere Vermutung, Goerdeler habe wohl «das Bedürfnis zu einer politischen Aussprache empfunden», klingt plausibel. Goerdeler berichtete von mehreren Attentatsversuchen, die im Verlauf der vorangegangenen Monate jeweils im letzten Moment gescheitert seien. Er fügte an, man werde aber nicht ruhen, bis das Ziel,

«Deutschland und die Welt von diesem Monstrum befreit zu haben, erreicht sei. Er schilderte mir ferner die hoffnungslose militärische Lage Deutschlands, die riesigen Verluste im Winterfeldzug 1941/42 gegen Russland, das Versagen der Luftwaffe etc. Er belegte seine Ausführungen mit Zahlenmaterial, das er nur aus höchsten militärischen Kreisen haben konnte und was mir bewies, welche weite Kreise die Verschwörung in Deutschland bereits erfasst hatte. Er bestätigte, genau so wie ich, von allem Anfang an die Gewissheit gehabt zu haben, dass Deutschland schliesslich den Krieg verlieren werde, dass dies übrigens angesichts der moralischen Haltung der deutschen Machthaber selbstverständlich sei und er bedauerte vor allem die Kapitulation der Franzosen und Engländer in München als die Tschechoslowakei geopfert wurde. Seiner Ansicht nach wäre ohne dieses Nachgeben der Krieg überhaupt zu vermeiden gewesen. Dieses Nachgeben der Alliierten sei für die deutsche Opposition der schwerste Schlag gewesen. Alles war vorbereitet, um Hitler im Falle eines Misslingens der Konferenz zu stürzen. Statt dessen sei er als der umjubelte Sieger aus München zurückgekehrt und habe dadurch weite Kreise, die ihm bis dahin ablehnend oder zögernd gegenüberstanden, mitgerissen.»[659]

Man kann die Verzweiflung und innere Einsamkeit Goerdelers verstehen, der einem Neutralen das deutsche Verhängnis zu erklären suchte. Max Frei selbst blieb wenig anderes übrig, als zuzuhören. Wenige Monate später verließ er Paris, um in der Schweiz die zum Konzern gehörige Scintilla AG durch den Krieg zu steuern.[660] Während der Schweizreisen von Walz, Schloßstein, Raßbach und Knoerzer wurde er stets über den Stand der Umsturzplanungen auf dem laufenden gehalten, konnte aber auch später nur ein Gesprächspartner der Besucher sein, für die es ein Bedürfnis war, ohne Verfolgungsdruck – und nach der späteren Einschätzung von Frei meist zu optimistisch – über die Umsturzplanungen zu berichten.[661]

Das Wiederaufleben der Widerstandsaktivitäten im Gefolge der Rückschläge im Rußlandfeldzug zeigte sich nicht nur in den relativ eigenständigen schweizerischen Friedenssondierungen des Boschkreises, sondern auch in dem Bestreben Goerdelers, den Schwerpunkt seiner Werbung um ausländischen Beistand nach Schweden zu verlegen, das dafür als neutrale Macht ideale Voraussetzungen bot. Die Schwedenreisen hatten zudem den unschätzbaren Vorteil, unter geschäftlichen Vorwänden durchgeführt werden zu können. Im Frühjahr 1942 kam es zu dem Versuch, über schwedische Kanäle zum Bischof von Chichester, George Bell, einem der Fürsprecher des «Anderen Deutschland», eine Brücke zum offiziellen England zu schlagen. An diesen Unternehmungen, die maßgeblich von den Pastoren Hans Schönfeld und Dietrich Bonhoeffer getragen waren, war auch Goerdeler beteiligt.

Die Kunde von der Verhandlungsbereitschaft des britischen Theologen war bis nach Stuttgart gedrungen. Auf die Notwendigkeit einer differenzierenden Betrachtung Deutschlands hatte der Boschkreis in seinen Appellen immer wieder ausdrücklich hingewiesen, und Walz stützte seine Hoffnung besonders auf die Überzeugung des Bischofs, hinsichtlich der Beurteilung der Verhältnisse in Deutschland müsse ein Unterschied gemacht werden «zwischen Parteiführung und dem terrorisierten Volk.»[662] Der Boschkreis selbst blieb diesmal unbeteiligt, über Goerdeler erfuhren jedoch zunächst Willy Schloßstein und dann Hans Walz über die Verhandlungen,[663] die indessen ergebnislos blieben, weil sich Whitehall unverändert in Schweigen hüllte. Der Bischof von Chichester fand im Foreign Office kein Gehör, weil er in Regierungskreisen als Enfant terrible galt. Die Reaktion des Foreign Office auf einen späteren publizistischen Vorstoß des Bischofs sprach Bände über den Ansehensverlust, den er erlitten hatte: «He and his like will land us in a new war in half a generation if they are given their way.»[664] Die den britischen Verständigungsbefürwortern entgegenschlagende Ablehnung, die sich nachgerade zur Antipathie auswuchs, ließ weitere Initiativen sinnlos erscheinen.

Viele der Friedensbemühungen stützten sich auf skandinavische Wege und Zwischenträger. In Stockholm bündelten sich brennpunktartig Widerstands- und Geschäftsinteressen, ethische und monetäre Aspekte der Kriegssituation. Diese vielfachen Überschneidungen von Politik und Moral boten nach 1945 – und sogar bis heute – den Ausgangspunkt mannigfacher Kontroversen, die im Spannungsfeld zwischen Ideologie und Geschichtserforschung auch Irreführendes und Mißverständliches produziert haben. Im Zusammenhang dieser Auseinandersetzungen geriet auch die Tätigkeit der Bankiersfamilie Wallenberg und nicht zuletzt das Unternehmen Robert Bosch ins Fadenkreuz der Kritik.

Im Zentrum des Interesses steht der Vorwurf der Kollaboration, stehen die Kriegsgewinne der Wallenbergs und die von Schweden aus gesteuerte Verschleierung der Eigentumsverhältnisse des Bosch-Auslandsbesitzes, vornehmlich der amerikanischen Tochtergesellschaft. Die Fakten sind dabei nicht umstritten: Nach dem erfolgreichen Abschluß der Verhandlungen über die Sicherung der europäischen Tochtergesellschaften gelang es Bosch, beginnend im Jahr 1940, in langwierigen wie komplizierten Aktien- und Devisenmanövern, auch den Besitz der American Bosch Corporation (ABC) so zu tarnen, daß die Eigentümerschaft, die auch weiterhin beim Unternehmen Bosch verblieb, nach außen nicht erkennbar wurde. Auf schwedischer Seite erwies Jacob Wallenberg seinem Ruf als hart verhandelnder Geschäftsmann alle Ehre, seitens Bosch traten wie bisher Karl Eugen Thomä und Erich Raßbach als Verhandlungsführer in Erscheinung, und Carl Goerdeler kam eine politische Sonderrolle zu.

Die verwirrenden Details der komplizierten Wirtschaftsverhandlungen sollen an dieser Stelle in der gebotenen Kürze dargestellt werden. Sie zeigen, wie geschickt Goerdeler es verstand, die wirtschaftlichen Interessen von Bosch zu vertreten, um zugleich über die Modalitäten eines Regimewechsels in Deutschland zu verhandeln. Die Duplizität dieser schwedischen Vorgänge hat bislang so gut wie keine Beachtung gefunden. Aus diesem Grund wirken die vorliegenden Studien in ihrer Beschränkung auf einzelne Facetten des Gegenstands merkwürdig eindimensional: Entweder behandeln sie allein die Widerstandtätigkeit Goerdelers, oder sie beschäftigen sich lediglich mit dem Versuch des Unternehmens, das Auslandseigentum während des Krieges zu «sichern» oder, mit einer pejorativen Konnotation, zu «tarnen».[665]

Einige Studien stützen sich vornehmlich auf die amerikanischen Akten der Kriegsjahre und der unmittelbaren Nachkriegszeit und übernehmen dabei recht positivistisch deren zeitgebundene Argumentation, die «Verschleierung» und «Tarnung» der wahren Eigentumsverhältnisse habe allein dazu gedient, die Rüstungsproduktion für Hitlerdeutschland zu decken. Ohne sich wesentlich um die inneren Bedingungen und Voraussetzungen individueller unternehmerischer Entscheidungsfindungen zu kümmern, verwenden sie die Kategorien der noch undifferenzierten frühen Studien und sind daher in mancher Hinsicht ebenso durch die «räsonierende Faktenferne»[666] gekennzeichnet, die manchen Schriften der späten vierziger Jahre anhaftet. Die Widerstandtätigkeit Goerdelers findet im Rahmen einer solchen Beweisführung nur als Kuriosum und en passant Erwähnung. Bosch wird geradezu paradigmatisch als ein typisches deutsches Unternehmen im Staate Hitlers vorgeführt, das im Interesse von Profit und Kriegsboom Gesetze brach, sozusagen im Auftrag der deutschen Kriegsindustrie und der Wehrmacht handelte, letztlich als Exekutor der Aufrüstung und der Kriegspläne Hitlers agierte und deshalb als moralischer Helfershelfer des nationalsozialistischen Krieges zu verurteilen sei: Das Unternehmen Robert Bosch, so lautet der Vorwurf, habe als Repräsentant der «deutschen Kriegsindustrie» die Brüder Wallenberg als Strohmänner für eigene Zwecke herangezogen.[667]

Die Aufklärungsarbeit über die finanziellen Verflechtungen von Bosch gibt aber nur einen Teil der Realität wieder, wie sich nicht zuletzt aus der oberflächlichen Argumentation über die Rolle von Hans Walz exemplarisch ablesen läßt.[668] Auf diese politische Auseinandersetzung, deren anklägerischer Ton bisweilen den Eindruck hinterläßt, das Erkenntnisinteresse stehe hinter weltanschaulichen Glaubensangelegenheiten zurück, soll an dieser Stelle allein deshalb eingegangen werden, um zu zeigen, in welchem Umfang Unternehmensinteressen und Widerstand gegen Hitler miteinander verwoben waren, wie irreführend es daher ist, sich allein auf das Streben nach Profitmaximierung zu beziehen, wenn man die komplexe Realität des unternehmerischen Dilemmas im Zweiten Weltkrieg nachzeichnen möchte.

Die Robert Bosch GmbH geriet bereits während des Krieges ins Zwielicht, als die amerikanischen Behörden zahlreiche deutsche Unternehmen der Komplizenschaft an den Expansionsplänen Hitlers verdächtigten.[669] Während des Krieges konnte es kaum Aufgabe einer gegnerischen Nation sein, diese Anschuldigungen wissenschaftlich zu überprüfen. In der amerikanischen Öffentlichkeit wurden die Anklagen namentlich von Journalisten vorgetragen, die sich ganz grundsätzlich gegen Konzerne, Kartelle und große Trusts aussprachen. Sie beriefen sich ebenso wie weite Teile der US-Administration auf die kritische Tradition amerikanischer Liberaler, die im Zeichen des «New Deal» ihre politischen Vorstellungen in die Nachkriegszeit zu übertragen suchten. Nach 1945 blieb diese Interpretation noch eine Weile geschichtsmächtig, was auch damit zu tun hatte, daß in den Nürnberger Nachfolgeprozessen das Anklagematerial, das allerdings auch unter diesem spezifischen Aspekt ausgewählt worden war, eindeutig gegen die deutsche Großindustrie in toto sprach.

Als diese Denktradition allmählich zurückgedrängt wurde, hatte das weniger mit dem Beginn des Kalten Krieges zu tun. Der von den frühen Anklägern vielfach erhobene Vorwurf lautete zwar, die deutsche Industrie solle nun als Instrument im Konflikt mit der Sowjetunion wieder hoffähig gemacht werden. Aber diese Interpretation war höchst einseitig: In der amerikanischen Administration war man nämlich inzwischen zu der Erkenntnis gelangt, daß man im Kriegseifer bisweilen vorschnell geurteilt hatte. Ein Blick auf die entsprechenden Vorgänge bei Bosch bestätigt diesen Befund. Er regt zu der Überlegung an, die Ergebnisse früherer Forschungen, besonders der OMGUS, einmal ganz grundsätzlich zu überdenken und allzu vereinfachende Sichtweisen zu relativieren, die ihren Ursprung wesentlich noch in der verständlichen Empörung der Jahre 1945 bis 1950 haben. Bedenkt man etwa, daß Paul Kempner als langjähriger Mitinhaber der Berliner Mendelssohn Bank, der als Jude 1938 in die USA hatte emigrieren können, in verblüffender Parallelität zu Robert Bosch, zunächst über Fritz Mannheimer in Holland und danach über die Wallenbergs mit ganz ähnlichen Finanzoperationen jüdisches Eigentum in Deutschland und den besetzten Gebieten «verschleierte», um es vor dem nationalsozialistischen Zugriff zu retten, wird die Notwendigkeit einer differenzierenden Betrachtung offenkundig.[670] Manche neuere Studie häuft demgegenüber zwar emsig Aktenmaterial an, verwirft aber die Notwendigkeit weiterer aktenmäßiger Überprüfung in Deutschland mit dem ebenso fadenscheinigen wie durchsichtigen Argument, eine Akteneinsicht in deutschen Archiven sei beispielsweise nicht notwendig, weil sich in den von den Alliierten zusammengestellten bzw. erbeuteten Aktenbeständen genügend Material finde.[671]

Wenn nun die schwedischen Verhandlungen Goerdelers während der Jahre 1940 bis 1943 betrachtet werden, wird der Schwerpunkt daher auf der Verschränkung von Geschäftsinteresse und Widerstand liegen. Nachdem im Herbst/Winter 1939 die Verhandlungen mit Wallenberg einen vorläufigen Abschluß gefunden hatten, die von Fritz Mannheimers Mendelssohn-Bank verwalteten europäischen Bosch-Auslandsgesellschaften von den Mendelssohn-Konkursverwaltern übernehmen zu lassen, warteten lediglich zwei größere Auslandsbeteiligungen noch auf ihre «Liebhaber», wie der interne Ausdruck in Stuttgart lautete: Die amerikanische ABC und die französische Lavalette.[672] Auch dort fanden sich alsbald Lösungen. Bei den «Ateliers Lavalette», die in den zwanziger Jahren die Alleinvertretungsrechte für Bosch in Frankreich besessen hatten, hatte Bosch im Jahr 1930 60% der ursprünglich ganz in französischen Händen befindlichen Anteile übernommen. Die Kontrolle war zunächst über eine schweizerische Holdinggesellschaft und seit 1937 über Fritz Mannheimer in Amsterdam erfolgt. Wie üblich waren vertragliche Wiederkaufrechte mit Mannheimer vereinbart, die jedoch durch dessen Abneigung, in diesen «anrüchigen» Geschäften als Strohmann zu fungieren, erschwert waren und nach dem Tod Mannheimers 1939 hinfällig wurden. Dessen Aufgaben übernahm auch in diesem Fall die Enskilda. Aber obwohl im Winter 1939/40 die Übernahmeverhandlungen abgeschlossen waren, kam es zu Konflikten, weil Jacob Wallenberg nicht offen in Geschäfte verwickelt werden wollte, die sich implizit gegen die Westmächte richteten. Das Problem löste sich freilich noch während der Verhandlungen im Frühjahr 1940, weil Lavalette, die inzwischen für Einspritzpumpen in Frankreich de facto eine Monopolstellung hatte, durch die französische Niederlage gleichsam automatisch unter deutsche Kontrolle geriet. Bosch meldete sich als «Liebhaber für die Aktienmajorität», übte seine Wiederkaufrechte aus, und der langjährige deutsche Manager, Friedrich Gönnewein, der 1938 hatte ausscheiden müssen und inzwischen der NSDAP beigetreten war, nahm seine frühere Stellung wieder ein. Der französische Präsident Thierry Delanue hielt nach wie vor eine Minderheitenbeteiligung von 19,4% des Unternehmens.

Bosch profitierte bei diesem Coup vom Kriegsglück Hitlers. Mit den geschäftlichen Verhandlungen waren wie üblich die in diesen Dingen beschlagenen Direktoren Erich Raßbach und Hermann Fellmeth betraut worden; Hans Walz wurde zwar über die einzelnen Modalitäten der Abmachungen nicht informiert, war aber für das Gesamtgeschäft letztlich verantwortlich. Wenn er später betonte, bei Bosch habe man «ängstlich vermieden, Verträge unter dem Anschein von Zwang zu schließen»,[673] dann bezeugte diese Einschätzung zweifellos eine gewisse Naivität: Auch er mußte wissen, daß im militärisch besetzten Frankreich ein französisches Unternehmen kaum Handlungsfreiheit besaß und als Rüstungslieferant für Hitlers Krieg zu dienen hatte.[674] Als das Deutsche Reich im Herbst 1940 auf dem Höhepunkt seiner Macht war, begründete Thomä in einem Rückblick die erfolgreiche Sicherung des Auslandsbesitzes:

«Die Befürchtung, daß ein neuer Krieg ausbrechen könnte, war die treibende Kraft, die zum Entschluß des Jahres 1937, den Verkauf an Mendelssohn zu tätigen, führte. Damit war bekanntlich die Tendenz verbunden, mit derartigen Verkäufen die damals besonders dringend benötigten Devisen für die Aufrüstung zu beschaffen. Der mögliche Krieg war also bei der Transaktion in sämtlichen Kalkulationen einberechnet. Der Ausbruch des Krieges hat die Richtigkeit des damaligen Entschlusses bestätigt. Der Krieg hat erfreulicherweise einen Verlauf genommen, der die Gefahr des endgültigen Verlustes der fraglichen Firmen, wenn sie deutsches Eigentum geblieben wären, behoben hat.»[675]

Das diese martialischen Sätze beinhaltende Dokument wurde im Sommer 1945 von amerikanischen Ermittlern entdeckt und bildete einen Eckpfeiler späterer Anschuldigungen. Geradezu musterhaft zeigt der Erwerb von Lavalette die zwei Wirklichkeiten, die häufig als ein Charakteristikum der nationalsozialistischen Zeit begegnen. Bosch handelte einerseits ganz nach der Devise, angesichts der vollzogenen Tatsachen mit den nationalsozialistischen Wölfen zu heulen, um das schließlich erst durch Hitlers Kriegspolitik gefährdete Auslandsvermögen zu retten, und nahm andererseits diesen Deckmantel regimekonformen Verhaltens zum Ausgangspunkt für konspirative Bemühungen.

Die ABC war 1939 von den Übertragungsverhandlungen ausgenommen worden. Freilich war unter Berücksichtigung der internationalen Lage zu gewärtigen, daß gerade amerikanische Behörden energischer als bisher die Besitzverhältnisse transnationaler Konzerne kontrollieren würden.[676] Noch während des Herbstes 1939 stellte sich nämlich heraus, daß Mannheimer in dem verzweifelten Versuch, seine angeschlagene Bank zu retten, Teile der ihm treuhänderisch übergebenen ABC-Aktien ausgerechnet an amerikanische Institutionen verpfändet hatte – eine Stilwidrigkeit, die Stuttgart nicht ohne finanzielle Schrammen berichtigen konnte und die Walz bedauern ließ, sich überhaupt auf Geschäfte mit Mannheimer eingelassen zu haben. Bosch befürchtete den Aufkauf der ABC durch amerikanische Autofirmen, in erster Linie den Chrysler-Konzern.

Hinsichtlich der amerikanischen Tochtergesellschaft war Bosch ein gebranntes Kind. Die 1906 gegründete Zweiggesellschaft war während des Ersten Weltkriegs enteignet worden, und Walz hatte erst nach zähen und langwierigen Verhandlungen in den zwanziger Jahren die Firma wieder in deutschen Besitz gebracht: Nach der Gründung einer neuen Tochterfirma im Jahr 1921 war es 1930 gelungen, beide amerikanischen «Töchter» zu vereinigen. Um solchen geradezu traumatischen Erfahrungen in Zukunft vorzubeugen, stützte sich das Unternehmen in den USA auf erfahrene Partner, darunter den Juristen George Murnane, Geschäftspartner der Brüder John Foster und Allen Dulles in der renommierten New Yorker Anwaltskanzlei Sullivan & Cromwell, die neben einer großen Zahl internationaler und deutscher Unternehmen auch die ABC vertrat. Während John Foster Dulles für die juristische Seite verantwortlich zeichnete, betreute Murnane als Aufsichtsratsvorsitzender der ABC die «technische» Seite: Seit 1935 als Aufsichtsratsmitglied, wenig später als Direktor der ABC, beriet er das Unternehmen in den komplizierten Fragen der Inhaberschaft, die vor dem Hintergrund der Unwägbarkeiten der Außenpolitik Hitlers bald vordringlich die Aufgabe zu lösen hatte, wie die ABC gegen die befürchtete Konfiszierung im Kriegsfall zu schützen war. Stuttgarter Ansprechpartner war in erster Linie der versierte und mit einem amerikanischen Paß ausgestattete Erich Raßbach. Im Sommer 1940 gelang es, die Inhaberschaft Boschs an der ABC nach der inzwischen eingespielten Methode zu sichern, ohne die Stuttgarter Eigentümerschaft aufdecken zu müssen. Die entsprechenden Aktien wurden in Gesellschaften und Holdings eingebracht, die von der Enskilda und den Wallenbergs kontrolliert wurden.[677]

Goerdeler stand auch in diesem Fall durch seine Verhandlungen mit Reichswirtschaftsministerium und Reichsbank bei den Bemühungen helfend zur Seite.[678] Die von Wallenberg für seine guten Dienste in Rechnung gestellte Provision, die sich auf 650 000 $ belief, wollte das Reichswirtschaftsministerium zunächst weder genehmigen noch zur Verfügung stellen. Die behördliche Einwilligung erfolgte erst nach schwierigen Verhandlungen – auch dies darf als ein Indiz dafür gelten, daß Bosch keineswegs als «Agent» des Nationalsozialismus auftrat. Bosch führte das «militärische Interesse» für den Handel ins Feld und versuchte über Johannes Popitz und Staatssekretär Keppler das Geschäft zustande zu bringen. Wie stark auf seiten der Partei der Widerwillen war, zeigte sich, als Keppler der «Firma und Herrn Bosch zuliebe» zu helfen versprach. Der geplante Handel mit der Enskilda erschien Keppler als «kein glücklicher Griff», weil die schwedische Bank «als englandfreundlich und deutschfeindlich bekannt» sei. Und grundsätzlich machte er seiner Ungehaltenheit Luft, als er bedauernd feststellte, es sei ein Fehler von Bosch gewesen, überhaupt die Tochtergesellschaften in den dreißiger Jahren ins Ausland verkauft zu haben, «und dazu noch an die jüdische Firma Mendelssohn».[679] Die nationalsozialistische Presse hatte den Mendelssohn-Skandal zur Verurteilung Mannheimers als jüdischer «Finanzhyäne erster Klasse» gerade erst weidlich ausgeschlachtet und mit Reportagen über Mätressen und einen mit Gold ausgeschlagenen Rolls-Royce den Zusammenbruch des Bankiers als «einen jener klassischen Schulfälle jüdischer Großbetrüger» in eine antisemitische Kampagne umgebogen.[680]

George Murnane und Jacob Wallenberg waren sich bei Abschluß ihres Geschäfts zweifellos der Problematik einer Tarnung der deutschen Inhaberschaft der ABC bewußt. Murnane, der sich als loyaler «Strohmann» für das deutsche Unternehmen verstand, wies den schwedischen Bankier auf das generelle Mißtrauen in Amerika hin, das sich in Zukunft wohl noch verstärken würde: «You know the Company's background and you understand the general developments which cause the old suspicion that (ABC) is dominated by Stuttgart.»[681] Fragt man nach den Gründen für die Bemühungen des Amerikaners und des Schweden, so greift es zu kurz, allein finanzielle Interessen zu unterstellen, obwohl natürlich auch im Wirtschaftsverkehr zwischen den USA und dem nationalsozialistischen Deutschland Firmen- und persönliche Interessen darüber hinweg halfen, mit einer Diktatur Handel zu treiben.[682]

Freilich, auch der kühl rechnende Jacob Wallenberg wußte, daß er mit Bosch ein regimefeindliches Unternehmen unterstützte. Einen politischen Bonus konnte Goerdeler hierfür indessen nicht aushandeln. Die Brüder Wallenberg achteten als «harte Realisten»[683] auf ihre materiellen Vorteile aus den Boschgeschäften, und als sich Jacob Wallenberg nach Kriegsende gegen amerikanische Vorwürfe zur Wehr setzte, er habe «Nazi-Interessen» vertreten, hob er empört hervor, «he wasn't playing Santa Claus to Germany».[684] Gleichwohl waren die Wallenbergs politische Ratgeber und wiesen Goerdeler aus der Position von Neutralen unerbittlich auf die Schwachstellen des deutschen Widerstands und die Illusionen über die Friedensmöglichkeiten hin. Als versierte Bankiers und Wirtschaftsfachleute waren sie sich zugleich der prekären Neutralität Schwedens bewußt. Die Gefahr eines deutschen Einmarschs und die Sorge vor einem britischen Nachgeben gegenüber Hitler hatte die Brüder Wallenberg schon in den Monaten des «Sitzkrieges» 1939/40 für die Gefahren eines politisch-wirtschaftlichen Balanceaktes sensibilisiert. Das Land stand unter dem Druck einer potentiellen Besetzung durch Hitlers Armeen und hatte gerade in seinen Wirtschaftsbeziehungen einen diplomatischen Mittelweg zu finden, wollte es die staatliche Souveränität nicht mit dem Status eines Vasallen Deutschlands vertauschen. Hans Walz wußte später davon zu berichten, man habe 1942 in Stockholm vor einer möglichen Invasion gewarnt: Hitler spiele mit dem Gedanken, «unter Bruch der Neutralität Schwedens durch dessen Gebiet zu marschieren, um eine militärische Verbindung gegen Rußland zu schaffen und die schwedischen Rohstoff-Schätze für die deutsche Kriegführung nutzbar zu machen, sie zugleich aber den Alliierten zu entziehen».[685]

John Foster Dulles, der über die amerikanische ökumenische Bewegung auch mit dem deutschen Widerstand gegen Hitler in Berührung kam[686] und in den fünfziger Jahren amerikanischer Außenminister wurde, war wie George Murnane ein Mann der Geschäftswelt. Auch er war durch seine internationalen Erfahrungen schon lange zu der Überzeugung gelangt, die amerikanische Außenpolitik habe mit Versailles und der Reparationspolitik einen schweren Fehler begangen und müsse in Deutschland die gemäßigten Kräfte gegen die radikalen Tendenzen unterstützen, um auf dem Weg des «peaceful change» eine neue Weltfriedensordnung zu schaffen. Eine bezeichnende Stellungnahme von Dulles findet sich in einem Brief an das von ihm unterstützte «America First Committee»:

«I am somewhat in a mental quandry. I am very much opposed to our getting into war; on the other hand I am not an isolationist. I believe strongly that our present troubles are primarily due to the inevitable break-down of a world order based upon super-nationalism. Therefore I decry the exaggeration of nationalism.»[687]

Diese selbstauferlegte Verpflichtung trug paradoxerweise dazu bei, im Bemühen um Verständnis für die Politik Deutschlands Hitler zu unter-

schätzen – John Foster Dulles wird man den Vorwurf nicht ersparen können, sich ungewollt auf einen Kurs begeben zu haben, der sich äußerlich
nur wenig vom Appeasement unterschied.[688] Eine solche Kritik ist allerdings etwas anderes als der ungerechtfertigte Vorwurf, er sei ein «nazi
sympathizer» gewesen und habe durch seine Mentorschaft für deutsche
Unternehmen, zu denen Bosch zählte, Verrat an amerikanischen Sicher-
heitsinteressen begangen.[689] Insgesamt wird man dem Urteil Klemens von
Klemperers zustimmen können, bei John Foster Dulles habe sich «auf seltsame Weise (...) der religiöse Impuls mit blankem Ehrgeiz (verbunden); er
war ein Mensch, der von Frömmigkeit und Machtstreben zugleich geprägt
war.»[690]

Die Grundlagen des Finanzgebarens der Juristen und Volkswirte vom
Schlage der Kanzlei Sullivan & Cromwell mochten Kritikern wie gefühlo-
ses Gewinnstreben von Wall-Street-Bankern erscheinen, die im Rausch der
Geldgier nicht davor zurückschreckten, Geschäfte mit nationalsozialistischen Betrieben abzuschließen. Allein, George Murnane kannte die lange
Geschichte der Sicherung des Bosch-Auslandsgeschäfts, das nicht erst mit
der «Machtergreifung» seinen Anfang genommen hatte, und er wußte, daß
die Finanzoperationen der Stuttgarter Versuche waren, das Firmenvermö-
gen ebenso vor dem Zugriff der Nationalsozialisten wie vor der treuhän-
derischen Konfiskation durch die Kriegsgegner zu retten. Diese Strategie
betrachteten Murnane und John Foster Dulles als legitime Maßnahme. Besser als viele Worte beschreibt eine Bemerkung von Allen Dulles, der wenig
später als «Sondergesandter» des amerikanischen Präsidenten Roosevelt in
der Schweiz die Verbindung zu den Verschwörern des 20. Juli 1944 aufnahm, diese Einschätzung: Der OSS-Mitarbeiter, der des öfteren die ihm als
zu verständnisvoll vorkommende Haltung seines Bruders gegenüber Hitler-Deutschland kritisiert hatte, bezeichnete «the preservation of capital in
‹friendly› hands as a perfectly straightforward and honorable purpose».[691]
Mit der Wahl ihrer amerikanisch-schwedischen Geschäftsfreunde hatten
die Stuttgarter auf diese Weise aus der Not eine Tugend gemacht. Man wollte eben nicht für die «deutsche Kriegsindustrie» agieren,[692] und nicht den
Weg Hitlers einschlagen, durch europäische Raubzüge als Kriegsprofiteu-
re Erfolg zu erringen. Der Sturz Hitlers, so negativ er sich zunächst auch
auf die deutsche Wirtschaft auswirken würde, sollte die Basis für eine neue
europäische Friedensordnung bilden.

Nach dem erfolgreichen Abschluß der Enskilda-Verhandlungen begann
sich jedoch der politische Wind zu drehen. Nachdem 1941 Dänemark und
Norwegen von deutschen Truppen noch förmlich überrannt worden waren
und der Rußlandfeldzug Hitlers Heere bis vor die Tore Moskaus gebracht
hatte, führte die militärische Stagnation bei den Schweden zu einer Neubewertung der Lage: Die Stimmen, die einen deutschen Sieg erwarteten, klangen nun verhaltener. Zudem brachte der Kriegseintritt der USA im Dezember 1941 die ABC in eine dramatische Lage. Die amerikanischen Partner in

der ABC gerieten ins Kreuzfeuer der Kritik, weil den US-Behörden die Besitzrechte an dem als kriegswichtig eingeschätzten Unternehmen nicht ersichtlich waren. George Murnane plädierte dafür, die amerikanische Eigentümerschaft offenzulegen, wurde allerdings von den Wallenbergs, die nun «zweigleisig»[693] verfuhren, eine ganze Zeit über die Rückkaufrechte von Bosch im unklaren gelassen. Im April 1941 unterbreitete die ABC dem amerikanischen Assistant Secretary of State Dean Acheson einen Vorschlag, wie die Beziehungen zwischen der ABC und der Stuttgarter Gesellschaft in der schwierigen Kriegslage auszugleichen waren.[694] Aber im Gefolge der deutschen Kriegserklärung an die USA im Dezember 1941 untersuchte das amerikanische Treasury Department seit Januar 1942 mit Argusaugen das Geschäftsgebaren der ABC. Die amerikanischen Partner Murnane und Dulles verlangten von Enskilda eine Erklärung, daß die ABC «bona fide» schwedischer Besitz sei, und der schwedische Außenminister Christian Günther versicherte dem amerikanischen Gesandten, er sei überzeugt, «daß die Wallenbergs in dieser Sache nichts verschwiegen».[695]

Obwohl die schwedische Regierung mit dieser «stark frisierte(n) Version»[696] den Bankiers entgegengekommen war, fürchteten diese angesichts der sich für Deutschland verschlechternden Kriegslage durch die Aufdeckung des ABC-Tauschhandels in den Strudel einer Verlierernation zu geraten. Vor diesem Hintergrund fanden zwischen Wallenberg und Goerdeler am 24. und 25. Februar 1942 im April in Schweden Gespräche statt.[697] Bosch blieb wenig anderes übrig, als dem Wunsch der Wallenbergs zu entsprechen, auf die rechtlichen Ansprüche eines Rückkaufs zu verzichten und auf die zukünftige Loyalität der Familie zu hoffen. Jacob Wallenberg, der sich inzwischen auch der europäischen Bosch-Verpflichtungen entledigen wollte, verhandelte mit Goerdeler im April 1942 über notwendige Anpassungen des ABC-Transfers.[698] Aber trotz aller errichteten juristischen Dämme wurde die ABC im Mai 1942 unter die Aufsicht des amerikanischen «Allied Property Custodian» gestellt und damit de facto konfisziert. Amerikanischen Firmen wurde nun die Benutzung von Herstellungsverfahren gestattet, ohne Patentgebühren an Bosch abzuführen. Insofern war für Robert Bosch eine mit den Verhältnissen während des Ersten Weltkriegs vergleichbare Lage eingetreten. Bezeichnend für die Stimmung in den USA war, daß sich John Foster Dulles nun des Vorwurfs der Kollaboration ausgesetzt sah, weil er über den deutschen Besitz an der ABC habe informiert sein müssen.[699] Da kein Weg mehr daran vorbeiführte, die bestehenden Verträge den neuen Gegebenheiten anzupassen, flog Thomä ein weiteres Mal nach Schweden. Die sich anschließenden geschäftlichen Diskussionen drehten sich in erster Linie darum, wer den Verlust für die amerikanische Gesellschaft zu tragen habe. Im Juni 1942 wurde eine «offizielle» Verzichtserklärung von Bosch auf die Rechte der ABC unterzeichnet und persönlich an Wallenberg übergeben, in der Hoffnung, die Absprachen würden nach Kriegsende in einvernehmlichem Sinn geregelt werden. Die Bemühungen zur Sicherung des amerikanischen Besitzes waren damit gescheitert. Die durch Mißtrauen gekennzeichnete Atmosphäre offenbarte sich, als der Geschäftsführer der Enskilda, Rolf Calissendorf, den Appell an die Loyalität mit der sarkastischen Antwort quittierte: «Loyal sind wir immer.» Jacob Wallenberg zeigte sich bei dieser Gelegenheit dem Besucher gegenüber hinsichtlich der Aussichten auf das deutsche Kriegsglück wenig zuversichtlich. Sicherlich fühlte sich Jacob Wallenberg noch moralisch gebunden, seine Zusagen einzuhalten, aber er hatte sich zu nichts verpflichtet. Immerhin versicherte er Goerdeler bei einer späteren Begegnung, der Rückzug aus den Verpflichtungen bedeute nicht, daß man sich nicht früherer Arrangements erinnern werde, wenn erst einmal alles überstanden sei.[700]

Auf die weiteren Rückzugsverhandlungen der Enskilda, die sich mit konfliktreichen Treffen in Berlin, Stuttgart und Stockholm bis zum Jahresende 1944 hinzogen, soll an dieser Stelle nicht weiter eingegangen werden. Die Wallenbergs blieben bemüht, ihre inzwischen als geschäftsschädigend eingestufte Verwicklung auf möglichst unauffällige Weise zu beenden. Die Stuttgarter hatten wenig mehr als einen passiven Part zu spielen und sich den schwedischen Wünschen zu beugen. Sie beschafften sich Devisen in der Schweiz und Schweden, um nach dem Krieg den Wiederaufbau des Auslandsgeschäftes betreiben zu können. Gegenüber den Reichsbehörden wurde der Erwerb ausländischer Werte mit dem Wunsch nach Erwerb der ABC-Aktien begründet. Gegenüber den Wallenbergs sollten die Devisen, die, wie Goerdeler Jacob Wallenberg versicherte, dem ABC-Wert entsprachen, zumindest ein moralisches Druckmittel darstellen, die Aktien nicht anderweitig an der Wallstreet an einen Konkurrenten zu verkaufen. Das Geschäft wurde schließlich über die Reichsbank und einen Goldtransfer abgewickelt. Über die Herkunft des Edelmetalls machte man sich, wie die Akten zeigen, keine Gedanken, weil Goldtransaktionen eine etablierte und übliche Form des internationalen Handels waren. Reichswirtschaftsminister Funk war dagegen zweifellos über die fragwürdigen Bestände informiert, die seit einiger Zeit über Himmler dem Reich aus Osteuropa zuflossen – einer seiner Mitarbeiter in der Reichsbank wies während des Nürnberger Prozesses darauf hin, man habe in Gegenwart von Funk geäußert, es sei wohl besser, nicht genau nachzufragen, woher Himmlers Gold stamme.[701] Als Jacob Wallenberg sich erfolgreich darum bemühte, das Edelmetall aus dem Bosch-Geschäft in unauffälligere Wertpapiere umzutauschen, wird wohl auch die Sorge vor dem Besitz möglicherweise kontaminierten Goldes eine Rolle gespielt haben.[702]

Vor dem Hintergrund der Finanzmanöver trafen sich Jacob Wallenberg und Carl Goerdeler in der Zeit zwischen 1939 und November 1943 insgesamt elfmal in Deutschland oder Schweden zu Erörterungen, deren subversiver Charakter durch die Gemengelage von Politik und Wirtschaft eine besondere Note erhielt. Goerdeler verhandelte meist unter vier

Augen mit dem schwedischen Bankier. Beide hatten an den eigentlichen Finanzbesprechungen nur geringes Interesse und überließen die Detailarbeit ihren Wirtschaftsexperten. Dagegen hatte Wallenberg für die politischen Anliegen Goerdelers von Beginn an ein offenes Ohr. Goerdeler berichtete schon früh über die deutschen Militärplanungen und war wahrscheinlich der Informant, der im Dezember 1939 vor einer geplanten Besetzung Norwegens warnte.[703] Anfang 1941 erfuhr Wallenberg von einem geplanten Angriff auf die Sowjetunion – eine Nachricht, die er ein weiteres Mal an das schwedische Außenministerium weitergab,[704] im November 1941 informierte ihn Goerdeler über Interna der deutschen Niederlage vor Moskau, und im Februar 1942 sprach er hoffnungsfroh von der Putschbereitschaft der Militärs, weil die Zunahme der von Hitler angeordneten Kriegsgerichtsverfahren im Offizierskorps zur Erbitterung über den «Führer» beitrage:[705] Goerdeler beging immer wieder Landesverrat, um eine sittliche Rangordnung der Werte zu bewahren und um die moralische Aufrichtigkeit des «Anderen Deutschland» unter Beweis zu stellen.

Die Gespräche zwischen Goerdeler und Jacob Wallenberg waren insofern früh von den Widerstandsüberlegungen geprägt. Die persönlichen Bindungen zu Jacob Wallenberg, der als Mitglied der deutsch-schwedischen Handelskommission mit hochgestellten Persönlichkeiten des Reichs verkehrte, wurden bald so eng, daß man sich als Freunde betrachtete. Jacobs Bruder Marcus, der mit einer Engländerin verheiratet war, koordinierte die Firmeninteressen in Großbritannien und Übersee. Durch seine privaten und geschäftlichen Beziehungen nach London und als enger Freund des englischen Gesandten in Stockholm, Victor Mallet,[706] war er ein idealer Partner für die Anbahnung von Friedenskontakten, für die er bereits im Juni 1940 als Zwischenträger gediente hatte.[707] Mit den Finanzfragen des Boschgeschäfts war er nur am Rand befaßt. Lediglich einige Male, im Oktober 1940 in Stuttgart und im Februar 1941 in München, traf er mit den Stuttgarter Geschäftsleuten zusammen.

Über die Haltung der schwedischen Regierung zum deutschen Widerstand ist erstaunlich wenig bekannt. Offiziell hielt sich Stockholm zurück, obwohl es Außenminister Günther für erforderlich hielt, über die Entwicklung stets informiert zu sein und bei einigen Gelegenheiten Vertreter der deutschen Opposition empfing.[708] Nur wenig besser ist man über die Haltung der Wallenbergs informiert, in deren Umfeld ein kleiner Kreis deutscher Refugiés angesiedelt war. Der ehemalige Staatssekretär im Finanzministerium und Generaldirektor des Ullstein-Verlages Hans Schäffer war nach seiner Entlassung im Juli 1933 von Marcus Wallenberg zur Neuordnung des insolventen Streichholz-Konzerns Kreuger nach Stockholm abgeworben worden und lernte einige Jahre später auch Goerdeler kennen. Über Schäffer liefen einige Fäden zum Kreisauer Kreis, vornehmlich zu Eugen Gerstenmaier und Erwin Planck. Darüber hinaus bestand durch den ehemaligen SPD-Reichstagsabgeordneten Fritz Tarnow eine weitere Verbindung zu Theodor Steltzer[709] und – möglicherweise – zu Adam von Trott zu Solz.[710] Obwohl hier zweifellos ein weiterer Ansatzpunkt für den Staatsstreich vorhanden war, hat Goerdeler diesen Weg nicht wirklich genutzt. Ob sein politisch begründeter Argwohn gegen die Kreisauer dabei eine Rolle spielte, muß offenbleiben. Jedenfalls zog er den Weg über die schwedischen Männer der Wirtschaft und Bankenwelt anderen Verbindungen vor.

Goerdeler versuchte im April 1942, die englische Haltung zu den Umsturzplänen in Deutschland in Erfahrung zu bringen und schlug vor, eine Verbindung zu Churchill herzustellen, um, wieder einmal, alliierte Zusicherungen zu erlangen. Jacob Wallenberg arrangierte ein Treffen mit seinem Bruder Marcus, nicht zuletzt um Goerdeler von der Aussichtslosigkeit eines solchen Unterfangens zu überzeugen.[711] Ungeachtet der Widrigkeiten, die Marcus Wallenberg Goerdeler vor Augen zu führen suchte, erfüllte er die erbetene Botenfunktion, obwohl er sie für wenig durchdacht hielt. Wahrscheinlich traf Goerdeler im Sommer 1942 in Stockholm auch Sumner Welles, um die Haltung der USA im Falle eines Regimewechsels zu sondieren.[712] Bei den Brüdern Wallenberg zeichnete sich zu der Zeit bereits eine politische Ermüdung ab, die bisweilen Züge der Ungeduld trug. Goerdeler wird erkannt haben, daß die Zeit für einen Staatsstreich knapp wurde. Die schwedischen Bankiers versuchten inzwischen, sich sukzessive der lästigen und kompromittierenden geschäftlichen Bindungen zu Bosch zu entledigen und sahen zugleich mit kühler Schärfe weit früher als Goerdeler, daß die deutschen Verschwörer wohl vergeblich auf englische «Statements» und Zusicherungen warteten.

Realistisch empfahl Jacob Wallenberg daher Goerdeler während eines Deutschlandbesuchs im November 1942, ohne Rücksichten auf die Meinung der Alliierten die Diktatur in Deutschland zu beseitigen.[713] Die Bedenken und Zögerlichkeiten der Verschwörer erschienen ihm unverständlich, und auch aus heutiger Sicht war die Forderung der Verschwörer wohl vermessen, Garantien für ungewisse Eventualitäten zu erwarten, nachdem der Staatsstreich ohnehin wieder und wieder verschoben worden war: Deutschland, so erkannten die schwedischen Vermittler scharfsinnig, hatte eine Bringschuld. Jacob Wallenberg versuchte Goerdeler dieses Dilemma vor Augen zu führen, nicht ohne die offenkundige Alternative zu den enervierenden Geheimverhandlungen des Widerstands zu präsentieren:

«Sie sind ein guter deutscher Patriot, Sie kämpfen für Deutschlands Wohl. Sie müssen nicht Ihre Feinde fragen, was sie tun wollen. Die können Ihnen gar keine gute Antwort geben. Jedermann weiß, daß Sie Frieden machen wollen, aber ohne bedingungslose Kapitulation. Fragen Sie dann, wenn Sie an der Macht sind. Sie werden entweder Ja oder Nein als Antwort hören. Glauben Sie etwa, daß eine Regierung Beck-Goerdeler geringere Chancen hätte, um die bedingungslose Kapitulation herumzukommen, als Hitler?

Schlägt man Ihnen jedes Entgegenkommen ab, wird dann etwa Ihre Regierung weniger geeignet sein als Hitler, den Krieg fortzusetzen bis zur Erkämpfung eines ehrenvollen Friedens?»[714]

Die Wallenbergs waren keine Anhänger Hitlerdeutschlands, sondern sympathisierten mit Goerdeler und den von ihm repräsentierten gemäßigten Kreisen der deutschen Industrie, die lieber durch Freihandel als durch Krieg Gewinne erwirtschaften wollten. Aber in realistischer Abschätzung ihrer eigenen Interessen waren sie nicht bereit, ohne Notwendigkeit auf einem sinkenden Schiff zu bleiben. Jacob Wallenbergs Optimismus hinsichtlich einer Zukunftsordnung stützte sich auf den Glauben an die alliierte Bereitschaft, mit dem «Anderen Deutschland» zu einer einvernehmlichen Nachkriegsregelung zu kommen, Goerdelers Optimismus fand dort seine Grenzen. Allein, die Schweden konnten natürlich leichter Mäßigung und Kompromißbereitschaft predigen als Goerdeler, der genug damit beschäftigt war, die auseinanderlaufende und zögerliche Opposition zu bündeln und sich aus innerer Notwendigkeit gezwungen fühlte, den putschbereiten Offizieren Sicherheiten bieten zu können.

Das schwedische Insistieren auf die «Vorleistung» eines Putsches zeigte vorübergehend Wirkung, als Goerdeler im Herbst 1942 mitteilte, man sei jetzt bereit, ohne alliierte Zusagen zu handeln. Jacob Wallenberg solle sich allerdings darauf vorbereiten, nach einem erfolgreichen Umsturz für die deutsche Opposition mit den Alliierten in Kontakt zu treten.[715] Wie radikal die Stimmung im Kriegswinter 1942/43 zuungunsten der Verschwörer umgeschlagen war, zeigte sich auch in der Haltung der Wallenbergs, die als Bankiers gewohnt waren, mit psychologischem Feingefühl auf geringste atmosphärische Schwankungen zu reagieren. Als der englische Gesandte Mallet im März 1943 mit Marcus Wallenberg zusammentraf, erhielt er aus erster Hand Informationen aus Deutschland und eine Prognose über den Kriegsausgang:

«M. Marcus Wallenberg junior tells me that every day he becomes more convinced that the German internal situation is rapidly deteriorating. (...) Wallenberg believes that if we can open a second front somewhere in Europe we should beat Germany in the next six months as result of collapse of home front. He is clearly basing his Bank's policy on this possibility. I think it is of considerable interest that Stockholm's Enskilda Bank with its excellent German contacts should be taking so definite a view. Its directors are hardheaded men and they have undoubtedly compared notes most carefully before taking conclusions.»[716]

In militärischen Verschwörerkreisen wurden Goerdelers geplante Wallenberg-Sondierungen schon im April 1943 mit Skepsis quittiert,[717] und als er wenige Wochen später, im Mai 1943 in Begleitung Thomäs nach Schweden kam, wurde sowohl in politischer wie in wirtschaftlicher Hinsicht der Gezeitenwechsel offenkundig: Die Deutschen wurden am 19. Mai 1943 unmißverständlich darauf aufmerksam gemacht, daß die schwedische Regierung bei einer Anfrage aus Amerika die wahren Besitzverhältnisse der

ABC nicht verschweigen könne. Trotz allem ermunterte Wallenberg die Stuttgarter, die De-facto-Kontrolle über ihre Anteile zu halten.[718] Entscheidender waren jedoch die politischen Signale, die Goerdeler während des ungewöhnlich langen Schwedenaufenthaltes vom 9. bis zum 21. Mai 1943 empfing.[719]

Am 19. Mai 1943, dem Tag, an dem auch die Fragen des Bosch-Auslandsgeschäfts beraten wurden, konferierte Goerdeler mit dem schwedischen Bankier über die politische Lage. Goerdeler hatte selbst jetzt noch nicht gänzlich die Hoffnung aufgegeben, britische Zusagen für den Umsturz zu erreichen. Aus den bereits dargelegten Gründen beurteilte Jacob Wallenberg den Nutzen einer solchen Anfrage ausgesprochen kritisch. Vor dem Hintergrund der sich für Deutschland beständig verschlechternden militärischen Lage nach Stalingrad hielt er es ohne einen konkreten Vermittlungsvorschlag für sinnlos, seinen in jenen Tagen in London weilenden Bruder überhaupt mit einer weiteren Mission zu betrauen.

Auf Wallenbergs Vorschlag hin konzipierte Goerdeler noch in der gleichen Nacht einen «Plan», der aufgrund der Kürze der zur Verfügung stehenden Zeit verhältnismäßig knapp gehalten war. Weil die Vorschläge durch Marcus Wallenberg nach England weitergeleitet werden sollten, mußten die in dem «Plan» festgeschriebenen Konditionen als verbindlicher Standpunkt der Opposition angesehen werden. Goerdelers «Plan» mußte auf neutrale Beobachter unter Berücksichtigung der für das Deutsche Reich bedenklichen Kriegslage immer noch als ausgesprochen maximalistisch wirken. Auf fünf Seiten skizzierte Goerdeler außen- und innenpolitische Kernsätze, in denen nunmehr auf die Grenzen von 1914 verzichtet wurde. Die Tschechoslowakei und Polen sollten wiederhergestellt werden. Da allerdings über die Westgrenze Polens Verhandlungen vorgeschlagen wurden, schien der Entwurf nicht von einer Neuauflage des «Korridors» auszugehen; die Kompromißbereitschaft gegenüber Polen war also wesentlich militärisch bedingt.[720] Weil Österreich und das Sudetenland keine Erwähnung fanden, wurde ihre Zugehörigkeit gleichsam vorausgesetzt: Während das außenpolitische Ziel der «Honoratioren» erkennbar blieb, die Führung Europas ins Auge zu fassen, um nicht zu einer «zweitrangigen Macht» herabzusinken,[721] wurde der Notwendigkeit zu wenig Beachtung geschenkt, den potentiellen Verhandlungspartnern in London und Washington die Unterschiede der eigenen Vorstellungen zur Aggressionspolitik Hitlers vor Augen zu führen. Das Kalkül, der Westen werde sich aus Angst vor der Sowjetunion mit einer deutschen Vormachtstellung in Mitteleuropa abfinden (Überlegungen, die sich auch im nationalsozialistischen Denken wiederfanden), erwies sich in der zweiten Kriegshälfte als eine folgenschwere Fehleinschätzung des bürgerlichen Widerstands. Die Westmächte wollten auf keinen Fall den Eindruck erwecken, hinter dem Rücken der Sowjets Separatfriedensgespräche zu führen und bestärkten diese Absicht im November 1943 durch eine Resolution, sich gegenseitig über etwaige Friedensfühler zu informieren. Weil Briten, Amerikaner und Sowjets auf jeden Fall eine Spaltung ihrer Kriegskoalition vermeiden wollten, verhallten die antibolschewistischen Lockrufe der bürgerlichen Opposition im Nichts. Mehr noch, nichts hat, so ist pointiert geurteilt worden, dem deutschen Widerstand «mehr geschadet als seine ständigen antisowjetischen Äußerungen».[722]

Weil die Westmächte die außenpolitischen Absichten der «Honoratioren» grundsätzlich unter den Vorzeichen einer deutschen Hegemonialpolitik interpretierten und diese Vorschläge unter Kriegsbedingungen vom Lebensraumwahn Hitlers kaum zu unterscheiden waren, konnte auch der Vorschlag einer Wirtschaftsunion als Grundlage einer europäischen politischen Gemeinschaft keine Wirkung zeigen. Innenpolitisch entsprach die Denkschrift den bekannten liberalen Plänen zur Wirtschafts- und Sozialverfassung.[723]

Das Memorandum wurde mit diplomatischer Hilfe Schwedens nach London gebracht,[724] aber der Mai-Plan war ein totgeborenes Kind, nicht zuletzt weil Goerdeler nicht akzeptieren wollte, wie verschwindend gering die Wahlmöglichkeiten der Hitlergegner inzwischen waren. Gerhard Ritter hat später noch um Verständnis dafür geworben, daß Goerdeler nicht den «Portier» spielen konnte, der «den Kriegsgegnern Deutschlands die Türen aufriß mit der Aufforderung, sich nach Belieben zu bedienen».[725] Von einer patriotischen Warte aus war dies nachvollziehbar. Aussichtsreicher und pragmatischer war dagegen wieder einmal der nüchterne und von nationalen Scheuklappen unverstellte Hinweis Wallenbergs, im schlimmsten Fall könne man ja weiterkämpfen.[726]

Der Juli 1943 brachte für die Militärs eine Hiobsbotschaft nach der anderen: In Rußland scheiterte am 13. Juli am Kursker Bogen der Versuch, noch einmal die Offensive zu erlangen, in Sizilien eröffneten die Alliierten eine zweite Front, und mit dem Sturz Mussolinis wurde Hitlers wichtigster Komplize vom Thron gestoßen. Für manche im Widerstand war das Ende des «Duce» ein Beweis für die Sterblichkeit der Diktatoren; da Goerdeler den kaum erträglichen Realitäten nicht ins Gesicht zu sehen wagte, führte sein eigenartiger Optimismus geradezu zu Ideenarmut und einer geistigen Blockade des Widerstands. Freilich, welcher Ausweg aus dem Dilemma blieb angesichts der weitverbreiteten Resignation noch offen? Von General Erich von Manstein ist die fatalistische Bemerkung überliefert, gegen Hitler sei kein Widerstand möglich,[727] und es ließen sich eine ganze Reihe ähnlicher Aussagen anführen, die als Begründung gegen eine Mitarbeit in der Verschwörung dienten: Es gab im Sommer 1943 nur wenige, «die angesichts der Kette von Enttäuschungen, der vergeblichen Anspannungen und nutzlosen Ängste dem verführerischen Sog solcher Anwandlungen widerstanden».[728]

Goerdelers Vertrauen auf ein Eingreifen der Militärs, von denen er in Stuttgart berichtete, stützte sich demgegenüber auf einen im August 1943 angekündigten neuen Umsturzversuch: Henning von Tresckow signalisierte die Aktionsbereitschaft führender Männer des Generalstabs. Da sich nach dem Ausfall Becks eine neue Chance zu bieten schien, wurde Jacob Wallenberg Anfang August 1943 von Goerdeler gebeten, «schnellstens» nach Berlin zu kommen. Als Reisegrund wurden Besprechungen in Bosch-Angelegenheiten vorgeschoben, die eine zügige Genehmigung der deutschen Reichsbank zur Fahrt nach Berlin gewährleisteten.[729]

Jacob Wallenberg konnte berichten, es sei seinem Bruder Marcus inzwischen gelungen, bis zu Churchills Sekretär Desmond Morton vorzudringen. Die Unterredung hatte sich indessen als zweifelhafter Teilerfolg herausgestellt, weil Marcus Wallenberg aufgrund der antizipierten Ablehnung eines Gesprächs mit dem englischen Premierminister den Wunsch einer persönlichen Unterredung mit Churchill gar nicht erst geäußert hatte. Nach einer späteren Verhöraussage Goerdelers lautete die Nachricht Marcus Wallenbergs, es sei «sehr schwierig», bestimmte Zusagen der Engländer zu erhalten, man könne aber immerhin annehmen, die Briten seien bereit, «die russische Maschine östlich der alten polnischen Ostgrenze zum Stehen zu bringen und auch die Baltenstaaten dem russischen Einfluß nicht verfallen zu lassen».[730]

Die ungünstigen Signale wurden auch von anderer Seite bestätigt. Die Wallenbergs hatten ihr ausgeklügeltes Verständigungssystem inzwischen perfektioniert: Jacob als Vermittler auf deutscher Seite und Marcus als Sympathisant der Alliierten berichteten inzwischen unisono von englischen Vorbehalten. Goerdeler versuchte Jacob Wallenberg bei den Berliner Gesprächen im August 1943[731] davon zu überzeugen, daß der Staatsstreich noch im September zu erwarten sei. Während Goerdeler Jacob Wallenberg das Szenario eines sowjetisch beherrschten Europas vor Augen führte, das nicht im Sinne Englands sein könne, hielt dieser solche Reflexionen für wenig opportun, weil er unbeirrt daran festhielt, die Ausführung des Umsturzes müsse Vorrang vor strategischen Überlegungen haben.

Wallenberg hatte recht mit seiner Ansicht, nur durch eine befreiende Tat könne das «Andere Deutschland» noch seine Glaubwürdigkeit zurückgewinnen. Goerdeler kündigte bei dieser Gelegenheit recht vollmundig an, Fabian von Schlabrendorff werde sogleich nach dem Umsturz nach Schweden reisen, um über einen Waffenstillstand zu verhandeln. Auch dieses Avis erachtete Wallenberg als verfrüht; zudem hielt er eine bekanntere Persönlichkeit als Unterhändler für zweckmäßiger. Allein, er akzeptierte seine Rolle als go-between unter dem Vorbehalt, nach einem Staatsstreich den Alliierten Schlabrendorff als Repräsentanten des «Anderen Deutschland», nicht jedoch als einen Unterhändler zu annoncieren. Die Zeit des «Verhandelns», so ließ sich Wallenbergs Einschränkung verstehen, war abgelaufen.[732]

Wie bei seinem Besuch in Schweden im Mai 1943 ließ Goerdeler die Alliierten über Wallenberg bitten, die Zentren des deutschen Widerstands von Luftangriffen zu verschonen, um die Organisationsfähigkeit der Verschwörer nicht zu beeinträchtigen: In der Annahme «schleuniger Aktion» sollte Wallenberg den Briten und Amerikanern vorschlagen, «Berlin, Stuttgart, Leipzig bis 15. 10. 43 nicht ernstlich zu bombardieren».[733] Goerdeler richtete auch an Thomä die Bitte, über Jacob Wallenberg Churchill wissen zu lassen, Leipzig und Stuttgart seien die «Hauptsitze der Widerstandsbewegung»,[734] und Jacob Wallenberg versicherte später, die Nachricht habe über seinen Bruder die Briten wirklich erreicht.[735]

In der Tat blieb Stuttgart noch längere Zeit von schweren Bombardierungen verschont, obwohl die Befürchtungen bei Bosch, als Angriffsziel zu dienen, schon früh laut geworden waren.[736] Die nach Kriegsende gelegentlich auch seitens des Boschkreises ausgesprochene Vermutung, Stuttgart sei aufgrund seiner Bedeutung als Widerstandszentrum noch einige Zeit von Bombardements verschont geblieben, wird von den Akten nicht gestützt. Es ist mehr als fraglich, ob die Appelle Goerdelers wirklich zu einer Mäßigung beitragen konnten. Die amerikanischen Militärbehörden waren über die kriegstechnische Bedeutung des Unternehmens Bosch genau informiert, und seit September 1943 war die Firma ein ausgesuchtes Ziel englischer und amerikanischer Bomber. Die Bedeutung von Bosch als Rüstungslieferant beschrieb ein Dossier der «U. S. Bombing Research Mission». In wenigen Worten faßte das Papier den Nutzen einer weitgehenden Zerstörung von Bosch zusammen, da «the engineering skill, industrial acumen and research facilities of the home office of Robert Bosch in Stuttgart, and its nearby plant in Feuerbach, are keys to virtually all diesel and air power used in the German war effort».[737] Daß das Unternehmen relativ lange Zeit von Angriffen verschont geblieben war, war lediglich ein glücklicher Zufall.

Wallenberg hatte bei seinem Deutschlandbesuch im Herbst 1943 genügend Einblick gewonnen, um von der Aussichtslosigkeit überzeugt zu sein, dem Krieg noch eine Wende zu geben. Sein Bruder teilte dem englischen Gesandten Mallet mit, Hitler sei völlig aufgelöst und habe auch an der Heimatfront die Kontrolle verloren. «Whether the generals will attempt their coup or not is thought to depend to some extent upon how Great Britain and America handle the Italian situation now.»[738] Goerdeler hatte Jacob Wallenberg also doch in gewisser Weise mit seinen Plänen beeindrucken können. Die Beurteilung im Lager der Kriegsgegner blieb davon allerdings unberührt. Wie unterschiedlich die Beweggründe der Hitlergegner interpretiert wurden, beweist ein Blick auf die britische Perzeption: Im Foreign Office war der Glaube an die innere Zerrüttung Deutschlands größer als der an eine wirkliche Putschbereitschaft der deutschen Generalität.[739]

Goerdeler nutzte die Erklärungen Jacob Wallenbergs über ein angebliches britisches Entgegenkommen in Territorialfragen, um im September 1943 auf einem in seiner Bedeutung kaum zu unterschätzenden Berliner Treffen mit Generalfeldmarschall von Kluge, General Olbricht und Ludwig Beck für den Umsturz zu werben. Obwohl ihm Jacob Wallenberg geraten hatte, nicht auf englische Signale zu warten, zeigte er sich weiterhin hin-

sichtlich englischer Konzilianz «sehr zuversichtlich».[740] So folgerichtig diese Berechnung mit Blick auf die zögerlichen Wehrmachtsgeneräle auch sein
mochte, verleitete sie jedoch zu einem ungerechtfertigten Optimismus.
Goerdeler vertraute stärker auf eine stillschweigende britische Kooperationsbereitschaft als realistischerweise zu erwarten war: Das Luftschloß,
das eigentlich nur als eine Hilfskonstruktion für die zaudernden Militärs
gedacht war, entwickelte zunehmend ein Eigenleben.

Von den konkreten Plänen, die Goerdeler beim Treffen mit Feldmar-
schall von Kluge verabredet hatte, konnte sich der Boschkreis bald ein Bild
machen. Goerdeler berichtete Walz von der Bereitschaft Kluges, das
Hauptquartier Hitlers handstreichartig zu überfallen.[741] Tatsächlich hatte
sich Kluge im Sommer 1943, stets gedrängt durch von Tresckow, dem
Widerstand soweit angenähert, daß er als Verbündeter der Verschwörer
endgültig gewonnen schien. Obwohl die Weichen in Richtung Staatsstreich
gestellt waren, kam es auch jetzt nicht zur Ausführung. Am 12. Oktober
erlitt Kluge einen schweren Autounfall, so daß eine entscheidende personelle Verankerung der Verschwörung für Monate ausfiel. Der Boschkreis
wurde zwar nicht über alle Einzelheiten des beständigen Hin und Her der
militärischen und personellen Staatsstreicherwägungen informiert, aber die
durch den Ausfall Kluges hervorgerufene erneute Stockung wurde auch in
Stuttgart bekannt. Goerdeler hielt Walz, Fischer und Bäuerle in groben
Zügen über die Zögerlichkeiten und Gemütsschwankungen der Militärs
auf dem laufenden. Im Boschkreis wurde deshalb entmutigt konstatiert,
daß «die hohe Generalität (...) trotz mehrfacher Ansätze den Absprung
zum Handeln» nicht wagte.[742] Unter diesem Aspekt war die Mitteilung
Goerdelers im Herbst 1943, der ehemalige Botschafter in Moskau, Friedrich Werner Graf von der Schulenburg, sei inzwischen für die Verschwörung gewonnen, von sekundärer Bedeutung. Von der Schulenburg
hatte keineswegs einen klaren Bruch mit dem Regime vollzogen,[743] und
Goerdeler erwähnte den Diplomaten wohl nur deswegen in Stuttgart, um
zu beweisen, wie energisch die Umsturzplanungen betrieben wurden.
Immerhin belegten die nun im Boschkreis kursierenden Schilderungen von
der Schulenburgs über die grausame Realität des deutsch-russischen Krieges ein weiteres Mal den verbrecherischen Kurs Hitlers.[744]

Die Ernüchterung über die Ereignislosigkeit wirkte um so gravierender,
als in Stuttgart die Chancen für einen Verhandlungsfrieden mit dem «Anderen Deutschland» noch eine Zeitlang als günstig angesehen wurden. Der
Boschkreis, der aufgrund der eigenen Mitarbeit an den Friedensbemühungen und namentlich an der Schweizer Aktion des Frühjahrs 1940 die englischen Zusicherungen aus erster Hand kannte, setzte deshalb noch jahrelang
auf die Gültigkeit der britischen Zusicherungen. Über die Schweizer
Freunde – wahrscheinlich an erster Stelle Lohmeyer – erhielt Schloßstein
jedoch im Sommer 1943 die Nachricht, die Alliierten fühlten sich nicht
mehr an frühere Abmachungen gebunden: «Deutschland habe nichts

Gutes zu erwarten. Der Vertrag von Versailles sei ein Kinderspiel zu dem, was die Alliierten mit Deutschland machen würden. Ganz Deutschland werde jahrelang besetzt, ein Frieden erst nach einigen Jahren geschlossen, wenn sich alle Leidenschaften gelegt haben. Leute, die in irgend einer Zeit mit den Nazis in Verbindung gestanden haben, werden zur Verantwortung gezogen, alles in allem, es werde eine sehr harte Zeit für Deutschland werden.»[745] Man kann sich die Erschütterung des Bosch-Emissärs vorstellen, der im Schock dieser Nachrichten erwiderte, «dann habe es keinen Sinn mehr, weiter zu verhandeln».[746]

Goerdeler reagierte auf die Hiobsbotschaft Schloßsteins in gewohnter Manier: Er hielt die Ankündigung für zu pessimistisch. Freilich mußte Schloßstein im Verlauf einer Schweizreise im September 1943 erfahren, daß die ungünstigen Nachrichten inzwischen von allen Seiten bestätigt wurden. Friedrich Siegmund-Schultze, der zunächst noch von «gewisse(n) Möglichkeiten der Verständigung» gesprochen hatte, glaubte Ende 1943 nicht mehr an eine günstige Entwicklung.[747] Als wenig später die Kunde einer angeblich günstigen Auskunft Jacob Wallenbergs die württembergische Hauptstadt erreichte, bezweifelte Schloßstein deren «Zuverlässigkeit».[748] Seine Bedenken waren wohlbegründet: Zu jenem Zeitpunkt, Ende 1943, ahnte der Boschkreis schon, daß Wallenbergs Bescheid wohl keineswegs so positiv ausgefallen war, wie Goerdeler seine Stuttgarter Freunde glauben machen wollte. Es ist in diesem Zusammenhang zutreffend geurteilt worden, Goerdeler habe aus Wallenbergs in ihrem Kern wenig aussagekräftigen Mitteilungen viel mehr herausgelesen, «als dieser wirklich sagen wollte».[749] In seinen Zweifeln stand Schloßstein nicht allein. Hassell und Schacht zeigten sich über das von Churchill angeblich bekundete «wohlwollende Interesse» ähnlich zurückhaltend. Ihr Argwohn richtete sich weniger gegen den Boten Jacob Wallenberg als gegen die Interpretation der Nachrichten durch Goerdeler.[750]

Der von Goerdeler genannte Septembertermin für den Staatsstreich verstrich ereignislos. Als Jacob Wallenberg am 23. November 1943 in die Reichshauptstadt reiste – offiziell mit der Aufgabe betraut, über die Schwierigkeiten des bilateralen Schiffsverkehrs zu verhandeln – mußte er infolge der Bombenangriffe auf Berlin sofort wieder abreisen. Die düstere Begebenheit war ein schlechtes Omen: Der neuerliche Besuch in der darauffolgenden Woche war seine letzte Reise ins «Dritte Reich». Die Begegnung mit Carl Goerdeler am 30. November 1943 war durch den Schatten der monatelangen Untätigkeit des Widerstands gekennzeichnet. Goerdeler, der noch Mitte Oktober von Wallenberg gehört haben wollte, die Engländer seien im wesentlichen «mit allem einverstanden»,[751] konnte wenig Neues berichten.

Durch eine Aufzeichnung von Karl Eugen Thomä sind wir über einen gemeinsamen Lunch Wallenbergs mit Goerdeler und Schacht aus Anlaß des Besuchs informiert, bei dem ausgiebig und offen über die Kriegslage gesprochen wurde. Schacht, dessen Wünsche nach den Grenzen von 1914 und den «einwandfrei deutschen Nachbargebieten» von Wallenberg als «unerreichbar» bezeichnet wurden,[752] verbreitete geradezu Galgenhumor und machte sich sarkastisch über seine Stellung im Reichskabinett lustig. Die geradezu gespenstische Szenerie bildete die Kulisse für unangenehme Wahrheiten. Jacob Wallenberg sah für die Verschwörer kaum noch Handlungsspielraum, und Goerdeler sah sich dazu gezwungen, seinem schwedischen Partner zu eröffnen, daß die «Aktion sich verzögere». Er versicherte freilich, der Staatsstreich werde auf jeden Fall stattfinden und man sei nun entschloßen, Hitler und Himmler zu töten. Über Details schwieg er sich aus.[753]

Wallenberg deutete an, in Großbritannien sei bei einem baldigen Umsturz immer noch Gesprächsbereitschaft vorhanden. Die Zeit zum Handeln laufe allerdings gegen die Verschwörer: «Wenn Deutschland erst geschlagen ist, dann ist alles vergeblich. Dann kann eine Regierung Beck-Goerdeler auch nichts mehr ausrichten.»[754] Die Engländer würden ihren Krieg unbeirrt fortführen. Auf den Einwand Goerdelers, es sei doch sinnlos, immer nur übertriebene Forderungen zu stellen, die eine Fortsetzung des Krieges nur wahrscheinlicher machten, antwortete er ebenso knapp wie logisch, das sei richtig, «aber da sei nichts mehr zu machen».[755] Gegenüber von Hassell modifizierte Wallenberg aufgrund der militärischen Tatsachen des Winters 1943/44 selbst diese nüchterne Sicht. Den Krieg hielt er für Deutschland bereits für verloren: «Als Schwede wünscht er nicht unseren Zusammenbruch, sieht aber keinen Ausweg.»[756]

Jacob Wallenbergs langjährige Vermittlungsmissionen für einen Frieden mit einem «Anderen Deutschland» fanden damit, geradezu konsequent, ihr Ende. Sie hatten wie alle ähnlichen Versuche einen Zug des Vergeblichen, und es ist nicht einmal sicher, ob der Schwede die britische Verhandlungsbereitschaft wirklich ernst nahm. Vielleicht stellte sein Bemühen letztlich doch nur den Versuch dar, die deutsche Opposition durch die gutgemeinte Vorspiegelung falscher Tatsachen zum Staatsstreich gleichsam zu überreden. Im Winter und Frühjahr 1944 erhielt er noch einige Nachrichten Goerdelers über die ungebrochene Staatsstreichbereitschaft, verbunden mit der Bitte, an den getroffenen Abmachungen festzuhalten.[757] Goerdeler erkannte aber nach dem ernüchternden letzten Deutschlandbesuch Jacob Wallenbergs, daß die Hoffnungen, über Stockholm alliierte Zusagen für den Frieden zu erreichen, in eine schwedische Sackgasse geführt hatten. Als er nach der alliierten Invasion im Juni 1944 über einen Mittelsmann anfragen ließ, ob es noch Verhandlungsbereitschaft gebe, war Wallenbergs Antwort entmutigend.[758] Obwohl er eigentlich nichts anderes als eine ungünstige Auskunft erwarten konnte, war Goerdeler ausgesprochen niedergeschlagen,[759] und war auch über die Versuche Stauffenbergs aufgebracht, über Wallenberg einen eigenen Draht nach London zu erlangen.[760]

10. Der Boschkreis und die «Demokratisierung» Goerdelers: Europa-, Verfassungs- und Friedenspläne zwischen 1941 und 1944

Während die Emissäre des «Anderen Deutschland» über die Schweiz und Schweden einen Kontakt zu den Alliierten herzustellen versuchten, kam es parallel zu diesen Bemühungen in Deutschland zu vielfältigen Entwürfen einer zukünftigen politischen Neuordnung. Man würde das Bild verzeichnen, wenn man behauptete, der Boschkreis sei an den Überlegungen zur Neuordnung an herausragender Stelle beteiligt gewesen. Die Stuttgarter kamen als Teil des gegenseitig abgeschotteten Netzwerks weder mit konkreten Überlegungen anderer Widerstandsgruppen noch mit den Plänen der militärischen Verschwörer wirklich in nähere Berührung, und alles was sie erfuhren, hörten sie von Goerdeler oder aus Berliner Wirtschaftskreisen. Die tägliche Arbeit im Unternehmen ließ die Ausarbeitung von Memoranden und Denkschriften auch gar nicht zu. Der eigene Anteil an der Ausarbeitung von Leitlinien für die Gestalt eines zukünftigen Deutschlands kann mit gelegentlichen Beurteilungen der verschiedenen Pläne beschrieben werden, die über Goerdeler den Weg in die württembergische Hauptstadt fanden. Immerhin, im Schutz des Unternehmens wurde geradezu ein Archiv der verschiedenen Programme, Denkschriften, Memoranden und Entwürfe angelegt. Der Großteil dieser bei Theodor Bäuerle oder in den Bosch-Geschäftsräumen gelagerten Schriften ist kurz vor der Durchsuchung der Wohnung Bäuerles im Juni 1942 bzw. nach der Verhaftung Fischers im Juli 1944 durch die Verschwörer vernichtet worden, mit Ausnahme eines übersehenen Entwurfes einer Rundfunkrede für die unmittelbare Zeit nach der Regierungsübernahme.

Als sich die Tore zu einem Verständigungsfrieden mit den westlichen Alliierten weitgehend geschlossen hatten, waren die Widerstandskreise gleichermaßen gezwungen, sich nach innen zu wenden. Die internen Diskussionen der Stuttgarter lassen Rückschlüsse darauf zu, in welchem Umfang sich die gesellschaftspolitischen Vorstellungen Goerdelers in jenen Jahren unter dem süddeutschen Einfluß verändert hatten. Obwohl Goerdeler die Verwurzelung in einem sittlich verstandenen Preußentum nicht verleugnete, war er in gewisser Weise bereits auf die «süddeutsche» Linie eingeschwenkt. Die Mär einer antidemokratischen Kontinuität läßt sich vor dem Hintergrund seiner Stuttgarter Verbindungen nur schwer aufrechterhalten. Die Traditionen württembergischer Demokratievorstellungen, die christliche Gedankenwelt, die Männer wie Walz, Wurm und selbst der areligiöse Robert Bosch verinnerlicht hatten, boten den Anknüpfungspunkt gemeinsamen Strebens auf gesinnungsethischer Basis. Zwar hatte die nationalsozialistische Doktrin in Württemberg ebenso schnell Fuß fassen können wie in anderen Regionen Deutschlands, aber im süddeutschen Milieu mit seiner Tradition eines «spezifische(n) mittelstaatliche(n) Patriotismus»[761] bildeten sich Inseln des Widerstands zügiger aus als in anderen Regionen Deutschlands. Die freiheitlichen, rechtsstaatlichen und humanistischen Traditionen Württembergs, die in dem zivilcouragierten, resistenten Alltags- und Berufsverhalten des Boschkreises fortlebten, übten auch auf Goerdeler ihre Wirkung aus. Im Verlauf des Krieges zeigte sich darüber hinaus, daß die Widersetzlichkeit der evangelischen Kirche gerade im Südwesten die Bildung von antinationalsozialistischen «Zellen» erheblich erleichterte. Freilich, man sollte den süddeutschen «Sonderweg» nicht über Gebühr strapazieren und mystifizieren. Zu Recht wandte sich etwa Gerhard Ritter schon kurz nach Kriegsende gegen eine Glorifizierung Süddeutschlands und trat den «Anmaßungen süddeutscher Demokraten» entgegen, die sich «jetzt als Unschuldslämmer darstellen» wollten.[762] Seine ganz ähnlich begründeten Hinweise auf ein «patriotisches Kraftmaiertum in Süddeutschland» und «das nachträgliche Bestreben stammesbewußter süddeutscher ‹Demokraten›, sich von der Mitverantwortung für alles was geschehen ist, dadurch zu ‹entlasten›, daß man alle Schuld auf das heute wehrlose ‹Preußentum› abschiebt»,[763] besitzen auch noch heute ihre Gültigkeit.

Die anfängliche weltanschauliche Ferne Goerdelers zu demokratischen Ideen war inzwischen einer Aufgeschlossenheit gewichen, der taktische Momente fehlten. Die Diktatur hatte das «Andere Deutschland» inzwischen gelehrt, recht genau auf Zwischentöne zu achten. Im Boschkreis, der sehr wohl zwischen Wahrheit, taktisch bedingtem Lavieren und Unehrlichkeit zu unterscheiden verstand, wäre nicht unentdeckt geblieben, wenn Goerdeler ein Doppelspiel hätte betreiben wollen. Er machte sich das liberale Denken eben nicht allein aus Not und aus Mangel an personellen Alternativen zu eigen, sondern aus dem Bewußtsein heraus, eine starke und sozial ausgewogene Basis für den Neuaufbau zu schaffen. Das völlige Versagen der traditionellen Eliten vor der Herausforderung des Nationalsozialismus mußte konsequenterweise bei einem dem liberalkonservativen Denken verpflichteten Menschen wie Goerdeler zu einem Überdenken überkommener Einstellungen führen. Die Stuttgarter fühlten sich daher in ihrem Eindruck bestätigt, Goerdeler bemühe sich ehrlich darum, «nach Möglichkeit auch einen typischen Träger der Bosch-Tradition zu gewinnen.»[764] Ihrer Meinung nach konnte nur eine freiheitliche Demokratie das Ziel des «Anderen Deutschland» sein, selbst wenn es auf dem Wege eines demokratischen Volksentscheids zur Errichtung einer konstitutionellen Monarchie kommen solle. Diese mit Nachdruck vertretene Meinung, die im Winter 1939/40 von den Verschwörern in Richtung Großbritannien signalisiert wurde, wurde auch von Goerdeler akzeptiert, wie Walz später immer wieder hervorhob. Der Liberalismus hatte nach Überzeugung des Boschkreises noch genügend Strahlkraft, um in Deutschland eine Neuordnung nach Hitler zu ermöglichen. Man war auch davon überzeugt, Goerdeler habe sich ehrlich den Standpunkt zu eigen gemacht, «daß die Zukunft Deutschlands allein unter einer freiheitlichen, demokratischen Verfassung vorstellbar war, selbst wenn das Volk sich später einmal etwa für eine konstitutionelle Monarchie aussprechen würde».[765] In dieser Frage liefen die Vorstellungen des Boschkreises mit den Ideen der Linken im Widerstand parallel, die den Traditionen europäischer Machtpolitik kritisch gegenüberstanden.

«Wir verständigten uns mit Goerdeler dahin, daß in einem kommenden Deutschland die alles erdrückende Vorherrschaft Großpreußens irgendwie aufgehoben werden sollte, damit die gemäßigte, nicht auf militante Gewalt eingestellte Gesinnung anderer, insbesondere süddeutscher Reichsteile im Rahmen des Ganzen zur gebührenden Geltung gelangen könne. Dr. Goerdeler erklärte seine Zustimmung um so bereitwilliger, als er, wie er sagte, den süddeutschen Geist als notwendiges Korrelat zum norddeutschen Bewußtsein hoch zu schätzen gelernt habe.»[766]

Der liberal-demokratische Charakter der Neuordnungsideen tritt um so mehr zutage, wenn man sie mit den Vorstellungen der ganz ähnlich gearteten Konzeption der liberalen Robinsohn-Strassmann-Gruppe vergleicht.[767] Selbstverwaltung, Gewaltenteilung und demokratischer Neuaufbau waren erstaunlich kongruente Themenkreise, die Walz mit Goerdeler für die Zeit nach dem Ende des «Dritten Reiches» diskutierte: Appelle an das Volk, föderaler Umbau des Reiches, Parlamentsreform. Trotz aller Kompromißbereitschaft Goerdelers benötigte die Annäherung an die Positionen des Boschkreises eine ständige Pflege. Walz hielt es deshalb stets für notwendig, Goerdeler auf den besonderen süddeutschen Standpunkt hinzuweisen. So schien es etwa notwendig, bei Goerdeler darauf zu drängen, «daß in die späteren Reichs- und Länderregierungen keine Vertreter des Militärs (oder doch nur im geringsten Mindestmaß) aufgenommen werden sollten, weil man sich nach früheren Erfahrungen von einer Generalspolitik nach innen und außen nicht viel versprechen» konnte.[768]

An der Aufrichtigkeit der Goerdelerschen Zustimmung zweifelte man in Stuttgart bekanntlich nicht. Walz' späteres Urteil erhält um so mehr Gewicht, als es aus einer Zeit stammt, in der Goerdeler gegen manche Kritik noch gar nicht verteidigt werden mußte. Die von den «Honoratioren» im Widerstand ventilierten Verfassungspläne – die Einsetzung eines Regentschaftsrats mit autoritären Zügen – scheinen einer solchen Bewertung auf den ersten Blick zu widersprechen. Aber es ist wiederum darauf hinzuweisen, daß Goerdeler (der selbst wohl nichts gegen eine sofortige Volksentscheidung einzuwenden hatte), Kompromisse machen mußte, um die Konservativen im Widerstand, vornehmlich die Militärs, zu gewinnen und an ein schnelles Ende der halbdiktatorischen Übergangszeit glaubte.[769] Der Boschkreis wußte, daß Goerdeler zum Lavieren und Finassieren gezwungen war, um einen großen und funktionstüchtigen Verschwörerkreis für den Umsturz zu gewinnen. Wenn die schriftlich niedergelegten Neuordnungspläne, die eben auch «Momentaufnahmen» waren,[770] die beabsichtigten Demokratisierungstendenzen nicht immer eindeutig erkennen ließen, so wurde dies der politischen Bandbreite des Widerstands zugeschrieben, die stets berücksichtigt werden mußte und die Goerdeler immer wieder in Stuttgart referierte. Goerdeler selbst gab gelegentlich ein anschauliches Beispiel für seine Taktik, dem jeweiligen Adressaten unter Schilderung seiner Nöte politische Zugeständnisse abzutrotzen oder zum Handeln aufzufordern. Als er im Juli 1943 fast verzweifelt Generalfeldmarschall von Kluge bestürmte, den Umsturz endlich voranzutreiben, bediente er sich eines geradezu klassischen Arguments:

«Ich gelte seit vielen Jahren als Militarist, als Bewunderer des Militärs, als Förderer militärischen Wesens, als Freund manchen Generals. Ich habe manche unangenehme Stunde in meinem Leben deswegen erlebt, sowohl nach dem ersten Weltkrieg wie in den letzten Jahren: denn viele Männer Deutschlands haben von vornherein von den Generalen nichts erwartet. Ich aber habe stets ihre Stange gehalten und habe gesagt, man könne sich auf ihren Charakter und ihr Verantwortungsbewußtsein verlassen. Nun kommt es wirklich so weit, daß ich selbst mich blamiert fühle und daß man mir in Süddeutschland, wo ich treffliche Freunde habe, schon sagt, an allem sei der preußische Militarismus schuld. Es sind nicht törichte Männer, die dies sagen: es sind Männer, die ein warmes Herz für Deutschland und für den deutschen Soldaten haben, die aber darüber verzweifeln, daß man sehenden Auges, denkenden Verstandes und fühlenden Herzens von Verbrechern und Narren das Vaterland in den Abgrund führen und die deutsche Jugend und die deutschen Männer willenlos in Tod und Verstümmelung treiben läßt.»[771]

Die provozierende Aneignung der Stuttgarter Argumentation sollte den General zum Mitmachen motivieren, aber die Enttäuschung Goerdelers über das Versagen der Generalität war sicherlich nicht gespielt. Sie ist auch ein Beleg dafür, wie weit sich Goerdeler von seinen preußisch-monarchischen Wurzeln entfernt hatte. Bedenkt man die scharfe Kritik am Kaiserhaus, an den Defekten der Hohenzollernmonarchie und an der Politik Ludendorffs, die in der umfangreichen Denkschrift «Der Weg» geübt wurde, eine ausgesprochen negative Beurteilung lange hochgehaltener Traditionen, wird der grundsätzliche politische Wandel greifbar. Man würde einen stolzen und bisweilen gar herrischen Nationalisten wie Goerdeler verkennen, wenn man annähme, er habe lediglich aus der Notwendigkeit zum Kompromiß heraus Formulierungen getragen, die seinem Innersten widersprachen.

Es wäre eine Vereinfachung, anzunehmen, die vom Boschkreis und anderen Mitverschwörern registrierte «Demokratisierung» Goerdelers sei allein auf den süddeutschen Einfluß oder den «Bosch-Geist» zurückzuführen. Die Tendenz einer Überprüfung überkommener Einstellungen zeigte sich auf allen Gebieten des politischen Denkens, nicht zuletzt durch eine merkliche Aufgeschlossenheit gegenüber den Vertretern der Arbeiter- und Gewerkschaftsbewegung. Trotz aller Verwurzelung in konservativen Traditionen akzeptierte Goerdeler die Notwendigkeit der Geschlossenheit des Widerstands und überwand, wenn auch sicherlich zunächst widerstrebend, in einem schmerzlichen Ablösungsprozeß den Graben zur Arbeiterschaft und den Gewerkschaften – eine Entwicklung, die sich schon vor Kriegsausbruch angedeutet hatte.[772] Rudolf Pechel berichtete von einer erstaunlichen inneren Entwicklung Goerdelers. Ob nun tatsächlich «alle borussischen und deutschnationalen Schranken» fielen,[773] mag dahingestellt sein; eine neue Zugänglichkeit und Diskussionsbereitschaft Goerdelers wurde auch von Gewerkschaftern bezeugt. Jakob Kaiser sprach davon, Goerdeler stehe «auf der Seite der fortschrittlichen Kräfte des Volkes», Wilhelm Leuschner wiederum war davon überzeugt, Goerdeler werde nach dem Regimewechsel zu seinem Wort stehen. Hans Gisevius hatte noch aus seinen letzten Gesprächen mit Goerdeler im Juli 1944 den Eindruck, dieser strebe «aus voller innerer Überzeugung zur Demokratie»,[774] und Theodor Litt sprach kurz nach Kriegsende davon, es sei eine «skandalöse Verfälschung», Goerdeler zu unterstellen, es sei diesem um «eine Wiederherstellung bürgerlicher ‹Klassen›-Privilegien» gegangen.[775] Man wird auch deshalb dem Urteil von Hans Rothfels zustimmen können, Goerdelers Programm, das eine Auflösung Preußens in seine Provinzen einschloß, habe einen «angelsächsischen Sinn für das Konkrete» geatmet und sei keineswegs anachronistisch gewesen.[776]

Für das Denken des Boschkreises und die Nachkriegsplanungen aufschlußreich sind die Anmerkungen zum Entwurf einer Rundfunkrede, der wahrscheinlich aus den ersten Monaten des Jahres 1942 stammt und nur durch Zufall der hektischen Aktenvernichtung nach dem 20. Juli 1944 den Zweiten Weltkrieg in der Wohnung der Sekretärin Theodor Bäuerles, Marianne Weber, überstand (Goerdeler bat bei seinen Besuchen in Stuttgart Marianne Weber um gelegentliche Schreibarbeiten). Die «vorgesehene Rundfunkrede bei Übernahme der Reichsregierung» unterscheidet sich recht wenig von ähnlichen Dokumenten ihrer Zeit, die in diesen Monaten in Oppositionskreisen zirkulierten[777] und die in ihrer Bestimmung, nach Putsch und Eroberung der Sendeanlagen die Deutschen über das Unrechtsregime aufzuklären, eindrucksvoll und zugleich «leicht ins Lehrhafte» abschweiften.[778] Die mangelnde Prägnanz dieser Schriften lag jedoch auch darin begründet, daß sie lediglich als Diskussionsgrundlage dienen sollten. Der Entwurf sollte, wie sich Walz erinnerte, «mit geeigneten Persönlichkeiten der Goerdeler-Bewegung diskutiert» werden und anschließend eine «endgültige Gestalt durch die eine oder andere Änderung oder Berichtigung erfahren».[779] Die verschiedenen Punkte der «Rundfunkrede» müssen an dieser Stelle nicht separat vorgestellt werden. Sie referieren die Grundpositionen bürgerlicher Erneuerung auf christlicher Grundlage:

«Die entscheidende Aufgabe, von deren Erfüllung alles andere abhängt, ist die Wiedergewinnung der sittlichen Grundlage für das Wirken des Staates nach innen und außen. Gleiches Recht für alle, unbeirrbare Gerechtigkeit ohne Rücksicht auf die Person, vollkommene Sicherung der Freiheit des Geistes, der Freiheit des Gewissens, absoluter Schutz gegen Willkür, gegen Terror und jede Art der Vergewaltigung; Anerkennung der Interessen der Rechte anderer; Bereitwilligkeit zu versöhnlichem Ausgleich, Wiederherstellung des Anstandes in allen Handlungen des Staates und im Verhalten der Menschen und ihrer Gemeinschaft untereinander.»[780]

Deutschland und Europa

Außenpolitischen Fragen schenkte der Boschkreis im Krieg vergleichsweise geringe Aufmerksamkeit, weil die Kategorien des Nationalen nicht im Vordergrund des Denkens standen. Wenn Fragen nationaler Souveränität angesprochen wurden, mischten sich die Überlegungen von Kaufleuten eines in internationalen Zusammenhängen denkenden Unternehmens mit den Sorgen von Menschen, deren Vaterland einer existentiellen Bedrohung ausgesetzt war. Aus der Rückschau läßt sich erkennen, daß sich die Vorstellungswelt einer zukünftigen europäischen Ordnung des Boschkreises in vielem eher mit den Ideen der «Kreisauer» Helmuth James Graf von Moltke und Adam von Trott zu Solz deckte[781] als mit den Illusionen Goerdelers und der «Honoratioren». Der geradezu panikartigen Furcht Goerdelers vor dem drohenden Untergang des Reichs setzten die Kreisauer eine stoische Ruhe und eine Bereitschaft entgegen, die endgültige Niederlage als Voraussetzung der politischen Läuterung zu akzeptieren, eine Auffassung, die auch dem Boschkreis plausibel vorkam: Sich dem Unvermeidlichen zu fügen, um in einem Nachkriegseuropa ohne nationale Eitelkeiten einen Neuanfang zu wagen. Entsprechende Überlegungen, die mit Goerdelers Überzeugungen nicht zu vereinbaren waren, führten zu einigen Diskussionen mit den Stuttgartern.

Am größten waren dagegen die Übereinstimmungen auf wirtschaftspolitischem Gebiet, auf dem ohnehin durch die liberalen Komponenten starke Affinitäten zu demokratischen Modellen erkennbar waren und die Goerdeler in der umfassenden Denkschrift «Das Ziel» Ende 1941 entwickelte.[782] Als Verfechter wirtschaftlicher Dezentralisierung und weitgehender Selbstverwaltungsprinzipien plädierte Goerdeler, obwohl sich Deutschland auf dem Höhepunkt seiner Macht befand und nicht unbedingt Sparzwängen zu unterwerfen hatte, in wirtschaftlicher Hinsicht für Mäßigung und Sparsamkeit. Die altpreußische Traditionsverbundenheit trat in den wirtschaftlichen Vorstellungen gegenüber klassischen liberalen Konzepten erheblich zurück und verwies auf Goerdelers Fähigkeit, sich anderen historischen Sichtweisen anzupassen und deren Schlußfolgerungen in die eigenen Pläne harmonisierend einzufügen. So wie sich die gesellschaftspolitischen Ideen der Sozialdemokraten und Gewerkschafter im Widerstand später in den entsprechenden Passagen wiederfanden, so fanden seine durch die Zusammenarbeit mit Robert Bosch gewonnenen Erfahrungen ihren Niederschlag in den ökonomischen Ratschlägen der Denkschrift. Sie vermitteln ein frappierend genaues Abbild des Wirtschaftsliberalismus, den Robert Bosch vertrat. Goerdeler wählte zur Demonstration seiner Erläuterungen Wirtschaftsbranchen aus, die aus der Produktionswelt von Robert Bosch stammten: Die Wirtschaftspolitik müsse darauf aufbauen, «daß der Mensch nur von dem leben kann, was er der Natur abgewonnen hat. Je besser der Mensch leben will, um so mehr muß er mit Kopf und Hand leisten.» Höchstleistung, so lautete seine unbeirrbare Maxime, sei nur im Kampf zu erzielen.[783] In manchem Seitenhieb auf die Ministerialbeamten kamen die schlechten Erfahrungen mit der Berliner Bürokratic zum Ausdruck, die er während der Tätigkeit für Bosch gesammelt hatte.

Darüber hinaus wurde der Einfluß des süddeutschen Liberalismus noch an mancher Stelle deutlich. Goerdeler war stärker als etwa die Kreisauer geneigt, den Ländern auf Kosten der Zentralgewalt zusätzliche Rechte zuzugestehen. Die Länderchefs sollten in dieser Konzeption zu einer «starken intermediären Führungsschicht im Staate»[784] aufsteigen. Der politisch bewegliche Geist und das «Freiheitsbewußtsein» des Südens beeindruckten ihn ebenso wie die gleichsam organischen Verbindungen, die Bosch zwischen Landwirtschaft und Industrie herzustellen bemüht war. Die Idee Boschs, die Arbeiter mit eigenem Grund und Boden, durch einen eigenen Weinberg, ein Stück Wiese oder kleine Äcker mit der Industriegesellschaft zu versöhnen, beeindruckte ihn tief,[785] wohl nicht zuletzt deshalb, weil er auf diese Weise der «Vermassung» der Gesellschaft Einhalt gebieten zu können glaubte.

Dies war konservativ gedacht; die Sorge vor der seelenlosen Industriegesellschaft, ein Topos der kulturpessimistischen Strömungen des 20. Jahrhunderts, hatte Goerdeler geradezu verinnerlicht, ohne in letzter Konsequenz sehen zu wollen, daß gerade sein Liberalismus in diese Richtung drängte. Die pragmatische und optimistisch zupackende Art, mit der Robert Bosch die Versöhnung der auseinanderstrebenden industriellen Gesellschaft anging, bot einen Ausweg aus dem schier unentwirrbaren Dilemma der Moderne. Man kann deshalb Goerdelers Vorstellungen über die Ausgestaltung einer Industriegesellschaft, die die Diskrepanzen der entfremdenden modernen Welt zu harmonisieren versprach, nicht als irreale Vision oder Utopie abtun: Sie war Modell für die Zukunft des «Anderen Deutschland». Goerdeler ging in «Das Ziel» im innenpolitischen Teil unter dem Stichwort «Ausgleichspolitik» auch auf die süddeutschen Verhältnisse ein, die wohl auch die Erlebnisse bei Bosch reflektieren:

«Württemberg hat rechtzeitig in der Mitte des vorigen Jahrhunderts diese Gefahr (einer ungenügenden Wohnungspolitik, J. S.) erkannt; es hat die Industrie dezentralisiert und so dem werdenden Hausvater ermöglicht, Kleinbauer und Arbeiter zugleich zu sein. Die Umbildung der deutschen Industriegebiete in die Lebensformen Württembergs ist die entscheidende Aufgabe!»[786]

In engem Zusammenhang mit den wirtschaftlichen Vorstellungen, die ihn, wie Hans Rothfels geurteilt hat, «westlicher» als viele seiner Mitstreiter machten, weil er am Prinzip des freien Wettbewerbs entschlossen festhielt,[787] standen seine Europavorstellungen, die diese Prinzipien von der nationalen auf die kontinentale Ebene übertrugen. Im Oktober 1940 beschwor er eine «neue europäische Ordnung» und sprach den Wunsch nach einer Zusammenfassung der «europäischen Kulturstaaten zu einer größeren europäischen Einheit» aus: «Die größte Weisheit würde darin bestehen, den bisher selbständigen europäischen Völkern ihre nationale Freiheit und Unabhängigkeit zu lassen und nur einer schrittweisen Angleichung des Zoll-, Wirtschafts- und Verkehrs-, sowie des Rechtswesens zuzustreben.» Allein, der Anspruch einer deutschen Sonderstellung wurde noch nicht aufgegeben: Deutschland müsse «im neuen Europa den sichtbaren Vorteil der neuen Ordnung als Anziehungskraft auf die freie Entschließung der Völker wirken lassen, um sie für diese Ordnung und für eine deutsche Führung zu gewinnen».[788] Goerdeler erkannte nicht, daß ein solcher Hinweis auf einen deutschen Führungsanspruch selbst bei wohlmeinenden Freunden deplaziert wirken mußte, zumal wenn er mit Begriffen aus dem sozialdarwinistischen Arsenal wie Blut, Kampf, Rasse und Boden geschmückt war. Wichtiger noch: Es kam nun darauf an, dem Ausland verständlich zu machen, worin sich eigentlich die eigenen außenpolitischen Pläne von denen Hitlers unterschieden.

Die Europaidee wies einige Gemeinsamkeiten mit den Vorstellungen eines «wirtschaftlichen Paneuropa» auf, das zur gleichen Zeit von Ruhrindustriellen, Finanzexperten und kollaborierenden Unternehmern Frankreichs, Hollands und Belgiens anvisiert wurde: Vorstellungen, die allerdings nicht auf eine Gleichberechtigung angelegt waren, sondern die deutsche Hegemonie auf ökonomisch-rationaler Grundlage jenseits der atavistischen Raumideologie Hitlers festzuschreiben gedachten.[789] Während diese Neuordnungspläne von Idealismus und Opportunismus gleichermaßen geprägt waren und mit ihren Ideen eines europäischen Wirtschaftsraums unter der Ägide der Industriekapitäne Reminiszenzen an die Vorstellungen des Mayrisch-Komitees der zwanziger und frühen dreißiger Jahre hervorzurufen vermochten, fehlte dem Gedanken eines Europa des wirtschaftlichen Miteinander, der im «Ziel» skizziert wurde, ein unmittelbarer Praxisbezug: «Die Entwicklung der Technik verlangt größere wirtschaftliche Räume, als sie das 19. Jahrhundert geschaffen hat. (…) Der Wirtschaftsraum Europa kann mit Aussicht auf lange dauernden Bestand nur durch organische Zusammenfassung selbständiger europäischer Nationalstaaten und nicht durch Zusammenraffung erreicht werden.»

Dies bedeutete den Abschied von einem dürr bemäntelten Wirtschaftsegoismus, der das Wohlergehen der eigenen Nation ins Zentrum stellte. Der ökonomische Liberalismus wurde durch Elemente veredelt, die den Aufbau einer wahren Völkerfamilie Europas ermöglichen sollten. Die Vision einer wirtschaftlichen Hegemonialstellung wurde auf diese Weise durch die Aufnahme der Vorstellungen gedämpft, die von Robert Bosch bereits in den zwanziger Jahren als Argumente zur Unterstützung der Paneuropa-Idee angeführt worden waren:

«Der Zusammenschluß Europas darf nicht roh und rücksichtslos durch Gleichschaltung erfolgen, sondern kann nur geschehen, wenn er von der Weisheit getragen ist, die Bismarck bei der Zusammenfassung Deutschlands verkörperte. Die Nationalstaaten Europas müssen volle Freiheit haben, ihre inneren Verhältnisse so zu gestalten, wie sie es ihren Eigenarten und Bedürfnissen entsprechend tun wollen: volle Freiheit selbstverständlich auf allen Gebieten des Geistes. Nötig ist zunächst nur eine Arbeitsgemeinschaft, deren Mitglieder sich auf einheitliche Spielregeln, auf Ausgleich ihrer öffentlichen Haushalte, damit auf Sicherung ihrer Währungen, auf allmählichen Abbau aller Zollgrenzen und Reisebehinderungen, auf ständige gemeinsame Beratungen zum Ziele der Aufeinanderabstimmung der Volkswirtschaften, auf Angleichung der Verkehrseinrichtungen usw. beschränken. Von dieser Arbeitsgemeinschaft aus schreitet man in wenigen Jahren zu Zollbindungen, zu Zusammenschlüssen, zu Währungsregelungen usw. Von ihnen aus wird der Staatenbund mit militärischen Abmachungen entwickelt und so fort.»[790]

Das Ergebnis dieser friedlichen europäischen Konkurrenz, so Goerdeler, werde das sein, was Hitler mit seinem Krieg nicht erreichen werde: Eine ökonomisch begründete deutsche Vormachtstellung auf dem Kontinent, auf die er auch jetzt noch nicht verzichten mochte. Dies war allerdings nicht mit einer Hegemonialstellung zu verwechseln, gegen die sich auch der Boschkreis gewehrt hätte. Von der Idee her gab es mit diesem Konzept keinen grundsätzlichen Widerspruch zum schwäbischen Industriellen: Bosch war schließlich überzeugt, daß deutsche Produkte in einem freien Markt gleichsam automatisch die Konkurrenz überflügeln würden. Insofern war Goerdelers Prognose folgerichtig: «Es ist nicht zu kühn gesagt, daß bei rechtzeitigem Handeln, d. h. Abbruch des Krieges zugunsten eines sinnvollen politischen Systems der europäische Staatenbund unter deutscher Führung in 10 bis 20 Jahren Tatsache sein wird.»[791] Freilich, der ominöse Hinweis auf «deutsche Führung» demonstrierte, in welch hohem Grad sich Goerdelers deutschlandzentrische Europaidee selbst noch im Krieg von Robert Boschs Paneuropa-Vorstellungen abhob. Während der ökonomisch optimistisch argumentierende Schwabe mit einer geradezu statischen Europaidee die Gleichrangigkeit auf dem Kontinent konzediert hatte, waren Goerdelers Konzeptionen durch Sprunghaftigkeit gekennzeichnet; eine Unruhe, die sich den jeweils wechselnden politischen Gegebenheiten anpaßte. In diesem Zusammenhang setzte «Das Ziel», wenn es auch a priori eine deutsche Hegemonialstellung dezidiert ablehnte, eine machtpolitische Lage voraus, in der Deutschland den Kontinent beherrschte; die wirtschaftliche Gleichberechtigung sollte nicht aus eigener Machtvollkommenheit erwachsen, sondern sich aus der großzügig gewährten Machtstellung Deutschlands ableiten.

Goerdeler paßte seine Europavorstellungen den jeweils veränderten Gegebenheiten an. Waren die Anklänge an hegemoniale Vorstellungen zunächst noch unverkennbar und waren sogar in den ersten Kriegsjahren seine europäischen Vorstellungen noch ganz von der Vision eines Großdeutschland her gedacht, vollzog sich bei ihm doch der «Durchbruch von utilitaristischer zu prinzipieller Europa-Konzeption».[792] Während jedoch in den oben erwähnten Plänen des Jahres 1940 die wirtschaftliche Zusammenfassung der «europäischen Kulturstaaten» zu einer Einheit ebenso wie im «Ziel» hartnäckig mit der Klausel einer wie auch immer definierten «deutschen Führung» verbunden war, wurde in den späteren Stellungnahmen wie der zu Anfang 1944 abgeschlossenen Denkschrift «Der Weg» auf solche Zusätze verzichtet. Man mag darüber spekulieren, ob der Boschkreis mit seiner Vorstellung eines partnerschaftlichen europäischen Wettbewerbs irgendeine Rolle spielte, oder ob es die allmähliche Einsicht war, daß nach der Barbarisierung des Krieges im Osten ohnehin alle Pläne eines deutschen Vormachtanspruchs in Europa hinfällig waren. War das Taktieren und Lavieren Goerdelers mit Blick auf die innenpolitische Rekrutierung auch in mancher Hinsicht verständlich, so mußte sich demgegenüber eine gewisse außenpolitische Ignoranz der «Honoratioren» fatal auswirken. Sie erkannten nicht, daß bei den kriegführenden Mächten ihre Ideen einer Nachkriegswelt einfach nicht mehr akzeptabel waren, wie zuletzt die vergeblichen Friedensfühler unmißverständlich gezeigt hatten. Nach dem Ende des Krieges, so stand zumindest auf alliierter Seite bereits in Umrissen fest, würde eine deutsche Dominanz nicht mehr akzeptiert werden, wenn man sich denn überhaupt noch auf die Existenz eines starken Deutschland in der Mitte Europas einlassen würde. Es ist müßig zu fragen, ob die Alliierten sich während des voll entbrannten Krieges überhaupt mit anderen Konzeptionen beschäftigen wollten und bereit gewesen wären, die Frage näher zu erörtern, worin sich eigentlich die außenpolitischen Vorstellungen der «Honoratioren» von denen Hitlers unterschieden. Aber die Stuttgarter Forderungen nach Föderalisierung, wirtschaftlicher Einigung und Schwächung Preußens entsprachen so viel eher ihren Ideen eines befriedeten Kontinents, daß die Frage erlaubt sein muß, ob hier nicht Chancen verpaßt wurden. Hätte es in der Macht des Boschkreises gestanden, Goerdeler stärker auf entsprechende verträgliche Konzeptionen zu drängen?

Ende 1942 plädierte Goerdeler in einer «Erklärung zur Atlantik-Charta» eindeutig für ein Europa der Gleichberechtigung. Er schlug vor, «sofort einen europäische Kriege ausschließenden Schiedsvertrag abzuschließen und einen ständig tagenden europäischen Wirtschaftsrat zu bilden». Dieser Wirtschaftsrat sollte als Koordinationsorgan dienen: «Am Ende der Entwicklung könnte der europäische Staatenbund stehen, in dem die erfolgreiche wirtschaftliche Zusammenarbeit auch der politischen Zusammenarbeit die Grundlage schafft.»[793]

War in den Europakonzepten des Jahres 1942 Stillschweigen über den deutschen Verzicht auf eine wie auch immer ausformulierte Vormachtstellung bewahrt worden, so wies Goerdelers «Friedensplan» aus dem Spätsommer/Herbst 1943 ausdrücklich auf diesen Wandel hin. Aber gleichzeitig waren die Europapläne, denen aufgrund des Verzichts auf Vormachtstellung gar ein «gewisser Herderscher Charme» attestiert worden ist,[794] zunehmend von Furcht gekennzeichnet: Furcht vor einer Aufteilung

Deutschlands und Furcht vor dem Eindringen des Bolschewismus. Goerdeler geriet darin zunehmend in ein Dilemma: Bei der schwindenden Kriegsgunst waren die Forderungen nach dem Erhalt des beanspruchten Territoriums kaum noch realistisch. Sein Ausweg war, immerhin ganz im liberalen Sinn, darauf zu verweisen, daß in der Zukunft ohnehin «in einem europäischen Staatenbunde, auf den wir hinstreben müssen, innereuropäische Grenzen eine immer geringere Rolle spielen» würden. Für das geplante «europäische Gemeinschaftswerk» wurden auch die bereits bekannten Institutionen eines «Wirtschaftsrates» vorgeschlagen. Als Novum wurden nun allerdings gesamteuropäische Wirtschafts- und Außenministerien empfohlen.[795]

War diese Denkschrift zu Europa noch ein verzweifelter Versuch des Kompromisses, so lassen die Pläne des Jahres 1944 bereits eine Einstellung erahnen, die keine Rücksichten mehr zu nehmen gewillt war und das Nationale ganz in den Hintergrund stellte, aber bisweilen gerade deswegen utopisch und geradezu messianisch anmutet: Die Marksteine zur europäischen Einigung blieben unverändert organisches Zusammenwachsen, freier Güterverkehr, Abbau der Zollgrenzen, weitgehende Selbstverwaltung unter weitgehender Ausschaltung bürokratischer Hemmnisse. Aber wie sich im einzelnen diese Einigung vollziehen sollte, dazu gab der Verwaltungsfachmann Goerdeler, der nun zum Visionär wurde, keine Anweisung, die dem Titel der von Anfang 1944 stammenden Denkschrift «Praktische Maßnahmen zur Umgestaltung Europas» entsprochen hätte: «An der Spitze des genannten Europa wird ein ständiger Verwaltungsausschuß stehen. (…) Besondere Wichtigkeit wird dem sachverständigen Gremium zukommen, das den in der ersten Begeisterung des Friedens angenommenen Entschluß, das geeinte Europa zu schaffen, durch die Jahre hindurch, wenn Streit, Kleinmut und Bedenken die große Idee dieser Tat mindern wollen, das heilige Feuer wachhalten, guten Willen stärken, Kleinmütige ermuntern, Böswillige durch Bloßstellung strafen [wird].»[796]

Im Boschkreis wußte man, daß Goerdeler weder begeisterter Verfechter eines gleichberechtigten Europa noch blütenweißer Demokrat war. Aber er hatte Kompromißfähigkeit bewiesen, die sich aus sachlichen Erwägungen ableitete. Weil er den «süddeutschen Geist»[797] als notwendige Ergänzung des preußischen Denkens anerkannte, akzeptierte der Boschkreis auch seine problematischeren Ideen. Goerdeler, der «Trommler» für den Umsturz, bediente sich der unzähligen Denkschriften ja auch, um seine Gesprächspartner zum Handeln zu stimulieren,[798] wie man im Boschkreis wußte. Den Widersprüchen zu eigenen Auffassungen schenkte man deshalb nicht so viel Beachtung – vielleicht auch aus der etwas überheblichen und doch realistischen Überlegung heraus, die konservativeren Vorstellungen des Freundes würden sich in einem neugeordneten Europa ohnehin nicht durchsetzen können: Die normative Kraft des Faktischen würde Lösungen mit nationalistischer Ausprägung sowieso nicht mehr zulassen, selbst wenn Deutschland souverän über seine Zukunft werde entscheiden können. Politische Auseinandersetzungen in der Art, die Goerdeler vornehmlich mit den «Jüngeren» im Widerstand, nicht zuletzt mit Stauffenberg, ausfocht, sind im Verkehr mit den Stuttgartern ausgeblieben. Das hängt nicht nur damit zusammen, daß viele der Stuttgarter zu den «Älteren» im Widerstand gehörten, die noch durch die Zeit vor dem Ersten Weltkrieg geprägt waren. Die durch die wirtschaftliche Übereinstimmung gestützte Überzeugung, Goerdeler sei ein aufrechter Verfechter des Rechtsstandpunkts, machte auch für den Boschkreis seine Europaideen akzeptabler: «Deutsche Führung» sollte ja nach dessen Ansicht ausdrücklich nicht durch eine aggressive Machtpolitik, sondern durch wirtschaftlichen Wettbewerb in einem institutionell abgesicherten Rechtsstaat errungen werden. Da Goerdelers Staatsvorstellungen zudem gegen die nationalistischen Massenemotionen definiert waren, lagen die Zukunftsideen im großen Rahmen dessen, was in den Widerstandskreisen als diskussionsfähig galt.

Als Goerdeler nach dem Scheitern des Putsches auf der Flucht in den ersten Augusttagen 1944 sein Europaprogramm in einer Kurzform zusammenfaßte, zeichnete er, ohne noch bedeutende Änderungen vorzunehmen, ein geschlossenes Bild eines ökonomisch befriedeten Kontinents: Gemeinsame europäische «Verteidigungswehr», die rechtliche Vereinheitlichung, Zollunion und Währungsabstimmung sollten den «europäischen Staatenbund» ermöglichen, durch den Einsatz der Technik sollte der erforderliche «Großraum wirtschaftlicher Nutzbarmachung» erschlossen werden:[799] ein letzter Hinweis auf die Versöhnung mit der industriellen Welt, die der Konservative zu schätzen gelernt hatte.

Sozialismus, «Staatssozialismus» und Sozialpolitik

Neben der Wirtschaftspolitik herrschte die größte Übereinstimmung zwischen Goerdeler und dem Boschkreis in der Frage der Stellung zum Sowjetregime. Bisweilen romantisch verklärte östliche Sympathien, die im Kreisauer Kreis anklangen und die, unter eher strategischen Gesichtspunkten, auch im militärischen Widerstand bisweilen zu vernehmen waren, wurden in Stuttgart als realitätsfremd abgelehnt. Die 1944 unternommenen Versuche der Linken im Widerstand, mit von Moskau «unabhängigen» Kommunisten zu verhandeln, hätten schwerlich den Beifall des Boschkreises gefunden, wenn man davon erfahren hätte. Wenn in den späteren Verhöraussagen Fischers und Goerdelers die scharfe Ablehnung einer Einigung mit dem sowjetischen Kriegsgegner im Vordergrund stand, verschleierten solche Angaben allerdings ebenso viel wie sie an Informationen freilegten: Die Furcht vor einer sowjetischen Okkupation und einer Bolschewisierung Deutschlands sowie die zweifellos nicht unberechtigte Sorge, den Teufel mit dem Beelzebub auszutreiben, wurde in den Gestapo-

verhören so modifiziert, daß die antikommunistische Motivation besonders herausgestellt wurde und es beinahe so aussah, als habe sich der bürgerliche Widerstand weniger gegen Hitler als gegen Stalin gerichtet.[800]
Weil die Wiederherstellung einer freiheitlichen und marktwirtschaftlichen Rechts- und Friedensordnung im Zentrum des Denkens der Verschwörer stand, implizierte ihre Politik die geradezu emphatische Ablehnung bolschewistischer Konzeptionen. Die Diktatur Stalins wurde in ihrer Praxis als ein Nationalsozialismus mit umgekehrten Vorzeichen, als ein verzerrtes Spiegelbild der Diktatur Hitlers verstanden. Für die Entschiedenheit, mit der diese Überzeugung vorgetragen wurde, war indessen nicht etwa ein unreflektierter oder ideologisch aufgeladener Antikommunismus verantwortlich, sondern die Verankerung in westlichen Denkkategorien, wie sie auch bei Roosevelt oder Churchill anzutreffen waren. Die Ablehnung des Nationalsozialismus war untrennbar mit der Ablehnung aller totalitären Konstruktionen verbunden.

Vom christlichen und liberal-konservativen Herkommen war Goerdeler ein scharfer Gegner der marxistischen Ideologie. Robert Bosch stand aus seiner eigenen Erfahrungswelt sozialen Forderungen der Arbeiterschaft weit offener gegenüber, hatte aber seit jeher die dogmatisch-radikalen Richtungen der Sozialdemokratie ebenso abgelehnt wie die marxistische Doktrin; konsequenterweise lehnte er schließlich auch die pseudoegalitäre «Volksgemeinschaft» des NS-Staates ab, weil er der Utopie nicht traute und die Realität ihm die Scheinheiligkeit des Konzepts bald vor Augen geführt hatte.

Aus der pragmatisch-unternehmerischen Überzeugung heraus, daß hochwertige technische Produkte auch etwas über ihren Schöpfer verrieten, machte er aus seiner abschätzigen Meinung gegenüber den wissenschaftlich-technischen Leistungen der Sowjetunion keinen Hehl.[801] Seine hartnäckige Weigerung, Produkte nach Rußland zu liefern, war in erster Linie auf die Sorge zurückzuführen, daß jene nicht bezahlen würden. Die Geringschätzung des Sowjetregimes verband die Verachtung des politischen Terror mit einer verächtlichen Betrachtung des Unvermögens einer dirigistischen Ökonomie. Für Schwärmerei über «Errungenschaften» zeigte er keinerlei Verständnis. Als ein Neffe 1938 euphorisch über seine sowjetischen Erfahrungen berichtet und den industriellen Fortschritt und die Wohnungsbaupolitik gelobt hatte, war Bosch brüsk dazwischengefahren: «Das sei nicht wahr; ein Dreckhaufen sei der Bolschewismus und nichts weiter.»[802] Die Unterschätzung der Wirkungsmächtigkeit des Sowjetregimes wurde ihm erst spät bewußt. Erst unter dem Eindruck des Hitler-Stalin-Paktes kritisierte er, es sei ein «unverständlicher Unfug, daß die ganze civilisierte Welt die Russen im Aufbau ihrer Industrie unterstütze». Diese Einschätzung mündete wiederum in den Vorwurf, die deutsche Diplomatie habe stets das sowjetische Rüstungspotential sträflich verkannt,[803] ein Vorwurf, den er jedoch auch an sich selbst zu richten hatte, da er die Überlebensfähigkeit des kommunistischen Regimes stets kritisch bestritten hatte.

In den Stuttgarter Europakonzeptionen blieb Rußland außen vor. Die friedliche Einigung Zentraleuropas hatte Vorrang vor einer Beschäftigung mit dem als wirtschaftlich und politisch retardiert angesehenen Staat an der Peripherie des Kontinents. Diese liberale Gleichgültigkeit, die in ihrer etwas naiven Lethargie gegenüber den Faktoren der Macht und Machtpolitik eine gewisse Parallele zur Unterschätzung des Nationalsozialismus fand, zeigte sich in einem bemerkenswerten Desinteresse gegenüber dem Osten Europas.

Während der ganz grundsätzliche Gegensatz zu den nationalsozialistischen Ostkonzeptionen und «Lebensraum»-Planungen Hitlers offenkundig war, waren den Stuttgartern auch die Überlegungen mancher «Honoratioren» im Widerstand fremd, die in ihren Denkschriften daran dachten, «Rußland allmählich in eine europäische Zusammenfassung einzubeziehen».[804] Die Idee, für Rußland langfristig eine Art Juniorpartnerschaft unter deutscher Ägide zu erreichen (eine Vorstellung, der Goerdeler etwas abgewinnen konnte),[805] lag dem Denken des Boschkreises fern. Sein vom wirtschaftlichen Denken bestimmter Pragmatismus reagierte deshalb mit Befremden auf alle Versuche im Widerstand, sich im Krieg nach Osten zu orientieren. Im Boschkreis hegte man keine Illusionen darüber, was es bedeuten würde, den rassenideologischen Wahn durch eine Klassenherrschaft abzulösen. Albrecht Fischer führte in seinen Gestapoverhören aus, man sei sich mit Goerdeler einig gewesen, daß bei einem Zusammenbruch Deutschlands ein «Hereinlassen des Bolschewismus mit allen Kräften verhindert werden müsse».[806] Fischer spekulierte bei dieser Angabe sicherlich auch auf die Bereitschaft der Verfolgungsbehörden, seine «antibolschwistische» Ausrichtung als entlastend zu berücksichtigen; im Kern entsprach seine Aussage aber der liberalen Auffassung, jede diktatorische Lösung, komme sie von rechts oder von links, abzulehnen. Fischer hatte die Diktatur von links nach dem Ersten Weltkrieg abgelehnt; sein Widerstand gegen die rechte Diktatur nach 1933 war in seiner kämpferischen Art ebenso konsequent wie ungewöhnlich.

Goerdelers Verbindung mit Männern, die wenig später die Väter der Sozialen Marktwirtschaft wurden[807] und eine sozialreformerische Tendenz, die auch Reflex auf die pseudoegalitären Rezepte des Regimes waren, bildeten eine solide Grundlage des Einverständnisses mit dem Boschkreis, der sich von den sozialistischen Ideen einer zukünftigen ökonomischen Ordnung distanzierte. Goerdeler lehnte jede Form übermäßiger Machtkonzentration ab und dachte wahrscheinlich an seinen Mentor und Förderer Robert Bosch, als er im «Ziel» der «schöpferischen Einzelpersönlichkeit und ihrem Verantwortungsbewußtsein» Raum schaffen wollte.[808] Die durchaus zeittypische Abneigung gegen Kartelle verwies auf ständestaatliche Vorstellungen, die sich mit der gelegentlich noch durchscheinenden, fast instinktiven Abwehr industrieller Großbetriebe verband. Goerdeler stand dem Großunternehmertum «äußerst kritisch» gegenüber.[809] Wie sehr er zudem aus dem Versagen der traditionellen Eliten gelernt hatte, zeigte sich in der Forderung nach einem «Mitbestimmungsrecht» der Arbeitnehmer.[810] Weil die Unternehmer gegenüber den Herausforderungen des Nationalsozialismus versagt hatten, hatten sie auch ihre privilegierte Stellung, die nicht nur mit Rechten, sondern auch mit Pflichten verbunden war, verwirkt – so ließen sich jedenfalls seine negative Erfahrungen mit den «Herren an der Ruhr» interpretieren. Hans Rothfels hat auf diese Wirkung des «Bosch-Geistes» aufmerksam gemacht: «Es würde eine falsche Note in diese Schilderung tragen, wollte man Goerdeler einen ‹Mann des Volkes› nennen. Aber ebenso sicher ist, daß er in einer aufrichtigen und echten Weise sozial gesinnt war.»[811]

Die Linkswendung führte indessen zu einem durchaus erstaunlichen Disput mit dem Boschkreis, der in diesem Fall gar ausgesprochen konservativ argumentierte. Als Goerdeler sich im Rahmen seiner Annäherungspolitik an die Linken entschied, deren Forderungen größeres Gewicht beizumessen, war Widerspruch vorprogrammiert. Sprach Goerdeler davon, die Verantwortlichkeiten von «Betriebsführern» und «Kapitalbesitzern» müßten in Zukunft klar geordnet werden, mochte das noch akzeptabel erscheinen. Gegen die von Goerdeler schon 1942/43 in Abwendung von ständestaatlichen Illusionen akzeptierte Einheitsgewerkschaft[812] hatte man nichts einzuwenden. Auch die Ablehnung von Monopolen und die Forderung nach stärkeren Mitspracherechten von Arbeiterschaft und Gewerkschaften wurden vom Boschkreis nicht bestritten.[813] Walz wehrte sich allerdings gegen manche Postulate, die, wie er sicherlich nicht zu Unrecht vermutete, Goerdeler «von einem Teil seiner Freunde aus der sozialistischen Arbeiterbewegung herangetragen» worden waren.[814] Widerspruch riefen auch Forderungen hervor, die nach Ansicht der Stuttgarter einen staatssozialistischen Beigeschmack hatten, wie etwa eine Passage aus der geplanten Rundfunkrede: «Soweit es zur Sicherstellung des Wohles des Volkes zweckmäßig oder notwendig ist, einzelne Betriebe oder Produktionsgebiete wie z. B. die der Bodenschätze und der Grundstoffe in das Eigentum des Volkes zu überführen, wird diese Überführung so erfolgen, daß Bürokratismus vermieden und Leistungsstreben und Wettbewerb erhalten werden.»[815]

Im Boschkreis hielt man solche frommen Wünsche für utopisch und wollte die (wenn auch nur verklausuliert vorgetragenen) Sozialisierungsideen nicht hinnehmen. Da man wußte, daß es sich bei dem Konzept der «Rundfunkrede» nur um ein Arbeitspapier handelte, legte man vorsorglich Widerspruch ein, um gelegentlich in den umstrittenen Wirtschaftsfragen auf die Redaktion der Endfassung Einfluß nehmen zu können. Dazu kam es allerdings aufgrund der sich überstürzenden Ereignisse nicht mehr.[816] Die ausdrückliche Ablehnung entsprechender Maßnahmen hatte allerdings

keineswegs antisozialdemokratische Züge: Der Boschkreis – in der Tradition Robert Boschs stehend – blieb daran interessiert, die gewerkschaftlichen und sozialdemokratischen Persönlichkeiten am «Anderen Deutschland» in gebührendem Maß zu beteiligen und deren Mitarbeit zu
verteidigen.

Innenpolitik

Über eine endgültige «Neuregelung des deutschen Staatswesens», die in
zwei Etappen verlaufen sollte – zunächst eine vorläufige staatsrechtliche
Lösung mit ausgesprochen provisorischem Charakter und dann eine endgültige Regelung mit Verfassung und freien Wahlen – brauchte man nach
Ansicht des Boschkreises noch nicht nachzudenken. Man war sich ja nicht
einmal sicher, ob es nicht nach einem Putsch zunächst zu einem «Bürgerkrieg» kommen werde.[817] Goerdelers Versicherungen, es werde auf jeden
Fall eine starke Beteiligung der Arbeiterschaft geben, reichten den Stuttgartern aus. Der Gedanke, Parteien nur in «beschränkter Anzahl» zuzulassen, war ja keineswegs als eine diktatorische Bestimmung zu verstehen,
sondern beruhte auf der auch im Boschkreis geteilten Meinung, das Ende
der Weimarer Republik sei nicht zuletzt durch die Parteienzersplitterung
gefördert worden und erfordere eine Wehrhaftigkeit des Staates.

Goerdelers Vorschlag einer Volksabstimmung nach dem vollzogenen
Umschwung mußte vor allem gegenüber den Militärs die konservativen
Gesichtspunkte und Vorteile herausstellen. Als er im Januar 1940 gegenüber von Hassell davon sprach, nach dem Umsturz «*sofort* eine Volksabstimmung» abzuhalten, wurde dies von Popitz und von Hassell als abwegig bezeichnet.[818] Die Konservativen im Widerstand suchten die klare
Position durch scharfe Bestimmungen über die Handhabung des Ausnahmezustands zu verwässern.[819] Hinsichtlich der vom Boschkreis favorisierten Parteiendemokratie bezog Goerdeler, vielleicht aus der Erwägung, taktische Rücksicht üben zu müssen, keine eindeutige Position und schwankte
zwischen dem ursprünglichen Konzept einer aus der preußischen Erfahrung und der Ablehnung des Weimarer Experiments resultierenden Ablehnung einer parlamentarischen Neuordnung und der Konstruktion eines
dem englischen Modell entsprechenden Zweiparteiensystems.[820]

Im übrigen hatten die Stuttgarter Pragmatiker hinsichtlich der verfas-
sungsrechtlichen Ausgestaltung des deutschen Staates nach Hitler die
geringsten Bedenken: «Die Hauptsorge war und blieb, daß der Umsturz,
so bald als nur irgendwie angängig, Wirklichkeit werden möge. Das weitere
würde sich dann auf dem Wege freien Volksentscheids finden lassen.»[821]

Erläuterungsbedürftig erschienen demgegenüber Fragen der inneren
Neuordnung Deutschlands. Der Boschkreis akzeptierte das von den
«Honoratioren» vorgeschlagene System eines Zweikammerparlaments,
bestehend aus Reichstag und Reichsständehaus. Weil man in Goerdeler

einen Befürworter des parlamentarisch-demokratischen Systems sah, glaubte man sich mit den innenpolitischen Vorgaben zurechtfinden zu können: «Ein Staatsoberhaupt muß in neutraler Souveränität dafür sorgen, daß ständig eine handlungsfähige Regierung für den Ausgleich der Spannungen im Innern und für eine würdige Wahrnehmung der Interessen nach außen sorgt.» Vom politischen Tagesgeschäft solle dieser Staatschef ferngehalten werden. Diese Aufgabe solle eine von ihm bestellte Regierung übernehmen. An die Stelle dieser «Volksvertretung», die im übrigen stets auf die Selbstverwaltung der Länder, Kreise und Gemeinden zu bauen habe, sollte zunächst jedoch ein «Rat von fünfzig Mitgliedern aus allen Schichten des Volkes» treten.[822]

Die Realisten glaubten, in einer Übergangszeit vom Sturz Hitlers bis zu einem Friedensschluß werde eine vorübergehende Militärherrschaft nicht zu verhindern sein. Gleichzeitig war man sicher, daß der «Fünfzigerrat» lediglich als Provisorium für die Zeit der Kriegswirren amtieren werde, um anschließend durch eine reguläre Volksvertretung abgelöst werden zu können. Die provisorische Regierung des «Anderen Deutschland» sollte, wie die Stuttgarter wußten, mit Ludwig Beck an der Spitze der Interims-Militärregierung gebildet werden – einem der wenigen Militärs, vor dem man Achtung hatte. Nach den regulären Wahlen hätte Beck auch nach Ansicht des Boschkreises als «Reichspräsident» amtieren sollen, während Goerdeler zunächst als ziviler Berater der Militärregierung und dann als designierter Reichskanzler vorgesehen war. In der Phase des «militärdiktatorischen Zwischenzustands» sollten den Generalkommandos der einzelnen Wehrkreise politische Vertrauensmänner zugeordnet werden, die nach den Wahlen in Zusammenarbeit mit der Reichsregierung die Verwaltung in den einzelnen Gauen hätten übernehmen sollen.[823] Beständig warnte der Boschkreis dabei vor einer Militarisierung des «Anderen Deutschland».

Aber selbst wenn die Stuttgarter gefürchtet hätten, Goerdeler werde nach dem Umsturz in ständestaatliche Vorstellungen zurückfallen, fühlte man sich genügend gerüstet: «Einer anderen Lösung» als einer demokratischen, so Walz, «hätten außer dem Bosch-Kreis auch die der Goerdeler-Bewegung angeschlossenen Sozialdemokraten niemals zugestimmt.»[824] Der Gedanke, die SPD an der zukünftigen Neuordnung Deutschlands maßgeblich zu beteiligen, lag in der Tradition des Unternehmens begründet und knüpfte unmittelbar an die Vorstellung Robert Boschs an, die Klassengegensätze durch eine vernünftige Zusammenarbeit zwischen Liberalen und gemäßigten Sozialdemokraten zu überwinden. Berührungsängste gab es dabei nicht, weil die Kaufleute mit der Arbeitswelt seit Jahrzehnten vertraut waren; das besondere Verhältnis Robert Boschs zu seinen Arbeitern, das immer wieder Anlaß zum Überdenken eigener Positionen gab, trug dazu ebenso bei wie die selbst in den Jahren der Diktatur niemals vollständig abgerissenen Kontakte zu den Vertretern der Sozialdemokratie in Stuttgart. Mit den sozialdemokratischen Verschwörern hatte man zudem gemein, daß man eine parlamentarisch-demokratische Plattform für eine Neuordnung nach dem Ende des Nationalsozialismus anstrebte. Die Forderung nach einer «starke(n) Beteiligung der Arbeiterschaft»[825] am Staatsaufbau war konsequent. An ein konfliktfreies Miteinander glaubte man nicht, aber die unvermeidlichen Auseinandersetzungen zwischen Arbeiterschaft und Unternehmern sollten in einem demokratisch-rechtlichen Rahmen ausgetragen werden und den Selbstregelungsmechanismen einer differenzierten Industriegesellschaft unterliegen. Goerdeler berichtete in seinen Verhören über die Notwendigkeit einer «klare(n) Gliederung der Verantwortung zwischen Unternehmern und Gefolgschaft auch in der deutschen Arbeitsfront», die es «gegenwärtig» nicht gebe. Er verschwieg natürlich, daß man die DAF ohnehin abschaffen wollte. Einigkeit herrschte auch über die Schaffung unabhängiger Arbeitgeberverbände. Man verwies auf die «Stärke der inneren Arbeitsgemeinschaft», die sich seit 1928 zwischen Gewerkschaften und Arbeitgeberverbänden in Württemberg entwickelt hatte. Albrecht Fischer war in diesem Zusammenhang bereits einmal sogar vom Treuhänder der Arbeit Wilhelm Kimmich angesprochen worden.[826] Aus den Unterredungen mit dem Vernunftargumenten zugänglichen Kimmich, in dem die «Süddeutschen» «ihren Repräsentanten» sahen,[827] hatte Fischer tatsächlich den Eindruck mitnehmen können, daß dieser das Verhältnis zwischen Arbeitgebern und Arbeitnehmern in Württemberg vor der «Machtergreifung» keineswegs als unvorteilhaft, sondern gar als «glücklicher» als in anderen Reichsteilen angesehen hatte.[828]

Über die soziale Ausrichtung des «Anderen Deutschland» zweifelte man nicht. Schon Goerdeler hatte im Sommer 1943 in einem Gespräch mit Jacob Wallenberg prognostiziert, nach den geplanten Wahlen im Gefolge eines Staatsstreichs würden wahrscheinlich die Sozialdemokraten die Führung übernehmen[829] – ein unverkennbarer Hinweis auf die Einsicht Goerdelers, daß man das Rad der Geschichte nicht mehr zurückdrehen konnte und zugleich ein Beleg für die Richtigkeit der optimistischen Annahme des Boschkreises, nach dem Putsch könne es nur ein demokratisches und soziales Deutschland geben.

11. Die Verbindungen zu Kirchenkreisen während des Krieges

Einen besonderen Stellenwert während des Krieges erhielten die seit Mitte der dreißiger Jahren bestehenden Verbindungen zur Bekennenden Kirche und zum evangelischen Landesbischof Theophil Wurm. In dieser Zeit wurden die Beziehungen zwischen Wurm und Goerdeler in erster Linie als «personelle und materielle Verbindung» durch Hans Walz gewährleistet,[830] recht typisch für das ausgeprägte württembergische Zellensystem des Widerstands. Die «kleinen und vertraulichen Zirkel, von denen keiner mehr als eine vage Vorstellung von der Existenz der anderen hatte»,[831] boten den unschätzbaren Vorteil, eine Aufdeckung zu erschweren. Vor allem Wurms rechte Hand, Oberkirchenrat Wilhelm Pressel, gewährleistete durch seine guten Verbindungen zu Walz die Stärkung des informellen Bündnisses. Walz versorgte im Laufe der Jahre die Bekennende Kirche über Wurm und Pressel mit hohen Geldsummen – Pressel sprach nach dem Krieg von einem insgesamt sechsstelligen Betrag, Zahlungen, die entweder von Walz, Fischer oder Schloßstein als persönliche Hilfe von Robert Bosch überbracht wurden. Pressel wiederum lernte durch seine Bekanntschaft mit Eugen Gerstenmaier seit 1940 viele Mitglieder des «Kreisauer Kreises» kennen und war über die laufenden Attentatsplanungen stets informiert.[832]

Wurm und Goerdeler kannten sich schon aus der Vorkriegszeit. Der Landesbischof wußte von den konspirativen Aufgaben Goerdelers bei Bosch, und Goerdeler nutzte wiederum den Zugang zu den süddeutschen Kirchenkreisen. Unter Beachtung des «Zellenprinzips» entstand eine enge Verbindung, durch die es Goerdeler gelang, im süddeutschen Raum weitere Hitlergegner für den Widerstand zu gewinnen.[833] Im Jahr 1940 wurde Pressel von Goerdeler als Verbindungsmann des Widerstands rekrutiert. Mit Zustimmung von Wurm traf er sich alle vier bis sechs Wochen mit Goerdeler in Stuttgart, entweder bei ihm zu Hause, in Goerdelers Quartier im Stuttgarter Hotel Marquart oder in den Geschäftsräumen von Robert Bosch. Die Treffen zwischen Wurm und Goerdeler dienten dagegen wohl eher dem Nachrichtenaustausch als konkreten Widerstandsplanungen.[834] Auch Schloßsteins Erfahrungsberichte über die Stimmung im Ausland, die er an Pressel lieferte, hatten rein informatorischen Charakter.

Die in diesen Zirkeln diskutierten Ideen eines christlichen Nachkriegsdeutschlands, Vorstellungen, die vor allem durch den Einfluß Wilhelm Pressels in die Richtung des Kreisauer Kreises tendierten,[835] stießen im Boschkreis auf lebhaftes Interesse, weil Hans Walz sich von den Visionen eines ökumenischen Dialogs anregen ließ und einem Christsein verpflichtet war, das jenseits der Institutionen Verantwortung tragen sollte. Obwohl er keine Verbindung zu Dietrich Bonhoeffer hatte, sind die Parallelen zu dessen christologischer Verantwortungsethik ebenso zu erkennen wie zu der Selbstbestimmungslehre Karl Barths.

In mutigen Stellungnahmen wandte sich Wurm gegen die Ermordung von Geisteskranken und Juden. Die bekannteren Stellungnahmen sind auch heute noch Zeugnis für eine bemerkenswerte Zivilcourage: An den Ministerialdirektor im württembergischen Innenministerium schrieb er im Januar 1943 von «systematischer Ermordung von Juden und Polen». Gegenüber Gauleiter Murr beklagte er wenige Tage später die «Maßnahmen, durch die Menschen anderer Völker oder Rassen ohne Urteilsspruch eines zivilen oder militärischen Gerichts lediglich wegen ihrer Volks- oder Rassezugehörigkeit zu Tode gebracht werden». In einem Schreiben an Hitler bemerkte er im Juli 1943 über die durch die Judenverfolgung hervorge-

rufenen Familientrennungen, diese stünden «ebenso wie die gegen die
anderen Nichtarier ergriffenen Vernichtungsmaßnahmen, im schärfsten
Widerspruch zu dem Gebot Gottes und verletzen das Fundament alles
abendländischen Denkens und Lebens: das gottgegebene Urrecht menschlichen Daseins und menschlicher Würde überhaupt».[836]

Die Einstellung des Boschkreises zu diesem unverblümten Konfrontationskurs läßt sich aus einem Schreiben Friedrich Siegmund-Schultzes an
einen befreundeten evangelischen Pfarrer in der Schweiz aus dem Jahr 1941
ableiten. Er konzedierte zwar, das «tapfere Auftreten» Wurms habe viele
Menschen «gestärkt und gefreut». Er wandte sich aber zugleich gegen eine
zu starke propagandistische Auswertung entsprechender Bekundungen im
Ausland, da er von einem Boten aus Stuttgart über die «schweren Folgen»
dieser Berichterstattung für die württembergische Landeskirche erfahren
hatte.[837] Wahrscheinlich war der nicht namentlich genannte «Bote aus
Stuttgart» ein Mitglied des Boschkreises, wohl entweder Walz oder Schloßstein, die in diesen Wochen mehrmals bei Siegmund-Schultze zu Gast
waren. Bei den pragmatischen Kaufleuten herrschte die feste Überzeugung,
es sei aussichtslos, öffentlich gegen ein fest etabliertes und nach wie vor
vom Volk akzeptiertes Unrechtssystem zu kämpfen: Der Boschkreis hatte
die Strategie Goerdelers übernommen, unter dem Mantel scheinbarer Kon-
formität gegen das Regime zu wirken anstatt öffentlich gegen eine über-
mächtige Diktatur anzurennen.

Über die Frage, ob solche Bedenken berechtigt waren, läßt sich streiten.
Zweifellos war die Strategie plausibel, sich nach außen ruhig zu verhalten,
um unentdeckt den Umsturz planen zu können. Auf der anderen Seite
gaben Wurms mutige Worte vielen in Süddeutschland die Kraft, dem inneren und äußeren Druck des totalen Staates zu widerstehen. Und schließlich
war es geradezu erforderlich, das Ausland auf die Verbrechen des Nationalsozialismus hinzuweisen.[838] Im Laufe der Zeit erfuhr der evangelische
Bischof von den Plänen, Hitler nicht gefangenzusetzen, sondern zu töten.
Wurm vertrat in der auch in Kirchenkreisen umstrittenen Frage eine ähnliche Haltung wie Goerdeler und Walz, weil er aus christlichen Motiven und
aus Sorge vor einer neuen Dolchstoßlegende von einer Tötung des Diktators absehen wollte.

Eine weitere Verbindung zu den im Widerstand tätigen Mitgliedern der
Bekennenden Kirche bestand über Theodor Bäuerle, der einen eigenen
Zugang zu Wurm hatte. Bäuerle diskutierte mit Wurm, Helmut Thielicke
und Friedrich Delekat über die Voraussetzungen eines Neuaufbaus
Deutschlands. In einer – allerdings nicht erhaltenen – Denkschrift schlug er
1942 die Gründung einer christlichen Akademie vor.[839] Helmut Thielicke,
der nach seiner Absetzung als kommissarischer Ordinarius in Heidelberg
im Jahr 1941 auf Vermittlung Wurms als Pfarrer in Ravensburg tätig war,
wurde als Leiter des Theologischen Amtes in Württemberg und enger
Berater Wurms zu einem wichtigen Bindeglied zwischen den «Freibur-

gern» auf der einen, Goerdeler, Wurm, Theodor Bäuerle und dem Bosch-kreis auf der anderen Seite.[840] Auch Thielicke wußte um den Hintergrund der Beratungstätigkeit Goerdelers bei Bosch:

«Das lieferte ihm die nötigen Vorwände, um ungezählte Reisen im In- und Ausland – trotz des Krieges! – zu absolvieren und dabei im militärischen und Zivilbereich wichtige Persönlichkeiten aufzusuchen. Diese Reisen machte er mit einer verblüffenden Unbe-fangenheit. Er verschmähte jede Geheimnistuerei und Tarnung. Wenn wir ihn mit leisen Mahnungen zur Vorsicht darauf ansprachen, wehrte er lächelnd ab und meinte: Gerade diese ungenierte Offenheit sei sein Schutz. Er vermeide alles, was die Gestapo sich unter dem Lebensstil eines Verschwörers vorstelle.»[841]

Im Rahmen der verwirrenden Querverbindungen im Umfeld der Beken-nenden Kirche unterhielt ein Kreis um Dr. Paul Collmer Kontakte zum Ökumenischen Rat in Genf. Collmer, der ebenfalls durch Robert Bosch finanziell unterstützt wurde,[842] besaß durch seine Genfer ökumenische Arbeit, die sich vornehmlich mit sozialen Fragen befaßte, einen guten Überblick über die Möglichkeiten einer Friedensvermittlung. Nach dem Einmarsch der deutschen Truppen in die Niederlande hatte er für kurze Zeit als deutscher Berater im niederländischen Ministerium für soziale Angelegenheiten gearbeitet, sich mit Fragen der Kriegsgefangenen, Inter-nierten und holländischen Zwangsarbeiter befaßt und gleichzeitig eine Ver-bindung zum holländischen Widerstand geknüpft. Vor diesem Hinter-grund beschäftigte er sich mit der sozialen Ausgestaltung eines zukünftigen Deutschland. Zusammen mit Dr. Hans Plappert, dem industriellen Beauf-tragten Badens und Württembergs, und schließlich mit dem Bibliothekar Dr. Wilhelm Hoffmann bildete er einen weiteren der «Stuttgarter Kreise», die im Umfeld der evangelischen Landeskirche einen zukünftigen Neuauf-bau Deutschlands vorbereiteten. Über das Ausmaß der Involvierung Robert Boschs ist wenig bekannt. Wahrscheinlich hat Hans Walz wie auch sonst lediglich finanzielle Hilfe gewährt, im übrigen aber die Logik des Zel-lensystems beachtet und sich ferngehalten. Der Collmer-Kreis, der seiner-seits Kontakte nach Holland und zu Gerstenmaier, Hans Schönfeld und Adam von Trott zu Solz unterhielt, hatte zumindest am Rande eine «Aus-landsverbindung». Über sie wurde eine im Winter 1941/42 verfaßte Denk-schrift im Sommer 1942 durch Hans Schönfeld John Foster Dulles zuge-leitet.[843]

Schwächer ausgeprägt war die Verbindung des Boschkreises zum Wider-stand der katholischen Kirche. Das lag weniger am Zellensystem als an der religiösen Ausrichtung der Mitglieder des Boschkreises und der religiösen Struktur Württembergs. Der Zugang zu Katholiken hatte deshalb stets Ele-mente des Zufälligen. Einer der wenigen Kontakte ergab sich über den rührigen Rudolf Pechel, der weitere Regimegegner mit dem Boschkreis bekannt machte. Zu ihnen zählte der nationalkonservativen Kreisen aus dem Umfeld des «Stahlhelm» nahestehende Dr. Paul-Joseph Stuermer aus Baden-Baden, der als linker Mann im «Stahlhelm» schon vor der «Macht-

ergreifung» zu den entschiedenen Gegnern Hitlers zählte. Zu den Oppositionskreisen um Stuermer zählte wiederum Dr. Ernst Haussmann aus Bad
Urach und der Stuttgarter Dr. Arnulf Klett, die einen eigenen Zugang zum
Boschkreis hatten.[844] Hans Walz stand über Theodor Bäuerle seit 1938 in
Verbindung mit dem Kreis um Stuermer. Eine gewisse Rolle spielte bei
jener Verbindung auch Monsignore Andreas Schmider aus Bühl, der die
Verbindung zum Freiburger Erzbischof Konstantin Gröber hielt. Das
geplante Ziel einer Verständigung mit der katholischen Kirche zur Sicherung einer «konfessionell einheitlichen Front gegen die NS-Partei» wurde
allerdings nicht erreicht. Außer guten Absichtserklärungen und einer
gewissen finanziellen Unterstützung für Stuermer[845] brachte die Unterredung offensichtlich wenig Greifbares. Von Stuermer war eine wirksame
Gegenwehr gegen das Regime realistischerweise nicht zu erwarten. Als dieser 1941 erneut inhaftiert wurde, brach der Kontakt zusammen. Ob sich der
Boschkreis auf die politisch schwer faßbaren Kreise um Stuermer überhaupt eingelassen hätte, ist keineswegs sicher. Die diskutierten Themenbe-
reiche verwiesen auf rein defensive Bestrebungen, dem totalitären Staat zu
begegnen.

12. Hans Walz und der Konflikt mit dem «Freundeskreis Reichsführer-SS»

Hans Walz hatte seine SS-Mitgliedschaft immer unter dem Gesichtspunkt
der Notwendigkeiten betrachtet. Mit der Zeit war die SS jedoch von einer
eher diffusen elitär-romantisierenden militärischen Gemeinschaft im vielfältigen Gefüge der nationalsozialistischen Bewegung zum mächtigsten
und radikalsten Orden geworden, der Deutschland und die von der Wehrmacht besetzten Gebiete mit seinem Terror überzog. Dieser Übergang war
stufenweise verlaufen und fand seine Entsprechung in der Entwicklung des
«Freundeskreises Reichsführer-SS», der sich vom Debattierklub Kepplers
allmählich zu einer Nebenorganisation im aufblühenden Mächteapparat
Heinrich Himmlers umgebildet hatte. Nachdem Kepplers Einfluß auf die
Wirtschaftspolitik Hitlers geschwunden war, war der «Freundeskreis»
manchem Mitglied noch eine Zeitlang als politisches Refugium erschienen.
Im Zuge der Metamorphose war jedoch bald die Hoffnung dieser Industriellen geschwunden, einem «vernünftigen» Wirtschaftskurs im NS-Staat
Gehör zu verschaffen.[846] Die eigentlichen Aufgaben und Befugnisse des
«Freundeskreises» waren beschränkt. Die vermeintliche Autorität, die den
versammelten Wirtschaftsgrößen nach außen hin zukommen mochte, leitete sich im wesentlichen aus der Macht ihres Schirmherrn und «Reichsführers-SS» ab. Freilich, der Prestigezuwachs des «Schwarzen Korps» hatte seine positiven Seiten, so ablehnend Walz seiner Mitgliedschaft auch
gegenüberstand: Schon die nominelle Zugehörigkeit zur SS gewährte einen

Schutz vor parteilichen Anfeindungen und ermöglichte es, relativ unbehelligt den konspirativen Aufgaben nachzugehen.

Walz blieb als «Parteiabsicherung» und Vertreter Robert Boschs Mitglied des «Freundeskreises». Nachdem Himmler das Gremium in seinen Einflußbereich gezogen hatte, gab es unterschiedliche Motive für das weitere Mitwirken in dem illustren Kreis: Unpolitische Naivität mischte sich mit Blasiertheit gegenüber den als unfähig erachteten nationalsozialistischen «Wirtschaftsexperten». Bisweilen war blanker Opportunismus im Spiel: Die Friedensjahre seit 1933 waren schließlich aus der Sicht vieler Unternehmer keine schlechte Zeit, obwohl sich nach und nach herausstellte, daß die gelenkte Wirtschaft trotz der Hochkonjunktur ihre Schattenseite hatte. Als angesichts des Kriegskurses Hitlers nicht mehr zu bezweifeln war, daß die Wirtschaft kaum noch Eingriffsmöglichkeiten besaß, die grundsätzlichen Entscheidungen vielmehr von einer radikalen politischen Führung getroffen wurden, schwand indessen die Hoffnung, man könne dem Kurs des «reinen Staatskapitalismus», als den man die Wirtschaftspolitik des Regimes verstand, entgegensteuern.

In diesem Punkt teilte Walz die Sorge der meisten Unternehmer, der NS-Staat werde nach und nach jegliche Privatinitiative ausschalten: «Diese Tendenz war unverkennbar, wenn man bedenkt, dass die Firmen gezwungen wurden, sich kapitalmäßig zu entblößen, so daß ein nach dem Krieg rigoros auftretender Staat leichte Mühe hätte, alles zu vereinnahmen.» Freilich, die Hoffnung, gegen die nationalsozialistische Wirtschaftsideologie wirken zu können, blieb ebenso ein Nebenaspekt der Mitgliedschaft von Walz wie der Wunsch, Informationen und Interna aus dem Zentrum der Macht zu erhalten. Eigentlicher Grund war das Bestreben, im totalitären System als Oppositioneller unerkannt zu bleiben und gleichzeitig dem Unternehmen eine Deckung zu gewähren. Ein Austritt aus der Runde wäre schon bald, spätestens jedoch in den Kriegsjahren ohne einen Eklat kaum möglich gewesen, und Robert Bosch stimmte dem weiteren Verbleib von Walz in diesem Gremium zu.[847] Die Camouflage, derer Walz sich als Mann der SS bediente, ist bereits durch den anschaulichen Bericht Ulrich von Hassells über eine Begegnung im Hause Bosch am 21. Dezember 1939 vor Augen geführt worden. Ganz auf diese Wirkung bedacht, beurteilte Carl Goerdeler die Mitgliedschaft von Walz in der SS als einen Aktivposten. Er sprach sich energisch dafür aus, ihn zur Abschirmung[848] in der SS zu belassen und führte an, es könne nur «von Vorteil» sein, wenn Walz «als eine Art Horchposten die Verbindung mit der SS nicht ganz abbreche».[849] Manchem Mitglied des «Freundeskreises» versicherte Goerdeler gar beruhigend, auf Walz könne man sich verlassen.[850]

Die abstrusen Ideen und pseudowissenschaftlichen Forschungen Himmlers nahm Walz als «Marotten»[851] achselzuckend zur Kenntnis, ohne allerdings von den absonderlichen Verwendungen der Mitgliedsbeiträge, wie etwa für dessen «Ahnenerbe»,[852] etwas zu wissen. Allerdings verwiesen Himmlers eigenartige Vorlieben auf den Umstand, wie stark sich inzwischen der Charakter des Kreises gewandelt hatte. Parteibuchmanager und Konjunkturritter, die sich durch ihre Zugehörigkeit zu Himmlers Zirkel Chancen auf gute Geschäfte ausrechnen mochten, gewannen an Einfluß und ließen Walz immer öfter daran denken, zumindest durch die Ignorierung von Einladungen seine Aversionen zu bekunden. Goerdeler äußerte bald die Sorge, die Unwilligkeit von Walz, überhaupt noch im «Freundeskreis Himmler» aufzutreten, könne seine Umsturzpläne behindern.

Goerdelers Befürchtungen wurden bestätigt, als Walz am 20. April 1941 routinemäßig zum Hauptsturmführer der SS befördert wurde. Während die an und für sich nicht ungewöhnliche «Ehrung» für den Bosch-Direktor ein gewisses Maß an Normalität zu signalisieren schien, waren bereits dunkle Wolken am politischen Horizont aufgezogen. Inzwischen hatten sich die Gerüchte einer laufenden Überprüfung der politischen Zuverlässigkeit des «Betriebsführers» von Bosch verdichtet. Goerdeler hatte schon im Laufe des Jahres 1940 von einer in Parteikreisen vorhandenen Unzufriedenheit mit Walz erfahren. Der befreundete Reichsbankdirektor Hermann Waldhecker – ebenfalls Mitglied im «Freundeskreis» – hatte Goerdeler von einer zunehmenden Verärgerung über Walz berichtet. Als Walz von Goerdeler daraufhin sofort über die Mißstimmung informiert wurde, wollte er es in einer spontanen Reaktion «auf einen Krach ankommen» lassen,[853] um sich auf diese Weise der ungeliebten Mitgliedschaft im «Freundeskreis» zu entledigen. Es bedurfte der Bitten von Goerdeler, der einen Eklat vermeiden und die Staatsstreichplanungen nicht gefährden wollte, um Walz davon abzuhalten, sein Vorhaben in die Tat umzusetzen.[854]

Ein Zusammenstoß war vorprogrammiert, als die für den Raum Stuttgart zuständige Rüstungsinspektion V Ende Juli 1942 beantragte, Walz zum «Wehrwirtschaftsführer» zu ernennen.[855] Selbst Gauleiter Murr, der alle Entwicklungen bei Bosch mit unverhohlenem Mißtrauen verfolgte, schien gegen das Ansinnen der Rüstungsinspektion keine Vorbehalte zu haben. Da jedoch kurz darauf Bedenken gegen Walz von seiten der Stuttgarter Gestapo geltend gemacht wurden, ist anzunehmen, daß der Reichsstatthalter, der über seine Schützlinge in der Olgastraße herrschte, in dieser Intrige von Anfang an seine Finger im Spiel hatte. Im Oktober 1942 wurde ein «Ermittlungsvorgang» gegen Walz eröffnet, da nun auch das Reichssicherheitshauptamt weitere Untersuchungen für notwendig hielt.[856] Der Chef der Sicherheitspolizei und des SD bat im Dezember 1942 um Auskunft über Walz bei den Stuttgarter Staatspolizeistellen. Weil die Stuttgarter Gestapo Walz schon seit einer Reihe von Jahren im Visier hatte, war es nicht verwunderlich, daß nach Berlin gemeldet wurde, Walz habe «im Jahre 1937 noch regen privaten Schriftwechsel mit Juden geführt».

Im Vorgriff auf eine Anfrage des RSHA war im November 1942 vom Stuttgarter SD ein Dossier gegen Walz zusammengestellt worden. Die vernichtende Beurteilung lautete:

«Früher Mitglied des Vereins zur Abwehr des Antisemitismus. Im Mai 1929 einen Aufruf zur Mitgliederwerbung unterzeichnet mit folgendem Satz: ‹Der Nat.Soz. benützt die gegenwärtige wirtschaftliche und politische Notlage unseres Volkes dazu, die Gemüter gegen Verfassung, Regierung und Parlamentarismus aufzuwiegeln.›»[857]

Während der SD die Ansicht vertrat, diese Angelegenheit könne wegen des zurückliegenden Zeitpunktes unberücksichtigt bleiben, erschien die Korrespondenz zwischen Hans Walz und dem jüdischen Freund Karl Adler aus den Jahren nach 1933 ausgesprochen belastend.[858] Als nicht weniger gravierend wurde die Mitgliedschaft im Ausschuß des Beirats der Kirchenleitung der evangelischen Kirche Württembergs beurteilt. Kritisch wurde zudem vermerkt, ein Bruder von Walz sei Leiter der Stuttgarter Diakonissenanstalt. Das Fazit lautete, Walz solle

«nach eigenen Angaben aus religiösen Gründen Judenfreund sein, früher Demokrat mit ziemlich christlichem Einschlag, verträgt angeblich auch heute noch keine Kritik an Juden. Hat von Nat.Soz. keine Ahnung, besucht auch keine Veranstaltung der Ortsgruppe. Wirtschaftlich im alten Fahrwasser; wegen seiner religiösen und judenfreundlichen Einstellung charakterlich ziemlich wertlos. SD-Abschnitt Stuttgart meldet, daß die Zugehörigkeit des W. zur SS allgemein dahin aufgefaßt werde, daß die Bewegung sich doch sehr stark durch finanzielle Zuwendungen beeinflussen lasse, da sonst ein so eindeutiger politischer und weltanschaulicher Gegner nicht hätte aufgenommen werden dürfen oder doch wieder entfernt werden müssen.»[859]

Kaum positiver als durch den SD war die Beurteilung durch den Höheren SS- und Polizeiführer in Stuttgart, den SS-Gruppenführer und Führer des SS-Oberabschnitts Südwest, Kurt Kaul, der als Gefolgsmann von Wilhelm Murr bekannt war.[860] Der abschließende Vorschlag des SD lautete, die «Angelegenheit Walz» zumindest bis Kriegsende wegen «der Verbindungen des W. mit der Industrie» auf sich beruhen zu lassen.[861] Damit war an eine Ernennung zum «Wehrwirtschaftsführer» zunächst nicht mehr zu denken. Der SD teilte im Dezember 1942 der Wehrwirtschaftsinspektion V in Stuttgart kommentarlos mit, von einer entsprechenden Ernennung solle zunächst abgesehen werden.

Walz erfuhr von diesen Vorgängen zunächst nichts. Im Stuttgarter Wehrkreiskommando, einer Institution, die sich bislang den Parteieinflüssen entzogen hatte, konnte man sich auf die Berliner Auskunft zunächst keinen Reim machen. Erst nach mehrmaligen Anfragen erfuhr man die Begründung. Kurz darauf, wohl noch während der ersten Jahreshälfte 1943, wurde Hans Walz vom württembergischen Rüstungsinspekteur Rudolf Klett davon unterrichtet, die Partei stelle sich gegen Walz wegen dessen «Judenfreundlichkeit».

Klett, ein Offizier und ehemaliger Kriegskamerad von Paul Hahn,[862] lag in einem Dauerstreit mit Gauleiter Murr und dem Vorsitzenden der Rüstungskommission Friedrich Ortmann. Kletts Warnungen mußten besonders alarmierend wirken, weil Walz nun erfuhr, der «Beweis» für seine Haltung gegenüber den Juden sei durch eine Briefzensur erbracht

worden.[863] Darüber hinaus war durch die Ermittlungen der Berliner und
Stuttgarter Polizeidienststellen ein Stein ins Rollen gebracht worden. Die
gegen Walz geltend gemachten Vorwürfe erschienen den Ermittlungsbehörden als so gravierend, daß der SD den gesamten Vorgang an das «Hauptamt SS-Gerichte» zur Einleitung eines Disziplinarverfahrens abgab.

Walz' Verhältnis zum «Freundeskreis» hatte sich inzwischen weiter verschlechtert, und er sagte fast alle Termine ab.[864] An welchen Zusammenkünften er in jenen Jahren überhaupt noch teilnahm, läßt sich nicht
mehr genau feststellen, da die entsprechenden Dokumente als verloren gelten müssen. Viele Begegnungen können es nicht gewesen sein: Walz erinnerte sich später an nicht viel mehr als an eine Rede des Staatssekretärs und
Reichskommissars für Preisbildung, Hans Fischböck, über die Fragen einer
zukünftigen Ordnung der Wirtschaft.[865] Da wir aus einer anderen Quelle
wissen, daß Fischböck vor dem «Freundeskreis» am 14. Oktober 1942 über
«Wirtschaftsmoral» referierte,[866] handelte es sich wohl um eine der letzten
Zusammenkünfte, denen Walz beigewohnt hat.

Im Verlauf einer der letzten Treffen des «Freundeskreises», denen Walz
Folge leistete, kam es zu einer schwerwiegenden Auseinandersetzung. Der
von Fritz Kranefuß ausgesuchte Referent hielt eine Rede, die sich offensichtlich in scharfer und anmaßender Form gegen das Christentum wandte
und zu einem offenen Disput mit Walz führte. In Fragen der Religions-
ausübung hatte Walz schon früh Stellung gegen den Nationalsozialismus
bezogen, es war sozusagen seine Achillesferse, die ihn die Zurückhaltung,
die er sonst klug bewahrte, leicht aufgeben ließ. 1934 hatte er gegenüber
Landesbischof Wurm hervorgehoben, daß «der Gehorsam gegen Christus
über alles geht».[867] Vor diesem Hintergrund war sein Protest im «Freundeskreis Himmler» nicht einmal ungewöhnlich. Über den genauen Verlauf
der turbulenten Veranstaltung sind wir nicht im einzelnen informiert. Es
gibt jedoch einige Hinweise, daß Otto Ohlendorf als Mitglied des «Freundeskreises» der Ausgangspunkt für die Untersuchungen gegen Walz war;[868]
die «unerhörte Tat»[869] hatte jedenfalls sogleich gravierende Konsequenzen
mit möglicherweise riskanten Implikationen für den Boschkreis: Wenn erst
einmal die Gestapo hinter die Fassade des Rüstungskonzerns blickte,
bestand die Gefahr, daß noch ganz andere Dinge ans Tageslicht kommen
würden als lediglich eine vermeintliche Resistenz von Walz gegen die nationalsozialistische Indoktrination. Es war zu befürchten, daß die mannigfache Verflechtung der Direktorenriege mit antinationalsozialistischen Kräften aufgedeckt werden würde – nun war das eingetroffen, was Goerdeler
stets zu verhindern gesucht hatte: «Sie dürfen nicht ein Krachzentrum
schaffen» hatte stets seine Bitte an Walz gelautet.[870]

Auch Gottlob Berger hatte Walz immer wieder dringend gebeten, «doch
ja kein unliebsames Aufsehen zu erregen».[871] Als Glück im Unglück erwies
sich ein weiteres Mal, daß der Boschkreis in Gottlob Berger einen Beschützer besaß, der es auf raffinierte Weise verstand, sein Parteiamt für seine

Schützlinge einzusetzen. Der «Schwabenherzog» war inzwischen als SS-Gruppenführer einer der engsten Mitarbeiter des «Reichsführers-SS» geworden, galt als einer der «Zwölf Apostel Himmlers» und als «Allmächtiger Gottlob».[872] In intimer Kenntnis des Berliner Behörden- und Parteiapparats hatte er über die Lage Deutschlands im Krieg keine Illusionen mehr. Sein Einsatz für Walz und später für die Verschwörer des 20. Juli 1944 verstand sich daher aus einer ambivalenten Überlegung: Sie war einerseits Opposition gegen die verhaßte württembergische «Gauclique» unter Wilhelm Murr, sie war sodann ehrlich gemeinte und geradezu soldatische Loyalität gegenüber den Mitarbeitern des von ihm verehrten Robert Bosch, und zum dritten war sie raffiniertes Kalkül: Nach dem Prinzip, daß eine Hand die andere wäscht, spekulierte Berger bei der von ihm angebotenen Hilfe auf eine entsprechende Gunst des Unternehmens nach dem Ende des Regimes. «Genießet den Krieg. Der Friede wird furchtbar», soll Berger gegenüber seinen SS-Kameraden im trunkenen Zustand in jener Zeit geäußert haben.[873] Das Begräbnis Robert Boschs war deshalb für Berger bereits das Forum gewesen, die Bosch-Direktoren dienstbeflissen darauf hinzuweisen, er werde Robert Bosch und seinem Werk zuliebe alles tun, was in seiner Macht stehe.[874] Als man bei Bosch über die gegen den «Betriebsführer» laufenden Ermittlungen erfuhr, wurde Berger als Vermittler eingeschaltet.

Heinrich Himmler und sein Chef des Persönlichen Stabs, Obergruppenführer Karl Wolff, waren zu jenem Zeitpunkt offenbar entschlossen, Walz aus der SS auszuschließen. Wolff kannte Walz flüchtig aus einigen Begegnungen im «Freundeskreis». Er wußte, daß dieser dort schon in den dreißiger Jahren «sehr lasch aufgetreten» war und Veranstaltungen des «Freundeskreises» kaum besucht hatte. Er hatte Walz deswegen einmal zur Rede gestellt und versucht, ihm eindeutig die Pflichten klarzumachen, die aus der Zugehörigkeit zum «Freundeskreis» erwuchsen. Als das nichts gefruchtet hatte, hatte er noch vor Ausbruch des Krieges versucht, Walz aus dem «Freundeskreis» und der SS auszuschließen, durch den Kriegsbeginn jedoch den «Vorgang» Walz aus den Augen verloren.[875]

Obwohl Himmler und Wolff dem «Betriebsführer» von Bosch nicht wohlgesonnen waren, war Fritz Kranefuß, der Organisator des «Freundeskreises», als Erzfeind von Walz der eigentliche Motor einer Entfernung von Walz aus dem SS-Gremium. Kranefuß, schon im «Keppler-Kreis» ein Adlatus des damaligen Wirtschaftsberaters, galt als intrigant, rechthaberisch, anmaßend und war der typische Fall eines nationalsozialistischen Konjunkturritters. Nach einer Lehre in der Industrie – bei Kepplers «Chemische Werke Odin G. m. b. H.» – und einigen Verwendungen im Handel und Bankgewerbe hatte er die Gunst der Stunde genutzt und war seit März 1932 als Mitarbeiter Kepplers ausschließlich für die Partei tätig. Gleichzeitig hatte er in der SS Karriere gemacht und wurde schließlich im Januar 1944 Brigadeführer. Seinen Erfolg in der Partei hatte er für seinen privaten Auf-

stieg eingesetzt, war 1935 dank der Protektion Schachts und Kepplers zum
Vorstandsmitglied der Braunkohle-Benzin-Aktiengesellschaft (Brabag)
aufgestiegen und bekleidete seit Mai 1939 das Amt eines «Wehrwirt-
schaftsführers» – ein Posten, den er nun Hans Walz keinesfalls zugestehen
wollte.[876]

Scheinheilig hatte Kranefuß noch wenige Monate zuvor den verstorbenen Robert Bosch in der Betriebszeitung seiner «Brabag» als «genialen
Industriellen und wahrhaftigen Sozialisten» für den Nationalsozialismus
zu vereinnahmen gesucht.[877] In Wirklichkeit jedoch waren ihm die Eigen-
mächtigkeiten von Walz seit langem ein Dorn im Auge. Die Gründe der tiefen gegenseitigen Animosität können nicht allein in der Rivalität zweier
«Wirtschaftsführer» gelegen haben. Möglicherweise hat Hans Walz dem
Aufsteiger Kranefuß, dessen Weg er seit dem ersten Zusammentreffen im
Jahr 1932 hatte verfolgen können, bei irgendeiner Gelegenheit zu verstehen
gegeben, was er von Menschen seines Schlages hielt.

Berger kannte sich in Fragen des Finassierens im nationalsozialistischen
Parteien- und Behördengeflecht gut genug aus, um mit dosierten Vorstößen
und schlagkräftigen Argumenten den Gegnern von Walz Paroli zu bieten.
In Anbetracht des weitverbreiteten Mißtrauens gegen den «Betriebsführer»
von Bosch wählte er einen geschickten Weg, der schließlich dazu führte,
daß Walz die Ermittlungen relativ unbeschadet überstand. Kranefuß wurde im April 1943 von dem mit der Angelegenheit Walz betrauten SS-Richter beim Reichsführer SS, Hauptsturmführer Dr. Wehser, um eine Beurteilung von Walz gebeten. Da von Kranefuß kaum ein positives Gutachten zu
erwarten war, hatte Berger seinerseits bereits bei Wehser um eine gute Beurteilung von Walz gebeten und selbst Akteneinsicht genommen. Bergers
Intervention bei Wehser sollte den zu erwartenden massiven Vorwürfen
den Wind aus den Segeln nehmen:

«1.) Aus der Mitgliedschaft zum Verein der Abwehr des Antisemitismus und aus der
Unterzeichnung des Aufrufs im Jahre 1929 kann man W. keinen Vorwurf machen. Es
gäbe eine ganze Anzahl von Parteigenossen, die jetzt in höheren Stellungen seien, die in
den 20er Jahren die Bekämpfung des Judentums durch die Partei noch für einen Fehler
gehalten hätten. In Württemberg selbst seien die Judenverhältnisse im Gegensatz zum
Reich infolge der Entjudungsaktionen von Karl Eugen bei weitem günstiger gelegen als
anderswo. Es habe in Württemberg niemals eine führende Judenschicht gegeben.

2.) Der Konservatoriumsleiter Adler sei nicht Volljude, sondern nur Halbjude gewesen und zwar habe es sich um einen sehr intelligenten gut bürgerlichen Halbjuden gehandelt, der aus seiner beruflichen Tätigkeit als Leiter des Konservatoriums nach 1919 sehr
viel im Sinne des gut situierten Württembergs für Volkstumspflege (Hausmusik, Sammlung von alten Gebräuchen und ähnlichem) getan habe und etwa auf dem Boden der
Deutschen Volkspartei gestanden habe.

3.) Walz sei stark kirchlich gebunden. Sein Vater, Lehrer, sei frühzeitig an TB gestorben und habe seine Ehefrau mit 3 Buben und einem Mädchen mit einer geringen Pen-
sion von monatlich 70.–80. RM zurückgelassen. Mutter W. sei dann von den Stiftungen
der evangelischen Kirchen weitgehend unterstützt worden, da sie eine ganze Reihe
von Verwandten in Pfarrerkreisen habe. Die Stiftungen der Kirchen hätten die Aus-

bildung der 3 Buben bezahlt. Deshalb sei W. der Kirche für seinen Werdegang verpflichtet.

W. selbst sei (...) ein ganz und gar persönlich sauberer und charakterlich einwandfreier Kerl. Es sei eine Gemeinheit, wenn man diesem Manne nachsagen wolle, daß er kein soziales Verständnis habe, denn gerade als Direktor und jetziger Generaldirektor der Boschwerke habe er für die Gefolgschaft außerordentlich viel auf sozialem Gebiet getan. Allerdings habe W. unter erheblichen Anfeindungen in Württemberg zu leiden, die z. T. von der Polizei und zwar von einem Kriminalrat Musgay, z. T. von der Gauleitung ausgehen. Der Gauleiter habe die Boschwerke annektieren wollen und in einen gaueigenen Betrieb umwandeln wollen. Die 2 Kinder Bosch, 15 und 17 Jahre, sollten ausbezahlt werden. SS-Gruf. Berger bezeichnete diese Absicht als große Schiebung. Die Sache sei bis zum Führer gegangen, der durch die Ernennung des Bosch sen. zum Pionier der Arbeit alle diese Bestrebungen durchkreuzt habe. Die Animosität gegen W., den Privatsekretär des Bosch, sei aber zurückgeblieben, daraus erkläre sich wohl auch die negative Beurteilung durch SD und Parteidienststelle.

Natürlich sei W. kein Nationalsozialist, wie man ihn 100 %ig sich wünschen möchte. Dazu sei W. zu sehr in wirtschaftlicher Hinsicht in den Vorstellungen der vergangenen Generation befangen und in kirchlicher Hinsicht aus seinem Entwicklungsgang her gebunden. Diese Auffassung, speziell die Bindung in kirchlichen Fragen, werde aber durch seine eigene Familie ausgehöhlt.»[878]

Das «Gutachten» erwies sich allerdings als unzureichend, um bestehendes Mißtrauen auszuräumen. Als sich Berger am 30. April 1943 nach dem Stand der Dinge erkundigte, informierte ihn Kranefuß, er werde in nächster Zeit bei Himmler in Angelegenheiten des «Freundeskreises» Vortrag halten und werde bei der Gelegenheit vielleicht auch den Fall Walz erörtern können. Berger setzte nun seine Stellung in der Parteihierarchie ein, denn es gelang ihm, das gegen Walz schwebende Disziplinarverfahren bis zum Kriegsende auszusetzen. Der dienstbeflissene Kranefuß, der fortwährend darum bemüht war, die inhomogene «Kameradschaft» nicht auseinanderlaufen zu lassen, wird sich zu einem solchen Schritt nur unter Druck entschlossen haben. Von der Idee, an dem seit langem verhaßten Walz ein Exempel zu statuieren und ihn aus der Eliteorganisation auszustoßen, trennte sich Kranefuß nur mühsam. Trotz aller Zugeständnisse gegenüber Berger bot ihm der «Fall Walz» am 21. April 1943 einen lohnenden Anlaß, Himmler die grundsätzlichen Mißstände zu schildern. Walz war geradezu ein «Musterfall derjenigen Wirtschaftsgrößen», die einer Mitgliedschaft im «Freundeskreis» nicht wert waren.

Walz zählte mit 25 Absagen bei 38 Einladungen zu den Fällen, die dem SS-Mann als «ausgesprochen unbefriedigend» erschienen: «Auf die Teilnahme dieser letztgenannten Herren kann nach meiner Auffassung ohne jeden Schaden für den Freundeskreis verzichtet werden, denn hier deckt sich ihr mangelndes Interesse fuer unsere Zusammenkünfte absolut mit ihrer Haltung in anderen Fällen und Problemen.» Die Angelegenheit Walz wurde neben der des Versicherungsfachmanns und ehemaligen Reichsbankdirektors Kurt Schmitt als besonders unbefriedigend geschildert: «Unerquickliche Erörterungen, in deren Verlauf ich jegliches Verständnis vermissen mußte und statt dessen nur mehr oder weniger fadenscheinige Ausreden hörte, hat es bisher nur mit Herrn Dr. Kurt Schmitt und Herrn Walz gegeben.»

Um die sich nun auch in Himmlers Machtsphäre abzeichnende Mißstimmung gegen Walz zu konterkarieren, wandte sich Berger an Himmlers Sekretär Brandt und setzte sich für Walz ein, vorgeblich, weil «die Sache die ganze Entwicklung und vor allen Dingen das Lebenswerk meines Vaters Bosch auf das schwerste gefährdet» sei.[879] Vor dem Hintergrund der massiven und unbestreitbaren Vorwürfe war es sinnlos, die Anschuldigungen einfach zu leugnen, und Berger wandte eine Vorwärtsverteidigung an, um den Bosch-Direktor aus der direkten Schußlinie der Gestapo und der SS zu nehmen:

«Da ich schon lange das Gefühl habe, daß SS-Hauptsturmführer, Direktor der Boschwerke in Stuttgart Walz sich nach der SS-mäßigen Seite nur sehr langsam oder garnicht entwickelt, insbesondere von seinen kirchlichen Bindungen nicht frei wird und auch von seinem zuständigen SS-Oberabschnitt nach dieser Richtung nie betreut, sondern nur als melkende Kuh angesehen wurde, habe ich versucht, ihn durch das Personalhauptamt zum Stab des SS-Hauptamtes versetzen zu lassen. Hierbei erfuhr ich, daß gegen Walz ein Verfahren schwebt und von Reichsführer-SS die Personalakten angefordert worden seien. Nach Erkundigung stellte ich fest, daß, vermutlich ausgelöst durch eine Aussprache im Freundeskreis des Reichsführers-SS die besonders starke kirchliche Bindung des Walz sich offen zeigte. SS-Obersturmbannführer Bender war so nett, mir durch seinen Gerichtsführer auch die übrigen Anhaltspunkte mitzuteilen: Schriftverkehr mit dem Halbjuden Adler, ehemaliger Direktor des Konservatoriums in Stuttgart, asoziales Benehmen usw. Ich könnte, da ich den ganzen Lebenslauf, den Werdegang und die ganze Mentalität des Walz sehr gut kenne, dem Reichsführer-SS seitenlange Berichte abgeben. Bitte in der Kürze folgendes vortragen zu dürfen:

1.) Direktor Walz hat für die SS sehr viel getan, sowohl vom Werk aus wie auch persönlich. Ich darf nur an die SS-Siedlung und an die SS-Sportgemeinschaft erinnern.

2.) Walz hat im Werk ein überaus großes Ansehen. Wer das bestreitet, dem könnte ich im einzelnen nachweisen, daß er die Verhältnisse nicht kennt oder bewußt falsche Berichte abgibt.

3.) Eine Entfernung des Walz aus der SS im jetzigen Zeitpunkt würde den Boschwerken ganz erheblich schaden. Ich glaube nicht, daß das im Sinne Reichsführer-SS liegt.

Ich weiß, daß Walz kirchlich stark gebunden ist, aus dieser Bindung heraus auch sein im Jahre 1928 oder 1929 erfolgtes Eintreten für die Juden. Daß er nach dieser Seite hin nie zur Staffel kommen wird und so verbraucht werden muß, wie er eben jetzt im Augenblick ist.

Ich bitte vorschlagen zu dürfen, den SS-Hauptsturmführer Walz bis nach Beendigung des Krieges in der Schutzstaffel zu belassen, seine Haltung bis dahin dann eingehendst zu überprüfen und wenn er sich nicht ändert, ihm nahe zu legen, sein Gesuch zum Austritt aus der Schutzstaffel einzureichen.

Walz hat 6 Kinder. 2 Buben von ihm sind bereits in den Streifendienstgefolgschaften, sind in sehr guter Führung und rücken bei Erreichung des Alters zur Waffen-SS ein. Die Familie Walz wird nach der christlichen Seite hin von innen her ausgehöhlt, irgendwelche Gefahr ist nicht vorhanden.»[880]

Auch an anderer Stelle wies Berger auf die negativen Auswirkungen einer Ausstoßung von Walz hin: «Die Entlassung W.s aus der SS wird im Augenblick die Firma Bosch schwer treffen müssen. Das wäre für die Firma ungerecht in Anbetracht der Leistungen der Firma für die SS. In diesem Zusammenhang hebt SS-Gruppenführer Berger die Siedlung in Stuttgart hervor. Dort würden sämtlichen gefallenen Siedlern, und darunter seien viele SS-Angehörige, mit dem Tage ihres Heldentodes die Hypotheken gestrichen und von der Industrie übernommen. An den dafür benötigten Leistungen und an dem Zustandekommen dieser Regelung habe die Firma Bosch einen wesentlichen Anteil.»[881]

Nach diesen Stellungnahmen Bergers für seinen Schützling Walz zeichnete sich eine Entspannung der Lage ab. Im Sinn des «Schwabenherzogs» wirkte, daß SS-Obergruppenführer Wolff noch einmal zum Fall Walz Stellung nahm: Wolff war ein Duz- und Jagdfreund Bergers, wahrte jedoch ein distanzierteres Verhältnis, das Wolff später als korrekt, aber nicht unbedingt freundschaftlich beschrieb.[882] Da Kranefuß, der um sein Ansehen bei Wolff bemüht war und sich diesem gar «in einer rührenden Freundschaft angeschlossen» hatte,[883] jedoch nicht genau wußte, ob Wolff nicht doch noch auf Bergers Seite umschwenken werde, lenkte er nun widerwillig ein und betonte, daß er

«grundsätzlich ein Ausscheiden von Walz aus der Schutzstaffel begrüßen würde. Zumal hierbei aber möglicherweise Gesichtspunkte und Hintergründe zu beachten sind, die ich nicht zu übersehen und zu beurteilen vermag, dürfte wohl die Auffassung des SS-Gruppenführers Berger richtig sein, nach welcher im Interesse des Erbes des verstorbenen Herrn Robert Bosch und des Ansehens seiner Firma ein Ausscheiden des Herrn Walz aus der Schutzstaffel *im gegenwärtigen Zeitpunkt* vermieden werden sollte.»[884]

In der Angelegenheit Walz entschied nun nicht der «Reichsführer-SS» Himmler selbst, sondern der «vorgeschaltete» Obergruppenführer Wolff, der sich der von Berger gewünschten Milderung beugte: Wolff war der Ansicht, «daß Walz in keiner Form» zum SS-Führer geeignet ist. Man hätte Walz überhaupt nicht in die SS aufnehmen sollen. Nachdem aber der Fehler gemacht worden sei, Walz aufzunehmen, solle man diesen aus dem «Freundeskreis» «auf kaltem Wege» entfernen, ihn auch nicht mehr zu Spenden auffordern, weil dadurch ein «schiefes Verhältnis» entstehen würde, das auf jeden Fall vermieden werden solle. Die Entfernung aus der SS sollte bis Kriegsende zurückgestellt werden.

Der Pragmatismus der Kriegsnotwendigkeiten behielt die Oberhand. Um der Rüstungsproduktion keinen Schaden zuzufügen, entschloß man sich gar zu der rationalen Lösung, im Interesse der Produktion die Ernennung von Walz zum Wehrwirtschaftsführer für unbedenklich zu erklären. Der SD müsse deshalb vertraulich unterrichtet werden, warum Walz nicht sofort aus der SS entfernt werde.[885] Himmler stimmte dieser Einschätzung zu, damit war die «Angelegenheit Walz» erledigt und das Disziplinarverfahren bis Kriegsende zurückgestellt:

«Walz ist kein SS-Führer. Walz ist auch durch Herkunft und Werdegang wirtschaftlich und konfessionell so in SS-fremden Gedankengängen verwurzelt, daß eine Erziehung zum SS-Führer aussichtslos erscheint. (...) Es wird um entsprechende Veranlassung und Wiedervorlage der Vorgänge nach Kriegsende gebeten.»[886]

Einem frühen Vorschlag von Kranefuß entsprechend, die Mitgliedschaft von Walz im «Freundeskreis» «stillschweigend und ohne jede weitere Betonung oder Aufsehen» zu beenden, wurde mit einer ungewöhnlichen Diskretion entsprochen.[887]

Zu weiteren Ermittlungen kam es nicht; der «totale Krieg» verhinderte eine intensivere Untersuchung, die für Walz nach einem «Endsieg» ausgesprochen unangenehme Folgen hätte haben können. Der Chef des Zentralamts des Reichsministeriums für Bewaffnung und Munition als übergeordneter Instanz hielt, ohne allerdings über die Vorwürfe im einzelnen unterrichtet zu sein, die gegen Walz getroffenen Maßnahmen für übertrieben.[888] Das Parteigericht ließ im Laufe des Jahres 1943 erkennen, daß Walz nur schwer zu belangen sein werde. In der SS schloß man sich den Bedenken der Sicherheitspolizei im vollen Umfang an. In Anbetracht «seiner zweifelhaften politischen Einstellung» hielt Himmler ein Disziplinarverfahren gegen Walz für durchaus gerechtfertigt.[889] Im Herbst 1943 bekräftigte er daher seine Weisung, das eingeleitete Verfahren lediglich «bis Kriegsende» auszusetzen und Walz zu SS-Diensten nicht mehr heranzuziehen.[890]

Umstritten blieb zunächst weiterhin die Frage, ob Walz zum «Wehrwirtschaftsführer» ernannt werden sollte. Der Chef des SD und des Reichssicherheitshauptamtes, Ernst Kaltenbrunner, hielt dies aufgrund der kirchlichen Bindung von Walz «nicht für angebracht» und plädierte in diesem Sinn auch bei Himmler.[891]

Dem Chef der SS erschien diese radikale Maßnahme schließlich allerdings doch nicht opportun. Über die einzelnen Beweggründe schweigen sich die Quellen aus; persönliche Sympathien werden allerdings kaum eine Rolle gespielt haben. Angesichts der bedrohlichen Lage Deutschlands waren es wohl die pragmatischen Wirtschaftsinteressen, die Himmler im Herbst 1943 anordnen ließen, die Bedenken wegen der Ernennung von Walz zum «Wehrwirtschaftsführer» fallenzulassen.[892] Für Walz hatte diese «Ehrung» keine Bedeutung. Er hatte schon Rudolf Klett erklärt, er sei froh, wenn er den Krieg ohne diesen «trivialen Titel» überstehe. Es war in diesem Sinn eine für das Herrschaftsgefüge des NS-Staates nicht untypische Arabeske, daß nach dem Machtgerangel zwischen Partei, SS und Militär durch Kletts Nachfolger, Oberst Robert Gutscher, und wiederum gegen den Einspruch der württembergischen NSDAP, die Ernennung zum «Wehrwirtschaftsführer» Ende 1943 oder Anfang 1944 doch noch durchgesetzt wurde.[893]

Der «Freundeskreis Himmler» ging mit dem «Dritten Reich» unter. Die Auseinandersetzung um Hans Walz und seine «Kaltstellung» ist an dieser

Stelle ausführlich dargestellt worden, weil sich anhand der Akten die Beweggründe für seinen Verbleib in der SS anschaulich zeigen lassen. Der aufgrund mangelnder Aktenkenntnis gelegentlich erhobene Vorwurf, Walz sei als Mitglied des «Freundeskreises Himmler» ein «Spezialist des doppelten Spieles» gewesen, der geschickt mit allen Seiten zurecht gekommen sei, ist entschieden zurückgewiesen worden.[894] Wie so manche spätere Beschuldigung entsprach er gängigen und pauschalisierenden Vorwürfen, die individuelle Entscheidungsmöglichkeiten und -zwänge nicht erkennen oder nicht erkennen wollen. Vom Allgemeinen auf das Besondere zu schließen, das mag auch in diesem Fall gelten, ist nur dann statthaft, wenn die empirische Grundlage ein solches Urteil erlaubt.

Gottlob Berger ist später mit der Bemerkung, er habe «damals alles getan», um Walz zu schützen, nur en passant auf seinen Beistand eingegangen.[895] SS-Obergruppenführer Wolff, der nach dem Krieg sicherlich keinen Grund hatte, Walz irgendeinen Dienst zu erweisen, kam nicht umhin, dem «Betriebsführer» von Bosch seinen Respekt zu zollen. Als Friedrich Flick zu seiner eigenen Entlastung vorbrachte, er habe im «Freundeskreis» im Konflikt mit Himmler gestanden, hielt Wolff dies aus seinen eigenen Erfahrungen für wenig wahrscheinlich:

«Wie sich die Dinge am Ende entwickelten, weiß ich nicht genau, aber es ist völlig ausgeschlossen. Er wäre ja sofort aus dem Freundeskreis ausgeschlossen worden. Nehmen wir als Vergleichsfall Walz von Bosch. Der hat den Freundeskreis konsequent nicht besucht. Man wußte, daß er ein überzeugter Christ ist. Man hat ihn schließlich nicht mehr eingeladen. Man hat ihn aber nicht direkt hinausgetan, sondern mehr stillschweigend.»[896]

Fünftes Kapitel

Der Boschkreis und der 20. Juli 1944

1. Stuttgarter Vorbereitungen

Der 20. Juli 1944 ist in der Widerstandsforschung lange Zeit in den Hintergrund geraten, da sich mit ihm Tendenzen einer «Monumentalisierung» und einer gewissen Mythisierung des Widerstands gegen Hitler verbunden hatten. Den Vorgängen um das Attentat in der «Wolfschanze» ist indessen in jüngster Zeit wieder neue Beachtung geschenkt worden, nicht zuletzt, weil sich an diesem Widerstandskomplex «die moralische Dimension des aktiven Widerstands in nachgerade klassischer Weise aufzeigen läßt.»[1] Hier erwies sich in aller Konsequenz, «was Widerstand im totalen Staat bedeutet, in dem es keine Grundrechtssicherungen, keine freie öffentliche Auseinandersetzung und kein Recht auf Opposition oder auf nachprüfbaren Prozeß gab.»[2]

Auf diese Vorgänge soll im folgenden eingegangen werden, weil der Boschkreis auf der zivilen Seite in erstaunlichem Umfang an diesem bekanntesten Widerstandsvorhaben beteiligt war, obwohl dieser Tatbestand bislang weitgehend unbeachtet geblieben ist. Erst im Jahr 1961 erfuhr Theodor Heuss, der fünfzehn Jahre zuvor die Biographie Robert Boschs vorgelegt hatte, von der kurz nach Kriegsende entstandenen Niederschrift Albrecht Fischers über das Attentat vom 20. Juli 1944. Heuss selbst hatte die Zeit des Hitlerattentats in seiner Lebensgeschichte des Unternehmensgründers nicht mehr behandelt, obwohl im Grunde die Vita von Robert Bosch auf eine solche Entwicklung hingedeutet hatte. Heuss, den man als Pressesprecher für die Zeit nach dem Sturz Hitlers ins Gespräch gebracht hatte, war durch die Einzelheiten, die er fast zwei Jahrzehnte später erfuhr, tief bewegt: «Die Dinge, die man so bei der konkreten Beschäftigung mit den Details auf sich zukommen sieht, bleiben immer wieder unfassbar.»[3]

Geht man vom heutigen Forschungsstand aus, so kann die Rekonstruktion der Stuttgarter Vorgänge unser Wissen über die Hintergründe und Dimensionen des Staatsstreichs nicht unerheblich erweitern. Die historischen Darstellungen über diese Hintergründe der bedeutendsten Widerstandsaktion im «Dritten Reich» beschränken sich meist auf die «Wolfschanze» als dem militärischen Lagezentrum Hitlers und dem Ort des Attentats, und auf die Reichshauptstadt Berlin, sowohl Zentrum der Verschwörung als auch der Gegenreaktion, die noch am Abend des 20. Juli 1944 den militärischen Widerstand zum Erliegen brachte.

Die Konzentration auf Berlin ist sicherlich sachlich berechtigt; aber zugleich kann auf diese Weise der Eindruck entstehen, als sei die gesamte

Widerstandsaktion ein Berliner, ja gar ein «preußisches» Ereignis gewesen. Demgegenüber muß festgehalten werden, daß die Tat des 20. Juli 1944 in ihrer Bedeutung nicht vollständig erfaßt wird, wenn man nicht den Anteil der «Provinz» einbezieht:[4] Der organisatorische Anteil des Boschkreises an den Vorbereitungen dieses Umsturzversuches war ebenso bemerkenswert wie die Versuche der Jahre 1938 bis 1943, einen Frieden ohne Hitler herbeizuführen.

In mancherlei Hinsicht müssen die Vorbereitungen und Diskussionen über den Staatsstreich im Boschkreis unabhängig von den vorherigen Bemühungen gesehen werden. Hatten die Stuttgarter dort noch recht eigenständig agiert, schränkte spätestens seit Mitte 1943 der inzwischen total geführte Krieg die Handlungsfreiheit zusehends ein. In einer Atmosphäre der Angst und Verunsicherung und in ständiger Sorge vor den allgegenwärtigen Denunziationen wirkte der hohe Isolationsgrad zermürbend, den der Widerstand schon aus Selbstschutz wahren mußte. Bei den eher flüchtigen Begegnungen wurde nur das Nötigste beraten, und meist blieb gar keine Zeit für ausführliche Besprechungen und die Ausarbeitung von Programmen. Fabian von Schlabrendorff hat als Beteiligter später anschaulich diese Problematik geschildert: «Nur wer selbst während des Krieges in Deutschland gelebt hat, weiß, welch unerhörte Vorsichtsmaßnahmen angesichts der Tätigkeit der Gestapo zu beobachten waren, um die Aufdeckung der Staatsstreichpläne zu verhüten. Jede nicht unbedingt erforderliche Besprechung mußte vermieden werden. Auch im allervertrautesten Kreise wurden nur jene Namen ausgesprochen, deren Nennung unbedingt notwendig war.»[5] Im Boschkreis ging es nicht in erster Linie darum, in die Vorkehrungen eingeweiht oder gar über den Zeitpunkt eines Putsches informiert zu sein. Das hätte nur eine unnötige Gefährdung des Verschwörungsplans bedeutet: Wichtig war allein, nach dem erfolgreichen Attentat die Zerschlagung des Regimes zu vollenden und eine schnelle Neuordnung Deutschlands durchzuführen.

Dies gelang nicht, und deshalb kamen weder der Boschkreis noch die Mitverschwörer in den Wehrkreisen zum Zuge. Ob ihr Handeln zum Erfolg geführt hätte, ist eine beinahe müßige Frage. Joachim Fest hat nicht zu Unrecht, aber wiederum recht einseitig, von den «Schwerfälligkeiten» gesprochen, die dem Versuch «den eigentümlich linkischen, in allem moralischen Ernst fast parodistischen Charakter»[6] gaben. Die «Donquichotterie» des Ansinnens, ein Terrorregime mit demokratischen Mitteln abzulösen, mußte auch den süddeutschen Widerstand des 20. Juli scheitern lassen, bevor er überhaupt die Chance zum Erfolg gehabt hatte.

Obwohl die bewährten und im wesentlichen informellen Verbindungen zu anderen württembergischen Regimegegnern beibehalten und gar neue Beziehungen geknüpft wurden, die bis ins Badische reichten, blieb der Boschkreis auch in den Jahren 1943/44 ein eng gefaßter Zirkel der ursprünglichen Mitarbeiter Robert Boschs. Die selbstgewählte Begrenzung

auch in der historischen Perspektive beizubehalten, erscheint sinnvoll, weil
ansonsten Vorgänge und Zusammenhänge miteinander verquickt werden,
die räumlich und personell nur wenig miteinander zu tun hatten. Betrachtet man die Stuttgarter Vorgänge aus der Vogelperspektive, lassen sich zwar
vielfältige Verbindungsstränge zwischen den Beteiligten erkennen, von
einem umfassenden Widerstandsbündnis konnte jedoch nicht die Rede
sein. «In Württemberg waren wir nur ein kleiner Kreis von Mitverschworenen und Mitwissern um das Geschehen vom 20. Juli gewesen»: So hat
später Paul Hahn das Dilemma umschrieben.[7]

Die neben dem Boschkreis existierenden Gruppierungen in Württemberg wurden durch Goerdeler zusammengefaßt. «Alten Tendenzen
gemäß» sollten nach einem erfolgreichen Umsturz Baden und Württemberg vereinigt werden.[8] In Württemberg zeigte sich wie in einem Mikrokosmos die ganze Spannbreite des Widerstands in Deutschland. Die durchaus disparaten Interessen der Mitverschworenen von rechts und links
bestanden fort, und in den Grundfragen einer politischen Neuordnung für
die Zeit nach dem Attentat herrschte ebensowenig Einigkeit wie auf
Reichsebene. Freilich, die Beantwortung der zunächst einmal wichtigeren
Frage, wie das Regime beseitigt werden konnte, ließ diese Unstimmigkeiten von ebenso sekundärem Interesse werden wie die akademische Frage,
ob man sich selbst überhaupt als ein «Kreis» verstand.[9]

Die Hitlergegner, die sich in Stuttgart gegen das Regime verschworen
hatten, wußten zwar von den Aufgaben des Boschkreises, aber die Verbindungen zwischen den einzelnen Gruppierungen waren aufgrund der Zel-
lenstruktur des Widerstands nur schwach ausgeprägt. Das galt besonders
für den Kontakt zu den Männern um Eugen Bolz und den Christlichen
Gewerkschafter Joseph Ersing, von deren Tätigkeit und enger Zusammenarbeit man bei Bosch informiert war, die jedoch ganz eigenständig arbeiteten. Goerdeler koordinierte die Planungen und stellte nötigenfalls den
Kontakt zwischen den nicht unmittelbar verzahnten Gruppen her.

Der Jurist und langjährige Zentrumsabgeordnete Bolz, der in den letzten
Jahren der Weimarer Republik das Amt des württembergischen Staatspräsidenten bekleidet hatte und der bestgehaßte Gegner Wilhelm Murrs
geworden war, machte aus seiner Verachtung für den Nationalsozialismus
nie einen Hehl. Seinen Umgang mit Theodor Heuss und Wilhelm Keil hatte er auch nach 1933 nie ganz aufgegeben. Im Gegensatz zu vielen anderen
Politikern der Weimarer Republik hatte er es in der «inneren Emigration»
nicht lange ausgehalten, weil er sich, tief in der christlichen Sittenlehre verwurzelt, nie mit dem Terrorregime Hitlers hatte arrangieren können. Walz
und Schloßstein brachten Bolz mit Goerdeler zusammen, indem sie ein
gemeinsames Treffen in der Gaststätte Filderhof in Vaihingen arrangierten,
das wahrscheinlich im Frühjahr 1942 stattfand und an dessen Vorbereitung
auch der ehemalige Reichstagskollege von Bolz, Joseph Ersing, beteiligt
war. Durch die Treffen im Haus von Max Ersing, einem Neffen Joseph

Ersings,[10] wurde eine Verbindung geschaffen, die bis zum Attentat des 20. Juli Bestand hatte. Im März 1942 kam es zu eingehenden Gesprächen zwischen Bolz, Ersing und Goerdeler.[11] Da Ersing wiederum als Verbindung zwischen den Sozialdemokraten und den Christlichen Gewerkschaftern um Jakob Kaiser diente, erhielt letzterer durch Ersing in Stuttgart gewichtige Unterstützung, die sich auf jahrelange Bekanntschaft und Tätigkeit gegen Hitler stützen konnte. Es gab, wie Jakob Kaiser rückblickend beurteilte, im Rahmen der Verschwörung einen «geschlossenen Kreis» der Arbeiterschaft.[12] Ersing sollte – zumindest für die erste Zeit – in Württemberg die Gewerkschaften führen.[13] Bolz wiederum nutzte die vielfältigen gewerkschaftlichen Kontakte Ersings und dessen Verbindungen in den badischen Raum, um in Südwestdeutland das Widerstandsnetz dichter zu spinnen und um Finanzmittel zu werben. Trotz seiner vielfältigen Kontaktmöglichkeiten erwies sich die Arbeit von Bolz als schwierig genug.[14]

Die Fühlung des Boschkreises mit den württembergischen Regimegegnern wurde zwar aufrechterhalten,[15] aber einer Ausweitung dieser Zusammenarbeit ging man aus dem Weg, so daß die Existenz weiterer Stuttgarter Widerstandskreise kaum organisatorische Auswirkungen hatte.[16] Konsequent vermied selbst Goerdeler in seinen Unterredungen mit Bolz die namentliche Nennung der anderen «Herren», mit denen er in Stuttgart in Verbindung stand. In solchen Dingen war er, wie Joseph Ersing berichtete, «sehr vorsichtig».[17] Für den Boschkreis reichte das Wissen, daß nach einem Umsturz die Männer um Bolz wichtige Helfer sein würden. Das Kommunikationsnetz des Widerstandes funktionierte auch ohne die Verschmelzung der Gruppierungen, so daß allmählich ein «eher loser Verbund politisch disparater, aber unterstützungsbereiter Regimegegner» entstand, «die aus Sicherheitsgründen meist kaum voneinander wußten, vieles nur improvisieren konnten und vor allem über Freundschaftskontakte eine Ausbreitung des ‹Verschwörungsnetzes› zu erreichen suchten.»[18]

Goerdeler blieb Angelpunkt des württembergischen Widerstands und, trotz aller politischen Vorbehalte, die potentiell polarisierend wirkten, dessen wichtigster Ansprechpartner. Freilich, die eigentlich «politischen» Entscheidungen fielen nicht auf regionaler Ebene. Im Januar 1943 fand in der Berliner Wohnung von Jakob Kaiser eine wichtige Unterredung statt, in der über die Zusammensetzung einer künftigen Reichsregierung beraten wurde. Bezeichnenderweise trafen sich die Verschwörer nun in einer Berliner Wohnung: In der Reichshauptstadt war schon aufgrund der Unübersichtlichkeit eine lückenlose Überwachung schwierig durchzuführen. In Württemberg bestand die Gefahr, daß die ominösen Besuche Goerdelers und die erklärungsbedürftigen Begegnungen von der Stuttgarter Gestapo entdeckt würden.

Das Jahr 1943 war von den Bemühungen gekennzeichnet, eine Zivilregierung für die Zeit nach Hitler aufzustellen. Bolz wurde im Rahmen dieser Überlegungen, möglicherweise auf Vorschlag Wilhelm Leuschners, der engen Kontakt mit Jakob Kaiser hielt, das Innenressort eingeräumt: Leuschner war der Meinung, Bolz sei für die Neugestaltung der Verfassungsordnung der geeignete Mann.[19]

Über die Zusammensetzung dieses «Schattenkabinetts» kam es jedoch in den folgenden Monaten zu Unstimmigkeiten. Als die Gewerkschaften das Innenressort für Julius Leber – als Gegenleistung für die Unterordnung unter Goerdeler – forderten, erklärte sich Bolz im Jahr 1944 bereit, das Kultusministerium zu übernehmen. Diese diplomatischen Überlegungen waren das Symptom wachsenden Mißtrauens, denn zu jener Zeit wurde die Verschwörergruppe einer Zerreißprobe unterworfen. Im Büro Josef Wirmers kam es zu heftigen Auseinandersetzungen zwischen den linken und den rechten Flügeln des Widerstands: Die Linke mißtraute Goerdelers Kontakten zur Großindustrie, und die sozialistischen und christlichen Gewerkschaftsführer stritten über die religiöse Ausformung eines zukünftigen Staates. Allerdings gibt es keine Hinweise, daß die Gewerkschafter an den Verbindungen Goerdelers zu Robert Bosch etwas auszusetzen hatten – es waren wohl eher die konservativen «Honoratioren» und die Erinnerung an Männer wie Schacht und die Unternehmer der rheinischen Kohle- und Stahlindustrie, die den Linken im Widerstand suspekt waren. Jedenfalls geriet Goerdeler in einer allgemeinen Atmosphäre der Mißstimmung und Enttäuschung 1944 zwischen alle Fronten des Widerstands. Den Konservativen mißfielen die gewerkschaftlichen Anklänge, Männer wie Yorck, Leber, Moltke und Trott zeigten Unbehagen über die – allerdings gar nicht klar durchschauten – «Wirtschaftsbeziehungen», die Goerdeler als einen Interessenvertreter der Industrie erscheinen ließen. Ob sich der Boschkreis in die Diskussion um die Posten im «Schattenkabinett» einmischte, ist nicht bekannt, aber wahrscheinlich hielt man sich schon deshalb zurück, weil die Stuttgarter sich selbst ja keineswegs nach zukünftigen Verwendungen drängten. Die Sympathien des Boschkreises gingen indessen eher zu sozialdemokratischen Positionen, und man ermunterte Goerdeler immer wieder, sich nach links zu öffnen.

Nichtsdestotrotz, das «Andere Deutschland» drohte in Agonie und Passivität unterzugehen. Als Jakob Kaiser im Sommer 1943 das letzte Mal vor dem Attentat nach Stuttgart kam, mußte er feststellen, daß in der württembergischen Hauptstadt Zweifel an der Niederwerfung Hitlers durch das Militär bestanden.[20] Das Vertrauen in eine «Aktion» ließ sich nur schwer wiederherstellen, aber Fortschritte zeichneten sich bald zumindest hinsichtlich des Zusammenhalts der Widerständler ab: Nicht zuletzt durch die Vermittlung Kaisers und Wirmers gelang es, die internen Spannungen zu überbrücken.[21]

Für die Glättung der Wogen waren nicht nur Jakob Kaiser, Wirmer und der unermüdlich für eine Einigung eintretende Goerdeler verantwortlich, sondern auch der Boschkreis. Als Vertrauensmann für eine zukünftige Regierung in Württemberg (deren genaue Zusammensetzung allerdings niemals in allen Einzelheiten festgelegt war), wurde Albrecht Fischer ins Gespräch gebracht.[22] Goerdeler hatte vorübergehend den Stuttgarter Oberbürgermeister Karl Strölin favorisiert. Strölin war ein «Alter Kämpfer», der schon 1923 in die NSDAP eingetreten war,[23] sich aber im Verlauf des Krieges teilweise vom nationalsozialistischen Denken gelöst hatte. Auf die Problematik dieses Prozesses ist bereits verwiesen worden. Sein Umdenken beruhte auf der praktischen und durchaus machiavellistischen Einsicht in die Sinnlosigkeit, einen bereits verlorenen Krieg weiterzuführen.[24] Manchen galt er jedoch als Vertreter eines «ehrlichen» Nationalsozialismus, weil er sich von der rabaukenhaften «Gauclique» des Reichsstatthalters Murr bewußt distanzierte und diesem «spinnefeind» war.[25] Mit dem bewunderten Industriellen Bosch hatte er sich eng verbunden gefühlt, nicht zuletzt, weil er einst durch den «Verein zur Förderung der Begabten» ein Stipendium erhalten hatte.[26] Es war daher zu zahlreichen Begegnungen mit Bosch, Walz und Goerdeler gekommen.[27]

Strölin wußte zwar, daß Goerdelers Anstellung bei Bosch lediglich «eine finanzielle Pfründe zu politischen Zwecken» war,[28] bei den Begegnungen im Haus Bosch hatte es allerdings selbst der bisweilen bis zur Leichtsinnigkeit offene Goerdeler nicht gewagt, gegenüber Strölin seine hochverräterischen Pläne anzusprechen.[29] Die Treffen unter alten Bekannten – man kannte sich seit den frühen dreißiger Jahren vom Deutschen Städtetag her[30] – blieben deshalb zunächst unbefriedigende Sondierungen, auch wenn Goerdeler Gerhard Ritter in den Jahren 1942/43 gelegentlich mitteilte, er habe bei Strölin, mit dem er in «enger Fühlung» stehe, erfreulicherweise eine «Einsicht in die Reformbedürftigkeit des herrschenden Systems» vorgefunden.[31] An einigen dieser vorsichtigen Erkundungen war bereits Paul Hahn beteiligt, der später ein wichtiges Bindeglied zwischen Goerdeler und Strölin wurde.[32]

Strölin erhielt von Goerdeler auch einige Denkschriften zur Einsicht.[33] Obwohl diese in erster Linie für die militärischen Verschwörer bestimmt waren,[34] kursierten einige Dokumente auch im Boschkreis. Ob Goerdeler allerdings mit Strölin, wie dieser später behauptet hat, gar Verfassungspläne und Regierungsprogramm besprochen hat, ist ebenso zweifelhaft wie die Angabe des NS-Oberbürgermeisters, man sei sich im Ziel einig gewesen, das Regime zu beseitigen und Hitler auszuschalten.[35] Diese Angabe war wohl wenig mehr als ein nachträglicher Versuch, sich im Glanz des Widerstands zu sonnen. Mit Strölin sei er sich, so gab Goerdeler in seinen Verhören später an, zwar in Fragen der Selbstverwaltung einig gewesen, aber «wirtschafts- und gar hochpolitische Besprechungen» seien stets vermieden worden.[36] Die Vorbehalte gegenüber Strölin waren auch deshalb berechtigt, weil dieser argwöhnisch und ängstlich darauf bedacht blieb, sich nach allen Seiten abzusichern. Ob er sich im entscheidenden Augenblick in der vorgeschlagenen Weise als Verschwörer exponiert hätte, muß mit Blick auf seine mangelnde Zivilcourage bezweifelt werden. Sein Verhalten nach dem erfolglosen Putsch bietet ebenfalls keinen Anlaß, einen Anflug von Heroismus zu erkennen. Der Stuttgarter Oberbürgermeister mußte für den Posten des württembergischen «Vertrauensmannes» letztlich doch als zweite Wahl erscheinen.[37] Goerdeler nahm von seinem ursprünglichen Wunschkandidaten bald aus «naheliegenden Gründen» Abstand, und seine gegenüber Alfred Knoerzer gelegentlich ausgesprochene Klage war eine prägnante Charakterisierung der Eignung des Stuttgarter Oberbürgermeisters: «Mit dem Strölin ist auch nichts anzufangen!»[38] Man würde den Opfern des 20. Juli sicherlich nicht gerecht, rechnete man einen Mann wie Strölin zum Widerstand.[39] Er gehörte zu den Möchtegern-Widerstandskämpfern, die nach 1945 auf einmal auf sich aufmerksam machten und Konrad Adenauer zu dem sarkastischen Kommentar herausforderten, er habe den Eindruck, am Attentat des 20. Juli seien «fast mehr Leute beteiligt, als in Deutschland wohnen.»[40]

Obwohl sich Strölin der Einbindung in Goerdelers Widerstandskreis beharrlich entzog, war es ihm nicht unwesentlich zu verdanken, daß Generalfeldmarschall Erwin Rommel sich «vom populärsten General Hitlers zum entschiedenen Gegner»[41] wandelte. Dessen «Schritt über die Grenze zwischen Duldung und aktiver Beteiligung»[42] erfolgte schließlich erst Mitte Mai 1944, nachdem bereits einige Monate zuvor über den Boschkreis versucht worden war, den «Wüstenfuchs» für einen Umsturz zu mobilisieren.[43] Aber diese Bemühungen können als exemplarisch für die Anstrengungen gelten, die in ihrer Unschlüssigkeit politisch kraftlos zwischen Anpassung, Apathie und Opposition schwankenden Militärs zu gewinnen.[44] Der Held des afrikanischen Krieges ließ sich tatsächlich nicht vorbehaltlos überreden. Seine Opposition «bedurfte, um aktiv zu werden, immer erneut der Bestätigung, daß der Krieg wirklich aussichtslos» geworden war.[45] Aber immerhin blieben die Gespräche nach dem 20. Juli den Ermittlungsbehörden unbekannt. Wären sie entdeckt worden, wäre der Boschkreis auch von dieser Seite her gefährdet gewesen.

Das Zögern der Männer um Strölin war eine typische Reaktion auf Goerdelers Werbungen für eine «Aktion». Der zivile Kopf der Verschwörung hatte überall Schwierigkeiten, wichtige Positionen mit Männer seines Vertrauens zu besetzen. Auch in Württemberg mußte die Position eines Politischen Beauftragen vergeben werden, um für die kritische erste Zeit nach dem Staatsstreich das zu erwartende Chaos zu verhindern. Nach dem Ausfall Strölins verfiel Goerdeler auf den Gedanken, jemanden aus dem Boschkreis heranzuziehen. Gerade Albrecht Fischer, der inzwischen auf eine bewährte Zusammenarbeit mit Goerdeler zurückblicken konnte, erschien als ein idealer Kandidat, weil sich zwischen ihm und Goerdeler im Laufe der gemeinsamen Tätigkeit für Robert Bosch ein enges Vertrauensverhältnis entwickelt hatte.

Goerdeler kam mit Fischer auch in Berlin zusammen, meist im Christlichen Hospiz am Askanischen Platz. Fischers Erfahrung mit schwierigen

Verwaltungsaufgaben prädestinierten ihn für eine Verwendung im «Anderen Deutschland». Zudem hatte er immer wieder Mittlerdienste im Ausland geleistet, hatte manche Geschäftsreisen nach Paris und Basel zum Vorwand genommen, um mit Regimegegnern zu konferieren, und war an fast allen Friedensbemühungen des Boschkreises beteiligt gewesen.[46] Durch seine Kontakte zum Oberkommando der Wehrmacht und zu den christlichen und sozialistischen Gewerkschaftern lag das besondere Vertrauensverhältnis zu Goerdeler gleichsam in der Natur der Sache. Wenn Goerdeler später den wirtschaftlichen Informationsaustausch in den Vordergrund rückte, waren solche Angaben nicht falsch,[47] aber doch in ihrer Ausrichtung aufs rein Wirtschaftliche eine kalkulierte Verschleierung des Tatsächlichen. In Wirtschaftsangelegenheiten wußte man sich seit langem einig, weil Fischer die ökonomische Entwicklung unter dem Nationalsozialismus schon immer als verhängnisvoll angesehen hatte. Die Beurteilung Fischers durch die Gestapo bestach durch ihre sachliche Prägnanz, wenn sie auch die moralisch-ethische Haltung Fischers ausblendete: «Den Mittelpunkt der politischen Betrachtungen bildet die Wirtschaft, vom Nationalsozialismus nicht berührt.»[48] Goerdelers Angabe vor seinen Schergen, man habe sich im Durchschnitt alle vier bis sechs Wochen getroffen, dürfte im wesentlichen korrekt sein.

Goerdeler mußte Fischer gegenüber in Fragen der militärischen und politischen Lagebeurteilung kein Blatt vor den Mund nehmen,[49] was nicht zuletzt deshalb bemerkenswert erscheint, wenn man seine Freimütigkeit etwa mit der Reserve vergleicht, die er gegenüber dem Hausjuristen Thomä an den Tag legte. Neben Walz wurde Fischer in der zweiten Kriegshälfte zum wichtigsten Ansprechpartner Goerdelers im Boschkreis. Beide besprachen sich «ziemlich regelmässig». Fischer mußte später vor der Gestapo einräumen, daß die geschäftlichen Aspekte nur eine Seite der Besprechungen dargestellt hatten. Er habe Goerdeler ab und zu nach Hause zum Mittagessen mitgenommen, und es sei «selbstverständlich hin und wieder auch über private bezw. allgemeine Dinge gesprochen» worden.[50] Aus den Verhörprotokollen Fischers läßt sich das Ausmaß der Übereinstimmung in der Frage des Umsturzes ablesen:

«Aus meinen Unterhaltungen mit Dr. Gördeler habe ich entnommen, daß er etwas skeptisch veranlagt ist und zu einer Kritik neigt, die vielleicht die wenig günstigen Punkte mehr berücksichtigt als die günstigen Momente der jeweiligen allgemeinen Lage (...) Auch bezüglich des Ausgangs des Krieges war er mehr pessimistisch als optimistisch, jedoch ohne irgend eine Schuld der Regierung oder einer Handlung der Regierung zuschreiben zu wollen. Er hat sich nie in abfälliger Weise über die heutige Regierung geäußert, obwohl in seinen Äußerungen des Öftern eine Kritik zum Ausdruck kam. (...) Über die Einstellung und innere Haltung des Dr. Gördeler zur nat(ionalsozialistischen) Weltanschauung kann gesagt werden, daß diese mehr negativ als positiv war.»[51]

Fischer wurde Ende 1942 von Goerdeler für ein offizielles Amt in der Verschwörung rekrutiert, als sich die Kriegslage dramatisch verschlechterte.[52] Die Heranziehung des inzwischen über Sechzigjährigen war in mancher

Hinsicht trotz der zweifellos vorhandenen Befähigung Fischers auch ein Indiz für die unbefriedigenden personellen Möglichkeiten Goerdelers, der auf der ständigen Suche nach neuen Mitverschworenen an seine Grenzen stieß. Allein aufgrund des Alters von Fischer gab es keinen Zweifel, daß er beim Neuaufbau Deutschlands und nicht etwa bei der Staatsstreichplanung mitarbeiten sollte. Folgt man den späteren Angaben vor der «Sonderkommission 20. Juli», dann sondierte Goerdeler bei Fischer zunächst in Richtung einer möglichen Umstrukturierung der Wirtschaft nach dem Kriegsende. Diese Angaben enthielten insofern ein Körnchen Wahrheit, als die gesamte Umsturzplanung – bis hin zur «Walküre» – mit einem relativ harmlos erscheinenden Vorwand getarnt wurde. Erst wenn man diesen Schleier wegriß, tauchte wie auf einer zweiten Bühne der wahre konspirative Hintergrund auf. Im Sinne dieses Doppelspiels war auch Fischers Behauptung vor der Gestapo zu verstehen, Goerdeler habe ihn im Jahr 1942 gefragt, ob er in der Lage sei, «wenn die politischen Verhältnisse sich einmal ändern würden, die Württembergische Industrie wieder organisatorisch zusammen zu fassen, verbandsmäßig im Sinne der Selbstverwaltung gedacht.»[53] Das scheinbare Geständnis Fischer zielte darauf, die Kritik am Nationalsozialismus lediglich ökonomisch zu begründen. Auf Nachfragen versuchte Fischer immer wieder, Goerdelers Anfrage so zu interpretieren, als habe er die Frage lediglich dahingehend betrachtet, «ob ich mir persönlich eine derartige Leistung noch einmal zutrauen würde.»[54]

Die Stuttgarter waren als Repräsentanten der deutschen Exportindustrie daran interessiert, einer 1942/43 bereits als Gefahr am Horizont drohenden sowjetischen Vormachtstellung entgegenzuwirken. Und weil sie in westlichen Kategorien dachten, mußten die Planungen für eine Nachkriegszeit darauf abgestellt sein, eine günstige Ausgangslage für einen Neuaufbau zu erreichen. Insofern gaben die freimütigen Bekenntnisse Fischers vor der Sonderkommission Einblick in die tatsächlichen Überlegungen des Boschkreises: Die Westmächte, so versuchte Fischer sein Handeln mit Vernunftargumenten zu verteidigen, brauchten Deutschland «nicht nur als militärisches Glacis, sondern als Markt (...), da mit zunehmender Industrieentwicklung erfahrungsgemäß der Güteraustausch steigt.»[55] Deshalb hätte Deutschland «zur Abwendung der bolschewistischen Gefahr vielleicht im Westen Konzessionen» machen sollen.[56]

Allein, man würde den eminent politischen Charakter der Verschwörung verkennen, wenn man die wirtschaftspolitischen Erwägungen und die im Hintergrund immer drohende Gefahr einer Sowjetisierung Deutschlands als Motive für den Staatsstreich in den Vordergrund stellen würde. Denn über Goerdelers innenpolitische Zielsetzungen war Fischer, wie er gegenüber der Gestapo zugeben mußte, bis ins Detail informiert. Trotz aller Bemühungen, zu verharmlosen, abzumildern und abzulenken, zeigt sich in seinen Aussagen über die innere Verfassung des Staates beispielhaft die harsche Ablehnung der nationalsozialistischen Politik:

«Gördeler lehnte das Führerprinzip ab, weil auch die Staatsleitung einer Kontrolle bedürfe. Auch auf dem Wirtschaftsgebiete lehnte er das Führerprinzip ab, weil die Gefahr der Wahrnehmung persönlicher Interessen durch die Führenden bestehe. In der Rechtspflege wollte er das Gericht in den Vordergrund schieben. Es sollte niemand in seiner Freiheit behindert oder sonst bestraft werden können, es sei denn durch ein Gerichtsurteil, so daß er polizeiliche Freiheitsentziehungen in Form der Konzentrationslager und andere polizeiliche Freiheitsbeschränkungen ablehnte. Gördeler nahm an, daß ohne eine Konzentrierung der Rechtspflege in die Hand des Richters zuviel Mißgriffe auf diesem Gebiet zu befürchten seien, wobei ich auf tatsächliche Vorkommnisse verwies. Ich hatte ferner den Eindruck, daß Gördeler sich von seiner Tätigkeit als Kommunalpolitiker her besonders für Finanzfragen interessierte. Er stand auf dem Standpunkt, daß jedes Gemeinwesen ohne ausgeglichenen Etat allmählich auf die schiefe Bahn kommt.»[57]

Ähnliche Übereinstimmung herrschte auf dem Feld der Außenpolitik. Fischer und Goerdeler hatten genügend Gelegenheit, im Verlauf ihrer Auslandsmissionen die Einstellung des anderen kennenzulernen. Beide erkannten nüchtern die Möglichkeiten Deutschlands: Goerdeler unterrichtete Fischer genau über seine Auffassungen, wie man durch außenpolitische Initiativen der «ernsten militärischen Entwicklung» rechtzeitig entgegenwirken könne: Er könne sich nicht denken, «daß nicht die entscheidenden Stellen, insbesondere die militärischen, rechtzeitig daraus Folgerungen ziehen würden.»[58] Angesichts der Kriegslage kam es ihrer Meinung nach darauf an, einen Keil zwischen die Alliierten zu treiben und die ideologischen Gegensätze zwischen Ost und West für einen günstigen Frieden zu nutzen. Goerdeler hatte stets einer deutsch-englischen Interessengemeinschaft das Wort geredet. In den verschiedenen Friedensplänen, die über die Wallenbergs nach Großbritannien gerichtet waren, war immer wieder von der Sorge die Rede gewesen, ob Amerika Europa im Zweifelsfall gegen Rußland verteidigen werde. Goerdeler vertrat auch gegenüber Fischer den Standpunkt, die USA könnten «ihre Interessen eines Tages von Europa abwenden». England müsse Deutschland wenigstens so stark halten, daß dieses in der Lage sei, England gegen den Bolschewismus zu verteidigen.

Wir brauchen uns an dieser Stelle nicht mit den taktischen Überlegungen Goerdelers und Fischers vor der Gestapo zu beschäftigen. Beide kämpften um ihr Leben und bogen ihre Aussagen bei passender Gelegenheit entsprechend zurecht. Unter Berücksichtigung des heutigen Forschungsstands können wir uns demgegenüber auf die bekannten Absprachen der Kriegsjahre stützen und unsere Kenntnisse mit den Verhöraussagen abgleichen. Wenn Fischer vor der Gestapo angab, Goerdeler habe von Spannungen zwischen «dem Führer als militärischen Nichtfachmann» und den «Generälen als militärischen Fachleuten» berichtet und daß Hitler sich durch Befehle über diese Spannungen hinwegsetze, können wir uns einigermaßen vorstellen, wie massiv die Kritik gewesen sein muß, die in der Zeit der Kriegswende von Stalingrad ihren Höhepunkt erreichte.[59]

In den Monaten zwischen dem Jahresende 1942 und dem Herbst 1943 konkretisierten sich die bislang eher theoretischen Erörterungen zwischen

Goerdeler und Fischer über dessen zukünftige Rolle nach einem erfolgreichen Staatsstreich. Im Herbst 1942 hatten in Berlin zwischen Goerdeler und den Protagonisten des militärischen Widerstands, namentlich Ludwig Beck und Friedrich Olbricht, dem Chef des Allgemeinen Heeresamtes im OKH, Besprechungen darüber stattgefunden, wie in den Großstädten des Reiches die Partei- und Staatsmacht entwaffnet werden sollte. Im Rahmen dieser Überlegungen, die im Kern schon dem späteren «Walküre»-Plan entsprachen, stand neben der Frage, auf welche Truppenteile dafür zurückgegriffen werden sollte, das Problem im Vordergrund, welche Persönlichkeiten als zivile Mittelsmänner benannt werden sollten. Diese Politischen Beauftragten sollten in den einzelnen Reichsgebieten nach dem Umsturz in Zusammenarbeit mit einem ebenfalls festzulegenden «Verbindungsoffizier» den Machtübergang auf das «Andere Deutschland» erleichtern. Für die Wehrkreise war ein entsprechender Mittelsmann vorgesehen, der gleichzeitig für die reibungslose Umsetzung der Entscheidungen der Berliner Zentrale sorgen sollte – gerade in der unmittelbaren Zeit nach dem Attentat, für die Unsicherheit, ja sogar ein vorübergehendes Chaos erwartet wurde. General Olbricht, den Goerdeler seit vielen Jahren als Gegner Hitlers schätzte, forcierte ebenso wie Henning von Tresckow die Suche nach geeigneten Männern auf Länderebene. Ende 1942/43 waren die Einsatzpläne so weit gediehen, daß Olbricht im Fall eines erfolgreichen Attentats zumindest für Berlin, Köln, München und Wien signalisierte, mit den Ersatztruppen des Heeres die militärische Macht übernehmen zu können.[60]

Der vorgesehene Staatsstreich, den nicht zuletzt der Boschkreis im Ausland immer wieder ankündigte, blieb Ende 1942/Anfang 1943 allerdings aus. Zumindest zu jenem Zeitpunkt war, nach allem was wir wissen, noch keineswegs für alle Wehrkreise Vorsorge für eine Machtübernahme getroffen. Das galt auch für den südwestdeutschen Wehrkreis V mit dem Zentrum Stuttgart. Was in Württemberg geschehen wäre, wenn zu diesem Zeitpunkt ein erfolgreiches Attentat erfolgt wäre, muß Spekulation bleiben. Nachdem der Umsturz vorerst ausgeblieben war, befand sich Goerdeler in einer schwierigen Lage: Sollte er seine Freunde bei Bosch über die Planungen der militärischen Verschwörer für die Provinzen informieren?

Goerdeler sagte in seinen Verhören aus, er sei im Herbst 1943 von den militärischen Verschwörern aufgefordert worden, Politische Beauftragte zu benennen und habe sich dann an Fischer gewandt. Seine Aussage, es sei darum gegangen, den stellvertretenden kommandierenden Generälen bei den Wehrbezirkskommandos «landwirtschaftliche Beratungsoffiziere» zur Seite zu stellen, dürfen wir als reine Schutzbehauptung werten.[61] Für eine derartige wenig plausible Tätigkeit wären weder der von Goerdeler zunächst vorgesehene Oberbürgermeister Karl Strölin noch Albrecht Fischer geeignete Persönlichkeiten gewesen. Die Aufstellung von landwirtschaftlichen und industriellen «Beratern» für die Wehrkreiskommandos war lediglich eine Verschleierungsmaßnahme im Rahmen des «Walküre»-Plans.

Es ist einigermaßen mühsam, aus der Vielzahl der in den Details zum Teil inkongruenten Informationen aus Vernehmungsprotokollen, zeitgenössischen Aufzeichnungen und späteren Stellungnahmen den exakten Ablauf und Zeitplan der «Anwerbung» zu rekonstruieren. Dennoch läßt sich ein einigermaßen klares Bild über die Rekrutierung Fischers zeichnen. Danach hat Goerdeler zunächst versucht, Hans Walz – wahrscheinlich im Winter 1942/Frühjahr 1943 – für den Posten des von den Militärs gewünschten zivilen Politischen Beauftragten zu gewinnen. Die Idee war aus Goerdelers Sicht konsequent. Walz war als zuverlässiger und erfahrener Organisator für die ihm zugedachte Aufgabe eigentlich prädestiniert, handelte es sich doch um die Frage, wer in Württemberg, und sei es nur vorübergehend, an die Stelle des Gauleiters und Reichsstatthalters Murr an die Schaltstelle der Macht treten sollte. Noch einige Zeit zuvor, als solche Fragen recht allgemein erörtert worden waren, hatte Walz Goerdeler eine Art Blankoscheck ausgestellt: «Stellen Sie mich dahin, wo es am gefährlichsten ist.»[62] Goerdeler hatte Walz die Frage nach der Übernahme eines staatlichen Amtes zu Lebzeiten Robert Boschs jedoch nicht gestellt; als «Berater» der Firma mag Goerdeler geahnt haben, daß sein Geldgeber mit solchen Überlegungen nicht so leicht einverstanden gewesen wäre.

Nach dem Tod Robert Boschs nahm Goerdeler Walz in seine personellen Pläne auf, ohne diesen darüber in Kenntnis zu setzen. Diese Praxis einer ungenügenden Aufklärung war für Goerdeler nicht ungewöhnlich. Man mag sich über die Berechtigung des Verheimlichens sicherlich streiten. Goerdeler verfügte ohnehin über zu wenig Helfer, die sich zur aktiven Mitarbeit bereit erklärten. Vielleicht fürchtete er den Stuttgarter Widerspruch und wollte einer Ablehnung durch Walz aus dem Weg gehen. Möglicherweise ging er jedoch auch davon aus, Walz werde sich ohnehin jenen anschließen, die am Neuaufbau interessiert seien. Wie dem auch sei: Walz erfuhr im Winter 1942/43 bei einem Besuch bei Otto Meynen, in dessen Berliner Büro Goerdeler seine Staatsstreichpläne diskutierte, er werde als Anwärter für den Posten des Reichswirtschaftsministers gehandelt. Diese Verwendung hatte Walz in vorherigen Besprechungen mit Goerdeler allerdings ebenso abgelehnt wie dessen Alternativvorschlag, sich als Reichsverkehrsminister aufstellen zu lassen. Selbst für eine ministerielle Tätigkeit in Württemberg ließ sich Walz nicht gewinnen: Lediglich zur Mitarbeit in einer nichtstaatlichen Wirtschaftsbehörde nach dem Zusammenbruch des Regimes erklärte er sich bereit, oder, wenn man dem Zeugnis von Meynen folgt, für die Übernahme des Präsidiums der Reichswirtschaftskammer.[63] Die Nachricht, er stünde auf einer definitiven Liste, bedeutete für Walz eine «schockierende Erfahrung». Als Goerdeler das nächste Mal nach Stuttgart kam, ließ er sich von der Liste wieder streichen. Die Dokumente, die diesen Vorgang bezeugen, unterscheiden sich zwar in Nuancen, aus allen spricht jedoch die Ungehaltenheit des «Betriebsführers» über das wenig korrekte Procedere Goerdelers. Im Nachhinein war er froh, kategorisch die Bitten um eine Verwendung abgelehnt zu haben. Rückblickend stellte er später fest, wenn er auf der Ministerliste gestanden hätte, wäre sein «Schicksal nach dem 20. 7. 44 besiegelt gewesen.»[64]

Welche Gründe waren für diese eindeutige Absage an Goerdeler ausschlaggebend? Sicherlich spielte die Sorge vor den Folgen einer Aufdeckung der Verschwörung für ihn, seine Frau und seine sechs Kinder eine wichtige Rolle. Aber die mutige Mitarbeit an der Verschwörung widerspricht der Annahme, die Angst vor der Gestapo habe das ausschlaggebende Motiv für Walz' Entscheidung dargestellt. Der «Betriebsführer» von Bosch hatte inzwischen Zweifel an der Zweckmäßigkeit eines Umsturzes: Die wachsende Besorgnis, ob der rechte Zeitpunkt nicht inzwischen verpaßt sei und es nun eher darauf ankomme, nach einem alliierten Sieg Vorsorge für einen demokratischen Neuanfang zu treffen, wirkte dem Gedanken an unkalkulierbare Abenteuer entgegen. Walz hatte zudem kaum noch Vertrauen in die Einsatzbereitschaft der Militärs, denen man nach der Maxime einer strikten Arbeitsteilung die Ausführung des Umsturzes überlassen mußte. Angesichts solcher Unwägbarkeiten fürchtete er um das Wohl der Firma, auf das ihn Robert Bosch verpflichtet hatte. Walz wollte dieses Vermächtnis auch deshalb nicht gefährden, weil die Nachkriegszeit der ungeteilten Aufmerksamkeit einer erfahrenen Unternehmensführung bedurfte. Walz hat zweifellos auch gesehen, daß es Goerdeler nun um eine qualitativ ganz andere «Beteiligung» am Umsturz ging als das, was die bislang geleisteten Friedens- und Mittlerdienste dargestellt hatten. Weil Walz sich für ein Ministeramt nicht für geeignet hielt und außerdem Paul Hahn das Bedenken äußerte, Goerdeler sei zu unbesonnen und gefährde mit seiner unbekümmerten Freimütigkeit das Unternehmen und den Boschkreis, gab es einen weiteren Grund, die gewünschte Verwendung abzulehnen.

Goerdeler sah sich einer recht harten Ablehnungsfront gegenüber, die ihn jedoch nicht daran hinderte, bald nicht mehr auf ein Ministeramt, aber doch auf die Besetzung der Stelle eines Politischen Beauftragten zu drängen. Nach Walz' beharrlicher Weigerung, einen politischen Posten in Württemberg zu übernehmen, blieb die Frage zunächst monatelang offen, obwohl Goerdeler wohl schon insgeheim Fischer als Ersatz einkalkuliert hatte.

Wahrscheinlich hat er Fischer über die ihm zugedachte Aufgabe eine Zeitlang nicht in Kenntnis gesetzt. Als dieser erfuhr, Goerdeler habe ihn für einen leitenden Posten in Württemberg vorgesehen,[65] kam es zu einem monatelangen Ringen um seine Einwilligung. Fischer wehrte sich zunächst energisch gegen jede politische Einbeziehung vor einer Ausführung des Putsches. Indessen, Goerdeler wandte seine gesamten Überzeugungs- und Überredungskünste an, um ihn für den Plan der Militärs zu gewinnen. Nachdem Claus Graf Stauffenberg durch seine Einsatzbereitschaft und seinen vorwärtsdrängenden Elan dem Umsturzgedanken neue Dynamik ver-

liehen hatte, drängten die Militärs um so stärker auf eine Erstellung defini-
tiver Listen.[66] Goerdeler sondierte entsprechend auf Bitte Ludwig Becks
und Friedrich Olbrichts im Oktober oder November 1943[67] ein weiteres
Mal mit einer «Vorfrage» bei Fischer in dessen Büro.[68]

Fischer weigerte sich zunächst energisch mit dem Argument, für einen
Posten in der Staatsverwaltung müsse eine Persönlichkeit gefunden werden, die fachlich geeignet sei und auch in der Beamtenschaft vertrauener-
weckend wirke. Fischer schlug unter anderem Eugen Bolz als möglichen
Kandidaten vor, mußte aber von Goerdeler erfahren, jener sei schon für ein
anderes Amt eingeplant.[69] Mit der beharrlichen Weigerung Fischers, in seinem Plan zu figurieren, stand Goerdeler nun vor einem Dilemma, da ihn
die Militärs inzwischen beinahe ultimativ zur Vorlage einer verbindlichen
Liste drängten. Goerdeler, der seine Anwerbungsversuche stets in Einzelgesprächen führte, mußte feststellen, daß im Boschkreis die Stimmung inzwischen gegen eine Übernahme staatlicher Ämter umgeschlagen war.

Das war um so unangenehmer, als Goerdeler mit Fischer einen Politischen Beauftragten in Aussicht genommen hatte, der bei den Linken der
weitgespannten Verschwörung wohlgelitten war, nicht zuletzt durch die
frühere vertrauensvolle Zusammenarbeit. Eine aktive Verbindung bestand
zu dem Stuttgarter SPD-Gewerkschafter Christian Härle und dem ehemaligen SPD-Reichstagsabgeordneten Jakob Weimer, der wiederum mit Wilhelm Leuschner eng befreundet war und in Württemberg für den parteiinternen Kontakt zu David Stetter verantwortlich zeichnete. Ein
«Gewährsmann» wie Fischer war für die sozialdemokratischen Widerstandskämpfer ein wichtiger Vertrauensbeweis: Obwohl die Aufstellung
von Regierungslisten und die Rekrutierung von Politischen Beauftragten
die Bereitschaft der «Honoratioren» bezeugen sollte, einen demokratischen Neuanfang jenseits aller autokratischen Lösungen zu wagen, zwei-
felten Männer wie Leuschner trotz aller Loyalität gegenüber Goerdeler, ob
sich dessen staatspolitische Vorstellungen in der verzweifelten Lage
Deutschlands überhaupt noch durchsetzen ließen. Die Funktionsfähigkeit
der geheimen Nachrichtenkanäle erwies sich, als Weimer und Stetter in
SPD-Kreisen auf die Eignung Albrecht Fischers angesprochen wurden: Die
Zuverlässigkeit Fischers konnte sofort nachgeprüft werden, weil Goerdeler in Absprache mit Wilhelm Leuschner eine interne Namensliste zusammengestellt hatte.[70]

Fischer beugte sich schließlich doch noch – wahrscheinlich zu Anfang
des Jahres 1944 – dem dringlichen Appell Goerdelers,[71] allerdings erst,
nachdem der ausgesprochen kritische Paul Hahn, der von Goerdeler über
Fischers Rolle in Kenntnis gesetzt wurde, als «Sicherheitsexperte» des
Boschkreises auf wirksamere Schutzgarantien gedrängt hatte. Aber auch
diese konnten Hahn nicht wirklich überzeugen. Seine Besorgnisse wurden
von vielen anderen Zivilisten im Widerstand geteilt, nicht zuletzt von Jakob
Kaiser und Josef Wirmer.[72]

Hans Walz wurde über die Rekrutierung Fischers ebensowenig informiert wie über die Einplanung Paul Hahns und Theodor Bäuerles für amtliche Stellungen. Die Unkenntnis über die zukünftigen Aufgaben der Mitarbeiter nach einem Putsch ist ein gutes Beispiel für die Funktionsfähigkeit
des konspirativen «Zellenprinzips», das Walz noch im Frühjahr 1943 seinem Konfidenten in der Schweiz erläutert hatte. Die Geheimhaltung sollte
dazu dienen, sich bei Verhören und Folter durch «Unwissen» zu schützen.
Es kann auf der anderen Seite nicht ausgeschlossen werden, daß der
«Betriebsführer» der Robert Bosch GmbH sein energisches Veto eingelegt
hätte, wäre ihm zur Kenntnis gekommen, welche gefährliche Aufgabe
Fischer nun im Umsturzplan übernahm: Goerdeler hatte angesichts der
geringen Personaldecke für seine Politischen Beauftragten zu dem wenig
vornehmen Mittel gegriffen, das ausdrücklich vereinbarte «Unwissen» auszunutzen, um Walz gegen Fischer gewissermaßen auszuspielen. Dem
immer noch unentschlossenen Fischer hatte er angedeutet, wenn er,
Fischer, immer noch nicht wolle, müsse er sich eben wieder an Walz wenden, der sich sicherlich nicht versagen werde. Walz erfuhr erst Jahrzehnte
später von dieser «Finte», die zum Ziel gehabt hatte, «den zögernden Herrn
Fischer vollends in den Stall zu bringen.»[73]

Nachdem Goerdeler Fischer seine Zustimmung abgerungen hatte, informierte er Beck und – über Stauffenberg – auch Olbricht. Bei der Gelegenheit wurde vereinbart, wie von Paul Hahn mehrfach gefordert, die Namen
der Politischen Beauftragten erst im «Falle einer Aktion» einzusetzen und
die zivile Namensliste solange geheimzuhalten.[74] Fischer erhielt zudem die
Zusicherung Goerdelers, erst dann aufgerufen zu werden, wenn das Militär
nach einem Umsturz die Lage eindeutig kontrolliere. Später wurde als
zusätzliche Sicherung vereinbart, daß ein zuverlässiger Offizier aus Berlin
zu den jeweiligen Generalkommandos abgeordnet werden solle. Nur dieser kenne den Namen des Politischen Beauftragten und dürfe ihn nur melden, wenn er von Berlin dazu aufgefordert werde.[75] Diese Bedenken waren,
wie sich später herausstellte, nur zu berechtigt: Das System von militärischen Verbindungsmännern zu den Wehrkreiskommandos war ein Fehl-
griff. Im entscheidenden Moment versagte es und erwies sich auf fatale Weise als ungeeignet, die zivilen Verschwörer vor dem Zugriff der Verfolger zu
schützen.

In Stuttgart wurden die Finessen und Winkelzüge Goerdelers mit Argwohn verfolgt. Goerdelers personalpolitische Schwierigkeiten hätten diesen, so kritisierte Walz später, mit «willkürlich veränderten Karten-
kombinationen» spielen lassen, um die Mitglieder des Boschkreises zu
Ämterübernahmen zu bewegen. Das Amt des württembergischen Vertrauensmanns hätte Fischer nach dem Urteil von Walz gleichsam «ange-
schnallt» werden sollen: Goerdeler habe «geeignete Figuren für das Schachbrett seiner Pläne» gesucht und sei dabei «nicht gerade zimperlich»
umgegangen. Er habe, «hingerissen von seinem ihn verzehrenden Ehrgeiz»

darüber hinaus die «Gebote kluger Vorsicht» bisweilen außer Acht gelassen.[76] So teilte auch der Boschkreis die vielfach geäußerte Sorge, Goerdelers als wenig professionell empfundenes Vorgehen und seine «Vertrauensseligkeit» gefährde unnötig den Umsturzplan und die Verschwörer. Der Blick für die drohende Gefahr wurde noch geschärft, als man durch den Abwehrbeauftragten Bühler Mitte 1943 von einem gegen Goerdeler bestehenden Verdacht erfuhr. In einem Gespräch unter vier Augen gelang es Walz in eindringlichen Worten, Goerdeler für den Gedanken empfänglicher zu machen, «daß bei aller Begeisterung für die Sache doch immerhin auch die Möglichkeit eines tragischen Mißlingens ins Auge gefaßt werden müsse.» Goerdeler versprach für einen solchen Fall, er werde «bei den alsdann zu erwartenden gerichtlichen Verhören jede Mitwirkung der Firma Bosch und des Bosch-Kreises verneinen».[77]

Über die Rolle, die Goerdeler Fischer zugedacht hatte, erfuhr selbst dieser nur das Nötigste. Es wäre im Rahmen des bewährten Verfahrens, die Mitverschworenen möglichst nur über ihren eigenen Aufgabenbereich zu instruieren, höchst ungewöhnlich gewesen, Fischer etwa in die militärischen Planungen einzuweihen: Über «Umsturzpläne», so erklärte Goerdeler nach seiner Verhaftung durchaus glaubhaft, «insbesondere solcher gewaltsamer Art», habe er Fischer, «da er der Firma Bosch angehört, nicht unterrichtet».[78] Goerdeler und Fischer betonten in ihren Vernehmungen vor der «Sonderkommission» immer wieder abwiegelnd, es habe sich bei ihren Besprechungen um die Frage gedreht, ob Fischer bereit sein werde, die württembergischen Arbeitgeberverbände nach einem Umsturz zu führen.

Dies war allerdings ein reines Ablenkungsmanöver: Bei den Besprechungen zwischen Goerdeler und Fischer im Kriegsjahr 1943 spielte die Ausgestaltung des zukünftigen württembergischen Sozialfriedens nur eine Nebenrolle. Antworten auf derartige in der Kriegssituation irrelevante Fragen, darüber herrschte im pragmatisch denkenden Boschkreis Einmütigkeit, würden sich schon finden, um im bewährten marktwirtschaftlichen Mit- und Gegeneinander Arbeiter- und Unternehmerinteressen auszutarieren. Für Pseudo-Lösungen wie die DAF hätte es jedenfalls keinen Platz mehr gegeben. Aber viel wichtiger als eine differenzierte Beschreibung der zukünftigen Aufgaben war zunächst die auslösende Tat.

Goerdeler wußte, daß Fischer mit ihm einer Meinung war. Er hatte «bei den Dutzenden von Gesprächen», die er mit Fischer geführt hatte, «eine vollkommene Übereinstimmung der Einschätzung der Lage und der Auffassung festgestellt, daß es notwendig sei, einen schlimmen Verlauf abzuwenden.»[79] Fischer war von Goerdelers politisch-militärischer Detailkenntnis so beeindruckt, daß dessen Pessimismus plausibel wirkte. Der drohende Zusammenbruch «in nicht ferner Zeit»[80] und das Wissen, daß sich die Verschwörung «gegen den Führer persönlich» richtete,[81] reichten als Information aus. Eine gewaltsame Entwicklung der Krisensituation und einen Bürgerkrieg als Folge des Sturzes von Hitler mochte Fischer nicht ausschließen.[82]

Weil die Stuttgarter die entscheidende Rolle der Generalität anerkannten, gab es keine Diskussionen darüber, der Armeeführung in der Ausführung des Umsturzes freie Hand zu lassen. In den Konsultationen mit Goerdeler, in denen immer wieder von einem eventuellen «Belagerungszustand» die Rede war, wurde die kritische Zeit nach einem Staatsstreich, in der es darauf ankam, mit militärischen Mitteln Chaos und einen möglichen Bürgerkrieg zu vermeiden, als entscheidend beurteilt. Fischer bezweifelte nicht, daß in einer solchen Situation «ein Machtfaktor» vonnöten sei, der in der Lage sein würde, «die Ordnung aufrecht zu erhalten.» Er verwies jedoch stets ausdrücklich auf seine rein zivile Position und betonte, «ihn würden Einzelheiten der Durchführung nicht interessieren». Über «die näheren Einzelheiten und die Technik dieser zu erwartenden Schritte» wurde bewußt nicht gesprochen.[83]

Die besondere Verantwortung der Offiziere für die Ausführung des Putsches war unbestritten. Goerdeler blieb gar nichts anderes übrig, als in Stuttgart immer wieder auf die Militärs als die ausschlaggebende Ordnungsmacht hinzuweisen und den inzwischen zweifelnden Boschkreis darauf aufmerksam zu machen, daß er in dieser Angelegenheit lediglich eine Art Vermittler sein könne. Welche Namen Goerdeler gegenüber Fischer erwähnte, ist nicht ganz klar. Fischer kannte durch die lange Zusammenarbeit mit Goerdeler und durch seine eigenen Verbindungen aber zweifellos mehr der militärischen Verschwörer, als er später vor der Gestapo zu kennen vorgab. Dort erwähnte er lediglich Franz Halder und Ludwig Beck.

Fischer gehörte zu den wenigen Politischen Beauftragten, die Goerdeler persönlich kannte und die von ihm «in ein vollkommen klares Bild» gesetzt wurden. Spezifische Anweisungen erwiesen sich aufgrund der langjährigen Zusammenarbeit als unnötig. Goerdeler war sich sicher,

«daß Fischer vollkommen verstehen würde, worauf die Sache hinauslief, denn ich hatte ihm in den vielen Besprechungen, die wir im Verlaufe von 5 Jahren mit einander geführt haben, auch eingehend über meine Beziehungen zum Militär unterrichtet, ihm dabei auch den Namen Olbricht genannt und ihm gesagt, daß soweit ich übersehen könne, die großen außenpolitischen Chancen nur durch das Militär selbst wahrgenommen werden könnten, oder wenigstens nur, wenn sich das Militär gegebenenfalls zu einem energischen Vorgehen entschlösse. Ich habe ihm dabei auch gesagt, daß in einem solchen Falle mit der Verhängung des Belagerungszustandes zu rechnen sei und daß dann die Aufgaben und Stellung der kommand(ierenden) Generäle von besonderer Wichtigkeit sein würden. Auf diese müsse man dann, damit sie keine Dummheiten machten, Einfluß nehmen.[84]

Die Bestellung Fischers zum Politischen Beauftragten änderte indessen für den Boschkreis erstaunlich wenig: Man wartete weiterhin auf den von Goerdeler angekündigten Umsturz. Dessen Hinweis, es seien ja immerhin Leute da, «die sich nicht mehr alles bieten ließen»,[85] war schließlich nur eine

Variation des Themas, das er seit seinem Eintritt bei Robert Bosch im Jahr 1937 auf seiner Klaviatur immer wieder gespielt hatte.

Währenddessen blieb Hans Walz erster Ansprechpartner Goerdelers und das eigentliche Zentrum des Boschkreises. Wie auch bisher kam Goerdeler bei seinen Stuttgarter Aufenthalten zunächst zum «Betriebsführer» und war mit diesem «erheblich häufiger und näher zusammen» als etwa mit Fischer.[86] Die Besprechungen fanden im Büro von Walz, bisweilen auch in dem schalldichten Besprechungszimmer von Karl Martell Wild,[87] mitunter auch in der Wohnung von Walz am Bismarckturm statt. Über betriebliche Angelegenheiten wurde selten gesprochen, denn im Mittelpunkt standen Gespräche über die «Lage».[88] Während es hinsichtlich der Verfassung eines «Anderen Deutschland» nur wenige grundsätzliche Unterschiede gab, blieb die Frage, wie bei einem Putsch mit Hitler verfahren werden solle, lange Zeit umstritten. Goerdeler war nicht nur als Christ Gegner einer Tötung des «Führers». Er schreckte immer noch davor zurück, den letzten und radikalen Schritt zu vollziehen und hielt in einer merkwürdigen Verkennung der Lage bis zum Ende noch an der Illusion fest, es könne ihm gelingen, Hitler mit Worten zum Rücktritt zu bewegen. Sein, wie Joachim Fest es kritisch genannt hat, «rationalutopischer Wahn», Hitler durch Gespräche zur Umkehr bewegen zu können,[89] stellte für die innerlich verunsicherte Opposition eine weitere Hypothek dar.

Bei den Besuchen Goerdelers im Haus Bäuerles in der Hölderlinstraße wurde über die Frage der Berechtigung des «Tyrannenmordes» heftig gestritten.[90] Die meisten Stuttgarter teilten wohl die Zweifel am Sinn eines Attentats. Von einem christlichen Standpunkt aus war der Gedanke verständlich, daß der Nationalsozialismus vor allem geistig überwunden werden mußte; Überlegungen, die seit vielen Jahren immer wieder angestellt worden waren und sich ganz ähnlich in den Argumentationen vieler der Kreisauer wiederfanden, denen es um die «Wiederherstellung des zerstörten Menschenbildes» ging.[91] Alfred Knoerzer gab Goerdeler zu verstehen, daß er einen politischen Mord nicht mit seiner religiösen Auffassung und seinem Gewissen vereinbaren könne.[92] Von seinem Christsein her hielt auch Hans Walz ein Attentat auf Hitler für unstatthaft. Die Stuttgarter hielten Goerdelers Vorstellung eines freiwilligen Rücktritts des Diktators zwar für abwegig, aber zumindest Walz war mit den Konsequenzen der Überlegungen Goerdelers einverstanden. Schon im Jahr 1937 hatte er eine rund 50 Seiten umfassende theologische Denkschrift verfaßt, die als ein «Dokument der Selbstbesinnung»[93] das innere Ringen um die Berechtigung des Tötens widerspiegelt. Jede Form staatlich verordneten Tötens wurde abgelehnt: «Man huldigt naiv dem Grundsatz ‹right or wrong – my country›, man erklärt den Götzen Nationalismus zum Hauptgott und schämt sich nicht der Feststellung, dass durch nationale Zwecke auch verbrecherische Mittel geheiligt werden (...) In den Höllenpfuhl mit solchen Gottesvorstellungen, die der Wahrheit widersprechen.»[94]

1940 hatte Walz diese Schrift, die seine tiefe Verwurzelung im evangelischen Glauben belegt und in ihren metaphysischen Grundzügen und Begründungen für einen «Wirtschaftsführer» sicherlich außergewöhnlich war, Goerdeler vorgelegt, um darzulegen, «daß man ein gutes Werk der Befreiung nach den Regeln gottesbiologischer Folgerichtigkeit nicht mit einem Verbrechen der Tötung beginnen könne noch dürfe.»[95] Walz hielt auch nach dem Krieg an diesem Grundsatz fest, den er in einem theologischen Disput mit Landesbischof Wurm noch vertiefte.[96] Wenn wir annehmen, daß sich seine grundsätzliche Haltung zum Tyrannenmord nach 1945 in ihren Grundzügen nicht verändert hat, dann kam hier ein integraler Pazifismus zum Tragen, der für sich allein die entschlossene Gegnerschaft zum Diktatorenwahn Hitlers begründete. Der Krieg Hitlers stellte gleichsam die Nemesis des Gottesstaates dar, dem nur durch einen bewußten Verzicht auf Gewaltanwendung wirksam begegnet werden konnte. Die in dieser beinahe radikalpazifistischen Sichtweise zum Ausdruck kommende Disposition, die zwischen einem Aggressionskrieg und einem Defensivkrieg in letzter Konsequenz nicht unterscheiden wollte, mag dem auf das 20. Jahrhundert zurückschauenden Betrachter als illusorisch, ja gar als naiv erscheinen. Allein, die theologische Ernsthaftigkeit des Denkens von Walz und sein ungebeugtes Handeln in den Jahren der totalitären Diktatur zwingen uns geradezu, seine Sichtweise als konsequent zu akzeptieren.

Allerdings reklamierte Walz nicht allein religiöse Gründe für die Ablehnung einer Tötung Hitlers. Im Verlauf des Krieges traten eminent politische Gründe hinzu, die Walz dafür plädieren ließen, Hitler nicht zu liquidieren, sondern durch die Militärs gefangennehmen zu lassen. Der amerikanische Generalkonsul in Zürich faßte die Argumentation von Walz nach einem langen Gespräch im Dezember 1942 wie folgt zusammen:

«He stated that his movement had carefully considered removing Hitler from the scene by means of assassination. This could not be an evil deed in view of the fact that he is a monster, but, in order not to create around him the nimbus of a martyr, they decided that it would be the best to seize him, together with Goering, Goebbels and other leaders and bring him before a German People's Court.»[97]

Auch dabei war zweifellos wieder ein religiöses Moment wirksam, weil im christlichen Selbstverständnis gegen den «Antichrist» auch die Anwendung des Äußersten gerechtfertigt ist. Hinzu trat allerdings die berechtigte Sorge vor einer neuen Dolchstoßlegende. Auch nach Kriegsende hielt Walz daher neben der Überzeugung, «daß man eine gute Sache nicht mit einem Verbrechen der Tötung beginnen könne», unbeirrt daran fest, man habe sich eine «moralisch reinigende Wirkung auf das Rechtsbewußtsein im Gewissen des Volkes» davon versprochen, «wenn Hitler mit seiner Umgebung im öffentlichen Prozeßverfahren von deutscher Seite abgeurteilt worden wäre.»[98] Die Entscheidung über die Art und Weise des Umsturzes verblieb jedoch in der Entscheidungsgewalt der militärischen Verschwörer. Goer-

deler beugte sich schließlich deren Bedingungen und schloß sich der Argumentation an, was auch in der verzweifelten Mitteilung an Knoerzer zum
Ausdruck kam, er könne seine Auffassung von der Ehrfurcht des Lebens
nicht länger aufrechterhalten.[99]

Paul Hahn sollte nach einem erfolgreichen Attentat seine frühere Tätigkeit im Polizeidienst wieder aufnehmen. Er wußte, daß die Freunde
Leuschners und Kaisers überall bereitstanden, um die Verwaltung in den
Ländern zu übernehmen. Goerdeler hatte ihn zunächst gebeten, im Reich
die Position Himmlers zu übernehmen, doch hatte er, wahrscheinlich auch
durch sein Alter bedingt und durch seine regionalen Erfahrungen bestärkt,
geantwortet, er wolle «vorerst in Württemberg Ordnung schaffen».[100]
Hahn stellte die ersten Kontakte zu Bolz und Ersing her[101] und widmete
sich im Vorfeld des Attentats besonders der Sicherstellung einer Fluchtmöglichkeit für Goerdeler im Fall des Scheiterns einer «Aktion». Hahn
schlug Goerdeler vor, sich einen falschen Paß auf eine Person zu besorgen,
deren Familienname mit dem Buchstaben G und deren Vorname mit dem
Buchstaben C beginne. Tatsächlich gelang es, wohl noch vor 1940, über
Reinhold Schairer, der seine guten Beziehungen zum Foreign Office spielen ließ, einen englischen Paß für Goerdeler zu erhalten.[102]

Hahn war als erfahrener Polizist für die ihm angetragenen Aufgaben prädestiniert. Bei Goerdeler galt er als «Putsch-Experte»[103], obwohl die beiden
einen eher kühlen Umgangston miteinander pflegten. Goerdelers Leichtsinn, der in Stuttgart immer wieder Anlaß zu Besorgnis gab, stieß gerade
bei Hahn auf Verständnislosigkeit. Man wird auch Hahns problematische
Aussage vor der Gestapo nicht ganz verwerfen können, er habe bei Goerdeler nach dem Tod des Sohnes Christian im Mai 1942 «eine geradezu ins
Krankhafte gesteigerte Unruhe und Geschäftigkeit» festgestellt, um einen
Kompromißfrieden zu ermöglichen.[104] Die ursprünglichen Pläne Hahns
und Goerdelers waren zunächst auf durchaus parallelen Bahnen gelaufen.
Hahn, bisweilen noch ganz der Draufgänger des Ersten Weltkriegs und der
Revolutionszeit, schmiedete verschiedentlich recht phantastische Pläne zur
militärischen Niederzwingung Hitlers. Er hatte seine Hoffnung eine Zeitlang auf einen ehemaligen «Kampfgefährten» aus den Revolutionsjahren
gesetzt. Dem demokratisch eingestellten Oberst Eberhard Wildermuth, der
noch in den frühen dreißiger Jahren maßgeblich an den Versuchen beteiligt
gewesen war, eine liberale «Mittelpartei» links von der DNVP neu zu gründen,[105] sollte über das Heerespersonalamt die für einen Umsturz wichtige
«Schlüsselstellung» als Kommandeur beim Berliner Wachregiment verschafft werden.[106] Bei einem Umsturz sollte eine Division im Osten das
Führerhauptquartier zernieren, weitere Divisionen sollten Berlin und die
wichtigsten Städte im Westen und Süden Deutschlands besetzen und daraufhin der Belagerungszustand erklärt werden.[107] Der ehrgeizige Plan war
schließlich mißlungen, weil es sich als unmöglich erwiesen hatte, Wildermuth in das wichtige Amt zu lancieren.

Die mannigfachen Unwägbarkeiten und Probleme haben zu Hahns grundsätzlicher Skepsis gegenüber der Realisierbarkeit der hochfliegenden Pläne Goerdelers beigetragen und ihn zu dem Schluß kommen lassen, die «Aktion» dürfe nicht um jeden Preis durchgeführt werden: Wenn es nicht gelänge, Hitler zu stürzen, dann müßten eben die westlichen Alliierten Deutschland überrollen, die Diktatur beenden und das Land militärisch gegen die Sowjetunion schützen.

Erfolgversprechender waren zweifellos Hahns vorbereitende Notfallmaßnahmen bei einem Scheitern des Staatsstreichs. Ein Fluchtweg für Goerdeler in die Schweiz war seit langem bis ins Detail geplant und verabredet. Das von Robert Bosch 1935 erworbene und für die konspirativen Kontakte in die Schweiz immer wieder benutzte See-Ferienhaus in Gaienhofen am Untersee (Bodensee) war eine ideale «Ausweichmöglichkeit»[108] zum nicht einmal zwei Kilometer entfernten schweizerischen Ufer. Der über die Sorglosigkeit Goerdelers beunruhigte Walz wies diesen entsprechend mehrmals auf diese Schweizer Fluchtmöglichkeit hin.[109]

Trotz der umsichtigen Vorbereitungen blieb das Verhältnis zwischen Hahn und Goerdeler auch in der Folgezeit unterkühlt. Möglicherweise wollte Goerdeler, dem Felix Olpp in dieser Hinsicht eine gewisse «Eigensinnigkeit» attestierte, auch bei einer Flucht «seine eigenen Wege» gehen.[110] Zweifellos trugen Hahns Interventionen im Zusammenhang mit der Anwerbung Albrecht Fischers zum Politischen Beauftragten nicht dazu bei, das angespannte Verhältnis zu lockern. Wie dem auch sei: Die detaillierten Vorbereitungen eines «geordneten Rückzuges» für Goerdeler verrieten einiges darüber, was die pragmatischen Stuttgarter über die Erfolgschance des Staatsstreichs inzwischen dachten.

Hahns weitere Aktivitäten im Widerstand sind ungeklärt. Man weiß nichts über den Hintergrund einer konspirativen Besprechung in Berlin, an der neben Hahn und Goerdeler auch der Freiburger Volkswirtschaftler Konstantin von Dietze teilnahm.[111] Ebensowenig weiß man über seine Bemühungen im Umfeld der gescheiterten «Abwehr»-Verschwörung. In diesem Zusammenhang kam er im Frühjahr 1944 in Verbindung zum später hingerichteten Hauptmann Hans John. Dieser sollte für den bereits auf der Flucht vor der Gestapo befindlichen Hauptmann Ludwig Gehre einen Rettungsweg in die Schweiz erkunden. Das Rencontre scheiterte indessen, weil John das von Goerdeler mitgeteilte Paßwort nicht kannte und Hahn fürchtete, es handle sich bei dem Emissär Goerdelers um einen «agent provocateur» der Gestapo. Diese Verkettung ungünstiger Umstände kostete John und Gehre wenig später das Leben, da die Flucht in die Schweiz ansonsten wahrscheinlich geglückt wäre.[112]

Die gescheiterte Geleitmission war ein böses Omen. In Stuttgart wurde der Unmut über den Aktivismus Goerdelers immer lauter. Als der immer wieder angekündigte Umsturz ausblieb, plädierten Paul Hahn und Albrecht Fischer im Frühjahr 1944 dafür, den Staatsstreich «aufzugeben» und den «endgültigen Zusammenbruch abzuwarten».[113] Der Wehrmacht wurde eine aktive Rolle beim Umsturz nicht mehr zugetraut, und mit dieser Ansicht stand der Boschkreis bei den Zivilisten im Widerstand keineswegs allein.[114]

Der Unmut über die Militärs übertrug sich zum Teil sogar auf Goerdeler, der ja immer wieder für die Militärs seine Hand ins Feuer gelegt hatte. Nun kam seine Politik in Konflikt mit der von ihm im Boschkreis geäußerten Überzeugung, es werde den Alliierten spätestens bis zum Herbst 1944 gelingen, Deutschland militärisch zu besiegen.[115] Warum, so mag die nicht offen ausgesprochene Frage in Stuttgart gelautet haben, solle man dann noch ein derart gewagtes Spiel treiben – zumal mit einer Armeeführung, die seit vielen Jahren ihre Versprechen immer wieder gebrochen hatte? Mit solchen Gedanken stand der Boschkreis – wie in manch anderen Ansichten – den «Kreisauern» näher als dem unermüdlich für eine Beibehaltung des ursprünglichen Plans plädierenden Goerdeler.

Im Moment des sich abzeichnenden Niedergangs des NS-Staates traten zudem die lange Jahre in den Hintergrund gerückten Differenzen zwischen Goerdeler und dem Boschkreis wieder klarer hervor. Während Goerdelers inzwischen zunehmender Pessimismus sich aus der bitteren Ahnung speiste, daß der Staatsstreich inzwischen zu spät komme, verschärfte sich im Verlauf des Jahres 1944 auch die immer offener ausgetragene Rivalität der Traditionalisten um Goerdeler mit der «Jüngeren Generation» im Widerstand. Man mag sich darüber streiten, ob diese Differenzen über die Option von Ost und West und über die Beteiligung von Kommunisten am Widerstand nicht nach dem Ende des Krieges in ihrer Bedeutung etwas überschätzt worden sind. Aber unzweifelhaft gerieten die Konservativen mit den sozialrevolutionären Ideen der Kreisauer ebenso in Konflikt, wie Goerdeler die auf der persönlichen und politischen Ebene angesiedelten Differenzen mit Stauffenberg nie bereinigen konnte. Aus dieser unbefriedigenden Situation heraus verstand sich seine Klage gegenüber Walz, die der jüngeren Generation angehörenden Männer des Widerstands gingen «bei aller an sich sympathischen Aktionsbereitschaft über die anzustrebende Neugestaltung der kommenden deutschen Entwicklung eben doch in mancher Beziehung von anderen soziologischen und wirtschaftspolitischen Auffassungen» aus, als er sie für vernünftig halte.[116]

Die Frage lautete in dieser Situation auch im Boschkreis, ob man sich nicht doch vor dem Hintergrund des absehbaren Endes des Regimes neu zu besinnen habe und ob Goerdeler noch ein geeigneter Bundesgenosse sei. Besonders im Zweifel war Albrecht Fischer, für den viel auf dem Spiel stand, seitdem ihn Goerdeler für einen politischen Posten rekrutiert hatte. Weil die militärische Aktion gegen Hitler bislang ausgeblieben war, glaubte Fischer gar eine Zeitlang, der Staatsstreich sei aufgegeben worden, weil das Militär sich aufgrund seiner Traditionen und des «Fahneneidkomplexes» vom Umsturz losgesagt habe.[117]

Die Passivität hatte wenig mit einem defätistischen Attentismus gemein, sondern entsprach einem nachvollziehbaren Kalkül. Die Skepsis über die Durchführbarkeit des Umsturzes ging mit dem Willen einher, die große Katastrophe geschehen zu lassen. Die Erinnerung an die verhängnisvollen Auswirkungen der Dolchstoßlegende spielte dabei eine ebenso große Rolle wie die Enttäuschung über das bisherige Scheitern der Versuche, die Diktatur zu beenden: Durch die Zustimmung, die Hitler in der Bevölkerung und beim Militär immer noch genoß und die nach Stalingrad in eine Wagenburgmentalität umgeschlagen war, wurde der Attentatsplan zunehmend zu einer riskanten Option, die mit mannigfachen Unwägbarkeiten belastet war. Die Resignation vieler Mitstreiter im Ausland und die psychologisch schier unüberwindliche Mauer, die mit der Forderung des «unconditional surrender» errichtet worden war, mündete in der nüchternen Erkenntnis, daß der Krieg verloren war. Es ging, so lautete die unausgesprochene Devise, nun nicht mehr darum, einen Frieden um jeden Preis zu erreichen, sondern um die Schaffung günstiger Voraussetzungen für bessere Zeiten nach dem Krieg. Die Frage lautete, ob es nicht besser war, sich von den amerikanisch-britischen Truppen überrollen zu lassen und dann in einem Nachkriegsdeutschland, das vom Totalitarismus gereinigt war, die Demokratie neu aufzubauen. Der Boschkreis, der Goerdeler bislang immer eine Gelegenheit geboten hatte, neue Energie und Zuversicht zu schöpfen, war inzwischen selbst ratlos geworden. Hans Walz «wußte keinen überzeugenden Ausweg aus der Drangsal dieses fürchterlichen Dilemmas.»[118]

Goerdeler vertrat die Überzeugung, Hitler werde «das deutsche Volk unter unerhörten Opfern bis zum Weißbluten»[119] mißbrauchen und ließ in seiner Verzweiflung Argumente, die für ein Aufgeben sprachen, nicht an sich heran. Er setzte alles daran, der nachlassenden Bereitschaft und der vermeintlichen Resignation im Boschkreis entgegenzutreten. Freilich, den Stuttgartern kam Goerdelers Zuversicht bisweilen nur noch als Zweckoptimismus vor, als ein Versuch, sich selbst Mut machen zu müssen. Karl Martell Wild erinnerte sich, daß man Goerdeler Vorwürfe gemacht und ihn immer gefragt habe, «wann es denn endlich» losgehe: «Immer hätten Besprechungen stattgefunden, nun müßte doch endlich was passieren.»[120] Wenn Goerdeler in den Tagen nach der Invasion im Sommer 1944 zu einem Freund bemerkte, «man müsse die Dinge eben treiben lassen»,[121] dann kam in diesem Geständnis eine Resignation zum Ausdruck, die sich seit langem angedeutet hatte, aber unterdrückt worden war, um nicht zu ähnlichen Schlußfolgerungen zu kommen, wie sie im Boschkreis gezogen wurden.

Trotz allen Unmuts über das Zögern der Militärs mochten sich die Stuttgarter den versprochenen Diensten nicht versagen. Als Willy Schloßstein, der Mitte März eine Einreisegenehmigung für die Schweiz erhalten hatte, im April 1944 in der Eidgenossenschaft über die Staatsstreichplanungen berichtete,[122] stand ein weiteres Attentat bevor. Offensichtlich war mit dieser Reise kein spezifischer Zweck einer Unterrichtung der Alliierten verbunden. Schloßstein besuchte am 31. März 1944 in der Schweiz Georges Blun, einen Journalisten mit mehreren Jahrzehnten Deutschlanderfahrung, der von den Amerikanern gelegentlich als Nachrichtenquelle genutzt wurde, obwohl er als «questionable» eingeschätzt wurde.[123] So erhielten die Amerikaner ein weiteres Mal Einblick in das Innenleben der Verschwörung gegen Hitler. Blun, der offensichtlich schon länger mit dem Boschkreis in Verbindung stand, versicherte, Schloßstein stünde in direktem Kontakt mit der Opposition, und die «Boschleute» seien seit jeher «Demokraten und in keinem Zeitpunkt Nazis» gewesen.[124]

Dem Journalisten berichtete Schloßstein zunächst ausführlich über die Zerstörungen in Stuttgart und konnte genaue Angaben über die Folgen der Bombardierungen machen. Seine von Goerdeler stammenden militärischen Nachrichten berichteten über die enormen Verluste der Wehrmacht und über einen dramatischen Stimmungsumschwung.

Aus Schloßsteins Bericht ist die Erschütterung über die inneren Zustände Deutschlands abzulesen, die er mit Beispielen der Stuttgarter Lage erläuterte: Martin Bormann sei inzwischen der alleinige Herrscher im Inneren; der Terror habe einen monströsen Umfang angenommen, in Stuttgart gebe es täglich Exekutionen. Wer auch immer eine abfällige Bemerkung mache, werde sofort verhaftet. Die «innere Abwehrfront» gegen den Nationalsozialismus habe praktisch zu existieren aufgehört. Schloßstein meinte damit nicht einmal eine organisierte Verschwörung, sondern diejenigen Deutschen, die eigentlich gegen den Nationalsozialismus eingestellt waren und nach einem Umsturz die Basis für einen Neuaufbau Deutschlands bilden sollten:

«Die Luftraids haben eine Wirkung gehabt, die man vielleicht nicht vorausgesehen hatte. Durch die Auskämmungen und die Verlagerungen ist die sog. ‹innere Front›, also die Front der existierenden, der zukünftigen und der potentiellen Opposition zusammengebrochen. Diese Front, dadurch, daß die Leute eingezogen worden sind, oder mit den verlagerten Werken weggekommen sind, hat so gut wie aufgehört zu existieren. Die Menschen, die diese Front bildeten, sind einfach nicht mehr an Ort und Stelle. Außerdem sind die Organisationen der Opposition, die innerhalb bestehender Behördenkörper, wie z. B. der Polizei oder der Gendarmerie existierten, ebenfalls verschwunden. Dies ist die Folge des andauernden Ablösens fester Polizei- und Gendarmerie-Organe durch andere, aus anderen Gegenden kommend, die selbst nur dann kurze Zeit an Ort und Stelle und wieder woanders eingesetzt werden.»

Diese Schilderung diente Schloßstein dazu, um so eindrücklicher auf die organisierten Verschwörer hinzuweisen. Er war überzeugt, daß der deutsche Zusammenbruch bis zum Herbst erfolgen werde und daß Hitler «in den nächsten 6 Monaten liquidiert sein» werde:

«Die Führer oder Köpfe dieser Opposition sind noch alle da. General von Witzleben und Hammerstein arbeiten weiter in Berlin. Goerdeler der frühere Reichsernährungskommissar (Deutschnational) arbeitet weiter in Leipzig usw. Die Verbindungen dieser Leute, zu denen noch Halder und Beck zu rechnen sind, zu den Generälen Rundstedt und Blaskowitz funktionieren weiter. Es ist infolge der soeben angezeigten Umstände eine große Unordnung in die Organisationen gekommen.»[125]

Ob Schloßstein, der bald nach Stuttgart zurückkehrte,[126] an seine Mission noch Hoffnungen knüpfte, ist nicht bekannt. Sein Schweizer Gastspiel blieb Episode und bewies ein letztes Mal das Scheitern, ernsthaft mit dem westlichen Ausland in Kontakt zu kommen. Der Bericht Schloßsteins über den Terror in Stuttgart wurde mit «Horror stories like Moscow in the Twenties» kommentiert, die Nachricht über den Niedergang der inneren Oppositionsfront hämisch mit «we could never find one» abgetan. Mit Blick auf Goerdeler und den Generalstab kannte der amerikanische Argwohn kaum Grenzen. In Erinnerung an die Ankündigungen von Walz aus den Jahren 1942/43 wurden die entsprechenden Mitteilungen als weitere Finte interpretiert: «Is this beginning a build up for some who want to save their skins? We had a previous ‹plant› mentioning Goerdeler, which we followed up in some degree.» Noch sarkastischer war die Reaktion auf den Hinweis Schloßsteins, Hitler werde im Laufe des nächsten halben Jahres liquidiert: «This is an old one – whenever things are going badly.» Signalisierte dies deutlich genug die amerikanische Geringschätzung, bestätigte die abschließende Bewertung der Mitteilungen Schloßsteins diesen Eindruck. Sie erhielten die im amerikanischen Geheimdienstgebrauch für mittelmäßige Zuverlässigkeit vergebene Evaluation «C-2». Anderen Sendboten der deutschen Opposition ging es nicht anders. Als die Amerikaner wenig später erfuhren, der badische Industrielle Richard Freudenberg habe in der Schweiz mit britischen Diplomaten Kontakt gesucht und mit Exilpolitikern wie Joseph Wirth konferiert, wurden diese Personen als «a little group of senilities» abgetan, und Allen Dulles vermutete allenfalls eine Finte.[127]

Warum wurde den deutschen Emissären ein weiteres Mal die kalte Schulter gezeigt? Die amerikanische Skepsis hatte eine lange Vorgeschichte. Obwohl die Amerikaner den deutschen Regimegegnern mehr Vertrauen schenkten als die seit langem desillusionierten Briten, die aus ihrer Verachtung über die angebliche «Opposition» keinen Hehl machten, war die Aufmerksamkeit Washingtons recht einseitig ausgerichtet. Bei der Wehrmacht, so lautete der Tenor, könne man von einer Bereitschaft für einen Umsturz nicht sprechen.[128] Auch die Widerstandskraft der deutschen Industrie gegen Hitler wurde als eine zu vernachlässigende Größe eingeschätzt. Immerhin war in einigen Berichten im Jahr 1943 gelegentlich von einer «enge(n) Fühlung» von Teilen der deutschen Wirtschaft mit dem proangelsächsischen deutschen Widerstand die Rede.[129] Überraschend detailliert war auch eine Analyse Willy Brandts, dessen Bewertung der deutschen Opposition im Herbst 1943 Washington erreichte. Aus dem schwedischen Exil beschrieb Brandt nicht nur den sozialistischen Widerstand, sondern auch die Opposition der Kirchen, verwies auf die Stärke dieser Bewegung in Süddeutschland und die Verbindung mit industriellen und liberalen Kreisen. Zudem, so Brandt, beklagten die Nationalsozialisten den «passiven Widerstand» einiger Industrieller.[130]

Indessen fielen solche differenzierenden Meldungen in Washington nicht auf fruchtbaren Boden. In der amerikanischen Hauptstadt konkurrierten mehrere Behörden um den Einfluß beim Präsidenten. Während das bewährt vorsichtig analysierende Außenministerium ein Eingehen auf Friedensfühler nicht grundsätzlich ablehnte, war in der einflußreichen Research and Analysis Branch (R&A) des OSS eine Denkschule vorherrschend, die aufgrund ihrer politischen Zusammensetzung, zumeist exilierte Sozialisten, als «Frankfurt School» bezeichnet worden ist,[131] und die mit einer «gewissen ideologischen Voreingenommenheit»[132] die Vorgänge in Deutschland beurteilte. Der Harvard-Historiker William L. Langer bezeichnete als Chef der R&A-Abteilung die Existenz einer kohärenten Widerstandsorganisation als wenig wahrscheinlich.[133] Die Reserve gegenüber einem Widerstand aus der Industrie resultierte nicht zuletzt aus dem negativen Unternehmerbild der Deutschlandspezialisten der «R&A»-Abteilung. Diese Experten rekrutierten sich zum beachtlichen Teil aus emigrierten Sozialdemokraten und wandten ihren Blick, von ihrem Erfahrungshorizont her durchaus verständlich, in erster Linie dem sozialistischen Widerstand zu. Der «conservative military-industrialist-Junker underground» fand nur am Rande Beachtung.[134] Trotz der eher skeptisch eingeschätzten Erfolgschancen des linken Widerstands, dem man gleichwohl «a guidance and a support» anzugedeihen empfahl,[135] verharrte die R&A-Abteilung gegenüber dem rechten Widerstand in mißtrauischer Distanz. Konservatismus und Industrie waren 1933 diesen Betrachtern zufolge eine unheilige Allianz eingegangen, und das Unternehmertum, so stellte eine aus dem Sommer 1943 stammende Analyse fest, sei grundsätzlich liberalen Gesellschaftskonzepten gegenüber ablehnend eingestellt. So wurde eine enge Verbindungslinie zwischen Antirepublikanismus, Industrie und Militarismus gezogen. Namen wie Vögler, Krupp, Hugenberg und Kirdorff wurden angeführt, um eine enge Liaison der Industrie mit dem Nationalsozialismus nachzuweisen, obwohl eingeräumt wurde, daß «not all of Germany's heavy industrialists backed Hitler's rise to power». Trotz aller Differenzierung kam ein detailliertes Dossier, das sogar umfangreiche Unternehmerbiographien enthielt, zu einem eindeutig negativen Fazit: «What this shows is the complete identity of interests and views of industrialists and party politicians. The logical development of the social structure established in 1871 is thus seen to be the national Socialist empire.»[136] Entsprechend der Überzeugung, die traditionellen Eliten seien für den Untergang der Demokratie in Deutschland allein verantwortlich, wurde das deutsche Unternehmertum eher mit ultrakonservativen Ideen wie der Restauration der Hohenzollernmonarchie in Verbindung gebracht als mit demokratischen Umsturzgedanken,[137] eine Beurteilung, die sicherlich einseitig war, aber im Krieg (und noch in der unmittelbaren Nachkriegszeit) eine enorme Wirkung entfalten konnte. Angesichts einer derartigen Prädisposition blieb das Interesse für jede genauere Untersuchung des Hin-

tergrunds der bürgerlichen Hitlergegner gering, wobei allerdings in der
Forschung noch nicht hinreichend geklärt ist, wie groß der Einfluß der
«Wissenschaftler» im OSS auf die tatsächliche Politik des amerikanischen
Geheimdienstes und im weiteren auf die amerikanische Außenpolitik
eigentlich war.

Seit dem Frühjahr 1943 gewann Hans Bernd Gisevius, der als Vizekon-
sul am deutschen Generalkonsulat in Zürich einer der eifrigsten Mitverschwörer war, das Vertrauen von Allen Dulles. Er hielt ihn von nun an den
amerikanischen Geheimdienst über die Staatsstreichvorbereitungen auf
dem laufenden.[138] Berichte über eine schlagkräftige und einsatzbereite
Verschwörergruppe sickerten allerdings erst Ende Januar 1944 in die
Schweiz,[139] über ein Jahr, nachdem Hans Walz seinem schweizerischen
Gewährsmann zum ersten Mal von der Verschwörung Goerdelers berichtet hatte. Am 29. Januar 1944 informierte Bern die Zentrale über die Ziele
der Verschwörer: «These groups are made up of well-educated and liberal
individuals, but nevertheless, they do not have rightist tendencies and are
confident that in the future the Government will have to be really leftist.»[140]
Wenige Tage später meldete Dulles die Beteiligung Leuschners und Goerdelers.[141] Die Reaktion in Washington war allerdings nicht einmal lauwarm,
weil in der amerikanischen Hauptstadt jeder Schritt gefürchtet wurde, der
das Dogma des «unconditional surrender» in Frage stellte und Komplikationen mit der Sowjetunion hervorrufen konnte. Beim OSS genoß die
Widerstandsgruppe aufgrund ihrer «western rather than eastern orienta-
tion» vorsichtige Sympathien, aber Roosevelt zeigte kein Interesse: «If we
start assassinating chiefs of state, God knows where it all would end. If the
Germans dispose of Hitler, that is their prerogative, but the OSS must have
nothing whatsoever to do with it.»[142] Als im Mai 1944 die Nachrichten über
die Basis der Verschwörer immer dichter wurden, trat in den Berichten von
Allen Dulles jedoch die Sorge vor einer wie auch immer gearteten Irre-
führung wieder hervor – die gleichen Bedenken, denen sich auch der
Boschkreis immer wieder ausgesetzt gesehen hatte: Beck und Goerdeler als
«leaders of the group» waren nach Ansicht des Geheimdienstexperten so
«prominent», daß die Gestapo von ihrem Tun wissen müsse und entweder
lediglich auf eine günstige Gelegenheit warte, um die Opposition auffliegen zu lassen, oder einfach abwarte, weil sie sich einen «Anker» im Westen
erhalten wolle. Die Berichte von Dulles erhielten eine zurückhaltende
Note, die wohl auch die pessimistische Einschätzung von Gisevius reflek-
tierte.[143]

Die inzwischen gut dokumentierte amerikanische Berichterstattung
über eine Aktion gegen Hitler zeigt, daß Washington Anfang Juli 1944 über
einen unmittelbar bevorstehenden Anschlag auf den «Führer» informiert
war. Freilich, zu jenem Zeitpunkt war es schon nebensächlich, ob das
Attentat nun mit oder ohne Wissen der westlichen Alliierten erfolgte. Die
Verschwörer wollten ein Zeichen setzen, und selbst der Gedanke, durch die

Notifizierung der Briten und Amerikaner für die Zeit nach Hitler eine günstige Ausgangsbasis für ihr weiteres Tun zu schaffen, spielte inzwischen keine Rolle mehr. Letzten Endes ist sogar zweifelhaft, ob «Washington's failure to exploit this opportunity»[144] tatsächlich für die deutschen Verschwörer die Bedeutung gehabt hat, die ihr bisweilen in der Geschichtswissenschaft zugebilligt worden ist. In einem Krieg, der weltgeschichtlich ohne Präzedenz war, konnte man von einem letztlich auch um die eigene Existenz kämpfenden Gegner Großmut und Verständnis erst nach vollbrachter Tat erwarten.

Deshalb ist auch der sicherlich interessante Gedanke in seiner Aussagekraft zu relativieren, ob die Kenntnis der Verbindungen Goerdelers zum Boschkreis ein differenzierteres Bild über das Fundament des bürgerlichen Widerstands hätte geben können. Nach allem, was wir wissen, ist auch das wenig wahrscheinlich: Als nach dem Staatsstreichversuch vom 20. Juli die Verbindungen des Boschkreises zu den amerikanischen Diplomaten analysiert wurden, blieben die Amerikaner noch eine Zeitlang in ihren ursprünglichen Denkkategorien gefangen, die ihr Verhältnis zum deutschen Widerstand bestimmten.[145]

Die Berichte von Dulles spiegeln die Intensivierung der Tätigkeit der bürgerlichen Opposition seit dem Frühjahr notgedrungen nur umrißhaft wider. An den Wochentagen hielt sich Goerdeler entweder in Berlin oder Stuttgart auf.[146] Hier herrschte eine gedrückte Stimmung. Theodor Bäuerle schrieb in düsterer Vorahnung Mitte Juni an einen Bekannten: «Und dazu kommen noch die großen Sorgen um die nächsten Wochen und Monate! Letzthin hat mir ein Freund geschrieben: ‹Menschliche Mittel helfen jetzt nichts mehr. Unsere letzte Hoffnung ist das Gebet.› Gott möge sich unser aller erbarmen.»[147] In jenen Tagen stellte er bei seiner Tochter in Bad Cannstatt eine Notunterkunft für Goerdeler bereit.[148]

Die merkwürdige Unruhe in Stuttgart verstärkte sich, als Goerdeler bei einem Besuch im Mai 1944 eine Sichtung der im Verwaltungsgebäude Militärstraße 6 deponierten Akten vornahm: Seit 1941 verwahrte Schloßstein für ihn Dokumente in einem verschnürten Paket, das er in einem Registraturraum des Unternehmens verwahrte. Dieses «Depot» war notwendig geworden, weil die bisherigen Verwahrorte – zunächst Amsterdam, dann Paris – aufgrund der deutschen Besetzung zu unsicher geworden waren; die Akten hatten schließlich in waghalsigen Aktionen sichergestellt oder vernichtet werden müssen und waren zwischenzeitlich, bis Ende 1942, auch bei Erwin Bohner in Heilbronn zwischengelagert worden. Im Laufe der Zeit hatte Goerdeler weiteres Material in verschlossenen Umschlägen in das Depot zur sicheren Verwahrung gegeben. Im Mai 1944 inspizierte Goerdeler die Akten – ein Paket von etwa 10 cm Stärke –, nahm einiges heraus und gab den Rest an Schloßstein zurück. Diesem war der Inhalt nicht bekannt – das Zellenprinizp, das darauf beruhte, nur das Notwendige zu wissen, funktionierte auch dort. Allerdings äußerte Goerdeler bei dieser

Gelegenheit, «er brauche diese Akten dringend, weil nach einem Sturz des Nazi-Regimes neben den Nazi-Verbrechern auch die Leute zur Rechenschaft gezogen werden müssen, die trotz seiner ausführlichen Hinweise nicht den Mut gefunden hätten, gegen das Regime aktiv vorzugehen und es zu beseitigen.»[149]

Am 13. Juni fuhr Goerdeler, der zu diesem Zeitpunkt bereits von der Gestapo überwacht wurde,[150] nach Augsburg zu einem geheimen Treffen mit dem Generaldirektor der MAN, Otto Meyer,[151] und von dort weiter nach Stuttgart. Hier sprach er zunächst mit Walz; später wurde auch Fischer hinzugezogen. Während Schloßstein berichtete, Goerdeler sei «zuversichtlich wie nie zuvor»[152] gewesen, hat Hans Walz sich an diese Gespräche als «Besprechungen allgemeiner Art» erinnert. Der letzte Besuch Goerdelers erschien ihm im Rückblick gar so unspektakulär, daß er sich nicht mehr daran erinnern konnte, wohin dieser anschließend weitergereist war. Auch Albrecht Fischer sagte vor der Gestapo aus, Goerdeler habe sich, als er ihn im Büro von Walz kurz gesprochen habe, «nur kurz über die Lage» geäußert, «ohne irgendwelche Andeutungen über eine bevorstehende militärische Aktion zu machen.»[153]

Das Verhalten Goerdelers wirkt auf den ersten Blick merkwürdig: Ließ er nichts über eine bevorstehende «Aktion» verlauten, weil er sie schon so häufig angekündigt hatte und sich nun einfach scheute, aus Sorge, wieder einmal zu viel zu versprechen? Freilich, es gab keinen Anlaß, Dinge zu erörtern, die für den geplanten Putsch irrelevant waren. Möglicherweise war Goerdeler bei jenem Besuch sogar besonders einsilbig, um den endlich bevorstehenden Umsturz nicht zu gefährden.[154] Es reichte aus, wenn bei Gelingen des Umsturzes jeder an seinem Platz war. In welchem Ausmaß die Stuttgarter über das Attentat im voraus orientiert waren, läßt sich nicht mehr befriedigend rekonstruieren, obwohl man vermuten kann, daß die wenigsten über Einzelheiten informiert waren. Selbst Goerdeler wußte unmittelbar vor der Tat nicht genau, wann Stauffenberg seinen Plan in die Tat umsetzen wollte.[155] Der hochbrisante Plan war nur einem ausgewählten Kreis von verantwortlichen Militärs bekannt, und andere waren nur in dem Maße in den «Gesamtplan» eingeweiht, wie es erforderlich war, um den jeweiligen Anteil am Ganzen erfolgreich durchzuführen. Die Aufgabe der Zivilisten sollte es schließlich sein, das Leben in Deutschland nach dem Sturz Hitlers zu reorganisieren. Es gab daher keinen Grund, mit einer detaillierten Bekanntgabe einer «Aktion» verräterische Hektik auszulösen.

Gegen diese Interpretationen spricht allerdings, daß neben der Unterredung mit Walz und Fischer weitere politische Beratungen auf Goerdelers dichtgedrängtem Terminkalender bei seinem letzten Besuch in Stuttgart standen: Paul Hahn, der jetzt von Goerdeler gesondert instruiert wurde, wußte, daß «diesmal (...) die Sache ernst zu werden» schien. Goerdeler teilte ihm mit, «daß die Aktion gegen Hitler unmittelbar bevorstehe.»[156] Im Bosch-Direktorium herrschte entsprechende Unruhe. Weil sich Knoerzer

gelegentlich bei Thomä nach Goerdeler erkundigte, vermutete jener aufgrund der spürbaren Nervosität, Knoerzer und Walz seien von Goerdeler
über bevorstehende «schwerwiegende Ereignisse» informiert worden.[157]
Auch Theodor Bäuerle,[158] Eugen Bolz, Joseph Ersing und Helmut
Thielicke wurden bei Goerdelers Stuttgartbesuch instruiert. Ersing erfuhr
von dem sichtlich aufgeregten Goerdeler, «in etwa 10 Tagen (sei) alles vorbei».[159] Thielicke, den Goerdeler in dessen Stuttgarter Wohnung aufsuchte,
erfuhr von einer in Kürze fallenden «wichtige(n) Entscheidung».[160] Die
Begegnung mit Bolz muß ähnlich verlaufen sein, denn dieser wußte nun,
daß eine Aktion unmittelbar bevorstand: «Die Sache steigt jetzt, sie muß
gelingen, es geht um Kopf und Kragen.»[161]
Alfred Knoerzer war der letzte aus dem Boschkreis, der Goerdeler vor
dem Attentat noch einmal sah. Am 12. Juli 1944 traf er das Haupt der zivilen Verschwörer in der Garderobe des Berliner Hotels Esplanade. Goerdeler war nervös und bemerkte sofort, er könne dort nicht bleiben, weil er
fürchtete, von zu vielen Menschen erkannt zu werden. Knoerzer und Goerdeler gingen daraufhin zum Essen in den Fürstenhof, anschließend zu
Reichsbankdirektor Bodo von Wedel in die Reichsbank und danach ins
Hotel Adlon, wo sie bereits der Hauptmann d. R. Hermann Kaiser erwartete, den Knoerzer schon von einigen früheren Begegnungen her kannte.
Kaiser, der im Auftrag von Ludwig Beck seit Anfang 1943 als eine Art
militärischer Betreuer Goerdelers fungierte, fragte Knoerzer, ob er bereit
sei, unter Umständen wichtige Nachrichten an Goerdeler weiterzugeben,
wenn dieser sich gerade in Stuttgart aufhalte. Knoerzer bejahte, und Kaiser
notierte sich seine Anschrift und Fernsprechnummer[162] – ein Vorgang, der
später noch unangenehme Folgen zeitigen sollte.
Kaiser schrieb am 16. Juli an Bekannte, er «glaube, que les jours sont
comptés»,[163] und auch in Stuttgart deuteten die Umstände auf bevorstehende ungewöhnliche Ereignisse hin. Knoerzer erhielt noch zwei Tage vor
dem Attentat einen Brief Goerdelers, in dem jener mitteilte, er müsse in
nächster Zeit wahrscheinlich verreisen und werde wohl nicht mehr so bald
nach Stuttgart kommen.[164] Schloßstein wiederum bat Felix Olpp, für ein
paar Tage in Robert Boschs Jagdhütte im Wespental bei Dottingen zu fahren. Dort warte unter Umständen eine «streng vertrauliche Aufgabe» auf
ihn. Olpp wurden ein firmeneigener Fiat Topolino und Benzinmarken zur
Verfügung gestellt, und er wurde gebeten, sich mit den Lokalitäten vertraut
zu machen, um sich auch bei Nacht gut orientieren zu können. Das Jagdhaus solle er auch tagsüber auf keinen Fall verlassen.[165] Olpp konnte sich
denken, was ihn erwarten würde, weil der Boschkreis das entlegene Jagdhaus schon lange als einen behelfsmäßigen Unterschlupf für Goerdeler als
Zwischenstation auf dem Weg zum Bodensee und in die Schweiz vorgesehen hatte.
In den Tagen vor dem Attentat gab es in Stuttgart weitere ominöse
Anzeichen des Bevorstehenden. Als Eugen Gerstenmaier am 19. Juli 1944

mit Landesbischof Wurm und Wilhelm Pressel in Stuttgart zusammentraf, erwähnte er die bevorstehende «Aktion», ohne jedoch Einzelheiten bekanntzugeben.[166]. Weil Wurm nach der Niederringung des NS-Systems über den Rundfunk zum deutschen Volk sprechen sollte,[167] gab ihm Gerstenmaier den Wink, es sei Zeit, seine Rede fertig zu machen.[168] Nach den Ankündigungen warteten die Stuttgarter auf das Signal aus Berlin. Paul Hahn hat später die Atmosphäre jener Tage geschildert:

«In den nächsten Tagen war ich in begreiflicher Spannung, ob und wie die Sache erfolgen sollte. Den ganzen Tag und tief in die Nacht saß ich am Radioapparat und erwartete etwas zu hören. Als dann gegen Abend des 20. Juli nach unerträglicher Spannung die Nachricht von dem mißlungenen Attentat durchgegeben wurde, wußte ich, daß nun meine Vorbereitungen für eine Fluchtbeihilfe für G(oerdeler) zu treffen waren.»[169]

2. Nach dem gescheiterten Attentat:
Der Boschkreis und das Ende der Verschwörung

Die Vorgänge des 20. Juli 1944 in Berlin und in der Wolfsschanze sind bekannt und brauchen an dieser Stelle ebenso wenig geschildert werden wie die Gründe erörtert werden müssen, die für das Scheitern des Attentats verantwortlich waren. Die Schwierigkeiten, mit denen die Verschwörer nach einem gelungenen Anschlag hätten kämpfen müssen, wären ungeheuer groß gewesen[170] und belegen noch nachträglich die Berechtigung der Bedenken im Boschkreis.

Nachdem die Widerstandsaktion in Berlin wie ein Kartenhaus zusammengebrochen war, gab es auch in Stuttgart nur noch eine Aufgabe: Die Spuren des Widerstandes zu vertuschen. Wie wichtig der Tod Hitlers und ein schnelles Durchgreifen der Verschwörer für den Erfolg des Unternehmens gewesen wäre, zeigte der Stuttgarter Ereignisablauf.[171] Der «20. Juli» hatte im Südwesten noch gar nicht begonnen, als in Berlin bereits das Scheitern des Vorhabens offenkundig wurde. Die «Zivilisten» in Stuttgart hatten nun die entsetzliche Wahrheit zu akzeptieren, daß ohne einen militärischen Erfolg ihre vorbereitenden Maßnahmen zur Schaffung einer künftigen Regierung in Württemberg zum Scheitern verurteilt waren. Nun aber waren die vorbereiteten Minister- und Vertrauensmännerlisten nicht nur bereits zur Makulatur geworden, sondern wurden für viele zum Todesurteil.

Wie in den anderen Wehrkreiskommandos des Reiches hätte auch in Württemberg der Politische Beauftragte nach dem Attentat so schnell wie möglich eingesetzt werden sollen (einen eigentlich vorgesehenen Verbindungsoffizier hatte man für den Wehrkreis nicht aufgestellt). Das von Generaloberst Erich Hoepner in Berlin an das Wehrkreiskommando V um 19.45 Uhr abgehende Fernschreiben lautete: «Der Politische Beauftragte zum W. K. V ist: Fischer, Stuttgart, Hauptmannsreute 132. Unterbeauftragter ist: Rechtsanwalt Frank, Karlsruhe, Hofstr. 2. Die Genannten sind sofort heranzuziehen.»[172]

Der Befehl kam allerdings nicht zur Ausführung: Obwohl in Stuttgart bei den verantwortlichen Militärs die Illusionen über den Krieg einer hoffnungslosen Sichtweise gewichen waren, herrschte eine defätistische Passivität.[173] Wie überall im Reich war in den Tagen vor dem Attentat die Invasion der Alliierten in Nordfrankreich das Hauptgesprächsthema einer zunehmend sensibilisierten Öffentlichkeit. Gauleiter Murr hatte schon im Frühjahr 1943 in einem Brief an Goebbels geklagt, die «maßgeblichen Militärs in der Heimat» würden weitgehende Kritik an Hitler üben.[174] Die Lageberichte des Sicherheitsdienstes der SS zeichneten ein ähnlich ungeschminktes Bild der Lage. Die Politik aber wurde nicht in Württemberg, sondern in Berlin gemacht. So zeichneten sich die Stuttgarter Ereignisse nach dem Attentat am 20. Juli durch «Farblosigkeit» aus.[175] Dieser Befund unterstreicht, in welch hohem Maße der Erfolg der Verschwörer vom Gelingen der Berliner Aktionen abhängig war: Stuttgart spielte nach dem Scheitern des Attentats nur noch eine marginale Rolle. Der Publizist Walter Görlitz, der wenige Jahre nach dem Zweiten Weltkrieg versuchte, Licht ins Dunkel der Vorgänge in der württembergischen Hauptstadt zu bringen, traf auf eine Mauer des Schweigens, die ihn zu einem resignierenden Fazit kommen ließ: «Vermutlich ist praktisch wie fast überall nichts geschehen und das ist allen heute irgendwie peinlich».[176] Diesem Ergebnis ist auch heute, auf der Basis einer wesentlich breiteren Quellengrundlage, wenig hinzuzufügen: Der Widerstand in Stuttgart war auf wenige beschränkt, die sich nach dem Scheitern des Aufstandes schutzlos den Fängen der Gestapo ausgesetzt sahen.

Da der amtierende Chef des Generalstabes, Oberst i. G. Kurt Adam, nicht zu den Mitverschwörern gehörte, waren im Stuttgarter Wehrkreiskommando keinerlei Vorkehrungen für den Beginn der Operation «Walküre» getroffen worden. Der Tag verlief entsprechend ruhig. Bei Dienstschluß um 18 Uhr hatten die Stabsoffiziere ihre Dienststelle in der Olgastraße bereits verlassen. Die Befehle der Verschwörer waren noch nicht nach Stuttgart durchgedrungen, als schon die Gegenmaßnahmen zu greifen begannen. Der Adjutant des Generalstabschefs, Oberst Wolf von Tümpling, hatte durch Radiomeldungen vom Attentat erfahren. Von den Berliner Stellen, die eventuell Auskunft geben konnten, waren keine Instruktionen erhältlich und auch vom Wehrkreiskommando als zuständiger Instanz war nichts zu erfahren. Dagegen erhielt er noch in der Nacht einen Anruf von Generalleutnant Wilhelm Burgdorf aus der Wolfsschanze. Letzterer hatte offenbar vergeblich versucht, im Wehrkreiskommando einen Verantwortlichen zu erreichen. Nun wurde Tümpling instruiert, dem Chef des Generalstabes mitzuteilen, eventuell eintreffende Berliner Befehle seien ungültig und die dafür Verantwortlichen seien bereits erschossen.[177]

Der Putsch war in Stuttgart nicht gescheitert, sondern hatte nicht einmal stattgefunden. Der Befehlshaber des Wehrkreises, General Rudolf Veiel, stattete dem Reichsstatthalter Murr noch am folgenden Tag einen Höflichkeitsbesuch ab, der «in den angenehmsten Formen» verlief.[178] Am gleichen Abend veranstaltete die NSDAP Stuttgart eine Kundgebung, auf der Gauleiter Murr eine Ergebenheitsadresse auf den «Führer» ausbrachte.[179] Oberbürgermeister Strölin als Politiker in der Grauzone zwischen Anpassung und Widerstand beugte sich den Tatsachen und verurteilte den Anschlag auf Hitler als «ruchloses Attentat». Die Angst vor der Aufdeckung seiner verfänglichen Kontakte mit den Kreisen um Goerdeler und Bosch machte sein Verhalten bis zu einem gewissen Grad nachvollziehbar. Wie berechtigt seine Sorgen waren, erwies sich, als die Gestapo noch am gleichen Tag auf der Suche nach Goerdeler auch die Wohnung des Oberbürgermeisters durchsuchte,[180] was sich in Stuttgart in Windeseile herumsprach.[181]

Die im Verlauf des 20. Juli aus Berlin abgegangenen Befehle der militärischen Verschwörer erwiesen sich für den Boschkreis als katastrophal. Besonders kompromittierend war die Vorlage eines Fernschreibens, das noch am Abend des Attentats in der Nachrichtenzentrale des Ersatzheeres in der Bendlerstraße gefunden wurde: Es war die Aufforderung, in den Wehrkreisen die Befehlsgewalt zu übernehmen. Die Hoffnung der Vertrauensleute, nicht erkannt zu werden, stellte sich damit als trügerisch heraus: Säuberlich nach Wehrkreisen geordnet waren die vorgesehenen «Verbindungsoffiziere» zum Oberkommando des Heeres und die Politischen Beauftragten aufgeführt.[182] Die Gestapo hatte leichtes Spiel, weil für Württemberg Albrecht Fischer gleich mit seinem Wohnort angegeben war. Fischer, der am Abend gegen 20 Uhr im Radio vom Scheitern des Attentats erfuhr, wurde wenige Stunden später, um 2 Uhr 30 in der Nacht vom 20. auf den 21. Juli 1944 verhaftet und zunächst ins Stuttgarter Polizeipräsidium gebracht.[183] Am folgenden Tag, dem 21. Juli, wurde er kurz über seine politische Einstellung vernommen und anschließend ins Untersuchungsgefängnis in der Archivstraße überführt.[184]

In den folgenden Tagen wurde bei Bosch in fieberhaften «Dauerberatungen» überlegt, wie im Fall weiterer Verhaftungen die Zahl auf einen möglichst kleinen Kreis beschränkt werden konnte. Eine gemeinsame «Sprachregelung» wurde festgelegt, um im Falle eines Falles auf Fragen der Gestapo entsprechend antworten zu können. Am Vormittag des 24. Juli öffnete Willy Schloßstein, der noch zwei Tage vor dem Attentat eine Einreisegenehmigung in die Schweiz beantragt hatte, um in Zürich mit dem Juristen Dr. Edlin zu beraten,[185] die im Registraturraum der Militärstraße 6 liegenden Goerdeler-Akten, die er bis dahin stets verschlossen verwahrt hatte. Es muß als historischer Glücksfall bezeichnet werden, daß er etwa die Hälfte des Materials durchlas, bevor er zusammen mit seiner Sekretärin Hedwig Canz das Konvolut noch am gleichen Mittag in einer zweistündigen Aktion vernichtete. Goerdeler hatte bei ihm Schriftstücke hinterlegt, die seinen Widerstand der Zeit vom Frühjahr 1939 bis 1944 dokumentierten: Durchschläge von Briefen an die Generäle Günther von Kluge, Georg von Küchler, Ludwig Beck, Erwin von Witzleben, Erich Hoepner, Walter von Reichenau, Franz Halder und Johannes Blaskowitz. Einige der Dokumente prägte sich Schloßstein ein, so einen brieflichen Appell Goerdelers an General Halder aus dem Jahr 1942, die Afrikafront aufzugeben und die russische Front bis zur Dnjepr-Linie zurückzunehmen; der Brauchitsch-Schriftwechsel verriet den Schock über den «Terror in Polen»; in einem Brief an einen Adressaten, an den sich Schloßstein später nicht mehr erinnerte, berichtete Goerdeler über ein Gespräch mit Reichsjustizminister Franz Gürtner über die «unzulässige Tötung von Geisteskranken». Daneben fanden sich Goerdelers regelmäßige Exposés über die militärische und wirtschaftliche Lage, Notizen über Besprechungen mit Johannes Popitz und Ulrich von Hassell und nicht zuletzt umfangreiche Aufzeichnungen über die zukünftige Neuordnung eines von der Zwangsherrschaft befreiten Deutschland.[186]

Nach der erfolgreichen Vernichtung des Goerdeler-Depots wurde Fischers Büro einer ähnlichen Säuberung unterzogen.[187] Selbst auf die problematische Hilfe des «Abwehrbeauftragten» Bühlers mochte man in der verzweifelten Lage nicht verzichten. Es gelang diesem, den «Boschkreis» vor den Nachforschungen der Gestapo in den folgenden Wochen in gewisser Weise abzuschirmen, und er war offensichtlich in irgendeiner Weise auch an der Beseitigung belastenden Materials beteiligt.[188] Sein Verhalten erregte bei der Gestapo allerdings Aufsehen. Der Stuttgarter Gestapochef Friedrich Mußgay machte bei einer Inspektion im Büro Bühlers seiner fanatischen Einstellung alle Ehre, als er ankündigte, man werde mit der «verräterischen Direktion» der Firma Bosch nach dem Krieg abrechnen.[189] Trotz solcher Drohungen war die interne Säuberung letztlich erfolgreich. Die Spuren Goerdelers, die aus Zeitmangel nicht getilgt wurden, beseitigte schließlich ein Fliegerangriff auf das Werk, der in der Nacht vom 25. auf den 26. Juli weite Teile des Betriebs zerstörte. Nach der Vernichtung der verräterischen Dokumente konzentrierten sich die Stuttgarter auf die Rettung Albrecht Fischers. Ein gewisser Unmut durchsetzte die verzweifelte Stimmung, weil man in Stuttgart fortwährend zur Vorsicht gemahnt hatte. Nun machte sich verständlicherweise der Eindruck breit, der Anschlag sei «schlecht vorbereitet» gewesen.[190]

Paul Hahn hatte alle notwendigen Vorbereitungen für die Flucht Goerdelers getroffen und wartete inzwischen wie abgesprochen an der Gaienhofener «Ausweichgelegenheit». Da der zivile Kopf der Verschwörung jedoch nicht wie erhofft am Bodensee auftauchte, kehrte Hahn am 25. Juli unverrichteter Dinge nach Stuttgart zurück. Er erfuhr von der Verhaftung Fischers und wußte daher, daß «dicke Luft»[191] herrschte. Auch mit Hahn wurde eine Sprachregelung für den Fall getroffen, daß sich die «Sache Dr.

Goerdeler» auf den Boschkreis ausdehnen werde.[192] Diese Vorsichtsmaßnahme war um so notwendiger, als wohl auch außerhalb der Stuttgarter
Verschwörerkreise bekannt war, daß Hahn eine Fluchtmöglichkeit in die
Schweiz vorbereitet hatte:[193] In Süddeutschland wollte die Gerüchteküche
wissen, Goerdeler verstecke sich in der Nähe des Bodensees und warte nur
auf eine günstige Fluchtgelegenheit.[194]

Wie richtig es war, im Boschkreis das Zellensystem zu praktizieren,
erwies sich in den folgenden Tagen, als eine groß angelegte Suche der Stuttgarter Gestapo nach Goerdeler einsetzte, die den ehemaligen Leipziger
Oberbürgermeister auf einer der Jagdhütten Robert Boschs vermutete.[195]
Hermann Fellmeths Wohnung wurde durchsucht, er selbst mußte sich
einem Verhör unterziehen.[196] In der Nacht des 31. Juli wurde Alfred
Knoerzer von drei Polizeibeamten in seiner Wohnung verhaftet. Mit
Schrecken dachte er zunächst daran, die verhängnisvollen Aufzeichnungen
des Hauptmanns Hermann Kaiser seien der Grund für die Festnahme. Zu
seiner Erleichterung erfuhr er jedoch bald, man habe den «100 prozentigen
Beweis», daß sich Goerdeler in einer Jagdhütte bei Urach aufhalte. Die
Durchsuchung der Hütte im Wespental, zu der Knoerzer und Olpp die
Gestapo begleiten mußten, blieb ergebnislos, aber beide mußten sich am
folgenden Tag in Stuttgart bis spät abends dem Verhör des Gestapochefs
Friedrich Mußgay stellen.[197] Beide beteuerten standhaft ihre Unkenntnis
über eine «Verschwörung». Knoerzer gab an, er sei davon ausgegangen,
gegen eine «geschäftliche Verbindung» sei nichts einzuwenden gewesen,
weil Goerdeler auch mit Wirtschaftsminister Funk und Generalfeldmarschall Milch freundlichen Umgang gepflegt habe.[198] Sie wurden daraufhin
bald freigelassen, mußten sich allerdings regelmäßig bei Mußgay melden.[199]

Theodor Bäuerle, der bereits zwei Jahre zuvor von der Gestapo in Haft
genommen worden war und den Goerdeler bei seinem letzten Stutt-
gartaufenthalt vor dem Attentat aufgesucht hatte, geriet ein weiteres Mal
ins Visier: Nach einer Haussuchung am 4. August erfolgte zwei Tage später ein Verhör im Gestapo-Hauptquartier, dem ehemaligen «Hotel Silber»,
in dem er sechs Stunden festgehalten, nach einer weiteren ergebnislosen
Haussuchung jedoch freigelassen wurde. Als er Anfang 1945 ein weiteres
Mal vernommen wurde, hatte er inzwischen alle noch eventuell belastenden Papiere vernichtet.[200]

Wie gründlich die Stuttgarter Gestapo allen verdächtigen Hinweisen auf
den Boschkreis nachging, zeigte sich, als Otto Fahr, der «Betriebsführer»
der benachbarten Maschinenfirma Werner & Pfleiderer ebenfalls in Verdacht geriet, mit den Verschwörern in Kontakt zu stehen. Fahr gehörte
zwar nicht zum Boschkreis, aber Albrecht Fischer hatte ihn 1942 über die
Verbindung zu Goerdeler informiert und zu erkennen gegeben, daß man
auf ihn «nachher rechnen» werde. Fischer hat schon das nachfolgende Stillschweigen Fahrs als «Widerstandshandlung» und Bereitschaft zur Mitarbeit angesehen. Ganz ähnlich war auch Paul Hahn, der Fahr als «getarnten

Stützpunkt unserer Bewegung» betrachtete, der Überzeugung, dieser hätte «im Notfall» den Staatsstreich unterstützt.[201] Diese lockeren Absprachen mit Fischer und Hahn wurden der Gestapo nicht bekannt. Aber die Kontakte allein reichten für eine intensive Vernehmung Fahrs aus, die jedoch ergebnislos blieb, weil er angab, trotz aller persönlichen Beziehungen zu den Verhafteten nicht eingeweiht gewesen zu sein. Immerhin reichten der ominöse Umgang des «Betriebsführers» und Fahrs «nichtnationalsozialistisches» Verhalten für die Anregung des Gauleiters Murr, diesem eine «Korsettstange» anlegen zu lassen.[202]

Alle Hoffnungen des Boschkreises, man werde um weitere Nachstellungen der Gestapo herumkommen, zerschlugen sich, als Paul Hahn am 5. August festgenommen und in die Stuttgarter Gestapozentrale gebracht wurde.[203] Im Gegensatz zu Fellmeth, Knoerzer, Bäuerle und Olpp wurde er nach seinem Verhör nicht freigelassen, sondern blieb inhaftiert.

Erstaunlicherweise wurde Hans Walz nicht befragt, und nicht einmal seine Wohnung wurde durchsucht.[204] Es ist erklärungsbedürftig, warum ausgerechnet die treibende Kraft des Boschkreises den Fängen der Gestapo entging. Sein Name war in der «Ministerliste» Goerdelers zwar gelöscht worden, aber die intensiven Untersuchungen der von Hitler eingesetzten «Sonderkommission» zur Ermittlung der Hintergründe der Verschwörung hätten eigentlich auf seine Spur führen müssen. Mit «göttlicher Fügung», wie Walz die Gunst des Schicksals später zu erklären versuchte,[205] ließ sich die Aussparung nicht erklären.

Obwohl möglicherweise ganz gewöhnliches Ermittlerpech eine Rolle spielte, ist nicht auszuschließen, daß die Stellung von Walz als «Betriebsführer» eines bekannten und kriegswichtigen Konzerns die Stuttgarter Gestapo davor zurückschrecken ließ, eine frühe Inhaftierung anzuordnen. Die personell großzügig ausgestattete und mit weitgehenden Machtbefugnissen versehene «Sonderkommission» des RSHA, die nach dem Attentat gebildet worden war, hatte solche Rücksichten eigentlich nicht zu nehmen, und hätte theoretisch tätig werden können, nachdem Albrecht Fischer in seinen Aussagen schließlich eingeräumt hatte, daß Goerdelers wichtigster Kontaktmann in Stuttgart Hans Walz gewesen war. Letzte Klarheit über die Gründe, warum die so eindeutig Walz belastenden Spuren nicht energisch verfolgt wurden, wird sich wahrscheinlich nicht mehr gewinnen lassen. Möglicherweise haben die Verhöraussagen Carl Goerdelers, die in ihrer scheinbaren Detailtreue irreführend wirkten, dazu beigetragen, Walz die gefährlichen Monate nach dem 20. Juli unbehelligt überstehen zu lassen. Eine solche Vermutung hat auch deshalb etwas für sich, weil Goerdeler Hans Walz konsequent von seinen Offenbarungen ausnahm.[206]

Carl Goerdeler war am 12. August von der Gestapo auf dem Weg in seine westpreußische Heimat durch eine Denunziantin verraten und daraufhin verhaftet worden. Da auf ihn bereits am 17. Juli ein Haftbefehl ausgestellt worden war und er von seiner akuten Gefährdung wußte, war er gleich

nach dem Attentat in den Untergrund gegangen. Den vorbereiteten Fluchtweg über den Bodensee in die Schweiz nahm er nicht in Anspruch. Über
die Gründe ist oft gerätselt worden. Die letzten Wochen, die Goerdeler
in Freiheit verbrachte, sind recht genau dokumentiert. Tatsächlich finden
sich einige Hinweise, daß der Kopf der zivilen Verschwörung in jenen
Tagen relativer Freiheit noch daran dachte, den von Hahn so sorgsam vorbereiteten Weg ins neutrale Ausland zu nutzen. Noch am 19. Juli hatte
er versucht, von den Militärs einen falschen Paß zu erhalten. Als sich
das kurzfristig nicht realisieren ließ, reagierte er erbittert, und in seiner
engeren Umgebung herrschte ebenfalls Unverständnis über das Unver-
mögen der Offiziere, Goerdeler vorübergehend in die Schweiz in Sicherheit zu bringen.[207] In den folgenden Tagen versuchte Goerdeler einen Weg
nach Schweden zu finden, wahrscheinlich weil ihm inzwischen der lange
Weg nach Süddeutschland als zu riskant erschien:[208] Auch wenn er noch
nicht von der Verhaftung Fischers gehört haben mochte, liefen die Verhaftungen im Zusammenhang mit dem 20. Juli auf Hochtouren. Sein Steck-
brief mit der auf ihn ausgesetzten außergewöhnlich hohen Summe von
einer Million Reichsmark war überall ausgehängt. Konnte er überhaupt
davon ausgehen, auf dem Weg über Stuttgart in die Schweiz noch sichere
Unterkunft zu erhalten? Da Paul Hahn in der letzten Juliwoche die «Aus-
weichstelle» am Bodensee wieder verlassen hatte und nach Stuttgart
zurückgekehrt war, war die auf den ersten Blick unverständliche Entscheidung Goerdelers, Ende Juli in Norddeutschland zu bleiben, im Nachhinein konsequent.

Durch seine Festnahme geriet der Boschkreis in noch größere Gefahr.
Die Stuttgarter hatten die Hoffnung darauf gesetzt, Goerdeler werde die
Flucht in die Schweiz auf eigene Faust gelingen. Nach seiner Verhaftung
kam es entscheidend darauf an, ob die Stuttgarter Verbindungen der Gestapo bekannt würden. Schon nach den ersten Verhören Goerdelers wurden
den Ermittlern die Verbindungen zur Familie Wallenberg bekannt,[209] aber
dies lenkte die Ermittler vom Boschkreis eher ab. Auch als Goerdeler in
seiner ersten Vernehmung am 14. August 1944 den Reuschkreis erwähnte,
wiesen diese Hinweise den Verdacht in eine falsche Richtung. Über den
Boschkreis erfuhr die Gestapo zwar so gut wie nichts, auch wenn die
Ermittler wohl oder übel erkennen mußten, wie weit die Verschwörung in
industrielle Kreise hineinreichte. Joseph Goebbels, der die Ermittlungen
gespannt verfolgte, kam aufgrund der staatspolitischen Pläne der Verschwörer bald zu dem Urteil, hier habe sich «das Lager Schwarz-Rot-Gold
ein Stelldichein gegeben».[210]

Die nationalsozialistische Führung erkannte recht schnell, wie weit das
Verschwörernetz gespannt war. Während des Aufbaus der «Sonderkommission 20. Juli» war das RSHA bald auf «Schwierigkeiten» gestoßen, weil
der Kreis der Beteiligten und Verdächtigen immer umfangreicher wurde.
Obwohl es sich bei den Verschwörern nach den Erkenntnissen der Ermitt-

ler vornehmlich um Angehörige des Offizierskorps handelte und führende Persönlichkeiten der Wirtschaft nicht ermittelt wurden, wurde eine weitere Gruppe unter dem Regierungsrat im RSHA Hermann Quetting für «Wirtschaftliche Sonderfälle» gegründet, weil man befürchtete, «auch Kreise der Wirtschaft könnten sich wegen der Aussichtslosigkeit des Krieges bereits neu orientiert haben, um nach Kriegsende sofort Kontakt zum Ausland aufnehmen zu können.»[211] Im Zuge der Ausweitung der Ermittlung auf wirtschaftliche Kreise entlastete Rüstungsminister Albert Speer, der im Rahmen jener Aussagen Goerdelers zu einer Reihe von Persönlichkeiten der Rüstungsindustrie am 20. August Stellung nahm, mehrere Industrielle aus dem Umfeld des Reusch- und Boschkreises[212] – unter ihnen Hermann Bücher, Paul Reusch, Franz Reuter und Otto Meynen, die entweder in die Verschwörung verstrickt oder als Hitlergegner ins Visier der Gestapo geraten waren. Speers Gutachten, das auf die Kriegswichtigkeit einiger der verdächtigten Unternehmen hinwies, trug dazu bei, den Eifer der Gestapo zu dämpfen, ihre Ermittlungen allzu sehr auf die Unternehmer auszudehnen. Ohne in die Verschwörung eingeweiht zu sein, stand Speer aus Vernunftgründen vielen Forderungen der Regimegegner nahe. Als Verfechter einer «Selbstverantwortung der Industrie»[213] verteidigte er die Haltung der ins Visier geratenen Unternehmer, ein nicht ungefährlicher und couragierter Kurs, weil er sich damit indirekt dem Verdacht der Mittäter- oder zumindest Mitwisserschaft aussetzte. Von Speers Intervention profitierte der Boschkreis, weil die verdächtigen Auslandsreisen, die für Walz und Schloßstein zum Stolperstein hätten werden können, durch Speers Protektion legitimiert wurden.[214]

Nach der Verhaftung Goerdelers verschlechterte sich die Lage für Albrecht Fischer dramatisch. In Stuttgart war er von der Gestapo einige Male verhört und zu Goerdeler befragt worden. Dabei hatte er seine Beziehungen zu Goerdeler und Schacht zunächst als wirtschaftlich begründet geschildert. Selbst der Name Hans Walz hatte in diesem Zusammenhang fallen dürfen, ohne irgendeinen schwerwiegenden Verdacht auf diesen zu werfen.[215] Während seiner Vernehmungen in der Olgastraße tat er die ihm vorgehaltenen Äußerungen Goerdelers als irrelevant ab und behauptete standhaft, er habe Goerdeler nicht ernst genommen – eine Taktik, die er auch später beibehielt und die im übrigen von vielen anderen Mitverschwörern gewählt wurde. Fischer gab in Stuttgart nur das Unbestreitbare zu: Goerdeler sei immer wieder nach Stuttgart gekommen, «um die ihm von der Firma erteilten Aufträge zu besprechen.» Während er die Beratertätigkeit Goerdelers in den Vordergrund rückte, stritt er andere Kontakte rundweg ab: Er wisse nicht, mit wem Goerdeler «außerhalb des Hauses Bosch noch Umgang pflegte».[216] Zu Eugen Bolz und Theodor Bäuerle habe er nur einen losen beruflichen Kontakt gehabt.[217] Fischer hielt eisern an seiner Strategie fest: Er habe sich am Putsch nicht beteiligt und hätte auch nicht zur Verfügung gestanden.

Weil die «Sonderkommission» herausfinden wollte, ob die Politischen Beauftragten über ihre Einsetzung im voraus unterrichtet waren,[218] fand die vergleichsweise harmlose Stuttgarter Haftzeit Fischers ein Ende, als er zusammen mit Reinhold Frank am 18. August nach Berlin verbracht wurde. Zweifellos gab die Verhaftung Goerdelers den entscheidenden Ausschlag, denn nun konnten die Aussagen der Verschwörer gegeneinander ausgespielt werden. Zu seinen Vernehmungen wurde Fischer daher jeweils vom Gefängnis Lehrter Straße, in dem er in Einzelhaft saß, in die Prinz-Albrecht-Straße gebracht.

Fischers Auftreten vor den Beamten der Berliner Gestapo erwies sich als mindestens ebenso geschickt wie in Stuttgart.[219] In der Regel wurde er durch einen SS-Juristen namens Heide vernommen, eine Routine, die nur einmal durch einen kurzen Auftritt des berüchtigten Gestapo-Chefs, SS-Gruppenführer Heinrich Müller, unterbrochen wurde.[220] Heide war erst kurz zuvor zur Gestapo kommandiert worden und war entweder mit den diversen Möglichkeiten der Gestapo, ihre Gefangenen im RSHA zu Aussagen zu zwingen, noch nicht vertraut oder hatte Skrupel, diese anzuwenden. So blieb es bei Fischers Verhören im August und September 1944 in dem großen kahlen Büroraum Heides bei gelegentlichen Schreiereien. Allerdings offenbarte sich sofort der Unterschied zu den halbwegs korrekten Umgangsformen bei den Stuttgarter Verhören. Schon während des ersten Verhörs tat Heide die Stuttgarter Vernehmungsprotokolle als ungenügend ab und fügte hinzu, «es wehe hier ein anderer Wind, er erwarte erschöpfende, wahrheitsgemäße Antworten».[221]

Fischer wurde von Beginn der Berliner Verhöre an als politischer Verschwörer angesehen.[222] Da die Ermittler über seine demokratische Einstellung im Bilde waren, wurde er immer wieder mit seinem mangelnden Verständnis für die nationalsozialistische Weltanschauung konfrontiert. Fischer mußte notgedrungen konzedieren, sich in der nationalsozialistischen Bewegung nicht hervorgetan zu haben, und versuchte das mangelnde Interesse mit seinem Alter zu begründen.[223] Weil er beharrlich darauf hinwies, ihm seien Goerdelers Pläne als reine Theorie erschienen, versuchte Heide möglichst umfassende Informationen über Goerdelers Stuttgarter Aufenthalte, seinen dortigen Umgang und Lebensgewohnheiten in Erfahrung zu bringen. Fischer bezeichnete in Fortführung seiner bisherigen Taktik den Verkehr mit Goerdeler als rein «geschäftsmäßig». Obwohl sich Goerdeler natürlich «sehr kritisch» über die politische Lage ausgesprochen habe, habe er von Umsturzbestrebungen nichts gewußt und nicht mit einem Staatsstreich gerechnet.[224]

In seinen Stellungnahmen zur Staatsverfassung war die Ablehnung der nationalsozialistischen Politik nicht zu verleugnen: Die Schilderung der Ansichten Goerdelers verriet seine eigenen Vorstellungen über die Ausgestaltung des zukünftigen Deutschland. Die Absage an das Führerprinzip, die Wiederherstellung der Rechtsprechung, die Ablehnung der «Freiheitsentziehungen in Form der Konzentrationslager und andere polizeiliche Freiheitsbeschränkungen»[225] – solch detailreich geschilderte Ablehnung des nationalsozialistischen Totalitarismus vermittelte der «Sonderkommission» den Eindruck, es mit einem Regimegegner par excellence zu tun zu haben. Fischer erhielt aufgrund der Verhörstrategie Heides nach einiger Zeit den Eindruck, es gehe weniger um seinen oder um Goerdelers Anteil am Umsturzplan, als vielmehr darum, die mögliche Beteiligung führender Mitarbeiter des Unternehmens Bosch zu ergründen. Heides Fragen konzentrierten sich schließlich auf Hans Walz.[226]

Zu jenem Zeitpunkt – Ende August – erschwerte ein neuer Umstand die Verteidigungsstrategie Fischers. Denn inzwischen wurden Goerdelers Verhöraussagen den anderen Ermittlern zur Verfügung gestellt, die ihre Gefangenen mit den kompromittierenden Angaben konfrontieren konnten. Durch Goerdelers Geständnisse geriet Fischer in die direkte Schußlinie, während er durch den ebenfalls verhafteten Eugen Bolz nicht belastet wurde.[227] Als schwerwiegend wirkten Goerdelers Aussagen, Fischer habe die Lage in ihrer Tragweite genau übersehen, einer «Beteiligung am Umsturz» zugestimmt, die Verklausulierungen der Attentatsplanungen als «Phantom» durchschaut und seine Zusagen einer Beteiligung niemals widerrufen.[228] Bereits einen Tag nach dieser verhängnisvollen Vernehmung Goerdelers wurde Fischer mit diesen Erklärungen konfrontiert und gestand sogleich, Goerdeler habe sich «dahingehend ausgelassen (…), daß mit einer Änderung der Regierungsverhältnisse gerechnet werden könne».[229]

Fischer sah sich nun gezwungen, militärische Detailkenntnisse zuzugeben. Die von ihm angeführten Gründe für die Notwendigkeit einer militärischen Aktion waren darauf berechnet, den antibolschewistischen Charakter eines Umsturzes in den Vordergrund zu stellen: Goerdeler habe angedeutet,

«daß es zu einem Zusammenbruch in jeder Hinsicht kommen könne. Über den Zeitpunkt des Zusammenbruchs hat er sich nicht ausgelassen, jedoch war seinen Reden zu entnehmen, daß die Gefahr eines solchen Zusammenbruchs auf Grund der von ihm geschilderten Lage über uns schwebe, und in nicht ferner Zeit hereinbrechen könne.»[230]

Seinen Befragern mußte Fischer allerdings wenige Tage später konzedieren, Goerdeler habe wohl nicht davon abgeraten, «notfalls mit Gewalt» vorzugehen. Auf die sofortige Nachfrage, ob dies bedeutet habe, daß sich die «Bestrebungen somit gegen den Führer persönlich» richteten, antwortete Fischer «Ich habe das nicht anders auffassen können.»[231] Zwei Tage später trieben ihn die Ermittler noch stärker in die Enge:

«Frage [Heide]: In Ihrer Vernehmung vom 3. 9. 44 war festgestellt worden, daß sich die Absichten der betreffenden Wehrmachtskreise gegen den Führer persönlich als Oberbefehlshaber der Wehrmacht richteten. Was hat Ihnen Goerdeler darüber gesagt, in welcher Weise im Falle der gewaltsamen Lösung mit dem Führer verfahren werden sollte?

Antwort [Fischer]: Auf solche Einzelheiten haben sich seine Äußerungen nicht erstreckt.

Frage: Eine derart wichtige Frage hätten Sie doch mit ihm klären müssen, zumal wenn Sie behaupten, daß Sie mit dem Attentat auf den Führer nicht einverstanden waren?
Antwort: Ich habe ihn nicht danach gefragt.
Frage: Was haben Sie sich denn zu dieser Frage vorgestellt?
Antwort: Wie das Militär in dieser Frage im einzelnen verfahren wollte, darüber habe ich mir nichts gedacht.
Frage: Nach Ihren gesamten bisherigen Ausführungen waren Sie sich also darüber im Klaren, daß Goerdeler und mit ihm gewisse zivile und militärische Kreise beabsichtigten, gegen den Führer des jetzigen Staates notfalls mit Gewalt vorzugehen?
Antwort: Ja, soweit dies die Führung hinsichtlich des Führers als Obersten Befehlshaber der Wehrmacht betrifft.
Frage: Sind Sie der Meinung, daß der Führer sich eine derart zwangsweise erfolgende Ausschaltung aus dieser Funktion hätte gefallen lassen?
Antwort: Ich bin mir darüber im Klaren, daß der Führer sich das nicht hätte gefallen lassen falls es dazu gekommen wäre.
Frage: Was wäre nach Ihrer Meinung in einem derartigen Falle erfolgt?
Antwort: Unter Umständen wäre es dabei zum Bürgerkrieg gekommen, je nach Lage des Falles.»[232]

Damit war Fischer in eine beinahe aussichtslose Position geraten. Zwar ließ Goerdeler durch einige irreführende Bemerkungen Fischer manchen Ausweg,[233] aber im wesentlichen waren seine Geständnisse für Fischer höchst belastend. Über die Gründe der Aussagebereitschaft Goerdelers kann nur spekuliert werden. Sie fügen sich ganz in den Rahmen der bekannten Aussagefreudigkeit des zivilen Widerstandsführers, die die Forschung oft beschäftigt hat.[234]

Die Nachrichten über die Aussagen Goerdelers versetzten die Stuttgarter in Sorge und Unruhe. Den Grund der minuziösen Angaben vermutete man im Versuch, Zeit zu gewinnen. Goerdeler hatte in Stuttgart zuletzt seiner «festen Überzeugung» Ausdruck gegeben, es werde den Alliierten spätestens bis zum Herbst 1944 gelingen, die deutsche Wehrmacht endgültig niederzuwerfen und damit das Regime zu beseitigen.[235] Goerdelers Geständnisse über das Ausmaß der «Verstrickung» Fischers in die Verschwörung waren zwar gravierend, aber indem er Fischer belastete, entlastete er Walz und den gesamten Boschkreis. Vielleicht glaubte Goerdeler aber auch, Fischer sei bereits nicht mehr zu retten. In einem solchen Fall konnte es nur noch darum gehen, die anderen Stuttgarter Freunde, besonders Hans Walz, zu decken. Auch Goerdeler konnte schwerlich entgangen sein, wie stark das Interesse der Verfolgungsbehörden immer wieder um seine Beziehung zu Walz kreiste. Schließlich war schon im Laufe der Stuttgarter Vernehmungen Fischers auf die Rolle des «Betriebsführers» von Bosch eingegangen worden, und Mitte August hatte der offizielle Bericht der «Sonderkommission» eine gefährliche Stoßrichtung angedeutet: «Nach Stuttgart liefen viele Beziehungen Goerdelers (insbesondere Bosch).»[236] Die Ermittlungen der «Sonderkommission» ergaben zur gleichen Zeit, daß Albrecht Fischer wohl kaum aus eigener Machtvollkommenheit hatte handeln können. In der prekären Lage machte sich die Absicherung durch die

SS-Mitgliedschaft bezahlt, weil Fischer den SS-Juristen Heide mit dem Argument beeindrucken konnte, Goerdeler hätte Walz als SS-Hauptsturmführer ja wohl niemals in sein Vertrauen ziehen können. Ob Heide diesen Angaben tatsächlich Glauben geschenkt hat, ist ungewiß.

Goerdeler gab an, er habe grundsätzlich alle von ihm selbst rekrutierten Politischen Beauftragten in ein «vollkommen klares Bild» über ihre geplante Tätigkeit gesetzt, bei Fischer habe er jedoch «eine vorsichtigere Form gewählt», weil er gewußt habe, «daß der verstorbene von mir sehr verehrte Robert Bosch über das Hineinziehen von Angehörigen des Konzerns in Umsturzbewegungen außer sich sein würde.»[237] In dieser Schutzbehauptung zugunsten des Boschkreises steckte ein Körnchen Wahrheit: Robert Bosch hatte noch auf dem Sterbebett gebeten, seine «Herren» sollten sich vornehmlich um Wohl und Gedeih des Unternehmens kümmern. Goerdelers Strategie, die massive Involvierung der Firma in die Verschwörung zu negieren, bewahrte das Werk seines langjährigen Beschützers vor weiteren Nachstellungen und ermöglichte Fischer eine Ausflucht: Goerdeler hoffte wahrscheinlich, Fischer werde das Schlupfloch erkennen, wie er es ihm durch die Mär der «industriellen Berater» bereits einmal eröffnet hatte. Gerhard Ritter hat aus eigener Erfahrung darauf verwiesen, daß die ausführlichen Angaben Goerdelers gegenüber der Gestapo bei genauer Betrachtung keineswegs so präzise waren, wie sie schienen und durch ihre Genauigkeit im Detail darüber hinweg täuschten, daß sie oft «Wesentliches verschwiegen oder zugunsten gefährdeter Persönlichkeiten umfärbten.»[238] Fischer konnte sich in seinen Verhören deshalb bis zuletzt darauf berufen, Goerdeler habe ihn zwar offensichtlich tatsächlich eingesetzt, aber all das sei ohne sein Wissen geschehen.

So blieben Goerdelers Aussagen über seine Verbindungen zu Robert Bosch auffällig vage. Bezeichnenderweise erhielt einer der Ermittler, SS-Standartenführer Walter Huppenkothen, für den Goerdeler detaillierte Berichte anfertigte, über die Verschwörungstätigkeit des Boschkreises nur ein verschwommenes Bild: Er brachte wenig mehr in Erfahrung, als daß Goerdeler nach seinem Ausscheiden aus dem Staatsdienst von der Firma Bosch eingestellt worden war.[239] Ohne jeden Zweifel hätte Goerdeler den gesamten Boschkreis auffliegen lassen können. Daß er in dem Zusammenhang jedoch Mitverschwörer geradezu diszipliniert gedeckt hat, ist ein weiteres Indiz für die These, Goerdeler habe seine Aussagen durchaus bewußt getroffen, in der schrecklichen Gewißheit, durch schützende Angaben einerseits und belastende Aussagen andererseits einige Widerstandskämpfer zu retten und andere Freunde der Gestapo auszuliefern.

Anfang Oktober waren die Vernehmungen Fischers an einen toten Punkt gelangt. Fischer blieb in der Frage einer Beteiligung von Boschmitarbeitern ebenso standhaft wie Goerdeler. Die verfänglichen Ausforschungen nach Hans Walz parierte er durch geschickte und ausweichende Antworten, so daß die Ermittler bald nicht länger insistierten. Fischer wurde schließlich bedeutet, er werde nur dann noch einmal vernommen, wenn er über «Andere» auszusagen bereit sei.[240]

Im Gegensatz zu den Verhördokumenten Fischers müssen Hahns Vernehmungsprotokolle als verloren gelten. Dennoch läßt die Rekonstruktion seiner Verhöre ein ähnliches Muster wie bei Fischer erkennen. Seine Stuttgarter Haftzeit war recht kurz gewesen, denn nach der Verhaftung Goerdelers am 12. August wurde er wie Fischer nach Berlin verbracht und gleichfalls in der Prinz-Albrecht-Straße vernommen. Als langgedienter Polizeioffizier profitierte er hinsichtlich seiner Aussagetaktik zweifellos von seinen Erfahrungen. Wie Fischer leugnete er beharrlich die Beteiligung an den Attentatsvorbereitungen und begründete die Bekanntschaft mit Goerdeler «durch unsere gemeinsame Tätigkeit bei Bosch».

Eine Durchsuchung der Gebäude in Gaienhofen am Bodensee war ergebnislos verlaufen, aber die Gestapo fand in seinem Haus ein Tagebuch, dessen Eintragungen den ihn verhörenden berüchtigten SS-Sturmbannführer Kriminalrat Herbert Lange zu der Aussage hinrissen, man hätte Hahn «am 30. Juni 1934 eben doch umlegen» sollen. Ungeachtet dessen war sich Hahn sicher, daß von den Protokollen der geschäftlichen Besprechungen Goerdelers im Hause Bosch keine Gefahr ausgehen konnte, weil sie sorgsam von allem freigehalten worden waren, was auf Goerdelers konspirative Absichten hätte schließen lassen.[241]

Hahn wurde in den folgenden Wochen scharf verhört und von den Ermittlern der «Sonderkommission» immer wieder mit einem ominösen Eintrag im Notizbuch des Hauptmanns Hermann Kaiser in Verbindung gebracht.[242] In den Tagebuchaufzeichnungen des Verbindungsmanns Goerdelers und Stauffenbergs zur Bendlerstraße hatte die Gestapo eine verdächtige Notiz gefunden: «Flucht G. Hahn Bosch-Konzern fragen». Hahn, der im Gegensatz zu Alfred Knoerzer den Offizier Hermann Kaiser tatsächlich nicht kannte, stritt ab, mit dieser Eintragung etwas zu tun zu haben. Hahn wurde schließlich vorgehalten, das kryptische «G.» stehe für den Hauptmann Dr. Ludwig Gehre, der als Abwehroffizier des OKH als Verschwörer verhaftet worden war. Auch in dieser Richtung konnte die Gestapo ihre Verdachtsmomente allerdings nicht konkretisieren. Als gravierender erwiesen sich die Vorhaltungen, die Hahn aufgrund der Verhöraussagen Goerdelers gemacht wurden. Während Fischer durch Heide trotz mancher Brüllerei vergleichsweise zivilisiert befragt wurde, mußte Hahn «verschärfte Verhöre» und Folterungen über sich ergehen lassen, in deren Folge ihm drei Zähne ausgeschlagen, sein Nasenbein zertrümmert und sein Trommelfell zerstört wurden.[243]

Im Gestapokeller las ihm Lange nach den brutalen «Vorbereitungen» das Protokoll der Vernehmungen Goerdelers vor, die auf ihn «wie Keulenschläge» wirkten: «Goerdeler gestand in diesem Protokoll so ziemlich alles, was im Verlauf der letzten Jahre zwischen uns besprochen worden war. Ein Berg von Anschuldigungen.»[244] Trotz des Vernehmungsterrors – eines der

Nur nach außen hin ein Bild des Gleichklangs:
Der nationalsozialistische «Betriebsobmann» Alfred Weißenborn
(auf dem Bild aus dem Jahr 1940 links, im Gespräch mit Hans Walz),
der nach dem 20. Juli 1944 aus seinem Mißtrauen gegen die
Bosch-Führung kein Geheimnis machte.

Verhöre dauerte 13 Stunden – hielt Hahn am einmal eingeschlagenen Weg des hartnäckigen Leugnens fest. Eine Gegenüberstellung mit Goerdeler brachte keine neuen Erkenntnisse, zeigte Hahn freilich, mit welchen Methoden die Gestapo Aussagen erzwang: «Gördeler war nicht wieder zu erkennen. Der tote Ausdruck seiner Augen und sein ganzes Wesen und

Gebaren, mit dem er zusammenhanglos herunterplapperte, was er in seinem Protokoll gesagt hatte, ließ meine Vermutung zur Gewißheit werden, daß er mit Hilfe von Injektionen von Drogen hemmungslos gemacht worden war.»[245]

Von anderen Verhafteten, die im Kontakt mit dem Boschkreis gestanden hatten, war, wie sich bald herausstellte, weniger zu befürchten, weil sich das Zellenprinzip bewährte. Franz Reuter, der von den Umsturzplanungen wußte, ohne in die Verschwörung wirklich eingeweiht zu sein, wurde nach seiner Verhaftung im Oktober 1944 zu Goerdeler, nicht jedoch zum Boschkreis befragt. Einen Tag, nachdem er von der Festnahme seines Vertrauensmanns Reuter erfahren hatte, wurde auch General Thomas von der Gestapo inhaftiert. Er wurde vornehmlich im Zusammenhang seiner als Hochverrat und Sabotage eingeschätzten Tätigkeit der Jahre 1939 bis 1942 vernommen. Otto Meynen, der von Reichsbankdirektor Hermann Waldhecker informiert worden war, daß die Gestapo den Boschkreis im Visier habe, mußte sich unangenehmen Fragen zu Goerdeler stellen, wurde aber zu Fischer und Walz nicht befragt.[246]

Trotz der ermittlungstechnischen Stockung stand weiterhin die Ausdehnung der Ermittlungen auf den Boschkreis zu befürchten, weil in Stuttgarter Partei- und Gestapokreisen die enge Verbindung Goerdelers zum Unternehmen Robert Bosch bekannt war. Reichsstatthalter Wilhelm Murr hatte Walz bereits in eine Liste von Personen aufgenommen, die zu gegebener Zeit aus dem Weg zu räumen waren,[247] und der Murr-Intimus und Kreisleiter von Heilbronn, Richard Drauz, hatte auf einer öffentlichen Versammlung wenige Tage nach dem 20. Juli drohend verkündet, man werde vor «dem Stuttgarter Betriebsführer, der das Goerdeler-Verbrechen gegen den Führer finanziert habe, nicht halt machen.»[248] Ähnlich machte der Hauptbetriebsobmann bei Bosch, Alfred Weißenborn, aus seinem Mißtrauen keinen Hehl.[249]

In der denunziatorischen Stimmung im Herbst 1944 mußte deshalb täglich mit der Verhaftung von Walz gerechnet werden. Wenn die Ermittlungsbehörden etwas sorgsamer die Auslandspresse studiert hätten, dann wäre ihnen die konspirative Verbindung zwischen Goerdeler und Bosch aufgefallen. Die in New York erscheinende «Staatszeitung und Herold» veröffentlichte das «Politische Testament» Goerdelers mit deutlichen Hinweisen auf die Bosch-Verbindung.[250] Zur Lektüre ausländischer Zeitungen fehlte der «Sonderkommission» im Oktober 1944 jedoch offensichtlich die Zeit. Am 9. Oktober faßte der SD-Bericht der «Sonderkommission» die bisherigen Ermittlungen dahingehend zusammen, es habe sich ergeben, daß «Goerdeler alle Personen, mit denen er in langen Jahren dienstlich, geschäftlich und persönlich in Berührung gekommen ist, sorgfältig auf ihre Verwendbarkeit für seine Umsturzpläne abgetastet» habe. Dies gelte in Stuttgart besonders für die Personen, mit denen er «durch seine Tätigkeit in der Firma Bosch (...) in Fühlung gekommen» sei.[251]

3. Die Prozesse vor dem Volksgerichtshof

Das Bild, das sich die Gestapo im September 1944 von dem als «stockliberalistisch»[252] charakterisierten Fischer machte, verhieß nichts Gutes, wurde er doch als «gefährlicher Staatsfeind» eingestuft. Seine unverändert «vollkommen liberalistisch-kapitalistische Anschauung» sprach ebenso gegen ihn wie das Fazit der Ermittler, Fischer sei «scharf reaktionär und vom Nationalsozialismus völlig unberührt». Ein Lichtblick war allerhöchstens der mitleidig-arrogante Eindruck eines Gestapobeamten, er habe bei Fischer einen «gewissen persönlichen Starrsinn» beobachtet, «der auch altersmässig bedingt sein mag.»[253] Der Ermittlungsrichter erwirkte am 12. Oktober gegen Fischer formell einen Haftbefehl, und am 22. November 1944 reichte der Oberreichsanwalt Klage beim 1. Senat des Volksgerichtshofs ein.

Angesichts der schweren Belastungen durch Goerdelers Aussagen, der eigenen Zugeständnisse in den Verhören und der bisherigen Urteilspraxis des Volksgerichtshofes war für Albrecht Fischer und Paul Hahn, der noch auf die Anklage wartete, das Schlimmste zu befürchten. In jenen Wochen setzten jedoch intensive und letztlich erfolgreiche Bemühungen des Boschkreises ein, die gemeinhin erwartete Verurteilung zum Tode zu verhindern. Die Geschichte des «Dritten Reiches» bietet genügend Beispiele für Protektion und Korruption, die für jede totalitäre Diktatur charakteristisch sind. Im Gewirr von Nepotismus und «Beziehungen», die gewisse Anklänge an das Rom der Renaissance bieten, in denen jedoch die Elemente der Eleganz durch Elemente der Tragik ersetzt sind, bot sich für die Angeklagten ein Hoffnungsschimmer. Protagonist dieser Groteske im untergehenden «Dritten Reich» war Gottlob Berger, der sich als Beschützer des Unternehmens nun allerdings einer heiklen Aufgabe zu stellen hatte.[254]

Walz sah in der Notlage im Herbst 1944 keinen Grund, die Machtrivalitäten des NS-Staates nicht ein weiteres Mal auszunutzen. Bergers Hilfe bei der Entlassung Bäuerles aus der Gestapohaft im Jahr 1942 und sein Beistand in der Auseinandersetzung mit der württembergischen Parteileitung und dem «Freundeskreis Himmler» hatten gezeigt, wie wirksam die Protektion des SS-Obergruppenführers sein konnte. Walz und Schloßstein hatten auch in der Folgezeit ihre Berlinbesuche immer wieder genutzt, um dem Chef des SS-Hauptamtes in der Douglasstraße einen Besuch abzustatten. Die Stuttgarter, so umschrieb Berger deren Visiten später lapidar, seien gekommen, «wenn sie Sorgen hatten.»[255]

Berger wußte natürlich von der engen Verbindung mit Goerdeler, vor dem er mehrfach gewarnt hatte. Über die eigentliche tiefe Verstrickung des Boschkreises in die Umsturzpläne war er allerdings nicht informiert: Die «geheimen Absichten»[256] waren ihm wohlweislich verschwiegen worden. Möglicherweise hat er einfach nicht daran glauben wollen, daß die Stuttgarter am Umsturzversuch beteiligt gewesen waren. Freilich, ob der mißtrauische Berger tatsächlich so unschuldig-naiv überhaupt nichts von den Stuttgarter Vorgängen geahnt haben soll, ist keineswegs erwiesen. Hans Walz war sich später sicher, daß Berger «bei dem präzis fungierenden Nachrichten-Apparat, der ihm zu Gebote stand», eigentlich etwas von der Stuttgarter Konspiration habe wissen müssen.[257] Und tatsächlich würde es die Vermutung, einer der mächtigsten SS-Männer sei völlig arglos gewesen, sehr strapazieren, wenn man unterstellte, er habe sich keine Gedanken über die Involvierung des Boschkreises in die Verschwörung gemacht.

Er war jedoch naiv genug, solche Gedanken auszublenden. Berger schrieb später, ihm sei «nicht wohl» gewesen, als im Zuge der Ermittlungen der Name Goerdeler aufgetaucht sei. Er wußte, daß Goerdeler «da und dort in der Firma zur Mitarbeit herangezogen» worden war. Er selbst hatte in einer «Paß-Angelegenheit» für eine Schwedenreise Goerdelers einmal «erheblich mitgeholfen»,[258] aber er durchschaute offenbar die eigentliche Konspiration des Boschkreises gegen Hitler zeitlebens nicht. Das trug zum durchschlagenden Erfolg des Unternehmens bei, die verhafteten Mitglieder des Boschkreises «aus höchster Gefahr herauszupauken», wie Hans Walz den Vorgang rückblickend zu Recht charakterisiert hat.[259]

Berger wurde mit der Bitte von Walz konfrontiert, «geeignete Schritte zur Befreiung» der Verhafteten einzuleiten. Berger entgegnete zunächst, nichts tun zu können, da Hitler verboten habe, für Angeklagte des 20. Juli ein begütigendes Wort einzulegen. Er bot jedoch an, sich von allen einschlägigen Vernehmungsprotokollen Abschriften übersenden zu lassen, Walz sofort zu benachrichtigen und gegebenenfalls einzugreifen.[260] Nachdem sich Berger im RSHA umfassend über die Vorwürfe informiert und Einblick in die Vernehmungsprotokolle genommen hatte, erhielt Walz am 4. Oktober 1944 einen alarmierenden Brief:

«Lieber Herr Walz!
Ich habe SS-Sturmbannführer Walser bei Ihnen am letzten Freitag vorbeigeschickt. Leider hat er Sie nicht angetroffen. Wegen Baurat Fischer habe ich mich eingehend erkundigt. Die Sache liegt so:
Oberbürgermeister Gördeler hat sich ja bekanntlich über 10 Tage der Verhaftung entziehen können. Diese Tage genügten aber, ihn derart weich zu machen, daß er nicht nur ohne Aufforderung alles aussagt, sondern auch an Hand von geführten Notizbuchaufzeichnungen alle möglichen Leute, auch alle jene mit denen er irgendwie geschäftlich zu tun hatte, belastet. Es würde mich gar nicht wundern, wenn eines Tages Ihr Name irgendwie auftaucht. Ich möchte nochmals betonen, daß er freiwillig aussagt, viel mehr als man von ihm eigentlich verlangt. Über Baurat Fischer sinngemäß folgendes:
‹Die Ernennung des Baurat Fischer zum Beauftragten für den Gau Württemberg ist von mir veranlaßt. Ich habe seit dem Jahre 1937 mit Fischer auch über politische Dinge gesprochen; dabei waren wir uns im Klaren, daß der Nationalsozialismus eine vorübergehende Erscheinung sei und alles getan werden müsse, um das Ende desselben zu beschleunigen.› Mit diesen und ähnlichen Aussagen hat er meiner Ansicht nach für Fischer das Todesurteil gesprochen, zumindest wird das Urteil für eine lebenslängliche Haft ergehen. Vielleicht kann ich mich aber auch täuschen.

Über die Stellungnahme Fischers zu dieser Aussage kann ich nichts sagen. Hierüber wurde mir nichts berichtet. Es ist aber so, daß Gördeler bis jetzt alle seine Aussagen beweisen konnte und daß man ihm Unwahrheit nicht nachweisen kann.

Mein Urteil über Gördelers Verhalten brauche ich nicht mitzuteilen. Ich habe ja zweimal vor Gördeler gewarnt. Wahrscheinlich haben Sie mir damals nicht richtig geglaubt. Meine Vermutungen über diesen Mann, der ein Deutscher ist, der kaltblütig das Leben des Führers und damit der deutschen Nation aufs Spiel setzt, hat (sic!) sich leider bestätigt. Heil Hitler!

Ihr Gottlob Berger

SS-Obergruppenführer.»[261]

Obwohl Berger Fischer nicht persönlich kannte,[262] stellte sich sein Einfluß größer als angenommen heraus. Berger glaubte, daß Teile der SS von der Verschwörung gewußt und gar auf einen Erfolg gehofft hatten. Insbesondere nahm er an, Heinrich Himmler sei schon im Vorfeld des 20. Juli 1944 über die Attentatsplanungen orientiert gewesen. Er hatte sich auch über das «sehr eigenartige» Verhalten des «Reichsführers-SS» am 20. Juli und den folgenden Wochen eigene Gedanken gemacht. Himmler, so nahm er an, sei durch Arthur Nebe, den Chef des Reichskriminalamtes «irgendwie (…) von dieser Sache orientiert gewesen.»[263] Einer der engsten Vertrauten Himmlers, der SS-Obergruppenführer Wolff, interpretierte ganz ähnlich die merkwürdige Haltung seines Chefs zum 20. Juli 1944 als eine Art Vorgeschichte späterer Verhandlungen. Himmler habe «nach dem 20. Juli das Bestreben gehabt, sich abzudecken, da er eben doch irgendwie geschwankt habe und ein bißchen mit den Widerstandskämpfern kokettiert habe.»[264] Berger hatte zudem «keinen Zweifel», daß der Chef der Gestapo, Heinrich Müller, «etwas wußte».[265] Ob Müller tatsächlich über die Verschwörung informiert war, wird sich wahrscheinlich nicht mehr klären lassen. Aber es ist verständlich, daß Berger in der Annahme, Müller sei in irgendeiner Weise in die Vorgänge des 20. Juli involviert, den Ermittlern der «Sonderkommission» gegenüber recht selbstbewußt auftreten zu können glaubte.

Walz lieferte Entlastungsmaterial nach Berlin, das Berger offensichtlich direkt an das Reichssicherheitshauptamt weitergab.[266] Auf welche Weise das geschah, ist unklar; obwohl Hitlers Interesse an einer unerbittlichen Verfolgung der Männer des 20. Juli eine massive Beeinflussung verbat, hat der einflußreiche SS-Obergruppenführer dennoch Wege gefunden, entlastenden Argumenten im RSHA Gehör zu verschaffen.

Inzwischen schwebte ein weiteres Mitglied des Boschkreises in akuter Gefahr. Auf Willy Schloßstein waren die Ermittler aufmerksam geworden, weil er in Aufzeichnungen Goerdelers im Zusammenhang mit dem Amt eines zukünftigen Wirtschaftsministers für Württemberg-Baden erwähnt worden war. Als Schloßstein Mitte Oktober 1944 von der Stuttgarter Gestapo verhört wurde, war eine Überstellung ins RSHA zu erwarten. Wiederum bat Walz Berger um Hilfe für seinen engsten Mitarbeiter.[267] Der konnte tatsächlich seinen Einfluß geltend machen und durchsetzen, daß

84

SS-OBERGRUPPENFÜHRER BERGER   BERLIN-GRUNEWALD, den 4.10.1944
GENERAL DER WAFFEN-SS   DOLLARSTRASSE 7

An
Herrn Dir. W a l z   Persönlich
S t u t t g a r t   Vertraulich

Lieber Herr Walz !

Ich habe SS-Sturmbannführer Walser bei Ihnen am letzten
Freitag vorbeigeschickt. Leider hat er Sie nicht angetroffen. Wegen Baurat Fischer habe ich mich eingehend
erkundigt. Die Sache liegt so:

Oberbürgermeister Gördeler hat sich ja bekanntlich über
10 Tage der Verhaftung entziehen können. Diese Tage genügten aber, ihn derart weich zu machen, daß er nicht nur
ohne Aufforderung alles aussagt, sondern auch an Hand von
geführten Notizbuchaufzeichnungen alle möglichen Leute,
auch alle jene mit denen er irgendwie geschäftlich zu
tun hatte, belastet. Es würde mich gar nicht wundern,
wenn eines Tages Ihr Name irgendwie auftaucht. Ich möchte
nochmals betonen, daß er freiwillig aussagt, vielmehr als
man von ihm eigentlich verlangt. Über Baurat Fischer sinngemäß folgendes :

> "Die Ernennung des Baurat Fischer zum Beauftragten für
> den Gau Württemberg ist von mir veranlaßt. Ich habe
> seit dem Jahre 1937 mit Fischer auch über politische
> Dinge gesprochen; dabei waren wir uns im Klaren, daß
> der Nationalsozialismus eine vorübergehende Erschei-
> nung sei und alles getan werden müsse, um das Ende des-
> selben zu beschleunigen." Mit diesen und ähnlichen Aus-
sagen hat er meiner Ansicht nach für Fischer das Todesurteil gesprochen, zumindest wird das Urteil für eine
lebenslängliche Haft ergehen. Vielleicht kann ich mich

- 2 -

85

- 2 -

aber auch täuschen.
Über die Stellungnahme Fischers zu dieser Aussage kann ich nichts
sagen. Hierüber wurde mir nichts berichtet. Es ist aber so, daß
Gördeler bis jetzt alle seine Aussagen beweisen konnte und daß
man ihm die Unwahrheit nicht nachweisen kann.

Mein Urteil über Gördelers Verhalten brauche ich nicht mitzuteilen. Ich habe ja zweimal vor Gördeler gewarnt. Wahrscheinlich haben Sie mir damals nicht richtig geglaubt. Meine Vermutungen über diesen Mann, der ein Deutscher ist, der mutwil-
lig das Leben des Führers und damit der deutschen Nation aufs
Spiel setzt, hat sich leider bestätigt.

Heil Hitler !

Ihr

SS-Obergruppenführer

Eine Auskunft Gottlob Bergers über die Aussichten für Albrecht Fischer aus dem Oktober 1944 ließ für den Verhafteten wenig Hoffnung.

Schloßstein vor seiner Vernehmung im RSHA zu ihm ins SS-Hauptamt gebracht wurde. In Berlin wurde er noch vom Bahnhof weg von Bergers Adjutanten Dr. Hennings in das SS-Hauptamt in der Douglasstraße im Stadtteil Grunewald gebracht. Erst im Villenvorort erfuhr er von seiner bevorstehenden Überstellung an die Gestapo.

Berger fand einen «völlig zusammengebrochenen Mann» vor. Seit den Verhaftungen Fischers, Goerdelers und Hahns hatte er in ständiger Sorge nachts angezogen neben dem Bett gelegen, um rechtzeitig flüchten zu können. Bergers Schützenhilfe bewirkte, daß seine erste Vernehmung durch Kriminalrat Lange nicht im RSHA, sondern noch im Einflußbereich Bergers, im SS-Hauptamt, erfolgte. Als Schloßstein jedoch hinhaltende und recht nichtssagende Auskünfte gab, war das Gastspiel bei Gottlob Berger beendet. Lange wandte eine beliebte Taktik der «Sonderkommission» an, ihre Gefangenen mürbe zu machen. Er brachte Schloßstein zunächst ins Gefängnis Plötzensee und von dort noch am gleichen Tag ins Gestapo-Hauptquartier in der Prinz-Albrecht-Straße, wo dieser in Langes Büro intensiv zu seinen «Auslandsbeziehungen» befragt wurde. Dabei sah sich Schloßstein auf energisches Nachfragen gezwungen, den Namen Siegmund-Schultze zu nennen.

In welchem Ausmaß Lange über die Rolle des Theologen in der Schweiz unterrichtet war, ist ungewiß, weil die entsprechenden Vernehmungsakten als verloren gelten müssen. Der Gestapo war es seit den Jahren 1942/43 gelungen, tief in die Schweizer Emigrantenszene einzudringen und über Siegmund-Schultze und Joseph Wirth eine ganze Reihe von Verschwörern zu lokalisieren.[268] Über die Involvierung des Boschkreises und die Verbindungen zu Goerdeler wußte Lange jedoch erstaunlich wenig. Glaubt man den späteren Angaben Bergers, gab es aber noch weitere Verdachtsmomente: Gestapochef Müller hatte ihn auf einen Tagebucheintrag Goerdelers aufmerksam gemacht, in dem Fischer dreimal, Schloßstein einmal, allerdings in der verschlüsselten «Sprachregelung» Goerdelers genannt waren.[269] Über konkrete Beweise verfügte Lange aber offensichtlich nicht. Er drohte Schloßstein lediglich vage an, «jeder Verkehr mit einem Emigranten» habe «lebenslängliches KZ zur Folge».[270] Noch in der Nacht wurde Schloßstein in einen dem KZ Ravensbrück in Mecklenburg angeschlossenen Strafbunker verbracht, der einer Vielzahl von Untersuchungsgefangenen des 20. Juli 1944 als provisorisches Gefangenenlager diente. Noch die späteren Berichte Schloßsteins verrieten seine tiefe Erschütterung über das dort Gesehene, die Gesichter «junger Menschen mit Altersfalten» und der erbarmungswürdige Anblick der KZ-Häftlinge in einer «Stätte des Grauens», die er als «Schande für ein Kulturvolk» empfand.

Am folgenden Tag wurden ihm in einem siebenstündigen Verhör von Kriminalrat und SS-Hauptsturmführer John «zum Teil recht peinliche Fragen» gestellt. Gegen Ende der Vernehmung, in der er standhaft behauptete, über die persönlichen Beziehungen Siegmund-Schultzes nichts zu wissen, erfuhr er von dem Vorwurf, er habe «Beziehungen zu christlichen Kreisen im Ausland dazu benützt, um einen Waffenstillstand zwischen den Alliierten und dem oppositionellen Deutschland zu ermöglichen.» So richtig dieser Vorwurf in der Sache auch sein mochte: Es gelang Schloßstein, den wohl mehr auf Konjekturen und Vermutungen beruhenden Verdacht zu entkräften. John, der zweifellos weniger aggressiv als Lange vorging, erschien Schloßsteins Versicherung, es müsse sich um eine Verwechslung handeln, wohl einigermaßen plausibel. Als John in diesem Sinn nach Berlin berichtete, bot sich für Berger eine Möglichkeit zum Eingreifen.

Berger nahm an, der «württembergische Kreis» werde «zusammenhalten» und erfuhr durch einen schwäbischen Landsmann im RSHA, den SS-Gruppenführer Martin Sandberger, von den vermuteten süddeutschen Widerstandsverbindungen: «Fischer, Schloßstein, Hahn, Speidel, Gerstenmaier (Bolz wurde mir nicht genannt, warum weiss ich nicht und als ich es später über seine Frau erfuhr, war es zu spät).»[271] Durch die Intervention des SS-Obergruppenführers wurde Schloßstein nach Erteilung eines Verweises wieder freigelassen.[272]

Bergers Verwendung für Schloßstein stellte die Generalprobe für weitere Schritte dar, auch die übrigen Mitglieder des Boschkreises zu retten. Walz fuhr Ende 1944 nach Berlin, um vor der Verhandlung Albrecht Fischers vor dem Volksgerichtshof Hilfsmöglichkeiten zu erkunden. Weil, wie in den Verfahren des 20. Juli vor dem Volksgerichtshof üblich, ein Wahlverteidiger nicht zur Verfügung stand und man nur die Wahl zwischen einem halben Dutzend Pflichtverteidigern hatte, entschied man sich für den Berliner Rechtsanwalt Wilhelm Kunz, der auch vom Reichstreuhänder Dr. Wilhelm Kimmich, mit dem der Boschkreis einen vertrauensvollen geschäftlichen Umgang pflegte, als gute Wahl angesehen wurde.

Die meisten Anwälte in den Volksgerichtshofverfahren machten ihrem Berufstand keine Ehre. Auch Fischers Verteidiger war auf den ersten Blick eine zweifelhafte Wahl: Kunz hatte sich einige Wochen zuvor als Pflichtverteidiger des Generalleutnants Paul von Hase vor Gericht wie ein Ankläger gebärdet und mit Blick auf die Ereignisse des 20. Juli davon gesprochen, «eine größere Schande» sei nie zuvor vor dem Volksgerichtshof verhandelt worden. Sein Plädoyer hatte in der Konklusion gegipfelt, da ohnehin nichts anderes als die Todesstrafe in Frage komme, sei es gar nicht notwendig, «hier juristisch etwas zu untersuchen.»[273]

War angesichts eines solchen Offizialverteidigers, der das Bild eines willigen Werkzeugs von Freisler hinterlassen hatte, nur das denkbar Ungünstigste zu erwarten, so ergab sich bald doch ein Hoffnungsschimmer. Denn im Gegensatz zu vielen Angeklagten, die ihren Pflichtverteidiger entweder überhaupt nicht oder erst kurz vor Verhandlungsbeginn zu Gesicht bekamen, gelang es Walz, im Vorfeld des Prozesses, wahrscheinlich Anfang Dezember 1944, mit Kunz zu sprechen. In der Anwaltskanzlei erfuhr er, Fischer habe in seinen Polizei- und Gestapovernehmungen

Aussagen gemacht, die sowohl günstig als auch ungünstig ausgelegt werden könnten.

Eine scheinbar nebensächliche Routinefrage des Anwalts erwies sich in dieser Situation als ausschlaggebend. Da es nun in entscheidendem Maß auf Protektion ankam, fragte Kunz nach «gewichtigen Parteiverbindungen», die eventuell für Fischer eingesetzt werden könnten. Die von Walz genannten Namen, darunter derjenige Wilhelm Kepplers, schienen dem Juristen allerdings wertlos. Erst bei der Erwähnung Gottlob Bergers wurde Kunz hellhörig. Kunz hielt Berger für «allgewaltig»; der SS-Obergruppenführer brauche gar nicht selbst zu Freisler zu gehen, es genüge wenn er jemanden aus seinem Amt mit dem Hinweis zu Freisler schicke, Fischer sei «bei der SS gut empfohlen.»

Mit dieser Nachricht des Pflichtverteidigers versehen, ließ sich Walz sofort bei Berger melden, der sich bei Freisler einzusetzen versprach.[274] Auch ein Besuch von Kunz beim Angeklagten Fischer fiel positiv aus. Fischer gewann den Eindruck, Kunz bemühe sich ernstlich, und dessen persönliche Beziehungen zu Freisler könnten sich als günstig erweisen. Um den Pflichtverteidiger noch gewogener zu stimmen, deutete Fischer die Möglichkeit an, in späteren Zeiten «ein paar gute Zivilprozesse für eine gute Firma» führen zu können, was Kunz mit freundlicher Zustimmung aufnahm.[275] Kunz konferierte in den folgenden Dezemberwochen noch einige Male mit Fischer und berichtete von Goerdeler, der mehr aussage als notwendig sei. Neben solchen entmutigenden Nachrichten erfuhr Fischer jedoch auch, daß im Volksgerichtshof keine große Neigung mehr herrsche, den «Kreis der Beschuldigten noch weiter zu ziehen und damit zu immer mehr Todesurteilen zu kommen.»[276]

Anfang Januar 1945 erfuhr Fischer über Kunz von seiner bevorstehenden Verhandlung vor dem VGH, deren genauer Termin jedoch noch nicht feststand. In letzter Minute versuchte Fischer deshalb, in einer schriftlichen Erklärung ein weiteres Mal seine angeblich nationalsozialistische Gesinnung unter Beweis zu stellen. So absurd diese Bemühung auch sein mochte, war sie doch ein durchdachtes Manöver, dem Volksgerichtshof mildernde Umstände plausibel zu machen. Sein problematisches Verhältnis zur NSDAP versuchte er geschickt durch schwer überprüfbare, in Wirklichkeit an den Haaren herbeigezogene Behauptungen zurechtzurücken. Für die mangelnde Betätigung in der Partei führte Fischer weitschweifig Gründe ins Feld: Die Schilderung seines frühen Widerwillens gegen den «damaligen Stimmenfangbetrieb mit Freibier, Zigarren, Knackwürsten und Heringen» mochte vielleicht für eine abendliche Anekdote taugen, als Verteidigung vor dem Volksgerichtshof schien sie wenig geeignet.[277] Die über Kunz eingereichte Erklärung Fischers, ein Dokument der Verzweiflung mit tragikomischen Elementen, war in dieser Situation gleichwohl ein geschickter Schachzug: Sie bot einem – aus welchen Gründen auch immer – wohlwollenden Gericht die Möglichkeit, Fischers

Angaben für bare Münze zu nehmen und als mildernden Umstand in die
Waagschale zu werfen.

Fischers Prozeß vor dem Volksgerichtshof unter dem Vorsitz Roland
Freislers fand am 12. Januar 1945 statt. Fischer war am Vorabend die Anklageschrift übergeben worden, über deren Inhalt er schon von Kunz grob
unterrichtet worden war. Über Umstände, Verlauf und Atmosphäre der
Verhandlung sind wir durch eine eindringliche Schilderung eines der Mitangeklagten unterrichtet. Gotthard von Falkenhausen, als Wirtschaftsfachmann beim Militärbefehlshaber in Frankreich einer der Pariser Verschwörer, hatte sich im gleichen Prozeß zu verantworten. Daneben saßen Dr.
Ernst Röchling und der Karlsruher Rechtsanwalt Reinhold Frank auf der
Anklagebank. Die Verhandlung war auf 9 Uhr am 12. Januar 1945 vor dem
Volksgerichtshof in der Bellevuestraße angesetzt. Am Hauseingang war ein
großes Polizeiaufgebot aufgefahren, der Saal selbst von einigen Behörden-
vertretern und Parteigrößen besetzt, während die Öffentlichkeit ausgeschlossen blieb. Die Angeklagten saßen jeweils zwischen Polizisten in der
vordersten Reihe. Pünktlich um 9 Uhr erschien Freisler:

«Neben Freisler wirkten die übrigen Mitglieder des Gerichts völlig als Staffage. Sie
bestanden aus einem richterlichen Beisitzer, der stumm der Verhandlung folgte, und drei
Laien, augenscheinlich kleine Wichtigtuer aus der Sphäre nationalsozialistischer Blockleiter.»

Der Anklagevertreter, Landgerichtsdirektor Schulze, machte auf Falkenhausen den Eindruck

«eines kleinbürgerlichen Ehrgeizlings, beflissen, sich das Wohlwollen Freislers und seiner
nationalsozialistischen Vorgesetzten zu verdienen, in die Verhandlung griff er ebenfalls
kaum ein. Seine Plädoyers waren matt und nichtssagend, auch in der Diktion und der Art
des Vortrags unbedeutend, eine Kette von Phrasen aus dem landläufigen nationalsozialistischen Sprachschatz, kein Funke rednerischen Niveaus oder juristischer Logik. Die Pri-
madonna Freisler konnte offenbar nur unbedeutende Kreaturen um sich dulden.»

Die Verhandlung begann mit der Verlesung der Anklageschriften, anschließend wurde das Verfahren gegen Röchling und Falkenhausen abgetrennt.
Zeugen wurden nicht geladen: Die Verhandlung basierte ganz auf den Verhöraussagen Goerdelers. Recht schnell kristallisierte sich heraus, daß
Fischer mit seiner Aussage bei Freisler einigen Eindruck machen konnte, er
habe Goerdelers politische Bemerkungen und dessen «wichtigtuerische
Geschäftigkeit» nicht ernst genommen.[278] Der von Beginn an gute Stand,
den Fischer bei Freisler hatte und die im Vergleich zu seinem Mitangeklagten recht milde Behandlung wurde nicht nur von Fischer selbst bemerkt,[279]
sondern fand auch im offiziellen Prozeßbericht ihren Niederschlag. Dieser
vermerkte, es sei Fischer trotz «sehr widerspruchsvolle(r) Angaben» nicht
nachzuweisen gewesen, daß er den Posten des Politischen Beauftragten
bewußt angenommen habe. Fischer habe gar «manchen Rettungsanker»
übersehen, den Freisler ihm zugeworfen habe:

Albrecht Fischer vor dem Volksgerichtshof.

«Sein wenig ansprechendes Verhalten war daher mehr als Ausdruck der Angst, denn als Ausdruck der Schuld zu werten. Der Ausdruck ‹Fahneneidkomplex›, den er vor der Polizei gebraucht hatte, war von ihm nicht in dem ‹wahrhaft entsetzlichen› Sinn gemeint gewesen, wie Freisler zunächst angenommen hatte.»[280]

Falkenhausen verglich die brutale Behandlung des Angeklagten Reinhold Frank mit derjenigen Fischers. Franks Leidensgenosse Fischer

«behauptete, seine Bereitschaft zur Mitarbeit habe sich nur auf einen Posten in der Kriegswirtschaft bezogen und er habe der pessimistischen Lagebeurteilung Gördelers mehrfach widersprochen. Er gab sich harmlos und völlig unpolitisch, mißverstand – vielleicht absichtlich – die verfänglichen Zwischenfragen, schweifte ab, ließ sich durch ein heftiges Anfahren nicht aus der Ruhe bringen, so daß das Endergebnis der Vernehmung recht mager blieb. Trotzdem mußte jeder den Eindruck haben, daß die beiden Angeklagten ungefähr gleich belastet waren, und ich war sehr überrascht, daß der Anklagevertreter in einem recht nichtssagenden Plädoyer für Frank die Todesstrafe, für Fischer Freisprechung forderte.»[281]

Die Plädoyers der beiden Offizialverteidiger, insbesondere das für Frank, wurden als «so schlecht und oberflächlich» empfunden, «wie man es sich selbst in einem Bagatellprozeß nicht hätte gefallen lassen.»[282] Aus der Rede des Verteidigers Kunz ist lediglich ein bruchstückhafter Tonbandmitschnitt erhalten geblieben, der auf abenteuerliche Weise das Kriegsende überstand. Aber selbst aus diesen wenigen überlieferten Sequenzen bestätigt sich Falkenhausens Eindruck einer reinen Pflichtübung des Offizialverteidigers. Kunz beantragte zwar Freispruch für Fischer, sprach jedoch von den eindeutigen «Vorermittlungen», konstatierte, der Angeklagte habe eingeräumt, daß er wohl von Goerdeler «eingespannt werden sollte» und verwies schließlich darauf, daß Fischer vor dem Volksgerichtshof «stur seine eigenen Gedanken (...) vorbringen wollte.»[283] Aus den Tonbandmitschnitten läßt sich eine Strategie der Verteidigung – wenn es sie denn gegeben haben sollte – nur schwer erkennen. Nicht auszuschließen ist immerhin, daß Kunz seinem Mandanten eine gewisse Naivität und damit Unzurechnungsfähigkeit unterstellen wollte, um ihn dadurch zu entlasten.

Die Angeklagten hatten das letzte Wort: Frank versuchte, offensichtlich in Erregung und daher unkonzentriert und unlogisch argumentierend, «das nachzuholen, was sein Verteidiger unterlassen hatte», wurde jedoch grob unterbrochen.[284] Fischer hatte im Lauf der Verhandlung den Eindruck gewonnen, Freisler und der Anklagevertreter Schulze seien bereit, auf die Linie der Verteidigung einzuschwenken, er habe von seiner Verwendung für Goerdeler nichts gewußt. Er verzichtete deshalb auf das letzte Wort. Freislers Bemerkung, «Sie wollen eben freigesprochen werden», bejahte er. Nach einer Beratungspause verkündete der Volksgerichtshof das Urteil, das so ausfiel, wie die Reichsanwälte gefordert hatten: Todesurteil für Reinhold Frank, Freispruch für Albrecht Fischer.

Die Urteilsbegründung verrät im Falle Fischer eine für Freisler ungewöhnliche Milde. In allen Zweifelsfällen legte das Gericht die Anklagepunkte zugunsten Fischers aus, trotz aller «schwankenden Formulierungen», «stark schwankenden Inhaltsnuancierungen» und der Feststellung des Präsidenten des VGH, Fischer argumentiere «nicht exakt» und die Unstimmigkeiten schienen bisweilen «Ausdruck einer durch schlechtes Gewissen diktierten Unsicherheit zu sein.»[285] Vergleicht man die Ergebnisse der polizeilichen Ermittlungen mit Anklage und Urteil, so wird die Diskrepanz offenkundig: Freisler konnte an der «Schuld» des Angeklagten Fischer eigentlich keinen Zweifel haben. Trotzdem vertrat er bei Verhandlung und Urteil den Standpunkt, es sei nicht möglich, die Aussagen Fischers während der polizeilichen Vernehmungen, die «von seinen heutigen Erklärungen abzuweichen» schienen, «als sicheren Beweis anzusprechen, daß er uns heute die Unwahrheit gesagt hätte».[286] Wie war die Entscheidung in dubio pro reo zu erklären, die um so ungewöhnlicher war, als Reinhold Frank praktisch im gleichen Atemzug die ganze Härte der nationalsozialistischen Rechtsbeugung erfahren mußte?

Dem Einfluß Gottlob Bergers kam in diesem Prozeß eine Schlüsselrolle zu. Aber die Frage nach dem Anteil, den er an dieser für alle Beteiligten und Beobachter überraschenden Rettung Fischers vor dem Tod hatte, ist angesichts der widersprüchlichen Überlieferung und der ungünstigen Quellenlage nur schwer zu beantworten. Nach eigenen späteren Angaben entschloß sich Berger nach dem dringenden Hilferuf von Hans Walz, bei Hitler persönlich ein Gnadengesuch für die württembergischen Verhafteten einzureichen. Wenn man dieser Überlieferung folgt, meldete er sich zum Vortrag beim «Führer» an, wurde sofort vorgelassen und bat, anstelle einer vorgesehenen Dotation für einen militärischen Erfolg in der Slowakei, die betroffenen Männer des Boschkreises und die anderen Württemberger «freizugeben.»[287] In einer späteren Tonbandaufzeichnung hat Berger diesen Vorstoß ausführlich geschildert:

«Da ich nicht wußte, welche persönlichen Verbindungen der Herren untereinander bestanden – der Dringlichkeit halber konnte ich das gar nicht feststellen – mußte ich versuchen, alle fünf, vordringlich Fischer und Schloßstein durchzubringen. Ich konnte es mir bei der Mentalität Adolf Hitlers nicht leisten, für zwei Gnade zu erwirken, daß sie aus dem Hexenkessel herauskamen und nachher kam ein Dritter und gibt an, ja diese beiden waren ja die Anführer. Ich kannte (...) Adolf Hitler. Er sprang immer an, wenn man sich für jemand einsetzte und dabei auf persönliche Freundschaft, insbesondere auf Kriegskameradschaft, sich berief oder Unterstützung der Partei vor 1933 nachweisen konnte oder tapferes Verhalten in den Jahren 1918/1921, und habe nun mit reichlicher Phantasie, aber mit nicht zu schlagender Fachkenntnis für jeden etwas Wesentliches zusammengestellt. Fischer war der Nationalsozialist, der still und heimlich die SA vor 1933 unterstützt hat. Schloßstein war mein alter Kriegskamerad. Das war nun wenigstens nicht geschwindelt (...) Hahn war der große Mann 1918/21. War auch ganz klar. Im übrigen der Mann, der die erste Versammlung der Nationalsozialisten in Württemberg schützte (...) Nur von Gerstenmaier wußte ich wenig. Eben, daß er von Kirchheim stammte, daß er Jugendführer der christlichen Jugend war. Dazu machte ich nun, daß er schlecht behandelt worden sei, sowohl von der HJ wie von der Partei und als Altpietist nun völlig durcheinandergebracht.»[288]

Hitler, so Berger, habe schließlich «nur schweren Herzens» nachgegeben und besonders für Gerstenmaier wenig Verständnis gezeigt. «Am Schluß, nach gewährter Unterschrift, sagte er: ‹Sie kennen die Menschen nicht, Sie werden das noch einmal bereuen.›»[289]

Willy Schloßstein hegte später keinen Zweifel über den schicksalsentscheidenden Einfluß Bergers: «Ohne diese Hilfe wäre die gesamte Geschäftsleitung von Bosch gleich der vielen anderen Opfer des 20. Juli 1944 auch ums Leben gekommen.»[290] War also Berger durch eine persönliche Intervention beim «Führer» für die Errettung von Attentatsbeteiligten verantwortlich? Wenngleich irgendeine Gefälligkeit Hitlers für Bergers slowakische «Verdienste» vorstellbar war, sind Zweifel über ein angebliches Treffen mit Hitler angebracht. Obwohl die persönlichen Begegnungen zwischen Hitler und Berger im letzten Kriegsjahr an Häufigkeit zunahmen,[291] erscheinen dessen Angaben über das Zusammentreffen letztlich als unglaubwürdig.

1. Berger entpuppte sich nach 1945 in vielen Fragen der nationalsozialistischen Vergangenheit als unsicherer Kantonist, der irreführende oder gänzlich falsche Aussagen machte.[292]

2. Folgt man Bergers Angaben, dann fand die Besprechung mit Hitler in

Ohrdruf statt.[293] Der thüringische Ort, der als vorübergehendes Quartier des OKW vorgesehen war, ist von Hitler jedoch nie aufgesucht worden.[294]

3. Wenn sich Berger im Ort geirrt hatte, wie stand es dann um den vermeintlichen Zeitpunkt? Ein Gespräch Bergers mit Hitler am 18./19. September 1944 in der «Wolfsschanze» hatte vornehmlich Fragen des Kriegsgefangenenwesens behandelt. Da Hans Walz außerdem erst im Dezember 1944 bei Berger in Berlin vorsprach, muß es sich um ein späteres Gespräch gehandelt haben. Mitte November 1944 war Berger durch einen Bombenangriff verletzt worden[295] und auf ärztliche Anordnung für mehrere Tage in Erholung gefahren. Hitler wiederum war am 20. November 1944 endgültig aus Ostpreußen nach Berlin zurückgekehrt und richtete im Dezember 1944 im Rahmen der Westoffensive sein Hauptquartier «Adlerhorst» in der Nähe von Bad Nauheim ein, wo er am 10. Dezember eintraf. Er besprach dort die Angriffspläne und kehrte am 15. Januar nach Berlin zurück. Für diese Wochen zwischen dem 20. November 1944 und dem 15. Januar 1945, in der die entscheidende Fürsprache hätte erfolgen müssen, finden sich trotz recht guter quellenmäßiger Überlieferung keine Hinweise auf ein Zusammentreffen Hitlers mit Berger. Nach der Rückkehr des «Führers» in die Reichshauptstadt wäre es für eine Intervention schon zu spät gewesen, da die Prozesse bereits verhandelt worden waren.

4. Berger gehörte keineswegs zu Hitlers Entourage. Er hatte zwar beim «Führer» einen guten Stand, aber es ist doch höchst unwahrscheinlich, daß er in einer Angelegenheit wie der Verschwörung des 20. Juli gewagt hätte, einen so entschiedenen Vorstoß vorzunehmen, wie er ihn später beschrieben hat. Berger war ein Meister der Intrige; für eine Vorsprache beim «Führer» wäre dagegen Zivilcourage notwendig gewesen, an der es Berger mangelte. Bedenkt man die von kalter Wut geprägte Haltung Hitlers gegenüber den Verschwörern, so erscheint die Intervention noch weniger plausibel.

5. In seinen frühen Verhören und bei seiner eigenen Verhandlung vor dem Nürnberger Gericht verwies Berger zwar mitunter auf seine Hilfe für die Angeklagten, von einer direkten Fürsprache bei Hitler selbst war dabei jedoch nie die Rede. Im Laufe der Jahre wurden seine Erzählungen über die Hilfeleistung freilich immer elaborierter. Sein angebliches Gespräch mit Hitler bildete die Krone der Ausschmückungen.

Da eine direkte Intervention Bergers bei Hitler nicht nachweisbar und nach dem zuvor Gesagten auch wenig wahrscheinlich ist, wirken andere Szenarien überzeugender: Berger konnte durchaus seine weitreichenden Verbindungen in Berlin nutzen, um die Behandlung und das Urteil Fischers zu beeinflussen. Vielleicht erfolgte die Fürsprache über Heinrich Himmler, zu dem er direkten Zugang hatte.[296] Wenn nicht Himmler eingeschaltet wurde, könnten andere Mittelsmänner herangezogen worden sein. Möglicherweise begab sich Berger direkt zu Freisler, um sich für Fischer zu verwenden.[297] Licht ins Dunkel dieser Vorgänge wird sich wohl nicht mehr bringen lassen. Nach quellenkritischer Abwägung kann man jedoch fest-stellen: Mit an Sicherheit grenzender Wahrscheinlichkeit intervenierte Ber-ger für Angeklagte des «20. Juli». Unglaubwürdig dagegen ist seine später vertretene Behauptung, er habe den Gnadenerweis bei Hitler persönlich erbeten und durchgesetzt.

Über die Motive Bergers läßt sich einfacher spekulieren. Als Schwabe in Preußen verband ihn ein besonderes Verhältnis zu seinen angeklagten Landsleuten. Darüber hinaus glaubte er sich, seinem Treueverständnis ent-sprechend, den Mitarbeitern Robert Boschs verpflichtet. Man wird zudem in Rechnung stellen können, daß Berger an «die Zeit danach» dachte und sich spätere Fürsprecher in den kommenden schwierigen Zeiten sichern wollte.

Durch die Intervention läßt sich nicht nur die vorübergehende Freilas-sung des seit September inhaftierten Hans Speidel im Dezember 1944,[298] sondern auch das unerwartet nachsichtige Urteil für Gerstenmaier erklären. Die Gründe, warum der Theologe von Freisler anstatt der vom Oberreichsanwalt beantragten Todesstrafe am 12. Januar 1945 lediglich zu sieben Jahren Zuchthausstrafe verurteilt wurde, sind niemals genauer untersucht worden. Damals wunderte sich schon Allen Dulles über die ver-hältnismäßig geringe Strafe.[299] Gerstenmaier selbst war der milde Urteils-spruch «nicht erklärlich».[300] Da auch spätere Vermutungen über die Beweggründe Freislers kaum neue Erkenntnisse gebracht haben,[301] ist es durchaus wahrscheinlich, daß Gerstenmaier von der Fürsprache Bergers für den Boschkreis profitiert hat.

Reinhold Frank wurde wenige Tage nach der Urteilsverkündung, am 23. Januar 1945, hingerichtet. Fischer wurde trotz seines Freispruchs nicht aus der Haft entlassen, sondern von der Gestapo zunächst wieder in die Lehr-ter Straße zurückgebracht. Sein Anwalt errechnete zwar optimistisch, Fischer werde nach Erledigung der Formalitäten nach spätestens zwei Wochen freikommen, aber der nationalsozialistische «Maßnahmenstaat» erwies sich als durchsetzungsfähiger. Die Gestapo, so erfuhr Fischer kurz darauf, betrachte das Urteil des VGH als «Juristenkram» und behalte sich eine Entscheidung vor.[302] Am 20. Februar 1945 wurde Fischer ins KZ Sach-senhausen eingeliefert.[303]

Nach dem Urteil wandten sich die Bemühungen der Stuttgarter Paul Hahn zu. Diese Aufgabe, zu der wiederum Gottlob Berger herangezogen wurde, war schwieriger, aber durch die Umstände auch leichter zu lösen. Der in Verhören erfahrene Hahn hatte standhaft stets alle Vorwürfe geleug-net, was sich als psychologisch zweckmäßig erweisen sollte. Berger kannte Hahn weit besser als Fischer und schätzte ihn, weil der Polizeioffizier während der Revolutionswirren «für Württemberg sehr viel Gutes getan» habe. Er hatte im Oktober 1944 von der Belastung Hahns durch Goerde-lers Aussagen erfahren und wußte, daß die Anklage auf «Landesverrat» lau-ten werde, obwohl er nur gerüchteweise von dem Vorwurf gehört hatte,

Hahn habe einen Kurier Goerdelers beherbergt und in die Schweiz gebracht.[304] Bergers Einwirkung war weniger bedeutsam als bei Albrecht Fischer, hat aber wahrscheinlich das Ende der Folterungen Hahns bewirkt. Die Vernehmungen, die durch den SS-Hauptsturmführer Kriminalkommissar Valentin durchgeführt wurden, waren zumindest «anständiger» als die brutalen Verhöre Langes. Ende Oktober 1944 durfte Hahn sogar den Besuch seiner Frau empfangen. Berger gab später recht bescheiden an, er habe «lediglich geschrieben und telefoniert».[305]

Am 20. Dezember wurde Hahn der Haftbefehl zugestellt, der auf «Landesverrat in einem besonders schweren Fall» lautete. Anfang 1945 erfuhr er, daß sein Prozeß für den 3. Februar 1945 vorgesehen war und bereitete sich wie seine Mitangeklagten – der ehemalige Oberbürgermeister von Hannover, Dr. Arthur Menge, der als Politischer Beauftragter für den Wehrkreis XI vorgesehen war und der Leipziger Industrielle Georg Stöhr – auf seinen Prozeß vor.

Hahn hatte Glück im Unglück, weil Roland Freisler vor der angesetzten Verhandlung ausgerechnet am 3. Februar bei einem Luftangriff ums Leben kam. Hahns Prozeß wurde zunächst auf unbestimmte Zeit verschoben und schließlich auf den 28. Februar neu festgesetzt. Als «Ersatzmann» für Freisler fungierte ein Landsmann Hahns, der aus Reutlingen stammende Volksgerichtsrat Paul Lämmle, der bereits in einer ganzen Reihe von Prozessen gegen Angeklagte des 20. Juli als Freislers «zweiter Mann» fungiert hatte. Lämmle, der sich als politischer Richter betrachtete und stets dafür plädiert hatte, Landes- und Hochverratsprozesse nur vor dem Volksgerichtshof zu verhandeln, galt als energischer Antikommunist.[306]

Durch den Boschkreis wurde ihm eine Schrift über die Haltung Hahns während der Revolutionswirren 1918/19 zugespielt.[307] Die zweifellos ausgeschmückten Berichte wirkten sich der Urteilsbegründung zufolge strafmildernd aus. Obwohl die originären Prozeßunterlagen verschollen sind, belegt die ausführliche Urteilsbegründung, daß Hahn als erfahrener Polizeioffizier alle Möglichkeiten nutzte, um die massiven Vorwürfe zu entkräften. Es blieb lediglich die Beschuldigung übrig, er habe es unterlassen, die ihm bekannten Umsturzpläne Goerdelers anzuzeigen. Die Kurierdienste ins Ausland, die Hilfe für die Schweizer «Friedensfühler», der seit den dreißiger Jahren vorbereitete Fluchtweg für Goerdeler – all das blieb unentdeckt. Zudem bediente sich Hahn, der wie Fischer von Rechtsanwalt Kunz verteidigt wurde,[308] der gleichen bewährten Taktik, die Fischer erfolgreich angewandt hatte: Er habe Goerdelers Gedanken, so behauptete Hahn steif und fest, als «reine Utopien» angesehen. Ein Beispiel für Hahns geschickte Verschleierungsstrategie mag genügen, um die Methode zu beleuchten: Die Schweizer Fluchthilfe für den Abwehr-Offizier Ludwig Gehre war im Frühjahr 1944 bekanntlich gescheitert, weil Gehre das mit Goerdeler vereinbarte Paßwort nicht nennen konnte. An der Version, die Hahn dem

Volksgerichtshof erfolgreich auftischte, stimmte so gut wie nichts – aber sie war so gut vorgebracht, daß der Volksgerichtshof sie akzeptierte. Trotzdem blieb der Hauptvorwurf des Landesverrats bestehen, und Hahn wurde zu drei Jahren Zuchthaus verurteilt.[309] Bis zur Befreiung durch russische Truppen blieb er im Zuchthaus Brandenburg inhaftiert.

Als Hahn vor dem Volksgerichtshof stand, lebte Carl Goerdeler bereits nicht mehr. Er war am 2. Februar in Plötzensee hingerichtet worden. Seit seiner Verurteilung war er verschont geblieben, weil sich einige NS-Größen noch Nutzen von ihm versprachen. Goerdeler, der ja von einer baldigen militärischen Niederlage Deutschlands überzeugt war, hat wohl darauf gezählt, so wie seine Stuttgarter Freunde den Krieg zu überleben. Bekanntlich war er nach seiner Verurteilung von einem eigenartigen Optimismus hinsichtlich seiner eigenen Zukunft erfüllt. Wir wissen auch, daß er in seiner Todesangst auf eine Art Sonderfrieden mit Himmler hoffte und seine Beziehungen zur Familie Wallenberg zu diesem Zweck nutzen wollte. Am 8. November 1944 hatte er einen leidenschaftlichen Appell an den Chef der Enskilda-Bank gerichtet, es müsse nun alles getan werden, den Krieg abzukürzen.[310]

Die mit diesem Aufruf verbundenen Forderungen – als Fortsetzung der langjährigen Friedenssondierungen gedacht, aber nun nur noch ein Untergangsphänomen – erklären sich aus der verzweifelten Lage des Häftlings. Seine bis zum Staatsstreichversuch am 20. Juli nie ganz aufgegebene Hoffnung, die Nationalsozialisten seien zu inneren Reformen und äußerem Friedensschluß bereit, lebte nun noch einmal in dem unrealistischen Ansinnen auf, die schwedische Regierung solle unter den Bedingungen absoluten Stillschweigens und der Freilassung der Verschwörer des 20. Juli 1944 Friedensverhandlungen vermitteln. Gerhard Ritter hat in diesem Zusammenhang von einer «Art von Haftpsychose» gesprochen und einer «alte(n) Überschätzung der eigenen Mission und dessen, was er als natürliche Staatsvernunft verstand.»[311]

Der sonderbare Vorschlag Goerdelers stand nach glaubwürdigen Berichten im Zusammenhang mit der Aufforderung Himmlers, seine Beziehungen zu Jacob Wallenberg auszuspielen, um für den Reichsführer-SS Friedensverhandlungen zu sondieren. Himmler dachte an eine Zeit nach Hitler und konnte so seine diffusen und niemals bis zur letzten Konsequenz ausgeführten Versuche weiterspinnen, unter dem Deckmantel reiner Geschäftsinteressen mit den schwedischen Männern der Wirtschaft zu verhandeln. Nach außen waren diese Sondierungen als humanitäre Maßnahmen getarnt, in Wirklichkeit ging es Himmler jedoch um die Chance, das «Dritte Reich» und, wichtiger, sein eigenes Leben zu retten. Wahrscheinlich war der Chef der SS besser über die Beziehungen zwischen Wallenberg, Bosch und Goerdeler informiert als die «Sonderkommission» des 20. Juli.

Nicht auszuschließen ist, daß Himmler, der an dem guten Draht nach Schweden interessiert war, den Boschkreis bewußt verschonte: Wenn er wirklich über die Wallenbergs einen Friedensfühler ausstrecken wollte, durfte er die schwedischen Bankiers nicht durch die Verfolgung der langjährigen deutschen Freunde und Geschäftspartner düpieren. Angesichts der unzureichenden Quellen muß es dennoch im Bereich des Spekulativen bleiben, wie ernsthaft Himmler die Sondierungen in Schweden vorantrieb. Jacob Wallenberg wurde jedenfalls im Oktober oder November 1944 über den Chef des Auslandsnachrichtendienstes des RSHA, Walter Schellenberg, und die schwedische Gesandtschaft zu einer vertraulichen Unterredung nach Berlin eingeladen, um über Hitler hinweg den Ausgleich mit dem Westen zu ermöglichen.[312] Im Rahmen dieses Projekts bestand Goerdeler offensichtlich auf einer persönlichen Begegnung und verband dies mit der Forderung einer Reise nach Schweden – ein Plan, der zu phantastisch war, um Erfolgschancen zu haben und prompt scheiterte.[313] Auch Jacob Wallenberg lehnte nach langem Ringen eine Reise nach Deutschland ab: Er hatte über London von den Vernehmungen Goerdelers erfahren und ahnte, daß Himmler die Enskilda-Verbindung nach London für eigene Zwecke mißbrauchen wollte. Wallenberg, der von mehreren Seiten gewarnt worden war, nach Deutschland zu reisen, glaubte zwar nicht, daß er sich persönlich in Gefahr begeben hätte.[314] Gleichwohl wollte er sich nicht instrumentalisieren lassen und nahm schweren Herzens in Kauf, damit die wohl letzte Chance für Goerdelers Leben aus der Hand zu geben. Einen Vorwurf wird man dem kühlen Pragmatiker aus der schwierigen Gewissensentscheidung, die Verbindung mit Himmler einschlafen zu lassen, schwerlich machen können. Die vage Hoffnung, über Himmler die Verbindung zu den Wallenbergs zu knüpfen, zerschlug sich schnell. Offensichtlich sah auch Goerdeler bald die Aussichtslosigkeit des Vorhabens, denn sein Brief nach Schweden wurde nicht abgeschickt.[315]

Als Hans Walz im Dezember 1944 zu Verhandlungen mit den schwedischen Bankiers nach Stockholm reiste, standen zwar offiziell geschäftliche Angelegenheiten auf dem Programm: die Schweden wollten sich von den letzten deutschen Verpflichtungen lösen. Bei einem Besuch bei Wallenbergs im Frühherbst hatte Thomä in Erfahrung bringen können, daß angesichts des starken Drucks der Alliierten auf Schweden dessen «neutrale Haltung in ihren Grundfesten erschüttert» war.[316] In den überlieferten Geschäftsunterlagen über diese Reise[317] finden sich keine Hinweise auf Erörterungen über Wege zur Rettung Goerdelers. Nach allem, was wir über die Beziehungen zwischen Walz, Goerdeler und den Wallenbergs wissen, kann man jedoch annehmen, daß dieses Thema angesprochen worden ist. In welcher Form und mit welchem Ergebnis das geschah, muß offenbleiben. Wahrscheinlich machte Jacob Wallenberg deutlich, wie gering seine Einflußmöglichkeiten waren. Immerhin glaubte Walz bis Ende Januar 1945, es werde möglich sein, Goerdeler noch zu retten. Erst danach sei «gegen die Absichten Himmlers» die Hinrichtung Goerdelers angeordnet worden.[318] Walz hat nach Kriegsende noch einmal betont, welch «unersetzlichen Verlust» der Tod Goerdelers für die «deutsche Freiheitsbewegung» bedeutet hat. Als er hinzufügte, Goerdeler sei durch seinen Tod wenigstens der Beschuldigung entronnen, «mit seiner Bewegung lediglich einer militaristisch-imperialistischen Clique habe verhelfen wollen, ihre infolge der Niederlage zusammenbrechende Wichtigkeit in die Zukunft hinüberzuretten», machte er eine Vorhersage, die sich mit Blick auf das spätere Goerdeler-Bild in der Geschichtsschreibung als etwas zu optimistisch erweisen sollte.[319]

Bis zum Schluß blieb das Schicksal der verhafteten Stuttgarter Mitverschworenen ungewiß. Die Sorge, Fischer und Hahn könnten noch vor dem Ende des dem Untergang geweihten Regimes ermordet werden, schwebte wie ein Damoklesschwert über dem Boschkreis. Als Walz im März 1945 gerüchteweise von dem Vorhaben erfuhr, beim Heranrücken der feindlichen Heere alle KZ-Häftlinge mit Verbindungen zum 20. Juli zu töten, entschloß er sich zu einer neuerlichen Intervention. Da inzwischen eine Reise nach Berlin nicht mehr in Frage kam, bat er Gottlob Berger, die Entlassung Fischers aus dem KZ Sachsenhausen zu ermöglichen.[320] Berger war wieder einmal der richtige Mann am richtigen Ort zur richtigen Zeit: Als Chef des Kriegsgefangenenwesens, zu dem ihn Hitler persönlich im Oktober 1944 ernannt hatte, verfügte er über eine entsprechende Machtposition. Fischer wurde am Abend des 3. April 1945 offiziell aus dem KZ Sachsenhausen entlassen. Allerdings enthielt sein Entlassungsschein die Auflage, sich sofort in Berlin bei der «Sonderkommission 20. Juli» zu melden. Der ominöse Vermerk «wird abgeholt», der sich leicht als Todestransport interpretieren ließ, bezog sich auf zwei SS-Emissäre Gottlob Bergers, die Fischer noch am gleichen Abend in Bergers SS-Hauptamt brachten, und nicht, wie in den Papieren angegeben, zum RSHA. In der Douglasstraße spielten sich zu mitternächtlicher Stunde groteske Szenen ab: Berger, der seine Protektion offensichtlich nicht zu deutlich erkennen lassen wollte, spielte ganz den mächtigen «Schwabenherzog», wie Fischer sich später erinnerte:

«Er redete mich an: ‹So, Baurat, da bist Du ja. Ihr Schwaben habt eben immer besondere Dickköpfe und dann macht ihr hin und wieder eine Dummheit.› Ich antwortete ihm, er als Schwabe müsse das ja gut wissen. Er sagte noch: ‹Wenn der alte Bosch Dich nicht so geschätzt hätte, so hätte ich auch nichts für Dich tun können. Also auf später!›»[321]

Fischer erhielt von Berger einen Militärfahrschein, eine Bescheinigung, daß er «in besonderem Auftrag» reise und konnte nach einem Abschiedsbesuch bei seinem Verteidiger Kunz am 4. April Berlin in Richtung Stuttgart verlassen. Für ihn war der Zweite Weltkrieg zu Ende.[322]

Zählt man Goerdeler zum Boschkreis, war er der einzige, der seinen Widerstand mit dem Tod bezahlte. Andere, die in lockerer Verbindung zu den Stuttgarter Verschwörern standen, blieben verschont. Landesbischof Wurm, der seit 1934 in engem Kontakt mit Hans Walz stand, blieb nach dem 20. Juli 1944 wohl nur deshalb unbehelligt, weil die Verhaftung des populären Bischofs für den Nationalsozialismus unvorhersehbare Folgen gehabt hätte.[323] Andere Stuttgarter waren dagegen in das Netz der Ermittler gegangen. Joseph Ersing war am 5. Oktober 1944 verhaftet worden und kam nur deshalb im April 1945 frei, weil seine Anklageschrift im Berliner Bombenhagel verlorenging.[324] Jakob Weimer, der brutal verhört wurde, starb am 21. November 1944 im Robert-Bosch-Krankenhaus. Den Ärzten war es bis dahin gelungen, die gefürchtete Verlegung nach Berlin zu verhindern.[325] Der Christliche Gewerkschafter Josef Andre, der ebenfalls nach dem 20. Juli festgenommen worden war, wurde erst bei Kriegsende aus dem Konzentrationslager befreit.[326] Der SPD-Verbindungsmann Christian Härle war ebenfalls verhaftet worden und wurde nach vier Wochen durch die Einflußnahme Strölins wieder freigelassen.[327]

Die ernüchternde Bilanz des 20. Juli 1944 und das eklatante Fiasko der Bemühungen, in Württemberg die politischen Voraussetzungen für eine Zeit «nach Hitler» durchzusetzen, könnten den Nachgeborenen leicht zu der Feststellung verleiten, dieser Versuch sei dilettantisch durchgeführt, von völlig inkompatiblen Gruppierungen geleitet und von gleichermaßen unvereinbaren Vorstellungen begleitet gewesen, die das Scheitern fast vorhersehbar machten. Einer so verkürzten Beurteilung der Widerstandskämpfer muß die Einsicht Dolf Sternbergers entgegengehalten werden, die er den Protagonisten des 20. Juli zuteil werden ließ, und die mit gleicher Berechtigung für die Männer und Frauen gilt, die in Stuttgart versuchten, dem «Anderen Deutschland» eine Chance zu geben: «Die jüngere Generation von Historikern (...) ist vielleicht nicht imstande, den seelischen Druck des totalen Krieges, die Anspannung des Gewissens» der Verschwörer nachzuvollziehen. «Längst haben wir gewußt, daß diese Verschwörer unterschiedliche Vorstellungen von der künftigen Ordnung hatten (...) Oft genug ist erörtert worden, welche technischen Fehler die Männer des zwanzigsten Juli begangen haben (...) Solche Erkenntnisse können jedoch den ethischen Rang ihres Unternehmens nicht mindern. Es gibt Augenblicke des Heldentums. Sie zu löschen hieße, Geschichte in einem Sumpf der Belanglosigkeit versinken zu lassen.»[328]

4. Das Unternehmen und das Ende des «Dritten Reiches»

Die Geschichte des Widerstands des Boschkreises war mit dem 20. Juli 1944 beendet. Während sich der Führungsstab des Unternehmens in Sorge um die Verhafteten und in Angst vor den Ermittlungen der Gestapo befand, blieb die Unternehmensgeschichte der letzten Monate eine Geschichte des Niedergangs und der Zerstörung. Beim Fliegerangriff vom 20/21. Februar 1944 – einem Einsatz, der von 598 britischen Bombern geflogen wurde – waren Metall-, Licht- und Kerzenwerk schwer beschädigt worden.[329]

Durch die Angriffe im Spätsommer 1944 wurden große Teile des Stammwerkes und der Verwaltungsgebäude zerstört. In gedrückter Stimmung waren Improvisation und überstürzte Behelfsmaßnahmen an der Tagesordnung, als nach der alliierten Invasion in Frankreich die Politik der Betriebsverlagerungen zum Bumerang wurde. Im Herbst 1944 mußte als erstes Auslagerungswerk die Sundgau Maschinenbau GmbH in Mühlhausen im Elsaß wegen der heranrückenden Truppen aufgegeben werden.[330]

In einer Stimmung von Niedergeschlagenheit und Erschöpfung stießen die wenig später angeordneten Maßnahmen zur Bildung des «Deutschen Volkssturms» auf Ablehnung und Unverständnis. Ausgerechnet Gottlob Berger war von Himmler zum Organisator dieses letzten Aufgebots bestellt worden. Der Sicherheitsdienst des Reichsführers-SS im SD Leitabschnitt Stuttgart berichtete am 8. November 1944 aus Stuttgart-Feuerbach, allgemein herrsche die Auffassung, der Volkssturm werde aufgerufen, «weil dem Ansturm unserer Gegner außer Menschen und Blut nichts mehr entgegenzusetzen ist. Der Krieg ist 100 %ig verloren.» In Arbeiterkreisen sei zu hören: «Wenn Himmler es fertigbringt, einen Panzer mit Dreschflegel und Sense zu erledigen, dann soll er es vormachen. Der Krieg ist dann bis Weihnachten gewonnen.» Bei Ingenieuren und Betriebsleitern, so vermerkte der SD-Stimmungsbericht, werde ähnlich defätistisch argumentiert: Die Kritik am Volkssturm, der «jetzt schon ein totgelaufenes Kind» sei, vermische sich mit Unverständnis über die Arbeitsanforderungen, die bei Arbeitern in der Rüstungsindustrie bis zu 72 Stunden pro Woche betrage.[331]

Die für die Entwicklung der deutschen Unternehmen vorgeschlagene Einteilung eines stufenweisen «Abkopplungsprozesses» – Kriegswende 1942/43, «Totaler Krieg» zwischen August 1944 und Ende Januar 1945 und schließlich eine danach einsetzende Phase der Improvisation und überstürzter Notfallmaßnahmen[332] – ist auf das Unternehmen Bosch nur sehr bedingt anwendbar, bildete doch hier der 20. Juli 1944 die entscheidende Zäsur: War die bange Hoffnung auf einen deutschen Sieg aufgrund der Einschätzung des alliierten Kriegspotentials von Beginn an nur schwach ausgeprägt, hatte das Umsturzvorhaben immer den Hintergrund des Denkens im Bosch-Direktorium bestimmt. Als um die Jahreswende 1943/44 das Vertrauen in die Erfolgsaussichten eines Putsches schwankend geworden war, hatte der Gedanke, einen Sieg der Westalliierten abzuwarten, stetig an Bedeutung gewonnen. Ein Umdenken in unternehmerischen Fragen war für die Betriebsleitung nach dem gescheiterten Attentat auf Hitler also nicht erforderlich; es ging nun darum, nicht durch Terror- und Vergeltungsmaßnahmen des Regimes noch im letzten Moment mit in den Abgrund gezogen zu werden. Vordringliches Ziel war dabei, die durch die Alliierten und Hitlers Schergen gleichermaßen drohenden Zerstörungen des Werkes zu verhindern. So führte man fast mechanisch das Bekannte und Vertraute durch und unterschied sich hinsichtlich des Betriebsalltags nicht wesentlich von anderen Unternehmen, die im weiten Feld zwischen «Substanzsicherung und Nachkriegsorientierung» einfach abwarteten.

Seit dem Scheitern der Ardennen-Offensive ging es der deutschen Industrie vornehmlich darum, die eigenen Betriebe in die Friedenszeit hinüberzuretten.[333] Der Wandel, den so manche nationalsozialistische Wirtschaftsideologen nach dem Hitlerputsch vollzogen, hatte dagegen keinen Einfluß auf das Stuttgarter Geschehen. Die in der zweiten Hälfte des Jahres 1944 zunehmend kritischen Töne in der Berliner Bürokratie über die Effizienz der Wirtschaftspolitik waren wenig mehr als ein Untergangsphänomen. Als der Staatssekretär im Reichswirtschaftsministerium, SS-Brigadeführer Otto Ohlendorf, in einer Ansprache vor Mitarbeitern des SD am 31. Oktober 1944 äußerte, es sei ein Fehler gewesen, die traditionellen Eliten nach 1933 in ihren Funktionen zu belassen und der 20. Juli habe gezeigt, daß Militär und Industrie den «Sieg (...) in diesem Krieg nicht wünschten,»[334] war diese Sichtweise in ihrer Radikalität die konsequente Fortsetzung der ideologischen Wirtschaftsauffassung des Nationalsozialismus. Mit der Androhung des technokratischen NS-Intellektuellen, nicht allein die Wehrmacht zu revolutionieren, sondern das «Gebiet der Wirtschaft» in diese Entwicklung einzubeziehen, wurde die extremistische und letztlich «ideale» Variante des NS-Staates skizziert, in dem die ökonomischen Steuerkräfte gänzlich dem Primat der Politik untergeordnet waren. Es soll an dieser Stelle nicht spekuliert werden, ob diese Pläne zukunftsträchtig gewesen sind. Sie mußten jedoch erneut die Sorge der deutschen Industrie vor den «staatssozialistischen» Bestrebungen der Partei hervorrufen. Die antikapitalistischen Elemente der «Bewegung», die aus äußeren Notwendigkeiten eine Zeitlang in den Hintergrund getreten waren, traten nun wieder stärker hervor. Unter der doppelten Bedrohung des absehbaren Zusammenbruchs und des ideologischen Zugriffs trugen die deutschen Unternehmer Vorsorge, die nationalsozialistischen Drohungen ins Leere laufen zu lassen. Sie waren deshalb bestrebt, unter dem Dach der «modernen» Nationalsozialisten vom Schlage Speers Schutz zu suchen und die einst durch das Konzept der «industriellen Selbstverwaltung» gewonnenen Einflußmöglichkeiten zu bewahren.

Weil es darum ging, an eine Demobilisierungsphase zu denken, die sich wohl kaum unter der Ägide des «Dritten Reiches» vollziehen würde, blieb die Industrie bemüht, die Kooperation mit dem Reichswirtschaftsministerium aufrechtzuerhalten, der Behörde, von der am ehesten anzunehmen war, daß sie ihren Einfluß nach dem Krieg behalten werde. Sie wurde von dem politisch geschwächten Reichswirtschaftsminister Walther Funk geleitet, der fast alle Kompetenzen an das Rüstungsministerium und die «Aufpasser» aus der SS, Franz Hayler und Otto Ohlendorf, verloren hatte, und besonderes Interesse an einer Zusammenarbeit haben mußte, um nicht den letzten Rest an Einfluß zu gefährden. Die geheimen Gespräche zwischen Industrie und Ministerium über die Nachkriegsordnung, die sich in einem

«unentwirrbaren Geflecht von Erwartungen und Hoffnungen, von kurz-
fristigen Möglichkeiten und langfristigen Perspektiven» vollzogen,[335]
erwiesen sich als Wechsel auf eine verlorene Zukunft. Der drohende
«Staatskapitalismus» und das von Ohlendorf angedeutete Ende wirtschaftlicher Selbständigkeit waren der Schwanengesang auf die wirtschaftlichen
Ziele des Nationalsozialismus. Während die durch die deutsche Industrie
gewährleistete Rüstungsproduktion im Sommer 1944 ihren Zenit erreichte, war das Schicksal der Kriegswirtschaft bereits besiegelt.[336]

Die seltsam praxisfernen Diskussionen über die Zukunft der deutschen
Wirtschaft sind dem Boschkreis nicht bekannt geworden. Neben den
Besorgnissen über die Folgen des 20. Juli blieb den Stuttgartern wenig mehr
als ein Verwalten des Mangels. In den letzten Kriegsmonaten wurden die
logistischen Probleme gravierender, weil die Materialzufuhr durch die
Abschnürung der Transportwege zunehmend eingeschränkt wurde und
gegen Kriegsende fast zum Erliegen kam. Benötigte Rohstoffe kamen nicht
an, die Bosch-Produkte konnten das Werk nicht verlassen oder blieben
irgendwo auf dem Weg zum Bestimmungsort liegen. Am 12. Januar – dem
Tag, an dem sich Albrecht Fischer vor Freislers Volksgerichtshof wegen seiner Beteiligung am Staatsstreich zu verantworten hatte – informierte Albert
Speer den württembergischen Gauleiter Murr, daß die Produktion bei
Robert Bosch aufgrund des Kohlemangels seit dem Vortag zum Erliegen
gekommen sei. Murr wurde aufgefordert, das Unternehmen mit der notwendigen Kohle und Energie zu versorgen, weil sonst die Gefahr bestün-
de, «daß für die wichtigsten Programme wie Flugzeuge, Panzer, Kraftfahr-
zeuge, Schnellboote usw. ein nicht wieder gut zu machender Ausfall
eintritt.»[337]

Obwohl das Direktorium ganz andere Sorgen hatte, als in dieser Lage
Rüstungsmaterial für einen aussichtslosen Krieg zu liefern, wurde die Produktion gleichsam automatisch aufrechterhalten. Das Festhalten an der
Routine, während ringsherum die Welt in Scherben fiel, lag nahe: Von den
politischen Sorgen abgesehen, war der Blick auf die Zeit nach Hitler gerichtet. Die Finanzmittel für künftige Gehaltszahlungen wurden in Voraussicht
eines kommenden Zusammenbruches des Reichs schon einige Monate
sichergestellt, indem kurzfristige Kredite bei noch liquiden Tochtergesellschaften und der «Bosch-Hilfe» aufgenommen wurden. Dies vollzog sich
in einem geordneten Chaos. Seit der zweiten Hälfte des Jahres 1944 war es
aufgrund der Zerstörungen nur noch bedingt möglich, das interne Rech-
nungswesen auf dem laufenden zu halten und eine abgesicherte Kalkulation
der Stücklöhne und der Verkaufspreise zu erstellen.[338]

Da der Vorstoß der Alliierten im Westen mit Präzision vorangetrieben
wurde, war inzwischen zu erwarten, daß Stuttgart nach der gescheiterten
Ardennen-Offensive auf dem direkten Weg der westlichen Verbündeten
liegen würde. Als Speer Ende Januar Hitler eine Denkschrift überreicht
hatte, in der er den Krieg für verloren erklärte und forderte, Ernährung und

Elektrizität den Vorrang vor Panzern und Munition zu gewähren, hatte der
«Führer» mit Entlassungen, Exekutionen und Aushaltebefehlen reagiert.[339]
Die Betriebsführung blieb darum bemüht, das Werk vor den «Nero»-,
«Cäsar»- und «Schwabentreue»-Befehlen zu retten, hinter deren martiali-
schen Namen sich die Realität brutaler Evakuierungsmaßnahmen und einer
rücksichtslosen Politik der «Verbrannten Erde» verbarg.

Es ist kürzlich zu Recht darauf hingewiesen worden, daß in jenen Monaten in der deutschen Wirtschaft überall Bemühungen in den Vordergrund
traten, Hitlers Staatsräson abzuschwören und nun entschieden den eigenen
Weg zu gehen, so daß «hinter der Fassade von Regimetreue immer üppiger
ein versteckter ‹Defätismus› grassierte und schließlich die lautlose, aber
endgültige Aufkündigung jeglicher Loyalität erfolgte.»[340] Als Wilhelm
Murr den Befehl zur Zerstörung der Industrieanlagen gab, wurde diese
Anordnung bei Bosch ignoriert[341] – als Sabotage der Befehle des «Führers»
im Chaos der letzten Kriegstage eine couragierte Entscheidung, die indessen auch bei anderen Unternehmen zu beobachten war. Da die Verweigerung der Selbstzerstörung bei Industrie und Bevölkerung auf breite
Zustimmung stieß, kam es in Stuttgart zu vielfältigen, sich teilweise überschneidenden Bemühungen, das Schlimmste noch zu verhindern. Hans
Walz suchte in den chaotischen letzten Kriegstagen zusammen mit anderen
Stuttgarter Industriellen nach Wegen, dem Zerstörungswahn der Nationalsozialisten entgegenzuwirken. Sie erstellten Listen von Firmen, die aufzusuchen waren, um deren Besitzer vom Vernichtungsbefehl abzuhalten.[342]
Oberbürgermeister Strölin, vom Saulus zum Paulus bekehrt,[343] unterstützte diese «Rettet Stuttgart»-Bewegung. Den beherzten Stuttgarter Demo-
kraten um den späteren Oberbürgermeister Arnulf Klett gelang es Anfang
April 1945, die angeordnete Zerstörung der Stadt erfolgreich zu hintertrei-
ben.[344] Der Obmann für «industrielle Selbstverwaltung», Otto Fahr, verhandelte mit Unterstützung von Alfred Knoerzer und Wilhelm Haspel von
Daimler-Benz mit dem Stuttgarter Standortkommandanten, um diesen zur
Unterstützung gegen die Zerstörung der Industrieanlagen zu bewegen.[345]
Zur gleichen Zeit wurde von höherer Seite nochmals eine schützende Hand
über die Industrie der Region gelegt. Gegen den «Verbrannte-Erde»-Befehl
Hitlers ließ Albert Speer noch am 5. April 1945 die Stuttgarter Rüstungs-
betriebe schützen.[346]

Während sich Murr schließlich der Kraft des Faktischen beugte und am
19. April die Flucht antrat,[347] besiegelte die Besetzung Stuttgarts durch
französische Truppen am 21. April 1945 vorläufig das Schicksal der Robert
Bosch GmbH. Der Einmarsch brachte die «völlige Stillegung der Betriebe»
mit sich.[348] 60 % der Stuttgarter Werke und 50 % der Feuerbacher Anlagen
waren so zerstört, daß sie nicht mehr genutzt werden konnten.[349] Die Zahl
der Beschäftigten betrug Mitte Mai 1945 nur noch 817. Die folgenden
Monate waren durch die Bemühungen gekennzeichnet, den Mangel zu verwalten und die Infrastruktur des Betriebs so zu erhalten, daß später einmal

über eine Wiederaufnahme nachgedacht werden konnte. In einem Rundschreiben der Geschäftsleitung vom 7. Mai 1945 wurde die Fertigung von Bedarfsartikeln angeregt: Neben elektrischen Sanitäreinrichtungen «einfache Haushaltsgeräte wie stabile Kochtöpfe aus Leichtmetall, Bratpfannen, (…) Eß- und Trinkgeschirr.» Die Ankündigung der Geschäftsleitung verriet das Weiterleben der Geschäftsphilosophie Robert Boschs: Man wollte unter Inkaufnahme eines um 25 % über dem Durchschnitt liegenden Preises «Bosch-Qualität» bieten.[350] Am folgenden Tag ging der Krieg zu Ende. Das von Theodor Heuss für die Deutschen so treffend beschriebene Gefühl, «erlöst und vernichtet in einem gewesen» zu sein,[351] hat er nuancierend auch für die Männer des Boschkreises anwenden können, deren Sorge vor der Verfolgung nun beendet war. Man atmete auf, aber man wußte, daß «kein freies Atmen folgen» würde.[352]

Sechstes Kapitel

Der Boschkreis und das zweite Scheitern des Staatsstreichs

Das Attentat vom 20. Juli war bei den Alliierten bestenfalls mit Indifferenz quittiert worden. Briten und Amerikaner hatten kein ausgeprägtes Interesse, den Widerstand gegen Hitler in irgendeiner Weise gebührend zu würdigen und versuchten aus politischen Motiven noch längere Zeit, jegliche Erwähnung oder gar Würdigung der «Generalsrevolte» zu unterdrücken. Die tieferen Ursachen der von verächtlicher Negierung bis zum Spott reichenden Stellungnahmen sind mehrfach analysiert worden[1] und sollen an dieser Stelle nur im Zusammenhang mit dem Boschkreis beleuchtet werden. Weil das Attentat sogleich als Putsch militärischer und konservativer Kräfte gebrandmarkt wurde, blieb die Beteiligung demokratischer oder gar industrieller Zirkel weitgehend unbeachtet: Als in der in New York erscheinenden «Neuen Volks-Zeitung» am 16. September 1944 im Zusammenhang einer Würdigung der Tätigkeit Goerdelers erwähnt wurde, Bosch habe «mehr Mut» als andere besessen, als er Goerdeler in seine Firma aufgenommen habe,[2] blieb ein solcher Hinweis die Ausnahme.

Während die Briten seit geraumer Zeit den Kontakt zu den Verschwörern abgebrochen hatten, wäre eine Aufklärung über die Hintergründe des Attentats noch am ehesten von amerikanischer Seite zu erwarten gewesen. Aber selbst der amerikanische Geheimdienst tappte noch lange Zeit im dunkeln. Allen Dulles, der in den Tagen nach dem 20. Juli ausgesprochen niedergeschlagen war, verfügte wochenlang nur über unzuverlässige Informationen, weil der Kontakt zu den Verschwörern verlorengegangen war.[3]

Über den Umfang der zivilen Beteiligung erfuhren die amerikanischen Behörden auch in den folgenden Wochen und Monaten wenig. Auf die Friedensfühler des Boschkreises entsannen sich immerhin die amerikanischen Diplomaten in der Schweiz. Nur zwei Tage nach dem Attentat in der Wolfsschanze erinnerte Maurice Altaffer an die Besuche von Hans Walz in den Jahren 1942/43: Dies scheine zu beweisen, «that we were sniffing a hot track nearly two years ago when we were receiving those reports from Stuttgart. You will recall that these people used to give the name of General von Beck (sic) as the head of their movement, always whispering it in the greatest secrecy and with the injunction that it not be repeated further.»[4]

Der ehemalige amerikanische Generalkonsul in Leipzig, Ralph Busser, der behilflich gewesen war, Goerdeler die Türen in Washington zu öffnen, wies das State Department darauf hin, daß es sich keineswegs um einen rein militärischen Putsch gehandelt haben könne. Bis zu seinem Weggang aus Leipzig im Februar 1940 hatte er die Verbindung zu Goerdeler gehalten und war danach durch Spencer Miller über dessen Schicksal auf dem laufenden gehalten worden. Wenige Tage nach dem mißglückten Staatsstreich schilderte er in einem siebenseitigen Brief Cordell Hull seine positiven Eindrücke und empfahl, Goerdeler, von dem er annahm, daß er auf der Flucht ins rettende Ausland sei, über einen alliierten Sender an das deutsche Volk sprechen zu lassen:

«Through numerous conversations with him I know that Dr. Goerdeler never faltered in the conscientious performance of his public duties, in his loyalty to democratic principles, and in his opposition to the Hitler regime, which he loathed on account of its racial and political persecutions, its propaganda against the Christian Churches, its educational perversion of the German youth, its aggressive militarism, its tyranny and reign of terror. He particularly denounced the nazi persecution of the Jews and of others on account of their race, religion, or political beliefs. Dr. Goerdeler, being a man of remarkable political vision, foresaw that the overthrow of the republic and the rise of Hitler and his fellow gangsters to supreme power would have tragic consequences for the German people. He often expressed to me and others the fear that Hitler's revival of German militarism, the suppression of political and civil liberties, the chauvinistic propaganda and the aggressive foreign policy of the Nazi regime, would eventually bring Germany into mortal conflict with the democratic countries.»[5]

Vorschläge dieser Art waren aufgrund der Verhaftung Goerdelers hinfällig; zudem hatte sich in der amerikanischen Administration ein negatives Bild vom Charakter des Umsturzversuchs bereits verfestigt. Weite Teile der Bürokratie, dem liberalen «New Deal»-Denken verpflichtet, standen dem ganz anders argumentierenden wirtschaftsliberal-konservativen Denken des deutschen Widerstands verständnislos und kritisch gegenüber.[6] In den Analysen der Research & Analysis Branch des OSS wurde die Möglichkeit des Widerstands wirtschaftlicher Kreise als gering eingeschätzt. In den nach dem 20. Juli 1944 zusammengestellten Dossiers der «R&A» wurde die oppositionelle Rolle einiger Industrieller, die in Meldungen und Berichten aus Deutschland immer wieder Erwähnung gefunden hatte, ausgesprochen stiefmütterlich behandelt.[7] Der Tenor der Berichterstattung lautete, das Unternehmertum habe seinen Einfluß seit langem verloren. Die politische Macht der industriellen Führungsschicht sei in einem Maße gesunken, daß nur die Partei oder das Militär noch Macht ausübe. Damit fällte die Forschungsabteilung des OSS freilich noch kein pauschales Verdammungsurteil über die deutschen Unternehmer: In Hinblick auf eine funktionsfähige Nachkriegsordnung lehnte die R&A-Branch die in der aufgeheizten Kriegsatmosphäre inzwischen an Boden gewinnenden Bestrebungen ab, das europäische Kernland Deutschland nach dem Krieg auf einen landwirtschaftlichen Status zurückzuführen.[8] Dennoch hielt man eine Beteiligung industrieller Kreise an dem Staatsstreichversuch für unwahrscheinlich. Die Analyse, die ein insgesamt vernichtendes Fazit über die Ausführung des Attentats zog, lieferte ein recht verworrenes Bild über die Teilnehmer an der Verschwörung und verwickelte sich auch im Hinblick auf die Beteiligung von Zivilisten in Widersprüche.[9]

Angesichts der Fehleinschätzungen, die aus einer fatalen Kombination ideologischer Voreingenommenheit und einer nur aus der Kriegssituation zu erklärenden Unzugänglichkeit resultierten, war es nicht verwunderlich, daß Geheimdienstchef William Donovan bereits in seinem vom 22. Juli 1944 datierenden «Memorandum for the President» möglichen Wirtschaftsverbindungen des Widerstandes keine Beachtung schenkte.[10] Dieses Nicht-Wissen-Wollen in einer Kriegsphase, in der es in erster Linie um den militärischen Sieg über Deutschland ging, ließ das Interesse an einer tieferen Ursachenforschung schnell erlahmen.

Lediglich im amerikanischen Generalkonsulat in Zürich wußte man Näheres über die Verbindungen des Boschkreises zum Widerstand. Weil sich Maurice Altaffer an seine Gespräche mit Walz und Raßbach erinnerte, zeigte er sich am Schicksal der Stuttgarter Emissäre interessiert und erkundigte sich im August bei seinem Informanten Conrad Bareiss, der kurz zuvor Besuch aus Stuttgart gehabt hatte, über das Schicksal seiner Verbindungsmänner:

«I asked Jean (Conrad Bareiss, J. S.) whether he had any idea of the whereabouts and welfare of W–z and R—h, who had brought out information about the ‹Fourth Reich› organization, to which he replied in the negative. He stated that he thought they were safe, because these men worked on the cell principle, whereby each individual worked independently and there was little or no connection among them.»[11]

Altaffer teilte das Mißtrauen mancher amerikanischer Diplomaten, die auch nach dem Attentat in Stauffenberg und seinen Mitverschworenen nicht mehr als reine Konjunkturritter sahen. Die Politik zwischen den Fronten, die Hans Gisevius, Eduard Waetjen und andere mutmaßliche «Doppelagenten» an den Tag gelegt hatten, ließ in diplomatischen Zirkeln nach dem Fehlschlag des Attentats gar die Vermutung laut werden, Allen Dulles sei von seinen angeblichen Gewährsleuten auf den Arm genommen worden.[12] In der paranoiden Schweizer Szenerie des Jahres 1944 wurde der Emissär Hans Walz als wenig mehr als ein Spielstein in einem teuflischen Plan eingeschätzt:

«It looks to me as though this whole attempt on Hitler's life is a huge fake staged by Himmler's agents to give the German nation a final shot in the arm à la Nazi in a final desparate attempt to rouse the Germans, and at the same time to wipe the real opposition in the army, especially among the old guard of officers. It always seemed a mystery to me that those ‹Fourth Reich› people could come and go so easily and it mystified me at times to the extent of sometimes doubting the bona fides of the agents they sent here. I am now inclined to believe that the Gestapo let them go ahead and gave them plenty of rope with the idea of using them sometime for something big, like the other day. These people probably believed in their mission, at least the one I saw did or I am no judge of human nature, while all the time they were being used as ‹agents provocateurs›. The diabolical character of Nazi tactics suggests this. Von Stauffenberg and von Beck themselves, while believing in what they were doing, were probably allowed to go ahead only because they were being used as decoys.»[13]

Selbst mehrere Wochen später, nachdem Berichte über die ersten Hinrichtungen nach den Urteilen des «Volksgerichtshofes» an die Öffentlichkeit drangen, glaubte Altaffer noch an eine nationalsozialistische Schmierenkomödie.[14]

Willy Schloßstein gelang es noch Ende Oktober 1944, wenige Tage nach seiner Vernehmung durch die Gestapo, eine Reise in die Schweiz zu unternehmen und die dortigen Freunde zu verständigen.[15] Zwischen den amerikanischen Diplomaten und dem Boschkreis kam in der Untergangsatmosphäre des «Dritten Reiches» keine Verbindung mehr zustande. Es gibt auch keine Hinweise, daß nach Kriegsende, als Altaffer amerikanischer Generalkonsul in Bremen wurde und Conrad Bareiss ins württembergische Salach zurückkehrte, versucht wurde, Verbindung aufzunehmen.

Für diese Nichtbeachtung war auch verantwortlich, daß einer der ersten deutschen «Berichterstatter», Hans Bernd Gisevius, dem im Januar 1945 die Flucht nach Bern gelungen war und der in der Sicherheit und Obhut des OSS im Februar 1945 ein umfangreiches Memorandum über die Verschwörung anfertigte, der Rolle von Wirtschaftskreisen im Widerstand so gut wie keine Beachtung schenkte.[16] Der Schwerpunkt seiner Berichterstattung lag ganz auf militärischen Aspekten. Gisevius akzentuierte die Kontraste und Unstimmigkeiten innerhalb des Widerstands zu stark, wenn er das Scheitern des Aufstands auf den Richtungsstreit zwischen einer westlich-konservativen Strömung unter Goerdeler und Beck und einer prosowjetischen Gruppierung zurückführte, die Beck als Staatschef akzeptiert, aber als Regierungschef Julius Leber oder Wilhelm Leuschner gewünscht habe. Aus seinem 38 Seiten umfassenden Bericht erfuhren die Amerikaner von Goerdelers Versuchen, über Wallenberg in Stockholm Kontakte zu den Alliierten aufzunehmen. Von den «Stuttgartern» fanden Wurm und Bolz Erwähnung, nicht aber der Boschkreis, obwohl der umfassend informierte Gisevius zweifellos von diesem süddeutschen Widerstandszentrum wußte.

Die amerikanischen Behörden drangen zwar zunächst auf zusätzliche Auskünfte über den zivilen Hintergrund,[17] aber schon bald beschäftigte sich der OSS angesichts des Vordringens der westlichen Alliierten nach Deutschland zunehmend mit Aufgaben im Zusammenhang mit der strafrechtlichen Verfolgung von Nationalsozialisten.[18] Lediglich eine US-Geheimdienststudie berichtete im Juni 1945 über die sogenannte «Goerdeler-Bosch-Bewegung».[19] Ob diese Informationen jedoch überhaupt von irgend jemand zur Kenntnis genommen oder verwertet wurden, läßt sich nicht mehr feststellen. Angesichts der Vielzahl von Berichten, die in jenen Monaten Washington aus dem besetzten Deutschland geradezu überschwemmten, ist zu vermuten, daß die Wirkung der Studie – wie die meisten der «Reports» hatte sie eine Auflage von 50 Exemplaren – verschwindend gering blieb.

Erst 1946 wurde das Augenmerk wieder auf den Boschkreis gelenkt. Als der amerikanische Geheimdienstoffizier Alexander B. Maley im Februar 1946 in der Zeitschrift «Human Events» einen Bericht über die deutsche Opposition veröffentlichte,[20] konnte er sich auf reichhaltiges Material stützen: Neben wichtigen Hinweisen, die er von Felix Morley erhalten hatte, der lange Jahre Herausgeber der «Washington Post» gewesen und im Jahr 1940 von Adam von Trott zu Solz in die Verschwörung eingeweiht worden war,[21] hatte Maley als Angehöriger der 7. US-Armee mehrere Monate in Deutschland Material sammeln können und war durch die Vermittlung von Max Jordan schließlich auf Hans Walz aufmerksam gemacht worden.[22] Maley bemängelte die unzureichende und verzerrende angloamerikanische Berichterstattung über die Verschwörung,[23] legte faktenreich die Verbindungen zwischen zivilen und militärischen Hitlergegnern offen und skizzierte die politische Rolle von Carl Goerdeler und Robert Bosch.[24] Seine Darstellung warf ein bezeichnendes Licht auf den Umgang der Alliierten mit den Hitlergegnern und war ein für die Zeitumstände erstaunlich scharfsinniges Plädoyer für die Erforschung der liberalen Komponenten des Widerstands:

«Yet for some strange reason the epic of German liberal resistance has been suppressed. Its heroisms have not been told; its sacrifices remain unsung. We have been led to believe that, almost without exception, the German nation concurred in the crimes of its leaders. No evidence to the contrary has ever been allowed to come from the Nuremberg trials, a serious psychological error since nothing would impress the German people more than to know the stories of their countrymen who sacrificed so much for them. To withhold any part of this untold saga can only injure those who are denied the truth. For without full understanding, in place of blind hate, neither Germany nor Europe as a whole can ever be rehabilitated. In Gördeler's life we gave him no assistance. Now we may at least remember the words he spoke ten years ago:‹What Europe needs most is to reaffirm the concept of human decency.›»[25]

Maleys Appell, der bereits einen für die Widerstandsforschung der ersten Nachkriegsjahre recht typischen pathetischen Beiklang hatte, blieb weitgehend unbeachtet. Obwohl die Dimensionen der Verschwörung gegen Hitler auch außerhalb Deutschlands bekannt wurden,[26] setzten die Alliierten gewissermaßen die Strategie des «absoluten Stillschweigens» über das Kriegsende hinaus fort. Dies galt insbesondere für die Briten. Robert Vansittart, Malcolm Christie, Philip Conwell-Evans und nicht zuletzt Hans Ritter, die über die vielfältigen Kontakte hätten Auskunft geben können, vermieden auch nach Kriegsende alle öffentlichen Stellungnahmen, die ein erhellendes Licht auf die Umstände der Staatsstreichplanungen und damit auf die Verhandlungen mit dem Boschkreis hätten werfen können. Bekanntlich hat Robert Vansittart vehement die Friedensbemühungen abgestritten, ein Verhalten, das nur psychologisch durch die andauernde Wirkung des Hasses, die der Krieg entfacht hatte, erklärlich ist.[27] Aber auch Conwell-Evans, der manche Kontakte zum Widerstand im Auswärtigen

Amt gepflegt hatte, schlug beispielsweise die Bitte aus, zugunsten Ernst von Weizsäckers in Nürnberg auszusagen.[28] Der britischen Regierung war nach 1945 daran gelegen, die kompromittierenden Kontakte zum Widerstand zu verschleiern, die als Schwäche hätten ausgelegt werden können. Dieses Verhalten muß als problematisch bezeichnet werden, weil offensichtlich auch Malcolm Christie und Hans Ritter ein Maulkorb umgehängt wurde: Hans Ritter war später nur unter dem Siegel der Verschwiegenheit und Anonymität bereit, dem Goerdeler-Biographen Gerhard Ritter über die eigenen Bemühungen zu berichten. Warum das so war, wissen wir noch nicht.

Nicht zuletzt deshalb wurden die Widerstandsaktivitäten des Boschkreises in einer Reihe früher Monographien nur gelegentlich erwähnt: Die 1946 veröffentlichten nachgelassenen Tagebuchaufzeichnungen Ulrich von Hassells sprachen von der Verbindung. Wenig später informierte Allen Dulles in seinem rasche Verbreitung findenden Werk «Germany's Underground» über die vielfältigen Auslandskontakte des Widerstands.[29] Theodor Heuss berichtete im gleichen Jahr in seiner Robert Bosch-Biographie über die antinationalsozialistische Stimmung im Umkreis des Firmengründers. Der emigrierte deutsche Historiker Hans Rothfels schilderte kenntnisreich in Vorträgen an der Universität Chicago im Sommer 1947 die Verschwörung. Bisweilen war zwar in diesen frühen Darstellungen von der Anti-Hitler-Fronde bei Bosch die Rede, aber eine prominente Rolle nahm der Stuttgarter Widerstand nie ein: Der Widerstand des Boschkreises blieb auf diese Weise eine «terra incognita».

Die Bemühungen des Boschkreises zum Aufbau eines «Anderen Deutschland» waren nicht zum Zuge gekommen. Die an der Verschwörung beteiligten Mitarbeiter sahen ihre entsprechende Arbeit mit dem Ende des Hitlerregimes als beendet an. Als Theodor Bäuerle im Frühjahr 1945 von amerikanischen Geheimdienstmitarbeitern über die Zukunft befragt wurde, war die Auskunft eindeutig: Die «überlebenden Mitglieder der Goerdeler-Bosch-Bewegung» erklärten, «ihr Ziel sei mit dem Sturz der Nazis durch die Alliierten erreicht worden und sie hätten aufgehört, als Organisation zu bestehen».[30] Nach dem kurzen französischen Besatzungsintermezzo schien sich eine Entspannung, gar eine Normalisierung abzuzeichnen. Das Kriegsende bedeutete für das Unternehmen Bosch in personeller Hinsicht dennoch eine Zäsur, die völlig unerwartet mit einigen Monaten Verzögerung eintrat. Die Unternehmensführung, die durch ihre soziale und demokratische Tradition in den Widerstand gegen Hitler gefunden hatte, ging davon aus, die Besatzungsmächte würden diese Haltung honorieren. Als gutes Omen konnte gelten, daß der aus dem KZ zurückgekehrte Albrecht Fischer den Vorsitz im Aufsichtsrat übernehmen konnte. Am demokratischen Neubeginn war auch Theodor Bäuerle an maßgeblicher Stelle beteiligt. Der soeben der Gestapohaft entkommene Paul Hahn sorgte schon im Mai 1945 dafür, ehemalige Nationalsozialisten aus der Firma zu drängen. Von der französischen Militärverwaltung wurde er zunächst mit der Reorganisation der Polizei beauftragt; der Wechsel zur amerikanischen Besatzungsmacht bedeutete jedoch das Ende der Aufgabe, da die schlecht informierten amerikanischen Militärbehörden Hahns demokratische Legitimation als ungenügend empfanden.[31] Die Amerikaner betrauten ihn zwar im Juni mit der Organisation des Sicherheitswesens des Landes, aber das blieb Episode. Hahn, von der Haft gezeichnet und gesundheitlich angeschlagen, empfand seine Tätigkeit als «Sisyphusarbeit». Dies scheint ihn im Herbst 1945 bewogen zu haben, sein Amt resigniert aufzugeben. Hahn konnte sich von der Gestapohaft niemals wieder ganz erholen und starb am 2. April 1952.[32]

Als Hans Walz auf Anregung von Arnulf Klett schon Ende April 1945 eine freie «Organisation der Wirtschaft»[33] ins Leben rief, sollte dieser gemeinsam mit anderen führenden Repräsentanten des öffentlichen Lebens gegründete «Vorläufige Württembergische Wirtschaftsrat» die Reorganisation des öffentlichen Lebens und der Wirtschaft des zerstörten Landes ermöglichen.[34] Mit dem für Stuttgart zuständigen amerikanischen Gebietskommandeur, Oberst William Dawson, herrschte ein angesichts der Umstände gutes Einvernehmen, weil dieser über die oppositionelle Haltung der Unternehmensführung von Bosch zum Hitlerregime informiert war. Walz blieb deshalb mit dem Einverständnis der amerikanischen Besatzungsbehörden nach dem Abzug der Franzosen ohne Schwierigkeiten im Amt.[35] In einer Phase, in der Dawson überlegte, Walz als politischen Berater für den Aufbau im Nachkriegsdeutschland heranzuziehen, veränderten sich jedoch die politischen Rahmenbedingungen entscheidend. Als ausschlaggebend erwiesen sich bald nicht mehr die Beschlüsse, die in Stuttgart getroffen wurden, sondern die in Washington ausgetragenen politischen Grabenkämpfe.

Die Alliierten hatten Deutschland mit einem bürokratischen Netz überzogen. Mit Fragen der Entnazifizierung, Strafverfolgung und Entkartellisierung[36] waren bisweilen sieben Organe beschäftigt: Der amerikanische Präsident selbst, der Geheimdienst OSS und fünf Ministerien: Kriegs-, Finanz-, Marine-, Justiz- und Außenministerium. Die Differenzen zwischen diesen Behörden über die Deutschlandpolitik[37] führten zu einer Gemengelage, die unterschiedliche Wünsche, Forderungen und Erwartungen zusammenzwang. Enttäuschungen waren damit vorprogrammiert und trugen wesentlich zum weithin beklagten «Fiasco of Denazification» bei.[38]

Unter dem babylonischen Sprachengewirr der US-Administration litt das Unternehmen Robert Bosch in besonderem Maße. In dieser Lage waren es vornehmlich zwei Lager, die ihren Einfluß auf die Entnazifizierung geltend zu machen versuchten: Während im Kriegsministerium für ein moderates Vorgehen plädiert wurde, waren im Finanzministerium die wirtschaftspolitischen Ansichten der New-Deal-Liberalen von tiefem Mißtrauen gegen die deutsche Großindustrie geprägt. Das «Gesetz Nr. 8» der Amerikanischen Militärregierung vom 26. September 1945 leitete auch

bei Bosch umfangreiche «Säuberungen» ein.[39] Man könnte das damit verbundene Machtgerangel als ein unvermeidliches Übergangsphänomen in
einem besiegten Staat übergehen, wenn die abstrusen bürokratischen Ver-
wicklungen nicht auch eine politisch-ideologische Komponente gehabt
hätten. Eine dogmatische Voreingenommenheit war dafür verantwortlich,
daß Hans Walz – aufgrund eines «albernen Schematismus», wie Theodor
Heuss den Vorgang ärgerlich bezeichnete[40] – fast zwei Jahre in amerikanischen Militärlagern und Gefängnissen interniert wurde, in denen er insgesamt 3 $1/2$ Stunden verhört wurde. Die Behandlung von Walz war beileibe
kein skandalöser Einzelfall. Auf die Hintergründe dieses Folgeproblems
der alliierten Kriegsplanungen, dessen Geschichte noch nicht geschrieben
ist, soll hier nicht mehr eingegangen werden, weil es nur noch bedingt mit
dem Weltkrieg und der Gewaltherrschaft Hitlers zu tun hatte; sicherlich
war für die amerikanische Politik die Empörung über das erst allmählich
ans Tageslicht gelangende Ausmaß der Greuel in den Konzentrations- und
Vernichtungslagern ausschlaggebend; ebenso war der amerikanische Kurs
bereits mit den spezifischen politischen Interessen und Problemen der amerikanischen Siegermacht in der Nachkriegszeit verknüpft.

Auf die näheren Umstände der Haftentlassung im Spätsommer 1947, als
kein Zweifel mehr darüber herrschen konnte, daß mit Walz ein Mann des
Widerstands festgehalten wurde, soll hier ebenfalls nicht mehr eingegangen
werden. Die vorgeschriebene deutsche Entnazifizierung im Juni 1948 war
demgegenüber nur noch eine Routineangelegenheit.[41] Über seine Odyssee
durch die Gefängnisse hat sich Walz später nur selten geäußert.[42] Die rück-
schauende Beschäftigung mit dem «Widerstand» trat in den Hintergrund,[43]
als Walz 1952 wieder die Geschäftsführung von Bosch übernahm, die er
schließlich bis 1964 innehatte.

Es wäre eine eigene Arbeit wert, einmal umfassend zu untersuchen, wie
viele der überlebenden Widerstandskämpfer aus dem Umfeld Goerdelers,
des Boschkreises und des «Kreisauer Kreises» die Kärrnerarbeit des demokratischen Wiederaufbaus auf sich nahmen. Ein Blick auf den weiteren
Lebensweg der hier behandelten Persönlichkeiten zeigt exemplarisch, wie
intensiv in Südwestdeutschland die Fragen des Neuanfangs nach 1945
durch eine aktive politische Mitarbeit beantwortet wurden.[44] Wenn auch
eine zwingende Notwendigkeit dieser Kontinuitäten damit nicht behauptet werden soll,[45] widerlegen die persönlichen und strukturellen Verbindungsstränge zwischen Widerstand und der demokratischen Nachkriegsordnung der Bundesrepublik die gelegentlich geäußerte Ansicht,
«praktische politische Einflüsse» seien von den Verschwörern des 20. Juli
auf die westdeutsche Demokratiegründung nicht ausgegangen.[46]

Zusammenfassung und Ausblick

Als der Wirtschaftshistoriker Wilhelm Treue Mitte der sechziger Jahre forderte, stärker als gemeinhin üblich die Unternehmer im «Dritten Reich» «als solche in ihrem eigenen Lebenskreis» zu betrachten,[1] begründete er das unter anderem mit dem Befund, daß die Industriellen, auch wenn sie als Angehörige von Gruppen und Verbänden agierten, doch letztlich als Individuen gehandelt hätten: «Robert Bosch ganz anders als Fritz Thyssen, Reusch ganz anders als Schacht, Poensgen ganz anders als Krupp.»[2] Die Zeit für die Einlösung dieser Forderung war Mitte der sechziger Jahre noch nicht reif. Die noch lebenden Großindustriellen der Hitlerjahre zeigten sich nach den Entnazifizierungsverfahren und den Nürnberger Prozessen an einer Diskussion ihres Verhaltens wenig interessiert, die Unternehmen hielten ihre Archive verschlossen, und eine jüngere Historikergeneration, die den Krieg nicht mehr aktiv erlebt hatte, zweifelte am Wert biographischer Studien und wandte sich verstärkt sozial- und strukturgeschichtlichen Themenbereichen zu. Erst in den vergangenen Jahren ist wieder ausdrücklich auf die weißen Flecken der Unternehmensgeschichte hingewiesen worden sowie auch auf das Fehlen von Studien, die der Verantwortung des einzelnen und den zur Verfügung stehenden Handlungsspielräumen unter den Bedingungen einer Diktatur Beachtung schenken.

Wenn für die vorliegende Studie ein biographischer Ansatz gewählt wurde, sollte dies nicht zuletzt auf die Entstehung des Widerstands bei Bosch aus dessen liberalen Denkkategorien und deren Kontinuität hinweisen. Robert Bosch stammte aus einer großbäuerlichen Familie mit demokratischen Traditionen und blieb sich seines Aufstiegs aus eher kleinen Verhältnissen stets bewußt, auch als sich seine feinmechanische Werkstätte um die Jahrhundertwende zu einem Großbetrieb entwickelt hatte. Er zählte zu den zeittypischen patriarchalischen Unternehmern, die Leistung forderten und im Gegenzug soziale Absicherung als besten Anreiz für die Motivation ihrer Arbeiter verstanden; ein ökonomisches Denken, das auf dem Grundsatz basierte, soziale Verpflichtungen hätten sich auch für das eigene Unternehmen zu lohnen: Das Unternehmen Bosch gehörte zu den ersten, die in Deutschland den Achtstundentag einführten; Löhne und Gehälter lagen weit über dem vergleichbaren Durchschnitt. Vergleichsweise ungewöhnlich war auch eine Komponente, die mit ihrer Beachtung sittlicher Maßstäbe heute gerne als «Unternehmensethik» bezeichnet wird. Sie war mit Boschs sozialer Herkunft und den politischen Entwicklungen des Wilhelminischen Deutschland unmittelbar verknüpft. Bosch, der lange Jahre SPD-Abgeordnete finanziell unterstützt und sozialdemokratisch gewählt hatte, bezeichnete sich selbst später als «naumännisch». Mit Weberschen Kategorien eines Kulturprotestantismus wird man ihm indessen nicht gerecht, weil er sich als Agnostiker und als Repräsentant eines humanitären Rationalismus von seinen liberal-bürgerlichen Standesgenossen immer stärker entfernte. Während sich das gestaltlose Lebensethos vieler Unternehmer der Wilhelminischen Zeit zunehmend auf das Ökonomische fixierte, blieb Bosch ein politischer Mensch. Im Ersten Weltkrieg sah er Deutschland als den Angegriffenen, hatte allerdings für die nationalistische Hybris kein Verständnis und unterstützte die gemäßigten Liberalen gegen die alldeutsche Propaganda. Bosch war, wie die überwältigende Mehrheit der Deutschen, ein Gegner von Versailles, aber anders als viele Industrielle wendete er die traumatischen Erfahrungen des Krieges ins Positive. Er hatte keinerlei Sympathien für Wilhelm II. – vergleichbar mit vielen Unternehmern, die der abgewirtschafteten Monarchie nicht nachtrauerten. Aber als linksliberaler DDP-Anhänger verteidigte er die Republik nicht nur aus Vernunftgründen gegen Angriffe von rechts. Mit seinen sozialen und politischen Vorstellungen schwamm Bosch gegen den Strom der Zeit. Sein ungebrochener Fortschrittsoptimismus schien ins 19. Jahrhundert zu gehören; jedenfalls erschien er in den Jahren der Weimarer Republik merkwürdig antiquiert. Bosch warb in den zwanziger Jahren beständig für den politischen Ausgleich mit der gemäßigten Sozialdemokratie und befürwortete in den frühen dreißiger Jahren den Aufbau einer «Mittelpartei» von Linksliberalen und Sozialdemokraten. Als Mentor des europäischen Ausgleichs und vor allem der deutsch-französischen Verständigung verstand er sich als Unternehmer, dem eine prosperierende Wirtschaft als die beste Garantie für politische Stabilität erschien. Er unterstützte die Paneuropa-Idee des Grafen Coudenhove-Kalergi und dessen Plan zur Schaffung eines zentraleuropäischen Staatenbundes, obwohl dieser für die Zeitumstände recht schwärmerisch anmutete.

Nachdem im Zuge der Radikalisierung der frühen dreißiger Jahre die «Europaidee» an Anziehungskraft verloren hatte, gelang es Hitler, bei manchen Unternehmern Unterstützung zu finden, die eigentlich dem diffusen und mit sozialistischen Einsprengseln vermischten Wirtschaftsprogramm mit Argwohn gegenüberstanden. Während sich diese Unternehmer mit Hitler arrangierten, auch weil sie vom Rüstungsboom profitierten, blieb Bosch gegen die nationalsozialistischen Verlockungen immun, wenn er auch noch eine Zeitlang darauf hoffte, die Friedensbeteuerungen des Diktators seien ehrlich gemeint. Mißtrauischer war er hinsichtlich der Realisierbarkeit der sozialen Versprechungen einer Bewegung, deren negative und brutale Seiten ihm durch den württembergischen Gau und die «Gauclique» des Reichsstatthalters Murr tagtäglich vor Augen geführt wurden.

Der Unrechtscharakter des Regimes kam indessen am deutlichsten in der Verfolgung der Juden zum Ausdruck. In diesem Zusammenhang war

Boschs Hilfe für verfolgte Juden nicht nur als Unterstützung für befreundete Persönlichkeiten zu werten. Nach dem Scheitern eigener Interventionen wurde eine Verbindung zum Berliner Präsidenten der «Reichsvertretung der deutschen Juden» und Oberrabbiner Leo Baeck geschaffen. Die Ohnmacht angesichts des jüdischen Schicksals und der Eindruck einer allgemeinen Rechtlosigkeit führten zu der allmählichen Herausbildung eines Widerstandszirkels, der sich als «Boschkreis» aus führenden Mitarbeitern Robert Boschs zusammensetzte und Zug um Zug am aktiven Widerstand mitwirkte. Die Verschwörer des Boschkreises waren also keineswegs «Resisters after the Event»:[3] Der lange vor Kriegsausbruch erfolgte Schritt zur aktiven Opposition beweist, daß der Widerstand keinesfalls eine zu spät eingeleitete Verzweiflungsaktion in einer ausweglosen Kriegslage in Antizipation der Niederlage war. Die Stuttgarter Hitlergegner überschritten 1936/37 die Schwelle zum konspirativen Widerstand, nachdem die Hoffnungen auf ein «Abwirtschaften» des Nationalsozialismus geschwunden waren, die wirtschaftlichen Zeichen auf einen Krieg deuteten und die Angriffe des württembergischen Gauleiters Wilhelm Murr um die Unabhängigkeit des Unternehmens fürchten ließen. Ausdruck fand der Übergang zu aktiver Opposition in der Berufung des kurz zuvor aus Protest gegen die nationalsozialistische Judenpolitik zurückgetretenen Leipziger Oberbürgermeisters Carl Goerdeler zum «Wirtschaftsberater» des Unternehmens.

In dem sich nun ausbildenden informellen Netz der Verschwörer kam es zu mannigfachen Versuchen, über Freunde und Geschäftspartner in Großbritannien und Frankreich auf die verhängnisvollen Auswirkungen der Appeasement-Politik hinzuweisen, die Hitlers Machthunger nur weiter stärken werde. Die Vermittler und «go-betweens», mit denen man sich für einen Frieden ohne Hitler beratschlagte – unter ihnen Reinhold Schairer, Arthur P. Young und Hans Ritter –, waren wohlmeinende Männer. Deren tatsächliche Einflußmöglichkeiten waren allerdings gering, was indessen geradezu symptomatisch für die Lage der weitgehend zersplitterten Opposition gegen Hitler war. Während sich unter dem totalitären Druck kaum jemand zur Verfügung zu stellen wagte, fanden diese «verlassenen Verschwörer» (Klemens von Klemperer) wiederum als Emissäre in den europäischen Hauptstädten kein Gehör. Über die fortwährenden Mißerfolge berichtete Carl Goerdeler bei seinen häufigen Besuchen in Stuttgart. Bosch und Goerdeler, der eine Schwabe, der andere Preuße, waren gegensätzliche Persönlichkeiten. Ein linksliberaler Patriarch der eine, ein wirtschaftsliberaler Monarchist der andere: Goerdeler war impulsiv, beinahe getrieben, Bosch und sein Führungskreis waren dagegen nüchterne und weltoffene Männer der Wirtschaft, Kosmopoliten, denen die Problematik des Arbeitslebens vor Augen stand. Die gemeinsame Ebene, auf der man sich traf, war die humanitär-christlich begründete Verpflichtung zur Wiederherstellung von Recht und Moral.

Nachdem 1939 alle Versuche, das westliche Ausland vor Hitler zu warnen, gescheitert waren, setzte der Boschkreis in Zusammenarbeit mit Goerdeler seine Vorstöße zur Findung eines «Friedens ohne Hitler» fort. In zwei schweizerischen Friedensfühlern im Frühjahr 1940 und Frühjahr 1941 wurden die Eckpunkte einer Nachkriegsordnung skizziert, die sich pronconciert von den Plänen der «Honoratioren» abhoben: Ein Frieden ohne Vorbedingungen (Goerdeler wollte zu jenem Zeitpunkt davon noch nichts wissen); die Wiederherstellung der Demokratie, die Einigung mit den Sozialdemokraten; der Neuaufbau nach föderalem Muster, all das verbunden mit einer antipreußischen Tönung.

Im Winter 1942 und Frühjahr 1943 verfolgte Hans Walz als «Betriebsführer» und Kopf der Stuttgarter Verschwörung über Schweizer Kanäle weitere Friedensinitiativen. Bislang ist die Forschung davon ausgegangen, die Amerikaner seien erst Anfang 1944 über die Verschwörung Goerdelers informiert worden. Diese Auffassung ist korrekturbedürftig: Bereits im Winter 1942/43 hat Hans Walz in Zürich seinen amerikanischen Gesprächspartnern über die Existenz der breit fundierten Verschwörung von Beck und Goerdeler berichtet. Zudem zeigten seine Ausführungen, daß, von christlich-liberalen Überlegungen ausgehend, Hegemonial- und Restaurationsideen im Boschkreis keine Rolle spielten. Von einer Vormachtstellung Deutschlands in einer zukünftigen Weltordnung war nicht die Rede. Darüber hinaus war der Boschkreis durch den jahrelangen Umgang mit Goerdeler seit langem zu der Überzeugung gelangt, daß sich dieser in entscheidendem Maße demokratisiert hatte: Manche «reaktionär» klingende Parole des ehemaligen Oberbürgermeisters führte man auf die Notwendigkeit zurück, die Militärs durch entsprechende Aussagen zur Mitarbeit gewinnen zu müssen.

In Stuttgart mußte man allerdings bald zur Kenntnis nehmen, daß die alliierte Politik des «unconditional surrender» keine Möglichkeiten einer Mediation mehr bot. So konzentrierte man sich in der Erkenntnis, daß nur das wenig geschätzte Militär Hitler stürzen konnte, auf den geplanten Umsturz. Die Stuttgarter Verschwörer berichteten ihren Gewährsmännern in der Schweiz und Schweden geradezu verzweifelt, Hitler besitze offensichtlich einen sechsten Sinn. In den Jahren 1943 und 1944 bemühte man sich, das Unternehmen möglichst unbeschadet durch den Krieg zu führen, und bereitete sich gleichzeitig in aller Stille darauf vor, nach dem vollzogenen Attentat am Aufbau eines neuen Deutschlands aktiv mitzuwirken. Die Pläne dafür lagen ausgearbeitet in den Schubladen. Als das immer wieder angekündigte Attentat jedoch ausblieb, erwog man in Stuttgart eine Zeit lang, von Goerdeler enttäuscht, das Kriegsende und den erhofften Sieg der westlichen Alliierten abzuwarten, weil manche Mitglieder des Boschkreises aus einer christlichen Argumentation heraus einer Tötung Hitlers ablehnend gegenüberstanden und eine neue Dolchstoßlegende befürchteten. Im Frühjahr 1944 lehnte Hans Walz es ab, als Reichsminister auf Goerdelers «Regierungsliste» gesetzt zu werden; Albrecht Fischer, seit Beginn einer der wichtigsten Mitverschwörer des Boschkreises, ließ sich dagegen drängen, als «Politischer Beauftragter» für Württemberg zur Verfügung zu stehen.

Nachdem der Staatsstreichversuch des 20. Juli 1944 mißlungen und der Widerstand gegen Hitler blutig unterdrückt war, deckte die Gestapo bald die Verbindungen nach Stuttgart auf. Albrecht Fischer wurde noch in der Nacht des 20. Juli verhaftet, Paul Hahn wenig später. Beide wurden im berüchtigten Reichssicherheitshauptamt-Gefängnis in Berlin verhört, Hahn zudem gefoltert. Nach ihrem Prozeß vor Freislers Volksgerichtshof Anfang 1945 wurden sie ins KZ eingeliefert. Hans Walz entkam der Gestapo nur durch einen Zufall, nicht zuletzt, weil Goerdeler nur die bereits verhafteten Fischer und Hahn, nicht aber ihn belastet hatte. Entscheidend war jedoch die Protektion durch den SS-Obergruppenführer Gottlob Berger, eine ausgesprochen schillernde Persönlichkeit, die der Boschkreis seit einigen Jahren als «Deckung» gegen Parteiangriffe instrumentalisiert hatte. Andere Mitglieder des Boschkreises wurden nach ihren Verhören wieder freigelassen, weil sie geschickt ihre Mitwisserschaft vertuscht hatten. Hahn und Fischer kamen bei Kriegsende aus dem KZ frei.

Die zeitgenössische Aktenüberlieferung der Jahre 1933 bis 1945 ergibt zusammen mit den Berichten, die die Mitglieder des Boschkreises nach Kriegsende anfertigten, ein konzises und stimmiges Gesamtbild des Stuttgarter Widerstands. Dieser Befund ist deshalb erwähnenswert, weil die quellenkritische Auswertung ergeben hat, daß es sich bei den Aufzeichnungen der Jahre nach 1945 keineswegs um nachträgliche Konstruktionen ohne Überprüfungsmöglichkeit in der Art von «Persilscheinen» handelte. Freilich, trotz aller neuen Erkenntnisse über den Widerstand des Boschkreises mußten einige Fragen über den Hintergrund der Verschwörer des Boschkreises unbeantwortet bleiben – Fragen, die ohne weitere Aktenfunde kaum zu beantworten sind und auf die es vielleicht keine Antwort mehr geben wird. Wenn die Quellen versiegen, ist der Historiker auf die intellektuellen Fähigkeiten des Lesers angewiesen und darf auf Max Frisch verweisen, der mit Bezug auf Voltaire die «Vollständigkeit» als die eigentliche Ursache der Langeweile bezeichnet hat: «Wer einem Leser alles sagt, sagt ihm nichts. Nur der mittlere Wissenschaftler tut das. Sein Ziel ist nicht das Wesentliche, sondern das Vollständige, und die Langeweile, die sich nach dem Voltaireschen Gesetz daraus ergibt, hält er bereits für ein Zeichen der Wahrheit.»[4]

Unter diesem Aspekt sollen aufgrund der vorliegenden Untersuchung zehn Thesen als erkenntnisfördernde Ergebnisse festgehalten werden:

1. Der Widerstand Robert Boschs und seines Kreises erweist die Notwendigkeit, bei der Beurteilung unternehmerischen Verhaltens während des «Dritten Reiches» vorschnelle Pauschalisierungen zu vermeiden. Freilich, keinesfalls geht es um Apologetik oder gar um die Exkulpierung der traditionellen Eliten in Deutschland, die angesichts der in Unternehmer-

kreisen weitverbreiteten «stillen Teilhaberschaft» unangebracht wäre. Das Beispiel von Robert Bosch kann keineswegs dazu dienen, die deutsche Wirtschaft in toto von ihrer Mitverantwortung im «Dritten Reich» freizusprechen. Während die allzu simple These, «die Wirtschaft» sei nach dem Prinzip des cui bono der Steigbügelhalter Hitlers bei der «Machtergreifung» gewesen, inzwischen als falsifiziert gelten kann, glaubten doch viele Industrielle in hybrider Verkennung ihrer Macht und in Unterschätzung des Charakters des Nationalsozialismus an den eigenen Nutzen und hofften, mit Hitler ihre Ziele – ohne eine lästige Arbeiter- und Gewerkschaftsopposition – durchzusetzen. Mitte der dreißiger Jahre schließlich waren die wenigsten der Erfüllungsgehilfen bereit, dem verhängnisvollen Kriegskurs entgegenzutreten. Die Industrie mußte sich den ganz eigenen Gesetzmäßigkeiten des «Dritten Reiches» unterordnen und hielt später beinahe resignativ wenigstens an den Einflußmöglichkeiten fest, die sie noch besaß. Der Zeitpunkt für ein politisches Eingreifen, wie immer dieses auch hätte aussehen mögen, war schon lange verpaßt: Den Unternehmern blieb, nachdem sie sich mit dem Regime schnell arrangiert hatten und schließlich entmachtet worden waren, wenig mehr als hilflose Reaktionen auf die rüstungspolitischen Befehle aus Berlin, ohne noch einen unabhängigen Gegenkurs einschlagen zu können. Ihr eigentliches Versäumnis liegt in der nicht wahrgenommenen Gelegenheit, in den Jahren energischer gegen Hitler vorgegangen zu sein, in denen noch Gegenwehr möglich gewesen wäre. Daß sie dies nicht taten, hängt ganz wesentlich damit zusammen, daß sie, wie viele andere Deutsche, in ihrer Mehrheit dem parlamentarischen System nicht nachtrauerten. Als Bosch im Herbst des Jahres 1941 bedauernd feststellte, daß immer noch «nichts gegen Hitler geschehen sei», führte er das auch darauf zurück, daß er und sein Kreis ganz allein stünden. Bosch kritisierte in diesem Zusammenhang scharf die Haltung der Industrie, die «ganz im Fahrwasser Hitlers» segle. Am stärksten empörte ihn die Schwerindustrie, die am Krieg verdienen wolle: Weil diese aus eigener Kraft die Krisenzeit zu Anfang der dreißiger Jahre nicht habe überwinden können, habe sie sich ganz in die Arme Hitlers geworfen.

2. Die Geschichte des Großunternehmers Robert Bosch im Widerstand gegen die totalitäre Diktatur zeigt wie ein Ariadnefaden die Linie des in den Jahren seit 1933 eingeschlagenen Weges: Vom Bekenntnis zur Weimarer Demokratie über den Wunsch zur Verständigung mit Frankreich, dann eine neue Qualität erlangend in der Einstellung Carl Goerdelers als «Wirtschaftsberater» und Opponent Hitlers im Jahr 1937, kulminierend schließlich in den Friedensfühlern vor und während des Krieges und dem Attentat auf Hitler am 20. Juli 1944.

Dieser Erkenntnis stehen beunruhigende Fakten geradezu unvermittelt gegenüber: In den gleichen Wochen des Jahres 1943, in denen Hans Walz in der Schweiz seinen alliierten Kontaktmännern von den bislang gescheiterten Attentaten auf Hitler berichtete und einen neuen Staatsstreich ankündigte, trafen wieder einmal Kriegsgefangene bei Bosch in Stuttgart ein. Davon wußte Walz, und hierfür trug er in letzter Instanz die Verantwortung. Wie war die Gegensätzlichkeit – Widerstand und Gefährdung des eigenen Lebens auf der einen Seite, «Mitmachen» im nationalsozialistischen Staat auf der anderen Seite – zu erklären? Am Anfang der Untersuchung ist gefragt worden, ob es statthaft war, zu argumentieren, daß es nur deshalb möglich gewesen sei, Goerdelers Umsturzbemühungen zu unterstützen und eigene Friedensinitiativen voranzutreiben, weil man nach außen für den Staat Hitlers produzierte. In diesem Zusammenhang hat Albrecht Fischer diese Frage für sich ebenso lakonisch wie rhetorisch beantwortet: «Was ist besser, sich erwischen zu lassen oder nach außen scheinbar mitzumachen, dafür unter der Decke immer mehr zu wirken?», und angesichts der vorliegenden Ergebnisse wird man ihm ohne Zweifel in seinem Urteil zustimmen dürfen. Die ethischen Maßstäbe, nach denen diese Frage zu beantworten war, ließen sich nicht durch komplexe Theorien, sondern nur anhand der persönlichen Erfahrungen und politischen Werte feststellen und beurteilen: Ob man sich durch eine Mitarbeit innerhalb des Regimes nur dem Odium der Kollaboration aussetzte oder zum Mittäter wurde, kann letztlich nur individuell beantwortet werden: Wissenschaftliche Studien laufen leicht Gefahr, mit analytischer Schärfe dem Widerstand gerecht werden zu wollen, darüber hinaus aber nicht zu bedenken, daß die Entscheidung, sich für oder gegen Hitler und das «Dritte Reich» zu stellen, immer einsam gefällt werden mußte. Diejenigen, die sich für letzteres entschieden, standen mit ihren moralischen Zweifeln, Sorgen und existentiellen Nöten allein.[5] Das enthebt nicht der Frage nach der ethischen Verantwortung des einzelnen. Angesichts der kaum auflösbaren Widersprüchlichkeiten und Dilemmata ist immerhin zu fragen, ob es nicht für den totalitären, alles in seinen Bann zwingenden Hitlerstaat bezeichnend war, daß sich ein Unternehmer im Widerstand praktisch bedingungslos dem Primat des Politischen unterzuordnen hatte. Mit anderen Worten: Selbst eine «Wirtschaftsmacht» wie Bosch mußte sich unter dem Druck der Verhältnisse den politischen Gesetzen des Nationalsozialismus unterwerfen. Die Geschichte des Widerstands des Boschkreises ist somit auch ein Sinnbild für die Vergeblichkeit des Ansturms gegen die ideologische Revolution des Nationalsozialismus. Trotz des «polykratischen Chaos», das im NS-Staat auch der Wirtschaft gewisse Freiräume beließ, entschied in letzter Instanz der Führerwille.

3. Der Boschkreis verstand sich keineswegs als ein nachgeordnetes Organ des militärischen Widerstands, der freilich allein in der Lage gewesen wäre, das Hitlerregime auszuschalten. Die «zivile» Stuttgarter Opposition stand vielmehr den preußisch-deutschen Traditionen der Militärs, die nach Albrecht Fischers Worten durch ihren «Fahneneidkomplex» in ihrer Entscheidungs- und Handlungsfähigkeit eingeschränkt waren, distanziert und argwöhnisch gegenüber. Namentlich im Zusammenhang mit den Aus-

landsverbindungen waren die Sondierungen und Gespräche des Boschkreises stets von konzeptionellen Vorschlägen für ein «Anderes Deutschland» begleitet. Die dabei lancierten eigenen Vorstellungen hoben sich von
den Ideen Carl Goerdelers ab, noch mehr jedoch von den Konzeptionen
der konservativen «Honoratioren» wie Ulrich von Hassell und Johannes
Popitz.

4. Die demokratischen, liberalen, süddeutschen und antipreußischen
Grundmuster dieser Vorschläge für ein Nachkriegsdeutschland verweisen
auf die sozial-liberalen Traditionen im Denken von Robert Bosch. Dessen
Wunsch, den innenpolitischen Ausgleich mit der Sozialdemokratie herzustellen und außenpolitisch die Verständigung mit Frankreich zu erreichen, bildete eine wichtige Grundlage für den aktiven Kampf gegen die
totalitäre Diktatur. Diese Kontinuitäten sind nur aus einer biographischen
Herleitung verständlich. Man könnte nun die Frage aufwerfen, ob ein
einzelner, Robert Bosch, die Dinge hätte wenden können, auf das Scheitern
des Widerstands verweisen und kritisch die Relevanz eines biographischen
Ansatzes bezweifeln. Aber zum einen spielen bei unternehmerischen Entscheidungen auch andere Gesichtspunkte eine Rolle als nur das mit einem
strukturellen Ansatz zweifellos meßbare Streben nach «Profitmaximierung». Zum anderen hat auch diese Untersuchung gezeigt, daß wir noch
viel zu wenig über Unternehmer im «Dritten Reich», ihr Denken und ihre
Entscheidungen wissen. Erst wenn diese Befunde vorliegen, die notgedrungen biographisch angelegt sein müssen, wird es möglich sein, allgemeine Schlüsse zu ziehen.

5. Nachdem Robert Bosch gestorben war, waren es die von ihm repräsentierten demokratischen Traditionen, die nach 1945 an das anzuknüpfen
vermochten, was 1933 verschüttet worden war. Es war für den Boschkreis
illusorisch, sich angesichts der Realitäten des Europas von Hitlers Gnaden
genaue Vorstellungen über die konkrete Ausgestaltung einer zukünftigen
Friedensordnung zu machen. Wenn man sich über irgend etwas Gedanken
machte, dann war es die Wiederherstellung des Rechts. Die Paneuro-
paideen, die ein Europa der Gleichberechtigung forderten, wurden auch im
Krieg fast unverändert vom Boschkreis weitergetragen, nur: Man diskutierte nicht darüber, weil die Zeit dafür nicht reif war. In diesem Zusammenhang kann man ein weiteres Mal nach den Wurzeln des Europage-
dankens fragen: War die europäische Traditionsbildung etwas, was sich im
Widerstand erst entwickelte, oder war diese Tradition nicht schon integraler Bestandteil des Gedankenguts, das sich seit dem 19. Jahrhundert entwickelt hatte? Diese Studie ist bewußt nur bis zum Kriegsende fortgeführt
worden. Allein, die Kontinuitätslinien, die sich erkennen lassen, sind neben
den gar nicht zu übersehenden Brüchen so offensichtlich, daß sich die Forschung mit diesem Komplex beschäftigen sollte.

6. Das demokratische, liberale und soziale Denken und Handeln des
Unternehmensgründers war gleichsam die Voraussetzung für einen aktiven

Widerstand gegen Hitler und den Totalitarismus. Im Umkehrschluß läßt sich diese Erkenntnis noch pointierter ausdrücken: Wären diese Grundzüge politischen Denkens in Deutschland in den Jahren des Kaiserreichs und der Weimarer Republik ebenso stark ausgebildet gewesen wie in den Kreisen um Robert Bosch, wären trotz aller Krisen die Voraussetzungen einer «Machtergreifung» Hitlers weniger günstig gewesen. Dann wäre, um ein weiteres Mal die Schwelle des Spekulativen zu berühren, vielleicht auch die Durchsetzung eines totalitären Systems weniger reibungslos verlaufen. Und in diesem Zusammenhang kann die Geschichte des Widerstands bei Bosch zwar auf den ersten Blick als eine lange Geschichte des Scheiterns gelesen werden, aber auf den zweiten Blick auch als eine Erfolgsgeschichte.

7. Weil der Nationalsozialismus doppelgesichtig war, mußte auch der Widerstand gegen den Nationalsozialismus dieses Charakteristikum reflektieren. So zollte das Unternehmen der schrecklichen Normalität des nationalsozialistischen Systems Tribut. Das Verbrecherische schlich sich, radikalisiert durch den Krieg, auch in das Stuttgarter Unternehmen ein. Dies zu verschweigen, würde den Menschen nicht gerecht, die vor dem fast unlösbaren Dilemma standen, aus ihrer liberalen und christlichen Verantwortung heraus einerseits Widerstand leisten zu müssen, um sich andererseits mit einem Rüstungs- und Zwangsarbeitersystem zu arrangieren. Die Frage, wann die Verweigerung des Gehorsams ein Gebot des Anstands ist, ist schwer zu beantworten. Der Historiker hat es eher mit Fragen nach Handlungsspielräumen und Alternativen zu tun. Hier muß die nüchterne Antwort lauten, daß nach menschlichem Ermessen alles, was über die Unterstützung des Widerstands hinausgegangen wäre, alle Beteiligten des Boschkreises *über Gebühr* belastet hätte. So sollen diese Fragen nach den Grenzen des Widerstands unbeantwortet bleiben, nicht zuletzt auch deshalb, weil die Zeit selbst darauf keine Antwort gegeben hat.

8. Weiterer Untersuchungen bedarf die Frage, ob der Widerstand des Boschkreises lediglich als ein singuläres Phänomen betrachtet werden kann oder ob gerade die Beschränkungen und Begrenzungen, denen der Widerstand des Unternehmers unterlag, auch etwas über die Möglichkeiten und Chancen der Widerständigkeit in einer Diktatur aussagen. Die Ergebnisse der vorliegenden Arbeit, die die vielfache Zusammenarbeit der Stuttgarter mit anderen Regimegegnern dokumentieren, lassen es jedenfalls als zu einfach erscheinen, Robert Bosch und seine Führungsriege hinsichtlich der Haltung und der Handlungsalternativen der Unternehmer als eine bloße Ausnahme von der Regel zu bewerten. Die Forschung steht in diesem Punkt noch am Anfang.

9. Robert Boschs Liberalismus und seine Ansichten über «Völkerverständigung» mochten in den Augen vieler zynischer Zeitgenossen in den Jahren der Weimarer Republik als hoffnungslos illusionär gelten. Er selbst hat in den Jahren des Nationalsozialismus in seiner derben Art gelegentlich

ausgeführt, man wünsche wohl, daß er «die Platte putzt». Man könnte es nun ganz individualistisch bei der Feststellung belassen, daß Robert Bosch und sein Kreis immerhin der totalitären Herausforderung standhielten. Aber eine solche, auf das Singuläre reduzierende Sichtweise ist unbefriedigend: Boschs Denken zielte auf eine Politik, die auf dem Boden der Weimarer Verfassung und unter Zusammenführung der bürgerlichen Mittelparteien und der Sozialdemokratie einen europäischen Vernunftkurs anstrebte. Das Scheitern seiner Konzeption und die Erosion des parteipolitischen Liberalismus enthebt nicht der Aufgabe, diesen Weg zu skizzieren: Geschichte zu schreiben bedeutet stets auch die in ihr aufgehobenen und nicht zum Zuge gekommenen Möglichkeiten zu bedenken. Im konkreten Fall bedeutet das, monokausale Begründungen zurückzuweisen, die den Weg ins «Dritte Reich» als eine Einbahnstraße ohne Abbiegespur interpretieren. Die sittlich fundierte Beharrlichkeit Robert Boschs, sein Streben nach Gerechtigkeit und Ausgleich bestätigt im Kern die Erkenntnis Hegels, der Fortschritt mache bisweilen Umwege, um sein Ziel zu erreichen. Der Ausgleich mit Frankreich, für den Bosch während der zwanziger Jahre publizistisch und politisch warb, bildete in vielfacher Hinsicht die Grundlage für den Kampf gegen die totalitäre Diktatur. Robert Bosch hat den Sieg dieser Idee nicht mehr erlebt: Die Versöhnung mit Frankreich in der Ära Adenauer entsprach jedoch dem, was er sich erhofft hatte. So widerfährt Robert Bosch noch eine nachträgliche Genugtuung. Das scheinbar Unzeitgemäße des liberalen und sozialen Unternehmers erwies sich als das eigentlich in die Zukunft Weisende. Mit der Philosophie mochte sich der Techniker und Industriepionier nicht beschäftigen. Aber vielleicht hätte er in diesem Fall dem Gedanken Friedrich Nietzsches zugestimmt, das Richtige sei immer unzeitgemäß, weil der Zeitgeist stets auf den Irrtum abonniert sei.

10. Auf die Frage, warum nicht mehr Industrielle den Weg des Widerstands gewählt haben, bleibt wohl nichts anderes als die Feststellung, daß auch Unternehmer nur Menschen sind, wenn es um Fragen der Moral geht. Das Diktum von Michael R. D. Foot, «Character, not class, made people into resisters»,[6] hat sich in dieser Untersuchung ebenso bestätigt wie die Erkenntnis Klemens von Klemperers, daß «echter Widerstand (...) die Konsequenz der persönlichen Entscheidung (ist), standfest zu bleiben und das Übel zu bekämpfen».[7] Die Geschichte des Unternehmers Robert Bosch und des Boschkreises bestätigt zugleich eine scheinbar banal klingende Feststellung Hannah Arendts. Sie hat in ihrer Berichterstattung über den Eichmann-Prozeß von dem praktischen Nutzen von Berichten über Widerstand im «Dritten Reich» gesprochen. Die Lehre solcher Geschichten sei einfach: «Sie lautet, politisch gesprochen, daß unter den Bedingungen des Terrors die meisten Leute sich fügen, einige aber nicht.»[8]

Danksagung

Die vorliegende Darstellung ist die gekürzte Fassung einer Habilitations-schrift, die im Sommersemester 1998 von der Fakultät für Geistes- und Sozialwissenschaft der Universität Karlsruhe angenommen wurde.

Am Ende einer mehrjährigen Arbeit ist es mein Wunsch, denen zu danken, die in vielfältiger Weise an der Entstehung dieses Buches beteiligt waren. An erster Stelle möchte ich Dr. Rolf Becker als Leiter des Robert Bosch Archivs nennen. Er hat mir schon vor vielen Jahren ermöglicht, die Schätze des Stuttgarter Archivs zu sichten. Sein fachkundiger Rat, seine Hilfsbereitschaft und seine wissenschaftliche Unvoreingenommenheit machen ihn zu einem Glücksfall für ein Unternehmensarchiv. Den Bibliothekaren und Archivaren der übrigen Archive sei für ihre Unterstützung gedankt.

Prof. Dr. Rudolf Lill hat als Betreuer die Entstehung des Werkes mit seiner Liberalität und wichtigen wissenschaftlichen Anregungen begleitet. Prof. Dr. Klaus Hildebrand hat nicht nur ein Habilitationsgutachten übernommen: Als Lehrer und als Persönlichkeit hat er ganz entscheidend dazu beigetragen, in mir das historische Interesse zu wecken und das Bewußtsein zu fördern, daß Geschichte nicht nur Spaß macht, sondern auch Aufgabe und Berufung ist. Prof. Dr. Anselm Doering-Manteuffel und Prof. Dr. Rolf-Jürgen Gleitsmann bin ich zu Dank für die Übernahme der Habilitationsgutachten verpflichtet.

Wissenschaftlicher Austausch und hilfreiche Kritik sind für eine Arbeit unerläßlich. Meine Freunde und Kollegen Dr. Christoph Studt in Bonn, Dr. Michael Kißener in Karlsruhe und Dr. Andreas Rödder in Stuttgart haben mir in vielen Gesprächen in vielfacher Weise Anregungen gegeben. Gleiches gilt auch für Helen Müller M. A. in Berlin und Hanna Degener M. A. in Frankfurt am Main.

Der Stifterverband für die Deutsche Wissenschaft hat über drei Jahre das Projekt mit einer Sach- und Personalmittelhilfe gefördert. Ulrike Lennartz M. A. hat in dieser Zeit als Wissenschaftliche Hilfskraft Literatur gesichtet und sachkundig Verbesserungsvorschläge gemacht. Frank Gausmann hat Korrektur gelesen, das Register erstellt und manche Anregung gegeben. Peter Schünemann vom C. H. Beck Verlag sei dafür gedankt, daß er in bewundernswerter Professionalität aus einem Manuskript ein richtiges Buch gemacht hat.

Der Köln/Bonner Freundeskreis, der an dieser Stelle möglicherweise ebenfalls ein Wort des Dankes erwartet, sei darauf hingewiesen, daß es nie großer Überredungsgabe bedurfte, um mich davon zu überzeugen, daß es neben Robert Bosch auch noch das «Café Blau», den «Liquid Sky Club» und die «Barracuda Bar» gibt!

Gewidmet ist das Buch meiner verstorbenen Mutter.

Bonn, im August 1999   Joachim Scholtyseck

Anmerkungen

Einleitung

1 «Troubled Resistance», in: Times Literary Supplement vom 27. März 1969, S. 322.

2 So der Tenor der Beiträge einer wissenschaftlichen Vortragsveranstaltung der Gesellschaft für Unternehmensgeschichte zum Thema «Unternehmer und Unternehmen im Nationalsozialismus» im Juni 1997. Vgl. die Berichterstattung in: «Frankfurter Allgemeine Zeitung» vom 25. Juni 1997, «Die Zeit» vom 27. Juni 1997 und «Handelsblatt» vom 23. Juni 1997. Die Tagungsergebnisse: Lothar Gall/Manfred Pohl (Hrsg.), Unternehmen im Nationalsozialismus (Schriftenreihe zur Zeitschrift für Unternehmensgeschichte, Band 1), München 1998.

3 Vgl. S. Jonathan Wiesen, Overcoming Nazism: Big Business, Public Relations, and the Politics of Memory, 1945–50, in: Central European History 29 (1996), S. 201–226.

4 Thomas Nipperdey, Deutsche Geschichte 1866–1918, Bd. 2: Machtstaat vor der Demokratie, München ²1993, S. 905.

5 Wilhelm Treue, Die Einstellung einiger deutscher Großindustrieller zu Hitlers Außenpolitik, in: GWU 17 (1966), S. 491–507.

6 Peter Hayes, Industry and Ideology. IG Farben in the Nazi Era, Cambridge u. a. 1987, S. XVI. Auf dieses Desiderat der Forschung ist immer wieder hingewiesen worden. Es sollen daher hier exemplarische Hinweise genügen. Vgl. etwa Volker Berghahn, Hitler's Buddies, in: New York Times Book Review vom 2. August 1987, S. 12 f., hier S. 13.

7 Toni Pierenkemper, Robert Bosch, der Industrielle. Zum Typus des deutschen Unternehmers in der Hochindustrialisierung, in: Kultur & Technik, Heft 1/1987, S. 4–18, hier S. 18. In betriebswirtschaftlich orientierten Arbeiten figuriert Robert Bosch bisweilen aufgrund seiner Unternehmensphilosophie und seiner Sozialpolitik gar als «Held», dessen Haltung innerhalb betrieblicher Symbolsysteme als Vorbild gilt. Stephan Schrader, Spitzenführungskräfte, Unternehmensstrategie und Unternehmenserfolg, Tübingen 1995, S. 97.

8 Andreas Hillgruber, Endlich genug über Nationalsozialismus und Zweiten Weltkrieg? Forschungsstand und Literatur, Düsseldorf 1982.

9 Die umfangreiche Literatur zum Totalitarismus kann an dieser Stelle nicht behandelt werden. Ich verwende den Begriff im wesentlichen im Sinne der differenzierten Ausführungen bei Karl Dietrich Bracher, Zeitgeschichtliche Kontroversen. Um Faschismus, Totalitarismus, Demokratie, München 1976, die seit ihrem Erscheinen nichts an ihrer Aktualität verloren haben. Zur aktuellen Diskussion die Beiträge in Eckhard Jesse (Hrsg.), Totalitarismus im 20. Jahrhundert. Eine Bilanz der internationalen Forschung, Bonn 1996; Hans Maier (Hrsg.), «Totalitarismus» und «Politische Religionen». Konzepte des Diktaturvergleiches, Paderborn 1996 und den kritischen Forschungsüberblick bei Wolfgang Wippermann, Totalitarismustheorien. Die Entwicklung der Diskussion von den Anfängen bis heute, Darmstadt 1997.

10 Neil Gregor, Stern und Hakenkreuz. Daimler-Benz im Dritten Reich, Berlin 1997, S. 23.

11 Henry A. Turner, Die Großunternehmer und der Aufstieg Hitlers, Berlin 1985.

12 Astrid Gehrig, Nationalsozialistische Rüstungspolitik und unternehmerischer Ent-

scheidungsspielraum. Vergleichende Fallstudien zur württembergischen Maschinenbauindustrie, München 1996, S. 324.

13 Alfred Sohn-Rethel, Ökonomie und Klassenstruktur des deutschen Faschismus. Aufzeichnungen und Analysen. Herausgegeben und eingeleitet von Johannes Agnoli, Bernhard Blanke und Niels Kadritzke, Frankfurt am Main 1973, S. 56 f.

14 Eberhard Czichon, Wer verhalf Hitler zur Macht? Zum Anteil der deutschen Industrie an der Zerstörung der Weimarer Republik, Köln 1967, S. 25 und 39.

15 Petra Bräutigam, Mittelständische Unternehmer im Nationalsozialismus. Wirtschaftliche Entwicklungen und soziale Verhaltensweisen in der Schuh- und Lederindustrie Badens und Württembergs, München 1997.

16 Mark Spoerer, Von Scheingewinnen zum Rüstungsboom. Die Eigenkapitalrentabilität der deutschen Industrieaktiengesellschaften 1925–1941, Stuttgart 1996, S. 18.

17 Wilhelm Treue, Der Unternehmer und seine Biographie. Zum Zusammenhang von Wirtschaft und Wirtschaftsgeschichte, in: Ders., Unternehmens- und Unternehmergeschichte aus fünf Jahrzehnten, Stuttgart 1989, S. 40–53.

18 Zum Forschungsstand der Unternehmensgeschichtsschreibung: Hans Pohl, Die unternehmensgeschichtliche Forschung in der Bundesrepublik Deutschland seit 1945, in: Paul Klep/Eddy Van Cauwenberghe (Hrsg.), Entrepreneurship and the Transformation of the Economy, Leuven 1994, S. 113–132; ders., Ein Jahrzehnt Gesellschaft für Unternehmensgeschichte, in: Zeitschrift für Unternehmensgeschichte 31 (1986), S. 5–30; Hans Jaeger, Unternehmensgeschichte in Deutschland seit 1945, in: Geschichte und Gesellschaft 18 (1992), S. 107–132; Alfred D. Chandler, Business History as Institutional History, in: George Rogers Taylor/Lucius F. Ellsworth (Hrsg.), Approaches to American Economic History, Charlottesville 1971, S. 17–24; Werner Plumpe, Stichworte zur Unternehmensgeschichtsschreibung, in: ders./Christian Kleinschmidt (Hrsg.), Unternehmen zwischen Markt und Macht. Aspekte deutscher Unternehmens- und Industriegeschichte im 20. Jahrhundert, Essen 1992, S. 9–13; Paul Erker, Aufbruch zu neuen Paradigmen. Unternehmensgeschichte zwischen sozialgeschichtlicher und betriebswirtschaftlicher Erweiterung, in: Archiv für Sozialgeschichte 37 (1997), S. 321–365.

19 Zur Kritik an biographischen Werken und dem Verdacht einer nicht vorhandenen faktischen Kohärenz u. a. Pierre Bourdieu, Die biographische Illusion, in: Bios. Zeitschrift für Biographieforschung und Oral History 1 (1990), S. 75–81, hier S. 75.

20 Ronald Smelser/Enrico Syring/Rainer Zitelmann, (Hrsg.), Die braune Elite. 22 biographische Skizzen, Darmstadt 1989; dies. (Hrsg.), Die braune Elite. 21 weitere biographische Skizzen, Darmstadt 1993.

21 Zur Widerstandsforschung vgl. etwa Rudolf Lill/Heinrich Oberreuter (Hrsg.), 20. Juli: Portraits des Widerstands, Düsseldorf/Wien 1994. Zum militärischen Bereich Ronald Smelser/Enrico Syring (Hrsg.), Die Militärelite des Dritten Reiches. 27 biographische Skizzen, Berlin/Frankfurt am Main 1995.

22 Vgl. die bemerkenswerten Positionen marxistisch orientierter Historiker, die von einer zeitgemäßen Biographie eine «biopsychosoziale Einheit» verlangen: Ernst Engelberg/Hans Schleier, Zu Geschichte und Theorie der historischen Biographie, in: Zeitschrift für Geschichtswissenschaft 38 (1990), S. 195–217, hier S. 208.

23 Christoph Gradmann, Geschichte, Fiktion und Erfahrung – kritische Anmerkungen zur neuerlichen Aktualität der historischen Biographie, in: Internationales Archiv für Sozialgeschichte der deutschen Literatur 17 (1992), S. 1–16, hier S. 3. Vgl. auch die einschlägigen Hinweise bei Friedrich Lenger, Werner Sombart 1863–1941. Eine Biographie, München 1994, S. 13–16.

24 Hans Jörg von Berlepsch, Die Wiederentdeckung des «wirklichen Menschen» in der Geschichte. Neue biographische Literatur, in: Archiv für Sozialgeschichte 29 (1989), S. 488–510, hier S. 491 f. Vgl. auch Andreas Gestrich, Einleitung: Sozialhistorische Bio-

graphieforschung, in: Biographie-sozialgeschichtlich, hrsg. v. Andreas Gestrich/Peter Knoch/Helga Merkel, Göttingen 1988, S. 5–28. Im übrigen gilt auch heute noch die Feststellung des Niederländers Jan Romein, der kurz nach dem Zweiten Weltkrieg die Kunst des Biographen darin sah, «dass er das Allgemeine allgemein, das Individuelle individuell, das Körperliche körperlich, das Seelische seelisch, das Kleine klein und das Grosse gross zu sehen vermag, und also all diese Verhältnisse sauber abzuwägen und sauber zu beschreiben weiss; aber immer so, dass er im Allgemeinen zugleich das Individuelle, im Körperlichen das Seelische, im Kleinen das Grosse zu sehen vermag, und umgekehrt im Individuellen das Allgemeine, im Seelischen das Körperliche und im Grossen das Kleine sondert und darstellt.» Jan Romein, Die Biographie. Einführung in ihre Geschichte und ihre Problematik, Bern 1948, S. 11 f.

25 Karl Heinrich Pohl, Liberalismus und Bürgertum 1880–1918, in: Lothar Gall (Hrsg.), Bürgertum und bürgerlich-liberale Bewegungen in Mitteleuropa, München 1997, S. 231–291, hier S. 244.

26 Zur Diskussion über «Primat der Wirtschaft» und «Primat der Politik»: Klaus Hildebrand, Das Dritte Reich, München ⁵1995, S. 156–177; zum Forschungsstand Mark Spoerer, Von Scheingewinnen zum Rüstungsboom, S. 16–18.

27 Vgl. Peter Hayes, Zur umstrittenen Geschichte der I. G. Farbenindustrie AG, in: Geschichte und Gesellschaft 18 (1992), S. 405–417, hier S. 406.

28 (Autorenkollektiv), «Zum Charakter der Verschwörung vom 20. Juli 1944», in: Militärwesen 1959, Heft 6, S. 833–845, hier S. 833. Ähnlich später noch Daniil Melnikow, 20. Juli 1944. Legende und Wirklichkeit, Berlin 1966, S. 116–119. In gewisser Weise vergleichbare Anschuldigung der Vertretung fremder Interessen wurden von rechtsextremistischer Seite erhoben, als im Verlauf des Braunschweiger Remer-Prozesses im Jahr 1952 der Vorwurf laut wurde, Carl Goerdeler habe sich von Bosch «korrumpieren» lassen.

29 Wolfgang Schumann, Die Industrie und der 20. Juli 1944, in: Historikergesellschaft der DDR. Wissenschaftliche Mitteilungen 1985, I/II, S. 77–86, hier S. 83 bzw. 85. Nicht unähnlich wurde jedoch auch in der westlichen Historiographie gelegentlich der Vorwurf geäußert, die Unterstützung des Unternehmens für Goerdeler sei durch das «besondere Interesse eines exportorientierten Produktionszweiges» begründet gewesen, «beschleunigt eine westorientierte Alternative zur großdeutschen Sackgasse aufzubauen.» Ulrich Borsdorf/Lutz Niethammer (Hrsg.), Zwischen Befreiung und Besatzung. Analysen des US-Geheimdienstes über Positionen und Strukturen deutscher Politik 1945, Wuppertal 1976, S. 136. Zur postmarxistischen Neubewertung Goerdelers die Beiträge in: Werner Bramke, Carl Goerdeler und Leipzig, Leipzig 1995 und besonders ders., Annäherung an eine widerspruchsvolle historische Persönlichkeit – Gedanken zum 50. Jahrestag der Hinrichtung Carl Goerdelers, in: ebd., S. 9–20.

30 Zur massiven Instrumentalisierung der Widerstandsforschung in der DDR Klaus Schroeder/Jochen Staadt, Zeitgeschichte in Deutschland vor und nach 1989, in: Aus Politik und Zeitgeschichte B 26/97 vom 20. Juni 1997, S. 15–29.

31 Eberhard Bethge, Adam von Trott zu Solz und der deutsche Widerstand, in: Vierteljahrshefte für Zeitgeschichte 11 (1963), S. 213–223. Auf die gängigen, u. a. von Peukert, Hockerts, Gotto, Repgen, von zur Mühlen, Löwenthal, Mallmann, Paul und Broszat vorgeschlagenen alternativen Kategorisierungen soll an dieser Stelle lediglich hingewiesen werden, ohne sie im einzelnen zu behandeln. Eine aktuelle zusammenfassende Kommentierung bei Ulrich von Hehl, Nationalsozialistische Herrschaft, München 1996, S. 89–100.

32 Vgl. Dieter Langewiesche, Liberalismus in Deutschland, Frankfurt am Main 1988, S. 284 f.

33 Hans Rothfels, Die deutsche Opposition gegen Hitler. Eine Würdigung. Neuausgabe Zürich 1994, S. 331. Hier auch die terminologische Begriffsauseinandersetzung

(S. 330–337). Vgl. zur Doppeldeutigkeit des Liberalismusbegriffs zusammenfassend Karl Dietrich Bracher, Zeitalter der Ideologien. Eine Geschichte politischen Denkens im 20. Jahrhundert, Stuttgart 1982, S. 100–103.

34 Ralf Dahrendorf, Deutschland und die Liberalen 1933 und 1983, in: liberal 25 (1983), S. 227–231, hier S. 227.

35 Vgl. die Hinweise bei Christoph Strohm, Der Widerstandskreis um Dietrich Bonhoeffer und Hans von Dohnanyi, in: Jürgen Schmädeke/Peter Steinbach (Hrsg.), Der Widerstand gegen den Nationalsozialismus. Die deutsche Gesellschaft und der Widerstand gegen Hitler, München/Zürich ³1994, S. 295–313; Karl Dietrich Bracher, Rüdiger Schleicher, in: Joachim Mehlhausen (Hrsg.), Zeugen des Widerstands, Tübingen ²1998, S. 217–242.

36 Ulrich von Hehl, Nationalsozialistische Herrschaft, S. 96.

37 Horst Sassin, Liberale im Widerstand. Die Robinsohn-Strassmann-Gruppe 1934–1942, Hamburg 1993. Zum theologischen Liberalismus z. B. Friedrich Wilhelm Graf, «Wir konnten dem Rad nicht in die Speichen fallen.» Liberaler Protestantismus und «Judenfrage» nach 1933, in: J. C. Kaiser/M. Greschat (Hrsg.), Der Holocaust und die Protestanten. Analyse einer Verstrickung, Frankfurt am Main 1988 und den konzisen Literaturüberblick bei Stefan Grotefeld, Friedrich Siegmund-Schultze. Ein deutscher Ökumeniker und christlicher Pazifist, Gütersloh 1995, S. 7–9.

Daß selbst solch vorsichtige Neubewertungen liberalen Widerstands auf Kritik stoßen, weil sie dem bequemen Bild einer angeblich restaurativen Ausrichtung des bürgerlichen Widerstands widersprechen, beweist die Kritik von Ulrich Heinemann, Arbeit am Mythos. Neuere Literatur zum bürgerlich-aristokratischen Widerstand gegen Hitler und zum 20. Juli (Teil I), in: Geschichte und Gesellschaft 21 (1995), S. 111–139, hier S. 131 f.

38 Hans Mommsen, Bürgerlicher (nationalkonservativer) Widerstand, in: Wolfgang Benz/Walter H. Pehle (Hrsg.), Lexikon des deutschen Widerstands, Frankfurt am Main 1994, S. 55–67, hier S. 57.

39 Hierzu besonders Bruce B. Frye, Liberal Democrats in the Weimar Republic. The History of the German Democratic Party and the German State Party, Carbondale/Edwardsville 1985, S. 189–194.

40 Werner Jochmann, Der deutsche Liberalismus und seine Herausforderung durch den Nationalsozialismus, in: Rudolf von Thadden (Hrsg.), Die Krise des Liberalismus zwischen den Weltkriegen, Göttingen 1978, S. 115–128, hier S. 126.

41 Zu den erheblichen Forschungsdefiziten vgl. Horst Möller, Bürgertum und bürgerlich-liberale Bewegungen nach 1918, in: Lothar Gall (Hrsg.), Bürgertum und bürgerlich-liberale Bewegungen in Mitteleuropa seit dem 18. Jahrhundert, S. 293–342.

42 Willy Schloßstein, Einstellung des Herrn Robert Bosch und seiner Mitarbeiter zum Nazi-Regime, BAK, N 1186 (Stolper), 85 a, S. 13.

43 Theodor Heuss, Robert Bosch, S. 13.

44 Virginia Woolf, The Essays of Virginia Woolf, Volume IV: 1925–1928, hrsg. v. Andrew McNeillie, London 1994, S. 465.

45 Theodor Heuss, Robert Bosch, S. 145.

46 Hierzu die Unterlagen in RBA 13/130 und die Anregung von Hans Walz, Zeitzeugenaussagen und Dokumente für eine zu schreibende Widerstandsgeschichte des Hauses Bosch zu sammeln. Der damals ins Auge gefaßte Bearbeiter war offensichtlich mit der Aufgabe überfordert; auch die Überlegung, in Zusammenarbeit mit dem Institut für Zeitgeschichte (München) eine Widerstandsgeschichte des Hauses Bosch zu verfassen, ist wohl aus diesem Grund schon im Anfangsstadium gescheitert (Gespräch mit Götz Küster vom 23. Oktober 1997).

47 Hierzu Otto Kopp (Hrsg.), Widerstand und Erneuerung. Neue Berichte und Dokumente vom inneren Kampf gegen das Hitler-Regime, Stuttgart 1966, S. 12.

48 Matthias Frese, Sozial- und Arbeitspolitik im «Dritten Reich». Ein Literaturbericht, in: Neue Politische Literatur 38 (1993), S. 403–446, hier S. 406.

49 Toni Pierenkemper, Robert Bosch, S. 6.

50 Otto Kopp (Hrsg.), Widerstand und Erneuerung. Vgl. auch dessen zwei Jahre zuvor veröffentlichte knappe Skizze: 20. Juli 1944 – Aufstand des Gewissens. Der Winkelried-Kampf eines freien Unternehmens gegen Hitlers Tyrannei, in: Luzerner Neueste Nachrichten vom 22. August 1964.

51 Hans Walz, Meine Mitarbeit an der Aktion Goerdeler, RBA 13/42. Wesentliche Teile dieser Schrift, die in mehreren Entwürfen vorliegt, die sich jedoch nur marginal voneinander unterscheiden, sind veröffentlicht in: Otto Kopp, Die Niederschrift von Hans Walz «Meine Mitwirkung an der Aktion Goerdeler», in: Ders. (Hrsg.), Widerstand und Erneuerung, S. 98–120, nach der im folgenden jeweils zitiert wird, wenn es nicht gesondert vermerkt ist.

52 Willy Schloßstein, Einstellung des Herrn Robert Bosch und seiner Mitarbeiter zum Nazi-Regime (13 S., 20. Januar 1947), RBA 13/39; Willy Schloßstein, Einstellung des Herrn Robert Bosch und seiner Mitarbeiter zum Nazi-Regime (28 S., Januar 1947), BAK, N 1186 (Stolper), 85 a. Im folgenden wird stets, wenn nicht gesondert vermerkt, auf die letztgenannte ausführlichere Ausarbeitung Bezug genommen. Eine wohl erste, im Juli 1945 angefertigte 13 Seiten umfassende Denkschrift Schloßsteins: «Betr. Einstellung des Herrn B. und seiner Firma zum Nazi-Regime (Überreicht durch Ludwig Kaiser Stuttgart 15. 9. 1945)« befindet sich im Nachlaß Ritter: BAK, N 1166 (Ritter), Bd. 131. Die differenzierten Urteile, die Stolper aus seiner intimen Kenntnis dieser Vorgänge gefällt hat, sind auch heute noch lesenswert: Gustav Stolper, German realities, New York 1948, bes. S. 182 f.

53 Albrecht Fischer, Erlebnisse vom 20. Juli 1944 bis 8. April 1945, in: Otto Kopp (Hrsg.), Widerstand und Erneuerung, S. 122–166; Paul Hahn, Bericht, Stadtarchiv Stuttgart, Nachlaß Strölin, Bü 224 bzw. Aufzeichnung Paul Hahn, Nachlaß Paul Hahn, Bd. 1–4, Militärarchiv Stuttgart.

54 Vernehmungsniederschriften Albrecht Fischers und Carl Goerdelers aus dem Zeitraum August/September 1944, BAL, NJ 12285; Hans-Adolf Jacobsen (Hrsg.), «Spiegelbild einer Verschwörung». Die Opposition gegen Hitler und der Staatsstreich vom 20. Juli in der SD-Berichterstattung. Geheime Dokumente aus dem ehemaligen Reichssicherheitshauptamt, 2 Bände, Stuttgart 1984.

55 Allen Welsh Dulles, Germany's Underground, New York 1947, S. 34 (dt. unter dem Titel: Verschwörung in Deutschland, Zürich 1947, S. 51). Vgl. die Unterlagen in Allen Dulles Papers, Box 204, folder «Goerdeler and Inner Circle»; Dulles an Helms vom 27. April 1947, ebd., Box 32, folder «Hans Walz».

56 Als Standardwerk über den Weg zum 20. Juli Peter Hoffmann, Widerstand, Staatsstreich, Attentat, Der Kampf der Opposition gegen Hitler, München/Zürich ⁴1985. Hierzu auch ders., Peace through Coup d'État: The Foreign Contacts of the German Resistance 1933 – 1944, in: Central European History 19 (1986), S. 3–44. Vgl. auch Michael Kißener/Joachim Scholtyseck, Gedenkjahrnachlese. Monographien zum deutschen Widerstand gegen den Nationalsozialismus aus den Jahren 1993–1996, in: Historisches Jahrbuch 118 (1998), S. 304–344.

57 Klemens von Klemperer, Die verlassenen Verschwörer. Der deutsche Widerstand auf der Suche nach Verbündeten 1938 – 1945, Berlin 1994.

58 Ulrich Schlie, Kein Friede mit Deutschland. Die geheimen Gespräche im Zweiten Weltkrieg 1939–1941, München/Berlin 1994.

59 Gerhard Ritter, Carl Goerdeler und die deutsche Widerstandsbewegung (1954), Stuttgart ⁴1984.

60 Ulrich Schlie, Das Ausland und die deutsche Opposition gegen Hitler. Wider-

standsforschung und politische Gegenwart seit 1945, in: Militärgeschichtliche Mitteilungen 52 (1993), S. 153–168.

61 Joachim Scholtyseck, Der «Stuttgarter Kreis» – Bolz, Bosch, Strölin: Ein Mikrokosmos des Widerstands gegen den Nationalsozialismus, in: Rudolf Lill/Michael Kißener (Hrsg.), 20. Juli 1944 in Baden und Württemberg, Konstanz 1994, S. 61-123; ders., Robert Bosch, die deutsch-französische Verständigung und das Ende der Weimarer Republik, in: Robert Bosch und die deutsch-französische Verständigung. Politisches Denken und Handeln im Spiegel der Briefwechsel. Bosch-Archiv Schriftenreihe, Bd. 1, Stuttgart 1996; ders., Die Firma Robert Bosch und ihre Hilfe für Juden, in: Michael Kißener (Hrsg.), Widerstand gegen die Judenverfolgung, Konstanz 1996, S. 155–226; ders., Robert Bosch und der Widerstand gegen den Nationalsozialismus, in: Lothar Gall/Manfred Pohl (Hrsg.), Unternehmen im Nationalsozialismus, S. 99–106.

62 Hans Mommsen, Gesellschaftsbild und Verfassungspläne des deutschen Widerstandes, in: Walter Schmitthenner/Hans Buchheim (Hrsg.), Der deutsche Widerstand gegen Hitler, Köln/Berlin 1966, S. 73–167, hier S. 76.

Erstes Kapitel
Ein liberaler Unternehmer

1 Theodor Heuss, Robert Bosch, S. 24 f. Wer sich mit der ersten Lebenshälfte Robert Boschs beschäftigt, ist auf die Biographie von Heuss angewiesen. Neben dem bereits erwähnten Beitrag von Toni Pierenkämper gibt es eine Reihe kürzerer Beiträge, die sich indessen meist auf Heuss stützen. Theodor Heuss, Robert Bosch, in: NDB 2 (1955), S. 479–481; Ingrid Bauert-Keetmann, Deutsche Industriepioniere, Tübingen 1966, S. 276–292; Hans Konradin Herdt, Bosch 1886–1986. Porträt eines Unternehmens, Stuttgart 1986; Götz Küster, Löschet's Licht – d'r Vadder kommt!, in: Schwäbische Wünschelrutengänge, Tübingen 1976, S. 254–270; ders., Robert Bosch. Erfinder und Unternehmer, in: Lebensbilder aus Baden-Württemberg 18 (1994), S. 447–470 und zuletzt Michael Stürmer, Robert Bosch, in: Joachim Fest (Hrsg.), Die großen Stifter. Lebensbilder – Zeitbilder, Berlin 1997, S. 249–268.
Zeitgenössisch die Beiträge von Felix Pinner, in: Deutsche Wirtschaftsführer, Charlottenburg 1925, S. 265–272; Conrad Matschoss (Hrsg.), Robert Bosch und sein Werk, Berlin 1931; Theodor Heuss (Hrsg.), Robert Bosch, Berlin 1931; Ernst Quadt, Robert Bosch, in: ders., Deutsche Industrie-Pioniere, Berlin 1940, S. 97–122; ders., Robert Bosch. Pionier der Arbeit. Sein Leben und sein Werk, Berlin 1942.

2 Robert Bosch, Lebenserinnerungen, RBA 14/6. S. 2 bzw. 9.

3 Alexander Schmidt, Reisen in die Moderne. Der Amerika-Diskurs des deutschen Bürgertums vor dem Ersten Weltkrieg im europäischen Vergleich, Berlin 1997.

4 Robert Bosch, Lebenserinnerungen, RBA 14/6. S. 9.

5 Theodor Heuss, Robert Bosch, S. 57–60.

6 Ebd., S. 60.

7 Zitiert nach ebd., S. 62.

8 Ebd., S. 72.

9 Manfred Schmid (Hrsg.), Auf dem Stuttgarter Rathaus 1915–1922. Erinnerungen von Fritz Elsas (1890–1945), Stuttgart 1990, S. 65f.

10 Thomas Nipperdey, Deutsche Geschichte 1866–1918, Bd. 1: Arbeitswelt und Bürgergeist, München ³1993, S. 251–253.

11 Robert Bosch, Lebenserinnerungen, RBA 14/6. S. 26.

12 Vgl. Eugen Diesel, Robert Bosch. Zeit und Persönlichkeit, in: Conrad Matschoss (Hrsg.), Robert Bosch und sein Werk, S. 11–20, hier S. 18.

13 Zur Schwierigkeit, festgefügte Milieus in einem sich dynamisierenden städtischen Gefüge zu erkennen, die zusammenfassenden Beobachtungen bei Lothar Gall, Europa auf dem Weg in die Moderne, S. 130. Hier auch der berechtigte Hinweis, wie «differenziert nach Regionen und Traditionen Bürgertumsforschung betrieben werden muß.» Als neuere Zusammenfassungen die Beiträge in: Lothar Gall (Hrsg.), Bürgertum und bürgerlich-liberale Bewegungen in Mitteleuropa; Jürgen Kocka (Hrsg.), Bürgertum im 19. Jahrhundert. Deutschland im europäischen Vergleich, München 1988 und in Hans-Jürgen Puhle (Hrsg.), Bürger in der Gesellschaft der Neuzeit. Wirtschaft – Politik – Kultur, Göttingen 1991; Lothar Gall (Hrsg.), Stadt und Bürgertum im Übergang von der traditionellen zur modernen Gesellschaft, München 1993.

14 Lothar Gall, Zu Ausbildung und Charakter des Interventionsstaates, in: HZ 227 (1978), S. 552–570; Heinrich August Winkler, Organisierter Kapitalismus? Versuch eines Fazits, in: ders., Liberalismus und Antiliberalismus, Göttingen 1979, S. 264–271; Jürgen Kocka, Organisierter Kapitalismus im Kaiserreich, in: HZ 230 (1980), S. 613–631.

15 Lothar Gall, Europa auf dem Weg in die Moderne 1850–1890, München ³1997, S. 117.

16 Dieter Langewiesche, Nationalismus im 19. und 20. Jahrhundert: Zwischen Partizipation und Agression, Bonn 1994. Zum Forschungsstand ders., Nation, Nationalismus, Nationalstaat: Forschungsstand und Forschungsperspektiven, in: Neue Politische Literatur 40 (1995), S. 190–236; Karl Heinrich Pohl, Liberalismus und Bürgertum 1880–1918, in: Lothar Gall (Hrsg.), Bürgertum und bürgerlich-liberale Bewegungen in Mitteleuropa, S. 231–291.

17 Werner Sombart, Der moderne Kapitalismus, Bd. 3: Das Wirtschaftsleben im Zeitalter des Hochkapitalismus. Erster Halbband: Die Grundlagen – Der Aufbau (1927), Neudruck Berlin 1986, S. 17.

18 Vgl. etwa Helmut Kaelble, Sozialer Aufstieg in Deutschland, 1850–1914, in: Vierteljahrschrift für Sozial- und Wirtschaftsgeschichte 60 (1973), S. 41–71, bes. S. 51–53; Wilhelm Stahl, Der Elitekreislauf in der Unternehmerschaft. Eine empirische Untersuchung für den deutschsprachigen Raum, Frankfurt am Main/Zürich 1973, bes. S. 123–150. Dagegen Alfred Schröter/Walter Becker, Die deutsche Maschinenbauindustrie in der industriellen Revolution, Berlin (Ost) 1962, bes. S. 65–75. Als vergleichsweise neuere Untersuchung, die Bosch aufgrund ungenügender Größe noch nicht behandelt: Jürgen Kocka/Hannes Siegrist, Die hundert größten deutsche Industrieunternehmen im späten 19. und frühen 20. Jahrhundert. Expansion, Diversifikation und Integration im internationalen Vergleich, in: Norbert Horn/Jürgen Kocka (Hrsg.), Recht und Entwicklung der Großunternehmen im 19. und frühen 20. Jahrhundert. Wirtschafts-, sozial- und rechtshistorische Untersuchungen zur Industrialisierung in Deutschland, Frankreich, England und den USA, Göttingen 1979, S. 55–122.

19 Vgl. etwa seine Äußerungen zu Krieg, Heimat und Vaterland: Theodor Heuss, Robert Bosch, S. 50. Zur Problematik einer Definition des «Unternehmers»: Jürgen Kocka, Unternehmer in der deutschen Industrialisierung, Göttingen 1975, bes. S. 13 f.; Benno Biermann, Die soziale Struktur der Unternehmerschaft, Stuttgart 1971, bes. S. 165–180.

20 Hans Jaeger, Unternehmer und Politik im wilhelminischen Deutschland, in: Tradition. Zeitschrift für Firmengeschichte und Unternehmerbiographie 13 (1968), S. 1–21, hier S. 21. Die Bandbreite des unternehmerischen Denkens der Ära wird anschaulich geschildert in: Ders, Unternehmer in der deutschen Politik (1890 – 1918), Bonn 1967. Zum «Defizit an partizipatorischem Politikverständnis» der Unternehmer im Kaiserreich Hartmut Berghoff/Roland Möller, Unternehmer in Deutschland und England 1870–1914. Aspekte eines kollektivbiographischen Vergleichs, in: HZ 256 (1993), S. 353–386, Zitat S. 386.

21 Vgl. hierzu Karl Moersch, Bei uns im Staate Beutelsbach. Vom unbekannten Würt-temberg, Pfullingen 1984. Zum württembergischen Pietismus Hartmut Lehmann, Pie-tismus und weltliche Ordnung in Württemberg vom 17. bis zum 20. Jahrhundert, Stutt-gart 1969.

22 Theodor Heuss, Robert Bosch, S. 73.

23 Ebd., S. 73 f.

24 Ebd., S. 75.

25 Ebd., S. 74 f.

26 In einem sich mit der englischen Politik auseinandersetzenden Brief des Jahres 1940 ist allerdings wieder – wie in der Jugend – von den «Pfaffen» als einer «Heuchlerbande» die Rede. Bosch an Escherich vom 28. Juli 1940, RBA 14/71.

27 Hartmut Kaelble, Industrielle Interessenpolitik in der Wilhelminischen Gesell-schaft, Berlin 1967; Fritz Blaich, Kartell- und Monopolpolitik im kaiserlichen Deutsch-land, Düsseldorf 1973; Hans-Peter Ullmann, Der Bund der Industriellen, Göttingen 1976.

28 Zur württembergischen Wirtschaftsgeschichte: Wolfgang von Hippel, Wirtschafts-und Sozialgeschichte 1800 bis 1918, in: Handbuch der Baden-Württembergischen Geschichte. Dritter Band: Vom Ende des Alten Reiches bis zum Ende der Monarchie, Stuttgart 1992, S. 477–784.

29 Hans-Peter Ullmann, Der Bund der Industriellen, S. 76 in Verbindung mit S. 304 f., Anm. 308; Theodor Heuss, Robert Bosch, S. 252 und 281.

30 Robert Bosch, «Wie kommen wir zum wirtschaftlichen Frieden?» (1920), in: Robert Bosch, Aufsätze, Reden und Gedanken, S. 13–29, hier S. 18.

31 Maja Christ-Gmelin, Die württembergische Sozialdemokratie 1890–1914. Ein Bei-trag zur Geschichte des Reformismus und Revisionismus in der deutschen Sozialdemo-kratie, (Diss.) Stuttgart 1976, S. 209.

32 Merith Niehuss, Die Stellung der Sozialdemokratie im Parteiensystem Bayerns, Württembergs und Badens, in: Gerhard A. Ritter (Hrsg.), Der Aufstieg der deutschen Arbeiterbewegung. Sozialdemokratie und Freie Gewerkschaften im Parteiensystem und Sozialmilieu des Kaiserreichs, München 1990, S. 104–126; Hartwig Brandt, Die würt-tembergische Sozialdemokratie im Parteiensystem des frühen Kaiserreichs. Eine Skizze, in: ebd., S. 127–134.

33 Bosch an Heuss vom 31. Dezember 1937, RBA 14/154. Vgl. zur Freundschaft zwi-schen Bosch und Naumann Theodor Heuss, Robert Bosch, S. 285 und ders., Friedrich Naumann. Der Mann, das Werk, die Zeit, München/Hamburg ³1968, S. 440 f. Die For-schung ist sich hinsichtlich der positiv zu bewertenden Reformansätze Naumanns weit-gehend einig: Peter Theiner, Sozialer Liberalismus und deutsche Weltpolitik. Friedrich Naumann im Wilhelminischen Deutschland (1860–1919), Baden-Baden 1983; Moshe Zimmermann, A Road Not Taken – Friedrich Naumann's Attempt at a Modern German Nationalism, in: Journal of Contemporary History 17 (1982), S. 689–708; Geoff Eley, Social Imperialism in Germany. Reformist Synthesis or reactionary Sleight of Hand?, in: Ders., From Unification to Nazism. Reinterpreting the German Past, London 1986, S. 154–167; Peter Theiner, Friedrich Naumann und der soziale Liberalismus im Kaiser-reich, in: Karl Holl/Günter Trautmann/Hans Vorländer (Hrsg.), Sozialer Liberalismus, Göttingen 1986, S. 72–83.

34 Thomas Nipperdey, Deutsche Geschichte 1866–1918, Bd. 2: Machtstaat vor der Demokratie, S. 527.

35 Ebd, S. 531.

36 Lothar Gall, Europa auf dem Weg in die Moderne 1850 – 1890, München ³1997, S. 86.

37 Willy Dürr, Demokratische Erinnerungen aus dem Unterland, in: 100 Jahre Volks-

partei 1864–1964. Festschrift zum Dreikönigstreffen 1964 (Heft 26 der Schriftenreihe der FDP, hrsg. vom Landesverband Baden-Württemberg der FDP/DVP), Stuttgart o.J. (1964), S. 73–79, hier S. 74.

38 Gustav Seeber, Zwischen Bebel und Bismarck. Zur Geschichte des Linksliberalismus in Deutschland 1871–1893, Berlin (Ost) 1965.

39 Bosch an Kayser vom 19. Januar 1894, RBA 14, Bestand Eugen Kayser.

40 Vgl. zur Geschäftsentwicklung dieser Jahre Theodor Heuss, Robert Bosch, S. 130–150.

41 Zu dem allgemeinen Trend in der Unternehmerschaft, die Arbeiter «als Geschäftspartner mit dem Recht auf ehrliche Behandlung» zu betrachten Richard Tilly, Unternehmermoral und -verhalten im 19. Jahrhundert. Indizien deutscher Bürgerlichkeit, in: Jürgen Kocka (Hrsg.), Bürgertum im 19. Jahrhundert, Bd. 2, S. 35–64, hier 49 f.

42 Toni Pierenkemper, Robert Bosch, S. 14 f.

43 Michael Stürmer, Robert Bosch, in: Joachim Fest (Hrsg.), Die großen Stifter, S. 252.

44 Zum Begriff Hartmut Berghoff, Unternehmenskultur und Herrschaftstechnik, in: Geschichte und Gesellschaft 23 (1997), S. 167–204, bes. S. 167–182.

45 Theodor Heuss, Robert Bosch, S. 151.

46 Ebd., S. 152.

47 Werner Sombart, Der moderne Kapitalismus, Bd. 3: Das Wirtschaftsleben im Zeitalter des Hochkapitalismus, Zweiter Halbband: Der Hergang der hochkapitalistischen Wirtschaft – Die Gesamtwirtschaft (1927), Neudruck Berlin 1986, S. 892.

48 Zur Problematik des «Interventionsstaates» auf sozialpolitischem Gebiet Johannes Frerich/Martin Frey, Handbuch der Geschichte der Sozialpolitik in Deutschland, Bd. 1: Von der vorindustriellen Zeit bis zum Ende des Dritten Reiches, München/Wien 1993; Florian Tennstedt, Sozialgeschichte der Sozialpolitik in Deutschland. Vom 18. Jahrhundert bis zum Ersten Weltkrieg, Göttingen 1981; Volker Hentschel, Geschichte der deutschen Sozialpolitik 1880–1980, Frankfurt am Main 1983. Zur betrieblichen Sozialpolitik die Beiträge in: Betriebliche Sozialpolitik deutscher Unternehmer seit dem 19. Jahrhundert (Zeitschrift für Unternehmensgeschichte, Beiheft 12), Wiesbaden 1978.

49 Vgl. hierzu Jürgen Mulert, Erfolgsbeteiligung und Vermögensbildung der Arbeitnehmer bei der Firma Robert Bosch zwischen 1886 und 1945, in: Zeitschrift für Unternehmensgeschichte 30 (1985), S. 1–29, hier S. 5, Anm. 15. Zur allgemeinen Entwicklung in Deutschland Christoph Deutschmann, Der Weg zum Normalarbeitstag. Die Entwicklung der Arbeitszeiten in der deutschen Industrie bis 1918, Frankfurt am Main/New York 1985.

50 Theodor Heuss, Robert Bosch, S. 157. Das Innovative zu wenig betonend Wolfram Fischer, Die Pionierrolle der betrieblichen Sozialpolitik im 19. und beginnenden 20. Jahrhundert, in: Betriebliche Sozialpolitik deutscher Unternehmen seit dem 20. Jahrhundert (Zeitschrift für Unternehmensgeschichte, Beiheft 12), Wiesbaden 1979, S. 34–51, bes. S. 50.

51 Michael Stürmer, Robert Bosch, in: Joachim Fest (Hrsg.), Die großen Stifter, bes. S. 262–268; Georg Stickrodt, Stiftungsunternehmen. Gründermotive und Wege der Gestaltung, in: Tradition. Zeitschrift für Firmengeschichte und Unternehmerbiographie 4 (1959), S. 23–44.

52 Dieter Groh/Peter Brandt, «Vaterlandslose Gesellen». Sozialdemokratie und Nation 1960–1990, München 1992. Als Überblick auch die Beiträge in Gerhard A. Ritter (Hrsg.), Der Aufstieg der deutschen Arbeiterbewegung. Sozialdemokratie und Freie Gewerkschaften im Parteiensystem und Sozialmilieu des Kaiserreiches, München 1990.

53 Gerhard A. Ritter/Klaus Tenfelde, Arbeiter im Deutschen Kaiserreich 1871 bis 1914, Bonn 1992, S. 838.

54 Heidrun Homburg, Anfänge des Taylorsystems in Deutschland vor dem Ersten Weltkrieg. Eine Problemskizze unter besonderer Berücksichtigung der Arbeitskämpfe bei Bosch 1913, in: Geschichte und Gesellschaft 4 (1978), S. 170–194, bes. S. 182–194 und Uta Stolle, Arbeiterpolitik im Betrieb. Frauen und Männer, Reformisten und Radikale, Fach- und Massenarbeiter bei Bayer, BASF, Bosch und in Solingen (1900–1933), Frankfurt am Main/New York 1980; Charles Maier, Zwischen Taylorismus und Technokratie: Gesellschaftspolitik im Zeichen industrieller Rationalität in den zwanziger Jahren in Europa, in: Michael Stürmer (Hrsg.), Die Weimarer Republik. Belagerte Civitas, Königstein/Taunus 1980, S. 188–213.; daneben Alf Lüdtke, Die Ordnung der Fabrik. «Sozialdisziplinierung» und Eigen-Sinn bei Fabrikarbeitern im späten 19. Jahrhundert, in: Rudolf Vierhaus u. a. (Hrsg.), Frühe Neuzeit – Frühe Moderne?, Göttingen 1992, S. 206–231. Vgl. die betriebseigene, aber durchaus kritisch-differenzierte Sicht bei Hugo Borst, Das sogenannte Taylor-System vom Standpunkt des Organisators aus betrachtet, Stuttgart o. J. (1914); ders., Mechanisierte Industriearbeit, muß sie im Gegensatz zu freier Arbeit Mensch und Kultur gefährden?, in: Das Problem der Industriearbeit, Berlin 1925, S. 1–38.

55 Theodor Heuss, Robert Bosch, S. 215.

56 Marlis Prinzing, Der Streik bei Bosch im Jahre 1913, Stuttgart 1989. Auch das Atmosphärische ausführlich schildernd Theodor Heuss, Robert Bosch, S. 205–222.

57 Zitiert nach Theodor Heuss, Robert Bosch, S. 212.

58 Hans-Peter Ullmann, Interessenverbände in Deutschland, Frankfurt am Main 1988, bes. S. 68–123; Achim Knips, Deutsche Arbeitgeberverbände der Eisen- und Metallindustrie, 1888–1914, Stuttgart 1996.

59 Gunther Mai, Kriegswirtschaft und Arbeiterbewegung in Württemberg 1914–1918, Stuttgart 1983, S. 131; Achim Knips, Deutsche Arbeitgeberverbände, S. 255 f.

60 Zitiert nach Theodor Heuss, Robert Bosch, S. 221.

61 Vgl. den umfangreichen Briefwechsel des Jahres 1936 über den Streik von 1913 in: RBA N 11/60, die «Lebenserinnerungen», RBA 14/6, bes. S. 26 und Theodor Heuss, Robert Bosch, S. 220.

62 Vgl. Pierangelo Schiera, Laboratorium der bürgerlichen Welt. Deutsche Wissenschaft im 19. Jahrhundert, Frankfurt am Main 1992.

63 Vgl. hierzu auch Gangolf Hübinger, Kulturprotestantismus und Politik. Zum Verhältnis von Liberalismus und Protestantismus im wilhelminischen Deutschland, Tübingen 1994, S. 303 f.

64 Robert Bosch an Anna Bosch vom 31. Juli 1914, zitiert nach Theodor Heuss, Robert Bosch, S. 256.

65 Robert Bosch, Lebenserinnerungen, RBA 14/6, S. 32.

66 Götz Küster, 75 Jahre Bosch, Stuttgart 1961, S. 43. Zur Haltung der württembergischen Unternehmer Achim Hopbach, Unternehmer im Ersten Weltkrieg. Einstellungen und Verhalten württembergischer Industrieller im «Großen Krieg», Leinfelden-Echterdingen 1998.

67 «Lebenserinnerungen», zitiert nach Theodor Heuss, Robert Bosch, S. 268.

68 Bosch an Reusch vom 11. Oktober 1917, RBA 14/99.

69 Hierzu Theodor Heuss, Robert Bosch, S. 268–272.

70 Zu den durch den «Kriegsgewinn» finanzierten Stiftungen Hans Konradin Herdt, Bosch 1886 – 1986, S. 77 f.; Theodor Heuss, Robert Bosch, S. 268–274; Claus-Michael Allmendinger, Struktur, Aufgabe und Bedeutung der Stiftungen von Robert Bosch und seiner Firma, Stuttgart 1977.

71 Handschriftliche Notizen Boschs, RBA 14/8, Bl. 1.

72 Vgl. Bosch an Reusch vom 17. September 1915; Bosch an Reusch vom 6. Oktober 1915; Reusch an Bosch vom 23. Oktober 1915, RBA 14/97.

73 Zitiert nach Eberhard von Vietsch, Wilhelm Solf. Botschafter zwischen den Zeiten, Tübingen 1961, S. 142 f.

74 Friedrich Meinecke, Straßburg/Freiburg/Berlin 1901–1919. Erinnerungen, Stuttgart 1949, S. 157.

75 Alfred Grotjahn, Erlebtes und Erstrebtes. Erinnerungen eines sozialistischen Arztes, Berlin 1932, S. 168 (Eintrag vom 6. bzw. 13. März 1916).

76 Vgl. Susanne Miller. Burgfrieden und Klassenkampf. Die deutsche Sozialdemokratie im Ersten Weltkrieg, Düsseldorf 1974, S. 270.

77 Theodor Heuss, Robert Bosch, S. 280 f.

78 Ernst Troeltsch, Die Ideen von 1914, (1916), in: Hans Baron (Hrsg.), Deutscher Geist und Westeuropa, Tübingen 1925, S. 31–58, hier S. 32.

79 Werner Sombart, Händler und Helden. Patriotische Besinnungen, München/Leipzig 1915.

80 Vgl. Henry Cord Meyer, Mitteleuropa in German Thought and Action 1815–1945, Den Haag 1955, S. 230; Theodor Heuss, Friedrich Naumann, S. 407 f.

81 «Delbrück-Dernburg-Petition» vom 9. Juli 1915, in: Ursachen und Folgen, Bd. 1, S. 364 f. Zu Boschs Unterstützung: Theodor Heuss, Robert Bosch, S. 286. Vgl. Klaus Hildebrand, Das vergangene Reich, S. 351 f.

82 Vgl. hierzu bereits Hans W. Gatzke, Germany's Drive to the West, Baltimore 1950, bes. S. 30–47.

83 Klaus Schwabe, Wissenschaft und Kriegsmoral. Die deutschen Hochschullehrer und die politischen Grundfragen des Ersten Weltkrieges, Göttingen/Zürich/Frankfurt 1969, S. 116–120 (Das Original in BAK, NL Hans Delbrück, Bosch an Rohrbach vom 3. Mai 1917); Theodor Heuss, Robert Bosch, S. 286 f. Zur «pointiert antiannexionistische(n) Posititon» von Bosch auch Achim Hopbach, Der Erste Weltkrieg in der Erfahrungswelt württembergischer Unternehmer, in: Gerhard Hirschfeld u. a. (Hrsg.), Kriegserfahrungen. Studien zur Sozial- und Mentalitätsgeschichte des Ersten Weltkriegs, Essen 1997, S. 247–261.

84 Vgl. Theodor Heuss. Der Mann, das Werk, die Zeit. Eine Ausstellung, Stuttgart 1967, S. 128.

85 Vgl. Walther Mogk, Paul Rohrbach und das «Größere Deutschland». Ethischer Imperialismus im Wilhelminischen Zeitalter, München 1972, S. 172 f.

86 Schätzung von Hans Walz vom 14. Mai 1968, zitiert nach Walther Mogk, Paul Rohrbach und das «Größere Deutschland», S. 90. Vgl. auch Theodor Heuss, Robert Bosch, S. 274.

87 Robert Bosch, Lebenserinnerungen, RBA 14/6, S. 26. Hier findet sich auch die etwas larmoyante, aber aus den Anfeindungen der Zeit heraus durchaus verständliche Passage: «Der Unternehmer mit sozialem Verständnis störte ja nur. (…) Man hetzte zwar von links nach rechts, man hetzte auch von rechts nach links, man hetzte aber von beiden Seiten gegen die Mitte, und das war ich.»

88 Ebd.

89 Lothar Gall, Liberalismus und Nationalstaat. Der deutsche Liberalismus und die Reichsgründung, in: Helmut Berding u. a. (Hrsg.) Vom Staat des Ancien régime zum modernen Parteienstaat. Festschrift für Theodor Schieder, München/Wien 1978, S. 287–300, hier S. 296.

90 Konstanze Wegner, Linksliberalismus im Wilhelminischen Deutschland und in der Weimarer Republik, in: Geschichte und Gesellschaft 4 (1978), S. 120–137, hier S. 120.

91 Wolf Volker Weigand, Walter Wilhelm Goetz (1867–1958). Eine biographische Studie über den Historiker, Politiker und Publizisten, Boppard 1992, S. 170, 198, 240.

92 Hierzu Heinrich August Winkler (Hrsg.), Organisierter Kapitalismus, Göttingen 1974.

93 Zu Haußmann vgl. Friedrich Henning, Die Haußmanns. Die Rolle einer schwäbischen Familie in der deutschen Politik des 19. und 20. Jahrhunders, Gerlingen 1988, bes. S. 73–157; Karin Rabenstein-Kiermaier, Conrad Haußmann (1857–1922). Leben und Werk eines schwäbischen Liberalen, Frankfurt am Main u. a. 1993.

94 Bruckmann wurde später Landesvorsitzender der DDP und blieb dies bis 1933. Vgl. Willy Dürr, Demokratische Erinnerungen aus dem Unterland, S. 75.

95 Wilhelm Keil, Erlebnisse eines Sozialdemokraten, Bd. 2, Stuttgart 1948, S. 14.

96 Bosch an Ministerialdirektor Dr. Keck vom 8. November 1919, RBA 14.

97 Wilhelm Keil, Erlebnisse, S. 14; ders., «Die Firma Robert Bosch. Ihre politischen und sozialen Wesenszüge.» (Manuskript vom 14. Oktober 1945), GLA, OMGUS 12–27/3–15.

98 Typoskriptfassung der «Erinnerungen» von Fritz Elsas, S. 643, Nachlaß Elsas, Stadtarchiv Stuttgart.

99 Klaus Hildebrand, Reich – Großmacht – Nation. Betrachtungen zur Geschichte der deutschen Außenpolitik 1871–1945 (Schriften des Historischen Kollegs. Vorträge 42), München 1995, S. 16.

100 Ebd., S. 17.

101 Das Werk des Untersuchungsausschusses der Deutschen Verfassungsgebenden Nationalversammlung und des Deutschen Reichstages 1919–1926, Vierte Reihe, Zweiter Band, Berlin 1925, S. 136–139. Nachdruck in: Ursachen und Folgen, Bd. II, S. 245–250. Golo Mann (Hrsg.), Prinz Max von Baden. Erinnerungen und Dokumente, Stuttgart 1968, S. 240. Zum Gesamtvorgang auch Theodor Heuss, Robert Bosch, S. 289 f. und Klaus Schwabe, Wissenschaft und Kriegsmoral, S. 166–169.

102 Bosch an Ludendorff vom 11. Februar 1918, RBA 14/53. Obwohl Bosch bereit war, nun auf Belgien ganz zu verzichten, soll doch nicht vergessen werden, daß er sich noch Anfang September 1918 um Aufnahme als Gesellschafter an der von Hugo Stinnes begründeten «Industrie-Gesellschaft von 1916 m. b. H.» bemühte, die ganz überwiegend in Belgien operierte. Erst Ende November 1918 verzichtete er «angesichts der Zeitumstände» auf seine Beteiligung, die immerhin 700000 Mark betragen sollte. Brigitte Hatke, Hugo Stinnes und die drei deutsch-belgischen Gesellschaften von 1916. Der Versuch der wirtschaftlichen Durchdringung Belgiens im Ersten Weltkrieg durch die Industrie-, Boden- und Verkehrsgesellschaft 1916 m. b. H., Stuttgart 1990, S. 87.

103 Ludendorff an Bosch vom 22. Februar 1918, RBA 14/53.

104 Robert Bosch, «Zur Kandidatur Hindenburg» in: Stuttgarter Neues Tagblatt vom 21. April 1925.

105 Zitiert nach Wolfgang Hartenstein, Die Anfänge der Deutschen Volkspartei 1918–1920, Düsseldorf 1962, S. 10.

106 Bosch an Haußmann vom 15. Oktober 1918, RBA 14/54.

107 Robert Bosch, «Zur Kandidatur Hindenburg» (wie Anm. 104).

108 Bosch an Haußmann vom 15. Oktober 1918, RBA 14/54.

109 Bosch an Haußmann, vom 24. Oktober 1918, RBA 14/54.

110 Zitiert nach Theodor Heuss, Robert Bosch, S. 291.

111 Bosch an Haußmann, vom 25. Oktober 1918, RBA 14/54.

112 Weber an Friedrich Crusius vom 24. November 1918, in: Marianne Weber, Max Weber. Ein Lebensbild, Tübingen 1926, S. 648.

113 Bosch an Haußmann, vom 25. Oktober 1918, RBA 14/54.

114 Ebd.

115 Bosch an Naumann vom 29. Oktober 1918, RBA 14/55. Vgl. Theodor Heuss, Friedrich Naumann, S. 468.

116 Vgl. die ausführliche Antwort Naumanns vom 4. November 1918, Theodor Heuss, Friedrich Naumann, S. 468 f.

117 Theodor Heuss, Robert Bosch, S. 297.

118 Manfred Schmid (Hrsg.), Auf dem Stuttgarter Rathaus, S. 67.

119 Vgl. hierzu Wolfgang Hartenstein, Die Anfänge der Deutschen Volkspartei, S. 12.

120 Bosch an Mauk, vom 12. Februar 1933, RBA 14/81.

121 Bosch an Ernst Wallach vom 29. Dezember 1931, RBA N 11/63.

122 George F. Kennan, At a Century's Ending: Reflections, 1982–1995, New York/London 1996, S. 8.

123 Hierzu Lothar Albertin, Liberalismus und Demokratie am Anfang der Weimarer Republik, Düsseldorf 1972, S. 30–32; Hans Martin Barth, Der Demokratische Volksbund, in: Jahrbuch für die Geschichte Mittel- und Ostdeutschlands 16/17 (1968), S. 254–266.

124 «Deutsche Allgemeine Zeitung» vom 19. November 1918. Zu den Mitunterzeichnern gehörten u. a. Albert Einstein, Theodor Heuss, Ernst Jäckh, Friedrich Meinecke, Walther Rathenau, Werner Sombart, Ernst Troeltsch und Alfred Weber.

125 Robert Bosch, «Wirtschaftsfeindliche Behördenpolitik», in: «Deutsche Allgemeine Zeitung» vom 22. September 1929.

126 Bosch an den Demokratischen Volksbund vom 21. November 1918, RBA 14/59.

127 Wilhelm Keil, Erlebnisse eines Sozialdemokraten, Bd. 2, S. 414.

128 Hierzu Tilman Fichter/Eugen Eberle, Kampf um Bosch, Berlin 1974, S. 70–75.

129 Henry A. Turner, Die Großunternehmer und der Aufstieg Hitlers, S. 25–27. Eine konzise Darstellung seiner Haltung in der Frage der Sozialisierung und Industrieverfassung bei Theodor Heuss, Robert Bosch, S. 314–327.

130 Henry A. Turner, Die Großunternehmer und der Aufstieg Hitlers, S. 27.

131 Rathenau an Bosch vom 27. November 1918 (Walther Rathenau, Politische Briefe, Dresden 1929, S. 219–221).

132 Bosch an Rathenau vom 12. Dezember 1918, RBA 14/59.

133 Vgl. etwa die Stellungnahme anläßlich einer Sitzung im württembergischen Arbeitsministerium in der ersten Sitzung der württembergischen Sozialisierungskommission am 3. Januar 1919, in: Manfred Schmid (Hrsg.), Auf dem Stuttgarter Rathaus, S. 93.

134 Gerald D. Feldman, German Business Between War and Revolution: The Origins of the Stinnes-Legien-Agreement, in: Gerhard A. Ritter (Hrsg.), Entstehung und Wandel der modernen Gesellschaft. Festschrift für Hans Rosenberg zum 65. Geburtstag, Berlin 1970, S. 312–341. Boschs Ablehnung der Forderungen der Schwerindustrie: S. 318 f.; ders./Irmgard Steinisch, The Origins of the Stinnes-Legien-Agreement: A Documentation, in: Internationale Wissenschaftliche Korrespondenz zur Geschichte der deutschen Arbeiterbewegung, H. 19/20 (Dezember 1973), Berlin 1973, S. 45–103; daneben Heinrich Kaun, Die Geschichte der Zentralarbeitsgemeinschaft der industriellen und gewerblichen Arbeitgeber und Arbeitnehmer Deutschlands, Jena 1938.

135 Theodor Heuss, Robert Bosch, S. 314. Auch die Mitarbeit im sozialpolitischen Ausschuß des vorläufigen «Reichswirtschaftsrates» blieb Episode. Vgl. ebd., S. 339 f.; Bosch an Umbreit vom 7. Juli 1930, RBA N 11/63.

136 Zusammenfassend Henry A. Turner, Die Großunternehmer und der Aufstieg Hitlers, S. 28 f.

137 Bosch an Gaudenz Bayer vom 15. April 1919, RBA 14/3–21. Vgl. hierzu auch Theodor Heuss, Robert Bosch, S. 319 f.

138 Bosch an Wilhelm Eggert vom 27. März 1919, RBA 14/3–21.

139 Bosch an Röttcher vom 31. Dezember 1919, RBA 14/147.

140 Vgl. Fritz Berg (Hrsg.), Der Weg zum industriellen Spitzenverband, Darmstadt/Frankfurt 1956; Friedrich Zunkel, Die Gewichtung der Industriegruppen bei der Etablierung des Reichsverbandes der deutschen Industrie, in: Hans Mommsen/Dieter

Petzina/Bernd Weisbrod (Hrsg.), Industrielles System und politische Entwicklung, Düsseldorf 1974, S. 637–647; allgemein Hans-Peter Ullmann, Interessenverbände in Deutschland, S. 133–144; Jürgen John, Der Reichsverband der deutschen Industrie 1919–1933, in: Dieter Fricke u. a. (Hrsg.), Lexikon der Parteiengeschichte, Bd. 4, Köln 1986, S. 9–57.

141 Zum Kurs dieses Gremiums: Reichsverband der Deutschen Industrie. Erste Tagung am 3. und 4. Februar 1918 in der Aula der Universität Jena, in: Veröffentlichungen des Reichsverbandes der Deutschen Industrie, 1. Heft, Mai 1919, S. 17–24.

142 Bosch an das Präsidium des Reichsverbandes der deutschen Industrie vom 29. April 1919, RBA 14/51. Zur Problematik der Schlichtung Johannes Bähr, Staatliche Schlichtung in der Weimarer Republik, Berlin 1989.

143 Theodor Heuss, Robert Bosch, S. 326. Zu Stinnes jetzt Gerald D. Feldman, Hugo Stinnes. Biographie eines Industriellen 1870–1924, München 1998. Zu den Konzepten der deutschen Industrie ders., Army, Industry and Labour in Germany 1914–1918, Princeton 1966; Friedrich Zunkel, Industrie und Staatssozialismus. Der Kampf um die Wirtschaftsordnung in Deutschland 1918–1924, Düsseldorf 1974; Peter Wulf, Die Vorstellungen der deutschen Industrie zur Neuordnung der Wirtschaft nach dem 1. Weltkrieg, in: Zeitschrift für Unternehmensgeschichte 32 (1987), S. 23–42.

144 Fritz Rück, November 1918. Die Revolution in Württemberg, Heilbronn o. J. (1958), S. 15.

145 Bosch an Röttcher vom 27. Juli 1920, RBA 14/147.

146 Bosch an Röttcher vom 2. August 1920, RBA 14/147.

147 Kessler an Bosch vom 18. September 1920, RBA 14/149.

148 Bosch an Kessler vom 22. September 1920, RBA 14/149.

149 Bosch an Röttcher vom 24. Februar 1920, RBA 14/147. Ähnlich auch sein Appell zu ehrlicher «Solidarität» zwischen Unternehmern und Arbeitern im Bosch-Zünder 2 (1920), S. 185–189, der verschiedentlich auch in der Presse veröffentlicht wurde. Vgl. etwa «Robert Bosch zu den Wirtschaftskämpfen», in: «Schwäbischer Merkur» vom 5. November 1920.

150 Lothar Albertin, Faktoren eines Arrangements zwischen industriellem und politischem System in der Weimarer Republik, in: Hans Mommsen/Dietmar Petzina/Bernd Weisbrod (Hrsg.), Industrielles System und politische Entwicklung, S. 658–674, hier S. 673.

151 Vgl. hierzu Heinrich August Winkler, Unternehmer und Wirtschaftsdemokratie in der Weimarer Republik, in: ders., Liberalismus und Antiliberalismus, S. 195–204.

152 Arthur Rosenberg, Entstehung und Geschichte der Weimarer Republik, Frankfurt am Main 1955, S. 300.

153 Theodor Bäuerle «Robert Bosch. Persönliche Erinnerungen von Theodor Bäuerle», RBA 14/1, Bl. 29.

154 Die praktische Arbeit für dieses gemeinnützige Wohnungsbauunternehmen lag indessen ganz in der Hand der Mitarbeiter Hans Walz und Willy Schloßstein. Vgl. Claus-Michael Allmendinger, Struktur, Aufgabe und Bedeutung der Stiftungen von Robert Bosch, S. 122–127.

155 Zu den Einzelheiten Jürgen Mulert, Erfolgsbeteiligung, S. 26 f.

156 Wilhelm Keil, Erlebnisse eines Sozialdemokraten, Bd. 2, S. 414.

157 Felix Pinner, Robert Bosch, in: Deutsche Wirtschaftsführer, S. 268.

158 Zitiert nach Theodor Heuss, Robert Bosch, S. 326.

159 Vgl. Claus-Michael Allmendinger, Struktur, Aufgabe und Bedeutung der Stiftungen von Robert Bosch, S. 239.

160 Ernst Jäckh/Otto Suhr, Geschichte der Deutschen Hochschule für Politik, Berlin 1952, S. 15; Ernst Jäckh, Weltsaat. Erlebtes und Erstrebtes, Stuttgart 1960, S. 88. Allzu

kritisch die Leistungen der DHfP in den schwierigen Jahren der Weimarer Republik aus dem Blickwinkel bundesrepublikanischer Politikwissenschaften betrachtend: Alfons Söllner, Gruppenbild mit Jäckh, in: Gerhard Göhler/Bodo Zeuner (Hrsg.), Kontinuitäten und Brüche der deutschen Politikwissenschaft, Baden-Baden 1991, S. 41–64 und Detlef Lehnert, «Schule der Demokratie» oder «politische Fachhochschule»? Anspruch und Wirklichkeit einer praxisorientierten Ausbildung der Deutschen Hochschule für Politik 1920–1933, ebd., S. 65–93. Als neuerer dokumentarischer Überblick Antonio Missiroli, Die Deutsche Hochschule für Politik, Sankt Augustin 1988.

161 Ernst Jäckh/Otto Suhr, Geschichte der Deutschen Hochschule für Politik, S. 11.

162 Zitiert nach Antonio Missiroli, Die Deutsche Hochschule für Politik, S. 23.

163 Claus-Michael Allmendinger, Struktur, Aufgabe und Bedeutung der Stiftungen von Robert Bosch, S. 238–242; Antonio Missiroli, Die Deutsche Hochschule für Politik, bes. S. 104–213. Vgl. auch «Politische Bildung. Wille-Wesen-Ziel-Weg. Sechs Reden, gehalten bei der Eröffnung der Deutschen Hochschule für Politik», Berlin 1921. Ein Exemplar in: RBA 14/103.

164 Reusch an Bosch vom 1. Januar 1923, RBA 14/104.

165 Theodor Heuss, Robert Bosch, S. 286.

166 Waldemar Besson, Württemberg und die deutsche Staatskrise 1928–1933, Stuttgart 1959, S. 27.

167 Otto Borst (Hrsg.), Südwestdeutschland. Die Wiege der deutschen Demokratie, Tübingen 1997.

168 Helmut Berding, Staatliche Identität, nationale Integration und politischer Regionalismus, in: Blätter für deutsche Landesgeschichte 121 (1985), S. 371–393; Hansmartin Schwarzmeier, Politische Grenzziehung und historische Bewußtseinsbildung im deutschen Südwesten, in: Blätter für deutsche Landesgeschichte 121 (1985), S. 83–114. Gleichwohl blieben einzelne Regionalismen wie etwa der des katholischen Oberschwaben in Abgrenzung vom vorwiegend protestantischen Altwürttemberg erhalten. Vgl. Heinz Gollwitzer, Die politische Landschaft in der deutschen Geschichte des 19./20. Jahrhunderts. Eine Skizze zum deutschen Regionalismus, in: Zeitschrift für Bayerische Landesgeschichte 27 (1964), S. 523–552, hier S. 531–534. Zur nationalen Identitätsstiftung auch die Studie von Alon Confino, The Nation as a Local Metaphor. Württemberg, Imperial Germany, and National Memory, 1871–1918, Chapel Hill/London 1997, die dem württembergischen Linksliberalismus allerdings zu wenig Beachtung schenkt.

169 Eberhard Naujoks, Württemberg 1864 bis 1918, in: Handbuch der Baden-Württembergischen Geschichte. Dritter Band: Vom Ende des Alten Reiches bis zum Ende der Monarchie, S. 333–432, bes. S. 411–415. Vgl. auch Klaus Simon, Die württembergischen Demokraten. Ihre Stellung und Arbeit im Parteien- und Verfassungssystem in Württemberg und im Deutschen Reich 1890–1920, Stuttgart 1969.

170 Helga Grebing, Geschichte der deutschen Parteien, Wiesbaden 1962, S. 38.

171 Lothar Albertin, Liberalismus und Demokratie, S. 52.

172 Sigmund Neumann, Die deutschen Parteien, S. 51. Als neuerer Überblick über die bürgerliche Parteienentwicklung in Weimar Lothar Albertin, Die Auflösung der bürgerlichen Mitte und die Krise des parlamentarischen Systems von Weimar, in: Eberhard Kolb/Walter Mühlhausen (Hrsg.), Demokratie in der Krise. Parteien im Verfassungssystem der Weimarer Republik, München 1997, S. 59–111.

173 Dieter Langewiesche, Liberalismus in Deutschland, S. 280–286; Werner Jochmann, Der deutsche Liberalismus und seine Herausforderung durch den Nationalsozialismus, S. 121–124.

174 Sigmund Neumann, Die deutschen Parteien, S. 51.

175 Waldemar Besson, Württemberg und die deutsche Staatskrise, S. 33.

176 Lothar Albertin, Liberalismus und Demokratie, S. 52.

177 Hartmut Schustereit, Linksliberalismus und Sozialdemokratie in der Weimarer Republik. Eine vergleichende Betrachtung der Politik von DDP und SPD 1919–1930, Düsseldorf 1975.

178 Sigmund Neumann, Die deutschen Parteien, Berlin 1932, S. 46.

179 Zu Naumanns politischen Zielen und Konzepten nach 1918 die Arbeit von Peter Theiner, Sozialer Liberalismus und deutsche Weltpolitik, S. 304; Rainer F. Schmidt, Wider den großbürgerlichen Konservatismus – Friedrich Naumanns liberale Sammlungspolitik, in: Wolfgang Bialas/Georg G. Iggers (Hrsg.), Intellektuelle in der Weimarer Republik, Frankfurt am Main u. a. 1996, S. 139–157.

180 Bosch an Lilienfein vom 6. Februar 1919, RBA 14/49. Auch in Theodor Heuss, Robert Bosch, S. 335.

181 Bosch an Lilienfein vom 10. November 1919, RBA 14/49.

182 Bosch an Theodor Stemmer vom 4. Januar 1923, RBA N 11/62.

183 Henry A. Turner, Die Großunternehmer und der Aufstieg Hitlers, S. 30.

184 Walther Rathenau, Politische Auslese (1912), in: ders., Gesammelte Schriften in fünf Bänden, Berlin 1918, S. 221–232, hier S. 231.

185 Zu Foerster vgl. Bruno Hipler (Hrsg.), Friedrich Wilhelm Foerster: Manifest für den Frieden. Eine Auswahl aus seinen Schriften (1893–1933), Paderborn 1988.

186 Bosch an Röttcher vom 29. April 1920, RBA 14/147. Vgl. Theodor Heuss, Robert Bosch, S. 333.

187 Ebd.

188 Bosch in einem Kondolenzschreiben an die Witwe Ebert vom 2. März 1925, RBA N 11/58. Vgl. auch Bosch an Röttcher vom 29. April 1920, RBA 14/147. Zu Ebert die Beiträge in: Eberhard Kolb (Hrsg.), Friedrich Ebert als Reichskanzler. Amtsführung und Amtsverständnis, München 1997.

189 Telegramm Haußmanns an Bosch vom 9. Oktober 1919, RBA 14/54; Theodor Heuss, Robert Bosch, S. 338.

190 Lothar Albertin, Liberalismus und Demokratie, S. 181 f.

191 Robert Bosch an Anna Bosch vom 16. Oktober 1919, RBA 14/140.

192 Bosch an Adolf Damaschke vom 30. Dezember 1919, RBA N 11/58. Ähnlich Bosch an Theodor Stemmer vom 4. Januar 1923, RBA N 11/62.

193 Vgl. Robert Bosch «Wie kommen wir zum wirtschaftlichen Frieden?» (1920), in: Robert Bosch, Aufsätze, Reden und Gedanken, S. 13–29.

194 Zitiert nach Jürgen C. Heß, «Das ganze Deutschland soll es sein.» Demokratischer Nationalismus in der Weimarer Republik am Beispiel der Deutschen Demokratischen Partei, Stuttgart 1977, S. 332.

195 Bosch an Röttcher vom 31. Dezember 1919, RBA 14/147.

196 Der Bereich der Reparationspolitik wurde in den Anfangsjahren der Weimarer Republik ein weiteres Betätigungsfeld für Bosch. Im Juli 1921 bat Reichskanzler Joseph Wirth eine Reihe von Industriellen, unter ihnen auch Bosch, um Mithilfe bei der Lösung der Reparationsfrage. Die Unternehmer reklamierten auch in dieser Frage ein Mitspracherecht. Anfang Oktober 1921 konstituierte der «Reichsverband der deutschen Industrie» einen Ausschuß, dem neben Robert Bosch auch Paul Reusch und Hermann Bücher angehörten und der in die Verhandlungen mit der Regierung über die Kreditfrage treten sollte. Vgl. «Deutsche Allgemeine Zeitung» Nr. 466 vom 5. Oktober 1921 und Peter Wulf, Hugo Stinnes. Wirtschaft und Politik 1918–1924, Stuttgart 1979, S. 266–293.

197 Zur Debatte zwischen «Optimisten» und «Pessimisten» vgl. die Beiträge in: Jürgen Baron von Kruedener (Hrsg.), Economic Crisis and Political Collapse. The Weimar Republic 1924–1933, New York/Oxford/München 1990 und Heinrich August Winkler (Hrsg.), Die deutsche Staatskrise 1930–1933: Handlungsspielräume und Alternativen, München 1992. Zu den Belastungen durch die Reparationen, die die Überlebenschancen

der Republik drastisch schmälerten, Gerald D. Feldman, The Great Disorder: Politics, Economics and Society in the German Inflation, 1914–1924, Oxford 1993.

198 Karl Holl, Krieg und Frieden und die liberalen Parteien, in: Karl Holl/Günher List (Hrsg.), Liberalismus und imperialistischer Staat, Göttingen 1975, S. 72–88, hier S. 80 f; hierzu auch Lothar Albertin, Das Friedensthema bei den Linksliberalen vor 1914: Die Schwäche ihrer Argumente und Aktivitäten, in: ebd., S. 89–108.

199 Vgl. Burkhard Gutleben, Das Dilemma der linksliberalen Pazifisten in der ausgehenden Weimarer Republik, in: Zeitschrift für Geschichtswissenschaft 44 (1996), S. 897–911; Karl Holl, Die Deutsche Demokratische Partei im Spannungsverhältnis zwischen Wehrpolitik und Pazifismus, in: ders./Wolfram Wette (Hrsg.), Pazifismus in der Weimarer Republik, Paderborn 1981, S. 135–148; ders., Pazifismus oder liberaler Neu-Imperialismus? Zur Rolle der Pazifisten in der Deutschen Demokratischen Partei 1918–1930, in: Joachim Radkau/Imanuel Geiss (Hrsg.), Imperialismus im 20. Jahrhundert. Gedenkschrift für George F. Hallgarten, München 1976, S. 171–195. Vgl. auch den Versuch einer begrifflichen Differenzierung bei Rolf von Bockel, Wer kann Pazifist bleiben, wenn Hitler an die Macht kommt? Zum Wandel der politischen Überzeugungen deutscher Pazifisten nach 1933, in: Das Argument 165 (1987), S. 688–697.

200 Bosch an Röttcher vom 31. Dezember 1919, RBA 14/147.

201 Arthur Rosenberg, Entstehung und Geschichte der Weimarer Republik, S. 379.

202 Bosch an Röttcher vom 24. Februar 1920, RBA 14/147; Bosch an Jäckh vom 25. Januar 1921, RBA 14/148; Jäckh an Bosch vom 2. Februar 1921, RBA 14/148; vgl. Bosch an Jäckh vom 25. Januar 1921, ebd.

203 «Schwäbischer Merkur» vom 23. Februar 1919, RBA 13/25

204 Zitiert nach Theodor Heuss, Robert Bosch, S. 329.

205 Bosch an Röttcher vom 24. Februar 1920, RBA 14/147. Teilweise zitiert bei Theodor Heuss, Robert Bosch, S. 334. Die noch auf Karl Kautskys Berichterstattung zurückgehende, aber dann unter Hans Delbrück und Max von Montgelas Ende 1919 erschienene Sammlung der «Deutschen Dokumente zum Kriegsausbruch» stieß bei Bosch auf größere Zustimmung als die Beurteilungen Kautskys. Vgl. auch Heinrich August Winkler, Weimar 1918–1933, S. 87–90. Zum «Weltkrieg der Dokumente» der Überblick bei Klaus Hildebrand, Deutsche Außenpolitik 1871–1918, München 1989, S. 53–58.

206 Theodor Heuss, Robert Bosch, S. 328.

207 Ebd., S. 331.

208 Sten Nadolny, Abrüstungsdiplomatie 1932/33. Deutschland auf der Genfer Konferenz im Übergang von Weimar zu Hitler, München 1978, S. 73.

209 Zur Meinungsfindung der Linksliberalen auch die Tagebuchaufzeichnungen von Theodor Wolff: Bernd Sösemann (Hrsg.), Theodor Wolff. Der Chronist. Krieg, Revolution und Frieden im Tagebuch 1914–1919, Düsseldorf/München 1997, bes. S. 304–393.

210 Heinrich August Winkler, Weimar 1918–1933, S. 92.

211 Bosch an Röttcher vom 10. April 1920, RBA 14/147.

212 Bosch an Röttcher vom 2. August 1920, RBA 14/147.

213 Bosch an Mauk vom 8. Mai 1932, Robert Bosch und die deutsch-französische Verständigung, S. 128–130.

214 Bosch an Röttcher, vom 18. Dezember 1926, RBA 14/147. Teilweise zitiert bei Theodor Heuss, Robert Bosch, S. 334. Theodor Heuss, Robert Bosch, S. 331. Vgl. auch Bosch an Herrmann vom 4. Januar 1928, RBA 14/147. Teilweise zitiert bei Theodor Heuss, Robert Bosch, S. 334.

215 Zu Quidde vgl. Hans Wehberg, Ludwig Quidde. Ein deutscher Demokrat und Vorkämpfer der Völkerverständigung, Offenbach am Main 1948; Utz-Friedebert Taube, Ludwig Quidde. Ein Beitrag zur Geschichte des demokratischen Gedankens in Deutschland, Kallmünz 1963; Reinhard Rürup, Ludwig Quidde, in: Hans-Ulrich Wehler (Hrsg.),

Deutsche Historiker, Bd. 3, Göttingen 1972, S. 124–146. Vgl. Bosch an Quidde vom 24. Februar 1932, RBA N 11/63.

216 Reinhard Rürup, Ludwig Quidde, S. 144.

217 Bericht des Politischen Landespolizeiamtes an das Staatsministerium Stuttgart vom 21. Februar 1934, PAAA 30185 k.

218 Hierzu zählte etwa die Unterstützung der «Internationalen Konferenz über die modernen Kriegsmethoden und den Schutz der Zivilbevölkerung» im Jahr 1928. Zu Boschs Unterstützung vgl. Frida Perken an Bernhard Otte vom 10. November 1928, Ifz Ma 422.

219 Bosch an Theodor Stemmer vom 4. Januar 1923, RBA N 11/62.

220 Zu den parteipolitischen Präferenzen der Industriellen Harold James, Deutschland in der Weltwirtschaftskrise 1924–1936, Stuttgart 1988, S. 166–172; Fritz Blaich, Staatsverständnis und politische Haltung der deutschen Unternehmer 1918–1930, in: Karl Dietrich Bracher u. a. (Hrsg.), Die Weimarer Republik 1918–1933, Düsseldorf 1987, S. 158–178. Es scheint sich ein Konsens darüber abzuzeichnen, daß von einem «einheitlichen politischen Wollen industrieller Führungsschichten» nicht die Rede sein kann: Jürgen John, Zur politischen Rolle der Großindustrie in der Weimarer Staatskrise. Gesicherte Erkenntnisse und strittige Meinungen, in: Heinrich August Winkler (Hrsg.), Die deutsche Staatskrise 1930–1933. Handlungsspielräume und Alternativen, München 1992, S. 215–237, hier S. 237; die Heterogenität der unternehmerischen Gruppen hat im übrigen Wilhelm Treue schon früh betont: Die deutschen Unternehmer in der Weltwirtschaftskrise 1928 bis 1933, in: Werner Conze/Hans Raupach (Hrsg.), Die Staats- und Wirtschaftskrise des Deutschen Reiches 1929/33, Stuttgart 1967, S. 82–125.

221 Bosch an Gudell vom 27. Juni 1931, RBA N 11/59.

222 Theodor Heuss, Robert Bosch, S. 468.

223 Heinrich August Winkler, Weimar 1918–1933, S. 280. Vgl. Noel D. Cary, The Making of the Reich President, 1925. German Conservatism and the Nomination of Paul von Hindenburg, in: Central European History 23 (1990), S. 179–204.

224 Robert Bosch, «Zur Kandidatur Hindenburg», in: «Stuttgarter Neues Tagblatt» vom 21. April 1925.

225 Heuss an Bosch vom 2. Mai 1925, RBA 14/154. Vgl. Modris Eksteins, Theodor Heuss und die Weimarer Republik, Stuttgart 1969, S. 69. Vgl. hierzu Boschs Stellung im sog. «Flaggenstreit», in der er die Position der SPD vertrat: Bosch an Mück vom 11. Februar 1928, zitiert nach Hartmut Schustereit, Linksliberalismus und Sozialdemokratie, S. 124. Zum «Flaggenstreit» Heinrich August Winkler, Weimar 1918–1933, S. 311.

226 Heinrich August Winkler, Weimar 1918–1933, S. 183.

227 Hans Walz, «Feuerbacher Rede» vom 17. Juli 1943, RBA 13/241.

228 Mary Nolan, Visions of Modernity. American Business and the Modernization of Germany, Oxford u. a. 1994. Zur «sozialen» Komponente Thomas P. Hughes, Die Erfindung Amerikas. Der technologische Aufstieg der USA seit 1870, München 1991, S. 287–297; Charles S. Maier, Between Taylorism and Technocracy: European Ideologies and the Visions of Industrial Productivity in the 1920s, in: Journal of Contemporary History 5 (1970), S. 27–61.

229 Vgl. den Geschäftsbericht für das Jahr 1925, in: Bosch-Zünder 8 (1926), S. 173–176, hier S. 173.

230 Vgl. hierzu Hans Konradin Herdt, Bosch 1886–1986, S. 128–133; Theodor Heuss, Robert Bosch, S. 436 f.

231 Vgl. Wilfried Feldenkirchen, Unternehmensfinanzierung in der Deutschen Elektroindustrie der Zwischenkriegszeit, in: Dietmar Petzina (Hrsg.), Zur Geschichte der Unternehmensfinanzierung, Berlin 1990, S. 35–68.

232 Nach einer gewerkschaftlichen Erhebung aus dem Jahr 1927 lagen die Akkord-

und Zeitlöhne zwischen 13 und 23 % höher als die ohnehin vergleichsweise hohen Stuttgarter Durchschnittslöhne. Theodor Heuss, Robert Bosch, S. 412.

233 Die Beschäftigtenzahl ging von 12 862 (1925) auf 7031 (1926) zurück und stieg bis 1928 wieder auf 10 550 an: Theodor Heuss, Robert Bosch, S. 434.

234 Knut Borchardt, Zwangslagen und Handlungsspielräume in der großen Weltwirtschaftskrise der frühen dreißiger Jahre, in: ders., Wachstum, Krisen, Handlungsspielräume der Wirtschaftspolitik, Göttingen 1982, S. 165–182, hier S. 178 f. Die These wird an Fallbeispielen überzeugend erläutert bei Clemes Zahn, Arbeitskosten und Lebenslagen zwischen Inflation und großer Krise, St. Katharinen 1996. Die um diese Problematik entbrannte sog. «Borchardt-Kontroverse» kann an dieser Stelle nicht weitergeführt werden. Vgl. hierzu die Beiträge und Literaturhinweise in: Christoph Buchheim/Michael Hutter/Harold James (Hrsg.), Zerrissene Zwischenkriegszeit. Wirtschaftshistorische Beiträge. Knut Borchardt zum 65. Geburtstag, Baden-Baden 1994. Zu den Bosch-Löhnen Theodor Heuss, Robert Bosch, S. 434.

235 Robert Bosch, «Wirtschaftsfeindliche Behördenpolitik», in: «Deutsche Allgemeine Zeitung», RBA 14/43; «Ein enttäuschender Aufsatz Rob. Boschs», in: «Schwäbische Tagwacht» vom 24. September 1929.

236 Knut Borchardt, Zwangslagen und Handlungsspielräume, S. 181.

237 Uta Stolle, Arbeiterpolitik im Betrieb, S. 209. Zur Rationalisierung Thomas von Freyberg, Industrielle Rationalisierung in der Weimarer Republik. Untersucht an Beispielen aus dem Maschinenbau und der Elektroindustrie, Frankfurt am Main/New York 1989. Zur Forschungslage Gunther Mai, Die Ökonomie der Zeit. Unternehmerische Rationalisierungsstrategien und industrielle Arbeitsbeziehungen, in: Geschichte und Gesellschaft 23 (1997), S. 311–327.

238 Uta Stolle, Arbeiterpolitik im Betrieb, S. 209.

239 Zur betrieblichen Sozialfürsorge bei Bosch Theodor Heuss, Robert Bosch, S. 403–422; Egon Braun/Martha Zoller/Egmont Hiller, Sozialpolitik bei Bosch (Bosch-Schriftenreihe, Bd. 4), Stuttgart 1951.

240 Uta Stolle, Arbeiterpolitik im Betrieb, S. 209.

241 Hans Walz, in: Egon Braun u. a., Sozialpolitik bei Bosch, S. 9.

242 Die ausführliche Schilderung dieser Kämpfe während der Jahre bis zur «Machtergreifung» bei Uta Stolle, Arbeiterpolitik im Betrieb, S. 212–222. Allgemein Werner Müller, Lohnkampf, Massenstreik und Sowjetmacht: Ziele und Grenzen der «Revolutionären Gewerkschaftsopposition» in Deutschland 1928 bis 1933, Köln 1988 und Karl Hermann Tjaden, Struktur und Funktion der «KPD-Opposition» (KPO). Eine organisationssoziologische Untersuchung zur «Rechts-Opposition» im deutschen Kommunismus zur Zeit der Weimarer Republik, Meisenheim 1964.

243 Vgl. hierzu Toni Pierenkemper, Robert Bosch, S. 18.

244 Eine umfassende Biographie zu Hans Walz ist noch ein Desiderat der Forschung. Als differenziertes Lebensbild, das namentlich das christliche Selbstverständnis von Walz untersucht: Michael Kißener, Hans Walz (1883–1974), in: Rainer Lächele/Jörg Thierfelder (Hrsg.), Wir konnten uns nicht entziehen. 30 Porträts zu Kirche und Nationalsozialismus in Württemberg, Stuttgart 1998, S. 119–138. Daneben Theodor Heuss, Robert Bosch, der ausführlich auf Walz eingeht; Otto Debatin, Sie haben mitgeholfen. Lebensbilder verdienter Mitarbeiter des Hauses Bosch, Stuttgart 1963, S. 137–149 und die vier Seiten umfassende Aufzeichnung von Willy Schloßstein vom 23. Februar 1953, RBA 13/17. Daneben die Aufzeichnung über ein Gespräch mit dem ältesten Sohn Reinhard Walz am 10. Oktober 1997.

245 Johannes Fischer, Aus Fünfzig Jahren. Eine Niederschrift von 1933/34. Mit einem Nachwort von Theodor Heuss, Stuttgart 1980, S. 28. Vgl. Willy Dürr, Demokratische Erinnerungen aus dem Unterland, S. 74.

246 Eugen Diesel, Hans Walz zum 75. Geburtstag, in: Bosch-Zünder 38 (1958), S. 60–63, hier S. 61. Vgl. auch die Selbstbeschreibung von Walz in Bosch-Zünder 6 (1924), S. 279.

247 Aufzeichnung von Willy Schloßstein vom 23. Februar 1953, RBA 13/17.

248 Zu den konfessionellen Prägungen bei Unternehmern die recht disparaten Beiträge in: Francesca Schinzinger (Hrsg.), Christliche Unternehmer, München 1994.

249 Helmut Kaelble, Sozialstruktur und Lebensweise deutscher Unternehmer 1907–1927, in: Scripta Mercaturae 24 (1990), S. 132–178, hier S. 165.

250 Handschriftliche Bemerkungen Robert Boschs zum Manuskript von Theodor Bäuerle, RBA 14/20, Einschub zu S. 143.

251 Eugen Diesel, Hans Walz zum 75. Geburtstag, in: Bosch-Zünder 38 (1958), S. 60–63, hier S. 62.

252 Aufzeichnung von Willy Schloßstein vom 23. Februar 1953, RBA 13/17.

253 Hans Walz, Trauerrede für Robert Bosch am 18. April 1942, RBA 13/241.

254 Aufzeichnung von Willy Schloßstein vom 23. Februar 1953, RBA 13/17.

255 Zitiert nach Eugen Diesel, Hans Walz zum 75. Geburtstag, in: Bosch-Zünder 38 (1958), S. 63.

256 Hans G. Nutzinger/Eckart Müller, Die protestantischen Wurzeln des Konzepts der Sozialen Marktwirtschaft, in: Sylke Behrends (Hrsg.), Ordnungskonforme Wirtschaftspolitik in der Marktwirtschaft. Festschrift für Prof. Dr. Hans-Rudolf Peters zum 65. Geburtstag, Berlin 1997, S. 27–64.

257 Das Dokument, offenbar ein Redetext oder ein Zeitungsbeitrag von Hans Walz, datiert «Stuttgart, den 18. Juni 1919» in RBA 13/241.

258 Ebd.

259 Hierzu Theodor Heuss, Robert Bosch, S. 275–277; daneben Bosch-Zünder 9 (1927), S. 84 f.

260 Walz an Peter Westen vom 7. November 1931, RBA N 11/63.

261 Hatte Bosch schon während des Weltkriegs versucht, die aufdringlich imperialistische Stoßrichtung der Zeitschrift «Deutsche Politik» zu mildern, so war Walz 1919 darum bemüht, die bisherige Konzentration des Journals auf außen- und kolonialpolitische Aspekte aufzugeben. Die Zeitschrift müsse künftig mehr als bisher das Gebiet der Innen- und Kulturpolitik beachten und «rückhaltlos den Grundsatz der sozialen Demokratie» verfechten. Walz auf der Gesellschafterversammlung der «Deutschen Politik» am 21. Juli 1919, in RBA 12/2.

262 Walz an Peter Westen vom 7. November 1931, RBA N 11/63.

263 Ausgabe vom 17. April 1927. Zum Verhältnis zwischen Landwirtschaft und NSDAP John E. Farquharson, The Plough and the Swastika: The NSDAP and Agriculture in Germany 1928–1945, London 1976; Dieter Gessner, Agrarian Protectionism in the Weimar Republic, in: Journal of Contemporary History 12 (1977); S. 759–778.

264 Robert Bosch, «Wo drückt der Schuh?» (Manuskript), RBA 14/107.

265 Bosch an Reusch vom 12. Januar 1927, RBA 14/107.

266 Bosch an Reusch vom 29. Oktober 1923; Reusch an Bosch vom 4. November 1923, RBA 14/104. Vgl. Theodor Heuss, Robert Bosch, S. 465.

267 Bosch an Reusch vom 1. Februar 1927, RBA 14/107. Vgl. Bosch an Reusch vom 18. Januar 1927, RBA 14/107; Reusch an Bosch vom 27. Januar 1927, RBA 14/107 und HA 400101290/32, S. 341–346; Scherer an Reusch vom 21. Januar 1927, RBA 14/107; Reusch an Bosch vom 7. Februar 1927, ebd.

268 Vgl. Borst an Heuss vom 23. Mai 1928, RBA 14/155.

269 Bosch an August Weber vom 11. Juni 1928, RBA N 11/63.

270 Bosch an August Weber vom 2. Juli 1928, ebd.

271 Jörg-Otto Spiller, Reformismus nach rechts. Zur Politik des Reichsverbandes der Deutschen Industrie in den Jahren 1927-1930 am Beispiel der Reparationspolitik, in:

Hans Mommsen/Dietmar Petzina/Bernd Weisbrod (Hrsg.), Industrielles System und politische Entwicklung, S. 593–602, hier S. 597 f. Zur Haltung der Industrie gegenüber dem Young-Plan auch Klaus Röseler, Unternehmer in der Weimarer Republik, in: Tradition. Zeitschrift für Firmengeschichte und Unternehmerbiographie 13 (1968), S. 217–240, hier S. 236–239.

272 «An das deutsche Volk», in: BAK, R 43/I, Bd. 1891, f. 93.

273 Bosch an Anna Bosch vom 18. April 1921, RBA 14/140.

274 Theodor Heuss, Robert Bosch, S. 470 f.

275 Gustav Stresemann, Vermächtnis. Der Nachlass in drei Bänden, Berlin 1932/1933.

276 Bosch an Heuss vom 3. Januar 1933, abgedruckt in: Robert-Bosch und die deutsch-französische Verständigung, S. 166 f.

277 Vgl. grundsätzlich immer noch Klaus Heger, Die Deutsche Demokratische Partei in Württemberg und ihre Organisation, Leipzig 1927, hier S. 103. Daneben Hans Fenske, Der liberale Südwesten. Freiheitliche und demokratische Traditionen in Baden und Württemberg, Stuttgart u. a. 1981. Die «Resignation» des Liberalismus kritisch betonend: Dieter Langewiesche, Liberalismus und Demokratie in Württemberg zwischen Revolution und Reichsgründung, Düsseldorf 1974.

278 Vgl. die in Anm. 168 genannte Literatur.

279 Dieter Langewiesche, Liberalismus und Region, in: Lothar Gall/ders. (Hrsg.), Liberalismus und Region. Zur Geschichte des deutschen Liberalismus im 19. Jahrhundert, München 1995, S. 1–18, hier S. 9.

280 Vgl. Larry Eugene Jones, German Liberalism and the Dissolution of the Weimar Party System, 1918 – 1933, Chapel Hill/London 1988.

281 Jürgen Falter/Hartmut Bömermann, Die unterschiedlichen Wahlerfolge der NSDAP in Baden und Württemberg: Ergebnis differierender Sozialstruktur oder regionalspezifischer Faktoren, in: Dieter Oberndörfer/Karl Schmitt (Hrsg.), Parteien und regionale politische Traditionen in der Bundesrepublik Deutschland, Berlin 1991, S. 283–298. Auch andere Wahlanalysen vermögen die spezifische süddeutsche Komponente kaum zu erklären: Jürgen R. Winkler, Sozialstruktur, politische Traditionen und Liberalismus. Eine empirische Längsschnittstudie zur Wahlentwicklung in Deutschland 1871–1933, Opladen 1995. Vgl. zur Problematik Michael Kißener/Joachim Scholtyseck, Nationalsozialismus in der Provinz, in: dies. (Hrsg.), Die Führer der Provinz. NS-Biographien aus Baden und Württemberg, Konstanz 1997, S. 11–29.

282 Zu den Positionen Werner Stephan, Aufstieg und Verfall des Linksliberalismus 1918–1933. Geschichte der Deutschen Demokratischen Partei, Göttingen 1973, S. 355–361; vgl. allgemein Wolfgang Benz, Süddeutschland in der Weimarer Republik. Ein Beitrag zur deutschen Innenpolitik, Berlin 1970.

283 Manfred Peter Heimers, Unitarismus und süddeutsches Selbstbewußtsein. Weimarer Koalition und SPD in Baden in der Reichsreformdiskussion 1918–1933 (Beiträge zur Geschichte des Parlamentarismus und der politischen Parteien, 98), Düsseldorf 1992, S. 18, 30 f., 33, 108–126.

284 Theodor Heuss, Robert Bosch, S. 466 f.

285 Hans-Otto Rommel, Aufbau und Zusammenbruch der Demokratie in Württemberg, in: Paul Rothmund/Erhard R. Wiehn (Hrsg.), Die F. D. P./DVP in Baden-Württemberg und ihre Geschichte. Liberalismus als politische Gestaltungskraft im deutschen Südwesten, Stuttgart u. a. 1979, S. 131–164, hier S. 142.

286 Vgl. ebd., S. 143.

287 Manfred Peter Heimers, Unitarismus und süddeutsches Selbstbewußtsein, S. 274–288.

288 Ebd., S. 33.

289 Konrad Heiden, Geschichte des Nationalsozialismus. Die Karriere einer Idee,

Berlin 1932, S. 202; Peter Hüttenberger, Die Gauleiter. Studie zum Wandel des Machtge-
füges in der NSDAP, Stuttgart 1969, S. 14.
    290 «Ein Brief, der nicht beantwortet wurde», in: Bosch-Zünder 9 (1927), S. 64 und 88.
Theodor Heuss, Robert Bosch, S. 563 f.; (Otto Debatin), Robert Bosch GmbH und
NSDAP, RBA 13/38. Zur liberalen Ausrichtung des «Bosch-Zünder» Alexander Michel,
Von der Fabrikzeitung zum Führungsmittel. Werkzeitschriften industrieller Großunternehmen von 1890 bis 1945, Stuttgart 1997, S. 147–168.
    291 Robert Bosch in der «Württemberger Zeitung» vom 31. Dezember 1930, RBA
14/6–9.
    292 Zitiert nach Werner Stephan, Aufstieg und Verfall des Linksliberalismus, S. 425.
    293 Zur Haltung von Heuss und zur Diskussion innerhalb der DDP Waldemar Bes-
son, Württemberg und die deutsche Staatskrise, S. 75–83; zur Einschätzung Bazilles
durch Bosch vgl. Bosch an Gudell vom 6. April 1932, RBA N 11/59.
    294 Bosch an Weber vom 4. August 1930, RBA N 11/63.
    295 Heuss an Debatin vom 13. Juni 1932, RBA 14/154.
    296 Bosch an Gudell vom 6. April 1932, RBA N 11/59. Heuss blieb ähnlich skeptisch:
Heuss an Debatin vom 13. Juni 1932, RBA 14/154.
    297 Vgl. zu diesen Versuchen Larry E. Jones, Sammlung oder Zersplitterung? Die
Bestrebungen zur Bildung einer neuen Mittelpartei in der Endphase der Weimarer Repu-
blik 1930 – 1933, in: Vierteljahrshefte für Zeitgeschichte 25 (1977), S. 265–304, bes.
S. 280–304.
    298 Bosch an Gudell vom 6. April 1932, RBA N 11/59. Teilweise zitiert bei Theodor
Heuss, Robert Bosch, S. 465.
    299 Walz an Peter Westen vom 7. November 1931, RBA N 11/63.
    300 Handschriftliche Bemerkungen von Hans Walz zu: Eberhard Czichon, Wer ver-
half Hitler zur Macht? (Blätter für deutsche und internationale Politik 11 [1966],
S. 873–908), (1967) RBA 13/88.
    301 Vgl. Theodor Heuss, Robert Bosch, S. 558 f. Zur ambivalenten Haltung der Indu-
striellen, denen eine wirtschaftspolitische Generallinie fehlte: Hak-Ie Kim, Industrie,
Staat und Wirtschaftspolitik. Die konjunkturpolitische Diskussion in der Endphase der
Weimarer Republik 1930 – 1932/33, Berlin 1997. Zur Wirtschaftspolitik Brünings Jürgen
Freiherr von Kruedener, Hätte Brünings Deflationspolitik erfolgreich sein können?,
in: Christoph Buchheim/Michael Hutter/Harold James (Hrsg.), Zerrissene Zwischen-
kriegszeit, S. 289–306.
    302 Robert Bosch, «Hat das arbeitsamste Volk Europas Grund zu verzweifeln?»,
Manuskript (1931), RBA 14/409.
    303 Ebd.
    304 Ebd.
    305 Ausführlich hierzu Joachim Scholtyseck, Robert Bosch, die deutsch-französische
Verständigung und das Ende der Weimarer Republik.
    306 Bosch an Keil vom 3. Oktober 1926, zitiert nach Wilhelm Keil, Erlebnisse eines
Sozialdemokraten, Bd. 2, S. 414.
    307 Hierzu zusammenfassend Ina Belitz, Befreundung mit dem Fremden: Die
Deutsch-Französische Gesellschaft in den deutsch-französischen Kultur- und Gesell-
schaftsbeziehungen der Locarno-Ära. Programme und Protagonisten der transnationa-
len Verständigung zwischen Pragmatismus und Idealismus, Frankfurt am Main u. a.
1997.
    308 Vgl. Willy Schloßstein, Einstellung des Herrn Robert Bosch und seiner Mitarbei-
ter zum Nazi-Regime, in: BAK, N 1186 (Stolper), 85 a, S. 3.
    309 Zum «Deutsch-Französischen Studienkomitee» vgl. Fernand L'Huillier, Dialo-
gues franco-allemands 1925 – 1933, Gap 1971, hier S. 97 f.; Hans Manfred Bock, Zwi-

schen Locarno und Vichy. Die deutsch-französischen Kulturbeziehungen der dreißiger Jahre als Forschungsfeld, in: ders./Reinhard Meyer-Kalkus/Michel Trebitsch (Hrsg.), Entre Locarno et Vichy. Les relations culturelles franco-allemandes dans les années 1930, Paris 1993, S. 25–61, hier S. 42 f. und ders., Emile Mayrisch und die Anfänge des Deutsch-Französischen Studienkomitees, in: Galérie. Revue culturelle et pédagogique 4 (1992), S. 560–585. Eine umfassende Untersuchung des Wirkens des «Mayrisch-Komitees» bleibt ein Desiderat der Forschung. Umfangreiches Material findet sich in PAAA, Botschaft Paris, 702a–c.

310 Zitiert nach Reinhard Frommelt, Paneuropa oder Mitteleuropa. Einigungsbestrebungen im Kalkül deutscher Wirtschaft und Politik 1925 – 1933, Stuttgart 1977, S. 57.

311 Zitiert nach Theodor Heuss, Robert Bosch, S. 473.

312 Vgl. Europa ohne Elend. Ausgewählte Reden von Richard Coudenhove-Kalergi, Paris/Wien/Zürich 1936, S. 17–28. Zu Coudenhoves Einfluß auf die Friedensidee in der Zwischenkriegszeit Rolf Italiaander, Richard N. Coudenhove-Kalergi. Begründer der Paneuropa-Bewegung, Freudenstadt 1969. Eine umfangreiche Zusammenstellung der Literatur von und über Coudenhove-Kalergie bei Martin Posselt, Richard Nicolaus Graf von Coudenhove-Kalergi, in: John M. Spalek/Konrad Feilchenfeldt/Sandra H. Hawrylchak, Deutschsprachige Exilliteratur seit 1933, Bd. 4, Teil 1, Bern/München 1994, S. 348–360.

313 Bereits 1922 veröffentliche Coudenhove-Kalergi seine «Apologie der Technik». Zehn Jahre später erschien das Werk «Revolution durch Technik» (Wien/Leipzig 1932), das erneut den Gedanken aufnahm, der Technik verdanke Europa «seinen Vorsprung vor allen anderen Kulturen» (S. 41).

314 Zitiert nach Theodor Heuss, Robert Bosch, S. 525.

315 Richard Coudenhove-Kalergi, Eine Idee erobert Europa, Meine Lebenserinnerungen, München/Wien/Basel 1958, S. 161.

316 Richard Coudenhove-Kalergi, Paneuropa, Wien/Leipzig 1924. Zur Rezeption der Ideen in den zwanziger Jahren Paul Michael Lützeler, Die Schriftsteller und Europa, München/Zürich 1992, S. 312–332. Zu den Voraussetzungen Carl H. Pegg, Evolution of the European Idea, 1914 – 1932, Chapel Hill/London 1983. Ausgesprochen kritisch Theodor Heuss, Robert Bosch, S. 472–476.

317 Vgl. zum Problemkreis die grundlegende Studie von Reinhard Frommelt, Paneuropa oder Mitteleuropa.

318 Aufzeichnung Bülows vom 5. Mai 1930 zur Tagung der Paneuropäischen Union in Berlin vom 17.–19. Mai 1930, PAAA R 70536.

319 Zur deutschen Außenpolitik der Zeit grundlegend: Peter Krüger, Die Außenpolitik der Republik von Weimar, Darmstadt ²1993, S. 506–555; Andreas Rödder, Stresemanns Erbe: Julius Curtius und die deutsche Außenpolitik 1929–1931, Paderborn u. a. 1996; zu den deutsch-französischen Beziehungen Hermann Hagspiel, Verständigung zwischen Deutschland und Frankreich? Die deutsch-französische Außenpolitik der zwanziger Jahre im innenpolitischen Kräftefeld beider Länder, Bonn 1987. Zu den bilateralen Beziehungen während der Wirtschaftskrise Franz Knipping, Deutschland, Frankreich und das Ende der Locarno-Ära 1928–1931. Studien zur internationalen Politik in der Anfangsphase der Weltwirtschaftskrise, München 1987. Zum Verhältnis Frankreichs zu Deutschland in den Jahren nach der «Machtergreifung» ders., Die deutsche Diplomatie und Frankreich 1933–1936, in: Francia 5 (1977), S. 491–512 und besonders Klaus Hildebrand, Die Frankreichpolitik Hitlers bis 1936, in: Ebd., S. 591–625; Robert W. Mühle, Frankreich und Hitler. Die französische Deutschland- und Außenpolitik 1933– 1935, Paderborn u. a. 1995.

320 Kommentar Robert Boschs, in: Paneuropa 6 (1930), Heft 2, S. 58.

321 Richard Coudenhove-Kalergi, Eine Idee erobert Europa, S. 172 und Rolf Italiaan-

der, Coudenhove-Kalergi, S. 59. Vgl. den Artikel «Berliner Paneuropa-Tagung (17., 18.,
19. Mai 1930)», in: Paneuropa 6 (1930), Heft 6/7, S. 202 und 205.

322 Bosch an Renault vom 3. Dezember 1931, RBA 14. Vgl. Theodor Heuss, Robert
Bosch, S. 475.

323 Bosch an Escherich vom 25. Dezember 1931, RBA 14/62.

324 Eberhard Kolb, Die Weimarer Republik, München ⁴1998, S. 40 f.

325 Karl Schwend, Bayern zwischen Monarchie und Diktatur, München 1954, S. 170.

326 Escherich an Fritz Behn vom 20. September 1930, zitiert nach Horst Nußer, Konservative Wehrverbände in Bayern, Preußen und Österreich 1918–1933, München 1973,
S. 324. Vgl. Escherich an Fritz Behn vom November 1930, ebd., S. 326 f. Zum Verhältnis
zwischen Escherich und Bosch: Rolf Becker, Der Briefwechsel von Robert Bosch im
Bosch-Archiv, in: Robert Bosch und die deutsch-französische Verständigung, S. 6–43,
hier S. 23–31.

327 Theodor Heuss, Robert Bosch, S. 502.

328 Escherich an Bosch vom 28. Dezember 1931, RBA 14/62.

329 Bosch an Bäuerle vom 6. September 1941, RBA 14/41.

330 Jürgen W. Falter, The Two Hindenburg Elections of 1925 and 1932: A Total Reversal of Voter Coalitions, in: Central European History 23 (1990), S. 225–241. Zu den politischen Umständen der Wahl Heinrich August Winkler, Weimar, S. 444–454.

331 Vgl. Theodor Heuss, Robert Bosch, S. 469 f.

332 Bosch an Mauk vom 21. September 1932, RBA 14/79.

333 «NS-Kurier» vom 11. Februar 1932.

334 Escherich an Bosch vom 16. März 1932; Bosch an Escherich vom 16. März 1932,
RBA 14/63.

335 Robert Bosch, «Warum charakterlos?» in: «Stuttgarter Neues Tagblatt» vom
11. März 1932.

336 Bosch an Escherich vom 21. März 1932, RBA 14/63.

337 Bosch an Escherich vom 17. Juni 1932, Robert Bosch und die deutsch-französische Verständigung, S. 135–137.

338 Bosch an Escherich vom 26. Mai 1933, RBA 14/64.

339 Thomas Schnabel, «Warum geht es in Schwaben besser?» Württemberg in der
Weltwirtschaftskrise 1928–1933, in: Ders., (Hrsg.), Die Machtergreifung in Südwestdeutschland. Das Ende der Weimarer Republik in Baden und Württemberg 1928–1933,
Stuttgart u. a. 1982, S. 184–209, hier S. 208; Willi A. Boelcke, Industrieller Aufstieg im
mittleren Neckarraum zwischen Konjunktur und Krise, in: Zeitschrift für Württembergische Landesgeschichte 43 (1984), S. 287–326. Vgl. auch Dietmar Petzina, Zum Problem
des Verlaufs und der Überwindung der Weltwirtschaftskrise im regionalen Vergleich –
Materialien und Interpretation, in: Friedrich-Wilhelm Henning (Hrsg.), Probleme der
nationalsozialistischen Wirtschaftspolitik, Berlin 1976, S. 9–42. Zu den Zahlen bei Bosch
vgl. den Geschäftsbericht für das Jahr 1931, in: Bosch-Zünder 14 (1932), S. 169 f.

340 Bosch an Weber vom 4. August 1930, RBA N 11/63.

341 Jürgen Mulert, Erfolgsbeteiligung, S. 18.

342 Bosch an Erkelenz vom 30. Dezember 1931, BAK, N 1072 (Erkelenz), Bd. 138.

343 Vgl. Erkelenz an Bosch vom 5. Januar 1932, ebd.

344 Zitiert nach Bernd Weisbrod, Schwerindustrie in der Weimarer Republik. Interessenpolitik zwischen Stabilisierung und Krise, Wuppertal 1978, S. 467. Im Herbst 1931
übte er scharfe Kritik an Brüning. Dieser müsse «auf das allerschärfste bekämpft werden», weil er die in ihn seitens der Industrie gesetzten Erwartungen nicht erfüllt habe und
nicht den Mut gehabt habe, «sich von der Sozialdemokratie zu trennen» (Zitiert nach
Politik und Wirtschaft in der Krise 1930–1932. Quellen zur Ära Brüning, Bd. 2, Düsseldorf 1980, S. 944).

345 Gerhard Schulz, Inflationstrauma, Finanzpolitik und Krisenbekämpfung in den Jahren der Wirtschaftskrise, 1930–1933, in: Gerald D. Feldman (Hrsg.), Die Nachwirkungen der Inflation auf die deutsche Geschichte 1924–1933, München 1985, S. 261–296, hier S. 294.

346 Vgl. Reusch an Schacht vom 20. März 1932, zitiert nach Dirk Stegmann, Zum Verhältnis, S. 451 f.

347 Das sogenannte «Wirtschaftliche Sofortprogramm» der NSDAP, das Arbeitsbeschaffungsmaßnahmen, Autarkie und Einfuhrzölle forderte, bezeichnete er als «verschroben». Vgl. Dirk Stegmann, Zum Verhältnis, S. 466 f. Bei der Reichspräsidentenwahl hatte er im ersten Wahlgang den chancenlosen Kandidaten des Stahlhelm und der DNVP, Theodor Duesterberg, unterstützt. Henry A. Turner, Die Großunternehmer und der Aufstieg Hitlers, S. 274 f. und S. 487, Anm. 3.

348 Hans Luther, Politiker ohne Partei. Erinnerungen, Stuttgart 1960, S. 395.

349 Ludolf Herbst, Die nationalsozialistische Wirtschaftspolitik im internationalen Vergleich, in: Wolfgang Benz/Hans Buchheim/Hans Mommsen (Hrsg.), Der Nationalsozialismus. Studien zur Ideologie und Herrschaft, Frankfurt am Main 1993, S. 153–176, hier S. 155.

350 Scherer an Reusch vom 26. März 1932, RBA 14/112.

351 Marginalien Boschs zu Scherer an Reusch vom 26. März 1932, ebd.

352 Erkelenz an Bosch vom 28. April 1932, BAK, N 1072 (Erkelenz), Bd. 138; Debatin an Erkelenz vom 6. Mai 1932, ebd., der die Ansichten Boschs referiert.

353 Theodor Bäuerle «Robert Bosch. Persönliche Erinnerungen von Theodor Bäuerle», RBA 14/1, Bl. 31.

354 Vgl. Theodor Heuss, Robert Bosch, S. 437–443. Das «Stuttgarter Neue Tagblatt» veröffentlichte am 16. Juni 1932 Auszüge. Ein offenbar lancierter Artikel unter dem Titel «Ein Bosch-Signal nach Lausanne» wurde an gleicher Stelle zwei Tage später veröffentlicht. Im Mai 1932 erschien Boschs Aufsatz in «Paneuropa» 8 (1932), Heft 5, S. 136–156. Bosch schrieb, er finde «doch da und dort Zustimmung und namentlich bei Leuten, die urteilsfähig sind». Aber selbst diejenigen, die zustimmten, hätten «noch irgend einen besonderen Wunsch, dem ich hätte Rechnung tragen sollen». Bosch an Escherich vom 17. Juni 1932, Robert Bosch und die deutsch-französische Verständigung, S. 135–137.

355 Theodor Bäuerle «Robert Bosch. Persönliche Erinnerungen von Theodor Bäuerle», RBA 14/1, Bl. 32.

356 Theodor Heuss, Robert Bosch, S. 438.

357 Max Cohen, Der Weg ist frei, in: Sozialistische Monatshefte 38 (1932), S. 660–666, hier 665.

358 Bosch an Mauk vom 4. Mai 1932, Robert Bosch und die deutsch-französische Verständigung, S. 123.

359 Bosch an Mauk vom 7. Mai 1932, in: ebd., S. 126–128. Vgl. die Aufzeichnung von Hans Walz vom 25. September 1968 in RBA 13/241.

360 Herrmann Heller, Rechtsstaat oder Diktatur?, in: ders., Gesammelte Schriften, hrsg. von M. Drath u. a., Leiden 1971, Bd. 2, S. 451–457.

361 Hierzu Theodor Heuss, Robert Bosch, S. 488–491.

362 Bosch an Mauk vom 7. Mai 1932, in: Robert Bosch und die deutsch-französische Verständigung, S. 126–128. Bosch glaubte nicht an eine durch eine Regierung Hitler eingeleitete moralische Wende: «Hitler ist als Führer sicher Ebert nicht gewachsen, die Verhältnisse werden schlimmer, nicht besser werden. Geht Hitler mit Brüning zusammen, so läuft er Gefahr, daß seine Leute meutern, aber wenn er nicht bald Erfolge erzielt, so tun sie das sowieso, u(nd) es ist ausgeschlossen, daß er alleinstehend Erfolge hat, wenn er das durchführen will, was er sich vorgenommen hat.»

363 Ebd.

364 Robert Bosch, «Wirtschaftsfeindliche Behördenpolitik»in: «Deutsche Allgemeine Zeitung» vom 22. September 1929.

365 Bosch an Mauk vom 7. Mai 1932, in: Robert Bosch und die deutsch-französische Verständigung, S. 126–128.

366 Bosch an Mauk vom 8. Mai 1932, in: ebd., S. 128–130.

367 Bosch an Mauk vom 7. Mai 1932, in: ebd., S. 126–128.

368 Henry A. Turner, Die Großunternehmer und der Aufstieg Hitlers, S. 276 f.

369 Bosch an Mauk vom 7. Mai 1932, in: Robert Bosch und die deutsch-französische Verständigung, S. 125 f. Vgl. die Aufzeichnung von Hans Walz vom 25. September 1968 in RBA 13/241.

370 Bosch an Mauk vom 7. Mai 1932, in: ebd., S. 126–128.

371 Vgl. hierzu zuletzt die Beiträge in: Christoph Buchheim/Michael Hutter/Harold James (Hrsg.), Zerrissene Zwischenkriegszeit.

372 Vgl. Klaus Hildebrand, Die Frankreichpolitik Hitlers, S. 621–625.

373 Bosch an Mauk vom 8. Mai 1932, in: Robert Bosch und die deutsch-französische Verständigung, S. 128–130.

374 Mauk an Bosch vom 4. Mai 1932, RBA 14/79; vgl. Joachim Scholtyseck, Robert Bosch, die deutsch-französische Verständigung und das Ende der Weimarer Republik, S. 100.

375 Mauk an Bosch vom 11. Mai 1932, RBA 14/79. Mauk fürchtete auch die Kritik seines wissenschaftlichen Lehrers Friedrich Aereboe, der als gelegentlicher land- und betriebswissenschaftlicher Berater Robert Boschs ein «Paneuropäer» und leidenschaftlicher Gegner des Nationalsozialismus war (ebd.). Vgl. Friedrich Aereboe, Paneuropa als Agrarproblem, in: Paneuropa 6 (1930), Heft 6/7, S. 249–253 und die Berichterstattung ebd., S. 206 f. Parteimitglied wurde Mauk 1937 (Mauk an Heuss vom 23. Februar 1946, RBA 14/92).

376 Christoph Dieckmann, Wirtschaftsforschung für den Großraum. Zur Theorie und Praxis des Kieler Instituts für Weltwirtschaft und des Hamburger Welt-Wirtschafts-Archivs, in: Horst Kahrs u. a., Modelle für ein deutsches Europa. Ökonomie und Herrschaft im Großwirtschaftsraum, Berlin 1992, S. 146–198, bes. S. 174 und 194, Anm. 150. Vgl. Fünfzig Jahre Hamburgisches Welt-Wirtschafts-Archiv, Hamburg 1958, S. 60 f.

377 Mauk an den Leiter des Bosch-Personalbüros Debatin vom 19. Mai 1932, RBA 14/79. Vgl. Mauk an Olpp vom 20. April 1972, RBA 14/91.

378 Theodor Heuss, Hitlers Weg. Eine Schrift aus dem Jahre 1932. Neu herausgegeben und mit einer Einleitung versehen von Eberhard Jäckel, Tübingen 1968.

379 Mauk an Olpp vom 20. April 1972, RBA 14/91.

380 Zu Kepplers Karriere bis 1933 Trials of War Criminals before the Nuernberg Military Tribunals under Control Council Law No. 10, Washington D. C. 1952, Bd. 12/1, S. 623–630.

381 Joachim Fest, Hitler. Eine Biographie, Frankfurt am Main/Berlin 1973, S. 417.

382 Vgl. Otto Wagener. Hitler aus nächster Nähe. Aufzeichnungen eines Vertrauten 1929–1932. Herausgegeben von Henry A. Turner, Frankfurt am Main/Berlin/Wien 1978, S. 441.

383 Kranefuß war ein Bekannter Kepplers aus der Zeit der Arbeit bei der Fotochemiefirma Odin-Werke (Vgl. Eberhard Czichon, Wer verhalf Hitler zur Macht?, S. 29 und Anm. 70). Zu Keppler, Kranefuß und dem gegen das Regime gerichteten Verhalten von Walz im «Freundeskreis Himmler» die umfassend und abgewogen argumentierende Arbeit von Reinhard Vogelsang, Der Freundeskreis Himmler, Zürich/Frankfurt 1972.

384 Mauk an Olpp vom 20. April 1972, RBA 14/91.

385 Records of the United States Nürnberg War Crimes Trials Interrogations, 1946–1949, NA, RG 238, M 1019, Roll 77: Vernehmung Hans Walz vom 25. September 1946.

386 Walz an Schreiber vom 7. Juli 1964, RBA 13/73.

387 Avraham Barkai, Das Wirtschaftssystem des Nationalsozialismus. Ideologie, Theorie, Politik 1933–1945, Frankfurt am Main ²1988; ders., Sozialdarwinismus und Antiliberalismus in Hitlers Wirtschaftskonzept, in: Geschichte und Gesellschaft 3 (1977), S. 406–417; ders., Die Wirtschaftsauffassung der NSDAP, in: Aus Politik und Zeitgeschichte B 9 (1975), S. 3–16; Henry A. Turner, Hitlers Einstellung zu Wirtschaft und Gesellschaft vor 1933, in: Geschichte und Gesellschaft 1 (1976), S. 89–117; Peter Krüger, Zu Hitlers nationalsozialistischen Wirtschaftserkenntnissen, in: Geschichte und Gesellschaft 6 (1980), S. 263–282.

388 Heinrich August Winkler, Weimar 1918–1933, München 1993, S. 514. Zu «Potempa» zusammenfassend Richard Bessel, The Potempa Murder, in: Central European History 10 (1977), S. 241–254; Paul Kluke, Der Fall Potempa, in: Vierteljahrshefte für Zeitgeschichte 5 (1957), S. 279–297.

389 Bosch an Mauk vom 21. September 1932, Robert Bosch und die deutsch-französische Verständigung, S. 150f.; Bosch an Mauk vom 27. September 1932, ebd., S. 151f.

390 Zu Distelbarth inzwischen umfassend Hans Manfred Bock, Paul H. Distelbarth. Ein Anwalt alternativer Frankreich-Sicht und Frankreich-Politik, in: Das andere Frankreich. Aufsätze zur Gesellschaft, Kultur und Politik Frankreichs und zu den deutsch-französischen Beziehungen 1932 – 1953, Bern u. a. 1997, S. 3–97; ders., Konservativer Einzelgänger und pazifistischer Grenzgänger zwischen Deutschland und Frankreich. Der Frankreich-Publizist Paul H. Distelbarth im Dritten Reich, in: Francia 21 (1994), S. 99–133. Daneben Gilbert Badia, La France vue par Paul Distelbarth: un pays modèle, in: Hans Manfred Bock/Reinhard Meyer-Kalkus/Michel Trebitsch (Hrsg.), Entre Locarno et Vichy, S. 175–185; Margot Taureck, «Esprit» und «Bonne Volonté» bei Friedrich Sieburg und Paul Distelbarth, in: Ebd., S. 187–202; Hans Manfred Bock, Paul Distelbarth und die «Verständigung von unten». Portrait eines Vorkämpfers aus der Zwischenkriegszeit, in: Dokumente. Zeitschrift für den deutsch-französischen Dialog 46 (1990), S. 219–225; Frank Distelbarth, Paul Distelbarth. Ein Publizist der Völkerverständigung, in: 700 Jahre Stadt Löwenstein 1287–1987, o. O. (Löwenstein) 1987, S. 495–502.

391 Frank Distelbarth, Paul Distelbarth, S. 497.

392 Erich Roßmann, Ein Leben für Sozialismus und Demokratie, Stuttgart/Tübingen 1947, S. 66 f. Zu Roßmann Hans Manfred Bock, Konservativer Einzelgänger, S. 101 f.

393 Vgl. den Bericht des Politischen Landespolizeiamtes an das Staatsministerium Stuttgart vom 21. Februar 1934 (PAAA R 30 185 k) und Bosch an Reusch vom 3. Juni 1932, Robert Bosch und die deutsch-französische Verständigung, S. 130f.

394 «Die öffentliche Meinung in Frankreich» in der «Württembergischen Zeitung» vom 25. August 1932; «Deutschland und Frankreich. Eine psychologische Frage» im «Stuttgarter Neuen Tageblatt» vom 9. Juni 1932.

395 Theodor Heuss, Robert Bosch, S. 476.

396 Reusch an Bosch vom 7. Juni 1932, Robert Bosch und die deutsch-französische Verständigung, S. 132. Zu den sozialistischen Verständigungsbemühungen in Frankreich Jacques Bariéty, Les partisans français de l'entente franco-allemande et la «prise du pouvoir» par Hitler Avril 1932–Avril 1934, in: La France et l'Allemagne entre les deux guerres mondiales: actes du colloque tenu en Sorbonne (Paris IV), 15–16–17 janvier 1987, Nancy 1987, S. 21–30 und Richard Gombin, Les socialistes et la guerre. La S. F. I. O. et la politique étrangère française entre les deux guerres mondiales, Paris 1970.

397 Bosch an Reusch vom 6. Juli 1932, ebd., S. 138–140.

398 Ebd. Vgl. seine Stellungnahme in einem Brief an Escherich: «Wenn in Lausanne eine Verständigung mit Frankreich zustande kommt, die natürlich auch dann auf dem wirtschaftlichen Gebiet liegen muß, dann habe ich die feste Überzeugung, daß es bei uns wieder aufwärts gehen wird. Kommt eine Verständigung und zwar eine ernsthafte, eine

wirkungsvolle nicht zustande, so weiß ich nicht, was werden soll.» (Bosch an Escherich vom 17. Juni 1932, ebd., S. 135–137).

399 Bosch an Mauk, vom 12. Februar 1933, ebd., S. 176.

400 Klaus Hildebrand, Deutsche Außenpolitik 1933–1945. Kalkül oder Dogma?, Stuttgart/Berlin/Köln/Mainz ⁴1980, S. 22. Zu den konservativen Vorstellungen der Schaffung eines geschlossenen europäischen «Großhandelsraums» unter deutscher Ägide Willi A. Boelcke, Deutschland als Welthandelsmacht 1930–1945, Stuttgart/Berlin/Köln 1994, S. 27–38; Dirk Stegmann, «Mitteleuropa» 1925–1934. Zum Problem der Kontinuität deutscher Außenhandelspolitik von Stresemann bis Hitler, in: Ders./Bernd-Jürgen Wendt/Peter-Christian Witt (Hrsg.), Industrielle Gesellschaft und politisches System, Bonn 1978, S. 203–221 und zu den nationalsozialistischen Konzepten Lothar Gruchmann, Nationalsozialistische Großraumordnung. Die Konstruktion einer «deutschen Monroe-Doktrin», Stuttgart 1962.

401 Franz Schnabel, «Zehn Jahre nach dem Krieg» (1929), in: Heinrich Lutz (Hrsg.), Franz Schnabel. Abhandlungen und Vorträge 1914–1965, Freiburg 1970, S. 94–105, hier S. 104.

402 Bosch an Reusch vom 6. Juli 1932, Robert Bosch und die deutsch-französische Verständigung, S. 138–140.

403 Jacques Bariéty, Les relations franco-allemandes après la première guerre mondiale, Paris 1977; Stephen A. Schuker, Frankreich und die Weimarer Republik, in: Michael Stürmer (Hrsg.), Die Weimarer Republik, S. 93–112; Jon Jacobson, Strategies of French Foreign Policy after World War I, in: Journal of Modern History 55 (1983), S. 78–95.

404 «Empfang von Kriegsteilnehmern durch Reichskanzler von Papen und Ministerpräsident Herriot», Aufzeichnung vom 8. Juni 1932, RBA 14/112; Schreiben des Adjutanten Papens, Tschirschky und Boegendorff, an AA vom 8. Juni 1933, PAAAR 30185 k. Vgl. auch die Aussage Distelbarths vor der Politischen Polizei in Württemberg im Herbst 1933, er habe auf Veranlassung Boschs Neurath aufgesucht, um diesen «über die Stimmung im franz(ösischen) Volke zu unterrichten». (Bericht des Politischen Landespolizeiamtes an das Staatsministerium Stuttgart vom 21. Februar 1934, PAAA R 30185 k). Vgl. Hans Manfred Bock, Konservativer Einzelgänger, S. 104 f. Zu Boschs Bemühungen, Distelbarth in Kontakt mit Neurath zu bringen: Bosch an Reusch vom 3. Juni 1932, in: Robert Bosch und die deutsch-französische Verständigung, S. 130 f. Zur Haltung Papens und Neuraths Sten Nadolny, Abrüstungsdipomatie 1932/33. Deutschland auf der Genfer Konferenz im Übergang von Weimar zu Hitler, München 1978, S. 158–201.

405 Vgl. die Kopie des Artikels «La Journée de la Paix» im sozialistischen Provinzorgan «Les Alpes Nouvelles» vom 16. Juli 1932: RBA 14/112 und das Kapitel «Nationalfeiertag in Gap», in: Paul Distelbarth, Lebendiges Frankreich, Berlin 1938, S. 288–292.

406 Escherich an Bosch vom 17. Juli 1932, in: Robert Bosch und die deutsch-französische Verständigung, S. 141.

407 Bosch an Escherich vom 20. Juli 1932, in: ebd., S. 142.

408 Willy Schloßstein, Einstellung des Herrn Robert Bosch und seiner Mitarbeiter zum Nazi-Regime, BAK, N 1186 (Stolper), 85 a, S. 4; Bosch an Kurt Hahn vom 20. September 1932, RBA N 11/59.

409 Bosch an Escherich vom 21. Juli 1932, RBA 14/63.

410 Reusch an Bosch vom 26. Juli 1932, in: Robert Bosch und die deutsch-französische Verständigung, S. 143 f. und Boschs beschwichtigende Antwort: Bosch an Reusch vom 29. Juli 1932, ebd., S. 145 f.; Reusch an Bosch vom 30. Juli 1932, ebd., S. 146 f., teilweise auch in: Erich Maschke, Es entsteht ein Konzern. Paul Reusch und die GHH, Tübingen 1969, S. 40 f.; Reusch-Denkschrift «Gedanken zum Problem »Paneuropa«», RWWA 400101293/7, bes. S. 10.

411 Reusch an Coudenhove-Kalergi vom 1. Juli 1932, RWWA 400101293/7; Reusch-Denkschrift «Gedanken zum Problem ‹Paneuropa›», ebd.

412 Reusch an Coudenhove-Kalergi vom 4. Oktober 1932, ebd. Vgl. Dirk Stegmann, «Mitteleuropa», S. 219 f.

413 Bosch an Reusch vom 5. August 1932, in: ebd., S. 147 f.

414 So die Beurteilung durch Theodor Heuss, Robert Bosch, S. 474.

415 Klaus Hildebrand, Krieg im Frieden und Frieden im Krieg. Über das Problem der Legitimität in der Geschichte der Staatengesellschaft 1931–1941, in: HZ 244 (1987), S. 1–28, hier S. 25.

416 Generalkonsul Völckers an Distelbarth vom 13. Oktober 1932, PAAA R 30185 k.

417 Distelbarth an Neurath vom 22. Oktober 1932, ebd.

418 Vgl. Distelbarth an Papen vom 16. März 1933, ebd.; Distelbarth an Reusch vom 19. November 1932, RWWA 400101293/6.

419 Bosch an Reusch vom 10. Juni 1932, in: Robert Bosch und die deutsch-französische Verständigung, S. 134.

420 Distelbarth an Reusch vom 19. November 1932 und Distelbarths «Bericht über die Lage in Frankreich» vom 19. November 1932, RWWA 400101293/6.

421 Bosch an Mauk vom 15. November 1932, in: Robert Bosch und die deutsch-französische Verständigung, S. 159 f.

422 Klaus Hildebrand, Das vergangene Reich. Deutsche Außenpolitik von Bismarck bis Hitler 1871–1945, Stuttgart 1995, S. 550.

423 Aufzeichnung von Neuraths vom 6. Januar 1933, PAAA R 30185 k. Distelbarths eigenen zeitgenössischen Angaben zufolge nahm das Gespräch allerdings einen anderen Verlauf: Neurath habe den vorgelegten Paktentwurf gutgeheißen und ihn ermächtigt, diesen dem französischen Kriegsminister vorzulegen (Distelbarth an Reusch vom 28. November und sein «Bericht über die Lage in Frankreich und Genf und meine Arbeit vom 1.–26. November», RWWA 400101293/6).

424 Ebd.

425 Willy Schloßstein, Einstellung des Herrn Robert Bosch und seiner Mitarbeiter zum Nazi-Regime, BAK, N 1186 (Stolper), 85 a, S. 4. Ähnlich auch Theodor Heuss, Robert Bosch, S. 559. Als Militärattaché in Washington war Papen hauptsächlich durch seine diplomatische Ungeschicktheit aufgefallen. Vgl. Joachim Petzold, Franz von Papen. Ein deutsches Verhängnis, München/Berlin 1995, S. 20–23.

426 Bosch an Kurt Hahn vom 20. September 1932, RBA N 11/59.

427 Aus dem Briefwechsel läßt sich zudem die Unsicherheit ableiten, ob er der BVP finanziell behilflich sein solle. Auch hier ist ungewiß, ob die BVP bereits zuvor einmal von ihm unterstützt worden war. Trotz der Gespräche mit einigen ihrer Vertreter unterstellte er der BVP nun jedenfalls eine Wendung gegen das Zentrum. Die Politik des Zentrums erschien ihm plausibel, weil sie gegen Papen gerichtet war, der, wie Bosch annahm, die Regierung und die DVP auf seine Seite gebracht hatte. Bosch an Mauk vom 27. September 1932, Robert Bosch und die deutsch-französische Verständigung, S. 151 f.

428 Martin Blank, Aufzeichnung über eine Besprechung im Klub von Berlin am Mittwoch, dem 19. Oktober 1932, in: Dirk Stegmann, Zum Verhältnis von Großindustrie und Nationalsozialismus 1930–1933, in: Archiv für Sozialgeschichte 13 (1973), S. 399–482, hier S. 468–475; Henry A. Turner, Die Großunternehmer und der Aufstieg Hitlers, S. 354–356.

429 Keppler an Krogmann vom 29. Oktober 1932, Forschungsstelle für die Geschichte des Nationalsozialismus in Hamburg, Fst HH 913.

430 Ebd.

431 Krogmann an Ricardo Sloman vom 10. November 1932, in: Carl Vincent Krogmann, Es ging um Deutschlands Zukunft 1932–1939, Leoni 1976, S. 29.

432 Erstmals abgedruckt als Dokument 3901-PS, in: IMT, Bd. XXXIII, S. 531–533.

433 Henry A. Turner, Die Großunternehmer und der Aufstieg Hitlers, S. 365.

434 Hagen Schulze, Weimar. Deutschland 1917–1933, Berlin 1982, S. 389.

435 Keppler an Krogmann vom 29. Dezember 1932, Fst HH 913.

436 Krogmann an Keppler vom 31. Dezember 1932, ebd. Vgl. Carl Vincent Krogmann, Es ging um Deutschlands Zukunft, S. 24.

437 Walz an Schreiber vom 7. Juli 1964, RBA 13/73.

438 Records of the United States Nürnberg War Crimes Trials Interrogations, 1946–1949, NA, RG 238, M 1019, Roll 77: Vernehmung Hans Walz vom 25. September 1946; Vernehmung Hans Walz vom 29. Dezember 1946.

439 Walz an Schreiber vom 7. Juli 1964, RBA 13/73.

440 Records of the United States Nürnberg War Crimes Trials Interrogations, 1946 – 1949, NA, RG 238, M 1019, Roll 77: Vernehmung Hans Walz vom 29. Dezember 1946. Zum wirtschaftlichen «Programm» der NSDAP vgl. Gottfried Feder, Das Programm der NSDAP und seine weltanschaulichen Grundlagen, München 1927.

441 Eberhard Czichon, Wer verhalf Hitler zur Macht?, Dokumente 8 und 10, S. 68–71.

442 Hierzu die Unterlagen in RBA 13/104, bes. Schacht an Walz vom 2. März 1953; Robert Bosch GmbH an Hans Rudolf Berndorff vom 16. Juni 1953; Hans Otto Meissner an Robert Bosch GmbH vom 9. August 1953; «Aktennote betr. Hindenburg-Brief» vom 22. August 1953; Robert Bosch GmbH an Hans Otto Meissner vom 8. September 1953.

443 Eberhard Czichon, Wer verhalf Hitler zur Macht?, Dokumente 12 und 13, S. 71 f.

444 Zur Beurteilung der Rolle Reuschs Henry A. Turner, Die Großunternehmer und der Aufstieg Hitlers, S. 365 f. und S. 518–520, Anm. 52–57; Reusch an Robert Bosch junior vom 30. April 1953, RBA 13/104. Daneben Heinrich August Winkler, Weimar 1918–1933, S. 540 f. und Manfred Asendorf, Hamburger Nationalklub, Keppler-Kreis, Arbeitsstelle Schacht und der Aufstieg Hitlers, in: 1999. Zeitschrift für Sozialgeschichte des 20. und 21. Jahrhunderts 2 (1987), H. 3, S. 106–150. Einige Details zur Hitlerkritik Reuschs in der Machtergreifungsphase bei Eric M. Warburg (Hrsg.), Max M. Warburg. Aus meinen Aufzeichnungen, New York 1952, S. 152. Zur Wirkung des Kepplerkreises Reinhard Vogelsang, Der Freundeskreis Himmler, S. 22–52 und Joachim Petzold, Großbürgerliche Initiativen für die Berufung Hitlers zum Reichskanzler. Zur Novemberpetition von 1932 des Keppler-Kreises deutscher Bankiers, Großindustrieller, Überseekaufleute und Großgrundbesitzer, in: Zeitschrift für Geschichtswissenschaft 31 (1983), S. 38–54.

445 Bosch an Escherich vom 11. Oktober 1932, RBA 14/63; Bosch an Reusch vom 21. Oktober 1932, Robert Bosch und die deutsch-französische Verständigung, S. 154 f.

446 Theodor Heuss, Robert Bosch, S. 561.

447 Hans Manfred Bock, Konservativer Einzelgänger, S. 105.

448 D'Ormesson war ein ambitionierter liberalkonservativer Journalist, der sich in jenen Monaten wohl Chancen für eine politische Karriere ausrechnete. Er war ein Verfechter des deutsch-französischen Ausgleichs, obwohl er der deutschen Revisionspolitik seit 1930 kritisch gegenüberstand. Fernand L'Huillier, Dialogues franco-allemands, S. 124. Auch rückblickend beurteilte D'Ormesson seine deutsch-französische Vermittlungsarbeit recht kritisch: Wladimir d'Ormesson, Les vraies confidences, Paris 1962, S. 264. Vgl. ders., La Révolution allemande, Paris 1933.

449 Elke Fröhlich (Hrsg.), Die Tagebücher von Joseph Goebbels. Sämtliche Fragmente, Teil 1, Bd. 2, München/New York/London/Paris 1987, S. 314. Zum optimistischen «Stimmungswandel» gegen Ende 1932 auch Eberhard Kolb, Die Weimarer Republik und das Problem der Kontinuität vom Kaiserreich zum «Dritten Reich», in: Jost Dülffer/Bernd Martin/Günter Wollstein (Hrsg.), Deutschland in Europa. Kontinuität und Bruch. Gedenkschrift für Andreas Hillgruber, Frankfurt am Main/Berlin 1990, S. 273–289, bes. S. 280–286.

450 Willy Schloßstein, Einstellung des Herrn Robert Bosch und seiner Mitarbeiter zum Nazi-Regime, BAK, N 1186 (Stolper), 85a, S. 4.

451 Bosch an Escherich vom 3. Januar 1933, RBA 14/64, auszugsweise abgedruckt in: Theodor Heuss, Robert Bosch, S. 561 f.

452 Abgedruckt in: Robert Bosch 1861–1942. Bosch 1886–1986. Katalog zu der Jubiläums-Ausstellung im Robert-Bosch-Haus, Stuttgart 1986, S. 63 f.

453 Bosch an Reusch vom 27. Dezember 1932, ebd., S. 61.

454 Reusch an Bosch vom 30. Dezember 1932, Bosch-Jubiläumsausstellung, S. 62. Vgl. Bosch an Heuss vom 3. Januar 1933, RBA 14/154, Bosch an Reusch vom 3. Januar 1933, RBA 14/114 und Reuschs Antwort: Reusch an Bosch vom 6. Januar 1933, ebd. Der redigierte Artikel in: «Fränkischer Kurier vom 31. Dezember 1932. Ein längerer Auszug auch in: «Kölnische Zeitung» vom 31. Dezember 1932.

455 Kurt Koszyk, Paul Reusch und die «Münchner Neuesten Nachrichten», in: Vierteljahrshefte für Zeitgeschichte 20 (1972), S. 75–103, bes. S. 90–93 (Dokument 6) und S. 100 f. (Dokument 10).

456 Bosch an Heuss vom 3. Januar 1933, in: Robert Bosch und die deutsch-französische Verständigung, S. 166 f.

457 Bosch an Escherich vom 3. Januar 1933, ebd., S. 163–165.

458 Vgl. zur Gegenposition Eberhard Kolb, Die Weimarer Republik und das Problem der Kontinuität, hier S. 286.

459 Erkelenz an Debatin vom 12. Oktober 1932, BAK, N 1072 (Erkelenz), Bd. 138 f. 141–143.

460 Distelbarth an den Staatssekretär in der Reichskanzlei Planck vom 14. Dezember 1932, PAAA R 30 185 k.

461 Bosch an Escherich vom 3. Januar 1933 (Entwurf), RBA N 11/73; Bosch an Escherich vom 5. Januar 1933 (Ausfertigung), RBA 14/64, teilweise abgedruckt in: Theodor Heuss, Robert Bosch, S. 561 f. Zu den Einzelheiten Joachim Scholtyseck, Robert Bosch, die deutsch-französische Verständigung und das Ende der Weimarer Republik, S. 70 f.

462 Distelbarth an Reusch vom 21. Januar 1933, RWWA 400101293/6.

463 Aufzeichnung von Rintelens vom 4. Januar 1933, PAAA R 30185 k. Joachim Scholtyseck, Robert Bosch, die deutsch-französische Verständigung und das Ende der Weimarer Republik, S. 72.

464 Aufzeichnung von Neuraths vom 6. Januar 1933, ebd.

465 Köpke an Köster vom 14. Januar 1933, ebd.

466 Neurath an Distelbarth vom 11. Januar 1933, ebd.

467 Bosch an Escherich vom 3. Januar 1933, Robert Bosch und die deutsch-französische Verständigung, S. 163–165. Vgl. Theodor Heuss, Robert Bosch, S. 561 f. und Bosch an Neurath vom 18. Januar 1933, PAAA R 30185 k.

468 Bosch an Escherich vom 9. Januar 1933, Robert Bosch und die deutsch-französische Verständigung, S. 170 f.; Bosch an Neurath vom 18. Januar 1933, PAAA R 30185 k.; Distelbarth an Neurath vom 24. Januar 1933, ebd. Vgl. Joachim Scholtyseck, Robert Bosch, die deutsch-französische Verständigung und das Ende der Weimarer Republik, S. 74 f.

469 Distelbarth an Escherich vom 20. Januar 1933, RBA 14/76; Escherich an Distelbarth vom 23. Januar 1933, RBA 14/76; Distelbarth an Reusch vom 2. Februar 1933, RWWA 400101293/6. Distelbarth an Reusch vom 21. Januar 1933, RWWA 400101293/6. Zur Haltung von Reusch vgl. Reusch an Distelbarth vom 23. Januar 1933, Distelbarth an Reusch vom 2. Februar 1933; Reusch an Distelbarth vom 3. Februar 1933; Reusch an Distelbarth vom 4. Februar 1933, ebd.

470 Paul Distelbarth, «Bericht über die Lage in Frankreich» vom 9. Februar 1933, PAAA R 70544 und RWWA 400101293/6. Vgl. Joachim Scholtyseck, Robert Bosch, die

deutsch-französische Verständigung und das Ende der Weimarer Republik, S. 75; Köster an Köpke vom 17. Januar 1933, PAAA R 30185 k.

471 Zu dieser Initiative Fernand L'Huillier, Dialogues franco-allemands, S. 130–133 und Jacques Bariéty/Charles Bloch, Une tentative de réconciliation franco-allemande et son échec (1932–1933), in: Revue d'histoire moderne et contemporaine 15 (1968), S. 433–465, bes. S. 456–460.

472 Zitiert nach Wladimir d'Ormesson, Une tentative de rapprochement franco-allemand entre les deux guerres, in: La Revue de Paris, Februar 1962, S. 18–27, hier S. 27.

473 Hans Manfred Bock, Zwischen Locarno und Vichy, S. 45.

Zweites Kapitel
Widerstand im Staate Hitlers

1 Henry A. Turner, Die Großunternehmer und der Aufstieg Hitlers, S. 378–381. Zu den Vorgängen im Januar 1933 inzwischen prägnant zusammenfassend ders., Hitlers Weg zur Macht. Der Januar 1933, München 1996.

2 Escherich an Bosch vom 28. Dezember 1932, RBA 14/63.

3 Vgl. Bosch an Escherich vom 3. Januar 1933, Robert Bosch und die deutsch-französische Verständigung, S. 163–165.

4 Willy Schloßstein, Einstellung des Herrn Robert Bosch und seiner Mitarbeiter zum Nazi-Regime, BAK, N 1186 (Stolper), 85a, S. 4.

5 Vgl. Bosch an Mauk vom 6. Februar 1933, RBA 14/81.

6 Max Domarus, Hitler. Reden und Proklamationen, Bd. 1, Würzburg 1962, S. 210–212.

7 Bosch an Keppler vom 20. Februar 1933, RBA N 11/73; auszugsweise zitiert bei Theodor Heuss, Robert Bosch, S. 567. Auch Reusch schlug die Einladung aus. Vgl. Sekretariat Reusch (Wagner) an Göring vom 20. Februar 1933, RWWA 400101293/12.

8 Bosch an Mauk vom 10. Februar 1933, RBA 14/81; vgl. auch Bosch an Keppler vom 23. Februar 1933, RBA N 11/73; Distelbarth an Reusch vom 7. März 1933, RWWA 400101293/6; Bosch an Heuss vom 17. Januar 1933, RBA 14/154. Vgl. Joachim Scholtyseck, Robert Bosch, die deutsch-französische Verständigung und das Ende der Weimarer Republik, S. 80.

9 Bosch an Keppler vom 23. Februar 1933, Robert Bosch und die deutsch-französische Verständigung, S. 178 f.; Bosch an Mauk vom 12. Februar 1933, ebd., S. 176 f.

10 Bosch an Keppler vom 23. Februar 1933, ebd., S. 178 f.

11 Bosch an Lersner vom 8. März 1933, RBA N 11/60.

12 Joachim Fest, Hitler. Eine Biographie, Frankfurt/Main, Berlin 1973, S. 551.

13 «NS-Kurier» vom 7. März 1933; Paul Sauer, Der württembergische Landtag, in: Von der Ständeversammlung zum demokratischen Parlament: die Geschichte der Volksvertretungen in Baden-Württemberg, hrsg. von der Landeszentrale für politische Bildung, Stuttgart 1982, S. 205–223; Roland Müller, Stuttgart zur Zeit des Nationalsozialismus, Stuttgart 1988, S. 42; Thomas Schnabel, Württemberg zwischen Weimar und Bonn, S. 182 f.; Joachim Scholtyseck, «Der Mann aus dem Volk», S. 486 f. Zu Eugen Bolz: Max Miller, Eugen Bolz. Staatsmann und Bekenner, Stuttgart 1951, hier S. 443–461.

14 Vgl. Michael Ruck, Korpsgeist und Staatsbewußtsein. Beamte im deutschen Südwesten, München 1996, S. 116–121.

15 «Vossische Zeitung» vom 16. März 1933 (Abendausgabe).

16 Tagebucheintrag Escherichs vom 17. März 1933, BAK Kleine Erwerbungen 846, Bd. 14 (Tagebuch Georg Escherich 1933). Vgl. ebd., Eintrag vom 10. März, Eintrag «Die 5. März Reichstagswahl» und «April Rückblick».

17 Walz an Schreiber vom 7. Juli 1964, RBA 13/73.

18 Vgl. Schloßstein an Fellmeth und Wild vom 3. Dezember 1946, RBA 13/75; Hermann Fellmeth, Meine Haltung gegenüber der NSDAP, Staatsarchiv Ludwigsburg, Spruchkammerverfahren Hermann Fellmeth, EL 902/20, Bü 37/6/835.

19 Theodor Heuss, Robert Bosch, S. 566 f. Zu Rümelin Fernand L'Huillier, Dialogues franco-allemands, S. 98.

20 Bosch an Escherich vom 15. Mai 1933, Robert Bosch und die deutsch-französische Verständigung, S. 180–182.

21 Debatin an Heuss vom 6. März 1933, RBA 14/154. Zu Debatin: Alexander Michel, Von der Fabrikzeitung zum Führungsmittel, S. 148–156.

22 Heuss an Debatin, vom 6. Mai 1933, RBA 14/154.

23 Heuss an Bosch vom 29. Dezember 1932, RBA N 11/59.

24 Vgl. hierzu Jürgen C. Heß, «Die deutsche Lage ist ungeheuer ernst geworden». Theodor Heuss vor den Herausforderungen des Jahres 1933, in: Jahrbuch für Liberalismusforschung 6 (1994), S. 65–136, hier S. 83–99 und die Dokumentation in Rudolf Morsey (Hrsg.), Das «Ermächtigungsgesetz» vom 24. März 1933, Bonn 1992, bes. S. 81 f. und 131 f. Daneben Erich Mende, Die neue Freiheit 1945–1961, München 1984, S. 189 f.

25 Otto Debatin, Zum 1. Mai, in: Bosch-Zünder 15 (1933), S. 49–51.

26 Zum «Bosch-Zünder» zwischen «Anpassung und Distanz» überzeugend: Alexander Michel, Von der Fabrikzeitung zum Führungsmittel, S. 302–316, das Zitat S. 302. Durch einen Erlaß der Reichspressekammer 1936 wurde die nationalsozialistische Beaufsichtigung oktroyiert. Hiernach hatte der «Betriebsführer» in Einvernehmen mit dem Presseamt der DAF aus den Reihen der Belegschaft einen «Schriftwalter» zu benennen; die Zeitschrift durfte nur noch an Betriebsangehörige verteilt werden und wurde inhaltlich auf betriebliche Nachrichten, Sozialpolitik und «Weltanschauung» beschränkt.

27 Ebd., S. 306. Dort auch mannigfache Beispiele dieser subversiven Taktik.

28 Bosch an Erkelenz vom 19. September 1932, BAK, N 1072 (Erkelenz), Bd. 138. Teilweise zitiert bei Theodor Heuss, Robert Bosch, S. 464.

29 Walz an Debatin vom 28. September 1948, RBA N 32, Bd. 9.

30 Heuss an Debatin, vom 6. Mai 1933, RBA 14/154.

31 Theodor Heuss, Fragment von Erinnerungen aus der NS-Zeit, in: Vierteljahreshefte für Zeitgeschichte 15 (1967), S. 1–17, hier S. 4. Bosch schlug, in einer klaren Verkennung des Ernstes der Lage, ausgerechnet Theodor Heuss als Nachfolger des gerade als Chef der «Hochschule für Politik» entlassenen Ernst Jäckh vor. Aufzeichnung von Walz vom 24. November 1967, RBA 13/131.

32 Theodor Heuss, Fragment von Erinnerungen aus der NS-Zeit, S. 9. Zur Politik von Heuss im Jahr 1933: Jürgen C. Heß, «Die deutsche Lage ist ungeheuer ernst geworden», passim.

33 Vgl. Bosch an Anton Erkelenz vom 15. März 1926, RBA 14/123.

34 Bosch an Reusch vom 26. März 1927, RBA 14/107.

35 Erkelenz an Hans Draeger vom 27. April 1933, BAK, N 1072 (Erkelenz), Bd. 123, Bl. 75; Privatsekretariat Bosch an Erkelenz vom 17. Mai 1933, ebd., Bl. 86. Zu Erkelenz: A. A. Chanady, Anton Erkelenz and Erich Koch-Weser. A Portrait of Two German Democrats, in: Historical Studies 12 (1977), S. 491–505.

36 Gangolf Hübinger, Kulturprotestantismus und Politik, S. 79. Zum Gesamtvorgang Jürgen C. Heß, «Die deutsche Lage ist ungeheuer ernst geworden», S. 112–130.

37 Bosch an Heuss vom 16. März 1933, RBA 14/154.

38 Heuss an Bosch vom 21. Januar 1935, Deutsches Literaturarchiv Marbach, Theodor Heuss Archiv, Kasten 958. Vgl. Jürgen C. Heß, «Die deutsche Lage ist ungeheuer ernst geworden», S. 117 f.

39 «Herr Bosch weiß von der Sache gar nichts, wir lassen ihn in Fällen, wo wir seiner Zustimmung von vorneherein sicher sind, gern procul negotiis, zumal wir wissen, daß er uns fast immer gern die Entscheidung überläßt.» Debatin an Heuss vom 3. Februar 1936, Deutsches Literaturarchiv Marbach, Theodor Heuss Archiv, Kasten 959.

40 Bosch an Escherich vom 26. Mai 1933, Robert Bosch und die deutsch-französische Verständigung, S. 184 f.

41 Erklärung von Walther Mauk vom 20. März 1948, RBA 13/38. Vgl. auch RBA 13/35 und Willy Schloßstein, Eidesstattliche Erklärung vom 4. März 1947, RBA 13/39 und Walz an Schreiber vom 7. Juli 1964, RBA 13/73. Zur Datierung Mauk an Bosch vom 17. Mai 1933, Robert Bosch und die deutsch-französische Verständigung, S. 182 f.

42 Erklärung von Walther Mauk vom 20. März 1948, RBA 13/38.

43 Mauk an Bosch vom 17. Mai 1933, Robert Bosch und die deutsch-französische Verständigung, S. 182 f.; Mauk an Keppler vom 31. Juli 1933, RBA 14/91. Vgl. auch die spätere Erinnerung Mauks: «Obwohl Keppler sich der Wucht meiner Darlegungen nicht zu entziehen vermochte, mußte ich doch leider bald sehen, daß bei Keppler und seinem Einflußbereich nichts auszurichten war und habe von da ab die Beziehungen zu Keppler hängen lassen.» (Erklärung von Walther Mauk vom 20. März 1948, RBA 13/38).

44 Vgl. Keppler an Helfferich vom 7. Mai 1933. Im Kepplerkreis bemühte man sich im Frühjahr vergeblich um eine Abberufung Hugenbergs. Zum Brief Kepplers und den Bemühungen des «Kreises» im Frühjahr 1933 Emil Helfferich, Ein Leben, Bd. 4, Jever 1964, S. 21–26 und Krogmann Tagebücher 1933, Fst HH 11/K 4.

45 Walz nannte unter anderem die Industriellen Krupp, Krogmann, Siemens und Springorum (Walz an Reusch vom 27. Mai 1933, RWWA 400101290/43).

46 Reusch an Walz vom 29. Mai 1933, RWWA 400101290/43. Vgl. Ernst Maschke, Es entsteht ein Konzern, S. 40.

47 Ebd. Vgl. Volker Hentschel, Weimars letzte Monate. Hitler und der Untergang der Republik, Düsseldorf 1979, S. 134, Anm. 64.

48 Bosch an Mauk vom 3. Oktober 1933, teilweise entstellt wiedergegeben bei Wilhelm Treue, Widerstand von Unternehmern und Nationalökonomen, in: Jürgen Schmädeke/Peter Steinbach (Hrsg.), Der Widerstand gegen den Nationalsozialismus. Die deutsche Gesellschaft und der Widerstand gegen Hitler, München/Zürich ³1994, S. 917–937, hier S. 930.

49 Bosch an Mauk vom 8. Juni 1933, RBA 14/81. Als ausgesprochen wirkungsmächtig erwies sich nach 1945 die simple Verwechslung von Robert Bosch mit seinem Neffen, der zwar als liberaler Techniker keineswegs ein fanatischer Hitleranhänger war, sich aber in eine zunächst widerwillige und schließlich fatale Kooperation mit dem Regime verstrickte und im Zusammenhang mit Auschwitz ins Kreuzfeuer der Kritik geriet. Der Persönlichkeit von Carl Bosch ausgewogen gerecht wird die Studie von Peter Hayes, Industry and Ideology. Eine konzise Beurteilung Carl Boschs in ders., Carl Bosch and Carl Krauch: Chemistry and the Political Economy of Germany, 1925–1945, in: Journal of Economic History 47 (1987), S. 353–363. Die Distanz Carl Boschs zum Nationalsozialismus betont dagegen die wohlwollende Interpretation bei Karl Holdermann, Im Banne der Chemie. Carl Bosch. Leben und Werk, Düsseldorf 1953, bes. S. 265–305.

50 Bosch an Mauk vom 8. Juni 1933, Robert Bosch und die deutsch-französische Verständigung, S. 185–187; Bosch an Mauk vom 10. Juni 1933, ebd., S. 188; vgl. Robert Bosch an Carl Bosch vom 4. Juni 1933, Stadtarchiv Mannheim, NL Carl Bosch jun. u. sen., Nr. 37.

51 Es würde an dieser Stelle zu weit führen, die einzelnen Etappen der Entwicklung zu schildern. Der Vorgang ist umfassend dokumentiert in Joachim Scholtyseck, Robert Bosch, die deutsch-französische Verständigung und das Ende der Weimarer Republik.

Daneben PAAA, R 30185 k, bes. Köster an AA vom 8. April 1933; Distelbarth an Rintelen vom 10. April 1933; AA an Riesser vom 18. April 1933; Oberreichsanwalt an Reichsjustizministerium vom 24. April 1933; Aufzeichnung aus dem Reichsjustizministerium vom 27. April 1933; AA an Reichsjustizministerium vom 22. Juni 1933.

52 Bosch an Papen vom 15. Mai 1933, PAAA R 30185 k, abgedruckt in: Joachim Scholtyseck, Robert Bosch, die deutsch-französische Verständigung und das Ende der Weimarer Republik, S. 86–88.

53 Aufzeichnung aus dem Reichswehrministerium vom 13. Juni 1933, PAAA R 30185 k.

54 Schloßstein an Reusch vom 6. September 1933, RBA 14/114.

55 Willy Schloßstein, Einstellung des Herrn Robert Bosch und seiner Mitarbeiter zum Nazi-Regime, BAK, N 1186 (Stolper), 85 a, S. 6.

56 Reusch an Bosch vom 26. August 1933, RBA 14/114; Bosch an Reusch vom 31. August 1933, ebd.; Bosch an Reusch vom 31. August 1933, ebd.; vgl. Reusch an Bosch vom 2. September 1933, ebd.; Bosch an Reusch vom 5. September 1933, ebd.

57 Bosch an Reusch vom 9. September 1933, Robert Bosch und die deutsch-französische Verständigung, S. 195 f. Der später erhobene Vorwurf, Bosch habe Distelbarth «auf Grund der Anschuldigungen» wegen Landesverrats fallengelassen (Frank Distelbarth, Paul Distelbarth, S. 498), ist nicht zutreffend. Vgl. auch Hans Manfred Bock, Konservativer Einzelgänger, S. 107 f. Distelbarth, dem man rückblickend zugestehen darf, daß er «parfaitement sincère dans sa volonté d'entente et de réconciliation» war (Gilbert Badia, La France vue par Paul Distelbarth, S. 184), blieb bis zum Kriegsbeginn in Frankreich. Nach dem Ende des Zweiten Weltkriegs wurde er, ohne die Verbindung zum Hause Bosch noch einmal aufzunehmen, Lizenzträger und Redakteur der «Heilbronner Stimme». Zu Distelbarths Lebensweg nach 1933 vgl. auch Hans Manfred Bock, Paul Distelbarth, S. 222–225.

58 Bosch an Reusch vom 5. September 1933, Robert Bosch und die deutsch-französische Verständigung, S. 192; Robert Bosch an Carl Bosch vom 3. September 1933, Stadtarchiv Mannheim, NL Carl Bosch jun. u. sen., Nr. 37.

59 Bosch an Bücher vom 9. September 1933, zitiert nach Theodor Heuss, Robert Bosch, S. 569.

60 Vgl. hierzu Sebastian Haffner, Anmerkungen zu Hitler, München 1978, S. 36.

61 Walz an Schreiber vom 7. Juli 1964, RBA 13/73.

62 Bosch an Mauk vom 22. September 1933, Robert Bosch und die deutsch-französische Verständigung, S. 198 f. Teilweise entstellt in Bosch-Jubiläumsausstellung, S. 68. Neben dieser unmittelbaren zeitgenössischen Darstellung der Unterredung existieren weitere Überlieferungen, die sich inhaltlich ähneln. Vgl. Theodor Heuss, Robert Bosch, S. 569 f. und die nach 1945 angefertigte Darstellung von Hans Walz in RBA 13/33. Daneben Willy Schloßstein, Einstellung des Herrn Robert Bosch und seiner Mitarbeiter zum Nazi-Regime in: BAK, N 1186 (Stolper), 85 a, S. 6: «Unbefriedigt und verärgert kehrt Herr Bosch zurück und berichtet, ‹mit dem Mann sei nichts anzufangen.› Erst habe Hitler in längeren Ausführungen auf seine große Hochachtung vor der schwäbischen Demokratie und auf die gute Mischung von Industrie, Handwerk und Landwirtschaft in Württemberg hingewiesen. Er (Herr Bosch) habe sich gesagt, ‹damit fängst Du mich nicht, ich lasse mir von Dir nicht Brei ums Maul schmieren.› Dann habe er seinen Standpunkt (...) vertreten. Hitler sei aber ausgewichen und habe erklärt, es schwebe ihm die Errichtung einer Monarchie in Deutschland vor. Herr Bosch habe darauf erwidert, ‹er könne diese gutheissen, wenn es sich um eine Monarchie nach englischem Muster handle.› Sodann sei Hitler ans Fenster gegangen und habe mit den Fingern auf die Scheiben getrommelt. Irgendeine Beziehung ist durch diese Begegnung zwischen den beiden Männern nicht entstanden. Herr Bosch äußert später einem Bekannten und Schlo(ß)stein) gegenüber:

‹Das will ein Staatsmann sein und er (Hitler) weiß nicht, was die Gerechtigkeit ist.›» Eine ähnliche Version ist überliefert bei Louis P. Lochner, Die Mächtigen und der Tyrann, Darmstadt 1955, S. 66.

63 Bäuerle an Frau Bosch vom 22. November 1945, HStA Wü, Nachlaß Theodor Bäuerle Q 1/21, Bü 460.

64 Bosch an das Nobel-Komitee vom 28. Januar 1933, RBA 11/61.

65 Richard Coudenhove-Kalergi, Die Schweiz in Gefahr, in: «Der Schweizerische Beobachter», Oktober 1933, S. 579–581.

66 Vgl. Willy Schloßstein, Einstellung des Herrn Robert Bosch und seiner Mitarbeiter zum Nazi-Regime, BAK, N 1186 (Stolper), 85 a, S. 5.

67 Zu diesem Vorgang Theodor Heuss, Robert Bosch, S. 590 f. und Reinhard Frommelt, Paneuropa oder Mitteleuropa, S. 93. Die Paneuropaidee hatte im nationalsozialistischen Deutschland keine Chance mehr. Die deutsche Sektion der Paneuropa-Union wurde aufgelöst und Coudenhove-Kalergis Bücher verboten. Vgl. Richard Coudenhove-Kalergi, Eine Idee erobert Europa, S. 194.

68 Bosch an Keil vom 3. Oktober 1926, zitiert nach Wilhelm Keil, Erlebnisse eines Sozialdemokraten, S. 414.

69 Bosch an Mauk vom 29. November 1933, Robert Bosch und die deutsch-französische Verständigung, S. 201 f.

70 Bosch an Neurath vom 11. Oktober 1933, RBA N 11/63, auszugsweise zitiert bei Theodor Heuss, Robert Bosch, S. 588. Zur Abrüstungskonferenz Sten Nadolny, Abrüstungsdiplomatie 1932/33, S. 303–318.

71 Vgl. hierzu Theodor Heuss, Robert Bosch, S. 590. Das genaue Datum dieser Unterredung ließ sich nicht mehr feststellen. Aber noch Ende 1933 schickte Ribbentrop Bosch ein Exemplar eines zum damaligen Zeitpunkt sensationell eingestuften Interviews zwischen Fernand de Brinon und Hitler, das im französischen «Matin» am 22. November 1933 erschienen war und in dem Hitler geschickt zur Abschirmung seiner Aufrüstungspolitik seine Friedensbereitschaft betonte. Bosch saß dieser Täuschung auf und antwortete, er sei selbstverständlich außerordentlich erfreut über «das Vorgehen des Führers und wünsche nur, dass ihm die Verständigung bald gelingen möge». Bosch an Ribbentrop vom 7. Dezember 1933, RBA N 11/63. Zur Haltung Ribbentrops in diesen Monaten Wolfgang Michalka, Ribbentrop und die deutsche Weltpolitik 1933–1940. Außenpolitische Konzeptionen und Entscheidungsprozesse im Dritten Reich, München 1980, S. 54–69. Ein ähnlicher Hinweis auf die Außenpolitik Bismarcks: Bosch an Neurath vom 11. Oktober 1933, zitiert nach Theodor Heuss, Robert Bosch, S. 589.

72 Neurath an Bosch vom 14. Oktober 1933, RBA N 11/63.

73 Karl Dietrich Bracher, Das Anfangsstadium der Hitlerschen Außenpolitik, in: Gotthard Jasper (Hrsg.), Von Weimar zu Hitler, Köln/Berlin 1968, S. 483–496, hier S. 489.

74 Bosch an Mauk vom 22. Dezember 1933, Robert Bosch und die deutsch-französische Verständigung, S. 202–206.

75 Bosch an Escherich vom 24. November 1933, RBA 14/64.

76 Seine Hoffnung gab Bosch auch im Rückblick auf das Jahr 1933 nicht auf: «Und hätte man die Gewißheit, daß wir durch den Schlamm kommen, in dem wir noch waten, dann wäre mir um die Zukunft nicht bange. Wenn der Führer die Verständigung m(i)t Fr(ankreich) fertigbringt, dann hat er soviel Vertrauen bei allen Vernünftigen u(nd) Wohlmeinenden, dann kann er auch die Säuberung vornehmen. Ich möchte sagen, das Letztere wird die größere Arbeit sein.» Bosch an Mauk vom 31. Dezember 1933, Robert Bosch und die deutsch-französische Verständigung, S. 207 f. Ähnlich die Beurteilung der internationalen Lage während eines winterlichen Engadin-Aufenthalts: «Wir sind aufeinander angewiesen und nur bei einer internationalen Verständigung können wir wieder bessere Verhältnisse kriegen. Bei uns dämmert es allmählich und Hitler gibt sich ja

alle Mühe, den wichtigsten Schritt fertig zu bringen – die Verständigung mit Frankreich.» (Bosch an Escherich vom 22. Februar 1934, ebd., S. 212–214).

77 Vgl. hierzu im einzelnen Joachim Scholtyseck, Robert Bosch, die deutsch-französische Verständigung und das Ende der Weimarer Republik, S. 95 f.

78 Bosch an Keppler vom 9. Januar 1934, Robert Bosch und die deutsch-französische Verständigung, S. 210. Auszugsweise bei Theodor Heuss, Robert Bosch, S. 570.

79 Keppler an Bosch vom 13. Januar 1934, Robert Bosch und die deutsch-französische Verständigung, S. 211. Damit war die inoffizielle Vermittlungsaktion Kepplers zwischen Bosch und Hitler beendet. Kepplers Engagement für eine Allianz zwischen Bosch und Hitler hatte 1945 ein Nachspiel: In einem kleinlaut klingenden Schreiben fragte dieser bei Kriegsende an, ob Mauk ihm nicht ein «primitives Quartier» auf dem Boschhof zur Verfügung stellen könne (Keppler an Mauk vom 28. April 1945, RBA 14/91). Hans Walz war bereit, für Keppler ein Affidavit für das Entnazifizierungsverfahren auszustellen. Man habe mit Keppler «jederzeit sowohl in politischer als auch in wirtschaftlicher Hinsicht vernünftig» reden können: «Herr Keppler sei vor allem kein Nazist im bösen Sinne des Wortes gewesen. Im übrigen habe er sich durch sein Eintreten für Herrn Bosch und seine Firma besonders verdient gemacht, wie er auch durch sein Anerbieten, helfend einzugreifen, wenn wir von der Partei mit irgendwelchen Schwierigkeiten zu rechnen hätten, uns einen großen Rückhalt gegeben habe.» Olpp an Mauk vom 27. November 1951, RBA 14/91. Vgl. Mauk an Olpp, vom 2. Dezember 1951, RBA 14/91. Im sogenannten Nürnberger «Wilhelmstraßenprozeß» wurde Keppler zu 10 Jahren Haft verurteilt, aber schon 1951 entlassen. Keppler blieb ein unbelehrbarer Nationalsozialist, wie sein späteres Urteil über die Männer des 20. Juli unmißverständlich zeigt. Vgl. Wilhelm Keppler, «Aufzeichnung über den 20. Juli 1944 mit einer Rechtfertigung Hitlers». (o. D.) [nach 1945], BAK, Kleine Erwerbungen 537/2, Bd. 1.

80 Vgl. Joachim Scholtyseck, Robert Bosch, die deutsch-französische Verständigung und das Ende der Weimarer Republik, S. 96; «25 Bosch-Kinder als Gäste in Frankreich», in: Bosch-Zünder 16 (1934), S. 206–208. Vgl. Archives Nationales F[7] 13433 (Commissaire Spécial an Préfet du Bas-Rhin vom 3. September 1934). Allgemein Dieter Tiemann, Deutsch-französische Jugendbeziehungen der Zwischenkriegszeit, Bonn 1989, bes. S. 343; Deutschlandfahrt französischer Jugend, in: Deutsch-französische Monatshefte 1934–35, Heft 10–11, S. 280. Vgl. auch Theodor Heuss, Robert Bosch, S. 591 f.; Otto Debatin, Bosch und deutsch-französische Verständigung, in: Bosch-Zünder 30 (1950), S. 29 f.; (Otto Debatin), Robert Bosch GmbH und NSDAP, in: RBA 13/38. Im Frühjahr 1935 kam es zu einem Treffen zwischen dem neuen nationalsozialistischen Botschafter in Frankreich, Otto Abetz, und Henri Lichtenberger mit dem Ziel der Gründung einer neuen und durch Robert Bosch finanzierten deutsch-französischen Gesellschaft, offensichtlich mit Deckung der deutschen Regierung. Rita Thalmann, Du Cercle de Sohlberg au Comité France-Allemagne: une évolution ambiguë de la coopération franco-allemande, in: Hans Manfred Bock u. a. (Hrsg.), Entre Locarno et Vichy, S. 67–86, hier S. 81.

81 Theodor Bäuerle, «Robert Bosch. Persönliche Erinnerungen von Theodor Bäuerle», RBA 14/1, Bl. 68; Vgl. auch Records of the United States Nürnberg War Crimes Trials Interrogations, 1946–1949, NA, RG 238, M-1019, Roll 6: Vernehmung Bergers am 25. März 1945.

82 Olpp an Friederichs vom 4. März 1947, RBA 14/48. Vgl. die gelegentliche Bemerkung in einem Brief an Mauk: «Wenn man nicht verbieten kann, so wie das bei mir der Fall ist, dann kommt man immer wieder in die Politik hinein, u. das ist sehr niederdrückend.» Bosch an Mauk vom 5. September 1938, RBA 14/86.

83 Bosch an Escherich vom 26. Dezember 1934, Robert Bosch und die deutsch-französische Verständigung, S. 216 f.

84 Zur Politik der Gewerkschaften Hagen Schulze (Hrsg.), Anpassung oder Wider-

stand? Aus den Akten des Parteivorstands der deutschen Sozialdemokratie 1932/33, Bonn 1975.

85 Bosch an Escherich vom 24. November 1933, RBA 14/64.

86 Götz Küster, 75 Jahre Bosch, S. 72.

87 Ludolf Herbst, Die nationalsozialistische Wirtschaftspolitik, S. 156. Als knappe Überblicksdarstellung über den nationalsozialistischen «Aufschwung»: Richard J. Overy, The Nazi Economic Recovery 1932–1938, Cambridge 1996.

88 Richard J. Overy, Cars, Roads, and Economic Recovery in Germany, 1932–8, in: Economic History Review 28 (1975), S. 466–483; ders., The German Motorisierung and Rearmament: a Reply, in: Economic History Review 32 (1979), S. 107–112; ders., Transportation and Rearmament in the Third Reich, in: Historical Journal 16 (1973), S. 389–409. Zur Kritik vgl. G. F. R. Spenceley, R. J. Overy and the Motorisierung: a Comment, in: Economic History Review 32 (1979), S. 100–106.

89 Mark Spoerer, Die Automobilindustrie im Dritten Reich: Wachstum um jeden Preis?, in: Lothar Gall/Manfred Pohl (Hrsg.), Unternehmen im Nationalsozialismus, S. 61–68, hier S. 65.

90 Theodor Heuss, Robert Bosch, S. 572.

91 Rainer Zitelmann, Hitler. Selbstverständnis eines Revolutionärs, Hamburg/Leamington Spa/New York 1987, S. 259 f.

92 Zu den Einzelheiten Theodor Heuss, Robert Bosch, S. 574–577.

93 Theodor Heuss, Robert Bosch, S. 577.

94 Auszug aus den sozialpolitischen Berichten des Reichstreuhänders der Arbeit für das 1. Vierteljahr 1939, in: Timothy Mason, Arbeiterklasse und Volksgemeinschaft. Dokumente und Materialien zur deutschen Arbeiterpolitik, Opladen 1975, S. 957.

95 Vgl. Michael Wolffsohn, Arbeitsbeschaffung und Rüstung im nationalsozialistischen Deutschland: 1933, in: Militärgeschichtliche Mitteilungen 22 (1977), S. 9–21; ders., Industrie und Handwerk im Konflikt mit staatlicher Wirtschaftspolitik? Studien zur Politik der Arbeitsbeschaffung in Deutschland 1930–1934, Berlin 1975.

96 Zur Diskussion um das «economic appeasement» den Überblick bei Andreas Hillgruber, Forschungsstand und Literatur zum Ausbruch des Zweiten Weltkrieges, in: Wolfgang Benz/Hermann Graml (Hrsg.), Sommer 1939. Die Großmächte und der europäische Krieg, Stuttgart 1979, S. 337–364, hier S. 343–347; zu Bedingungen und Voraussetzungen des Appeasement Rainer A. Blasius, Appeasement und Widerstand, in: Peter Steinbach/Johannes Tuchel (Hrsg.), Widerstand gegen den Nationalsozialismus, Bonn 1994, S. 280–293.

97 Vgl. die bedenkenswerten Überlegungen zu diesem Komplex bei Gottfried Plumpe, Die I. G. Farbenindustrie AG., Wirtschaft, Technik und Politik 1904–1945, Berlin 1990, S. 690 f.

98 Bosch an Mauk vom 1. Mai 1934, Robert Bosch und die deutsch-französische Verständigung, S. 214 f.

99 Vgl. (Otto Debatin), Robert Bosch GmbH und NSDAP, RBA 13/38, S. 3. Ähnlich Willy Schloßstein, Einstellung des Herrn Robert Bosch und seiner Mitarbeiter zum Nazi-Regime in: BAK, N 1186 (Stolper), 85 a, S. 5. Vgl. auch die Aufzeichnungen von Hans Walz vom 28. Februar 1948, RBA 13/27.

100 Bosch an Mauk vom 22. Dezember 1933, RBA 14/81, abgedruckt in: Robert Bosch und die deutsch-französische Verständigung, S. 202–206.

101 Willy Schloßstein, Einstellung des Herrn Robert Bosch und seiner Mitarbeiter zum Nazi-Regime, BAK, N 1186 (Stolper), 85 a, S. 10.

102 Vgl. die Klagen Robert Boschs vom 24. April 1936: Theodor Heuss, Robert Bosch, S. 597.

103 Vgl. (Otto Debatin), Robert Bosch GmbH und NSDAP, RBA 13/38.

104 Hans Teich, Hildesheim und seine Antifaschisten. Widerstandskampf gegen den Hitlerfaschismus und demokratischer Neubeginn 1945 in Hildesheim, Hildesheim 1979, S. 63–68, allerdings mit vielfachen Ungenauigkeiten, Mißverständnissen und Entstellungen.

105 Sebastian Haffner, Anmerkungen zu Hitler, S. 34.

106 Bosch an Keppler vom 21. März 1933, RBA N 11/60.

107 Bosch an Mauk vom 8. Juni 1933, RBA 14/81.

108 Robert Bosch, «Hat das arbeitsamste Volk Europas Grund zu verzweifeln?», Manuskript (1931), RBA 14/409.

109 Bosch an Mühlenpfordt vom 21. Mai 1934, RBA N 11/60. Zum Mißtrauen gegen politische Lenkung der Wirtschaft auch Bosch an Werner Kuntz vom 18. April 1934, ebd.

110 Ebd.

111 Hierzu immer noch Hermann Weber, Die Wandlung des deutschen Kommunismus. Die Stalinisierung der KPD in der Weimarer Republik, 2 Bände, Frankfurt am Main 1969. Daneben als neuerer Literaturüberblick Andreas Wirsching, «Stalinisierung» oder entideologisierte «Nischengesellschaft»?, in: Vierteljahrshefte für Zeitgeschichte 45 (1997), S. 449–466. Für Württemberg Thomas Kurz, Feindliche Brüder im deutschen Südwesten. Sozialdemokraten und Kommunisten in Baden und Württemberg von 1928 bis 1933, Berlin 1996.

112 So wurde 1935 der «Rote Bosch-Zünder» als illegale Betriebszeitung in unbekannter Auflagenhöhe produziert. Tilman Fichter, Kampf um Bosch, Berlin 1974, S. 28.

113 Heinrich August Winkler, Der Weg in die Katastrophe. Arbeiter und Arbeiterbewegung in der Weimarer Republik 1930 bis 1933, Berlin/Bonn 1987, S. 909. Die Betriebsratsergebnisse ebd, S. 907 f.: Die Freien Gewerkschaften erhielten fast 75 % aller Stimmen, Christliche Gewerkschaften und die kommunistische Revolutionäre Gewerkschafts-Opposition (RGO) kamen etwa auf jeweils 5 %, während die NSBO sich mit etwa 12 % begnügen mußte. Vgl. auch Gunther Mai, Die Nationalsozialistische Betriebszellen-Organisation. Zum Verhältnis von Arbeiterschaft und Nationalsozialismus, in: Vierteljahrshefte für Zeitgeschichte 31 (1983), S. 573-613.

114 Helmut Fidler (Redaktion), Arbeiterbewegung in Stuttgart 1933. Erinnerungen, Berichte, Dokumente. Herausgegeben vom Arbeitskreis zur Erforschung der Geschichte der Stuttgarter Arbeiterbewegung beim DGB, Tübingen 1984, S. 79; Otto Schwarz, Vom Werden und Wirken der Betriebszelle Bosch der NSBO, in: Bosch-Zünder 16 (1934), S. 74 f.

115 Zitiert nach Helmut Fidler (Redaktion), Arbeiterbewegung in Stuttgart 1933, S. 80.

116 Helmut Fidler (Redaktion), Arbeiterbewegung in Stuttgart 1933, S. 76 f.; Paul Quinzler, Verhaftung und Widerstand, in: ebd., S. 139. Zum Forschungsstand Matthias Frese, Kooperation und Konflikt. Neuere Studien zu den Gewerkschaften in der Weimarer Republik, in: Neue Politische Literatur 36 (1991), S. 405–449.

117 Das Zitat in: Helmut Fidler (Redaktion), Arbeiterbewegung in Stuttgart 1933, S. 77.

118 Ebd., S. 76.

119 Eugen Eberle/Peter Grohmann, Die schlaflosen Nächte des Eugen E. Erinnerungen eines neuen schwäbischen Jacobiners, Stuttgart 1982, S. 74.

120 Geschäftsbericht für die Zeit vom 1. 1. 1945 bis 30. 6. 1946, zitiert nach GLA, OMGUS 12/84-2/3-4.

121 Vgl. etwa Alf Lüdtke, The Appeal of Exterminating «Others»: German Workers and the Limits of Resistance, in: Michael Geyer/John W. Boyer (Hrsg.), Resistance Against the Third Reich, Chicago/London 1992, S. 53–74.

122 Vgl. Francis L. Carsten, Widerstand gegen Hitler. Die deutschen Arbeiter und die Nazis, Frankfurt am Main 1996.

123 Timothy Mason, Die Bändigung der Arbeiterklasse in Deutschland: Eine Einleitung, in: Carola Sachse/Tilla Siegel/Hasso Spode/Wolfgang Spohn, Angst, Belohnung, Zucht und Ordnung. Herrschaftsmechanismen im Nationalsozialismus, Opladen 1982, S. 11–53, hier S. 18.

124 Karl Dietrich Bracher, Die deutsche Diktatur. Entstehung, Struktur, Folgen des Nationalsozialismus, Frankfurt am Main/Berlin/Wien ⁶1979, S. 367.

125 Sebastian Haffner, Anmerkungen zu Hitler, S. 38.

126 Vgl. Matthias Frese, Sozial- und Arbeitspolitik im «Dritten Reich», bes. S. 408 f.

127 Hierzu die grundlegende Studie von Matthias Frese, Betriebspolitik im «Dritten Reich». Deutsche Arbeitsfront, Unternehmer und Staatsbürokratie in der westdeutschen Großindustrie 1933–1939, Paderborn 1991.

128 Tilla Siegel, Lohnpolitik im nationalsozialistischen Deutschland, in: Carola Sachse/Tilla Siegel/Hasso Spode/Wolfgang Spohn, Angst, Belohnung, Zucht und Ordnung. Herrschaftsmechanismen im Nationalsozialismus, S. 54–139, hier S. 132.

129 Zitiert nach Helmut Fidler (Redaktion), Arbeiterbewegung in Stuttgart 1933, S. 78.

130 Otto Schwarz, Vom Werden und Wirken der Betriebszelle Bosch der NSBO, in: Bosch-Zünder 16 (1934), S. 74 f.

131 Deutschland-Berichte der Sozialdemokratischen Partei (Sopade), Zweiter Jahrgang 1935, Nördlingen 1980, S. 1 323 f. (Bericht November 1935). Zum Gesetz zur Ordnung der nationalen Arbeit Matthias Frese, Betriebspolitik im «Dritten Reich», S. 93–250, besonders zu den «Vertrauensräten» ebd. S. 169–227.

132 Zur «Betriebsgemeinschaft», die im wesentlichen eben doch eine Zwangsgemeinschaft war, vgl. Wolfgang Zollitsch, Arbeiter zwischen Weltwirtschaftskrise und Nationalsozialismus. Ein Beitrag zur Sozialgeschichte der Jahre 1928 bis 1936, Göttingen 1990.

133 Eberhard Heuel, Der umworbene Stand. Die ideologische Integration der Arbeiter im Nationalsozialismus 1933–1935, Frankfurt am Main/New York 1989.

134 Deutschland-Berichte der Sozialdemokratischen Partei (Sopade), Dritter Jahrgang 1936, Nördlingen 1980, S. 739 (Bericht Juni 1936).

135 Michael Fichter, Aufbau und Neuordnung: Betriebsräte zwischen Klassensolidarität und Betriebsloyalität, in: Martin Broszat/Klaus-Dietmar Henke/Hans Woller (Hrsg.), Von Stalingrad zur Währungsreform. Zur Sozialgeschichte des Umbruchs in Deutschland, München 1988, S. 469–549, hier S. 476.

136 Die Literatur zu diesem Bereich ist mittlerweile kaum noch zu überblicken. Zum Gesamtkomplex den Literaturüberblick bei Matthias Frese, Sozial- und Arbeitspolitik im Dritten Reich, der Überblick bei Johannes Frerich/Martin Frey, Handbuch der Geschichte der Sozialpolitik in Deutschland, Bd. 1, S. 249–329 und die ausgewogene Darstellung bei Marie-Luise Recker, Nationalsozialistische Sozialpolitik im Zweiten Weltkrieg, München 1985, bes. S. 17–26.

137 Andreas Kranig, Arbeitnehmer, Arbeitsbeziehungen und Sozialpolitik unter dem Nationalsozialismus, in: Karl Dietrich Bracher/Manfred Funke/Hans-Adolf Jacobsen (Hrsg.), Deutschland 1933–1945. Neue Studien zur nationalsozialistischen Herrschaft, Bonn 1992, S. 135–152, hier S. 141; Vgl. ders., Lockung und Zwang. Zur Arbeitsverfassung im Dritten Reich, Stuttgart 1983 und Günter Morsch, Arbeit und Brot. Studien zu Lage, Stimmung, Einstellung und Verhalten der deutschen Arbeiterschaft 1933–1936/37, Frankfurt am Main u. a. 1993.

138 Vgl. Louis P. Lochner, Die Mächtigen und der Tyrann. Die deutsche Industrie von Hitler bis Adenauer, Darmstadt 1955, S. 207.

139 Theodor Heuss, Robert Bosch, S. 579.

140 Götz Küster, 75 Jahre Bosch, S. 76 f.

141 Jürgen Mulert, Erfolgsbeteiligung, S. 19 f.; vgl. Otto Debatin, «Freiwillige Leistungen der Robert Bosch AG für ihre Gefolgschaft», in: Bosch-Zünder 19 (1937),

S. 181–184. Zu den «Treuhändern der Arbeit» Andreas Kranig, Lockung und Zwang, S. 168–189; Matthias Frese, Betriebspolitik im «Dritten Reich», S. 228–250. Die Freiräume der Industrie in der Lohnpolitik während der Zeit des Nationalsozialismus betonend: Rüdiger Hachtmann, Industriearbeit im «Dritten Reich». Untersuchungen zu den Lohn- und Arbeitsbedingungen in Deutschland 1933–1945, Göttingen 1989.

142 «Bericht des Vorstands über das neunzehnte Geschäftsjahr», in: Bosch-Zünder 18 (1936), S. 47.

143 Zitiert nach Otto Debatin, Ein ernstes Wort an die Gefolgschaft, in: Bosch-Zünder 23 (1941), S. 4.

144 Theodor Heuss, Robert Bosch, S. 422.

145 Eckhardt Hansen, Wohlfahrtspolitik im NS-Staat. Motivationen, Konflikte und Machtstrukturen im «Sozialismus der Tat» des Dritten Reiches, Augsburg 1991. Christoph Sachße/Florian Tennstadt, Der Wohlfahrtsstaat im Nationalsozialismus, Stuttgart/Berlin/Köln 1992.

146 Bosch an Mauk vom 22. Dezember 1933, RBA 14/81, abgedruckt in: Robert Bosch und die deutsch-französische Verständigung, S. 202–206.

147 Notiz für Walz vom 24. April 1936, zitiert nach Theodor Heuss, Robert Bosch, S. 597. Wenn es sich nicht um Spenden an die Partei handelte, war Bosch großzügiger: Die Firma zahlte 400 000 Reichsmark für die Förderung wissenschaftlichen Nachwuchses an die Fördergemeinschaft der Deutschen Industrie, in der sich führende deutsche Industrieunternehmen unter dem Dach der «Reichsgruppe Industrie» Ende 1942 zusammengefunden hatten. Vgl. Hans Pohl, Zur Zusammenarbeit von Wirtschaft und Wissenschaft im «Dritten Reich»: Die «Fördergemeinschaft der Deutschen Industrie» von 1942, in: Vierteljahrschrift für Sozial- und Wirtschaftsgeschichte 72 (1985), S. 508–536, bes. S. 518.

148 Als das Unternehmen von Robert Ley mit dem Diplom für vorbildliche Berufsausbildung ausgezeichnet wurde, stellte sich der Stuttgarter Gauobmann für Technik zunächst mit der Begründung dagegen, man könne ihm «letzten Endes nicht zumuten, eine Betriebsführung, welche die Zusammenarbeit mit der Partei und der Arbeitsfront ablehnt, dafür noch besonders zu ehren». (Otto Debatin), Robert Bosch GmbH und NSDAP, RBA 13/38. Zur Gleichschaltungspolitik Rolf Seubert, Berufsschule und Berufsbildungspolitik im Nationalsozialismus, in: Christa Berg/Sieglind Ellger-Rüttgardt (Hrsg.), «Du bist nichts, Dein Volk ist alles». Forschungen zum Verhältnis von Pädagogik und Nationalsozialismus, Weinheim 1991, S. 105–131.

149 Ein Ausschüttungsverfahren für Erfolgsprämien wurde z. B. so verfeinert, daß Dienstalter und Zahl der Familienangehörigen die Prämienhöhe bestimmte, die sich nach dem betrieblichen Jahresertrag richtete. Der Prämienbetrag wuchs von 650 000 Reichsmark im Jahr 1934 auf fast zwei Millionen Reichsmark im Jahr 1936. Selbst gegen Kriegsende kam es noch zu Zahlungen, die 40 Reichsmark für Verheiratete und 35 Reichsmark für Ledige betrugen. Die Gesamtausschüttung war erfolgs- und ertragsorientiert, nicht jedoch die Bemessungsgrundlage für den einzelnen. Wohl zu Recht ist daher gefolgert worden, diese Prämienzahlungen seien «weniger eine Erfolgsbeteiligung als eine verschleierte Lohnerhöhung» gewesen. Jürgen Mulert, Erfolgsbeteiligung, S. 22. Hier auch ergänzende Informationen zum angegebenen Datenmaterial.

150 Hierzu Tilla Siegel, Rationalisierung und Personalführung unter dem Nationalsozialismus, in: Carola Sachse/Silvie Schweitzer (Hrsg.), Mobilität, Stabilität, Flexibilität. Arbeitsmarktstrategien von Unternehmen und Beschäftigten in Deutschland und Frankreich im 19. und 20. Jahrhundert, Essen 1996, S. 65–75.

151 Zu den Einzelheiten Jürgen Mulert, Erfolgsbeteiligung, S. 27.

152 25 Jahre «Bosch-Hilfe» in: Bosch-Zünder 34 (1954), S. 145.

153 «Bericht über die Besprechung zwecks Beilegung der Differenzen zwischen der Firma Robert Bosch AG. Stuttgart und der Deutschen Arbeitsfront am 1. Dezember

1937 vorm. 9½ Uhr auf der Gauleitung der NSDAP, Stuttgart, Goethestr. 14», Staatsarchiv Ludwigsburg, PL 502/20 (NS-Kreisleitung Stuttgart), Bü 96.

154 Otto Debatin, «Soziale Blender», in: Bosch-Zünder 19 (1937), S. 52.

155 Artikel «Soziale Blender», in: Flammenzeichen vom Mai 1937. Zu der wirtschaftsfeindlichen Stoßrichtung: Gabriele Bluhm, «Wirtschaft am Pranger»: Die Berichterstattung des württembergischen «Kampfblattes» «Flammenzeichen» über unangepaßtes Verhalten von Gewerbetreibenden, in: Cornelia Rauh-Kühne/Michael Ruck (Hrsg.), Regionale Eliten zwischen Diktatur und Demokratie. Baden und Württemberg 1930–1952, München 1993, S. 247–262.

156 So etwa der Eindruck des bei Bosch beschäftigten «Halbjuden» Fritz Nast-Kolb: «Ich meine, darüber hat man natürlich nicht laut gesprochen, aber man hatte absolut das Gefühl.» Fritz Nast Kolb, in: Johannes Steinhoff/Peter Pechel/Dennis Showalter, Deutsche im Zweiten Weltkrieg. Zeitzeugen sprechen, München 1989, S. 408–410, hier S. 410.

157 Hans Walz, Meine Mitwirkung an der Aktion Goerdeler, in: Otto Kopp (Hrsg.), Widerstand und Erneuerung, S. 112.

158 (Otto Debatin), Robert Bosch GmbH und NSDAP, RBA 13/38.

159 Hans Walz, Meine Mitwirkung an der Aktion Goerdeler, in: Otto Kopp (Hrsg.), Widerstand und Erneuerung, S. 104.

160 Willy Schloßstein, «Betr. Einstellung des Herrn B. und seiner Firma zum Nazi-Regime (Überreicht durch Ludwig Kaiser Stuttgart 15. 9. 1945)», BAK, N 1166 (Ritter), Bd. 131.

161 Aufzeichnung des amerikanischen Generalkonsulats Zürich vom 3. April 1944 in: NA, RG 84, Foreign Service Posts of the Department of State, American Legation Bern, Confidential File 1944, 800, Box 16.

162 Hans Walz, Meine Mitwirkung an der Aktion Goerdeler, in: Otto Kopp (Hrsg.), Widerstand und Erneuerung, S. 104.

163 Lothar Albertin, Die Auflösung der bürgerlichen Mitte, S. 110.

164 Ebd.

165 Walz und Wild an Mergenthaler vom 21. November 1933, HStA Wü, E 130b, Bü. 1794. Vgl. «Bosch-Zünder» 15 (1933), S. 174 f. («Der Führer der Deutschen Arbeitsfront bei den Bosch-Arbeitern») und S. 177 («Reichsstatthalter Murr spricht zu den Bosch-Arbeitern»).

166 Bosch an Mauk vom 3. Oktober 1933, Robert Bosch und die deutsch-französische Verständigung, S. 199 f.; Bosch-Jubiläumsausstellung, S. 69.

167 Ebd.

168 Bosch an Mauk vom 31. Dezember 1933, ebd., S. 207 f.

169 Bosch an Keppler vom 13. Januar 1934, RBA N 11/60.

170 Bosch an Mühlenpfordt vom 14. Mai 1934, ebd.

171 Bosch an Mühlenpfordt vom 21. Mai 1934, ebd.

172 Heinz Hürten, Widerstand in Deutschland, in: Wolfgang Altgeld u. a., Widerstand in Europa. Zeitgeschichtliche Erinnerungen und Studien, Konstanz 1995, S. 15–23, hier S. 17.

173 Bosch an Mauk vom 22. Dezember 1933, Robert Bosch und die deutsch-französische Verständigung, S. 202–206, hier S. 205.

174 Karl Dietrich Bracher, Stufen der Machtergreifung, Köln/Opladen 1960, S. 266.

175 (Otto Debatin), Robert Bosch GmbH und NSDAP, RBA 13/38. Hier auch eine Aufstellung über weitere Spenden an NS-Organisationen wie Sportverbände, Akademie für deutsches Recht, Deutsches Auslands-Institut, Haus der deutschen Kunst, die sich auf 553 000 Reichsmark beliefen.

176 Notiz für Walz vom 24. April 1936, zitiert nach Theodor Heuss, Robert Bosch, S. 597.

177 Debatin an Bosch vom 16. Juni 1941, RBA 14/33.

178 Willy Schloßstein, Einstellung des Herrn Robert Bosch und seiner Mitarbeiter zum Nazi-Regime, RBA 13/39, S. 13.

179 Vernehmung Hans Walz vom 29. Dezember 1946, Records of the United States Nürnberg War Crimes Trials Interrogations, 1946–1949, NA, RG 238, M 1019, Roll 77.

180 Zu der Diskussion über das Verhältnis von Nationalsozialismus und «Modernisierung» zusammenfassend Ulrich von Hehl, Nationalsozialistische Herrschaft, S. 107–110.

181 Kristie Macrakis, Surviving the Swastika. Scientific Research in Nazi Germany, New York/Oxford 1993, S. 200. Es ist an dieser Stelle kein Raum, die lebhafte Diskussion um die Rolle von Wissenschaft und Technik im «Dritten Reich» weiterzuführen. Vgl. hierzu die Beiträge in Monika Renneberg/Mark Walker (Hrsg.), Science, Technology and National Socialism, Cambridge 1994 und die dort angegebene weiterführende Literatur.

182 Jeffrey Herf, Reactionary modernism. Technology, culture and politics in Weimar and the Third Reich, Cambridge 1984.

183 Albert Kilgus, Leistungssteigerung durch kräftesparende Arbeit, in: Schönheit der Arbeit 4 (1939), Heft 1, S. 14–19, hier S. 14.

184 «Berufs-und Berufsehrenfragen», in: Die Technik 9/1937, zitiert nach Johannes H. Voigt, «Ehrentitel» oder der Streit zwischen der Firma Bosch und der Technischen Hochschule Stuttgart während der Zeit des Nationalsozialismus, in: Die alte Stadt 16 (1989), S. 488–497, hier S. 489.

185 Todt an Walz vom 29. Januar 1938, Johannes H. Voigt, «Ehrentitel», S. 493. Vgl. Heuss an Debatin vom 12. März 1938, RBA 14/156.

186 Bosch an Mühlenpfordt vom 14. Mai 1934, RBA N 11/60.

187 Bosch an Closs vom 23. Januar 1937, RBA N 11/58.

188 Avraham Barkai, Das Wirtschaftssystem des Nationalsozialismus, S. 23.

189 Erhard Schneckenburger, «Statement on the firm of Robert Bosch and its enterprise-leader» vom 10. November 1945 und seine Erklärung vom 10. November 1945, BAK, N 1186 (Stolper), Nr. 85a; Theodor Bäuerle, «Äusserung betr. Direktor Hans Walz» vom 10. November 1945, GLA, OMGUS 12–27/3–15; Theodor Heuss/Theodor Bäuerle, «Statement concerning Director Hans Waltz (sic)», ohne Datum (1945), ebd.

190 Johannes Fischer, Aus Fünfzig Jahren, S. 11. Vgl. Johannes Fischer, Der Techniker und Sozialpolitiker, in: Theodor Heuss (Hrsg.), Robert Bosch, Stuttgart/Berlin 1931, S. 53–68.

191 Theodor Heuss, Robert Bosch, S. 593.

192 Hierzu Klaus Röseler, Unternehmer in der Weimarer Republik, bes. S. 225–232.

193 Das Zitat findet sich bei Otto Debatin, Sie haben mitgeholfen, Motto.

194 Debatin an Heuss vom 20. Januar 1934, RBA 14/154.

195 Neil Gregor, Stern und Hakenkreuz, S. 26.

196 Hans Rothfels, Die deutsche Opposition gegen Hitler, S. 66. Zur Frage des Widerstands aus dem Amt auch Dieter Ehlers, Technik und Moral einer Verschwörung, Frankfurt am Main 1964, S. 36–39.

197 Dagegen mußte die Zugehörigkeit zur DAF angegeben werden, weil die Beiträge über die Firma eingezogen wurden. (Otto Debatin), Robert Bosch GmbH und NSDAP, RBA 13/38. Zur Betriebsordnung auch die Bewertung durch Otto Debatin in: Bosch-Zünder 16 (1934), S. 173–175.

198 Aufzeichnung Hans Walz, RBA 13/36. Debatin mußte sich vor dem Kreisgericht wegen des Vorwurfs verantworten, er bevorzuge bei Einstellungen lieber Kommunisten als «Parteigenossen». Nachzuweisen war jedoch offensichtlich nichts, so daß er mit einer strengen Verwarnung davonkam. (Otto Debatin), Robert Bosch GmbH und NSDAP, RBA 13/38.

199 Bosch an Escherich vom 5. August 1937, RBA 14/64. Von Reusch erhoffte er sich in dieser Haltung möglicherweise Zuspruch. Er sei «nie Mitglied einer politischen Partei gewesen» und wolle «dies auch weiter so halten. Bist Du P. G.?» Bosch an Reusch vom 5. August 1937, RBA 14/118. Als Gottlob Berger sich bemühte, Bosch zum Parteieintritt zu bewegen, erhielt er ebenfalls einen negativen Bescheid und zog daraus die Schlußfolgerung: «Herr Bosch war sehr schwierig zu behandeln.» Records of the United States Nürnberg War Crimes Trials Interrogations, 1946–1949, NA, RG 238, M-1019, Roll 6: Vernehmung Bergers am 25. März 1945.

200 Vgl. hierzu Debatin an Walz vom 4. März 1948, RBA N 32, Bd. 9; Walz an Debatin vom 6. März 1948, ebd.; Debatin an Walz vom 31. März 1948, ebd., und die umfangreichen Unterlagen Debatins in Entnazifizierungsfragen in ebd., Bd. 2 bzw. 10. Nach ausführlicher Beurteilung kommt die bisher gründlichste Arbeit über Debatin zum Schluß, dieser habe sich nicht zum «Erfüllungsgehilfen des nationalsozialistischen Herrschaftssystems» gemacht. Alexander Michel, Von der Fabrikzeitung zum Führungsmittel, S. 315.

201 Debatin an Erkelenz vom 12. Juli 1932, BAK, N 1072 (Erkelenz), Bd. 138, f. 105.

202 Debatin an Otto Fischer vom 31. Januar 1950, RBA, N 32, Bd. 9.

203 Zu Fellmeths Begründung vgl. dessen Stellungnahme vom 23. Januar 1947, RBA 13/60.

204 Von den anderen Direktoren trat Ernst Durst der NSDAP offensichtlich aus eigenem Antrieb bei. Guido Gutmann und Max Rall blieben der Partei fern. Als Schloßstein im Jahr 1936 die «nichtarische Verbindung» mit seiner Frau angab, wurde seine Mitgliedschaft durch das Gaugericht für nichtig erklärt. Seine Zahlungen als «Förderndes Mitglied» der SS stellte er Ende 1938 ein. Vgl. die Aufzeichnungen Schloßsteins in RBA 13/109. Zur Rekonstruktion dieser Vorgänge: Willy Schloßstein, Einstellung des Herrn Robert Bosch und seiner Mitarbeiter zum Nazi-Regime in: BAK, N 1186 (Stolper), 85 a, S. 4 f.; (Otto Debatin), Robert Bosch GmbH und NSDAP, RBA 13/38; Walz an Schreiber vom 7. Juli 1964, RBA 13/73; Aufzeichnung Hans Walz, RBA 13/36.

205 Hans Walz, «Beilage zum Fragebogen: Kurze Darstellung der Beziehungen zur NSDAP und SS» vom 27. August 1945, RBA 13/33.

206 Grete Adler an Alexander Bronowski, 4. August 1976, LBI New York, Karl Adler Collection AR 7276, VI, Box 4, Folder 11.

207 Roland Müller, Stuttgart zur Zeit des Nationalsozialismus, S. 112 f.

208 Als Überblicksdarstellung Norbert Frei/Johannes Schmitz, Journalismus im Dritten Reich, München 1989; Karl-Dietrich Abel, Presselenkung im NS-Staat. Eine Studie zur Geschichte der Publizistik in der nationalsozialistischen Zeit, Berlin 1968. Zur württembergischen Presse immer noch Friedrich Richard Bechtle, Die nordwürttembergische politische Presse 1930 bis 1949 unter Berücksichtigung allgemeiner Vorgänge im deutschen Zeitungswesen, (Diss.) München 1952.

209 Vgl. zum Procedere ausführlich Roland Müller, Stuttgart zur Zeit des Nationalsozialismus, S. 113–116. Über die württembergische NS-Presse gibt es bislang keine eigene Untersuchung. Zur Gaupresse in der Phase der «Kampfzeit» Peter Stein, Die NS-Gaupresse 1925–1933. Forschungsbericht – Quellenkritik – neue Bestandsaufnahme, München u. a. 1987.

210 Friedrich Richard Bechtle, Die nordwürttembergische politische Presse, S 132.

211 Lammers an Funk vom 28. August 1933, BAP, R 43 II, 1380, Bl. 9.

212 Oron J. Hale, Presse in der Zwangsjacke 1933–1945, Düsseldorf 1964, S. 207 f. Vgl. auch Johannes Binkowski, Die Diktatur des Nationalsozialismus, in: Von der Preßfreiheit zur Pressefreiheit. Südwestdeutsche Zeitungsgeschichte von den Anfängen bis zur Gegenwart, Stuttgart 1983, S. 155–171, hier S. 166.

213 Höchstwahrscheinlich den Vorsitzenden des Aufsichtsrats des Ullstein-Verlags

und ehemaligen Filialdirektor der Deutschen Bank in Stuttgart, Dr. Ferdinand Bausback. Vgl. Willy Schloßstein, Einstellung des Herrn Robert Bosch und seiner Mitarbeiter zum Nazi-Regime, BAK, N 1186 (Stolper), 85 a, S. 9. Zu Amann, Winkler und Bausback auch Robert M. W. Kempner, Hitler und die Zerstörung des Hauses Ullstein, in: Hundert Jahre Ullstein 1877–1977, Bd. 3, Frankfurt am Main/Berlin/Wien 1977, S. 267–292.

214 RBA 14/116: Walz an Reusch vom 2. August 1935; Reusch an Bosch vom 4. August 1935; Bosch an Reusch vom 21. November 1935; Reusch an Bosch vom 22. November 1935.

215 Willy Schloßstein, Einstellung des Herrn Robert Bosch und seiner Mitarbeiter zum Nazi-Regime (28 S.), BAK, N 1186 (Stolper), 85 a, S. 9.

216 Oron Hale, Presse in der Zwangsjacke, S. 209.

217 Der Ort des Treffens wird in den Quellen meist mit Berlin, bisweilen jedoch auch mit Karinhall angegeben.

218 Johannes Haller, Lebenserinnerungen. Gesehenes – Gehörtes – Gedachtes, Stuttgart 1960, S. 256.

219 Andreas Richter, Robert Bosch stieg in den Zwanzigern ein. Seine Beteiligung an der DVA und den Zeitungen, in: 50 Jahre Stuttgarter Zeitung (Sonderbeilage vom 12. September 1995), S. 31. Vgl. auch BAK, Nachlaß Dietrich, N 1004, Nr. 530, «Akten betr. die Majorität der Robert Bosch GmbH bei der Deutschen Verlags-Anstalt Stuttgart»; Willy Schloßstein, Einstellung des Herrn Robert Bosch und seiner Mitarbeiter zum Nazi-Regime, BAK, N 1186 (Stolper), 85 a, S. 9.

220 Oron Hale, Presse in der Zwangsjacke, S. 210. Von dem Besitzerwechsel erfuhren die Leser des «Stuttgarter Tagblattes» nichts. Vgl. zum Gesamtvorgang auch Oskar Fehrenbach, Familie Bosch verzichtet auf Zeitungsanteile. Von der Wahrheit und manchen Legenden, in: 50 Jahre Stuttgarter Zeitung (Sonderbeilage vom 12. September 1995), S. 14.

221 Zitiert nach Karl-Dietrich Abel, Presselenkung im NS-Staat, S. 8.

222 Zitiert nach Oron Hale, Presse in der Zwangsjacke, S. 209.

223 Frank Raberg, Wirtschaftsminister zwischen Selbstüberschätzung und Resignation. Oswald Lehnich, württembergischer Staatsminister für Wirtschaft, in: Michael Kißener/Joachim Scholtyseck, Die Führer der Provinz, S. 333–359, hier S. 349.

224 Eine Anregung, den seit 1934 amtierenden Präsidenten des Industrie- und Handelstages, Fritz Kiehn, abzulösen, lehnte Walz unter Hinweis auf die «schädliche Wirtschaftspolitik der Partei» ab. Kiehn, ein «Alter Kämpfer» und SS-Mann, war aufgrund seines persönlichen und pekuniären Ehrgeizes selbst unter Nationalsozialisten umstritten und galt als «Januskopf», bei dem man «immer höllisch aufpassen» müsse, «ob man nun auf der schwarzen oder weißen Seite bei ihm ist». Hans Walz, «Beilage zum Fragebogen: Kurze Darstellung der Beziehungen zur NSDAP und SS» vom 27. August 1945, RBA 13/33; BAL, NS 19, Bd. 790; Berger an Wolff, vom 10. Oktober 1942, BA, Abt. III, Sammelliste 59, S. 312. Vgl. auch Murr an Heckenstaller, vom 2. Dezember 1942, ebd., S. 304; Harald Winkel, Geschichte der Württembergischen Industrie- und Handelskammern Heilbronn, Reutlingen, Stuttgart/Mittlerer Neckar und Ulm 1933–1980, Stuttgart 1981, S. 11 f.

225 Vgl. Debatin an Walz vom 4. März 1948, RBA N 32, Bd. 9.

226 Albrecht Fischer, Inhaftierung von Herrn Walz, 1945–1947, RBA 13/230. Zur Entwicklung der SS Heinz Höhne, Der Orden unter dem Totenkopf. Die Geschichte der SS, München ³1981; Herbert F. Ziegler, Nazi Germany's New Aristocracy. The SS Leadership 1925–1939, Princeton 1989; Robert Lewis Koehl, The Black Corps. The Structure and Power Struggle of the Nazi SS, Madison/London 1983.

227 «Als Gegenleistung für die zum Teil rigoros, um nicht zu sagen erpresserisch verlangten Beiträge wurde in Aussicht gestellt, daß die Firma den Schutz der SS gegen die

politische Leitung der Partei und ihrer Gliederungen genießen würde.» Hans Walz, «Beilage zum Fragebogen: Kurze Darstellung der Beziehungen zur NSDAP und SS» vom 27. August 1945, RBA 13/33.

228 Als ständige Vertreter fanden sich unter dem Vorsitz des Ministers Werner von Blomberg und den Generälen Wilhelm Keitel und Walter von Reichenau von seiten der Industrie neben Bosch u. a. Fritz Springorum, Albert Vögler, Fritz Thyssen, Paul Reusch, Carl Krauch, Wilhelm Keppler und Konrad von Borsig.

229 Bestätigung Speers aus dem August 1946, BAK, N 1186 (Stolper), Bd. 85 a.

230 Dieter Petzina, Hauptprobleme der deutschen Wirtschaftspolitik 1932/33, in: Vierteljahrshefte für Zeitgeschichte 15 (1967), S. 18–55, hier S. 48, Anm. 97.

231 Theodor Heuss, Robert Bosch, S. 595.

232 Henry A. Turner, Die Großunternehmer und der Aufstieg Hitlers, S. 300 f.

233 Records of the United States Nürnberg War Crimes Trials Interrogations, 1946–1949, NA, RG 238, M 1019, Roll 77: Vernehmung Hans Walz vom 29. Dezember 1946.

234 Zum «Freundeskreis Himmler» immer noch die abgewogen urteilende Arbeit von Reinhard Vogelsang, Der Freundeskreis Himmler. Lediglich als Beispiele für die verzerrende Sicht des dogmatischen Marxismus zu benutzen sind: Klaus Drobisch, Der Freundeskreis Himmlers, in: Internationale Hefte der Widerstandsbewegung 2 (1960), S. 135–139; ders., Der Freundeskreis Himmler, in: Zeitschrift für Geschichtswissenschaft 8 (1960), S. 304–328. Durch die Forschung inzwischen überholt ist die frühe Arbeit von Michael H. Kater, Heinrich Himmler's Circle of Friends 1931–1945, in: MARAB. A Review, Vol. 2, Bd. 1 (Winter 1965/66), S. 74–93. Weil der «Spiegel» in einem Bericht über den «Freundeskreis» im Jahr 1965 Hans Walz die Mitgliedschaft im «Freundeskreis» vorhielt, ließ Walz eine unternehmensinterne Recherche über den Freundeskreis durchführen, die in RBA 13/130 dokumentiert ist. Die Vorwürfe und die Erwiderung von Walz: «Der Spiegel» Nr. 42 vom 13. Oktober 1965, S. 74–78; «Der Spiegel» Nr. 45 vom 3. November 1965, S. 14.

235 Karl Lindemann, «Erklärung unter Eid» vom 28. Februar 1947, in: Reinhard Vogelsang, Der Freundeskreis Himmler, S. 149.

236 Reinhard Vogelsang, Der Freundeskreis Himmler, passim.

237 Als Mentoren spielten neben Gottlob Berger jedenfalls der damalige SS-Brigadeführer August Diehn und der spätere Höhere SS- und Polizeiführer Obergruppenführer Hans-Adolf Prützmann, zu dem Berger gute Kontakte hatte, eine wichtige Rolle. Der eifrige Verfechter nationalsozialistischer Ideen August Diehn (1874–1942) war als Generaldirektor der Berliner Kalisyndikat GmbH ein gelegentlicher Jagdgast Robert Boschs und hat bei dieser Gelegenheit möglicherweise seine Dienste für Walz angeboten. Records of the United States Nürnberg War Crimes Trials Interrogations, 1946–1949, NA, RG 238, M-1019, Roll 6: Vernehmung Bergers am 25. März 1945. Vgl. auch die Tonbandaufzeichnungen Bergers: RBA 13/84 (zitiert nach der Mitschrift), S. 6. Zu Diehn vgl. auch Vernehmung von Karl Wolff vom 1. Oktober 1947, IfZ, ZS 317/IV.

238 Hans Walz, «Beilage zum Fragebogen: Kurze Darstellung der Beziehungen zur NSDAP und SS» vom 27. August 1945, RBA 13/33.

239 Records of the United States Nürnberg War Crimes Trials Interrogations, 1946–1949, NA, RG 238, M-1019, Roll 6: Vernehmung Bergers am 25. März 1945.

240 Walz an Schreiber vom 7. Juli 1964, RBA 13/73; Records of the United States Nürnberg War Crimes Trials Interrogations, 1946–1949, NA, RG 238, M 1019, Roll 77: Vernehmung Hans Walz vom 29. Dezember 1946.

241 Records of the United States Nürnberg War Crimes Trials Interrogations, 1946–1949, NA, RG 238, M 1019, Roll 77: Vernehmung Hans Walz vom 29. Dezember 1946.

242 Ebd., Vernehmung Hans Walz vom 25. September 1946.

243 Krogmann Tagebücher 1934–1935, FSt 11/K 5. Vgl. auch Carl Vincent Krogmann, Es ging um Deutschlands Zukunft, S. 134 f.

244 Vgl. die Teilnehmerliste: Krogmann Tagebücher 1934–1935, FSt 11/K 6.

245 Walz an Albrecht Fischer vom 1. August 1947, Staatsarchiv Ludwigsburg, Spruchkammerverfahren Hans Walz, EL 902/20, Bü 37/16/13512.

246 Die Erinnerung Oswald Pohls, Walz habe, soweit er sich entsinne, zu den Teilnehmern des «Freundeskreises» gehört, die unter persönlicher Führung von Himmler etwa im Jahre 1937 das Konzentrationslager Dachau besichtigt hätten, ist zweifelhaft. Pohls Angabe: National Archives Microfilm Publications, Microfilm T-301, Records of U. S. Chief of Counsel for War Crimes, Nuremberg Military Tribunals, re nazi Industrialists, Roll 12, frame 97: Aufzeichnung Oswald Pohls vom 29. Juli 1946. Weitere Belege für einen solchen Besuch liegen nicht vor. Walz selbst gab stets glaubhaft an, nie ein Konzentrationslager besucht zu haben. Records of the United States Nürnberg War Crimes Trials Interrogations, 1946 – 1949, NA, RG 238, M 1019, Roll 77: Vernehmung Hans Walz vom 29. Dezember 1946.

247 Karl Lindemann, «Erklärung unter Eid» vom 28. Februar 1947, in: Rainer Vogelsang, Der Freundeskreis Himmler, S. 152 f.

248 Records of the United States Nürnberg War Crimes Trials Interrogations, 1946–1949, NA, RG 238, M 1019, Roll 26: Vernehmung Karl Hettlage vom 3. Februar 1947.

249 Ebd., Roll 77: Vernehmung Hans Walz vom 25. September 1946.

250 Ebd., Vernehmung Hans Walz vom 29. Dezember 1946.

251 Eidesstattliche Versicherung Theodor Bäuerles vom 13. März 1948, NA, RG 238, M-897, Roll 101. Vgl. Berger an Bäuerle ohne Datum (April 1937), RBA 13/84; Bäuerle an Berger vom 17. April 1947, ebd.

252 Ebd. Vgl. Theodor Bäuerle, «Robert Bosch. Persönliche Erinnerungen von Theodor Bäuerle», RBA 14/1, S. 60–74.

253 Auf die Hintergründe dieser Streitigkeiten ist an anderer Stelle hingewiesen worden: Joachim Scholtyseck, Der «Schwabenherzog». Gottlob Berger, SS-Obergruppenführer, in: Michael Kißener/ders. (Hrsg.), Die Führer der Provinz. NS-Biographien aus Baden und Württemberg, Konstanz 1997, S. 77–110; ders., «Der Mann aus dem Volk». Wilhelm Murr, Gauleiter und Reichsstatthalter in Württemberg-Hohenzollern, in: ebd., S. 477–502. Zu Murr auch Paul Sauer, Wilhelm Murr (1888–1945), in: Rainer Lächele/Jörg Thierfelder (Hrsg.), Wir konnten uns nicht entziehen, S. 207–225 und Hubert Roser, Wilhelm Murr. Reichsstatthalter und NSDAP-Gauleiter in Württemberg-Hohenzollern 1888–1945, in: Lebensbilder aus Baden-Württemberg 19 (1998), S. 515–549.

254 Aussage Bergers in seinem Prozeß vor dem amerikanischen Militärtribunal, Sitzung vom 2. Juni 1948, NA, RG 238, M-897, Roll 84.

255 Eidesstattliche Versicherung Theodor Bäuerles vom 13. März 1948, NA, RG 238, M-897, Roll 101.

256 Records of the United States Nürnberg War Crimes Trials Interrogations, 1946–1949, NA, RG 238, M-1019, Roll 6: Vernehmung Bergers am 25. März 1945.

257 Walz an Schreiber vom 7. Juli 1964, RBA 13/73.

258 Tonbandaufzeichnungen Bergers: RBA 13/84 (zitiert nach der Mitschrift), S. 6 f.

259 Eidesstattliche Versicherung Theodor Bäuerles vom 13. März 1948, NA, RG 238, M-897, Roll 101.

260 Walz an Schreiber vom 7. Juli 1964, RBA 13/73, Hans Walz, «Beilage zum Fragebogen: Kurze Darstellung der Beziehungen zur NSDAP und SS» vom 27. August 1945, RBA 13/33.

261 Hans Walz, «Beilage zum Fragebogen: Kurze Darstellung der Beziehungen zur NSDAP und SS» vom 27. August 1945, RBA 13/33.

Anhang

262 Vgl. hierzu auch das Schreiben von Robert Bosch jun. an den Verfasser vom 23. September 1997.

263 Records of the United States Nürnberg War Crimes Trials Interrogations, 1946–1949, NA, RG 238, M-1019, Roll 6: Vernehmung Bergers am 25. März 1945.

264 Aufzeichnung Felix Olpp vom 15. Juli 1994, Kopie im Besitz des Verfassers; Hans Walz, «Beilage zum Fragebogen: Kurze Darstellung der Beziehungen zur NSDAP und SS» vom 27. August 1945, RBA 13/33.

265 Bäuerle an Berger vom 25. Juni 1937, RBA 13/84. Vgl. Bäuerle an Berger vom 7. September 1937, ebd.

266 Eidesstattliche Versicherung Willy Schloßsteins vom 4. März 1948, NA, RG 238, M-897, Roll 101. Vgl. Undatierte Aufzeichnungen von Felix Olpp aus dem November 1982, RBA 14/3.

267 Vgl. Eidesstattliche Versicherung von Hans Walz vom 6. März 1948, ebd..

268 Bäuerle an Mauk vom 12. Juli 1938, RBA 14/86. Vgl. Bosch an Mauk vom 5. Juli 1939, RBA 14/87; Bosch an Mauk vom 31. Oktober 1939, ebd.

269 Bäuerle an Berger vom 12. Juli 1937, RBA 13/84.

270 Berger an Bäuerle vom 28. Dezember 1937, RBA 13/84.

271 Bäuerle an Berger vom 28. Oktober 1937, RBA 13/84.

272 Berger verstand diese Beiträge nicht als Entlohnung. Bei Bosch hätte man es «nicht gewagt, mir mit einem Geldbetrag Dank abzustatten», und er hätte sich in einer «Sache des Gerechtigkeitswillens» auch nicht bezahlen lassen. Records of the United States Nürnberg War Crimes Trials Interrogations, 1946–1949, NA, RG 238, M 1019, Roll 77: Vernehmung Hans Walz vom 29. Dezember 1946; Verhörmitschrift vom 2. Juni 1948 während Bergers Prozeß vor dem Militärgerichtshof, NA, M-897, Roll 84, Bl. 7173; Records of the United States Nürnberg War Crimes Trials Interrogations, 1946–1949, NA, RG 238, M-1019, Roll 6. Vernehmung Bergers am 25. März 1946; Walz an den Chief of Counsel vom 15. Juli 1947, RBA 13/34.

273 Walz an Schreiber vom 7. Juli 1964, RBA 13/73 und die weiterführenden Beurteilungen bei Willy Schloßstein: «Betr. Einstellung des Herrn B. und seiner Firma zum Nazi-Regime (Überreicht durch Ludwig Kaiser Stuttgart 15. 9. 1945)», BAK, N 1166 (Ritter), Bd. 131.

274 Eidesstattliche Versicherung Theodor Bäuerles vom 13. März 1948, NA, RG 238, M-897, Roll 101.

275 Aufzeichnung Felix Olpp vom 15. Juli 1994, Kopie im Besitz des Verfassers.

276 Records of the United States Nürnberg War Crimes Trials Interrogations, 1946–1949, NA, RG 238, M-1019, Roll 6. Vernehmung Bergers am 25. März 1946.

277 Vgl. die Aussage in seinem Nürnberger Prozeß, Sitzung vom 2. Juni 1948, NA, RG 238, M-897, Roll 84.

278 Bosch an Gustav Göz vom 14. September 1931, RBA 14/58.

279 Zu der historiographischen Auseinandersetzung zusammenfassend Ulrich von Hehl, Nationalsozialistische Herrschaft, S. 96–99.

280 Vgl. hierzu Jörg Thierfelder/Eberhard Röhm, Die evangelischen Landeskirchen von Baden und Württemberg in der Spätphase der Weimarer Republik und zu Beginn des Dritten Reiches, in: Thomas Schnabel (Hrsg.), Die Machtergreifung in Südwestdeutschland, Stuttgart u. a. 1982, S. 219–256; Joachim Köhler/Jörg Thierfelder, Anpassung oder Widerstand? Die Kirchen im Bann der «Machtergreifung» Hitlers, in: Thomas Schnabel (Hrsg.), Formen des Widerstandes im Südwesten 1933–1945. Scheitern und Nachwirken, Ulm 1994, S. 53–94.

281 Thomas Schnabel, Württemberg zwischen Weimar und Bonn 1928 bis 1945/46, Stuttgart/Berlin/Köln/Mainz 1986, S. 432.

282 Ebd., S. 183.

283 NS-Kurier vom 5./6. Februar 1938.

284 Willy Schloßstein, Einstellung des Herrn Robert Bosch und seiner Mitarbeiter zum Nazi-Regime in: BAK, N 1186 (Stolper), 85 a, S. 7.

285 Erklärung von Walther Mauk vom 20. März 1948, RBA 13/38.

286 Willy Schloßstein, Einstellung des Herrn Robert Bosch und seiner Mitarbeiter zum Nazi-Regime, BAK, N 1186 (Stolper), 85 a, S. 7 und 10. Schloßstein nennt als das von Bosch gelesene katholische Auslandsblatt «Der andere Weg». Eine solche Zeitschrift gab es allerdings nicht, so daß hier mit großer Wahrscheinlichkeit das von 1934 bis 1940 in Oldenzaal (Niederlande) von dem Jesuiten Friedrich Muckermann herausgegebene Exilorgan «Der deutsche Weg. Ein Blatt für deutschsprechende Katholiken» gemeint ist.

287 Willy Schloßstein, Einstellung des Herrn Robert Bosch und seiner Mitarbeiter zum Nazi-Regime in: BAK, N 1186 (Stolper), 85 a, S. 7.

288 Wurm an den Vorsitzenden des Reichskirchenausschusses Generalsuperintendent Zoellner vom 16. März 1936, in: Gerhard Schäfer, Die Evangelische Landeskirche in Württemberg und der Nationalsozialismus. Eine Dokumentation zum Kirchenkampf. Bd. 4: Die intakte Landeskirche 1935–1936, Stuttgart 1977, S. 630 f.

289 Walz an Wurm vom 13. November 1934, LKA Stuttgart, D 1, Bd. 55,1. Zur Haltung von Walz in diesen Fragen umfassend Michael Kißener, Hans Walz.

290 Denkschrift «Die Entkonfessionalisierung der deutschen Politik» vom 26. November 1935, in ebd., S. 465–471.

291 Wurm an Walz vom 5. Dezember 1935, LKA Stuttgart, D 1, Bd. 64.

292 Zur Haltung von Neuraths in dieser Frage Klaus Scholder, Die Kirchen und das Dritte Reich, Bd. 2: Das Jahr der Ernüchterung. 1934, Berlin 1987, bes. S. 321, 333 f., 348 f.

293 Walz an Wurm vom 10. Dezember 1935; Walz an Wurm vom 16. Dezember 1935, LKA Stuttgart, D 1, Bd. 64.

294 Walz an Schacht vom 6. Dezember 1935, LKA Stuttgart, D 1, Bd. 64. Zu den von Walz hier angesprochenen «Störungen» des Welthandels durch die «nationale» Außenhandelspolitik Gerhard Kümmel, Transnationale Wirtschaftskooperation und der Nationalstaat. Deutsch-amerikanische Unternehmensbeziehungen in den dreißiger Jahren Stuttgart 1995.

295 Walz an Pressel vom 17. April 1963, LBI New York, Karl Adler Collection AR 7276, VI, Box 4, Folder 12.

296 Theophil Wurm, Erinnerungen aus meinem Leben, Stuttgart 1953, S. 135.

297 Walz an den Landesbruderrat vom 28. Januar 1937, in: Gerhard Schäfer, Die Evangelische Landeskirche in Württemberg und der Nationalsozialismus. Eine Dokumentation zum Kirchenkampf. Bd. 5: Babylonische Gefangenschaft 1937–1938, Stuttgart 1982, S. 33 f.

298 Hans Walz, «Beilage zum Fragebogen: Kurze Darstellung der Beziehungen zur NSDAP und SS» vom 27. August 1945; RBA 13/33; Walz an Pressel vom 17. April 1963, LBI New York, Karl Adler Collection AR 7276, VI, Box 4, Folder 12.

299 «Stuttgarter NS-Kurier» vom 19./20. September 1936.

300 Fünfzig Jahre Bosch, 1886 – 1936, Stuttgart 1936.

301 Fünfzig Jahre Bosch, S. 8 f.

302 Hans Walz, Württemberg und die Weltwirtschaft, in: Welt-Wirtschaft 6 (1935), S. 111–114.

303 Bosch an Escherich vom 23. August 1936, RBA 14/67.

304 Ludolf Herbst, Der Krieg und die Unternehmensstrategie deutscher Industrie-Konzerne in der Zwischenkriegszeit, in: Martin Broszat/Klaus Schwabe (Hrsg.), Die deutschen Eliten und der Weg in den Zweiten Weltkrieg, München 1989, S. 72–134, hier S. 74.

305 Zu Carl Friedrich von Siemens im «Dritten Reich»: Georg Siemens, Carl Friedrich von Siemens. Ein großer Unternehmer, Freiburg 1960, S. 291–325; Wilfried Feldenkirchen, Siemens. Von der Werkstatt zum Weltunternehmen, München/Zürich 1997, S. 174.

306 Richard Merton, «About the Responsibility of German Industrialists» (1. Mai 1945), in: ders., Erinnernswertes aus meinem Leben, Frankfurt am Main 1953, S. 281–286, hier S. 282.

307 Theodor Heuss, Robert Bosch, S. 597.

308 Kanzlei Staatssekretär Waldmann an Drewitz vom 1. Oktober 1936, HStA Wü, E 140, Bü 78. Zur Persönlichkeit Waldmanns Annette Roser, «Beamter aus Berufung». Karl Wilhelm Waldmann, Württembergischer Staatssekretär, in: Michael Kißener/Joachim Scholtyseck (Hrsg.), Die Führer der Provinz, S. 781–803; Hubert Roser/Annette Roser, Karl Waldmann (1889–1969), in: Rainer Lächele/Jörg Thierfelder (Hrsg.), Wir konnten uns nicht entziehen, S. 227–250.

309 «NS-Kurier» vom 23. September 1936.

310 (Otto Debatin), Robert Bosch GmbH und NSDAP, RBA 13/38. Zu Schulz, der 1931 die nationalsozialistische Betriebszelle bei Bosch gegründet hatte und 1933 forderte, Deutschland brauche Arbeiterführer, die «keine Bindungen mehr zum Marxismus und Liberalismus haben», vgl. dessen Aufsatz «NSBO, die Gewerkschaft des Arbeiters», in: «NS-Kurier» vom 1. Mai 1933. Daneben Otto Schwarz, Vom Werden und Wirken der Betriebszelle Bosch der NSBO, in: Bosch-Zünder 16 (1934), S. 74 f.

311 Die Rede von Walz in: RBA 14, «Verschiedenes», auszugsweise auch im Bosch-Zünder 18 (1936), S. 221–225.

312 Ebd.

313 Zitiert nach «Stuttgarter NS-Kurier» vom 23. September 1936.

314 «Stuttgarter NS-Kurier» vom 23. September 1936; «Völkischer Beobachter» vom 24. September 1936.

315 Walz und Wild an Kreisleiter Mauer vom 3. Oktober 1936, HStA Wü, E 140, Bü. 164.

316 Schmidt an Waldmann vom 16. Oktober 1936, HStA Wü, E 140, Bü 164; Waldmann an Schmidt vom 22. Oktober 1936, ebd. Zu Stahlecker, der später einer der berüchtigten «Judenjäger» des SD in Osteuropa wurde, Jürgen Schuhladen-Krämer, Die Exekutoren des Terrors. Hermann Mattheiß, Walther Stahlecker, Friedrich Mußgay, Leiter der Geheimen Staatspolizei Stuttgart, in: Michael Kißener/Joachim Scholtyseck (Hrsg.), Die Führer der Provinz, S. 405–443, bes. S. 416–432.

317 Zu Rohrbach, der 1943 zum Präsidenten der neugeschaffenen Gauwirtschaftskammer avancierte, Roland Müller, Stuttgart zur Zeit des Nationalsozialismus, S. 201–203.

318 Der Vorgang ist dokumentiert in: Staatsarchiv Ludwigsburg, PL 502/20 (NS-Kreisleitung Stuttgart), Bü 96: «Bericht über die Besprechung zwecks Beilegung der Differenzen zwischen der Firma Robert Bosch AG. Stuttgart und der Deutschen Arbeitsfront am 1. Dezember 1937 vorm. 9½ Uhr auf der Gauleitung der NSDAP, Stuttgart, Goethestr. 14».

319 Ebd. Nach dem Krieg hat auch Otto Debatin diese Auseinandersetzung geschildert. Er konnte sich allerdings noch nicht auf Aktenkenntnis stützen. Seiner Erinnerung nach antwortete Walz auf die Frage, ob Robert Bosch auf der Jubiläumsfeier nicht die Abwesenheit der Parteivertreter aufgefallen sei: «Nein, und wenn, wäre es ihm gleichgültig gewesen.» (Otto Debatin), Robert Bosch GmbH und NSDAP, RBA 13/38.

320 Staatsarchiv Ludwigsburg, PL 502/20 (NS-Kreisleitung Stuttgart), Bü 96: «Bericht über die Besprechung zwecks Beilegung der Differenzen zwischen der Firma Robert Bosch AG. Stuttgart und der Deutschen Arbeitsfront am 1. Dezember 1937 vorm. 9½ Uhr auf der Gauleitung der NSDAP, Stuttgart, Goethestr. 14».

321 Heuss an Debatin vom 12. März 1938, RBA 14/156.

322 Ian Kershaw, Der Hitler-Mythos. Volksmeinung und Propaganda im Dritten Reich, Stuttgart 1980, S. 88 f.

323 «New York Times» vom 23. September 1936.

324 Bosch an Jakob Kupka (New York) vom 16. November 1936, RBA N 11/60. Vgl. Jakob Kupka an Bosch vom 5. November 1936, ebd.

325 Theodor Heuss, Robert Bosch, S. 545. Zu Hallers Verehrung für Bosch vgl. Johannes Haller, Lebenserinnerungen, S. 256 f.

326 Zur Vita des Tübinger Professors für Mittelalterliche Geschichte differenzierend: Heribert Müller, «Eine gewisse angewiderte Bewunderung». Johannes Haller und der Nationalsozialismus, in: Wolfram Pyta/Ludwig Richter (Hrsg.), Gestaltungskraft des Politischen. Festschrift für Eberhard Kolb, Berlin 1998, S. 443–482.

327 Johannes Haller, Tausend Jahre deutsch-französischer Beziehungen, (1930) Stuttgart ³1936.

328 Robert Bosch an Haller vom 4. August 1936, BAK, Nachlaß Haller, N 1035, Nr. 19.

329 Deutschland-Berichte der Sozialdemokratischen Partei (Sopade), Dritter Jahrgang 1936, Nördlingen 1980, S. 513 (Bericht April 1936).

330 (Otto Debatin), Robert Bosch GmbH und NSDAP, RBA 13/38.

331 «W.», Weltpolitische Querschnitte, in: Der Bund (Bern) vom 7. Juli 1935.

332 Eugen Diesel, Die deutsche Wandlung. Das Bild eines Volks, Stuttgart/Berlin 1929.

333 Eugen Diesel, Vom Verhängnis der Völker. Das Gegenteil einer Utopie, Stuttgart/Berlin 1934, S. VIII.

334 Zitiert nach Theodor Heuss, Robert Bosch, S. 611.

335 Bosch an Escherich vom 20. August 1934, RBA 14/65.

336 Mit Goerdeler muß sich Diesel des öfteren ausführlich besprochen haben und kannte ihn gar so gut, daß er nach dem Krieg ein «geistiges und menschliches Porträt» des Widerstandskämpfers verfassen wollte. Vgl. hierzu Hans Walz, Meine Mitwirkung an der Aktion Goerdeler, in: Otto Kopp (Hrsg.), Widerstand und Erneuerung, S. 99; Diesel an Ritter vom 26. April 1947, BAK, N 1166 (Ritter), Bd. 329.
Während er die Verbindung mit dem Boschkreis verlor, ging Diesel eigene Wege und warnte Philip Conwell-Evans, einen Emissär des englischen Unterstaatssekretärs des Foreign Office, Robert Vansittart, mehrfach vor den negativen Auswirkungen der Appeasementpolitik. Im Dezember 1938 berichtete er über deutsche Raketenexperimente, die im Zusammenhang mit dem Ziel stünden, von Holland und der flandrischen Küste aus London zu attackieren. T. Philip Conwell-Evans, None So Blind. A Study of the Crisis Years, 1930–1939, Based on the Private Papers of Group-Captain M. G. Christie, London 1947 [Privatdruck], S. 160 f. Vgl. zur Freundschaft zwischen Eugen Diesel und Hans Walz: Eugen Diesel, Hans Walz zum 75. Geburtstag, in: Bosch-Zünder 38 (1958), S. 60–63.

337 Willy Schloßstein, Einstellung des Herrn Robert Bosch und seiner Mitarbeiter zum Nazi-Regime, BAK, N 1186 (Stolper), 85 a, S. 8.

338 Ebd.

339 Klaus Hildebrand, Das vergangene Reich, S. 596.

340 Willy Schloßstein, Einstellung des Herrn Robert Bosch und seiner Mitarbeiter zum Nazi-Regime, BAK, N 1186 (Stolper), 85 a, S. 8.

341 Bosch an Escherich vom 5. April 1935, RBA 14/66.

342 Bosch an Escherich vom 19. September 1935, RBA 14/66.

343 Sebastian Haffner, Anmerkungen zu Hitler, S. 37.

344 Bosch an Escherich vom 19. September 1935, RBA 14/66.

345 Hermann Graml, Europas Weg in den Krieg. Hitler und die Mächte 1939, München 1990, S. 90. Esmonde Robertson, Zur Wiederbesetzung des Rheinlandes 1936, in:

Vierteljahrshefte für Zeitgeschichte 10 (1962), S. 178–205; ders., Hitler und die Sanktionen des Völkerbundes. Mussolini und die Besetzung des Rheinlands, in: Vierteljahrshefte für Zeitgeschichte 26 (1978), S. 237–264.

346 Willy Schloßstein, Einstellung des Herrn Robert Bosch und seiner Mitarbeiter zum Nazi-Regime, BAK, N 1186 (Stolper), 85 a, S. 10.

347 Bosch an Escherich vom 23. September 1935, RBA 14/66. Zum Abessinienkrieg Manfred Funke, Sanktionen und Kanonen. Hitler, Mussolini und der internationale Abessinienkonflikt 1934/36, Düsseldorf 1970; Jens Petersen, Hitler – Mussolini. Die Entstehung der Achse Berlin – Rom 1933 – 1936, Tübingen 1973.

348 Theodor Heuss, Robert Bosch, S. 608.

349 Ebd., S. 474.

350 Vgl. Aufzeichnung Hans Walz vom 25. September 1968, RBA 13/241.

351 David Davies, England's Problems as a great Power, in: Alex Forbath (Hrsg.), Europe into the Abyss. Behind the scenes of Secret Politics, London o. J. (1938), S. 25–45; vgl. auch seine Vorschläge zur Rüstungsbeschränkung: Lord Davies, Selbstmord oder Vernunft? Untersuchung der der Abrüstungskonferenz gemachten Vorschläge. Die Frage der überstaatlichen Polizei, Berlin 1932.

352 Klaus Hildebrand, Krieg im Frieden und Frieden im Krieg. Über das Problem der Legitimität in der Geschichte der Staatengesellschaft 1931 – 1941, in: HZ 244 (1987), S. 1–28.

353 Donald Cameron Watt, Personalities and Policies. Studies in the Formulation of British Foreign Policy in the Twentieth Century, London 1965, S. 124. Vgl. Arthur Marwick, Middle Opinion in the Thirties: Planning, Progress and Political «Agreement», in: EHR 74 (1964), S. 285–298, bes. S. 290 f.

354 Willy Schloßstein, Einstellung des Herrn Robert Bosch und seiner Mitarbeiter zum Nazi-Regime, BAK, N 1186 (Stolper), 85 a, S. 8.

355 Wynn P. Wheldon, David Davies, in: DNB 1941–1950, Oxford 1959, S. 199 f.

356 Vgl. Bosch an Escherich vom 27. Mai 1936, RBA 14/67.

357 Ernst Jäckh, Erlebtes und Erstrebtes, S. 188–205. Vgl. Willy Schloßstein, Einstellung des Herrn Robert Bosch und seiner Mitarbeiter zum Nazi-Regime, BAK, N 1186 (Stolper), 85 a, S. 8.

358 Ebd.

359 Vgl. Bosch an Escherich vom 19. September 1935, RBA 14/66.

360 Theodor Heuss, Robert Bosch, S. 592. Das in englisch abgefaßte Original: Bosch an Ford vom 27. Mai 1935, RBA N 11/58.

361 Hierzu Carol Gelderman, Henry Ford. The Wayward Capitalist, New York 1981, bes. S. 224–227 und 238–241; David E. Nye, Henry Ford «Ignorant Idealist», Port Washington/London 1979. Unwissenschaftlich (auch in Hinblick auf die Förderung Hitlers durch die Industrie) sind die Vermutungen bei James Pool, Who Financed Hitler?, New York ²1997. Nur mit Behauptungen und Konjekturen arbeitend Albert Lee, Henry Ford and the Jews, New York 1980.

362 Jakob Goldschmidt an Hans Walz vom 4. November 1954, RBA 13/30. Zu Goldschmidt vgl. Gerald D. Feldman, Jakob Goldschmidt, the History of the Banking Crisis of 1931, and the Problem of Freedom of Manœuvre in the Weimar Economy, in: Christoph Buchheim/Michael Hutter/Harold James (Hrsg.), Zerrissene Zwischenkriegszeit, S. 307–328; ders., Jewish bankers and the Crises of the Weimar Republic (Leo Baeck Memorial Lecture 39), New York 1995. Zu Siegmund Warburg Jacques Attali, Siegmund G. Warburg. Das Leben eines großen Bankiers, Düsseldorf 1986, bes. S. 186–194. Vgl. NA, RG 226, Research and Analysis Branch Divisions, XL-12736, OSS-Report vom 20. Juni 1945 («Preliminary Report»).

363 Bosch an Escherich vom 25. Mai 1936, RBA 14/67.

364 Theodor Heuss, Robert Bosch, S. 593.

365 Bosch an einen unbekannten Adressaten vom 22. Februar 1934, zitiert nach Theodor Heuss, Robert Bosch, S. 593 f.

366 Henry Brereton, Die Gründung und die Entwicklung von Gordonstoun, in: Hermann Röhrs (Hrsg.), Bildung als Wagnis und Bewährung. Eine Darstellung des Lebenswerkes von Kurt Hahn, Heidelberg 1966, S. 189–197, hier S. 189; Michael Knoll (Hrsg.), Kurt Hahn. Reform mit Augenmaß. Ausgewählte Schriften eines Politikers und Pädagogen, Stuttgart 1998. Hahns Konzeptionen eines «Anderen Deutschland» erinnern in vielem an die Pläne Goerdelers. Vgl. Lionel Curtis an Halifax vom 15. Juli 1939, PRO FO 800/316, p. 85 f.; Klemens von Klemperer, Die «Außenpolitik» des deutschen Widerstands, in: Klaus-Jürgen Müller/David N. Dilks (Hrsg.), Großbritannien und der deutsche Widerstand 1933–1944, Paderborn u. a. 1994, S. 83–94, hier S. 87; ders., Die verlassen Verschwörer, S. 65.

367 Vgl. hierzu vor allem Ruprecht Poensgen, Die Schule Schloß Salem im Dritten Reich, in: Vierteljahrshefte für Zeitgeschichte 44 (1996), S. 25–54; Kurt Hahn, Erziehung zur Verantwortung. Reden und Aufsätze, Stuttgart 1958, S. 44–56; Michael Knoll (Hrsg.), Kurt Hahn: Erziehung und die Krise der Demokratie, Stuttgart 1986.

368 Robert Bosch an Margarete Bosch vom 28. Mai 1940, RBA 14/19. Vgl. Bosch an Escherich vom 25. Mai 1936, RBA 14/67.

369 Zusammenfassend Ludolf Herbst, Der Krieg und die Unternehmensstrategie, S. 124–127.

370 Harold James, Innovation and conservatism in economic recovery: the alleged «Nazi recovery» of the 1930s, in: W. R. Garside (Hrsg.), Capitalism in Crisis. International Responses to the Great Depression, London/New York 1993, S. 70–95.

371 Alfred Sohn-Rethel, Ökonomie und Klassenstruktur des deutschen Faschismus, S. 56 f. Vgl. die Hinweise über die «antinazistische» und nach 1933 zunächst «abwartende» Haltung des Vorstands und der Geschäftsführung des Zentralverbands der elektrotechnischen Industrie bei Werner Sörgel, Metallindustrie und Nationalsozialismus. Eine Untersuchung über Struktur und Funktion industrieller Organisationen in Deutschland 1929 bis 1939, Frankfurt am Main 1965, S. 34 f. Eine fundierte Kritik der marxistischen Analyse Sohn-Rethels bei Heinrich August Winkler, Die «neue Linke» und der Faschismus, in: ders., Revolution, Staat, Faschismus, Göttingen 1978, S. 65–117, hier S. 71–73.

372 Ludolf Herbst, Der Krieg und die Unternehmensstrategie, S. 131.

373 Vgl. Theodor Heuss, Robert Bosch, S. 571.

374 Vernehmungsniederschrift Fischers vom 5. August 1944, BAL, NJ 12285, Bl. 8 a.

375 Ebd.

376 Albert Fischer, Hjalmar Schacht und Deutschlands «Judenfrage», Köln/Weimar/Wien 1995, S. 79. Aber auch Jäckh, der in mancher inoffiziellen Mission für Schacht tätig war, ließ sich auf diese Weise irreführen. Vgl. seine Gespräche im Foreign Office: Aufzeichnung Sir Orme Sargent vom 11. November 1936, PRO FO, PREM 1/330; vgl. Eden an Baldwin vom 26. November 1936, ebd.

377 Vgl. Arthur Schweitzer, Big Business in the Third Reich, Bloomington 1964, S. 6.

378 Dietmar Petzina, Autarkiepolitik im Dritten Reich. Der nationalsozialistische Vierjahresplan, Stuttgart 1968, S. 30–53. Als neuere Überblicksdarstellung Werner Abelshauser, Germany: guns, butter, and economic miracles, in: Mark Harrison (Hrsg.), The economics of World War II, Cambridge 1998, S. 122–176.

379 Hjalmar Schacht, 76 Jahre meines Lebens, Bad Wörishofen 1953, S. 593.

380 Dietmar Petzina, Autarkiepolitik, S. 67.

381 Gerhard Mollin, Montankonzerne und «Drittes Reich», Göttingen 1988, S. 276.

382 René Erbe, Die nationalsozialistische Wirtschaftspolitik 1933–1939 im Lichte der modernen Theorie, Zürich 1958, hier S. 192.

383 «Denkschrift Hitlers über die Aufgaben eines Vierjahresplans», in: Vierteljahrshefte für Zeitgeschichte 3 (1955), S. 204–210, hier S. 209.

384 Eike Henning, Bürgerliche Gesellschaft und Faschismus in Deutschland. Ein Forschungsbericht, Frankfurt am Main 1977, S. 282.

385 Zu diesem unternehmerischen Risiko Mark Spoerer, Vom Scheingewinn zum Rüstungsboom, S. 170.

386 Verhandlungen des Reichstags. III. Wahlperiode 1936. Stenographische Berichte, Berlin 1938, S. 8.

387 So bereits Otto Nathan, The Nazi Economic System, Durham 1944, bes. S. 366–368.

388 Peter Hayes, Industry and Ideology, S. 163.

389 Robert Bosch an Margarete Bosch vom 28. Mai 1940, RBA 14/19.

390 Zu den Einzelheiten der Umwandlung Götz Küster, 75 Jahre Bosch, S. 82; Theodor Heuss, Robert Bosch, S. 602.

391 Vgl. etwa Henry Picker, Hitlers Tischgespräche im Führerhauptquartier 1941–1942, Bonn 1951, S. 206, Eintrag vom 24. März 1942.

392 Albrecht Fischer, Erlebnisse vom 20. Juli 1944 bis 8. April 1945, in: Otto Kopp (Hrsg.), Widerstand und Erneuerung, S. 123.

393 Zu Reuter und Meynen vgl. Reinhard Neebe, Großindustrie, Staat und NSDAP 1930–1933, Göttingen 1981, S. 154 f., S. 167; dagegen Henry A. Turner, Die Großunternehmer und der Aufstieg Hitlers, S. 360 f. und S. 517, Anm. 39; Otto Meynen, Dr. Paul Silverberg, in: Der Volkswirt 5 (1951), H. 18, S. 9–11, hier S. 11; Eckart Teichert, Autarkie und Großraumwirtschaft in Deutschland 1930 – 1939, München 1984; S. 91 f.; Alfred Sohn-Rethel, Ökonomie und Klassenstruktur des deutschen Faschismus, S. 73. Vgl. auch ders., Ein Kommentar nach 38 Jahren, in: Kursbuch 21 (1970), S. 23–35; Franz Reuter, Schacht, Leipzig 1934; recht unkritisch dagegen Heinz Pentzlin, Hjalmar Schacht. Leben und Wirken einer umstrittenen Persönlichkeit, Berlin/Frankfurt am Main/Wien 1980, hier S. 178.

394 Vgl. «Besprechung zwischen Mr. Kagan, Financial Intelligence and Liasion Branch, OMGUS und Herrn Franz Reuter am 8. April 1946», NA, RG 260, FINANCE, Box 182, folder 3.

395 Zum folgenden Franz Reuter, Der 20. Juli und seine Vorgeschichte, Berlin 1946. Die hier zum Ausdruck kommende Detailkenntnis läßt den Bericht Reuters als eine bislang zu Unrecht wenig beachtete, außerordentlich wichtige Quelle erscheinen. Vgl. ders., Die Hintergründe des 20. Juli, in: «Stuttgarter Zeitung» vom 27. Oktober 1945 und «Neue Mitteilungen zur Vorgeschichte des 20. Juli», in: Die Wandlung 1 (1945/46), S. 527 f.

396 Horst R. Sassin, Liberalismus und Widerstand, in: Peter Steinbach/Johannes Tuchel (Hrsg.), Widerstand gegen den Nationalsozialismus, S. 208–218, hier S. 211.

397 Hans Mommsen, Der Widerstand gegen Hitler und die deutsche Gesellschaft, in: Jürgen Schmädeke/Peter Steinbach (Hrsg.), Der Widerstand gegen den Nationalsozialismus, S. 3–23, hier S. 13.

398 Horst R. Sassin, Liberalismus und Widerstand, S. 209.

399 Horst Sassin, Liberale im Widerstand. Die Robinsohn-Strassmann-Gruppe 1934–1942, Hamburg 1993.

400 Vgl. die entsprechenden Denkschriften, in: ebd., S. 257–370.

401 Klemens von Klemperer, Die verlassenen Verschwörer, S. 145.

402 «Die deutsche Opposition: Tätigkeit und Ziele», zitiert nach Wolfgang Benz, Eine liberale Widerstandsgruppe und ihre Ziele: Hans Robinsohns Denkschrift aus dem Jahre 1939, in: Vierteljahrshefte für Zeitgeschichte 29 (1981), S. 447–471, bes. S. 464.

403 Es blieb bei einer eher zufälligen Zusammenarbeit, die, wie sooft, auch in diesem Fall in Carl Goerdeler ihren Mittelpunkt fand. Zur Jahreswende 1937/38 kam es zur

Anbahnung eines vertrauensvollen Arbeitsverhältnisses, das auf militärische Widerstandszirkel ausgedehnt wurde und erst mit der Verhaftung Strassmanns im August 1942 ein Ende fand. Sieht man einmal von einer noch zu schildernden Episode ab, in der Fritz Elsas als Freund des Boschkreises eine gewisse Rolle spielte, blieben die Berührungen zwischen liberalen Zirkeln bis zum Ende des «Dritten Reiches» eine zu vernachlässigende Größe. Horst R. Sassin, Liberalismus und Widerstand, S. 216. Strassmann spielte schließlich in den Tagen des Attentats vom 20. Juli 1944 noch einmal eine Nebenrolle, als er in Geheimmission nach Schweden reiste und Kontakt mit dem englischen Geheimdienst aufnahm. Klemens von Klemperer, Die verlassenen Verschwörer, S. 433 f., Anm. 44.

404 Württembergischer «Geheimbericht» an das Reichsinnenministerium vom November 1933, BAP, R 43 II/1374, Bl. 121 und 131 f.

405 Willy Schloßstein, Einstellung des Herrn Robert Bosch und seiner Mitarbeiter zum Nazi-Regime, BAK, N 1186 (Stolper), 85 a, S. 2 (Einschub).

406 Ebd.

407 Stellungnahme Fellmeths vom 23. Januar 1947, RBA 13/60, vgl. die Stellungnahme von Theodor Heuss vom 7. November 1945, Staatsarchiv Ludwigsburg, Spruchkammerverfahren Hermann Fellmeth, EL 902/20, Bü 37/6/835.

408 Bestätigung Richard Heilners vom 8. April 1946, Staatsarchiv Ludwigsburg, Spruchkammerverfahren Hermann Fellmeth, EL 902/20, Bü 37/6/835.

409 Willy Schloßstein, Einstellung des Herrn Robert Bosch und seiner Mitarbeiter zum Nazi-Regime, BAK, N 1186 (Stolper), 85 a, S. 1 f.; Willy Schloßstein, «Eidesstattliche Erklärung» vom 4. März 1947, RBA 13/39; zu seinem Lebensweg dessen 21 Seiten umfassende Aufzeichnung in RBA 13/109; Theodor Heuss, Robert Bosch, S. 372.

410 Vgl. zum Privatsekretariat auch Bosch an Mauk vom 13. Mai 1931, RBA 14/78.

411 Undatierte Aufzeichnungen von Felix Olpp aus dem November 1982, RBA 14/3. S. 4 f. Zu Olpp auch Bosch-Zünder 66 (1986), Heft 6, S. 15.

412 Vernehmungsniederschrift Fischers vom 2. August 1944, BAL NJ 12285, Bl. 7.

413 Vernehmungsniederschrift Goerdelers vom 28. August 1944, ebd., Bl. 15.

414 Bosch an Escherich vom 25. März 1935, RBA 14/66.

415 Die Auseinandersetzung über Goerdelers politisches Denken ist seit Erscheinen des Werks von Gerhard Ritter ebenso heftig wie erbittert geführt worden. Ritters ausführliches Lebensbild Goerdelers ist in seiner geistigen Tiefe bis heute unerreicht. Vgl. zu den Kontroversen die knappen Beiträge von Christof Dipper und Michael Krüger-Charlé. Als neuere Studie, die sich als Teilbiographie insbesondere mit der Frühzeit bis 1936 beschäftigt und Dippers und Krüger-Charlés Thesen und Beurteilungen mit Blick auf die Judenfrage und den strittigen Zeitpunkt des Übergangs zur Opposition modifiziert: Ines Reich, Carl Friedrich Goerdeler. Ein Oberbürgermeister gegen den NS-Staat, Köln/Weimar/Wien 1997. Trotz aller persönlichen «Befangenheit» unverzichtbar sind die abgewogenen Darstellungen der Tochter Goerdelers: Marianne Meyer-Krahmer, Carl Goerdeler und sein Weg in den Widerstand. Eine Reise in die Welt meines Vaters, Freiburg im Breisgau 1989 und die erweiterte Neuausgabe: Carl Goerdeler. Mut zum Widerstand. Eine Tochter erinnert sich, Leipzig 1998.

416 Vgl. Larry E. Jones, Sammlung oder Zersplitterung, S. 286.

417 Gerhard Ritter, Carl Goerdeler, S. 55; vgl. auch die Denkschrift für den Reichspräsidenten zur Wirtschafts- und Finanzpolitik vom April 1932, auszugsweise zitiert bei Michael Krüger-Charlé, Carl Goerdelers Versuche der Durchsetzung einer alternativen Politik 1933 bis 1937, in: Jürgen Schmädeke/Peter Steinbach (Hrsg.), Der Widerstand gegen den Nationalsozialismus, S. 383–404, hier S. 385.

418 Ger van Roon, Widerstand im Dritten Reich. Ein Überblick, München ⁶1994, S. 124.

419 Gerhard Ritter, Carl Goerdeler, S. 52–54.

420 Klemens von Klemperer, Carl Goerdeler: Patriot im Widerstand, in: Carl Goerdeler. Ehrung der Stadt Leipzig. Dokumentation, Leipzig o. J. (1996), S. 17–35, hier S. 23.

421 Zu Goerdelers Querelen detailliert Ines Reich, Carl Friedrich Goerdeler, S. 163–255.

422 Vernehmungsniederschrift Goerdelers vom 28. August 1944, BAL, NJ 12285, Bl. 15 und 18.

423 Heinrich Sprenger, Heinrich Sahm. Kommunalpolitiker und Staatsmann, Köln/Berlin 1969, S. 261.

424 Bosch an Reusch vom 16. März 1928, RBA 14/108; Theodor Heuss, Robert Bosch, S. 222; vgl. die Typoskriptfassung der «Erinnerungen» von Fritz Elsas, 3–785, Nachlaß Elsas, Stadtarchiv Stuttgart.

425 Vernehmungsniederschrift Fischers vom 6. September 1944, BAL, NJ 12285, Bl. 6.

426 Aktenvermerk Chef der Sicherheitspolizei und des SD vom 6. September 1944, BAL, NJ 12285, Bl. 2.

427 Ebd., Bl. 3.

428 Albrecht Fischer, Erlebnisse vom 20. Juli 1944 bis 8. April 1945, in: Otto Kopp (Hrsg.), Widerstand und Erneuerung, S. 122.

429 Zu den Einzelheiten Christel Pache, Theodor Bäuerles Beitrag zur deutschen Erwachsenenbildung, Stuttgart 1971. Daneben immer noch Theodor Heuss, Robert Bosch, S. 550–556. Vgl. HStA Wü, Nachlaß Theodor Bäuerle Q 1/21, Bü 27; Otto Kopp, Theodor Bäuerle und der Bosch-Kreis, in: ders. (Hrsg.), Widerstand und Erneuerung, S. 167–186 und die «Beilage zu dem Fragebogen von Direktor Th. Bäuerle», RBA N 11/181; Karl Adler, «Entwurf zu einem ersten Rundbrief nach Deutschland», LBI New York, Karl Adler Collection AR 7276, VI, Box 4, Folder 3. Zum Verein auch Claus-Michael Allmendinger, Struktur, Aufbau und Bedeutung der Stiftungen von Robert Bosch, S. 174–201. Daneben Manfred Schmid (Hrsg.), Auf dem Stuttgarter Rathaus 1915–1922, S. 86 f.; Theodor Bäuerle, «Robert Bosch: Eigene Lebensaufzeichnungen» – Manuskript, wahrscheinlich 1921, S. 65, RBA 14/6–9; Ernst Simon, Aufbau im Untergang. Jüdische Erwachsenenbildung im nationalsozialistischen Deutschland als geistiger Widerstand, Tübingen 1959, S. 48–51.

430 Vgl. hierzu George L. Mosse, Der nationalsozialistische Alltag, Königstein/Taunus 1978.

431 Christel Pache, Theodor Bäuerles Beitrag, S. 89–93. Zur Gleichschaltungspolitik Hermann Giesecke, Hitlers Pädagogen. Theorie und Praxis nationalsozialistischer Erziehung, Weinheim/München 1993; Protokoll der Vorstandssitzung des Vereins zur Förderung der Volksbildung vom 14. Juli 1933, HStA Wü, Nachlaß Theodor Bäuerle Q 1/21, Bü 139.

432 Robert Bosch, «Über Volksbildung», zitiert nach Jubiläums-Katalog, S. 96.

433 Protokoll der Vorstandssitzung des Vereins zur Förderung der Volksbildung vom 23. Januar 1934, HStA Wü, Nachlaß Theodor Bäuerle Q 1/21, Bü 139.

434 Bosch an die Vorstandsmitglieder des «Vereins zur Förderung der Volksbildung» vom 10. Juni 1936, ebd.

435 Theodor Bäuerle, «Robert Bosch. Persönliche Erinnerungen von Theodor Bäuerle», RBA 14/1, S. 37 f.; Einstellung des Herrn Robert Bosch und seiner Mitarbeiter zum Nazi-Regime, BAK, N 1186 (Stolper), 85 a, S. 10. Bäuerle konnte sein Büro als eine «Forschungsstelle für Arbeitskunde» im Haus Bosch übernehmen, dem als verwaltungstechnischer Experte die pädagogischen Stiftungen Robert Boschs oblagen: die Bosch-Begabtenförderung, die als Erziehungsstiftung von ihm seit langem geführte Markel-Stiftung und die Bosch-Jugendhilfe. Vgl. hierzu Hermann Bausinger, 50 Jahre Markel-Stiftung 1920–1970, Stuttgart o. J. (1970).

436 Gerhard Ritter, Carl Goerdeler, S. 157 und S. 482, Anm. 2; Hans Walz, Meine Mitwirkung an der Aktion Goerdeler, in: Otto Kopp (Hrsg.), Widerstand und Erneuerung, S. 98; Uta Joos/Gerda Müller, Familienloyalität führt zum politischen Widerstand. Hermine Steiner, in: Beate Schröder (Hrsg.), Im Dunstkreis der rauchenden Brüder. Frauen im württembergischen Kirchenkampf, Tübingen 1996, S. 158–170, hier S. 163.

437 Goerdeler an Brüning vom 29. April 1932, BAK R 43/I, Bd. 2085, f. 230. Vgl. auch Albrecht Fischer, Erlebnisse vom 20. Juli 1944 bis 8. April 1945, in: Otto Kopp (Hrsg.), Widerstand und Erneuerung, S. 122–166, hier S. 122.

438 Zum Arbeitsdienst vgl. Henning Köhler, Arbeitsdienst in Deutschland. Pläne und Verwirklichungsformen bis zur Einführung der Arbeitsdienstpflicht im Jahr 1935, Berlin 1967, bes. S. 196–198, das Zitat S. 208; Wolfgang Benz, Vom Freiwilligen Arbeitsdienst zur Arbeitsdienstpflicht, in: Vierteljahrshefte für Zeitgeschichte 16 (1968), S. 317–346.

439 Bäuerle an Ritter vom 10. Dezember 1953, BAK, N 1166 (Gerhard Ritter), Bd. 491; Hans Walz, Meine Mitwirkung an der Aktion Goerdeler, in: Otto Kopp (Hrsg.), Widerstand und Erneuerung, S. 99.

440 Bosch an Bäuerle vom 2. August 1936, RBA 14/41.

441 Gerhard Ritter, Carl Goerdeler, S. 98 f.; 157–161; Hans Walz, Meine Mitwirkung an der Aktion Goerdeler, in: Otto Kopp, (Hrsg.), Widerstand und Erneuerung, S. 98 f.

442 Theodor Heuss, Robert Bosch, S. 611; Hans Walz, Meine Mitwirkung an der Aktion Goerdeler, in: Otto Kopp (Hrsg.), Widerstand und Erneuerung, S. 99.

443 Hans Walz, Meine Mitwirkung an der Aktion Goerdeler, in: Otto Kopp, (Hrsg.), Widerstand und Erneuerung, S. 103; Albrecht Fischer, Erlebnisse vom 20. Juli 1944 bis 8. April 1945, in: ebd., S. 124.

444 Gerhard Ritter, Carl Goerdeler, S. 482, Anm. 2; Hans Walz, Meine Mitwirkung an der Aktion Goerdeler, in: Otto Kopp (Hrsg.), Widerstand und Erneuerung, S. 98.

445 Hans Walz, Meine Mitwirkung an der Aktion Goerdeler, in: Otto Kopp (Hrsg.), Widerstand und Erneuerung, S. 99.

446 Ebd.

447 Wilhelm von Schramm (Hrsg.), Beck und Goerdeler. Gemeinschaftsdokumente für den Frieden 1941–1945, München 1965, S. 24.

448 Klaus Hildebrand, Das Dritte Reich, München ⁵1995, S. 99.

449 Hans Walz, Meine Mitwirkung an der Aktion Goerdeler, in: Otto Kopp (Hrsg.), Widerstand und Erneuerung, S. 100.

450 Hierzu Klaus-Jürgen Müller, General Ludwig Beck. Studien und Dokumente zur politisch-militärischen Vorstellungswelt und Tätigkeit des Generalstabschefs des deutschen Heeres 1933–1938, Boppard am Rhein 1980, S. 500, Anm. 6. Zu Beck auch Nicholas Reynolds, Beck. Gehorsam und Widerstand. Das Leben des deutschen Generalstabschefs, 1935–1938, Wiesbaden 1977. In der historiographischen Kontroverse zwischen Peter Hoffmann, Generaloberst Ludwig Becks militärpolitisches Denken, in: HZ 234 (1982), S. 101–121 und Klaus-Jürgen Müller, Militärpolitik, nicht Militäropposition!, in: HZ 235 (1982), S. 355–371, stützt die Beurteilung durch Walz eher die Argumentation von Hoffmann.

451 Hans Walz, Gedanken zur politischen Zielsetzung von Carl Goerdeler, (16. Mai 1968), RBA 13/43; Im November 1937 lehnte Beck anläßlich einer Besprechung in der Reichskanzlei die Autarkie als «Dauerlösung» ab und plädierte für eine globale Handels- und Wirtschaftspolitik. Klaus-Jürgen Müller, General Ludwig Beck, S. 498–501.

452 Zitiert nach Klaus-Jürgen Müller, Armee und Drittes Reich 1933–1939. Darstellung und Dokumentation, Paderborn ²1989, S. 349.

453 Felix Somary, Erinnerungen aus meinem Leben, Zürich 1955, S. 232. Vgl. ders., Erinnerungen eines politischen Meteorologen, München 1994, S. 250. Hans Walz ist in der Schweiz ebenfalls mit Felix Somary zusammengetroffen, möglicherweise allerdings

erst in der Zeit nach dem Zweiten Weltkrieg. (Information von Reinhard Walz vom 17. März 1998).

454 Michael Geyer, Aufrüstung oder Sicherheit. Die Reichswehr in der Krise der Machtpolitik 1924–1936, Wiesbaden 1980, S. 181, Anm. 17 bzw. S. 321, Anm. 56.

455 Ebd., S. 396.

456 Bücher an Reusch vom 10. April 1935, RWWA 400101290/5 b. Zu Bücher vgl. Arthur Schweitzer, Big Business, S. 435 f. Peter Hayes, Industry and Ideology, S. 130 f.

457 Albrecht Fischer, Erlebnisse vom 20. Juli 1944 bis 8. April 1945, in: Otto Kopp (Hrsg.), Widerstand und Erneuerung, S. 122 f.; Theodor Heuss, Robert Bosch, S. 600.

458 Manuskript einer Schrift von Max Kade über Robert Bosch, RBA 14/234; Theodor Heuss, Robert Bosch, S. 600; Willy Schloßstein, Einstellung des Herrn Robert Bosch und seiner Mitarbeiter zum Nazi-Regime, BAK, N 1186 (Stolper), 85 a, S. 10; Aufzeichnungen Willy Schloßsteins, RBA 13/109.

Boschs Mißerfolg läßt sich in eine Reihe ähnlicher Versuche einreihen, das Militär auf einen Kurs der Vernunft gegen Hitler einzuschwören. Der Staatssekretär im Preußischen Innenministerium, Herbert von Bismarck, wurde von Blomberg ganz ähnlich darauf hingewiesen, er sei Offizier und habe zu gehorchen. Ein vergleichbarer Versuch Hjalmar Schachts, über General Thomas Einfluß zu nehmen, war vom Ergebnis her gleichfalls niederschmetternd. Fabian von Schlabrendorff, Offiziere gegen Hitler. Neue, durchgesehene und erweiterte Ausgabe von Walter Bußmann, Berlin 1984, S. 25; Zeugenaussage Gisevius am 24. April 1946, IMT, Bd. XII, S. 212; Phipps an Vansittart vom 1. April 1936, Phipps Papers, Churchill College, Cambridge, PHPP 2/18. Über Schachts Informationen an den Boschkreis Willy Schloßstein, Einstellung des Herrn Robert Bosch und seiner Mitarbeiter zum Nazi-Regime, BAK, N 1186 (Stolper), 85 a, S. 8.

459 Am 20. November 1936 trafen sich in Berlin unter der Ägide von Paul Reusch einige Wirtschaftsfachleute, um eine umfangreiche Denkschrift zu erstellen, die wenige Tage später an General Thomas übergeben wurde. Zu dem Zirkel, der landwirtschaftliche und industrielle Interessen vereinte, gehörten neben Carl Goerdeler, Carl Bosch und Thilo von Wilmowsky auch Männer wie Fritz Thyssen und Reichsfinanzminister Lutz Schwerin von Krosigk. Der große Teilnehmerkreis ließ offene Kritik nicht zu, so daß in diesem Gremium allenfalls vorsichtige Ratschläge oder Empfehlungen gegeben werden konnten. Aber die nun öfters stattfindenden Treffen boten Goerdeler die Gelegenheit, seine Meinung in Einzelgesprächen zur Geltung zu bringen. Vgl. den umfangreichen, inhaltlich allerdings wenig ergiebigen Briefwechsel zwischen Reusch und Goerdeler: RWWA 400101024/4; 400101024/3 a; 400101024/3 b; 400101293/25.

460 Bosch an Mauk, undatiert (Frühjahr 1938), RBA 14/86.

461 Hierzu Gerhard Ritter, Carl Goerdeler, S. 157, zitiert nach den Haftmemoiren 1944. Zu den Auseinandersetzungen mit der Leipziger NSDAP Ines Reich, Carl Friedrich Goerdeler, S. 235–250.

462 Wiedemann an Krupp vom 1. Juli 1936, zitiert nach Michael Krüger-Charlé, Carl Goerdelers Versuche, S. 403, Anm. 46. Vgl. die eindeutig ablehnende Position Hitlers im Winter 1936/37: ebd., S. 403, Anm. 52.

463 Michael Krüger-Charlé, Carl Goerdelers Versuche, S. 396 f.; Ines Reich, Carl Friedrich Goerdeler, S. 245; Records of the United States Nürnberg War Crimes Trials Interrogations, 1946–1949, NA, RG 238, M 1019, Roll 43: Vernehmung Ewald Loeser vom 3. und 16. April 1947.

464 Michael Krüger-Charlé, Carl Goerdelers Versuche, S. 397.

465 Ebd., S. 403 f., Anm. 52; Ines Reich, Carl Friedrich Goerdeler, S. 262 f.

466 Marianne Meyer-Krahmer, Carl Goerdeler, S. 96 f.; vgl. Klemens von Klemperer, Die verlassenen Verschwörer, S. 406, Anm. 56; William Manchester, Krupp. 12 Generationen, München 1968, S. 379 f.; Gerhard Ritter, Carl Goerdeler, S. 157.

467 Vgl. hierzu die Überlegungen von Ewald Loeser: Records of the United States Nürnberg War Crimes Trials Interrogations, 1946–1949, NA, RG 238, M 1019, Roll 43: Vernehmung Ewald Loeser vom 21. April 1947. Die Rolle Krupps ist noch unzureichend erforscht. In dieser Hinsicht unbefriedigend sind die Darstellungen von William Manchester, Krupp. 12 Generationen, und Uwe Keßler, Zur Geschichte des Managments bei Krupp, Stuttgart 1995.

468 Marianne Meyer-Krahmer, Carl Goerdeler, S. 96.

469 Vgl. die Aufzeichnung der Gestapo Berlin vom 15. April 1937, BAL, R 58/2326.

470 Ines Reich, Carl Friedrich Goerdeler, S. 257–267. Zum Gesamtvorgang auch Marianne Meyer-Krahmer, Carl Goerdeler. Mut zum Widerstand, S. 140–145.

471 Zitiert nach ebd., S. 264.

472 Klemens von Klemperer, Carl Goerdeler, S. 27. Die Ansicht Christof Dippers, die Wendung Goerdelers zum Widerstand sei erst mit den Jahren 1938/39 zu datieren (Christof Dipper, Der deutsche Widerstand und die Juden, S. 362), ist nicht länger haltbar. Ähnlich auch Ines Reich, die den Übergang zur Opposition mit dem Jahr 1936 ansetzt: Ines Reich, Carl Friedrich Goerdeler, S. 267.

473 Ebd.

474 Erich Kosthorst, Carl Friedrich Goerdeler, in: Rudolf Lill/Heinrich Oberreuter (Hrsg.), 20. Juli. Porträts des Widerstands, S. 185–217, hier S. 197.

475 Bäuerle an Ritter vom 10. Dezember 1953, BAK, N 1166 (Gerhard Ritter), Bd. 491.

476 «Anlage» (Aufzeichnung Goerdelers über die Zeit nach 1933, [1945]), BAK, N 113 (Goerdeler), Bd. 23, S. 31. Vgl. Gerhard Ritter, Carl Goerdeler, S. 482, Anm. 2.

477 Marianne Meyer-Krahmer, Carl Goerdeler, S. 137.

478 Michael Krüger-Charlé, From Reform to Resistance: Carl Goerdeler's 1938 Memorandum, in: David Clay Large (Hrsg.), Contending with Hitler. Varieties of German Resistance in the Third Reich, Washington D. C./Cambridge 1991, S. 75–87.

479 Hans Mommsen, Gesellschaftsbild und Verfassungspläne des deutschen Widerstandes, in: Walter Schmitthenner/Hans Buchheim (Hrsg.), Der deutsche Widerstand gegen Hitler, Köln 1966, S. 73–167, hier S. 81.

480 Ralf Dahrendorf, Gesellschaft und Demokratie in Deutschland, München 1965, S. 442.

481 Diese Tendenz bei Hans Mommsen, Gesellschaftsbild und Verfassungspläne, passim.

482 Hans Rothfels, Werden Historiker dem 20. Juli gerecht?, in: «Die Zeit» vom 18. Juli 1969. Ähnlich die überzeugende Argumentation bei Peter Steinbach, Wiederherstellung des Rechtsstaats als zentrale Zielsetzung des Widerstands, in: Jürgen Schmädecke/Ders. (Hrsg.), Der Widerstand gegen den Nationalsozialismus, S. 617–638, hier bes. S. 617f.
Ein ebenso aktuelles wie bezeichnendes Beispiel einer unhistorischen Verfahrensweise ist die Kritik von Ulrich Heinemann und Michael Krüger-Charlé an Goerdelers Vorstellungen in der «Judenfrage». Wenn hier argumentiert wird, dessen Ansichten ließen sich nur schwer mit «einem demokratischen, die elementaren Menschenrechte garantierenden Rechtsstaatbegriff, wie ihn unser Grundgesetz kennt», vereinbaren, wird die Zeitgebundenheit Goerdelers ebenso mißachtet wie die Fragen nach praktikablen Handlungsmöglichkeiten umgangen werden. Ulrich Heinemann/Michael Krüger-Charlé, Arbeit am Mythos. Der 20. Juli in Publizistik und wissenschaftlicher Literatur des Jubiläumsjahrs 1994 (Teil II), in: Geschichte und Gesellschaft 23 (1997), S. 475–501, hier S. 491.

483 Peter Steinbach, Wiederherstellung des Rechtsstaats als zentrale Zielsetzung des Widerstands, S. 633f., Anm. 12.

484 Vgl. Hans Rothfels, Die deutsche Opposition gegen Hitler, S. 207.

485 Diskussionsbeitrag von Harold Deutsch, in: Jürgen Schmädeke/Peter Steinbach (Hrsg.), Der Widerstand gegen den Nationalsozialismus, S. 1128.

486 Zitiert nach Margarete Fischer-Bosch, Jugenderinnerungen an meinen Vater Robert Bosch, Stuttgart 1953, S. 15 (Privatdruck, RBA, Signatur 753003). Zur Problematik auch Peter Steinbach, Wiederherstellung des Rechtsstaats als zentrale Zielsetzung des Widerstands.

487 Records of the United States Nürnberg War Crimes Trials Interrogations, 1946–1949, NA, RG 238, M 1019, Roll 43: Vernehmung Ewald Loeser vom 8. April 1947.

488 «Der Weg», in: Wilhelm von Schramm (Hrsg.), Beck und Goerdeler, S. 203.

489 Hans Mommsen, Gesellschaftsbild und Verfassungspläne, S. 89.

490 Erich Kosthorst, Carl Friedrich Goerdeler, S. 192.

491 Gerhard Ritter, Carl Goerdeler, S. 49.

492 Vgl. etwa entsprechende Passagen in der «Regierungserklärung», in: Wilhelm von Schramm (Hrsg.), Beck und Goerdeler, S. 241.

493 Gerhard Ritter, Carl Goerdeler, S. 79.

494 Die Hassell-Tagebücher, hrsg. v. Friedrich Freiherr Hiller von Gaertringen, Berlin 1988, Eintrag vom 22. Januar 1943, S. 347. Vgl. hierzu auch Hans Mommsen, Gesellschaftsbild und Verfassungspläne, bes. S. 141 f. Zur Diskussion um den «Reaktionär» Goerdeler vgl. auch Hans Rothfels, Die deutsche Opposition gegen Hitler, S. 222 f.

495 Vgl. die zu wenig beachtete Studie von Elmar Müller, Widerstand und Wirtschaftsordnung. Die wirtschaftspolitischen Konzepte der Widerstandsbewegung gegen das NS-Regime und ihr Einfluß auf die Soziale Marktwirtschaft, Frankfurt am Main u. a. 1988, bes. S. 47–82.

496 So Hans Mommsen, Gesellschaftsbild und Verfassungspläne, S. 107.

497 Zu Wilhelm Leuschner Gerhard Beier, Wilhelm Leuschner, in: Rudolf Lill/Heinrich Oberreuter (Hrsg.), 20. Juli. Porträts des Widerstands, S. 257–276; Joachim G. Leithäuser, Wilhelm Leuschner. Ein Leben für die Republik, Köln 1962. Zu Kaiser: Elfriede Nebgen, Jakob Kaiser. Der Widerstandskämpfer, Stuttgart u. a. 1967.

498 Woldt an Werner von Schütz vom 14. Mai 1938, BAL, R 58/2326.

499 Gestapo-Bericht vom 25. Mai 1938 (Abt. II A 2 – Berlin), BAL, R 58/2326.

500 Ebd. Zum Gesamtvorgang auch Elfriede Nebgen, Jakob Kaiser, S. 52–59. Zum Zeitpunkt der Bekanntschaft Goerdelers mit den Kreisen um Leuschner und Kaiser auch Gerhard Ritter, Carl Goerdeler, S. 514 f., Anm. 25; Rudolf Pechel, Deutscher Widerstand, S. 291; Joachim G. Leithäuser, Wilhelm Leuschner, S. 196 f. Dagegen berichtete Heinrich Brüning, er habe Leuschner und Goerdeler schon 1934 im Rahmen von Umsturzüberlegungen der Reichswehr zusammengebracht. Heinrich Brüning. Briefe und Gespräche 1934 – 1945. Herausgegeben von Claire Nix, Stuttgart 1974, S. 26.

501 Hierzu auch Hans Rothfels, Die deutsche Opposition gegen Hitler, S. 223.

502 Gerhard Ritter, Carl Goerdeler, S. 72–75. Vgl. Ines Reich, Carl Friedrich Goerdeler, S. 197–203.

503 Zur Haltung der Großindustrie Ludolf Herbst, Der Krieg und die Unternehmensstrategie, S. 72–134.

504 Goerdeler an Hans Guhl vom 4. Januar 1937, Allen Dulles Papers, Box 28, folder «Germany's underground».

505 Klaus Hildebrand, Die ostpolitischen Vorstellungen im deutschen Widerstand, in: Geschichte in Wissenschaft und Unterricht 29 (1978), S. 213–241, hier S. 225.

506 So bereits in Ausführungen Goerdelers im Juni 1937 gegenüber britischen Diplomaten, die bald darauf auch der französischen Regierung bekannt wurden: Vgl. die Memoranden über Gespräche Goerdelers in: Documents Diplomatiques Français 1932–1939, 2ᵉ Série, Tome VI, Paris 1970, S. 309–313. Zur Einordnung Klemens von Klemperer, Die verlassenen Verschwörer, S. 90 f.

507 Gerhard Ritter, Carl Goerdeler, S. 82; Ines Reich, Carl Friedrich Goerdeler, S. 243–250.

508 Göring im Ministerrat vom 4. September 1936, abgedruckt in: IMT, Bd. XXXVI, S. 488–491, hier S. 490; Gerhard Ritter, Carl Goerdeler, S. 82 und 465, Anm. 27.

509 Goerdelers Politisches Testament. Dokumente des anderen Deutschland (Band 1). Herausgegeben von Friedrich Krause, New York 1945, S. 46.

510 Gerhard Ritter, Carl Goerdeler, S. 215.

511 Ebd., S. 216–219.

512 Klaus Hildebrand, Die ostpolitischen Vorstellungen im deutschen Widerstand, S. 213. Vgl. die grundsätzlichen Ausführungen von Hermann Graml, Die außenpolitischen Vorstellungen des deutschen Widerstandes, in Walter Schmitthenner/Hans Buchheim (Hrsg.), Der deutsche Widerstand gegen Hitler, S. 15–72.

513 «Das Ziel», in: Wilhelm von Schramm (Hrsg.), Beck und Goerdeler, S. 98 f.

514 Klaus Hildebrand, Das vergangene Reich, S. 819 f.

515 Theodor Heuss, Robert Bosch, S. 368. Zu Fellmeth Otto Debatin, Sie haben mitgeholfen, S. 85–88, bes. S. 87.

516 Stellungnahme Fellmeths vom 23. Januar 1947, RBA 13/60.

517 Hans Walz, Gedanken zur politischen Zielsetzung von Carl Goerdeler, RBA 13/43.

518 Willy Schloßstein, Einstellung des Herrn Robert Bosch und seiner Mitarbeiter zum Nazi-Regime, BAK, N 1186 (Stolper), 85 a, S. 12. Vgl. die Unterlagen, die Willy Schloßstein am 26. Januar 1953 an Strölin übersandte (Nachlaß Strölin, Stadtarchiv Stuttgart, Nr. 220). Auch Albrecht Fischer berichtete über eine «völlige Übereinstimmung der politischen Ansichten und Bedenken» zwischen Goerdeler und Bosch. Albrecht Fischer, Erlebnisse vom 20. Juli 1944 bis 8. April 1945, in: Otto Kopp (Hrsg.), Widerstand und Erneuerung, S. 124.

519 Vgl. Hans Walz, Meine Mitwirkung an der Aktion Goerdeler, in: Otto Kopp (Hrsg.), Widerstand und Erneuerung, S. 120.

520 Zitiert nach Marianne Meyer-Krahmer, Carl Goerdeler, S. 99.

521 Joachim Fest, Staatsstreich. Der lange Weg zum 20. Juli, Berlin 1994, S. 71.

522 Hans Walz, Gedanken zur politischen Zielsetzung von Carl Goerdeler, RBA 13/43.

523 Ebd.

524 Bosch an Mauk vom 28. Juni 1931, RBA 14/78.

525 Robert Bosch an Margarete Bosch (Brieffragment ohne Datum), RBA 14/19.

526 Robert Bosch, «Wie kommen wir zum wirtschaftlichen Frieden?» (1920), in: Robert Bosch, Aufsätze, Reden und Gedanken, S. 13–29, hier S. 21.

527 Hans Mommsen, Gesellschaftsbild und Verfassungspläne, S. 100.

528 Theodor Heuss, Robert Bosch, S. 484–486.

529 Hans Walz, Meine Mitwirkung an der Aktion Goerdeler, in: Otto Kopp (Hrsg.), Widerstand und Erneuerung, S. 100.

530 Ulrich von Hehl, Nationalsozialismus und Region. Bedeutung und Probleme einer regionalen und lokalen Forschung des Dritten Reiches, in: Zeitschrift für Bayerische Landesgeschichte 56 (1993), S. 111–129; Horst Möller/Andreas Wirsching/Walter Ziegler (Hrsg.), Nationalsozialismus in der Region. Beiträge zur regionalen und lokalen Forschung und zum internationalen Vergleich, München 1996; Michael Kißener/Joachim Scholtyseck (Hrsg.), Nationalsozialismus in der Provinz.

531 Gerhard Ritter, Carl Goerdeler, S. 158.

532 Vernehmungsniederschrift Fischers vom 23. August 1944, Bl. 11 (BAL, NJ 12285). Vgl. Alfred Knocrzer, «Angaben für Firmenchronik» vom 28. Februar 1952, RBA, N 32, Bd. 14; RBA 13/36; Aufzeichnung Hans Walz; Walz an Rudolf Scheuing vom 14. April

1948, RBA 13/37. Eine Aufzeichnung aus dem August 1945 («Zahlungen an Herrn Dr. Goerdeler», RBA 13/82) schlüsselt die Beträge wie folgt auf: 1937: 20 000 Reichsmark, 1938: 60 000 Reichsmark; 1939: 60 000 Reichsmark; 1940: 70 000 Reichsmark; 1941: 80 000 Reichsmark; 1942: 100 000 Reichsmark; 1943: 100 000 Reichsmark; 1944: 50 000 Reichsmark.

533 Theodor Heuss, Robert Bosch, S. 603.

534 Vernehmungsniederschrift Goerdelers vom 28. August 1944, BAL NJ 12285, Bl. 16.

535 Albrecht Fischer, Erlebnisse vom 20. Juli 1944 bis 8. April 1945, in: Otto Kopp (Hrsg.), Widerstand und Erneuerung, S. 124.

536 Marianne Meyer-Krahmer, Carl Goerdeler, S. 137.

537 Uta Joos/Gerda Müller, Familienloyalität führt zum politischen Widerstand. Hermine Steiner, S. 163. Zu Marianne Weber vgl. Klaus Eisele, Die «Aktion Goerdeler». Mitverschwörer des 20. Juli im deutschen Südwesten. Biographische Skizzen, in: Rudolf Lill/Michael Kißener (Hrsg.), 20. Juli 1944, S. 155–207, hier S. 202 f.

538 Theodor Heuss, Robert Bosch, S. 603.

539 Bosch an Escherich vom 23. Juli 1937, RBA 14/64.

540 Aussage Willy Schloßsteins, Protokoll über die öffentliche Sitzung am 19. Dezember 1947, Staatsarchiv Ludwigsburg, Spruchkammerverfahren Karl Martell Wild, EL 902/20, Bü 37/16/4721.

541 BAK, N 113 (Goerdeler), Bd. 23, Carl Goerdeler, «Unsere Idee», November 1944, S. 17.

542 Albrecht Fischer, Erlebnisse vom 20. Juli 1944 bis 8. April 1945, in: Otto Kopp (Hrsg.), Widerstand und Erneuerung, S. 124. Zu Wild auch Otto Debatin, Sie haben mitgeholfen, S. 101–108 und die Aufzeichnung von Hans Walz vom 16. November 1953, RBA 13/30.

543 Vgl. die Unterlagen in RBA 13/270 und die Stellungnahme Fellmeths vom 23. Januar 1947, RBA 13/60.

544 Hans Walz, «Ergänzende und berichtigende Anmerkungen zu den Seiten 4–6 der mir erst jetzt bekannt gewordenen, aus dem Jahre 1961 stammenden Denkschrift des Herrn Baurat Fischer ‹Erlebnisse vom 20. Juli 1944 bis 8. April 1945›», RBA 13/127.

545 Verhandlungsakten des Prozesses Vargas v. Clark (1948), Kopien in RBA: Aussagen von Karl Eugen Thomä, S. 1728.

546 Vgl. Albrecht Fischer, Erlebnisse vom 20. Juli 1944 bis 8. April 1945, in: Otto Kopp (Hrsg.), Widerstand und Erneuerung, S. 124.

547 Eine Zusammenfassung der Ergebnisse dieser Erkundungsfahrten bei Gerhard Ritter, Carl Goerdeler, S. 157–203.

548 Records of the United States Nürnberg War Crimes Trials Interrogations, 1946–1949, NA, RG 238, M 1019, Roll 43: Vernehmung Ewald Loeser vom 21. April 1947. Vgl. zum Gesamten auch Gerhard Ritter, Carl Goerdeler, S. 169.

549 Dietrich Eichholtz, Geschichte der deutschen Kriegswirtschaft 1939–1945, Bd. 1, Berlin (Ost) 1969, S. 62. In diesem Band auch die ebenso leidigen wie häufigen Verwechslungen von Carl Bosch mit Robert Bosch.

550 Vgl. Gerhard Ritter, Carl Goerdeler, S. 161 f.

551 Anmerkung Robert Boschs zu: Dittrich an Bosch vom 29. Juli 1936, RBA N 11/58. Zur kolonialen Frage: Klaus Hildebrand, Vom Reich zum Weltreich. Hitler, NSDAP und koloniale Frage 1919–1945, München 1969.

552 So zu John Wheeler-Bennett, den er im Oktober 1937 in Virginia besuchte und mit den Konspirationsideen der deutschen Opposition vertraut machte. John Wheeler-Bennett, The Nemesis of Power. The German Army in Politics 1918–1945, London/New York 1954, S. 386. Vgl. hierzu auch Gerhard Ritter, Carl Goerdeler, S. 167 f.; Klemens von Klemperer, Die verlassenen Verschwörer, S. 91.

553 Vgl. den Briefwechsel zwischen Bosch und Schairer in RBA 11/62 und BAK, N 1166 (Gerhard Ritter), Bd. 131: «Aussprache mit Dr. Schairer in Washington März 1953».
554 Vgl. Bosch an Lili du Bois-Reymond vom 18. April 1934; RBA 14/56; Bosch an Mühlenpfordt vom 14. Mai 1934, RBA N 11/60 und das Schairer-Mauskript in RBA 13/175.
555 Gerhard Ritter, Carl Goerdeler, S. 166. Zu seinen mangelnden politischen Erfahrungen ebd., S. 215. Klemens von Klemperer, Die verlassenen Verschwörer, S. 64.
556 Peter W. Ludlow, The Unwinding of Appeasement, in: Lothar Kettenacker (Hrsg.), Das «Andere Deutschland» im Zweiten Weltkrieg. Emigration und Widerstand in internationaler Perspektive, Stuttgart 1977, S. 9–47, hier S. 37.
557 «Notizen über Unterhaltung mit Herrn Schloßstein in Fa. Bosch AG am 5. 1. 53», BAK, N 1166 (Gerhard Ritter), Bd. 131. Vgl. auch die ausgesprochen negative Charakterisierung Schairers durch Brüning: Brüning an Gerhard Ritter, vom 1. April 1952, BAK, N 1166 (Gerhard Ritter), Bd. 491.
558 Vgl. das geheime Dossier «Dr. Reinhold Schairer» vom 16. Januar 1941, PRO FO 371/26 546 A.
559 Vgl. BAK, N 1166 (Gerhard Ritter), Bd. 131: «Aussprache mit Dr. Schairer in Washington März 1953».
560 Heinrich Brüning. Briefe und Gespräche, S. 261, Anm. 1. Zu Schairers Stellung in London auch Oswald Hauser, England und der deutsche Widerstand 1938 im Spiegel britischer Akten, in: Heinz Dollinger/Horst Gründer/Alwin Hanschmidt (Hrsg.), Weltpolitik, Europagedanke, Regionalismus. Festschrift für Heinz Gollwitzer, Münster 1982, S. 509–527.
561 Über die Rothschilds hatte er Fühlung mit Manfred Simon, der als deutscher Jude nach Kriegsbeginn als «Pressevertreter», in Wirklichkeit jedoch als Agent an die französische Gesandtschaft in Bern ging und ähnlich wie Schairer den Kontakt zum Foreign Office pflegte. Zu Simon vgl. die Unterlagen in SBA, Bestand Joseph Wirth, Bundesanwaltschaft, E 4320 (B), 1971/78, Schachtel 36 (Dossier C.2.3038).
562 Vgl. Arthur P. Young, Die »X«-Dokumente. Die geheimen Kontakte Carl Goerdelers mit der britischen Regierung 1938/1939. Herausgegeben von Sidney Aster, München/Zürich 1974, S. 27 und 269, Anm. 8; Gerhard Ritter, Carl Goerdeler, S. 484, Anm. 166. Vgl. grundsätzlich auch die Parallelüberlieferung: Arthur P. Young, Across the Years. The Living Testament of an Engineer with a Mission, London 1971, bes. S. 17–61.
563 Goerdeler diktierte das «Testament» Ende 1937 in einem Hotel in der Nähe New Yorks in die Schreibmaschine und datierte es mit dem 1. Dezember 1937. Als Bronisch 1944 das «Testament» mit Hinweisen auf den «Boschkreis» in der «New Yorker Staatszeitung und Herold» veröffentlichen ließ, ahnte er nicht, daß er damit die Stuttgarter noch einmal in letzter Minute in Gefahr brachte. Zur Veröffentlichung des Testaments vgl. Sonntagsblatt Staatszeitung und Herold (New York) vom 15. Oktober 1944. Die Zeitung berichtete, das Testament sei nach der Verhaftung Goerdelers von einem Vertrauten des ehemaligen Generaldirektors der amerikanischen Bosch-Werke der «New Yorker Staatszeitung und Herold» übergeben worden. Sonntagsblatt Staatszeitung und Herold (New York) vom 22. Oktober 1944. Gerhard Ritter irrte, als er vermutete, dieser Vertrauensmann Goerdelers sei Spencer Miller, ein Freund Reinhold Schairers, gewesen. Offensichtlich war Ritter die Veröffentlichung des Sonntagsblatts der New Yorker Staatszeitung und Herold aus dem Jahr 1944 unbekannt: Gerhard Ritter, Carl Goerdeler, S. 483 f., Anm. 167. Vgl. «Memorandum of Conversation» vom 24. November 1944, NA, OSS Foreign Nationalities Branch Files, 1942–1945, Microfiche 824 (INT 13GE 1287); Memorandum «The Testament of Goerdeler» vom 30. November 1944, ebd. (INT 13 GE 1288); Krause an Anneliese Goerdeler vom 30. August 1946; Anneliese Goerdeler an Allen Dulles vom 30. September 1947, Allen Dulles Papers, Box 30, folder «Anneliese Goerdeler».

564 Vgl. BAK, N 1166 (Gerhard Ritter), Bd. 131: «Aussprache mit Dr. Schairer in Washington März 1953». Zusammenfassend auch Gerhard Ritter, Carl Goerdeler, S. 215 f.

565 Vgl. hierzu besonders Patrick J. Herden, Roosevelt Confronts Hitler. America's Entry into World War II, Dekalb 1987, S. 53–122.

566 Jean-Baptiste Duroselle, La Décadence 1932–1939, Paris 1979.

567 Ashton-Gwatkin an Jebb vom 18. Dezember 1940, PRO FO 371/26546 A.

568 Lord Vansittart, The Mist Procession, London 1958, S. 512.

569 «Goerdeler was then visiting England and was telling various people that before very long the army would face up to Hitler and liquidate the Nazis. This was not wholly untrue. There was an army plot at the end of 1937 and beginning of 1938, which precipitated the invasion of Austria – and the disgrace of von Fritsch. It was Goerdeler who visiting England again in the spring of 1938, gave us some of our first information about these events.» Minute Ashton-Gwatkin vom 26. März 1941, PRO FO 371/26546 A.

570 Vgl. Willy Schloßstein, Einstellung des Herrn Robert Bosch und seiner Mitarbeiter zum Nazi-Regime, BAK, N 1186 (Stolper), 85 a, S. 8.

571 Harold James, Deutschland in der Weltwirtschaftskrise 1924–1936, S. 150. Mannheimer hatte in München, Berlin und Heidelberg Jura studiert und war zur Pariser Filiale der «Banque Internationale de St. Pétersbourg» gegangen. Nach dem Kriegsausbruch 1914 hatte er bei der Kriegsmetall AG, deren Direktor er schließlich wurde, einen kometenhaften Aufstieg erlebt. Im Februar 1920 übernahm er für die Berliner Mendelssohn-Bank eine Tochtergesellschaft in Amsterdam. Als erfolgreicher Arbitragespezialist profitierte er von den Währungsschwankungen der zwanziger Jahre. Allerdings wurde bereits 1929 in Bankkreisen gemunkelt, Mannheimer versuche durch immer gewagtere Geschäfte ein Defizit seiner holländischen Filiale, deren Geldgeschäfte er bald selbständig kontrollierte, auszugleichen. Vgl. Stephen A. Schuker, The End of French Predominance in Europe: The Financial Crisis of 1924 and the Adoption of the Dawes Plan, Chapel Hill 1976, S. 92 f. Zu Mannheimer inzwischen auch die entsprechenden Passagen in Ulrike Hörster-Philipps, Joseph Wirth 1879–1956. Eine politische Biographie, Paderborn u. a. 1998, bes. S. 472–521.

572 M. D. Haga, Mannheimer, de onbekende verzamelaar, in: Bulletin van het Rijksmuseum 22 (1974), S. 87–95.

573 Zur ABC Nancy Lisagor/Frank Lipsius, A law unto itself: the untold story of the law firm of Sullivan & Cromwell, New York 1988, bes. S. 146–159.

574 Karl E. Thomä, Erinnerung an die Zusammenarbeit mit Dr. Karl Goerdeler, RBA 13/178, S. 2.

575 Vgl. zu Mendelssohn Wilhelm Treue, Das Bankhaus Mendelssohn als Beispiel einer Privatbank im 19. und 20. Jahrhundert, in: Mendelssohn-Studien, Bd. 1, hrsg. von Cécile Lowenthal-Hensel, Berlin 1972, S. 29–80; Cécile Lowenthal-Hensel, Franz von Mendelssohn, in: Mendelssohn-Studien, Bd. 6, hrsg. von Cécile Lowenthal-Hensel/ Rudolf Elvers, Berlin 1986, S. 251–265, bes. S. 262.

576 Karl E. Thomä, Erinnerung an die Zusammenarbeit mit Dr. Karl Goerdeler, RBA 13/178, S. 2.

577 Aktennotiz von Hans Walz vom 14. Juli 1934, RBA 11/535.

578 Mannheimer übernahm auch Anteile der von Robert Bosch kontrollierten Industria-Kontor im schweizerischen Chur. Diese wiederum besaß eine Minderheitenbeteiligung an der ABC. Vgl. NA, RG 226, Research and Analysis Branch Divisions, XL-12736, OSS-Report vom 20. Juni 1945 («Preliminary Report») und Gerard Aalders/Cees Wiebes, Die Kunst der Tarnung. Die geheime Kollaboration neutraler Staaten mit der deutschen Kriegsindustrie, Frankfurt am Main 1994, S. 59–63. Zur holländischen Einbürgerung auch der Vermerk der deutschen Gesandtschaft im Haag vom 11. April 1935, PAAA, R 1011225.

579 Willy Schloßstein, Einstellung des Herrn Robert Bosch und seiner Mitarbeiter zum Nazi-Regime, BAK, N 1186 (Stolper), 85a, S. 11.

580 NS-Kurier (Stuttgart) vom 19. Dezember 1936; «Völkischer Beobachter» vom 20. Dezember 1936.

581 Willy Schloßstein, Einstellung des Herrn Robert Bosch und seiner Mitarbeiter zum Nazi-Regime, BAK, N 1186 (Stolper), 85a, S. 11. 1940 rechtfertigte Walz die Mannheimer-Transaktion gegenüber dem Firmenvorstand damit, die «Angst vor dem Ausbruch des Kriegs» sei für die hektische Betriebsamkeit ausschlaggebend gewesen. Gerard Aalders/Cees Wiebes, Die Kunst der Tarnung, S. 65.

582 Karl E. Thomä, Erinnerung an die Zusammenarbeit mit Dr. Karl Goerdeler, RBA 13/178, S. 2, der allerdings irrtümlicherweise von Hitler statt von Göring spricht.

583 NA, RG 226, Research and Analysis Branch Divisions, XL-12736, OSS-Report vom 20. Juni 1945 («Preliminary Report»).

584 Willy Schloßstein, Einstellung des Herrn Robert Bosch und seiner Mitarbeiter zum Nazi-Regime, BAK, N 1186 (Stolper), 85 a, S. 12. Zu Göring Stefan Martens, Hermann Göring. «Erster Paladin des Führers» und «Zweiter Mann im Reich», Paderborn 1985.

585 Der Finanzspezialist Fischer hatte durch häufige Auslandsverwendungen einen Blick für die Auswirkungen des radikalen politischen Kurswechsels in Deutschland erhalten. Schon 1934 hatte er von der «völlige(n) Verständnislosigkeit» der USA für die deutsche Innen- und Außenpolitik berichtet. Aufzeichnung Otto Fischers, New York, 11. August 1934, in: RBA 14/508. Zu Otto Fischer auch die Unterlagen in ebd., N 32, Bd. 14. Unrichtig sind dagegen die biographischen Angaben bei Gerald Aalders/Cees Wiebes, Die Kunst der Tarnung, S. 65, die auch in diesem Fall amerikanische Verwechslungen aus der unmittelbaren Nachkriegszeit übernehmen.

586 A. P. Young, Die «X»-Dokumente, S. 12.

587 Vgl. Bosch an Mauk vom 6. September 1935, RBA 14/83.

588 A. P. Young, Across the Years, S. 17. Vgl. auch Klemens von Klemperer, Die verlassenen Verschwörer, S. 413, Anmerkung 151.

589 Ebd.

590 Arthur P. Young, Die «X»-Dokumente, S. 12.

591 Ian Colvin, Vansittart in Office, London 1965, S. 154; A. P. Young an Ritter vom 16. März 1952, BAK, N 1166 (Gerhard Ritter), Bd. 493; vgl. Marianne Meyer-Krahmer, Carl Goerdeler, S. 99–101.

592 A. P. Young, Die «X»-Dokumente, S. 33 f.

593 Harold C. Deutsch, Das Komplott oder die Entmachtung der Generale, Köln 1972; Karl-Heinz Janßen/Fritz Tobias, Der Sturz der Generäle. Hitler und die Blomberg-Fritsch-Krise 1938, München 1994.

594 «Edgar» (d. i. Bronisch) an Schairer vom 5. Februar 1938, BAK, N 113 (Goerdeler), Bd. 9.

595 Willy Schloßstein, Einstellung des Herrn Robert Bosch und seiner Mitarbeiter zum Nazi-Regime, BAK, N 1186 (Stolper), 85a, S. 11 f.

596 Bäuerle an Margarete Bosch vom 22. November 1945, HStA Wü, Nachlaß Theodor Bäuerle Q 1/21, Bü 460. In seinem Briefwechsel fehlen entsprechende Aussagen. Nur gelegentliche Andeutungen ließen eine Beunruhigung erkennen; in diesem Sinn war auch die Überlegung zu verstehen, sich im «Kriegsfall» auf den Boschhof zurückzuziehen, weil sein Direktorium wohl während eines Krieges für den Betrieb freigestellt würde. Bosch an Mauk vom 10. Februar 1938, RBA 14/86.

597 BAK, N 1166 (Gerhard Ritter), Bd. 131: «Aussprache mit Dr. Schairer in Washington März 1953».

598 Peter Hoffmann, Widerstand, Staatsstreich, Attentat, S. 79.

599 Zu Siegmund-Schultze vgl. die Beiträge in: Hermann Delfs (Hrsg.), Aktiver Friede. Gedenkschrift für Friedrich Siegmund-Schultze (1885–1969), Soest 1972 und besonders Stefan Grotefeld, Friedrich Siegmund-Schultze, bes. S. 295–319.

600 Klemens von Klemperer, Die verlassenen Verschwörer, S. 69. Vgl. zu Siegmund-Schultzes Interesse an «englischen» Friedenssondierungen auch das Material in: EZA, 226, II, 4, 5 und EZA, II, 4, 6.

601 Stefan Grotefeld, Friedrich Siegmund-Schultze, S. 327.

602 Vgl. EZA, 626, II, 4, 1: Die Schweiz habe sich nach der «Machtergreifung» und erst recht nach Ausbruch des Krieges in einem «Angstzustand» befunden, sich von jeder Hilfestellung für die deutsche Opposition distanziert und «alles zu vermeiden gesucht, was Hitler und seine Leute hätte reizen können». (Entwurf von Friedrich Siegmund-Schultze: «Schweiz», undatiert, nach 1945). Vgl. auch Stefan Grotefeld, Friedrich Siegmund-Schultze, S. 299.

603 EZA, 626, I, 21, 1: Siegmund-Schultze an Anneliese Goerdeler vom 19. Januar 1954; Siegmund-Schultze an Anneliese Goerdeler vom 2. Februar 1954, BAK, N 1166 (Ritter), Bd. 493.

604 Klemens von Klemperer, Die verlassenen Verschwörer, S. 62. Vgl. hierzu Christie Papers, CHRS–1–35; David Dilks, Appeasement and »Intelligence«, in: ders., Retreat from Power. Studies in Britain's Foreign Policy of the Twentieth Century, Bd. 1 (1906–1939), S. 139–169, bes. S. 145–148.

605 William Manchester, The Caged Lion. Winston Spencer Churchill, 1932–1940, London 1989, S. 319.

606 Ulrich Schlie, Kein Friede mit Deutschland, S. 104. Zu Christie auch F. H. Hinsley, British Intelligence in the Second World War, Bd. 1, Cambridge 1979, S. 47 und Norman Rose, Vansittart, S. 136. Zu den Kontakten zwischen Göring und Christie die Unterlagen in Christie Papers, CHRS–1–5.

607 Vgl. hierzu T. P. Conwell-Evans, None So Blind, S. IX f.

608 Hans Ritter an Gerhard Ritter vom 20. November 1949, BAK, N 1166 (Gerhard Ritter), Bd. 493. Vgl. hierzu auch Norman Rose, Vansittart, S. 137.

609 Klemens von Klemperer, Die verlassenen Verschwörer, S. 396, Anm. 201. Hier auch eine weitere Bestätigung der Identität Ritters durch Hans Speidel. Vgl. Hans Ritter an Gerhard Ritter vom 20. November 1949, BAK, N 1166 (Gerhard Ritter), Bd. 493. Ein kurzer biographischer Abriß findet sich in Wolfram Angerbauer (Red.), Die Amtsvorsteher der Oberämter, Bezirksämter und Landratsämter in Baden-Württemberg 1810–1972, Stuttgart 1996, S. 466 f. Zur Tätigkeit Ritters an der Botschaft in Paris die Unterlagen in PAAA, R 32764 (Akten betreffend Luftattaché Paris. Personalangelegenheiten). Daneben die Entnazifizierungsunterlagen Ritters: «Gouvernement militaire en Allemagne. Fragebogen – Questionnaire» vom 3. Mai 1946, Staatsarchiv Sigmaringen, Wü 13, Bd. 2, Nr. 2409, Az. 18/4271.

610 David Dilks, Flashes of Intelligence: The Foreign Office, the SIS and Security Before the Second World War, in: Christopher Andrew/ders. (Hrsg.), The Missing Dimension. Governments and Intelligence Communities in the Twentieth Century, Basingstoke/London 1984, S. 101–125, hier S. 122 f. Vgl. Ulrich Schlie, Kein Friede mit Deutschland, S. 166 f.

611 Vgl. Gerhard Ritter, Carl Goerdeler, S. 258 f. und 507; Peter W. Ludlow, The Unwinding of Appeasement, S. 38. Gerhard Ritter hatte sich auch sonst manchem Druck der alliierten Zensur zu unterwerfen. Vgl. Ines Reich, Carl Friedrich Goerdeler, S. 16.

612 Rudolf Pechel, Deutscher Widerstand, Erlenbach/Zürich 1947, S. 292. Frühe Hinweise auf Robert Bosch als Gewährsmann Ritters und Christies bei Norman Rose, Vansittart. Study of a Diplomat, London 1978, S. 136 f. Zu Pechels Kontakten auch Klemens von Klemperer, Die verlassenen Verschwörer, S. 119.

613 Vgl. hierzu Klemens von Klemperer, Die verlassenen Verschwörer, S. 81 f.

614 Vgl. die Auskunft der Witwe Ritters, in: Peter W. Ludlow, The Unwinding of Appeasement, S. 38, Anm. 180.

615 BAK, N 1186 (Stolper), Nr. 85 a, «Statement» von Hans Ritter vom 6. Juni 1946.

616 Hans Walz, Meine Mitwirkung an der Aktion Goerdeler, in: Otto Kopp (Hrsg.), Widerstand und Erneuerung, S. 106. Ähnlich bei Willy Schloßstein, Einstellung des Herrn Robert Bosch und seiner Mitarbeiter zum Nazi-Regime, BAK, N 1186 (Stolper), 85 a, S. 12. Vgl. Gerhard Ritter, Carl Goerdeler, S. 171. Zu den noch in den fünfziger Jahren erbittert geführten Auseinandersetzungen um die Frage von «Widerstand und Landesverrat» als Überblicksdarstellung Wolfgang Michalka, Widerstand oder Landesverrat?, in: Militärgeschichtliche Mitteilungen 21 (1977), S. 207–214. Daneben Margret Boveri, Der Verrat im 20. Jahrhundert, Reinbek bei Hamburg 1960.

617 «W» (= Ritter) an Christie vom 30. Mai 1938, Christie Papers, CHRS–1–26 A.

618 Vgl. Gerhard Ritter, Carl Goerdeler, S. 204 und S. 493, Anm. 1.

619 Rapport des Polizei-Corps Kanton Thurgau vom 9. Juni 1938, SBA, Bestand Hans Ritter, Bundesanwaltschaft, E 4320 (B), 1984/29, Schachtel 103 (Dossier C.12 456).

620 «W» (= Ritter) an Christie vom 30. Mai 1938, Christie Papers, CHRS –1–26 A.

621 Ebd.

622 Offensichtlich mit Nachricht vom 31. Mai 1938 und 1. Juni 1938. Vgl. Ritter an Christie vom 2. Juni 1938, Christie Papers, CHRS–1–26 A.

623 Zu Hahn Wilhelm Kohlhaas, Paul Hahn, in: Lebensbilder aus Schwaben und Franken 1991, S. 317–331 und Spiegelbild einer Verschwörung, SD-Bericht vom 2. Oktober 1944, S. 433; Urteil gegen Hahn, Menge und Stöhr vom 28. Februar 1945; S. 780–788.

624 Manfred Schmid (Hrsg.), Auf dem Stuttgarter Rathaus 1915–1922, S. 125. Vgl. Hahns eigene Darstellung: Paul Hahn, Erinnerungen aus der Revolution in Württemberg. «Der Rote Hahn, eine Revolutionserscheinung» (Denkwürdigkeiten aus der Umwälzung, 3. Band), Stuttgart 1923.

625 Paul Hahn, Erinnerungen aus der Revolution in Württemberg, S. 127–133.

626 So das spätere Fazit der Gestapo: Spiegelbild einer Verschwörung, SD-Bericht vom 9. Dezember 1944, S. 518.

627 Jürgen Genuneit, Völkische Radikale in Stuttgart 1890–1925. Vorgeschichte und Frühphase der NSDAP, in: Ausstellungsreihe Stuttgart im Dritten Reich, Stuttgart 1982, S. 153.

628 Theodor Heuss, Robert Bosch, S. 544.

629 Bericht Paul Hahn, Stadtarchiv Stuttgart, Nachlaß Strölin, Bü 224, S. 70.

630 Vgl. den Bericht Paul Hahns über den Krankenhausbau, in: Bosch-Zünder 22 (1940), S. 50 f.

631 Willy Schloßstein, Einstellung des Herrn Robert Bosch und seiner Mitarbeiter zum Nazi-Regime, BAK, N 1186 (Stolper), 85 a, S. 13.

632 Vgl. Willy Schloßstein, Einstellung des Herrn Robert Bosch und seiner Mitarbeiter zum Nazi-Regime (28 S.), BAK, N 1186 (Stolper), 85 a, S. 8; ders., «Betr. Einstellung des Herrn B. und seiner Firma zum Nazi-Regime (Überreicht durch Ludwig Kaiser Stuttgart 15. 9. 1945)», verfaßt im Juli 1945, BAK, N 1166 (Ritter), Bd. 131; Rapport des Polizei-Corps Kanton Thurgau vom 24. Juni 1938, SBA, Bestand Hans Ritter, Bundesanwaltschaft, E 4320 (B), 1984/29, Schachtel 103 (Dossier C.12.456).

633 Rapport des Polizei-Corps Kanton Thurgau vom 24. Juni 1938, SBA, Bestand Hans Ritter, Bundesanwaltschaft, E 4320 (B), 1984/29, Schachtel 103 (Dossier C.12.456).

634 Ritter an Christie vom 2. Juni 1938, Christie Papers, CHRS–1–26 A.

635 Ebd.

636 Ebd.

637 Ebd.

638 Vgl. den Bericht über Chamberlains Rede in Kettering vom 2. Juli 1938 in: «Times» vom 4. Juli 1938.

639 T. P. Conwell-Evans, None So Blind, S. 136.

640 Rainer A. Blasius, Appeasement und Widerstand, S. 286.

641 Ritter an Christie vom 9. Juli 1938, Christie Papers, CHRS–1– 26 A.

642 Rapport des Polizei-Corps Kanton Thurgau vom 15. September 1938, SBA, Bestand Hans Ritter, Bundesanwaltschaft, E 4320 (B), 1984/29, Schachtel 103 (Dossier C.12 456).

643 Vgl. T. P. Conwell-Evans, None So Blind, S. 139–191.

644 Das Dokument ist abgedruckt bei A. P. Young, Die «X»-Dokumente, S. 51–61. Das Zitat S. 57.

645 Klaus-Jürgen Müller, Die national-konservative Opposition vor dem Zweiten Weltkrieg: Zum Problem ihrer begrifflichen Erfassung, in: Manfred Messerschmidt (Hrsg.), Militärgeschichte. Probleme – Thesen – Wege, Stuttgart 1982, S. 215–242, hier S. 225.

646 A. P. Young, Die «X»-Dokumente, S. 59 f.

647 Ebd., S. 60.

648 Ebd., S. 53.

649 Rainer A. Blasius, Appeasement und Widerstand, S. 285.

650 Memorandum Vansittarts vom 9. August 1938, PRO FO 371/21736/1941/18.

651 A. P. Young, Die «X»-Dokumente, S. 71.

652 Ebd., S. 70 f.

653 Anthony Glees, Das deutsche politische Exil in London 1939–1945, in: Gerhard Hirschfeld (Hrsg.), Exil in Großbritannien. Zur Emigration aus dem nationalsozialistischen Deutschland, Stuttgart 1983, S. 62–79, hier S. 68.

654 David Davies, A Federated Europe, London 1940, S. 46.

655 David Davies, Facing the Future. Letters to John Citizen, London 1942, bes. S. 176. Vgl. die rückblickende Zusammenfassung seiner Ideen in: ders., The Seven Pillars of Peace, London/New York/Toronto 1945.

656 Theodor Heuss, Robert Bosch, S. 608. Zum «Anschluß» Norbert Schausberger, Der Griff nach Österreich. Der Anschluß, Wien/München [2]1979.

657 Bosch an Escherich vom 20. und 23. März 1938, RBA 14/69.

658 A. P. Young, Die «X»-Dokumente, S. 70 f.

659 Rainer A. Blasius, Für Großdeutschland – gegen den großen Krieg. Staatssekretär Ernst Freiherr von Weizsäcker in den Krisen um die Tschechoslowakei und Polen 1938/39, Köln/Wien 1981. Leonidas E. Hill, Alternative Politik des Auswärtigen Amtes bis zum 1. September 1939, in: Jürgen Schmädeke/Peter Steinbach (Hrsg.), Der Widerstand gegen den Nationalsozialismus, S. 664–690.

660 Klemens von Klemperer, Die verlassenen Verschwörer, S. 103.

661 Hierzu Gottfried Niedhart, Großbritannien und die Sowjetunion 1934-1939, München 1979, S. 84–188.

662 Telford Taylor, Munich. The Price of Peace, London 1979; Bernd-Jürgen Wendt, München 1938. England zwischen Hitler und Preußen, Frankfurt am Main 1965; Zu den Konsequenzen von München Klaus Hildebrand, Das Dritte Reich, S. 33–38;

663 Klaus Hildebrand, Das vergangene Reich, S. 657.

664 Ernst von Weizsäcker, Erinnerungen, München u. a. 1950, S. 193.

665 Goerdeler in einem Brief an Young vom 21. September 1938, A. P. Young, Die «X»-Dokumente, S. 109.

666 Zitiert nach Walter Görlitz, Der deutsche Generalstab. Geschichte und Gestalt 1657 bis 1945, Frankfurt am Main [2]1953, S. 275.

667 Minute Sargent vom 12. Dezember 1938, PRO FO 371/22961/C938/15/18.

668 Schairer an Ritter vom 4. Februar 1954, BAK, N 1166 (Gerhard Ritter), Bd. 493.

669 Stefan Grotefend, Friedrich Siegmund-Schultze, S. 301. Vgl. Siegmund-Schultze an Anneliese Goerdeler vom 2. Februar 1954, BAK, N 1166 (Ritter), Bd. 493 und A. P. Young, Die «X»-Dokumente, S. 136–139.

670 Vgl. A. P. Young, Die «X»-Dokumente, S. 123–135.

671 Goerdeler an Young vom 1. Oktober 1938, A. P. Young, Die «X»-Dokumente, S. 121.

672 Carl Goerdeler, «Nachtrag zur Außenpolitik» vom 3. Oktober 1938, in: Frankfurter Allgemeine Zeitung vom 29. September 1988.

673 Rapports der Politischen Polizei vom 23. und 26. September 1939, SBA, Bestand Hans Ritter, Bundesanwaltschaft, E 4320 (B), 1984/29, Schachtel 103 (Dossier C.12.456).

674 Willy Schloßstein, Einstellung des Herrn Robert Bosch und seiner Mitarbeiter zum Nazi-Regime, BAK, N 1186 (Stolper), 85 a, S. 13. Vgl. hierzu ähnlich Hans Walz, Meine Mitwirkung an der Aktion Goerdeler, in: Otto Kopp (Hrsg.), Widerstand und Erneuerung, S. 106 f.

675 Undatierte Aufzeichnungen von Felix Olpp aus dem November 1982, RBA 14/3, S. 18.

676 Ebd.

677 Bäuerle an Berger vom 8. November 1938, RBA 13/84.

678 Hans Walz, Meine Mitwirkung an der Aktion Goerdeler, in: Otto Kopp (Hrsg.), Widerstand und Erneuerung, S. 107.

679 Vgl. hierzu das dritte Kapitel.

680 Bosch an Escherich vom 28. März 1940, RBA 14/71.

681 Peter Hoffmann, Widerstand, Staatsstreich, Attentat, S. 138. Hierzu Gerhard Ritter, Carl Goerdeler, S. 224, S. 495, Anm. 29 und S. 496 f., Anm. 30.

682 A. P. Young, Die «X»-Dokumente, S. 143–154, hier S. 153 f.

683 Ebd., S. 153.

684 Ebd., S. 156.

685 Minute Ashton-Gwatkin vom 22. November 1938, PRO FO 371/21665/C 14758/62/18.

686 Zu Heinemans Verbindungen zum Widerstand eingehend Ulrich Schlie, Kein Friede mit Deutschland, S. 59–61. Vgl. Fernand Vanlangenhove, Dannie-N. Heineman, in: Biographie Nationale, publiée par l'Académie Royale, Supplément Bd. XII, I, Sp. 382–420, bes. Sp. 410–413.

687 A. P. Young, Die «X»-Dokumente, S. 164.

688 «X»-Dokument Nr. 5 vom 4. Dezember 1838, in: A. P. Young, Die »X«-Dokumente, S. 165–167. Das Original in: PRO FO 371/22961/C 938/15/18. Vgl. Klemens von Klemperer, Die verlassenen Verschwörer, S. 113 f.

689 Ebd.

690 Ebd.

691 Aufzeichnung Ashton-Gwatkins vom 10. Dezember 1938, PRO FO 371/21665/C 15438/62/18. Minute Ashton-Gwatkins vom 22. November 1938, PRO FO 371/21665/C 14809/62/18. Vgl. Richard Lamb, Der verfehlte Frieden, S. 129 f.

692 Minute Cadogan vom 10. Dezember 1938, ebd.; David Dilks (Hrsg.), The Diaries of Sir Alexander Cadogan 1938–1945, New York 1971, S. 128: Eintrag vom 10. Dezember 1938.

693 Minute Cadogan vom 16. Dezember 1938, ebd.

694 David Dilks (Hrsg.), Cadogan Diaries, S. 129, Eintrag vom 11. Dezember 1938.

695 Minute Robert Vansittart vom 7. Dezember 1938, zitiert nach Sidney Aster, Carl Goerdeler und das Foreign Office, in: A. P. Young, Die «X»-Dokumente, S. 245–271, hier S. 261 f. Die Stellungnahmen der Mitarbeiter im Foreign Office in PRO FO 371/21659/C

15084/42/18. Lediglich Ashton-Gwatkin vermochte dem Appell Goerdelers etwas Positives abgewinnen (Minute Ashton-Gwatkin vom 6. Dezember 1938, ebd.).

696 Minute Ashton-Gwatkins vom 22. Dezember 1938, PRO FO 371/21665/C 15438/62/18.

697 «The proposal was considered by the Secretary of State who, however, judged it would be unwise to send any message of encouragement, however vague, to Goerdeler and his friends.» Minute Ashton-Gwatkin vom 26. März 1941, PRO FO 371/26546 A.

698 Klaus Hildebrand, Das vergangene Reich, S. 821.

699 Bernd Martin, Deutsche Oppositions- und Widerstandskreise und die Frage eines separaten Friedensschlusses im Zweiten Weltkrieg, in: Klaus-Jürgen Müller (Hrsg.), Der deutsche Widerstand 1933–1945, Paderborn 1986, S. 79–107, hier S. 106.

700 Ebd., S. 105.

701 «Memorandum Based on Most Trustworthy Information Received before January 15th, 1939, PRO FO 371/22963/C 1290/15/18. Abgedruckt bei A. P. Young, Die «X»-Dokumente, S. 172–178. Vgl. ebd., S. 270, Anm. 31.

702 Minute Roberts vom 6. Februar 1939, PRO FO 371/22963/C 1290/15/18; Minute Sargent vom 12. Februar 1939, ebd. Vgl. Klemens von Klemperer, Die verlassenen Verschwörer, S. 417, Anm. 204.

703 Zu der britischen Differenzierung zwischen «Gemäßigten» und «Radikalen» im nationalsozialistischen Deutschland Rainer A. Blasius, Weder «gute» noch «böse» Deutsche. Zur politischen Kriegführung Großbritanniens in den Jahren 1939 bis 1943, in: Jost Dülffer u. a. (Hrsg.), Deutschland in Europa. Kontinuität und Bruch. Gedenkschrift für Andreas Hillgruber, Berlin 1990, S. 175–202.

704 Minute Kirkpatrick vom 3. April 1939, PRO FO 371/22968/C 4495/15/18; Minute Vansittart vom 27. März 1939, ebd.

705 A. P. Young, Die «X»-Dokumente, S. 194.

706 Ebd., S. 201.

707 «‹Only Strong Moral Offensive› Can Stop Nazis, Says Briton», in: «Washington Post» vom 25. März 1939, teilweise abgedruckt in Arthur P. Young, Die «X»-Dokumente, S. 201 f.; Interview in «International Tribune» vom 25. März 1939.

708 Jesse H. Stiller, George S. Messersmith. Diplomat of Democracy, London/Chapel Hill 1987, S. 116–145. Daneben Shlomo Shafir, George S. Messersmith: An Anti-Nazi Diplomat's View of the German-Jewish Crisis, in: Jewish Social Studies 35 (1973), S. 32–41.

709 A. P. Young, Die «X»-Dokumente S. 203–205. Vgl. auch das Memorandum von Young vom 20. August 1945; Callum A. MacDonald, The United States, Britain and Appeasement, 1936–1939, London/Basingstoke 1981, S. 151.

710 Messersmith an Hull vom 25. März 1939, Messersmith Papers, 1178.

711 Diese «Record of a Conversation which a Representative had with Mr. X. on February 21st, 1939» sprach von der notwendigen Härte gegenüber Hitler und ließ eine zunehmende Bereitschaft der Regimegegner erkennen, gewaltsam gegen den Diktator vorzugehen. Zitiert nach Klemens von Klemperer, Die verlassenen Verschwörer, S. 116.

712 Vgl. die Briefe Mooneys an Roosevelt aus dem März 1940, NA, RG 59, Box 2295 (740.0011 European War/1824 ½).

713 Patrick J. Hearden, Roosevelt Confronts Hitler, S. 88–153. Daneben Arnold A. Offner, American Appeasement. United States Foreign Policy and Germany 1933–1938, Cambridge 1969; Robert Edwin Herzstein, Roosevelt & Hitler. Prelude to War, New York 1989; Barbara Readen Farnham, Roosevelt and the Munich Crisis. A Study of Political Decision-Making, Princeton 1997.

714 Eine identische Fassung des 14 Seiten umfassenden Dokuments wurde von Young an Messersmith übergeben. Das «Memorandum Recording a Conversation with X. on

Thursday, March 16th, 1939» argumentierte pragmatischer und forderte angesichts der prekären Lage in der tschechischen Krise eine Politik, die Festigkeit gegenüber dem Diktator mit einer allgemeinen Friedenskonferenz kombiniere. Cordell Hull Papers, Library of Congress, Manuscript Division, Container 43/44, Reel 17. Vgl. Nicholas Murray Butler an Hull vom 28. März 1939, ebd.

715 Während Cordell Hull den Besucher weder in seinen autobiographischen Aufzeichnungen noch in seinem «Desk diary» erwähnt (The Memoirs of Cordell Hull, Bd. I, New York 1948; «Desk diary»: Cordell Hull Papers, Library of Congress, Manuscript Division, reel 38/39) hat Goerdeler von dieser Unterredung den Boschkreis informiert. Auch in seinen Gefängnisaufzeichnungen und in einigen Dokumenten des State Department finden sich entsprechende Hinweise: NA, RG 59, Decimal File 1940–1944, Box 5500 (862.20200 [Goerdeler, Karl Dr.]).

716 Hull an Nicholas Murray Butler vom 3. April 1939, Nicholas Murray Butler Papers, University of Columbia Library, New York.

717 Callum A. MacDonald, The United States, Britain and Appeasement, S. 151.

718 «Roosevelt calls for Peace in Europe», abgedruckt in: «New York Times» vom 15. April 1939; Günter Moltmann, Franklin D. Roosevelts Friedensappell vom 14. April 1939. Ein fehlgeschlagener Versuch zur Friedenssicherung, in: Jahrbuch für Amerikastudien 9 (1964), S. 91–109.

719 Callum A. MacDonald, The United States, Britain and Appeaesement, S. 151.

720 Vgl. Beatrice B. Bearle/Travis J. Jacobs (Hrsg.), Navigating the Rapids 1918–71. From the Papers of Adolf A. Berle, New York 1973, S. 213 (Eintrag vom 15. und 19. April 1939).

721 A. P. Young, Die «X»-Dokumente, S. 210f.

722 «Papierkragen» (=Ritter) an Christie vom 13. Juni 1939, Christie Papers, CHRS–1–29 B.

723 Vgl. zu diesem Prozeß Hermann Graml, Europas Weg in den Krieg, S. 149–184.

724 Hans Walz, Meine Mitwirkung an der Aktion Goerdeler, in: Otto Kopp (Hrsg.), Widerstand und Erneuerung, S. 109.

725 Messersmith an den Secretary of State (Stettinius) vom 24. April 1945, NA, RG 59, 740.00119 Control (Germany)/4–2445.

726 Harold James, Schacht's Attempted Defection from Hitler's Germany, in: Historical Journal 30 (1987), S. 729–733; ders., Der Magier des Geldes. Wollte Hjalmar Schacht Nazi-Deutschland verlassen?, in: Frankfurter Allgemeine Zeitung vom 20. Mai 1987.

727 «Aussprache mit Dr. Schairer in Washington März 1953», BAK, N 1166 (Gerhard Ritter), Bd. 131; undatierte Aufzeichnung Reinhold Schairers in RBA 13/75, Bl. 80–82. Vgl. auch Gerhard Ritter, Carl Goerdeler, S. 224 f. Bei Gisevius wird Schairer lediglich als Goerdelers «Mittelsmann» identifiziert. Hans Bernd Gisevius, Bis zum bittern Ende, Zürich 1946, Bd. 2, S. 99.

728 Schairer an Gerhard Ritter vom 6. Januar 1953, ebd., Bd. 493. Vgl. Hans Bernd Gisevius, Bis zum bittern Ende, Bd. 2, S. 101–103.

729 Ebd.

730 Ebd.

731 Hermann Graml, Europas Weg in den Krieg, S. 149–198.

732 Klaus Hildebrand, Das vergangene Reich, S. 682.

733 Marie-Luise Recker, Die Außenpolitik des Dritten Reiches, München 1990, S. 25.

734 «Papierkragen» (=Ritter) an Christie vom 13. Juni 1939, Christie Papers, CHRS–1–29 B.

735 Hans Walz, Meine Mitwirkung an der Aktion Goerdeler, in: Otto Kopp (Hrsg.), Widerstand und Erneuerung, S. 106.

736 Hans Mommsen, Die Opposition gegen Hitler und die deutsche Gesellschaft 1933–1945, in: Klaus-Jürgen Müller (Hrsg.), Der deutsche Widerstand 1933–1945, S. 22–39, hier S. 24.

737 Hermann Graml, Der Fall Oster, in: Vierteljahrshefte für Zeitgeschichte 14 (1966), S. 26–39; Romedio Galeazzo Graf von Thun-Hohenstein, Der Verschwörer. General Oster und die Militäropposition, Berlin 1982.

738 Christof Mauch, Großbritannien, die Vereinigten Staaten und der Widerstand gegen den Nationalsozialismus. Perzeptionen und politische Dilemmata, in: Anselm Doering-Manteuffel/Joachim Mehlhausen (Hrsg.), Christliches Ethos und der Widerstand gegen den Nationalsozialismus in Europa, Stuttgart/Berlin/Köln 1997, S. 102–118, hier S. 103.

739 Willy Schloßstein, Einstellung des Herrn Robert Bosch und seiner Mitarbeiter zum Nazi-Regime, BAK, N 1186 (Stolper), 85 a, S. 14.

740 Jean-Pierre Azéma, Die französische Politik am Vorabend des Krieges, in: Wolfgang Benz/Hermann Graml (Hrsg.), Sommer 1939, S. 280–313; Anthony P. Adamthwaite, France and the Coming of the Second World War 1936–1939, London 1977.

741 Die europäischen Friedensbemühungen des Sommers zusammenfassend Hermann Graml, Europas Weg in den Krieg, S. 184–305.

742 Vgl. hierzu den Bericht der «Frankfurter Zeitung» vom 17. August 1939, «Das französische Geschäft von Mendelssohn». Reynaud selbst war hinsichtlich der Kriegsgefahr sehr viel skeptischer. Vgl. Paul Reynaud, Mémoires, Bd. 2: Envers et contre tous, Paris 1963, S. 257 f. Zum Gespräch Schairer–Reynaud auch A. P. Young, Die «X»-Dokumente, S. 156.

743 Willy Schloßstein, Einstellung des Herrn Robert Bosch und seiner Mitarbeiter zum Nazi-Regime, BAK, N 1186 (Stolper), 85 a, S. 14 und die Aufzeichnungen Schloßsteins in RBA 13/109.

744 Braun (=Ritter) an Christie vom 10. Juli 1939, Christie Papers, CHRS–1–29 B.

745 Peter Ludlow, Papst Pius XII., die britische Regierung und die deutsche Opposition im Winter 1939/40, in: Vierteljahrshefte für Zeitgeschichte 22 (1974), S. 299–341.

746 Ritter an Christie vom 4. August 1939, Christie Papers, CHRS–1–29 B.

747 Goerdeler stand in Verbindung zu Wohlthat. Dies könnte erklären, warum auch der Boschkreis über die entsprechenden Informationen verfügte. Vgl. Helmut Metzmacher, Deutsch-englische Ausgleichsbemühungen im Sommer 1939, in: Vierteljahrshefte für Zeitgeschichte 14 (1966), S. 369–412, bes. S. 407. Zu Wohlthat auch Winfried Meyer, Unternehmen Sieben. Eine Rettungsaktion für vom Holocaust Bedrohte aus dem Amt Ausland/Abwehr im Oberkommando der Wehrmacht, Frankfurt am Main 1993, S. 130–134.

748 David Dilks (Hrsg.), Cadogan Diaries, S. 196, Eintrag vom 18. August 1939.

749 Zum national-konservativen Widerstand Klaus-Jürgen Müller, Struktur und Entwicklung der national-konservativen Opposition, in: Aufstand des Gewissens. Der militärische Widerstand gegen Hitler und das NS-Regime 1933, hrsg. vom Militärgeschichtlichen Forschungsamt, Herford/Bonn ⁴1993, S. 263–309; Gerhard Schulz, Nationalpatriotismus im Widerstand, in: Vierteljahrshefte für Zeitgeschichte 32 (1984), S. 331–372. Zu Hassell Gregor Schöllgen, Ulrich von Hassell 1881–1944. Ein Konservativer in der Opposition, München 1990.

750 Die Hassell-Tagebücher, hrsg. v. Friedrich Freiherr Hiller von Gaertringen, Berlin 1988, Eintrag vom 11. August 1939, S. 107 f.

751 Immerhin vermitteln auch die im Auftrag des NS-Staates zusammengestellten Stimmungsberichte den Eindruck sorgenvoller Nervosität über die Haltung der Bevölkerung, die sich allerdings nach dem Polenfeldzug bald legte. Ian Kershaw, Der Hitler-Mythos, S. 123–127. Zu den eingeschränkten Möglichkeiten eines Streiks oder

eines Volksaufstands auch Dieter Ehlers, Technik und Moral einer Verschwörung, S. 62–64.

752 Bosch an Escherich vom 17. August 1939, RBA 14/70.

753 «Memorandum» von Altaffer vom 18. Dezember 1942, NA, RG 84, Foreign Service Posts of the Department of State, American Legation Bern, Confidential File 1942, 800, Box 5.

754 Aufzeichnung von Thomä vom 5. November 1940, RBA 14/540. Zu den Ereignissen auch Thomäs Aufzeichnung «Erinnerung an die Zusammenarbeit mit Dr. Karl Goerdeler», RBA 13/178.

755 Aufzeichnung von Thomä vom 5. November 1940, RBA 14/540.

756 Hierzu umfassend Gerard Aalders/Cees Wiebes, Die Kunst der Tarnung, S. 57–85. Eine Darstellung aus Sicht der Bosch-Vorstandsetage ist die neun Seiten umfassende Aufzeichnung von Thomä vom 5. November 1940, RBA 14/540.

757 Spiegelbild einer Verschwörung, SD-Bericht vom 17. August 1944, S. 246–249. Vgl. die Aufzeichnung des Vortragenden Legationsrates Wagner vom 9. September 1944, PAAA, R 100740 (Inland IIg).

Drittes Kapitel
Hilfe für Juden

1 Zum folgenden Kapitel Joachim Scholtyseck, Die Firma Robert Bosch und ihre Hilfe für Juden. Zu Schindler Thomas Keneally, Schindler's List, New York 1982; ders., Schindlers Liste, Neuausgabe München 1994. Zur Rezeption vgl. Thomas Fensch (Hrsg.), Oskar Schindler and his list. The man, the book, the film, the Holocaust and its survivors, Forest Dale 1995. Die Judenhilfe von Berthold Beitz ist inzwischen gründlich erforscht: Thomas Sandkühler, «Endlösung in Galizien. Der Judenmord in Ostpolen und die Regierungsinitiativen von Berthold Beitz 1941–1944», Bonn 1966, bes. S. 290–405. Ein ausführlicher bibliographischer Überblick über die Literatur über «Judenretter»: Eva Fogelman, Conscience & Courage. Rescuers of Jews during the Holocaust, New York u. a. 1994, S. 355–376.

2 «Newsweek» vom 20. Dezember 1993.

3 Hannah Arendt, Eichmann in Jerusalem. Ein Bericht von der Banalität des Bösen, München/Zürich ⁶1986, S. 153. Zu diesen Bemühungen Yehuda Bauer, Jews for Sale? Nazi-Jewish Negotiations, 1933–1945, New Haven/London 1994.

4 Konrad Kwiet/Helmut Eschwege, Selbstbehauptung und Widerstand. Deutsche Juden im Kampf um Existenz und Menschenwürde 1933–1945, Hamburg 1984, S. 47.

5 Kurt R. Grossmann, Die unbesungenen Helden. Menschen in Deutschlands dunklen Tagen, Berlin 1957.

6 Theodor Heuss, Robert Bosch, S. 265.

7 Zitiert nach ebd., S. 74 f.

8 Zur Judenverfolgung in Baden-Württemberg: Paul Sauer (Hrsg.), Dokumente über die Verfolgung der jüdischen Bürger in Baden-Württemberg durch das nationalsozialistische Regime 1933–1945, 2 Bände, Stuttgart 1966; ders., Die Schicksale der jüdischen Bürger Baden-Württembergs während der nationalsozialistischen Verfolgungszeit 1933–1945, Stuttgart 1969, bes. S. 341 f.

9 Zu Bäuerle, der bereits vor dem Ersten Weltkrieg in Haslach für den «Verein zur Abwehr des Antisemitismus» tätig war, Maria Zelzer, Weg und Schicksal der Stuttgarter Juden. Ein Gedenkbuch, Stuttgart 1964, S. 67, 121–123, 130, 150 und 162. Zum Verein und Boschs Mitgliedschaft vgl. Barbara Suchy, The Verein zur Abwehr des Antisemitismus (II). From the First World War to its Dissolution in 1933, in: Leo Baeck Institute

Year Book 30 (1985), S. 67–103; Hildegard Thevs, Eduard Lamparters Beitrag zur Abwehr des Antisemitismus, in: Blätter für Württembergische Kirchengeschichte 78 (1978), S. 146–186, bes. S. 148–150.

10 Vgl. «Abwehr-Blätter. Mitteilungen aus dem Verein zur Abwehr des Antisemitismus» 39 (1926), S. 52.

11 Hans Walz, «Meine Mitwirkung an der Aktion Goerdeler», RBA 13/42.

12 Martin Liepach, Das Wahlverhalten der jüdischen Bevölkerung in der Weimarer Republik. Zur politischen Orientierung der Juden in der Weimarer Republik, Tübingen 1996. Vgl. auch Horst R. Sassin, Liberals of Jewish Background in the Anti-Nazi Resistance, in: Leo Baeck Institute Year Book 37 (1992), S. 381–396; Avraham Barkai u. a., Deutsch-jüdische Geschichte in der Neuzeit. Bd. IV: 1918–1933, München 1997, S. 107.

13 Oswald Riedel (Hrsg.), Das ABC der DDP, Berlin 1927, S. 21.

14 Walz an Adler vom 19. Februar 1968, LBI New York, Karl Adler Collection AR 7276, VI, Box 4, Folder 11. Diese Äußerungen waren keineswegs Koketterie. Bereits in den fünfziger Jahren hatte er geschrieben, er wolle «dem, was ich während der Hitler-Zeit für Ihre Glaubensgenossen tun konnte, keinerlei Verdienst beimessen, vielmehr danke ich Gott, daß es mir vergönnt war, zu einem geringen Teil das furchtbare Unrecht zu mildern, das damals an den Juden begangen wurde.» (Walz an Walter Strauß vom 2. Juni 1958, LBI New York, Karl Adler Collection AR 7276, VI, Box 4, Folder 11).

15 Walz an Leo Baeck Institute vom 16. Juni 1967, RBA 13/46; Hans Walz, «Beilage zum Fragebogen: Kurze Darstellung der Beziehungen zur NSDAP und SS», RBA 13/33. Vgl. auch die Aufzeichnung von Walz in RBA 13/36.

16 Bosch an Mauk vom 26. Mai 1933, Robert Bosch und die deutsch-französische Verständigung, S. 184 f. Vgl. Theodor Heuss, Robert Bosch, S. 568.

17 Walz an LBI New York vom 16. Juni 1967, RBA 13/46. Vgl. die Aufzeichnung von Walz in RBA 13/36.

18 Karl Adler, «Entwurf zu einem ersten Rundbrief nach Deutschland», LBI New York, Karl Adler Collection AR 7276, VI, Box 4, Folder 3. Zu Adlers Tätigkeit als Musikpädagoge: Ernst Simon, Aufbau im Untergang. Jüdische Erwachsenenbildung im nationalsozialistischen Deutschland als geistiger Widerstand, Tübingen 1959, S. 48–51.

19 Volker Dahm, Kulturelles und geistiges Leben, in: Wolfgang Benz (Hrsg.), Die Juden in Deutschland 1933–1945. Leben unter nationalsozialistischer Herrschaft, München ³1993, S. 75–267, hier S. 94.

20 Vgl. Adler an Frau Bäuerle vom 9. Juni 1956, LBI New York, Karl Adler Collection AR 7276, VI, Box 4, Folder 10.

21 Raul Hilberg, Täter, Opfer, Zuschauer. Die Vernichtung der Juden 1933–1945, Frankfurt am Main 1992, S. 235.

22 Adler an Bosch vom 31. Dezember 1936, LBI New York, Karl Adler Collection AR 7276, VI, Box 4, Folder 14.

23 Adler an Walz vom 24. Dezember 1942, zitiert nach: Zusammenfassender Ermittlungsvorgang und Bericht des SD Berlin vom 12. November 1942, BA, Abt. III (BDC), Personalunterlagen Hans Walz.

24 Adler an Alfred Marx vom Frühjahr 1946, RBA 13/39.

25 Walz an LBI New York vom 16. Juni 1967, RBA 13/46.

26 Scholem Adler-Rudel, Jüdische Selbsthilfe unter dem Naziregime 1933–1939. Im Spiegel der Berichte der Reichsvertretung der Juden in Deutschland, Tübingen 1974, S. 44.

27 Hierzu grundlegend Helmut Genschel, Die Verdrängung der Juden aus der Wirtschaft im Dritten Reich, Göttingen u. a. 1966; Avraham Barkai, Vom Boykott zur «Entjudung». Der wirtschaftliche Existenzkampf der Juden im Dritten Reich, Frankfurt am

Main 1987; Albert Fischer, Jüdische Privatbanken im «Dritten Reich», in: Scripta Mercaturae 28 (1994), S. 1–54.

28 Avraham Barkai, Vom Boykott zur «Entjudung», S. 76.

29 Reichsgesetzblatt 1936, Teil 1, S. 999.

30 Avraham Barkai, Die deutschen Unternehmer und die Judenpolitik im «Dritten Reich», in: Geschichte und Gesellschaft 15 (1989), S. 227–247, hier S. 229.

31 Undatierte Aufzeichnungen von Felix Olpp aus dem November 1982, Bl. 21 f., RBA 14/3.

32 Nach dem Krieg wurden auch diese Aktien unter Vermögenskontrolle gestellt; Olpp verhandelte mit Hamann später in Düsseldorf über die Wiedergutmachung. Undatierte Aufzeichnungen von Felix Olpp aus dem November 1982, Bl. 21 f., RBA 14/3. Die wichtigsten Bestände des Victoria-Archivs sind durch Kriegsschäden verlorengegangen. Wenig informativ ist unter dem hier relevanten Aspekt die Unternehmens-Festschrift: Hundert Jahre Victoria Versicherung 1853–1953, o. O. o. J. (Berlin 1953).

33 Aufzeichnungen von Felix Olpp aus dem November 1982, Bl. 28 f., RBA 14/3.

34 Ebd., Bl. 29 f. Vgl. RBA 14/50.

35 «Die geschäftlichen und persönlichen Beziehungen des Herrn Hans Walz zur Reichs-Kredit-Gesellschaft A. G., Berlin» Memorandum der Robert Bosch GmbH vom 19. November 1945, GLA, OMGUS 12–27/3–15; Eidesstattliche Erklärung von Goetz vom 10. November 1947, RBA 13/39; Willy Schloßstein, Eidesstattliche Erklärung vom 4. März 1947, RBA 13/39.

36 Vgl. Grete Adler an Alexander Bronowski vom 4. August 1976, LBI New York, Karl Adler Collection AR 7276, VI, Box 4, Folder 11.

37 Adler an David Alcalay vom 14. Juni 1968, LBI New York, Karl Adler Collection AR 7276, VI, Box 4, Folder 11: Eidesstattliche Erklärung von Karl Adler vom 22. Juli 1946, LBI New York, Karl Adler Collection AR 7276, VI, Box 4, Folder 12. Auch in RBA 13/39; Fritz Richert, Karl Adler. Musiker – Verfolgter – Helfer. Ein Lebensbild, Stuttgart 1990, S. 64. Vgl. auch Konrad Kwiet/Helmut Eschwege, Selbstbehauptung und Widerstand, S. 165 und Konrad Kwiet, Resistance and Opposition. The Example of the German Jews, in: David Clay Large (Hrsg.), Contending with Hitler, 65–74, hier S. 67. Walz gab später an, er habe «lediglich assistiert.» Walz an Adler vom 26. Januar 1953, LBI New York, Karl Adler Collection AR 7276, VI, Box 4, Folder 12. Vgl. Alexander Bronowski an Walter Strauss vom 24. Juni 1976, LBI New York, Karl Adler Collection AR 7276, VI, Box 4, Folder 11.

38 Vgl. Fischer an Adler vom 11. April 1947, LBI New York, Karl Adler Collection AR 7276, VI, Box 4, Folder 12.

39 Auszug aus einem Schreiben Karl Adlers vom 23. November 1945, RBA 13/33.

40 Adler an Fischer vom 13. Mai 1947, LBI New York, Karl Adler Collection AR 7276, VI, Box 4, Folder 12.

41 Der SD-Bericht ist zitiert nach: Heimatgeschichtlicher Wegweiser zu Stätten des Widerstandes und der Verfolgung 1933–1945. Bd. 5. Baden-Württemberg I. Regierungsbezirke Karlsruhe und Stuttgart, hrsg. v. Studienkreis Deutscher Widerstand, Frankfurt am Main 1991, S. 315.

42 Fritz Richert, Karl Adler, S. 65.

43 Ebd., S. 64.

44 Ebd., S. 65 f.

45 Aufzeichnung Karl Adler vom 14. Juni 1968, LBI New York, Karl Adler Collection AR 7276, VI, Box 4, Folder 11. Vgl. den Rundbrief Karl Adlers an seine Freunde vom September 1948, LBI New York, Karl Adler Collection AR 7276, VI, Box 4, Folder 1. Zur «Kehl-Episode» auch Fritz Richert, Karl Adler, S. 65 f.: «Unmittelbar vor Kriegsbeginn kam zu mir eine Gruppe von Auswanderern, die schon abfahrbereit waren,

jedoch ‹aus Sicherheitsgründen› von den deutschen Behörden nicht mehr hinausgelassen wurden. Nach vielen Mühen wurde mein Vorschlag, sie auf unsere Kosten und Verantwortung in einem Gefangenenwagen zur Grenze zu befördern, angenommen. Zwar wurden die Auswanderer tatsächlich unter schwerer Bewachung nach Kehl gebracht, dort aber von SS-Leuten derart mißhandelt, daß sie lieber ihr Handgepäck auf deutschem Boden zurückließen, nur um schnellstens über die Rheinbrücke zu gelangen. Alle diese außergewöhnlichen Auswanderungsfälle wären nicht möglich gewesen ohne die großzügige Hilfe der Firma Bosch, vertreten durch den schon erwähnten Direktor Hans Walz, dessen menschliche Größe in unseren Kreisen nie vergessen wird.» Vgl. auch Anton Maria Keim (Hrsg.), Yad Vashem. Die Judenretter aus Deutschland, Mainz 1983, S. 147; Alexander Bronowski, They Were Few, New York 1991, S. 130 f. und den Bericht eines Zeitzeugen: «On August 30th, 1939, alone, through the efforts of Mr. Walz, seventeen Jews, including my dear mother, father and young sister, escaped, via the Kehl-Strassburg bridge.» (James May an den israelischen Botschafter in den USA Avraham Harman vom 3. November 1966, YV 1214-497 [Akte Hans Walz]).

46 Adler an Walz vom 6. Januar 1953, LBI New York, Karl Adler Collection AR 7276, VI, Box 4, Folder 12.

47 Ebd.

48 Adler an Alfred Marx vom Frühjahr 1946, RBA 13/39.

49 Zu Mannheimer bestanden zudem weitere Anknüpfungspunkte: Der Mitinhaber des Berliner Bankhauses Mendelssohn, Rudolf Loeb, hatte Walz schon im Frühjahr 1933 um Unterstützung gegen Übergriffe der Nationalsozialisten gebeten, die durch eine Intervention Hjalmar Schachts tatsächlich vorübergehend abgewehrt werden konnten. Willy Schloßstein, Eidesstattliche Erklärung vom 4. März 1947, RBA 13/39. Vgl. ders., Willy Schloßstein, Einstellung des Herrn Robert Bosch und seiner Mitarbeiter zum Nazi-Regime, BAK, N 1186 (Stolper), 85 a, S. 5. Zu Mannheimers Rolle auch Ulrike Hörster-Philipps, Joseph Wirth, S. 472-521.

50 Hierzu gehört die Hilfe für den Stuttgarter Schriftsteller und Literaturwissenschaftler Bernhard Blume und seine Frau, die jüdischer Abstammung war. Walz bat im Jahr 1936 Mannheimer, die Emigration der Familie zu finanzieren. Bernhard Blume an Walz vom 14. März 1936; Walz an Mannheimer vom 17. April 1936; Carola Blume an Mannheimer vom 30. Juni 1936; Bernhard Blume an Walz vom 30. März 1937, Deutsches Literaturarchiv Marbach, NL Bernhard Blume. Zum Gesamtvorgang Alexander Michel, Von der Fabrikzeitung zum Führungsmittel, S. 315, bes. Anm. 212; Bernhard Blume, Narziß mit Brille. Kapitel einer Autobiographie, Heidelberg 1985, S. 168 f.

51 Walz an LBI New York vom 16. Juni 1967, RBA 13/46; Walz an Henry Ehrenberg vom 13. April 1970, LBI New York, Karl Adler Collection AR 7276, VI, Box 4, Folder 11; Willy Schloßstein, Eidesstattliche Erklärung vom 4. März 1947, RBA 13/39. Viele Einzelheiten müssen indessen ungeklärt bleiben; hierzu zählen auch die Umstände, unter denen es über Albrecht Fischer im Jahr 1941 gelang, dem ehemaligen Pforzheimer Bankdirektor Rudolf Kahn, der als Jude nach mehrmonatiger Gestapohaft 1935 in der Amsterdamer Mendelssohn-Bank eine Beschäftigung gefunden hatte, die Auswanderung aus den besetzten Niederlanden zu ermöglichen. Winfried Meyer, Unternehmen Sieben, S. 217.

52 Maria Zelzer, Weg und Schicksal der Stuttgarter Juden. Ein Gedenkbuch, Stuttgart 1964, S. 503.

53 Eidesstattliche Erklärung von Karl Adler vom 22. Juli 1946, LBI New York, Karl Adler Collection AR 7276, VI, Box 4, Folder 12. Auch in RBA 13/39.

54 Zum Schicksal der Stuttgarter Juden Roland Müller, Stuttgart zur Zeit des Nationalsozialismus, Stuttgart 1988, S. 282-309 und 386-411.

55 Abschrift eines Briefs von Alfred Marx vom 6. Februar 1946, RBA 13/34.

56 Adler an Alfred Marx vom Frühjahr 1946, RBA 13/39.

57 LBI New York, Karl Adler Collection AR 7276, VI, Box 4, Folder 2.

58 Wolfgang Benz (Hrsg.), Die Juden in Deutschland 1933–1945. Leben unter nationalsozialistischer Herrschaft, S. 11. Zu den jüdischen Einrichtungen vgl. Otto D. Kulka, The Reichsvereinigung and the Fate of the German Jews, 1938/1939–1945, in: Die Juden im Nationalsozialistischen Deutschland, hrsg. v. Arnold Paucker, Tübingen 1986, S. 353–362 und Esriel Hildesheimer, Jüdische Selbstverwaltung unter dem NS-Regime. Der Existenzkampf der Reichsvertretung und Reichsvereinigung der Juden in Deutschland, Tübingen 1994.

59 Zu Hirsch Paul Sauer, Für Recht und Menschenwürde. Ein Lebensbild von Otto Hirsch (1885–1941), Gerlingen 1985; ders., Otto Hirsch (1885–1941). Director of the Reichsvertretung, in: Leo Baeck Institute Year Book 32 (1987), S. 341–368.

60 Federico Jaffé, Prediger in der Wüste – Robert Boschs Kampf um die Rechte der deutschen Juden, in: Jüdische Wochenschrift (Buenos Aires) vom 8. Mai 1945 (Auszug in RBA 13/41).

61 Eidesstattliche Erklärung von Friedrich Jaffé vom 23. Dezember 1946 aus La Paz (Bolivien), RBA 13/39.

62 Federico Jaffé, Prediger in der Wüste – Robert Boschs Kampf um die Rechte der deutschen Juden, in: Jüdische Wochenschrift (Buenos Aires) vom 8. Mai 1945 (Auszug in RBA 13/41). Ein Hinweis auf diesen Schritt von Carl Bosch bei Hitler auch bei Henry Turner, Die Großunternehmer und der Aufstieg Hitlers, S. 401; einen ähnlichen Zusammenprall zwischen Hitler und Carl Bosch schildert Karl Holdermann, Im Banne der Chemie, S. 272.

63 Eidesstattliche Erklärung von Friedrich Jaffé vom 23. Dezember 1946 aus La Paz (Bolivien), RBA 13/39.

64 Ebd. und Notiz von Walz vom 27. April 1970, RBA 13/47. Vgl. das Dankschreiben Jaffés an Fischer: «Herr Walz und Sie, lieber Baurat, haben Ihr Versprechen meisterhaft gehalten. Keiner – weder Jud noch Christ – hatte in der Judenfrage einen solchen Mut wie Sie Beide.» (RBA 13/36: Jaffé an Fischer vom 26. März 1947).

65 Walz an Adler vom 17. September 1951, LBI New York, Karl Adler Collection AR 7276, VI, Box 4, Folder 12; Walz an Adler vom 26. Januar 1953, ebd. Daneben die Würdigung von Walz anläßlich des Todes von Baeck im November 1956 in: Eva G. Reichmann (Hrsg.), Worte des Gedenkens für Leo Baeck, Heidelberg 1959, S. 233.

66 Eidesstattliche Erklärung von Willy Schloßstein, RBA 13/79.

67 Leonard Baker, Hirt der Verfolgten. Leo Baeck im Dritten Reich, Stuttgart 1982, S. 333 f. Die Quellenlage für die Verbindung zwischen Bosch und Baeck ist schlecht: Alle Akten, die sich auf den Briefwechsel Leo Baeck-Robert Bosch beziehen, sind im Juli 1944 einem Bombenangriff zum Opfer gefallen (Walz an LBI New York vom 16. Juni 1967, RBA 13/46).

68 Walz an LBI New York vom 16. Juni 1967, RBA 13/46. Vgl. Leonard Baker, Hirt der Verfolgten, S. 334. Bereits ein Jahr später hatte sich die Situation allerdings dramatisch verschlechtert: 1940 schrieben Baeck und Hirsch bereits ausgewanderte Juden mit der Bitte um finanzielle Unterstützung der Emigranten an. Vgl. Wolfgang Benz, Die Juden in Deutschland, S. 486.

69 Vgl. zu diesem Diktum des damaligen Mitdirektors des New Yorker Leo Baeck Instituts New York, Dr. Fred Grubel, den Briefwechsel der sechziger und siebziger Jahre in RBA 13/46, hier: Grubel an Walz vom Mai 1970.

70 Diese Angaben beruhen auf dem Gespräch, das Baeck am 6. August 1955 in London mit Robert Weltsch und Hans Reichmann führte. Hans Reichmann, Foreword. The Fate of a Manuscript, in: Leo Baeck Institute Year Book 3 (1958), S. 361–363. Auf anderem Wege und wohl unabhängig von den Bemühungen des Boschkreises erhielt auch

Chaim Weizmann 1939 ein Memorandum Goerdelers. Vgl. Trial and Error. The Autobiography of Chaim Weizmann, New York 1949, S. 410 f.

71 Hans Walz, «Gedanken zur politischen Zielsetzung von Carl Goerdeler» (16. Mai
1968), RBA 13/43.

72 Vgl. zum Vorschlag des «numerus clausus» und zur vermeintlichen Billigung durch
Baeck die einschränkende Entgegnung von Max Kreutzberger (LBI New York an Walz
vom 6. Juli 1967) und die Antwort von Walz, es sei ihm lediglich darum gegangen, die
Nationalsozialisten «von den gegen die Juden gerichteten gewalttätigen Bestrebungen
(...) nach Möglichkeit abzulenken auf eine mehr rationale Betrachtungsweise nach den
Grundsätzen von Menschlichkeit und Recht» (Walz an Kreutzberger vom 16. Oktober
1967, ebd.).

73 Gerhard Ritter, Carl Goerdeler, S. 211 f. und S. 301 f. Dieser Befund widerspricht
dem Urteil von Christof Dipper, Der Deutsche Widerstand und die Juden, in: Geschichte und Gesellschaft 9 (1983), S. 349–380, bes. S. 365 f.: Hiernach hätten sich Bosch und
Walz möglicherweise über die wahren Ansichten Goerdelers falschen Hoffnungen hingegeben. Eine solche Interpretation ist genausowenig schlüssig wie die von Dipper aufgeworfene Frage, warum sich Baeck mit einer Verschwörung zu arrangieren versucht
habe, die antisemitsch geprägt gewesen sei. Die Antwort ist einfacher: Baeck, Walz und
Bosch wußten, daß Goerdelers bisweilen antijüdische Rhetorik ein taktisches Moment
beinhaltete.

74 Vgl. zur Kritik an den namentlich von Christof Dipper erhobenen Vorwürfen gegen
Goerdeler die Diskussionsbeiträge in: Jürgen Schmädeke/Peter Steinbach (Hrsg.), Der
Widerstand gegen den Nationalsozialismus, S. 1132–1153.

75 Peter Hoffmann, Sie erhoben sich, weil sie die Morde nicht dulden wollten. Die Verfolgung der Juden als Motiv des 20. Juli, in: Frankfurter Allgemeine Zeitung vom 15. Juli
1994, S. 6.

76 Spiegelbild einer Verschwörung, SD-Bericht vom 28. Oktober 1944, S. 471. Her-
vorhebung im Original.

77 Hans Reichmann, Aufzeichnung über eine Unterredung, in: Worte des Gedenkens
für Leo Baeck, hrsg. v. Eva G. Reichmann, Heidelberg 1959, S. 237–241, hier S. 238. Das
Schicksal des von Baeck erwähnten Manuskripts ist nach wie vor ungewiß. Es existierte
in vier Exemplaren. Eines wurde offensichtlich von Hans Walz aufbewahrt und ging erst
im Zuge der Verfolgungen des 20. Juli 1944 verloren. Vgl. ebd., S. 239. Christof Dipper
vermutet, das Manuskript entspräche inhaltlich dem zur gleichen Zeit verfaßten und im
New Yorker LBI aufbewahrten Buchmanuskript Leo Baecks: «Die Entwicklung der
Rechtsstellung des Platzes der Juden in Europa, vornehmlich in Deutschland, vom Alter-
tum bis zum Beginn der Aufklärungszeit». Vgl. Christof Dipper, Der deutsche Widerstand und die Juden, S. 366, Anm. 69.

78 Zum Forschungsstand in dieser Frage Arnold Paucker, Standhalten und Widerstehen. Der Widerstand deutscher und österreichischer Juden gegen die nationalsozialistische Diktatur, Essen 1995, 15–19 und 52 f.

79 Hans Reichmann, Aufzeichnung über eine Unterredung, S. 239. Vgl. Konrad
Kwiet, Problems of Jewish Resistance Historiography, in: Leo Baeck Institute Year Book
24 (1979), S. 37–57, hier S. 47 und Hans Reichmann, Foreword: The Fate of a Manuscript,
S. 362.

80 Maria Zelzer, Weg und Schicksal, S. 279; Hans George Hirsch an Götz Küster vom
5. Januar 1992, RBA 10/65.

81 Baeck setzte sich in Washington intensiv für den von den amerikanischen Militärbehörden verhafteten Walz ein. Seiner Initiative war schließlich die Freilassung mitzu-
verdanken. (Baeck an Walz vom 1. Juli 1948). Vgl. Leo Baeck «To Whom It May Con-
cern» vom 3. Juli 1946, BAK, N 1186 (Stolper), Bd. 85 a; Walz an LBI New York vom 16.

Juni 1967, RBA 13/46; Baeck an Walz vom 30. September 1947, LBI New York, Karl Adler Collection AR 7276, VI, Box 4, Folder 12.

82 Zu dieser Problematik auch Adler an David Alcalay vom 14. Juni 1968, LBI New York, Karl Adler Collection AR 7276, VI, Box 4, Folder 11.

83 Zur Problematik einer Recherche über Judenretter vgl. den anschaulichen «Werkstattbericht» bei Barbara Schieb-Samizadeh, Die kleinen Schritte der Forschung. Über die Schwierigkeiten, die Geschichte der Helfer der während der NS-Zeit versteckten Juden zu recherchieren, in: Zeitgeschichte 17 (1990), S. 419–431. Ähnlich bereits Michael Wolffsohn, Der Widerstand gegen Hitler. Soziologische Skizzen über Retter (Rescuers) von Juden in Deutschland, in: Aus Politik und Zeitgeschichte B 15/71 vom 10. April 1971, S. 32–39.

84 Vgl. hierzu die Dokumente in Paul Sauer (Bearb.), Dokumente über die Verfolgung der jüdischen Bürger in Baden-Württemberg durch das nationalsozialistische Regime 1933–1945, 2. Teil, Stuttgart 1966, S. 156–160.

85 Notiz von Walz vom 27. April 1970, RBA 13/47.

86 Nathan Stoltzfus, Widerstand des Herzens. Der Protest in der Rosenstraße und die deutsch-jüdischen Mischehen, in: Geschichte und Gesellschaft 21 (1995), S. 218–247.

87 Bericht von Felix Olpp aus dem Jahr 1982, RBA 14/3.

88 Rundschreiben der Jüdischen Kultusvereinigung Württembergs vom 19. November 1941, in: Paul Sauer, (Bearb.), Dokumente über die Verfolgung der jüdischen Bürger in Baden-Württemberg S. 278–282; vgl. Roland Müller, Stuttgart zur Zeit des Nationalsozialismus, S. 403.

89 So berichtete später Alfred Marx über die medizinische Versorgung der Stuttgarter Juden während der nationalsozialistischen Zeit und die weniger guten Erfahrungen mit städtischen Krankenhäusern und deren Ärzten: «Hervorragend war dagegen das Robert-Bosch-Krankenhaus und das Marienhospital.» (Alfred Marx an den Stuttgarter Bürgermeister Hirn vom 29. Juni 1961, LBI New York, Karl Adler Collection AR 7276, VI, Box 4, Folder 2).

90 Vgl. RBA 13/35 und Hugo Bühler, «Tätigkeit beim Innenministerium – Staatspolizei» (im folgenden «Tätigkeitsbericht» Hugo Bühlers), Staatsarchiv Ludwigsburg, Spruchkammerverfahren Hugo Bühler, EL 902/20, Bü 37/6/17185.

91 Maria Zelzer, Weg und Schicksal, S. 232.

92 Aufzeichnung von Bona Schloßstein vom 2. Februar 1946, RBA 13/34.

93 «Tätigkeitsbericht» Hugo Bühlers, Staatsarchiv Ludwigsburg, Spruchkammerverfahren Hugo Bühler, EL 902/20, Bü 37/6/17185.

94 Zitiert nach Maria Zelzer, Weg und Schicksal, S. 231 f.

95 Records of the United States Nürnberg War Crimes Trials Interrogations, 1946–1949, NA, RG 238, M-1019, Roll 6. Vernehmung Bergers am 25. März 1946.

96 «Tätigkeitsbericht» Hugo Bühlers, Staatsarchiv Ludwigsburg, Spruchkammerverfahren Hugo Bühler, EL 902/20, Bü 37/6/17185.

97 Zitiert nach Maria Zelzer, Weg und Schicksal, S. 231 f.

98 Aufzeichnung Walz, RBA 13/36.

99 Luckau an Wild vom 16. Juni 1947, RBA 12/3, Bl. 6–8. Eidesstattliche Erklärung von Heinrich Luckau vom 8. Februar 1948, RBA 13/39. Vgl. Vernehmung von Peter Ritzen durch die amerikanischen Militärbehörden vom 30. Oktober 1946, GLA, OMGUS 12-7/3-2; Erklärung von Wilhelm Schmid vom 30. Oktober 1946, ebd. Bestätigung Ernst Rogowskis vom 17. Januar 1946, Staatsarchiv Ludwigsburg, Spruchkammerverfahren Hugo Bühler, EL 902/20, Bü 37/6/17185.

100 «Tätigkeitsbericht», Staatsarchiv Ludwigsburg, EL 902/20, 37/6/17185.

101 Vgl. Joachim Scholtyseck, Die Firma Robert Bosch und ihre Hilfe für Juden. Vgl. ähnliche Schreiben von Friedrich Haarburger, Fritz Nast-Kolb, Bona Schloßstein, Clara

van Wien, Wilhelm Schmid (RBA 13/39); Notiz von Walz vom 27. April 1970, RBA 13/47; Eidesstattliche Erklärung von Herbert Goetz vom 10. November 1947, RBA 13/39. Zu Fritz Nast-Kolb: Johannes Steinhoff/Peter Pechel/Dennis Showalter, Deutsche im Zweiten Weltkrieg. Zeitzeugen sprechen, München 1989, S. 408–410.

102 Die Ehrung und ihre Vorgeschichte ist dokumentiert in: Joachim Scholtyseck, Die Firma Robert Bosch und ihre Hilfe für Juden, bes. S. 213–225.

103 Samuel P. Oliner/Pearl M. Oliner, The Altruistic Personality. Rescuers of Jews in Nazi Europe, New York 1988. Vgl. auch Pearl M. Oliner u. a. (Hrsg.), Embracing the other. Philosophical, psychological, and historical perspectives on altruism, New York 1992. Zur Schwierigkeit, ein «Grundmuster» der Judenhelfer zu finden auch die ernüchternde Feststellung eines Forschers: «For every case that confirms a particular hypothesis, another can be found that challenges it.» (Eric Silver, The Book of the Just. The Unsung Heroes Who Rescued Jews from Hitler, New York 1992, S. 163).

104 Walz an Adler vom 13. April 1970, LBI New York, Karl Adler Collection AR 7276, VI, Box 4, Folder 11.

Viertes Kapitel
Der Zweite Weltkrieg

1 Die Hassell-Tagebücher, hrsg. v. Friedrich Freiherr Hiller von Gaertringen, Eintrag vom 27. August 1939, S. 115.

2 Verhandlungsakten des Prozesses Vargas v. Clark (1948), Kopien in RBA: Aussagen von Karl Eugen Thomä, S. 1949 f.

3 Vgl. Schachts Bemerkung zu von Hassell am 15. August 1939: Die Hassell-Tagebücher, hrsg. v. Friedrich Freiherr Hiller von Gaertringen, Eintrag vom 17./18. August 1939, S. 111.

4 Aktennote «Besprechung zwischen Reichsminister Dr. Schacht und Walz/Thomä am 26. 8. 39 23 h bis 27. 8. 39 1 ½ h im Kaiserhof», RBA 14/543. Blessing, der auch mit Graf Yorck bekannt war, wurde später auf zwei der «Ministerlisten» der Verschwörer als zukünftiger Reichsbankpräsident bzw. Wirtschaftsminister aufgeführt. Gerhard Ritter, Carl Goerdeler, S. 617 f.; Spiegelbild einer Verschwörung, S. 60, 339.

5 Karl E. Thomä, Erinnerungen an die Zusammenarbeit mit Dr. Karl Goerdeler, RBA 13/178, S. 5 f.

6 Die Hassell-Tagebücher, hrsg. v. Friedrich Freiherr Hiller von Gaertringen, Eintrag vom 17./18. August 1939, S. 111.

7 «Bericht über Besprechung in Stuttgart am 8. 9. 39», RBA 14/540.

8 Hans Walz, Meine Mitwirkung an der Aktion Goerdeler, in: Otto Kopp (Hrsg.), Widerstand und Erneuerung, S. 101 f. Goerdeler war von Brüning als Nachfolger im Reichskanzleramt vorgeschlagen worden. Die gegenüber Walz geäußerte Ahnung, er hätte bei einer Regierungsübernahme das Blatt vielleicht wenden können, bewegte Goerdeler noch in seiner Haft. Vgl. Hans Mommsen, Gesellschaftsbild und Verfassungspläne, S. 113 und 142. Zum Gesamtvorgang auch Gerhard Ritter, Carl Goerdeler, S. 55–65 und den Vermerk des Staatssekretärs Pünder vom 15. Februar 1932, in: Akten der Reichskanzlei. Die Kabinette Brüning I und II, Boppard 1990, S. 2293–2295, hier S. 2294.

9 Hans Walz, Meine Mitwirkung an der Aktion Goerdeler, in: Otto Kopp (Hrsg.), Widerstand und Erneuerung, S. 101.

10 Schairer an «Ulrich» (d. i. Goerdeler) vom 27. August 1939, BAK, N 113 (Goerdeler), Bd. 9. Zur britischen Entschlossenheit, die allerdings immer noch durch Unsicherheit über Hitlers «Endziele» geprägt war, Lothar Kettenacker, Die Diplomatie der Ohnmacht. Die gescheiterte Friedensstrategie der britischen Regierung vor Ausbruch des

Zweiten Weltkrieges, in: Wolfgang Benz/Hermann Graml (Hrsg.), Sommer 1939, S. 223–279, bes. S. 268–274.

11 Memorandum Ashton-Gwatkins vom 29. August 1939, PRO FO, 371/22981/C 12789/15/18.

12 PRO FO 371/22981/C 12789/15/18. Vgl. hierzu auch Klemens von Klemperer, Die verlassenen Verschwörer, S. 134 und S. 428, Anm. 347.

13 Klemens von Klemperer, Die verlassenen Verschwörer, S. 134.

14 Gerhard Ritter, Carl Goerdeler, S. 237; vgl. Die Hassell-Tagebücher, hrsg. v. Friedrich Freiherr Hiller von Gaertringen, Eintrag vom 27. August 1939, S. 115.

15 Undatierte Aufzeichnungen von Felix Olpp aus dem November 1982, RBA 14/3. S. 11.

16 Bosch an Escherich vom 9. August 1939, RBA 14/70.

17 Undatierte Aufzeichnungen von Felix Olpp aus dem November 1982, RBA 14/3, S. 20.

18 Ebd., S. 16.

19 Aufzeichnung Karl Friederichs vom 26. Januar 1947, RBA 14/48. Zu Friederichs: Wilhelm Heinz Schröder, Sozialdemokratische Parlamentarier in den deutschen Reichs- und Landtagen 1867–1933, Düsseldorf 1995, S. 451.

20 Undatierte Aufzeichnungen von Felix Olpp aus dem November 1982, RBA 14/3, S. 32.

21 Abdruck der Rede in: Max Domarus, Hitler. Reden und Proklamationen 1932–1945, Bd. 2, Würzburg 1963, S. 1312–1317, hier S. 1315.

22 Undatierte Aufzeichnungen von Felix Olpp aus dem November 1982, RBA 14/3, S. 33.

23 Andreas Hillgruber, «Ein Volk, ein Reich, ein Führer». Die Pervertierung des Nationalgedankens, in: Die Neue Ordnung 39 (1985), S. 44–50, hier S. 46 f.

24 Bosch an Röttcher vom 31. Dezember 1919, RBA 14/147.

25 Eugen Diesel, Vom Verhängnis der Völker. Das Gegenteil einer Utopie, Stuttgart/Berlin 1934, S. 251.

26 Theodor Heuss, Robert Bosch, S. 612. Zu Johannes Hieber vgl. Eduard Gerok, Johannes Hieber. Theologe, Kultusminister und Staatspräsident, in: Lebensbilder aus Schwaben und Franken 13 (1977), S. 375–407.

27 Zitiert nach ebd.

28 Joachim Fest, Staatsstreich, S. 116.

29 Klaus Hildebrand, Deutsche Außenpolitik 1933–1945, S. 94 f.; Jon Kimche, Kriegsende 1939? Der versäumte Angriff aus dem Westen, Stuttgart 1969; J. R. M. Butler, Grundlagen der Strategie Großbritanniens und Frankreichs 1939, in: Andreas Hillgruber (Hrsg.), Probleme des Zweiten Weltkrieges, Köln/Berlin 1967, S. 41–51.

30 Die Hassell-Tagebücher, hrsg. v. Friedrich Freiherr Hiller von Gaertringen, Eintrag vom 10. September 1939, S. 123.

31 Bosch an Escherich vom 6. September 1939, RBA 14/70.

32 Bosch an Escherich vom 18. September 1939, ebd.

33 Bosch an Escherich vom 6. September 1939, ebd.; Bosch an Escherich vom 12. September 1939, ebd. Vgl. Bosch an Escherich vom 20. September 1939, ebd.

34 Bosch an Escherich vom 6. September 1939, ebd.

35 Escherich an Bosch vom 8. September 1939, ebd.

36 Bosch an Escherich vom 12. September 1939, ebd. Vgl. Bosch an Escherich vom 20. September 1939, ebd., und hinsichtlich des Mißtrauens gegenüber Italien bereits Bosch an Escherich vom 8. Februar 1939, ebd. und Bosch an Escherich vom 9. August 1939, ebd. Zur italienischen Politik mit weiterführender Literatur Rudolf Lill, Geschichte Italiens in der Neuzeit, Darmstadt ⁴1988, S. 351–359.

37 Escherich an Bosch vom 15. September 1939, RBA 14/70.

38 Abdruck der Rede in: Max Domarus, Hitler. Reden und Proklamationen, Bd. 2, S. 1354–1366, das Zitat S. 1361.

39 Bosch an Escherich vom 20. September 1939, RBA 14/70.

40 Vgl. hierzu Schloßstein an Bäuerle vom 29. August 1941, RBA 14/41.

41 Über eine Stuttgarter Begegnung mit Walz Ende November 1939 schrieb er lediglich, man habe sich «über dies und jenes unterhalten.» Angesichts der eigenen prekären Lage nach seiner beruflichen Kaltstellung wagte er immerhin die Aussage, sein «‹Lebensraum› (sei) ziemlich eingeschrumpft.» Heuss an Bosch vom 5. Februar 1940, RBA 14/154.

42 Theodor Heuss, Robert Bosch, S. 595.

43 Ebd., S. 594 f.

44 Zur Enskildabank Håkan Lindgren, Bank, Investmentbolag, Bankirfirma. Stockholms Enskilda Bank 1924 – 1945, Stockholm 1988, bes. S. 482–505; Ulf Olsson, Bank, familj, och företagande. Stockholms Enskilda Bank 1946–1971, Stockholm 1986.

45 Gerhard Ritter, Carl Goerdeler, S. 86.

46 BAK, N 113 (Goerdeler), Bd. 23, Carl Goerdeler, «Unsere Idee», November 1944, S. 25.

47 Heinrich Sprenger, Heinrich Sahm, S. 331.

48 Zum Kenntnisstand der deutschen Behörden über diese «politische» Seite der Freundschaft: Spiegelbild einer Verschwörung, SD-Bericht vom 17. August 1944, S. 246–249 und die Aufzeichnung des Vortragenden Legationsrates Wagner vom 9. September 1944, PAAA, R 100740 (Inland II g).

49 «Notizen über Unterhaltung mit Herrn Schloßstein in Fa. Bosch AG am 5. 1. 53», BAK, N 1166 (Gerhard Ritter), Bd. 131.

50 Vgl. den «Bericht über Besprechung in Stuttgart am 8. 9. 39», RBA 14/540.

51 «Statement of Messrs. Jacob Wallenberg and Marcus Wallenberg and Mr. Rolf Calissendorf» vom 2. Oktober 1945, RBA 11/547.

52 Allen W. Dulles, Germany's Underground, S. 142 f.

53 Zu den schwedischen Sorgen Hans-Jürgen Lutzhöft, Deutschland und Schweden während des Norwegenfeldzuges (9. April–10. Juni 1940), in: Vierteljahrshefte für Zeitgeschichte 22 (1974), S. 383–416. Als neuere Darstellung zur Problematik der schwedischen Beziehungen zum nationalsozialistischen Deutschland: Axel Huckstorf, Internationale Beziehungen 1933–1939: Schweden und das Dritte Reich, Frankfurt am Main u. a. 1997.

54 Hierzu die weiterführende Argumentation bei Raphael Gross/Werner Konitzer, Wir sind mächtiger als ein Gericht, in: Frankfurter Allgemeine Zeitung vom 23. September 1997.

55 Aufzeichnung von Thomä vom 5. November 1940, RBA 14/540.

56 Karl E. Thomä, Erinnerungen an die Zusammenarbeit mit Dr. Karl Goerdeler, RBA 13/178, S. 7.

57 Vgl. RBA 13/178: «Erinnerungen an die Zusammenarbeit mit Dr. Carl Goerdeler» von Dr. Karl Eugen Thomä; Vernehmungsniederschrift Fischers vom 23. August 1944, Bl. 11 (BAL, NJ 12285); Bosch-Zünder 36 (1956), S. 81.

58 Diese Verbindungen, ein damit verbundener Einsatz für verfolgte Juden und nicht zuletzt Waldemar von Oppenheims prekäre Verbindung zum Amt «Abwehr» des OKW führten schließlich zur Inhaftierung der Brüder nach dem 20. Juli 1944. Hierzu Winfried Meyer, Unternehmen Sieben, S. 173–177, 246–251 und Wilhelm Treue, Das Schicksal des Bankhauses Sal. Oppenheimer jr. & Cie und seiner Inhaber im Dritten Reich, Wiesbaden 1983, bes. S. 19–49. Daneben Günther W. Gellermann, Geheime Wege zum Frieden mit England, Bonn 1995.

59 «Besprechung mit Baron Waldemar v. Oppenheim im Bankhaus Pferdmenges & Co., Köln, am 30. 10. 39», RBA 14/540. Vgl. die ähnliche Beurteilung des amerikanischen Geheimdienstes, Mannheimer sei ein «intimer Freund» des Hauses Bosch gewesen; Wallenbergs seien «much newer acquaintances». NA, RG 226, Research and Analysis Branch Divisions, XL-12736, OSS-Report vom 20. Juni 1945 («Preliminary Report»).

60 Handschriftliche Bemerkungen Thomäs über seine Reise nach Berlin vom 11.–13. 10. 1939, RBA 14/532.

61 Eine wissenschaftliche Biographie Funks bleibt ein Desiderat der Forschung. Zur Persönlichkeit des Reichswirtschaftsministers: Ludolf Herbst, Walther Funk – Vom Journalisten zum Reichswirtschaftsminister, in: Ronald Smelser/Enrico Syring/Rainer Zitelmann (Hrsg.), Die braune Elite II, Darmstadt 1993, S. 91–102.

62 Die Hassell-Tagebücher, hrsg. v. Friedrich Freiherr Hiller von Gaertringen, Eintrag vom 31. Oktober 1939, S. 136.

63 Aufzeichnung von Thomä vom 5. November 1940, RBA 14/540. Zum Gesamtvorgang Gerard Aalders/Cees Wiebes, Die Kunst der Tarnung, S. 66–69.

64 «Besuch von Dr. Goerdeler in Stuttgart am 13. 11. 39» (Aktennotiz vom 14. November 1939), RBA 14/540; «Besprechung Dr. Goerdeler – Walz – Knoerzer – Thomä am Dienstag, 12. Dezember 1939, in Stuttgart» (Aktennote vom 13. Dezember 1939), RBA 14/535. Aktennotiz vom 18. November 1939, RBA 14/540.

65 «Besprechung mit Dr. Gördeler, Reichsbankrat Wolf, zeitweise auch Reichsbankdirektor v. Wedel in Berlin am 22. 11. 39.», RBA 14/540; Aufzeichnung Goerdelers vom 21. November 1939, ebd.

66 Karl E. Thomä, Erinnerungen an die Zusammenarbeit mit Dr. Karl Goerdeler, RBA 13/178. S. 9 f.

67 Hermann Wichers, Die Schweiz zwischen Anpassung und Selbstbehauptung, in: Michael Kißener/Harm-Hinrich Brandt/Wolfgang Altgeld (Hrsg.), Widerstand in Europa, Konstanz 1995, S. 123–137.

68 Vgl. Nicholas Faith, Safety in Numbers. The Mysterious World of Swiss Banking, London 1982.; Werner Rings, Raubgold aus Deutschland. Die «Golddrehscheibe» Schweiz im Zweiten Weltkrieg, München 1996. Mit unzulässigen Verallgemeinerungen und Ungenauigkeiten Tom Bower, Das Gold der Juden. Die Schweiz und die verschwundenen Nazi-Milliarden, München 1997.

69 «Besprechung Dr. Goerdeler – Wa – Th – am 21. 12. 39», RBA 14/540 und die Genehmigung des Reichswirtschaftsministeriums vom 7. Dezember 1939, ebd.

70 Karl E. Thomä, Erinnerungen an die Zusammenarbeit mit Dr. Karl Goerdeler, RBA 13/178. S. 9 f.; Aktennotiz Thomä vom 23. Dezember 1941, RBA 14/523.

71 Spiegelbild einer Verschwörung, SD-Bericht vom 5. September 1944, S. 352.

72 Verhandlungsakten des Prozesses Vargas v. Clark (1948), Kopien in RBA: Aussagen von Karl Eugen Thomä, S. 1859–1863.

73 Karl Eugen Thomä, Erinnerungen an die Zusammenarbeit mit Dr. Karl Goerdeler, RBA 13/178, S. 10 f.

74 Hans Walz, Meine Mitwirkung an der Aktion Goerdeler, in: Otto Kopp (Hrsg.), Widerstand und Erneuerung, S. 111.

75 Bulletin de renseignements pour l'obtention d'un visa de passeport no. A 240595, Ministère de la Justice, Administration de la Sûreté Publique, Bruxelles, zitiert nach Ulrich Schlie, Kein Friede mit Deutschland, S. 60.

76 Heinrich Brüning. Briefe und Gespräche, S. 59, 153, 176–180, 201 f., 237.

77 Hierzu umfassend Ulrich Schlie, Kein Friede mit Deutschland, S. 59–61; Raßbach an Heineman vom 7. Dezember 1939, RBA 14/540; Aktennotiz «Anruf von Dr. Goerdeler am 7. 2. 40», RBA 42/539.

78 Vgl. «Bericht über II. Besprechung am 9. 9. 39 im Zeppelin-Hotel», RBA 14/543.

79 Raßbach hatte am 22. September in Brüssel eine Besprechung mit Heineman. Am 27. September teilte Hermann Bücher Robert Bosch telegraphisch mit, Heineman bitte um eine Besprechung. Daraufhin fuhr Raßbach zunächst am 29. September zu Bücher. Dieser hatte am 30. September und am 1. Oktober Besprechungen mit Heineman in Brüssel. Auch wenn die Aktenlage ein gesichertes Urteil nicht zuläßt, ist es angesichts der mit diesen Angelegenheiten befaßten Persönlichkeiten wenig wahrscheinlich, daß man lediglich «Mendelssohn»-Angelegenheiten verhandelt hat. Aktennote «Betr.: Insolvenz Mecodam» vom 29. September 1939, RBA 14/543.

80 Hierzu Heinrich Brüning, Briefe und Gespräche, S. 293–297.

81 Vgl. Ulrich Schlie, Kein Friede mit Deutschland, S. 61. Zu den Friedensbemühungen des belgischen Königs Christian Koninckx, Koning Leopold III. Diplomaat voor de Vrede, Sint-Niklaas o. J. (1987), bes. S. 158 f.

82 Der belgische König bot im November 1939 in einem Friedensaufruf seine Vermittlungsdienst an, offensichtlich unabhängig vom Schritt Goerdelers. Vgl. ADAP, Serie D, Bd. VIII, S. 301 f.; Bernd Martin, Friedensinitiativen und Machtpolitik, S. 154–176; Die Hassell-Tagebücher, hrsg. v. Friedrich Freiherr Hiller von Gaertringen, Eintrag vom 16. November 1939, S. 141; Ulrich Schlie, Kein Friede mit Deutschland, S. 65–67.

83 Die Hassell-Tagebücher, hrsg. v. Friedrich Freiherr Hiller von Gaertringen, Eintrag vom 11. Oktober 1939, S. 125–128.

84 Zu den Bemühungen im Herbst 1939 umfassend Peter Hoffmann, Widerstand, Staatsstreich, Attentat, S. 146–186; Joachim Fest, Staatsstreich, S. 117–135.

85 Vgl. Die Hassell-Tagebücher, hrsg. v. Friedrich Freiherr Hiller von Gaertringen, Eintrag vom 6. November 1939, S. 134. Zu den Umständen der Skandinavienreisen Hassells ebd., S. 485, Anmerkung 77.

86 Helmuth Groscurth, Tagebuch eines Abwehroffiziers. Mit weiteren Dokumenten zur Militäropposition gegen Hitler. Herausgegeben von Helmut Krausnick und Harold C. Deutsch, Stuttgart 1970, S. 223, Eintrag vom 2. November 1939.

87 Die Hassell-Tagebücher, hrsg. v. Friedrich Freiherr Hiller von Gaertringen, Einträge vom 29. Oktober bis 2. November 1939, S. 134–140 und Eintrag vom 6. November, S. 135–137.

88 Sven Hedin, Ohne Auftrag in Berlin, Tübingen/Frankfurt 1950, S. 68.

89 Chamberlains Rede vom 12. Oktober 1939 wurde im bürgerlichen Widerstand kaum zur Kenntnis genommen. Gerhard Ritter, Carl Goerdeler, S. 241 f.

90 Gerhard Ritter, Carl Goerdeler, S. 241.

91 Gunnar Hagglof, Diplomat. Memoirs of a Swedish Envoy, London/Sydney/Toronto 1972, S. 117 f.

92 Zitiert nach Peter Hoffmann, Widerstand, Staatsstreich, Attentat, S. 117.

93 Vgl. RBA N 32, Bd. 12; Theodor Heuss, Robert Bosch, S. 502 f.

94 Aufzeichnung Felix Olpp vom 15. Juli 1994, Kopie im Besitz des Verfassers.

95 Vernehmung Karl Hettlage vom 30. Januar 1947, Records of the United States Nürnberg War Crimes Trials Interrogations, 1946–1949, NA, RG 238, M-1019, Roll 26.

96 Alfred Knoerzer, Beziehungen zu Karl Goerdeler, RBA 13/177, S. 1.

97 Bäuerle an Margarete Bosch vom 22. November 1945, HStA Wü, Nachlaß Theodor Bäuerle Q 1/21, Bü 460. Vgl. auch die Rede von Theodor Heuss am 23. September 1961, in: Bosch-Zünder 41 (1961), S. 210.

98 Theodor Bäuerle, «Robert Bosch. Persönliche Erinnerungen von Theodor Bäuerle», RBA 14/1, S. 26.

99 Willy Schloßstein, Einstellung des Herrn Robert Bosch und seiner Mitarbeiter zum Nazi-Regime, BAK, N 1186 (Stolper), 85 a, S. 15 (Einschub).

100 Ebd.

101 Bäuerle an Frau Bosch vom 22. November 1945, HStA Wü, Nachlaß Theodor

Bäuerle Q 1/21, Bü 460; Hans Walz, Ergänzende und berichtigende Anmerkungen, RBA 13/127; abgedruckt bei Albrecht Fischer, Erlebnisse vom 20. Juli 1944 bis 8. April 1945, in: Otto Kopp (Hrsg.), Widerstand und Erneuerung, S. 126 f., Anm. 1. Zum Zeitpunkt der Instruierung Robert Boschs die Aufzeichnung Willy Schloßsteins, RBA 13/109.

102 Bosch an Escherich vom 8. November 1939, RBA 14/70.

103 Die Hassell-Tagebücher, hrsg. v. Friedrich Freiherr Hiller von Gaertringen, Eintrag vom 5. Dezember 1939, S. 144–146.

104 Zur problematischen und stimmungsabhängigen Persönlichkeit Halders Christian Hartmann, Halder. Generalstabschef Hitlers 1938–1942, Paderborn 1991; ders./ Sergej Slutsch, Franz Halder und die Kriegsvorbereitungen im Frühjahr 1939, in: Vierteljahrshefte für Zeitgeschichte 45 (1997), S. 467–495.

105 Die Hassell-Tagebücher, hrsg. v. Friedrich Freiherr Hiller von Gaertringen, Eintrag vom 5. Dezember 1939, S. 146.

106 Vgl. Erich Maschke, Es entsteht ein Konzern, S. 49.

107 Gerhard Ritter, Carl Goerdeler, S. 420 f. und S. 559 f. Anmerkung 18; zu Reusch: Fritz Puder (Bearb.), Lebensbilder aus dem rheinisch-westfälischen Industriegebiet, Jahrgang 1955–1957, Düsseldorf 1960, S. 81–86; zum Reusch-Kreis: Thilo Freiherr von Wilmowsky, Rückblickend möchte ich sagen. An der Schwelle des 150 jährigen Krupp-Jubiläums, o. O., o. J. (1961), S. 182 f. und 227. Zu den politischen Debatten im Reusch-Kreis auch Lutz Graf Schwerin von Krosigk, Memoiren, Stuttgart 1977, S. 196.

108 Die Hassell-Tagebücher, hrsg. v. Friedrich Freiherr Hiller von Gaertringen, Eintrag vom 21. Dezember 1939, S. 148 f.

109 Reusch an Hermann Kellermann vom 13. April 1940, GHH 400101308/.

110 Reusch an Bosch vom 26. August 1940, RBA 14/120.

111 Hans Walz, Meine Mitwirkung an der Aktion Goerdeler, in: Otto Kopp (Hrsg.), Widerstand und Erneuerung, S. 112.

112 Theodor Heuss, Tagebuchbriefe 1955/63, herausgegeben von Eberhard Pikart, Stuttgart 1970, S. 228. So hat das Urteil Gerhard Ritters Bestand, es habe sich bei den Mitgliedern des Reusch-Kreises «im allgemeinen nicht um echte Widerstandskämpfer» gehandelt. Gerhard Ritter, Carl Goerdeler, S. 559, Anm. 18.

113 Vernehmung von Paul Reusch, «Betr.: Ermittlungssache gegen Quetting», Zentrale Stelle der Landesjustizverwaltungen Ludwigsburg, VI 415 AR 648/61: Vernehmung des Hessischen Landeskriminalamtes Wiesbaden vom 6. Juni 1961.

114 Die Hassell-Tagebücher, hrsg. v. Friedrich Freiherr Hiller von Gaertringen, Eintrag vom 21. Dezember 1939, S. 149 f.

115 «Notizen über Unterhaltung mit Herrn Schloßstein in Fa. Bosch AG am 5. 1. 53», BAK, N 1166 (Gerhard Ritter), Bd. 131. Die Höhe des Betrags ist unbekannt. Die gelegentlich genannte Summe von 600 000 bis 800 000 Reichsmark erscheint unwahrscheinlich. Möglicherweise handelt es sich um eine Verwechslung mit dem Betrag, den Goerdeler erhielt. Klemens von Klemperer, Die verlassenen Verschwörer, S. 395, Anm. 190.

116 Hans Ritter an Gerhard Ritter, vom 12. März 1954, BAK, N 1166 (Gerhard Ritter), Bd. 493.

117 Vgl. hierzu die undatierte Aufzeichnung von Malcolm Christie (wahrscheinlich Ende 1938) über die Mitteilung eines nicht namentlich genannten Informanten, der von der wachsenden Beunruhigung deutscher Wirtschaftskreise berichtete: «26. 11. [1938] Lunch bei Adolf [Hitler] in intimen Kreisen. Fälle Bleyle, Gütermann werden besprochen. Adolf sagte wörtlich: »Ich habe ja immer gesagt: die Privatindustrie ist doch der Hauptfeind des Nationalsozialismus« Quelle: Hoher Beamter der R[eichs]bank der dabei war. (no reference to such confiscations are allowed to be made in the German Press).» Christie Papers, CHRS-1-26-B. Hierzu auch die nationalsozialistischen «Flammenzeichen» vom Dezember 1938, S. 3 und zur Einordnung: Gabriele Bluhm, «Wirt-

schaft am Pranger»: Die Berichterstattung des württembergischen «Kampfblattes» «Flammenzeichen» über unangepaßtes Verhalten von Gewerbetreibenden, in: Cornelia Rauh-Kühne/Michael Ruck (Hrsg.), Regionale Eliten zwischen Diktatur und Demokratie. Baden und Württemberg 1930–1952, S. 247–262.

118 Fish (=Ritter) an Christie vom 19. September 1939, Christie Papers, CHRS – 1 – 30.

119 Hans Walz, Meine Mitwirkung an der Aktion Goerdeler, in: Otto Kopp (Hrsg.), Widerstand und Erneuerung, S. 110.

120 Vgl. etwa Johnnie (=Ritter) an Christie vom 18. Oktober 1939, Christie Papers, CHRS – 1 – 30.

121 Ebd. Es ist nicht klar, ob hier nicht Schloßstein als der Vertreter von Walz der Besucher bei Ritter war.

122 Tobias Schlotterbeck (=Ritter) an Christie vom 16. November 1939, Christie Papers, ebd.

123 Ebd.

124 Albrecht Fischer, Erlebnisse vom 20. Juli 1944 bis 8. April 1945, in: Otto Kopp (Hrsg.), Widerstand und Erneuerung, S. 124 f.; RBA 13/33, Hans Walz, «Beilage zum Fragebogen: Kurze Darstellung der Beziehungen zur NSDAP und SS» vom 27. August 1945.

125 Ebd.

126 «Nachrichten aus Deutschland bis zum 28. November 1939» (Ritter an Christie vom 30. November 1939, Christie Papers, CHRS–1–33. Vgl. Klemens von Klemperer, Die verlassenen Verschwörer, S. 435, Anm. 70.

127 Klemens von Klemperer, Die verlassenen Verschwörer, S. 149 und S. 435, Anm. 70.

128 Hans Walz, Meine Mitwirkung an der Aktion Goerdeler, in: Otto Kopp (Hrsg.), Widerstand und Erneuerung, S. 110.

129 Ritter an Christie vom 25. Dezember 1939, Christie Papers, CHRS–1–33.

130 Hans Walz, Meine Mitwirkung an der Aktion Goerdeler, in: Otto Kopp (Hrsg.), Widerstand und Erneuerung, S. 110. Zum Gesamtvorgang Klemens von Klemperer, Die verlassenen Verschwörer, S. 144–146; Harold C. Deutsch, The Conspiracy Against Hitler in the Twilight War, Minneapolis 1968, S. 72–77.

131 Siehe hierzu die Typoskriptfassung der «Erinnerungen» von Fritz Elsas, bes. S. 339, S. 643 und S. 784 f.; Nachlaß Elsas, Stadtarchiv Stuttgart. Vgl. Horst Sassin, Liberale im Widerstand, S. 427, Anm. 41.

132 Manfred Schmid (Hrsg.), Auf dem Stuttgarter Rathaus 1915–1922. Erinnerungen von Fritz Elsas (1890 – 1945), Stuttgart 1990, S. 18; Harold C. Deutsch, The Conspiracy Against Hitler, S. 75–77. Robinsohn gelang es dank seiner guten britischen Kontakte, die – verfrühte – Nachricht nach London abzusetzen, Reichenau sei in den Kreis der Friedensbefürworter eingetreten. Zu Elsas auch Jörg Thierfelder, Fritz Elsas, in: Joachim Mehlhausen (Hrsg.), Zeugen des Widerstands, Tübingen 1996, S. 91–110.

133 Harold C. Deutsch, The Conspiracy Against Hitler, S. 77 und Anm. 27.

134 Hans Walz, Meine Mitwirkung an der Aktion Goerdeler, in: Otto Kopp (Hrsg.), Widerstand und Erneuerung, S. 110.

135 Ebd.

136 Ulrich Schlie, Kein Friede mit Deutschland, S. 355.

137 Vgl. die entsprechenden Kapitel über die Aktivitäten 1939/1940 in Peter Hoffmann, Widerstand, Staatsstreich, Attentat, S. 195–213; Klemens von Klemperer, Die verlassenen Verschwörer, S. 139–187; Ulrich Schlie, Kein Friede mit Deutschland, S. 26–195; Harold C. Deutsch, The Conspiracy Against Hitler, S. 41–352.

138 Memorandum Robert Vansittarts, «Origins of Germany's Fifth War» vom 28. November 1939, PRO FO 371/22986, C 19495/15/18. Vgl. auch eine vergleichbare Stellungnahme in einem einige Monate später vorgelegten Memorandum: «The nature of the

beast», PRO FO 371/24389, C 4229. Eine ähnliche Meinung vertrat der Unterstaatssekretär auch in der Öffentlichkeit: Robert Vansittart, Black Record: Germans Past and Present, London 1941.

139 Minute Cadogan, ohne Datum, ebd.

140 Minute Vansittart vom 20. Januar 1940, ebd. Vgl. Peter Ludlow, The Unwinding of Appeasement, S. 38.

141 Wheeler-Bennett an Vansittart vom 27. Dezember 1939, PRO FO 371, 24363/C 1545/267/62. Vgl. Wheeler-Bennetts Memorandum vom 28. Dezember 1939, das einen englischen «guerre à l'outrance» ablehnte: «It is agreed that peace with a Nazi, or shadow-Nazi, Government in Germany is unthinkable, but for this very reason it is the more necessary to indicate to those elements within the Reich, with whom we could negotiate, our desire to conclude a peace of Statesmanship and justice.» R. A. Butler, Unterstaatssekretär im Foreign Office, kommentierte am 3. Februar 1940 recht knapp: «If Mr Wheeler-Bennett would spend ten minutes being loyal to the PM he might do some good.» Einige Tage später, am 12. Februar 1940, fiel sein Urteil allerdings gnädiger aus: «I think the general line of Mr. Bennett's memorandum is sound if academic. (...) What is right in Mr. Wheeler-Bennett's memorandum is that we do not intend the political dismemberment of Germany.» R. A. Butler Papers, Trinity College, Cambridge, E 9[49-56]. Erst später wandelte sich Wheeler-Bennett zum scharfen Deutschlandkritiker.

142 Vansittart an Cadogan vom 23. Januar 1940, PRO FO 371/24363, C 1545/267/62.

143 So Joseph Wirth nach einer Aktennotiz der Schweizerischen Bundesanwaltschaft vom 9. April 1940, SBA, Bestand Joseph Wirth, Bundesanwaltschaft, E 4320 (B), 1971/78, Schachtel 36 (Dossier C.23038).

144 Ashton-Gwatkin an den Privatsekretär von Cadogan, Jebb, vom 31. Dezember 1939, PRO FO 371/24386/C 297/6/18.

145 Vgl. die Unterlagen in BAK, N 1342 (Wirth), Bd. 28, das Dossier über Wirth in PAAA, R 101 225 (Inland II g) sowie den undatierten, wohl aus dem Jahr 1940 stammenden «Bericht über Dr. Wirth, alt Reichskanzler» SBA, Bestand Joseph Wirth, Bundesanwaltschaft, E 4320 (B), 1971/78, Schachtel 36 (Dossier C.23038). Die dort aufgestellte Vermutung, Wirths Geldgeber sei «auf Umwegen aber auch die Familie Bosch», konnte nicht bestätigt werden. Wahrscheinlich beruht diese Annahme des Schweizer Geheimdienstes auf der Verbindung von Fritz Mannheimer zu Robert Bosch.
Über die Tätigkeit Wirths in den Jahren des Exils inzwischen umfassend Ulrike Hörster-Philipps, Joseph Wirth, bes. S. 414–643. Diese Biographie ersetzt die für die Kriegsjahre widersprüchliche Darstellung bei Heinrich Küppers, Joseph Wirth. Parlamentarier, Minister und Kanzler der Weimarer Republik, Stuttgart 1997, S. 301–314 und die unergiebige Dokumentation bei Gernot Erler/Karl-Otto Sattler (Hrsg.), Die unterlassene Ehrung des Reichskanzlers Joseph Wirth. Blüten eines provinziellen Antikommunismus, Freiburg im Breisgau 1980. Eine frühe Darstellung der Widerstandstätigkeit bei D. C. Watt, One Man's Opposition. Dr. Wirth's Anglo-French Contacts, 1939/40, in: Wiener Library Bulletin 16 (1962), S. 14. Vgl. die Skizze von Thomas A. Knapp, Joseph Wirth (1879–1956), in: Rudolf Morsey (Hrsg.), Zeitgeschichte in Lebensbildern, Mainz 1973, S. 160–173. Abgewogen kritisch gegenüber Wirth: Rudolf Morsey, Leben und Überleben im Exil. Am Beispiel von Joseph Wirth, Ludwig Kaas und Heinrich Brüning, in: Paulus Gordan (Hrsg.), Um der Freiheit willen. Eine Festgabe für und von Johannes und Karin Schauff zum 80. Geburtstag, Pfullingen 1983, S. 86–117. Daneben Hagen Schulze, Rückblick auf Weimar. Ein Briefwechsel zwischen Otto Braun und Joseph Wirth im Exil, in: Vierteljahrshefte für Zeitgeschichte 26 (1978), S. 144–185.

146 Übersetzung des Briefes von Wirth an Chamberlain vom 24. Dezember 1939, PRO FO 371/24386/C 297/6/18. Vgl. Ulrich Schlie, Kein Friede mit Deutschland, S. 168 f. Ein korrigierter Entwurf in BAK, N 1342 (Wirth), Bd. 80. Vgl. auch Rapport der

Schweizerischen Bundesanwaltschaft vom 2. März 1940, SBA, Bestand Joseph Wirth, Bundesanwaltschaft, E 4320 (B), 1971/78, Schachtel 36 (Dossier C.23038) und Klemens von Klemperer, Die verlassenen Verschwörer, S. 149 f. Vgl. Ulrike Hörster-Philipps, Joseph Wirth, S. 554 f.

147 Zitiert nach Theodor Heuss, Robert Bosch, S. 292.

148 Vgl. zu diesen britischen Überlegungen zusammenfassend David Reynolds, Churchill and the British «Decision» to fight on in 1940: right policy, wrong reasons, in: Richard Langhorne (Hrsg.), Diplomacy and Intelligence during the Second World War. Essays in honour of F. H. Hinsley, Cambridge u. a. 1985, S. 147–167.

149 Kirkpatrick an Colville vom 19. Januar 1940, PRO FO371/24386/C 297/6/18. Vgl. Colville an Kirkpatrick vom 12. Januar 1940, ebd.; Minute Roberts vom 3. Januar 1940, ebd.; Minute Cadogan vom 4. Januar 1940, ebd.

150 Wie fragwürdig diese Erwartung war, zeigt sich nicht zuletzt in der unterschiedlichen Interpretation der Rede in der Forschung. Sie wird einerseits als Zeichen der Verhärtung gewertet (Lothar Kettenacker, Krieg zur Friedenssicherung. Die Deutschlandplanung der britischen Regierung während des Zweiten Weltkrieges, Göttingen/Zürich 1989, S. 61) und andererseits als Angebot an die Verschwörer beurteilt (Klemens von Klemperer, Die verlassenen Verschwörer, S. 150). Die «Mansion House»-Rede: «Times» vom 10. Januar 1940. Zur britischen Zurückhaltung trug die Stellungnahme des «War Office» bei, Schairers Meldungen über den gemäßigten Charakter der Verschwörung als «wild statements» abzutun. War Office an Kirkpatrick vom 18. Januar 1940, PRO FO371/24386/C 297/6/18; Minute Roberts vom 22. Januar 1940, ebd.

151 «Nachrichten aus Deutschland bis zum 10. Januar 1940»; Ritter an Christie vom 11. Januar 1940, Christie Papers, CHRS–1–33; Immanuel Gockelschwanz (=Ritter) an Christie vom 26. Dezember 1939, ebd.

152 «Aussprache über Lage und Aussichten der deutschen Ausfuhr» vom 19. Dezember 1939, zitiert nach Dietrich Eichholtz, Geschichte der deutschen Kriegswirtschaft 1939 – 1945, Bd. 1, S. 117.

153 Johnnie (=Ritter) an Grahame (=Christie) vom 11. Februar 1940, Christie Papers, CHRS–1–33. Bei dem «Amerikaner» handelte es sich um Max Jordan: Vgl. die Aufzeichnung Christies vom Februar 1940, Christie Papers, CHRS–1–35: «Es wird behauptet Görd. habe bereits durch Jordan Fühlung mit brit. Regierungskreisen genommen u. zwar mit Van über die Frage der Garantien gegen Zerstückelung D'lds!! Ich höre Militärs wollen Goerdeler vorschicken nach Schweiz als Verhdlgspartner.» Zum Gesamtvorgang auch Ulrich Schlie, Kein Friede mit Deutschland, S. 169–178. Goerdeler unterrichtete von Hassell Mitte Februar 1940, er habe von Vansittart eine Nachricht erhalten. Die Hassell-Tagebücher, hrsg. v. Friedrich Freiherr Hiller von Gaertringen, Einträge vom 14. bis 17. Februar 1940, S. 164.

Zum Angriffstermin des 17. Januar Hans-Adolf Jacobsen. Fall Gelb. Der Kampf um den deutschen Operationsplan zur Westoffensive 1940, Wiesbaden 1957, S. 89–101.

154 Memorandum Christies vom 19. Februar 1940, PRO FO 371/24389/C 3439/6/18.

155 Johnnie (=Ritter) an Grahame (=Christie) vom 11. Februar 1940, Christie Papers, CHRS–1–33.

156 Klemens von Klemperer, Die verlassenen Verschwörer, S. 149; Hans Ritter an Gerhard Ritter, vom 12. März 1954, BAK, N 1166 (Gerhard Ritter), Bd. 493.

157 Überblicksdarstellungen bei Klemens von Klemperer, Die verlassenen Verschwörer, S. 148–154; Ulrich Schlie, Kein Friede mit Deutschland, S. 164–182; Ulrike Hörster-Philipps, Joseph Wirth, S. 560–573.

158 Hans Ritter an Gerhard Ritter vom 20. November 1949, BAK, N 1166 (Gerhard Ritter), Bd. 493.

159 Zu Conwell-Evans Klemens von Klemperer, Die verlassenen Verschwörer, S. 88 f.

160 Aufzeichnung Sir Alexander Cadogan vom 19. März 1940, PRO FO 371/24389/C 4379/6/18; Memorandum Christies vom 19. März 1940, PRO FO 372/24389/C 3496/6/18.

161 «Notizen über Unterhaltung mit Herrn Schloßstein in Fa. Bosch AG am 5. 1. 53», BAK, N 1166 (Gerhard Ritter), Bd. 131.

162 Vgl. die stichwortartigen Aufzeichnungen Christies über sein Gespräch mit Wirth vom 13. Februar 1940 (Christie Papers, CHRS–1–35), in deren Verlauf Wirth den Inhalt seines Gesprächs mit Schloßstein vom Vortag wiedergab.

163 Rapport des Polizei-Korps des Kantons Luzern vom 19. Februar 1940, SBA, Bestand Joseph Wirth, Bundesanwaltschaft, E 4320 (B), 1971/78, Schachtel 36 (Dossier C.23038).

164 Vgl. die stichwortartigen Aufzeichnungen Christies über sein Gespräch mit Wirth vom 13. Februar 1940 (Christie Papers, CHRS–1–35).

165 Aufzeichnung Christies vom 13. Februar 1940, ebd. Vgl. Aufzeichnung Christies vom 16. März 1940, ebd.

166 Undatierte Aufzeichnung Christies, Februar 1940, ebd. Willy Schloßstein wußte offensichtlich auch über die Friedensbemühungen, die in dieser Zeit über den Kardinal-staatssekretär Luigi Maglione in Rom liefen. Vgl. die Erklärung Schloßsteins vom 5. Dezember 1945, Staatsarchiv Ludwigsburg, Spruchkammerverfahren Willy Schloßstein, EL 902/20, Bü 37/17/5633. Zu diesen Kontakten Ulrich Schlie, Kein Friede mit Deutschland, S. 268–274; Dieter Albrecht, Zur Friedensdiplomatie des Vatikans, in: Ders./Hans Günter Hockerts/Paul Mikat/Rudolf Morsey (Hrsg.), Politik und Konfession. Festschrift für Konrad Repgen zum 60. Geburtstag, Berlin 1983, S. 447–464.

167 «Veilchenduft» (=Ritter) an Christie vom 29. August 1939, Christie Papers, CHRS –1–29 B.

168 Johnnie (=Ritter) an Christie vom 24. Januar 1940, Christie Papers, CHRS –1–33.

169 Undatierte Aufzeichnung Christies, Februar 1940, Christie Papers, CHRS–1–35. Dies wird gestützt durch die 23 Seiten umfassende ausführliche Schilderung der Gespräche, die Christie nach seiner Rückkehr nach England im Foreign Office vorlegte: Memorandum Christies vom 19. Februar 1940, PRO FO 371/24389/C 3439/6/18. In dem erstgenannten Schriftstück, das Christie wohl als Gedächtnisstütze für Fragen an Wirth angefertigt hatte, wurde auf der entsprechenden Argumentationslinie nachgefragt, ob Wirth mit Schloßstein Kontakt habe.

170 Eine von Hans Ritter übersandte zeitgenössische Kopie «Prime Minister's Speech at Birmingham» 24th February, 1940, mit dem internen Vermerk, es nicht vor dem 24. Februar 1940, 3 Uhr nachmittags zu veröffentlichen, in: BAK, N 1166 (Gerhard Ritter), Bd. 493. Auch die spätere Angabe Hans Ritters, Chamberlain habe seine Rede «genau in der vorher übermittelten Fassung gehalten.» (Hans Ritter an Gerhard Ritter vom 21. Januar 1954, BAK, N 1166 [Gerhard Ritter], Bd. 493), trifft zu. Vgl. die Berichterstattung der «Times» vom 26. Februar 1940: «We do not desire, said Mr. Chamberlain at Birmingham – and with great emphasis on the word »not« – the destruction of any people.»

171 Max Jordan, Beyond All Fronts. A Bystander's Note on This Thirty Years War, Milwaukee 1944, S. 8.

172 Ebd., S. 31.

173 Ebd. Die Identität Otto Weltins ließ sich nicht aufklären. Möglicherweise ist Max Jordan hier eine Verwechslung unterlaufen. Jedoch war der Leiter des Berliner Verkaufshauses von Bosch, Ernst Gmelin, ein Gegner des Nationalsozialismus und Bekannter von Goerdeler. Es ist nicht auszuschließen, daß es sich bei «Weltin» um Gmelin handelte.

174 Ebd., S. 259. Jordan gab die Verbindungen zwischen Goerdeler und Robert Bosch

schon 1944 – allerdings an entlegener Stelle – bekannt. Die Stuttgarter Verschwörer konnten froh sein, daß die Gestapo in der zweiten Jahreshälfte 1944 andere Dinge zu tun hatte, als amerikanische Buchhandlungen auf Erinnerungswerke amerikanischer Journalisten zu durchstöbern. Als Jordan sein Buch schrieb – sein Vorwort ist datiert mit dem 5. November 1944 – nahm er aufgrund amerikanischer Zeitungsmeldungen an, Goerdeler sei seit September 1944 tot. Lediglich in einer Fußnote fügte er an: «As this book went to press, unconfirmed reports received by radio intelligence from abroad indicate a possibility that Goerdeler may still be alive and safe, and that the Berlin announcement of his execution is a falsehood.» Ebd., S. 338.

175 Schreiben der Eidgenössischen Fremdenpolizei vom 20. November 1944, SBA, Bestand Max Jordan, Bundesanwaltschaft, E 4320 (B), 1991/69, Schachtel 101 (Dossier C.19 1113). Vgl. auch Heinrich Brüning. Briefe und Gespräche, S. 28.

176 Max Jordan, Beyond All Fronts, S. 256.

177 Vgl. Minute Ashton-Gwatkin vom 23. Januar 1940, PRO FO 371/24387/C 1865/16/18; Willy Schloßstein, Einstellung des Herrn Robert Bosch und seiner Mitarbeiter zum Nazi-Regime, BAK, N 1186 (Stolper), 85 a, S. 16.

178 Minute Ashton-Gwatkin vom 23. Januar 1940, PRO FO 371/24387/C 1865/16/18.

179 Minute Roberts vom 7. Februar 1940, PRO FO 371/24386/C 992/6/18. Auch in den folgenden Wochen verbesserte sich Jordans Reputation in London nicht. Er galt trotz seines stets guten Informationsstandes als «primarily and essentially a News Hawk of the worst kind». Vielleicht wolle Jordan, «having the mentality of a cheap journalist», lediglich Schlagzeilen machen (Makins an Kirkpatrick vom 2. Juli 1940, PRO FO 371/24387/C 1865/16/18).

180 Vgl. die als geheime Drucksache vom Foreign Office herausgegebene «Summary of Principal Peace Feelers, September 1939–March 1941, in: Lothar Kettenacker (Hrsg.), Das «Andere Deutschland» im Zweiten Weltkrieg, S. 164–187, hier S. 181. Eine ähnliche Einschätzung vom 17. Januar 1940: PRO FO 371/24387/C 1189/6/18. Daneben Ulrich Schlie, Kein Friede mit Deutschland, S. 171 und S. 411, Anm. 43 über die Skepsis des Foreign Office.

181 «Réponse à un questionnaire sur la situation en Allemagne» vom 24. Januar 1940, PRO FO 371/24388/C 2846/6/18.

182 Jordan reiste noch am 13. Februar nach Italien. Rapport des Polizei-Korps des Kantons Luzern vom 19. Februar 1940, SBA, Bestand Joseph Wirth, Bundesanwaltschaft, E 4320 (B), 1971/78, Schachtel 36 (Dossier C.23038). Hier wollte er vermutlich mittels seiner katholischen Kontakte vatikanische Fäden weiter spinnen. Vgl. auch: «Notizen über Unterhaltung mit Herrn Schloßstein in Fa. Bosch AG am 5. 1. 53», BAK, N 1166 (Gerhard Ritter), Bd. 131; Willy Schloßstein, Einstellung des Herrn Robert Bosch und seiner Mitarbeiter zum Nazi-Regime, BAK, N 1186 (Stolper), 85 a, S. 16.

183 Memorandum Christies vom 19. Februar 1940, PRO FO 371/24389/C 3439/6/18.

184 Die Hassell-Tagebücher, hrsg. v. Friedrich Freiherr Hiller von Gaertringen, Eintritt vom 11. März 1940, S. 174.

185 Nach der Landung der Alliierten in Sizilien erhielt Jordan noch eine Nachricht Goerdelers, die eine düstere Lagebeschreibung Deutschlands in der Zeit nach Stalingrad war und zugleich eine bittere Anklage der Judenvernichtung darstellte. Max Jordan, Beyond All Fronts, S. 298–302, 321–324.

186 Schairer an Simon vom 7. März 1940, BAK, N 1342 (Wirth), Bd. 38.

187 Vansittart an Cadogan vom 14. Februar 1940, PRO FO 371/24405/C 2524/89/18.

188 Johnnie (=Ritter) an Christie vom 1. März 1940, Christie Papers, CHRS–1–35.

189 Ebd.

190 Stellungnahme des S. I. S. vom 29. Februar 1940, PRO FO 371/24389/C 3439/6/18.

191 Klemens von Klemperer, Die verlassenen Verschwörer, S. 151. Vgl. zur Märzreise

Christies auch Marion Thielenhaus, Zwischen Anpassung und Widerstand. Deutsche Diplomaten 1938–1941, Paderborn 1984, S. 182 f.

192 Aufzeichnung Vansittarts vom 11. März 1940, PRO FO 371/24389/C 3439/6/18.

193 Hierzu Klaus Hildebrand, Das vergangene Reich, S. 733.

194 Hans Ritter an Gerhard Ritter vom 21. Januar 1954, BAK, N 1166 (Ritter), Bd. 493.

195 Zitiert nach Gerhard Ritter, Carl Goerdeler, S. 259. Zur Entstehungsgeschichte und Problematik des Dokuments Klemens von Klemperer, Die verlassenen Verschwörer, S. 437 f, Anm. 86 und 87.

196 Zitiert nach Gerhard Ritter, Carl Goerdeler, S. 259, der sich auf briefliche Mitteilungen Ritters und die Erinnerung Wirths berufen kann.

197 Die Rolle Geßlers, der weder mit Goerdeler noch mit dem Boschkreis direkten Kontakt hatte, wird wohl ein Rätsel bleiben, wenn sich nicht weitere Dokumente finden, die die Vorgänge erhellen könnten. Obwohl Gerhard Ritter Geßler im Jahr 1954 mehrfach auf den kaum zu leugnenden Tatbestand seiner Beteiligung ansprach, stritt dieser stets ausdrücklich eine Involvierung in die Schweizer Vorgänge des Frühjahrs 1940 ab. Dies erscheint vollkommen unglaubwürdig, da die archivalische Überlieferung die späteren Angaben der übrigen Beteiligten, nicht zuletzt die Informationen Hans Ritters gegenüber Gerhard Ritter, weitgehend stützt: Hiernach bestätigte Hans Ritter, er habe gemeinsam mit Wirth im Frühjahr 1940 in Ouchy Verhandlungen mit englischen Gesandten des Foreign Office gehabt, in der diese eine Versicherung der englischen Regierung mitgebracht hätten: einen Umsturz in Deutschland nicht zu einem Angriff an der Rheinfront auszunutzen. Vgl. BAK, N 1032 (Geßler), N 1032, Nr. 35, Ritter an Geßler vom 8. März 1954. Die Antwort Geßlers, ihm sei davon «nichts bekannt und ein Irrtum ausgeschlossen» (Geßler an Ritter vom 17. März 1954, ebd.), entspricht nicht den Tatsachen. Geßlers Antwort bereitete schon Gerhard Ritter «ein absolutes Rätselraten», aber selbst durch Verweise auf die Literatur, mit denen Ritter Geßler auf die Sprünge zu helfen versuchte (Ritter an Geßler vom 19. März 1954, ebd.), fruchteten nichts: Trotz «ganz ernste(r) Gewissenserforschung» wollte sich Geßler nicht an die Begebenheit erinnern. «Im übrigen habe ich nie mit jemand anderem als Reichskanzler Wirth selbst gesprochen.» (Geßler an Ritter vom 6. April 1954, ebd.). Während Gerhard Ritter eine abschließende Beurteilung des merkwürdigen Verhaltens Geßlers vermied und lediglich feststellte, er vermöge den Widerspruch nicht aufzulösen (Gerhard Ritter, Carl Goerdeler, S. 507, Anm. 49), gibt es angesichts der inzwischen verbesserten Aktenlage keinen Zweifel, daß Geßler nach Kriegsende die Unwahrheit gesagt hat. Über die möglichen Gründe Ulrich Schlie, Kein Friede mit Deutschland, S. 177–179 und 413; Klemens von Klemperer, Die verlassenen Verschwörer, S. 152 f. und S. 438, Anm. 91; Ulrike Hörster-Philipps, Joseph Wirth, S. 553 f. Unergiebig dagegen Heiner Möllers, Reichswehrminister Otto Geßler. Eine Studie zu «unpolitischer» Militärpolitik in der Weimarer Republik, Frankfurt am Main u. a. 1998.

198 Geßler lieferte 1943 an Großadmiral Erich Raeder und an die SS sog. «Stimmungsberichte» aus Süddeutschland. Vgl. die Unterlagen in BAL, NS 19, Bd. 1183, bes. Geßler an den SS-Obergruppenführer Eberstein vom 18. November 1943, ebd.

199 Memorandum Christies, Mitte Mai 1940, PRO FO 371/24381/C 6809.

200 Die Hassell-Tagebücher, hrsg. v. Friedrich Freiherr Hiller von Gaertringen, Eintrag vom 22. März 1940, S. 182.

201 Gerhard Ritter, Carl Goerdeler, S. 291–300.

202 Schairer an Ritter vom 4. Februar 1954, BAK, N 1166 (Gerhard Ritter), Bd. 493. Zur Sicht auf gewerkschaftlicher Seite Elfriede Nebgen, Jakob Kaiser, S. 167.

203 Aufzeichnung Christies vom 16. März 1940, Christie Papers, CHRS–1–35.

204 Vgl. z. B. die Aufzeichnung Wirths vom 14. März 1940, BAK, N 1342 (Wirth), Bd. 124.

205 «Notizen über Unterhaltung mit Herrn Schloßstein in Fa. Bosch AG am 5. 1. 53», BAK, N 1166 (Gerhard Ritter), Bd. 131. Hassell hörte zumindest noch Anfang 1942, daß für einen «brauchbaren Frieden» die Lage «nicht einmal so hoffnungslos» sei, wie er befürchtete. Die Hassell-Tagebücher, hrsg. v. Friedrich Freiherr Hiller von Gaertringen, Eintrag vom 24. Januar 1942, S. 297.

206 Aufzeichnung Vansittarts vom 18. März 1940, PRO FO 371/24389/C 3493/6/18. Cadogan bezweifelte grundsätzlich die Ernsthaftigkeit des Widerstands. Aufzeichnung Cadogans vom 19. März 1940, ebd.

207 Max Jordan, Beyond All Fronts, S. 268, 270 f.; Vgl. Willy Schloßstein, Einstellung des Herrn Robert Bosch und seiner Mitarbeiter zum Nazi-Regime, BAK, N 1186 (Stolper), 85 a, S. 16.

208 Hans Ritter an Gerhard Ritter vom 20. November 1949, BAK, N 1166 (Gerhard Ritter), Bd. 493.

209 Hans Walz, Meine Mitwirkung an der Aktion Goerdeler, in: Otto Kopp (Hrsg.), Widerstand und Erneuerung, S. 111.

210 Bosch hoffte auf den Verzicht auf neue Kampfhandlungen, weil er annahm, die «zu fürchtenden Opfer an Blut» würden «überall gescheut». Bosch an Escherich vom 28. März 1940, RBA 14/71.

211 Bosch an Escherich vom 7. März 1940, ebd.

212 Bosch an Escherich vom 18. April 1940; Bosch an Escherich vom 14. Mai 1940; Bosch an Escherich vom 15. Mai 1940; Bosch an Escherich vom 17. Mai 1940; Bosch an Escherich vom 5. Juni 1940; Bosch an Escherich vom 28. Juli 1940, ebd.

213 Bosch an Escherich vom 6. Juli 1940, ebd.

214 Marion Gräfin Dönhoff, «Um der Ehre willen». Erinnerungen an die Freunde vom 20. Juli, Berlin 1994, S. 33.

215 Aufzeichnung Karl Friederichs vom 26. Januar 1947, RBA 14/48.

216 Johnnie (=Ritter) an Grahame (=Christie) vom 11. April 1940, Christie Papers, CHRS–1–35. Vgl. Ulrich Schlie, Kein Friede mit Deutschland, S. 182.

217 Christie an Vansittart vom 2. Mai 1940, PRO FO 371/24381/C 6656.

218 Memorandum Christies, Mitte Mai 1940, PRO FO 371/24381/C 6809.

219 Alois Achselduft (=Ritter) an Grahame (=Christie) vom 27. Mai 1940, Christie Papers, CHRS–1–35.

220 Johnnie (=Ritter) an Grahame (=Christie) vom 29. Mai 1940, Christie Papers, CHRS–1–18.

221 Ebd.

222 Ebd.

223 In Großbritannien blieb er bis zum 22. April 1946, hielt seinen speziellen Draht zu Vansittart und offensichtlich auch seine Geheimdienstverbindungen. Im April 1944 wurde er gar vom Chef der amerikanischen OSS, General William «Wild Bill» Donovan, empfangen. «Statement» von Hans Ritter vom 6. Juni 1946, BAK, N 1186 (Stolper), Bd. 85 a; Hans Ritter an Gerhard Ritter vom 20. November 1949, BAK, N 1166 (Gerhard Ritter), Bd. 493.

224 Hierzu umfassend Andreas Hillgruber, Hitlers Strategie. Politik und Kriegführung 1940–1941, Frankfurt am Main ³1993.

225 Minute Makins vom 14. Mai 1940, PRO FO 371/24381/C 6809. Zum Mißtrauen des Foreign Office gegen ihn und Goerdeler auch Brüning an Heineman vom 7. April 1941: Heinrich Brüning. Briefe und Gespräche, S. 349 f. Vgl. auch das Dossier «Dr. Reinhold Schairer» vom 16. Januar 1941, PRO FO 371/26546 A.

226 Rainer A. Blasius, Deutschland und Europa im Denken des Widerstands, in: Michael Kißener/Harm-Hinrich Brandt/Wolfgang Altgeld (Hrsg.), Widerstand in Europa, S. 39–65, hier S. 53.

227 Schloßstein ermöglichte dem rassisch verfolgten Pulkowski im Herbst 1940 die Ausreise aus dem besetzten Holland über Deutschland und die Schweiz, von wo Pulkowski in die USA emigrierte. Auch in diesem Fall bot Gottlob Berger die notwendige Protektion. Eidesstattliche Erklärung von Willy Schloßstein vom 4. März 1946, NA, RG 238, M-897, Roll 101.

228 Frei war seit 1920 der Firma eng verbunden. Nach Mendelssohn-Konkurs und Kriegsausbruch hatte er sich erfolgreich darum bemüht, die französische Blaupunkt-Gesellschaft, die «Point Bleu S. A.», aus den politischen Turbulenzen herauszuhalten. Vgl. die Unterlagen in RBA N 32, Bd. 12 und die Aufzeichnung von Max Frei in ebd., Bd. 14. Zu Max Frei auch Bosch-Zünder 35 (1955), S. 9 und 40 (1960), S. 85.

229 Max Frei, «Exposé» vom 14. Dezember 1945, RBA 13/39; vgl. Willy Schloßstein, «Eidesstattliche Erklärung» vom 4. März 1947, ebd.; Walz an Maria Kollmar vom 10. Mai 1948, RBA 13/27; Willy Schloßstein, «Betrifft Herrn Dr. Goerdeler», Aufzeichnung vom Dezember 1946, BAK, N 1186 (Stolper), 85 a.

230 Malcolm Christie, Germany's Future, (1947), in: T. P. Conwell-Evans, None So Blind, S. 201–211, hier S. 202.

231 Cadogan an Lothian vom 27. August 1940, PRO FO 371/24408, C 8974/89/18.

232 Kelly an Foreign Office vom 4. September 1940, PRO FO 371/24408/C 9635/89/18; Foreign Office an Kelly vom 9. September 1940, ebd.; Minute Vansittart vom 10. September, ebd. Vgl. zu dieser Initiative Ulrich Schlie, Kein Friede mit Deutschland, S. 277–280.

233 Siehe hierzu die Stellungnahmen des britischen Außenministeriums aus dem September und Oktober 1940 in PRO FO 371/24385/C 10645/5/18. Vgl. auch Max Jordan, Beyond All Fronts, S. 321–324.

234 Vansittart an Churchill vom 15. September 1940, PRO FO, PREM 4/23/2.

235 Churchill an Vansittart, ohne Datum (Januar 1941), PRO FO, PREM 4/23/2. Vgl. Klemens von Klemperer, Die verlassenen Verschwörer, S. 467.

236 Adolf M. Birke, Warum Deutschlands Demokratie versagte. Geschichtsanalyse im britischen Außenministerium 1943/45, in: Historisches Jahrbuch 103 (1983), S. 395–410; Lothar Kettenacker, Preußen in der alliierten Kriegszielplanung, 1939–1947, in: Studien zur Geschichte Englands und der deutsch-britischen Beziehungen. Festschrift für Paul Kluke, München 1981, S. 312–340, bes. S. 323–325. Ders., Krieg zur Friedenssicherung, S. 486–494.

237 Lothar Kettenacker, Preußen in der alliierten Kriegszielplanung, S. 325.

238 EZA 226, II, 13, 11: Eidesstattliche Erklärung von Siegmund-Schultze für Hans Walz vom 30. November 1946.

239 Hans Mommsen, Gesellschaftsbild und Verfassungspläne, S. 128.

240 Zu den Plänen und Varianten des «Dismemberment of Germany»: Hermann Graml, Die Alliierten und die Teilung Deutschlands. Konflikte und Entscheidungen 1941–1948, Frankfurt am Main 1985, bes. S. 15–30. Vgl. hierzu auch Churchill an Eden vom 20. Dezember 1941: «Die Trennung Preussens von Süddeutschland (gehört) zu den grössten der zu entscheidenden Problemen. Doch all das muss einer Zukunft überlassen bleiben, die ungewiss ist und vermutlich noch in weiter Ferne liegt.» Winston Churchill, Der Zweite Weltkrieg, Dritter Band, Zweites Buch, Stuttgart/Hamburg 1951, S. 296.

241 Hans Walz, Meine Mitwirkung an der Aktion Goerdeler, in: Otto Kopp (Hrsg.), Widerstand und Erneuerung, S. 112.

242 Zu diesem Vorgang John Conway, Between Pacifism and Patriotism – A Protestant Dilemma: The Case of Friedrich Siegmund-Schultze, in: Francis R. Nicosia/Lawrence D. Stokes (Hrsg.), Germans against Nazism. Nonconformity, Opposition and Resistance in the Third Reich: Essays in Honour of Peter Hoffmann, New York/Oxford 1990, S. 87–113, hier S. 98–102; Stefan Grotefeld, Friedrich Siegmund-Schultze, S. 306–315.

243 «Unterredung mit Prof. Siegmund-Schultze an der Sozialakademie Dortmund am 29. 7. 1953», BAK, N 1166 (Gerhard Ritter), Bd. 131.

244 EZA, 226, I, 21, 9. Daneben die Würdigung von Siegmund-Schultze «Kultusminister Bäuerle», in: EZA 626, I, 21, 6.

245 Vgl. die Unterlagen in EZA, 626, I, 23, 6 und Stefan Grotefeld, Friedrich Siegmund-Schultze, S. 296 f.

246 Nach dem Zweiten Weltkrieg war Siegmund-Schultze geneigt, die Kriegsdienstverweigerung als «einzige für Christen konsequente Handlungsweise» anzusehen. Stefan Grotefeld, Friedrich Siegmund-Schultze, S. 83 f., bes. Anm. 355. Walz vertrat in einem Disput mit Landesbischof Wurm über die Rechtfertigung des Kriegsdiensts Ansichten, die dieser Sichtweise sehr nahe kamen. Walz an Wurm vom 1. November 1950, RBA 13/27.

247 Siegmund-Schultze an Gerhard Ritter vom 28. März 1954, BAK, N 1166 (Gerhard Ritter), Bd. 131.

248 Vgl. Spiegelbild einer Verschwörung, SD-Bericht vom 29. November 1944, S. 509.

249 Klemens von Klemperer, Die verlassenen Verschwörer, S. 198. Hinweis auf «Boten» und «regelmäßige Botschafterdienste» bei Friedrich Siegmund-Schultze, Die deutsche Widerstandsbewegung im Spiegel der ausländischen Literatur, Stuttgart 1947, S. 4.

250 «Declaration» Anneliese Goerdelers vom 4. Dezember 1945, RBA 10/63.

251 «Affidavit» von Friedrich Siegmund-Schultze vom 30. November 1946, BAK, N 1186 (Stolper), Nr. 85 a.

252 Eidesstattliche Erklärung von Siegmund-Schultze für Hans Walz vom 30. November 1946, EZA 226, II, 13, 11.

253 Ebd.

254 «Unterredung mit Prof. Siegmund-Schultze an der Sozialakademie Dortmund am 29. 7. 1953», BAK, N 1166 (Gerhard Ritter), Bd. 131.

255 Eidesstattliche Erklärung von Siegmund-Schultze für Willy Schloßstein vom 30. November 1946. EZA 226, II, 13, 11.

256 Zur Überwachung Siegmund-Schultzes vgl. die Unterlagen in PAAA, Generalkonsulat Zürich, Paket 136 («Professor F. Siegmund-Schultze»).

257 Walter Cramer (1886–1944). Ein Leipziger Unternehmer im Widerstand. Dokumentation von Beatrix Heintze, Köln 1993, bes. S. 78–105; Walter Cramer. Ehrung der Stadt Leipzig. Dokumentation, Leipzig o. J. (1994).

258 Werner Knopp, Die Widerstandsbewegung gegen den Nationalsozialismus, in: Walter Cramer. Ehrung der Stadt Leipzig, S. 31–48. Ungeklärt ist auch, warum Cramer nach dem 20. Juli 1944 aus Leipzig in das württembergische St. Johann floh. Ob er sich hier mit Goerdeler treffen wollte, für den ja nach den Plänen des Boschkreises ein württembergischer Fluchtweg vorgesehen war, muß wohl Spekulation bleiben.

259 «Bericht über Besprechung in Stuttgart am 8. 9. 39», RBA 14/540.

260 Siegmund-Schultze an Anneliese Goerdeler vom 2. Februar 1954; BAK N 1166 (Gerhard Ritter), Bd. 493.

261 Gerhard Ritter, Carl Goerdeler, S. 617. Zu Wedels freundschaftlichem Verhältnis zu Goerdeler auch: Verhandlungsakten des Prozesses Vargas v. Clark (1948), Kopien in RBA: Aussagen von Karl Eugen Thomä, S. 1949.

262 Zu Heinrich Blass die Beiträge in der «Neuen Zürcher Zeitung» vom 10. April 1958 und 10. April 1963; Walther Adolf Löhr, Schweizerische Kreditanstalt 1856–1956, Zürich 1956, S. 422 und den autobiographischen Lebensbericht in: Geschichte der Familie Blass von Zürich, Zürich 1956 (Privatdruck), S. 135–143 (Schweizerische Landesbibliothek Bern).

263 W. (= Walter Lohmeyer), Das stumme Deutschland redet, Zürich o. J (ca. 1938).

264 Rapport der Politischen Polizei vom 23. September 1939; Bericht des Polizeikom-

mandos des Kantons Bern vom 5. November 1939, SBA, Bestand Hans Ritter, Bundes-anwaltschaft, E 4320 (B), 1984/29, Schachtel 103 (Dossier C.12.456).

265 Vgl. den umfangreichen Bestand, der im wesentlichen aus Protokollen der Tele-phon-Überwachung besteht: SBA, Bestand Walter Lohmeyer, Bundesanwaltschaft, E 4320 (B), (Dossier C.16.1436).

266 BAK, N 1166 (Gerhard Ritter), Bd. 131: «Notizen über eine Aussprache mit Dr. Josef Müller am 4. 1. 1953». Zu Müllers Rolle vgl. Friedrich Hermann Hettler, Josef Müller («Ochsensepp»). Mann des Widerstandes und erster CSU-Vorsitzender, München 1991, S. 79–202.

267 Elisabeth Wiskemann, The Europe I Saw, London 1968, S. 37 und 55–58.

268 Klemens von Klemperer, Die verlassenen Verschwörer, S. 241 f. und 483 f.

269 Ebd., S. 161. Zu Bernstorff vgl. Werner Graf von Bernstorff, Die Herren und Grafen v. Bernstorff. Eine Familiengeschichte, o. O., o. J., S. 351–362; Gräfin Reventlow (Hrsg.), Albrecht Bernstorff zum Gedächtnis, Berlin 1952 (Privatdruck). Kurt von Stutterheim, Die Majestät des Gewissens, In memoriam Albrecht Bernstorff, Hamburg o. J. [1962]; Knut Hansen, Albrecht Graf von Bernstorff. Diplomat und Bankier zwi-schen Kaiserreich und Nationalsozialismus, Frankfurt am Main u. a. 1995. Die Identität des deutschen Christen ließ sich nicht mehr feststellen (freundl. Information von Knut Hansen vom 10. Mai 1996).

270 Zur Datierung überzeugend Stefan Grotefeld, Friedrich Siegmund-Schultze, S. 307.

271 Eidesstattliche Erklärung von Siegmund-Schultze für Willy Schloßstein vom 30. November 1946, EZA 226, II, 13, 11.

272 John Nevin Sayre, Siegmund-Schultze – Diener am Frieden, in: Hermann Delfs (Hrsg.), Aktiver Friede. Gedenkschrift für Friedrich Siegmund-Schulze (1885–1969), Soest 1972, S. 95–97, hier S. 96.

273 Eidesstattliche Erklärung von Siegmund-Schultze für Willy Schloßstein vom 30. November 1946, EZA 226, II, 13, 11. Vgl. «Unterredung mit Prof. Siegmund-Schultze an der Sozialakademie Dortmund am 29. 7. 1953», BAK, N 1166 (Gerhard Ritter), Bd. 131.

274 Der Friedensplan ist abgedruckt bei Gerhard Ritter, Carl Goerdeler, S. 585. Das ins «Foreign Office» gelangte Exemplar in PRO FO, 371/26543/C 9472/324/18.

275 Ulrich Schlie, Kein Friede mit Deutschland, S. 283.

276 Stefan Grotefeld, Friedrich Siegmund-Schultze, S. 309.

277 Ulrich Schlie, Kein Friede mit Deutschland, S. 282.

278 Klemens von Klemperer, Die verlassenen Verschwörer, S. 198. Hier auch eine überzeugende Gesamtinterpretation der Planungen Goerdelers für eine europäische Zukunftsordnung.

279 «Unterredung mit Prof. Siegmund-Schultze an der Sozialakademie Dortmund am 29. 7. 1953», BAK, N 1166 (Gerhard Ritter), Bd. 131.

280 Fabian von Schlabrendorff, The Secret War against Hitler, Boulder/San Francis-co/Oxford 1994, S. 124; Gerhard Ritter, Carl Goerdeler, S. 513 f., Anm. 6 und 7 und S. 322 f.; Ulrich Schlie, Kein Friede mit Deutschland, S. 281 und 437, Anm. 28; Klemens von Klemperer, Die verlassenen Verschwörer, S. 199 und S. 461, Anm. 65. Vgl. auch die Andeutungen bei von Hassell: Die Hassell-Tagebücher, hrsg. v. Friedrich Freiherr Hiller von Gaertringen, Eintrag vom 16. März 1941, S. 233.

281 Siegmund-Schultze an Ritter vom 28. März 1954, BAK, N 1166 (Gerhard Ritter), Bd. 131.

282 Vgl. Klemens von Klemperer, Die verlassenen Verschwörer, S. 199.

283 Der Brief Siegmund-Schultzes an William Temple: in Englisch gedruckt in John S. Conway, Between Pacifism and Patriotism, S. 99; eine deutsche Fassung in EZA 626/PA

37/4. Es ist nicht ganz klar, warum dieser Brief mit dem 24. Mai 1941 datiert ist. In der bisherigen einschlägigen Forschung ist auf diese Diskrepanz nicht eingegangen worden. Die Chronologie der Vorgänge läßt immerhin die Vermutung zu, daß Siegmund-Schultze in Antizipation der Hindernisse den Brief bereits eine Woche zuvor geschrieben hatte und nun nur noch nach Bern mitbringen mußte. Dem widerspricht jedoch in gewisser Weise, daß Siegmund-Schultze schon am 25. Mai 1941 ein offenes Telegramm an Temple schickte: «Could Zürich British Consulate Receive Advice by Foreign Office to Transmit Urgent Message to Your Grace. Siegmund-Schultze.» Das Telegramm abgedruckt bei John S. Conway, Between Pacifism and Patriotism, S. 100.

284 Der «Aufruf» gedruckt in ebd., S. 107 f.

285 Erzbischof von York an Cadogan vom 4. Juni 1941, PRO FO 371/26568/C 6320.

286 Cadogan an Erzbischof von York vom 9. Juni 1941, ebd. Vgl. John S. Conway, Between Pacifism and Patriotism, S. 100.

287 «Unterredung mit Prof. Siegmund-Schultze an der Sozialakademie Dortmund am 29. 7. 1953», BAK, N 1166 (Gerhard Ritter), Bd. 131. Vgl. auch Siegmund-Schultze an Ebor vom 24. Juli 1941, PRO FO 371/26543/C 10855; Gerhard Ritter, Carl Goerdeler, S. 527, Anm. 9.

288 Hierzu Ulrich Schlie, Kein Friede mit Deutschland, S. 283.

289 Der vom 24. Juli 1941 datierte Brief Siegmund-Schultzes ist abgedruckt bei Stefan Grotefeld, S. 312 und John Conway, Between Pacifism and Patriotism, S. 100 f.

290 F. K. Roberts vom 24. August 1941 an David Kelly, PRO FO 371/26543/C 9472/324/18.

291 Cadogan an William Temple vom 20. September 1941, ebd. Vgl. Minute Strang vom 6. Oktober 1941, ebd.

292 F. K. Roberts vom 24. August 1941 an David Kelly, ebd.

293 Hans Walz, Meine Mitwirkung an der Aktion Goerdeler, in: Otto Kopp (Hrsg.), Widerstand und Erneuerung, S. 110.

294 Minute Strang vom 25. August 1941, PRO FO 371/26543/C 9472/324/18.

295 John Keegan, The Battle for History. Re-Fighting World War Two, London 1995, S. 113.

296 Eden an Churchill vom 10. September 1941, PRO FO 371/26543/C 10855/324/18. Abgedruckt bei Richard Lamb, Der verfehlte Frieden. Englands Außenpolitik 1935–1945, Frankfurt am Main/Berlin 1989, S. 290 f.

297 Diese knappe Stellungnahme des Premierministers (Churchill an Eden vom 10. September 1941) wird mehrfach in der Sekundärliteratur zitiert. John S. Conway, Between Pacifism and Patriotism, S. 101; Stefan Grotefeld, S. 313; auszugsweise auch bei Klemens von Klemperer, Die verlassenen Verschwörer, S. 200; Richard Lamb, Der verfehlte Frieden, S. 291.

298 Vgl. Minute Strang vom 6. Oktober 1941, PRO FO 371/26543/C 10855/324/18.

299 Cadogan an William Temple vom 20. September 1941, ebd.

300 William Temple an Cadogan vom 25. September 1941, ebd. Vgl. John S. Conway, Between Pacisfism and Patriotism, S. 101 und Ebor an Cadogan ohne Datum, PRO FO 371/26543/C 20855.

301 Minute Strang vom 6. Oktober 1941 und Minute Cadogan vom 6. Oktober 1941, PRO FO 371/26543/C 10855; Minute Roberts vom 1. Oktober 1941, PRO FO 371, 26543, C 10855/324/18. Ähnlich die Beurteilung durch Makins und Strang vom folgenden Tag (ebd.); der Entwurf des Briefes an Siegmund-Schultze vom 26. September 1941, ebd.; Cadogan an Erzbischof von York vom 8. Oktober 1941, ebd.

302 In den Lebenserinnerungen des englischen Gesandten in Bern, der auch die deutschen Friedenssondierungen abhandelte, fand die Intervention der Männer um Siegmund-Schultze bezeichnenderweise keine Erwähnung. David Kelly, Die Herrschaft der

Wenigen. Erinnerungen eines britischen Diplomaten, Bremen 1963. Zu Kellys Mission in der Schweiz auch Neville Wylie, Marcel Pilet-Golaz, David Kelly and Anglo-Swiss Relations in 1940, in: Diplomacy & Statecraft 8 (1997), S. 49–79.

303 Noel Annan, Changing Enemies. The Defeat and Regeneration of Germany, London 1995, S. 111.

304 Willy Schloßstein, Einstellung des Herrn Robert Bosch und seiner Mitarbeiter zum Nazi-Regime, BAK, N 1186 (Stolper), 85 a.

305 Siegmund-Schultze an Nevin Sayre vom 29. April 1942 (John S. Conway, Between Pacifism and Patriotism, S. 101). Deutsch in EZA 51/J VII b. Vgl. auch Siegmund-Schultze an Lord Willoughby Dickinson vom 13. Juli 1942, ebd., deutsch in EZA 51/J VII c.

306 Siegmund-Schultze an Ritter vom 16. Januar 1953, BAK, N 1166 (Ritter), Bd. 493; vgl. ebd., Bd. 131: «Unterredung mit Prof. Siegmund-Schultze an der Sozialakademie Dortmund am 29. 7. 1953» und Gerhard Ritter, Carl Goerdeler, S. 324.

307 Seit 1942 trat Hans Bernd Gisevius in Fühlung mit dem Theologen und schuf eine Verbindung, in der schließlich auch Joseph Wirth und Allen Dulles mitwirkten. «Unterredung mit Prof. Siegmund-Schultze an der Sozialakademie Dortmund am 29. 7. 1953». BAK, N 1166 (Gerhard Ritter), Bd. 131. Die um ihre Neutralität besorgte Schweiz verfolgte Siegmund-Schultzes fortgesetzte politische Aktivitäten mit gemischten Gefühlen. Aktennotiz des Chefs der Polizeiabteilung vom 7. Juni 1944, SBA, E 2001 (D) 3, Bd. 275, B.41.210.16. Zur Tätigkeit Siegmund-Schultzes im schweizerischen Exil Stefan Grotefeld, Friedrich Siegmund-Schultze, S. 313–319.

308 Willy Schloßstein, Einstellung des Herrn Robert Bosch und seiner Mitarbeiter zum Nazi-Regime (28 S.), BAK, N 1186 (Stolper), 85 a, S. 19.

309 Willy Schloßstein, «Betr. Einstellung des Herrn B. und seiner Firma zum Nazi-Regime (Überreicht durch Ludwig Kaiser Stuttgart 15. 9. 1945)», BAK, N 1166 (Ritter), Bd. 131.

310 Hans Rothfels, Die deutsche Opposition gegen Hitler, S. 43.

311 Hans Walz, Meine Mitwirkung an der Aktion Goerdeler, in: Otto Kopp (Hrsg.), Widerstand und Erneuerung, S. 116 bzw. 120. Zum Denunziantensystem und dem Mechanismus von «auto-policing» und «auto-surveillance» Robert Gellately, The Gestapo and German Society, Oxford/New York 1990.

312 Allen Welsh Dulles, Verschwörung in Deutschland, S. 178.

313 Willy Schloßstein, Einstellung des Herrn Robert Bosch und seiner Mitarbeiter zum Nazi-Regime, BAK, N 1186 (Stolper), 85 a. Ähnlich schon die Bemerkung Boschs gegenüber von Hassell: Die Hassell-Tagebücher, hrsg. v. Friedrich Freiherr Hiller von Gaertringen, Eintrag vom 11. August 1939, S. 107 f.

314 Franz Böhm, Begegnungen mit Carl Goerdeler, in: Brigitte Kaff (Bearb.), Franz Böhm. Beiträge zu Leben und Wirken, Melle 1980, S. 65–82, hier S. 79.

315 Willy Schloßstein, Einstellung des Herrn Robert Bosch und seiner Mitarbeiter zum Nazi-Regime, BAK, N 1186 (Stolper), 85 a.

316 Tagebucheintrag Strölins vom 19. und 20. Juni 1941, Stadtarchiv Stuttgart, Nachlaß Strölin, Nummer 39, TB S. 533 f.

317 Götz Küster, 75 Jahre Bosch, S. 85; Theodor Heuss, Robert Bosch, S. 614 und die Unterlagen in RBA 16/8.

318 Manuskript Felix Olpp, RBA 14/4, S. 50. Vgl. die Unterlagen zu Seitz in RBA N 32, Bd. 12 und 14.

319 Vgl. Gottlob Berger, Zur Geschichte der Robert Bosch G. m. b. H. 1933–1948 (1953), RBA 13/84, S. 4 f.

320 Bäuerle an Margarete Bosch vom 22. November 1945, HStA Wü, Nachlaß Theodor Bäuerle Q 1/21, Bü 460.

321 Vgl. etwa Bosch an Mauk vom 4. Juli 1940, RBA 14/88.

322 Undatierte Aufzeichnungen von Felix Olpp aus dem November 1982, RBA 14/3, S. 39–41. Theodor Heuss, Robert Bosch, S. 615.

323 Bosch an Mauk vom 29. September 1941, RBA 14/89.

324 «Völkischer Beobachter» vom 24. September 1941.

325 Bosch-Zünder 23 (1941), S. 91.

326 Ebd., S. 98. Der Beitrag Goerdelers wurde auszugsweise veröffentlicht: S. 98 f.

327 Deutsche Rundschau 68 (1941), S. 20–25, hier S. 24 f. Das Manuskript seines Aufsatzes übergab Goerdeler «in aufrichtiger Verehrung» am 23. September 1941 während der Feierlichkeiten in Baden-Baden. «Robert Bosch zum 80. Geburtstag», RBA 14/290.

328 Rudolf Pechel, Deutscher Widerstand, Erlenbach/Zürich 1947, S. 287. Eine Zusammenstellung wichtiger im Stil der Camouflage verfaßter Artikel in: Zwischen den Zeilen. Der Kampf einer Zeitschrift für Freiheit und Recht 1932–1942. Aufsätze von Rudolf Pechel, Würzburg 1948.

329 Zur Haltung Pechels Karl-Wolfgang Mirbt, Methoden publizistischen Widerstandes im Dritten Reich nachgewiesen an der «Deutschen Rundschau» Rudolf Pechels, Diss. Berlin 1958; Fritz Stern, Kulturpessimismus als politische Gefahr. Eine Analyse nationaler Ideologie in Deutschland, Bern/Stuttgart/Wien 1963, S. 350 und kritisch Volker Mauersberger, Rudolf Pechel und die «Deutsche Rundschau» 1919–1933. Eine Studie zur konservativ-revolutionären Publizistik in der Weimarer Republik, Bremen 1971.

330 Theodor Bäuerle an Rudolf Pechel vom 28. November 1941, HStA Wü, Nachlaß Theodor Bäuerle Q 1/21, Bü. 395. Erklärung von Gotthold Müller vom 3. März 1947, Staatsarchiv Ludwigsburg, Spruchkammerverfahren Hermann Fellmeth, EL 902/20, Bü 37/6/835.

331 Vgl. Walz an Maria Kollmar vom 10. Mai 1948, RBA 13/27.

332 Rudolf Pechel, Deutscher Widerstand, S. 289. Vgl. auch Hans Bernd Gisevius, Bis zum bitteren Ende, Bd. 2, S. 213 und S. 330.

333 Vgl. die Unterlagen in RBA 13/35–37 und die bemerkenswerten Ausführungen von Hans Walz zum «Bosch-Zünder»: «Man kann sich heute bei manchen Gelegenheiten politischer Diskussion nicht genug tun in der drastischen Schilderung des unerhörten Drucks auf Leib und Seele, den das Gewaltregime ausgeübt hat und mit Recht. Man darf aber gerade dann nicht in den Fehler verfallen, das System, das man solcher Art als tückischen Teufel an die Wand malt, z. B. im Falle des Bosch-Zünders als zahmes Haustier darzustellen, dem man mit leichter Mühe eine Nase habe drehen können. (...) In den nachherigen Kämpfen mit der Partei, besonders auch anläßlich des Firmajubiläums 1936 entlud sich, wie bekannt, der ganze heillose Ärger der Partei darüber, daß man im Bosch-Zünder nicht genügend mit den Wölfen heulte. Welche machtpolitischen und seelischen Kämpfe damals auszustehen waren, kann nur der ermessen, der diese aufreibenden Zeiten an verantwortlicher Stelle selbst erlebt hat. Es ist ein billiges Unterfangen, jetzt nachträglich, nach überstandener Gefahr, auf bequemem Stuhl in behaglicher Stimmung, den Bosch-Zünder daraufhin durchzublättern, an welcher Stelle man etwa das vorgeschriebene öffentliche Ärgernis nehmen könnte.» (Aufzeichnung von Walz vom 26. Mai 1948, RBA 13/37).

334 Vgl. die Personalunterlagen und den Lebenslauf Pechels in BAK, N 1160 (Pechel), Bd. I/10 und den Beitrag von Peter Pechel, in: Johannes Steinhoff/Peter Pechel/Dennis Showalter (Hrsg.), Deutsche im Zweiten Weltkrieg. Zeitzeugen sprechen, München 1989, S. 485–490; Rudolf Pechel, Deutscher Widerstand, S. 297–302; Gottfried Treviranus, Für Deutschland im Exil, Düsseldorf/Wien 1973, S. 155 f.

335 Tagebucheintrag Strölins vom 19. und 20. Juni 1941, Stadtarchiv Stuttgart, Nachlaß Strölin, Nummer 39, TB S. 533 f.; Bosch an Escherich vom 1. August 1940, RBA 14/71.

336 Vgl. Robert Bosch an Margarete Bosch (Brieffragment ohne Datum), RBA 14/19.

337 Bosch an Margarete Bosch vom 6. August 1941, RBA 14/141. Einige Passagen auch bei Theodor Heuss, Robert Bosch, S. 611.

338 Die Hassell-Tagebücher, hrsg. v. Friedrich Freiherr Hiller von Gaertringen, Eintrag vom 30. August 1941, S. 267 f.

339 Bosch an Escherich vom 27. August 1940 und Bosch an Escherich vom 28. November 1940, RBA 14/71.

340 Reusch an Bücher vom 15. Oktober 1941, RWWA 400101290/6.

341 Willy Schloßstein, Einstellung des Herrn Robert Bosch und seiner Mitarbeiter zum Nazi-Regime (28 S.), BAK, N 1186 (Stolper), 85 a, S. 20.

342 Ebd.

343 Die genauen Umstände dieser Auslandsreise lassen sich nicht mehr klären. Während Schloßstein von einer Reise in die Schweiz sprach, berichtete Felix Olpp von einer Reise von Walz und Schloßstein in der «heillosen Sache» des Bankhauses Mendelssohn. Undatierte Aufzeichnungen von Felix Olpp aus dem November 1982, RBA 14/3, S. 51; Willy Schloßstein, Einstellung des Herrn Robert Bosch und seiner Mitarbeiter zum Nazi-Regime (28 S.), BAK, N 1186 (Stolper), 85 a, S. 20.

344 Hans Walz, Trauerrede für Robert Bosch am 18. April 1942, RBA 13/241.

345 Otto Geßler an Theodor Heuss vom 16. Dezember 1946, zitiert nach Kurt Sendtner (Hrsg.), Otto Gessler. Reichswehrpolitik in der Weimarer Zeit, Stuttgart 1958, S. 529.

346 Zu Testamentsvollstreckern wurden am 20. März 1942 Hermann Fellmeth, Arthur Leinss, Paul Scheuing, Richard Stribeck, Hans Walz, Karl Martell Wild und Erwin Bohner bestellt. Willy Schloßstein fungierte als Bevollmächtigter; Goerdeler stand auf der «Ersatzliste». RBA 14, «Verschiedenes». Vgl. auch Theodor Heuss, Robert Bosch, S. 619–621.

347 RBA 14/159. Gleichlautende Telegramme gingen auch an Robert Ley, Hermann Göring und Heinrich Himmler.

348 Diese Version: Undatierte Aufzeichnungen von Felix Olpp aus dem November 1982, RBA 14/3, S. 30a.

349 Vernehmung Bergers am 25. März 1946, Records of the United States Nürnberg War Crimes Trials Interrogations, 1946–1949, NA, RG 238, M-1019, Roll 6.

350 RBA 14/166.

351 Theodor Heuss, zitiert nach einer Aufzeichnung von Hans Walz vom 26. Mai 1948, RBA 13/37. Eine abweichende Überlieferung bietet Felix Olpp: Nachdem er zu Walz gesagt habe, der Staatsakt sei sicher nicht im Sinne von Bosch gewesen, habe dieser geantwortet: «Ja, die Nazis haben sich unsern Herrn Bosch ausgeliehen, um ihre eigenen Schandtaten zu verdecken.» Undatierte Aufzeichnungen von Felix Olpp aus dem November 1982, RBA 14/3, S. 52.

352 Abdruck der Rede in: «Völkischer Beobachter» vom 20. März 1942. Vgl. auch die ausführliche Berichterstattung im Stuttgarter «NS-Kurier» vom 18. März 1942.

353 Vgl. RBA 14/158. Die Behörden überwachten die Feierlichkeiten und versuchten, allerdings vergeblich, anhand von Photographien die Identität eines Gastes festzustellen, der seine Hand nicht zum Hitlergruß erhoben hatte. Der Betreffende war Carl Goerdeler. Vgl. die Aufzeichnung von Hans Walz vom 26. Mai 1948, RBA 13/37. Das Photo: Bosch-Zünder 24 (1942), S. 13; das Original in der Fotosammlung des RBA.

354 Theodor Heuss, Tagebuchbriefe 1955/63, S. 370. Vgl. auch die Rede von Theodor Heuss am 23. September 1961, in: Bosch-Zünder 41 (1961), S. 210.

355 Hans Walz, Trauerrede für Robert Bosch am 18. April 1942, RBA 13/241.

356 Willy Schloßstein, Einstellung des Herrn Robert Bosch und seiner Mitarbeiter zum Nazi-Regime, BAK, N 1186 (Stolper), 85 a, S. 27.

357 «NS-Kurier» vom 18. März 1942. Die amerikanische Presse verwies auf eine gewisse oppositionelle Sonderstellung des Unternehmers. Die «New York Times» mach-

te auf Boschs häufige Kritik am Kaiserhaus aufmerksam, um dann kommentarlos auf die nationalsozialistische Vereinnahmung hinzuweisen: «Nazi Germany acclaimed him as a man, whose inventive genius, commercial integrity and enterprise had brought world fame to the fatherland.» «New York Times» vom 13. März 1942. Die «New York Herald Tribune» vom gleichen Tag stellte in einem eher technisch orientierten Artikel das Lebenswerk von «Red Bosch» vor.

358 Wilhelm Keil, Erlebnisse eines Sozialdemokraten, Bd. II, Stuttgart 1948, S. 579. Vgl. Wilhelm Keil, «Die Firma Bosch. Ihre politischen und sozialen Wesenszüge» (Manuskript vom 14. Oktober 1945), GLA, OMGUS 12–27/3–15.

359 Aufzeichnung von Walz vom 24. November 1967, RBA 13/131.

360 Vgl. das Schreiben von Heuss an den Gestapochef Diels vom Oktober 1933, BAK N 1221 (Heuss), Bd. 78 und Heuss an Helfferich vom 17. Juli 1947, ebd., Bd. 81.

361 Theodor Heuss, Fragment von Erinnerungen aus der NS-Zeit, S. 10.

362 Vgl. den Briefwechsel mit der «Frankfurter Zeitung» in: BAK, N1221 (Heuss), Bd. 397. Heuss arbeitete bei der «Frankfurter Zeitung» immerhin bis zur Einstellung des Blattes Ende September 1943 und erhielt noch bis März 1944 ein monatliches Gehalt von zuletzt 500 Reichsmark.

363 Theodor Heuss (Hrsg.), Robert Bosch, Stuttgart 1931.

364 Heuss an Bosch vom 6. März 1942, RBA 14/154.

365 Vgl. Hans Franke (Verlag Eugen Salzer) an Heuss vom 7. Dezember 1937, BAK, N 1221, Bd. 78; Heuss an Franke vom 22. Dezember 1937, ebd.

366 Bosch an Heuss vom 31. Dezember 1937, in: Heuss an Treviranus vom 9. Januar 1946, in: Theodor Heuss. Der Mann, das Werk, die Zeit. Eine Ausstellung, Stuttgart 1967, S. 216.

367 Heuss an Debatin vom 7. September 1939, RBA 14/156.

368 Debatin an Heuss vom 14. September 1939, ebd.

369 Margarete Bosch an Heuss vom 4. April 1947, Theodor Heuss. Der Mann, das Werk, die Zeit, S. 228; ebenfalls in Theodor Heuss, Robert Bosch, S. 624.

370 «Robert Bosch»-Manuskript von Theodor Bäuerle (September 1941), bes. S. 265–270, RBA 14/286.

371 Vgl. hierzu auch Rolf Becker, Der Briefwechsel von Robert Bosch im Bosch-Archiv, S. 7.

372 Theodor Heuss, Justus von Liebig. Vom Genius der Forschung, Hamburg 1942.

373 Hans Walz, in: Hans Bott/Hermann Leins (Hrsg.), Begegnungen mit Theodor Heuss, Tübingen 1954, S. 394. Zur Beteiligung von Walz auch dessen Aufzeichnung vom 24. November 1967, RBA 13/131.

374 Bosch an Haller, vom 3. März 1942, RBA 14/3, 33.

375 Ebd. Vgl. Theodor Heuss, Robert Bosch, S. 490.

376 Bosch an Heuss vom 4. März 1942, als Faksimile abgedruckt in: Bosch-Jubiläums-katalog, S. 79 und Theodor Heuss, Robert Bosch, S. 623.

377 Theodor Heuss an Robert Bosch vom 6. März 1942, in: Theodor Heuss. Der Mann, das Werk, die Zeit, S. 226.

378 Heuss an Geßler vom 27. Dezember 1946, BAK, N 1032, (Geßler), Bd. 9a.

379 Auf diese Weise erhielt er auch das Manuskript Bäuerles, das bei Robert Bosch selbst auf so wenig Gegenliebe gestoßen war. Bäuerle war über die Vorgehensweise allerdings alles andere als glücklich, da sein Bosch-Manuskript ohne sein Wissen und ohne seine Zustimmung an Heuss geschickt worden war. Vgl. Bäuerle an Heuss vom 23. Mai 1942, BAK, N 1221 (Heuss), Bd. 54.

380 Heuss an Keil vom 1. Mai 1942, HStA Wü, Nachlaß Wilhelm Keil Q 1/4, Bü 28.

381 Keil an Heuss vom 6. Mai 1942, in: Theodor Heuss. Der Mann, das Werk, die Zeit. Eine Ausstellung, Stuttgart 1967, S. 226 f.

382 Heuss an Keil vom 7. Mai 1942, HStA Wü, Nachlaß Wilhelm Keil Q 1/4, Bü 28.

383 Vgl. Theodor Heuss, Aufzeichnungen 1945–1947, hrsg. von Eberhard Pikart, Tübingen 1966, S. 18.

384 Theodor Bäuerle an K. A. Meissinger vom 10. Februar 1943, HStA Wü, Nachlaß Theodor Bäuerle Q 1/21, Bü 395.

385 Seitz an Heuss vom 9. September 1944, RBA 14/156.

386 Waldemar Baumgart: Der zündende Funken. Weg, Wesen und Werk von Robert Bosch, Zeulenroda 1944. Die Biographie verwies gleichwohl auf Anregungen und Hilfestellungen von Fritz Seitz und Archivleiter Dr. Friedrich Schildberger. Boschs Persönlichkeit wurde in diesem Werk ideologisch zurechtgebogen, seine Verständigungsbemühungen mit keinem Wort erwähnt und Hitlers Machtübernahme ganz in nationalsozialistischer Diktion als «Aufbruch» und «Hoffnungsschimmer» deklariert (S. 182). Bezeichnend für die Einseitigkeit war beispielsweise die Schilderung der Jubiläumsfeier des Jahres 1936 (S. 187–194). Ungefragt wurde Bosch für den Nationalsozialismus vereinnahmt (S. 228): Es habe «wohl zu den ergreifendsten Erlebnissen des Sozialisten Bosch gehört, das Werden einer wahren Volksgemeinschaft in der einmütigen Zusammenarbeit von Betriebsleiter und Gefolgschaft nicht nur im eigenen Betriebe feststellen zu können».

387 Theodor Heuss, Robert Bosch, S. 15.

388 Vgl. Walter Bauer, in: Hans Bott/Hermann Leins (Hrsg.), Begegnungen mit Theodor Heuss, Tübingen 1954, S. 457.

389 Heuss an Keil vom 15. September 1943, HStA Wü, Nachlaß Wilhelm Keil Q 1/4, Bü 28. Theodor Heuss, Aufzeichnungen 1945–1947, S. 13.

390 Heuss an Treviranus vom 9. Januar 1946, in: Theodor Heuss. Der Mann, das Werk, die Zeit. Eine Ausstellung, Stuttgart 1967, S. 249.

391 Theodor Heuss, Robert Bosch, S. 14.

392 Willy Andreas, in: Hans Bott/Hermann Leins (Hrsg.), Begegnungen mit Theodor Heuss, Tübingen 1954, S. 117.

393 Bosch an Mauk vom Januar 1944, RBA 14/92.

394 Ein Mann geht seinen Weg. Schriften, Reden und Briefe von Julius Leber, herausgegeben von Gustav Dahrendorf, Berlin/Frankfurt am Main 1952, S. 279.

395 Heuss wurde vom Unternehmen 1944 durch eine auf ihn ausgestellte Wehrkarte uk-gestellt. (Luckau an Heuss vom 11. April 1944; Luckau an Heuss vom 18. April 1944, RBA 14/156). Als Zivilist vermutete er, ohnehin nicht sonderlich geschätzt zu werden: «Ich glaube, das Militär hält von den alten Knochen, die außer vor Jahrmarktsbuden noch nie ein Gewehr in der Hand hatten, nicht allzu viel.» Zitiert nach Theodor Heuss, Aufzeichnungen 1945–1947, S. 14 (Brief vom 14. Dezember 1944).

396 Theodor Heuss, In Memoriam, in: Martin Vogt (Hrsg.), Theodor Heuss. Politiker und Publizist. Aufsätze und Reden, Tübingen 1984, S. 302–309, hier S. 305. Vgl. Max Miller, Eugen Bolz, S. 481.

397 Theodor Heuss, Aufzeichnungen 1945–1947, S. 15 bzw. 105. Vgl. auch die Aufzeichnung von Walz vom 24. November 1967, RBA 13/131.

398 Heuss an Treviranus vom 9. Januar 1946, in: Theodor Heuss. Der Mann, das Werk, die Zeit. Eine Ausstellung, Stuttgart 1967, S. 249. Zur Zusammenarbeit mit dem Kreis um Goerdeler der Brief Jakob Kaisers an Heuss vom 11. September 1959, ebd., S. 402 und Jürgen C. Heß, «Erste Wege durch das Ruinenfeld». Theodor Heuss und der Neubeginn liberaler Rhetorik, in: ders./Hartmut Lehmann/Volker Sellin (Hrsg.), Heidelberg 1945, Stuttgart 1996, S. 348–386, hier S. 353; ders., Theodor Heuss und der deutsche Widerstand gegen Hitler, in: liberal 36 (1994), S. 64–70; ders., Das Vermächtnis ist noch wirksam, in: «Der Tagesspiegel» vom 20. Juli 1994. Hans Walz wurde von Goerdeler informiert, er habe Heuss vor oder unmittelbar nach Beginn des Zweiten Weltkriegs in Berlin für eine «Mit-

arbeit» für die Zeit nach dem Umsturz gewonnen. Hans Walz, Gedanken zur politischen Zielsetzung von Carl Goerdeler, RBA 13/43. Vgl. auch Theodor Bäuerle, in: Hans Bott/Hermann Leins (Hrsg.), Begegnungen mit Theodor Heuss, Tübingen 1954, S. 131 f.

399 Zur Kriegsrüstung Willi A. Boelcke, Die Kosten von Hitlers Krieg. Kriegsfinanzierung und finanzielles Kriegserbe in Deutschland 1933–1948, Paderborn 1985; Alan S. Milward, Die deutsche Kriegswirtschaft 1939–1945, Stuttgart 1966; R. J. Overy, War and Economy in the Third Reich, Oxford 1994; Fritz Blaich, Wirtschaft und Rüstung im «Dritten Reich». Zur Situation in Württemberg und in Stuttgart die entsprechenden Kapitel bei Astrid Gehrig, Nationalsozialistische Rüstungspolitik, und Roland Müller, Stuttgart zur Zeit des Nationalsozialismus, S. 323–479. Oberflächlich Karin Winkler, «Mehr arbeiten, weniger verbrauchen». Die Stuttgarter Wirtschaft im Krieg, in: Stuttgart im Zweiten Weltkrieg. Ausstellungsreihe «Stuttgart im Dritten Reich», Gerlingen 1989, S. 335–348.

400 Walther Rathenau, Politische Auslese (1912), in: ders., Gesammelte Schriften in fünf Bänden, Berlin 1918, S. 221–232, hier S. 231.

401 Bäuerle an Margarete Bosch vom 22. November 1945, HStA Wü, Nachlaß Theodor Bäuerle Q 1/21, Bü 460.

402 Aufzeichnung Karl Friederichs vom 26. Januar 1947, RBA 14/48.

403 Vgl. Franz W. Seidler, Fritz Todt. Baumeister des Dritten Reiches, München/ Berlin 1986, S. 163–200.

404 Bosch an Mauk vom 22. Februar 1939, RBA 14/87.

405 Die recht vage amerikanische Quelle aus dem Jahr 1943, die davon sprach, Bosch habe in einem persönlichen Gespräch mit Hitler in Berchtesgaden erreicht, die Zahl abkommandierter Arbeiter von 20 % auf 10 % zu drücken, ließ sich nicht verifizieren; sie ist mit an Sicherheit grenzender Wahrscheinlichkeit falsch. Department of Justice, Economic Warfare Section, Confidential Report vom 16. Juni 1943, NA, RG 169, Foreign Economic Administration, Misc. Records relating to Monopolies and Cartels, Entry 210, Box 10, S. VI.

406 Willy Schloßstein, Einstellung des Herrn Robert Bosch und seiner Mitarbeiter zum Nazi-Regime, BAK, N 1186 (Stolper), 85a, S. 15.

407 Vgl. etwa Karl Arnhold, Der Betriebsführer und sein Betrieb. Gedanken zum nationalsozialistischen Musterbetrieb, Leipzig 1942; Karl Seeliger, Der Unternehmer in der gelenkten Wirtschaft, Leipzig/Berlin 1941; Waldemar Schier, Der nationalsozialistische Unternehmertyp, Emsdetten 1938.

408 Eidesstattliche Versicherung Theodor Bäuerles vom 13. März 1948, NA, RG 238, M-897, Roll 101.

409 Bosch an Mauk vom 17. September 1941, RBA 14/89.

410 Vernehmung Bergers am 25. März 1946, Records of the United States Nürnberg War Crimes Trials Interrogations, 1946–1949, NA, RG 238, M-1019, Roll 6.

411 (Otto Debatin), Robert Bosch GmbH und NSDAP, RBA 13/38.

412 Vgl. Matthias Frese, Vom «NS-Musterbetrieb» zum «Kriegs-Musterbetrieb». Zum Verhältnis von Deutscher Arbeitsfront und Großindustrie, in: Wolfgang Michalka (Hrsg.), Der Zweite Weltkrieg. Analysen, Grundlagen, Forschungsbilanz, München 1989, S. 382–401, bes. S. 390–392; ders., Betriebspolitik im «Dritten Reich», S. 421–434.

413 Vgl. hierzu und besonders zur Rolle Gottlob Bergers, der bezeichnenderweise in diesem Konflikt ganz die Position der DAF gegen die Konzernleitung vertrat: Das Daimler-Benz-Buch. Ein Rüstungskonzern im «Tausendjährigen Reich», S. 302–306; Neil Gregor, Stern und Hakenkreuz, S. 261 f.

414 Götz Küster, 75 Jahre Bosch, S. 84.

415 Vgl. allgemein zu dieser wissenschaftlichen Kontinuität Kristie Macrakis, Surviving the Swastika, passim.

416 «Ein ernstes Wort an die Gefolgschaft», in: Bosch-Zünder 23 (1941), S. 4.

417 Theodor Heuss, Robert Bosch, S. 614.

418 RBA 12/5, Bl. 8.

419 Götz Küster, 75 Jahre Bosch, S. 84; Memorandum to Colonel Dawson vom 31. Mai 1945, GLA, OMGUS 12–84/2–3/4. Vgl. auch Studienkreis Deutscher Widerstand (Hrsg.), Heimatgeschichtlicher Wegweiser, S. 320–322. Im Laufe des Krieges verstärkte sich diese Dezentralisation. Über ein Viertel der Arbeitskräfte, die zwischen März und Oktober 1943 mit ihrer Produktion aus dem Stuttgarter Raum in ländliche Gebiete verlagert wurden, waren bei Bosch beschäftigt. Michael Fichter, Aufbau und Neuordnung, S. 479.

420 Vgl. Ludolf Herbst, Der Totale Krieg und die Ordnung der Wirtschaft. Die Kriegswirtschaft im Spannungsfeld von Politik, Ideologie und Propaganda 1939–1945, Stuttgart 1982, bes. S. 207–339.

421 BAK, N 1186 (Stolper), Nr. 85 a: Bestätigung Speers aus dem August 1946.

422 Wolfgang Bleyer, Staat und Monopole im totalen Krieg. Der staatsmonopolistische Machtapparat und die «totale Mobilisierung» im ersten Halbjahr 1943, Berlin (Ost) 1970, S. 162–165, mit allerdings nicht haltbaren Schlußfolgerungen über das Machtverhältnis zwischen Industriellen und Gauleitern bzw. Leitern der Gauwirtschaftskammern. Bezeichnend auch die Beurteilung der Rolle von Hans Walz, ebd., S. 186. Zu den Gauwirtschaftskammern die über regionale Aspekte hinaus materialreiche Studie von Gerhard Kratzsch, Der Gauwirtschaftsapparat der NSDAP. Menschenführung – «Arisierung» – Wehrwirtschaft im Gau Westfalen-Süd, Münster 1989, S. 480–498.

423 Willi A. Boelcke, Die Kosten von Hitlers Krieg, S. 50.

424 Vgl. die Vernehmung von Theodor Wisslicen durch die amerikanischen Militärbehörden vom 24. Oktober 1946, GLA, OMGUS 12–7/3–2.

425 Zu Ortmann vgl. Astrid Gehrig, Nationalsozialistische Rüstungspolitik, S. 249, Anm. 267. Zu den Beurteilungen Ortmanns in der Industrie ebd., S. 292.

426 Anschauliches Beispiel hierfür ist das Schreiben der Robert Bosch GmbH an den Vorsitzenden der Rüstungs-Kommission vom 16. Januar 1943, in: Bundesarchiv/Militärarchiv Potsdam, RW 21–58/1. Zu den Reibungsverlusten auch Fritz Blaich, Wirtschaft und Rüstung im «Dritten Reich», S. 48.

427 Gustav Stolper, Die deutsche Wirklichkeit, Hamburg 1949, S. 213.

428 Alan S. Milward, Die deutsche Kriegswirtschaft 1939–1945, S. 83–86.

429 Zitiert nach Tilla Siegel/Thomas von Freyberg, Industrielle Rationalisierung unter dem Nationalsozialismus, Frankfurt/New York 1991, S. 288.

430 Erklärung von Wolfgang Schlotterer vom 29. Oktober 1946, GLA, OMGUS 12–7/3–2. Auf betrieblicher Ebene gab es keinen Widerstand. Rogowski traf in Berlin zwar offensichtlich gelegentlich mit Goerdeler zusammen, ohne jedoch in die Verschwörung eingeweiht zu sein. Vgl. Vernehmung von Peter Ritzen durch die amerikanischen Militärbehörden vom 30. Oktober 1946, GLA, OMGUS 12–7/3–2. Daneben die Bestätigung Theodor Bäuerles vom 29. Oktober 1946; Erklärung von Dr. Alfred Bäuchle vom 29. Oktober 1946, GLA, OMGUS 12–7/3–2.

431 Erklärung von Paul Hahn vom 1. Oktober 1945; Erklärung Fischers vom 13. Juni 1948, Staatsarchiv Ludwigsburg, Spruchkammerverfahren Otto Fahr, EL 902/20, Bü 37/17/7952.

432 Astrid Gehrig, Nationalsozialistische Rüstungspolitik, S. 287–301.

433 Vgl. Cornelia Rauh-Kühne, Mittelständische Unternehmer in Konflikt mit Partei und Staat, in: Thomas Schnabel (Hrsg.), Formen des Widerstandes im Südwesten 1933–1945, S. 105–113.

434 Edward L. Homze, Arming the Luftwaffe. The Reich Air Ministry and the German Aircraft Industry 1919–39, Lincoln/London 1976.

435 Eidesstattliche Erklärung von Hermann Bauer, August 1946, Staatsarchiv Ludwigsburg, Spruchkammerverfahren Hermann Fellmeth, EL 902/20, Bü 37/6/835. Vgl. (Otto Debatin), Robert Bosch GmbH und NSDAP, RBA 13/38.

436 Über diese Vorgänge gibt es unterschiedliche Stellungnahmen: Speer selbst war (wohl im Mai 1943) in Begleitung des Gauleiters Murr in den Stuttgarter Bosch-Betrieben, zeigte sich nach außen zufrieden und sandte Walz am 14. Mai ein anerkennendes Telegramm. Bosch-Zünder 25 (1943), S. 13. Die rechte Hand von Speer, Walter Schieber, berichtete dagegen bei dem Besuch von der Drohung Speers, bei Bosch eine «kommissarische Leitung» einzusetzen. Aktennotiz von Hermann Fellmeth vom Juli 1945, Staatsarchiv Ludwigsburg, Spruchkammerverfahren Hermann Fellmeth, EL 902/20, Bü 37/6/835.

437 «Gerüchte und Meinungen in Stuttgart» (Zusammenstellung vom 11. Oktober 1943), Nachlaß Strölin, Stadtarchiv Stuttgart, Bü 48.

438 Zitiert nach Hans-Joachim Weyres-v. Levetzow, Die deutsche Rüstungswirtschaft von 1942 bis zum Ende des Krieges, (Diss.) München 1975, S. 161.

439 Vgl. (Otto Debatin), Robert Bosch GmbH und NSDAP, RBA 13/38; Walz an Maria Kollmar vom 10. Mai 1948, RBA 13/27.

440 Eidesstattliche Versicherung von Hans Walz vom 6. März 1948, NA, RG 238, M-897, Roll 101.

441 Wolfgang Bleyer, Staat und Monopole, S. 123.

442 Bei einem von Berger (der sich ansonsten in die geschäftlichen Belange des Unternehmens nicht einmischte) überlieferten vergeblichen Versuch, der Betriebsführung eine Vorsprache im Luftfahrtministerium zu ermöglichen, könnte es sich um diesen Vorfall handeln. Vernehmung Bergers am 25. März 1946, Records of the United States Nürnberg War Crimes Trials Interrogations, 1946–1949, NA, RG 238, M-1019, Roll 6. Später berichtete er, hinsichtlich der Differenzen mit dem Reichsluftfahrtministerium habe es sich um «drei Hauptpunkte» gehandelt: «Preisgestaltung, ungenügende Verlagerung, geringes Eingehen auf Forderungen des Luftfahrtministeriums» (Gottlob Berger, Zur Geschichte der Robert Bosch G.m.b.H. 1933–1948 (1953), RBA 13/84, S.4).

443 Vernehmung Hans Walz vom 29. Dezember 1946, Records of the United States Nürnberg War Crimes Trials Interrogations, 1946–1949, NA, RG 238, M-1019, Roll 77.

444 «Robert Bosch GmbH, Betr.: Nutzbarmachung fremder Werkstätten durch Fertigungsverlagerung» vom 17. Juli 1943, Bundesarchiv/Militärarchiv Potsdam, RW 20–5/1.

445 Manuskript der «Feuerbacher Rede» vom 17. Juli 1943, RBA 13/241.

446 Manuskript der Rede vom 21. April 1941, RBA 13/241.

447 «Feuerbacher Rede» vom 17. Juli 1943, RBA 13/241.

448 (Otto Debatin), Robert Bosch GmbH und NSDAP, RBA 13/38, S. 10; Willy Schloßstein, Einstellung des Herrn Robert Bosch und seiner Mitarbeiter zum Nazi-Regime, BAK, N 1186 (Stolper), 85 a, S. 27. Walz an Maria Kollmar vom 10. Mai 1948, RBA 13/27. Zur Rolle der Gauwirtschaftsberater Gerhard Kratzsch, Der Gauwirtschaftsapparat der NSDAP, S. 500–511.

449 Zu Richard Drauz: Susanne Schlösser, «Was sich in den Weg stellt, mit Vernichtung schlagen». Richard Drauz, NSDAP-Kreisleiter von Heilbronn, in: Michael Kißener/Joachim Scholtyseck (Hrsg.), Die Führer der Provinz, S. 143–159. Weder Drauz noch Reihle konnten nach dem Krieg ihre Sicht der Dinge schildern. Drauz wurde 1946 von den Amerikanern nach einem Prozeß hingerichtet, Reihle beim Einmarsch der Franzosen in Ravensburg erschossen.

450 Walz an Maria Kollmar vom 10. Mai 1948, RBA 13/27.

451 Zu Schmid: Angela Borgstedt, Im Zweifelsfall auch mit harter Hand. Jonathan Schmid, Württembergischer Innen-, Justiz- und Wirtschaftsminister, in: Michael Kißener/Joachim Scholtyseck, Die Führer der Provinz, S. 595–621.

452 Carl-Ludwig Holtfrerich, Die Deutsche Bank vom Zweiten Weltkrieg über die Besatzungsherrschaft zur Rekonstruktion 1945–1947, in: Die Deutsche Bank 1870–1995, S. 409–578, hier S. 413; Christopher Kopper, Zwischen Marktwirtschaft und Dirigismus. Bankenpolitik im «Dritten Reich» 1933–1945, Bonn 1995, S. 349–353. Zu Lange ebd., S. 215.

453 Vgl. die Aussagen Langes vom 19. November 1947, Records of the United States Nürnberg War Crimes Trials Interrogations, 1946–1949, NA, RG 238, M-1019, Roll 40. Der Bankenausschuß sei der Auffassung gewesen, «daß eine Reihe von Herren in dem Vorstand der Großbanken sind, auch in den Regionalbanken, die nicht den Anforderungen entsprechen, die die Herren von der Parteikanzlei an diese Herren stellen». Die Einschätzung des Einflusses Reihles ebd.

454 «Zeugnis» von Erwin Bohner vom 11. Februar 1946, RBA 13/34.

455 Karl-Heinrich Hansmeyer/Rolf Caesar, Die deutsche Reichsbank in Kriegswirtschaft und Inflation, 1936–1948, in: Revue International d'Histoire de la Banque 18 (1979), S. 111–170. Hier S. 130.

456 Vgl. grundsätzlich Ulrich Herbert, Fremdarbeiter. Politik und Praxis des «Ausländer-Einsatzes» in der Kriegswirtschaft des Dritten Reiches, Berlin 1985, und die Beiträge in: ders., (Hrsg.), Europa und der «Reichseinsatz». Ausländische Zivilarbeiter, Kriegsgefangene und KZ-Häftlinge in Deutschland 1938–1945, Essen 1991 und immer noch Edward L. Homze, Foreign Labor in Nazi Germany, Princeton 1967. Als Literaturüberblick Matthias Frese, Sozial- und Arbeitspolitik im «Dritten Reich», bes. S. 432–436.

456a Hierzu inzwischen Mark Spoerer, Profitierten Unternehmen von KZ-Arbeit? Eine kritische Analyse der Literatur, in: HZ 268 (1999), S. 61–95.

457 Zitiert nach Astrid Gehrig, Nationalsozialistische Rüstungspolitik, S. 324.

458 Hans Mommsen/Manfred Grieger, Das Volkswagenwerk und seine Arbeiter im Dritten Reich, Düsseldorf 1996.

459 Klaus-Jörg Siegfried, Racial Discrimination at Work: Forced labour in the Volkswagen factory, 1939–1945, in: Michael Burleigh (Hrsg.), Confronting the Nazi Past. New Debates on Modern German History, London 1996, S. 37–50, hier S. 47.

460 Vgl. Barbara Hopmann/Mark Spoerer/Birgit Weitz/Beate Brüninghaus, Zwangsarbeit bei Daimler-Benz, Stuttgart 1994; Astrid Gehrig, Nationalsozialistische Rüstungspolitik, S. 186–193; Roland Müller, Stuttgart zur Zeit des Nationalsozialismus, S. 411–425.

461 Zur Steuer-, Lohn- und Preispolitk des Nationalsozialismus vgl. Avraham Barkai, Das Wirtschaftssystem des Nationalsozialismus, S. 173–185; Richard J. Overy, The Nazi Economic Recovery.

462 Bundesarchiv/Militärarchiv Potsdam, RW 20–5/7 vom 11. Mai 1940.

463 Wolfgang Burth u. a., Nationalsozialistische Wirtschaftslenkung und württembergische Wirtschaft, in: Cornelia Rauh-Kühne/Michael Ruck (Hrsg.), Regionale Eliten zwischen Diktatur und Demokratie, S. 213.

464 Zitiert nach Willi A. Boelcke, Sozialgeschichte Baden-Württembergs 1800–1989, Stuttgart/Berlin/Köln 1989, S. 347.

465 Luckau an Wild vom 16. Juni 1947, RBA 12/3, Bl. 6–8; RBA 12/5, Bl. 103 f. Zu den fragwürdigen Methoden, mit denen etwa in Holland vor Kriegsausbruch Arbeiter nach Deutschland vermittelt wurden, Gerhard Hirschfeld, Die niederländischen Behörden und der «Reichseinsatz», in: Ulrich Herbert (Hrsg.), Europa und der «Reichseinsatz», S. 171–183; ders., Der «freiwillige» Arbeitseinsatz niederländischer Fremdarbeiter während des Zweiten Weltkrieges als Krisenstrategie einer nicht-nationalsozialistischen Verwaltung, in: Hans Mommsen/Winfried Schulze (Hrsg.), Vom Elend der Handarbeit. Probleme historischer Unterschichtenforschung, Stuttgart 1981, S. 497–513.

466 Vgl. hierzu Ulrich Herbert, Fremdarbeiter S. 82 f.

467 RBA 12/5, Bl. 29 f.

468 RBA 12/5, Bl. 18.

469 RBA 12/5, Bl. 16 f.

470 RBA 12/5, Bl. 103 f.

471 Edward L. Homze, Foreign Labor in Nazi Germany, S. 13.

472 Studienkreis Deutscher Widerstand (Hrsg.), Heimatgeschichtlicher Wegweiser, S. 320. Dieser Aufstellung nach stellten die Arbeiter aus der Sowjetunion mit etwa 12 000 Menschen die größte Gruppe, gefolgt von den Franzosen mit 4000, den Polen und Italienern mit jeweils etwa 3000 Arbeitern. Die Zahl der in Südwestdeutschland eingesetzten ausländischen Zivilbeschäftigten, Kriegsgefangenen und KZ-Häftlinge vervielfachte sich während des Krieges. Noch im April 1941 hatte ihre Zahl etwa 50 000 betragen, im Frühjahr 1944 waren es bereits 350 000 Zivilbeschäftigte und 150 000 Kriegsgefangene, die in der südwestdeutschen Produktion arbeiteten. Willi A. Boelcke, Sozialgeschichte Baden-Württembergs 1800–1989, Stuttgart/Berlin/Köln 1989, S. 348.

473 Ebd., S. 347.

474 Luckau an Wild vom 16. Juni 1947, RBA 12/3, Bl. 6–8. Einen guten Überblick über den Mechanismus der «Anforderungen» in Württemberg bietet Ulrich Haller, Zwangsarbeit und Rüstungsproduktion in Geislingen an der Steige 1939 – 1945, in: Zeitschrift für Württembergische Landesgeschichte 57 (1998), S. 305–368, hier S. 328–331.

475 Luckau an Wild vom 16. Juni 1947, RBA 12/3, Bl. 6–8.

476 RBA 12/4, Bl. 3.

477 Studienkreis Deutscher Widerstand (Hrsg.), Heimatgeschichtlicher Wegweiser zu Stätten des Widerstandes und der Verfolgung 1933–1945, Bd. 5: Baden-Württemberg I, Regierungsbezirke Karlsruhe und Stuttgart, Frankfurt am Main 1991, S. 320.

478 RBA 12/4, Bl. 7: Verwaltung des Kr. Gef.-Stalag an Fa. R. Bosch vom 1. Januar 1941; vgl. RBA 12/4, Bl. 8.

479 «Monatliche Durchschnittslöhne – Spitzen- und Mindestlöhne ab 1924–1943», RBA 7/71.

480 Zur Unterbringung der Zivilarbeiter, Zwangsarbeiter und Kriegsgefangenen in Stuttgart vgl. Studienkreis Deutscher Widerstand (Hrsg.), Heimatgeschichtlicher Wegweiser, bes. S. 320–321; Peter König, Kriegsgefangene und Fremdarbeiterinnen in Stuttgart, in: Stuttgart im Zweiten Weltkrieg. Ausstellungsreihe «Stuttgart im Dritten Reich», Gerlingen 1989, S. 353–368.

481 RBA 12/5, Bl. 1.

482 Willi A. Boelcke, Sozialgeschichte Baden-Württembergs 1800–1989, Stuttgart/ Berlin/Köln 1989, S. 347.

483 Die Zahl nach Ulrich Herbert, Einleitung des Herausgebers, in: ders., Europa und der «Reichseinsatz», S. 7- 25, hier S. 7. Daneben ders., Fremdarbeiter, S. 140–147; Dietrich Eichholtz, Geschichte der deutschen Kriegswirtschaft 1939–1945, Bd. 2, Berlin 1985, S. 74, 77, 179–198.

484 Zur Durchsetzung des Konzepts der «industriellen Selbstverwaltung», das mit einem System von Hauptausschüssen, Hauptringen und einer ganzen Reihe von Unter- und Sonderausschüssen eine wirksamere Lenkung der Kriegswirtschaft auf betrieblicher Ebene anstrebte, zusammenfassend Fritz Blaich, Wirtschaft und Rüstung im «Dritten Reich», S. 47 f.; Rolf-Dieter Müller, Die Mobilisierung der deutschen Wirtschaft für Hitlers Kriegführung, in: Das Deutsche Reich und der Zweite Weltkrieg, Bd. 5/1: Kriegsverwaltung, Wirtschaft und personelle Ressourcen 1939–1941, Stuttgart 1988, S. 347–689. Daneben Hans-Erich Volkmann, Zum Verhältnis von Großwirtschaft und NS-Regime im Zweiten Weltkrieg, in: Waclaw Dlugoborski (Hrsg.), Zweiter Weltkrieg und sozialer Wandel. Achsenmächte und besetzte Länder, Göttingen 1981, S. 87–116.

485 Vgl. etwa den Erlaß Sauckels über die «Behandlung von Ostarbeitern» vom 7. Juli 1942; RBA 12/5, Bl. 58.

486 Paul Erker, Industrie-Eliten in der NS-Zeit. Anpassungsbereitschaft und Eigeninteresse von Unternehmern in der Rüstungs- und Kriegswirtschaft 1936–1945, Passau 1994.

487 Vgl. RBA 12/4, Bl. 9.

488 Vernehmung von Walz vom 29. Dezember 1946, Records of the United States Nürnberg War Crimes Trials Interrogations, 1946–1949, NA, RG 238, M-1019, Roll 77.

489 Ebd.

490 Records of the United States Nürnberg War Crimes Trials Interrogations, 1946–1949, NA, RG 238, M-1019, Roll 6: Vernehmung Bergers am 25. März 1946.

491 Vgl. grundsätzlich Christian Streit, Keine Kameraden. Die Wehrmacht und die sowjetischen Kriegsgefangenen 1941–1945, Stuttgart 1978.

492 RBA 12/4, Bl. 16.

493 Lutz Budraß/Manfred Grieger, Die Moral der Effizienz. Die Beschäftigung von KZ-Häftlingen am Beispiel des Volkswagenwerkes und der Henschel Flugzeug-Werke, in: Jahrbuch für Wirtschaftsgeschichte 1993, Teil 2, S. 89–136.

494 RBA 12/4, Bl. 2.

495 RBA 12/4, Bl. 18.

496 RBA 12/5, Bl. 28.

497 Vgl. zu den italienischen Kriegsgefangenen Gerhard Schreiber, Die italienischen Militärinternierten im deutschen Machtbereich 1943 bis 1945, München 1990, bes. S. 339–409 und zu den Phasen der Heranziehung italienischer Arbeiter Brunello Mantelli, Von der Wanderarbeit zur Deportation. Die italienischen Arbeiter in Deutschland, in: Ulrich Herbert (Hrsg.), Europa und der «Reichseinsatz», S. 51–89; Cesare Bermani/Sergio Bologna/Brunello Mantelli, Proletarier der «Achse». Sozialgeschichte der italienischen Fremdarbeit in NS-Deutschland 1937 bis 1943, Berlin 1997.

498 RBA 12/4, Bl. 19.

499 RBA 12/4, Bl. 19 f.

500 26. November 1940, RBA 12/5, Bl. 23.

501 RBA 12/5, Bl. 26.

502 Alan S. Milward, Arbeitspolitik und Produktivität in der deutschen Kriegswirtschaft unter vergleichendem Aspekt, in: Friedrich Forstmeier/Hans-Erich Volkmann (Hrsg.), Kriegswirtschaft und Rüstung 1939–1945, Düsseldorf 1977, S. 73–91, hier S. 82.

503 Edward L. Homze, Foreign Labor in Nazi Germany, S. 262 f.

504 Ein im Frühjahr 1943 begonnener Leistungsvergleich ergab bei den Fremdarbeitern eine durchschnittliche Arbeitsleistung von 79 %. RBA 12/5, Bl. 27. Dieser internen Studie nach schnitten mit 93 % bzw. 90 % die Italiener und Ungarn am besten ab, am schlechtesten die sowjetischen Kriegsgefangenen mit 53 % (RBA 12/5, Bl. 28–30).

505 Der im Frühjahr 1944 gegründete Jägerstab, ein zentrales Gremium aus Industrie und Ministerialbürokratie, das als «Abbild des Ministeriums Speer» bezeichnet worden ist, hatte wesentlich die Aufgabe, die Produktionserhöhungen durchzusetzen, die am Boden liegende Luftfahrtindustrie zu reorganisieren und die Dezentralisierung der Betriebe voranzutreiben. Vgl. hierzu Alan Milward, Die deutsche Kriegswirtschaft, S. 125–133.

506 Schreiben an die Verwaltung des Zuchthauses Ludwigsburg vom 7. April 1944, RBA 12/2, Bl. 16.

507 Otto Debatin, Der Vorläufige Württembergische Wirtschaftsrat, S. 41. Vgl. «Wesentliche Gesichtspunkte über die Behandlung und den Einsatz ausländischer Arbeitskräfte im Lichtwerk», RBA 12/3, Bl. 1–3.

508 RBA 12/3, Bl. 14.

509 RBA 12/3, Bl. 14–16.

510 Neben dem russischen Kriegsgefangenenlager in Mühlhausen/Neckar waren in der sog. «Turnhalle Feuerbach» 200 Franzosen und Belgier interniert. Im «Barackenwerk Ölerwerk Feuerbach» lebten 100 Franzosen. Im bereits erwähnten «Barackenwerk Pfostenwäldle Feuerbach» waren schließlich 360 italienische Militärinternierte untergebracht.

511 Als der verantwortliche Betriebsteilführer nach Kriegsende verhaftet wurde, versuchte das Unternehmen die Vorwürfe wenig überzeugend mit dem Hinweis zu entkräften, dieser sei für die Verpflegung nie verantwortlich gewesen und habe auf den Einkauf und die Güte der Verpflegung keinen Einfluß gehabt. RBA 12/3, Bl. 20–22.

512 NA Microfilm Publications, Microfilm T-301, Records of U. S. Chief of Counsel for War Crimes, Nuremberg Military Tribunals, re nazi Industrialists, Roll 12, frame 1201.

513 Bekanntmachung vom 11. August 1942, abgedruckt in: Eugen Eberle, Sieben Jahre offensiver Kampf gegen das Kapital, S. 160.

514 RBA 12/5, Bl. 36.

515 Bei den zur Bosch-Gruppe gehörenden Blaupunkt-Werken mit dem Stammsitz in Berlin wurden elektrisches Zubehör für U-Boote, Flugzeuge und Panzer sowie Kondensatoren für nachrichtentechnische Geräte gefertigt, eine Tätigkeit, für die auch Arbeiter im KZ Groß-Rosen bei Breslau herangezogen wurden. Angaben über Groß-Rosen und das Nebenlager Langenbielau in: Bogdan Cybulski, Obozy podporzadkowane KL Groß-Rosen, Rogoznica 1987 und Isabell Sprenger, Groß-Rosen. Ein Konzentrationslager in Schlesien, Köln/Weimar/Wien 1996, bes. S. 227–236.

516 Zur Praxis jüdischer Zwangsarbeit Konrad Kwiet, Forced Labour of German Jews in Nazi Germany, in: Leo Baeck Institute Year Book 36 (1991), S. 389–410. Bosch sollten im Krieg auch Juden zur Beschäftigung unter Auflage strenger Vorschriften «vermittelt» werden: «Einigemale wurden uns jüdische Frauen angeboten. Auch hier bestand folgende Vorschrift: a) vollständig getrennte wohnliche Unterbringung, abseits der Barackenlager für Zivil-Ausländer und Kriegsgefangene b) besondere Verpflegungseinrichtungen, da andere Rationen und andere Lebensmittel vorgeschrieben waren c) Arbeitsräume getrennt von Inländern, Ausländern und Kriegsgefangenen. Wir haben die Durchführung dieser Bestimmungen abgelehnt und auf Jüdinnen verzichtet.» (Luckau an Wild vom 16. Juni 1947, RBA 12/3, Bl. 6–8).

517 Debatin an Wild vom 29. März 1947, RBA N 9 (Debatin), Bd. 18. Vgl. hierzu auch das spätere Urteil Bühlers über die «ausländischen Arbeiter» bei Bosch, das grundsätzlich «positiv» ausfiel, jedoch von einem «Bruchteil» berichtete, der «völlig ungeeignet für einen anständigen geordneten Industriebetrieb» gewesen sei und sich «auch in der eigenen Heimat aus den asozialen Elementen der ewig Arbeitsscheuen und der Unruhestifter» zusammensetze. «Tätigkeitsbericht» Hugo Bühlers, Staatsarchiv Ludwigsburg, Spruchkammerverfahren Hugo Bühler, EL 902/20, Bü 37/6/17185.

518 Vgl. die Unterlagen in: RBA 13/139, Bl. 163.

519 Vgl. das Material über den «Abwehrbeauftragten bei Rüstungsbetrieben» in RBA 13/139 und das dort befindliche Schreiben von Mußgay vom 4. Dezember 1940 (Bl. 112). Die spätere Angabe Bühlers, er sei erst nach dem 20. Juli 1944 dem SD unterstellt worden, ist falsch: Hugo Bühler, «Tätigkeit beim Innenministerium – Staatspolizei», Manuskript, September 1946, Staatsarchiv Ludwigsburg, EL 902/20, 37/6/17185.

520 Polizeipräsidium Stuttgart, Informationsdienst, 12. Dezember 1946, Staatsarchiv Ludwigsburg, Spruchkammerverfahren Hugo Bühler, EL 902/20, Bü 37/6/17185; Aussage Ernst Rogowskis vom 27. Oktober 1947, Staatsarchiv Ludwigsburg, Spruchkammerverfahren Hugo Bühler, EL 902/20, Bü 37/6/17185.

521 Bestätigung Knoerzers vom 4. Februar 1947, Staatsarchiv Ludwigsburg, EL 902/20, 37/6/17185.

522 Ebd.

523 Vgl. die Bestätigung Albrecht Fischers vom 17. Januar 1946, Staatsarchiv Ludwigsburg, Spruchkammerverfahren Hugo Bühler, EL 902/20, Bü 37/6/17185; Debatin an Wild vom 29. März 1947, RBA N 9 (Debatin), Bd. 18; Bühler an den Abwehroffizier im Bereich des Rüstungskommando Stuttgart vom 25. Januar 1943, RBA 13/139, Bl. 162.

524 Vernehmung von Hermann Fellmeth durch die amerikanischen Militärbehörden vom 29. Oktober 1946, GLA, OMGUS 12–7/3–2.

525 RBA 12/3, Bl. 12f.

526 Zitiert nach Willi A. Boelcke, Sozialgeschichte Baden-Württembergs 1800–1989, Stuttgart/Berlin/Köln 1989, S. 349.

527 Hugo Bühler, «Tätigkeit beim Innenministerium – Staatspolizei», Manuskript, September 1946, StA Ludwigsburg, EL 902/20, 37/6/17185.

528 Vgl. Geschäftsbericht für den Zeitraum vom 1. Januar 1945 bis 30. Juni 1946, RBA 12/1, Bl. 59.

529 Vgl. Wolfgang Jacobmeyer, Vom Zwangsarbeiter zum Heimatlosen Ausländer. Die Displaced Persons in Westdeutschland 1945–1951, Göttingen 1985. Für den Stuttgarter Raum Ulrich Müller, Fremde in der Nachkriegszeit. Displaced Persons – zwangsverschleppte Personen – in Stuttgart und Württemberg-Baden 1945–1951, Stuttgart 1990.

530 Detlev Peukert, Volksgenossen und Gemeinschaftsfremde. Anpassung, Ausmerze und Aufbegehren unter dem Nationalsozialismus, Köln 1982, S. 168.

531 Edgar Wolfrum, Widerstand in den letzten Kriegsmonaten, in: Peter Steinbach/Johannes Tuchel (Hrsg.), Widerstand gegen den Nationalsozialismus, Berlin 1994, S. 537–552, hier S. 542.

532 Vgl. Eugen Eberle, Sieben Jahre offensiver Kampf gegen das Kapital, S. 159: Bekanntmachung vom 26. März 1940.

533 Vgl. die Bekanntmachung vom 27. Mai 1940, ebd., S. 159f.

534 Walz an Maria Kollmar vom 10. Mai 1948, RBA 13/27.

535 Eugen Eberle, Sieben Jahre offensiver Kampf gegen das Kapital, S. 159. Bühler geriet nach Kriegsende ins Visier amerikanischer Ermittler, weil er der Auslieferung französischer Zwangsarbeiter an die Gestapo beschuldigt wurde (Headquarters US Military Government Württemberg/Baden E 1 Co. A. 2d Mil. Govt. Regt., «Investigation Sub Section» vom 13. Oktober 1945, Ludwigsburg). Ende 1946 hatte er sich erneuter Kritik zu erwehren, weil ihm der Bosch-Betriebsrat vorwarf, den Arbeiter Christian Elsässer der Gestapo ausgeliefert zu haben; Elsässer war vom Volksgerichtshof im Juli 1944 zum Tode verurteilt und am 28. August 1944 hingerichtet worden. Auch wurden Vorwürfe laut, Bühler habe 10 russische Arbeiterinnen wegen angeblicher Arbeitssabotage in ein Arbeitslager einliefern lassen. Im Juni 1948 wurde das Verfahren gegen ihn eingestellt und er als entlastet eingestuft.

536 Gerhard Mollin, Montankonzerne und «Drittes Reich», S. 278.

537 Gottfried Plumpe, Die I. G. Farbenindustrie AG, S. 743.

538 Vgl. für den Stuttgarter Raum Astrid Gehrig, Nationalsozialistische Rüstungspolitik, S. 186–193.

539 Walz an Bergold vom 16. Juli 1947, RBA 13/34.

540 Aufzeichnung von Hans Walz vom 22. Juli 1947, RBA 13/34.

541 Debatin an Wild vom 29. März 1947, RBA N 9 (Debatin), Bd. 18.

542 (Otto Debatin), Robert Bosch GmbH und NSDAP, RBA 13/38.

543 Records of the United States Nürnberg War Crimes Trials Interrogations, 1946–1949, NA, RG 238, M-1019, Roll 77: Office of U. S. Chief of Counsel, Subsequent Proceedings Division, Interrogation Branch, Vernehmung von Walz vom 29. Dezember 1946.

544 EZA 226, II, 13, 11: Eidesstattliche Erklärung von Siegmund-Schultze für Hans Walz vom 30. November 1946.
545 «Vorgesehene Rundfunkrede bei Übernahme der Reichsregierung», abgedruckt in: Otto Kopp (Hrsg.), Widerstand und Erneuerung, S. 172–186. Das Original in: RBA 13/77.
546 Klaus Hildebrand, Das vergangene Reich, S. 714.
547 Vgl. hierzu Raphael Gross/Werner Konitzer, Wir sind mächtiger als ein Gericht, in: Frankfurter Allgemeine Zeitung vom 23. September 1997. Nach Kriegsende stießen die Versuche ehemaliger Gefangener und Zwangsarbeiter, Entschädigungszahlungen von Bosch zu erhalten, auf Ablehnung. Der Bosch-Vorstand vertrat die Ansicht, man sei für individuelle Ansprüche der falsche Ansprechpartner. Mit dem Hinweis, man habe die Zwangsarbeiter nicht angefordert und diese seien lediglich zugewiesen worden, verwies man auf das Bundesentschädigungsgesetz. Bosch leistete in den fünfziger Jahren in zahlreichen Fällen aus menschlichen Erwägungen finanzielle Hilfe, lehnte aber pauschale Entschädigungen im Jahr 1986 ab. Auch hier wurde die Entscheidung damit begründet, daß während des Krieges nicht die Unternehmen, sondern staatliche Stellen über Art und Umfang des Arbeitseinsatzes von KZ-Häftlingen entschieden hätten. RBA 12, Ablage Z2A, Abschrift in Auszügen einer Sendung des Süddeutschen Rundfunks vom 5. September 1989 mit dem Titel «Dokumente und Gespräche. Versklavt und vergessen» über Zwangsarbeiter.
Man mag den Verweis auf den Rechtsweg als einen zynischen Versuch ansehen, von den Widrigkeiten moralischer Verstrickungen in ein Unrechtssystem abzulenken, aber hiermit ist der Kern des Problems nicht erfaßt. Juristisch schwierig zu entscheiden war – und ist – allein schon die Frage, ob Schadensersatzansprüche einzelner aus völkerrechtswidrigen Handlungen von Staaten überhaupt durch das Völkerrecht gedeckt sind. Die Frage der Berechtigung des Individualanspruches, die die deutsche Justiz bis heute beschäftigt, konnte jedoch, unbeschadet des moralischen Anspruchs, in den frühen Nachkriegsjahren wohl kaum auf der Ebene eines deutschen Unternehmens entschieden werden. Zudem muß die besondere Situation der Bosch-Führung berücksichtigt werden. Denn das Direktorium konnte in diesem Fall mit Berechtigung darauf verweisen, auch Opfer des nationalsozialistischen Systems geworden zu sein.
Zur Problematik: Albrecht Randelzhofer/Oliver Dörr, Entschädigung für Zwangsarbeit? Zum Problem individueller Entschädigungsansprüche von ausländischen Zwangsarbeitern während des Zweiten Weltkrieges gegen die Bundesrepublik Deutschland. Studien und Gutachten aus dem Institut für Staatslehre, Staats- und Verwaltungsrecht der Freien Universität Berlin, Berlin 1994. Über die jüdische Zwangsarbeit und das dunkle Kapitel der «Wiedergutmachung» (ohne Bezüge zu Bosch) vgl. die Studie des Chefberaters Telford Taylors in Nürnberg: Benjamin B. Ferencz, Lohn des Grauens. Die verweigerte Entschädigung für jüdische Zwangsarbeiter. Ein Kapitel deutscher Nachkriegsgeschichte, Frankfurt/New York 1981.
548 Henry A. Turner, Die Großunternehmer und der Aufstieg Hitlers, S. 416.
549 Avraham Barkai, Das Wirtschaftssystem des Nationalsozialismus, S. 230.
550 Gottfried Plumpe, Die I. G. Farbenindustrie AG., S. 740.
551 Ebd., S. 743.
552 Ebd.
553 Max Frei, «Exposé» vom 14. Dezember 1945, RBA 13/39.
554 «Notizen über Unterhaltung mit Herrn Schloßstein in Fa. Bosch AG am 5. 1. 53», BAK, N 1166 (Gerhard Ritter), Bd. 131.
555 Zu den Nachrichten- und Geheimdienstverbindungen Hans Rudolf Fuhrer, Spionage gegen die Schweiz. Die geheimen deutschen Nachrichtendienste gegen die Schweiz im Zweiten Weltkrieg 1939–1945, Frauenfeld 1982; Jürgen Heideking, Die «Schweizer

Straßen» des europäischen Widerstands, in: Gerhard Schulz (Hrsg.), Geheimdienste und Widerstandsbewegungen im Zweiten Weltkrieg, Göttingen 1982, S. 143–187. Zu den sozialistischen Netzwerken in der Schweiz Hermann Wichers, Im Kampf gegen Hitler. Deutsche Sozialisten im Schweizer Exil 1933–1940, Zürich 1994.

556 Obwohl Schloßstein in den Besprechungen keine Erwähnung fand, begleitete er Walz wahrscheinlich auch in diesem Fall: Er hatte vom schweizerischen Konsulat Stuttgart für den 1. November 1942 ein auf drei Wochen ausgestelltes Visum erhalten. SBA, Bestand «Von Hagenstein, A.», Bundesanwaltschaft, E 4320 (B), (Dossier C.12 3579).

557 «Zeugnis» von Erwin Bohner vom 11. Februar 1946, RBA 13/34.

558 Dehlinger an Walz vom 4. Juni 1937, RBA 13/27. Allerdings wurde Walz im April 1938 ein weiteres Mal in den Aufsichtsrat der Württembergischen Bank gewählt.

559 Christopher Kopper, Zwischen Marktwirtschaft und Dirigismus, S. 138.

560 Records of the United States Nürnberg War Crimes Trials Interrogations, 1946–1949, NA, RG 238, M-1019, Roll 77: Office of U. S. Chief of Counsel, Subsequent Proceedings Division, Interrogation Branch, Interrogation Summary No. 164 vom 20. September 1946. Vgl. auch seine vorherigen Stellungnahmen: 14. November 1945 (NA, RG 260, FINANCE, Box 185, folder 7) und 21. November 1945 (NA, RG 260, FINANCE, Box 201, folder 4). Daneben Walz an Bergold vom 16. Juli 1947, RBA 13/34 und die Erklärung Hugo Zinßers vom 5. März 1948, RBA 13/38.

561 Die Aufsichtsratssitzungen der Dresdner Bank und der RKG fanden meist halbjährlich statt. Das Gremium war zu etwa einem Drittel mit aktiven Mitgliedern besetzt; die übrigen Mitglieder verzichteten auf eine Einflußnahme und überließen ihre Mitwirkung einem Arbeitsausschuß, der etwa monatlich zusammentrat. Zu den Verhältnissen bei der Deutschen Bank: OMGUS – Ermittlungen gegen die Deutsche Bank 1946/47. Übersetzt und bearbeitet von der Dokumentationsstelle zur NS-Politik Hamburg, Nördlingen 1985, S. 36. Zur RKG lediglich die wenig informative Studie von Walter Hofmann, Private Bank in öffentlichem Besitz. Kleine Geschichte der Reichs-Kredit-Gesellschaft Aktiengesellschaft, Mainz 1980.

562 Vgl. die Bestätigung Erwin Bohners vom 11. Februar 1946, RBA 13/34.

563 Bei der RKG kannte er nur das parteilose ehemalige stellvertretende Vorstandsmitglied Otto Neubaur, aus dem Aufsichtsrat der Dresdner Bank neben Zinßer lediglich den unbotmäßigen Carl Goetz und möglicherweise Hans Schippel. «Interrogation of Hans Walz Member of Board of Directors of Dresdner Bank and of RKG» vom 21. November 1945, NA, RG 260, FINANCE, Box 201, folder 4; «Die geschäftlichen und persönlichen Beziehungen des Herrn Hans Walz zur Reichs-Kredit-Gesellschaft A. G., Berlin» Memorandum der Robert Bosch GmbH vom 19. November 1945, GLA, OMGUS 12-27/3-15.

564 Aufzeichnung von Hans Walz vom 14. November 1945, NA, RG 260, FINANCE, Box 185, folder 7; «Die geschäftlichen und persönlichen Beziehungen des Herrn Hans Walz zur Reichs-Kredit-Gesellschaft A. G., Berlin» Memorandum der Robert Bosch GmbH vom 19. November 1945, GLA, OMGUS 12-27/3-15.

565 Harold James, Die Deutsche Bank und die Diktatur, in: Lothar Gall u. a., Die Deutsche Bank 1870–1995, München 1995, S. 315–408, hier S. 322.

566 Richard W. Steele, American Popular Opinion and the War Against Germany: The Issue of Negotiated Peace, 1942, in: The Journal of American History 65 (1979), S. 704–723.

567 Willi A. Boelcke, 125 Jahre Baden-Württembergische Bank: auch eine Geschichte des guten Geldes, Stuttgart/Berlin/Köln 1996, S. 101.

568 Zu Schachenmayr Sybille Hoffmann, Der Aufstieg des Bürgertums infolge der Industrialisierung. Aufgezeigt am Beispiel der Familie Schachenmayr-Bareiß in Salach,

in: Geschichte regional 2 (1982), S. 112–133; «Festtag bei Schachenmayr-Salach», in: Geisslinger Zeitung vom 8. April 1950.

569 Zu Altaffers Schweizer Tätigkeit die Unterlagen in: SBA, 2001 (E), 1946/48, Bd. 29 (Akte Maurice Altaffer); zu Altaffer: Maurice W. Altaffer, The Altaffer family. A Short Chronicle of the Altaffer Family of Virginia and Ohio, London 1968.

570 Über die Verbindungen von Conrad Bareiss zum Widerstand war bisher nichts bekannt. Für Informationen hinsichtlich der Familie danke ich Walter Bareiss und Elsemarie Schloesser-Bareiss (Briefe vom 16. September 1996 und 7. Oktober 1996, im Besitz des Verfassers; Gespräch mit Elsemarie Schloesser-Bareiss am 11. Mai 1998).

571 Es ist unklar, wer den in der diplomatischen Korrespondenz benutzten und durchaus problematischen Terminus «Viertes Reich» aufbrachte. Da es unwahrscheinlich ist, daß die Bezeichnung «Forth Reich» als «Überbegriff» von Bareiss oder den amerikanischen Diplomaten gewählt wurde, ist er wohl vom Boschkreis ganz unbedarft benutzt worden. In den dreißiger Jahren galt der Begriff des «Vierten Reiches» Regimegegnern als Ausdruck für die Ablehnung des Ewigkeitsanspruchs des Nationalsozialismus. Vgl. etwa den Gestapobericht vom 7. August 1935, in: Bernhard Vollmer, Volksopposition im Polizeistaat. Gestapo- und Regierungsberichte 1934–1936, Stuttgart 1957, S. 259. Ähnliche Nachweise bei Cornelia Berning, Vom «Abstammungsnachweis» zum «Zuchtwart». Vokabular des Nationalsozialismus, Berlin 1964, S. 57 f. Später erfuhr der Begriff einen gewissen Bedeutungswandel, als er in Widerstandskreisen als Synonym für die «Zeit nach Hitler» Benutzung fand: Vgl. etwa Spiegelbild der Verschwörung, S. 910 f. und Hans Bernd Gisevius, Bis zum bittern Ende, Bd. 2, S. 326. Im amerikanischen Geheimdienst OSS war der Begriff «Fourth Reich» hingegen durchaus negativ konnotiert. Vgl. Deuel an Donovan vom 24. Juli 1944, in: Jürgen Heideking/Christof Mauch (Hrsg.), American Intelligence and the German Resistance to Hitler, S. 250–252.

572 Vgl. Willy Schloßstein, Einstellung des Herrn Robert Bosch und seiner Mitarbeiter zum Nazi-Regime (28 S.), BAK, N 1186 (Stolper), 85 a, S. 21 f.

573 Die Hassell-Tagebücher, hrsg. v. Friedrich Freiherr Hiller von Gaertringen, Gesonderte Aufzeichnung, etwa vom 23. Februar 1940, S. 170.

574 Woods an Harrison vom 13. November 1942, NA, RG 84, Foreign Service Posts of the Department of State, American Legation Bern, Confidential File 1942, 800, Box 5.

575 Zu den türkischen Initiativen Ulrich Schlie, Kein Friede mit Deutschland, S. 337–342. Daneben H. W. Koch, The Spectre of a Separate Peace in the East: Russo-German «Peace Feelers», 1942–44, in: Journal of Contemporary History 10 (1975), S. 531–549.

576 Woods an Harrison vom 16. November 1942, NA, RG 84, Foreign Service Posts of the Department of State, American Legation Bern, Confidential File 1942, 800, Box 5.

577 Klahr Huddle an Altaffer vom 5. Dezember 1942, ebd.

578 Marginalie zu: «Report: Dr. Goerdeler's Mission: Auffangorganisation», ebd.

579 Altaffer an Huddle vom 16. Dezember 1942, ebd.

580 Ein Treffen zwischen Gamelin und Goerdeler ist bislang nicht überliefert. Möglicherweise meinte Walz die Begegnung zwischen Beck und Gamelin im Sommer 1937, über die Goerdeler, Malcolm Christie und auch Walz unterrichtet waren. Vgl. Nicholas E. Reynolds, Beck. Gehorsam und Widerstand, Wiesbaden 1977, S. 99–101; Maurice Gamelin, Servir. Le prologue du drame (1930 – août 1939), Paris 1946, S. 283 f. Zum Treffen Beck-Gamelin zusammenfassend Klemens von Klemperer, Die verlassenen Verschwörer, S. 81.

581 Ein ähnlicher Hinweis auf Hitler, der offenbar «dämonisch beraten» sei: Hans Walz, Meine Mitwirkung an der Aktion Goerdeler, in Otto Kopp (Hrsg.), Widerstand und Erneuerung, S. 115. Zweifellos waren es solche Empfindungen, die später Gerhard Ritter in seinen reflektierenden Betrachtungen immer wieder auf die «Dämonie der

Macht» verweisen ließen. Es greift daher zu kurz, mit Bernd Faulenbach in solchen Begründungen in erster Linie eine zeittypische Nachwirkung des Führer-Mythos sehen zu wollen und den Verweis auf Hitlers «Dämonie der Macht» vornehmlich als gesellschaftlich «entlastende Funktion» zu interpretieren. Bernd Faulenbach, NS-Interpretationen und Zeitklima. Zum Wandel in der Aufarbeitung der jüngsten Vergangenheit, in: Aus Politik und Zeitgeschichte B 22/87 vom 30. Mai 1987, S. 19–30, hier S. 22. Vgl. hierzu auch Ulrich von Hehl, Nationalsozialistische Herrschaft, S. 50.

582 «Memorandum» von Altaffer vom 18. Dezember 1942, NA, RG 84, Foreign Service Posts of the Department of State, American Legation Bern, Confidential File 1942, 800, Box 5.

583 Woods an Harrison vom 18. Dezember 1942, ebd.

584 «Memorandum for Mr. Huddle» von Altaffer vom 23. Dezember 1942, ebd. Vgl. Harrison an Secretary of State vom 5. Dezember 1942, NA, RG 59, Decimal File 1940–1944, Box 5500 (862.20200 [Goerdeler, Karl Dr.]).

585 Notiz von Huddle vom 5. Januar 1943, NA, RG 84, Foreign Service Posts of the Department of State, American Legation Bern, Confidential File 1943, 800, Box 11.

586 Woods an Harrison vom 4. Januar 1943; Notiz von Huddle vom 5. Januar 1943, ebd.

587 Notiz von Huddle vom 5. Januar 1943, ebd.

588 Telegramm von Harrison an Department of State vom 7. Januar 1943, ebd.

589 Neal an Geist vom 12. Januar 1943, NA, RG 59, Decimal File 1940–1944, Box 5500 (862.20200 [Goerdeler, Karl Dr.]); Berle an Messersmith vom 13. Januar 1943, ebd.

590 Zu Geist als «unsung hero of american foreign service» Jesse H. Stiller, George S. Messersmith, Diplomat of Democracy, Chapel Hill/London 1987, S. 27 f.

591 Geist an Neal vom 13. Januar 1943, NA, RG 59, Decimal File 1940–1944, Box 5500 (862.20200 [Goerdeler, Karl Dr.]). Die Zustimmung Messersmiths, zu jener Zeit Botschafter in Mexiko, ergibt sich aus dem nicht abgesandten Telegramm des Secretary of State an Harrison vom 4. März 1943, ebd. Vgl. auch Messersmith an den Secretary of State (Stettinius) vom 24. April 1945, NA, RG 59, 740 119 Control (Germany)/4-2445.

592 Das nicht abgesandte Telegramm: Secretary of State an Harrsion vom 4. März 1943, ebd. Hier auch die Notiz des Assistant Secretary des State Department: «In view of a certain situation which is known to Ha(rrison) this telegram is *not* to go. Mr. Berle agrees.»

593 Telegramm von Harrison an amerikanische Gesandtschaft Stockholm vom 7. Januar 1943, NA, RG 84, Foreign Service Posts of the Department of State, American Legation Bern, Confidential File 1943, 800, Box 11.

594 Telegramm von Johnson an amerikanische Gesandtschaft Bern vom 1. Februar 1943, ebd.

595 Ebd.

596 Marginalie, ebd.

597 Antonius John, Philipp von Boeselager. Freiherr, Verschwörer, Demokrat, Bonn 1994, S. 129.

598 Vgl. Hans Bernd Gisevius, Bis zum bittern Ende, Bd. 2, S. 252 f.; Gerhard Ritter, Carl Goerdeler, S. 348; Fabian von Schlabrendorff, Offiziere gegen Hitler, S. 56–63.

599 Willy Schloßstein, Einstellung des Herrn Robert Bosch und seiner Mitarbeiter zum Nazi-Regime, BAK, N 1186 (Stolper), 85 a, S. 21.

600 Peter Hoffmann, Widerstand, Staatsstreich, Attentat, S. 346.

601 Willy Schloßstein, Einstellung des Herrn Robert Bosch und seiner Mitarbeiter zum Nazi-Regime (28 S.), BAK, N 1186 (Stolper), 85 a, S. 21. Zur Strategie der «bedingungslosen Kapitulation» kritisch Anne Armstrong, Unconditional Surrender, New Brunswick (NJ) 1961. Einen Forschungsüberblick bietet A. E. Campbell, Franklin

Roosevelt and Unconditional Surrender, in: Richard Langhorne (Hrsg.), Diplomacy and Intelligence during the Second World War, S. 219–241.

602 Alfred Knoerzer, Beziehungen zu Karl Goerdeler, RBA 13/177, S. 1a.

603 Willy Schloßstein, Einstellung des Herrn Robert Bosch und seiner Mitarbeiter zum Nazi-Regime (28 S.), BAK, N 1186 (Stolper), 85 a, S. 21.

604 Möglicherweise gab Walz in Zürich seine Informationen auch an Schweizer Agenten weiter, so etwa im Ende März 1942 die Nachricht einer bevorstehenden Offensive im Rußlandfeldzug. Obwohl einige Details auf Walz als Informanten hindeuten, erscheint die Indizienkette zu dünn, um hier ein einigermaßen sicheres Urteil zu gewinnen. Vgl. Kurt Emmenegger, QN wußte Bescheid. Erstaunliche Informationen eines Schweizer Nachrichtenmannes aus den Kulissen des Hitlerkrieges, Zürich 1965, S. 35 f., 47 f. und 78. Die Identität dieses Agenten ist ungeklärt. Hierzu auch Kunrat von Hammerstein, Flucht. Aufzeichnungen nach dem 20. Juli, Olten/Freiburg im Breisgau 1966, S. 64.

605 In seinen Aufzeichnungen aus dem November 1945 sprach Walz von ein oder zwei Ostfrontgenerälen, «in deren Feldquartier mit gewissen Zeitabschnitten Hitler zur Besprechung der Lage zu kommen pflegte» und die planten, Hitler bei dessen nächstem Besuch «gefangenzunehmen oder zu töten». Hitler sei jedoch von da an «als ob er dämonisch beraten» gewesen sei, dort nicht mehr erschienen. Hans Walz, Meine Mitwirkung an der Aktion Goerdeler, in Otto Kopp (Hrsg.), Widerstand und Erneuerung, S. 115. Ganz ähnlich berichtete Goerdeler im Februar 1943 Jacob Wallenberg: «Hitler was taking all precautions and was surrounded by a bodyguard of 3000 men and hardly dared to appear at the front any more.» Allen W. Dulles, Germany's Underground, S. 144.

606 Memorandum von Altaffer «Second Visit to Zürich of ‹Fourth Reich› Representative» vom 16. April 1943, NA, RG 84, Foreign Service Posts of the Department of State, American Legation Bern, Confidential File 1943, 800, Box 11.

607 Marginalie zu ebd.

608 Die Meldungen des Senders waren irreführend. Sie beruhten möglicherweise auf den (zutreffenden) Berichten der Entlassung von Hans Oster im April 1943 aus dem Amt der Abwehr. Canaris wurde erst im Februar 1944 dienstenthoben. Über eine Friedensinitiative Vögler-Wilmowsky ist nichts bekannt.

609 Memorandum von Altaffer «Probable Semi-Official Character of a Previous Informant» vom 28. April 1943, NA, RG 84, Foreign Service Posts of the Department of State, American Legation Bern, Confidential File 1943, 800, Box 11.

610 Hans Walz, Meine Mitwirkung an der Aktion Goerdeler, S. 118.

611 Ebd., S. 114.

612 Zu Raßbach vgl. auch RBA 13/275.

613 Aufzeichnung von Altaffer vom 10. Mai 1943, NA, RG 84, Foreign Service Posts of the Department of State, American Legation Bern, Confidential File 1943, 800, Box 11.

614 Records of the United States Nürnberg War Crimes Trials Interrogations, 1946–1949, NA, RG 238, M-1019, Roll 77: Vernehmung Hans Walz vom 29. Dezember 1946.

615 Nach Familienerinnerungen, die natürlich mit der notwendigen quellenkritischen Vorsicht zu bewerten sind, äußerte sich die Sorge vor einer Verhaftung und die Unfähigkeit, Hitler nicht selbst töten zu können, in einem schweren Nervenzusammenbruch im Jahr 1944. Gegenüber der Familie des in den USA lebenden Sohnes hat sich Raßbach später über die nationalsozialistischen Jahre nicht mehr geäußert. Vgl. das Manuskript von Elsa Raßbach, Der pragmatische Widerstand (Kopie im Besitz des Verfassers) und die Unterlagen in RBA N 32, Bd. 12.

616 Hierzu besonders Klemens von Klemperer, Die verlassenen Verschwörer, S. 278 f. und S. 504 f.

617 Ted Harrison, «Alter Kämpfer» im Widerstand. Graf Helldorff, die NS-Bewegung und die Opposition gegen Hitler, in: Vierteljahrshefte für Zeitgeschichte 45 (1997), S. 385–423.

618 Gerhard Ritter, Carl Goerdeler, S. 429 und S. 562, Anm. 40. Zur SS in diesem Zusammenhang auch Hedwig Maier, Die SS und der 20. Juli 1944, in: Vierteljahrshefte für Zeitgeschichte 14 (1966), S. 299–316.

619 Meynen an Walz vom 14. September 1945, RBA 13/129; Hans Walz, Ergänzende und berichtigende Anmerkungen, RBA 13/127.

620 Einen guten Überblick über diese Versuche im Kapitel «Himmler's Indecision, 1942–1943» bei Jehuda Bauer, Jews for Sale? Nazi-Jewish Negotiations, 1933–1945, New Haven/London 1994, S. 102–119. Einige Hinweise auf die schwedischen Vermittlungen, in die auch die Brüder Wallenberg involviert waren, bei Ingeborg Fleischhauer, Die Chance des Sonderfriedens. Deutsch-sowjetische Geheimgespräche 1941–1945, Berlin 1986. Eine überzeugende Bewertung der unschlüssigen Haltung Himmlers bei Richard Breitman, A Deal with the Nazi Dictatorship?: Himmler's Alleged Peace Emissaries in Autumn 1943, in: Journal of Contemporary History 30 (1995), S. 411–430.

621 Memorandum Altaffers vom 13. Mai 1943, NA, RG 84, Foreign Service Posts of the Department of State, American Legation Bern, Confidential File 1943, 800, Box 5. Vgl. Woods an Harrsion vom 13. Mai 1943, ebd.

622 Zu Dulles Peter Grose, Gentleman Spy. The Life of Allen Dulles, Boston/New York 1994; Leonard Mosley, Dulles: A Biography of Eleanor, Allen and John Foster Dulles and Their Family Network, New York 1978; Neal H. Peterson, From Hitler's Doorstep: Allen Dulles and the Penetration of Germany, in: George C. Chalou (Hrsg.), The Secrets War. The Office of Strategic Services in World War II, Washingtom D.C 1992, S. 273–294, hier S. 273 f.; ders. (Hrsg.), From Hitler's Doorstep. The Wartime Intelligence Reports of Allen Dulles, 1942–1945, University Park (Pennsylvania) 1996; Nancy Lisagor/Frank Lipsius, A law unto itself, S. 118–133.

623 Bradley F. Smith, The Shadow Warriors, O.S.S and the Origins of the C.I.A., London 1983, S. 214.

624 Zur amerikanischen Informationslage über die Vorgänge des 20. Juli 1944 grundsätzlich Jürgen Heideking, Die «Breakers»-Akte. Das Office of Strategic Services und der 20. Juli 1944, in: Ders./Christof Mauch (Hrsg.), Geheimdienstkrieg gegen Deutschland. Subversion, Propaganda und politische Planungen des amerikanischen Geheimdienstes im Zweiten Weltkrieg, Göttingen 1993, S. 11–50; dies. (Hrsg.), American Intelligence and the German Resistance to Hitler. A Documentary History, Boulder 1996; dies. (Hrsg.), USA und deutscher Widerstand. Analysen und Operationen des amerikanischen Geheimdienstes im Zweiten Weltkrieg, Tübingen/Basel 1993. Vornehmlich über die Analysen der R&A-Branch Petra Marquardt-Bigman, Amerikanische Geheimdienstanalysen über Deutschland 1942–1949, München 1995, bes. S. 96–118. Allen Dulles an Richard Helms vom 27. April 1947, Allen Dulles Papers, Box 32, folder «Hans Walz».

625 OSS Bulletin vom 10. Juli 1943, FDR Library, Map Room Files, March-December 1943, Box 72.

626 OSS Bulletin vom 3. November 1943, ebd.

627 Vgl. die entsprechenden Stellungnahmen zu «Süddeutschland», in: Marie-Luise Goldbach (Bearb.), Dokumente zur Deutschlandpolitik, Erste Reihe, Bd. 2: 11. August 1941 bis 31. Dezember 1942. Amerikanische Deutschlandpolitik, Frankfurt am Main 1986; Ilse Dorothee Pautsch, Die territoriale Deutschlandplanung des amerikanischen Außenministeriums 1941–1943, Frankfurt am Main u. a. 1990.

628 Vgl. Donovan an Dulles vom 29. April 1943, in: Anthony Cave Brown, The Last Hero. Wild Bill Donovan, New York 1982, S. 277 f.

629 Lawrence H. McDonald, The OSS and its Records, in: George C. Chalou (Hrsg.), The Secrets War. The Office of Strategic Services in World War II, Washington D.C. 1992, S. 78–102, hier S. 89.

630 Hierzu die Überlieferung in «Neue Zeit» 27 (1960), S. 12–19. Daneben auch BAL, NS 19, Bl. 3770 bzw. BAL R 58, Bd. 57 mit weiteren Dokumenten zu diesem Vorgang und die quellenkritisch problematische Darstellung bei Reinhard Spitzy, So haben wir das Reich verspielt. Bekenntnisse eines Illegalen, München/Wien 1986, S. 446–456.

631 Vgl. die Tagebuchaufzeichnung vom 8. November 1943: «Himmler berichtet mir vom Vorhandensein eines Kreises von Staatsfeinden, zu dem Halder und vielleicht auch Popitz gehören. Dieser Kreis möchte über den Kopf des Führers hinweg mit den Engländern in Verbindung treten und hat schon Beziehungen zu dem früheren Reichskanzler Dr. Wirth in der Schweiz aufgenommen. Ich halte diese dilettantischen Versuche an sich für ungefährlich, aber man muß sie natürlich im Auge behalten. Himmler wird schon dafür sorgen, daß diese Herren mit ihrem feigen Defaitismus keinen größeren Schaden anrichten können.» Elke Fröhlich (Hrsg.), Die Tagebücher von Joseph Goebbels, Teil II, Bd. 10, München u. a. 1994, S. 255: Eintrag vom 8. November 1943.

632 Max Miller, Eugen Bolz, S. 495 f.

633 Klemens von Klemperer, Die verlassenen Verschwörer, S. 279; Ulrike Hörster-Philipps, Joseph Wirth, S. 598–605. Die Überlegungen der Gestapo, Wirths Labilität auszunutzen, wurden 1943 vorübergehend erörtert, dann jedoch wegen «größter Bedenken» ad acta gelegt – für Spionagezwecke hielten die Machthaber Wirth offensichtlich für unbrauchbar. Vgl. das Dossier über Wirth in PAAA, R 101225 (Inland II g).

634 Als Dulles nach Kriegsende Großmanns Bericht bekannt wurde, bezeichnete er den gesamten Bericht als Fabrikation: «I kept away from this fellow because I thought he was irresponsible. I knew of his contacts with the American Consulate in Zurich. (...) The alleged report (...) appears to me to be a complete fabrication. I was never in Dr. Wirth's dwellings and (...) never saw Grossmann. I knew both Wirth and Godin.» Allen Dulles Papers, Box 35, folder «Gestapo Spies».

635 Agentenbericht von Richard Großmann vom 22. Mai 1943 «Dr. Wirth – Baron Godin – Mr. Dullest» (sic), BAL, NS 19, Bd. 3156. An diesem Gespräch nahm auch der ehemalige Polizeioffizier Michael von Godin teil. Nach Washington berichtete Dulles lediglich über seine Verbindungen zu Wirth und Godin, nicht jedoch über den Boschkreis. Vgl. das Telegramm vom 23. Juni 1943, in: Neal H. Petersen, From Hitler's Doorstep, S. 74.

636 Kaltenbrunner an Amt VI vom 9. Oktober 1944, BAL, NS 19, Bd. 3156; RSHA an Brandt vom Oktober 1944, ebd. Es gehört zu den bizarren Zufällen der Geschichte des «Dritten Reiches», daß Großmann im KZ Sachsenhausen Albrecht Fischer begegnete. Die dort einsitzenden Gefangenen des 20. Juli betrachteten Großmann scharfsinnig als «Spitzel der Gestapo». Albrecht Fischer, Ereignisse vom 20. Juli, S. 154; Winfried Meyer (Hrsg.), Verschwörer im KZ. Hans von Dohnanyi und die Häftlinge des 20. Juli 1944 im KZ Sachsenhausen, Berlin 1999, S. 34 f.

637 Leonard Mosley, Dulles, S. 170. Mary Bancroft, Autobiography of a Spy, New York 1983; vgl. Nancy Lisagor/Frank Lipsius, A law unto itself, S. 151.

638 Allen Dulles an Richard Helms vom 27. April 1947, Allen Dulles Papers, Box 32, folder «Hans Walz».

639 Anfang 1946 schrieb Dulles an Marcus Wallenberg: «What I have in mind is that it would do no harm if it were known that the contacts which your brother had on the other side of the lines were, in instances such as the July 20th affair, put to uses which benefitted the Allied cause.» Allen Dulles an Marcus Wallenberg vom 5. Februar 1946, Allen Dulles Papers, Box 27, folder «Marcus Wallenberg».

640 «Bericht des VM 144/7957 [Spitzy] über seine Begegnung mit dem Sonderbeauftragten Roosevelts in der Schweiz, Dulles» vom 30. April 1943. NA, T-175, Roll 458, Frames 297532 bis 29750316. Vgl. Klemens von Klemperer, Die verlassenen Verschwörer, S. 279; Wirth an Kempner vom 12. Oktober 1948, BAK, N 1342 (Wirth), Bd. 21.

641 Klemens von Klemperer, Die verlassenen Verschwörer, S. 279 und S. 281.

642 Gesuch vom 22. Juni 1943, SBA, Bestand Hans Ritter, Bundesanwaltschaft, E 4320 (B), 1984/29, Schachtel 103 (Dossier C.12.456).

643 Vgl. Willy Schloßstein, Einstellung des Herrn Robert Bosch und seiner Mitarbeiter zum Nazi-Regime, BAK, N 1186 (Stolper), 85 a, S. 22.

644 Hans Walz, Meine Mitwirkung an der Aktion Goerdeler, in: Otto Kopp (Hrsg.), Widerstand und Erneuerung, S. 116. Zur Vergleichbarkeit und Nichtvergleichbarkeit der deutschen und italienischen Verhältnisse Frederick W. Deakin, Die brutale Freundschaft. Hilter, Mussolini und der Untergang des italienischen Faschismus, Köln 1962; David Ellwood, Italy 1943–1945, Leicester 1985; Jens Petersen, Deutschland und der Zusammenbruch des Faschismus in Italien im Sommer 1943, in: Militärgeschichtliche Mitteilungen 37 (1985), S. 51–69 und die Beiträge in Rudolf Lill (Hrsg.), Deutschland – Italien 1943–1945. Aspekte einer Entzweiung, Tübingen 1992.

645 Claus-Michael Allmendinger, Struktur, Aufbau und Bedeutung der Stiftungen von Robert Bosch, S. 217.

646 Bäuerle an Berger vom 19. Juli 1938, RBA 13/84; Berger an Bäuerle vom 20. Juli 1938, ebd.; Berger an Bäuerle vom 13. August 1938, ebd. Vgl. Claus-Michael Allmendinger, Struktur, Aufbau und Bedeutung der Stiftungen von Robert Bosch, S. 218 f.

647 Claus-Michael Allmendinger, Struktur, Aufbau und Bedeutung der Stiftungen von Robert Bosch, S. 218 f.

648 Michael Kißener, Hans Walz, S. 127; Willy Schloßstein, Einstellung des Herrn Robert Bosch und seiner Mitarbeiter zum Nazi-Regime, BAK, N 1186 (Stolper), 85 a.

649 Otto Kopp, Theodor Bäuerle und der Bosch-Kreis. Die wiederentdeckte Goerdeler-Rede, in: ders. (Hrsg.), Widerstand und Erneuerung, S. 167–186, hier S. 168 f.; «Beilage zu dem Fragebogen von Direktor Th. Bäuerle», RBA N 11/181 und die Aufzeichnung der Sekretärin Theodor Bäuerles, Marianne Weber, RBA 13/77. Der weitere Verbleib der von Goerdeler mitgenommenen Akten ist ungewiß. Vgl. Willy Schloßstein, «Betrifft Herrn Dr. Goerdeler», Aufzeichnung vom Dezember 1946, BAK, N 1186 (Stolper), 85 a.

650 Bäuerle an Berger vom 24. Juli 1942, RBA 13/84.

651 Ebd.

652 Die Witwe Escherichs wurde daraufhin vom Boschkreis gewarnt. So blieb auch hier genügend Zeit, möglicherweise kompromittierende Akten zu vernichten, so daß die prompt auch im bayerischen Isen, dem Wohnort der Escherichs, auftauchende Gestapo bei einer Haussuchung kein Belastungsmaterial fand. Willy Schloßstein, Einstellung des Herrn Robert Bosch und seiner Mitarbeiter zum Nazi-Regime, BAK, N 1186 (Stolper), 85 a, S. 21.

653 Paul Hahn, 10. Juni 1948, Nr. 133 f.; Theodor Bäuerle, 11. März 1947, Staatsarchiv Ludwigsburg, EL 902/20, 37/6/17185, Nr. 120.

654 Eidesstattliche Versicherung Theodor Bäuerles vom 13. März 1948, NA, RG 238, M-897, Roll 101. Vgl. RBA 13/77; Bäuerle an Adler vom 30. Januar 1946, LBI New York, Karl Adler Collection AR 7276, VI, Box 4, Folder 5.

655 Theodor Heuss, Robert Bosch, S. 621.

656 Bäuerle an Berger vom 24. Juli 1942, RBA 13/84.

657 Vgl. hierzu Gerhard Ritter, Carl Goerdeler, S. 342–350.

658 Auch sein Schwiegersohn Hans Venedey, der als Sozialist 1933 ins französische Exil gegangen war, erfuhr auf diese Weise von der Tätigkeit des Boschkreises und Goer-

delers. Hans Venedey, Erklärung vom 22. September 1946, BAK, N 1186 (Stolper), Nr. 85. Venedey war in den Jahren des Vichy-Regimes von 1939 bis 1942 interniert und floh anschließend mit Hilfe von Frei in die Schweiz. 1945/46 war er erster Innenminister in Großhessen, wurde allerdings aufgrund seiner Befürwortung einer Zusammenarbeit mit der KPD aus der SPD ausgeschlossen. Vgl. Martin Schumacher (Hrsg.), M. d. L. Das Ende der Parlamente 1933 und die Abgeordneten der Landtage und Bürgerschaften der Weimarer Republik in der Zeit des Nationalsozialismus, Düsseldorf 1995, S. 167.

659 Max Frei, «Exposé» vom 14. Dezember 1945, RBA 13/39.

660 Ende 1942 wurde Frei technischer Direktor der schweizerischen Scintilla AG, die nach einer finanziellen Schieflage im Jahr 1935 in den Besitz von Robert Bosch gekommen war. Der Besitz der Scintilla, des wichtigsten Schweizer Betriebs für elektrische Motorausrüstungen, wurde von Bosch zunächst auf gewohnte Weise über die Amsterdamer Mendelssohn-Bank und nach deren Liquidierung über die Enskilda Bank verwaltet. Die Scintilla wurde deshalb im September 1943 auf die «Schwarze Liste» gesetzt und damit ein recht willkürliches Opfer alliierter Politik. Auch in diesem Fall hatte Bosch den Aktienbesitz aus Sorge vor einer Beschlagnahme oder Blockierung deutscher Werte im Ausland verkauft. Die Geschäftsleitung selbst blieb schweizerisch, mit dem «Schönheitsfehler», daß Max Frei einer der Direktoren war. Oswald Inglin, Der stille Krieg. Der Wirtschaftskrieg zwischen Grossbritannien und der Schweiz im Zweiten Weltkrieg, (Diss. phil.) Zürich 1991, S. 162. Zu den Geschäftstransaktionen vgl. RBA 11, 525/526.

661 Max Frei, «Exposé» vom 14. Dezember 1945, RBA 13/39.

662 Hans Walz, Meine Mitwirkung an der Aktion Goerdeler, in: Otto Kopp (Hrsg.), Widerstand und Erneuerung, S. 112.

663 Eidesstattliche Erklärung von Siegmund-Schultze für Willy Schloßstein vom 30. November 1946, EZA 226, II, 13, 11; Hans Walz, Meine Mitwirkung an der Aktion Goerdeler, in: Otto Kopp (Hrsg.), Widerstand und Erneuerung, S. 112. Zu den schwedischen Verhandlungen des Frühjahrs 1942 zusammenfassend Klemens von Klemperer, Die verlassenen Verschwörer, S. 247–262.

664 Minute Strang vom 11. August 1943, PRO FO 371/34415/C 8903/29/18. Zu Bell vgl. Ronald C. D. Jasper, George Bell, Bishop of Chichester, London 1967.

665 Lediglich Werkstattcharakter hat der Bericht von Klaus Wohlert, Enteignungen von deutschen Auslandsanlagen im neutralen Schweden bei Kriegsende 1945, in: Vierteljahrschrift für Sozial- und Wirtschaftsgeschichte 73 (1986), S. 336–354. Eine detailliertkritische Darstellung war dagegen bereits ein Jahr zuvor erschienen: Gerard Aalders/Cees Wiebes, Stockholms Enskilda Bank, German Bosch and IG Farben. A Short History of Cloaking, in: Scandinavian Economic History Review 33 (1985), S. 25–50. Einige Jahre später erschien eine umfassendere Fassung in Buchform: Gerard Aalders/Cees Wiebes, Die Kunst der Tarnung, die auch in einer aktualisierten englischen Ausgabe vorliegt: The Art of Cloaking Ownership. The Case of Sweden, Amsterdam 1996. Eher deskriptiv als wertend beschäftigte sich Ulf Ollson umsichtig mit den Vorgängen: Internationales Unternehmertum und Großmachtpolitik. Der Boschkonzern und Stockholms Enskilda Bank 1939-1950, in: Neuanfang. Beziehungen zwischen Schweden und Deutschland 1945-1954 (Umeå Studies in Economic History 13), Stockholm 1990, S. 25-57. Allen Darstellungen gemeinsam ist die Außerachtlassung der Sonderrolle des widerständigen Unternehmens Robert Bosch im «Dritten Reich». Goerdelers Rolle als Widerstandskämpfer findet allenfalls als Merkwürdigkeit Erwähnung.

Die Diskussion wird inzwischen mit dem Blick auf die Transferierung von «Nazi-Gold» im Zusammenhang mit der Rolle der neutralen Staaten in Europa geführt. Hier ist die Diskussion bei weitem nicht abgeschlossen. Bedenklich wirkt jedoch jene Argumentation in der Presse, die pauschal die deutsche Industrie über einen Kamm schert, ohne die spezifische Situation eines Unternehmens im Widerstand gebührend zu beachten: «Algemeen Dagblad» vom 17. Februar 1997; «Algemeen Dagblad» vom 18. Februar 1997; «Dagens Nyheter» vom 19. Februar 1997; «The Guardian» vom 24. Februar 1997.

666 Norbert Frei, Der Führerstaat. Nationalsozialistische Herrschaft 1933 bis 1945, München ²1989, S. 232, mit Bezug auf Friedrich Meinecke.

667 Dieser Vorwurf zuletzt in: Gerard Aalders/Susanne Berger, in: Dagens Nyheter (Schweden) vom 18. Februar 1997.

668 Gerard Aalders/Cees Wiebes, Die Kunst der Tarnung, hier bes. S. 62.

669 Der ABC wurde u. a. vorgeworfen, Bosch mit Wissen über Kurzwellen- und Hochfrequenztechnik versorgt zu haben. Richard Sasuly, IG Farben, New York 1947, S. 246, der sich auf Akten des Department of Justice stützt. Weniger ausführlich in der deutschen Ausgabe (Berlin 1952), S. 270. Vgl. auch NA, RG 260, FINANCE, Box 52.

670 Peter Grose, Gentleman Spy, S. 135. Paul Kempner, der eng mit den Brüdern Dulles zusammenarbeitete, war nach Kriegsende Gründungsmitglied und Schatzmeister des «American Committee to Aid Survivors of the German Resistance» (Vgl. die Unterlagen in: Allen Dulles Papers, Box 28 und 33, folder «American Committee to Aid Survivors of the German Resistance»).

671 Gerard Aalders/Cees Wiebes, Die Kunst der Tarnung, S. 11 f.

672 In den technischen Details unterscheiden sich die Darstellungen über das Procedere der «Tarnungen» kaum. Der Autor verzichtet daher auf Einzelnachweise und verweist auf die einschlägige Literatur.

673 Records of the United States Nürnberg War Crimes Trials Interrogations, 1946–1949, NA, RG 238, M-1019, Roll 77: Vernehmung Hans Walz vom 29. Dezember 1946.

674 Als sich das Kriegsglück wendete, wurden im Mai 1943 größere Firmenanteile auf Thierry Delanoue übertragen und in den folgenden Monaten – letztlich vergeblich – versucht, die wahren Besitzverhältnisse zu verschleiern. Der Mißerfolg beruhte auf den restriktiven Devisenbestimmungen und dem Unwillen der mit den Transaktionen betrauten schweizerischen Bankiers. Im Dezember 1943 kam es allerdings mit dem Schweizerischen Bankverein (SBV) doch noch zu einer Teilübereinkunft. Vgl. das amerikanische Memorandum für die französischen Entkartellisierungsbehörden vom 25. November 1945, Archives de L'Occupation Française en Allemagne et en Autriche, Bestand 526, Affaires économiques et financières (AEF) 526, p. 13 a, d. 6/2; daneben Aufzeichnung von Thomä vom 5. November 1940, RBA 14/540.

675 Aufzeichnung von Thomä vom 5. November 1940, RBA 14/540.

676 Hierzu Gerhard Kümmel, Transnationale Wirtschaftskooperation und der Nationalstaat. Deutsch-amerikanische Unternehmensbeziehungen in den dreißiger Jahren, Stuttgart 1995.

677 Hierzu die umfangreiche Dokumentation in: Department of Justice, Economic Warfare Section, Confidential Report vom 16. Juni 1943, NA, RG 169, Foreign Economic Administration, Misc. Records relating to Monopolies and Cartels, Entry 210, Box 10, S. 18–26; Aktennote von Thomä vom 14. Juni 1945, RBA 14/532; Ulf Olsson, Internationales Unternehmertum und Großmachtpolitik., in: Neuanfang. Beziehungen zwischen Schweden und Deutschland 1945–1954 (Umeå Studies in Economic History 13), Stockholm 1990, S. 25–57, hier S. 32–34; Gerard Aalders/Cees Wiebes, Die Kunst der Tarnung, S. 68–73.

678 Vgl. «Fernmündliche Besprechung mit Herrn Dr. Goerdeler am 12. 4. 40, 8 Uhr», RBA 14/542.

679 Aktennote «Betr. ABC» vom 6. Mai 1940, RBA 14/538.

680 Württembergische Zeitung vom 5. Oktober 1939.

681 George Murnane an Jacob Wallenberg vom 7. Juni 1940, RBA 14/533.

682 Gabriel Kolko, American Business and Germany, 1930–1941, in: Western Political Quarterly 15 (1962), S. 713–728. Vor dem Hintergrund der laufenden Diskussion findet die Unternehmenspolitik amerikanischer Konzerne in Deutschland in den Jahren von 1939 bis 1941 zunehmend Interesse. Bislang gibt es lediglich einige Verweise auf deren Dilemmata der Kooperation: Ludolf Herbst, Der Krieg und die Unternehmensstrategie, S. 74.

683 Klemens von Klemperer, Die verlassenen Verschwörer, S. 299.

684 «Statement of Messrs. Jacob Wallenberg and Marcus Wallenberg and Mr. Rolf Calissendorf» vom 2. Oktober 1945, RBA 11/547. Zum Gesamtzusammenhang dieser Quelle Gerard Aalders/Cees Wiebes, Die Kunst der Tarnung, S. 217–220.

685 Hans Walz, Meine Mitwirkung an der Aktion Goerdeler, in: Otto Kopp (Hrsg.), Widerstand und Erneuerung, S. 113.

686 Klemens von Klemperer, Die verlassenen Verschwörer, S. 263–267.

687 John Foster Dulles an William Castle vom 8. November 1940, John Foster Dulles Papers, Box 19, folder «America First Organization». Vgl. auch John Foster Dulles an Leech vom 30. September 1937, John Foster Dulles Papers, Box 16, folder «Henry Leech».

688 Zur «isolationistischen» Neigung von John Foster Dulles Leonard Mosley, Dulles, S. 84–100.

689 Diese Vorwürfe zeichnen sich durch eine ganze Reihe von Ungenauigkeiten aus, die nicht zuletzt darauf beruhen, daß sie ohne Aktenstützung und lediglich im vorwurfsvollen Ton die vermeintliche «fraternity» zwischen internationalen Finanzinteressen und dem nationalsozialistischen Staat beklagen. Zur «fraternity» die sich im wesentlichen auf das in seiner Oberflächlichkeit geradezu verfälschende Werk von Charles Higham, Trading with the Enemy. An Exposé of the Nazi-American Money Plot 1933–1949, New York 1984, stützende Studie von Bernd Greiner, «A Partnership For All Time.» Die internationalen Kartelle und der Zweite Weltkrieg, in: Witich Roßmann/Joachim Schmitt-Sasse (Hrsg.), Achtung Fertig Los. Vorkrieg 1935–1939, Berlin 1989, S. 47–51; Karsten Linne, Ein amerikanischer Geschäftsmann und die Nationalsozialisten: Charles Bedaux, in: Zeitschrift für Geschichtswissenschaft 44 (1996), S. 809–826. Zu den Vorwürfen gegen John Foster Dulles auch Gerard Aalders/Cees Wiebes, Die Kunst der Tarnung, S. 71–73. Eine ausgewogene Darstellung des Deutschlandbildes von John Foster Dulles dagegen bei Detlef Felken, Dulles und Deutschland. Die amerikanische Außenpolitik 1953–1959, Bonn/Berlin 1993, S. 31–71.

690 Klemens von Klemperer, Die verlassenen Verschwörer, S. 264.

691 Peter Grose, Gentleman Spy, S. 135.

692 Dieser Vorwurf zuletzt in: Gerard Aalders/Susanne Berger, in: Dagens Nyheter (Schweden) vom 18. Februar 1997.

693 Ulf Olsson, Internationales Unternehmertum, S. 34.

694 NA, RG 59, Central Decimal File, 811.542/412.

695 Zitiert nach Ulf Olsson, Internationales Unternehmertum, S. 38.

696 Ebd., S. 43.

697 Vgl. die Aktennote «Betrifft: SEB» vom 27. Februar 1942, RBA 14/551 und «Besprechungen Dr. Goerdeler, Walz, Knoerzer, Thomä am 15. 1. 42, 12 Uhr und am 16. 1. 42, 9 Uhr», vom 19. Januar 1942, RBA 14/551. Zum Gesamtvorgang die konzise Darstellung bei Ulf Olsson, Internationales Unternehmertum, S. 35–38; daneben Gerard Aalders/Cees Wiebes, Die Kunst der Tarnung, S. 73–76.

698 Vgl. zu diesen Verhandlungen am 17. April 1942 Dagens Nyheter (Schweden) vom 18. Februar 1997.

699 Nancy Lisagor/Frank Lipsius, A law unto itself, S. 151.

700 «Aktennote» Thomäs vom 30. Juni 1942, RBA 11/538. Zu den geschäftlichen

Aspekten auch Ulf Olsson, Internationales Unternehmertum, S. 41 f.; Gerard Aalders/Cees Wiebes, Die Kunst der Tarnung, S. 83 f.; Wallenbergs Bemerkung zu Goerdeler im Mai 1943: «Affären Bosch», in: «Dagens Nyheter» vom 19. Februar 1997.

701 Vgl. die Befragung Walther Funks vor dem Nürnberger Gerichtshof: IMT, Bd. 21, S. 262–275, hier S. 267.

702 Aktennote von Thomä vom 14. Juni 1945, RBA 14/532. Der Betrag wurde den Wallenbergs zur Verfügung gestellt. Bosch kaufte von der Reichsbank in Berlin im März 1943 für 3,3 Millionen Reichsmark Gold, das in der Schweiz bei einer Filiale der Basler Handelsbank deponiert wurde und später, nachdem Jacob Wallenberg im Dezember 1943 Bedenken über die Herkunft des Goldes geäußert hatte, in Wertpapiere umgetauscht wurde. Der gesamte Vorgang ist in einem 27 Seiten umfassenden Dokument «Historical Outline of the Gold Transaction» vom 25. Mai 1949 erfaßt, das vom amerikanischen Justizministerium erstellt wurde. Eine Kopie findet sich in RBA. Vgl. auch «Affären Bosch», in: «Dagens Nyheter» vom 19. Februar 1997. Als Forschungs- und Literaturüberblick zum Dilemma neutraler Staaten zwischen Staatsräson und Staatsmoral am schweizerischen Beispiel: Jakob Tanner, Die internationalen Finanzbeziehungen der Schweiz zwischen 1931 und 1950, in: Schweizerische Zeitschrift für Geschichte 47 (1997), S. 492–519.

703 Klemens von Klemperer, Die verlassenen Verschwörer, S. 454, Anm. 282. Zu Wallenbergs Informationsstand auch Gunnar Hagglof, Diplomat, S. 126 f. und S. 139.

704 Lothar Gruchmann, Schweden im Zweiten Weltkrieg, in: Vierteljahrshefte für Zeitgeschichte 25 (1977), S. 591–657, hier S. 601 und Anm. 15; Gunnar Hagglof, Diplomat, S. 161.

705 Allen Dulles, Germany's Underground, S. 143.

706 «Unterredung mit Herrn Jacob Wallenberg 26. Sep. 1953» BAK N 1166 (Gerhard Ritter), Bd. 131 und die Zusammenstellung Wallenbergs in Allen W. Dulles, Germany's Underground, New York 1947, S. 142–146; Henry Denham, Inside the Nazi Ring. A naval Attaché in Sweden 1940–1945, London 1984, S. 69 f.

707 Ulrich Schlie, Kein Friede mit Deutschland, S. 217 f.

708 Wilhelm M. Carlgren, Swedish Foreign Policy during the Second World War, London/Tonbridge 1977, S. 144.

709 Steltzer hatte es später maßgeblich der Intervention Jacob Wallenbergs zu verdanken, daß er nach dem 20. Juli 1944 nicht hingerichtet wurde. Zu den Einzelheiten Theodor Steltzer, Sechzig Jahre Zeitgenosse, München 1966, S. 171–173, zu seiner Tätigkeit in Schweden Eckhard Wandel, Hans Schäffer. Steuermann in wirtschaftlichen und politischen Krisen, Stuttgart 1974, bes. S. 250–275; Brüning, an Marianne Breslauer vom 4. September 1943. Heinrich Brüning, Briefe und Gespräche, S. 405 f.

710 Helmut Müssener, Exil in Schweden. Politische und kulturelle Emigration nach 1933, München 1974, S. 252, 462 und 518.

711 Allen W. Dulles, Germany's Underground, S. 143.

712 Gerhard Ritter, Carl Goerdeler, S. 528, Anm. 18.

713 Hierzu ebd., S. 334; Allen W. Dulles, Germany's Underground, S. 143 f.

714 Zitiert nach ebd., S. 320.

715 Allen W. Dulles, Germany's Underground, S. 143 f.

716 Mallet an Foreign Office vom 31. März 1943, PRO FO 371/34428/C 3708/55/18.

717 Vgl. den Tagebucheintrag Hermann Kaisers vom 19. April 1943, in: Ger van Roon, Hermann Kaiser und der deutsche Widerstand, in: Vierteljahrshefte für Zeitgeschichte 24 (1976), S. 259–286.

718 Über den geschäftlichen Inhalt dieser Unterredungen sind wir insoweit gut informiert, als den Amerikanern bei Kriegsende das Memorandum in die Hände fiel, das Goerdeler nach seiner Rückkehr nach Deutschland anfertigte. Aufzeichnung Goerde-

lers, «Besprechung Wallenberg, Goe am 19. 5. 43», RBA 14/540. NA, RG 226, Research and Analysis Branch Divisions, XL-12736, OSS-Report vom 20. Juni 1945 («Preliminary Report»). Wohl auf Goerdelers Empfehlung hin wurde im Juli 1943 eine neue Holding-gesellschaft gegründet, deren Anteile von Strohmännern für Bosch gehalten wurden. Zur Einordnung des Gesamtvorgangs Ulf Olsson, Internationales Unternehmertum, S. 41 f.

719 Wie üblich blieb Thomä bei diesen Besprechungen außen vor. Er konnte später lediglich berichten, Goerdeler sei zu Jacob Wallenberg in dessen Privatwohnung eingeladen worden; über die dort geführten politischen Gespräche erfuhr er nichts. Karl E. Thomä, Erinnerungen an die Zusammenarbeit mit Dr. Karl Goerdeler, RBA 13/178, S. 11.

720 Zu den im wesentlichen unveränderlichen Polenkonzeptionen Goerdelers Richard Breyer, Carl Goerdeler und die deutsche Ostgrenze, in: Zeitschrift für Ostforschung 13 (1964), S. 198–208.

721 Klaus Hildebrand, Die ostpolitischen Vorstellungen im deutschen Widerstand, S. 219.

722 Rainer A. Blasius, Deutschland und Europa im Denken des Widerstands, S. 62.

723 Kopie der Denkschrift: BAK, N 113 (Goerdeler), Bd. 23. Vgl. Goerdeler, Unsere Idee, November 1944, ebd.; Peter Hoffmann, Stauffenberg und die Veränderungen der außen- und innenpolitischen Handlungsbedingungen für die Durchführung des «Walküre»-Plans, in: Jürgen Schmädeke/Peter Steinbach (Hrsg.), Der Widerstand gegen den Nationalsozialismus, S. 1003–1020, hier S. 1019, Anm. 52; Gerhard Ritter, Carl Goerdeler, S. 334–336 und S. 529, Anm. 20.

724 Allen W. Dulles, Germany's Underground, S. 144.

725 Gerhard Ritter, Carl Goerdeler, S. 321. Vgl. S. 529, Anm. 21.

726 Ebd.

727 Bodo Scheurig, Tresckow, S. 182.

728 Joachim Fest, Staatsstreich, S. 217.

729 «Unterredung mit Herrn Jakob Wallenberg 26. Sept. 1953», BAK, N 1166 (Gerhard Ritter), Bd. 131.

730 Das wörtliche Zitat findet sich in der die Aussagen Goerdelers referierenden Aufzeichnung des Vortragenden Legationsrates Wagner vom 9. September 1944, PAAA, R 100740 (Inland II g).

731 Gerhard Ritter, Carl Goerdeler, S. 336 f.

732 Ebd., S. 337 und S. 529, Anm. 23; Allen W. Dulles, Germany's Underground, S. 144 f.

733 BAK, N 113 (Goerdeler), Bd. 23, Carl Goerdeler, «Unsere Idee», November 1944, S. 25. Vgl. Gerhard Ritter, Carl Goerdeler, S. 336 f.

734 Karl E. Thomä, Erinnerungen an die Zusammenarbeit mit Dr. Karl Goerdeler, RBA 13/178, S. 12.

735 Allen W. Dulles, Germany's Undergound, S. 144.

736 Als das Mitteilungsblatt des Heereswaffenamtes anläßlich des Todes von Robert Bosch im Jahr 1942 eine überschwengliche Belobigung der technischen Leistungen des Unternehmens veröffentlicht und festgestellt hatte, daß «kein Heereskraftfahrzeug, kein Panzer, kein Flugzeug und kein Kriegsschiff ohne Bosch-Ausrüstung» auskomme, lautete der lapidare Kommentar bei Bosch, man «brauche sich nicht zu wundern, wenn Stuttg(ar)t Luftangriffe über sich ergehen lassen» müsse. «Der Waffenschmied. Mitteilungsblatt des Heereswaffenamtes» 2 (1940), Ausgabe vom 20. April 1942, S. 37; der Kommentar in RBA 14/172.

737 Manual for the Economic Investigation of Robert Bosch, in: NA, RG 243, Entry 6, Box 688, folder 29. Bosch war seit Anfang 1944 «a joint target having Priority rating of 1-plus of both the RAF and US 8th AF». Vgl. das umfangreiche Dossier über die Bombardierungsschäden: «Spark Plug and Electrical Equipment Factories of Robert Bosch

A. G. Stuttgart» vom 23. Juni 1945, NA, RG 243, Entry 6, Box 415, folder 48 B (6). In englischen Zielbeschreibungen wurde Stuttgart schon lange als wichtigste Industriestadt Süddeutschlands eingestuft und Bosch noch vor Daimler-Benz als ein vorrangiges Bombardierungsziel genannt.

738 Aufzeichnung Mallets vom August 1943, PRO FO 371/34435/C 9544/55/18.

739 Vgl. Minute Roberts vom 1. September 1943, ebd.

740 Gerhard Ritter, Carl Goerdeler, S. 363–365.

741 Hans Walz, Meine Mitwirkung an der Aktion Goerdeler, S. 114 f.

742 Ebd., S. 116.

743 Gerhard Ritter, Carl Goerdeler, S. 371; Klemens von Klemperer, Die verlassenen Verschwörer, S. 333.

744 Goerdeler berichtete in Stuttgart, Stalin habe Schulenburg am Vorabend der deutschen Kriegserklärung an die Sowjetunion eingeladen, «mit ihm angestossen, ihm hierbei freundschaftlich auf die Schulter geklopft und gesagt ‹Nicht wahr, zwischen unseren Ländern gibt es keinen Krieg.› Von der Schulenburg habe diese Frage bejaht. Als er nach Hause gekommen sei, habe er die Telegramme der deutschen Reichsregierung mit den Kriegserklärungen vorgefunden. Es sei sein schwerster Gang gewesen, dem russischen Aussenkommissar hiervon Kenntnis zu geben. Die Warnungen von der Schulenburgs an die Reichsregierung, mit Rußland Frieden zu halten, seien umsonst gewesen.» (Willy Schloßstein, Einstellung des Herrn Robert Bosch und seiner Mitarbeiter zum Nazi-Regime, BAK, N 1186 (Stolper), 85 a, S. 20). Vgl. Die Hassell-Tagebücher, hrsg. v. Friedrich Freiherr Hiller von Gaertringen, Eintrag vom 4. Mai 1941, S. 247.

745 Willy Schloßstein, Einstellung des Herrn Robert Bosch und seiner Mitarbeiter zum Nazi-Regime (28 S.), BAK, N 1186 (Stolper), 85 a, S. 22.

746 Ebd.

747 Die schlechten Nachricht wurden über Goerdeler an Beck weitergeleitet. «Notizen über Unterhaltung mit Herrn Schloßstein in Fa. Bosch AG am 5. 1. 53», BAK, N 1166 (Gerhard Ritter), Bd. 131; Willy Schloßstein, Einstellung des Herrn Robert Bosch und seiner Mitarbeiter zum Nazi-Regime (28 S.), BAK, N 1186 (Stolper), 85 a, S. 22.

748 Ebd.

749 Gerhard Ritter, Carl Goerdeler, S. 338.

750 Die Hassell-Tagebücher, hrsg. v. Friedrich Freiherr Hiller von Gaertringen, Eintrag vom 5. Dezember 1943, S. 409.

751 BAK, N 113 (Goerdeler), Bd. 23, Carl Goerdeler, «Unsere Idee», November 1944, S. 25.

752 Die Hassell-Tagebücher, hrsg. v. Friedrich Freiherr Hiller von Gaertringen, Eintrag vom 5. Dezember 1943, S. 409.

753 BAK, N 113 (Goerdeler), Bd. 23, Carl Goerdeler, «Unsere Idee», November 1944, S. 25; Karl E. Thomä, Erinnerungen an die Zusammenarbeit mit Dr. Karl Goerdeler, RBA 13/178; Allen W. Dulles, Germany's Underground, S. 145.

754 Zitiert nach Gerhard Ritter, Carl Goerdeler, S. 338.

755 Spiegelbild einer Verschwörung, SD-Bericht vom 17. August 1944, S. 247.

756 Die Hassell-Tagebücher, hrsg. v. Friedrich Freiherr Hiller von Gaertringen, Eintrag vom 5. Dezember 1943, S. 409.

757 Richard Lamb, Der verfehlte Frieden. Englands Außenpolitik 1935–1945, Berlin 1989, S. 377 f.

758 Ebd.

759 Gerhard Ritter, Carl Goerdeler, S. 396; Allen W. Dulles, Germany's Undergound, S. 145 f.

760 Ebd., S. 550 f., Anm. 104.

761 Rundfunkrede Theodor Heuss‹ vom 10. März 1949, in: Hans-Dieter Kreikamp (Hrsg.), Quellen zur staatlichen Neuordnung Deutschlands 1945–1949, Darmstadt 1994, S. 262–266, hier S. 264.

762 Gerhard Ritter an Senatspräsident Hagemann vom 21. Oktober 1947, BAK, N 1166 (Ritter), Bd. 330.

763 Gerhard Ritter, Geschichte als Bildungsmacht, Stuttgart ²1947, S. 38 und 76.

764 Hans Walz, Ergänzende und berichtigende Anmerkungen, RBA 13/127.

765 Hans Walz, Meine Mitarbeit an der Aktion Goerdeler, in: Otto Kopp (Hrsg.), Widerstand und Erneuerung, S. 100.

766 Ebd., S. 101.

767 Horst Sassin, Liberale im Widerstand, S. 43–68.

768 Hans Walz, Meine Mitarbeit an der Aktion Goerdeler, in: Otto Kopp (Hrsg.), Widerstand und Erneuerung, S. 118.

769 Hans Rothfels, Die deutsche Opposition gegen Hitler, S. 208 f.

770 Ger van Roon, Widerstand im Dritten Reich, S. 134.

771 Goerdeler an Kluge vom 25. Juli 1943, in: Die Wandlung 1 (1945/46), S. 535 f. Auch abgedruckt in Gerhard Ritter, Carl Goerdeler, S. 612–616, hier S. 615.

772 Vgl. hierzu das zweite Kapitel.

773 Rudolf Pechel, Deutscher Widerstand, S. 211.

774 Elfriede Nebgen, Jakob Kaiser, S. 186; Hans Bernd Gisevius, Bis zum bittern Ende, Bd. 2, S. 302 f. Vgl. ähnlich Hans Rothfels, Die deutsche Opposition gegen Hitler S. 214.

775 Theodor Litt an Ricarda Huch vom 23. Februar 1946, in: Ricarda Huch. In einem Gedankband zu sammeln. Bilder deutscher Widerstandskämpfer, hrsg. und eingeleitet von Wolgang Schwiedrzik, Leipzig 1997, S. 215.

776 Hans Rothfels, Die deutsche Opposition gegen Hitler S. 214 f.

777 «Vorgesehene Rundfunkrede bei Übernahme der Reichsregierung», abgedruckt in: Otto Kopp (Hrsg.), Widerstand und Erneuerung, S. 172–186. Das Original in: RBA 13/77. Eine formal und inhaltlich unterschiedliche Fassung «Rundfunk-Regierungserklärung Nr. 2 (3. Fassung)« bei Rudolf Pechel, Deutscher Widerstand, S. 314–325. Vgl. Gerhard Ritter, Carl Goerdeler, S. 373 f., Anm. 64.

778 Gerhard Ritter, Carl Goerdeler, S. 373.

779 Hans Walz, zitiert nach Otto Kopp (Hrsg.), Widerstand und Erneuerung, S. 171.

780 «Vorgesehene Rundfunkrede bei Übernahme der Reichsregierung», in: Otto Kopp (Hrsg.), Widerstand und Erneuerung, S. 173.

781 Hierzu Ger van Roon, Neuordnung im Widerstand. Der Kreisauer Kreis innerhalb der deutschen Widerstandsbewegung, München 1967; Hans Mommsen, Der Kreisauer Kreis und die künftige Neuordnung Deutschlands und Europas, in: Vierteljahrshefte für Zeitgeschichte 42 (1994), S. 361–377.

782 «Das Ziel» und «Der Weg», abgedruckt in: Wilhelm von Schramm (Hrsg.), Beck und Goerdeler, S. 81–166 bzw. S. 167–232. Zur Datierung der Schrift «Das Ziel» überzeugend Hans Mommsen, Gesellschaftsbild und Verfassungspläne des deutschen Widerstandes, S. 269 f. (Anm. 109).

783 «Das Ziel», zitiert nach ebd., S. 119 f.

784 Hans Mommsen, Gesellschaftsbild und Verfassungspläne, S. 145.

785 Marianne Meyer-Krahmer, Carl Goerdeler, S. 138.

786 «Das Ziel», zitiert nach Wilhelm von Schramm (Hrsg.), Beck und Goerdeler, S. 129.

787 Hans Rothfels, Die deutsche Opposition gegen Hitler, S. 221.

788 Carl Goerdeler, «Grundsätze für Friedenswirtschaft», in: Walter Lipgens, Europa-Föderationspläne der Widerstandsbewegungen 1940–1945, München 1968, S. 109–111, hier S. 110.

789 John Gillingham, Industry and Politics in the Third Reich. Ruhr Coal, Hitler and Europe, Stuttgart 1985, S. 139–162. Zu den Exponenten dieses Plans, der auch in den folgenden Jahren als Alternative zu einer rücksichtslosen ökonomischen Eroberungsmentalität nie an Anziehungskraft verlor, zählten auf deutscher Seite Paul Reusch, Max Illgner, Hermann Abs, Karl Blessing und Wilhelm Kimmich.

790 «Das Ziel», zitiert nach Wilhelm von Schramm (Hrsg.), Beck und Goerdeler, S. 98–100.

791 Ebd.

792 Walter Lipgens, Europa-Föderationspläne, S. 143. Ähnlich schon aus konservativer Sicht mit Hinweis auf den Einfluß des Boschkreises auf Goerdelers Denken Wilhelm Ritter von Schramm, Das Andere Deutschland und der Wirtschaftsraum Europa, in: Wehr und Wissen 7 (1964), S. 294–297.

793 Carl Goerdeler, «Erklärung zur Atlantik-Charta», in: 20. Juli 1944, hrsg. von der Bundeszentrale für Heimatdienst, 3. Auflage bearbeitet von Erich Zimmermann und Hans-Adolf Jacobsen, Bonn 1960, S. 50–55, hier S. 53. Ebenfalls abgedruckt in Walter Lipgens, Europa-Föderationspläne, S. 143–146, hier S. 144 f.

794 Klemens von Klemperer, Die verlassenen Verschwörer, S. 300.

795 Carl Goerdeler, Friedensplan Spätsommer/Herbst 1943, in: Gerhard Ritter, Carl Goerdeler, S. 586–592.

796 Carl Goerdeler, «Praktische Maßnahmen zur Umgestaltung Europas», in: Walter Lipgens, Europa-Föderationspläne, S. 165–167.

797 Hans Walz, Meine Mitarbeit an der Aktion Goerdeler, in: Otto Kopp (Hrsg.), Widerstand und Erneuerung, S. 101.

798 Hans Bernd Gisevius, Bis zum bittern Ende, Bd. 2, S. 221 f.

799 Carl Goerdeler, «Die Aufgaben deutscher Zukunft», in: Walter Lipgens, Europa-Föderationspläne, S. 170–172.

800 Insofern ergänzungsbedürftig sind die Interpretationen bei Kurt Finker, Der 20. Juli 1944. Militärputsch oder Revolution?, Berlin 1994, bes. S. 107. Zur Einordnung der Rolle Finkers in der DDR im übrigen Klaus Schroeder/Jochen Staadt, Zeitgeschichte in Deutschland vor und nach 1989, in: Aus Politik und Zeitgeschichte B 26 (1997), S. 19–27.

801 Tagebucheintrag Strölins vom 19. und 20. Juni 1941, Stadtarchiv Stuttgart, Nachlaß Strölin, Nummer 39, TB S. 533 f.

802 Theodor Bäuerle «Robert Bosch. Persönliche Erinnerungen von Theodor Bäuerle», RBA 14/1, Bl. 29.

803 Manuskriptbemerkungen Robert Boschs zu Theodor Bäuerle «Robert Bosch. Persönliche Erinnerungen von Theodor Bäuerle», RBA 14/9.

804 «Das Ziel», zitiert nach Wilhelm von Schramm (Hrsg.), Beck und Goerdeler, S. 100.

805 Klaus Hildebrand, Die ostpolitischen Vorstellungen im deutschen Widerstand, S. 217.

806 Vernehmungsniederschrift Fischers vom 29. August 1944, BAL, NJ 12285, Bl. 24 und 28. Vgl. Kurt Finker, Der 20. Juli 1944, S. 107.

807 Elmar Müller, Widerstand und Wirtschaftsordnung, S. 47–82. Zu Goerdelers entsprechenden Kontakten mit Ludwig Erhard: Ludwig Erhard, Zu meiner Denkschrift 1943/44, in: Ders., Kriegsfinanzierung und Schuldenkonsolidierung. Faksimiledruck der Denkschrift von 1943/44, Frankfurt am Main 1977, S. VII–XIII. Die Bedeutung dieser Beziehungen relativierend Volker Hentschel, Ludwig Erhard. Ein Politikerleben, München/Landsberg am Lech 1996, S. 33.

808 «Das Ziel», zitiert nach Wilhelm von Schramm (Hrsg.), Beck und Goerdeler, S. 120.

809 Hans Mommsen, Gesellschaftsbild und Verfassungspläne, S. 105 f.

810 Ebd.

811 Hans Rothfels, Die deutsche Opposition gegen Hitler, S. 207.

812 Joachim G. Leithäuser, Wilhelm Leuschner, S. 208–219, bes. S. 215 f.

813 «Vorgesehene Rundfunkrede bei Übernahme der Reichsregierung», in: Otto Kopp (Hrsg.), Widerstand und Erneuerung, S. 178.

814 Hans Walz, zitiert nach Otto Kopp (Hrsg.), Widerstand und Erneuerung, S. 171.

815 «Vorgesehene Rundfunkrede bei Übernahme der Reichsregierung», in: Otto Kopp (Hrsg.), Widerstand und Erneuerung, S. 178.

816 Vgl. Hans Walz, zitiert nach Otto Kopp (Hrsg.), Widerstand und Erneuerung, S. 171 f.

817 Vernehmungsniederschrift Fischers vom 5. September 1944, BAL, NJ 12285, Bl. 38 f. Zu diesen Überlegungen im Widerstand Dieter Ehlers, Technik und Moral einer Verschwörung, S. 155–161.

818 Die Hassell-Tagebücher, hrsg. v. Friedrich Freiherr Hiller von Gaertringen, Eintrag vom 28. Januar 1940, S. 161.

819 Vgl. hierzu Hans Rothfels, Die deutsche Opposition gegen Hitler, S. 209 und 389, Anm. 40.

820 Hans Mommsen, Gesellschaftsbild und Verfassungspläne, S. 147.

821 Hans Walz, Gedanken zur politischen Zielsetzung von Carl Goerdeler, RBA 13/43. Zur Einschätzung der politischen Wandlung Goerdelers durch Walz auch Braun an Schairer, vom 17. Mai 1968, RBA 13/175.

822 Otto Kopp (Hrsg.), Widerstand und Erneuerung, S. 178.

823 Hans Walz, Meine Mitarbeit an der Aktion Goerdeler, in: Otto Kopp (Hrsg.), Widerstand und Erneuerung, S. 118.

824 Hans Walz, zitiert nach Otto Kopp (Hrsg.), Widerstand und Erneuerung, S. 171.

825 Hans Walz, Meine Mitarbeit an der Aktion Goerdeler, in: Otto Kopp (Hrsg.), Widerstand und Erneuerung, S. 118.

826 Vernehmungsniederschrift Goerdelers vom 28. August 1944, BAL, NJ 12285, Bl. 19.

827 Records of the United States Nürnberg War Crimes Trials Interrogations, 1946–1949, NA, RG 238, M-1019, Roll 35: Vernehmung Wilhelm Kimmich vom 8. November 1946.

828 Vernehmungsniederschrift Fischers vom 29. August 1944, BAL, NJ 12285, Bl. 27 f. Dr. Wilhelm Kimmich war im Juni 1933 zum Treuhänder der Arbeit für das Wirtschaftsgebiet Südwestdeutschland ernannt worden und stand im guten Verhältnis zu Bosch. Anläßlich der Jubiläumsfeiern 1936 hatte er in seiner Rede ausgeführt, daß dank der sozialen Einstellung Boschs «die Bosch-Werke den Treuhänder der Arbeit bisher ohne Arbeit gelassen hätten.» (Zitiert nach «Stuttgarter NS-Kurier» vom 23. September 1936).

829 Allen W. Dulles, Germany's Underground, S. 145.

830 «Declaration» von D. Wurm vom 12. Februar 1946, BAK, N 1186 (Stolper), Nr. 85 a.

831 So die höchstwahrscheinlich von Theodor Bäuerle stammende Charakterisierung in: «Field Intelligence Study No. 5» vom 2. Juli 1945, Ulrich Borsdorf/Lutz Niethammer (Hrsg.), Zwischen Befreiung und Besatzung, S. 161.

832 Wilhelm Pressel, zitiert bei Fabian von Schlabrendorff (Hrsg.), Eugen Gerstenmaier im Dritten Reich. Eine Dokumentation, Stuttgart 1965, S. 32. Vgl. hierzu ausführlich Pressel an Roon vom 19. Mai 1964, Kopie in RBA 10/65. Zu Pressel vgl. Johannes Michael Wischnath, Wilhelm Pressel (1895–1986), in: Rainer Lächele/Jörg Thierfelder (Hrsg.), Wir konnten uns nicht entziehen, S. 299–310.

833 Vgl. Albrecht Fischer, Erlebnisse vom 20. Juli 1944 bis 8. April 1945, in: Otto Kopp (Hrsg.), Widerstand und Erneuerung, S. 124; Eugen Gerstenmaier, Von Bolz bis zu Rommel, S. 23.

834 Gerhard Schäfer/Richard Fischer (Hrsg.), Landesbischof D. Wurm und der nationalsozialistische Staat 1940–1945. Eine Dokumentation, Stuttgart 1968, S. 348; Theophil Wurm, Erinnerungen aus meinem Leben, S. 167; Pressel an Roon vom 19. Mai 1964, Kopie in RBA 10/65.

835 Ger van Roon, Neuordnung im Widerstand, S. 241.

836 Zitiert nach Gerhard Schäfer/Richard Fischer (Hrsg.), Landesbischof D. Wurm und der nationalsozialistische Staat 1940–1945, Stuttgart 1968, S. 159–165.

837 Siegmund-Schultze an D. Köchlin vom 20. Dezember 1941, EZA, 626, I, 16, 4.

838 Ein Vertrauter von Hans Walz, der schwedische Generalkonsul in Stuttgart, Theodor Wanner, der aufgrund seiner Regimegegnerschaft pausenlos von der Gestapo überwacht wurde, berichtete während eines Schweizaufenthalts im Herbst 1942 amerikanischen Diplomaten über Judengreuel im Osten Europas. Als er von Wurm bald darauf ein Exemplar eines an deutsche Politiker gerichteten offenen Briefes erhielt und in Schweden publik machte, ordnete Adolf Hitler beim Auswärtigen Amt seine Abberufung an. Wanner wurde daraufhin das Exequatur im Mai 1944 aberkannt. Memorandum vom 16. September 1942, NA, RG 84 (Foreign Service Posts of the Department of State, American Legation, Bern, Confidential File, 800, Box 6). Zu Wanners späterer Verwendung für Walz: Lautenschlager an Dawson vom 31. Oktober 1945, GLA, OMGUS 12-27/3-15. Vgl. auch die Stellungnahme von Margarete Bosch vom 24. November 1945, ebd. Die Wut von Joseph Goebbels richtete sich dagegen eher gegen Theophil Wurm, den er am liebsten «an die Wand stellen und erschießen lassen» wollte, weil dieser «Landesverrat ohne jede Scham» betreibe. Ganz ähnlich stellte der Stuttgarter Gauhauptstellenleiter Hornickel den Landesbischof Ende 1943 in einer Rede in eine Reihe mit Churchill und Stalin. Elke Fröhlich (Hrsg.), Die Tagebücher von Joseph Goebbels, Teil II, Bd. 6, München u. a. 1996, S. 123: Eintrag vom 14. Oktober 1943; Otto Borst, Stuttgart. Die Geschichte der Stadt, Stuttgart/Aalen ³1986, S. 422.

839 Zu den Einzelheiten Christel Pache, Theodor Bäuerle, S. 101 f.

840 Helmut Thielicke, Zur Einführung, in: In der Stunde Null: Die Denkschrift des Freiburger «Bonhoeffer-Kreises», Tübingen 1979, S. 9; Gerhard Ritter, Carl Goerdeler, S. 523 f., Anm. 71.

841 Ebd.

842 Vgl. hierzu Klemens von Klemperer, Die verlassenen Verschwörer, S. 314, 317 und 486, Anm. 119.

843 Inhaltlich wurde eine europäische Föderation, die Grenzen des 1. März 1938 und die «Vernichtung des Bolschewismus» vorgeschlagen. Vgl. Klemens von Klemperer, Die verlassenen Verschwörer, S. 486, Anm. 119. Die Sondierung verlief im Sand und erst nach dem Attentat vom 20. Juli erfuhr der Bruder von John Foster Dulles umfassend über die entsprechenden Bemühungen der süddeutschen Kirchenkreise. Vgl. das Memorandum von Hans Schönfeld an Allen Dulles von Anfang September 1944, in: Jürgen Heideking/Christof Mauch (Hrsg.), USA und deutscher Widerstand. Analysen und Operationen des amerikanischen Geheimdienstes im Zweiten Weltkrieg, Tübingen/Basel 1993, S. 205–215.

844 Rudolf Pechel, Deutscher Widerstand, Erlenbach/Zürich 1947, S. 84 f. und 209. Vgl. «Field Intelligence Study No. 5» vom 2. Juli 1945, abgedruckt in: Ulrich Borsdorf/Lutz Niethammer (Hrsg.), Zwischen Befreiung und Besatzung, S. 156–164, hier S. 160 f. Zu Stuermer vgl. auch dessen Artikel: 20. Juli 1944. Gedanken zur zweiten Wiederkehr des Jahrestages, in: Stuttgarter Zeitung vom 20. Juli 1946.

845 Paul-Joseph Stuermer, «Declaration in lieu of sworn statement» vom 14. Septem-

ber 1946, BAK, N 1186 (Stolper), Nr. 85 a; Walz an Pressel vom 17. April 1963, LBI New York, Karl Adler Collection AR 7276, VI, Box 4, Folder 12.

846 Zur Entwicklung des «Freundeskreises» in den Kriegsjahren immer noch Reinhard Vogelsang, Der Freundeskreis Himmler. In ihrer marxistischen Argumentation bis zur Unbrauchbarkeit irreführend dagegen die Arbeiten von Klaus Drobisch.

847 Walz an Schreiber vom 7. Juli 1964, RBA 13/73; Records of the United States Nürnberg War Crimes Trials Interrogations, 1946–1949, NA, RG 238, M-1019, Roll 77: Vernehmung Hans Walz vom 29. Dezember 1946. Vgl. RBA 13/33.

848 Meynen an Walz vom 14. September 1945, RBA 13/129; Hans Walz, Ergänzende und berichtigende Anmerkungen, RBA 13/127.

849 Hans Walz, «Beilage zum Fragebogen: Kurze Darstellung der Beziehungen zur NSDAP und SS» vom 27. August 1945, RBA 13/33. Der Terminus «Horchposten» auch in: Records of the United States Nürnberg War Crimes Trials Interrogations, 1946–1949, NA, RG 238, M-1019, Roll 77: Vernehmung Hans Walz vom 25. September 1946. Vgl. RBA 13/33.

850 Vgl. die Aussagen Albert Fischers (BAL NJ 12285, Bl. 11: Vernehmungsniederschrift, 23. August 1944); Records of the United States Nürnberg War Crimes Trials Interrogations, 1946–1949, NA, RG 238, M-1019, Roll 26: Vernehmung Karl Hettlage vom 3. Februar 1947.

851 Records of the United States Nürnberg War Crimes Trials Interrogations, 1946–1949, NA, RG 238, M-1019, Roll 77: Vernehmung Hans Walz vom 29. Dezember 1946.

852 Zum «Ahnenerbe» Michael H. Kater, Das «Ahnenerbe» der SS 1939–1945. Ein Beitrag zur Kulturpolitik des Dritten Reiches, München ²1997, bes. S. 68 f.

853 Records of the United States Nürnberg War Crimes Trials Interrogations, 1946 – 1949, NA, RG 238, M-1019, Roll 77: Vernehmung Hans Walz vom 25. September 1946. Zu Waldheckers Verbindung zum Boschkreis die Vernehmungsniederschrift Fischers vom 5. August 1944, BAL, NJ 12285, Bl. 9.

854 Vgl. Records of the United States Nürnberg War Crimes Trials Interrogations, 1946–1949, NA, RG 238, M-1019, Roll 77: Vernehmung Hans Walz vom 25. September 1946; Walz an Schreiber vom 7. Juli 1964, RBA 13/73.

855 Zur Bedeutungslosigkeit des Titels vgl. die Ausarbeitung von Rudolf Klett, «Aeusserung zur Frage der Wehrwirtschaftsführer», (Kopie), in: RBA 13/38.

856 Der Chef des Hauptamtes SS Gericht (Breithaupt) an den SS-Richter beim Reichsführer-SS vom 22. Oktober 1942, BAL, NS 48/79, Bl. 27 f.

857 Zusammenfassender Ermittlungsvorgang und Bericht des SD Berlin vom 12. November 1942, BA, Abt. III (BDC), Personalunterlagen Hans Walz.

858 Ebd.

859 Ebd.

860 Ebd. Vgl. hierzu die Tonbandaufzeichnungen Bergers: RBA 13/84 (zitiert nach der Mitschrift), S. 13.

861 Ebd.

862 Wilhelm Kohlhaas, Paul Hahn, S. 318.

863 Vgl. Walz an Klett vom 27. Februar 1948, RBA 13/27. Die von Klett erwähnte Briefzensur bezog sich auf den Briefwechsel zwischen Adler und Walz aus dem Jahr 1937. Zu Kletts Stellung vgl. Rudolf Klett, «Aeusserung zur Frage der Wehrwirtschaftsführer», (Kopie), in: RBA 13/38.

864 Die Oberflächlichkeit der Begegnungen im «Freundeskreis» zeigt sich beispielhaft, wenn man bedenkt, daß Wilhelm Keppler nach dem Krieg nicht einmal den Namen von Walz korrekt angeben konnte und ihn als «Karl Walz» titulierte (Eidesstattliche Erklärung von Wilhelm Keppler vom 24. September 1946, National Archives Microfilm Publications, Microfilm T-301, Records of U.S. Chief of Counsel for War Crimes,

Nuremberg Military Tribunals, re nazi Industrialists, Roll 9, frame 868). Oswald Pohl wußte sich in seinen späteren Vernehmungen bezüglich der Mitgliedschaft von Walz im «Freundeskreis Himmler» an wenig mehr zu erinnern, als daß dieser «später ausgeschieden» war. National Archives Microfilm Publications, Microfilm T-301, Roll 6, frame 86: Handschriftlicher Vermerk Oswald Pohls vom 27. Juli 1946.

865 Records of the United States Nürnberg War Crimes Trials Interrogations, 1946–1949, NA, RG 238, M-1019, Roll 77: Vernehmung Hans Walz vom 29. Dezember 1946.

866 Krogmann Tagebücher 1942, Fst 11/K 10.

867 Walz an Wurm vom 13. November 1934, LKA Stuttgart, D 1, Bd. 55,1.

868 Berger konnte sich wenig später «zusammenkombinieren, wie das Verfahren zustande gekommen sei. In der Gesellschaft der Freunde des Reichsführers-SS habe ein Vortrag stattgefunden über Geschäftsmoral im Kriege. In der anschließenden Diskussion habe sich auch Walz zu Wort gemeldet und in pastoralem Ton und christlich-kirchlichem Sinne Ausführungen gemacht. Das werde wohl SS-Brigadeführer Ohlendorf, der auch anwesend gewesen sei, Veranlassung gegeben haben, sich über W. in Stuttgart zu erkundigen.» Vermerk von Dr. Wehser vom 30. April 1943, BA, Abt. III (BDC), Personalunterlagen Hans Walz; vgl. auch Vermerk von Dr. Wehser vom 28. April 1943 (ebd.) und Records of the United States Nürnberg War Crimes Trials Interrogations, 1946–1949, NA, RG 238, M-1019, Roll 6. Vernehmung Bergers am 25. März 1946.

869 Walz schilderte diesen Eklat dem Bosch-Beschützer Berger. Records of the United States Nürnberg War Crimes Trials Interrogations, 1946–1949, NA, RG 238, M-1019, Roll 6. Vernehmung Bergers am 25. März 1946. Erstaunlicherweise erwähnte Walz in seinen Vernehmungen nach dem Krieg diesen folgenreichen Zusammenstoß nicht. Er verneinte gar die Frage, ob er einen Vortrag gehört habe, an dem er «Anstoß nehmen» mußte. Die Gründe hierfür sind unklar. Möglicherweise glaubte Walz, er könne entsprechendes Belegmaterial nicht vorweisen, weil seine eigene «scharfe Korrespondenz» mit Kranefuß verbrannt war. Ebd., Roll 77: Vernehmung Hans Walz vom 29. Dezember 1946.

870 Records of the United States Nürnberg War Crimes Trials Interrogations, 1946–1949, NA, RG 238, M-1019, Roll 77: Vernehmung Hans Walz vom 29. Dezember 1946. Vgl. Ebd., Vernehmung vom 25. September 1946.

871 Walz an Schreiber vom 7. Mai 1964, RBA 13/73.

872 Joachim Scholtyseck, Der «Schwabenherzog», S. 74.

873 Aufzeichnung Felix Olpp vom 15. Juli 1994, Kopie im Besitz des Verfassers.

874 Ebd.

875 Aktennotiz Wolff vom 5. Mai 1943, BA, Abt. III (BDC), Personalunterlagen Hans Walz. Zu Wolff: Joachim von Lang, Der Adjutant. Karl Wolff: Der Mann zwischen Hitler und Himmler, München/Berlin 1985, bes. S. 53–56.

876 BA, Abt. III, (BDC), Personalunterlagen Fritz Kranefuß. Zu Kranefuß umfassend Reinhard Vogelsang, Der Freundeskreis Himmler. Eine biographische Untersuchung zu Kranefuß liegt bislang nicht vor. Nach Kriegsende wurde Kranefuß im Auftrage der russischen Militärverwaltung zwar Ende März 1947 «zur dringenden Festnahme» ausgeschrieben (BA Dahlwitz-Hoppegarten, ZM 1329, Akte 11), aber die Spuren verliefen offenbar im Sand. Über seinen Verbleib nach Kriegsende ist wenig bekannt. Die amerikanischen Behörden erfuhren lediglich, Kranefuß sei es in letzter Minute gelungen, aus Berlin zu fliehen, während seine zweite Frau und sein Kind kurz nach dem russischen Einmarsch Selbstmord begangen hätten (NA, RG 260, FINANCE, Box 181, folder 10).

877 Zitiert nach Bosch-Zünder 24 (1942), S. 26.

878 Aufzeichnung aus dem Stab des Reichsführers-SS vom 23. April 1943, BA, Abt. III (BDC), Personalunterlagen Hans Walz.

879 Berger an Brandt vom 30. April 1943, ebd.

880 Berger an Himmler vom 30. April 1943, ebd.

881 Vermerk von Dr. Wehser vom 30. April 1943, ebd.

882 Vernehmung von Karl Wolff vom 12. April 1947, IfZ, ZS 317/V.

883 Vernehmung von Karl Wolff vom 1. Oktober 1947, ebd.

884 Kranefuß an Brandt vom 3. Mai 1943, BA, Abt. III (BDC), Personalunterlagen Hans Walz.

885 Aktennotiz Wolff vom 5. Mai 1943, ebd.

886 Dr. Wehser an Hauptamt SS-Gerichte vom 21. Mai 1943, ebd.

887 «Falls sich eine Begründung als notwendig oder wünschenswert erweist, wird angedeutet, daß die häufigen Absagen zwangsläufig auf mangelndes Interesse habe schließen lassen müssen.» Kranefuß an Himmler vom 21. April 1943. Das vollständige Dokument ist abgedruckt in: Reinhard Vogelsang, Der Freundeskreis Himmler, S. 145–148.

888 Liebel an Himmler vom 17. August 1943, BA, Abt. III (BDC), Personalunterlagen Hans Walz.

889 Himmler an Liebel vom September 1943, ebd.

890 Kaltenbrunner an Himmler vom 5. Oktober 1943, ebd.

891 Ebd.

892 Wehser an den Chef der Sicherheitspolizei und des SD Berlin vom 5. Dezember 1943, ebd.

893 Walz an Klett vom 27. Februar 1948, RBA 13/27. Der parteilose Klett wurde, möglicherweise auf Druck des Gauleiters Murr, im September 1943 als Rüstungsinspekteur abgelöst. Vgl. Kletts Aussage über «Wehrwirtschaftsführer» vom 9. Juni 1947, Staatsarchiv Ludwigsburg, Spruchkammerverfahren Otto Fahr, EL 902/20, Bü 37/17/7952.

894 Der Vorgang ist dokumentiert in: Joachim Scholtyseck, Die Firma Robert Bosch und ihre Hilfe für Juden, S. 219–222.

895 Records of the United States Nürnberg War Crimes Trials Interrogations, 1946–1949, NA, RG 238, M-1019, Roll 6. Vernehmung Bergers am 25. März 1946.

896 Vernehmung von Karl Wolff vom 1. Oktober 1947, IfZ, ZS 317/IV.

Fünftes Kapitel
Der Boschkreis und der 20. Juli 1944

1 Ulrich von Hehl, Nationalsozialistische Herrschaft, München 1996, S. 95. Ähnlich bereits 1994 Wolfgang Altgeld, Zur Geschichte der Widerstandsforschung, in: Rudolf Lill/Heinrich Oberreuter (Hrsg.), 20. Juli. Porträts des Widerstands, S. 521–533, bes. S. 530–533. Zum Forschungsstand Michael Kißener/Joachim Scholtyseck, Gedenkjahrnachlese, S. 312 f. Der Vorwurf eines angeblich «in den Studien jüngerer Historikerinnen und Historiker» hervortretenden deutlichen «apologetische(n) Zug(es)» einer «methodisch an die Widerstandsgeschichtsschreibung der 50er Jahre» anknüpfenden Historiographie erklärt sich ganz wesentlich aus der Tatsache, daß die Kritiker zwar stets Desiderate der Forschung beklagen, aber über vereinzelte Artikel hinaus bislang keine eigenen größeren Arbeiten vorlegen konnten, die ihre Thesen bestätigen. Das Zitat: Ulrich Heinemann/Michael Krüger-Charlé, Arbeit am Mythos. Der 20. Juli 1944 in Publizistik und wissenschaftlicher Literatur des Jubiläumsjahres 1994 (Teil II), in: Geschichte und Gesellschaft 23 (1997), S. 475–501, hier S. 482.

2 Rudolf Lill, Zur Einführung, in: ders./Michael Kißener (Hrsg.), 20. Juli in Baden und Württemberg, Konstanz 1994, S. 7–17, hier S. 14.

3 Heuss an Pechel vom 11. April 1961, BAK, N 1160 (Pechel), Bd. I/73.

4 Als Pionierstudie für die Vorgänge in den Wehrkreisen immer noch Peter Hoffmann, Widerstand, Staatsstreich, Attentat, S. 540–568.

5 Fabian von Schlabrendorff, Offiziere gegen Hitler, S. 65.

6 Joachim Fest, Hitler. Eine Biographie, Frankfurt am Main/Berlin/Wien 1973, S. 974.

7 Aufzeichnung Paul Hahn, Nachlaß Paul Hahn, Bd. 1–4, Militärarchiv Stuttgart.

8 Vernehmungsniederschrift Goerdelers vom 28. August 1944, BAL, NJ 12285, Bl. 22.

9 Zu der ganz ähnlichen Problematik bei der Beurteilung des Widerstands im «Freiburger Kreis» vgl. Ulrich Kluge, Der «Freiburger Kreis» 1938–1945. Personen, Strukturen und Ziele kirchlich-akademischen Widerstandsverhaltens gegen den Nationalsozialismus, in: Freiburger Universitätsblätter 27 (1988), S. 19–40, bes. S. 19 f. Als neuerer Literaturüberblick zum «Freiburger Kreis»: Wilfried Schulz, Adolf Lampe und seine Bedeutung für die «Freiburger Kreise» im Widerstand gegen den Nationalsozialismus, in: Jürgen Schneider/Wolfgang Harbrecht (Hrsg.), Wirtschaftsordnung und Wirtschaftspolitik in Deutschland (1933 – 1993), Stuttgart 1996, S. 219–250.

10 Elfriede Nebgen, Jakob Kaiser, S. 136.

11 Joseph Ersing, Vorgeschichte und Verlauf des 20. Juli 1944, Stuttgart 1947, S. 2.

12 Jakob Kaiser, Weder Reaktionäre noch Revolutionäre, in: 20. Juli 1944. Neubearbeitet und ergänzt von Erich Zimmermann und Hans-Adolf Jacobsen, Bonn ³1960, S. 14–17, hier S. 16.

13 Elfriede Nebgen, Jakob Kaiser, S. 46–48, 64 und 110.

14 Nachdem er von Goerdeler im Herbst 1943 über ein geplantes Attentat unterrichtet worden war, hielt er sich als Verbindungsmann nach Baden in der Annahme des unmittelbar bevorstehenden Umsturzes einige Wochen in Karlsruhe auf, bevor er kurz vor Weihnachten 1943, über den ausgebliebenen Schlag gegen den Diktator tief enttäuscht, nach Stuttgart zurückkehrte. Horst Rehberger, Reinhold Frank. Rechtsanwalt in Frankfurt, in: Michael Bosch/Wolfgang Niess (Hrsg.), Der Widerstand im deutschen Südwesten, S. 299–309, hier S. 306. Vgl. auch Karl Ströle, Aus meinem bunten Leben. Erinnerungen für meine Familie zur Feier des 80. Geburtstages aufgeschrieben, Ms. Stuttgart 1967, S. 70; Reinhold Maier, Bedrängte Familie, Tübingen 1962, S. 25 f.

15 Willy Schloßstein, Einstellung des Herrn Robert Bosch und seiner Mitarbeiter zum Nazi-Regime in: BAK, N 1186 (Stolper), 85 a, S. 12 f.

16 Max Miller, Eugen Bolz, S. 481 und die Aufzeichnungen von Willy Schloßstein in RBA 13/109.

17 Joseph Ersing, Vorgeschichte und Verlauf, S. 2.

18 Michael Kißener, Der 20. Juli im deutschen Südwesten, in: Michael Kißener/Harm-Hinrich Brandt/Wolfgang Altgeld (Hrsg.), Widerstand in Europa, Konstanz 1995, S. 89–98, hier S. 91.

19 Max Miller, Eugen Bolz, S. 489. Zu den Besetzungsplänen und den diversen Änderungen auch Gerhard Ritter, Carl Goerdeler, S. 368–372. Nach einer späteren Verhöraussage des Rechtsanwalts Josef Wirmer, der für das Justizressort vorgesehen war, sollte Bolz das Innenministerium deshalb übernehmen, weil es als wichtiges Ministerium von einem «geprägten Katholiken» besetzt werden sollte. Spiegelbild einer Verschwörung, SD-Bericht vom 26. September 1944, S. 423. Über die Einzelheiten der Kontaktaufnahme zwischen Bolz und Frank vgl. Michael Kißener, Für das Recht. Die Karlsruher Widerstandsgruppe um Reinhold Frank, in: Rudolf Lill/ders. (Hrsg.), 20. Juli 1944 in Baden und Württemberg, S. 19–59.

20 Elfriede Nebgen, Jakob Kaiser, S. 158.

21 Gerhard Ritter, Carl Goerdeler, S. 391 f.

22 Albrecht Fischer, Erlebnisse vom 20. Juli 1944 bis 8. April 1945, in: Otto Kopp (Hrsg.), Widerstand und Erneuerung, S. 128; Max Miller, Eugen Bolz, S. 489 f.

23 Vgl. die Unterlagen in: Bundesarchiv Koblenz, Zweigstelle Dahlwitz-Hoppegarten, ZA-VI-3902.

24 Vgl. Paul Sauer, Von Unbotmäßigkeit bis zu Widerstand. Stuttgart 1939–1945, in: Marlene Hiller (Hrsg.), Stuttgart im Zweiten Weltkrieg, Gerlingen 1989, S. 231–246, hier S. 239; Otto Borst, S. 424 f.; Roland Müller, Stuttgart zur Zeit des Nationalsozialismus, S. 511 f.

25 Walter Nachtmann, Gespräch mit Dr. jur. Albert Locher, in: Ausstellungsreihe Stuttgart im Dritten Reich. Anpassung, Widerstand, Verfolgung. Die Jahre 1933 bis 1939, Stuttgart 1984, S. 50–57, hier S. 52; Joachim Scholtyseck, «Der Mann aus dem Volk», S. 491.

26 Walter Nachtmann, Karl Strölin. Stuttgarter Oberbürgermeister im «Führerstaat», Tübingen 1995, S. 45 und 232.

27 Zu den häufigen Besuchen im Jahr 1943: Tagebuch Strölin, Bü 41, Stadtarchiv Stuttgart, Nachlaß Strölin; daneben Karl E. Thomä, Erinnerungen an die Zusammenarbeit mit Dr. Karl Goerdeler, RBA 13/178, S. 11.

28 Strölin an Ritter vom 17. Januar 1952, BAK, N 1166 (Gerhard Ritter), Bd. 493. Vgl. hierzu Ritter an Strölin vom 14. Januar 1952, ebd.

29 Vgl. Walter Nachtmann, Karl Strölin, S. 465, Anm. 520.

30 Ebd., S. 326 f. und 465, Anm. 516.

31 Ritter an die Spruchkammer Stuttgart vom 23. Oktober 1947, BAK, N 1166 (Ritter), Bd. 330. Als Entlastungszeuge wollte Gerhard Ritter nicht auftreten: «Die Erwähnung Strölins in Gesprächen Goerdelers mit mir war doch nur eine sehr gelegentliche.» Ritter an Martin Löffler vom 29. Oktober 1947, ebd.

32 Das Tagebuch des Jahres 1944 hat Strölin ebenso vernichtet wie Aufzeichnungen, die Aufschluß über seine Widerstandsverbindungen geben könnten. Vgl. Walter Nachtmann, Karl Strölin, S. 332.

33 Vgl. Ritter an Strölin vom 14. Januar 1952, BAK, N 1166 (Gerhard Ritter), Bd. 493. Er besaß unter anderem die Goerdeler-Denkschrift «Das Ziel» (Nachlaß Strölin, Stadtarchiv Stuttgart, Nr. 216).

34 Vgl. Ritter an Strölin vom 29. März 1954, ebd.; hierzu auch Strölin an Ritter vom 1. April 1954, ebd.

35 BAK, N 1166 (Gerhard Ritter), Bd. 146: Karl Strölin, «Rohentwurf. Gedankengang. Erkenne Dich selbst».

36 Vernehmungsniederschrift Goerdelers vom 28. August 1944, BAL, NJ 12285, Bl. 17.

37 Vgl. Nachlaß Strölin, Stadtarchiv Stuttgart, Nr. 76; Desmond Young, Rommel, Wiesbaden 1950, S. 260 f.

38 Alfred Knoerzer, Beziehungen zu Karl Goerdeler, RBA, 13/177, S. 1a.

39 Vgl. die überzeugende Argumentation bei Roland Müller, Stuttgart zur Zeit des Nationalsozialismus, S. 514–517 und S. 642, Anm. 44, und Vernehmung von Karl Strölin, NA, RG 59, Records of the Department of State Special Interrogation DeWitt C. Poole Mission to Germany, 1945–1946, M-679, roll 3, frame 550.

40 Konrad Adenauer, Wortprotokoll der Sitzung vom 17. November 1949, in: Akten zur Auswärtigen Politik der Bundesrepublik Deutschland. Bd. 1: Adenauer und die Hohen Kommissare, München 1989, S. 27.

41 Peter Hoffmann, Widerstand, Staatsstreich, Attentat, S. 433.

42 Ebd. S. 434.

43 Vgl. Karl Strölin, Verräter oder Patrioten? Der 20. Juli 1944 und das Recht auf Widerstand, Stuttgart 1952, S. 32 f.; Desmond Young, Rommel, S. 261 f.; Dieter Ose, Erwin Rommel, in: Rudolf Lill/Heinrich Oberreuter (Hrsg.), 20. Juli. Porträts des Widerstands, S. 253–268, hier S. 263. Zu Strölins Kontakten zu Rommel: Roland Müller, Stuttgart zur Zeit des Nationalsozialismus, S. 516. Zum Gesamtvorgang auch Hans

Speidel, Aus unserer Zeit. Erinnerungen, Berlin/Frankfurt am Main/Wien 1977, S. 168–183.

44 Vgl. die Niederschrift Speidels, Nachlaß Strölin, Stadtarchiv Stuttgart, Nr. 254.

45 Gerhard Ritter, Carl Goerdeler, S. 399.

46 Vgl. die Unterlagen in RBA N 30, Mappe 4.

47 Vernehmungsniederschrift Goerdelers vom 28. August 1944, BAL, NJ 12285, Bl. 15 f und 18; daneben die korrespondierenden Angaben Fischers vom 29. August 1944, ebd., Bl. 25.

48 Aktenvermerk Chef der Sicherheitspolizei und des SD vom 6. September 1944, BAL, NJ 12285, Bl. 2.

49 Ebd., Bl. 16.

50 Vernehmungsniederschrift Fischers vom 2. August 1944, BAL, NJ 12285, Bl. 7 f. Vgl. Vernehmungsniederschrift Fischers vom 23. August 1944, Bl. 11.

51 Ebd.

52 Zum Zeitpunkt vgl. die Vernehmungsniederschrift Goerdelers vom 28. August 1944, BAL, Bl. 16.

53 Vernehmungsniederschrift Fischers vom 23. August 1944, Bl. 13. Zu den militärischen Planungen Peter Hoffmann, Widerstand, Staatsstreich, Attentat, S. 374–388.

54 Ebd.

55 Vernehmungsniederschrift Fischers vom 29. August 1944, BAL, NJ 12285, Bl. 29.

56 Spiegelbild einer Verschwörung, Urteil gegen Fischer und Frank vom 12. Januar 1945, S. 711.

57 Vernehmungsniederschrift Fischers vom 23. August 1944, BAL, NJ 12285, Bl. 12.

58 Vernehmungsniederschrift Goerdelers vom 28. August 1944, BAL, NJ 12285, Bl. 16.

59 Vernehmungsniederschrift Fischers vom 23. August 1944, Bl. 12 f. BAL, NJ 12285. Ähnlich seine Aussagen am 29. August 1944 (ebd., Bl. 28): Man sei einer Meinung gewesen, daß «die Deutschland gegenüberstehende Koalition lebenswichtige Interessengegensätze in sich» berge. «Es müsse daher auf diplomatischem Wege möglich sein, durch Ausnutzung dieser Interessengegensätze eine vorteilhafte Lage für Deutschland zu erreichen. Wir standen beide auf dem Standpunkt, daß ein Hereinlassen des Bolschewismus mit allen Kräften verhindert werden müsse. Dazu könnte es unter Umständen notwendig werden, der westlichen Gegnerseite ein gewisses Entgegenkommen zu zeigen, weil man auf dieser Seite mehr Verständnis für die ganzen deutschen Interessen erwarten könne. In Amerika leben Millionen Deutsche, in England weiß man, was man an Deutschland als Absatzgebiet hatte und was ein bolschewistisches Europa für England bedeuten würde. Auch für den Fall einer Besetzung deutschen Gebietes durch die Westseite könnte man mit erträglicheren Verhältnissen rechnen, da in den westlichen Ländern doch mindest eine gewisse Kultur und Zivilisation herrsche. Ich sehe eine geopolitische Linie etwa vom Finnischen Meerbusen bis zum Schwarzen Meer bezw. Nahen Osten. Wenn man Deutschland als Machtfaktor wegstreichen würde, müsste England selbst diese Linie verteidigen, schon wegen des Nahen Ostens und wegen Indien. Allein ist es für diese Verteidigung zu schwach.»

60 Gerhard Ritter, Carl Goerdeler, S. 349–351. Vgl. auch Helena P. Page, General Friedrich Olbricht. Ein Mann des 20. Juli, Bonn 1994, S. 161–164.

61 BAL, NJ 12285, S. 2, «Ermittlungsergebnis». Vgl. hierzu auch die Urteilsbegründung: Spiegelbild einer Verschwörung, Urteil gegen Fischer und Frank vom 12. Januar 1945, S. 710–713; Albrecht Fischer, Erlebnisse vom 20. Juli 1944 bis 8. April 1945, in: Otto Kopp (Hrsg.), Widerstand und Erneuerung, S. 140.

62 Albrecht Fischer, Erlebnisse vom 20. Juli 1944 bis 8. April 1945, in: Otto Kopp (Hrsg.), Widerstand und Erneuerung, S. 126.

63 Hans Walz, Meine Mitwirkung an der Aktion Goerdeler, in: Otto Kopp (Hrsg.), Widerstand und Erneuerung, S. 119. Vgl. ders., Ergänzende und berichtigende Anmerkungen, in: RBA 13/127; Meynen an Walz vom 14. September 1945, RBA 13/129.

64 Aufzeichnung aus dem November 1945, Nachlaß Strölin, Stadtarchiv Stuttgart, Nr. 220; Vgl. Hans Walz, Meine Mitwirkung an der Aktion Goerdeler, in: Otto Kopp (Hrsg.), Widerstand und Erneuerung, S. 119; ders., Ergänzende und berichtigende Anmerkungen, RBA 13/127.

65 Ebd.

66 Hierzu und zum Procedere der Auswahl der Politischen Beauftragten Elfriede Nebgen, Jakob Kaiser, S. 177–181.

67 Vernehmungsniederschrift Goerdelers vom 28. August 1944, Bl. 18, BAL, NJ 12285. Fischer datierte diese Sondierungen vor der Gestapo ähnlich: «Diese Unterhaltung mit Goerdeler dürfte etwa vor einem Jahr stattgefunden haben, genauer kann ich den Termin nicht festlegen. Zumindest habe ich das sichere Gefühl, daß es bereits im Jahre 1943 war.» (Vernehmungsniederschrift Fischers vom am 29. August 1944, BAL, NJ 12285, Bl. 24). In einer späteren Vernehmung nannte Fischer die Zeit «zwischen Sommer-Ende und Oktober/November 1943» (Vernehmungsniederschrift Fischers vom 5. September 1944, BAL NJ 12285, Bl. 38). Der Zeitpunkt «Ende des Jahres 1943» bei Elfriede Nebgen, Jakob Kaiser, S. 180.

68 Ebd., Bl. 17 f.

69 Albrecht Fischer, Erlebnisse vom 20. Juli 1944 bis 8. April 1945, in: Otto Kopp (Hrsg.), Widerstand und Erneuerung, S. 128 f.

70 Vgl. ebd., S. 129 f.; Elfriede Nebgen, Jakob Kaiser, S. 177–181. Die meisten der «Politischen Beauftragten», meist alte Gewerkschafter, wurden durch Leuschner auf die Liste gesetzt. Gerhard Ritter, Carl Goerdeler, S. 621. Dort als Anhang X, S. 620 f. auch die Liste, die am 20. Juli 1944 von Berlin aus den einzelnen Wehrkreiskommandos zuging.

71 Peter Hoffmann, Widerstand, Staatsstreich, Attentat, S. 440 und S. 787, Anm. 178; Albrecht Fischer, Erlebnisse vom 20. Juli 1944 bis 8. April 1945, in: Otto Kopp (Hrsg.), Widerstand und Erneuerung, S. 128–130. Prozeßbericht und Urteil: BAL EAP 105/31. Vgl. die Aufstellung in: Spiegelbild einer Verschwörung, S. 27.

72 Elfriede Nebgen, Jakob Kaiser, S. 181.

73 Hans Walz, Ergänzende und berichtigende Anmerkungen, RBA 13/127.

74 Vernehmungsniederschrift Goerdelers vom 28. August 1944, BAL, NJ 12285, Bl. 17 f. Einer anderen Angabe zufolge übergab Josef Wirmer die Liste an die Militärs. Elfriede Nebgen, Jakob Kaiser, S. 181.

75 Albrecht Fischer, Erlebnisse vom 20. Juli 1944 bis 8. April 1945, in: Otto Kopp (Hrsg.), Widerstand und Erneuerung, S. 128 f.

76 Hans Walz, Ergänzende und berichtigende Anmerkungen, RBA 13/127.

77 Ebd.

78 Vernehmungsniederschrift Goerdelers vom 28. August 1944, BAL, NJ 12285, Bl. 16.

79 Ebd., Bl. 19 f.

80 Vernehmungsniederschrift Fischers vom 29. August 1944, ebd., Bl. 24.

81 Vernehmungsniederschrift Fischers vom 3. September 1944, ebd., Bl. 36.

82 Vernehmungsniederschrift Fischers vom 5. September 1944, ebd., Bl. 38 f.

83 Gegenüber der Gestapo gab Fischer an, Goerdeler habe sich hierzu «nicht geäussert und ich habe ihn nicht danach gefragt, weil ich annahm, daß es sich dabei um vertrauliche Dinge zwischen ihm und seinen militärischen Gewährspersonen handele und ich es für taktlos gehalten hätte, ihn danach zu fragen.» Vernehmungsniederschrift Fischers vom 29. August 1944, ebd., Bl. 29.

84 Vernehmungsniederschrift Goerdelers vom 28. August 1944, ebd., Bl. 20–22.

85 Vernehmungsniederschrift Fischers vom 29. August 1944, ebd., Bl. 23. Diese Aussage wurde in der Urteilsbegründung im Zusammenhang des Vorwurfs des Defaitismus wieder aufgenommen: Spiegelbild einer Verschwörung, Urteil gegen Fischer und Frank vom 12. Januar 1945, S. 711.

86 Vgl. Vernehmungsniederschrift Fischers vom 23. August 1944, Bl. 11 (BAL, NJ 12285).

87 Aussage Karl Martell Wild, Protokoll über die öffentliche Sitzung am 19. Dezember 1947, Staatsarchiv Ludwigsburg, Spruchkammerverfahren Karl Martell Wild, EL 902/20, Bü 37/16/4721.

88 Auskunft von Reinhard Walz vom 10. Oktober 1997. Als ältester Sohn von Hans Walz war der 17jährige Reinhard Walz als einziges Familienmitglied noch bis 1945 in Stuttgart.

89 Joachim Fest, Staatsstreich. Der lange Weg zum 20. Juli, Berlin 1994, S. 222.

90 Uta Joos/Gerda Müller, Familienloyalität führt zum politischen Widerstand. Hermine Steiner, S. 164.

91 Hans Maier, Das Recht auf Widerstand, in: Peter Steinbach/Johannes Tuchel (Hrsg.), Widerstand gegen den Nationalsozialismus, S. 33–42, hier S. 40.

92 Alfred Knoerzer, Beziehungen zu Karl Goerdeler, RBA 13/177, S. 1.

93 Michael Kißener, Hans Walz, S. 134.

94 Zitiert nach ebd.

95 Hans Walz, Meine Mitarbeit an der Aktion Goerdeler, in: Otto Kopp (Hrsg.), Widerstand und Erneuerung, S. 119.

96 Walz an Wurm vom 1. November 1950, RBA 13/27; Wurm an Walz vom 23. August 1950, ebd. Vgl. Michael Kißener, Hans Walz, S. 137.

97 «Memorandum» von Altaffer vom 18. Dezember 1942, NA, RG 84, Foreign Service Posts of the Department of State, American Legation Bern, Confidential File 1942, 800, Box 5.

98 Hans Walz, Meine Mitarbeit an der Aktion Goerdeler, in: Otto Kopp (Hrsg.), Widerstand und Erneuerung, S. 119; vgl. ders., «Beilage zum Fragebogen: Kurze Darstellung der Beziehungen zur NSDAP und SS» vom 27. August 1945, RBA 13/33.

99 Alfred Knoerzer, Beziehungen zu Karl Goerdeler, RBA 13/177, S. 2; Theodor Heuss, Dank und Bekenntnis, S. 4.

100 Aufzeichnung Paul Hahns, Nachlaß Paul Hahn, Bd. 1–4, Militärarchiv Stuttgart. Während seines Prozesses vor dem Volksgerichtshof war vom Amt des Leiters der Ordnungspolizei Berlin die Rede. Spiegelbild einer Verschwörung, Urteil gegen Hahn, Menge und Stöhr vom 28. Februar 1945, S. 780–788.

101 Spiegelbild einer Verschwörung, Urteil gegen Hahn, Menge und Stöhr vom 28. Februar 1945, S. 782 f.

102 Albrecht Fischer, Erlebnisse vom 20. Juli 1944 bis 8. April 1945, in: Otto Kopp (Hrsg.), Widerstand und Erneuerung, S. 128; Hans Walz, Ergänzende und berichtigende Bemerkungen, RBA 13/127.

103 Aufzeichnung Paul Hahns, Nachlaß Paul Hahn, Bd. 1–4, Militärarchiv Stuttgart.

104 Spiegelbild einer Verschwörung, SD-Bericht vom 13. November 1944, S. 488. Zur Wirkung des Todes seines Sohnes auf Goerdeler Gerhard Ritter, Carl Goerdeler, S. 539, Anm. 37.

105 Vgl. Larry E. Jones, Sammlung oder Zersplitterung, S. 291–302. Heuss hat sich nach dem Krieg indessen über den Offizier Wildermuth als einen «miles gloriosus» recht abfällig geäußert. Vgl. Erich Mende, Die neue Freiheit 1945 – 1961, S. 189 f.

106 Wilhelm Kohlhaas, Paul Hahn, S. 330; ders., Eberhard Wildermuth. Ein aufrechter Bürger, Bonn 1960, S. 114 f.; ders., Eberhard Wildermuth, in: Lebensbilder aus

Anhang

Schwaben und Franken 16 (1986), S. 413–428; Theodor Heuss, Dank und Bekenntnis, Gedenkrede zum 20. Juli 1944, Tübingen 1954, S. 11. Wildermuth wurde in der Bundesrepublik als FDP-Mitglied erster Bundesminister für Wiederaufbau.

107 Spiegelbild einer Verschwörung, Urteil gegen Hahn, Menge und Stöhr vom 28. Februar 1945, S. 782.

108 Willy Schloßstein, Einstellung des Herrn Robert Bosch und seiner Mitarbeiter zum Nazi-Regime (28 S.), BAK, N 1186 (Stolper), 85 a, S. 8; ders., «Betr. Einstellung des Herrn B. und seiner Firma zum Nazi-Regime (Überreicht durch Ludwig Kaiser Stuttgart 15. 9. 1945)«, verfaßt im Juli 1945, BAK, N 1166 (Ritter), Bd. 131; Rapport des Polizei-Corps Kanton Thurgau vom 24. Juni 1938, SBA, Bestand Hans Ritter, Bundesanwaltschaft, E 4320 (B), 1984/29, Schachtel 103 (Dossier C.12 456).

109 Hans Walz, Ergänzende und berichtigende Anmerkungen, RBA 13/127.

110 Aufzeichnung Felix Olpp vom 15. Juli 1994, Kopie im Besitz des Verfassers.

111 Spiegelbild einer Verschwörung, SD-Bericht vom 2. Oktober 1944, S. 433. Es ist naheliegend, hier eine Mittlerstellung zwischen dem sog. «Korntaler Kreis» um Theophil Wurm, Helmut Thielicke, Theodor Bäuerle mit dem «Freiburger Kreis» anzunehmen. Vgl. hierzu Gerhard Ritter, Carl Goerdeler, S. 523 f., Anm. 71.

112 Nachlaß Strölin, Stadtarchiv Stuttgart, Bericht Paul Hahn, S. 105–107. Vgl. dagegen Hahns Aussagen vor der Gestapo, er habe Johns Ansinnen abgelehnt, Gehre «illegal über die Schweizer Grenze zu bringen». Spiegelbild einer Verschwörung, SD-Bericht vom 2. Oktober 1944, S. 433.

113 Albrecht Fischer, Erlebnisse vom 20. Juli 1944 bis 8. April 1945, in: Otto Kopp (Hrsg.), Widerstand und Erneuerung, S. 125; vgl. Hans Walz, Meine Mitarbeit bei der Aktion Goerdeler, in: ebd., S. 104 f.

114 Zum «Unmut» im Frühjahr 1944 Elfriede Nebgen, Jakob Kaiser, S. 183–186.

115 Willy Schloßstein, «Betr. Einstellung des Herrn B. und seiner Firma zum Nazi-Regime (Überreicht durch Ludwig Kaiser Stuttgart 15. 9. 1945)«, BAK, N 1166 (Ritter), Bd. 131.

116 Hans Walz, Ergänzende und berichtigende Anmerkungen, RBA 13/127; abgedruckt bei Albrecht Fischer, Erlebnisse vom 20. Juli 1944 bis 8. April 1945, in: Otto Kopp (Hrsg.), Widerstand und Erneuerung, S. 126 f., Anm. 1.

117 Vernehmungsniederschrift Fischers vom 29. August 1944, BAL, NJ 12285, Bl. 29. Fischer vermutete gegenüber der Gestapo gar, Goerdeler habe diese Ansicht geteilt, weil er, Fischer, von Goerdeler im Jahr 1944 nicht mehr auf den Umsturzplan angesprochen worden sei. Ebd.

118 Hans Walz, Ergänzende und berichtigende Anmerkungen, RBA 13/127; abgedruckt bei Albrecht Fischer, Erlebnisse vom 20. Juli 1944 bis 8. April 1945, in: Otto Kopp (Hrsg.), Widerstand und Erneuerung, S. 126 f., Anm. 1.

119 Ebd.

120 Aussage Karl Martell Wild, Protokoll über die öffentliche Sitzung am 19. Dezember 1947, Staatsarchiv Ludwigsburg, Spruchkammerverfahren Karl Martell Wild, EL 902/20, Bü 37/16/4721.

121 Gerhard Ritter, Carl Goerdeler, S. 551, Anm. 105.

122 Aufzeichnung vom 3. April 1944, NA, RG 84, Foreign Service Posts of the Department of State, American Legation Bern, Confidential File 1944, 800, Box 16. Vgl. SBA, Bestand «Von Hagenstein, A.», Bundesanwaltschaft, E 4320 (B), (Dossier C.12 3579).

123 «Précis Concerning Alleged Attempt (to) Assassinate Hitler» vom 16. August 1944, NA, RG 84, Foreign Service Posts of the Department of State, American Legation Bern, Confidential File 1944, 800, Box 16.

124 Aufzeichnung von Georges Blun für das amerikanische Generalkonsulat Zürich vom 31. März 1944, NA, RG 84, Foreign Service Posts of the Department of State, Ame-

rican Legation Bern, Confidential File 1944, 800, Box 5. Vgl. hierzu die vier Seiten umfassende Übersetzung des amerikanischen Generalkonsulats Zürich vom 3. April 1944 in ebd., Box 16. Georges Blun hatte als Berliner Korrrespondent des «Journal» 1928 eine politische Betrachtung Deutschlands vorgelegt: L' Allemagne mise à nu, Paris 1928.

125 Ebd.

126 Möglicherweise gründete sich seine in Stuttgart vertretene Ansicht, daß die Alliierten auf die Schweiz «nunmehr einen starken Druck ausüben», so daß dessen «neutrale Haltung in ihren Grundfesten erschüttert sei», auf diese Erfahrungen. Vgl. den Entwurf einer Niederschrift über eine Sitzung bei Bosch vom 23. November 1944, RBA 14/540.

127 Memorandum von Klahr Huddle vom 10. Mai 1944; Dulles an Huddle vom 11. Mai 1944, NA, RG 84, Foreign Service Posts of the Department of State, American Legation Bern, Confidential File 1944, 800, Box 5. Der langjährige DDP-Landtagsabgeordnete Freudenberg ist ein weiteres Beispiel liberalen Widerstands im «Dritten Reich». Zu seiner Rolle Petra Bräutigam, Mittelständische Unternehmer im Nationalsozialismus, S. 338–347, die sich allerdings nur auf die Entnazifizierungsakten stützt und deshalb in ihrem Urteil seinen ehrlichen Bemühungen nicht ganz gerecht wird.

128 OSS-Bulletin «Represenative German Review of the Situation» vom 2. März 1944, FDR Library, Map Room Files, January 1944–April 1945, Box 73.

129 Helmuth Graf Moltkes Plan, Zweite Dezemberhälfte 1943, in: Ger van Roon, Neuordnung im Widerstand, S. 582–586. Vgl. Jürgen Heideking/Christof Mauch (Hrsg.), American Intelligence and the German Resistance to Hitler, S. 172–176.

130 Memorandum von Willy Brandt vom 25. September 1943, Jürgen Heideking/Christof Mauch (Hrsg.), American Intelligence and the German Resistance to Hitler, S. 97–115.

131 Hierzu Barry M. Katz, Foreign Intelligence. Research and Analysis in the Office of Strategic Services 1942–1945, Cambridge (Mass.)/London 1989, S. 29. Zum OSS allgemein Bradley F. Smith, The Shadow Warriors. OSS and the Origins of the CIA, New York 1983.

132 Jürgen Heideking, Die «Breakers»-Akte, S. 16.

133 Memorandum des Leiters der Research and Analysis Branch, William L. Langer, an OSS Director William J. Donovan vom 15. März 1944, zitiert nach Jürgen Heideking/Christof Mauch (Hrsg.), American Intelligence and the German Resistance to Hitler, S. 201–203. Vgl. dies. (Hrsg.), USA und deutscher Widerstand. Analysen und Operationen des amerikanischen Geheimdienstes im Zweiten Weltkrieg, S. 62.

134 Vgl. etwa «The Underground Movement in Germany» Report by the OSS Research & Analysis Branch vom 27. September 1943, in: Jürgen Heideking/Christof Mauch (Hrsg.), American Intelligence and the German Resistance to Hitler, S. 116–124. Eine deutsche Übersetzung des Dokuments in: Alfons Söllner (Hrsg.), Zur Archäologie der Demokratie in Deutschland. Analysen politischer Emigranten im amerikanischen Geheimdienst, Bd. 1: 1943–1945, Frankfurt am Main 1982, S. 43–59.

135 Ebd.

136 National Archives Microfilm Publication M-1221: R&A 1145: «The Relation Between Aggression and Business Structure in Germany» vom 25. August 1943.

137 «Weekly Summary» vom 21. Juni 1944 aus Bern, NA, RG 226, Entry 134, Box 193, Folder 1222.

138 Hierzu ausführlich Anthony Cave Brown, The Last Hero. Wild Bill Donovan, New York 1982, S. 286–289; Allen Dulles, The Secret Surrender, London 1966, S. 17; The Overseas Targets. War Report of the OSS, hrsg. von Kermit Roosevelt, Bd. 2, New York/Washington D. C. 1976, S. 278–281. Zu Gisevius Klemens von Klemperer, Die verlassenen Verschwörer, S. 273–275.

139 Dulles an OSS Washington vom 27. Januar 1944, Jürgen Heideking/Christof Mauch (Hrsg.), American Intelligence and the German Resistance to Hitler, S. 191 f.

140 Dulles an OSS Washington vom 29. Januar 1944, NA, RG 226, Entry 138, Box 2.

141 Dulles an OSS Washington vom 4. Februar 1944, Jürgen Heideking/Christof Mauch (Hrsg.), American Intelligence and the German Resistance to Hitler, S. 193 f.

142 Zitiert nach Richard Dunlop, Donovan. America's Master Spy, Chicago/New York/San Francisco 1982, S. 450 f. Zu Donovan auch Anthony Cave Brown, The Last Hero. Wild Bill Donovan, New York 1982 und Corey Ford, Donovan of OSS, Boston/Toronto 1970, bes. S. 285–1945.

143 OSS Bulletin vom 17. Mai 1944, FDR Library, Map Room Files, January 1944–April 1945, Box 73; vgl. OSS Assistant Director Buxton an Außenminister Hull vom 16. Mai 1944, Jürgen Heideking/Christof Mauch (Hrsg.), American Intelligence and the German Resistance to Hitler, S. 219–222. Vgl. das Memorandum vom 16. Mai 1944 in: FRUS 1944, Bd. 1, S. 510–513; Anthony Cave Brown, The Last Hero, S. 531 f.

144 William Casey, The Secret War Against Hitler, Washington D.C 1988, S. 166.

145 Vgl. das sechste Kapitel und Altaffer an Huddle vom 22. Juli 1944, NA, RG 84, Foreign Service Posts of the Department of State, American Legation Bern, Confidential File 1944, 800, Box 16 bzw. «Précis Concerning Alleged Attempt (to) Assassinate Hitler» vom 16. August 1944, NA, RG 84, Foreign Service Posts of the Department of State, ebd.

146 Marianne Meyer-Krahmer, Carl Goerdeler, S. 63.

147 Theodor Bäuerle an K. A. Meissinger vom 19. Juni 1944, HStA Wü, Nachlaß Theodor Bäuerle Q 1/21, Bü 395.

148 Das von Bäuerles Tochter hergerichtete Zimmer wurde nach der Flucht von Goerdeler bekanntlich nicht in Anspruch genommen. Da die Familie Goerdelers nach dem Attentat in Sippenhaft genommen wurde, konnte auch sie den eigenen Plan nicht nutzen, nach Süddeutschland auf ein kleines Gut in der Nähe von Heilbronn überzusiedeln, das Robert Bosch noch zu seinen Lebzeiten Carl Goerdeler als «Refugium» zur Verfügung gestellt hatte. Uta Joos/Gerda Müller, Familienloyalität führt zum politischen Widerstand. Hermine Steiner, S. 167 f.; Marianne Meyer-Krahmer, Carl Goerdeler, S. 171.

149 Willy Schloßstein, «Betrifft Herrn Dr. Goerdeler», Aufzeichnung vom Dezember 1946, BAK, N 1186 (Stolper), 85 a; ders., Einstellung des Herrn Robert Bosch und seiner Mitarbeiter zum Nazi-Regime in: ebd., S. 22. Vgl. Nachlaß Strölin, Stadtarchiv Stuttgart, Nr. 220.

150 Otto Meyer, der Goerdeler für die Organisation des Widerstandes ein Firmenfahrzeug zur Verfügung stellte, erinnerte sich später, daß Goerdeler «kurze Zeit vor dem 20. 7. 44 bei ihm gewesen sei. Goerdeler habe sich anschließend nach Stuttgart begeben, um dort den Geschäftsführer der Bosch-Werke, Walz, aufzusuchen. Wie Meyer erzählte, hat damals die Gestapo seine beiden Dienstmädchen und den Kraftfahrer wegen des erwähnten Besuches befragt» (Zentrale Stelle Ludwigsburg, VI 415 AR 648/61: Vermerk des Hessischen Landeskriminalamtes Wiesbaden vom 18. April 1961; «Betr.: Ermittlungssache gegen Quetting»). Zu Meyer Gerhard Hetzer, Unternehmer und leitende Angestellte zwischen Rüstungseinsatz und politischer Säuberung, in: Martin Broszat/Klaus-Dietmar Henke/Hans Woller (Hrsg.), Von Stalingrad zur Währungsreform. Zur Sozialgeschichte des Umbruchs in Deutschland, München 1988, S. 551–591, hier S. 561–566; MAN AG – Historisches Archiv, Goerdeler an Meyer vom 9. Juni 1944, NL Otto Meyer.

151 Vernehmungsniederschrift Fischers vom 23. August 1944, Bl. 11, BAL, NJ 12285.

152 Willy Schloßstein, Einstellung des Herrn Robert Bosch und seiner Mitarbeiter zum Nazi-Regime in: BAK, N 1186 (Stolper), 85 a, S. 22.

153 Vernehmungsniederschrift Fischers vom 29. August 1944, BAL, NJ 12285, Bl. 30.

154 Vgl. Zentrale Stelle Ludwigsburg, VI 415 AR 648/61: Vermerk des Hessischen Landeskriminalamtes Wiesbaden vom 29. Mai 1961; «Betr.: Ermittlungssache gegen Quetting» – Vernehmung von Hans Walz.

155 Gerhard Ritter, Carl Goerdeler, S. 556, Anm. 408.

156 Aufzeichnung Paul Hahns, Nachlaß Hahn, Bd. 1–4, Militärarchiv Stuttgart.

157 Karl E. Thomä, Erinnerungen an die Zusammenarbeit mit Dr. Karl Goerdeler, RBA 13/178, S. 13.

158 Vgl. Uta Joos/Gerda Müller, Familienloyalität führt zum politischen Widerstand. Hermine Steiner, S. 164.

159 Joseph Ersing, Vorgeschichte und Verlauf, S. 4.

160 Helmut Thielicke, Zur Einführung, in: In der Stunde Null: Die Denkschrift des Freiburger «Bonhoeffer-Kreises», S. 11.

161 Zitiert nach Max Miller, Eugen Bolz, S. 492.

162 Vgl. Alfred Knoerzer, «Angaben für Firmenchronik» vom 28. Februar 1952, RBA, N 32, Bd. 14; ders., Beziehungen zu Karl Goerdeler, RBA 13/177, S. 2. Zu Kaiser: Ger van Roon, Hermann Kaiser. Daneben Peter M. Kaiser, Die Verbindungen der Verschwörer des «20. Juli 1944» nach Hessen am Beispiel der Brüder Kaiser, in: Renate Knigge-Tesche/Axel Ulrich (Hrsg.), Verfolgung und Widerstand in Hessen 1933–1945, Frankfurt am Main 1996, S. 548–564.

163 Zitiert nach Ger van Roon, Hermann Kaiser, S. 285.

164 Alfred Knoerzer, Beziehungen zu Karl Goerdeler, RBA 13/177, S. 2. Vgl. Elfriede Nebgen, Jakob Kaiser, S. 192 f.

165 Aufzeichnung Felix Olpp vom 15. Juli 1994, Kopie im Besitz des Verfassers.

166 Eugen Gerstenmaier, Von Bolz bis zu Rommel und Wurm. Baden-Württemberger im Kampf gegen Hitler, Stuttgart 1978, S. 23. Vgl. auch ders., Der Kreisauer Kreis, in: Vierteljahrshefte für Zeitgeschichte 15 (1967), S. 221–246, hier S. 243 f.; Theophil Wurm, Erinnerungen, S. 171 f.; Gerhard Schäfer/Richard Fischer (Hrsg.), Landesbischof D. Wurm, S. 350 f.; Theophil Wurm, Erinnerungen aus meinem Leben, Stuttgart 1953, S. 170 f. Vgl. auch Gerstenmaiers Darstellung: «Zur Geschichte des Umsturzversuchs vom 20. Juli 1944,» in: Neue Zürcher Zeitung vom 24. Juli 1945; Emil Brunner, Zum Zeugnis für Dr. Gerstenmaier, in: Neue Zürcher Zeitung vom 22. Juli 1945.

167 Roland Müller, Stuttgart zur Zeit des Nationalsozialismus, S. 512; Eugen Gerstenmaier, Von Bolz bis zu Rommel und Wurm, S. 23 f., Eugen Gerstenmaier, Streit und Friede hat seine Zeit. Ein Lebensbericht, München 1981, S. 189.

168 Eugen Gerstenmaier, Von Bolz bis zu Rommel und Wurm., S. 8–23. Vgl. auch ders., Der Kreisauer Kreis, in: Vierteljahrshefte für Zeitgeschichte 15 (1967), S. 221–246, hier S. 243 f.

169 Aufzeichnung Paul Hahns, Nachlaß Paul Hahn, Bd. 1–4, Militärarchiv Stuttgart.

170 Eberhard Jäckel, Wenn der Anschlag gelungen wäre, in: Hans Jürgen Schultz (Hrsg.), Der Zwanzigste Juli. Alternative zu Hitler?, Stuttgart/Berlin 1974, S. 69–76. Gisevius glaubte dagegen, «jeder Widerstand der Provinzsatrapen» wäre im Falle eines geglückten Attentats «unmöglich» gewesen. Hans Bernd Gisevius, Bis zum bittern Ende, Bd. 2, S. 328.

171 Vgl. hierzu detailliert Roland Müller, Stuttgart zur Zeit des Nationalsozialismus, S. 509–517; Michael Kißener, Der 20. Juli im deutschen Südwesten, in: Michael Kißener/Harm-Hinrich Brandt/Wolfgang Altgeld (Hrsg.), Widerstand in Europa, S. 89–98.

172 Das Fernschreiben ist abgedruckt in: Spiegelbild einer Verschwörung, S. 77.

173 Manfred Messerschmidt, Die Wehrmacht in der Endphase. Realität und Perzeption, in: Stuttgart im Zweiten Weltkrieg, S. 471–489.

174 Fröhlich, Elke (Hrsg.), Die Tagebücher von Joseph Goebbels, Teil II, Bd. 7, München u. a. 1993, S. 528: Eintrag vom 11. März 1943.

175 Peter Hoffmann, Widerstand, Staatsstreich, Attentat, S. 549. Zu den Ereignissen in Stuttgart zusammenfassend Joachim Scholtyseck, Der «Stuttgarter Kreis», passim.

176 Görlitz an Strölin vom 16. November 1951, Nachlaß Strölin, Stadtarchiv Stuttgart, Nr. 259.

177 Zitiert nach Peter Hoffmann, Widerstand, Staatsstreich, Attentat, S. 549.

178 Peter Hoffmann, Widerstand, Staatsstreich, Attentat, S. 549. Auch nach dem Ende des Zweiten Weltkriegs änderte sich an der Einstellung Veiels gegenüber dem Regime offenbar wenig. Auf eine schriftliche Anfrage von Walter Görlitz nach Informationen über die Vorgänge in Stuttgart am 20. Juli 1944 teilt er im Jahr 1951 lakonisch mit, er könne «bei den gegenwärtigen Zeiten nicht dazu beitragen» (Nachlaß Strölin, Stadtarchiv Stuttgart, Nr. 259).

179 NS-Kurier vom 23. Juli 1944. Eine differenzierte Analyse der Stimmungsberichte zum 20. Juli, die das Bild einhelliger Empörung relativiert, bei Ian Kershaw, Der Hitler-Mythos, S. 186–191.

180 Paul Sauer, Von Unbotmäßigkeit bis zu Widerstand, S. 242. Vgl. Nachlaß Strölin, Stadtarchiv Stuttgart, Nr. 76.

181 Bericht des Schweizerischen Konsulats an die Abteilung für Auswärtiges im Eidgenössischen Politischen Departement vom 25. September 1944: «Er galt immer als gemässigt, war zurückhaltend bei Durchführung der Massnahmen gegen die Juden und begünstigte weitgehend die evangelische Kirche. Mit dem evangelischen Landesbischof stand er in Briefwechsel während der schwersten Zeit, sodass das gespannte Verhältnis mit dem Reichsstatthalter Murr sich zur Unverträglichkeit schon seit Jahren verschlechterte.» SBA, Politisches Departement, E 2200, Konsulat Stuttgart, Bd. 1.

182 Am 24. Juli verfügten die Verfolgungsbehörden über eine vervollständigte Aufstellung «der in Aussicht genommenen politischen Beauftragten». Erst nach einigen Tagen gelang es der Gestapo, eine Art «Regierungsliste» zu rekonstruieren.

183 Vernehmungsniederschrift Fischers vom 5. August 1944, BAL, NJ 12285, Bl. 8; Albrecht Fischer, Erlebnisse vom 20. Juli 1944 bis 8. April 1945, in: Otto Kopp (Hrsg.), Widerstand und Erneuerung, S. 130. Vgl. die dem SD-Bericht vom 25. Juli 1944 beigefügte «Ergänzungsliste der Verhafteten», in: BAL, NS 6, Bd. 4, Bl. 135.

184 Hierzu ebd. und der anschauliche Bericht Fischers über seine Stuttgarter Haft: Albrecht Fischer, Erlebnisse vom 20. Juli 1944 bis 8. April 1945, in: Otto Kopp (Hrsg.), Widerstand und Erneuerung, S. 130–134.

185 SBA, Bestand «Von Hagenstein, A.», Bundesanwaltschaft, E 4320 (B), (Dossier C. 12 3579).

186 Willy Schloßstein, «Betrifft Herrn Dr. Goerdeler», Aufzeichnung vom Dezember 1946, BAK, N 1186 (Stolper), 85 a.

187 Undatierte Aufzeichnungen von Felix Olpp aus dem November 1982, RBA 14/3, Bl. 20.

188 Bestätigung Theodor Bäuerles vom 11. März 1947, Staatsarchiv Ludwigsburg, EL 902/20, 37/6/17185; Bestätigung Paul Hahns vom 10. Juni 1948, ebd.

189 Bestätigung Kerschbaums vom 11. März 1947, Staatsarchiv Ludwigsburg, Spruchkammerverfahren Hugo Bühler, EL 902/20, Bü 37/6/17185. Die Rolle Bühlers bleibt undurchsichtig; einer der Mitarbeiter zeichnete sich, wie ein amerikanischer Ermittlungsbericht später feststellte, «durch eine besondere, geradezu hysterische Emsigkeit in der Verfolgung aller auftauchenden Spuren von Zersetzungsarbeit» aus. Headquarters US Military Government Württemberg/Baden E 1 Co. A. 2d Mil. Govt. Regt., «Investigation Sub Section» vom 13. Oktober 1945, Staatsarchiv Ludwigsburg, Spruchkammerverfahren Hugo Bühler, EL 902/20, Bü 37/6/17185.

190 So die Stellungnahme Bäuerles in: «Field Intelligence Study No. 5» vom 2. Juli

1945, in: Ulrich Borsdorf/Lutz Niethammer (Hrsg.), Zwischen Befreiung und Besatzung, S. 161.

191 Bericht Paul Hahn, Stadtarchiv Stuttgart, Nachlaß Strölin, Bü 224, S. 61.

192 Willy Schloßstein, Einstellung des Herrn Robert Bosch und seiner Mitarbeiter zum Nazi-Regime, BAK, N 1186 (Stolper), 85 a, S. 23.

193 In Leipzig bemerkte ein aus Südwestdeutschland stammender Kommilitone nach dem Attentat zu Kunrat von Hammerstein, Goerdeler sei schon in der Schweiz. Von Hammerstein, der die Aufgabe hatte, Goerdeler über den Verhaftungsbefehl vom 17. Juli zu informieren, wollte dies nicht glauben, obwohl sein Gewährsmann, ein Hauptmann Diersch, ihm sagte, seine beiden Tanten, bei denen er wohnte, hätten dies von einem ihnen bekannten Polizeioffizier gehört. Dieser Angabe billigte Hammerstein später einige Berechtigung zu, weil er von der Fluchtmöglichkeit wußte: «Einer von ihnen, der ‹rote› Hahn, hatte am Bodensee ein Haus mit Motorboot, das Goerdeler im Bedarfsfall zum Schweizer Ufer bringen sollte. Bald nach dem 20. war der rote Hahn allein ausgerissen.» Kunrat von Hammerstein, Flucht. Aufzeichnungen nach dem 20. Juli, Olten/Freiburg im Breisgau 1966, S. 64; vgl. Reinhard Goerdeler, Die letzten Tage meines Vaters, Manuskript, o. O., o. J., IfZ.

194 Vgl. die Aufzeichnung vom 9. August 1944, NA, RG 84, Foreign Service Posts of the Department of State, American Legation Bern, Confidential File 1944, 800, Box 16; Harrison an Secretary of State vom 19. August 1944, NA, RG 59, Decimal File 1940–1944, Box 5500 (862 20 200 [Goerdeler, Karl Dr.]).

195 Aufzeichnung Paul Hahns, Nachlaß Paul Hahn, Bd. 1–4, Militärarchiv Stuttgart.

196 Stellungnahme Fellmeths vom 23. Januar 1947, RBA 13/60.

197 Zu Mußgay Jürgen Schuhladen-Krämer, Die Exekutoren des Terrors, S. 432–443.

198 Alfred Knoerzer, Beziehungen zu Karl Goerdeler, RBA 13/177, S. 3.

199 Aufzeichnung Felix Olpp vom 15. Juli 1994, Kopie im Besitz des Verfassers; Alfred Knoerzer, «Angaben für Firmenchronik» vom 28. Februar 1952, RBA, N 32, Bd. 14. Einige Jahre später erfuhr Knoerzer, aufgrund der Tagebucheintragungen von Kaiser seien zwar eine ganze Reihe von Verhaftungen erfolgt, es sei diesem aber gelungen, vor der eigenen Verhaftung einige Seiten, offensichtlich die neuesten, herauszureißen (ebd.). Ob dies tatsächlich der Fall war, ist nicht erwiesen. Es gelang der Gestapo recht früh, das Tagebuch Kaisers der Periode vom 9. Mai bis 15. Juli 1944, also auch für die Zeit der Berlinreise Knoerzers (12. Juli 1944), auszuwerten. Vgl. Spiegelbild einer Verschwörung, SD-Bericht vom 2. August 1944, S. 127; Ger van Roon, Hermann Kaiser. S. 286.

200 Aufzeichnung der Sekretärin Theodor Bäuerles, Marianne Weber, RBA 13/77; «Beilage zu dem Fragebogen von Direktor Th. Bäuerle», RBA N 11/181; «Field Intelligence Study No. 5» vom 2. Juli 1945, abgedruckt in: Ulrich Borsdorf/Lutz Niethammer (Hrsg.), Zwischen Befreiung und Besatzung. S. 161.

201 Protokoll der öffentlichen Sitzung vom 17., 18. und 21. Juni 1948, Staatsarchiv Ludwigsburg, Spruchkammerverfahren Otto Fahr, EL 902/20, Bü 37/17/7952; Erklärung Fischers vom 13. Juni 1946, ebd.

202 Murr an Ortmann vom 8. September 1944, zitiert nach Astrid Gehrig, Nationalsozialistische Rüstungspolitik, S. 300.

203 Bericht Paul Hahn, Stadtarchiv Stuttgart, Nachlaß Strölin, Bü 224, S. 64. Vgl. RBA 13/109.

204 Auskunft von Reinhard Walz vom 10. Oktober 1997. Allerdings fahndete die Gestapo einige Tage später auf der Suche nach Goerdeler auch auf dem am Bodensee liegenden Gut Mariahof, auf dem die Ehefrau mit den fünf jüngsten Kindern seit 1942/43 evakuiert war.

205 Hans Walz, Meine Mitarbeit bei der Aktion Goerdeler, in: Otto Kopp (Hrsg.), Widerstand und Erneuerung, Niederschrift, S. 117.

206 Hierauf hat bereits Peter Hoffmann, Widerstand, Staatsstreich, Attentat, S. 635 und S. 866 f., Anm. 58. hingewiesen. Zur «Sonderkommission» vgl. auch die weiterführende Literatur bei Friedrich Wilhelm, Die Polizei im NS-Staat, Paderborn u. a. 1997, S. 185–188.

207 Elfriede Nebgen, Jakob Kaiser, S. 191–194. Keine Indizien in dieser Richtung dagegen im Rahmen der «Fluchtrekonstruktion» bei Gerhard Ritter, Carl Goerdeler, S. 411–416. Ritter vermutete, Goerdeler habe gefürchtet, durch eine Flucht in ein sicheres Land seine Angehörigen zu gefährden.

208 Zu den eingeschränkten Fluchtmöglichkeiten anschaulich Hans Bernd Gisevius, Bis zum bittern Ende, Bd. 2, S. 425–427.

209 Der in diesem Zusammenhang auftauchende Hinweis auf die Bankiers von Oppenheim und Pferdmenges führte nicht weiter. Pferdmenges war Gegner des Nationalsozialismus und hatte zusammen mit den Brüdern von Oppenheim seine Auslandsverbindungen genutzt, um Fluchthilfe zu leisten und jüdisches Kapital ins Ausland zu transferieren. Nicht zuletzt waren die Bankiers auch in die Enskilda-Bosch-Angelegenheit verwickelt. Aber mit der engeren Goerdeler-Verschwörung hatten diese Bemühungen nur wenig zu tun, so daß der Name «Bosch» keine Erwähnung fand. Die Verhaftung der Brüder von Oppenheim und von Robert Pferdmenges nach dem 20. Juli 1944 wegen des Verdachts, «ihre Auslandsreisen zu undurchsichtigen Geschäften» zu nutzen, brachte ebenfalls keine neuen Erkenntnisse über die Wallenberg-Verbindungen. Spiegelbild einer Verschwörung, SD-Bericht vom 17. August 1944, S. 246. Vgl. die Aufzeichnung des Vortragenden Legationsrates Wagner vom 9. September 1944, PAAA, R 100 740 (Inland II g) und Wilhelm Treue, Das Schicksal des Bankhauses Sal. Oppenheimer jr. & Cie und seiner Inhaber im Dritten Reich, bes. S. 19–49. Faksimileabdruck des Gestapoberichts in: ebd., S. 67–69.

210 Fröhlich, Elke (Hrsg.), Die Tagebücher von Joseph Goebbels, Teil II, Bd. 13, München u. a. 1995, S. 275: Eintrag vom 20. August 1944.

211 Protokollnotiz Vernehmung Quetting, Zentrale Stelle Ludwigsburg, VI 415 AR 648/61.

212 Über Bücher führte Speer aus: «Etwas kompliziert im Denken – setzt sich mit großer Energie immer wieder für den Totaleinsatz der Elektroindustrie für die Rüstung ein. Enger Mitarbeiter von mir.» Über «Generaldirektor Meyer, MAN Augsburg; es war vorgesehen, diesen auszutauschen, da er – soweit bekannt – eine jüdische Frau besitzt, die in der Schweiz wohnt.» Meyer werde durch einen anderen Betriebsführer ersetzt. «Die anderen Wirtschaftler, wie Edmund Stinnes, Haniel, Dr. Reuter, Dr. Meinen (sic), Reusch usw. sind weder negativ noch positiv hervorgetreten.» Zu Reusch hatte Speer noch im Konzept notiert, dessen Äußerungen seien «wohl durch sein Alter nicht sehr ernst zu nehmen.» (NA, T-73, Roll 180, Frame 3 392 798 f., Frame 3392801). Von Bücher sagte Speer später, es habe ihn nicht überrascht, daß dieser, den er vor der Verhaftung bewahrte, zum Goerdeler-Kreis gehört habe. BAK, N 1186 (Stolper), Nr. 85 a: Bestätigung Speers aus dem August 1946. Zum Gesamten auch Gerhard Ritter, Carl Goerdeler, S. 420. und S. 559 f., Anm. 18.

213 Zu Speers Haltung zum 20. Juli überzeugend Gitta Sereny, Albert Speer: His Battle with Truth, New York 1995, S. 438–455.

214 Noch am 24. November 1944 wies Speer seine Behörde an: «Führende Männer, die mit ‹Auslandverbindungen› bei uns arbeiten, können nicht ohne mich von ihren Posten entlassen werden.» BAK, R 3, Bd. 1627.

215 Vernehmungsniederschrift Fischers vom 2. August 1944, Bl. 7 f., BAL, NJ 12285.

216 Ebd. Vgl. Albrecht Fischer, Erlebnisse vom 20. Juli 1944 bis 8. April 1945, in: Otto Kopp (Hrsg.), Widerstand und Erneuerung, S. 132.

217 Vernehmungsniederschrift Fischers vom 5. August 1944, Bl. 8 RS, BAL, NJ 12285.

Vgl. Albert Fischer, Erlebnisse vom 20. Juli 1944 bis 8. April 1945, in: Otto Kopp (Hrsg.), Widerstand und Erneuerung, S. 132.

218 Vgl. Spiegelbild einer Verschwörung, SD-Bericht vom 18. August 1944, S. 256.

219 Vgl. die Mitschriften seiner Vernehmungen in BAL, NJ 12285, bes. Bl. 2 und die korrespondierende eigene Schilderung: Albrecht Fischer, Erlebnisse vom 20. Juli 1944 bis 8. April 1945, in: Otto Kopp (Hrsg.), Widerstand und Erneuerung, S. 138–144.

220 Zentrale Stelle Ludwigsburg, VI 415 AR 648/61: Vermerk des Hessischen Landeskriminalamtes Wiesbaden vom 8. Juni 1961; «Betr.: Ermittlungssache gegen Quetting» – Befragung von Albrecht Fischer; Daneben die umfangreichen Unterlagen in: BAL, NJ 12285. Bei Fischer stets als «Heyde». Zu Müller: Andreas Seeger, «Gestapo-Müller». Die Karriere eines Schreibtischtäters, Berlin 1996.

221 Albrecht Fischer, Erlebnisse vom 20. Juli 1944 bis 8. April 1945, in: Otto Kopp (Hrsg.), Widerstand und Erneuerung, S. 138.

222 Zentrale Stelle Ludwigsburg, VI 415 AR 648/61: Vermerk des Hessischen Landeskriminalamtes Wiesbaden vom 8. Juni 1961; «Betr.: Ermittlungssache gegen Quetting» – Befragung von Albrecht Fischer.

223 Vernehmungsniederschrift Fischers vom 6. September 1944, BAL, NJ 12285, Bl. 6.

224 Vernehmungsniederschrift Fischers vom 31. August 1944, BAL, NJ 12285, Bl. 31 f.; Albrecht Fischer, Erlebnisse vom 20. Juli 1944 bis 8. April 1945, in: Otto Kopp (Hrsg.), Widerstand und Erneuerung, S. 138 f.

225 Vernehmungsniederschrift Fischers vom 23. August 1944, BAL, NJ 12285, Bl. 12.

226 Albrecht Fischer, Erlebnisse vom 20. Juli 1944 bis 8. April 1945, in: Otto Kopp (Hrsg.), Widerstand und Erneuerung, S. 139 f.

227 Bolz war durch den von der Gestapo angesetzten Agenten Großmann, der auch über die Bosch-Verbindungen etwas wußte, aufgespürt und ins Untersuchungsgefängnis beim Amtsgericht Stuttgart eingeliefert worden. Ratschläge von Freunden, aus Stuttgart ins Ausland zu fliehen, hatte er abgelehnt und sich darauf berufen, am Attentat nicht unmittelbar beteiligt gewesen zu sein. Zudem mochte er darauf gehofft haben, nicht erkannt zu werden, weil seine Bereitschaft, ein Ministeramt zu übernehmen, nicht – wie er zumindest annahm – schriftlich fixiert worden war. In dieser falschen Sicherheit wiegten sich im übrigen alle «Stuttgarter», die annahmen, die von Goerdeler geforderten Absicherungen würden sie schützen. Joachim Köhler, Eugen Bolz. Württembergischer Minister und Staatspräsident, in: Michael Bosch/Wolfgang Niess (Hrsg.), Der Widerstand im deutschen Südwesten, S. 227–235, hier S. 234. Bolz gestand im Verlauf zahlreicher Verhöre seine Bereitschaft zur Übernahme eines Regierungspostens, ohne andere Beteiligte zu belasten. Im Dezember wurde er zum Tode verurteilt und am 23. Januar 1945 hingerichtet. Vor seiner Hinrichtung traf Fischer ihn noch einige Male im Gefängnis Lehrter Straße. Während beide zunächst auf ein schnelles Heranrücken der Alliierten hofften, war Bolz trotz aller aufmunternden Worte pessimistisch: «Sie schlagen uns vorher den Kopf herunter.» Albrecht Fischer, Erlebnisse vom 20. Juli 1944 bis 8. April 1945, in: Otto Kopp (Hrsg.), Widerstand und Erneuerung, S. 148 f. Vgl. Max Miller, Eugen Bolz, S. 498 f. und 513.

228 Vernehmungsniederschrift Goerdelers vom 28. August 1944, BAL, NJ 12285, Bl. 20–22.

229 Vernehmungsniederschrift Fischers vom 29. August 1944, BAL, NJ 12285, Bl. 23.

230 Ebd., Bl. 24.

231 Vernehmungsniederschrift Fischers vom 3. September 1944, BAL, NJ 12285, Bl. 36.

232 Vernehmungsniederschrift Fischers vom 5. September 1944, BAL, NJ 12285, Bl. 38 f.

233 Fischer erkannte jedoch, daß Goerdeler ihm mit irreführenden Angaben über die Stellung des «Politischen Beauftragten» die Gelegenheit gab, «den Eintrag auf der Liste

der Vertrauensmänner als eine Verwechslung darzustellen.» Albrecht Fischer, Erlebnisse vom 20. Juli 1944 bis 8. April 1945, in: Otto Kopp (Hrsg.), Widerstand und Erneuerung, S. 140.

234 Hierzu Gerhard Ritter, Carl Goerdeler, S. 416–22 und seine ergänzende Erläuterung: «Der mich vernehmende Gestapo-Beamte hat mir immer wieder versichert (und mich dadurch einzuschüchtern versucht), daß Herr Goerdeler sehr bereitwillige Aussagen über seine Mitverschworenen mache. Nach den Beobachtungen, die ich selbst in der Gegenüberstellung mit ihm machte und die auch Herr von Dietze gemacht hat, ist nicht daran zu zweifeln, daß die Gestapo Mittel besessen hat, seine körperliche Verfassung so zu ändern, daß er bei ungeschwächter Intelligenz alle Hemmungen in seinen Aussagen verlor und der Suggestion der ihn Vernehmenden erlag.» (Gerhard Ritter an G. Goerdeler vom 7. November 1946, BAK, N 1166 [Ritter], Bd. 328); Peter Hoffmann, Widerstand, Staatsstreich, Attentat, S. 634 f; Klemens von Klemperer, Die verlassenen Verschwörer, S. 356 f.

235 Willy Schloßsteins: «Betr. Einstellung des Herrn B. und seiner Firma zum Nazi-Regime (Überreicht durch Ludwig Kaiser Stuttgart 15. 9. 1945)«, BAK, N 1166 (Ritter), Bd. 131.

236 Spiegelbild einer Verschwörung, SD-Bericht vom 14. August 1944, S. 211.

237 Vernehmungsniederschrift Goerdelers vom 28. August 1944, BAL, NJ 12285, Bl. 20–22.

238 Gerhard Ritter, Carl Goerdeler, S. 419.

239 Goerdeler habe «in deren Auftrag Geschäftsreisen» nach Frankreich, England und die USA unternommen, die er auch für Gespräche mit englischen Freunden über die wirtschaftlichen und politischen Verhältnisse in Deutschland genutzt habe. Vernehmung Walter Huppenkothen vom 29. Januar 1948, ZS 249, Bd. I, IfZ.

240 Albrecht Fischer, Erlebnisse vom 20. Juli 1944 bis 8. April 1945, in: Otto Kopp (Hrsg.), Widerstand und Erneuerung, S. 144.

241 Bericht Paul Hahn, Stadtarchiv Stuttgart, Nachlaß Strölin, Bü 224, S. 80 f. Zu Herbert Lange: Johannes Tuchel, Die Sicherheitspolizeischule Drögen und der 20. Juli 1944 – zur Geschichte der «Sonderkommission Lange», in: Florian von Buttlar/Stefanie Endlich/Annette Leo, Fürstenberg-Drögen. Schichten eines verlassenen Ortes, Berlin 1994, S. 120–131.

242 Aufzeichnung Paul Hahns, Nachlaß Paul Hahn, Bd. 1–4, Militärarchiv Stuttgart bzw. Bericht Paul Hahn, Stadtarchiv Stuttgart, Nachlaß Strölin, Bü 224, S. 64. Die beiden Berichte Hahns sind hinsichtlich des Notizbucheintrags widersprüchlich. Einmal wird auch eine Notiz des Adjutanten des Generals Olbricht für die Nachfragen der Gestapo verantwortlich gemacht. Wahrscheinlich ist Hahn in seinen Vernehmungen über den Ursprung der Verdachtsmomente nicht aufgeklärt worden, was diese Diskrepanzen erklären könnte.

243 Eine Schilderung der Verhörmethoden: Bericht Paul Hahn, Stadtarchiv Stuttgart, Nachlaß Strölin, Bü 224, S. 71–79.

244 Ebd., S. 79 f. Zu Lange vgl. BAL, R 58, Bd. 2348.

245 Ebd., S. 85.

246 Georg Thomas, Gedanken und Ereignisse, S. 545; Meynen an Walz vom 14. September 1945, RBA 13/129. Thomas blieb bis Kriegsende inhaftiert, Reuter wurde im Dezember 1944 ins KZ verbracht, aus dem er erst bei Kriegsende befreit wurde.

247 Paul Sauer, Von Unbotmäßigkeit bis zu Widerstand, S. 238.

248 Bohner an Walz vom 1. März 1948, Staatsarchiv Ludwigsburg, Spruchkammerverfahren Hans Walz, EL 902/20, Bü 37/16/13512; Walz an Maria Kollmar vom 10. Mai 1948, RBA 13/27.

249 Walz an Maria Kollmar vom 10. Mai 1948, RBA 13/27.

250 Sonntagsblatt Staatszeitung und Herold (New York) vom 15 und 22. Oktober 1944. Das «Politische Testament» wurde in mehreren Ausgaben im Oktober und November 1944 abgedruckt, nachdem Bronisch, der den Lesern als ein «Vertrauter» des «damaligen Generaldirektors der Robert Bosch-Werke» vorgestellt wurde, das «Politische Testament» am 14. Oktober 1944 der Redaktion übergeben hatte. Vgl. auch «Memorandum of Conversation» vom 24. November 1944, NA, OSS Foreign Nationalities Branch Files, 1942–1945, Microfiche 824 (INT 13 GE 1287); Memorandum «The Testament of Goerdeler» vom 30. November 1944, ebd. (INT 13 GE 1288).

251 Spiegelbild einer Verschwörung, SD-Bericht vom 9. Oktober 1944, S. 461.

252 Aktenvermerk Chef der Sicherheitspolizei und des SD vom 6. September 1944, BAL, NJ 12285, Bl. 2.

253 Ebd., Bl. 2 f.

254 Albrecht Fischer, Erlebnisse vom 20. Juli 1944 bis 8. April 1945, in: Otto Kopp (Hrsg.), Widerstand und Erneuerung, S. 151 f., Anm. 2.; Hans Walz, «Bericht über einige Bemühungen zur Befreiung des Herrn Baurat Fischer aus Gefängnis, Volksgerichtshof und Konzentrationslager» vom 26. Januar 1966, RBA 13/127.

255 Records of the United States Nürnberg War Crimes Trials Interrogations, 1946–1949, NA, RG 238, M-1019, Roll 6. Vernehmung Bergers am 25. März 1946.

256 Hans Walz, Bericht über einige Bemühungen, RBA 13/127.

257 Hans Walz an Kurt Georg Kiesinger vom 29. April 1960, RBA 13/84.

258 Gottlob Berger, Zur Geschichte der Robert Bosch G. m. b. H. 1933–1948 (1953), RBA 13/84, S. 6.

259 Hans Walz, Bericht über einige Bemühungen, RBA 13/127.

260 Ebd.

261 Berger an Walz, vom 4. Oktober 1944, RBA 13/84. Vgl. die Tonbandaufzeichnungen Bergers, RBA 13/84 (zitiert nach der Mitschrift), S. 18 und Wilhelm Treue, Widerstand von Unternehmern und Nationalökonomen, in: Jürgen Schmädecke/Peter Steinbach (Hrsg.), Der Widerstand gegen den Nationalsozialismus, München/Zürich 1986, S. 917–937, hier S. 933.

262 Records of the United States Nürnberg War Crimes Trials Interrogations, 1946–1949, NA, RG 238, M-1019, Roll 6. Vernehmung Bergers am 25. März 1946.

263 Verhörmitschrift vom 20. Mai 1948 während Bergers Prozeß vor dem Militärgerichtshof, NA, M-897, Roll 83, Bl. 6076. Ähnlich in den Tonbandaufzeichnungen Bergers, RBA 13/84 (zitiert nach der Mitschrift), S. 25–36. Zu Himmlers Verhalten am 20. Juli Felix Kersten, Totenkopf und Treue, Hamburg o. J. (1952), S. 242 f.; Hedwig Maier, Die SS und der 20. Juli, S. 305 f.; Peter Hoffmann, Widerstand, Staatsstreich, Attentat, S. 466 f.

264 Aufzeichnung Krausnick vom 6. Juli 1953, IfZ, ZS 317/V.

265 Verhörmitschrift vom 20. Mai 1948 während Bergers Prozeß vor dem Militärgerichtshof, NA, M-897, Roll 83, Bl. 6078.

266 Hans Walz, Bericht über einige Bemühungen, RBA 13/127.

267 Verhörmitschrift vom 2. Juni 1948 während Bergers Prozeß vor dem Militärgerichtshof, NA, M-897, Roll 84, Bl. 7172. Für das folgende Willy Schloßstein, Einstellung des Herrn Robert Bosch und seiner Mitarbeiter zum Nazi-Regime, BAK, N 1186 (Stolper), 85 a, S. 23 f.; die Aufzeichnungen Schloßsteins in RBA 13/109; RBA 13/229, den Bericht Bergers, Zur Geschichte der Robert Bosch G. m. b. H. 1933–1948 aus dem Jahr 1953, RBA 13/84 und Bergers Tonbandaufzeichnung in ebd., S. 20–25. Trotz quellenkritischer Zweifel am Wert der Stellungnahmen Bergers aus den Jahren 1953 (Bericht) bzw. 1962 (Tonbandaufzeichnung) bestechen seine Aussagen doch durch die Übereinstimmung mit den übrigen Ausführungen und Erinnerungen der Beteiligten und durch die Konkordanz des originären Schriftverkehrs der nationalsozialistischen Zeit. Zur Rolle Bergers auch Joachim Scholtyseck, Der «Schwabenherzog», S. 96–101.

268 Zu den Einzelheiten Irmgard von der Lühe, Elisabeth von Thadden. Ein Schicksal unserer Zeit, Düsseldorf/Köln 1966, S. 178–230.

269 Gottlob Berger, Zur Geschichte der Robert Bosch G. m. b. H. 1933–1948 (1953), RBA 13/84, S. 7.

270 Willy Schloßstein, Einstellung des Herrn Robert Bosch und seiner Mitarbeiter zum Nazi-Regime, BAK, N 1186 (Stolper), 85 a, S. 24.

271 Gottlob Berger, Zur Geschichte der Robert Bosch G. m. b. H. 1933–1948 (1953), RBA 13/84, S. 7 und die Tonbandaufzeichnung (ebd.), S. 22, nach der Berger diese Information allerdings von Mußgay in Stuttgart erhalten haben will: «An Schwaben seien mit dem 20. 7. in Verbindung gebracht: Fischer, Schloßstein, Gerstenmaier, Hahn, Dr. Speidel. Den ehemaligen Staatspräsidenten Dr. Bolz nannte er nicht. Leider. Stark belastet seien Fischer und Dr. Speidel. Mittel Gerstenmaier und Schloßstein. Weniger Hahn. Gegen den werde aber ein Verfahren in Gang gesetzt wegen Landesverrats. Er habe ungeklärte Nachrichtenverbindungen nach der Schweiz.» Ähnlich auch seine Aussage gegenüber amerikanischen Ermittlern am 25. März 1946: Dort gab er an, ihm sei mitgeteilt worden, nicht nur Fischer, sondern auch Schloßstein, Speidel und Bolz seien in Gefahr, zum Tode verurteilt zu werden. Records of the United States Nürnberg War Crimes Trials Interrogations, 1946–1949, NA, RG 238, M-1019, Roll 6. Martin Sandberger war Gruppenleiter des Amtes VI im RSHA und galt als Verbindungsmann zwischen Schellenberg und Himmler. Vgl. IMT, Bd. 11, S. 376.

Hinsichtlich der Verwendung für Eugen Bolz vgl. die anders lautende Erinnerung des damaligen Kanzleidirektors des Stuttgarter Staatsministeriums, Karl Ströle, der über die geheimen Verbindungen von Bolz seit Weihnachten 1943 informiert war. Nach der Verhaftung von Bolz hatte er eine Einwirkung auf von Neurath vorgeschlagen, die allerdings im Sande verlaufen war: «Tochter Bolz kam unverrichteter Dinge zurück. Herr von Neurath habe erklärt, er stehe selbst dauernd in Überwachung und könne sich auf sowas Gefährliches nicht einlassen. Wir versuchten unter Einschaltung eines Beamten des Kultusministeriums den Weg über General Berger, einen württ. Lehrer, der im Stabe Himmler eine wichtige Stelle innehatte. Doch auch *der* wollte sich nicht mit der Sache befassen.» (Karl Ströle, Aus meinem bunten Leben, S. 71). Mechthild Bolz war offensichtlich bis zum Adjutanten von Berger vorgedrungen, dem jedoch jedoch schroff zurückgewiesen worden (Günther Bradler, «Militärische Dienstfahrt» nach Bad Saarow? Eugen Bolz und Gebhard Müller im Januar 1945, in: Beiträge zur Landeskunde. Beilage zum Staatsanzeiger für Baden-Württemberg, Februar 1995, S. 11–13, hier S. 12).

272 Eidesstattliche Erklärung von Willy Schloßstein vom 4. März 1946, NA, RG 238, M-897, Roll 101. Vgl. die Verhörmitschrift vom 2. Juni 1948 während Bergers Prozeß vor dem Militärgerichtshof, NA, M-897, Roll 84, Bl. 7172.

273 Plädoyer des Pflichtverteidigers Dr. Kunz, in: Gert Buchheit, Richter in roter Robe, München 1968, S. 235 f. Vgl. die geringen Abweichungen in: Volksgerichtshof-Prozesse zum 20. Juli 1944. Transkripte von Tonbandfunden. Hrsg. v. Lautarchiv des Deutschen Rundfunks, Frankfurt am Main 1961, S. 42. Im Verfahren gegen Gustav Dahrendorf am 20. Oktober 1944 nahm sich Kunz allerdings für den Angeklagten Zeit, so daß dieser als einziger der Angeklagten den Eindruck erhielt, eine «wirkliche Verteidigung» zu haben (Gert Buchheit, Richter in roter Robe, S. 258). Vgl. dagegen die Darstellung bei Irmgard von der Lühe, Elisabeth von Thadden, S. 249 f., die im Zusammenhang der Verteidigung Elisabeth von Thaddens über Kunz als «anpassungsfähigen Parteigenossen» berichtet. Hier auch der Hinweis, Kunz habe einmal Stresemann nahegestanden und sei seit 1934 beim VGH als Verteidiger zugelassen. Tatsächlich war Kunz in den frühen dreißiger Jahren an den Versuchen des linken DVP-Flügels beteiligt gewesen, eine neue bürgerliche «Mittelpartei» zu begründen. Vgl. Larry E. Jones, Sammlung oder Zersplitterung, S. 277 f.

274 Hans Walz, Bericht über einige Bemühungen, RBA 13/127.

275 Albrecht Fischer, Erlebnisse vom 20. Juli 1944 bis 8. April 1945, in: Otto Kopp (Hrsg.), Widerstand und Erneuerung, S. 147 f.

276 Ebd., S. 148.

277 Fischer an den 1. Senat des Volksgerichtshofes vom 3. Januar 1945, BAL, NJ 12285, Bl. 43–48; Kunz an den Oberreichsanwalt am Volksgerichtshof vom 5. Januar 1945, BAL, NJ 12285, Bl. 42.

278 Spiegelbild einer Verschwörung, Urteil gegen Fischer und Frank vom 12. Januar 1945, S. 711 f. Ähnlich hatte Fischer bereits während seiner Berliner Vernehmungen argumentiert, wohl auch aus der Erkenntnis heraus, daß «Goerdeler doch nicht mehr zu retten» war. Vgl. Albrecht Fischer, Erlebnisse vom 20. Juli 1944 bis 8. April 1945, in: Otto Kopp (Hrsg.), Widerstand und Erneuerung, S. 142 f.

279 Vgl. Albrecht Fischer, Erlebnisse vom 20. Juli 1944 bis 8. April 1945, in: Otto Kopp (Hrsg.), Widerstand und Erneuerung, S. 151 f.

280 Spiegelbild einer Verschwörung, Prozeßbericht der Parteikanzlei Berlin vom 12. Januar 1945, S. 709.

281 Gotthard von Falkenhausen, Aufstandsversuch gegen die Hitler-Tyrannis enthüllt, in: «New Yorker Staatszeitung und Herold» Nr. 99 und 100 vom 24. und 26. April 1948, zitiert nach BAK, N 1166 (Ritter), Bd. 157. Vgl. Albrecht Fischer, Erlebnisse vom 20. Juli 1944 bis 8. April 1945, in: Otto Kopp (Hrsg.), Widerstand und Erneuerung, S. 150 und unveröffentlichte «Erinnerungen», RBA 10/64.

282 Ebd. Vgl. Albrecht Fischer, Erlebnisse vom 20. Juli 1944 bis 8. April 1945, in: Otto Kopp (Hrsg.), Widerstand und Erneuerung, S. 150 und unveröffentlichte «Erinnerungen», RBA, 10/64.

283 Plädoyer des Pflichtverteidigers Dr. Kunz, in: Volksgerichtshof-Prozesse zum 20. Juli 1944. Transkripte von Tonbandfunden, S. 95.

284 Gotthard von Falkenhausen, Aufstandsversuch gegen die Hitler-Tyrannis enthüllt; Albrecht Fischer, Erlebnisse vom 20. Juli 1944 bis 8. April 1945, in: Otto Kopp (Hrsg.), Widerstand und Erneuerung, S. 150 und unveröffentlichte «Erinnerungen», RBA 10/64.

285 Spiegelbild einer Verschwörung, Urteil gegen Fischer und Frank vom 12. Januar 1945, S. 712.

286 Ebd.; Albrecht Fischer, Erlebnisse vom 20. Juli 1944 bis 8. April 1945, in: Otto Kopp (Hrsg.), Widerstand und Erneuerung, S. 150 f.

287 Gottlob Berger, Zur Geschichte der Robert Bosch G. m. b. H. 1933–1948 (1953), RBA 13/84, S. 7.

288 Tonbandaufzeichnungen Bergers, RBA 13/84 (zitiert nach der Mitschrift), S. 22.

289 Gottlob Berger, Zur Geschichte der Robert Bosch G. m. b. H. 1933–1948 (1953), RBA 13/84, S. 7 f. Gerstenmaier habe allerdings Glück gehabt: «Bei Gerstenmaier entschied Hitler persönlich, etwa in dem Sinne, der eingebildete eitle Pfaffe soll einen Denkzettel erhalten, in Haft zu nehmen, solange der Krieg dauert» Tonbandaufzeichnungen Bergers, RBA 13/84 (zitiert nach der Mitschrift), S. 24.

290 RBA 13/39. Ähnlich die eidesstattliche Erklärung von Willy Schloßstein vom 4. März 1946, NA, RG 238, M-897, Roll 101.

291 «It was only in September that I came into close contact with him, when he was already in the soup because of that revolt in Slovakia. (...) Then I had to see the Führer in January, February and March concerning PW organization.» Vernehmung Bergers, 13. Juni 1945, NA, RG 319, IRR, NND 846030. Über Bergers slowakische «Verdienste» Joachim Scholtyseck, Der «Schwabenherzog», S. 95.

292 Zu Bergers Fabulierkunst Gerald Fleming, Die Herkunft des «Bernadotte-Briefs» an Himmler, 10. März 1945, in: Vierteljahrshefte für Zeitgeschichte 26 (1978), S. 571–600, bes. S. 578 und 597.

293 Gottlob Berger, Zur Geschichte der Robert Bosch G. m. b. H. 1933–1948 (1953), RBA 13/84, S. 8. Vgl. Joachim Scholtyseck, Der «Stuttgarter Kreis», S. 114.

294 Hugh Trevor-Roper, The Last Days of Hitler, S. 83, Anm. 1.

295 Diese Angaben schwanken. In einem Vernehmungsbericht gab Berger an, am 5. oder 8. Oktober 1944 verschüttet und danach 16 Tage dienstunfähig gewesen zu sein. Records of the United States Nürnberg War Crimes Trials Interrogations, 1946–1949, NA, RG 238, M-1019, Roll 6: Office of U. S. Chief of Counsel for War Crimes; Evidence Division, Interrogation Branch: Vernehmung Bergers, 30. Oktober 1947.

296 In einem ganz ähnlich gelagerten Fall gelang es dem finnischen Leibarzt Himmlers, für den im Zuge der Verhaftungen des 20. Juli vor dem Volksgerichtshof zum Tode verurteilten Theodor Steltzer vermittelnd einzugreifen. Ende Januar 1945, wenige Tage vor der geplanten Hinrichtung, erwirkte Himmler tatsächlich die Aufhebung des Todesurteils. Ein wenig später erfolgendes Drängen auf Freilassung Steltzers akzeptierte Himmler mit der Bemerkung, «einer mehr oder weniger spiele schließlich keine so große Rolle.» Felix Kersten, Totenkopf und Treue, S. 288; Theodor Steltzer, Sechzig Jahre Zeitgenosse, München 1966, S. 172 f.

297 Albrecht Fischer, Erlebnisse vom 20. Juli 1944 bis 8. April 1945, in: Otto Kopp (Hrsg.), Widerstand und Erneuerung, S. 151 f. Vgl. Hans Walz, Bericht über einige Bemühungen, RBA 13/127.

298 Speidel wurde in seinen Gestapo-Verhören gefragt, ob er mit Berger befreundet sei. Er verneinte dies auch deshalb, weil er «den Zweck der Frage» nicht zu beurteilen vermochte. Nach der bedingten Freilassung am 21. Dezember 1944 wurde er am 6. Januar 1945 wieder in Haft genommen und erst durch französische Truppen Ende April 1945 befreit. «Erklärung» von Hans Speidel vom 17. Juli 1952, als Faksimile abgedruckt in: Herbert Taege, NS-Perestroika? Reformziele nationalsozialistischer Führungskräfte. 1. Teilband: Beiträge zu Personen, Lindhorst 1988, S. 151. Vgl. auch Hans Speidel, Aus unserer Zeit, S. 218 f.

299 Vgl. OSS Assistant Director Cheston an Außenminister Stettinius vom 20. Januar 1945, Jürgen Heideking/Christof Mauch (Hrsg.), American Intelligence and the German Resistance to Hitler, S. 360 f.

300 Eugen Gerstenmaier, Zur Geschichte des Umsturzversuchs vom 20. Juli 1944, in: Neue Zürcher Zeitung Nr. 983 vom 24. Juli 1945.

301 Vgl. die Aussagen in einem von Gerstenmaier zu Anfang der sechziger Jahre angestrengten Verleumdungsprozeß vor dem Landgericht Kiel, in: Fabian von Schlabrendorff, Eugen Gerstenmaier im Dritten Reich. Eine Dokumentation, Stuttgart 1965, bes. S. 35–37.

302 Albrecht Fischer, Erlebnisse vom 20. Juli 1944 bis 8. April 1945, in: Otto Kopp (Hrsg.), Widerstand und Erneuerung, S. 153.

303 Vgl. Entlassungsschein des KZ Sachsenhausen vom 3. April 1945, RBA N 30. Zur KZ-Haft vgl. den eindrucksvollen Bericht Fischers in: Erlebnisse vom 20. Juli 1944 bis 8. April 1945, in: Otto Kopp (Hrsg.), Widerstand und Erneuerung, S. 154–162.

304 Records of the United States Nürnberg War Crimes Trials Interrogations, 1946–1949, NA, RG 238, M-1019, Roll 6. Vernehmung Bergers am 25. März 1946.

305 Ebd.

306 Hinsichtlich des politischen Weltbildes Lämmles aufschlußreich ist sein Aufsatz: Die Rechtstellung des Volksgerichtshofs in der deutschen Rechtspflege, in: Juristische Wochenschrift 41, 67. Jahrgang vom 8. Oktober 1938, S. 2569–2572.

307 Bericht Paul Hahn, Stadtarchiv Stuttgart, Nachlaß Strölin, Bü 224, S. 97 f. Kohlhaas, Paul Hahn, S. 329 f.

308 Albrecht Fischer, Erlebnisse vom 20. Juli 1944 bis 8. April 1945, in: Otto Kopp (Hrsg.), Widerstand und Erneuerung, S. 148.

309 Spiegelbild einer Verschwörung, Urteil gegen Hahn, Menge und Stöhr vom 28. Februar 1945, S. 780–788. Vgl. auch den Prozeßbericht vom 7. März 1945, ebd., S. 756; Paul Hahn, Stadtarchiv Stuttgart, Nachlaß Strölin, Bü 224, S. 103. Stöhr wurde freigesprochen, Menge zu fünf Jahren Haft verurteilt.

310 Goerdeler an Wallenberg vom 8. November 1944, BAK, N 113 (Goerdeler), Bd. 9.

311 Gerhard Ritter, Carl Goerdeler, S. 439 f.

312 Ebd., S. 428–430; vgl. auch Klemens von Klemperer, Die verlassenen Verschwörer, S. 358 f.

313 Hierzu und zum letzten Endes überzeugenden Quellenwert der zu diesem Komplex vorliegenden Berichte ebd., S. 434–438.

314 Allen W. Dulles, Germany's Underground, S. 146. Zu diesem Vorgang auch Gerhard Ritter, Carl Goerdeler, S. 430.

315 Gerhard Ritter, Carl Goerdeler, S. 440.

316 Entwurf einer Niederschrift über eine Sitzung bei Bosch vom 23. November 1944, RBA 14/540.

317 Die Unterlagen zu dieser «Feuerwehrmission», zu der Hans Walz und Thomä vom 1. bis zum 8. Dezember 1944 ein letztes Mal nach Stockholm flogen: RBA 14/540.

318 Walz an Pechel vom 26. August 1955, LBI New York, Karl Adler Collection AR 7276, VI, Box 4, Folder 12.

319 Aufzeichnung von Hans Walz vom 24. März 1948, RBA 13/43.

320 Hans Walz, Bericht über einige Bemühungen, RBA 13/127.

321 Entlassungsschein des KZ Sachsenhausen vom 3. April 1945; RBA N 30; Albrecht Fischer, Erlebnisse des 20. Juli, S. 162; Winfried Meyer (Hrsg.), Verschwörer im KZ, S. 232–244. Fischer wurde nach der Besetzung Stuttgarts von den französischen Behörden in vielfältigen sozialpolitischen Funktionen verwendet und war bis zur Rückkehr von Walz aus der Haft dessen Amtswalter bei der Robert Bosch GmbH. Er starb am 19. Januar 1965.

322 Vgl. hierzu Albrecht Fischer, Erlebnisse des 20. Juli, S. 163–166.

323 Jörg Thierfelder, Theophil Wurm. Landesbischof von Württemberg, in: Michael Bosch/Wolfgang Niess, Der Widerstand im deutschen Südwesten, S. 47–59, hier S. 57. Gerhard Ritter, Carl Goerdeler, S. 560, Anm. 20.

324 Joseph Ersing, Vorgeschichte und Verlauf, S. 5.

325 Vgl. Helmut Mielke, Geschichten zur Geschichte, in: Helmut Fidler (Redaktion), Arbeiterbewegung in Stuttgart 1933, S. 49–63, hier S. 60.

326 Elfriede Nebgen, Jakob Kaiser, S. 136.

327 Nachlaß Strölin, Stadtarchiv Stuttgart, Nr. 76.

328 Dolf Sternberger, Es gibt Helden. Gedanken zum 20.-Juli-Gedenken, in: Frankfurter Allgemeine Zeitung vom 25. Juli 1984, S. 19.

329 The Bomber Command War Diaries. An operational reference book 1939–1945, hrsg. v. Martin Middlebrook/Chris Everitt, Neuauflage Leicester 1996, S. 474: Der Einsatzbericht meldete, die Anlagen bei Bosch seien nunmehr «heavily damaged».

330 Götz Küster, 75 Jahr Bosch, S. 88.

331 Bericht an den Sicherheitsdienst des Reichsführers SS SD-Leitabschnitt Stuttgart vom 8. November 1944, zitiert nach: Der deutsche Südwesten zur Stunde Null. Herausgegeben vom Generallandesarchiv Karlsruhe, Karlsruhe o. J. (1975), S. 36.

332 Klaus-Dietmar Henke, Die amerikanische Besetzung Deutschlands, München 1995, S. 453.

333 Ebd., S. 449; zum Gesamtvorgang S. 449–571. Für die Stuttgarter Betriebe Astrid Gehrig, Nationalsozialistische Rüstungspolitik, S. 295–299.

334 Zitiert nach Ludolf Herbst, Der Totale Krieg und die Ordnung der Wirtschaft, S. 345.

335 Ludolf Herbst, Der Totale Krieg und die Ordnung der Wirtschaft, S. 347.

336 Vgl. hierzu Alfred C. Mierzejewski, The Collapse of the German War Economy, 1944–1945, Chapel Hill/London 1988.

337 Speer an Murr vom 12. Januar 1945, BAK, R 3, Bd. 1591.

338 Geschäftsbericht für die Zeit vom 1. 1. 1945 bis 30. 6. 1946, zitiert nach GLA, OMGUS 12/84–2/3–4.

339 Albert Speer, Erinnerungen, S. 434.

340 Klaus-Dietmar Henke, Die amerikanische Besetzung Deutschlands, S. 30.

341 Erklärung von Wolfgang Schlotterer vom 29. Oktober 1946, GLA, OMGUS 12–7/3–2.

342 «Stuttgarter Nachrichten» vom 8. April 1995.

343 Vgl. hierzu auch den Bericht des Elsässers Robert Heitz über die von Strölin ermöglichte Befreiung bei Kriegsende: Robert Heitz, A mort (Souvenirs), Paris 1946, S. 255–258. Zu Strölin in der Endphase des Krieges Walter Nachtmann, Karl Strölin, S. 337–355.

344 Vgl. Ulrich Borsdorf/Lutz Niethammer (Hrsg.), Zwischen Befreiung und Besatzung. Analysen des US-Geheimdienstes über Positionen und Strukturen deutscher Politik 1945, S. 156–158. Wuppertal 1976; daneben: Cornelia Rauh-Kühne/Michael Ruck (Hrsg.), Regionale Eliten zwischen Diktatur und Demokratie. Baden und Württemberg 1930–1952, München 1993.

345 Karl Strölin, Stuttgart im Endstadium des Kriegs, S. 53 f. Zu Otto Fahr umfassend Astrid Gehrig, Nationalsozialistische Rüstungspolitik, S. 287–301.

346 Der deutsche Südwesten zur Stunde Null. Herausgegeben vom Generallandesarchiv Karlsruhe, Karlsruhe o. J. (1975), S. 56.

347 Joachim Scholtyseck, «Der Mann aus dem Volk», S. 499.

348 Geschäftsbericht für die Zeit vom 1. 1. 1945 bis 30. 6. 1946, zitiert nach GLA, OMGUS 12/84–2/3–4.

349 Götz Küster, 75 Jahr Bosch, S. 89.

350 Zitiert nach: Der deutsche Südwesten zur Stunde Null, S. 144. Die Tätigkeit der folgenden Monate beschränkte sich auf die «notwendigsten Verwaltungsarbeiten» wie Bewachung, Lohn- und Gehaltsauszahlungen und die Verhandlungen mit den Besatzungstruppen. Geschäftsbericht für die Zeit vom 1. 1. 1945 bis 30. 6. 1946, zitiert nach GLA, OMGUS 12–84/2/3–4. Die «Stuttgarter Zeitung» berichtete am 25. Oktober 1945, bei Bosch würden «neben Aufräumungsarbeiten im wesentlichen nur Reparaturen ausgeführt.» Vgl. hierzu auch Roland Müller, «Make democracy work». Verwaltung und Politik in Stuttgart 1945, in: Wulf D. von Lucius (Hrsg.), Stuttgart 1945. Anfang nach dem Ende, Stuttgart 1995, S. 13–34: Willi A. Boelcke, Stuttgart nach Kriegsende. Wirtschaft, in: Ebd., S. 99–110.

351 Parlamentarischer Rat. Stenographische Berichte über die Plenarsitzungen 1948/49, Bonn 1949, Neudruck 1969, S. 210.

352 Theodor Heuss, Robert Bosch, S. 622.

Sechstes Kapitel
Der Boschkreis und das zweite Scheitern des Staatsstreichs

1 Grundlegend schon Hans Rothfels, Die deutsche Opposition gegen Hitler, passim. Eine gute Zusammenfassung und kritische Bewertung bei Klemens von Klemperer, Die verlassenen Verschwörer, S. 348 f. Zur amerikanischen Reaktion Birdsall S. Viault, Le 20 juillet 1944 vu d' Amérique, in: Guerres mondiales et Conflits contemporains 41 (1991), H. 163, S. 91–104.

2 «Die neuen Opfer des Galgenterrors», in: Neue Volks-Zeitung (New York) vom 16. September 1944, abgedruckt in: Ursula Adam (Hrsg.), Die «Generalsrevolte». Deutsche Emigranten und der 20. Juli 1944. Eine Dokumentation, Berlin 1994, S. 127–129, hier S. 128.

3 Wilhelm Hoegner, Der schwierige Außenseiter. Erinnerungen eines Abgeordneten, Emigranten und Ministerpräsidenten, München 1959, S. 173; Peter Grose, Gentleman Spy, S. 200 f.

4 Altaffer an Huddle vom 22. Juli 1944, NA, RG 84, Foreign Service Posts of the Department of State, American Legation Bern, Confidential File 1944, 800, Box 16. Klahr Huddle war der Berater der Gesandtschaft in Bern. Die Legation stellte wenige Wochen nach dem Attentat ein 13 Seiten umfassendes Dossier zusammen, das die Verbindungen von Walz, Schloßstein und Raßbach zum 20. Juli und die Kontakte zwischen Amerikanern und den «Stuttgartern» nachzeichnete: «Précis Concerning Alleged Attempt (to) Assassinate Hitler» vom 16. August 1944, NA, RG 84, Foreign Service Posts of the Department of State, American Legation Bern, Confidential File 1944, 800, Box 16.

5 Busser an Hull vom 5. August 1944, NA, RG 59, Decimal File 1940–1944, Box 5500 (862.20200 [Goerdeler, Karl Dr.]). Vgl. die ähnliche Würdigung Goerdelers durch Adolf Keller, den Generalsekretär der Genfer «Europäischen Zentralstelle für kirchliche Hilfsaktionen» in einem Memorandum des amerikanischen Gesandten in der Schweiz für Cordell Hull vom 9. August 1944: Leland Harrison Papers, Library of Congress Manuscript Divison, Box 47. Zu Busser Eberhard Brüning, Das Konsulat der Vereinigten Staaten von Amerika zu Leipzig (Sitzungsberichte der Sächsischen Akademie der Wissenschaften zu Leipzig. Philosophisch-historische Klasse, Bd. 134, Heft 1), Berlin 1994.

6 Hans Rothfels, Die deutsche Opposition gegen Hitler, S. 331; Karl Dietrich Bracher, Zeitalter der Ideologien, S. 100–103.

7 National Archives Microfilm Publication M-1221: R&A 2383: «Effects of the Attempted Coup D' Etat on the Stability of the German regime» vom 24. Juli 1944; R&A 2383 S: «The German coup d'etat» vom 28. Juli 1944. Hinweise auf Beteiligte aus Wirtschaftskreisen waren jedoch in einer 26 Seiten umfassenden Analyse zu finden, in der das Attentat allerdings als Werk des Militärs geschildert wurde (National Archives Microfilm Publication M-1221: R&A 2387: «The Attempt on Hitler's Life and its Consequences» vom 27. Juli 1944).

8 Petra Marquart-Bigman, Nachdenken über ein demokratisches Deutschland. Der Beitrag der Research and Analysis Branch zur Planung der amerikanischen Deutschlandpolitik, in: Jürgen Heideking/Christof Mauch (Hrsg.), Geheimdienstkrieg gegen Deutschland. Subversion, Propaganda und politische Planungen des amerikanischen Geheimdienstes im Zweiten Weltkrieg, Göttingen 1993, S. 122–141, hier S. 132 f.

9 National Archives Microfilm Publication M-1221: R&A 2387: «The Attempt on Hitler's Life and its Consequences» vom 27. Juli 1944. Vgl. Jürgen Heideking/Christof Mauch (Hrsg.), USA und deutscher Widerstand. Analysen und Operationen des amerikanischen Geheimdienstes im Zweiten Weltkrieg, Tübingen/Basel 1993, S. 106.

10 «Memorandum for the President» Donovans an Roosevelt vom 22. Juli 1944, Jürgen Heideking/Christof Mauch (Hrsg.), American Intelligence and the German Resistance to Hitler, S. 240–243. Trotz aller Erkenntnisse blieb die Verbindung Goerdelers zu Bosch dem amerikanischen Geheimdienst weitgehend unbekannt. Vgl. die Karteikartensammlung über Personen, die in die Verschwörung verstrickt waren: NA, RG 226, Entry 146, Box 235, Folder 3297: «Breakers: Personalities Files».

11 Aufzeichnung von Altaffer vom 14. August 1944, NA, RG 84, Foreign Service Posts of the Department of State, American Legation Bern, Confidential File 1944, 800, Box 16.

12 «Précis Concerning Alleged Attempt (to) Assassinate Hitler» vom 16. August 1944, ebd.

13 Altaffer an Huddle vom 22. Juli 1944, ebd.

14 Altaffer an Huddle vom 10. August 1944, ebd.

15 Willy Schloßstein: «Betr. Einstellung des Herrn B. und seiner Firma zum Nazi-Regime (Überreicht durch Ludwig Kaiser Stuttgart 15. 9. 1945)«, BAK, N 1166 (Ritter), Bd. 131. Vgl. SBA, Bestand «Von Hagenstein, A.», Bundesanwaltschaft, E 4320 (B), (Dossier C.12.1579).

16 OSS-Report vom 28. Januar 1945, NA, RG 226, Entry 146, Box 235, Folder 3296.

17 OSS an Bern vom 9. Februar 1945, NA, RG 226, Entry 99, Box 18, Folder 58 a.

18 Vgl. NA, RG 226, Entry 134, Box 193, Folder 1223, 16. Juli 1945 und NA, RG 226, Entry 146, Box 235, folder 3296 vom 19. Februar 1945. Vgl. W. H. Shepardson an William Donovan vom 23. März 1945, NA, RG 226, Entry 99, Box 18, Folder 58 a.

19 Vgl. «Field Intelligence Study No. 5» vom 2. Juli 1945, abgedruckt in: Ulrich Borsdorf/Lutz Niethammer (Hrsg.), Zwischen Befreiung und Besatzung, S. 160 f. Seit Anfang Juni 1945 war in Bieberich bei Wiesbaden eine «OSS-Mission for Germany» installiert, die als Informationszentrale für die aus allen besetzten Gebieten zusammenfließenden Reports diente. Experten wie Walter L. Dorn, David Lerner oder Paul Sweezy stellten die auf den verschiedensten Erkundungsreisen gesammelten Informationen analytisch zusammen. Auf der Grundlage dieser Quellen stellte die Biebericher Zentrale dabei sog. «Field Intelligence Studies» zusammen, die einen Einblick über die regionale Entwicklung zu geben versprachen. Bis zum Ende des Jahres 1945 – die R&A-Abteilung des OSS war inzwischen dem State Department zugeordnet – erschienen zwar weitere «Field Intelligence Studies», aber mit der Übernahme der OSS-Mission in die Gliederung des amerikanischen Hauptquartiers war die eigentliche Arbeit der Institution beendet. Zu den Hintergründen ebd., S. 9–21 und zur «OSS-Mission for Germany» S. 16 f.

20 Alexander B. Maley, The Epic of the German Underground, in: «Human Events» vom 27. Februar 1946, S. 1–8.

21 Vgl. Felix Morley, For the record, South Bend 1979, S. 341–344.

22 Vgl. Walz an Jordan vom 23. Mai 1945, RBA 13/27.

23 «The OWI [Office of War Information, J. S.] explained to the Americans that the attempted revolution was merely a plot on the part of some Junker generals who knew the war was lost and wished to save the General Staff intact for World War III. Now it would seem time for a more judicious appraisal of facts which cannot be kept concealed forever.» Alexander B. Maley, The Epic of the German Underground, S. 2.

24 Ebd., S. 4.

25 Ebd., S. 8.

26 Vgl. den Bericht von C. L. Sulzberger, Full Story of Anti-Hitler Plot Shows That Allies Refused to Assist, in: New York Times vom 18. März 1946. Über den Boschkreis war Sulzberger allerdings offensichtlich ebensowenig informiert wie der OSS-Mitarbeiter Franklin Ford, der nach umfangreichen Befragungen erstmals die ganze politische Spannbreite des Widerstands schilderte. Franklin L. Ford, The Twentieth of July in the History of the German Resistance, in: AHR 51 (1945/46), S. 609–626.

27 Auf Vansittarts antideutsche Tiraden muß an dieser Stelle nicht näher eingegangen werden. Bemerkenswerterweise kritisierte er Anfang des Jahres 1945 in einer Publikation, die sich scharf mit dem Kartellgebaren der deutschen Industrie auseinandersetzte, auch das Verhalten des Unternehmens Bosch und die «Verschleierung» der Besitzverhältnisse. Robert Vansittart, The German Octopus (Win the Peace Pamphlet – No. 2.) London u. a. 1945, S. 16 und 18.

28 Erich Kordt, Nicht aus den Akten... Die Wilhelmstraße in Frieden und Krieg. Erlebnisse, Begegnungen und Eindrücke 1928–1945, Stuttgart 1950, S. 318.

29 Ulrich von Hassell, Vom Andern Deutschland, Zürich 1946; Allen W. Dulles, Germany's Underground, New York 1947, dt. unter dem Titel: Verschwörung in Deutschland, Zürich 1948.

30 «Field Intelligence Study No. 5» vom 2. Juli 1945, abgedruckt in: Ulrich Borsdorf/Lutz Niethammer (Hrsg.), Zwischen Befreiung und Besatzung, S. 161.

31 Vgl. Nachlaß Strölin, Stadtarchiv Stuttgart, Bericht Paul Hahn, S. 170–172.

32 Friedrich Wilhelm, Die württembergische Polizei im Dritten Reich, S. 223–225. Vgl. «Stuttgarter Zeitung» vom 3. April 1952 und Wilhelm Kohlhaas, Paul Hahn zum Gedenken, in: «Stuttgarter Zeitung» vom 5. April 1952.

33 Otto Debatin, Der Vorläufige Württembergische Wirtschaftsrat des Jahres 1945. Eine Chronik, Stuttgart, o. J. (1956), S. 19.

34 Götz Küster, 75 Jahre Bosch, S. 89; Harald Winkel, Geschichte der Württembergischen Industrie- und Handelskammern Heilbronn, Reutlingen, Stuttgart/Mittlerer Neckar und Ulm 1933–1980. Zum 125jährigen Bestehen, Stuttgart 1980, S. 186–218. Ende August 1945 entschieden die amerikanischen Behörden, Unternehmerverbände vorerst nur auf lokaler Ebene zuzulassen. Der «Wirtschaftsrat» löste sich daraufhin am 10. Oktober 1945 selbst auf.

35 Records of the United States Nürnberg War Crimes Trials Interrogations, 1946–1949, NA, RG 238, M-1019, Roll 77: Office of U. S. Chief of Counsel, Subsequent Proceedings Division, Interrogation Branch, Interrogation Summary No. 164 vom 20. September 1946. Vgl. Albrecht Fischer, Inhaftierung von Herrn Walz 1945–1947, Manuskript vom 14. Dezember 1953, RBA 13/230, S. 2.

36 Einen kurzgefaßten Abriß bietet Hans Konradin Herdt, Bosch 1886–1986, S. 93–103.

37 Eine gute Übersicht über den verschlungenen Weg der Entscheidungsfindung bei Bradley F. Smith, The Road to Nuremberg, New York 1981. Grundsätzlich hierzu John Gimbel, The American Occupation of Germany, Stanford 1968; Edward N. Peterson, The American Occupation of Germany: Retreat to Victory, Detroit 1977; Hans-Peter Schwarz, Vom Reich zur Bundesrepublik: Deutschland im Widerstreit der außenpolitischen Konzeptionen in den Jahren der Besatzungsherrschaft 1945–1949, Stuttgart ²1980; Günter Moltmann, Zur Formulierung der amerikanischen Besatzungspolitik in Deutschland am Ende des Zweiten Weltkrieges, in: Vierteljahrshefte für Zeitgeschichte 15 (1967), S. 299–322.

38 John Herz, The Fiasco of Denazification in Germany, in: Political Science Quarterly 63 (1948), S. 569–594.

39 Abgedruckt in: Clemens Vollnhals (Hrsg.), Entnazifizierung, S. 100 f. Nachdem aufgrund einer unmittelbaren Anordnung der Militärregierung bereits 91 Betriebsangehörige von Bosch entlassen worden waren, wurden auf der Grundlage des «Gesetzes Nr. 8» im Herbst 1945 weitere 187 Beschäftigte entlassen, von denen allerdings 28 aufgrund einer vorgesehenen Sondergenehmigung eine vorläufige Arbeitsgenehmigung erhielten. Geschäftsbericht für die Zeit vom 1. 1. 1945 bis 30. 6. 1946, zitiert nach GLA, OMGUS 12–84/2/3–4. Die «Stuttgarter Zeitung» vom 6. Oktober 1945 meldete, nun sei die Verantwortung für die Säuberung der Wirtschaft von den «letzten Resten des Nazitums» der deutschen Wirtschaft selbst übertragen worden.

40 Theodor Heuss, Hans Walz zum 80. Geburtstag, in: «Stuttgarter Zeitung» vom 21. März 1963.

41 Die Entnazifizierungsunterlagen von Walz: Staatsarchiv Ludwigsburg, Spruchkammerverfahren Hans Walz, EL 902/20, Bü 37/16/13512 und die entsprechenden Dokumente in RBA 13/34.

42 Walz an Adler o. D. (1948), LBI New York, Karl Adler Collection AR 7276, VI, Box 4, Folder 12.

43 Eine der seltenen Stellungnahmen zur Opposition gegen Hitler stellen die Bemerkungen von Walz über Gerhard Ritters Carl Goerdeler-Biographie dar. Diese sei «die erste wirklich authentische Geschichtsdarstellung der Goerdeler-Bewegung. Es war nötig, daß sie herauskam, um sachlicher Mißdeutung und persönlichen Verzerrungen entgegenzuwirken.» LBI New York, Karl Adler Collection AR 7276, VI, Box 4, Folder 12.

44 Zu den Lebensläufen: Klaus Eisele, Die «Aktion Goerdeler». Mitverschwörer des 20. Juli 1944 im deutschen Südwesten. Biographische Skizzen, S. 155–207.

45 Zu dieser Problematik Thomas Nipperdey, 1933 und die Kontinuität der deutschen Geschichte, in: ders., Nachdenken über die deutsche Geschichte. Essays, München 1986, S. 186–205.

46 Hans Mommsen, Der Widerstand gegen Hitler und die deutsche Gesellschaft, S. 17. Vgl. dagegen die Belege bei Elmar Müller, Widerstand und Wirtschaftsordnung, S. 129–164. Irreführend und geradezu grotesk ist der Vorwurf, die Neuordnungspläne des Widerstands seien «zugunsten der einseitigen Orientierung am westlich-liberalen Vorbild» beiseite gelassen worden: Wilhelm Ernst Winterhager, Enttäuschte Hoffnungen: Zum Anteil der Überlebenden des 20. Juli 1944 am politischen Neuaufbau in Westdeutschland nach 1945, in: Gerd R. Ueberschär (Hrsg.), Der 20. Juli 1944. Bewertung und Rezeption des deutschen Widerstandes gegen das NS-Regime, Köln 1994, S. 250–262, hier S. 262.

Zusammenfassung und Ausblick

1 Wilhelm Treue, Die Einstellung einiger deutscher Großindustrieller zu Hitlers Außenpolitik, S. 506.

2 Ebd., S. 507.

3 Lewis B. Namier, Resisters after the Event, in: History Today 1 (1951), S. 13–22.

4 Max Frisch, Kunst der Erwartung. Anmerkungen eines Architekten, in: ders., Gesammelte Werke in zeitlicher Folge, Bd. I/1 (1931–1944), Frankfurt am Main 1976, S. 189–196, hier S. 192.

5 Vgl. hierzu Klemens von Klemperer, «What is the Law That Lies behind These Words?» Antigone's Question and the German Resistance against Hitler, in: Michael Geyer/John W. Boyer (Hrsg.), Resistance against the Third Reich 1933–1990, Chicago/London 1994, S. 141–150.

6 Michael R.D. Foot, Resistance: An Analysis of European Resistance to Nazism 1940–1945, London 1976, S. 11.

7 Klemens von Klemperer, Die verlassenen Verschwörer, S. 13.

8 Hannah Arendt, Eichmann in Jerusalem. Ein Bericht von der Banalität des Bösen, München [8]1968, S. 278.

Quellen- und Literaturverzeichnis

Die vorliegende Untersuchung greift auf eine Vielzahl von Abhandlungen zurück, die bestimmte Teilaspekte des Themenkreises behandeln. Um den Literaturanhang nicht unnötig zu belasten, sind Titel, die nur einmal herangezogen wurden, lediglich in der jeweiligen Anmerkung und nicht im Literaturteil aufgeführt. Die Bibliographie erschließt sich daher auch durch den Anmerkungsapparat.

Ungedruckte Quellen

Archives de L'Occupation Française en Allemagne et en Autriche, Colmar
Bestand 526, Affaires économiques et financières

Archives Nationales, Paris
Bestand F^7 13 433

Bundesarchiv (Berlin Document Center), Berlin
Personalunterlagen Hans Walz
Sammelliste 59

Bundesarchiv, Koblenz
R 3, Bde. 1591, 1623, 1627; R 38, Bd. 118; R 43/I, Bde. 1141, 1891, 2085; R 43/II, Bde. 320, 1374, 1380;
N 113 (Goerdeler), Bde. 9, 14, 23
N 1004 (Dietrich), Bde. 228, 530
N 1032 (Geßler), Bde. 9 a, 35
N 1035 (Haller), Bd. 19
N 1072 (Erkelenz), Bde. 123, 138
N 1160 (Pechel), Bde. I/10, 73
N 1166 (Ritter), Bde. 131, 146, 157, 161, 328, 329, 330, 491, 493
N 1186 (Stolper), Bd. 85 a
N 1221 (Heuss), Bde. 54, 78, 81, 397
N 1342 (Wirth), Bd. 21, 28, 38, 80, 124
Kleine Erwerbungen 537/2, Bd. 1 (Wilhelm Keppler)
Kleine Erwerbungen 846, Bd. 14 (Georg Escherich)

Bundesarchiv, Berlin-Lichterfelde
NJ 12285
NS 6, Bd. 4
NS 19, Bde. 790, 1183, 2278, 2348, 3156, 3770
NS 48, Bd. 79
R 58, Bd. 57, 2348

Bundesarchiv, Zweigstelle Dahlwitz-Hoppegarten
ZA-VI-3902
ZM 1329, Akte 11

Bundesarchiv, Militärarchiv Potsdam
RW 20–5/7
RW 20–5/1

Churchill College, Cambridge
Nachlaß Christie: Christie Papers (CHRS)
Nachlaß Phipps: Phipps Papers (PHPP)

Deutsches Literaturarchiv, Marbach am Neckar
Theodor Heuss Archiv

Evangelisches Zentralarchiv, Berlin
Nachlaß Friedrich Siegmund-Schultze, Bestand 226, I 16/4, I 21/1, I 21/6, I 21/9, I 23/6,
II 4/1, II 4/5, II 4/6, II 13/11, PA 37/4, 626/PA 37/4
Bestand 51/J VIIb, c

Franklin Delano Roosevelt Library, Hyde Park, New York
FDR Library, Map Room Files, March–December 1943, Box 72, January 1944 – April
1945, Box 73

Generallandesarchiv, Karlsruhe
OMGUS-Akten, Bestand 12

Hamburger Forschungsstelle für die Geschichte des Nationalsozialismus, Hamburg
Bestand 913
Bestand 11/K 4, 5, 6, 10

Hauptstaatsarchiv Württemberg, Stuttgart
Nachlaß Wilhelm Keil Q 1/4, Bü 28
Nachlaß Theodor Bäuerle Q 1/21, Bü 460
Bestand E 130 b, Bü. 1794
Bestand E 140, Bü 78

Institut für Zeitgeschichte, München
ZS 249, Bd. I
ZS 310 II a
ZS 317/IV, V
ED 88/2 (Sammlung Zeller)
Ma 422

Landeskirchliches Archiv, Stuttgart
Bestand D 1

Leo Baeck Institute, New York
Karl Adler Collection AR 7276

Library of Congress, Manuscript Divison, Washington D.C
Cordell Hull Papers
Messersmith Papers
Leland Harrison Papers

Historisches Archiv der MAN AG, Augsburg
NL Otto Meyer

Militärarchiv, Stuttgart
Nachlaß Paul Hahn, Bd. 1–4

National Archives, College Park,
M-1019, Roll 6, 77
M-1221, R&A 1145, 2383, 2387
M-897, Roll 83, 84, 101
T-73, Roll 180
T-175, Roll 458
T-301, Roll 6, 9,12
RG 59: 740.00119 Control (Germany)/4–2445; Central Decimal File; Records of the Department of State Special Interrogation DeWitt C. Poole Mission to Germany, 1945–1946, M-679
RG 84: Bern Post Files, Box 12, Folder Bosch; (Foreign Service Posts of the Department of State), American Legation, Bern, Confidential File, 800, Box 5, 6, 11, 16
RG 169: FEA, Misc. Records relating to Monopolies and Cartels, Entry 210, Box 10; OSS Foreign Nationalities Branch Files, 1942–1945, Microfiche 824
RG 226: XL-12736; Entry 134, Box 193, Folder 1222, 1223; Entry 138, Box 2; Entry 146, Box 235; Entry 99, Box 14, 18; OSS Files, Entry 110, Box 42, File Agents
RG 243: Entry 6, Box 415, folder 48 B (6); Entry 6, Box 688, folder 29
RG 260: Box 52, 181, 182, 185, 201, 229
RG 319: IRR Files

Politisches Archiv des Auswärtigen Amtes, Bonn
Botschaft Paris, 702 a–c
Generalkonsulat Zürich, 136
R 100740; R 101225; R 30185 k; R 32764; R 70536; R 70544

Public Record Office, London
PREM 1/330; PREM 4/23/2; PREM 4/100/8
FO 371/24363/C; FO 371/20733/C; FO 371/21659/C; FO 371/21665/C; FO 371/21665/C; FO 371/21736/C; FO 371/22961/C; FO 371/22963/C; FO 371/22968/C; FO 371/22981/C; FO 371/22985/C; FO 371/22986/C; FO 371/24363/C; FO 371/24381/C; FO 371/24385/C; FO 371/24386/C; FO 371/24387/C; FO 371/24388/C; FO 371/24389/C; FO 371/24405/C; FO 371/24408/C; FO 371/26543/C; FO 371/26546/A; FO 371/26568/C; FO 371/34415/C; FO 371/34428/C; FO 371/34435/C; FO 372/24389/C
FO 800/316
FO 837/1306

Robert Bosch Archiv, Stuttgart
Bestand 7/71
Bestand 10/63, 10/64, 10/65

Bestand N 11/58, N 11/59, N 11/60, N 11/61, N 11/62, N 11/63, N 11/73
Bestand 12/1, 12/2, 12/3, 12/4, 12/5
Bestand 13/25, 13/27, 13/28, 13/30, 13/33, 13/34, 13/35, 13/36, 13/37, 13/38, 13/39, 13/42, 13/43, 13/46, 13/47, 13/60, 13/73, 13/75, 13/77, 13/79, 13/84, 13/109, 13/127, 13/129, 13/139, 13/175, 13/177, 13/178, 13/230, 13/241, 13/270,13/275
Bestand Eugen Kayser
Bestand 14/1, 14/3, 14/4, 14/7, 14/8, 14/9, 14/19, 14/20, 14/33, 14/41, 14/43, 14/48, 14/49, 14/50, 14/51, 14/53, 14/54, 14/55, 14/56, 14/58, 14/59, 14/62, 14/63, 14/64, 14/65, 14/66, 14/67, 14/69, 14/70, 14/71, 14/76, 14/78, 14/79, 14/81, 14/82, 14/83, 14/86, 14/87, 14/88, 14/89, 14/91, 14/92, 14/97,14/99, 14/104, 14/107, 14/108, 14/112, 14/113, 14/114, 14/116, 14/118, 14/120, 14/123, 14/140, 14/141, 14/147, 14/148, 147/149, 14/154, 14/155, 14/156, 14/409, 14/508, 14/523, 14/525, 14/526, 14/532, 14/533, 14/535, 14/539, 14/540
Bestand N 9/18
Bestand N 30
Bestand N 32/2, N 32/9, N 32/10, N 32/12, N 32/14

Rheinisch-Westfälisches Wirtschaftsarchiv zu Köln e. V., Köln
400101293/7; 40010124/4; 40010124/3 a; 40010124/3 b; 400101293/25; 400101290/5 b; 400101290/6; 400101290/43; 400101290/32; 400101293/6; 400101293/7; 400101293/12; 400101308/0

Schweizerisches Bundesarchiv, Bern
Bestand Bundesanwaltschaft, E 4320 (B); E 2001 (D); E 2001 (E)

Seeley G. Mudd Library, Princeton
Allen Dulles Papers, Box, 27, 28, 30, 32, 33, 35, 204
John Foster Dulles Papers, Box 16

Staatsarchiv, Ludwigsburg
PL 502/209, Bü 96 (NS-Kreisleitung Stuttgart); EL 902/20, Bü 37/6/17 185 (Hugo Bühler); EL 902/20, Bü 37/17/7952 (Otto Fahr); EL 902/20, Bü 37/17/5034 (Otto Debatin); EL 902/20, Bü 37/17/5633 (Willy Schloßstein); EL 902/20, Bü 37/16/13 512 (Hans Walz); EL 902/20, Bü 37/17/7478 (Albrecht Fischer); EL 902/20, Bü 37/174721 (Karl Martell Wild)

Stadtarchiv, Mannheim
Nachlaß Carl Bosch jun. u. sen., Nr. 37

Stadtarchiv, Stuttgart
Nachlaß Strölin, Nr. 39, 4176, 216, 220, 224, 254, 259

Staatsarchiv, Sigmaringen
Bestand Wü 65/4, 9319
Bestand Wü 13/2, 2409

Trinity College, Cambridge
R. A. Butler Papers, E 3/9[49-56]

University of Columbia Library, New York
Nicholas Murray Butler Papers

Yad Vashem Holocaust Memorial, Jerusalem
YV 1214–497 (Akte Hans Walz)

Zentrale Stelle der Landesjustizverwaltungen, Ludwigsburg
VI 415 AR 648/61

Zeitschriften und Zeitungen

«Abwehr-Blätter. Mitteilungen aus dem Verein zur Abwehr des Antisemitismus»; «Bosch-Zünder»; «Dagens Nyheter» (Stockholm); «Der Bund» (Bern); «Der Tagesspiegel» (Berlin); «Deutsche Allgemeine Zeitung»; «Deutsche Rundschau»; «Fränkischer Kurier»; «Geisslinger Zeitung»; «Kölnische Zeitung»; «Neue Zeit»; «Neue Zürcher Zeitung»; «New York Herald Tribune»; «New York Times»; «New Yorker Staatszeitung und Herold»; «Sonntagsblatt Staatszeitung und Herold» (New York); «Newsweek»; «NS-Kurier» (Stuttgart); «Paneuropa»; «Stuttgarter Nachrichten»; «Stuttgarter Neues Tagblatt»; «Stuttgarter Zeitung»; «Times» (London); «Times Literary Supplement»; «Völkischer Beobachter»; «Volksfreund»; «Der Waffenschmied. Mitteilungsblatt des Heereswaffenamtes»; «Washington Post»; «Württembergische Zeitung»

Manuskripte

Geschichte der Familie Blass von Zürich, Zürich 1956 (Privatdruck, Schweizerische Landesbibliothek Bern)

Conwell-Evans, T. Philip, None So Blind. A Study of the Crisis Years, 1930–1939, Based on the Private Papers of Group-Captain M. G. Christie, London 1947 (Privatdruck, Library of Congress, Washington D. C.)

Fischer-Bosch, Margarete, Jugenderinnerungen an meinen Vater Robert Bosch, Stuttgart 1953 (Privatdruck, Robert Bosch Archiv, Stuttgart)

Goerdeler, Reinhard, Die letzten Tage meines Vaters, Manuskript, o. O., o. J. (Institut für Zeitgeschichte, München)

Haller, Johannes, Lebenserinerungen. Gesehenes – Gehörtes – Gedachtes, (1946) (Bundesarchiv Koblenz)

Olpp, Felix, Aufzeichnung vom 15. Juli 1994 (Kopie im Besitz des Verfassers)

Raßbach, Elsa, Der pragmatische Widerstand (Kopie im Besitz des Verfassers)

Ströle, Karl, Aus meinem bunten Leben. Erinnerungen für meine Familie zur Feier des 80. Geburtstages aufgeschrieben, Stuttgart 1967 (Württembergische Landesbibliothek Stuttgart)

Gedruckte Quellen und Literatur

Aalders, Gerard/Cees Wiebes, Die Kunst der Tarnung. Die geheime Kollaboration neutraler Staaten mit der deutschen Kriegsindustrie, Frankfurt am Main 1994

Dies., Stockholms Enskilda Bank, German Bosch and IG Farben. A Short History of Cloaking, in: Scandinavian Economic History Review 33 (1985), S. 25–50

Abel, Karl-Dietrich, Presselenkung im NS-Staat. Eine Studie zur Geschichte der Publizistik in der nationalsozialistischen Zeit, Berlin 1968

Adam, Ursula (Hrsg.), Die «Generalsrevolte». Deutsche Emigranten und der 20. Juli 1944. Eine Dokumentation, Berlin 1994

Adler-Rudel, Scholem, Jüdische Selbsthilfe unter dem Naziregime 1933–1939. Im Spiegel der Berichte der Reichsvertretung der Juden in Deutschland, Tübingen 1974

Akten der Reichskanzlei. Die Kabinette Brüning I und II, Boppard 1990

Akten der Reichskanzlei. Weimarer Republik. Das Kabinett von Papen 1. Juni bis 3. Dezember 1932, Boppard am Rhein 1989

Albertin, Lothar, Liberalismus und Demokratie am Anfang der Weimarer Republik, Düsseldorf 1972

Allmendinger, Claus-Michael, Struktur, Aufgabe und Bedeutung der Stiftungen von Robert Bosch und seiner Firma, Stuttgart 1977

Asendorf, Manfred, Hamburger Nationalklub, Keppler-Kreis, Arbeitsstelle Schacht und der Aufstieg Hitlers, in: 1999. Zeitschrift für Sozialgeschichte des 20. und 21. Jahrhunderts 2 (1987), H. 3, S. 106–150

Aster, Sidney, Carl Goerdeler und das Foreign Office, in: A.P. Young, Die «X»-Dokumente, S. 245–271

Baker, Leonard, Hirt der Verfolgten. Leo Baeck im Dritten Reich, Stuttgart 1982

Bancroft, Mary, Autobiography of a Spy, New York 1983

Barkai, Avraham, Das Wirtschaftssystem des Nationalsozialismus, Köln 1977

Ders., Die Wirtschaftsauffassung der NSDAP, in: Aus Politik und Zeitgeschichte B 9 (1975), S. 3–16

Ders., Vom Boykott zur «Entjudung». Der wirtschaftliche Existenzkampf der Juden im Dritten Reich, Frankfurt am Main 1987

Bauer, Yehuda, Jews for Sale? Nazi-Jewish Negotiations, 1933–1945, New Haven/London 1994

Bechtle, Friedrich Richard, Die nordwürttembergische politische Presse 1930 bis 1949 unter Berücksichtigung allgemeiner Vorgänge im deutschen Zeitungswesen, (Diss.) München 1952

Becker, Rolf, Der Briefwechsel von Robert Bosch im Bosch-Archiv, in: Robert Bosch und die deutsch-französische Verständigung. Politisches Denken und Handeln im Spiegel der Briefwechsel. Bosch-Archiv Schriftenreihe, Bd. 1, Stuttgart 1996, S. 6–43

Benz, Wolfgang (Hrsg.), Die Juden in Deutschland 1933–1945. Leben unter nationalsozialistischer Herrschaft, München ³1993

Ders., Eine liberale Widerstandsgruppe und ihre Ziele: Hans Robinsohns Denkschrift aus dem Jahre 1939, in: Vierteljahrshefte für Zeitgeschichte 29 (1981), S. 447–471

Ders., Süddeutschland in der Weimarer Republik, Berlin 1970

Ders., Vom Freiwilligen Arbeitsdienst zur Arbeitsdienstpflicht, in: Vierteljahrshefte für Zeitgeschichte 16 (1968), S. 317–346

Besson, Waldemar, Württemberg und die deutsche Staatskrise 1928–1933, Stuttgart 1959

Bethge, Eberhard, Adam von Trott zu Solz und der deutsche Widerstand, in: Vierteljahrshefte für Zeitgeschichte 11 (1963), S. 213–223

Binkowski, Johannes, Die Diktatur des Nationalsozialismus, in: Von der Preßfreiheit zur Pressefreiheit. Südwestdeutsche Zeitungsgeschichte von den Anfängen bis zur Gegenwart, Stuttgart 1983, S. 155–171

Blaich, Fritz, Kartell- und Monopolpolitik im kaiserlichen Deutschland, Düsseldorf 1973

Ders., Wirtschaft und Rüstung im Dritten Reich, Düsseldorf 1987

Blasius, Rainer A., Appeasement und Widerstand, in: *Peter Steinbach/Johannes Tuchel* (Hrsg.), Widerstand gegen den Nationalsozialismus, S. 280–293

Ders., Deutschland und Europa im Denken des Widerstands, in: *Michael Kißener/Harm-Hinrich Brandt/Wolfgang Altgeld* (Hrsg.), Widerstand in Europa, Konstanz 1995, S. 39–65

Bluhm, Gabriele, «Wirtschaft am Pranger»: Die Berichterstattung des württembergischen «Kampfblattes» «Flammenzeichen» über unangepaßtes Verhalten von Gewerbetreibenden, in: *Cornelia Rauh-Kühne/Michael Ruck* (Hrsg.), Regionale Eliten zwischen Diktatur und Demokratie. Baden und Württemberg 1930–1952, S. 247–262

Boberach, Heinz (Hrsg.), Meldungen aus dem Reich 1938–1945. Die geheimen Lageberichte des Sicherheitsdienstes der SS, Herrsching 1984

Bock, Hans Manfred, Konservativer Einzelgänger und pazifistischer Grenzgänger zwischen Deutschland und Frankreich. Der Frankreich-Publizist Paul H. Distelbarth im Dritten Reich, in: Francia 21 (1994), S. 99–133

Ders., Zwischen Locarno und Vichy. Die deutsch-französischen Kulturbeziehungen der dreißiger Jahre als Forschungsfeld, in: *ders./Reinhard Meyer-Kalkus/Michel Trebitsch* (Hrsg.), Entre Locarno et Vichy. Les relations culturelles franco-allemandes dans les années 1930, Paris 1993, S. 25–61

Boelcke, Willi A., 125 Jahre Baden-Württembergische Bank: auch eine Geschichte des guten Geldes, Stuttgart/Berlin/Köln 1996

Ders., Deutschland als Welthandelsmacht 1930–1945, Stuttgart/Berlin/Köln 1994

Ders., Industrieller Aufstieg im mittleren Neckarraum zwischen Konjunktur und Krise, in: Zeitschrift für Württembergische Landesgeschichte 43 (1984), S. 287–326

Ders., Sozialgeschichte Baden-Württembergs 1800–1989, Stuttgart/Berlin/Köln 1989

Borsdorf, Ulrich/Lutz Niethammer (Hrsg.), Zwischen Befreiung und Besatzung. Analysen des US-Geheimdienstes über Positionen und Strukturen deutscher Politik 1945, Wuppertal 1976

Borst, Otto, Stuttgart. Die Geschichte der Stadt, Stuttgart/Aalen ³1986

Bosch, Robert, Aufsätze, Reden und Gedanken (Bosch-Schriftenreihe Folge 1), Stuttgart 1950

Bott, Hans/Hermann Leins (Hrsg.), Begegnungen mit Theodor Heuss, Tübingen 1954

Bracher, Karl Dietrich, Das Anfangsstadium der Hitlerschen Außenpolitik, in: *Gotthard Jasper* (Hrsg.), Von Weimar zu Hitler, Köln/Berlin 1968, S. 483–496

Ders., Stufen der Machtergreifung, Köln/Opladen 1960

Ders., Zeitalter der Ideologien. Eine Geschichte politischen Denkens im 20. Jahrhundert, Stuttgart 1982

Bräutigam, Petra, Mittelständische Unternehmer im Nationalsozialismus. Wirtschaftliche Entwicklungen und soziale Verhaltensweisen in der Schuh- und Lederindustrie Badens und Württembergs, München 1997

Bronowski, Alexander, They Were Few, New York 1991

Brüning, Heinrich, Briefe und Gespräche 1934–1945. Herausgegeben von Claire Nix, Stuttgart 1974

Buchheim, Christoph/Michael Hutter/Harold James (Hrsg.), Zerrissene Zwischenkriegszeit. Wirtschaftshistorische Beiträge. Knut Borchardt zum 65. Geburtstag, Baden-Baden 1994.

Burth, Wolfgang u. a., Nationalsozialistische Wirtschaftslenkung und württembergische Wirtschaft, in: *Cornelia Rauh-Kühne/Michael Ruck* (Hrsg.), Regionale Eliten zwischen Diktatur und Demokratie. Baden und Württemberg 1930–1952, S. 195–219

Carlgren, Wilhelm M., Swedish Foreign Policy during the Second World War, London/Tonbridge 1977

Casey, William, The Secret War Against Hitler, Washington D.C 1988

Colvin, Ian, Vansittart in Office, London 1965

Confino, Alon, The Nation as a Local Metaphor. Württemberg, Imperial Germany, and National Memory, 1871–1918, Chapel Hill/London 1997

Conway, John, Between Pacifism and Patriotism – A Protestant Dilemma: The Case of Friedrich Siegmund-Schultze, in: *Francis R. Nicosia/Lawrence D. Stokes* (Hrsg.), Germans against Nazism. Nonconformity, Opposition and Resistance in the Third Reich: Essays in Honour of Peter Hoffmann, New York/Oxford 1990, S. 87–113

Coudenhove-Kalergi, Richard, Eine Idee erobert Europa, Meine Lebenserinnerungen, München/Wien/Basel 1958

Ders., Paneuropa, Wien/Leipzig 1924
Cramer, Walter (1886–1944). Ein Leipziger Unternehmer im Widerstand. Dokumentation von Beatrix Heintze, Köln 1993
Cramer, Walter. Ehrung der Stadt Leipzig. Dokumentation, Leipzig o.J. (1994)
Czichon, Eberhard, Wer verhalf Hitler zur Macht? Zum Anteil der deutschen Industrie an der Zerstörung der Weimarer Republik, Köln 1967
Dahm, Volker, Kulturelles und geistiges Leben, in: *Wolfgang Benz* (Hrsg.) Die Juden in Deutschland 1933–1945. Leben unter nationalsozialistischer Herrschaft, München ³1993, S. 75–267
Dahrendorf, Ralf, Deutschland und die Liberalen 1933 und 1983, in: liberal 25 (1983), S. 227–231
Ders., Gesellschaft und Demokratie in Deutschland, München 1965
Debatin, Otto, Sie haben mitgeholfen. Lebensbilder verdienter Mitarbeiter des Hauses Bosch, Stuttgart 1963
Ders., Der Vorläufige Württembergische Wirtschaftsrat des Jahres 1945. Eine Chronik, Stuttgart o.J. (1956)
Deutsch, Harold C., The Conspiracy Against Hitler in the Twilight War, Minneapolis 1968
Die Deutsche Bank 1870–1995, *Lothar Gall* (Hrsg.), München 1995
Der deutsche Südwesten zur Stunde Null. Herausgegeben vom Generallandesarchiv Karlsruhe, Karlsruhe o.J. (1975)
Deutschland-Berichte der Sozialdemokratischen Partei (Sopade), Jahrgänge 1934–1936 Nördlingen 1980,
Diesel, Eugen, Robert Bosch. Zeit und Persönlichkeit, in: *Conrad Matschoss* (Hrsg.), Robert Bosch und sein Werk, Berlin 1931, S. 11–20
Dilks, David (Hrsg.), The Diaries of Sir Alexander Cadogan 1938–1945, New York 1971
Ders., Appeasement and «Intelligence», in: *Ders.*, Retreat from Power. Studies in Britain's Foreign Policy of the Twentieth Century, Bd. 1 (1906–1939, S. 139–169)
Dipper, Christof, Der Deutsche Widerstand und die Juden, in: Geschichte und Gesellschaft 9 (1983), S. 349–380
Domarus, Max, Hitler. Reden und Proklamationen, 2 Bde., Würzburg 1962/63
Drobisch, Klaus, Der Freundeskreis Himmler, in: Zeitschrift für Geschichtswissenschaft 8 (1960), S. 304–328
Ders., Der Freundeskreis Himmlers, in: Internationale Hefte der Widerstandsbewegung 2 (1960), S. 135–139
Dulles, Allen W., Germany's Underground, New York 1947
Ders., The Secret Surrender, London 1966
Ders., Verschwörung in Deutschland, Zürich 1947
Eberle, Eugen/Peter Grohmann, Die schlaflosen Nächte des Eugen E. Erinnerungen eines neuen schwäbischen Jacobiners, Stuttgart 1982, S. 74
Ders., Sieben Jahre offensiver Kampf gegen das Kapital, in: *Tilman Fichter/Eugen Eberle*, Kampf um Bosch, S. 165–175
Ehlers, Dieter, Technik und Moral einer Verschwörung, Frankfurt am Main 1964
Eichholtz, Dietrich, Geschichte der deutschen Kriegswirtschaft 1939–1945, Bde. 1 und 2, Berlin (Ost) 1969 und 1985
Eisele, Klaus, Die «Aktion Goerdeler». Mitverschwörer des 20. Juli im deutschen Südwesten. Biographische Skizzen, in: *Rudolf Lill/Michael Kißener* (Hrsg.), 20. Juli 1944, S. 155–207
Eksteins, Modris, Theodor Heuss und die Weimarer Republik, Stuttgart 1969
Erker, Paul, Industrie-Eliten in der NS-Zeit. Anpassungsbereitschaft und Eigeninteresse von Unternehmern in der Rüstungs- und Kriegswirtschaft 1936–1945, Passau 1994
Ersing, Joseph, Vorgeschichte und Verlauf des 20. Juli 1944, Stuttgart 1947

Falter, Jürgen W., The Two Hindenburg Elections of 1925 and 1932: A Total Reversal of Voter Coalitions, in: Central European History 23 (1990), S. 225–241

Farquharson, John E., The Plough and the Swastika: The NSDAP and Agriculture in Germany 1928–1945, London 1976

Feldenkirchen, Wilfried, Unternehmensfinanzierung in der Deutschen Elektroindustrie der Zwischenkriegszeit, in: *Dietmar Petzina* (Hrsg.), Zur Geschichte der Unternehmensfinanzierung, Berlin 1990, S. 35–68

Feldman, Gerald D./Irmgard Steinisch, The Origins of the Stinnes-Legien-Agreement: A Documentation, in: Internationale Wissenschaftliche Korrespondenz zur Geschichte der deutschen Arbeiterbewegung, H. 19/20 (Dezember 1973), Berlin 1973, S. 45–103

Ders., Army, Industry and Labour in Germany 1914–1918, Princeton 1966

Ders., German Business Between War and Revolution: The Origins of the Stinnes-Legien-Agreement, in: *Gerhard A. Ritter* (Hrsg.), Entstehung und Wandel der modernen Gesellschaft. Festschrift für Hans Rosenberg zum 65. Geburtstag, Berlin 1970, S. 312–341

Ders., Jakob Goldschmidt, the History of the Banking Crisis of 1931, and the Problem of Freedom of Manoeuvre in the Weimar Economy, in: *Christoph Buchheim/Michael Hutter/Harold James* (Hrsg.), Zerrissene Zwischenkriegszeit. Wirtschaftshistorische Beiträge. Knut Borchardt zum 65. Geburtstag, Baden-Baden 1994, S. 307–328

Ders., Jewish bankers and the Crises of the Weimar Republic (Leo Baeck Memorial Lecture 39), New York 1995

Ders., The Great Disorder: Politics, Economics and Society in the German Inflation, 1914–1924, Oxford 1993

Fenske, Hans, Der liberale Südwesten. Freiheitliche und demokratische Traditionen in Baden und Württemberg, Stuttgart u. a. 1981

Fest, Joachim (Hrsg.), Die großen Stifter. Lebensbilder – Zeitbilder, Berlin 1997

Ders., Hitler. Eine Biographie, Frankfurt am Main/Berlin/Wien 1973

Ders., Staatsstreich. Der lange Weg zum 20. Juli, Berlin 1994

Fichter, Michael, Aufbau und Neuordnung: Betriebsräte zwischen Klassensolidarität und Betriebsloyalität, in: *Martin Broszat/Klaus-Dietmar Henke/Hans Woller* (Hrsg.), Von Stalingrad zur Währungsreform. Zur Sozialgeschichte des Umbruchs in Deutschland, München 1988, S. 469–549

Fichter, Tilman/Eberle, Eugen, Kampf um Bosch, Berlin 1974

Fidler, Helmut (Redaktion), Arbeiterbewegung in Stuttgart 1933. Erinnerungen, Berichte, Dokumente. Herausgegeben vom Arbeitskreis zur Erforschung der Geschichte der Stuttgarter Arbeiterbewegung beim DGB, Tübingen 1984

Finker, Kurt, Der 20. Juli 1944. Militärputsch oder Revolution?, Berlin 1994

Fischer, Albert, Hjalmar Schacht und Deutschlands «Judenfrage», Köln/Weimar/Wien 1995

Ders., Jüdische Privatbanken im «Dritten Reich», in: Scripta Mercaturae 28 (1994), S. 1–54

Fischer, Albrecht, Erlebnisse vom 20. Juli 1944 bis 8. April 1945, in: Otto Kopp (Hrsg.), Widerstand und Erneuerung, S. 128

Fischer, Johannes, Aus Fünfzig Jahren. Eine Niederschrift von 1933/34. Mit einem Nachwort von Theodor Heuss, Stuttgart 1980

Ders., Der Techniker und Sozialpolitiker, in: *Theodor Heuss* (Hrsg.), Robert Bosch, Stuttgart/Berlin 1931, S. 53–68

Fischer, Wolfram, Die Pionierrolle der betrieblichen Sozialpolitik im 19. und beginnenden 20. Jahrhundert, in: Betriebliche Sozialpolitik deutscher Unternehmen seit dem 20. Jahrhundert (Zeitschrift für Unternehmensgeschichte, Beiheft 12), Wiesbaden 1979, S. 34–51

Fogelman, Eva, Conscience & Courage. Rescuers of Jews during the Holocaust, New York u. a. 1994

Ford, Franklin L., The Twentieth of July in the History of the German Resistance, in: AHR 51 (1945/46), S. 609–626

Frese, Matthias, Betriebspolitik im «Dritten Reich». Deutsche Arbeitsfront, Unternehmer und Staatsbürokratie in der westdeutschen Großindustrie 1933–1939, Paderborn 1991

Ders., Kooperation und Konflikt. Neuere Studien zu den Gewerkschaften in der Weimarer Republik, in: Neue Politische Literatur 36 (1991), S. 405–449

Ders., Sozial- und Arbeitspolitik im «Dritten Reich». Ein Literaturbericht, in: Neue Politische Literatur 38 (1993), S. 403–446

Ders., Vom «NS-Musterbetrieb» zum «Kriegs-Musterbetrieb». Zum Verhältnis von Deutscher Arbeitsfront und Großindustrie, in: *Wolfgang Michalka* (Hrsg.), Der Zweite Weltkrieg. Analysen, Grundlagen, Forschungsbilanz, München 1989, S. 382–401

Friedländer, Saul, Nazi Germany and the Jews. Bd. 1: The Years of Persecution, 1933–1939, New York 1997

Fröhlich, Elke (Hrsg.), Die Tagebücher von Joseph Goebbels. Sämtliche Fragmente, Teil 1, Bd. 2, München/New York/London/Paris 1987

Dies. (Hrsg.), Die Tagebücher von Joseph Goebbels, München u. a. 1993–1995

Frommelt, Reinhard, Paneuropa oder Mitteleuropa. Einigungsbestrebungen im Kalkül deutscher Wirtschaft und Politik 1925–1933, Stuttgart 1977

Frye, Bruce B., Liberal Democrats in the Weimar Republic. The History of the German Democratic Party and the German State Party, Carbondale/Edwardsville 1985

Gaertringen, Friedrich Freiherr Hiller von (Hrsg.), Die Hassell-Tagebücher, Berlin 1988

Gall, Lothar, Liberalismus und Nationalstaat. Der deutsche Liberalismus und die Reichsgründung, in: *Helmut Berding u. a.* (Hrsg.), Vom Staat des Ancien régime zum modernen Parteienstaat. Festschrift für Theodor Schieder, München/Wien 1978, S. 287–300

Ders. (Hrsg.), Bürgertum und bürgerlich-liberale Bewegungen in Mitteleuropa seit dem 18. Jahrhundert, München 1997

Ders./Manfred Pohl (Hrsg.), Unternehmen im Nationalsozialismus, München 1998

Gatzke, Hans W., Germany's Drive to the West, Baltimore 1950

Gehrig, Astrid, Nationalsozialistische Rüstungspolitik und unternehmerischer Entscheidungsspielraum. Vergleichende Fallstudien zur württembergischen Maschinenbauindustrie, München 1996

Genschel, Helmut, Die Verdrängung der Juden aus der Wirtschaft im Dritten Reich, Göttingen u. a. 1966

Genuneit, Jürgen, Völkische Radikale in Stuttgart 1890–1925. Vorgeschichte und Frühphase der NSDAP, in: Ausstellungsreihe Stuttgart im Dritten Reich, Stuttgart 1982, S. 153

Gerstenmaier, Eugen, Der Kreisauer Kreis, in: Vierteljahrshefte für Zeitgeschichte 15 (1967), S. 221–246

Ders., Streit und Friede hat seine Zeit. Ein Lebensbericht, München 1981

Ders., Von Bolz bis zu Rommel und Wurm. Baden-Württemberger im Kampf gegen Hitler, Stuttgart 1978

Gessner, Dieter, Agrarian Protectionism in the Weimar Republic, in: Journal of Contemporary History 12 (1977), S. 759–778

Geyer, Michael, Aufrüstung oder Sicherheit. Die Reichswehr in der Krise der Machtpolitik 1924–1936, Wiesbaden 1980

Ders./John W. Boyer (Hrsg.), Resistance Against the Third Reich 1939–1990, Chicago 1994

Gisevius, Hans Bernd, Bis zum bittern Ende, Bd. 2, Zürich 1946

Glees, Anthony, Das deutsche politische Exil in London 1939–1945, in: *Gerhard Hirschfeld* (Hrsg.), Exil in Großbritannien. Zur Emigration aus dem nationalsozialistischen Deutschland, Stuttgart 1983, S. 62–79

Goerdeler, Carl, «Erklärung zur Atlantik-Charta», in: 20. Juli 1944, hrsg. von der Bundeszentrale für Heimatdienst, 3. Auflage bearbeitet von Erich Zimmermann und Hans-Adolf Jacobsen, Bonn 1960, S. 50–55

Gollwitzer, Heinz, Die politische Landschaft in der deutschen Geschichte des 19./20. Jahrhunderts. Eine Skizze zum deutschen Regionalismus, in: Zeitschrift für Bayerische Landesgeschichte 27 (1964), S. 523–552

Graml, Hermann, Die außenpolitischen Vorstellungen des deutschen Widerstandes, in: *Walter Schmitthenner/Hans Buchheim* (Hrsg.), Der deutsche Widerstand gegen Hitler, S. 15–72

Grebing, Helga, Geschichte der deutschen Parteien, Wiesbaden 1962

Gregor, Neil, Stern und Hakenkreuz. Daimler-Benz im Dritten Reich, Berlin 1997

Groh, Dieter/Peter Brandt, «Vaterlandslose Gesellen». Sozialdemokratie und Nation 1960–1990, München 1992

Groscurth, Helmuth, Tagebuch eines Abwehroffiziers. Mit weiteren Dokumenten zur Militäropposition gegen Hitler. Herausgegeben von Helmut Krausnick und Harold C. Deutsch, Stuttgart 1970

Grose, Peter, Gentleman Spy. The Life of Allen Dulles, Boston/New York 1994

Grossmann, Kurt R., Die unbesungenen Helden. Menschen in Deutschlands dunklen Tagen, Berlin 1957

Grotefeld, Stefan, Friedrich Siegmud-Schultze. Ein deutscher Ökumeniker und christlicher Pazifist, Gütersloh 1995

Gruchmann, Lothar, Nationalsozialistische Großraumordnung. Die Konstruktion einer «deutschen Monroe-Doktrin», Stuttgart 1962

Ders., Schweden im Zweiten Weltkrieg, in: Vierteljahrshefte für Zeitgeschichte 25 (1977), S. 591–657

Haffner, Sebastian, Anmerkungen zu Hitler, München 1978

Hagglof, Gunnar, Diplomat. Memoirs of a Swedish Envoy, London/Sydney/Toronto 1972

Hahn, Kurt, Erziehung zur Verantwortung. Reden und Aufsätze, Stuttgart 1958, S. 44–56

Hale, Oron J., Presse in der Zwangsjacke 1933–1945, Düsseldorf 1964

Hammerstein, Kunrat von, Flucht. Aufzeichnungen nach dem 20. Juli, Olten/Freiburg im Breisgau 1966

Hartenstein, Wolfgang, Die Anfänge der Deutschen Volkspartei 1918–1920, Düsseldorf 1962

Hassell, Ulrich von, Vom Andern Deutschland, Zürich 1946

Hagspiel, Hermann, Verständigung zwischen Deutschland und Frankreich? Die deutsch-französische Außenpolitik der zwanziger Jahre im innenpolitischen Kräftefeld beider Länder, Bonn 1987

Hayes, Peter, Carl Bosch and Carl Krauch: Chemistry and the Political Economy of Germany, 1925–1945, in: Journal of Economic History 47 (1987), S. 353–363

Ders., Industry and Ideology: IG Farben in the Nazi Era, New York 1987

Heger, Klaus, Die Deutsche Demokratische Partei in Württemberg und ihre Organisation, Leipzig 1927

Heiber, Helmut, Universität unterm Hakenkreuz. Teil II: Die Kapitulation der Hohen Schulen, Bd. 1, München u. a. 1992

Heideking, Jürgen/Christof Mauch (Hrsg.), American Intelligence and the German Resistance to Hitler. A Documentary History, Boulder 1996

Dies. (Hrsg.), USA und deutscher Widerstand. Analysen und Operationen des amerikanischen Geheimdienstes im Zweiten Weltkrieg, Tübingen/Basel 1993

Ders., Die «Breakers»-Akte. Das Office of Strategic Services und der 20. Juli 1944, in: *Ders./Christof Mauch* (Hrsg.), Geheimdienstkrieg gegen Deutschland. Subversion, Propaganda und politische Planungen des amerikanischen Geheimdienstes im Zweiten Weltkrieg, Göttingen 1993, S. 11–50

Ders., Die «Schweizer Straßen» des europäischen Widerstands, in: *Gerhard Schulz* (Hrsg.), Geheimdienste und Widerstandsbewegungen im Zweiten Weltkrieg, Göttingen 1982, S. 143–187

Heimatgeschichtlicher Wegweiser zu Stätten des Widerstandes und der Verfolgung 1933–1945. Bd. 5. Baden-Württemberg I. Regierungsbezirke Karlsruhe und Stuttgart, hrsg. v. Studienkreis Deutscher Widerstand, Frankfurt am Main 1991, S. 315

Heimers, Manfred Peter, Unitarismus und süddeutsches Selbstbewußtsein. Weimarer Koalition und SPD in Baden in der Reichsreformdiskussion 1918–1933 (Beiträge zur Geschichte des Parlamentarismus und der politischen Parteien 98), Düsseldorf 1992

Helfferich, Emil, Ein Leben, Bd. 4, Jever 1964

Helmut, Berding, Staatliche Identität, nationale Integration und politischer Regionalismus, in: Blätter für deutsche Landesgeschichte 121 (1985), S. 371–393

Henke, Klaus-Dietmar, Die amerikanische Besetzung Deutschlands, München 1995

Henning, Eike, Bürgerliche Gesellschaft und Faschismus in Deutschland. Ein Forschungsbericht, Frankfurt am Main 1977

Henning, Friedrich, Die Haußmanns. Die Rolle einer schwäbischen Familie in der deutschen Politik des 19. und 20. Jahrhunders, Gerlingen 1988

Hentschel, Volker, Weimars letzte Monate. Hitler und der Untergang der Republik, Düsseldorf 1979

Herbert, Ulrich, Fremdarbeiter. Politik und Praxis des «Ausländer-Einsazes» in der Kriegswirtschaft des Dritten Reiches, Berlin 1985

Ders. (Hrsg.), Europa und der «Reichseinsatz». Ausländische Zivilarbeiter, Kriegsgefangene und KZ-Häftlinge in Deutschland 1938–1945, Essen 1991

Herbst, Ludolf, Der Krieg und die Unternehmensstrategie deutscher Industrie-Konzerne in der Zwischenkriegszeit, in: *Martin Broszat/Klaus Schwabe* (Hrsg.), Die deutschen Eliten und der Weg in den Zweiten Weltkrieg, München 1989, S. 72–134

Ders., Der Totale Krieg und die Ordnung der Wirtschaft. Die Kriegswirtschaft im Spannungsfeld von Politik, Ideologie und Propaganda 1939–1945, Stuttgart 1982

Ders., Die nationalsozialistische Wirtschaftspolitik im internationalen Vergleich, in: *Wolfgang Benz/Hans Buchheim/Hans Mommsen* (Hrsg.), Der Nationalsozialismus. Studien zur Ideologie und Herrschaft, Frankfurt am Main 1993, S. 153–176

Herdt, Hans Konradin, Bosch 1886–1986. Porträt eines Unternehmens, Stuttgart 1986

Herf, Jeffrey, Reactionary modernism. Technology, culture and politics in Weimar and the Third Reich, Cambridge 1984

Heß, Jürgen C., Theodor Heuss und der deutsche Widerstand gegen Hitler, in: liberal 36 (1994), S. 64–70

Ders., «Das ganze Deutschland soll es sein.» Demokratischer Nationalismus in der Weimarer Republik am Beispiel der Deutschen Demokratischen Partei, Stuttgart 1977

Ders., «Die deutsche Lage ist ungeheuer ernst geworden.» Theodor Heuss vor den Herausforderungen des Jahres 1933, in: Jahrbuch für Liberalismusforschung 6 (1994), S. 65–136

Ders., «Erste Wege durch das Ruinenfeld». Theodor Heuss und der Neubeginn liberaler Rhetorik, in: *ders./Hartmut Lehmann/Volker Sellin* (Hrsg.), Heidelberg 1945, Stuttgart 1996, S. 348–386

Hettler, Friedrich Hermann, Josef Müller («Ochsensepp»). Mann des Widerstandes und erster CSU-Vorsitzender, München 1991

Heuss, Theodor, Aufzeichnungen 1945–1947, hrsg. von Eberhard Pikart, Tübingen 1966

Ders., Fragment von Erinnerungen aus der NS-Zeit, in: Vierteljahrshefte für Zeitgeschichte 15 (1967), S. 1–17

Ders., Friedrich Naumann. Der Mann, das Werk, die Zeit, München/Hamburg ³1968

Ders., Hitlers Weg. Eine Schrift aus dem Jahre 1932. Neu herausgegeben und mit einer Einleitung versehen von Eberhard Jäckel, Tübingen 1968

Ders., Robert Bosch. Leben und Leistung, Stuttgart/Tübingen (1946), ¹⁰1987

Ders. (Hrsg.), Robert Bosch, Stuttgart/Berlin 1931

Ders., Rundfunkrede vom 10. März 1949, in: *Hans-Dieter Kreikamp* (Hrsg.), Quellen zur staatlichen Neuordnung Deutschlands 1945–1949, Darmstadt 1994, S. 262–266

Ders., Tagebuchbriefe 1955/63, herausgegeben von Eberhard Pikart, Stuttgart 1970

Higham, Charles, Trading with the Enemy. An Exposé of the Nazi-American Money Plot 1933–1949, New York 1984

Hilberg, Raul, Täter, Opfer, Zuschauer. Die Vernichtung der Juden 1933–1945, Frankfurt am Main 1992

Hildebrand, Klaus, Deutsche Außenpolitik 1871–1918, München 1989

Ders., Das Dritte Reich, München ⁵1995

Ders., Das vergangene Reich. Deutsche Außenpolitik von Bismarck bis Hitler 1871–1945, Stuttgart 1995

Ders., Deutsche Außenpolitik 1933–1945. Kalkül oder Dogma?, Stuttgart/Berlin/Köln/Mainz ⁴1980

Ders., Die Frankreichpolitik Hitlers bis 1936, in: Francia 5 (1977), S. 591–625

Ders., Die ostpolitischen Vorstellungen im deutschen Widerstand, in: Geschichte in Wissenschaft und Unterricht 29 (1978), S. 213–241

Ders., Krieg im Frieden und Frieden im Krieg. Über das Problem der Legitimität in der Geschichte der Staatengesellschaft 1931–1941, in: Historische Zeitschrift 244 (1987), S. 1–28

Ders., Vom Reich zum Weltreich. Hitler, NSDAP und koloniale Frage 1919–1945, München 1969

Hildesheimer, Esriel, Jüdische Selbstverwaltung unter dem NS-Regime. Der Existenzkampf der Reichsvertretung und Reichsvereinigung der Juden in Deutschland, Tübingen 1994

Hillgruber, Andreas, Endlich genug über Nationalsozialismus und Zweiten Weltkrieg? Forschungsstand und Literatur, Düsseldorf 1982

Von Hippel, Wolfgang, Wirtschafts- und Sozialgeschichte 1800 bis 1918, in: Handbuch der Baden-Württembergischen Geschichte. Bd. 3: Vom Ende des Alten Reiches bis zum Ende der Monarchie, Stuttgart 1992, S. 477–784

Hinsley, F. H., British Intelligence in the Second World War, Bd. 1, Cambridge 1979

Hoegner, Wilhelm, Der schwierige Außenseiter. Erinnerungen eines Abgeordneten, Emigranten und Ministerpräsidenten, München 1959

Hörster-Philipps, Ulrike, Joseph Wirth 1879–1956. Eine politische Biographie, Paderborn u. a. 1998

Hoffmann, Peter, Claus Schenk Graf von Stauffenberg und seine Brüder, Stuttgart 1992

Ders., Stauffenberg und die Veränderungen der außen- und innenpolitischen Handlungsbedingungen für die Durchführung des «Walküre»-Plans, in: *Jürgen Schmädeke/Peter Steinbach* (Hrsg.), Der Widerstand gegen den Nationalsozialismus, S. 1003–1020

Ders., Widerstand, Staatsstreich, Attentat. Der Kampf der Opposition gegen Hitler, München/Zürich ⁴1985

Holl, Karl, Die Deutsche Demokratische Partei im Spannungsverhältnis zwischen Wehrpolitik und Pazifismus, in: *ders./Wolfram Wette* (Hrsg.), Pazifismus in der Weimarer Republik, Paderborn 1981, S. 135–148

Ders., Pazifismus oder liberaler Neu-Imperialismus? Zur Rolle der Pazifisten in der Deutschen Demokratischen Partei 1918–1930, in: *Joachim Radkau/Imanuel Geiss* (Hrsg.), Imperialismus im 20. Jahrhundert. Gedenkschrift für George F. Hallgarten, München 1976, S. 171–195

Holtfrerich, Carl-Ludwig, Die Deutsche Bank vom Zweiten Weltkrieg über die Besatzungsherrschaft zur Rekonstruktion 1945–1947, in: Die Deutsche Bank 1870–1995, S. 409–578

Homburg, Heidrun, Anfänge des Taylorsystems in Deutschland vor dem Ersten Weltkrieg. Eine Problemskizze unter besonderer Berücksichtigung der Arbeitskämpfe bei Bosch 1913, in: Geschichte und Gesellschaft 4 (1978), S. 170–194

Homze, Edward L., Foreign Labor in Nazi Germany, Princeton 1967

Hopmann, Barbara/Mark Spoerer/Birgit Weitz/Beate Brüninghaus, Zwangsarbeit bei Daimler-Benz, Stuttgart 1994

Hübinger, Gangolf, Kulturprotestantismus und Politik. Zum Verhältnis von Liberalismus und Protestantismus im wilhelminischen Deutschland, Tübingen 1994

L'Huillier, Fernand, Dialogues franco-allemands 1925–1933, Gap 1971

Italiaander, Rolf, Richard N. Coudenhove-Kalergi. Begründer der Paneuropa-Bewegung, Freudenstadt 1969

Jäckel, Eberhard, Wenn der Anschlag gelungen wäre, in: *Hans Jürgen Schultz* (Hrsg.), Der Zwanzigste Juli. Alternative zu Hitler?, Stuttgart/Berlin 1974, S. 69–76

Jäckh, Ernst/Otto Suhr, Geschichte der Deutschen Hochschule für Politik, Berlin 1952

Ders., Weltsaat. Erlebtes und Erstrebtes, Stuttgart 1960

Jacobmeyer, Wolfgang, Vom Zwangsarbeiter zum Heimatlosen Ausländer. Die Displaced Persons in Westdeutschland 1945–1951, Göttingen 1985

Jacobsen, Hans-Adolf (Hrsg.), «Spiegelbild einer Verschwörung». Die Opposition gegen Hitler und der Staatsstreich vom 20. Juli in der SD-Berichterstattung. Geheime Dokumente aus dem ehemaligen Reichssicherheitshauptamt, 2 Bde., Stuttgart 1984

James, Harold, Die Deutsche Bank und die Diktatur, in: Die Deutsche Bank 1870–1995, S. 315–408

Ders., Schacht's Attempted Defection from Hitler's Germany, in: Historical Journal 30 (1987), S. 729–733

Jochmann, Werner, Der deutsche Liberalismus und seine Herausforderung durch den Nationalsozialismus, in: *Rudolf von Thadden* (Hrsg.), Die Krise des Liberalismus zwischen den Weltkriegen, Göttingen 1978, S. 115–128

Jones, Larry E., Sammlung oder Zersplitterung? Die Bestrebungen zur Bildung einer neuen Mittelpartei in der Endphase der Weimarer Republik 1930–1933, in: Vierteljahrshefte für Zeitgeschichte 25 (1977), S. 265–304

Ders., German Liberalism and the Dissolution of the Weimar Party System, 1918–1933, Chapel Hill/London 1988

Joos, Uta/Gerda Müller, Familienloyalität führt zum politischen Widerstand. Hermine Steiner, in: *Beate Schröder* (Hrsg.), Im Dunstkreis der rauchenden Brüder. Frauen im württembergischen Kirchenkampf, Tübingen 1996

Jordan, Max, Beyond All Fronts. A Bystander's Note on This Thirty Years War, Milwaukee 1944

Kaelble, Helmut, Sozialer Aufstieg in Deutschland, 1850–1914, in: Vierteljahrschrift für Sozial- und Wirtschaftsgeschichte 60 (1973), S. 41–71

Kaiser, Jakob, Weder Reaktionäre noch Revolutionäre, in: 20. Juli 1944. Neubearbeitet und ergänzt von Erich Zimmermann und Hans-Adolf Jacobsen, Bonn ³1960, S. 14–17

Kater, Michael H., Heinrich Himmler's Circle of Friends 1931–1945, in: MARAB. A Review, Vol. 2, Bd. 1 (Winter 1965/66), S. 74–93

Katz, Barry M., Foreign Intelligence. Research and Analysis in the Office of Strategic Services 1942–1945, Cambridge (Mass.)/London 1989

Keil, Wilhelm, Erlebnisse eines Sozialdemokraten, Bd. 2, Stuttgart 1948

Keim, Anton Maria (Hrsg.), Yad Vashem. Die Judenretter aus Deutschland, Mainz 1983

Kelly, David, Die Herrschaft der Wenigen. Erinnerungen eines britischen Diplomaten, Bremen 1963

Kersten, Felix, Totenkopf und Treue, Hamburg o. J. (1952)

Kettenacker, Lothar (Hrsg.), Das «Andere Deutschland» im Zweiten Weltkrieg. Emigration und Widerstand in internationaler Perspektive, Stuttgart 1977

Ders., Preußen in der alliierten Kriegszielplanung, 1939–1947, in: Studien zur Geschichte Englands und der deutsch-britischen Beziehungen. Festschrift für Paul Kluke, München 1981, S. 312–340

Kißener, Michael/Scholtyseck, Joachim (Hrsg.), Die Führer der Provinz. NS-Biographien aus Baden und Württemberg, Konstanz 1997

Dies., Gedenkjahrnachlese. Monographien zum deutschen Widerstand gegen den Nationalsozialismus aus den Jahren 1993–1996, in: Historisches Jahrbuch 118 (1998), S. 304–344

Kißener, Michael, Für das Recht. Die Karlsruher Widerstandsgruppe um Reinhold Frank, in: *Rudolf Lill/ders.* (Hrsg.), 20. Juli 1944 in Baden und Württemberg, S. 19–59

Kißener, Michael, Der 20. Juli im deutschen Südwesten, in: *ders./Harm-Hinrich Brandt/Wolfgang Altgeld* (Hrsg.), Widerstand in Europa, Konstanz 1995, S. 89–98

Ders., Hans Walz (1883–1974), in: *Rainer Lächele/Jörg Thierfelder* (Hrsg.), Wir konnten uns nicht entziehen. 30 Porträts zu Kirche und Nationalsozialismus in Württemberg, Stuttgart 1998, S. 207–225

Klemperer, Klemens von, «What is the Law That Lies behind these Words?» Antigone's Question and the german Resistance against Hitler, in: *Michael Geyer/John W. Boyer* (Hrsg.), Resistance Against the Third Reich 1939–1990, S. 141–150

Ders., Carl Goerdeler: Patriot im Widerstand, in: Carl Goerdeler. Ehrung der Stadt Leipzig. Dokumentation, Leipzig o. J. (1996), S. 17–35

Ders., Die «Außenpolitik» des deutschen Widerstands, in: *Klaus-Jürgen Müller/David N. Dilks* (Hrsg.), Großbritannien und der deutsche Widerstand 1933–1944, Paderborn u. a. 1994, S. 83–94

Ders., Die verlassenen Verschwörer. Der deutsche Widerstand auf der Suche nach Verbündeten 1938–1945, Berlin 1994

Kluge, Ulrich, Der «Freiburger Kreis» 1938–1945. Personen, Strukturen und Ziele kirchlich-akademischen Widerstandsverhaltens gegen den Nationalsozialismus, in: Freiburger Universitätsblätter 27 (1988), S. 19–40

Knipping, Franz, Deutschland, Frankreich und das Ende der Locarno-Ära 1928–1931. Studien zur internationalen Politik in der Anfangsphase der Weltwirtschaftskrise, München 1987

Ders., Die deutsche Diplomatie und Frankreich 1933–1936, in: Francia 5 (1977), S. 491–512

Knoll, Michael (Hrsg.), Kurt Hahn: Erziehung und die Krise der Demokratie, Stuttgart 1986

Knopp, Werner, Die Widerstandsbewegung gegen den Nationalsozialismus, in: Walter Cramer. Ehrung der Stadt Leipzig, Leipzig o. J. (1994).S. 31–48

Köhler, Joachim (Hrsg.), Christentum und Politik. Dokumente des Widerstands. Zum 40. Jahrestag der Hinrichtung des Zentrumspolitikers und Staatspräsidenten Eugen Bolz am 23. Januar 1945, Sigmaringen 1985

Ders., Eugen Bolz. Württembergischer Minister und Staatspräsident, in: *Michael Bosch/Wolfgang Niess* (Hrsg.), Der Widerstand im deutschen Südwesten, S. 227–235

Köhler, Henning, Arbeitsdienst in Deutschland. Pläne und Verwirklichungsformen bis zur Einführung der Arbeitsdienstpflicht im Jahr 1935, Berlin 1967

Kohlhaas, Wilhelm, Eberhard Wildermuth, in: Lebensbilder aus Schwaben und Franken 16 (1986), S. 413–428

Ders., Eberhard Wildermuth. Ein aufrechter Bürger, Bonn 1960

Ders., Paul Hahn, in: Lebensbilder aus Schwaben und Franken (1991), S. 317–331

Kolb, Eberhard, Die Weimarer Republik und das Problem der Kontinuität vom Kaiserreich zum «Dritten Reich», in: *Jost Dülffer/Bernd Martin/Günter Wollstein* (Hrsg.), Deutschland in Europa. Kontinuität und Bruch. Gedenkschrift für Andreas Hillgruber, Frankfurt am Main/Berlin 1990, S. 273–289

Ders., Die Weimarer Republik, München ⁴1998

Kolko, Gabriel, American Business and Germany, 1930–1941, in: Western Political Quarterly 15 (1962), S. 713–728

König, Peter, Kriegsgefangene und Fremdarbeiterinnen in Stuttgart, in: Stuttgart im Zweiten Weltkrieg. Ausstellungsreihe «Stuttgart im Dritten Reich», Gerlingen 1989, S. 353–368

Kopp, Otto (Hrsg.), Widerstand und Erneuerung. Neue Berichte und Dokumente vom inneren Kampf gegen das Hitler-Regime, Stuttgart 1966

Ders., Die Niederschrift von Hans Walz «Meine Mitwirkung an der Aktion Goerdeler», in: *ders.* (Hrsg.), Widerstand und Erneuerung, S. 98–120

Ders., Theodor Bäuerle und der Bosch-Kreis. Die wiederentdeckte Goerdeler-Rede, in: *ders.* (Hrsg.), Widerstand und Erneuerung, S. 167–186

Kordt, Erich, Nicht aus den Akten... Die Wilhelmstraße in Frieden und Krieg. Erlebnisse, Begegnungen und Eindrücke 1928–1945, Stuttgart 1950, S. 318

Kosthorst, Erich, Carl Friedrich Goerdeler, in: *Rudolf Lill/Heinrich Oberreuter* (Hrsg.), 20. Juli. Porträts des Widerstands, S. 185–217

Koszyk, Kurt, Paul Reusch und die «Münchner Neuesten Nachrichten», in: Vierteljahrshefte für Zeitgeschichte 20 (1972), S. 75–103

Kranig, Andreas, Lockung und Zwang. Zur Arbeitsverfassung im Dritten Reich, Stuttgart 1983

Krause, Friedrich (Hrsg.), Goerdelers Politisches Testament. Dokumente des anderen Deutschland, New York 1945

Krogmann, Carl Vincent, Es ging um Deutschlands Zukunft 1932–1939, Leoni 1976

Kruedener, Jürgen Baron von (Hrsg.), Economic Crisis and Political Collapse. The Weimar Republic 1924–1933, New York/Oxford/München 1990

Krüger, Peter, Die Außenpolitik der Republik von Weimar, Darmstadt ²1993

Ders., Zu Hitlers nationalsozialistischen Wirtschaftserkenntnissen, in: Geschichte und Gesellschaft 6 (1980), S. 263–282

Krüger-Charlé, Michael, Carl Goerdelers Versuche der Durchsetzung einer alternativen Politik 1933 bis 1937, in: *Jürgen Schmädeke/Peter Steinbach* (Hrsg.), Der Widerstand gegen den Nationalsozialismus, S. 383–404

Ders., From Reform to Resistance: Carl Goerdeler's 1938 Memorandum, in: *David Clay Large* (Hrsg.), Contending with Hitler, S. 75–87

Kulka, Otto D., The Reichsvereinigung and the Fate of the German Jews, 1938/1939–1945, in: *Arnold Paucker* (Hrsg.), Die Juden im Nationalsozialistischen Deutschland, Tübingen 1986, S. 353–362

Küster, Götz, 75 Jahre Bosch, Stuttgart 1961

Ders., Löschet's Licht – d'r Vadder kommt!, in: Schwäbische Wünschelrutengänge, Tübingen 1976, S. 254–270

Kwiet, Konrad/Helmut Eschwege, Selbstbehauptung und Widerstand. Deutsche Juden im Kampf um Existenz und Menschenwürde 1933–1945, Hamburg 1984

Ders., Forced Labour of German Jews in Nazi Germany, in: Leo Baeck Institute Year Book 36 (1991), S. 389–410

Ders., Problems of Jewish Resistance Historiography, in: Leo Baeck Institute Year Book 24 (1979), S. 37–57

Ders., Resistance and Opposition. The Example of the German Jews, in: *David Clay Large* (Hrsg.) Contending with Hitler. Varieties of German Resistance in the Third Reich, S. 65–74

Rainer Lächele/Jörg Thierfelder (Hrsg.), Wir konnten uns nicht entziehen. 30 Porträts zu Kirche und Nationalsozialismus in Württemberg, Stuttgart 1998

Lamb, Richard, Der verfehlte Frieden. Englands Außenpolitik 1935–1945, Frankfurt am Main/Berlin 1989

Langewiesche, Dieter, Liberalismus in Deutschland, Frankfurt am Main 1988

Ders., Liberalismus und Demokratie in Württemberg zwischen Revolution und Reichsgründung, Düsseldorf 1974

Ders., Liberalismus und Region, in: *Gall, Lothar/ders.* (Hrsg.), Liberalismus und Region. Zur Geschichte des deutschen Liberalismus im 19. Jahrhundert, München 1995, S. 1–18

Large, David Clay (Hrsg.), Contending with Hitler. Varieties of German Resistance in the Third Reich, Washington D. C./Cambridge 1991

Liepach, Martin, Das Wahlverhalten der jüdischen Bevölkerung in der Weimarer Republik. Zur politischen Orientierung der Juden in der Weimarer Republik, Tübingen 1996

Lill, Rudolf/Oberreuter, Heinrich (Hrsg.), 20. Juli: Portraits des Widerstands, Düsseldorf/Wien 1994

Ders./Michael Kißener (Hrsg.), 20. Juli 1944 in Baden und Württemberg, Konstanz 1994

Ders., Zur Einführung, in: *ders./Michael Kißener* (Hrsg.), 20. Juli in Baden und Württemberg, S. 7–17

Lindgren, Håkan, Bank, Investmentbolag, Bankirfirma. Stockholms Enskilda Bank 1924–1945, Stockholm 1988

Lipgens, Walter, Europa-Föderationspläne der Widerstandsbewegungen 1940–1945, München 1968

Lisagor, Nancy/Frank Lipsius, A law unto itself: the untold story of the law firm of Sullivan & Cromwell, New York 1988

Lochner, Louis P., Die Mächtigen und der Tyrann, Darmstadt 1955

Lowenthal-Hensel, Cécile, Franz von Mendelssohn, in: Mendelssohn-Studien, Bd. 6, hrsg. von Cécile Lowenthal-Hensel/Rudolf Elvers, Berlin 1986, S. 251–265

Ludlow, Peter, Papst Pius XII., die britische Regierung und die deutsche Opposition im Winter 1939/40, in: Vierteljahrshefte für Zeitgeschichte 22 (1974), S. 299–341

Ders., Scandinavia Between the Great Powers. Attempts at Mediation in the First Year of the Second World War, in: Historisk tidskrift 1974, S. 1–58

Ders., The Unwinding of Appeasement, in: *Lothar Kettenacker* (Hrsg.), Das «Andere Deutschland» im Zweiten Weltkrieg. Emigration und Widerstand in internationaler Perspektive, Stuttgart 1977, S. 9–47

Lüdtke, Alf, The Appeal of Exterminating «Others»: German Workers and the Limits of Resistance, in: *Michael Geyer/John W. Boyer* (Hrsg.), Resistance Against the Third Reich, S. 53–74

Lühe, Irmgard von der, Elisabeth von Thadden. Ein Schicksal unserer Zeit, Düsseldorf/Köln 1966

Luther, Hans, Politiker ohne Partei. Erinnerungen, Stuttgart 1960

MacDonald, Callum A., The United States, Britain and Appeasement, 1936–1939, London/Basingstoke 1981

Macrakis, Kristie, Surviving the Swastika. Scientific Research in Nazi Germany, New York/Oxford 1993

Mai, Gunther, Kriegswirtschaft und Arbeiterbewegung in Württemberg 1914–1918, Stuttgart 1983

Ders., Die Nationalsozialistische Betriebszellen-Organisation. Zum Verhältnis von Arbeiterschaft und Nationalsozialismus, in: Vierteljahrshefte für Zeitgeschichte 31 (1983), S. 573–613

Maier, Hedwig, Die SS und der 20. Juli 1944, in: Vierteljahrshefte für Zeitgeschichte 14 (1966), S. 299–316

Maier, Reinhold, Bedrängte Familie, Tübingen 1962

Manchester, William, Krupp. 12 Generationen, München 1968

Ein Mann geht seinen Weg. Schriften, Reden und Briefe von Julius Leber, herausgegeben von Gustav Dahrendorf, Berlin/Frankfurt am Main 1952

Marquardt-Bigman, Petra, Amerikanische Geheimdienstanalysen über Deutschland 1942–1949, München 1995

Dies., Nachdenken über ein demokratisches Deutschland. Der Beitrag der Research and Analysis Branch zur Planung der amerikanischen Deutschlandpolitik, in: *Jürgen Heideking/Christof Mauch* (Hrsg.), Geheimdienstkrieg gegen Deutschland. Subversion, Propaganda und politische Planungen des amerikanischen Geheimdienstes im Zweiten Weltkrieg, Göttingen 1993, S. 122–141

Martin, Bernd, Deutsche Oppositions- und Widerstandskreise und die Frage eines separaten Friedensschlusses im Zweiten Weltkrieg, in: *Klaus-Jürgen Müller* (Hrsg.), Der deutsche Widerstand 1933–1945, S. 79–107

Maschke, Erich, Es entsteht ein Konzern. Paul Reusch und die GHH, Tübingen 1969

Mason, Timothy, Arbeiterklasse und Volksgemeinschaft. Dokumente und Materialien zur deutschen Arbeiterpolitik, Opladen 1975

Mauersberger, Volker, Rudolf Pechel und die «Deutsche Rundschau» 1919–1933. Eine Studie zur konservativ-revolutionären Publizistik in der Weimarer Republik, Bremen 1971

McDonald, Lawrence H., The OSS and its Records, in: *George C. Chalou* (Hrsg.), The Secrets War. The Office of Strategic Services in World War II, Washington D. C. 1992, S. 78–102

Meinecke, Friedrich, Straßburg/Freiburg/Berlin 1901–1919. Erinnerungen, Stuttgart 1949

Melnikow, Daniil, 20. Juli 1944. Legende und Wirklichkeit, Berlin 1966

Messerschmidt, Manfred, Die Wehrmacht in der Endphase. Realität und Perzeption, in: Stuttgart im Zweiten Weltkrieg, S. 471–489

Metzmacher, Helmut, Deutsch-englische Ausgleichsbemühungen im Sommer 1939, in: Vierteljahrshefte für Zeitgeschichte 14 (1966), S. 369–412

Meyer, Winfried, Unternehmen Sieben. Eine Rettungsaktion für vom Holocaust Bedrohte aus dem Amt Ausland/Abwehr im Oberkommando der Wehrmacht, Frankfurt am Main 1993

Ders. (Hrsg.), Verschwörer im KZ. Hans von Dohnanyi und die Häftlinge des 20. Juli 1944 im KZ Sachsenhausen, Berlin 1999

Meyer-Krahmer, Marianne, Carl Goerdeler und sein Weg in den Widerstand. Eine Reise in die Welt meines Vaters, Freiburg im Breisgau 1989

Dies., Carl Goerdeler, Mut zum Widerstand. Eine Tochter erinnert sich, Leipzig 1998

Michalka, Wolfgang, Ribbentrop und die deutsche Weltpolitik 1933–1940. Außenpolitische Konzeptionen und Entscheidungsprozesse im Dritten Reich, München 1980

Michel, Alexander, Von der Fabrikzeitung zum Führungsmittel. Werkzeitschriften industrieller Großunternehmen von 1890 bis 1945, Stuttgart 1997

Mierzejewski, Alfred C., The Collapse of the German War Economy, 1944–1945, Chapel Hill/London 1988

Miller, Max, Eugen Bolz. Staatsmann und Bekenner, Stuttgart 1951

Miller, Susanne, Burgfrieden und Klassenkampf. Die deutsche Sozialdemokratie im Ersten Weltkrieg, Düsseldorf 1974

Milward, Alan S., Arbeitspolitik und Produktivität in der deutschen Kriegswirtschaft unter vergleichendem Aspekt, in: *Friedrich Forstmeier/Hans-Erich Volkmann* (Hrsg.), Kriegswirtschaft und Rüstung 1939–1945, Düsseldorf 1977, S. 73–91

Mirbt, Karl-Wolfgang, Methoden publizistischen Widerstandes im Dritten Reich nachgewiesen an der «Deutschen Rundschau» Rudolf Pechels, Diss. Berlin 1958

Mollin, Gerhard, Montankonzerne und «Drittes Reich», Göttingen 1988

Moltmann, Günter, Zur Formulierung der amerikanischen Besatzungspolitik in Deutschland am Ende des Zweiten Weltkrieges, in: Vierteljahrshefte für Zeitgeschichte 15 (1967), S. 299–322

Mommsen, Hans, Bürgerlicher (nationalkonservativer) Widerstand, in: *Wolfgang Benz/Walter H. Pehle* (Hrsg.), Lexikon des deutschen Widerstands, Frankfurt am Main 1994, S. 55–67

Ders., Der Widerstand gegen Hitler und die deutsche Gesellschaft, in: *Jürgen Schmädeke/Peter Steinbach* (Hrsg.), Der Widerstand gegen den Nationalsozialismus, S. 3–23

Ders., Gesellschaftsbild und Verfassungspläne des deutschen Widerstandes, in: *Walter Schmitthenner/Hans Buchheim* (Hrsg.), Der deutsche Widerstand gegen Hitler, S. 73–167

Ders./Dietmar Petzina/Bernd Weisbrod (Hrsg.), Industrielles System und politische Entwicklung, Düsseldorf 1974

Morsch, Günter, Arbeit und Brot. Studien zu Lage, Stimmung, Einstellung und Verhalten der deutschen Arbeiterschaft 1933–1936/37, Frankfurt am Main u. a. 1993

Morsey, Rudolf, Leben und Überleben im Exil. Am Beispiel von Joseph Wirth, Ludwig Kaas und Heinrich Brüning, in: *Gordan Paulus* (Hrsg.), Um der Freiheit willen. Eine Festgabe von und für Johannes und Karin Schauff, Pfullingen 1983

Mosley, Leonard, Dulles: A Biography of Eleanor, Allen and John Foster Dulles and Their Family Network, New York 1978

Mühle, Robert W., Frankreich und Hitler. Die französische Deutschland- und Außenpolitik 1933–1935, Paderborn u. a. 1995

Mulert, Jürgen, Erfolgsbeteiligung und Vermögensbildung der Arbeitnehmer bei der Firma Robert Bosch zwischen 1886 und 1945, in: Zeitschrift für Unternehmensgeschichte 30 (1985), S. 1–29

Müller, Klaus-Jürgen (Hrsg.), Der deutsche Widerstand 1933–1945, Paderborn 1986

Ders., General Ludwig Beck. Studien und Dokumente zur politisch-militärischen Vorstellungswelt und Tätigkeit des Generalstabschefs des deutschen Heeres 1933–1938, Boppard am Rhein 1980

Ders./David N. Dilks (Hrsg.), Großbritannien und der deutsche Widerstand 1933–1944, Paderborn u. a. 1994

Müller, Roland, Stuttgart zur Zeit des Nationalsozialismus, Stuttgart 1988

Müller, Rolf-Dieter, Die Mobilisierung der deutschen Wirtschaft für Hitlers Kriegführung, in: Das Deutsche Reich und der Zweite Weltkrieg, Bd. 5/1: Kriegsverwaltung, Wirtschaft und personelle Ressourcen 1939–1941, Stuttgart 1988, S. 347–689

Müller, Ulrich, Fremde in der Nachkriegszeit. Displaced Persons – zwangsverschleppte Personen – in Stuttgart und Württemberg-Baden 1945–1951, Stuttgart 1990

Nachtmann, Walter, Karl Strölin. Stuttgarter Oberbürgermeister im «Führerstaat», Tübingen 1995

Nadolny, Sten, Abrüstungsdiplomatie 1932/33. Deutschland auf der Genfer Konferenz im Übergang von Weimar zu Hitler, München 1978

Naujoks, Eberhard, Württemberg 1864 bis 1918, in: Handbuch der Baden-Württembergischen Geschichte. Bd. 3: Vom Ende des Alten Reiches bis zum Ende der Monarchie, Stuttgart 1992, S. 333–432

Nebgen, Elfriede, Jakob Kaiser. Der Widerstandskämpfer, Stuttgart u. a. 1967

Neumann, Sigmund, Die deutschen Parteien, Berlin 1932

Nipperdey, Thomas, Deutsche Geschichte 1866–1918, Bd. 1: Arbeitswelt und Bürgergeist, München ³1993

Ders., Deutsche Geschichte 1866–1918, Bd. 2: Machtstaat vor der Demokratie, München ²1993

Nolan, Mary, Visions of Modernity. American Business and the Modernization of Germany, Oxford u. a. 1994

Nußer, Horst, Konservative Wehrverbände in Bayern, Preußen und Österreich 1918–1933, München 1973

Olsson, Ulf, Bank, familj, och företagande. Stockholms Enskilda Bank 1946–1971, Stockholm 1986

Ders., Internationales Unternehmertum und Großmachtpolitik, in: Neuanfang. Beziehungen zwischen Schweden und Deutschland 1945–1954 (Umeå Studies in Economic History 13), Stockholm 1990, S. 25–57

OMGUS – Ermittlungen gegen die Deutsche Bank 1946/47. Übersetzt und bearbeitet von der Dokumentationsstelle zur NS-Politik Hamburg, Nördlingen 1985

Ose, Dieter, Erwin Rommel, in: *Rudolf Lill/Heinrich Oberreuter* (Hrsg.), 20. Juli. Porträts des Widerstands, S. 253–268

Overy, Richard J., The Nazi Economic Recovery 1932–1938, Cambridge 1996

Pache, Christel, Theodor Bäuerles Beitrag zur deutschen Erwachsenenbildung, Stuttgart 1971

Page, Helena P., General Friedrich Olbricht. Ein Mann des 20. Juli, Bonn 1994

Paucker, Arnold, Standhalten und Widerstehen. Der Widerstand deutscher und österreichischer Juden gegen die nationalsozialistische Diktatur, Essen 1995

Pechel, Rudolf, Deutscher Widerstand, Erlenbach/Zürich 1947

Petersen, Neal H., From Hitler's Doorstep: Allen Dulles and the Penetration of Nazi Germany, in: *George C. Chalou* (Hrsg.), The Secrets War. The Office of Strategic Services in World War II, Washington D. C. 1992, S. 273–294

Ders. (Hrsg.), From Hitler's Doorstep. The Wartime Intelligence Reports of Allen Dulles, 1942–1945, University Park (Pennsylvania) 1996

Peterson, Edward N., The American Occupation of Germany: Retreat to Victory, Detroit 1977

Petzina, Dietmar, Hauptprobleme der deutschen Wirtschaftspolitik 1932/33, in: Vierteljahrshefte für Zeitgeschichte 15 (1967), S. 18–55

Ders., Autarkiepolitik im Dritten Reich. Der nationalsozialistische Vierjahresplan, Stuttgart 1968

Ders., Zum Problem des Verlaufs und der Überwindung der Weltwirtschaftskrise im regionalen Vergleich – Materialien und Interpretation, in: *Friedrich-Wilhelm Henning* (Hrsg.), Probleme der nationalsozialistischen Wirtschaftspolitik, Berlin 1976, S. 9–42

Petzold, Joachim, Großbürgerliche Initiativen für die Berufung Hitlers zum Reichskanzler. Zur Novemberpetition von 1932 des Keppler-Kreises deutscher Bankiers, Großindustrieller, Überseekaufleute und Großgrundbesitzer, in: Zeitschrift für Geschichtswissenschaft 31 (1983), S. 38–54

Ders., Franz von Papen. Ein deutsches Verhängnis, München/Berlin 1995

Picker, Henry, Hitlers Tischgespräche im Führerhauptquartier 1941–1942, Bonn 1951

Pierenkemper, Toni, Robert Bosch, der Industrielle. Zum Typus des deutschen Unternehmers in der Hochindustrialisierung, in: Kultur & Technik, Heft 1/1987, S. 4–18

Pinner, Felix, Robert Bosch, in: Deutsche Wirtschaftsführer, Charlottenburg 1925, S. 265–272

Plumpe, Gottfried, Die I. G. Farbenindustrie AG., Wirtschaft, Technik und Politik 1904–1945, Berlin 1990

Pohl, Hans, Ein Jahrzehnt Gesellschaft für Unternehmensgeschichte, in: Zeitschrift für Unternehmensgeschichte 31 (1986), S. 5–30

Ders., Zur Zusammenarbeit von Wirtschaft und Wissenschaft im «Dritten Reich»: Die «Fördergemeinschaft der Deutschen Industrie» von 1942, in: Vierteljahrschrift für Sozial- und Wirtschaftsgeschichte 72 (1985), S. 508–536

Politik und Wirtschaft in der Krise 1930–1932. Quellen zur Ära Brüning, Bd. 2, Düsseldorf 1980

Prinzing, Marlis, Der Streik bei Bosch im Jahre 1913, Stuttgart 1989

Puder, Fritz (Bearb.), Lebensbilder aus dem rheinisch-westfälischen Industriegebiet, Jahrgang 1955–1957, Düsseldorf 1960, S. 81–86

Raberg, Frank, Wirtschaftspolitiker zwischen Selbstüberschätzung und Resignation. Oswald Lehnich, Württembergischer Wirtschaftsminister, in: *Michael Kißener/Joachim Scholtyseck* (Hrsg.), Die Führer der Provinz, S. 333–359

Rauh-Kühne, Cornelia, Mittelständische Unternehmer in Konflikt mit Partei und Staat, in: *Thomas Schnabel* (Hrsg.), Formen des Widerstandes im Südwesten 1933–1945. Scheitern und Nachwirken, Ulm 1994, S. 105–113

Dies./Michael Ruck (Hrsg.), Regionale Eliten zwischen Diktatur und Demokratie. Baden und Württemberg 1930–1952, München 1993

Rehberger, Horst, Reinhold Frank. Rechtsanwalt in Frankfurt, in: *Michael Bosch/Wolfgang Niess* (Hrsg.), Der Widerstand im deutschen Südwesten, S. 299–309

Reichmann, Eva G. (Hrsg.), Worte des Gedenkens für Leo Baeck, Heidelberg 1959

Reichmann, Hans, Aufzeichnung über eine Unterredung, in: Worte des Gedenkens für Leo Baeck, hrsg. v. Eva G. Reichmann, Heidelberg 1959

Ders., Foreword. The Fate of a Manuscript, in: Leo Baeck Institute Year Book 3 (1958), S. 361–363

Renneberg, Monika/Mark Walker (Hrsg.), Science, Technology and National Socialism, Cambridge 1994

Reusch, Paul, Robert Bosch aus alter und neuer Zeit, in: *Paul Reusch/Hermann Bücher*, Dem schöpferischen Industriellen, dem Naturfreund und Jäger, dem aufrechten deutschen Mann, unserem Freund Robert Bosch zum siebzigsten Geburtstag am 23. September 1931, Berlin 1931

Reuter, Franz, «Neue Mitteilungen zur Vorgeschichte des 20. Juli», in: Die Wandlung 1 (1945/46), S. 527–528

Ders., Der 20. Juli und seine Vorgeschichte, Berlin 1946

Reynaud, Paul, Mémoires, Bd. 2: Envers et contre tous, Paris 1963

Reynolds, David, Churchill and the British «Decision» to fight on in 1940: right policy, wrong reasons, in: *Richard Langhorne* (Hrsg.), Diplomacy and Intelligence during the Second World War. Essays in honour of F. H. Hinsley, Cambridge u.a. 1985, S. 147–167

Reynolds, Nicholas E., Beck. Gehorsam und Widerstand, Wiesbaden 1977

Richert, Fritz, Karl Adler. Musiker – Verfolgter – Helfer. Ein Lebensbild, Stuttgart 1990

Ritter, Gerhard, Carl Goerdeler und die deutsche Widerstandsbewegung (1954), Stuttgart ⁴1984

Ders., Geschichte als Bildungsmacht, Stuttgart ²1947

Ritter, Gerhard A. (Hrsg.), Der Aufstieg der deutschen Arbeiterbewegung. Sozialdemokratie und Freie Gewerkschaften im Parteiensystem und Sozialmilieu des Kaiserreiches, München 1990

Ders./Klaus Tenfelde, Arbeiter im Deutschen Kaiserreich 1871 bis 1914, Bonn 1992

Robert Bosch 1861–1942. Bosch 1886–1986. Katalog zu der Jubiläums-Ausstellung im Robert-Bosch-Haus Stuttgart, Stuttgart 1986

Robert Bosch und die deutsch-französische Verständigung. Politisches Denken und Handeln im Spiegel der Briefwechsel. Bosch-Archiv-Schriftenreihe, Bd. I, Stuttgart 1996

Rommel, Hans-Otto, Aufbau und Zusammenbruch der Demokratie in Württemberg, in: *Paul Rothmund/Erhard R. Wiehn* (Hrsg.), Die F. D. P./DVP in Baden-Württemberg und ihre Geschichte. Liberalismus als politische Gesatltungskraft im deutschen Südwesten, Stuttgart u. a. 1979, S. 131–164

Roon, Ger van, Hermann Kaiser und der deutsche Widerstand, in: Vierteljahrshefte für Zeitgeschichte 24 (1976), S. 259–286

Ders., Neuordnung im Widerstand. Der Kreisauer Kreis innerhalb der deutschen Widerstandsbewegung, München 1967

Ders., Widerstand im Dritten Reich. Ein Überblick, München ⁶1994

Rose, Norman, Vansittart. Study of a Diplomat, London 1978

Röseler, Klaus, Unternehmer in der Weimarer Republik, in: Tradition. Zeitschrift für Firmengeschichte und Unternehmerbiographie 13 (1968), S. 217–240

Roser, Annette, «Beamter aus Berufung». Karl Wilhelm Waldmann, Württembergischer Staatssekretär, in: *Michael Kißener/Joachim Scholtyseck* (Hrsg.), Die Führer der Provinz, S. 781–803

Roßmann, Erich, Ein Leben für Sozialismus und Demokratie, Stuttgart/Tübingen 1947

Rothfels, Hans, Die deutsche Opposition gegen Hitler. Eine Würdigung, Neuausgabe Zürich 1994

Rück, Fritz, November 1918. Die Revolution in Württemberg, Heilbronn o. J. (1958)

Ruck, Michael, Korpsgeist und Staatsbewußtsein. Beamte im deutschen Südwesten, München 1996

Sachse, Carola/Tilla Siegel/Hasso Spode/Wolfgang Spohn, Angst, Belohnung, Zucht und Ordnung. Herrschaftsmechanismen im Nationalsozialismus, Opladen 1982

Sassin, Horst R., Liberale im Widerstand. Die Robinsohn-Strassmann-Gruppe 1934–1942, Hamburg 1993

Ders., Liberalismus und Widerstand, in: *Peter Steinbach/Johannes Tuchel* (Hrsg.), Widerstand gegen den Nationalsozialismus, Bonn 1994, S. 208–218

Sasuly, Richard, IG Farben, New York 1947

Sauer, Paul (Hrsg.), Dokumente über die Verfolgung der jüdischen Bürger in Baden-Württemberg durch das nationalsozialistische Regime 1933–1945, 2 Bände, Stuttgart 1966

Ders., Die Schicksale der jüdischen Bürger Baden-Württembergs während der nationalsozialistischen Verfolgungszeit 1933–1945, Stuttgart 1969

Ders., Für Recht und Menschenwürde. Ein Lebensbild von Otto Hirsch (1885–1941), Gerlingen 1985

Ders., Otto Hirsch (1885–1941). Director of the Reichsvertretung, in: Leo Baeck Institute Year Book 32 (1987), S. 341–368

Ders., Von Unbotmäßigkeit bis zu Widerstand. Stuttgart 1939–1945, in: *Marlene Hiller* (Hrsg.), Stuttgart im Zweiten Weltkrieg, Gerlingen 1989, S. 231–246

Sayre, John Nevin, Siegmund-Schultze – Diener am Frieden, in: *Hermann Delfs* (Hrsg.), Aktiver Friede. Gedenkschrift für Friedrich Siegmund-Schulze (1885–1969), Soest 1972, S. 95–97

Schacht, Hjalmar, 76 Jahre meines Lebens, Bad Wörishofen 1953

Schäfer, Gerhard/Richard Fischer (Hrsg.), Landesbischof D. Wurm und der nationalsozialistische Staat 1940–1945. Eine Dokumentation, Stuttgart 1968

Ders., Die Evangelische Landeskirche in Württemberg und der Nationalsozialismus. Eine Dokumentation zum Kirchenkampf. Bd. 4: Die intakte Landeskirche, Stuttgart 1977, Bd. 5: Babylonische Gefangenschaft 1937–1938, Stuttgart 1982

Schlabrendorff, Fabian von, The Secret war against Hitler, London 1966

Ders., Eugen Gerstenmaier im Dritten Reich. Eine Dokumentation, Stuttgart 1965

Ders., Offiziere gegen Hitler. Neue, durchgesehene und erweiterte Ausgabe von Walter Bußmann. Nach der Edition von Gero v. Gaevernitz, Berlin 1984

Schlie, Ulrich, Das Ausland und die deutsche Opposition gegen Hitler. Widerstandsforschung und politische Gegenwart seit 1945, in: Militärgeschichtliche Mitteilungen 52 (1993), S. 153–168

Ders., Kein Friede mit Deutschland. Die geheimen Gespräche im Zweiten Weltkrieg 1939–1941, München/Berlin 1994

Schlösser, Susanne, «Was sich in den Weg stellt, mit Vernichtung schlagen». Richard Drauz, NSDAP-Kreisleiter von Heilbronn, in: *Michael Kißener/Joachim Scholtyseck* (Hrsg.), Die Führer der Provinz, S. 143–159

Schmädeke, Jürgen/Peter Steinbach (Hrsg.), Der Widerstand gegen den Nationalsozialismus. Die deutsche Gesellschaft und der Widerstand gegen Hitler, München/Zürich ³1994

Schmid, Manfred (Hrsg.), Auf dem Stuttgarter Rathaus 1915–1922. Erinnerungen von Fritz Elsas (1890–1945), Stuttgart 1990

Schmitthenner, Walter/Hans Buchheim (Hrsg.), Der deutsche Widerstand gegen Hitler, Köln/Berlin 1966

Schnabel, Thomas, «Warum geht es in Schwaben besser?» Württemberg in der Weltwirtschaftskrise 1928–1933, in: *ders.* (Hrsg.), Die Machtergreifung in Südwestdeutschland. Das Ende der Weimarer Republik in Baden und Württemberg 1928–1933, Stuttgart u. a. 1982, S. 184–209

Ders., Württemberg zwischen Weimar und Bonn 1928 bis 1945/46, Stuttgart/Berlin/Köln/Mainz 1986

Scholtyseck, Joachim, «Der Mann aus dem Volk». Wilhelm Murr, Gauleiter und Reichsstatthalter in Württemberg-Hohenzollern, in: *Michael Kißener/ders.* (Hrsg.), Die Führer der Provinz, S. 477–502

Ders., Der «Schwabenherzog». Gottlob Berger, SS-Obergruppenführer, in: *Michael Kißener/ders.* (Hrsg.), Die Führer der Provinz, S. 77–110

Ders., Der «Stuttgarter Kreis» – Bolz, Bosch, Strölin: Ein Mikrokosmos des Widerstands gegen den Nationalsozialismus, in: *Rudolf Lill/Michael Kißener* (Hrsg.), 20. Juli 1944 in Baden und Württemberg, S. 61–123

Ders., Die Firma Robert Bosch und ihre Hilfe für Juden, in: *Michael Kißener* (Hrsg.), Widerstand gegen die Judenverfolgung, Konstanz 1996, S. 155–226

Ders., Robert Bosch, die deutsch-französische Verständigung und das Ende der Weimarer Republik, in: Robert Bosch und die deutsch-französische Verständigung. Politisches Denken und Handeln im Spiegel der Briefwechsel. Bosch-Archiv Schriftenreihe, Bd. 1, Stuttgart 1996, S. 44–116

Ders., Robert Bosch und der Widerstand gegen den Nationalsozialismus, in: *Lothar Gall/Manfred Pohl* (Hrsg.), Unternehmen im Nationalsozialismus, S. 99–106

Schramm, Wilhelm Ritter von, Das Andere Deutschland und der Wirtschaftsraum Europa, in: Wehr und Wissen 7 (1964), S. 294–297

Ders. (Hrsg.), Beck und Goerdeler. Gemeinschaftsdokumente für den Frieden 1941–1945, München 1965

Schuhladen-Krämer, Jürgen, Die Exekutoren des Terrors. Hermann Mattheiß, Walther Stahlecker, Friedrich Mußgay, Leiter der Geheimen Staatspolizei Stuttgart, in: *Michael Kißener/Joachim Scholtyseck* (Hrsg.), Die Führer der Provinz, S. 405–443

Schulz, Gerhard, Inflationstrauma, Finanzpolitik und Krisenbekämpfung in den Jahren der Wirtschaftskrise, 1930–1933, in: *Gerald D. Feldman* (Hrsg.), Die Nachwirkungen der Inflation auf die deutsche Geschichte 1924–1933, München 1985, S. 261–296

Ders., Über Johannes Popitz, in: Der Staat. Zeitschrift für Staatslehre, Öffentliches Recht und Verfassungsgeschichte 24 (1985), S. 485–511

Schulze, Winfried, Deutsche Geschichtswissenschaft nach 1945, München 1989

Schumacher, Martin (Hrsg.), M. d. L. Das Ende der Parlamente 1933 und die Abgeordneten der Landtage und Bürgerschaften der Weimarer Republik in der Zeit des Nationalsozialismus, Düsseldorf 1995

Schumann, Wolfgang, Die Industrie und der 20. Juli 1944, in: Historikergesellschaft der DDR. Wissenschaftliche Mitteilungen 1985, I/II, S. 77–86

Schustereit, Hartmut, Linksliberalismus und Sozialdemokratie in der Weimarer Republik. Eine vergleichende Betrachtung der Politik von DDP und SPD 1919–1930, Düsseldorf 1975

Schwarzmeier, Hansmartin, Politische Grenzziehung und historische Bewußtseinsbildung im deutschen Südwesten, in: Blätter für deutsche Landesgeschichte 121 (1985), S. 83–114

Schweitzer, Arthur, Big Business in the Third Reich, Bloomington 1964

Seidler, Franz W., Fritz Todt. Baumeister des Dritten Reiches, München/Berlin 1986

Ders., Die Militärgerichtsbarkeit der Deutschen Wehrmacht 1939–1945. Rechtsprechung und Strafvollzug, München/Berlin 1991

Sendtner, Kurt (Hrsg.), Otto Gessler. Reichswehrpolitik in der Weimarer Zeit, Stuttgart 1958

Siegel, Tilla/Thomas von Freyberg, Industrielle Rationalisierung unter dem Nationalsozialismus, Frankfurt/New York 1991

Siegmund-Schultze, Friedrich, Die deutsche Widerstandsbewegung im Spiegel der ausländischen Literatur, Stuttgart 1947

Simon, Ernst, Aufbau im Untergang. Jüdische Erwachsenenbildung im nationalsozialistischen Deutschland als geistiger Widerstand, Tübingen 1959

Simon, Klaus, Die württembergischen Demokraten. Ihre Stellung und Arbeit im Parteien- und Verfassungssystem in Württemberg und im Deutschen Reich 1890–1920, Stuttgart 1969

Smelser, Ronald/Syring, Enrico/Zitelmann, Rainer (Hrsg.), Die braune Elite. 21 weitere biographische Skizzen, Darmstadt 1993

Ders./Syring, Enrico (Hrsg.), Die Militärelite des Dritten Reiches. 27 biographische Skizzen, Berlin/Frankfurt am Main 1995

Ders./Syring, Enrico/Zitelmann, Rainer (Hrsg.), Die braune Elite. 22 biographische Skizzen, Darmstadt 1989

Smith, Bradley F., The Road to Nuremberg, New York 1981

Ders., The Shadow Warriors, O.S.S and the Origins of the C.I.A., London 1983

Sohn-Rethel, Alfred, Ein Kommentar nach 38 Jahren, in: Kursbuch 21 (1970), S. 23–35

Ders., Ökonomie und Klassenstruktur des deutschen Faschismus. Aufzeichnungen und Analysen. Herausgegeben und eingeleitet von Johannes Agnoli, Bernhard Blanke und Niels Kadritzke, Frankfurt am Main 1973

Söllner, Alfons (Hrsg.), Zur Archäologie der Demokratie in Deutschland. Analysen politischer Emigranten im amerikanischen Geheimdienst, Bd. 1: 1943–1945, Frankfurt am Main 1982

Ders., Gruppenbild mit Jäckh, in: *Gerhard Göhler/Bodo Zeuner* (Hrsg.), Kontinuitäten und Brüche der deutschen Politikwissenschaft, Baden-Baden 1991, S. 41–64

Speidel, Hans, Aus unserer Zeit. Erinnerungen, Berlin/Frankfurt am Main/Wien 1977

Spiller, Jörg-Otto, Reformismus nach rechts. Zur Politik des Reichsverbandes der Deutschen Industrie in den Jahren 1927–1930 am Beispiel der Reparationspolitik, in: *Hans Mommsen/Dietmar Petzina/Bernd Weisbrod* (Hrsg.), Industrielles System und politische Entwicklung, S. 593–602

Spoerer, Mark, Von Scheingewinnen zum Rüstungsboom. Die Eigenkapitalrentabilität der deutschen Industrieaktiengesellschaften 1925–1941, Stuttgart 1996

Sprenger, Heinrich, Heinrich Sahm. Kommunalpolitiker und Staatsmann, Köln/Berlin 1969

«SS-Bericht über den 20. Juli. Aus den Papieren des SS-Obersturmbannführers Dr. Georg Kiesel», in: Nordwestdeutsche Hefte 2 (1947), S. 5–34

Steele, Richard W., American Popular Opinion and the War Against Germany: The Issue of Negotiated Peace, 1942, in: The Journal of American History 65 (1979), S. 704–723

Stegmann, Dirk, «Mitteleuropa» 1925–1934. Zum Problem der Kontinuität deutscher Außenhandelspolitik von Stresemann bis Hitler, in: *ders./Bernd-Jürgen Wendt/ Peter-Christian Witt* (Hrsg.), Industrielle Gesellschaft und politisches System, Bonn 1978

Ders., Zum Verhältnis von Großindustrie und Nationalsozialismus 1930–1933, in: Archiv für Sozialgeschichte 13 (1973), S. 399–482

Steinbach, Peter, Wiederherstellung des Rechtsstaats als zentrale Zielsetzung des Widerstands, in: *Jürgen Schmädeke/ders.* (Hrsg.), Der Widerstand gegen den Nationalsozialismus, S. 617–636

Ders., Der Widerstand als Thema der politischen Zeitgeschichte, in: *ders.*, Widerstand im Widerstreit. Der Widerstand gegen den Nationalsozialismus in der Erinnerung der Deutschen, Paderborn u. a. 1994, S. 39–102

Ders./Tuchel, Johannes (Hrsg.), Widerstand gegen den Nationalsozialismus, Bonn 1994

Steinhoff, Johannes/Peter Pechel/Dennis Showalter (Hrsg.), Deutsche im Zweiten Weltkrieg. Zeitzeugen sprechen, München 1989

Steltzer, Theodor, Sechzig Jahre Zeitgenosse, München 1966

Stephan, Werner, Aufstieg und Verfall des Linksliberalismus 1918–1933. Geschichte der Deutschen Demokratischen Partei, Göttingen 1973

Stolle, Uta, Arbeiterpolitik im Betrieb. Frauen und Männer, Reformisten und Radikale, Fach- und Massenarbeiter bei Bayer, BASF, Bosch und in Solingen (1900–1933), Frankfurt am Main/New York 1980

Streit, Christian, Keine Kameraden. Die Wehrmacht und die sowjetischen Kriegsgefangenen 1941–1945, Stuttgart 1978

Strölin, Karl, Verräter oder Patrioten? Der 20. Juli 1944 und das Recht auf Widerstand, Stuttgart 1952

Studienkreis Deutscher Widerstand (Hrsg.), Heimatgeschichtlicher Wegweiser zu Stätten des Widerstandes und der Verfolgung 1933–1945, Bd. 5: Baden-Württemberg I, Regierungsbezirke Karlsruhe und Stuttgart, Frankfurt am Main 1991

Suchy, Barbara, The Verein zur Abwehr des Antisemitismus (II). From the First World War to its Dissolution in 1933, in: Leo Baeck Institute Year Book 30 (1985), S. 67–103

Teichert, Eckart, Autarkie und Großraumwirtschaft in Deutschland 1930–1939, München 1984

Theiner, Peter, Sozialer Liberalismus und deutsche Weltpolitik. Friedrich Naumann im Wilhelminischen Deutschland (1860–1919), Baden-Baden 1983

Thielenhaus, Marion, Zwischen Anpassung und Widerstand. Deutsche Diplomaten 1938–1941, Paderborn 1984

Thielicke, Helmut, Zur Einführung, in: In der Stunde Null: Die Denkschrift des Freiburger «Bonhoeffer-Kreises», Tübingen 1979

Thierfelder, Jörg, Fritz Elsas, in: *Joachim Mehlhausen* (Hrsg.), Zeugen des Widerstands, Tübingen 1996, S. 91–110

Ders., Theophil Wurm. Landesbischof von Württemberg, in: *Michael Bosch/Wolfgang Niess,* Der Widerstand im deutschen Südwesten, S. 47–59

Thomas, Georg, Gedanken und Ereignisse, in: Schweizer Monatshefte 25 (1945), S. 537–559

Treue, Wilhelm, Das Bankhaus Mendelssohn als Beispiel einer Privatbank im 19. und 20. Jahrhundert, in: Mendelssohn-Studien, Bd. 1, hrsg. von Cécile Lowenthal-Hensel, Berlin 1972, S. 29–80

Ders., Das Schicksal des Bankhauses Sal. Oppenheimer jr. & Cie und seiner Inhaber im Dritten Reich, Wiesbaden 1983

Ders., Der Unternehmer und seine Biographie. Zum Zusammenhang von Wirtschaft und Wirtschaftsgeschichte, in: *ders.,* Unternehmens- und Unternehmergeschichte aus fünf Jahrzehnten, Stuttgart 1989, S. 40–53

Ders., Die Einstellung einiger deutscher Großindustrieller zu Hitlers Außenpolitik, in: Geschichte in Wissenschaft und Unterricht 17 (1966), S. 491–507

Ders., Widerstand von Unternehmern und Nationalökonomen, in: *Jürgen Schmädecke/Peter Steinbach* (Hrsg.), Der Widerstand gegen den Nationalsozialismus, München/Zürich 1986, S. 917–937

Trials of War Criminals before the Nuernberg Military Tribunals under Control Council Law No. 10, Washington D.C. 1952, Bd. 12/1

Turner, Henry A., Die Großunternehmer und der Aufstieg Hitlers, Berlin 1985

Ders., Hitlers Einstellung zu Wirtschaft und Gesellschaft vor 1933, in: Geschichte und Gesellschaft 1 (1976), S. 89–117

Ueberschär, Gerd R. (Hrsg.), Der 20. Juli 1944. Bewertung und Rezeption des deutschen Widerstandes gegen das NS-Regime, Köln 1994

Ullmann, Hans-Peter, Der Bund der Industriellen, Göttingen 1976

Ders., Interessenverbände in Deutschland, Frankfurt am Main 1988

Vietsch, Eberhard von, Wilhelm Solf. Botschafter zwischen den Zeiten, Tübingen 1961

Vogelsang, Reinhard, Der Freundeskreis Himmler, Zürich/Frankfurt 1972

Vogt, Martin (Hrsg.), Theodor Heuss. Politiker und Publizist. Aufsätze und Reden, Tübingen 1984, S. 302–309

Voigt, Johannes H., «Ehrentitel» oder der Streit zwischen der Firma Bosch und der Technischen Hochschule Stuttgart während der Zeit des Nationalsozialismus, in: Die alte Stadt 16 (1989), S. 488–497

Volkmann, Hans-Erich, Zum Verhältnis von Großwirtschaft und NS-Regime im Zweiten Weltkrieg, in: *Waclaw Dlugoborski* (Hrsg.), Zweiter Weltkrieg und sozialer Wandel. Achsenmächte und besetzte Länder, Göttingen 1981, S. 87–116

Volksgerichtshof-Prozesse zum 20. Juli 1944. Transkripte von Tonbandfunden. Hrsg. v. Lautarchiv des Deutschen Rundfunks, Frankfurt am Main 1961

Wagener, Otto, Hitler aus nächster Nähe. Aufzeichnungen eines Vertrauten 1929–1932. Hrsg. von Henry A. Turner, Frankfurt am Main/Berlin/Wien 1978

Wegner, Konstanze, Linksliberalismus im Wilhelminischen Deutschland und in der Weimarer Republik, in: Geschichte und Gesellschaft 4 (1978), S. 120–137

Weisbrod, Bernd, Schwerindustrie in der Weimarer Republik. Interessenpolitik zwischen Stabilisierung und Krise, Wuppertal 1978

Weyres-v. Levetzow, Hans-Joachim, Die deutsche Rüstungswirtschaft von 1942 bis zum Ende des Krieges, (Diss.) München 1975

Wheeler-Bennett, John, The Nemesis of Power. The German Army in Politics 1918–1945, London/New York 1954

Wichers, Hermann, Im Kampf gegen Hitler. Deutsche Sozialisten im Schweizer Exil 1933–1940, Zürich 1994

Winkel, Harald, Geschichte der Württembergischen Industrie- und Handelskammern Heilbronn, Reutlingen, Stuttgart/Mittlerer Neckar und Ulm 1933–1980. Zum 125jährigen Bestehen, Stuttgart 1980

Winkler, Heinrich August (Hrsg.), Die deutsche Staatskrise 1930–1933: Handlungsspielräume und Alternativen, München 1992

Ders., Der Weg in die Katastrophe. Arbeiter und Arbeiterbewegung in der Weimarer Republik 1930 bis 1933, Berlin/Bonn 1987

Ders., Unternehmer und Wirtschaftsdemokratie in der Weimarer Republik, in: *ders.*, Liberalismus und Antiliberalismus, S. 195–204

Ders., Weimar 1918–1933. Die Geschichte der ersten deutschen Demokratie, München 1993

Winkler, Jürgen R., Sozialstruktur, politische Traditionen und Liberalismus. Eine empirische Längsschnittstudie zur Wahlentwicklung in Deutschland 1871–1933, Opladen 1995

Wohlert, Klaus, Enteignungen von deutschen Auslandsanlagen im neutralen Schweden bei Kriegsende 1945, in: Vierteljahrschrift für Sozial- und Wirtschaftsgeschichte 73 (1986), S. 336–354

Wolffsohn, Michael, Arbeitsbeschaffung und Rüstung im nationalsozialistischen Deutschland: 1933, in: Militärgeschichtliche Mitteilungen 22 (1977), S. 9–21

Ders., Industrie und Handwerk im Konflikt mit staatlicher Wirtschaftspolitik? Studien zur Politik der Arbeitsbeschaffung in Deutschland 1930–1934, Berlin 1975

Wolfrum, Edgar, Widerstand in den letzten Kriegsmonaten, in: *Peter Steinbach/Johannes Tuchel* (Hrsg.), Widerstand gegen den Nationalsozialismus, Berlin 1994, S. 537–552

Wurm, Theophil, Erinnerungen aus meinem Leben, Stuttgart 1953

Young, Arthur P., Die «X»-Dokumente. Die geheimen Kontakte Carl Goerdelers mit der britischen Regierung 1938/1939. Herausgegeben von Sidney Aster, München/Zürich 1974

Ders., Across the Years. The Living Testament of an Engineer with a Mission, London 1971

Young, Desmond, Rommel, Wiesbaden 1950

Zelzer, Maria, Weg und Schicksal der Stuttgarter Juden. Ein Gedenkbuch, Stuttgart 1964

Zitelmann, Rainer, Hitler. Selbstverständnis eines Revolutionärs, Hamburg/Leamington Spa/New York 1987

Zollitsch, Wolfgang, Arbeiter zwischen Weltwirtschaftskrise und Nationalsozialismus. Ein Beitrag zur Sozialgeschichte der Jahre 1928 bis 1936, Göttingen 1990

Zwischen den Zeilen. Der Kampf einer Zeitschrift für Freiheit und Recht 1932–1942. Aufsätze von Rudolf Pechel, Würzburg 1948

Personenregister

155, 206f., 223, 244, 300–302, 340, 345,
359, 507, 546, 574, 588f., 602, 604, 616,
683, 701
Reuter, Franz 187f., 507, 514, 701, 703
Reynaud, Paul 250, 260, 630
Ribbentrop, Joachim von 129, 262, 305,
311, 320, 323, 395, 594
Richard, Raoul 295
Rittelmeyer, Friedrich 150
Ritter, Gerhard 20, 196–198, 431, 438,
475, 511, 529, 543, 613, 643, 649, 671,
690, 700, 712
Ritter, Hans 19, 236–243, 257f., 260f.,
303–306, 308, 310, 312–314, 317,
319–321, 323–325, 328, 330, 542f., 548,
622, 624, 649
Robinsohn, Hans 190, 305, 439, 645
Röchling, Ernst 522
Rogowski, Ernst 366, 662
Rohrbach, Paul 40f., 66
Rohrbach, Rudolf 148f., 173, 367, 608
Romein, Jan 561
Rommel, Erwin 476
Roosevelt, Eleanor 246
Roosevelt, Franklin D. 250, 255, 258, 311,
326, 335, 393, 404, 409–411, 424, 449,
496
Röpke, Wilhelm 387
Rosenberg, Arthur 56, 65
Roßmann, Erich 103
Rosterg, August 111, 161
Rothfels, Hans 19, 151, 212, 441, 443,
451, 543
Röttcher, Fritz 64, 67
Rümelin, Frank 120
Rundstedt, Gerd von 493
Ruoff, Richard 304f.

Salis, J. R. von 131
Sandberger, Martin 520, 704
Sargent, Orme 248
Sauckel, Fritz 362, 374
Sauerbruch, Ferdinand 329
Saur, Karl Otto 363
Schacht, Hjalmar 13, 40, 106, 110f., 167,
171, 184–186, 188, 200, 209, 211, 215,
221, 226, 232, 256, 283, 290–293, 314,
335, 340, 435f., 464, 474, 507, 546, 612,
616, 634
Schäffer, Hans 427
Schairer, Reinhold 228–230, 234f., 245f.,

248–253, 256, 260, 284f., 307f., 315,
321, 325, 489, 548, 621f., 630, 646
Schellenberg, Walter 530, 704
Scherer, Karl 95
Scheuing, Paul 657
Schieber, Walter 363, 662
Schildberger, Friedrich 659
Schindler, Oskar 265
Schippel, Hans 670
Schlabrendorff, Fabian von 404f., 432, 471
Schleicher, Kurt von 109, 111, 113, 117
Schleicher, Rüdiger 16
Schlie, Ulrich 20
Schlösser-Bareiss, Elsemarie 670
Schloßstein, Willy 16, 18f., 73, 75f., 126,
134, 144, 147, 151, 153, 155, 165,
192–196, 202, 207, 219, 225f., 228,
230f., 236f., 259–261, 263, 270f., 275,
279f., 286, 297–300, 311–314, 316–318,
320f., 323f., 326, 328–332, 334,
337–340, 344f., 348, 350, 353, 356, 390,
414–417, 434f., 455f., 472, 492–494,
497–499, 502f., 507, 515, 517, 519f.,
525, 541, 572, 577, 594, 602, 607, 644,
647f., 657, 669, 704, 709
Schmid, Jonathan 367
Schmidt, Friedrich 162
Schmitt, Kurt 465f.
Schmoller, Gustav 40, 51
Schnabel, Franz 106
Schneckenburger, Erhard 149
Schnee, Heinrich 106
Scholz, Ernst 80
Schönfeld, Hans 416, 457
Schroeder, Kurt von 111, 117, 147, 174
Schuckert, Siegmund 23
Schulenburg, Friedrich Werner Graf von
der 434, 681
Schulz, Friedrich 172f., 608
Schulze 522, 524
Schurz, Carl 124
Schwerin von Krosigk, Lutz Graf 616
Seeckt, Hans von 87
Seitz, Fritz 340, 353, 659
Stetter, David 483
Severing, Carl 81, 349
Siegmund-Schultze, Friedrich Wilhelm
235f., 327–332, 334f., 337, 387, 435,
456, 519, 652, 654f.
Siemens, Carl Friedrich von 13, 86, 158,
169, 188, 275, 592

Zeitgeschichte bei C.H. Beck

Theodore S. Hamerow
Die Attentäter
Der 20. Juli –
von der Kollaboration zum Widerstand
Aus dem Englischen von Matthias Grässlin
1999. 458 Seiten mit 13 Abbildungen.
Leinen

Saul Friedländer
Das Dritte Reich und die Juden
Band 1: Die Jahre der Verfolgung 1933–1939
Aus dem Englischen von Martin Pfeifer
2., durchgesehene Auflage. 1998. 458 Seiten.
Leinen

David Clay Large
Hitlers München
Aufstieg und Fall der Hauptstadt der Bewegung
Aus dem Englischen von Karl Heinz Siber
1998. 515 Seiten mit 66 Abbildungen und 2 Karten.
Leinen

Lutz Hachmeister
Der Gegnerforscher
Die Karriere des SS-Führers Franz Alfred Six
1998. 414 Seiten mit 22 Abbildungen.
Leinen

Norbert Frei
Vergangenheitspolitik
Die Anfänge der Bundesrepublik
und die NS-Vergangenheit
2., durchgesehene Auflage. 1997. 464 Seiten.
Leinen

Manfred Görtemaker
Geschichte der Bundesrepublik Deutschland
Von der Gründung bis zur Gegenwart
1999. 915 Seiten.
Leinen

Verlag C.H. Beck München

Unternehmensgeschichte bei C.H. Beck

Lothar Gall/Gerald D. Feldman/Harold James/
Carl-Ludwig Holtfrerich/Hans E. Büschgen
Die Deutsche Bank 1870–1995
85. Tausend. 1995
XXI, 1015 Seiten mit 82 Abbildungen auf 52 Tafeln,
20 Tabellen und 19 Graphiken im Text.
Leinen im Schuber

Deutsche Bundesbank (Hrsg.)
Fünfzig Jahre Deutsche Mark
Notenbank und Währung in Deutschland
seit 1948
1998. 876 Seiten mit 41 Tabellen und
45 Schaubildern im Text. Leinen

Gerald D. Feldman
Hugo Stinnes
Biographie eines Industriellen 1870–1924
Aus dem Englischen von Karl Heinz Siber
1998. XI, 1062 Seiten mit 52 Abbildungen.
Leinen

Manfred Pohl
Philipp Holzmann
Geschichte eines Bauunternehmens 1849–1999
1999. Etwa 480 Seiten mit etwa 105 Abbildungen.
Leinen

Carl-Ludwig Holtfrerich
Finanzplatz Frankfurt
Von der mittelalterlichen Messestadt
zum europäischen Bankenzentrum
Mit einer Einleitung von Jürgen Jeske
und einem Ausblick von Friedrich von Metzler
1999. 404 Seiten mit 90 Abbildungen auf 32 Tafeln.
Leinen

Lothar Gall/Manfred Pohl
Unternehmen im Nationalsozialismus
1998. 143 Seiten mit 3 Graphiken und Tabellen.
Broschiert.

Verlag C.H. Beck München